제6판

Java

문제해결과 프로그래밍

An Introduction to Problem Solving and Programming

Walter Savitch 지음 | 양재형 · 윤현주 옮김

PEARSON

자바 : 문제해결과 프로그래밍 제6판

Java: An Introduction to Problem Solving and Programming 6th edition

1쇄 발행 | 2013년 9월 25일

지은이 | Walter Savitch
옮긴이 | 양재형 · 윤현주
발행인 | 신종규
발행처 | (주)피어슨에듀케이션코리아
등 록 | 제13-579호(1999. 3. 31.)

판매처 | 홍릉과학출판사
전 화 | (02)999-2274~5(주문 및 고객지원)
팩 스 | (02)905-6729
웹사이트 | www.hongpub.co.kr

ISBN | 978-89-450-0649-3

정가 25,000원

역자 서문

자바는 오늘날 가장 인기 있는 프로그래밍 언어 중의 하나이다. 프로그래밍 언어의 인기도나 점유율을 조사한다는 것이 생각만큼 간단한 문제는 아니지만, 일반적으로 자바는 가장 인기 있는 언어 가운데 하나라고 간주된다. 또한 출판된 관련 서적의 수로 따진다면 확실한 일등이라고도 한다.

자바는 일반적인 데스크톱 응용프로그램만 만들 수 있는 것이 아니라, HTML 코드와 함께 작성하여 웹프로그래밍 용도로도 쓸 수 있고, 안드로이드 운영체제를 장착한 스마트폰에서 실행되는 애플리케이션을 작성할 수도 있다. 앞으로 IT 기술의 발전에 따라 자바의 용도도 더욱 늘어날 것이 분명하다.

상대적으로 일천한 역사를 가진 자바가 이와 같은 성공을 거둔 데에는 이 언어가 가진 특징과 더불어 시대적 요인이 작용했음이 틀림없다. 상대적으로 일천한 역사를 가진 자바가 이와 같은 성공을 거둔 데에는 이 언어가 가진 특징과 더불어 시대적 요인이 작용했음이 틀림없겠지만, 이런 현재의 상황을 본다면 컴퓨터 과학을 전공하는 학생뿐만 아니라 컴퓨터와 IT 기술에 관심을 가진 누구든 지금 자바를 공부해야만 하는 이유는 충분하다고 하겠다.

이 책은 Walter Savitch의 『Java: An Introduction to Problem Solving and Programming』 제6판을 번역한 것이다. 자바 관련 책들이 수없이 쏟아져 나오는 상황이지만 이 책은 몇 가지 뚜렷한 특징을 가지고 있다. 우선 대부분의 책이 후반부에 한두 장을 할애하여 GUI(graphic user interface)와 그래픽을 다루는 데 반해, 이 책은 GUI를 첫 장부터 도입하여 지속적으로 소개하고 있다. 현대 소프트웨어에서 GUI가 차지하는 비중이나 GUI를 통해 객체지향 프로그래밍의 개념을 효과적으로 적용해 볼 수 있다는 점을 고려하면 이는 납득할 만한 시도이다.

이 책은 자바 문법만 설명하는 것이 아니라 실제적인 문제 해결 및 프로그램 설계 기법을 폭넓게 다루고 있다. 이를 위해 수많은 사례 연구, 프로그래밍 팁, 범하기 쉬운 오류에 대한 설명 등을 제공한다.

또한 클래스의 개념을 상당히 일찍 소개하고 있다는 것도 특징적이다. C 언어를 먼저 배운 학생들이 흔히 C 스타일 코딩에 집착하는 경향을 보이는 점을 감안하면, 이와 같이 클래스의 개념을 일찍 소개하는 것이 객체지향적인 프로그램 설계 능력을 기르기에 매우 좋다고 생각한다.

역자들은 오랫동안 자바를 강의하면서 자바 프로그래밍을 처음 접하는 학생들이 겪는 어려움을 보아 왔다. 이 책은 별다른 사전 지식을 필요로 하지 않으며 다양한 예제와 꼼꼼하고 자세한 설명을 제공하고 있으므로, 인내심을 가지고 이 책의 내용을 읽고 실습해 나간다면 자바를 공부하는 데 큰 도움이 되리라 확신한다.

마지막으로, 책의 기획부터 출판까지 지원해 주신 피어슨코리아의 여러분께 감사의 말씀을 드린다.

2013년 8월
역자들

교수와 강사를 위한 서문

『자바 : 문제 해결과 프로그래밍』 제6판의 세계에 오신 것을 환영한다. 이 책은 프로그래밍과 컴퓨터 과학을 배우는 첫 번째 강좌에 적합하도록 설계되었다. 이 책은 자바 프로그래밍 언어의 기초뿐만 아니라 프로그래밍 기술도 다루고 있으며, 3개월 정도의 단기 강좌 내지는 1년 기간의 장기 강좌에도 적합하다. 이 책을 공부하기 위해 이전의 프로그래밍 경험이나 고등학교 수준을 넘어서는 수학이 필요하지 않다. 아울러 이 책 앞부분의 몇 장을 학생들에게 읽기 숙제로 내주고 건너뛴다면, 이미 다른 프로그래밍 과목을 이수한 학생들에게 자바를 가르치는 강좌에도 사용할 수 있다.

제6판의 새로워진 내용

제5판과 비교했을 때 중요한 차이점을 요약하면 다음과 같다.

- 자바 버전 7에 맞춰 개정된 사항이 있는데, `switch` 문에서 스트링의 사용과 저네릭(generic) 사례 생성에서의 형 추론 등이다.
- 유닛 테스팅, `Comparable` 인터페이스, 콤마로 분리된 값 파일 처리 등의 사례 연구가 추가되었다.
- 5장은 더 단순한 클래스로 시작하도록 개정하여, 클래스가 어떻게 구성되는지 보다 점진적으로 소개하였다.
- 8장은 다형성과 인터페이스에 강조점을 두고 더 많은 예제를 포함하여 재구성하였다.
- 2장에서 `JFrame` 클래스를 이용하여 Swing 애플리케이션을 작성하는 방법을 설명했으므로, 2장 이후에는 학생들이 그래픽을 구현할 때 애플릿이나 애플리케이션을 선택할 수 있다.
- 12장에 Java Collections Frameworks의 개요 및 `HashMap`과 `HashSet` 클래스를 사용한 예제를 포함하였다.

- System.out.printf에 대한 설명이 2장에 추가되었다.
- Math.random에 대한 설명이 6장에 추가되었다.
- 새로운 프로그래밍 과제 20개가 추가되었다.

최신 자바 버전

이 책의 모든 코드는 오라클 사의 자바 SE Development Kit (JDK) 버전 7.0으로 테스트하였다. 자바 클래스 라이브러리에 속한 표준 클래스만 사용되었으므로 추가적인 클래스나 라이브러리가 필요하지 않다.

융통성

교수나 강사가 이 책에 억지로 맞추어야 하는 것이 아니라 자신이 가르치는 방식에 이 책을 적용할 수 있도록 구성하였다. 이 책은 강좌에 포함된 주제의 순서를 엄격하게 지정하지 않는다. 가르치는 장과 절의 순서를 쉽게 바꿀 수 있다. 내용을 강좌에 맞춰 재배열하기 위해 필요한 사항은 '각 장의 흐름도'에 나와 있으며, 각 장 시작 부분의 '전제 조건'에서 더 자세히 설명하였다.

문제 해결 및 프로그래밍 기술

이 책은 단순히 자바 문법에 대한 책이 아니라 문제 해결 및 프로그래밍 기술의 기초를 학생들에게 가르치도록 설계되었다. 수많은 사례 연구, 프로그래밍 예제, 프로그래밍 팁을 포함하고 있다. 또한 루프 설계 기법, 디버깅 기법, 스타일 기법, 추상 데이터형, UML을 포함한 기본적인 객체지향 프로그래밍 기법, 이벤트 기반 프로그래밍, 형 매개변수를 이용한 저네릭 프로그래밍 등의 중요한 문제 해결 및 프로그래밍 기술을 책의 여러 곳에서 설명하였다.

클래스 일찍 소개하기

자바를 제대로 가르치려는 강좌라면 클래스를 일찍 가르쳐야 한다. 자바에서는 모든 것이 클래스와 관련되기 때문이다. 모든 자바 프로그램은 클래스이다. 문자열 데이터형도 클래스이다. 심지어 == 연산자의 동작도 클래스 객체를 비교하는지 단순 데이터 항목을 비교하는지에 따라 달라진다. 클래스를 피해 갈 수는 없다. 이 책은 클래스를 매우 일찍 소개한다. 1장과 2장에 이미 클래스를 사용하는 내용이 약간 나온다. 클래스를 정의하는 방법은 5장에서 다루고, 클래스 및 상속에 대한 기본적인 내용은 8장이 끝나기 전에 모두 설명된다. 하지만 클래스에 관련된 몇 주제는 강좌 후반부까지 미뤄 둘 수도 있다.

이 책이 클래스를 일찍 소개하기는 하지만, 그렇다고 하향식 설계나 루프 설계 기법과 같은 전통적인 프로그래밍 기법들을 소홀히 하지는 않는다. 이런 오래된 주제들은 더 이상 매혹적이지는 않을지 몰라도 프로그래밍을 시작하는 모든 학생에게 필요한 정보이다.

저네릭 프로그래밍

이 책은 12장에서 리스트를 다룰 때 형 매개변수를 소개한다. 형 매개변수를 가진 클래스를 어떻게 사용하는지 ArrayList 클래스를 예로 들어 살펴본다. 그다음에 형 매개변수를 포함하는 클래스를 정의하는 방법을 배운다.

언어의 세부 사항과 예제 코드

이 책은 단순히 자바 언어를 가르치는 것이 아니라 프로그래밍 기술을 가르친다. 그러나 프로그래밍 언어 자체를 자세히 가르치지 않는 초보적 프로그래밍 강좌로는 학생이든 교수 · 강사든 만족하지 않을 것이다. 언어의 세부 사항에 대한 학생들의 두려움이 잠재워지기 전까지는 더 큰 주제에 학생들의 관심을 돌리기가 불가능한 경우가 많다. 이런 이유 때문에 이 책은 자바 언어의 특징에 대한 자세한 설명과 함께 많은 샘플 코드를 제공한다. 예제 프로그램은 프로그램의 일부가 아니라 전체가 주어지며, 입출력 예도 포함한다.

자습문제

자습문제는 각 장의 여러 곳에 흩어져 있으며 난이도가 다양하다. 어떤 것은 간단한 단답형 문제인 반면, 작지 않은 규모의 프로그램을 작성해야 하는 문제도 있다. 자습문제의 해답은 각 장의 끝 부분에 제공된다.

연습문제와 프로그래밍 과제

각 장의 끝 부분에 연습문제가 나온다. 교수와 강사들에게만 해답이 제공되므로 이 연습문제를 숙제로 낼 수 있다. 어떤 연습문제는 프로그래밍 과제로 확장할 수도 있다. 각 장은 프로그래밍 과제도 포함하고 있으며, 이 중 많은 과제가 제6판에 새롭게 추가되었다.

학생을 위한 서문

이 책은 자바 프로그래밍 언어와 기본적인 프로그래밍 기술을 배울 수 있게 구성되었다. 이 책을 공부하기 위해 이전의 프로그래밍 경험이나 고등학교 수준을 넘어서는 수학이 필요하지 않다. 하지만 이 책을 가장 효과적으로 공부하기 위해서는 자바가 설치된 컴퓨터가 있어서 책에서 배운 예제와 기술을 실습해 볼 수 있어야 한다. 최신 버전의 자바가 좋겠지만 5.0 혹은 이후 버전이면 충분하다.

예전에 프로그래밍을 해 본 적이 있다면

이 책을 사용하는 데 이전의 프로그래밍 경험은 필요하지 않다. 이 책은 초보자를 대상으로 한다. 만약 다른 프로그래밍 언어를 사용해 본 경험이 있더라도, 자바가 여러분이 아는 프로그래밍 언어와 같을 것이라고 가정하지 마라. 모든 언어는 서로 다르고, 그 차이가 비록 작더라도 문제를 일으킬 수 있다. 1장부터 4장까지를 훑어보되 최소한 요점 정리 부분은 읽어야 한다. 5장부터는 장 전체를 읽는 것이 좋다.

이전에 C나 C++를 사용해 본 적이 있다면 C나 C++에서 자바로 넘어가는 것이 편리한 점도 있고 문제가 되기도 한다. 얼핏 보면 자바는 C나 C++와 거의 같아 보이지만, 사실 자바는 이 언어들과 상당히 다르므로 그 차이점을 잘 알고 있어야 한다. 부록 6에서 자바와 C++을 비교하여 차이점이 무엇인지 설명하였다.

자바 설치하기

부록 1에 자바 컴파일러와 프로그램 개발 환경을 다운받을 수 있는 사이트를 링크하였다. 초보자에게는 오라클 사의 Java JDK에 포함된 자바 컴파일러 및 관련 소프트웨어, 그리고 자바 코드를 작성하기 위한 편집기인 TextPad를 추천한다. Java JDK를 다운받을 때는 최신 버전인지 확인하라.

학습 보조 항목

각 장은 내용을 공부하는 데 도움이 되는 몇 가지 항목을 포함하고 있다.

- 각 장 앞부분의 개요는 간단한 차례, 학습목표와 전제조건, 그리고 공부할 내용을 설명하는 한두 단락을 포함한다.
- '요점 정리'는 자바 문법의 중요한 측면 및 중요 개념을 간략히 요약한 것이다.
- 'FAQ'는 학생들이 흔히 하는 질문에 대한 답변이다.
- '기억하세요!'는 주의해야 할 중요한 개념을 강조한다.
- '프로그래밍 팁'은 여러분의 프로그래밍 기술을 개선하는 방법을 소개한다.
- 'GOTCHA'는 프로그래밍할 때 범하기 쉬운 실수를 알려 준다.
- '보충'은 관련 이슈에 대한 간단한 설명이다.
- '자습문제'는 공부한 내용을 테스트하기 위한 것이고, 각 장 마지막 부분에 해답이 제공된다. 가장 좋은 방법은 해답을 보기 전에 자습문제를 직접 풀어 보는 것이다.
- 중요한 개념에 대한 요약을 각 장 마지막에 실었다.

이 책은 참고서로도 사용할 수 있다

이 책은 교재뿐만 아니라 참고용으로도 사용할 수 있다. 잊어버린 내용이나 아직 공부하지 않은 내용을 확인하고자 할 때는 찾아보기를 이용하면 된다. 찾아보기 항목 중 다수는 요점 정리가 있는 페이지를 알려 준다. 그 페이지로 가 보면 해당 주제에 관한 모든 중요한 내용을 제공하는 항목이 있다. 자바 언어의 세부 사항이나 프로그래밍 기술의 세부 사항을 이와 같이 확인할 수 있다.

각 장의 요점 정리 항목은 그 장에 나오는 중요한 개념의 간단한 요약을 제공한다. 장에 대한 요약은 각 장 끝 부분에도 나온다. 장의 내용을 복습하거나 자바 언어의 세부 사항을 확인하고자 할 때 이와 같은 항목들을 사용할 수 있다.

각 장의 흐름도

이 흐름도는 책의 각 장을 공부하기 위한 전제조건을 보여 준다. 두 상자 사이에 선이 있다면 위쪽 상자의 내용을 아래쪽 상자 내용보다 먼저 공부해야 한다. 각 장 첫 부분에 있는 '전제조건'에서 전제조건의 세부적인 내용이 다시 설명된다. '전제조건'은 이 흐름도에서 보이는 것보다 더 융통성을 제공한다.

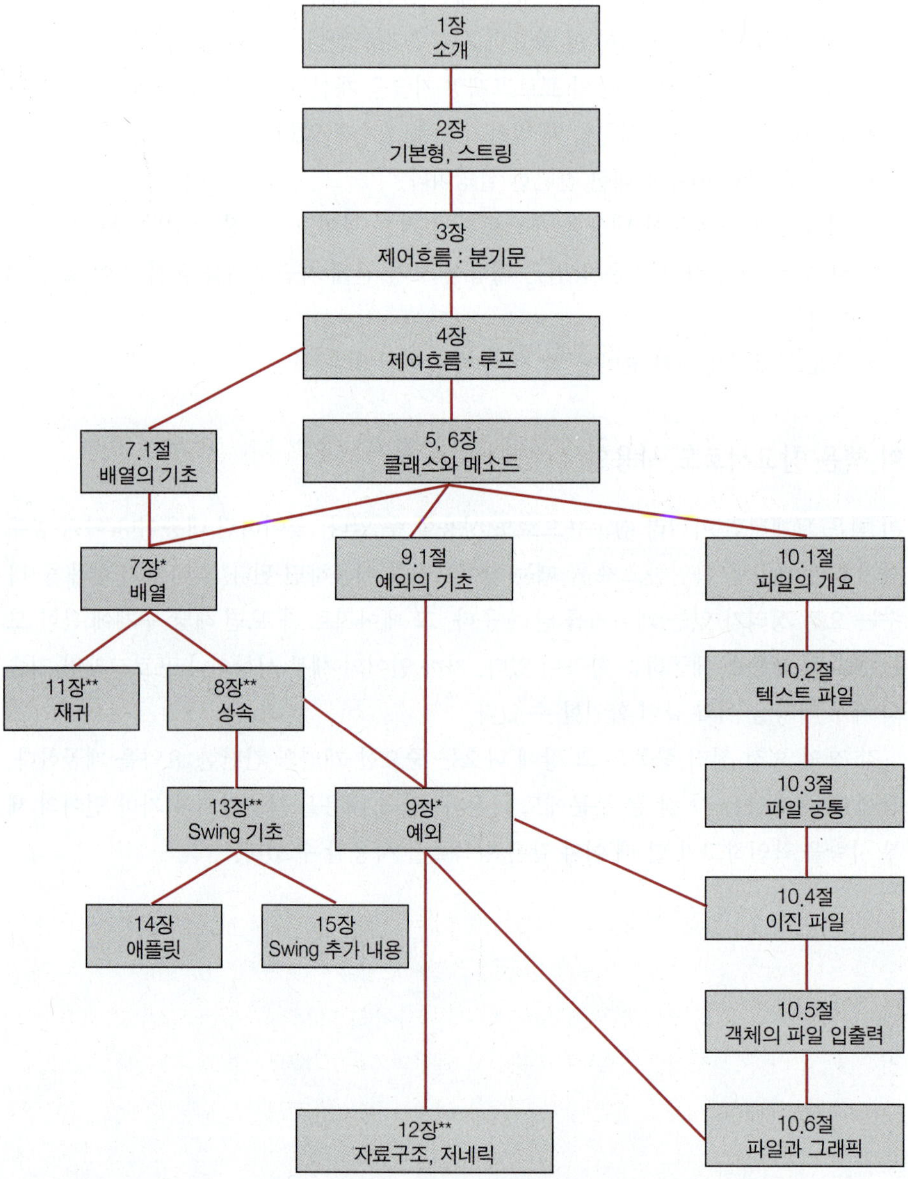

* 이 장들에 속한 일부 절은 미리 다룰 수 있는데, 해당 절이 이 흐름도에 별도의 상자로 나와 있다.

** 이 장들은 미리 다룰 수 있는 절을 포함하는데, 자세한 것은 해당 장의 '전제조건'을 보라.

이 책의 특징

요점 정리

자바 문법과 기타 중요한 개념을 요약한다.

> **요점 정리** **바이트와 메모리 구역**
>
> 컴퓨터의 주기억장치는 바이트라는 단위로 나뉘는데, 각 바이트에는 번호가 붙어 있다. 이 번호를 주소라고 한다. 각 바이트는 여덟 개의 비트를 가지고 각 비트는 0이나 1을 저장한다. 한 바이트보다 큰 데이터를 저장하기 위해 컴퓨터는 연속된 몇 개의 바이트를 사용한다. 이 연속된 바이트들을 하나의 메모리 구역으로 생각할 수 있는데, 그 첫 번째 바이트의 주소가 메모리 구역 전체의 주소로 사용된다.

기억하세요!

유념해야 할 중요한 개념을 강조한다.

> **기억하세요!** **애플릿과 애플리케이션 프로그램에서 그래픽을 출력할 수 있다**
>
> 그래픽을 출력하기 위해 애플릿을 쓸 것인지 애플리케이션 프로그램을 쓸 것인지는 여러분의 목적에 달려 있다. 웹페이지에 그래픽을 포함하려면 애플릿을 작성할 것이고 그렇지 않다면 애플리케이션 프로그램을 작성할 것이다.

프로그래밍 팁

자바 프로그래밍에 유용한 조언을 제공한다.

프로그래밍 팁_변수의 초기화

변수가 선언되었지만 대입문이나 기타 다른 방법에 의해 값이 주어지지 않았다면 이 변수는 **초기화되지 않았다**(uninitialized)고 말한다. 이 변수가 클래스형이라면 아무런 값을 가지지 않는 상태이고, 기본형의 변수라면 어떤 디폴트(default)값을 가지고 있을 것이다. 그러나 명시적으로 변수의 값을 주는 편이 프로그램을 보다 명료하게 만든다. (디폴트값에 대한 세부 사항은 변경될 수 있으므로 디폴트값에 의지하여 프로그래밍해서는 안 된다.)

초기화되지 않은 변수가 생기지 않도록 하는 쉬운 방법은 변수 선언 시에 초기화하는 것인데, 다음의 예와 같이 변수 선언에 대입문을 결합하면 된다. 마지막 예처럼 하나의 선언에서 일부 변수만 초기화할 수도 있다.

```
int count = 0;
double taxRate = 0.075;
char grade = 'A';
int balance = 1000, newBalance;
```

컴파일러가 변수를 초기화하지 않고 사용했다는 에러 메시지를 내는 경우가 있다. 대부분의 경우는 컴파일러의 판단이 맞겠지만 그렇지 않은 경우도 있다. 실제로는 문제가 없는데 컴파일러가 잘못 판단하기도 한다는 말이다. 어쨌거나 컴파일러는 그 변수가 초기화되었다고 확신한 다음에야 컴파일을 진행한다. 컴파일러와 다툴 수는 없으니 그런 경우에는 변수를 선언할 때 무조건 초기화하라. ■

GOTCHA

프로그래밍에서 저지르기 쉬운 실수를 알려 준다.

GOTCHA 실숫값의 비교에 ==나 !=를 사용하면?

앞 장에서 실수는 근삿값으로 생각해야 한다고 했다. 소수 부분을 갖는 숫자는 무한한 자릿수를 가질 수도 있는 데 반해 컴퓨터는 제한된 자릿수만을 저장할 수 있으므로 실수는 부정확한 경우가 많다. 이러한 근삿값은 계산 과정에서 점점 더 부정확해질 수도 있다.

따라서 두 개의 실숫값을 계산했을 때 두 값이 정확히 동일할 가능성은 별로 없다. 값이 거의 같은 정도로 만족해야 할지 모른다. 그러므로 실수를 비교할 때 ==를 써서는 안 된다. != 연산자도 마찬가지의 문제가 있다.

실수가 같은지 비교하려면, 근삿값을 취하다 보니 생겨난 차이로 볼 수 있을 만큼 차이가 아주 작은지를 판단해야 한다. 차이가 그렇게 작다면 같은 것으로 간주할 수 있다. ■

FAQ

각 장의 내용과 관련하여 흔히 묻는 질문에 대한 답을 제공한다.

FAQ 왜 0과 1만을 사용하는가?

컴퓨터에서 0과 1을 사용하는 이유는 단 두 개의 안정된 상태를 가진 전기장치를 만들기가 쉽기 때문이다. 하지만 프로그램을 작성할 때는 데이터가 0과 1로 표현되는 방식에 굳이 관심을 기울일 필요가 없다. 컴퓨터가 숫자, 문자나 문자열 등을 직접 메모리에 저장한다고 생각하고 프로그램을 작성할 수 있다.

사실 반드시 숫자 0과 1이어야 할 필요는 없다. A와 B, 참과 거짓 같은 어떤 두 개의 이름을 0과 1 대신 사용해도 무관하다. 중요한 것은 컴퓨터의 물리장치가 '켜짐'과 '꺼짐' 혹은 '높은 전압'과 '낮은 전압'과 같은 두 개의 안정된 상태를 가진다는 점이며, 이 두 상태를 0과 1로 부르는 것은 단지 대부분의 사람들이 따르는 관행일 뿐이다.

Listing

완전한 프로그램을 실행 결과 출력과 함께 보여 준다.

Listing 2.1 간단한 자바 프로그램

```
public class EggBasket
{
    public static void main(String[] args)
    {
        int numberOfBaskets, eggsPerBasket, totalEggs;      ← 변수 선언

        numberOfBaskets = 10;
        eggsPerBasket = 6;                     ← 대입문

        totalEggs = numberOfBaskets * eggsPerBasket;

        System.out.println("If you have");
        System.out.println(eggsPerBasket + " eggs per basket and");
        System.out.println(numberOfBaskets + " baskets, then");
        System.out.println("the total number of eggs is " + totalEggs);
    }
}
```

실행 결과 출력

```
If you have
6 eggs per basket and
10 baskets, then
the total number of eggs is 60
```

사례 연구

사례 연구를 통해 문제의 기술에서 알고리즘 개발을 거쳐 자바 코드에 이르는 과정을 경험하도록 한다.

사례 연구 단위 테스트

지금까지의 예제에서는 프로그램을 직접 실행하고 입력값을 넣고 결과가 예상대로 나왔는지 보는 방식으로 프로그램을 테스트하였다. 작은 프로그램에서는 이런 방법이 아무 문제가 없으나 프로그램이 크고 복잡해지면 이 방식으로는 충분한 테스트가 어렵다. 큰 프로그램에서는 대개 수많은 입력값이 서로 조합을 이루어 작동하게 되고, 모든 입력 경우의 수에 대해 제대로 된 결과가 출력되는지 일일이 다 테스트하는 것은 시간이 매우 많이 걸린다. 게다가 코드를 일부 변경하면 원하지 않는 부수적 효과가 발생할 수도 있다. 예를 들어 하나의 오류를 수정하기 위해 코드를 변경했는데 그로 인해 다른 오류가 새로 발생하기도 한다. 이 문제를 해결하는 한 가지 방법은 여러 개의 **단위 테스트**(unit test)를 작성하는 것이다. 단위 테스트란 코드의 개별 단위가 정확한지 테스트하는 방식이다. 하나의 단위(unit)는 대개 하나의 메소드이지만 때로는 하나의 클래스나 몇 줄의 코드가 되기도 한다.

프로그래밍 예제

특정 문제를 해결하는 다양한 자바 프로그램 예제를 제공한다.

프로그래밍 예제 Rectangle 클래스의 새로운 구현

이제 Listing 5.10에 있는 `Rectangle2` 클래스를 보자. `Rectangle` 클래스와 똑같은 이름의 메소드를 정의하고 있지만 그 구현 내용은 약간 다르다. 새 클래스에서는 직사각형의 면적 계산을 `getArea` 메소드에서 한다. 또한 이 면적은 인스턴스 변수에 저장되지 않는다.

`Rectangle2` 클래스를 사용하는 방법은 클래스 이름이 `Rectangle`에서 `Rectangle2`로 바뀐 것만 제외하면 모든 점에서 같다.

```
Rectangle2 box = new Rectangle2( );
box.setDimensons(10, 5);
System.out.println("The area of our rectangle is " + box.getArea());
```

자습문제

각 장에서 배운 내용을 점검해 볼 기회를 제공한다. 각 장 끝에 해답이 있으므로 즉시 피드백을 얻을 수 있다.

27 스크린에 다음과 같은 출력을 생성하는 자바 문장을 작성하라.

```
Once upon a time,
there were three little programmers.
```

28 `System.out.println` 메소드와 `System.out.print` 메소드의 차이는 무엇인가?

29 두 개의 `int`형 값을 한 줄의 키보드 입력으로 읽고, 읽어 들인 두 수를 출력하는 완전한 자바 프로그램을 작성하라. 두 입력값은 하나 이상의 공백으로 분리된다.

30 정확히 세 단어를 포함하는 한 줄의 텍스트 입력을 읽은 후, 읽어 들인 줄을 출력하는 완전한 자바 프로그램을 작성하라. 단어는 하나 이상의 공백이나 탭, 줄 바꿈 등 임의의 공백 문자로 분리되어 입력된다. 출력할 때는 첫 단어 앞에는 공백이 없고 각 인접한 단어 사이에는 정확히 두 개의 공백만 있도록 해야 한다.

31 다음 코드의 출력은 무엇인가?

```
String s = "Hello" + "" + "Joe";
System.out.println(s);
```

보충

관련된 주제에 대해 간단한 설명을 제공한다.

> **보충 System.out은 static 객체이다**
>
> 2장에서 out은 System 클래스의 한 객체임을 설명한 적이 있다. 사실 이 객체의 선언부를 보면 다음과 같이 static 상수임을 알 수 있다.
>
> ```
> public static final PrintStream out;
> ```
>
> out은 public이기 때문에 System 클래스의 외부에서도 직접 이 이름을 사용할 수 있다. 그러나 이때 반드시 클래스 이름 System을 앞에 붙여 System.out으로 사용해야 한다. 한편, 위의 선언문은 out이 자바 클래스 라이브러리에 있는 PrintStream 클래스의 객체로 생성됨을 의미한다. 자주 사용되는 print와 println 메소드는 PrintStream 클래스의 메소드들이다. 이들을 호출하기 위해서는 PrintStream 객체의 이름, 점, 메소드 이름 순서대로 호출문을 작성해야 한다. 그래서 늘 사용해 온 System.out.println( )이라는 호출문은 out 객체의 println 메소드를 호출한다는 것이다.

* 원서와 연계된 웹사이트를 이용하려면 액세스 코드를 구매해야 합니다.

차례

제3장 제어 흐름 분기문 139

제4장 제어 흐름 루프 197

제5장 클래스와 메소드 정의 263

제6장 객체와 메소드 377

01

컴퓨터와 자바의 소개

1.1 컴퓨터 기초
1.2 자바 맛보기
1.3 프로그래밍 기초
1.4 그래픽 보조자료

이 장은 컴퓨터의 하드웨어와 소프트웨어에 대해 간단히 소개한다. 이 내용 가운데 많은 부분은 자바 프로그래밍뿐 아니라 다른 프로그래밍 언어에도 적용된다. 소프트웨어에 대한 설명에서는 객체지향 프로그래밍(object-oriented programming)으로 알려진 프로그램 설계 방법론에 대해서도 다룰 것이다. 1.2절은 자바 언어를 소개하고 간단한 자바 예제 프로그램을 설명한다.

1.4절은 자바의 그래픽 처리 기능을 소개하는 그래픽 보조자료인데, 10장까지 각 장의 마지막 부분에 그래픽 보조자료 절이 나온다. 이 그래픽 보조자료들은 서로 연관되어 있으며, 각 장에서 소개된 자바 기능을 이용하는 내용으로 되어 있다.

■ 학습목표

- 컴퓨터의 하드웨어와 소프트웨어에 대해 간단히 설명할 수 있다.
- 자바 프로그래밍 언어에 대해 설명할 수 있다.
- 일반적인 프로그램 설계 기법 및 객체지향 프로그래밍의 프로그램 설계 기법을 설명할 수 있다.
- 애플릿(applet)과 그래픽의 기초적인 사항을 설명할 수 있다.

■ 전제조건

이 장을 공부하기 위해 이전의 프로그래밍 경험이 필요하지는 않다. 대신 컴퓨터를 사용할 수 있어야 하는데, 이 장과 이 책 전체를 잘 이해하기 위해서는 자바가 설치된 컴퓨터가 있어서 배운 것을 실습해 보는 것이 필요하다. 부록 1에서 자바 언어를 다운받아 설치하는 방법을 설명하고 있다.

1.1 컴퓨터 기초

컴퓨터 시스템은 하드웨어와 소프트웨어로 구성된다. **하드웨어**(hardware)는 물리적인 기계 부분이다. 컴퓨터가 실행할 명령들의 집합을 **프로그램**(program)이라 부른다. 컴퓨터에게 명령을 주기 위한 다양한 종류의 모든 프로그램을 통칭하여 **소프트웨어**(software)라고 부른다. 이 책은 소프트웨어에 대해 설명하지만, 소프트웨어를 이해하기 위해서는 컴퓨터 하드웨어에 대한 기초적인 지식이 도움이 된다.

하드웨어와 메모리

오늘날 대부분의 컴퓨터는 기본적으로 동일한 구성 요소를 가지며 그 구조도 거의 동일하다. 컴퓨터는 키보드, 마우스 같은 입력장치와 모니터, 프린터 같은 출력장치 및 본체 안에 들어가는 기타 여러 가지 장치로 구성된다. 이러한 장치들이 데이터를 저장하고 프로그램을 실행한다.

CPU 혹은 **중앙처리장치**(central processing unit 혹은 간단히 processor)는 프로그램의 명령을 수행하는 컴퓨터 내부 장치이다. 요즘 잘 알려진 프로세서의 예로 인텔® 코어 i7 프로세서를 들 수 있다. 프로세서는 아주 간단한 명령만을 실행할 수 있는데, 예를 들면 숫자나 다른 데이터값을 메모리의 한 곳에서 다른 곳으로 이동시키거나, 덧셈이나 뺄셈 같은 간단한 산술연산을 실행하는 것 등이다. 컴퓨터의 강력한 성능은 빠른 실행 속도와 프로그램의 복잡성에서 나오는 것일 뿐, 하드웨어의 기본 구조는 개념적으로 간단하다.

컴퓨터의 **메모리**는 컴퓨터가 처리할 **데이터**를 저장하고 계산의 중간 결괏값도 저장하는데, 주기억장치(main memory)와 보조기억장치(auxiliary memory)의 두 가지로 나눈다. **주기억장치**는 현재 실행 중인 프로그램과 그 프로그램이 조작하는 데이터의 대부분을 저장한다. 프로그램을 작성할 때는 주기억장치의 특성을 이해하는 것이 가장 중요하다. 주기억장치에 저장된 정보는 일반적으로 **휘발성**(volatile)인데, 이 말은 컴퓨터를 끄면 정보가 사라진다는 뜻이다. 이와 달리, **보조기억장치**(secondary memory라고도 함)의 데이터는 컴퓨터의 전원을 끄더라도 남아 있다. 하드디스크 드라이브, 플래시 드라이브, 콤팩트디스크(CD), 디지털 비디오 디스크(DVD)를 포함하는 여러 종류의 디스크가 모두 보조기억장치에 속한다.

좀 더 구체적으로 살펴보기 위해 예를 들어 보자. 개인용 컴퓨터(PC)의 사양을 말할 때, 흔히 1기가바이트 RAM과 200기가바이트 하드드라이브라다는 식의 표현을 들어보았을 것이다. **RAM**(random access memory)은 주기억장치를 말하고 하드드라이브는 보조기억장치의 주된 형태이다. 바이트(byte)는 메모리양의 단위이므로 1기가바이트 RAM은 대략 10억 바이트이고 200기가바이트 하드드라이브는 대략 2,000억 바이트이다. 그러면 한 바이트가 정확히 얼마인지 계속해서 알아보자.

컴퓨터의 주기억장치는 번호가 붙은 바이트들의 긴 리스트로 구성되는데, 각 바이트에 붙은 이 번호를 **주소**(address)라고 한다. **바이트**는 주소를 붙일 수 있는 최소의 메모리 단위이다. 숫자나 키보드에서 누른 문자와 같은 한 조각의 데이터가 하나의 바이트에 저장되며, 나중에 컴퓨터가 이 데이터를 필요로 할 때는 그 바이트의 주소를 이용하여 데이터를 찾게 된다.

한 바이트는 여덟 개의 자릿수를 갖도록 정해져 있고, 각 자릿수는 0이나 1을 저장할 수 있다. 실제로는 어떤 두 개의 값이라도 상관없으나 보통 0과 1이 사용된다. 이 자릿수 각각을 **비트**(bit)라고 부르며, 한 바이트는 8비트의 메모리이다. 주기억장치나 보조기억장치 모두 바이트로 그 크기를 나타낸다.

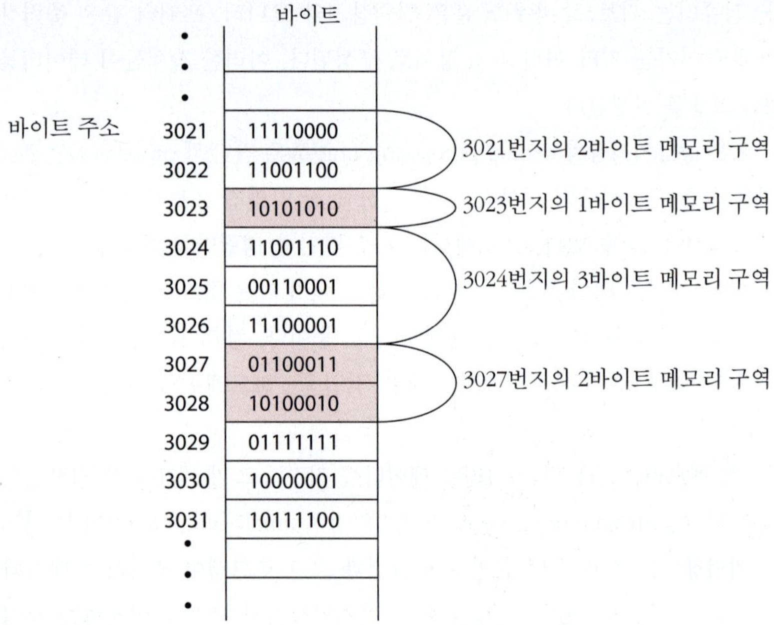

그림 1.1 주기억장치

숫자, 문자, 문자열과 같은 여러 종류의 데이터는 일련의 0과 1로 표시되어 컴퓨터 메모리에 저장된다. 한 바이트는 딱 하나의 키보드 문자를 저장할 만큼의 크기이다. 이런 이유로 컴퓨터 메모리를 다른 크기가 아니라 바이트 단위로 나누는 것이다. 그러나 여러 문자의 연속체인 문자열이나 큰 숫자를 저장하기 위해서는 한 바이트 이상이 필요하다. 그런 경우에 컴퓨터는 몇 개의 연속된 바이트를 이용하는데, 이때 이 연속된 바이트는 전체가 하나의 **메모리 구역**(memory location)으로 간주되며 그 첫 번째 바이트의 주소가 전체 메모리 구역의 주소로 사용된다. 그림 1.1은 전형적인 컴퓨터 주기억장치가 메모리 구역들로 나누어지는 모습을 보여 준다. 이 메모리 구역들의 위치와 경계는 하드웨어에 의해 고정되는 것이 아니라 프로그램이 실행될 때마다 달라진다.

실행 중인 프로그램과 그 프로그램이 사용하는 데이터의 대부분을 저장하는 것이 주기억장치라고 했다. 보조기억장치는 데이터를 다소 영구적인 형태로 저장할 때 사용한다. 보조기억장치도 바이트로 나누어지지만 이 바이트는 좀 더 큰 단위인 **파일**(file)로 묶인다. 파일은 프로그램, 숫자의 리스트, 그림 등 어떤 종류의 데이터도 포함할 수 있다. 예를 들어 자바 프로그램을 작성한다면 프로그램은 파일에 저장되고, 그 파일은 디스크의 어느 위치에 들어갈 것이다. 이 프로그램을 실행하게 되면 먼저 프로그램 파일의 내용이 보조기억장치로부터 주기억장치로 복사된다.

각 파일에는 이름을 붙이고, **디렉터리**(directory)나 **폴더**(folder)라 부르는 파일의 그룹으로 구성할 수 있다. 폴더와 디렉터리는 컴퓨터 시스템에 따라 달리 사용되는 용어일 뿐 같은 것을 뜻한다.

FAQ 왜 0과 1만을 사용하는가?

컴퓨터에서 0과 1을 사용하는 이유는 단 두 개의 안정된 상태를 가진 전기장치를 만들기가 쉽기 때문이다. 하지만 프로그램을 작성할 때는 데이터가 0과 1로 표현되는 방식에 굳이 관심을 기울일 필요가 없다. 컴퓨터가 숫자, 문자나 문자열 등을 직접 메모리에 저장한다고 생각하고 프로그램을 작성할 수 있다.

사실 반드시 숫자 0과 1이어야 할 필요는 없다. A와 B, 참과 거짓 같은 어떤 두 개의 이름을 0과 1 대신 사용해도 무관하다. 중요한 것은 컴퓨터의 물리장치가 '켜짐'과 '꺼짐' 혹은 '높은 전압'과 '낮은 전압'과 같은 두 개의 안정된 상태를 가진다는 점이며, 이 두 상태를 0과 1로 부르는 것은 단지 대부분의 사람들이 따르는 관행일 뿐이다.

요점 정리 바이트와 메모리 구역

컴퓨터의 주기억장치는 바이트라는 단위로 나눠는데, 각 바이트에는 번호가 붙어 있다. 이 번호를 주소라고 한다. 각 바이트는 여덟 개의 비트를 가지고 각 비트는 0이나 1을 저장한다. 한 바이트보다 큰 데이터를 저장하기 위해 컴퓨터는 연속된 몇 개의 바이트를 사용한다. 이 연속된 바이트들을 하나의 메모리 구역으로 생각할 수 있는데, 그 첫 번째 바이트의 주소가 메모리 구역 전체의 주소로 사용된다.

프로그램

아마도 여러분은 프로그램이 무엇인지에 대해 조금은 알고 있을 것이다. 컴퓨터를 사용할 때마다 항상 프로그램을 사용한다. 예를 들어 문서편집기나 워드프로세서가 프로그램이다. 프로그램이란 단순히 컴퓨터가 수행할 명령의 집합이다. 프로그램을 데이터에 대해 **실행**(running) 혹은 **수행**(executing)한다는 것은 컴퓨터에게 프로그램과 데이터를 주고 프로그램에 있는 명령을 처리하라고 지시하는 것을 말한다.

그림 1.2는 프로그램의 실행을 이해하는 두 가지 관점을 보여 준다. 우선 첫 번째로, 점선으로 표시된 사각형을 무시하고 프로그램을 실행할 때 일어나는 일을 살펴보자. 이때 컴퓨터는 두 가지 입력을 가진다. 첫 번째 입력은 컴퓨터가 수행할 명령을 포함하고 있는 프로그램이고, 두 번째 입력은 프로그램이 처리할 데이터이다. 예를 들어 철자법 검사 프로그램의 경우에 데이터는 철자법을 검사해야 할 문장이다. 컴퓨터의 입장에서 보면 데이터와 프로그램 자체는 둘 다 입력이다. 그리고 컴퓨터가 프로그램의 명

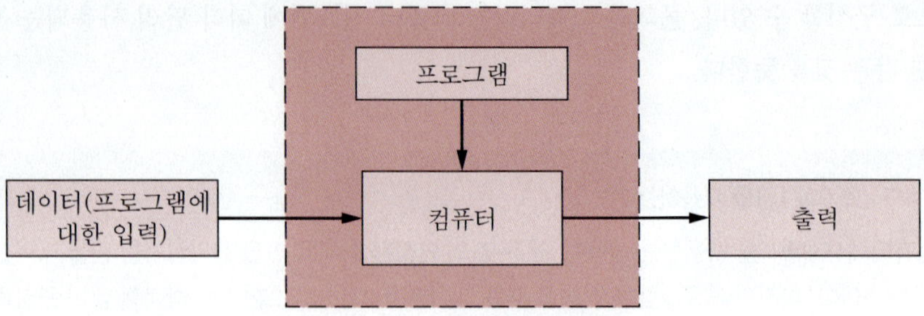

그림 1.2 프로그램의 실행

령을 수행했을 때 만들어지는 결과가 출력이다. 프로그램이 문장의 철자법을 검사한다면, 출력은 철자가 틀린 단어들의 목록 같은 것이 될 수 있다.

프로그램의 실행을 이해하는 첫 번째 관점은 실제로 일어나는 일을 잘 나타내고 있지만, 우리가 프로그램의 실행에 대해 항상 이렇게 생각하는 것은 아니다. 또 다른 관점은 데이터를 프로그램에 대한 입력으로 생각하는 것이다. 이런 관점에서는 컴퓨터와 프로그램이 하나의 단위로 간주된다. 그림 1.2는 프로그램-컴퓨터의 결합을 점선 박스로 둘러쌈으로써 이 관점을 보여 주고 있다. 이런 관점에 따르면 데이터는 프로그램에 대한 입력이고 실행 결과는 프로그램의 출력이다. 컴퓨터는 단지 프로그램을 보조하는 무엇인가로 여기게 된다. **프로그래머**는 이 두 번째 관점을 프로그램 설계에 더 유용한 것으로 여긴다.

여러분이 생각하는 것보다 훨씬 많은 프로그램이 컴퓨터에 설치되어 있으며, 여러분이 컴퓨터라고 생각하는 것의 많은 부분이 사실은 프로그램이다. 즉, 하드웨어가 아니라 소프트웨어이다. 컴퓨터를 켜면 여러분은 이미 프로그램을 실행시켜 그 프로그램과 대화하고 있는 것인데 이 프로그램이 **운영체제**(operating system)이다. 운영체제는 컴퓨터의 전체 동작을 제어하는 관리 프로그램이다. 어떤 프로그램을 실행하려면 운영체제에게 할 일을 알려 주고 운영체제가 그 프로그램을 찾아서 실행한다. 여러분이 실행할 프로그램이 문서편집기이거나 웹 서핑을 위한 브라우저 혹은 자바 언어를 이용하여 작성한 프로그램이라면, 마우스로 아이콘을 클릭하거나 메뉴 항목을 선택하거나 간단한 명령어를 입력함으로써 그 프로그램을 실행하도록 운영체제에게 지시하는 것이다. 따라서 아마도 여러분이 '컴퓨터'라고 생각했던 것이 실제로는 운영체제이다. 잘 알려진 운영체제로는 마이크로소프트 윈도즈(Microsoft Windows), 애플 매킨토시의 Mac OS, 리눅스(Linux), 유닉스(UNIX) 등이 있다.

FAQ 소프트웨어란 정확히 무엇인가?

소프트웨어는 단순히 프로그램을 뜻한다. 따라서 소프트웨어 회사란 프로그램을 제작하는 회사를 말하고, 어떤 컴퓨터의 소프트웨어란 그 컴퓨터에 설치된 프로그램을 통틀어 일컫는 것이다.

프로그래밍 언어, 컴파일러, 인터프리터

사람들이 이해하고 사용하기 쉽게 설계된 언어를 **고급 언어**(high-level language)라고 하는데, 자바를 포함한 대부분의 현대 프로그래밍 언어가 여기에 속한다. Visual Basic, C++, C#, COBOL, Python, Ruby 같은 익숙한 언어들이 모두 고급 언어이다. 그러나 컴퓨터 하드웨어는 고급 언어를 이해하지 못하므로 고급 언어로 작성된 프로그램이 실행되기 위해서는 컴퓨터가 이해할 수 있는 언어로 번역되어야 한다.

컴퓨터가 직접 이해할 수 있는 언어는 **기계어**(machine language)이다. **어셈블리어**(assembly language)는 기계어를 사람들이 이해하기 쉽도록 심벌을 이용해 표기한 형태로 기계어와 거의 동일한 것이지만 컴퓨터에서 실행되기 전에 약간의 추가적인 번역이 필요하다. 기계어와 어셈블리어를 **저급 언어**(low-level language)라고 한다.

자바와 같은 고급 언어에서 저급 언어로의 번역은 별도의 프로그램에 의해 이루어지는데, 한 번에 모두 번역될 수도 있고 일부분씩 번역될 수도 있다. 많은 고급 언어의 경우 이러한 번역은 **컴파일러**(compiler)라는 프로그램에 의해 독립된 단계로 이루어진다. 따라서 고급 언어로 작성된 프로그램을 실행하기 전에 먼저 그 프로그램을 입력으로 삼아 컴파일러를 실행해야 한다. 그 결과로 기계어 프로그램을 얻게 되면, 그 후에는 추가적인 컴파일링 없이 그 기계어 프로그램을 반복적으로 실행할 수 있다.

여기서 컴파일러 프로그램의 입력과 출력이 모두 프로그램이기 때문에 용어에 혼동이 있을 수 있다. 혼동을 피하기 위해 입력 프로그램(여기서는 자바 프로그램)을 **소스 프로그램**(source program) 혹은 **소스 코드**(source code)라 부르고, 컴파일러가 생성하는 기계어 프로그램을 **목적 프로그램**(object program) 혹은 **목적 코드**(object code)라고 부른다. 여기서 **코드**(code)라는 용어는 프로그램이나 프로그램의 일부를 뜻한다.

요점 정리 컴파일러

컴파일러란 자바 등의 고급 언어로 작성된 프로그램을 컴퓨터가 어느 정도 직접적으로 이해할 수 있는 보다 단순한 언어로 된 프로그램으로 번역하는 프로그램이다.

어떤 고급 언어는 컴파일러에 의해 번역되지 않고 **인터프리터**(interpreter)라는 다른 종류의 프로그램에 의해 번역된다. 컴파일러처럼 인터프리터도 프로그램의 문장을 고급 언어에서 저급 언어로 번역하지만, 컴파일러와 달리 프로그램 전체를 한 번에 번역하는 것이 아니라 한 부분의 코드를 번역한 즉시 실행한다. 인터프리터를 사용한다는 것은 프로그램을 실행할 때 번역과 실행이 교대된다는 뜻이다. 또한 프로그램을 실행할 때마다 다시 번역해야 한다. 이에 반해 컴파일러의 경우에는 번역이 한 번 이루어지면 그 결과로 얻은 목적 프로그램은 다시 컴파일러를 사용하지 않고도 반복해서 실행할 수 있다. 따라서 컴파일러를 사용하는 것이 일반적으로 인터프리터보다 실행 속도가 빠르다.

요점 정리 인터프리터

인터프리터는 고급 언어로 작성된 프로그램을 한 부분씩 번역과 실행을 교대로 하는 프로그램이다.

대부분의 고급 언어 프로그램의 번역에 통용되는 이러한 방식은 단점이 있는데, 각각의 언어나 컴퓨터 시스템의 종류에 대해 별도의 컴파일러나 인터프리터가 필요하다는 점이다. 하나의 소스 프로그램을 세 종류의 서로 다른 컴퓨터 시스템에서 실행하고자 한다면 세 가지의 서로 다른 컴파일러나 인터프리터가 필요하다. 또한 완전히 새로운 종류의 컴퓨터 시스템이 생산된다면 프로그래머는 그 컴퓨터 시스템을 위한 새로운 컴파일러와 인터프리터를 작성해야 한다. 컴파일러와 인터프리터가 제작 비용과 시간이 많이 드는 대형 프로그램이기 때문에 문제가 된다. 이러한 비용 문제에도 불구하고 많은 고급 언어의 컴파일러와 인터프리터는 이 방식으로 동작한다. 그러나 자바는 이와는 약간 다른, 컴파일러와 인터프리터를 결합한 보다 유용한 접근 방식을 사용한다. 다음에서 살펴보자.

자바 바이트코드

자바 컴파일러는 자바 프로그램을 특정 컴퓨터를 위한 기계어로 번역하지 않고, **바이트코드**(bytecode)라 불리는 언어로 번역한다. 바이트코드는 어떤 특정 컴퓨터가 이해할 수 있는 기계어가 아니라 **가상 기계**(virtual machine)라고 알려진 가상적인 컴퓨터의 기계어이다. 가상 기계는 어떤 특정한 컴퓨터와 완전히 동일하지는 않지만 대부분의 컴퓨터와 유사한 성격을 가진다. 바이트코드로 작성된 프로그램을 실제 컴퓨터가 이해하는 기계어 프로그램으로 번역하는 것은 상당히 간단하다. 이러한 번역을 하는 프로그램은 일종의 인터프리터로서 **자바 가상 기계**(Java Virtual Machine) 혹은 **JVM**이라고 부른다. 자바 가상 기계는 자바 바이트코드를 번역하고 실행한다.

자바 프로그램을 자신의 컴퓨터에서 실행하기 위해서는 먼저 컴파일러를 이용하여 자바 프로그램을 바이트코드로 번역하고, 다음에 자신의 컴퓨터 시스템에 맞는 JVM을 이용하여 바이트코드 명령을 기계어로 번역하여 실행한다. 전체 처리 과정을 그림 1.3에 나타냈다.

이러한 처리 방식은 자바 바이트코드로 인해 단지 불필요한 단계가 하나 늘어나는 것으로 생각될 수도 있다. 왜 자바를 특정 컴퓨터의 기계어로 직접 번역하는 컴파일러를 사용하지 않는 것일까? 실제로 많은 다른 프로그래밍 언어들이 그렇게 하고 있으며, 이와 같은 방법으로 더 실행 속도가 빠른 기계어 프로그램을 얻을 수도 있다. 그러나 자바 바이트코드는 이식성(portability)이라는 중요한 장점을 제공한다. 일단 자바 프로

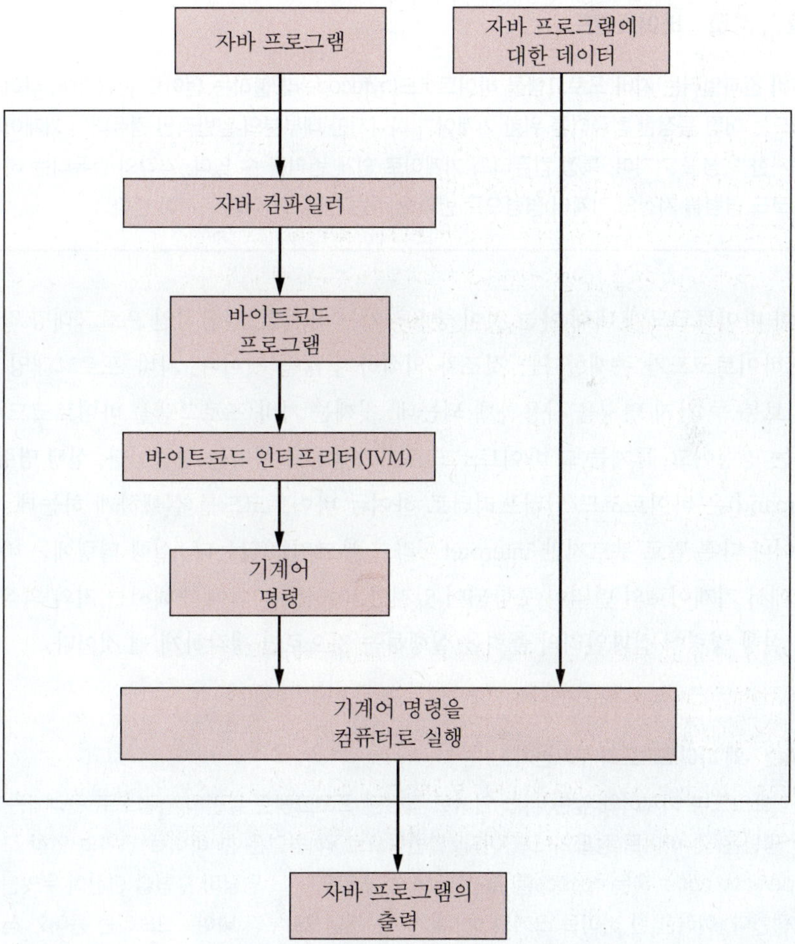

그림 1.3 자바 프로그램의 컴파일과 실행

그램을 바이트코드로 컴파일하면 이 바이트코드는 어떤 컴퓨터에서도 실행이 가능하다. 다른 종류의 컴퓨터 시스템에서 실행하더라도 다시 컴파일할 필요가 없다. 이것이 의미하는 바는 여러분이 바이트코드를 인터넷을 통해 다른 컴퓨터에 보내면 그 컴퓨터의 운영체제가 무엇이든 거기서 실행될 수 있다는 것이다. 이런 점이 자바가 인터넷 응용에 적합한 이유 가운데 하나이다.

이식성에는 다른 장점도 있다. 컴퓨터 회사가 새로운 종류의 컴퓨터 시스템을 출시할 때마다 새로운 자바 컴파일러를 만들 필요가 없다. 하나의 자바 컴파일러가 모든 종류의 컴퓨터에서 동작한다. 물론 모든 컴퓨터는 바이트코드 명령을 자신의 기계어 명령으로 번역하는 바이트코드 인터프리터를 필요로 하고 이 인터프리터는 컴퓨터 종류마다 새로 작성되어야 하지만, 이것은 컴파일러에 비하면 간단한 프로그램이다. 따라서 자바는 새로운 종류의 컴퓨터 시스템에 빠르고 경제적으로 장착될 수 있다.

요점 정리 바이트코드

자바 컴파일러는 자바 프로그램을 바이트코드(bytecode)라 불리는 언어로 번역한다. 바이트코드는 어떤 특정한 컴퓨터를 위한 기계어가 아니지만 대부분의 일반적인 컴퓨터의 기계어와 유사한 특성을 가지며, 특정 컴퓨터의 기계어로 쉽게 번역될 수 있다. 각각의 컴퓨터는 바이트코드 명령을 자신의 기계어 명령으로 번역해 주는 인터프리터를 가져야 한다.

자바 바이트코드에 대해 아는 것이 중요하기는 하지만, 일상적인 프로그래밍 작업에서는 바이트코드가 존재한다는 것조차 의식하지 않을 것이다. 자바 프로그래밍 작업에서 보통 두 가지 명령을 사용하게 되는데, 첫째는 자바 프로그램을 바이트코드로 번역하는 명령이고, 둘째는 그 바이트코드 프로그램을 실행하는 명령이다. **실행 명령**(run command)은 바이트코드 인터프리터로 하여금 바이트코드를 실행하게 하는데, 보통 'run'이나 다른 말로 부르지만 'interpret'이라고 부르지는 않는다. 실행 명령에는 바이트코드에서 기계어로의 번역이 포함되어 있지만, 여러분은 이에 대해서는 거의 의식하지 않고 실행 명령이 컴파일러의 출력을 실행하는 것으로만 생각하게 될 것이다.

FAQ 왜 바이트코드라 부르는가?

바이트코드나 기계어와 같은 저급 언어로 작성된 프로그램은 일련의 명령으로 구성되는데, 각 명령은 몇 바이트 정도의 크기이다. 일반적으로 각 명령은 한 바이트 크기의 연산 코드(operation code) 혹은 opcode를 갖는데, 이 연산 코드가 그 명령이 수행할 연산이 무엇인지 지정한다. 이러한 한 바이트 크기의 opcode라는 개념으로부터 바이트코드라는 용어가 생겨났다.

클래스 적재기

자바 프로그램이 하나의 파일에 저장되는 한 덩어리의 코드로 작성되는 경우는 거의 없고, **클래스**(class)라 부르는 조각들로 구성된다. 클래스에 대해서는 나중에 자세히 살펴보겠지만 지금으로서는 코드의 조각이라고 생각하면 된다. 클래스들은 각기 다른 사람에 의해 작성되는 경우가 많고, 각 클래스는 따로 컴파일되어 별도의 바이트코드로 번역된다. 여러 개의 클래스를 가진 프로그램을 실행하려면 개별 바이트코드들이 결합되어야 하는데, 이러한 결합 작업을 하는 프로그램이 **클래스 적재기**(class loader)이다. 이러한 결합 작업은 자동으로 이루어지므로 보통은 여러분이 신경 쓸 필요가 없다. 다른 프로그래밍 언어에서 자바의 클래스 적재기에 해당하는 것이 링커(linker)이다.

자습문제 SELF-TEST QUESTIONS

1 컴퓨터에서 두 가지 종류의 메모리는 무엇인가?

2 소프트웨어란 무엇인가?

3 두 숫자의 합을 계산하는 프로그램이 있다면, 이 프로그램에 어떤 데이터를 주어야 하겠는가?

4 한 과목에서 나의 모든 퀴즈 점수의 평균을 계산하는 프로그램이 있다면, 이 프로그램에 어떤 데이터를 주어야 하겠는가?

5 고급 언어로 작성된 프로그램, 기계어 프로그램, 자바 바이트코드 프로그램은 서로 어떤 차이가 있는가?

6 자바는 고급 언어인가 저급 언어인가?

7 자바 바이트코드는 고급 언어인가 저급 언어인가?

8 컴파일러란 무엇인가?

9 소스 프로그램이란 무엇인가?

10 자바 바이트코드를 기계어 명령으로 번역하는 프로그램을 무엇이라 부르는가?

1.2 자바 맛보기

이 절에서는 자바 언어의 몇 가지 특징을 설명하고 간단한 자바 프로그램을 살펴볼 것이다. 여기서는 몇몇 용어를 소개하는 정도의 간단한 소개에 그치며 자바의 세부 사항에 대해서는 다음 장에서 다룰 것이다.

자바 언어의 역사

자바는 인터넷 응용을 위한 프로그래밍 언어로 널리 알려져 있지만, 이 책은 자바를 인터넷과 굳이 관련시킬 필요가 없는 범용 프로그래밍 언어로 간주한다. 처음 만들어질 때의 자바는 인터넷용 언어도 아니었고 범용 언어도 아니었지만 결국에는 두 가지 용도로 모두 사용되고 있다.

자바의 역사는 선 마이크로시스템즈의 James Gosling과 그의 팀이 후일 자바라고 불리게 될 새로운 프로그래밍 언어의 첫 버전을 설계하기 시작한 1991년으로 거슬러 올라간다. 이 새로운 언어는 토스터나 TV와 같은 가전제품을 프로그래밍하기 위한 용도로 계획되었다. 이렇게 말하면 시시한 작업처럼 들릴 수도 있지만 실제로는 만만치 않은 작업이었다. 가전제품들은 다양한 컴퓨터 프로세서(칩)로 제어되므로 Gosling과 그의 팀이 설계하는 언어는 모든 다른 종류의 프로세서에 대해 동작해야 했다. 이를 위해서는 가전제품 프로그램을 프로세서가 이해하는 프로그램으로 번역하는 복잡한 컴파일러를 개발해야 하는데, 보통의 가전제품은 값비싼 제품이 아니기 때문에 제조사들은 여기에 많은 비용과 시간을 투자하려고 하지 않았다. 이런 문제를 해결하기 위해 개발팀은 가전제품 프로그램을 중간 단계의 언어로 번역하는 하나의 소프트웨어를 작성했는데, 이 중간 언어가 모든 가전제품과 그들의 프로세서에 공통된 것이었다. 그리고 비용이 적게 드는 작고 간단한 프로그램이 이 중간 언어를 특정 가전제품이나 컴퓨터의 기계어로 번역하도록 하였다. 이 중간 언어가 바이트코드로 불렸다. 자바의 첫 버전을 이용하여 가전제품을 프로그래밍하려는 이 계획을 가전제품 제조회사들이 채택하지는 않았지만 그것으로 끝난 것은 아니었다.

1994년에 Gosling은 이제는 자바라고 불리게 된 이 언어가 웹브라우저에 의해 인터넷상에서 실행되는 프로그램을 작성하기에 이상적이라는 사실을 깨달았다. 웹브라우저는 선 마이크로시스템즈의 Patrick Naughton과 Jonathan Payne에 의해 개발되었으며 처음에는 WebRunner로, 나중에는 HotJava로 불리게 되었지만 지금은 사용되지 않는다. 그러나 이것이 자바가 인터넷과 연관을 갖게 된 시초였다. 1995년 가을에 넷스케이프(Netscape) 사는 다음번 출시할 웹브라우저에 자바 프로그램을 실행할 능력을 갖추도록 결정했고, 다른 인터넷 관련 회사들도 이런 추세에 동참하여 자바 프로그램을 수용할 수 있는 소프트웨어를 개발하였다.

FAQ 왜 이 언어가 자바로 불리게 되었을까?

자바라는 이름을 붙인 이유는 별 게 없다. 프로그래밍 언어의 이름을 붙이는 현재의 관습은 부모가 자녀의 이름을 정하는 것과 다를 바 없다. 프로그래밍 언어의 창시자는 단지 자신이 듣기에 좋은 이름을 선택할 뿐이다. 자바의 원래 이름은 Oak였는데, 나중에 Oak라는 이름의 컴퓨터 언어가 이미 존재한다는 사실을 알고는 자바를 선택하게 된 것이다. 자바라는 이름의 기원에 대해서는 여러 이야기를 들을 수 있는데, 전해 오는 믿을 만한 이야기 가운데 하나는 길고 지루한 회의에서 참석자들이 커피를 마시다가 자바라는 이름을 생각해 냈다는 것이다.

애플리케이션과 애플릿

이 책은 **애플리케이션**(application)과 **애플릿**(applet)이라는 두 가지 형태의 자바 프로그램에 초점을 맞춘다. 애플리케이션은 일반적인 프로그램과 같다. 애플릿은 작은 '애플'처럼 들릴 수도 있지만 사실은 자그마한 애플리케이션이라는 의미를 전달하기 위한 것이다. 애플릿과 애플리케이션은 거의 동일한데, 차이는 애플리케이션은 다른 보통의 프로그램처럼 여러분의 컴퓨터에서 실행되는 것이고 애플릿은 인터넷상의 다른 장소로 보내져서 그곳에서 실행되는 것이라는 점이다.

애플릿이나 애플리케이션 가운데 한 가지 종류의 프로그램을 설계하고 작성할 수 있게 되면 나머지 한 가지도 쉽게 배울 수 있다. 이 책은 여러분이 원하는 만큼만 애플릿에 대해 공부할 수 있도록 구성되어 있다. 대부분의 장들은 애플리케이션을 주로 다루지만 1장부터 10장까지 각 장의 마지막에 소개되는 그래픽 보조자료는 애플릿에 관한 내용을 포함하고 있다. 간단한 샘플 애플릿 프로그램 정도만 보겠다면 1장의 그래픽 보조자료만 읽어 보면 된다.

첫 번째 자바 애플리케이션 프로그램

첫 번째 자바 프로그램을 Listing 1.1에 나타내었다. 프로그램 코드 아래에는 프로그램을 실행시키고 입력을 주었을 경우의 실행 결과 출력 예를 보였다. 데이터를 프로그램과 주고받는 사람을 **사용자**(user)라고 하며, 사용자가 입력한 텍스트는 색자로 표시했다. 이 프로그램을 실행시켜 보도록 하자. 컴퓨터 화면에는 프로그램이 출력한 텍스트와 여러분이 입력한 텍스트가 모두 같은 색으로 나타날 것이다.

사용자가 프로그램을 작성한 프로그래머 본인일 수도 있고 아닐 수도 있다. 프로그래밍을 배우는 학생이라면 프로그래머이자 사용자인 경우가 많겠지만 실제 소프트웨어 환경에서는 사용자와 프로그래머가 동일하지 않은 것이 일반적이다. 이 책은 여러분이 프로그래머가 되도록 가르치는데, 우선 배워야 할 사항은 여러분이 작성한 프로

Listing 1.1 샘플 자바 프로그램

```
import java.util.Scanner;            ← java.util 패키지(라이브러리)로부터 Scanner
                                       클래스를 불러온다.

public class FirstProgram            ← 여러분이 정하는 클래스 이름
{
    public static void main(String[] args)
    {
        System.out.println("Hello out there.");      ← 출력을 화면으로
                                                        보낸다.
        System.out.println("I will add two numbers for you.");
        System.out.println("Enter two whole numbers on a line:");

        int n1, n2;                  ← n1과 n2가 정수를 저장하는
                                       변수라는 뜻
                                                     키보드 입력을 받도록
                                                     프로그램을 준비시킨다.
        Scanner keyboard = new Scanner(System.in);
        n1 = keyboard.nextInt();     ← 키보드로부터 정수를
        n2 = keyboard.nextInt();       읽어 들인다.

        System.out.println("The sum of those two numbers is");
        System.out.println(n1 + n2);
    }
}
```

실행 결과 출력

```
Hello out there.
I will add two numbers for you.
Enter two whole numbers on a line:
12 30
The sum of those two numbers is
42
```

그램을 사용하는 사용자는 무엇을 입력해야 할지 알지 못한다는 점이다. 따라서 이 예제에서 했듯이 사용자가 이해할 수 있는 설명을 프로그램이 제공해야 한다.

여기서는 자바 언어가 어떤 것인지 감을 잡을 수 있도록 Listing 1.1에 보인 샘플 프로그램을 간략하게 설명하겠다. 이 첫 번째 설명에서 프로그램의 어떤 부분이 완전히 명확하게 이해되지 않더라도 걱정할 필요는 없다. 이것은 단지 미리보기일 뿐이고, 프로그램에 사용된 자바 기능에 대해서는 2장에서 자세히 설명할 것이다.

다음의 첫 줄은 이 프로그램이 Scanner라는 클래스를 사용한다는 점을 컴파일러에게 알려 준다.

```
import java.util.Scanner;
```

클래스는 프로그램에서 사용 가능한 한 조각의 소프트웨어를 나타내는 것으로 생각하면 된다. Scanner 클래스는 java.util이라는 패키지에 정의되어 있는데, **패키지**(package)란 미리 정의된 클래스들의 라이브러리이다.

코드의 나머지 줄은 첫 번째 '{'에서 마지막 '}'까지에 걸쳐 FirstProgram 클래스를 정의한다.

```
public class FirstProgram
{
    . . .
}
```

이 중괄호 사이에 **메소드**(method)라고 부르는 부분이 하나 이상 나온다. 모든 자바 애플리케이션은 main이라는 이름의 메소드를 하나 가지며, 다른 메소드를 추가로 가지는 경우도 많다. main 메소드의 정의는 다시 '{'과 '}'로 둘러싸여 있다.

```
public static void main(String[] args)
{
    . . .
}
```

public static void는 필수적으로 써야 하는 것인데 5장과 6장에서 자세히 설명할 것이다.

메소드 내의 **문장**(statement) 혹은 명령들은 수행할 작업을 나타내며 메소드의 **몸체**(body)를 이룬다. 위 예제에서 main 메소드 몸체 첫 부분의 세 문장은 이 프로그램이 수행하는 첫 번째 동작에 해당한다.

```
System.out.println("Hello out there.");
System.out.println("I will add two numbers for you.");
System.out.println("Enter two whole numbers on a line:");
```

세 문장은 모두 System.out.println으로 시작하고 괄호 안에 주어진 따옴표로 둘러 싸인 문자들이 화면에 한 줄씩 출력되도록 한다. 예를 들어 다음 문장은

```
System.out.println("Hello out there.");
```

다음의 한 줄을 화면에 출력한다.

```
Hello out there.
```

지금으로서는 System.out.println이 '괄호 안에 있는 것을 출력하라'는 뜻이라고 생각해도 충분하지만, 여기서 실제로 어떤 일이 일어나는지 좀 더 자세히 살펴보

고 몇 가지 용어를 소개하겠다. 자바 프로그램은 동작을 실행하기 위해 **소프트웨어 객체**(software object) 혹은 그냥 간단히 **객체**(object)라는 것을 사용한다. 동작을 정의하는 것은 메소드이다. System.out은 출력을 화면에 보내기 위해 사용하는 객체이며, println은 System.out 객체를 위해 이 동작을 실행하는 메소드이다. 다시 말해, println 메소드는 괄호 안에 있는 내용을 화면으로 보낸다. 괄호 안에 있는 항목은 **인자**(argument)라고 부르며, 메소드가 동작을 수행하기 위해 필요로 하는 정보를 제공한다. 위의 세 문장에서 println 메소드의 인자는 따옴표로 둘러싸인 문자열이다. println이 화면에 출력하는 내용이 바로 이 인자이다.

객체는 자신의 메소드 가운데 하나가 **호출**(invoke 혹은 call)되면 동작을 실행한다. 자바 프로그램에서 이러한 **메소드 호출**(method call 혹은 method invocation)을 하기 위해서는 객체의 이름, 마침표(dot라고 한다), 메소드의 이름, 여는 괄호, 인자, 닫는 괄호를 차례로 쓰면 된다. 메소드 호출에서 인자가 없는 경우도 있을 수 있다.

Listing 1.1의 프로그램에서 다음 줄은 n1과 n2가 변수의 이름임을 나타낸다.

```
int n1, n2;
```

변수(variable)는 데이터를 저장하기 위한 것이다. int는 저장되는 데이터가 하나의 정수여야 한다는 것을 나타내는데, 이때 int는 **데이터형**(data type)이다. 데이터형은 어떤 값이 가능한지 그리고 그 값에 대해 어떤 연산이 가능한지를 지정한다. 동일한 데이터형의 값은 모두 같은 형식으로 메모리에 저장된다.

다음 줄은 사용자가 키보드에서 입력한 데이터를 프로그램이 받을(**읽을**) 수 있도록 준비하는데, 여기에 대해서는 2장에서 더 자세히 설명할 것이다.[1]

```
Scanner keyboard = new Scanner(System.in);
```

다음 줄은 키보드에서 타이핑한 숫자 하나를 읽어서 변수 n1에 저장한다.

```
n1 = keyboard.nextInt();
```

그다음 줄도 거의 동일한데, 키보드에서 타이핑한 또 다른 숫자 하나를 읽어서 변수 n2에 저장한다. 따라서 실행 결과 출력에서 보인 것처럼 사용자가 12와 30을 입력했다면 변수 n1에는 12가, n2에는 30이 들어가게 될 것이다.

마지막의 두 문장은 결과를 설명하는 내용과 n1과 n2에 저장된 숫자의 합을 출력한다.

```
System.out.println("The sum of those two numbers is");
System.out.println(n1 + n2);
```

---

1 다음 장에서 살펴보겠지만 keyboard 대신 다른 이름을 사용해도 된다.

두 번째 줄에는 따옴표 없이 n1 + n2라는 **수식**(expression)이 사용되었다는 점을 눈여겨보라. 이 수식이 변수 n1과 n2에 저장된 두 숫자의 합을 계산한다. 이와 같이 출력문이 따옴표 없이 숫자나 (계산하면 숫자가 되는) 수식을 포함하면 그 숫자가 화면에 표시된다. 따라서 이 두 문장이 출력하는 것은 Listing 1.1의 실행 결과 출력에 보인 대로 다음과 같다.

```
The sum of those two numbers is
42
```

각각의 println 호출이 별도의 줄로 출력되었다는 점을 유의하라.

첫 번째 프로그램과 관련하여 마지막으로 설명할 것은 각 줄의 마지막에 나온 세미콜론이다. 세미콜론은 우리가 쓰는 문장의 마침표와 같이 문장이 끝났음을 나타낸다.

물론 자바는 프로그램의 각 부분을 어떻게 작성해야 하는지에 대한 엄밀한 규칙을 가지고 있다. 이러한 규칙이 자바 언어의 **문법**(grammar)을 이룬다. 이는 영어의 규칙이 영어 문법을 이루는 것과 비슷하지만 자바의 규칙이 더 엄밀하다. 프로그래밍 언어든 자연 언어든 언어의 문법 규칙을 그 언어의 **구문**(syntax)이라고 부른다.

요점 정리 메소드 호출

메소드는 객체가 실행할 수 있는 동작을 정의하며 자바 프로그램은 이 동작을 실행하기 위해 객체를 이용한다. 즉, 객체는 자신의 메소드 가운데 하나가 호출되면 동작을 실행한다. 프로그램에서 메소드 호출은 객체의 이름, 마침표, 메소드 이름, 그리고 마지막으로 한 쌍의 괄호를 차례로 쓰면 되는데, 괄호 안에 하나 혹은 그 이상의 인자가 포함될 수도 있다. 인자는 메소드에 넘겨주는 정보이다.

예제

```
System.out.println("Hello out there.");
n1 = keyboard.nextInt();
```

첫 번째 예에서는 System.out이 객체이고 println은 메소드, "Hello out there."은 인자이다. 메소드가 둘 이상의 인자를 필요로 할 때는 쉼표를 이용해 인자를 구분한다. 메소드 호출 뒤에는 보통 세미콜론이 나타난다.

두 번째 예에서는 keyboard가 객체이고 nextInt가 메소드이다. 이 메소드는 인자를 가지지 않지만 괄호는 반드시 있어야 한다.

FAQ 입력에는 import가 필요한데 출력에는 필요 없는 이유가 무엇일까?

Listing 1.1 프로그램의 다음 줄을 보자.

```
import java.util.Scanner;
```

이 줄은 다음과 같은 키보드 입력을 사용하기 위해 필요하다.

```
n1 = keyboard.nextInt();
```

그러면 왜 아래와 같은 화면 출력을 위해서는 비슷한 import가 필요하지 않은 것일까?

```
System.out.println("Hello out there.");
```

답은 간단하다. 화면 출력을 위한 클래스 정의와 코드를 포함하는 패키지는 자바 프로그램에 자동적으로 import 되기 때문이다.

자습문제 SELF-TEST QUESTIONS

11 자바 프로그램에서 다음과 같은 문장은 화면에 무엇을 출력하는가?

```
System.out.println("Java is great!");
```

12 화면에 다음과 같은 내용을 출력하는 자바 문장을 작성하라.

```
Java for one.
Java for all.
```

13 mary라는 객체가 **increaseAge**라는 메소드를 가지는데, 이 메소드는 정수인자 하나를 받는다고 하자. mary의 메소드 **increaseAge**를 5라는 인자를 가지고 호출하는 메소드 호출을 작성하라.

14 Listing 1.1의 프로그램에서 다음에 보인 줄의 의미는 무엇인가?

```
n1 = keyboard.nextInt();
```

15 **System.out.println**을 이용하여 다음 문장을 화면에 출력하는 완전한 자바 프로그램을 작성하라.

```
Hello World!
```

작성할 프로그램은 이외에 다른 작업은 하지 않는다. 프로그램을 작성하기 위해 모든 세부 사항을 완전히 이해해야 할 필요는 없다는 점을 기억하라. Listing 1.1의 프로그램을 따라 하면 이 프로그램을 작성할 수 있을 것이다.

자바 프로그램의 작성과 컴파일 및 실행

자바 프로그램은 클래스라고 부르는 작은 부분들로 나뉘어 있다. 하나의 프로그램을 구성하는 클래스의 개수는 제한이 없다. Listing 1.1의 프로그램에서는 오직 하나의 클래스 `FirstProgram`만을 작성했지만 사실 이 프로그램은 두 개의 다른 클래스 System과 Scanner를 사용하고 있다. 물론 이 두 클래스는 직접 작성한 것이 아니라 자바에 의해 제공되는 것이다.

자바 클래스를 작성할 때는 윈도즈 시스템의 Notepad나 매킨토시 시스템의 TextEdit 같은 간단한 문서편집기를 사용할 수 있다. 보통은 각 클래스마다 독립된 파일에 작성하며, 파일의 이름은 클래스의 이름과 동일해야 하고 파일 확장자로는 `.java`를 사용한다. 예를 들어 `FirstProgram` 클래스는 `FirstProgram.java`라는 파일에 들어가야 한다.

자바 프로그램을 실행하기 전에 클래스를 컴퓨터가 이해하는 언어로 번역해야 하는데, 이를 컴파일링이라고 부른다. 자바의 일부로 제공되는 Scanner와 같은 클래스는 컴파일할 필요가 없고, 여러분이 작성한 것만 컴파일하면 된다.

윈도즈, 리눅스, 솔라리스 등을 위한 무료 자바 시스템이 오라클(Oracle) 사에 의해 배포되는데, 이를 이용해 자바를 컴파일할 때는 `javac`라는 명령과 컴파일할 클래스가 들어 있는 파일 이름을 함께 써 주면 된다. MyClass라는 클래스가 `MyClass.java`라는 파일에 들어 있을 때 이를 컴파일하기 위해서는 운영체제에 다음과 같은 명령을 내리면 된다.

```
javac MyClass.java
```

Listing 1.1의 클래스를 컴파일한다면 다음과 같은 명령이 될 것이다.

```
javac FirstProgram.java
```

자바 클래스를 컴파일하면 그 클래스의 번역된 버전인 바이트코드를 얻게 되며, 해당 클래스 이름에 `.class` 확장자를 가진 파일에 저장된다. 즉, `MyClass.java` 파일에 들어 있는 `MyClass` 클래스를 컴파일하면 그 결과로 얻게 되는 바이트코드는 `MyClass.class`에 저장된다. `FirstProgram.java` 파일을 컴파일하면 바이트코드는 `FirstProgram.class` 파일에 저장된다.

하나의 자바 프로그램에 포함되는 클래스의 개수는 제한이 없지만, 실제로 실행할 때에는 `main`이라는 메소드가 포함된 하나의 클래스만을 실행하게 된다. `main` 메소드의 첫 부분은 다음 줄과 같거나 거의 유사할 것이다.

```
public static void main(String[] args)
```

이 줄은 대부분의 경우 파일의 시작 부분 어딘가에 위치할 것이다. 중요한 단어들인 `public static void main`은 항상 동일할 것이고, 나머지 부분은 약간 다를 수도 있다.

자바 프로그램을 실행하기 위해서는 `java` 명령 뒤에 실행할 클래스(즉, `main` 메소드를 포함한 클래스)의 이름을 써 주면 된다. 예를 들어 Listing 1.1의 프로그램을 실행하기 위해서는 다음 명령을 내리면 된다.

```
java FirstProgram
```

실행 명령에서는 소스 파일이나 바이트코드 파일의 이름이 아니라 클래스의 이름을 쓰는 것에 유의하라. 다시 말해 확장자인 `.java`나 `.class`를 생략한다. 자바 프로그램을 실행한다는 것은 실제로는 프로그램의 컴파일된 버전에 대해 자바 바이트코드 인터프리터를 실행하는 것이다.

자바 프로그램을 작성하고 컴파일 및 실행하는 가장 쉬운 방법은 **통합 개발 환경**(integrated development environment 혹은 IDE)을 사용하는 것이다. IDE는 문서편집기와 더불어 자바 프로그램의 컴파일 및 실행을 위한 명령 메뉴를 포함하고 있다. BlueJ, Eclipse, NetBeans 등의 무료 IDE가 있으며 윈도즈, 맥 OS 및 기타 운영체제에 대해 사용 가능하다. 부록 1에는 이들 IDE에 대한 링크와 자바 프로그램 작성을 위한 자료가 제공되어 있다.

FAQ Listing 1.1의 샘플 프로그램을 실행해 보았더니, 숫자 두 개를 입력한 후에 아무 일도 일어나지 않았다. 왜 그런가?

키보드에서 한 줄의 데이터를 입력하여 프로그램이 읽어 들이도록 할 때, 여러분에게는 자신이 타이핑한 글자가 보이겠지만 자바 프로그램은 여러분이 엔터(혹은 리턴) 키를 눌러야만 데이터를 읽어 들이게 된다. 키보드에서 데이터를 다 입력하고 나면 항상 엔터 키를 누르도록 하라.

자습문제 SELF-TEST QUESTIONS

16 YourClass라는 이름의 클래스를 정의한다면 저장할 파일의 이름은 무엇으로 해야 하는가?

17 YourClass라는 클래스를 컴파일한다면 그 결과로 얻게 되는 바이트코드는 어떤

이름의 파일에 저장되는가?

1.3 프로그래밍 기초

프로그래밍은 창조적인 작업이다. 어떤 작업을 실행하는 프로그램을 정확히 어떻게 작성해야 하는지 여러분에게 세세히 설명해 줄 수는 없지만, 프로그래머들의 경험상 아주 유용하다고 판명된 기법을 소개해 줄 수는 있다. 이 절에서는 몇 가지 기본적인 기법을 설명하는데, 이들은 자바뿐 아니라 거의 모든 프로그래밍 언어에 적용되는 것이다.

객체지향 프로그래밍

자바는 **객체지향 프로그래밍**(object-oriented programming, 줄여서 **OOP**라 한다) 언어이다. OOP란 무엇일까? 우리 주변의 세계는 사람, 자동차, 빌딩, 나무, 신발, 배, 양배추 등과 같은 객체로 이루어져 있다. 각각의 객체는 어떤 동작을 행할 수 있고 이 동작은 세계 안에 있는 다른 객체에게 영향을 미친다. OOP는 프로그램도 이 세계와 마찬가지로 객체들로 구성되어 있으며, 객체는 혼자서 동작하거나 다른 객체와 상호 작용한다고 보는 프로그래밍 방법론이다. 프로그램 내의 객체, 즉 소프트웨어 객체는 실세계의 객체를 나타낼 수도 있고 추상적인 개념일 수도 있다.

예를 들어 교통 흐름을 분석하기 위해 교차로를 시뮬레이션하는 프로그램이 있다고 하자. 이 프로그램에는 교차로에 진입하는 각 자동차를 나타내는 객체가 있을 것이고, 도로의 각 차선이나 신호등 등에 대응하는 객체도 있을 수 있다. 따라서 객체 간의 상호 작용으로부터 교차로를 어떻게 설계해야 할지 결론을 내릴 수 있을 것이다.

객체지향 프로그래밍에는 그 자신의 용어가 있다. 객체는 **속성**(attribute)을 가진다. 예를 들어 자동차 객체는 이름, 현재 속도, 연료 잔량 등의 속성을 가질 수 있다. 객체가 가지는 속성값에 의해 객체의 **상태**(state)가 정해진다. 객체가 취할 수 있는 동작을 **행동**(behavior)이라고 부른다. 앞서 살펴본 것처럼 각 행동은 메소드라고 부르는 자바 코드에 의해 정의된다.

같은 종류의 객체는 같은 데이터형을 가지고 같은 클래스에 속한다. **클래스**(class)는 객체의 종류를 정의하며 객체를 생성하기 위한 청사진이다. 객체의 데이터형은 그 객체가 속한 클래스의 이름이다. 예를 들어 고속도로 시뮬레이션 프로그램이라면 시뮬레이션 되는 자동차는 모두 같은 클래스에 속할 것인데, 이 클래스의 이름이 Automobile이라면 자동차 객체의 데이터형은 Automobile이 된다.

같은 클래스의 모든 객체는 같은 속성과 행동을 가지므로 시뮬레이션 프로그램에서 모든 자동차는 전진이나 후진 따위의 동일한 동작을 가진다. 이 말은 모든 시뮬레이션 되는 자동차들이 동일하다는 뜻은 아니다. 그들은 모두 같은 속성을 갖지만 속성의 값은 자동차마다 달라질 수 있으므로 자동차는 서로 다른 상태가 될 수 있다. 서로 다른 제조사이며 서로 다른 속도로 주행 중인 3대의 자동차가 있을 수 있다. 이 모든 사항은 여러분이 자바 클래스를 작성하기 시작할 때면 보다 명확해질 것이다.

앞으로 살펴보겠지만, 객체지향 방법론은 시뮬레이션 프로그램뿐 아니라 어떤 종류의 컴퓨터 프로그램에도 적용될 수 있다. 객체지향 프로그래밍 자체는 새로운 것이 아니지만, 시뮬레이션 프로그램 외의 응용에 본격적으로 적용된 것은 1990년대 초반 이후의 일이다.

요점 정리 객체, 메소드, 클래스

객체(object)는 자신의 데이터를 가지며 어떤 동작을 수행할 수 있는 프로그램 구조물이다. 이때 객체가 갖는 데이터를 속성(attribute)이라 하고 동작을 행동(behavior)이라고 한다. 클래스(class)는 객체의 종류 혹은 형을 정의하는데, 객체를 만들어 내기 위한 청사진이라 볼 수 있다. 같은 클래스의 객체들은 모두 같은 종류의 데이터 및 같은 동작을 가진다. 프로그램이 실행될 때 각 객체는 프로그램의 목적에 따라 혼자 동작하거나 다른 객체와 상호 작용할 수 있다. 객체가 실행하는 동작은 메소드로 정의된다.

FAQ 여러분이 다른 프로그래밍 언어를 알고 있다면?

자바를 처음 배운다면 이 FAQ 내용을 건너뛰어도 된다. 여러분이 다른 프로그래밍 언어를 알고 있다면 이미 알고 있는 바와 관련지어 객체를 이해하는 데 여기서 설명하는 내용이 도움이 될 수 있다. 여러분이 알고 있는 언어가 C++, C#, Python, Ruby와 같은 객체지향 언어라면 이미 객체, 메소드, 클래스에 대해 잘 이해하고 있을 것이다. 모든 객체지향 프로그래밍 언어에서 이러한 내용은 동일하다. 단, 어떤 언어에서는 메소드를 가리키는 용어가 다른 경우가 있다. 만약 여러분이 알고 있는 언어가 객체와 클래스를 사용하지 않는 오래된 언어라 해도, 다른 오래된 프로그래밍 구조물과 관련하여 객체를 이해해 볼 수 있다. 예를 들어 여러분이 변수와 함수 혹은 프로시저에 대해 알고 있다면 객체를 일종의 변수로 생각할 수 있다. 즉, 변수가 다수의 데이터와 자기 자신의 함수나 프로시저를 가진다면 이 변수를 객체라고 할 수 있다. 메소드는 사실 객체지향 이전 프로그래밍 언어의 함수 혹은 프로시저와 동일한 것이다.

객체지향 프로그래밍은 클래스와 객체를 사용하지만 객체지향 이전의 옛날 방식대로 사용하지 않는다. 대신 따라야 할 몇 가지 설계 원칙이 있는데 다음은 객체지향 프로그래밍의 세 가지 중요한 설계 원칙이다.

캡슐화(encapsulation)
다형성(polymorphism)
상속(inheritance)

캡슐화(encapsulation)는 캡슐에 무언가를 집어넣거나 무엇을 포장한다는 것처럼 들린다. 이러한 추측은 기본적으로 올바른 것이지만, 캡슐화의 가장 중요한 점은 단지 캡슐에 물건을 집어넣는다는 것이 아니라 캡슐의 들어간 내용물 가운데 일부분만이 외부에 보인다는 데 있다. 여러분이 어떤 소프트웨어를 제작했다면, 다른 프로그래머에게는 그 소프트웨어를 어떻게 이용할지를 알려 주되, 그 소프트웨어가 어떻게 동작하는지에 대한 세부 사항은 모두 생략하는 방식으로 설명해야 한다. 캡슐화는 이와 같이 '캡슐' 내의 자세한 세부 사항을 감추는 것이다. 이런 이유로 캡슐화를 **정보 은닉**(information hiding)이라 부르기도 한다.

캡슐화의 원칙은 객체지향 프로그래밍뿐 아니라 프로그래밍 일반에 적용되지만, 객체지향 언어는 프로그래머로 하여금 이런 원칙을 인식하고 강제할 수 있게 한다. 5장에서 캡슐화의 개념을 더욱 발전시킬 것이다.

다형성(polymorphism)이라는 단어는 '여러 형태'라는 그리스어로부터 유래한다. 다형성의 기본 개념은 동일한 프로그램 명령이 상황에 따라 다른 의미를 가지는 것을 허용하는 것이다. 다형성은 인간의 언어에서는 흔한 일이고, 프로그래밍 언어에서 이를 사용하면 프로그래밍 언어를 보다 인간의 언어와 비슷하도록 만들어 준다. 예를 들어 영어에서 'Go play your favorite sport'라는 문장은 사람마다 다른 의미를 가진다. 어떤 사람에게는 야구를 하라는 의미이지만 다른 사람에게는 축구를 하라는 의미가 된다.

다형성은 일상생활에서도 일어난다.[2] 어떤 사람이 휘파람을 불어 애완동물이 먹이를 먹으러 오도록 부르는 경우를 상상해 보자. 강아지는 뛰어오고 새는 날아오고 물고기는 어항 위쪽으로 헤엄쳐 오를 것이다. 즉, 휘파람은 애완동물에게 먹이를 먹으러 오라고만 하지 어떻게 오라고 지시하지는 않지만, 애완동물은 각기 자기 방식대로 응답한다. 마찬가지로 노트북, 아이팟, 전동칫솔의 'ON' 버튼을 누르면 그 기기들은 각기 적합한 방식으로 동작한다. 자바와 같은 프로그래밍 언어에서 다형성은 하나의 메소

2 이 예는 Carl Alphonce, "Pedagogy and Practice of Design Patterns and Objects First: A One-Act Play", ACM SIGPLAN Notices 39, 5, 7-14의 내용에 기반한 것이다.

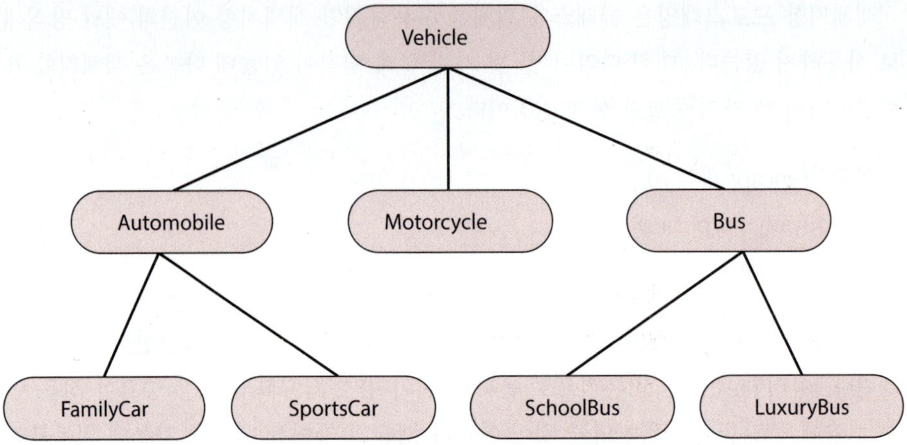

그림 1.4 상속 계층

드 이름으로 명령을 내렸을 때 객체의 종류에 따라 서로 다른 동작을 실행하게 됨을 의미한다. 예를 들어 `showOutput`이라는 메소드가 객체의 데이터를 출력한다고 했을 때, 출력되는 데이터 항목의 개수와 출력되는 포맷은 동작을 수행하는 객체의 종류에 따라 달라질 수 있다. 다형성에 대해서는 8장에서 더 자세히 설명할 것이다.

상속(inheritance)은 여러 개의 클래스를 조직화하는 것과 관련된다. 공통되는 속성과 행동은 한 번만 정의해 두고 클래스의 모음 전체에 적용되도록 한다. 일반적인(general) 클래스를 먼저 정의하고 상속을 이용하여 이 일반적인 클래스의 세부 사항에 새로운 내용을 추가하거나 있는 내용을 개정하는 세분화된(specialized) 클래스를 만들어 낼 수 있다.

그림 1.4에 예로 든 클래스들의 모음을 살펴보자. 한 수준씩 내려올수록 분류가 보다 세분화된다. `Vehicle` 클래스는 '바퀴를 가진다'와 같은 특성을 가진다. `Automobile`, `Motorcycle`, `Bus` 클래스는 바퀴를 가진다는 특성을 '상속'하지만 여기에 다른 특성이나 제약을 추가로 덧붙인다. 예를 들어 `Automobile` 객체는 네 개의 바퀴를 가지고 `Motorcycle` 객체는 두 개의 바퀴를 가지며 `Bus` 객체는 최소 네 개의 바퀴를 가진다. 프로그래머는 상속을 이용하여 클래스마다 동일한 프로그램 명령을 반복하는 것을 피할 수 있다. 예를 들면 '바퀴를 가진다'와 같이 `Vehicle`형의 모든 객체에 해당하는 특성은 단 한 번만 기술되고 `Automobile`, `Motorcycle`, `Bus` 클래스에 의해 상속된다. 상속을 사용하지 않는다면 `Automobile`, `Motorcycle`, `Bus`, `SchoolBus`, `LuxuryBus` 등의 모든 클래스는 '바퀴를 가진다'와 같은 기술을 매번 반복해야 할 것이다. 상속에 대해서는 8장에서 좀 더 자세히 설명할 것이다.

> **요점 정리 객체지향 프로그래밍**
>
> 객체지향 프로그래밍 혹은 OOP는 객체를 정의하는 프로그래밍 방법론인데, 객체는 행동과 (객체 간의) 상호 작용에 의해 주어진 작업을 완수하도록 정의된다. OOP는 캡슐화, 다형성, 상속 등의 설계 원칙을 준수한다.

알고리즘

객체의 행동(behavior)은 메소드에 의해 정의된다. 프로그래머로서 여러분은 객체의 동작을 수행하는 명령을 나열하여 메소드를 설계하게 된다. 메소드 설계에서 가장 어려운 부분은 해결책을 프로그래밍 언어로 어떻게 표현할지 찾아내는 데 있는 것이 아니라, 객체의 동작을 구현할 계획이나 전략을 고안해 내는 데 있다. 이 전략은 보통 알고리즘으로 표현된다.

알고리즘(algorithm)은 어떤 문제를 해결하기 위한 일련의 지시이다. 알고리즘으로 간주되기 위해서는 그 지시가 완전하고 엄밀하게 기술되어야 한다. 이 지시를 실제로 따르는 과정에서 지시의 세부 사항을 채워 넣거나 혹은 지시에서 완전히 명시되지 않은 어떤 결정을 내려야 한다면 이것은 알고리즘이 아니다. 알고리즘은 영어와 같은 자연 언어로 작성될 수도 있고, 자바와 같은 프로그래밍 언어로 작성될 수도 있으며, 혹은 영어와 프로그래밍 언어를 혼용하는 **의사코드**(pseudocode)로 작성될 수도 있다.

알고리즘의 개념을 명확히 하기 위해 예를 들어 보자. 첫 번째 예는 물품 목록의 전체 가격을 얻는 알고리즘이다. 물품 목록은 물품의 가격이 포함된 쇼핑 목록으로 생각할 수 있다. 목록에 포함된 모든 항목의 전체 가격을 계산하는 알고리즘은 다음과 같다.

물품 목록의 전체 가격을 계산하는 알고리즘

1. 칠판에 0을 적는다.
2. 목록에 포함된 각 항목에 대해 다음을 수행한다.
   - 칠판의 숫자에 항목의 가격을 더한다.
   - 칠판의 숫자를 새로 계산한 숫자로 바꾼다.
3. 칠판에 써진 숫자가 답이라고 선언한다.

대부분의 알고리즘은 계산의 중간값을 저장할 필요가 있다. 위 알고리즘은 칠판을 이용했다. 알고리즘이 자바 언어로 작성되어 컴퓨터에서 실행된다면 중간값은 컴퓨터의 메모리에 저장된다.

요점 정리 알고리즘

알고리즘은 문제 해결을 위한 일련의 지시이다. 알고리즘으로 간주되기 위해서는 지시가 완전하고 엄밀하게 기술되어야 한다.

요점 정리 의사코드

의사코드는 영어와 자바를 혼용하여 작성한 것이다. 의사코드를 쓸 때는 알고리즘에서 영어로 쓰기 쉬운 부분은 영어로 쓰고 자바로 쓰기 쉬운 부분은 자바로 쓰면 된다.

자습문제 SELF-TEST QUESTIONS

18 메소드란 무엇인가?

19 클래스와 객체 간의 관계는 무엇인가?

20 같은 클래스의 객체들은 모두 같은 메소드를 갖는가?

21 캡슐화란 무엇인가?

22 정보 은닉이란 무엇인가?

23 다형성이란 무엇인가?

24 상속이란 무엇인가?

25 알고리즘이란 무엇인가?

26 의사코드란 무엇인가?

27 노래를 표현하는 객체를 만든다면 어떤 속성이 필요한가?

28 정수의 목록에서 홀수의 개수를 계산하는 알고리즘을 작성하라.

테스트와 디버깅

올바른 프로그램을 작성하는 최선의 방법은 필요한 객체와 객체의 메소드를 위한 알고리즘을 주의 깊게 설계한 다음, 자바와 같은 프로그래밍 언어로 번역하는 것이다. 다시 말해 에러를 없애는 최선의 방법은 처음부터 에러를 피하는 것이다. 그러나 아무리 조심하더라도 에러는 발생할 수 있으므로, 프로그램의 작성을 마치면 올바르게 동작하는지 테스트하여 발견된 에러를 고쳐야 한다.

프로그램상의 실수를 **버그**(bug)라 하고, 프로그램에서 실수를 없애는 과정을 **디버깅**

(debugging)이라 한다. 일반적으로 세 종류의 에러가 있는데, 문법 에러, 실행 에러, 논리 에러 등이다. 이들을 순서대로 살펴보자.

구문 에러(syntax error)는 프로그램의 문법적 오류이다. 프로그램을 작성할 때는 매우 엄격한 문법 규칙을 따라야 한다. 이 규칙 중 하나를 어겼을 경우, 예를 들어 필수적인 구두점을 생략했을 때 구문 에러가 발생한다. 컴파일러는 구문 에러를 발견하면 무슨 에러인지 추정하여 에러 메시지를 제공한다. 컴파일러가 구문 에러를 발견했다면 에러가 있는 것은 확실하지만, 그 에러가 무엇인지에 대해서는 컴파일러가 추정하는 것이므로 잘못된 진단 메시지가 나오는 경우도 있다.

요점 정리　구문

프로그래밍 언어의 구문(syntax)은 그 언어의 문법 규칙들의 집합이다. 문법 규칙이란 프로그램이나 프로그램의 부분을 작성하는 올바른 방법을 나타내는 규칙이다. 컴파일러는 프로그램의 구문 에러를 찾아내고 무엇이 잘못되었는지에 대해 추정한 바를 알려 준다.

프로그램이 실행되는 동안 발견되는 에러를 **실행 에러**(run-time error)라고 한다. 실행 에러가 발생하면 에러 메시지가 출력된다. 예를 들어 숫자를 0으로 나누려고 시도하면 실행 에러가 발생한다. 이해하기 어려운 에러 메시지가 나오는 경우도 있지만 최소한 무엇인가 잘못되었다는 것은 알 수 있다. 때로는 에러 메시지가 문제가 무엇인지 정확히 알려 주기도 한다.

작성한 프로그램에 알고리즘상의 실수가 있거나 혹은 문법적으로는 문제가 없지만 논리적으로 잘못된 코드를 작성했다면, 프로그램은 에러 메시지 없이 컴파일되고 실행될 것이다. 이것은 여러분이 작성한 자바 프로그램이 '유효한' 프로그램이기는 하지만 '원하는' 프로그램은 아닌 경우이다. 프로그램이 실행되고 결과를 제공하지만 결과가 올바르지 않을 경우에 프로그램이 **논리 에러**(logic error)를 가지고 있다고 말한다. 예를 들어 뺄셈 기호를 써야 할 곳에 실수로 덧셈 기호를 썼다면 논리 에러에 해당한다. 프로그램을 컴파일하고 실행할 때 아무런 에러 메시지도 나오지 않겠지만 틀린 결과가 나올 것이다. 논리 에러가 실행 에러를 일으켜서 에러 메시지가 나오는 경우도 있지만, 에러 메시지가 나오지 않는 경우도 많다. 이런 이유로 논리 에러는 가장 찾기 어렵다.

GOTCHA　'함정'에 빠지지 않기

모든 프로그래밍 언어에는 예상치 못한 방식으로 혹은 다루기 어려운 방식으로 실수를 하게 만드는 함정이 있기 마련이다. 이 책에서는 'GOTCHA' 항목을 두어 흔히 빠지기

쉬운 함정에 대해 경고하고 피하거나 해결할 수 있는 방법을 알려 준다. ■

GOTCHA 숨겨진 에러

프로그램이 에러 없이 컴파일되고 실행되어 그럴듯한 출력을 내놓는다고 해서 프로그램이 올바르다고 지레 판단해서는 안 된다. 테스트 데이터와 예측된 결괏값을 가지고 실행해 보아야 한다. 연필과 종이로 직접 계산하든, 답을 보든, 어떤 방법으로든지 올바른 결과를 계산할 수 있는 데이터를 테스트 데이터로 선택해야 한다. 테스트 데이터를 이용한 테스트조차도 프로그램이 올바르다는 것을 보장하지는 않지만, 더 많이 테스트할수록 프로그램의 신뢰도가 높아진다. ■

자습문제 SELF-TEST QUESTIONS

29 구문 에러란 무엇인가?

30 논리 에러란 무엇인가?

31 에러 메시지는 프로그램이 에러를 포함하고 있다는 사실을 알려 주는데, 에러 메시지를 출력할 가능성이 높은 것은 어떤 종류의 에러인가?

32 주어진 날짜(예 : 2012년 12월 1일)가 무슨 요일인지 계산하는 프로그램을 작성한다고 하자. 프로그램이 윤년을 고려하지 못했다면 에러를 갖게 되는데 이것은 어떤 종류의 에러인가?

소프트웨어 재사용

처음으로 프로그램을 작성하기 시작할 때는 모든 프로그램을 밑바닥부터 완전히 새로 작성해야 할 것 같은 인상을 받게 된다. 그러나 보통 소프트웨어는 그런 식으로 만들어지지 않는다. 대부분의 프로그램은 이미 만들어져 있는 기존의 구성 요소를 포함하고 있다. 기존의 구성 요소를 가져다 쓰면 시간과 비용이 절감된다. 더욱이 기존의 구성 요소는 아마도 여러 번 사용되었을 것이기 때문에 새로 작성되는 소프트웨어보다 테스트가 잘 되어 있어 신뢰도가 높다.

예를 들어 고속도로 시뮬레이션 프로그램은 새로운 고속도로 설계를 반영하는 새로운 고속도로 객체를 포함하겠지만, 자동차에 대해서는 다른 프로그램에서 사용되었던 자동차 클래스를 사용할 수도 있다. 프로그램에서 클래스를 작성할 때 클래스가 쉽게 재사용되게 하려면 재사용이 가능하도록 설계해야 한다. 이를 위해서는 그 클래스의 객체가 다른 객체들과 어떻게 상호 작용하는지 정확히 기술해야 하는데, 이것은 바로 앞서 언급했던 캡슐화의 원칙이다. 또한 객체가 특정한 하나의 프로그램에 종속되지 않고 일반적이 되도록 클래스를 설계해야 한다. 예를 들어 여러분이 작성하는 시뮬레이션 프로그램에서는 모든 자동차가 앞으로만 움직이면 된다고 해도 자동차 클래스를 만들 때는 후진 기능도 포함해야 한다. 다른 시뮬레이션에서는 후진 기능이 필요할 수도 있기 때문이다. 재사용에 대해서는 자바 언어에 대해 상세히 배우고 예제를 다뤄 본 후에 다시 논의할 것이다.

여러분이 작성하는 클래스 외에 자바가 제공하는 클래스도 재사용된다. 예를 들어 우리는 이미 `Scanner`와 `System` 같은 입출력을 위한 표준 클래스를 사용했다. 자바는 **자바 클래스 라이브러리**(Java Class Library) 혹은 **Java Application Programming Interface**(혹은 API)라고 부르는 수많은 클래스의 집단을 제공한다. 여기 포함된 클래스들은 패키지(package) 단위로 묶여 있다. 앞에서 본 것처럼 Scanner 클래스는 `java.util`이라는 패키지에 들어 있다. 앞으로 자바 클래스 라이브러리에 들어 있는 클래스를 언급하거나 사용하는 경우도 있을 것이므로 오라클 사의 웹사이트에 있는 자바 클래스 라이브러리에 대한 문서에 익숙해질 필요가 있다. 이 책을 쓰고 있는 시점에 이 문서에 대한 링크는 http://docs.oracle.com/javase/7/docs/api/이다. 그림 1.5는 이런 문서의 예를 보여 준다.

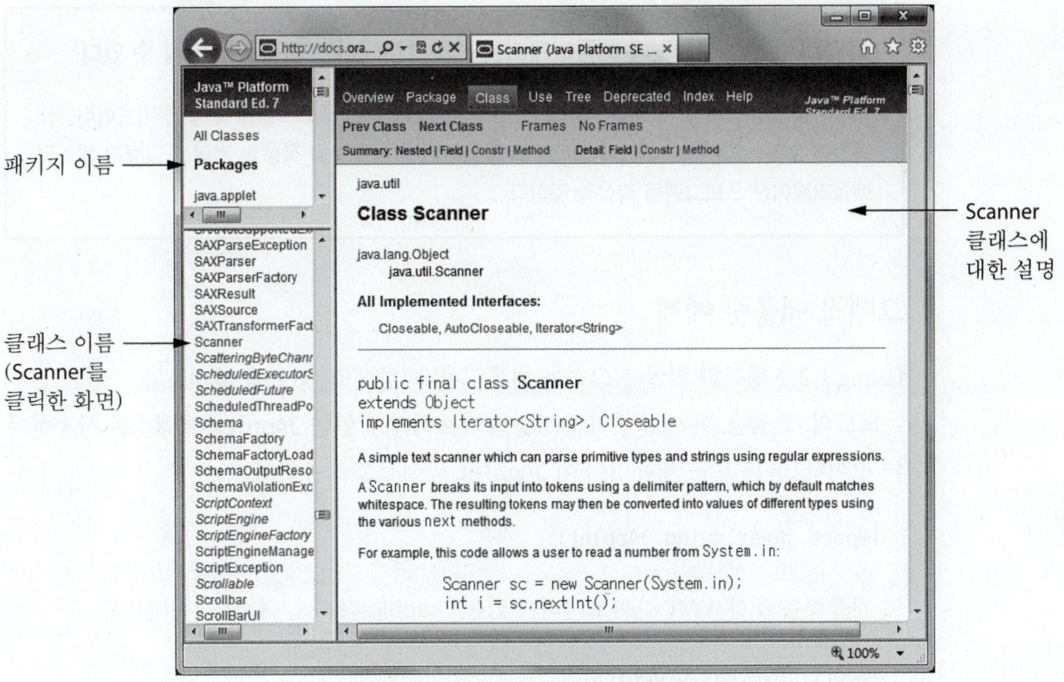

그림 1.5 Scanner 클래스에 대한 문서

1.4 그래픽 보조자료

1장에서 10장까지 각 장마다 이 절과 같은 그래픽 보조자료 부분을 마련하여 여러 종류의 그래픽 출력을 포함하는 프로그램을 어떻게 작성하는지 설명한다. 보통은 초보자에게 쉬운 방식으로 애플릿 내부에 그래픽을 표시하지만, 2장에서 소개하는 방식에 따라 애플리케이션 프로그램에서 윈도우 인터페이스를 사용하는 경우도 있다.

기본적인 내용을 충분히 학습하고 나서 그래픽에 대한 내용을 다루기 원한다면 보조자료의 내용을 건너뛰어도 책의 나머지 부분을 이해하는 데 지장이 없다. 이렇게 일찍부터 그래픽을 다루려면 당장은 사용하는 방법만을 설명하고 완전한 서술은 뒤로 미루는 코드들이 있게 마련이다. 그리고 그래픽 보조자료들은 앞 장에서 다룬 것을 뒤에서 사용하도록 구성되어 있으므로, 어느 장의 그래픽 보조자료를 공부하려면 앞에서 나온 보조자료들을 대부분 읽어야 한다.

애플릿과 그래픽에 대한 이 절의 내용은 클래스, 객체, 메소드를 이용한다. 객체는 여러분이 아는 대로 데이터를 저장하고 동작을 실행할 수 있는 개체이다. 이 절에서 객체는 동작을 실행하는 용도로만 사용하며 단 한 종류의 객체만을 사용한다. 이 객체는 주로 canvas라는 이름으로 부를 것이고, 애플릿 디스플레이 안에 타원이나 기타 도형을 그리는 여러 가지 메소드를 가질 것이다.

기억하세요! 애플릿과 애플리케이션 프로그램에서 그래픽을 출력할 수 있다

그래픽을 출력하기 위해 애플릿을 쓸 것인지 애플리케이션 프로그램을 쓸 것인지는 여러분의 목적에 달려 있다. 웹페이지에 그래픽을 포함하려면 애플릿을 작성할 것이고 그렇지 않다면 애플리케이션 프로그램을 작성할 것이다.

그래픽 애플릿 예제

Listing 1.2는 행복한 얼굴을 그리는 애플릿이다. 한 줄씩 코드를 살펴보자.

코드의 첫 줄은 이 애플릿이 Swing 라이브러리에 있는 `JApplet` 클래스를 사용한다는 뜻이다. 물론 모든 애플릿이 이 `JApplet` 클래스를 사용한다.

```
import javax.swing.JApplet;
```

이 애플릿은 또한 AWT 라이브러리에 있는 Graphics라는 클래스도 사용한다.

```
import java.awt.Graphics;
```

Listing 1.2 행복한 얼굴 그리기

```
import javax.swing.JApplet;
import java.awt.Graphics;
public class HappyFace extends JApplet
{
    public void paint(Graphics canvas)
    {
        canvas.drawOval(100, 50, 200, 200);
        canvas.fillOval(155, 100, 10, 20);
        canvas.fillOval(230, 100, 10, 20);
        canvas.drawArc(150, 160, 100, 50, 180, 180);
    }
}
```

Applet Output

애플릿이 Swing 라이브러리의 클래스와 AWT 라이브러리의 클래스를 함께 사용하는 경우가 많다. 그다음 줄은 애플릿을 위한 클래스 정의의 시작이다.

```
public class HappyFace extends JApplet
```

클래스의 이름은 HappyFace이며 extends JApplet은 애플릿 클래스를 정의하고 있음을 나타낸다. 지금 자세한 사항을 알 필요는 없지만 이것은 기존의 클래스 JApplet으로부터 상속을 사용하여 HappyFace 클래스를 생성한다는 것을 나타낸다.

이 애플릿은 paint라는 하나의 메소드를 가지는데, 이 메소드 정의의 첫 줄은 다음과 같다.

```
public void paint(Graphics canvas)
```

`paint` 메소드는 애플릿에 어떤 그래픽을 그릴지 명시한다. 메소드 몸체의 네 문장은 각각 하나의 그림을 그리도록 하는 명령이다. 애플릿이 실행되면 `paint` 메소드가 자동적으로 호출된다.

메소드 정의의 자세한 사항은 5장에서 설명할 것이므로, 여기서는 `paint` 메소드를 이용하여 간단한 그래픽을 출력할 수 있을 정도만 설명한다. 다음 줄의 메소드 호출은 얼굴의 가장자리를 나타내는 큰 원을 그린다.

```
canvas.drawOval(100, 50, 200, 200)
```

`drawOval` 메소드는 이름에서 짐작할 수 있듯이 타원을 그린다. 앞의 두 숫자는 화면의 어느 위치에 원을 그릴지 지정하고, 뒤의 두 숫자는 타원의 너비와 높이를 지정한다. 원을 그리기 위해서는 여기서 한 것처럼 너비와 높이를 똑같이 주면 된다. 이 숫자들의 단위는 픽셀(pixel)이며 잠시 후에 설명할 것이다.

다음의 메소드 호출 두 개는 두 눈을 그리기 위한 것이다.

```
canvas.fillOval(155, 100, 10, 20);
canvas.fillOval(230, 100, 10, 20);
```

두 눈은 너비보다 높이가 큰 타원으로 그려진다. 또 메소드 이름이 `drawOval`이 아니라 `fillOval`이라서 내부가 칠해진 타원이 그려진다는 점에 유의하라.

마지막 메소드 호출은 입을 그리는데, 이 메소드 인자의 의미는 다음에서 설명된다.

```
canvas.drawArc(150, 160, 100, 50, 180, 180);
```

그림의 크기와 위치

스크린 디스플레이에서 모든 값은 인치나 센티미터가 아니라 픽셀 단위로 주어진다. **픽셀**(pixel)은 picture element를 줄인 말로 스크린에 그릴 수 있는 최소 길이를 뜻한다. 픽셀은 인치나 센티미터와 같은 절대적인 길이 단위가 아니다. 스크린이 다르면 픽셀의 크기도 달라지지만 항상 크기가 작은 값이다. 컴퓨터 스크린이 어떤 색깔이든 될 수 있는 아주 작은 정사각형들로 덮여 있다고 생각해 보라. 이 정사각형보다 더 작은 것은 표시할 수 없다. 이 정사각형이 픽셀인데, 길이의 단위로 쓸 때에는 정사각형의 한 변의 길이를 말한다.[3] 디지털카메라를 구매한 적이 있다면 틀림없이 픽셀이나 메가픽셀(megapixel)이라는 용어를 들어 보았을 것이다. 자바 애플릿에서 사용되는 픽셀의 의미는 디지털카메라에서 사진을 설명할 때 사용되는 것과 동일한 의미이다. **메가픽셀**은

3 엄격히 말하자면 픽셀은 정사각형이 아니라 직사각형일 수도 있으나, 여기서는 그런 자세한 사항은 고려할 필요가 없다.

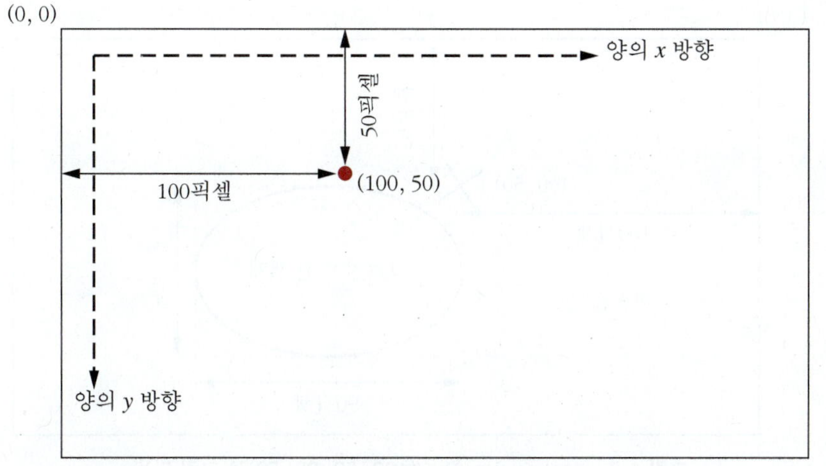

그림 1.6 스크린 좌표계

백만 픽셀을 뜻한다.

그림 1.6은 애플릿이나 다른 윈도우 모양의 디스플레이에 그림을 위치시킬 때 사용되는 **좌표계**(coordinate system)를 보여 준다. 바깥쪽의 커다란 사각형은 스크린의 표시 영역을 나타낸다. 좌표계는 사각형 내의 각 점(point)에 x 좌표와 y 좌표라고 부르는 두 개의 숫자를 부여한다. ***x* 좌표**(x-coordinate)는 사각형의 왼쪽 모서리에서 그 점까지의 픽셀 수이고 ***y* 좌표**(y-coordinate)는 위쪽 모서리에서 그 점까지의 픽셀 수이다. 좌표는 보통 괄호 안에 x 좌표부터 쓰고 쉼표로 분리하므로 그림 1.6에 표시된 점의 좌표는 (100, 50)으로 쓴다. 여기서 x 좌표는 100, y 좌표는 50이다.

이 좌표계의 모든 좌표는 0보다 크거나 같다. 원점 (0, 0)에서 오른쪽으로 갈수록 x 좌표가 커지고, 아래로 내려갈수록 y 좌표가 커진다. 수학 시간에 배웠던 xy 좌표계와 거의 동일하지만, 보통의 좌표계에서는 원점에서 위로 올라갈수록 y 좌표가 커진다는 차이가 있다.

이 그래픽 좌표계에서 좌표 (x, y)에 직사각형을 위치시킨다는 것은 직사각형의 좌상 모서리를 (x, y) 위치에 맞춘다는 뜻이다. 예를 들어 그림 1.7에서 점선으로 표시된 직사각형은 ×로 표시된 좌표 (100, 50)에 위치하고 있다. 좌표 (x, y)에 위치시키려는 그림이 직사각형이 아니라면, 그림을 둘러싸는 최소의 직사각형을 가정하고 그 직사각형의 좌상 모서리를 (x, y) 좌표에 맞춘다. 그림 1.7에서 타원의 위치가 (100, 50)이다. 이 가상의 직사각형은 스크린에 표시되지는 않지만 타원의 위치를 맞추기 위해서 사용되었다.

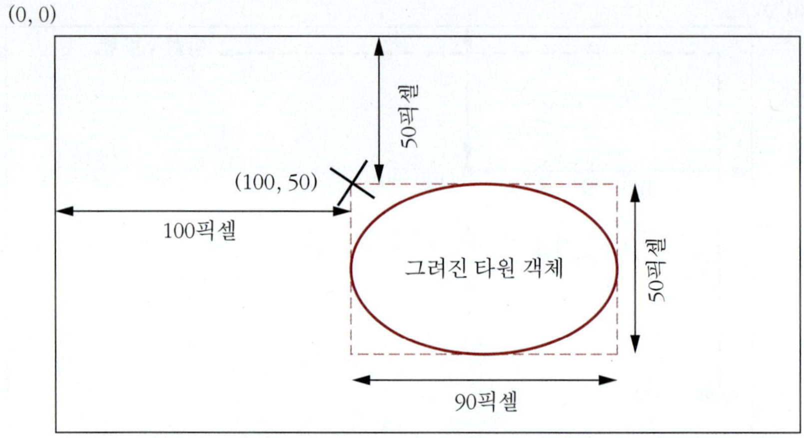

그림 1.7 canvas.drawOval(100, 50, 90, 50)로 그린 타원

타원과 원 그리기

그림 1.7의 타원은 다음 자바 문장에 의해 그려진다.

```
canvas.drawOval(100, 50, 90, 50);
```

앞의 두 숫자는 타원을 둘러싸는 가상의 직사각형을 그렸을 때 그 좌상 모서리의 *x* 좌표와 *y* 좌표이다. 즉, 이 두 숫자는 자바 문장에 의해 그려지는 그림의 위치를 나타내는 좌표이다. 다음 두 숫자는 가상의 직사각형의 너비와 높이이므로 타원 자체의 너비와 높이이기도 한다. 너비와 높이가 같다면 원이 된다.

이제 paint 메소드의 몸체에 있는 문장을 다시 살펴보자.

```
canvas.drawOval(100, 50, 200, 200)
canvas.fillOval(155, 100, 10, 20);
canvas.fillOval(230, 100, 10, 20);
```

각 문장에서 처음 두 숫자는 그려질 도형을 둘러싸는 가상의 직사각형의 좌상 모서리 좌표이다. 첫 번째 문장은 얼굴을 나타내는 외곽선을 (100, 50) 위치에 그리는데, 너비와 높이가 모두 200으로 동일하므로 지름이 200인 원을 얻게 된다. 다음 두 문장은 두 눈에 해당하는 채워진 타원을 (155, 100)과 (230, 100) 위치에 그리는데, 각각 너비는 10픽셀이고 높이는 20픽셀이다. 그려진 결과는 Listing 1.2에 보였다.

요점 정리 drawOval과 fillOval 메소드

문법

```
canvas.drawOval(x, y, Width, Height);
canvas.fillOval(x, y, Width, Height);
```

`drawOval` 메소드는 너비가 *Width* 픽셀이고 높이가 *Height* 픽셀인 타원을 그린다. 타원을 둘러싸는 직사각형의 좌상 모서리가 (*x*, *y*)에 맞추어지도록 위치된다. `fillOval` 메소드는 동일한 타원을 그리지만 내부가 칠해져 있다.

원호 그리기

Listing 1.2의 행복한 얼굴에서 미소를 나타내는 원호(arc)는 타원의 일부를 지정하는 방법으로 기술된다. Listing 1.2의 다음 문장을 살펴보자.

```
canvas.drawArc(150, 160, 100, 50, 180, 180);
```

첫 두 인자는 가상의 직사각형의 위치를 지정하므로 그 좌상 모서리가 (150, 160) 좌표에 위치하게 된다. 다음 두 인자는 직사각형의 크기를 지정하는데, 너비가 100이고 높이가 50이다. 이 가상의 직사각형 내부에 직사각형과 너비와 높이가 동일한 타원이 들어 있다고 상상해 보자. 마지막 두 인자는 이 타원의 어느 부분을 보이게 할지 지정하는데, 여기서는 타원의 아래쪽 반만 보이게 하여 미소 짓는 모양을 그려 낸다. 마지막 두 인자에 대해서 좀 더 자세히 살펴보자.

끝에서 두 번째 인자는 표시할 원호의 시작 각도를 나타내고 마지막 인자는 표시할 원호의 각도 크기를 나타낸다. 타원에 수평 중심선을 긋는다면 오른쪽 끝이 0°에 해당하고, 거기서부터 타원의 가장자리를 따라 시계반대방향으로 진행하면 각도가 증가한다. 그림 1.8a에서 각도 0°에서부터 시계반대방향으로 90°만큼 진행하여 타원의 1/4이 보이도록 하였다. 반대로 타원을 시계방향으로 따라가면 각도가 감소한다. 그림 1.8b에서는 각도 0°에서 시작하여 시계방향으로 −90°만큼 진행하여 타원의 또 다른 1/4이 보이도록 하였다. 마지막 인자가 360이라면 시계반대방향으로 360°만큼 진행하는 것이므로 그림 1.8c에 보인 것처럼 타원 전체를 보이게 하는 것이다.

마지막으로 그림 1.8d에서 원호는 180°, 즉 타원의 좌측 끝점에서 시작한다. 마지막 인자도 180이므로 시계반대방향으로 180°만큼, 즉 타원의 반만큼 보이게 된다. Listing 1.2의 행복한 얼굴의 미소 부분은 이 원호를 사용한 것이다.

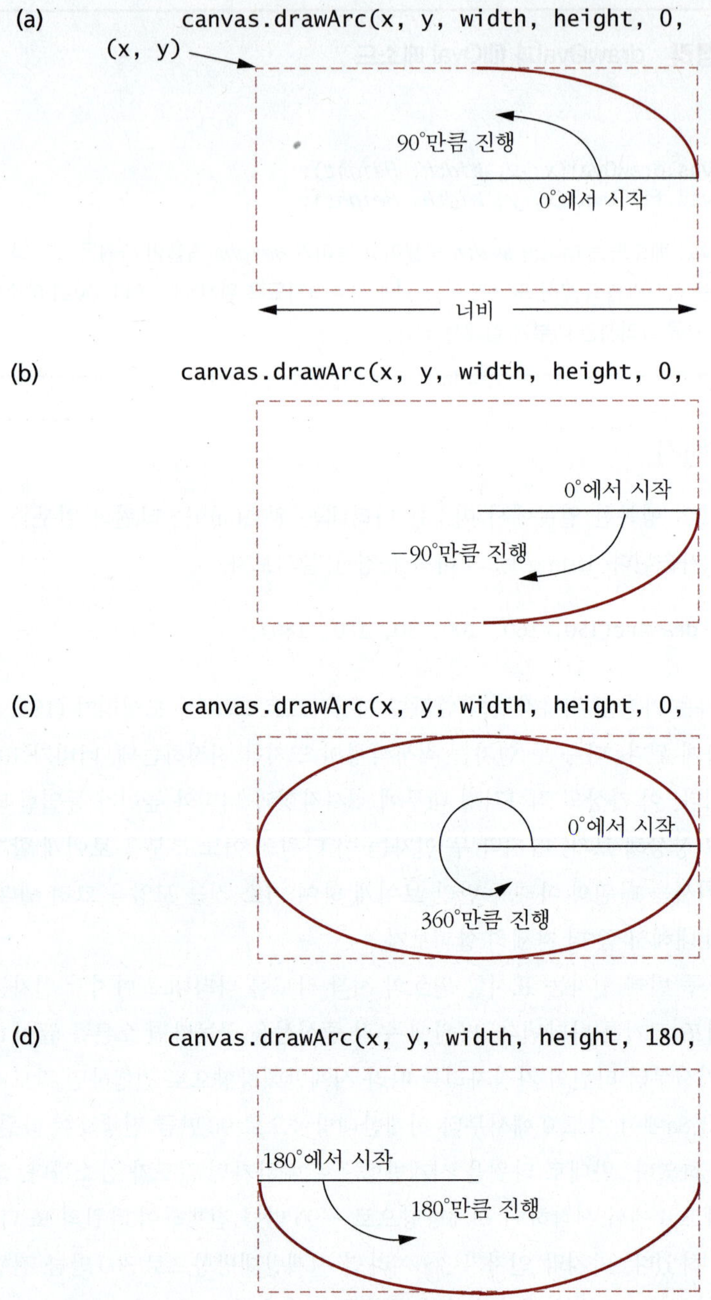
(a)
canvas.drawArc(x, y, width, height, 0,
(x, y)
90°만큼 진행
0°에서 시작
너비
(b)
canvas.drawArc(x, y, width, height, 0,
0°에서 시작
−90°만큼 진행
(c)
canvas.drawArc(x, y, width, height, 0,
0°에서 시작
360°만큼 진행
(d)
canvas.drawArc(x, y, width, height, 180,
180°에서 시작
180°만큼 진행

그림 1.8 원호 그리기

요점 정리 drawArc

문법

```
canvas.drawArc(x, y, Width, Height, StartAngle, ArcAngle);
```

타원의 일부에 해당하는 원호를 그린다. 타원의 위치는 자신을 둘러싸는 직사각형의 좌상 모서리가 (*x*, *y*)에 맞춰진다. 타원의 너비와 높이는 *Width* 및 *Height* 픽셀이며, 그려지는 원호 부분은 *StartAngle* 및 *ArcAngle* 각도에 의해 지정된다. 타원의 수평 중심선의 오른쪽 끝이 0°이고, 시계반대방향으로 양의 각도를, 시계방향으로 음의 각도를 측정한다. *StartAngle*에서 시작하여 타원을 따라 *ArcAngle* 각도만큼 진행하면 표시할 원호가 된다. 그림 1.8에 원호의 몇 가지 예를 보였다.

FAQ canvas란 무엇인가?

canvas라는 이름은 그리기를 수행하는 객체를 나타낸다. 자바가 제공하는 객체에 붙여 주는 이름일 뿐이므로 다른 이름을 사용해도 되지만, 일관성 있게 같은 이름을 사용해야 한다. canvas라는 이름을 한 군데서 pen이라고 바꿨다면 다른 모든 canvas를 pen으로 바꿔야 한다는 뜻이다. 이렇게 바꿨다면 Listing 1.2의 paint 메소드는 다음처럼 된다.

```
public void paint (Graphics pen)
{
    pen.drawOval(100, 50, 200, 200);
    pen.fillOval(155, 100, 10, 20);
    pen.fillOval(230, 100, 10, 20);
    pen.drawArc(150, 160, 100, 50, 180, 180);
}
```

이 정의와 Listing 1.2에 주어진 정의는 동일하다.

애플릿 실행

애플릿을 컴파일하는 방법은 다른 자바 클래스와 동일하지만, 실행하는 방법은 다른 자바 프로그램과 차이가 있다. 애플릿은 웹페이지의 일부로 실행하는 것이 일반적인 방법인데, 이 경우에 애플릿은 웹브라우저를 통해서 보이게 된다.

하지만 애플릿을 실행하기 위해 웹페이지에 애플릿을 삽입하는 방법을 알아야 할 필요는 없다. 대신에 애플릿을 독립적인 프로그램으로 실행해 주는 **애플릿 뷰어**(applet viewer)라는 프로그램을 사용할 수 있다. 가장 손쉬운 방법은 이 장 앞부분에서 언급한 IDE를 이용하는 것인데, 모든 IDE는 Run Applet, Run, Execute 혹은 비슷한 명령 메뉴가 있어서 애플릿 뷰어를 동작시킬 수 있게 해 준다. 부록 2에서 오라클 사의 애플릿 뷰어를 사용하는 방법을 설명하였다.

애플릿을 종료시키는 방법은 어떻게 실행시켰느냐에 따라 다르다. IDE나 다른 애플릿 뷰어를 사용하고 있다면 애플릿 디스플레이의 종료 버튼을 마우스로 누르면 된다. 종료 버튼은 Listing 1.2에 보인 것과 같겠지만 컴퓨터나 운영체제에 따라 위치나 모양이 다를 수도 있다. 웹사이트의 특정 페이지에서 애플릿을 실행했다면 그 페이지를 종료하거나 다른 페이지로 이동하면 애플릿이 종료된다.

자습문제 SELF-TEST QUESTIONS

33 Listing 1.2의 애플릿 프로그램에서 눈이 타원이 아니라 원이 되게 하려면 어떻게 고치면 될까?

34 Listing 1.2의 애플릿 프로그램에서 찡그린 얼굴로 만들려면 어떻게 고치면 될까? (힌트 : drawArc 메소드 호출에 사용된 인자를 수정하여 미소를 상하로 뒤집어 보라.)

요약 SUMMARY

- 컴퓨터의 주기억장치는 현재 실행 중인 프로그램과 그 프로그램이 조작하고 있는 데이터를 저장한다. 주기억장치는 번호(즉, 주소)가 붙여진 일련의 구역으로 나누어져 있는데, 각 구역을 바이트라 한다. 또한 주기억장치는 휘발성이어서 컴퓨터의 전원을 끄면 데이터가 사라진다.
- 컴퓨터의 보조기억장치는 영구적으로 데이터를 저장하고자 할 때 사용한다. 컴퓨터의 전원을 끄더라도 데이터가 남아 있다. 하드디스크 드라이브, 플래시 드라이브, CD, DVD 등이 보조기억장치에 속한다.
- 컴파일러는 자바와 같은 고급 언어로 작성된 프로그램을 저급 언어로 작성된 프로그램으로 번역하는 프로그램이다. 인터프리터도 마찬가지로 번역을 실행하는 프로그램이지만, 전체 프로그램을 한 번에 모두 번역하는 컴파일러와 달리, 코드의 한 부분을 번역하고 바로 실행한다.
- 자바 컴파일러는 자바 프로그램을 바이트코드 프로그램으로 번역한다. 자바 프로그램을 실행하는 명령을 내리면 자바 가상 기계라는 인터프리터가 이 바이트코드

프로그램을 기계어 명령으로 번역하고 실행한다.

- 객체는 특정한 동작을 실행하는 프로그램 구조물이다. 이 동작 혹은 행동은 객체의 메소드로 정의된다. 객체의 특징이나 속성은 객체가 가지는 데이터에 의해 정해지는데, 이 속성의 값이 객체의 상태를 결정한다.
- 객체지향 프로그래밍은 프로그램이 객체로 구성된다고 보는 방법론인데, 이 객체는 혼자 동작하거나 다른 객체와 상호 작용할 수 있다. 소프트웨어 객체는 실세계의 객체를 표현하기도 하지만 추상적 개념일 수도 있다.
- 객체지향 프로그래밍의 세 가지 중요 원칙은 캡슐화, 다형성, 상속이다.
- 클래스는 한 집단의 객체들이 갖는 속성과 행동의 청사진이다. 클래스가 이 객체들의 형을 정의하며, 동일한 클래스의 모든 객체는 동일한 메소드를 가진다.
- 자바 프로그램에서 메소드 호출은 객체 이름, 마침표(.), 메소드 이름, 그리고 괄호 안에 인자를 나열하여 작성한다.
- 알고리즘은 문제를 해결하기 위한 일련의 지시이다. 알고리즘으로 간주되기 위해서는 지시가 완전하고 엄밀하게 기술되어 있어서 누군가가 지시의 세부 사항을 채워 넣거나 혹은 지시에서 완전히 명시되지 않은 어떤 결정을 내려야 할 필요 없이 지시를 따를 수 있어야 한다.
- 의사코드는 영어와 프로그래밍 언어를 혼용한 것으로 알고리즘의 지시를 표현하기 위해 사용한다.
- 프로그래밍 언어의 구문은 그 언어의 문법 규칙들의 집합이다. 이 규칙은 어떤 문장이 그 언어에서 올바른 문장인지 기술한다. 컴파일러는 프로그램에서 구문상의 에러를 찾아낸다.
- 컴퓨터 스크린에 그림을 그리는 애플릿을 작성할 수 있다. 애플릿은 인터넷을 통해 전송되어 웹브라우저에 의해 표시되기 위한 것이지만, 독립된 프로그램인 애플릿 뷰어를 이용하여 볼 수도 있다.
- `drawOval` 메소드는 타원을 그린다. `fillOval` 메소드도 마찬가지로 타원을 그리지만 내부를 칠한다. `drawArc` 메소드는 타원의 일부인 원호를 그린다.

연습문제 EXERCISES

1 클래스 적재기와 링커의 차이점은 무엇인가?

2 IDE란 무엇인가? 소프트웨어 산업에서 가장 인기 있는 IDE는 어떤 것들이 있는가?

3 객체지향 프로그래밍 언어란 무엇인가? 객체지향 프로그래밍 언어의 세 가지 가장 중요한 특징이 무엇인가?

4 인터프리터와 컴파일러의 차이는 무엇인가?

5 가상 기계란 무엇인가?

6 자바 프로그램에서 다음 문장들은 스크린에 무엇을 출력하는가?

```
int marks;
marks = 85;
System.out.println("Your marks are");
System.out.println(marks);
```

7 다음과 같은 결과를 스크린에 출력하는 자바 코드를 작성하라.

```
6
4
2
```

8 키보드로 입력한 점수를 읽어서 2를 곱해서 출력하는 자바 코드를 작성하라.

9 어떤 사람이 회사에 입사한 연도가 주어졌을 때 그 사람의 회사 재직 연수를 계산하는 자바 코드를 작성하라.

10 두 개의 수업 강좌의 수강 인원을 각각 정수로 읽어 들여서 전체 수강 학생 수를 출력하는 자바 코드를 작성하라. 각 강좌의 수강 학생 수를 입력하도록 사용자에게 적당한 메시지를 주어야 한다.

11 한 비트로 두 개의 값(0과 1)을 나타낼 수 있고, 두 비트로 네 개의 값(00, 01, 10, 11), 세 비트로는 여덟 개의 값(000, 001, 010, 011, 100, 101, 110, 111)을 나타낼 수 있다. 다음은 각각 몇 개의 값을 나타낼 수 있겠는가?

a. 10비트

b. 20비트

c. 30비트

12 오라클 사 웹사이트에서 자바 클래스 라이브러리에 대한 문서를 찾아보라. (이 책을 쓰고 있는 시점에 이 문서에 대한 링크는 http://docs.oracle.com/javase/7/docs/api/이다.) 거기서 `Scanner` 클래스에 대한 항목을 찾아라. 'Method Summary'라는 절에 나열된 메소드는 몇 개인가?

13 소프트웨어란 무엇인가? 소프트웨어와 하드웨어의 차이는 무엇인가? 소프트웨어와 하드웨어의 속성과 행동을 열거하라.

14 '영화'를 객체로 간주했을 때 가능한 행동(behavior)은 어떤 것일까? 'TV 쇼'의 행동은 어떤 것일까? 이 두 종류 객체들은 행동에 어떤 차이가 있는가?

15 은행 계좌를 나타내는 객체는 어떤 속성과 행동을 가지겠는가?

16 10보다 큰 수 m이 있다고 가정하라. 3^p가 m보다 작거나 같다는 조건을 만족하는 최대의 정수 p를 계산하는 알고리즘을 작성하라.

17 숫자의 목록에서 최솟값을 찾는 알고리즘을 작성하라.

18 올림픽 심벌인 5개의 맞물린 원을 그리는 자바 애플릿에 들어갈 문장을 작성하라. (색깔은 고려하지 않아도 된다.)

19 자바 클래스 라이브러리에서(연습문제 12번 참조) Graphics 클래스의 문서를 찾아 `drawRect` 메소드를 어떻게 사용하는지 공부하고, 원을 둘러싼 정사각형을 그리는 자바 애플릿 코드를 작성하라. 원의 지름과 정사각형의 한 변의 길이가 같아야 한다.

20 올림픽 육상 트랙(running track)의 모양을 그리는 자바 애플릿에 들어갈 문장을 작성하라.

프로그래밍 과제 PROGRAMMING PROJECTS

1 Listing 1.1의 자바 프로그램을 `FirstProgram.java`라는 이름의 파일로 작성하라. 프로그램을 컴파일하고 실행하라.

2 1번 과제의 자바 프로그램을 두 개가 아니라 세 개의 숫자를 더하도록 수정하라. 컴파일하고 실행하라.

3 다음 그림을 출력하는 자바 프로그램을 작성하라. (힌트 : 별표와 공백으로 이루어진 줄을 출력하는 일련의 `println` 문장으로 작성하라.)

```
     **************
    *            **
   *            * *
  *            *  *
 *            *   *
**************    *
*            *    *
*            *    *
*            *    *
*            *   *
*            *  *
*            * *
*            **
**************
```

4 연습문제 9번에 대한 완전한 프로그램을 작성하라.

5 연습문제 10번에 대한 완전한 프로그램을 작성하라.

6 Listing 1.2와 비슷하게 눈사람 그림을 그리는 애플릿 프로그램을 작성하라. (힌트 : 세 개의 원을 하나를 다른 것 위에 쌓아서 그린다. 아래에서 위로 갈수록 원이 점점 작아지도록 한다. 맨 꼭대기의 원을 행복한 얼굴로 만든다.)

7 연습문제 18번을 애플릿 프로그램으로 작성하라.

8 다음 패턴을 그리는 애플릿 프로그램을 작성하라.

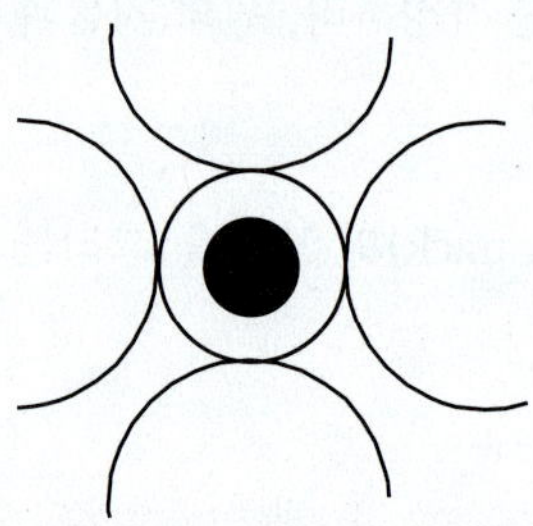

자습문제 해답 ANSWERS to SELF-TEST QUESTIONS

1 주기억장치(main memory)와 보조기억장치(auxiliary memory)

2 소프트웨어는 프로그램을 가리키는 다른 이름이다.

3 더해야 할 두 숫자

4 그 과목에서 자신이 받은 모든 퀴즈 점수

5 고급 언어 프로그램은 사람이 읽고 쓰기 쉬운 형태로 작성되어 있고, 기계어 프로그램은 컴퓨터가 직접 실행할 수 있는 형태로 작성되어 있다. 고급 언어 프로그램은 먼저 기계어 프로그램으로 번역되어야 컴퓨터가 실행할 수 있다. 자바 바이트코드는 대부분의 전형적인 컴퓨터의 기계어와 유사한 형태를 가진 저급 언어이다. 자바 바이트코드로 이루어진 프로그램을 특정 컴퓨터의 기계어 프로그램으로 번역하는 작업은 비교적 간단하다.

6 자바는 고급 언어이다.

7 자바 바이트코드는 저급 언어이다.

8 컴파일러는 고급 언어 프로그램을 기계어나 자바 바이트코드와 같은 저급 언어 프로그램으로 번역한다. 자바 프로그램을 컴파일할 때 컴파일러는 자바 프로그램을 바이트코드로 번역한다.

9 소스 프로그램은 컴파일러에 입력으로 주어지는 고급 언어 프로그램을 말한다.

10 자바 가상 기계. 자바 가상 기계(JVM)는 자바 바이트코드 명령을 기계어 명령으로 번역하는 프로그램이며, 일종의 인터프리터이다.

11 `Java is great!`

12
```
System.out.println("Java for one.");
System.out.println("Java for all.");
```

13 `mary.increaseAge(5);`

14 키보드에서 타이핑된 정수 하나를 읽어서 변수 n1에 저장한다.

15
```
public class Question15
{
public static void main(String[] args)
{
System.out.println("Hello World!");
}
}
```

변수나 클래스 이름과 같은 세부 사항은 달라질 수 있다. 프로그램에 문제가 없는지 컴파일 및 실행해 보라.

16 `YourClass.java`

17 `YourClass.class`

18 메소드는 객체가 실행할 수 있는 동작을 정의한다.

19 클래스는 객체의 생성을 위한 청사진이다. 동일한 클래스의 모든 객체는 같은 종류의 데이터와 같은 메소드를 가진다.

20 그렇다.

21 캡슐화는 객체를 사용하는 데 필요하지 않은 세부 사항을 보이지 않도록 감추는 과정을 말한다. 다른 식으로 말하면 캡슐화는 클래스나 객체를 기술하는 방식인데, 프로그래머가 그 클래스나 객체를 사용하는 데 충분한 만큼의 정보만 알려 주는 것을 말한다.

22 정보 은닉은 캡슐화를 가리키는 다른 용어이다.

23 자바와 같은 프로그래밍 언어에서 다형성이란, 하나의 메소드 이름을 명령으로 사용했을 때 그 명령을 받는 객체의 종류에 따라 서로 다른 동작이 실행되는 것을 말한다.

24 상속이란 클래스를 조직화하는 방법이다. 공통적인 속성과 동작을 가지는 일반적인 클래스를 먼저 정의한 다음, 상속을 사용하여 이 일반적인 클래스에 세부 사항을 추가하거나 수정하는 특수화된 클래스를 정의할 수 있다.

25 알고리즘은 문제를 해결하는 일련의 지시이다. 알고리즘으로 간주될 수 있으려면 그 지시가 완전하고 엄밀하게 정의되어 있어서, 이 지시를 실제로 따르는 과정에서 지시의 세부 사항을 채워 넣거나 혹은 지시에서 완전히 명시되는 않은 어떤 결정을 내릴 필요가 없어야 한다.

26 의사코드는 알고리즘의 각 단계를 기술할 때 영어와 자바 명령을 혼용한 것이다.

27 '노래'를 나타내는 객체는 제목, 작곡가, 날짜, 연주자, 앨범 제목 등의 속성을 가질 수 있을 것이다.

28 정수의 목록에서 홀수의 개수를 세는 알고리즘

1. 칠판에 숫자 0을 쓴다.
2. 목록에 포함된 각 홀수에 대해 다음을 실행한다.
   - 칠판의 숫자에 1을 더한다.
   - 칠판에 쓰인 숫자를 더해서 얻어진 숫자로 바꾼다.
3. 칠판에 쓰인 숫자를 해답으로 발표한다.

29 구문 에러는 프로그램의 문법적 오류이다. 프로그램을 작성할 때는 매우 엄격한 문법 규칙을 따라야 한다. 이 규칙 중 하나를 어겼을 경우, 예를 들어 필수적인 구두점을 생략했을 경우, 구문 에러가 발생한다.

30 논리 에러는 프로그램이나 그 프로그램의 알고리즘에 포함된 개념적 오류이다. 프로그램이 실행되어 결과를 제공하지만 그 결과가 부정확하다면 논리 에러가 발생한 것이다.

31 구문 에러와 실행 에러

32 논리 에러

33 다음 두 줄을

```
canvas.fillOval(155, 100, 10, 20);
canvas.fillOval(230, 100, 10, 20);
```

아래 두 줄로 바꾼다.

```
canvas.fillOval(155, 100, 10, 10);
canvas.fillOval(230, 100, 10, 10);
```

각 줄에서 마지막 두 개의 숫자를 10, 20에서 10, 10으로 바꾸었다. 다른 숫자를 사용해도 된다. 예를 들어 20을 사용해 10, 10 대신 20, 20이라고 해도 된다.

34 다음 줄을

```
canvas.drawArc(150, 160, 100, 50, 180, 180);
```

아래와 같이 바꾼다.

```
canvas.drawArc(150, 160, 100, 50, 180, -180);
```

마지막 숫자를 양수에서 음수로 바꾸었다. 다른 해답도 가능한데, 예를 들어 다음과 같이 해도 된다.

```
canvas.drawArc(150, 160, 100, 50, 0, 180);
```

위의 두 경우에서 첫 번째 숫자 150을 다른 더 큰 숫자로 바꾸어도 된다. 설명한 것과 비슷한 다른 해답도 있을 수 있다.

02 변수와 수식, 스트링, 입출력문

이 장에서 설명하는 내용을 공부하고 나면 간단한 자바 프로그램을 작성할 수 있다. 이 장을 이해하는 데 이전의 프로그래밍 경험은 필요하지 않다. Visual Basic, C, C++이나 C# 같은 언어에 익숙하다면 2.1절의 내용은 대부분 익숙할 것이다. 하지만 개념은 알고 있더라도 자바에서 그것들을 어떻게 표현하는지 배워야 한다.

■ 학습목표

- 숫자, 문자 같은 자바의 기본적인 데이터형을 설명할 수 있다.
- 자바의 변수 선언문과 상수 선언문을 작성할 수 있다.
- 대입문과 수식을 작성할 수 있다.
- 문자 스트링을 선언하고 간단한 스트링 조작을 수행할 수 있다.
- 자바의 키보드 입력문과 스크린 출력문을 사용할 수 있다.
- 자바 프로그램을 작성하는 스타일 지침과 관례를 따를 수 있다.
- 프로그램에 유용한 주석문을 달 수 있다.
- `JFrame` 클래스를 이용하여 자바 애플리케이션에서 그래픽 인터페이스를 만들 수 있다.
- `JOptionPane` 클래스를 이용하여 윈도우 기반 입출력을 수행할 수 있다.

■ 전제조건

1장을 읽지 않았다면 최소한 1장의 '첫 번째 자바 애플리케이션 프로그램'이라는 절을 읽고 클래스, 객체, 메소드의 개념에는 익숙해져야 한다. 또, 2.5절의 '그래픽 애플릿을 위한 스타일 규칙'이라는 부분에는 1.4절의 그래픽 보조자료 내용이 사용된다.

2.1 변수와 수식

이 절에서는 자바에서 간단한 변수와 산술식을 어떻게 사용하는지 설명한다.

변수

프로그램에서 **변수**(variable)는 숫자나 문자 같은 데이터를 저장하는 일종의 저장소로 생각할 수 있다. 변수에 저장되는 숫자, 문자 혹은 다른 데이터 항목을 **값**(value)이라 한다. 변수에 저장된 값은 프로그램 실행 중에 변할 수 있다. 즉, 어떤 시점에 6이란 값을 갖고 있던 변수가 프로그램이 한동안 실행된 후에는 4라는 다른 값을 가질 수 있다.

예를 들어 Listing 2.1은 `numberOfBaskets`, `eggsPerBasket`, `totalEggs`라는 변수를

사용하고 있다.

프로그램이 실행되면 다음 문장은 eggsPerBasket의 값을 6으로 지정한다.

```
eggsPerBasket = 6;
```

자바에서 변수는 1장에서 설명한 메모리 구역(memory location)으로 구현된다. 즉, 각 변수는 하나의 메모리 구역에 할당된다. 변수에 값이 주어지면 그 값은 일련의 0과 1로 부호화되어 변수의 메모리 구역에 기록된다.

변수의 이름은 그 변수의 용도나 저장하는 데이터의 종류를 반영하도록 정하는 것이 좋다. 예를 들어 개수를 세는 데 사용하는 변수라면 이름을 count라고 하면 좋겠고, 자동차의 속도를 나타내는 변수라면 speed라고 부르면 될 것이다. x나 y 같은 한 문자로 된 변수는 가급적 사용하지 않는 것이 좋다. 다음과 같은 문장이 있다면, 무엇을 더하는 것인지 짐작할 수가 없다.

```
x = y + z;
```

변수 이름을 만들 때 따르는 절차가 있는데 나중에 '자바 식별자'라는 부분에서 자세히 설명하겠다.

Listing 2.1 간단한 자바 프로그램

```
public class EggBasket
{
   public static void main(String[] args)
   {
      int numberOfBaskets, eggsPerBasket, totalEggs;      ← 변수 선언

      numberOfBaskets = 10;     ← 대입문
      eggsPerBasket = 6;

      totalEggs = numberOfBaskets * eggsPerBasket;

      System.out.println("If you have");
      System.out.println(eggsPerBasket + " eggs per basket and");
      System.out.println(numberOfBaskets + " baskets, then");
      System.out.println("the total number of eggs is " + totalEggs);
   }
}
```

실행 결과 출력

```
If you have
6 eggs per basket and
10 baskets, then
the total number of eggs is 60
```

프로그램에서 변수를 사용하려면 먼저 변수에 대한 기본적인 정보를 컴퓨터에게 알려 주어야 한다. 컴파일러가, 그리고 궁극적으로는 컴퓨터가 변수에 대해 알아야 하는 정보는 변수의 이름, 변수에 할당할 메모리의 크기, 그 변수의 데이터를 0과 1로 부호화하는 방법 등이다. 이런 정보는 **변수 선언**(variable declaration)에 의해 알려 주게 되는데, 자바에서 모든 변수는 사용되기 전에 선언되어야 한다.

변수 선언은 그 변수에 어떤 종류의 데이터가 저장될 것인지 컴퓨터에게 알려 준다. 즉, 변수의 데이터형을 선언하는 것이다. 데이터형이 다르면 컴퓨터 메모리에 데이터가 저장되는 방법도 다르기 때문에 컴퓨터는 변수의 형을 알아야 메모리에 값을 저장하거나 읽어 올 수 있다. 예를 들어 Listing 2.1에 있는 다음 줄은 numberOfBaskets, eggsPerBasket, totalEggs를 int라는 데이터형의 변수로 선언하고 있다.

```
int numberOfBaskets, eggsPerBasket, totalEggs;
```

변수 선언은 먼저 형 이름을 쓰고, 변수의 목록을 쉼표로 분리하여 나열하고, 마지막에 세미콜론을 쓰면 된다. 목록에 나열된 모든 변수들은 선언의 첫 부분에 주어진 데이터형으로 선언된다.

데이터형이 int라면 그 변수는 42, −99, 0, 2001 같은 **정수**(integer)를 저장할 수 있다. 형이 double이면 소수점과 소수 부분을 갖는 실수를 저장할 수 있고, 형이 char이면 키보드상에 나타나는 문자 하나를 저장할 수 있다.

자바 프로그램에서 모든 변수는 사용되기 전에 선언되어야 한다고 했는데, 보통은 사용되기 직전에 선언되거나 프로그램에서 중괄호({})로 둘러싼 부분의 첫머리에 선언된다. 지금까지 살펴본 간단한 프로그램에서 중괄호로 둘러싼 부분은 다음과 같았고, 이 줄 바로 다음에 변수가 선언되었다.

```
public static void main(String[] args)
{
```

요점 정리 변수 선언

자바 프로그램에서 변수는 사용되기 전에 반드시 선언되어야 한다. 변수 선언은 다음과 같다.

문법

```
Type Variable_1, Variable_2, …;
```

(계속됨)

예제

```
int styleNumber, numberOfChecks, numberOfDeposits;
double amount, interestRate;
char answer;
```

데이터형

데이터형은 값들의 집합과 그 값들에 적용할 연산을 지정한다. 값들이 특정한 데이터형을 갖는 것은 그 값들이 같은 방식으로 메모리에 저장되고 동일한 연산들이 그 값들에 대해 정의되기 때문이다.

기억하세요! 문법 변수

이 책에서는 자바 문법을 기술하기 위해 Type, Variable_1, Variable_2 같은 이름을 사용하는데, 이 이름들은 자바 코드에 그대로 나타나는 것이 아니다. 이것들은 **문법 변수**(syntactic variables)로서 무엇인가를 채워 넣어야 하는 공백과 같은 것이다. 예를 들어 Type은 int, double, char와 같은 형 이름으로 대체할 수 있고, Variable_1, Variable_2는 변수 이름으로 대체할 수 있다.

자바의 데이터형은 두 종류로 나뉘는데 클래스형과 기본형이다. 이름에서 알 수 있듯이 **클래스형**(class type)은 클래스의 객체에게 주어진 데이터형이다. 클래스는 객체를 만들기 위한 청사진과 같은 것이므로 객체가 어떻게 저장되고 또 객체에 어떤 연산이 가능한지 명시하는 것이 클래스이다. 클래스형의 이름으로는 클래스의 이름을 그대로 사용한다. 예를 들어 따옴표로 둘러싼 문자열 "Java is fun"은 이 장 뒷부분에서 설명할 String이라는 클래스의 객체이므로 String형의 값이라고 말한다.

객체가 클래스형의 값으로서 데이터와 메소드를 갖는 데 비해 **기본형**(primitive type)은 단순하다. 기본형의 값은 단일 숫자나 단일 문자와 같이 더 이상 쪼갤 수 없는 값이다. int, double, char 등이 기본형의 예이다.

그림 2.1은 자바의 기본 데이터형을 모두 나열하고 있다. byte, short, int, long의 네 가지 형은 정수형인데, 이들 간의 차이는 어떤 범위의 정수를 나타내고 얼마만큼의 컴퓨터 메모리를 차지하느냐에 있다. 정수형 가운데 어떤 형을 사용할지 결정하기 어려우면 int를 사용하라.

9.99, 3.14159, −5.63, 5.0 등과 같이 소수 부분을 가지는 숫자는 **부동소수점 수**(floating-point number) 혹은 **실수**라고 한다. 5.0이 정수가 아니라 실수임에 유의하라. 소수 부분이 0이더라도 이 수는 실수이다. 그림 2.1에서 보인 것처럼 자바에는 실수에

타입 이름	값의 종류	메모리 크기	값의 범위
byte	Integer	1 byte	−128에서 127
short	Integer	2 bytes	−32,768에서 32,767
int	Integer	4 bytes	−2,147,483,648에서 2,147,483,647
long	Integer	8 bytes	−9,223,372,036,8547,75,808에서 9,223,372,036,854,775,807
float	Floating-point	4 bytes	$\pm 3.40282347 \times 10^{+38}$에서 $\pm 1.40239846 \times 10^{-45}$
double	Floating-point	8 bytes	$\pm 1.79769313486231570 \times 10^{+308}$에서 $\pm 4.94065645841246544 \times 10^{-324}$
char	Single character (Unicode)	2 bytes	0에서 65,535 사이의 모든 유니코드값
boolean		1 bit	true 혹은 false

그림 2.1 기본형

해당하는 두 가지 데이터형, float와 double이 있다. 예를 들어 다음 코드는 두 변수를 선언하는데 하나는 float형이고 다른 하나는 double형이다.

```
float cost;
double capacity;
```

정수형과 마찬가지로 float와 double의 차이도 값의 범위와 메모리 크기이다. 이 두 형 중 어느 것을 써야 할지 결정하기 어려우면 double을 사용하라.

기본형인 char는 영문자나 숫자, 기호와 같은 문자 하나에 대해 사용한다. 예를 들어 다음 코드는 char형의 변수 symbol을 선언하고 거기에 대문자 *A*를 저장한 후 이를 스크린에 출력하고 있다.

```
char symbol;
symbol = 'A';
System.out.println(symbol);
```

자바 프로그램에서 문자를 사용할 때에는 'A'와 같이 작은따옴표를 사용한다. 즉, 작은따옴표 안에는 문자 하나만 들어가고 앞뒤로 따옴표를 사용한다. 대문자와 소문자는 구별되므로 'a'와 'A'는 서로 다른 문자이다.

기본 데이터형 가운데 마지막으로 boolean이 있다. 이 형은 true와 false라는 두 개의 값을 가진다. boolean형의 변수는 "eggCount가 12보다 작은가?"와 같이 참/거짓을 묻는 질문의 대답을 저장하는 데 사용할 수 있다. boolean형에 대해 다음 장에서 보다 자세히 설명할 것이다.

자바에서 기본형의 이름은 모두 소문자로 시작한다. 다음 절에서 배울 관례에 따르면 클래스형의 이름, 즉 클래스 이름은 대문자로 시작한다.

클래스형의 변수와 기본형의 변수를 선언하는 방법은 동일하지만 이 두 종류의 변수는 서로 다른 방식으로 값을 저장한다. 5장에서 클래스형 변수에 대해 자세히 설명할 것이고, 이 장과 다음 두 개의 장에서는 주로 기본형에 집중할 것이다. 5장 이전에도 가끔 클래스형의 변수를 사용하겠지만 기본형과 비슷하게 동작하는 상황만 다룰 것이다.

자바 식별자

프로그래밍 언어에서 사용되는 이름, 예를 들면 변수의 이름 같은 것을 전문 용어로 **식별자**(identifier)라고 부른다. 자바의 식별자(즉, 이름)는 문자, 0에서 9까지의 숫자, 그리고 밑줄 문자(_)만을 포함해야 하고, 식별자의 첫 글자는 숫자가 아니어야 한다.[1] 특히, 어떤 이름도 공백, 점(.), 별표(*)를 포함할 수 없다. 식별자의 길이에는 제한이 없다. 실제 프로그래밍에서 무한정 긴 이름을 사용하지는 않겠지만, 원칙적으로 길이의 제한은 없으므로 터무니없이 긴 이름도 허용된다. 자바는 대소문자를 구별한다. 예를 들어 `mystuff`, `myStuff`, `MyStuff`는 모두 서로 다른 식별자이므로, 이들을 서로 다른 세 변수의 이름으로 사용할 수 있다. 물론 이와 같이 대소문자만 다른 혼동되는 이름을 사용하는 것은 나쁜 프로그래밍 습관이지만 자바 컴파일러는 이를 허용한다. 지금까지 말한 규칙만 지킨다면 변수, 클래스 혹은 다른 항목에 어떤 이름이라도 사용할 수 있다. 그러나 이름을 정하는 관례적인 지침이 있다.

`numberOfBaskets`와 같이 대소문자를 섞어 쓰는 약간 특이한 방식에 대해 설명해 보자. `numberOfBaskets`이라 하지 않고 `NumberOfBaskets`나 `number_of_baskets`라고 써도 문법상 문제는 없지만, 이런 이름들은 대부분의 프로그램이 따르는 관례적 지침에 어긋난다. 이 관례적 지침에 따르면 변수 이름은 문자와 숫자로만 만들고, 여러 단어로 이루어진 이름은 첫 단어를 제외한 각 단어의 첫 문자를 대문자로 하여 단어 경계를 표시한다. 다음은 이러한 지침을 준수한 유효한 이름들이다.

```
inputStream YourClass CarWash hotCar theTimeOfDay
```

어떤 이름은 대문자로 시작하는 반면 다른 이름은 소문자로 시작한 것에 유의하라. 관례적으로 클래스 이름은 대문자로 시작하고 변수와 메소드의 이름은 소문자로 시작한다.

다음의 식별자는 자바에서 적법하지 못한 이름이어서 이런 이름을 사용하면 컴파일

1 자바에서 기호 $를 식별자에 사용할 수는 있지만, $를 사용한 식별자는 특수한 의미를 가진다. 즉, 컴퓨터에 의해 생성된 코드임을 나타내기 위해 사용되는 것이므로 여러분은 식별자에 $ 기호를 사용하지 않아야 한다.

러가 에러를 보고한다.

```
prenhall.com go-team Five* 7eleven
```

첫 세 개의 이름은 점(.), 하이픈(-) 및 별표(*)와 같은 허용되지 않는 문자를 포함하고 있고 마지막 이름은 숫자로 시작하기 때문에 잘못이다.

자바 프로그램에서 `int` 같은 기본형의 이름이나 `if` 같은 단어들은 **예약어**(keyword 혹은 reserved word)라고 부른다. 예약어는 자바에서 미리 정의된 특별한 의미를 갖기 때문에 클래스, 메소드 혹은 다른 것의 이름으로 사용할 수 없다. 자바 예약어는 모두 소문자로만 되어 있다. 이 책의 프로그램 코드에서는 예약어를 색자로 표시했다. IDE에 포함된 편집기가 흔히 이런 방식으로 예약어를 나타낸다.

`main`이나 `println` 같은 단어는 미리 정의된 의미를 갖지만 예약어는 아니다. 그러므로 이 단어가 다른 의미를 갖도록 바꿀 수도 있지만, 그렇게 되면 프로그램을 읽는 여러분이나 다른 사람에게 혼동을 주므로 바람직하지 않다.

자바 언어가 강제하는 것은 아니지만 일반적으로 따르는 관례에 따르면 클래스 이름은 대문자로 시작하고 변수와 메소드의 이름은 소문자로 시작한다. 이 이름들은 보통 문자와 숫자로만 만들어진다.

요점 정리 식별자(이름)

자바에서 변수, 클래스 혹은 메소드 등의 이름을 식별자라고 부른다. 식별자는 숫자로 시작하지 않아야 하고 문자, 0에서 9까지의 숫자, 밑줄 문자(_)만을 포함해야 한다. 대소문자는 구별한다. ($ 기호는 허용되지만 특별한 용도로 사용되므로 여러분이 작성하는 자바 이름에 $를 사용하면 안 된다.)

GOTCHA 자바는 대소문자를 구별한다

자바는 대소문자를 구별한다는 사실을 잊지 마라. 프로그램 한 부분에서는 myNumber라고 쓰고 다른 부분에서는 MyNumber라고 쓰면 자바는 이 둘을 같은 식별자로 인식하지 않는다. 같은 식별자로 간주되려면 대소문자까지 완전히 일치해야 한다. ■

FAQ 이름을 정하는 관례를 따라야 하는 이유는 무엇인가? 누가 이 규칙을 정하는가?

이름을 정하는 관례를 준수한 프로그램은 읽고 이해하기 쉽다. 보통은 여러분의 상사나 강사가 여러분이 자바 프로그램을 작성할 때 따라야 할 관례를 정해 줄 것이다. 하지만 우리가 방금 설명한 관례는 자바 프로그래머들 간에 거의 보편적으로 지켜지는 것들이다. 앞으로 자바 프로그램의 다른 측면에 대한 스타일 관례를 언급할 기회가 있을 것이다. 오라클 사는 자신들의 웹사이트에서 나름대로의 관례를 제공하고 모든 자바 프로그래머가 이를 따르도록 제안하고 있지만 모든 사람이 따르는 것은 아니다.

대입문

변수에 값을 주거나 변수의 값을 변경하는 가장 간단한 방법은 **대입문**(assignment statement)을 사용하는 것이다. 예를 들어 answer가 int형의 변수이고 42라는 값을 주려고 한다면 다음 대입문을 사용할 수 있다.

```
answer = 42;
```

등호(equal sign) =가 대입문에서 사용되면 **대입 연산자**(assignment operator)라고 부른다. 등호가 쓰였지만 양쪽이 같다는 뜻은 아니다. 대입문은 대입 연산자 왼쪽의 변수에 저장된 값을 대입 연산자 오른쪽 **수식**(expression)의 값으로 변경하라고 컴퓨터에 지시하는 것이다. 대입문은 항상 단일 변수, 대입 연산자(즉, 등호), 수식이 차례로 나오고 세미콜론으로 끝난다.

```
Variable = Expression;
```

수식은 하나의 변수나 숫자일 수도 있고, 변수와 숫자를 +, −와 같은 **산술 연산자**(arithmetic operator)로 결합하여 만든 복잡한 수식일 수도 있다. 예를 들어 다음은 모두 대입문의 예이다.

```
amount = 3.99;
firstInitial = 'B';
score = numberOfCards + handicap;
eggsPerBasket = eggsPerBasket - 2;
```

amount, score, numberOfCards와 같은 이름은 모두 변수이며, amount는 double형, firstInitial은 char형, 나머지 변수는 int형이다.

대입문이 실행될 때 컴퓨터는 먼저 대입 연산자(=) 오른쪽의 수식을 계산하여 값을 얻고, 이 값을 대입 연산자 왼쪽의 변수에 대입한다. 대입 연산자는 '변수의 값을 뒤에 나오는 값과 같게 만들라'는 뜻으로 생각할 수 있다.

예를 들어 변수 numberOfCards가 7이라는 값을 가지고 있고 handicap의 값이 2라면 다음 문장은 변수 score에 9라는 값을 대입한다.

```
score = numberOfCards + handicap;
```

Listing 2.1에 들어 있는 다음 문장이 대입문의 또 다른 예이다.

```
totalEggs = numberOfBaskets * eggsPerBasket;
```

이 문장은 numberOfBaskets의 값과 eggsPerBasket의 값을 곱한 결과를 totalEggs에 대입한다. 별표(*)는 자바에서 곱셈을 나타내는 기호이다.

변수는 대입 연산자의 양쪽에 모두 나타날 수 있는데 처음에는 약간 이상하게 보일 수도 있다. 다음 예를 생각해 보자.

```
count = count + 10;
```

이 문장은 'count의 값이 count에 10을 더한 값과 같다'는 뜻이 아니다. 이 문장은 count의 현재 값에 10을 더해서 그 결과가 count의 새로운 값이 된다는 의미이다. 즉, count의 값을 10만큼 증가시키는 것이다. 대입문이 실행될 때 컴퓨터가 대입 연산자 오른쪽의 수식을 먼저 계산한 다음 그 결과를 왼쪽의 변수에 대입한다는 사실을 상기하라. 다른 예로 다음 대입문은 eggsPerBasket의 값을 2만큼 감소시킨다.

```
eggsPerBasket = eggsPerBasket - 2;
```

요점 정리 기본형을 사용하는 대입문

등호 왼쪽에 기본형의 변수가 있는 대입문은 다음과 같이 동작한다. 즉 먼저 등호 오른쪽의 수식이 계산된 후에 등호 왼쪽의 변수에 이 값이 대입된다.

문법

```
Variable = Expression;
```

예제

```
score = goals – errors;
interest = rate * balance;
number = number + 5;
```

프로그래밍 팁_변수의 초기화

변수가 선언되었지만 대입문이나 기타 다른 방법에 의해 값이 주어지지 않았다면 이 변수는 **초기화되지 않았다**(uninitialized)고 말한다. 이 변수가 클래스형이라면 아무런 값을 가지지 않는 상태이고, 기본형의 변수라면 어떤 디폴트(default)값을 가지고 있을 것이다. 그러나 명시적으로 변수의 값을 주는 편이 프로그램을 보다 명료하게 만든다. (디폴트값에 대한 세부 사항은 변경될 수 있으므로 디폴트값에 의지하여 프로그래밍 해서는 안 된다.)

초기화되지 않은 변수가 생기지 않도록 하는 쉬운 방법은 변수 선언 시에 초기화하는 것인데, 다음의 예와 같이 변수 선언에 대입문을 결합하면 된다. 마지막 예처럼 하나의 선언에서 일부 변수만 초기화할 수도 있다.

```
int count = 0;
double taxRate = 0.075;
char grade = 'A';
int balance = 1000, newBalance;
```

컴파일러가 변수를 초기화하지 않고 사용했다는 에러 메시지를 내는 경우가 있다. 대부분의 경우는 컴파일러의 판단이 맞겠지만 그렇지 않은 경우도 있다. 실제로는 문제가 없는데 컴파일러가 잘못 판단하기도 한다는 말이다. 어쨌거나 컴파일러는 그 변수가 초기화되었다고 확신한 다음에야 컴파일을 진행한다. 컴파일러와 다툴 수는 없으니 그런 경우에는 변수를 선언할 때 무조건 초기화하라. ■

요점 정리 변수 선언과 대입의 결합

변수 선언에 변수의 값을 주는 대입문을 결합할 수 있다.

문법

```
Type Variable_1 = Expression_1, Variable_2 = Expression_2, . . . ;
```

예제

```
int numberSeen = 0, increment = 5;
double height = 12.34, prize = 7.3 + increment;
char answer = 'y';
```

간단한 입력

Listing 2.1에서는 변수 eggsPerBasket과 numberOfBaskets에 특정한 값을 지정하였다. 이렇게 하지 않고 계산에 필요한 값을 사용자에게 받게 하여 다른 숫자로 프로그램을 다시 실행할 수 있도록 하는 것이 더 합당할 것이다. Listing 2.2는 사용자로부터 숫자를 입력받도록 Listing 2.1을 수정한 것이다.

이 프로그램은 키보드 입력을 위해 자바가 제공하는 Scanner 클래스를 사용하므로, java.util 패키지로부터 Scanner 클래스의 정의를 가져와야 한다. 그래서 프로그램

Listing 2.2 키보드 입력을 이용한 프로그램

```
import java.util.Scanner;

public class EggBasket2
{
   public static void main(String[] args)
   {
      int numberOfBaskets, eggsPerBasket, totalEggs;

      Scanner keyboard = new Scanner(System.in);
      System.out.println("Enter the number of eggs in each basket:");
      eggsPerBasket = keyboard.nextInt();
      System.out.println("Enter the number of baskets:");
      numberOfBaskets = keyboard.nextInt();

      totalEggs = numberOfBaskets * eggsPerBasket;

      System.out.println("If you have");
      System.out.println(eggsPerBasket + " eggs per basket and");
      System.out.println(numberOfBaskets + " baskets, then");
      System.out.println("the total number of eggs is " + totalEggs);

      System.out.println("Now we take two eggs out of each basket.");

      eggsPerBasket = eggsPerBasket - 2;
      totalEggs = numberOfBaskets * eggsPerBasket;
      System.out.println("You now have");
      System.out.println(eggsPerBasket + " eggs per basket and");
      System.out.println(numberOfBaskets + " baskets.");
      System.out.println("The new total number of eggs is " + totalEggs);
   }
}
```

- import java.util.Scanner; ← java.util 패키지(라이브러리)로부터 Scanner 클래스를 불러온다.
- Scanner keyboard = new Scanner(System.in); ← 키보드 입력을 받도록 프로그램을 준비시킨다.
- eggsPerBasket = keyboard.nextInt(); ← 키보드로부터 정수를 읽어 들인다.

실행 결과 출력

```
Enter the number of eggs in each basket:
6
Enter the number of baskets:
10
If you have
6 eggs per basket and
10 baskets, then
the total number of eggs is 60
Now we take two eggs out of each basket.
You now have
4 eggs per basket and
10 baskets.
The new total number of eggs is 40
```

시작 부분에 다음 문장이 필요하다.

```
import java.util.Scanner;
```

다음 줄은 키보드로 데이터를 입력할 수 있도록 준비하는 부분이다.

```
Scanner keyboard = new Scanner(System.in);
```

위 문장은 키보드로부터 입력을 받는 첫 문장 이전에 있어야 한다. 입력을 받는 문장은 다음과 같다.

```
eggsPerBasket = keyboard.nextInt();
```

이 대입문은 변수 eggsPerBasket에 등호 오른쪽 수식의 값을 대입한다. 등호 오른쪽 수식 keyboard.nextInt()는 키보드로부터 int형의 값을 읽어 들이며, 이 값이 eggsPerBasket의 기존 값을 대체하게 된다. 키보드에 숫자를 여러 개 입력할 때는 숫자들 사이에 공백을 두거나 줄 바꿈을 해야 한다. 2.3절에서 키보드 입력에 관해 더 자세히 설명하겠다.

간단한 스크린 출력

여기에서는 스크린 출력에 대해 간략하게 소개하겠는데, Listing 2.2를 이해하고 작성할 수 있을 정도만 다루도록 한다. System은 자바 언어가 제공하는 클래스이고, out은 이 클래스에 들어 있는 특수한 객체이다. 그리고 out 객체가 갖는 메소드 가운데 하나가 println이다. 이 메소드를 호출하기 위해 System.out.println이라고 쓰는데 이러한 표기법에 대한 자세한 설명은 6장에서 다룰 것이다.

이제 다음 문장은 변수 eggsPerBasket의 값과 *eggs per basket.*이라는 구절을 차례로 출력한다.

```
System.out.println(eggsPerBasket + "eggs per basket.");
```

여기서 + 기호는 더하기 연산을 뜻하는 것이 아니라 '그리고' 정도에 해당하는 의미를 가진다. 이 자바 문장은 변수 eggsPerBasket의 값을 출력하고 그러고 나서 문자열 "eggs per basket."을 출력하라는 지시이다.

2.3절에서 스크린 출력에 대해 계속 설명하겠다.

상수

변수의 값은 바뀔 수 있다. 이렇게 그 값이 변하기 때문에 변수라고 부른다. 그러나 2

와 같은 숫자는 변하지 않고 항상 2이지 3이 되지는 않는다. 자바에서 2나 3.7 등은 그 값이 변하지 않으므로 **상수**(constant) 혹은 **리터럴**(literal)이라고 부른다.

숫자만 상수가 되는 것은 아니다. 예를 들어 'A', 'B', '$' 등은 char형의 상수이다. 이들은 그 값이 변할 수 없지만 대입문에서 char형 변수의 값을 변경하는 데 사용할 수 있다. 예를 들어 다음 문장은 char 변수 firstInitial의 값을 'B'로 바꾼다.

```
firstInitial = 'B';
```

char형의 상수를 쓰는 방법은 작은따옴표로 문자를 둘러싸는 단 한 가지 방법밖에 없다. 반면에 숫자 상수를 쓰는 방법은 더 다양하다. 정수형의 상수는 보통 우리가 사용하듯이 2, 3, 0, −3, 752처럼 쓰면 된다. 정수 상수 앞에 +12나 −72처럼 +, − 부호를 덧붙일 수 있다. 자바에서 숫자 상수는 콤마를 포함하지 못하므로 1,000은 틀린 표현이다. 정수 상수는 또한 소수점을 포함하지 못한다. 소수점을 포함하면 실수가 된다.

실수 상수는 두 가지 형태로 쓸 수 있는데, 첫 번째는 일상적인 용법과 같이 소수점 뒤에 숫자를 쓰는 간단한 방법으로 2.5와 같은 것이다. 다른 방법은 수학이나 과학에서 사용되는 **과학적 표기법**(scientific notation)과 유사한 약간 복잡한 형태이다. 예를 들어 865000000.0이라는 숫자는 다음과 같은 과학적 표기법으로 보다 명확히 나타낼 수 있다.

$$8.65 \times 10^8$$

자바도 이와 비슷한 표기법을 가지는데, 흔히 **e 표기법**(e notation) 혹은 **부동소수점 표기법**(floating-point notation)이라고 부른다. 키보드로 지수를 입력할 방법이 없기 때문에 곱셈과 10을 e로 대체한다. 따라서 자바에서 8.65×10^8은 8.65e8로 쓴다. 여기서 e는 지수(exponent)를 나타내고, e 다음에 나오는 숫자는 10의 지수로 해석된다. 8.65e8과 조금 번거로운 865000000.0의 두 가지 표기는 자바에서 같은 값을 나타낸다. 마찬가지로 4.83×10^{-4}는 자바에서 0.000483 혹은 4.83e-4로 쓸 수 있다. 자바에서 소수점의 위치는 별 상관이 없으므로 이 수를 0.483e-3이나 48.3e-5라고 쓸 수도 있다.

e 앞의 숫자는 소수점을 포함할 수도 있고 아닐 수도 있다. 반면에 e 다음의 숫자는 소수점을 포함하지 못한다. 10을 곱하는 것은 숫자의 소수점을 옮기는 것과 같으므로, e 다음에 양수가 쓰이면 소수점의 위치를 그 숫자의 자릿수만큼 오른쪽으로 이동한다는 뜻으로 생각할 수 있다. 반대로 e 다음의 숫자가 음수라면 소수점을 그만큼 왼쪽으로 이동하는 것이다. 예를 들어 2.48e4는 24800.0과 같고 2.48e-2는 0.0248과 같다.

FAQ 부동소수점 수에서 부동(floating)은 무슨 의미인가?

부동소수점 수라는 이름은 e 표기법에서 지수를 변경함으로써 소수점의 위치를 옮길(floating) 수 있다는 데서 유래했다. 0.000483을 이와 동등한 4.83e-4로 표현함으로써 소수점의 위치를 4 다음으로 옮길 수 있다. 컴퓨터 언어를 구현하는 사람들은 부동소수점 수를 저장할 때 이런 방법을 써서 소수점 앞에 한 자리만 갖도록 한다. 물론 이때 지수가 적당히 조정된다. 컴퓨터 구현에서 이 숫자들의 소수점이 항상 움직이므로 부동소수점(움직이는 소수점이라는 뜻) 수로 부르게 되었다. 사실 실제로 컴퓨터에서 숫자는 10진수가 아니라 2진수나 16진수로 저장되지만 개념은 동일하다.

FAQ 상수 5와 5.0은 실제로 다른 점이 있는가?

5와 5.0은 개념적으로 동일한 숫자이지만 자바에서는 이들을 서로 다른 것으로 간주한다. 5는 `int`형의 정수형 상수이고 5.0은 `double`형의 부동소수점 상수이다. 5.0은 비록 0이긴 하지만 소수 부분을 가진다. 5와 5.0은 같은 값처럼 보이지만 자바에서 저장되는 방식이 다르다. 정수와 부동소수점 수 모두 컴퓨터에 저장될 때는 유한한 자릿수를 갖지만 정수만이 정확한 값으로 간주된다. 부동소수점 수는 소수 부분을 갖기 때문에 근삿값으로 간주된다.

GOTCHA 부동소수점 수의 부정확성

부동소수점 수는 제한된 정밀도로 저장되므로 근삿값이다. 예를 들어 분수 1/3의 값은 다음과 같은데, 여기서 . . .은 3이 무한히 반복된다는 뜻이다.

```
0.3333333 . . .
```

컴퓨터는 위의 십진 표기와 비슷한 방식으로 숫자를 저장한다고 생각할 수 있는데, 이때 저장 공간이 제한되므로 정해진 자릿수만큼만 저장된다. 만약 소수점 이하 10자리만 저장할 수 있다면 분수 1/3은 다음과 같이 저장된다.

```
0.3333333333
```

이 수는 1/3보다 약간 작으므로 근삿값이다. 실제로 컴퓨터는 10진수가 아니라 2진수로 숫자를 저장하지만 원리는 방금 설명한 바와 같아서 비슷한 상황이 벌어진다.

모든 부동소수점 수가 컴퓨터에 저장되면서 정확도를 잃는 것은 아니다. 29.0과 같은 정숫값이나 0.5와 같은 소숫값은 부동소수점 수로 정확히 저장될 수 있다. 그렇더라도 어떤 부동소수점 수가 정확한지 아니면 근삿값인지는 일반적으로 알 수 없으므로, 확실치 않을 때에는 근삿값으로 저장된다고 가정하라. ■

이름 상수(named constant)

자바에서 변수를 선언하여 초기화하되 그 값이 변경될 수 없도록 하는 것이 가능하다. 문법은 다음과 같다.

```
public static final Type Variable = Constant;
```

예를 들어 상수 3.14159에 PI라는 이름을 붙일 수 있다.

```
public static final double PI = 3.14159;
```

이 선언을 그냥 상수(3.14159)에 이름(PI)을 붙이는 조금 복잡한 방법 정도로 여겨도 상관없지만, 여기서는 이 선언의 각 부분을 설명한다.

```
double PI = 3.14159;
```

위 부분은 단순히 PI를 변수로 선언하고 3.14159로 초기화하는 역할을 하고, 이 부분 앞에 오는 단어들이 변수 PI의 성격을 여러 가지로 수정하게 된다. public은 PI라는 이름을 어디서나 사용할 수 있다는 뜻이다. static에 대해서는 6장에서 설명하겠고, final은 3.14159라는 값이 PI에 주어진 최종적 값으로서 프로그램에서 PI의 값을 변경할 수 없다는 뜻이다.

상수의 이름은 관례적으로 대문자만 사용하고 단어 사이에 밑줄(_)을 넣는다. 예를 들어 달력 프로그램에서 다음과 같은 상수를 선언할 수 있다.

```
public static final int DAYS_PER_WEEK = 7;
```

이러한 관례는 자바 언어가 강제하는 것은 아니지만 대부분의 프로그래머들이 이에 따른다. 변수와 상수를 쉽게 알아볼 수 있다면 프로그램을 이해하기 쉽기 때문이다.

요점 정리 이름 상수

이름 상수(named constant)를 정의하려면 상수로 값을 초기화하는 변수 선언을 작성하고 그 앞에 예약어인 public static final을 붙이면 된다. 이 선언을 클래스 정의 내부에 위치시키되 main이나 여타 메소드의 정의 바깥에 두면 된다.

문법

```
public static final Type Variable = Constant;
```

(계속됨)

예제

```
public static final int MAX_STRIKES = 3;
public static final double MORTGAGE_INTEREST_RATE = 6.99;
public static final String MOTTO = "The customer is right!";
public static final char SCALE = 'K';
```

자바 언어가 강제하는 것은 아니지만 대부분의 프로그래머들은 상수 이름을 대문자와 밑줄 문자로 작성하는 관례를 따른다.

대입문의 호환성

3.5와 같은 double값을 int형의 변수에 넣을 수 없다. 3.0과 같이 소수 부분이 0인 double값조차도 int형의 변수에는 넣을 수 없다. 일반적으로 한 형의 값을 그와 다른 형의 변수에 저장하려면 그 값을 변수의 형과 일치하도록 변환시켜야 한다. 숫자를 다룰 때에는 이런 변환이 (항상은 아니지만) 때때로 자동적으로 일어나기도 한다. 예를 들어 다음과 같이 정수형의 값을 실수형의 변수에 대입할 때 이런 자동적인 변환이 항상 일어난다.

```
double doubleVariable = 7;
```

다음의 경우에서도 이와 같은 자동 변환이 일어난다.

```
int intVariable = 7;
double doubleVariable = intVariable;
```

일반적으로 다음 목록에서 좌측 형의 값을 그 우측에 나타나는 형의 변수에 대입할 수 있다.

```
byte → short → int → long → float → double
```

예를 들어 long형의 값을 float나 double형의 변수에 대입할 수 있다. (물론 long형의 값을 long형 변수에 대입하는 것은 당연히 가능하다.) 하지만 long형의 값을 byte, short, int형의 변수에 대입할 수는 없다. 형들 간의 이러한 순서가 아무렇게나 만들어진 것은 아니다. 목록의 좌측에서 우측으로 갈수록 더 큰 수를 저장하거나 소수점을 포함한다는 의미에서 보다 '정밀한' 형이 나타난다. 따라서 어떤 값을 변수에 대입할 때 값의 형보다 변수의 형이 더 정밀하다면 대입에 문제가 없다.

char값은 위의 목록에서 int 및 int 우측에 나타나는 형의 변수에 대입할 수 있다. 이 특별한 대입 호환성은 키보드 입력을 논의할 때 중요한 역할을 하지만, 특별한 경우를

제외하고는 char형의 값을 int형 변수에 대입하는 것은 권장되지 않는다.[2]

double형의 값을 int형 변수에 대입하려면 다음 절에서 설명할 형 변환을 이용하여 값의 형을 변환해야 한다.

요점 정리 대입문의 호환성

다음 목록에서 좌측 형의 값을 그 우측에 나오는 형의 변수에 대입할 수 있다.

byte → short → int → long → float → double

특히 byte, short, int, long 등 어느 정수형의 값이든지 float, double 등 실수형의 변수에 대입할 수 있다.

char형의 값은 int 및 int 오른쪽에 있는 모든 형의 변수에 대입할 수 있다.

형 변환

자바나 다른 대부분의 프로그래밍 언어에서 **형 변환**(type cast)은 어떤 값의 형을 원래 형에서 다른 형으로 바꾸는 것을 말한다. 예를 들어 2.0이라는 값의 형을 double에서 int로 바꾸기 위해 형 변환을 사용할 수 있다. 앞 절에서 어떤 형의 값을 그와 다른 형의 변수에 대입해도 되는 경우를 설명하였다. 그 외의 모든 경우에는 형 변환이 반드시 필요하다. 자바에서 형 변환이 어떻게 이루어지는지 살펴보자.

```
double distance = 9.0;
int points = distance;       ← 잘못된 대입문
```

마지막 문장은 자바에서 잘못된 것이다. double형의 값을 int형 변수에 대입할 수 없다. double형의 값이 소수 부분이 0이라서 개념적으로 정수로 생각할 수 있더라도 int형 변수에 대입하지 못한다.

double형의 값을 int형 변수에 대입하려면 값이나 그 값을 저장하는 변수 앞에 (int)를 붙이면 된다. 예를 들어 위의 잘못된 대입문을 다음과 같이 바꾸면 올바른 문장이 된다.

```
int points = (int)distance;       ← 올바른 대입문
```

(int)distance와 같은 수식을 형 변환이라 부른다. 이때 distance에 저장된 값이

2 C나 C++ 같은 다른 언어를 사용해 본 독자들은 char형의 값을 byte형 변수에 대입하지 못한다는 사실에 놀랄 것이다. 그 이유는 자바에서 char형의 값은 두 바이트의 메모리를 차지하지만 byte형의 값은 당연히 한 바이트를 차지하기 때문이다.

바뀌는 것은 아니고, distance에 저장된 값의 'int 버전'을 points에 저장한다. 예를 들어 distance의 값이 25.36이라면 (int)distance의 값은 25이다. 따라서 points는 25를 저장하게 되고 distance의 값은 여전히 25.36이다. 만약 distance의 값이 9.0이라면 points에는 9가 저장되고 distance의 값은 변하지 않는다.

(int) 25.36이나 (int)distance 같은 형 변환 수식은 int값을 만들어 낼 뿐 자신이 가진 변수의 값을 변경하지 않는다. 이것은 내가 가진 돈의 액수에서 잔돈은 무시하고 달러 단위로 몇 달러를 갖고 있는지 계산하는 것과 비슷하다. 내가 25.36달러를 가지고 있다면 달러 단위로는 25달러를 가지고 있는 것이다. 내가 가진 25.36달러는 변하지 않는다.

예를 들어 다음 코드를 살펴보자.

```
double dinnerBill = 25.36;
int dinnerBillPlusTip = (int)dinnerBill + 5;
System.out.println("The value of dinnerBillPlusTip is " +
   dinnerBillPlusTip);
```

(int)dinnerBill은 25라는 값을 만들어 내므로 출력은 다음과 같다.

```
The value of dinnerBillPlusTip is 30
```

그러나 변수 dinnerBill의 값은 여전히 25.36이다.

double에서 int로 형 변환을 할 때, 즉 실수형에서 정수형으로 형 변환을 할 때 반올림이 이루어지지 않는다는 사실에 주의하라. 소수점 이하의 소수 부분을 버리는데 이를 **절사**(truncating)한다고 말한다. 예를 들어 다음 문장에서 numberOfDollars의 값은 27이 아니라 26으로 지정된다. 즉 반올림되지 않는다.

```
double dinnerBill = 26.99;
int numberOfDollars = (int)dinnerBill;
```

앞에서 언급했듯이 정숫값을 double 같은 실수형 변수에 대입하면 변수형으로 형 변환이 자동적으로 이루어진다. 예를 들어 다음 대입문

```
double point = 7;
```

은 아래와 동등하다.

```
double point = (double)7;
```

첫 번째 대입문에서는 형 변환 (double)이 함축되어 있다.

요점정리 형 변환

어떤 형의 값을 그와는 다른 형의 변수에 저장하려면 그 값을 목적 형의 동등한 값으로 변환하는 형 변환을 사용해야 하는 경우가 많이 있다.

문법

(Type_name)Expression

예제

```
double guess = 7.8;
int answer = (int)guess;
```

answer에 저장되는 값은 7이다. 값이 반올림되지 않고 절사된다(truncated)는 점에 주의하라. 또한 변수 *guess*의 값은 전혀 변하지 않고 여전히 7.8을 가진다는 사실도 주의하라. 두 번째 문장은 *answer*에 저장되는 값에만 영향을 준다.

프로그래밍 팁_문자에서 정수로의 형 변환

자바에서 char형의 값을 정수로 취급하는 경우가 있지만 문자에 정수를 대입하는 것은 문자의 의미와는 관계가 없다. 예를 들어 다음 형 변환은 문자 '7'에 대응하는 int 값을 생성할 것이다.

```
char symbol = '7';
System.out.println((int)symbol);
```

여러분은 위 문장이 7을 출력할 것이라고 기대하겠지만 실제로는 55를 출력한다. 자바도 다른 프로그래밍 언어들처럼 각 문자에 임의의 정수를 대응시켜 놓았다. 0에서 9까지의 숫자도 다른 영문자나 '+'와 같은 문자일 뿐이다. '7'이라는 문자에 정수 7을 대응시키지 않았다는 말이다. 문자를 전부 나열한 다음 나열된 순서에 따라 정수를 차례로 대응시켜 둔 셈이다. 그러다 보니 문자 '7'에 정수 55가 대응된 것이다. 이러한 문자와 숫자의 대응 체계를 유니코드(Unicode)라고 부르는데, 이 장의 후반부에서 논의할 것이다. ASCII 체계에 대해 들은 적이 있다면 유니코드 체계가 영문자에 대해서는 ASCII 체계와 같다고 이해하면 된다. ■

자습문제 SELF-TEST QUESTIONS

1 다음에서 자바의 변수 이름으로 올바른 것은?

```
rate1, 1stPlayer, myprogram.java, long, TimeLimit, numberOfWindows
```

2 자바 프로그램이 aVariable과 avariable이라는 이름의 서로 다른 변수를 가질 수 있는가?

3 int형이고 이름이 count인 변수의 선언을 작성하라. 이 변수는 0으로 초기화되어야 한다.

4 double형의 변수 두 개의 선언을 작성하라. 이름은 각각 rate와 time이고 모두 0으로 초기화되어야 한다.

5 miles와 flowRate라는 이름의 두 변수의 선언을 작성하라. 변수 miles는 int형이며 0으로 초기화되어야 하고 변수 flowRate는 double형이며 50.56으로 초기화되어야 한다.

6 상수에 이름을 붙이는 일반적인 관례는 무엇인가?

7 하루의 시간 수를 값으로 하는 이름 상수를 정의하라.

8 변수 interest의 값을 balance의 값에 0.05를 곱한 값으로 지정하는 자바 대입문을 작성하라.

9 변수 interest의 값을 balance의 값에 rate의 값을 곱하여 얻는 값으로 지정하는 자바 대입문을 작성하라. 변수들은 double형이다.

10 변수 count의 값을 3만큼 증가시키는 자바 대입문을 작성하라. 변수는 int형이다.

11 다음 프로그램 코드가 생성하는 출력은 무엇인가?

```java
char a, b;
a = 'b';
System.out.println(a);
b = 'c';
System.out.println(b);
a = b;
System.out.println(a);
```

12 '문자에서 정수로의 형 변환'이라는 프로그래밍 팁에서 다음 코드가 7을 출력하지 않는다고 했다.

```java
char symbol = '7';
System.out.println((int)symbol);
```

즉, (int)symbol은 symbol에 저장된 문자에 대응하는 숫자(이 경우에 7)를 생성하지 않는다. symbol이 0에서 9까지 10개의 문자들 가운데 하나를 갖고 있을 때 그 문자에 대응하는 정수를 생성하는 수식을 작성하라. (힌트 : 0에서 9까지의 문자들은 유니코드 체계에서 연속적인 정수들을 할당받으므로 (int)'7'이 55라면 (int)'8'은 56이다.)

산술 연산자

자바에서 산술 연산자 +, −, *, /를 사용하면 각각 덧셈, 뺄셈, 곱셈, 나눗셈과 같은 산술 연산을 수행할 수 있다. 수학에서와 마찬가지 방법으로 변수와 숫자—합쳐서 **피연산자**(operand)라고 부른다—를 연산자 및 괄호와 결합하여 **산술식**(arithmetic expression)을 구성할 수 있다. 앞서 설명한 네 가지에 이어 다섯 번째 산술 연산자로 잠시 후 설명할 %가 있다.

산술식의 의미는 기본적으로 일상적인 용법과 같지만 연산 결과의 형이나 값과 관련해 주의해야 할 점이 있다. 다섯 가지 산술 연산자는 모든 정수형이나 실수형 혹은 이들이 혼합된 피연산자에 대해 사용할 수 있다. 연산 결괏값의 형은 피연산자의 형에 따라 달라진다.

두 개의 피연산자—변수와 변수, 숫자와 숫자 혹은 변수와 숫자—를 결합하는 단순한 수식에서부터 시작해 보자. 두 피연산자가 같은 형이면 결과도 그 형이 된다. 피연산자가 하나는 실수형이고 다른 하나는 정수형이면 결과는 실수형이 된다.

예를 들어 다음 산술식을 살펴보자.

```
amount + adjustment
```

두 변수 amount와 adjustment가 모두 int형이면 연산의 결괏값도 int형이다. 피연산자 중 하나가 double형이거나 둘 다 double형이면 결과는 double형이다. 덧셈 연산자 +를 −, *, /, % 등 다른 연산자로 바꾸더라도 결괏값의 형은 같은 방법으로 결정된다.

연산자가 두 개보다 많은 수식은 두 개의 피연산자를 갖는 여러 단계의 연산으로 생각할 수 있다. 예를 들어 다음 수식의 값을 얻기 위해서는 먼저 balance * rate를 계산하여 결과를 얻고 그다음에 그 결과와 balance의 합계를 계산한다.

```
balance + (balance * rate)
```

따라서 두 개의 피연산자를 갖는 수식의 형을 결정하기 위해 썼던 규칙을 더욱 복잡한 수식에 대해서도 쓸 수 있다. 모든 피연산자가 같은 형이라면 결과도 그 형이 된다. 피연산자들 가운데 정수형과 실수형이 섞여 있다면 그 결과는 실수형이 된다.

보통은 산술식의 결괏값이 정수형이냐 실수형이냐를 아는 것으로 충분하다. 그러나 결괏값의 정확한 형을 알아야 한다면 다음과 같이 찾아낼 수 있다. 수식의 결괏값의 형은 수식에 사용된 여러 형 가운데 하나인데, 그 형 중 다음 목록에서 가장 우측에 나타난 것이다.

```
byte → short → int → long → float → double
```

이는 앞에서 자동적 형 변환을 결정하는 데 사용했던 것과 동일한 목록임을 명심하라.

나눗셈 연산자(/)는 형에 따라 결괏값이 크게 달라질 수 있기 때문에 특별한 주의가 필요하다. 나눗셈에 참여하는 두 피연산자 가운데 하나라도 double형(혹은 다른 실수형)이라면 계산 결과는 여러분이 나눗셈에서 기대하는 값과 같다. 예를 들어 9.0/2에서 한쪽 피연산자인 9.0이 double형이므로 결과는 double형의 숫자인 4.5가 된다. 그러나 두 피연산자가 모두 int형이라면 결과는 예상과 다르게 나온다. 예를 들어 9/2는 피연산자가 모두 int형이므로 결과는 4.5가 아니라 int형의 값인 4가 된다. 즉, 소수점 이하 부분은 소실되는 것이다. 두 개의 정수를 나눌 때 결과가 **반올림되지 않음**에 특히 주의하라. 소수점 이하 부분은 그 크기가 아무리 크더라도 무시되므로 11/3은 3.6666…이 아니라 3이다. 소수점 이하 부분이 0이더라도 소수점과 0은 소실되는데 이 사소한 차이가 중요할 수도 있다. 예를 들어 8.0/2는 double형의 결괏값인 4.0이 되는데, 이것은 실수형의 숫자이므로 근삿값이다. 이에 반해 8/2는 int형의 4라는 정확한 값이 된다. 4.0이 근삿값이라는 사실이 이 결과를 이용하는 다른 연산의 정확도에 영향을 미칠 수 있다.

자바의 다섯 번째 산술 연산자 %는 **나머지 연산자**(remainder 혹은 modulus operator)로 불린다. 나눗셈을 하면 몫(quotient)과 나머지(remainder)가 나오는데, % 연산자를 정수형의 피연산자에 사용하여 나머지 값을 얻는다. 이 나머지 값은 소수점 이하의 소수 부분에 해당하는 값이다. 예를 들어 14를 4로 나누면 몫은 3이고 나머지는 2가 되니까, 14/4는 3이고 14%4는 2가 된다.

이 % 연산자는 보기보다 써먹을 데가 많다. 프로그램에서 2나 3 혹은 다른 숫자의 배수로 횟수를 세는 데 사용할 수 있다. 예를 들어 어떤 동작을 짝수에 대해서만 실행하려고 한다면 주어진 정수가 짝수인지 홀수인지 알아야 한다. 어떤 정수 n은 n % 2가 0이면 짝수이고, n % 2가 1이면 홀수이다. 또한, 프로그램이 3의 배수마다 어떤 동작을 실행해야 한다면 int 변수 n을 이용하여 정수를 순서대로 할당하되 n % 3이 0일 때에만 동작을 실행하면 된다.

FAQ % 연산자를 실수에 적용하면 어떻게 되는가?

나머지 연산자는 보통 정수 피연산자와 함께 사용되지만, 자바에서는 나머지 연산자를 실수 피연산자에 사용하는 것도 허용된다. *n*과 *d*가 실수라면 *n* % *d*는 *n* − (*d* * *q*)와 같은데 여기서 *q*는 *n* / *d*의 정수 부분이다. *q*의 부호는 *n* / *d*의 부호와 동일하다. 예를 들어 6.5 % 2.0은 0.5, −6.5 % 2.0은 −0.5, 6.5 % −2.0은 0.5이다.

마지막으로 +와 −는 덧셈과 뺄셈을 나타내지만 어떤 경우에는 숫자의 부호를 나타내기도 한다는 점에 유의하라. 실제로 자바는 +와 −를 항상 연산자로 취급한다. **단항 연산자**(unary operator)는 다음 대입문의 − 연산자처럼 단 하나의 피연산자만 가지는 연산자를 말한다.

```
bankBalance = -cost;
```

이항 연산자(binary operator)는 다음 문장의 +와 *처럼 두 개의 피연산자를 가진다.

```
total = cost + (tax * discount);
```

같은 연산자 기호가 어떤 때는 단항 연산자로 또 다른 때는 이항 연산자로 사용될 수 있음을 유의하라. 예를 들어 −와 + 기호는 단항 및 이항 연산자로 사용된다.

FAQ 산술식에서 공백은 어떤 역할을 하는가?

모든 자바 문장에서 공백은 보통 아무런 역할을 하지 않는다. 단 하나의 예외는 큰따옴표나 작은따옴표 내에 공백 문자가 들어 있는 경우이다. 다른 상황에서 공백 문자를 넣는 것은 자바 문장을 읽기 쉽게 해 준다. 예를 들어 이 책에서 하는 것처럼 이항 연산자 앞과 뒤에는 공백을 넣는 게 좋다.

괄호와 우선순위 규칙

수학에서와 마찬가지로 산술식에서 괄호로 항목을 묶을 수 있다. 괄호를 사용하여 어떤 순서로 연산을 실행할지 컴퓨터에게 알려 줄 수 있다. 예를 들어 괄호의 위치만 다른 다음의 두 산술식을 살펴보자.

```
(cost + tax) * discount
cost + (tax * discount)
```

첫째 수식은 먼저 `cost`와 `tax`를 더하고 그 결과에 `discount`를 곱하게 되지만, 둘째

높은 우선순위

1 : 단항 연산자 +, -, ++, --, !

2 : 이항 연산자 *, /, %

3 : 이항 연산자 +, -

낮은 우선순위

그림 2.2 우선순위 규칙

수식은 tax와 discount를 곱한 다음에 그 결과에 cost를 더하게 된다. 각 변수의 값으로 특정한 숫자를 대입하여 두 수식을 계산해 보면 결괏값이 다르다는 것을 알 수 있다.

괄호를 빼먹더라도 컴퓨터는 수식을 계산해서 결괏값을 만든다. 예를 들어 다음의 첫째 대입문은 둘째 대입문과 같은 의미이다.

```
total = cost + tax * discount;
total = cost + (tax * discount);
```

괄호가 없으면 곱셈이 덧셈보다 먼저 계산된다. 일반적으로 괄호에 의해 연산 순서가 결정되지 않을 때 컴퓨터는 그림 2.2에 보인 **우선순위 규칙**(precedence rule)에 지정된 순서에 따라 계산을 실행한다.[3] 목록의 위쪽에 위치한 연산자가 **높은 우선순위**(higher precedence)를 가진다고 말한다. 두 개의 연산자가 있고 그 순서가 괄호로 지정되지 않았을 때, 컴퓨터는 높은 우선순위의 연산자를 먼저 실행하고 다음에 낮은 우선순위의 연산자를 실행한다. 우선순위가 같은 연산자들도 있는데, 이들 간의 연산 순서는 수식에서의 위치에 의해 결정된다. 같은 우선순위의 이항 연산자들은 왼쪽에서 오른쪽으로 연산이 실행되고, 같은 우선순위의 단항 연산자들은 오른쪽에서 왼쪽으로 연산이 실행된다.

이런 우선순위 규칙은 수학에서 사용되는 것과 비슷하다. 비록 연산의 순서가 우선순위 규칙과 일치하더라도, 아주 명백한 경우를 제외하고서는 괄호를 사용하는 것이 좋다. 괄호를 사용하면 프로그램 코드를 읽는 사람이 수식을 더 명확히 이해할 수 있기 때문이다. 하지만 불필요하게 괄호를 너무 많이 사용하는 것도 좋지 않다. 덧셈 안에 곱셈이 포함된 경우에는 괄호를 생략하는 것이 일반적이다. 따라서

```
balance = balance + (interestRate * balance);
```

3 그림 2.2는 이 장에서 사용하는 모든 연산자를 포함하고 있다. 3장에서 더 많은 우선순위 규칙을 볼 수 있을 것이다.

수학의 산술식	자바의 산술식(권장하는 형식)	자바의 산술식(괄호 포함)
$rate^2 + delta$	`rate * rate + delta`	`(rate * rate) + delta`
$2(salary + bonus)$	`2 * (salary + bonus)`	`2 * (salary + bonus)`
$\frac{1}{time + 3mass}$	`1 / (time + 3 * mass)`	`1 / (time + (3 * mass))`
$\frac{a-7}{t+9v}$	`(a - 7) / (t + 9 * v)`	`(a - 7) / (t + (9 * v))`

그림 2.3 자바 산술식의 예

이 수식은 보통 다음과 같이 작성된다.

```
balance = balance + interestRate * balance;
```

두 가지 형태 모두 사용 가능하고 의미도 같다.

그림 2.3은 자바 산술식의 예를 몇 가지 보여 주며 일반적으로 생략하는 괄호가 어떤 것인지도 나타낸다.

특별한 대입 연산자

+와 같은 산술 연산자를 대입 연산자 = 앞에 붙이면 흔히 복합대입 연산자라고 부르는 특별한 목적의 대입 연산자를 얻게 된다. 예를 들어 다음 문장은 변수 amount의 값을 5만큼 증가시킨다.

```
amount += 5;
```

이 문장은 사실 다음 문장의 단축 형태이다.

```
amount = amount + 5;
```

대단한 것은 아니지만 상당히 편리할 때가 있다.

다른 산술 연산자에 대해서도 똑같이 =를 결합할 수 있다. 예를 들어 이 문장

```
amount = amount * 25;
```

을 다음과 같이 바꿀 수 있다.

```
amount *= 25;
```

여러분은 이런 복합대입 연산자를 쓰고 싶어하지 않더라도 많은 자바 프로그래머들

이 즐겨 쓰고 있기 때문에 다른 프로그래머의 코드를 읽다 보면 만나게 될 것이다.

자습문제 SELF-TEST QUESTIONS

13 다음 프로그램 코드의 출력은 무엇인가?

```
int quotient = 7 / 3;
int remainder = 7 % 3;
System.out.println("quotient = " + quotient);
System.out.println("remainder = " + remainder);
```

14 다음 프로그램 코드의 출력은 무엇인가?

```
double result = (1 / 2) * 2;
System.out.println("(1 / 2) * 2 equals " + result);
```

15 다음 프로그램 코드의 출력은 무엇인가?

```
int result = 3 * 7 % 3 - 4 - 6;
System.out.println("result is " + result);
```

16 다음 프로그램 코드의 출력은 무엇인가?

```
int result = 11;
result /= 2;
System.out.println("result is " + result);
```

사례 연구 자동판매기의 잔돈

자동판매기는 동작을 제어하기 위한 작은 컴퓨터를 내장하고 있다. 이 사례 연구는 이러한 자동판매기 컴퓨터가 수행해야 할 작업의 일부를 프로그램으로 작성할 것이다. 입력과 출력은 키보드와 스크린을 사용한다. 이 프로그램을 자동판매기의 컴퓨터에 적용하려면 키보드가 아닌 다른 방식으로 입력을 받고 스크린이 아닌 곳으로 출력을 내보내는 전체 프로그램에 이 프로그램의 코드를 삽입해야 하지만 이 문제는 여기서는 다루지 않는다. 이 사례 연구에서 사용자는 1에서 99센트까지의 잔돈을 입력하고 프로그램은 입력된 잔돈의 양에 해당하는 동전의 조합을 사용자에게 알려 준다.

예를 들어 사용자가 55를 입력하면 프로그램은 55센트가 2 quarter와 1 nickel, 즉 25센트짜리 동전 두 개와 5센트짜리 동전 한 개로 조합될 수 있다고 알려 준다. 사용자와 프로그램의 실행 과정이 다음 대화와 같다고 하자.

```
Enter a whole number from 1 to 99.
I will find a combination of coins
that equals that amount of change.
```

```
87
87 cents in coins:
3 quarters
1 dime
0 nickels and
2 pennies
```

프로그램을 작성하기 전에 이와 같이 프로그램과 사용자 간의 대화를 써 보는 것이 문제를 푸는 데 도움이 된다.

프로그램에는 잔돈 액수를 저장하는 변수와 종류별로 동전의 개수를 저장하는 변수가 필요하다. 따라서 최소한 다음의 변수들이 필요하다.

```
int amount, quarters, dimes, nickels, pennies;
```

이제 각 종류의 동전 개수를 계산하는 알고리즘이 필요하다. 다음의 의사코드(pseudo-code)를 생각해 냈다고 하자.

amount 센트에 해당하는 동전 수를 계산하는 알고리즘

1. 액수를 변수 amount에 읽어 들인다.
2. quarters 변수의 값을 amount 액수에 포함될 수 있는 최대의 quarter 수로 지정한다.
3. amount 변수에서 방금 계산한 개수만큼의 quarter 액수를 뺀다.
4. dimes 변수의 값을 amount 액수에 포함될 수 있는 최대의 dime 수로 지정한다.
5. amount 변수에서 방금 계산한 개수만큼의 dime 액수를 뺀다.
6. nickels 변수의 값을 amount 액수에 포함될 수 있는 최대의 nickel 수로 지정한다.
7. amount 변수에서 방금 계산한 개수만큼의 nickel 액수를 뺀다.
8. pennies = amount;
9. 최초의 amount값과 각 동전의 개수를 출력한다.

이 절차는 그럴듯해 보이지만 서둘러 코드를 작성하기 전에 실젯값을 한 번 적용해 보자. 잔돈 액수가 87이라면 amount에 87을 대입한다. 87센트에 quarter가 세 개 들어가므로 quarters는 3이 되고 87 − 3 * 25는 12이므로 amount는 12가 된다. 마찬가지로 dime 한 개를 빼면 amount에는 2센트가 남는다. 따라서 dimes는 1이고 nickels는 0이며 pennies는 2이다.

이제 결과를 출력해 보자. 원래의 잔돈 액수가 얼마였는가? 변수 amount를 찾아보니 값이 2이다. 알고리즘이 amount의 값을 변경했으므로 원래의 값 87은 사라졌다. 하지만 마지막 단계에서 결과를 출력하기 위해서는 원래의 액수가 필요하다. 이 문제를 해결하기 위해서는 amount를 변경하기 전에 원래 값을 출력하거나 혹은 원래 값을 다른 변수 originalAmount에 복사할 수 있다. 두 번째 방법을 선택하면 의사코드를 다음과 같이 고칠 수 있다.

amount 센트에 해당하는 동전 수를 계산하는 알고리즘

1. 액수를 변수 amount에 읽어 들인다.
2. originalAmount = amount;
3. quarters 변수의 값을 amount 액수에 포함될 수 있는 최대의 quarter 수로 지정한다.
4. amount 변수에서 방금 계산한 개수만큼의 quarter 액수를 뺀다.
5. dimes 변수의 값을 amount 액수에 포함될 수 있는 최대의 dime 수로 지정한다.
6. amount 변수에서 방금 계산한 개수만큼의 dime 액수를 뺀다.
7. nickels 변수의 값을 amount 액수에 포함될 수 있는 최대의 nickel 수로 지정한다.
8. amount 변수에서 방금 계산한 개수만큼의 nickel 액수를 뺀다.
9. pennies = amount;
10. originalAmount 값과 각 동전의 개수를 출력한다.

이제 위의 의사코드와 같은 일을 하는 자바 코드를 작성해야 한다. 이것은 대개 기계적인 작업이 된다. 의사코드의 첫 줄은 단순히 사용자에게 입력을 요청하고 키보드로부터 읽어 들인다. 자바 코드로는 다음의 몇 줄이 이에 해당된다.

```
System.out.println("Enter a whole number from 1 to 99.");
System.out.println("I will find a combination of coins");
System.out.println("that equals that amount of change.");

Scanner keyboard = new Scanner(System.in);
amount = keyboard.nextInt();
```

originalAmount의 값을 지정하는 다음 줄은 이미 자바 코드이므로 자바 코드로의 번역이 필요하지 않다.

지금까지의 내용을 바탕으로 한 프로그램의 주요 부분은 다음과 같다.

```
public static void main(String[] args)
{
  int amount, originalAmount,
    quarters, dimes, nickels, pennies;

  System.out.println("Enter a whole number from 1 to 99.");
  System.out.println("I will find a combination of coins");
  System.out.println("that equals that amount of change.");

  Scanner keyboard = new Scanner(System.in);
```

```
amount = keyboard.nextInt();
originalAmount = amount;
```

이제 다음 두 줄을 자바 코드로 바꾸어야 한다.

3. **quarters** 변수의 값을 **amount** 액수에 포함될 수 있는 최대의 quarter 수로 지정한다.
4. **amount** 변수에서 방금 계산한 개수만큼의 quarter 액수를 뺀다.

생각해 보자. 앞에서 예로 들 때 액수가 87센트였다. 87센트에 포함된 quarter의 개수를 얻기 위해 25의 몇 배가 87에 들어가는지 알아야 한다. 즉, 87을 25로 나누어 몫으로 3을 얻으면 나머지가 12가 된다. 따라서 **quarters**는 3이 된다. 나머지 12가 25보다 작으므로 87에는 네 개의 quarter가 들어가지 못한다. 이런 식으로 나눗셈을 하기 위해서 /와 % 연산자를 사용할 수 있다.

`87 / 25`는 3 (87에 들어가는 25의 최대 개수)

`87 % 25`는 12 (나머지)

87 대신에 **amount**를 사용하면 다음의 두 문장을 얻는다.

```
quarters = amount / 25;
amount = amount % 25;
```

dimes와 nickels도 마찬가지 방법으로 처리하여 다음의 코드를 얻는다.

```
dimes = amount / 10;
amount = amount % 10;
nickels = amount / 5;
amount = amount % 5;
```

프로그램의 나머지 부분은 쉽게 작성할 수 있다. 작성된 최종 코드는 Listing 2.3에 나와 있다.

프로그램을 작성한 후에는 여러 가지 다른 데이터로 테스트해 볼 필요가 있다. 앞의 잔돈 계산 프로그램이라면 모든 동전이 0개가 되는 데이터를 비롯하여 25센트와 같이 quarter 동전만 나오는 데이터나 26센트와 같이 quarter 및 다른 동전이 함께 나오는 데이터 등을 테스트해 보아야 한다. 예를 들어 0, 4, 5, 6, 10, 11, 25, 26, 35, 55, 65, 75, 76 및 기타 여러 입력에 대해 테스트를 진행할 수 있다.

모든 테스트는 성공적이겠지만 출력이 약간 문법에 맞지 않는 경우도 있다. 예를 들어 26센트를 입력하면 다음과 같은 출력이 나온다.

```
26 cents in coins:
```

Listing 2.3 잔돈 계산 프로그램

```
import java.util.Scanner;
public class ChangeMaker
{
   public static void main(String[] args)
   {
      int amount, originalAmount,
         quarters, dimes, nickels, pennies;

      System.out.println("Enter a whole number from 1 to 99.");
      System.out.println("I will find a combination of coins");
      System.out.println("that equals that amount of change.");

      Scanner keyboard = new Scanner(System.in);
      amount = keyboard.nextInt();

      originalAmount = amount;
      quarters = amount / 25;
      amount = amount % 25;
      dimes = amount / 10;
      amount = amount % 10;
      nickels = amount / 5;
      amount = amount % 5;
      pennies = amount;

      System.out.println(originalAmount +
                     " cents in coins can be given as:");
      System.out.println(quarters + " quarters");
      System.out.println(dimes + " dimes");
      System.out.println(nickels + " nickels and");
      System.out.println(pennies + " pennies");
   }
}
```

87에는 25가 세 번 들어가고 12가 남는다.
87 / 25는 3.
87 % 12는 12.
87센트는 quarter 세 개와 나머지 12센트이다.

실행 결과 출력

```
Enter a whole number from 1 to 99.
I will find a combination of coins
that equals that amount of change.
87
87 cents in coins can be given as:
3 quarters
1 dimes
0 nickels and
2 pennies
```

```
1 quarters
0 dimes
0 nickels and
1 pennies
```

출력의 동전 개수는 맞지만 문법에 맞게 1 quarters 대신 1 quarter, 1 pennies 대신 1 penny라고 하면 더 좋을 것이다. 이와 같이 출력을 더 보기 좋게 만드는 방법에 대해서는 다음 장에서 다루도록 하고 여기서는 올바르고 이해할 만한 결과가 나온다는 데 만족하도록 하자.

프로그래밍 팁_프로그램의 기본 구조

많은 응용 프로그램의 기본 구조는 비슷하다. 프로그램의 기본적인 단계는 Dale Carnegie(1888~1955)가 언젠가 대중 연설가들에게 던진 조언과 같다. "말할 내용이 무엇인지 먼저 청중에게 말하고, 다음에 말할 내용을 말하고, 그러고 나서 말한 내용이 무엇인지를 말하라." 프로그램은 보통 다음과 같은 단계를 거친다.

1. 준비(**P**repare) : 변수를 선언하고 프로그램을 사용자에게 설명한다.
2. 입력(**I**nput) : 사용자에게 입력 요청 메시지를 보내고 입력을 받는다.
3. 처리(**P**rocess) : 필요한 작업을 수행한다.
4. 출력(**O**utput) : 결과를 출력한다.

PIPO라고 요약할 수 있는 이 구조는 우리가 처음으로 작성하는 프로그램에 특히 잘 적용된다. 이 단계를 잘 기억하면 프로그램 설계와 작성을 위해 생각을 정리하는 데 도움이 된다. ▣

자습문제 SELF-TEST QUESTIONS

17 Listing 2.3에 나오는 다음 문장을 생각해 보자.

```
System.out.println(originalAmount + "
                        cents in coins can be given as:");
```

이 줄을 다음 줄로 대체한다면

```
System.out.println(amount + " cents in coins can be given as:");
```

Listing 2.3에 보인 실행 결과가 어떻게 바뀌겠는가?

증가 및 감소 연산자

자바에는 변수의 값을 1만큼 증가시키거나 감소시키는 데 사용하는 두 개의 연산자가 있다. 매우 특수한 용도의 연산자라서 이들을 사용하지 않는다고 해도 (다른 식으로 작성하면 되므로) 문제될 게 없지만, 편리하기 때문에 많은 프로그래머들이 애용한다. 그러니 여러분이 이 연산자를 사용하지 않더라도 알아 두는 게 좋다.

증가 연산자(increment operator)는 두 개의 더하기 부호(++)로 표시한다. 예를 들어 다음은 변수 count의 값을 1 증가시킨다.

```
count++;
```

이것은 자바의 (수식이 아니라) 문장이다. 이 문장 실행 전에 count 변수가 5라는 값을 갖고 있었다면 실행 후에는 6이라는 값을 가질 것이다. 이 문장은 다음 문장과 동등하다.

```
count = count + 1;
```

감소 연산자(decrement operator)도 비슷한데, 변수의 값에 1을 더하는 대신 1을 뺀다는 차이가 있다. 감소 연산자는 두 개의 빼기 부호(--)로 표시한다. 예를 들어 다음은 변수 count의 값을 1 감소시킨다.

```
count--;
```

이 문장 실행 전에 변수 count가 5라는 값을 갖고 있었다면 실행 후에는 4라는 값을 가질 것이다. 이 문장은 다음 문장과 동등하다.

```
count = count - 1;
```

증가 연산자와 감소 연산자는 모든 숫자형의 변수에 쓸 수 있지만 int와 같은 정수형에 주로 사용된다.

앞에서 설명한 것처럼 증가 및 감소 연산자는 사실 매우 특수한 용도의 연산자이다. 왜 자바에 이렇게 특수 용도의 연산자가 있을까? 자바는 이들을 C++로부터 물려받았고, C++은 C로부터 물려받았다. 사실 C++이라는 프로그래밍 언어 이름의 ++가 바로 증가 연산자로부터 따온 것이다. C나 C++ 언어에는 이들 연산자가 왜 포함되었을까? 1을 더하거나 빼는 것이 프로그래밍 시에 워낙 흔히 하게 되는 일이기 때문이다.

증감 연산자에 대한 추가 설명

증가 및 감소 연산자를 수식 안에서 쓸 수도 있지만 권장되지는 않는다. 수식 안에서 사용되면 증감 연산자는 변숫값을 변경하기도 하고 스스로 값을 반환하기도 한다.

++와 --는 변수의 앞 또는 뒤에 올 수 있는데, 연산자의 위치에 따라 그 의미가 다르다. 다음 코드를 살펴보자.

```
int n = 3;
int m = 4;
int result = n * (++m);
```

이 코드가 실행되고 나면 n의 값은 변함없이 3이고, m의 값은 5, result의 값은 15가 된다. 따라서 ++m은 m의 값을 증가시킬 뿐만 아니라 그 증가된 값을 반환하여 산술식의 계산에 사용되도록 한다.

앞의 예에서는 증가 연산자를 변수의 앞에 두었다. 연산자를 변수의 뒤에 두면 약간 다른 상황이 전개된다. 다음의 코드를 살펴보자.

```
int n = 3;
int m = 4;
int result = n * (m++);
```

코드가 실행되고 나면 앞의 예와 같이 n의 값은 3이고 m의 값은 5가 되지만 result의 값은 15가 아니라 12이다. 어떻게 된 것일까?

두 산술식 n*(++m)과 n*(m++)는 모두 m의 값을 1 증가시키지만, 첫째 수식에서는 곱셈이 일어나기 전에 m의 값이 증가되는 반면 둘째 수식에서는 곱셈 후에 m의 값이 증가된다. 즉, ++m과 m++는 m의 최종값에는 동일한 영향을 주지만 산술식의 일부로 사용할 때는 서로 다른 값으로 계산된다.

-- 연산자도 산술식 안에서는 증가 연산자와 동일한 방식으로 동작한다. --m과 m--는 m의 최종값에는 동일한 영향을 주지만 산술식의 일부로 사용할 때는 서로 다른 값으로 계산된다. --m에서는 m의 값이 수식에서 사용되기 전에 감소되고 m--에서는 값이 수식에서 사용된 후에 감소된다.

증가 및 감소 연산자가 변수의 앞에 위치할 때를 **전위 형태**(prefix form)라 하고 변수의 뒤에 위치할 때를 **후위 형태**(postfix form)라 한다. 증가 및 감소 연산자는 상수나 산술식에는 사용할 수 없고 변수에만 사용할 수 있다는 점에 주의하라.

자습문제 SELF-TEST QUESTIONS

18 다음 프로그램 코드를 실행하면 나오는 결과는?

```
int n = 2;
n++;
System.out.println("n is " + n);
n--;
System.out.println("n is " + n);
```

2.2 String 클래스

"Enter the amount:"와 같은 문자열은 기본형의 값들과는 약간 다르게 취급된다. 자바는 문자열에 해당하는 기본형이 없는 대신 String이라는 클래스를 제공하여 문자열을 생성하고 조작할 수 있게 해 준다. 이 절에서는 String 클래스에 대해 살펴본다.

클래스는 자바의 핵심적인 요소이고 여러분은 조만간 자신의 클래스를 정의하고 사용하는 방법을 배우게 될 것이다. 여기서는 String 클래스를 설명하면서 1장에서 소개한 클래스의 문법과 용어를 복습할 기회를 갖자.

스트링 상수와 스트링 변수

String형의 상수는 이미 사용했던 적이 있다. 따옴표로 둘러싼 다음 문자열을 보자.

```
"Enter a whole number from 1 to 99."
```

Listing 2.3에 나왔던 다음 문장에 포함된 이 문자열이 바로 스트링 상수의 예이다.

```
System.out.println("Enter a whole number from 1 to 99.");
```

이렇게 문자들의 연속체를 따옴표로 묶어 단일 항목으로 취급하는 것이 스트링이다. String형의 변수에 이러한 스트링값을 지정할 수 있다.

다음은 greeting이라는 이름의 String형 변수를 선언하고 있다.

```
String greeting;
```

다음 문장은 greeting의 값으로 "Hello!"를 지정한다.

```
greeting = "Hello!";
```

이 두 문장을 결합하여 다음과 같이 한 문장으로 쓸 수 있다.

```
String greeting = "Hello!";
```

greeting과 같은 String 변수가 값을 갖게 되면 다음과 같이 하여 그 값을 스크린에 출력할 수 있다.

```
System.out.println(greeting);
```

위 문장의 출력은 다음과 같다.

```
Hello!
```

스트링이 갖는 문자의 개수는 제한이 없다. 예를 들어 "Hello"는 다섯 개의 문자를 포함한다. 문자를 한 개도 갖지 않는 스트링도 가능한데, 이런 스트링을 **공백 스트링**(empty string)이라고 부르고 ""와 같이 큰따옴표 두 개를 연속해서 나타낸다. 여러분은 공백 스트링을 생각보다 자주 만나게 될 것이다. " "는 공백 스트링이 아니라 하나의 공백 문자를 갖는 스트링이라는 점에 주의하라.

스트링 결합

\+ 연산자로 두 개의 스트링을 연결하여 하나의 큰 스트링을 만들 수 있는데, 이를 **결합**(concatenation)이라고 부른다. 스트링을 연결하는 데 사용되는 이 + 연산자를 **결합 연산자**(concatenation operator)라고 부르기도 한다. 예를 들어 다음의 코드를 살펴보자.

```
String greeting, sentence;
greeting = "Hello";

sentence = greeting + "my friend";
System.out.println(sentence);
```

이 코드는 변수 sentence에 "Hellomy friend"라는 스트링을 지정하게 되므로 다음 결과를 스크린에 출력한다.

```
Hellomy friend
```

이와 같이 두 개의 스트링을 + 연산자로 결합할 때는 스트링 사이에 공백이 추가되지 않는다. sentence의 값으로 "Hello my friend"를 지정하고 싶다면 대입문을 다음과 같이 고칠 수 있다.

```
sentence = greeting + " my friend";
```

my 앞에 공백을 넣었음에 유의하라.

여러 개의 스트링 객체를 + 연산자로 결합할 수 있다. +를 이용하여 스트링 객체를 다른 형의 객체와 결합할 수도 있는데, 결과는 항상 스트링 객체가 된다. 스트링형이 아닌 객체를 + 연산자를 사용해서 스트링과 결합하면 자바는 객체를 스트링으로 표현할 방법을 스스로 알아서 찾아낸다. 숫자와 같은 간단한 것들은 이해하기 쉽다.

```
String solution = "The answer is " + 42;
```

예를 들어 이 문장은 스트링형의 변수 solution에 "The answer is 42"라는 스트링을 지정할 것이다. 이것은 너무나 당연하게 보이기 때문에 아무런 일도 일어나지 않은 것처럼 생각될 수 있으나, 실제로는 형 변환이 일어나고 있는 것이다. 상수 42는 객체가 아닌 숫자이지만 "42"는 연속되는 두 개의 문자 '4'와 '2'로 구성된 String 객체이다. 자바는 숫자 상수 42를 스트링 상수 "42"로 변환한 다음, 두 개의 스트링 "The answer is "와 "42"를 결합하여 "The answer is 42"라는 스트링을 만들어 낸다.

요점 정리 **+ 기호를 사용한 스트링 결합**

두 개의 스트링을 + 연산자를 사용하여 결합할 수 있다.

예제

```
String name = "Chiana";
String greeting = "Hi " + name;
System.out.println(greeting);
```

이 코드는 greeting에 스트링 "Hi Chiana"를 지정하고 다음 결과를 스크린에 출력한다.

```
Hi Chiana
```

"Hi" 다음에 공백을 추가하여 단어 사이를 띄어 출력한 것에 주의하라.

스트링 메소드

String 변수는 int형 변수와 같은 단순 변수가 아니라 String이라는 클래스형의 변수이며 스트링 객체를 가리킨다. 객체는 데이터와 함께 메소드를 가진다고 했다. 예를 들어 String 클래스의 객체는 "Hello"와 같은 일련의 문자 데이터를 저장할 뿐만 아니라 이 데이터를 조작하기 위해 String 클래스가 제공하는 메소드를 사용할 수 있다.

String 메소드의 대부분은 어떤 값을 반환한다. 예를 들어 length라는 메소드는 스트링 객체에 저장된 문자들의 개수를 반환한다. 따라서 "Hello".length()는 정수 5를 반환한다. 즉, "Hello".length()라는 수식의 값이 5이고, 이 값을 다음과 같이 int 변수에 저장할 수 있다.

```
int n = "Hello".length();
```

앞에서 배웠듯이 메소드를 호출하기 위해서는 객체 이름, 점(.), 메소드 이름 그리고 괄호를 차례로 쓰면 된다. 객체가 "Hello"처럼 상수인 경우도 있지만 다음과 같이 객체를 가리키는 변수를 쓰는 경우가 일반적이다.

```
String greeting = "Hello";
int n = greeting.length();
```

length와 같은 메소드는 인자가 필요하지 않으므로 괄호가 비어 있다. 곧 살펴보겠지만 괄호 안에 어떤 정보가 주어져야 하는 메소드도 있다.

같은 클래스의 객체들은 모두 같은 메소드를 갖지만 각 객체는 서로 다른 데이터를 가질 수 있다. 예를 들어 스트링 객체 "Hello"와 "Good-bye"는 서로 다른 문자열을 데이터로 가진다. 그러나 두 객체는 동일한 메소드를 가지므로 "Hello" 객체가 length 메소드를 가진다면 "Good-bye" 객체도 length 메소드를 가져야 한다. 즉, 모든 스트링 객체들이 이 메소드를 가진다.

스트링의 길이를 계산할 때는 공백이나 특수 기호 혹은 반복된 문자들의 개수를 빠짐없이 세게 된다. 예를 들어 다음과 같이 String 변수를 선언했다고 하자.

```
String command = "Sit Fido!";
String answer = "bow-wow";
```

여기서 command.length()는 9를 반환하고 answer.length()는 7을 반환한다.

int형의 값을 사용할 수 있는 곳이라면 어디서든 length 메소드를 호출할 수 있다. 다음의 예는 모두 올바른 자바 문장이다.

```
int count = command.length();
System.out.println("Length is " + command.length());
count = command.length() + 3;
```

String 클래스의 많은 메소드는 스트링 내에서 **문자의 위치**(counting position)를 필요로 한다. 스트링에서의 위치는 1이 아니라 0에서 시작한다. 스트링 "Hi mom"에서 'H'의 위치는 0, 'i'의 위치는 1, 공백의 위치는 2, 이런 식으로 위치가 주어진다. 이 위치를 일반적으로 **인덱스**(index)라고 부르므로, 'H'는 인덱스 0, 'i'는 인덱스 1, 공백은 인덱스 2에 있다고 말한다. 그림 2.4는 스트링의 인덱스가 어떻게 붙여지는지 보여 준다. 스트링 "Java is fun."에 들어 있는 12개의 문자들은 0에서 11까지의 인덱스를 가진다. 그림에서 각 문자의 인덱스를 문자 위에 표시하였다.

부분스트링(substring)은 스트링의 일부분을 말한다. 예를 들어 다음 스트링을 보자.

```
String phrase = "Java is fun.";
```

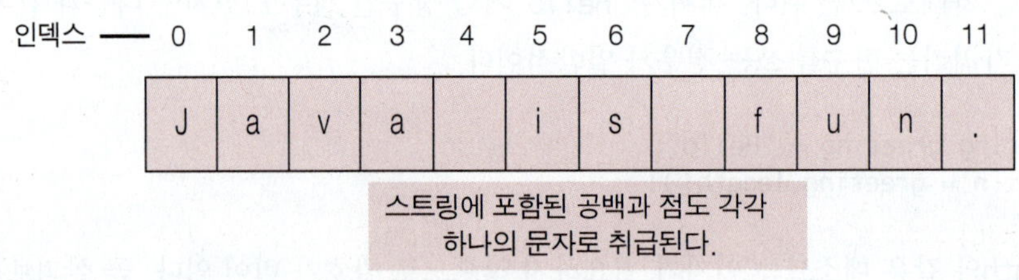

그림 2.4 스트링 인덱스

이 스트링에서 부분스트링 "fun"은 8번 인덱스에서 시작한다. indexOf 메소드는 인자로 부분스트링을 넘겨주면 그 부분스트링의 인덱스를 반환한다. phrase.indexOf("fun")을 호출하면, "fun"에서 'f'가 인덱스 8에 있으므로 8이 반환된다. 부분스트링이 스트링 내에서 두 번 이상 나타나면 indexOf가 반환하는 것은 첫 번째로 나타난 위치의 인덱스이다.

그림 2.5에 String 클래스의 메소드 가운데 몇 가지를 보였다. equals와 compareTo 메소드에 대해서는 다음 장에서 이들을 사용하여 스트링을 비교하는 방법을 배운다. 여기 나열된 다른 메소드들도 뒤에서 유용하게 사용할 수 있을 것이다. 여기에 나열되지 않은 스트링 메소드에 대해 공부하려면 오라클 사 웹사이트로 가서 Java Class Library에 대한 문서를 참고하면 된다.

FAQ 메소드를 호출할 때 객체의 이름과 점(.)을 메소드 이름 앞에 쓴다. 이 객체를 가리킬 때 어떤 용어를 사용할까?

객체는 일련의 메소드를 가진다. 이 메소드 가운데 하나를 호출하면 객체는 호출을 받고 해당 메소드의 동작을 수행한다. 호출을 받는 객체를 **수신 객체**(receiving object 혹은 receiver)라고 부른다. 그림 2.5와 같은 문서에서는 수신 객체를 간단히 이 **객체**(this object)라고 부른다.

FAQ 공백 문자가 무엇일까?

출력했을 때 보이지 않는 문자들을 총칭해서 공백 문자(white space)라고 부른다. 공백, 탭, 줄 바꿈 문자 등을 말한다.

스트링 처리

엄밀히 말하면 String형의 객체는 수정할 수 없다. 그림 2.5의 어떤 메소드도 String 객체의 값을 변경하지 않는다. String 클래스에는 그림 2.5에 나타낸 것 이외에 다른 메소드도 있지만 그 어느 것도 '이 스트링의 다섯 번째 문자를 'z'로 바꾸라'는 식의 요구를 허용하지 않는다. 이것은 String 클래스를 보다 효율적으로 구현하기 위해, 즉 String 메소드의 메모리 사용량을 줄이고 실행 속도를 빠르게 하기 위해 채택된 의도적인 정책이다. 자바에는 StringBuilder라는 또 다른 스트링 클래스가 있는데, 이 클래스는 객체를 수정하는 메소드를 포함한다. 여기서는 StringBuilder 클래스가 필요하지 않으니 설명을 뒤로 미루자.

"Hello"와 같은 스트링 객체의 값을 변경할 수는 없지만 String 변수의 값을 바꿀 수는 있다. 변수의 값을 바꾸려면 다음과 같이 대입문을 사용하면 된다.

`charAt(`*`Index`*`)` 이 스트링의 *Index* 위치에 있는 문자를 반환한다. (여기 나오는 메소드 설명에서 '이 스트링'은 메소드가 호출된 객체 자신, 즉 수신 객체를 말한다.) 인덱스는 0에서 시작한다.
`compareTo(`*`A_String`*`)` 이 스트링을 인자로 주어진 *A_String*과 비교하여 어느 스트링이 사전 순서상 앞쪽에 오는지 알아낸다. (두 스트링이 모두 대문자로만 이루어졌거나 소문자로만 이루어졌다면 사전 순서는 알파벳 순서와 같다.) 자신이 *A_String*보다 앞쪽이면 음의 정수를, 두 스트링이 같으면 0을, *A_String*이 앞쪽이면 양의 정수를 반환한다.
`concat(`*`A_String`*`)` 이 스트링의 문자열에 *A_String*의 문자열을 결합한 새로운 스트링을 반환한다. `concat` 대신 + 연산자를 사용할 수 있다.
`equals(`*`Other_String`*`)` 이 스트링과 *Other_String*이 같으면 참을 반환하고 다르면 거짓을 반환한다.
`equalsIgnoreCase(`*`Other_String`*`)` `equals` 메소드와 비슷하게 동작하지만 대문자와 소문자를 구별하지 않는다.
`indexOf(`*`A_String`*`)` 이 스트링에 부분스트링 *A_String*이 포함되어 있는지 찾아보고 *A_String*이 첫 번째로 나타난 위치의 인덱스를 반환한다. *A_String*이 나타나지 않으면 -1을 반환한다. 인덱스는 0에서 시작한다.
`lastIndexOf(`*`A_String`*`)` 이 스트링에 부분스트링 *A_String*이 포함되어 있는지 찾아보고 *A_String*이 마지막으로 나타난 위치의 인덱스를 반환한다. *A_String*이 나타나지 않으면 -1을 반환한다. 인덱스는 0에서 시작한다.
`length()` 이 스트링의 길이를 반환한다.
`toLowerCase()` 이 스트링과 동일한 문자들을 갖지만 대문자를 소문자로 바꾼 새로운 스트링을 반환한다.
`toUpperCase()` 이 스트링과 동일한 문자들을 갖지만 소문자를 대문자로 바꾼 새로운 스트링을 반환한다.
`replace(`*`OldChar`*`, `*`NewChar`*`)` 스트링에 포함된 모든 *OldChar*를 각각 *NewChar*로 바꾼 새로운 스트링을 반환한다.
`substring(`*`Start`*`)` 이 스트링의 *Start* 인덱스에서 시작하여 스트링 끝에 이르는 부분스트링과 동일한 문자열을 갖는 새로운 스트링을 반환한다.
`substring(`*`Start`*`, `*`End`*`)` 이 스트링의 *Start* 인덱스에서 시작하여 *End* 인덱스 바로 앞까지에 이르는 부분스트링과 동일한 문자열을 갖는 새로운 스트링을 반환한다.
`trim()` 이 스트링의 앞과 뒤에 나타나는 공백 문자를 제거한 새로운 스트링을 반환한다.

그림 2.5 String 클래스의 메소드

Listing 2.4 String 클래스의 사용

\"의 의미는 다음에 나오는 '이스케이프 문자'라는 절에서 설명된다.

```
public class StringDemo
{
    public static void main(String[] args)
    {
        String sentence = "Text processing is hard!";
        int position = sentence.indexOf("hard");
        System.out.println(sentence);
        System.out.println("012345678901234567890123");
        System.out.println("The word \"hard\" starts at index "
                           + position);
        sentence = sentence.substring(0, position) + "easy!";
        sentence = sentence.toUpperCase();
        System.out.println("The changed string is:");
        System.out.println(sentence);
    }
}
```

실행 결과 출력

```
Text processing is hard!
012345678901234567890123
The word "hard" starts at index 19
The changed string is:
TEXT PROCESSING IS EASY!
```

```
String name = "D'Aargo";
name = "Ka " + name;
```

둘째 줄의 대입문은 name 변수의 값을 "D'Aargo"에서 "Ka D'Aargo"로 변경한다. Listing 2.4는 간단한 스트링 처리를 실행하고 String 변수의 값을 바꾸는 예제 프로그램을 보여 준다. println 메소드 인자에 포함된 백슬래시(\) 문자에 대해서는 다음 절에서 설명할 것이다.

GOTCHA 스트링 인덱스 범위 밖(String Index Out of Bounds) 오류

스트링의 첫째 문자의 위치는 인덱스 1이 아니라 인덱스 0이다. 따라서 스트링이 n개의 문자를 가지면 마지막 문자는 인덱스 $n-1$에 있다. charAt과 같이 인덱스를 인자로 받는 스트링 메소드를 호출할 때는 인덱스의 값이 유효해야 한다. 다시 말해, 인덱스값이 0보다 크거나 같고 스트링의 길이보다는 작아야 한다. 이 범위를 벗어난 인덱스값은 **범위 밖**(out of bounds)이라거나 **유효하지 못하다**(invalid)고 말한다. 유효하지 못한 인덱스는 실행 에러를 발생시킬 것이다. ■

이스케이프 문자

예를 들어 다음 문장과 같이 따옴표를 포함하는 스트링을 출력한다고 생각해 보자.

```
The word "Java" names a language, not just a drink!
```

다음 문장은 제대로 동작하지 않고 컴파일러 에러 메시지를 발생시킨다.

```
System.out.println("The word "Java" names a language, " +
                   "not just a drink!");
```

문제는 컴파일러가 다음을 유효한 스트링으로 인식하기 때문에 발생한다.

```
"The word "
```

뒤따라 나오는 Java"는 자바 언어에서 유효한 표현이 아니다. (컴파일러는 따옴표가 하나 빠진 스트링으로 추측하거나 + 부호를 실수로 빼먹은 것으로 추측할 것이다.) 여러분이 알려 주지 않는다면 스트링 내부에 따옴표 문자를 포함시키려 한다는 사실을 컴파일러가 알아낼 수 없다. 따옴표처럼 문제의 소지가 있는 문자 앞에 다음과 같이 백슬래시(\) 기호를 사용함으로써, 그 문자를 스트링의 일부로 사용하고자 한다는 것을 컴파일러에게 알려 줄 수 있다.

```
System.out.println("The word \"Java\" names a language, " +
                   "not just a drink!");
```

그림 2.6에 \와 함께 써야 하는 특별한 문자들의 목록을 보였다. 이것들을 **이스케이프 시퀀스**(escape sequence) 혹은 **이스케이프 문자**(escape character)라고 부르는데, 이는 이 문자들이 각 문자의 일반적인 의미로부터 벗어나기(escape) 때문이다. 즉, 따옴표 문자 앞에 \를 쓰면 스트링의 시작 혹은 끝을 나타내는 따옴표의 일반적인 의미를 벗어나서 따옴표 문자 자체를 나타내게 된다는 뜻이다.

각 이스케이프 시퀀스가 두 개의 문자로 이루어지지만 실제로는 하나의 문자를 나타

\"	큰따옴표
\'	작은따옴표
\\	백슬래시
\n	줄 바꿈(new line). 다음 줄의 시작 위치로 이동하라.
\r	캐리지 리턴(carriage return). 현재 줄의 시작 위치로 이동하라.
\t	탭. 다음 탭 위치까지 공백 문자로 채워라.

그림 2.6 이스케이프 문자

낸다는 점에 주의하라. 따라서 스트링 "\"Hi\""는 네 개의 문자(따옴표, H, i, 따옴표)를 포함한다. 이는 인덱스 위치를 다룰 때 중요한 점이다.

스트링에 백슬래시 문자 자체를 포함시킬 때는 약간 까다로운 점이 있다. 예를 들어 스트링 "abc\def"는 "Invalid escape character"라는 에러 메시지를 발생시킬 것이다. 스트링에 백슬래시를 포함하기 위해서는 두 개의 백슬래시를 사용해야 한다. 스트링 "abc\\def"를 스크린에 출력하면 다음과 같은 결과가 나온다.

```
abc\def
```

이스케이프 시퀀스 \n은 새로운 줄로 넘어간다는 뜻이다. 예를 들어 다음 문장

```
System.out.println("The motto is\nGo for it!");
```

은 스크린에 다음 두 줄을 출력할 것이다.

```
The motto is
Go for it!
```

따옴표로 둘러싼 스트링 안에 작은따옴표를 포함하는 "How's this"와 같은 예는 아무런 문제가 없다. 하지만 작은따옴표를 상수로 정의하고자 하면 다음과 같이 이스케이프 문자 \'를 써야 한다.

```
char singleQuote = '\'' ;
```

유니코드 문자 세트

문자 세트(character set)는 문자들의 목록을 각 문자에 대응하는 숫자와 함께 나열한 것을 말한다. **아스키**(ASCII) 문자 세트는 영어 키보드에서 사용되는 모든 문자를 포함한다. (아스키는 American Standard Code for Information Interchange의 약어이다.) 아스키 문자 세트의 각 문자는 한 바이트의 2진수로 표현되므로 최대 256개의 문자를 제공한다. 자바 이외의 많은 프로그래밍 언어들은 아스키 문자 세트를 사용한다.

유니코드(Unicode) 문자 세트는 아스키 문자 전체뿐만 아니라 영어 이외의 언어에서 사용되는 많은 문자를 추가로 포함한다. 유니코드 문자는 두 바이트를 차지하므로 65,000개 이상의 문자를 제공한다.

영어권 이외의 사용자를 고려하여 자바에는 유니코드 문자 세트가 채택되었다. 영어 키보드를 사용하고 있다면 이것은 별문제가 되지 않는다. 아스키 문자 세트는 유니코드 문자 세트의 일부분이므로 자바가 아스키 문자 세트를 사용한다고 생각하고 프로그램을 작성해도 된다. 유니코드 문자 세트의 장점은 영어 이외의 언어를 다루기 쉽게

해 준다는 데 있고, 단점은 아스키 문자 세트를 사용할 때보다 문자 저장에 더 많은 메모리가 필요하다는 점이다. 유니코드 문자 세트에서 아스키 문자에 해당하는 부분이 부록에 나와 있으니 참고하라.

자습문제 SELF-TEST QUESTIONS

19 다음 문장에 의해 무엇이 출력되는가?

```
String greeting = "How do you do";
System.out.println(greeting + "Seven of Nine.");
```

20 다음 문장에 의해 무엇이 출력되는가?

```
String test = "abcdefg";
System.out.println(test.length());
System.out.println(test.charAt(1));
```

21 다음 문장에 의해 무엇이 출력되는가?

```
String test = "abcdefg";
System.out.println(test.substring(3));
```

22 다음 문장에 의해 무엇이 출력되는가?

```
System.out.println("abc\ndef");
```

23 다음 문장에 의해 무엇이 출력되는가?

```
System.out.println("abc\\ndef");
```

24 다음 문장에 의해 무엇이 출력되는가?

```
String test = "Hello John";
test = test.toUpperCase();
System.out.println(test);
```

25 다음 코드가 실행된 후에 s1.equals(s2)의 값은 무엇인가?

```
String s1 = "Hello John";
String s2 = "hello john";
```

26 다음 코드가 실행된 후에 s1.equals(s2)의 값은 무엇인가?

```
String s1 = "Hello John";
String s2 = "hello john";
s1 = s1.toUpperCase();
s2 = s2.toUpperCase();
```

2.3 키보드 및 스크린 입출력

프로그램 데이터의 입력과 출력을 보통 I/O라고 부른다. 자바 프로그램은 여러 가지 방법으로 입출력을 수행하는데, 이 절에서는 키보드에서 타이핑된 입력과 스크린으로 보내지는 출력을 다루는 간단한 방법을 보여 준다. 뒷장에서 보다 정교한 입출력 방법에 대해 설명할 것이다.

스크린 출력

이 책은 처음부터 간단한 출력문을 사용했는데, 이 절에서는 지금까지 사용해 온 출력문을 요약하고 설명할 것이다. Listing 2.3에서 다음과 같은 문장을 이용하여 출력을 스크린으로 보냈다.

```
System.out.println("Enter a whole number from 1 to 99.");
    . . .
System.out.println(quarters + "quarters");
```

이 장 앞부분에서 System은 클래스이고 out은 그 클래스에 속한 특별한 객체인데, out의 메소드 가운데 하나가 println이라고 설명했었다. 물론 출력문을 사용하기 위해 이런 세부 사항을 기억해야 할 필요는 없다. System.out.println이 약간 특이한 하나의 문장이라고 생각해도 된다. 그렇지만 점(.)을 이용하는 이러한 표기법과 객체 및 메소드의 개념에 익숙해질 필요가 있다.

이런 형태의 출력문을 사용하려면 System.out.println 다음에 괄호를 쓰고 출력하고자 하는 내용을 괄호 안에 넣은 다음 세미콜론으로 마치면 된다. "Enter a whole number from 1 to 99"나 "quarters"처럼 큰따옴표 안에 넣은 텍스트 스트링, quarters와 같은 변수, 5나 7.3과 같은 숫자, 그리고 대부분의 객체나 값을 출력할 수 있다. 출력할 내용이 하나 이상이라면 출력할 내용 사이에 +를 넣으면 된다. 예를 들어

```
System.out.println("Lucky number = " + 13
                   + "Secret number = " + number);
```

number의 값이 7이라면 출력은 다음과 같다.

```
Lucky number = 13Secret number = 7
```

공백이 추가되지 않는다는 점을 명심하라. 13과 Secret 사이에 공백을 나오게 하고 싶으면 스트링

```
"Secret number = "
```

의 첫 부분에 공백을 넣어

```
" Secret number = "
```

로 만들어야 한다.

작은따옴표가 아니라 큰따옴표를 사용하고 왼쪽과 오른쪽 따옴표가 같은 기호라는 점에 주의하라. 그리고 문장이 길어지면 여러 줄로 나눠 적어도 된다. 하지만 변수 이름이나 스트링의 중간에서 줄 바꿈을 하면 안 된다. 읽기 쉽게 하기 위해 + 연산자의 앞이나 뒤에서 줄을 바꾸고 뒤이어지는 줄은 들여쓰기를 하는 것이 좋다.

String 변수의 값을 출력할 때에도 다음과 같이 println 메소드를 사용할 수 있다.

```
String greeting = "Hello Programmers!";
System.out.println(greeting);
```

그러면 스크린에 다음 내용이 출력된다.

```
Hello Programmers!
```

println을 호출하면 내용이 출력되고 줄 바꿈이 일어난다. 예를 들어 다음 문장을 살펴보자.

```
System.out.println("One, two, buckle my shoe.");
System.out.println("Three, four, shut the door.");
```

이 두 문장은 다음과 같은 내용을 스크린에 출력한다.

```
One, two, buckle my shoe.
Three, four, shut the door.
```

두 개 이상의 출력문의 내용을 모두 한 줄에 출력하도록 하려면 println 대신 print를 쓰면 된다.

```
System.out.print("One, two,");
System.out.print(" buckle my shoe.");
System.out.print(" Three, four,");
System.out.println(" shut the door.");
```

예를 들어 위 문장들은 다음과 같은 출력을 생성한다.

```
One, two, buckle my shoe. Three, four, shut the door.
```

print 대신 println을 쓰기 전까지는 줄 바꿈이 일어나지 않는다. 또한 println에서는 출력하는 내용이 모두 출력된 후에 줄 바꿈이 일어난다. print와 println의 차이는 이것뿐이다.

이런 형태의 출력을 수행하는 프로그램을 작성하는 데는 지금까지 설명한 내용으로 충분하지만, 여기서는 출력문이 실행될 때 실제로 일어나는 일을 좀 더 자세히 알아보자. 다음 문장을 살펴보자.

```
System.out.println("The answer is " + 42);
```

괄호 안의 수식은 익숙해 보일 것이다.

```
"The answer is " + 42
```

2.2절에서 String 클래스를 설명할 때 + 연산자를 사용하여 "The answer is "와 같은 스트링을 숫자 상수인 42와 같은 다른 항목과 결합할 수 있다고 했다. System.out.println 문장 속의 + 연산자가 바로 스트링 결합 연산자 +이다. 앞의 예에서 자바는 숫자 상수 42를 스트링 "42"로 변환한 후 + 연산자로 결합하여 "The answer is 42"를 얻는다. 그러고 나서 System.out.println 문장이 이렇게 얻은 스트링을 출력한다. 이와 같이 겉보기에는 println 메소드가 숫자를 출력하는 것 같지만, 엄밀히 말하면 println이 출력하는 것은 오직 스트링이다.

요점 정리 println

System.out.println 메소드를 이용하여 여러 줄의 텍스트를 출력할 수 있다. 출력 가능한 항목은 따옴표로 둘러싼 스트링, 변수, 숫자와 같은 상수 또는 자바에서 정의되는 거의 모든 객체들이다.

문법

```
System.out.println(Output_1 + Output_2 + . . . + Output_Last);
```

예제

```
System.out.println("Hello out there!");
System.out.println("Area = " + theArea + " square inches");
```

요점 정리 println과 print

System.out.println과 System.out.print는 거의 동일한 메소드이다. println은 내용을 출력한 후 줄 바꿈을 하지만 print는 줄 바꿈을 하지 않는다는 차이가 있다. 예를 들어,

(계속됨)

```
System.out.print("one");
System.out.print("two");
System.out.println("three");
System.out.print("four");
```

위의 코드는 다음과 같은 출력을 생성한다.

```
one two three
four
```

마지막 문장에 print 대신 println이 있더라도 여기까지의 결과는 똑같이 보일 것이다. 하지만 여기서는 print를 썼기 때문에 뒤이어 다른 출력이 나온다면 four와 같은 줄에 표시될 것이다.

키보드 입력

앞에서 언급한 것처럼 키보드 입력을 처리하기 위해 Scanner 클래스를 사용할 수 있다. Scanner 클래스는 java.util 패키지에 속하므로, 프로그램에서 Scanner를 사용하기 위해서는 프로그램 시작 부분에 다음 줄을 작성해야 한다.

```
import java.util.Scanner;
```

키보드 입력을 수행할 Scanner 클래스의 객체를 생성하기 위해서 다음과 같은 형식의 문장을 작성한다.

```
Scanner Scanner_Object_Name = new Scanner(System.in);
```

여기서 *Scanner_Object_Name*에는 자바 변수를 쓰면 된다. 예를 들어 Listing 2.3에서는 *Scanner_Object_Name*에 다음 선언과 같이 keyboard라는 이름의 변수를 사용했다.

```
Scanner keyboard = new Scanner(System.in);
```

Scanner 객체를 위해 keyboard라는 이름을 즐겨 쓰는 이유는 이 이름이 키보드 입력을 연상시키기 때문이지만 다른 이름을 써도 상관이 없다. 예를 들어 keyboard 대신 scannerObject라는 변수를 사용해도 된다.

Scanner 객체를 정의하고 나면 Scanner 클래스의 메소드를 사용하여 키보드로 입력된 데이터를 읽어 들일 수 있다. 예를 들어 다음의 메소드 호출은 키보드로 입력된 하나의 int값을 읽고 그 값을 반환한다.

```
keyboard.nextInt()
```

그 값을 다음과 같이 int형의 변수에 대입할 수 있다.

```
int n1 = keyboard.nextInt();
```

int가 아닌 다른 형의 숫자를 읽으려면 어떻게 해야 할까? nextDouble 메소드는 double형의 값을 읽는다는 점만 제외하면 nextInt와 똑같이 동작한다. Scanner에는 다른 숫자형의 값을 읽는 비슷한 메소드들이 있다.

next 메소드는 다음 문장에서 보여 주는 것처럼 단어 하나를 읽어 들인다.

```
String s1 = keyboard.next();
String s2 = keyboard.next();
```

만약 입력이 다음과 같이 주어진다면

```
plastic spoons
```

s1에는 "plastic"이 대입되고 s2에는 "spoons"가 대입된다. 여기서 주의할 것은 두 개의 값을 키보드로 입력할 때 공백 문자로 분리해야 한다는 점이다. 즉, 하나 이상의 공백이나 하나 이상의 줄 바꿈 혹은 공백과 줄 바꿈의 결합에 의해 분리해야 한다. 여기서 이렇게 분리하는 문자를 **분리자**(delimiter)라고 부른다. next 메소드는 공백 문자로 분리되는 비공백 문자의 스트링을 한 단어로 간주한다.

줄 전체를 읽어 들이려면 nextLine 메소드를 사용한다.

```
String sentence = keyboard.nextLine();
```

위 문장은 입력을 한 줄 읽어 변수 sentence에 스트링으로 저장한다. 입력 줄의 끝을 나타내는 것은 이스케이프 문자 '\n'인데, 이 '\n' 문자는 키보드에서 엔터 키를 누르면 입력된다. 하지만 스크린에서는 한 줄이 끝나고 다음 줄이 시작되는 것만 보인다. nextLine이 한 줄의 텍스트를 읽을 때는 이 '\n' 문자를 읽어 들이지만 반환하는 스트링값에는 이 '\n' 문자를 포함하지 않는다. 따라서 앞의 예에서 변수 sentence가 가리키는 스트링은 '\n' 문자로 끝나지 않는다.

Listing 2.5는 여기서 소개한 Scanner 메소드들을 이용하는 프로그램 예제를 보여 준다.

Listing 2.5 키보드 입력

```
import java.util.Scanner;

public class ScannerDemo
{
    public static void main(String[] args)
    {
```

java.util 패키지(라이브러리)로부터 Scanner 클래스를 가져온다.

(계속됨)

Listing 2.5 키보드 입력

```
        Scanner keyboard = new Scanner(System.in);        ← 프로그램이 키보드 입력을 받을 수 있도록 준비한다.

        System.out.println("Enter two whole numbers");
        System.out.println("separated by one or more spaces:");

        int n1, n2;
        n1 = keyboard.nextInt();        ← int값 하나를 키보드로부터 읽는다.
        n2 = keyboard.nextInt();
        System.out.println("You entered " + n1 + " and " + n2);

        System.out.println("Next enter two numbers.");
        System.out.println("A decimal point is OK.");

        double d1, d2;
        d1 = keyboard.nextDouble();        ← double값 하나를 키보드로부터 읽는다.
        d2 = keyboard.nextDouble();
        System.out.println("You entered " + d1 + " and " + d2);

        System.out.println("Next enter two words:");

        String s1, s2;
        s1 = keyboard.next();        ← 단어 하나를 키보드로부터 읽는다.
        s2 = keyboard.next();
        System.out.println("You entered \"" + s1 + "\" and \"" + s2 + "\"");

        s1 = keyboard.nextLine(); //To get rid of '\n'        ← 이 줄은 다음의 GOTCHA 절에서 설명한다.

        System.out.println("Next enter a line of text:");
        s1 = keyboard.nextLine();        ← 줄 전체를 읽는다.
        System.out.println("You entered: \"" + s1 + "\"");
    }
}
```

실행 결과 출력

```
Enter two whole numbers
separated by one or more spaces:
  42   43
You entered 42 and 43
Next enter two numbers.
A decimal point is OK.
  9.99  21
You entered 9.99 and 21.0
Next enter two words:
plastic spoons
You entered "plastic" and "spoons"
Next enter a line of text:
May the hair on your toes grow long and curly.
You entered "May the hair on your toes grow long and curly."
```

요점 정리 **Scanner 클래스를 이용한 키보드 입력**

키보드로부터 입력을 읽기 위해 Scanner 클래스의 객체를 사용할 수 있다. 먼저 다음 문장을 프로그램 시작 부분에 두어 키보드 입력을 준비한다.

```
import java.util.Scanner;
```

또한 키보드 입력을 수행하는 첫 문장 앞에 다음과 같은 형태의 문장이 필요하다.

```
Scanner Scanner_Object_Name = new Scanner(System.in);
```

여기서 *Scanner_Object_Name*에는 예약어가 아닌 자바 식별자를 사용하면 된다. 예를 들면 다음과 같다.

```
Scanner scannerObject = new Scanner(System.in);
```

nextInt, nextDouble, next 메소드는 각각 int형의 값, double형의 값, String값인 단어를 읽어서 반환한다. nextLine 메소드는 현재 입력 줄에 남아 있는 내용을 끝까지 읽어서 스트링으로 반환한다. 줄의 끝을 나타내는 '\n' 문자는 읽히기는 하지만 반환되는 스트링에 포함되지는 않는다.

문법

```
Int_Variable= Scanner_Object_Name.nextInt();
Double_Variable= Scanner_Object_Name.nextDouble();
String_Variable= Scanner_Object_Name.next();
String_Variable= Scanner_Object_Name.nextLine();
```

예제

```
int count = scannerObject.nextInt();
double distance = scannerObject.nextDouble();
String word = scannerObject.next();
String wholeLine = scannerObject.nextLine();
```

Scanner 클래스의 다른 메소드들은 그림 2.7에 설명되어 있다.

기억하세요! **입력해야 함을 사용자에게 알려 주라**

사용자가 데이터를 입력해야 할 때는 항상 다음 예와 같이 입력을 요청하는 **프롬프트**(prompt)를 출력하여 사용자에게 알려 주어야 한다.

```
System.out.println("Enter a whole number:");
```

Scanner_Object_Name.next()
첫 번째 분리자 이전까지의 문자들로 구성된 String값을 반환한다. 디폴트 분리자는 공백 문자이다.

Scanner_Object_Name.nextLine()
현재 키보드 입력 행의 나머지 부분을 읽어 String형의 값으로 반환한다. 줄 바꿈 기호 '\n'은 읽히지만 반환되는 스트링에는 포함되지 않는다.

Scanner_Object_Name.nextInt()
키보드에서 입력된 int형의 값을 반환한다.

Scanner_Object_Name.nextDouble()
키보드에서 입력된 double형의 값을 반환한다.

Scanner_Object_Name.nextFloat()
키보드에서 입력된 float형의 값을 반환한다.

Scanner_Object_Name.nextLong()
키보드에서 입력된 long형의 값을 반환한다.

Scanner_Object_Name.nextByte()
키보드에서 입력된 byte형의 값을 반환한다.

Scanner_Object_Name.nextShort()
키보드에서 입력된 short형의 값을 반환한다.

Scanner_Object_Name.nextBoolean()
키보드에서 입력된 boolean형의 값을 반환한다. 참(true), 거짓(false) 값은 "true", "false"라는 단어로 입력되는데 대소문자를 섞어 써도 된다.

Scanner_Object_Name.useDelimiter(*Delimiter_Word*);
입력을 분리하기 위한 분리자로 *Delimiter_Word* 스트링을 사용한다. 이렇게 되면 *Delimiter_Word*에 포함되지 않은 공백이나 줄 바꿈 등의 공백 문자는 더 이상 분리자의 역할을 하지 않게 된다.
이것은 useDelimeter 메소드의 간단한 사용법이고, 이외에도 문자와 단어의 조합으로 분리자를 지정하는 다양한 방법이 있지만 이 책에서는 자세히 다루지 않을 것이다.

그림 2.7 Scanner 클래스의 메소드들

GOTCHA next와 nextLine 메소드를 사용할 때 주의할 점

Scanner 클래스의 next와 nextLine 메소드는 이전 키보드 입력이 끝난 지점에서부터 텍스트를 읽어 들인다. 예를 들어 다음과 같이 Scanner 클래스 객체를 생성하자.

```
Scanner keyboard = new Scanner(System.in);
```

그리고 다음과 같은 코드를 이어서 작성한다고 하자.

```
int n = keyboard.nextInt();
String s1 = keyboard.nextLine();
String s2 = keyboard.nextLine();
```

마지막으로 키보드로 다음과 같은 입력을 넣었다고 가정하자.

```
42 is the answer
and don't you
forget it.
```

그러면 변수 n의 값은 42로, 변수 s1은 "is the answer"로, 그리고 변수 s2는 "and don't you"로 지정된다.

여기까지는 별다른 문제가 없는 것처럼 보일 것이다. 그러나 이번에는 입력이 다음과 같았다고 해 보자.

```
42
and don't you
forget it.
```

이런 상황이라면 여러분은 n이 42로, s1이 "and don't you"로 그리고 s2가 "forget it"으로 지정될 것이라고 기대할 것이지만, 실제로는 그렇게 되지 않는다.

실제로는 변수 n은 42로, 변수 s1은 공백 스트링으로 그리고 변수 s2는 "and don't you"로 지정된다. nextInt 메소드는 42를 읽지만 줄 바꿈 문자 '\n'을 읽지 않는다. 따라서 첫 번째 nextLine 호출은 42를 포함한 줄의 나머지 부분을 읽어 들이게 된다. 줄의 나머지 부분에는 단지 줄 바꿈 문자 '\n'만 있으므로 nextLine은 이 '\n'을 읽은 후 '\n'을 제외한 줄의 나머지 부분, 즉 공백 스트링을 반환한다. 따라서 s1에는 공백 스트링이 지정된다. 두 번째의 nextLine 호출은 다음 줄에서 입력을 시작하여 "and don't you"를 읽어 들인다.

이와 같이 숫자를 읽는 메소드와 스트링을 읽는 메소드를 섞어서 사용할 때에는 줄 바꿈 문자 '\n'을 제거하기 위해 추가로 nextLine을 호출해야 하는 경우도 있다. 이 상황이 Listing 2.5의 마지막 부분에 설명되어 있다. ■

기억하세요! 공백 스트링

공백 스트링은 문자를 하나도 갖지 않으며 ""로 표시한다고 했다. nextLine 메소드가 실행되었을 때 사용자가 단지 엔터 키만 누르면 nextLine 메소드는 공백 스트링을 반환한다.

다른 입력 분리자(선택 사항)

키보드 입력을 위해 Scanner 클래스를 사용할 때 입력을 분리하는 분리자로 문자와 스트링을 어떻게 조합해서든 사용할 수 있지만 세부적인 내용은 다소 복잡하다. 이 책에서는 분리자를 변경하는 간단한 한 가지 방법, 즉 공백 문자에서 특정한 스트링으로 변경하는 예제만 보여 줄 것이다.

예를 들어 다음과 같이 Scanner 객체를 생성했다고 하자.

```
Scanner keyboard2 = new Scanner(System.in);
```

다음과 같이 하면 keyboard2 객체의 분리자를 "##"로 바꿀 수 있다.

```
keyboard2.useDelimeter("##");
```

이 메소드 호출 이후에는 keyboard2를 이용한 입력에서 "##"가 유일한 분리자로 사용된다. 공백 문자는 더 이상 keyboard2를 통한 입력에서 분리자가 아니라는 점에 주의하라. 따라서 다음과 같이 키보드 입력이 주어진다면

```
funny wo##rd##
```

다음 코드는 두 개의 스트링 "funny wo"와 "rd"를 읽을 것이다.

```
System.out.println("Enter two words as a line of text:");
String s1 = keyboard2.next();
String s2 = keyboard2.next();
```

일단 keyboard2의 입력 분리자를 바꾸고 나면 공백 문자는 분리자의 역할을 하지 않는다는 점에 주의하라. 심지어 줄 바꿈 문자도 분리자가 아니다. 또한 같은 프로그램에 Scanner 클래스 객체가 두 개 있으면 두 객체에 서로 다른 분리자를 사용할 수도 있다. 이런 상황이 Listing 2.6에 포함되어 있다.

Listing 2.6 분리자의 변경(선택 사항)

```
import java.util.Scanner;

public class DelimitersDemo
{
    public static void main(String[] args)
    {
        Scanner keyboard1 = new Scanner(System.in);
        Scanner keyboard2 = new Scanner(System.in);
        keyboard2.useDelimiter("##");
        //The delimiters for keyboard1 are the whitespace
        //characters.
        //The only delimiter for keyboard2 is ##.

        String s1, s2;

        System.out.println("Enter a line of text with two words:");
        s1 = keyboard1.next();
```

keyboard1과 keyboard2는 서로 다른 분리자를 가진다.

(계속됨)

Listing 2.6 분리자의 변경(선택 사항)

```
        s2 = keyboard1.next();
        System.out.println("The two words are \"" + s1 +
                           "\" and \"" + s2 + "\"");
        System.out.println("Enter a line of text with two words");
        System.out.println("delimited by ##:");
        s1 = keyboard2.next();
        s2 = keyboard2.next();
        System.out.println("The two words are \"" + s1 +
                           "\" and \"" + s2 + "\"");
    }
}
```

실행 결과 출력

```
Enter a line of text with two words:
funny wo##rd##
The two words are "funny" and "wor##rd##"
Enter a line of text with two words
delimited by ##:
funny wor##rd##
The two words are "funny wo" and "rd"
```

printf를 이용한 형식화된 입출력(선택 사항)

자바 5.0 버전부터는 특정 형식에 맞춰 자료를 출력할 수 있는 printf라는 메소드가 제공되고 있는데, 이것은 C 언어의 printf 함수와 동일한 방식으로 사용된다. printf 메소드는 print 메소드와 유사하게 동작하지만, 소수점 이하 몇 자리를 출력할지 등을 지정하는 형식지정 명령을 추가할 수 있다는 점에서 차이가 있다. 예를 들어 다음을 살펴보자.

```
double price = 19.5;
System.out.println("Price using println:" + price);
System.out.printf("Price using printf formatting:%6.2f", price);
```

이 코드는 다음과 같은 내용을 출력한다.

```
Price using println:19.5
Price using printf formatting: 19.50
```

println을 사용하면 따로 공백을 지정하지 않았으므로 price의 값이 콜론 바로 뒤에 붙어서 "19.5"로 출력된다. printf를 사용하면 콜론 뒤에는 19.50 앞에 공백이 하나 붙어서 " 19.50"이라는 스트링이 나온다. 이 예제에서 printf의 첫 번째 인자는 **형식 지정자**(format specifier)를 포함하는 스트링이고 두 번째 인자는 첫 번째 인자가 지정하는 형식으로 출력될 숫자나 값이다.

형식 지정자 `%6.2f`는 실수를 너비가 6인 **필드**(field), 즉 여섯 글자가 차지하는 공간에 출력하되 소수점 이하 두 자리를 표시하라는 뜻이다. 따라서 `19.5`는 너비가 6인 필드에 `"19.50"`으로 표시되는데, `"19.50"`이 다섯 글자이므로 공백이 하나 덧붙어서 여섯 글자의 스트링인 `" 19.50"`이 표시된다. 공백이 추가될 때는 값의 앞쪽에 위치한다. 필드에 지정된 것보다 더 많은 글자가 출력되어야 한다면 필드는 자동적으로 출력의 실제 크기로 확대된다. 예를 들어 위의 예에서 지정자가 `%1.2f`이라서 필드의 크기가 1로 지정되었다면 자동적으로 5로 확대된다. `%6.2f`에서 `f`는 출력이 부동소수점 수, 즉 소수점을 갖는 실수라는 뜻이다.

그림 2.8은 흔히 사용되는 형식 지정자를 요약한 것이다.

여러 개의 형식 지정자를 하나의 스트링에 결합할 수 있다. 예를 들어 다음과 같이 코드가 주어졌다면

```
double price = 19.5;
int quantity = 2;
String item = "Widgets";
System.out.printf("%10s sold:%4d at $%5.2f. Total = $%1.2f",
                  item, quantity, price, quantity * price);
```

출력은 `"   Widgets sold:   2 at $19.50. Total = $39.00"`이 된다. `"Widget"` 앞에는 세 개의 공백이 오는데, 형식 지정자에서 열 글자 크기의 필드로 지정되었기 때문이다. 마찬가지로 2 앞에도 네 글자 크기의 필드에 맞추기 위해 세 개의 공백이 온다. `19.50`은 정확히 다섯 글자에 맞고, 총가격에 해당하는 마지막 필드는 출력할 값인 `39.00`에 맞추기 위해 5로 확대된다.

형식 지정자	출력 형	예제
%c	문자	문자 : %c
		크기가 2인 필드에 한 개의 문자 표시 : %2c
%d	10진수	정수 : %d
		크기가 5인 필드에 정수 표시 : %5d
%f	실수	실수 : %f
		소수점 이하 2 자리의 실수 표시 : %1.2f
		크기가 6인 필드에 소수점 이하 2자리의 실수 표시 : %6.2f
%e	지수 형태의 실수	지수 형태로 나타낸 실수 : %e
%s	스트링	크기가 10인 필드에 스트링 표시 : %10s

그림 2.8 System.out.printf에 사용하는 대표적인 형식 지정자

자습문제 SELF-TEST QUESTIONS

27 스크린에 다음과 같은 출력을 생성하는 자바 문장을 작성하라.

```
Once upon a time,
there were three little programmers.
```

28 System.out.println 메소드와 System.out.print 메소드의 차이는 무엇인가?

29 두 개의 int형 값을 한 줄의 키보드 입력으로 읽고, 읽어 들인 두 수를 출력하는 완전한 자바 프로그램을 작성하라. 두 입력값은 하나 이상의 공백으로 분리된다.

30 정확히 세 단어를 포함하는 한 줄의 텍스트 입력을 읽은 후, 읽어 들인 줄을 출력하는 완전한 자바 프로그램을 작성하라. 단어는 하나 이상의 공백이나 탭, 줄 바꿈 등 임의의 공백 문자로 분리되어 입력된다. 출력할 때는 첫 단어 앞에는 공백이 없고 각 인접한 단어 사이에는 정확히 두 개의 공백만 있도록 해야 한다.

31 다음 코드의 출력은 무엇인가?

```
String s = "Hello" + "" + "Joe";
System.out.println(s);
```

2.4 문서화 및 스타일

올바른 결괏값을 출력한다고 해서 반드시 좋은 프로그램인 것은 아니다. 물론 프로그램이 올바른 결괏값을 출력해야 하지만 그것이 전부는 아니다. 대부분의 프로그램은 여러 번 반복 사용되고 그러는 동안 버그를 고치거나 새로운 사용자 요구에 대응하기 위해 프로그램이 수정된다. 프로그램이 읽고 이해하기 쉽지 않다면 수정하기 어려울 것이고 심지어는 현실적으로 수정이 불가능한 경우도 생긴다. 프로그램이 단지 한번만 사용될 것이라고 해도 읽기 쉽도록 하기 위해 주의를 기울여야 한다. 버그를 고치기 위해서라도 프로그램을 다시 읽어야 하는 경우가 생기기 때문이다.

이 절에서는 프로그램을 읽기 쉽도록 만드는 데 도움이 되는 네 가지 요소를 살펴볼 것인데, 의미 있는 이름, 주석문, 들여쓰기, 이름 상수의 사용 등이다.

의미 있는 변수 이름

이 장의 앞부분에서 언급했듯이 x나 y 같은 이름은 결코 좋은 변수 이름이 아니다. 변수의 이름은 용도를 연상시키는 것으로 지어야 한다. 변수가 무언가의 개수를 저장한다면 이름을 count라고 하면 좋을 것이고, 변수가 세율을 저장한다면 taxRate라고 할 수 있다.

변수에 컴파일러가 허용하는 의미 있는 이름을 붙일 뿐만 아니라 프로그래머들이 일반적으로 따르는 관례에 따라 이름을 선택해야 한다. 그렇게 해야 여러 명의 프로그래머가 협력하는 프로젝트를 진행할 때 여러분이 작성한 코드를 다른 사람이 읽고 자신의 코드와 쉽게 결합할 수 있다. 일반적으로 변수 이름은 영문자와 숫자만으로 이루어지고, 지금까지 우리가 해 온 것처럼 소문자로 시작한다. 변수 이름을 소문자로 시작하는 방식이 처음에는 조금 이상하게 보일 수도 있지만 대부분 그렇게 사용되고 있으며 여러분도 금방 익숙해질 것이다. 대문자로 시작하는 이름은 `String` 같은 클래스 이름처럼 다른 용도로 사용한다.

이름이 두 단어 이상으로 이루어진다면 `taxRate`, `numberOfTries`, `timeLeft`처럼 단어 경계에서 대문자를 사용해서 구분한다.

주석문

프로그램의 문서화는 프로그램이 무엇을 하고자 하는지, 또 그것을 어떻게 수행하는지 말해 준다. 가장 좋은 프로그램은 **자체적으로 문서화**(self-documenting)된 프로그램이다. 이 용어는 아주 명확한 스타일과 잘 선택된 식별자로 인해 프로그램이 무엇을 하고 또 그것을 어떻게 수행하는지가 읽는 사람에게 명백하다는 뜻이다. 여러분은 자체적으로 문서화된 프로그램을 작성하도록 노력해야 하지만, 프로그램에 약간의 추가적인 설명을 덧붙여 더욱 명백하게 만들어야 할 경우도 있을 것이다. 이 설명은 주석문의 형태로 주어진다.

주석문(comment)은 사람이 이해하는 데 도움이 되도록 프로그램에 써 놓은 설명으로 컴파일러는 이를 무시한다. 자바 프로그램에 주석문을 넣는 방법은 세 가지가 있다. 첫 번째 방법은 주석문의 시작 부분에 //를 사용하는 것이다. 이 기호 이후부터 그 줄의 끝까지의 모든 내용은 주석문으로 간주되어 컴파일러가 무시한다. 이 방법은 다음과 같이 짧은 주석문을 쓸 때 편리하다.

```
String sentence;  //Spanish version
```

이 방법을 여러 줄의 주석문에 사용하려면 각 줄마다 시작 부분에 //을 넣어야 한다.

두 번째 방법은 여러 줄의 주석문에 적당하다. 짝을 이루는 기호 /*와 */ 사이에 쓰인 모든 내용은 주석으로 취급되어 컴파일러가 무시한다. 예를 들어 다음 내용은 주석문에 들어갈 만한 내용은 아니지만 어쨌든 /*과 */의 사용 방법을 보여 준다.

```
/*
 This program should only
```

```
 be used on alternate Thursdays,
 except during leap years, when it should
 only be used on alternate Tuesdays.
*/
```

많은 편집기는 자동적으로 주석문을 특별한 색깔로 표시하여 강조해 준다. 다음의 주석문을 보자.

```
/**
 This program should only
 be used on alternate Thursdays,
 except during leap years, when it should
 only be used on alternate Tuesdays.
*/
```

이 주석문은 시작 부분이 /*가 아니라 /**임에 주의하라. 이 시작 기호는 **javadoc**이라는 프로그램을 사용하여 자바 소프트웨어에서 자동적으로 문서를 추출할 때 필요하다. **javadoc**의 사용법은 책 후반부에서 다루겠지만 그 전에도 /** 기호가 나오는 경우가 있을 것이다.

주석문을 넣어야 할 때와 넣지 말아야 할 때를 정확히 설명하기는 어렵다. 너무 주석문이 많은 것도 너무 적은 것만큼 좋지 않다. 주석문이 너무 많으면 뻔한 내용의 주석문 때문에 정작 중요한 정보를 놓칠 우려가 있다. 앞으로 자바 언어의 특징을 설명해 가면서 주석문을 넣을 만한 적당한 위치를 언급할 것이다. 일단은 다음 두 경우에만 주석문을 사용하면 된다.

첫째, 모든 프로그램 파일은 시작 부분에 내용을 설명하는 주석문을 가져야 한다. 이 주석문은 파일에 관한 모든 중요한 정보를 제공해야 한다. 프로그램이 하는 일, 저자의 이름, 저자의 연락처, 파일이 최종 수정된 날짜 및 상황에 맞는 추가적인 정보 등이다. Listing 2.7의 맨 처음에 보인 바와 비슷하게 작성하면 된다.

둘째, 명백하지 않은 세부 사항을 설명하기 위해 주석문을 써야 한다. 예를 들어 Listing 2.7을 살펴보자. **radius**와 **area**라는 이름의 두 변수가 원의 반지름과 면적값을 저장한다는 것은 명백하니 다음과 같은 주석문은 포함할 필요가 없다.

```
double radius; //the radius of a circle
```

← 바람직하지 않은 주석문

그러나 명백하지 않은 것도 있다. 반지름의 단위는 무엇일까? 인치? 피트? 센티미터? 사용된 단위를 설명하는 다음과 같은 주석문을 포함할 필요가 있다.

```
double radius;  //in inches
double area;    //in square inches
```

Listing 2.7에는 이 두 가지 주석문이 포함되어 있다.

Listing 2.7 주석문과 들여쓰기

```
import java.util.Scanner;

/**
 Program to compute area of a circle.
 Author: Jane Q. Programmer.
 E-mail Address: janeq@somemachine.etc.etc.
 Programming Assignment 2.
 Last Changed: October 7, 2008.
*/

public class CircleCalculation
{
    public static void main(String[] args)
    {
        double radius;  //in inches
        double area;    //in square inches
        Scanner keyboard = new Scanner(System.in);
        System.out.println("Enter the radius of a circle in inches:");
        radius = keyboard.nextDouble();
        area = 3.14159 * radius * radius;
        System.out.println("A circle of radius " + radius + " inches");
        System.out.println("has an area of " + area + " square inches.");
    }
}
```

이 import 문은 아래 주석문 다음으로 가도 좋다.

수직선은 들여쓰기 패턴을 나타낸다.

이 장 뒷부분에서 이 프로그램의 개선된 버전을 보일 것이다.

실행 결과 출력

```
Enter the radius of a circle in inches:
2.5
A circle of radius 2.5 inches
has an area of 19.6349375 square inches.
```

기억하세요! 자체적으로 문서화된 코드를 작성하라

자체적으로 문서화된(self-documenting) 코드는 주의 깊게 선택된 이름과 명확한 스타일을 사용한다. 프로그램에 주석문이 없더라도 프로그램의 목적과 동작이 프로그램을 읽는 프로그래머에게 명백해야 한다. 여러분은 가능한 한 프로그램이 자체적으로 문서화되도록 노력해야 한다.

요점 정리 **자바 주석문**

자바에서 주석문을 작성하는 세 가지 방법이 있다.

- // 기호부터 줄의 끝 부분까지는 주석문이며 컴파일러에 의해 무시된다.
- 짝을 이루는 기호 /*와 */ 사이의 모든 내용은 주석문이며 컴파일러에 의해 무시된다.
- 짝을 이루는 기호 /**와 */ 사이의 모든 내용은 주석문이며, 이러한 주석문은 문서화 프로그램인 javadoc에 의해 처리되지만 컴파일러에 의해서는 무시된다.

들여쓰기

프로그램은 많은 구조로 이루어져 있다. 큰 부분 안에 작은 부분이 들어 있다. 예를 들어 다음과 같이 시작하는 부분이 있다.

```
public static void main(String[] args)
{
```

이 main 메소드의 몸체는 여는 괄호 {로 시작해서 닫는 괄호 }로 끝난다. 이 두 괄호 사이에 자바 문장이 오는데, 각 문장을 정해진 공백만큼 들여쓰기 한다.

Listing 2.7은 수직선으로 나타낸 세 수준의 들여쓰기를 하고 있으며 이는 프로그램의 **중첩 구조**(nested structure)를 명확히 보여 준다. 가장 바깥쪽 구조는 클래스 CircleCalculation을 정의하는 부분이며 들여쓰지 않았다. 중첩 구조의 다음 수준은 main 메소드이며 들여쓰기를 하였다. main 메소드의 몸체는 거기서 한 번 더 들여쓰기를 하고 있다.

이 책에서는 각 수준마다 공백 네 개씩 들여쓰기를 하였다. 들여쓰기를 이보다 많이 하면 문장을 쓸 공간이 너무 줄어들고, 이보다 적게 하면 잘 보이지 않는다. 공백 두 개나 세 개씩 들여쓰기를 하는 것도 나쁘지 않지만 네 개씩 하는 것이 가장 명확하다고 본다. 강의를 듣는 중이라면 강사가 정해 주는 규칙에 따르면 되고 프로그래밍 프로젝트에서는 들여쓰기를 얼마만큼 할지를 정해 둔 스타일 문서가 있을 것이다. 어쨌든 하나의 프로그램 내에서는 일관성 있게 들여쓰기를 해야 한다.

문장이 한 줄에 들어가지 않으면 둘 이상의 줄로 작성할 수 있다. 하나의 문장을 여러 줄에 걸쳐 작성할 때에는 둘째 줄부터는 들여 쓰도록 하라.

Listing 2.7에서는 중첩 수준이 괄호 {}에 의해 표시되었지만 항상 그런 것은 아니다. 괄호가 있든 없든 중첩의 매 수준마다 들여쓰기를 해야 한다.

이름 상수의 사용

Listing 2.7을 다시 살펴보자. 여러분은 아마 3.14159라는 숫자가 원과 관련된 계산을 할 때 자주 사용되고 π로 표시되는 원주율의 근삿값이라는 것을 알아챘을 것이다. 그러나 3.14159라는 값이 확실히 원주율값이라고 확신하지는 못할 수도 있다. 이 숫자가 무슨 의미인지 전혀 모르는 사람도 있을 수 있다. 이런 혼동을 피하기 위해 3.14159와 같은 숫자에는 항상 이름을 붙여 숫자 대신 사용해야 한다.

예를 들어 3.14159에 PI라는 이름을 붙이고 다음과 같이 정의한다.

```
public static final double PI = 3.14159;
```

그러면 다음 문장은

```
area = 3.14159 * radius * radius;
```

아래와 같이 보다 명확하게 작성할 수 있다.

```
area = PI * radius * radius;
```

Listing 2.8은 상수 3.14159에 대해 PI라는 이름을 정의하여 Listing 2.7을 다시 쓴 것이다. PI의 정의가 main 메소드 밖에 위치한다는 점에 주의하라. 이름 상수를 파일의 시작 부분에 정의하는 것은 필수 사항은 아니지만 좋은 습관이다. 나중에 상숫값을 변경해야 한다면 파일 시작 부분에 정의되어 있는 편이 편리하기 때문이다. 예를 들어 다음과 같은 이름 상수를 가지는 은행 프로그램이 있다고 하자.

```
public static final double MORTGAGE_INTEREST_RATE = 6.99;
```

나중에 이자율이 8.5%로 변경된다면 이름 상수의 값만 다음과 같이 바꿔 주면 된다.

```
public static final double MORTGAGE_INTEREST_RATE = 8.5;
```

이제 프로그램의 다른 부분은 수정할 필요 없이 다시 컴파일하면 된다.

MORTGAGE_INTEREST_RATE와 같은 이름 상수를 사용하는 것이 작업을 간단하게 해 줄 수 있다. 이자율을 6.99%에서 8.5%로 변경하려면 숫자 하나만 바꿔 주면 된다. 만약 프로그램이 이름 상수를 사용하지 않았다면 프로그램에 나오는 모든 6.99를 8.5로 바꿔야 한다. 텍스트 편집기로 이러한 검색과 변경을 손쉽게 일괄 처리할 수도 있겠지만 무조건 바꿔서는 안 될 수도 있다. 프로그램의 어떤 6.99는 이자율이 아닌 다른 것을 뜻할 수도 있으므로 각 6.99가 의미하는 바를 결정해야 하는데, 이런 작업은 혼동을 유발할 것이고 에러가 발생할 수도 있다.

Listing 2.8 이름 상수의 사용

```
import java.util.Scanner;

/**
 Program to compute area of a circle.
 Author: Jane Q. Programmer.
 E-mail Address: janeq@somemachine.etc.etc.
 Programming Assignment 2.
 Last Changed: October 7, 2008.
*/

public class CircleCalculation2
{
    public static final double PI = 3.14159;

    public static void main(String[] args)
    {
        double radius;  //in inches
        double area;    //in square inches
        Scanner keyboard = new Scanner(System.in);

        System.out.println("Enter the radius of a circle in inches:");
        radius = keyboard.nextDouble();
        area = PI * radius * radius;
        System.out.println("A circle of radius " + radius + " inches");
        System.out.println("has an area of " + area + " square inches.");
    }
}
```

PI의 정의를 이곳에 두어도 문제는 없지만, 위쪽에 두는 것만큼 명확하지는 않다.

실행 결과 출력

```
Enter the radius of a circle in inches:
2.5
A circle of radius 2.5 inches
has an area of 19.6349375 square inches.
```

자습문제 SELF-TEST QUESTIONS

32 자바에서 주석문의 종류는 어떤 것이 있는가?

33 다음 자바 코드가 생성하는 출력은 무엇인가?

```
/**
 Code for Question 33 .
*/
System.out.println("One");
//System.out.println("Two");
```

```
System.out.println("And hit it!");
```

34 다소 황당한 일이지만 미국의 어떤 주 의회에서 pi의 값을 '수정하는' 법안을 통과시킨 적이 있다고 한다. 법에 의해 pi의 값이 정확히 3.14로 지정된 그 주에 여러분이 살고 있다면, Listing 2.8의 내용을 이 법에 맞추려면 어떻게 고쳐야 하는가?

2.5 그래픽 보조자료

이 절은 이 장에서 설명한 스타일 규칙에 따라 1장에서 나왔던 애플릿을 수정하는 것부터 설명한다. 그 뒷부분은 JFrame과 JOptionPane 클래스를 다루는데, 이 두 클래스는 자바 프로그램에서 그래픽과 윈도우 I/O를 수행하는 방법을 제공한다.

3장에서도 JOptionPane에 대해 좀 더 다루는데, 이 장과 3장에서 설명하는 JOptionPane에 대한 내용은 책의 나머지 내용과 연관성이 없으므로 그래픽 보조자료의 다른 내용과 상관없이 다룰 수 있다. 즉, JOptionPane에 대한 내용은 생략하고 그래픽 보조자료의 나머지 내용을 다루어도 문제가 없다.

그래픽 애플릿에 적용되는 스타일 규칙

Listing 2.9는 1장의 Listing 1.2에 나왔던 애플릿 프로그램에 이름 상수와 주석문을 추가하여 수정한 것이다. 얼핏 보기에는 많은 이름 상수가 코드를 오히려 복잡하게 만드는 것 같지만, 실제로는 코드의 작성과 수정을 용이하게 한다.

이렇게 상수를 사용하면 그림을 계획하고 구성하는 데 도움이 된다. 이름 상수들을 써서 제약을 명확하고 명시적으로 나타낼 수 있다. 예를 들어 다음 문장을 보자.

```
public static final int Y_LEFT_EYE = X_RIGHT_EYE;
```

이 문장은 두 눈이 같은 높이에 위치하도록 보장한다.

이런 종류의 그래픽 프로그램은 여러 정숫값을 미세 조정하는 과정을 거쳐야 한다. 가령 입의 넓이를 조정해야 할 때 그 값에 대해 이름 상수를 썼다면 수정할 값을 찾기가 훨씬 쉬울 것이다.

프로그래밍 팁_그래픽 애플릿에서 이름 상수의 사용

그림을 계획할 때는 그림의 구성요소와 각 구성요소의 크기를 나타내는 높이, 너비, 길이 등의 치수를 정하고, 이 치수들에 이름을 주어 이름 상수로 정의하라. 가능한 한 이

Listing 2.9 주석문과 이름 상수를 사용한 Listing 1.2의 수정본

```
import javax.swing.JApplet;
import java.awt.Graphics;

/**
 Applet that displays a happy face.
 Author: Jane Q. Programmer.
 Revision of Listing 1.2.
*/
public class HappyFace extends JApplet
{
    public static final int FACE_DIAMETER = 200;
    public static final int X_FACE = 100;
    public static final int Y_FACE = 50;

    public static final int EYE_WIDTH = 10;
    public static final int EYE_HEIGHT = 20;
    public static final int X_RIGHT_EYE = 155;
    public static final int Y_RIGHT_EYE = 100;
    public static final int X_LEFT_EYE = 230;
    public static final int Y_LEFT_EYE = Y_RIGHT_EYE;

    public static final int MOUTH_WIDTH = 100;
    public static final int MOUTH_HEIGHT = 50;
    public static final int X_MOUTH = 150;
    public static final int Y_MOUTH = 160;
    public static final int MOUTH_START_ANGLE = 180;
    public static final int MOUTH_EXTENT_ANGLE = 180;

    public void paint(Graphics canvas)
    {
        //Draw face outline:
          canvas.drawOval(X_FACE, Y_FACE, FACE_DIAMETER, FACE_DIAMETER);
        //Draw eyes:
          canvas.fillOval(X_RIGHT_EYE, Y_RIGHT_EYE, EYE_WIDTH, EYE_HEIGHT);
          canvas.fillOval(X_LEFT_EYE, Y_LEFT_EYE, EYE_WIDTH, EYE_HEIGHT);
        //Draw mouth:
          canvas.drawArc(X_MOUTH, Y_MOUTH, MOUTH_WIDTH, MOUTH_HEIGHT,
                         MOUTH_START_ANGLE, MOUTH_EXTENT_ANGLE);
    }
}
```

이 두 줄은 아래 주석문 다음으로 가도 좋다.

애플릿 출력은 Listing 1.2에 보인 것과 동일하다.

들 상수가 서로 관련되도록 하라. 즉, 어떤 크기가 다른 크기에 의존할 때 전자의 상숫값을 후자의 상수를 이용하여 정의하는 것을 말한다. 여러 크기들 간의 관계를 이름 상수를 이용하여 기술하면 상숫값의 미세 조정이 쉬워진다. ■

JFrame 클래스를 이용하여 자바 GUI 응용 만들기

그래픽 유저 인터페이스(graphical user interface) 혹은 **GUI**는 윈도우를 이용한 프로그램 인터페이스를 말한다. 애플릿은 웹페이지에서 실행되는 GUI의 일종이다. 자바 애플리케이션으로 실행되는 GUI(즉, 윈도우 인터페이스)를 얻기 위해서는 JApplet이 아니라 JFrame 클래스를 사용한다. JFrame 클래스를 이용해 만들어진 애플리케이션은 JApplet으로 만든 것과 아주 유사하다. 이 장에서 애플릿을 애플리케이션으로 바꾸는 절차를 설명하겠지만, 그 결과로 얻어지는 애플리케이션 코드가 어떻게 동작하는지에 대한 완전한 설명은 8장에서 이루어질 것이다.

지금까지 우리가 만들었던 애플릿은 다음의 네 가지를 수정하면 애플리케이션으로 바꿀 수 있다. Listing 2.9의 행복한 얼굴 애플릿으로부터 애플리케이션을 만들어 보자. 클래스의 이름은 HappyFace이다.

1. `import javax.swing.JApplet`을 `import javax.swing.JFrame`으로 바꾼다.
2. `extends JApplet`을 `extends JFrame`으로 바꾼다.
3. 다음 코드를 작성하여 생성자(constructor)를 추가한다. 여러분의 클래스 이름이 HappyFace가 아니라면 HappyFace를 실제 클래스 이름으로 바꾸어야 한다. 생성자는 6장에서 설명된다.

   ```
   public HappyFace()
   {
       setSize(600, 400);
       setDefaultCloseOperation(EXIT_ON_CLOSE);
   }
   ```

   생성자는 초기화 코드가 들어가는 장소이다. `setSize(600, 400)`은 가로 600픽셀, 세로 400픽셀 크기의 윈도우를 생성한다. 다른 크기의 윈도우를 생성하려면 이 숫자들을 바꾸면 된다. `setSize` 메소드는 애플릿에서도 쓸 수 있지만, 애플릿의 크기는 애플릿을 웹페이지에 출력하는 코드에서 지정하는 것이 보통이다. 애플릿 뷰어는 애플릿의 크기를 디폴트값으로 지정하므로 애플릿에서 `setSize`를 사용하는 것이 가능하다 하더라도 사용할 필요가 없다. 반면에 `JFrame`으로 만들어지는 GUI에서 `setSize`를 사용하지 않으면 GUI의 크기가 너무 작을 것이다. 두 번째 줄의 `setDefaultCloseOperation(EXIT_ON_CLOSE)`는 윈도우를 닫으면 프로그램이 종료되도록 한다.
4. 윈도우를 출력하는 `main` 메소드를 추가한다. 필요하면 HappyFace를 여러분의 클래스 이름으로 바꾸어라. 코드 실행의 세부 사항은 뒷장에서 설명할 것이다.

```
public static void main(String[] args)
 {
   HappyFace guiWindow = new HappyFace();
   guiWindow.setVisible(true);
  }
```

Listing 2.9의 애플릿을 애플리케이션으로 완전하게 수정한 결과는 Listing 2.10에 주어져 있다. 애플릿 버전과 구별하기 위해 클래스 이름을 HappyFaceJFrame으로 바꾸었다.

다음의 몇 개 장에 포함된 그래픽 보조자료는 애플릿에 초점을 맞춘다. 아직 애플리케이션 코드가 어떻게 동작하는지에 관한 모든 세부 사항을 설명하지는 않았지만, 여기서 소개된 견본 코드를 이용하면 책에서 설명하는 애플릿에 관한 내용을 GUI 애플리케이션으로 구성할 수 있을 것이다.

요점 정리 setSize 메소드

setSize 메소드는 JFrame 윈도우의 크기를 지정된 너비와 높이로 변경한다.

문법

```
JFrame_Object.setSize(Width, Height);
```

예제

```
this.setSize(400, 300);
```

setSize 메소드는 JFrame의 하위 클래스의 생성자에서 가장 흔히 사용된다. 클래스 내에서 this는 보통 생략된다. 따라서 보다 전형적인 예제는 다음과 같다.

```
setSize(400, 300);
```

FAQ setSize에서 너비와 높이의 단위는 무엇인가?

setSize를 사용할 때 너비와 높이를 나타내는 인자는 픽셀 단위로 주어진다. 픽셀에 대해서는 1장의 그래픽 보조자료에서 설명하였다.

JOptionPane 클래스 소개

Listing 2.11은 윈도우 인터페이스를 가진 아주 간단한 자바 애플리케이션 프로그램이다. 이 프로그램은 세 개의 윈도우를 차례로 만들어 낸다. Listing 2.11에서 첫 번째로

Listing 2.10 JFrame 클래스를 이용한 자바 GUI 애플리케이션

```
import javax.swing.JFrame;
import java.awt.Graphics;

public class HappyFaceJFrame extends JFrame
{
    public static final int FACE_DIAMETER = 200;
    public static final int X_FACE = 100;
    public static final int Y_FACE = 50;

    public static final int EYE_WIDTH = 10;
    public static final int EYE_HEIGHT = 20;
    public static final int X_RIGHT_EYE = 155;
    public static final int Y_RIGHT_EYE = 100;
    public static final int X_LEFT_EYE = 230;
    public static final int Y_LEFT_EYE = Y_RIGHT_EYE;

    public static final int MOUTH_WIDTH = 100;
    public static final int MOUTH_HEIGHT = 50;
    public static final int X_MOUTH = 150;
    public static final int Y_MOUTH = 160;
    public static final int MOUTH_START_ANGLE = 180;
    public static final int MOUTH_DEGREES_SHOWN = 180;

    public void paint(Graphics canvas)
    {
        //Draw face outline:
          canvas.drawOval(X_FACE, Y_FACE, FACE_DIAMETER, FACE_DIAMETER);
        //Draw eyes:
          canvas.fillOval(X_RIGHT_EYE, Y_RIGHT_EYE, EYE_WIDTH, EYE_HEIGHT);
          canvas.fillOval(X_LEFT_EYE, Y_LEFT_EYE, EYE_WIDTH, EYE_HEIGHT);
        //Draw mouth:
          canvas.drawArc(X_MOUTH, Y_MOUTH, MOUTH_WIDTH, MOUTH_HEIGHT,
                         MOUTH_START_ANGLE, MOUTH_DEGREES_SHOWN);
    }

    public HappyFaceJFrame()
    {
        setSize(600,400);
        setDefaultCloseOperation(EXIT_ON_CLOSE);
    }
    public static void main(String[] args)
    {
        HappyFaceJFrame guiWindow = new HappyFaceJFrame();
        guiWindow.setVisible(true);
    }
}
```

이 애플리케이션은 Listing 2.9의 애플릿과 동일한 행복한 얼굴 그림을 그린다.

Listing 2.11 JOptionPane I/O를 사용한 프로그램

```
import javax.swing.JOptionPane;

public class JOptionPaneDemo
{
    public static void main(String[] args)
    {
        String appleString =
          JOptionPane.showInputDialog("Enter number of apples:");
        int appleCount = Integer.parseInt(appleString);

        String orangeString =
           JOptionPane.showInputDialog("Enter number of oranges:");
        int orangeCount = Integer.parseInt(orangeString);

        int totalFruitCount = appleCount + orangeCount;
        JOptionPane.showMessageDialog(null,
               "The total number of fruits = " + totalFruitCount);

        System.exit(0);
    }
}
```

대화창 1

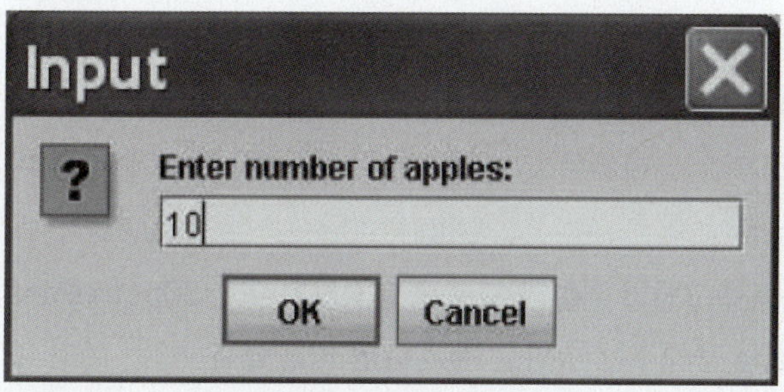

사용자가 OK를 클릭하면 윈도우가 사라지고 다음 윈도우가 (있으면) 나타난다.

대화창 2

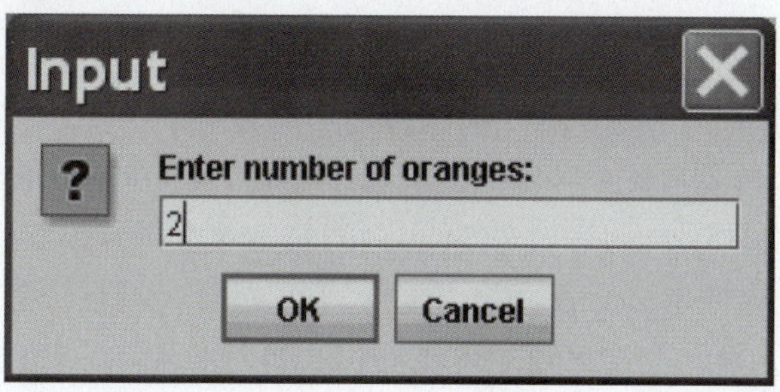

(계속됨)

Listing 2.11 JOptionPane I/O를 사용한 프로그램

대화창 3

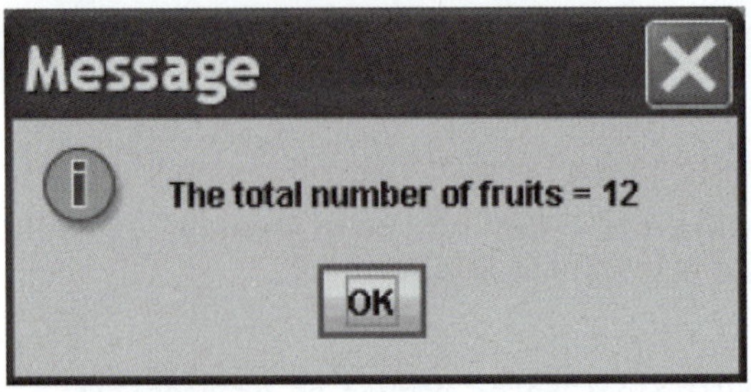

> **기억하세요! JOptionPane 프로그램 실행하기**
>
> JOptionPane을 사용하는 Listing 2.11과 같은 프로그램은 다른 애플리케이션 프로그램과 같은 방법으로 실행시키면 된다. 애플릿처럼 실행시키는 것이 아니다.

나타나는 윈도우는 대화창 1로 표시되어 있다. 사용자는 윈도우의 텍스트 필드에 숫자를 입력하고 마우스로 OK 버튼을 클릭한다. 그러면 첫 번째 윈도우가 사라지고 두 번째 윈도우가 나타난다. 사용자는 두 번째 윈도우에 대해서도 첫 번째와 마찬가지로 처리한다. 두 번째 윈도우의 OK 버튼을 클릭하면 두 번째 윈도우가 사라지고 세 번째 윈도우가 나타난다. 자세히 살펴보자.

이 프로그램은 사용자와 정보를 주고받기 위한 윈도우를 생성하기 위해 JOptionPane 클래스를 이용한다. JOptionPane 클래스는 자바를 설치하면 사용할 수 있는 미리 정의된 표준 클래스이다. 프로그램에서 이 클래스를 사용하기 위해서는 다음 줄을 작성하면 된다.

```
import javax.swing.JOptionPane;
```

이 문장은 JOptionPane 클래스의 정의를 어디서 찾을 수 있는지 컴퓨터에게 알려 준다. 윈도우 인터페이스를 만드는 데 사용하는 스윙(Swing)이라는 클래스 라이브러리가 있다. 클래스 라이브러리를 패키지(package)라고 부르며 자바 프로그램에서 스윙 패키지는 javax.swing으로 표시된다. 스윙의 첫 글자가 소문자 *s*라는 점에 주의하라. JOptionPane 클래스가 이 스윙 패키지에 들어 있다. 위의 import 문은 이러한 사실을 나타내며 JOptionPane 클래스를 사용하는 프로그램 파일의 첫 부분에 와야 한다.

컴퓨터가 수행할 첫 번째 프로그램 명령은 다음과 같다.

```
String appleString =
  JOptionPane.showInputDialog("Enter number of apples:");
```

이 문장은 String형의 변수 appleString을 정의한 다음, 윈도우를 표시하는 동작을 시작한다. 이 두 줄은 하나의 문장 혹은 하나의 명령이며, 내용이 너무 길지 않다면 보통은 한 줄로 작성된다.

JOptionPane 클래스는 **대화창**(dialog window, dialog box 혹은 간단히 dialog)이라고 부르는 특별한 윈도우를 만들기 위해 사용된다. 대화창은 사용자로부터 입력을 받거나 결과를 출력하는 용도로 사용된다. showInputDialog 메소드는 입력을 받기 위한 대화창을 생성하며, 예제 프로그램의 "Enter number of apples:"와 같이 이 메소드의 인자로 넘겨지는 스트링은 윈도우에 표시되어 사용자가 무엇을 입력해야 할지 알려 준다. 어떠한 입력을 원하느냐에 따라 프로그래머가 이 스트링의 내용을 정한다. 이 메소드 호출은 Listing 2.11의 첫 번째 대화창을 생성할 것이다. 사용자는 텍스트 필드를 마우스로 클릭한 후 어떤 내용을 입력한다. 입력한 내용을 지우거나 수정하기 위해 백스페이스(backspace) 키를 사용할 수 있다. 입력을 완료하고 OK 버튼을 클릭하면 윈도우는 사라진다. OK 버튼을 클릭하는 대신 엔터(Enter 혹은 Return) 키를 눌러도 된다. 이렇게 하면 사용자가 할 일은 다 한 것이지만, 입력한 내용이 어떻게 프로그램에 전달되는 것일까? 계속 살펴보자.

다음 메소드 호출이 사용자가 텍스트 필드에 입력한 내용을 반환한다.

```
JOptionPane.showInputDialog("Enter number of apples:");
```

사용자가 입력한 스트링은 이 메소드 호출이 포함된 대입문에 의해 변수 appleString에 저장된다. JOptionPane을 사용하여 입력을 받을 때는 스트링값으로만 읽게 된다. 숫자가 필요하다면 프로그램에서 스트링을 숫자로 변환해야 한다.

다음 문장은 appleCount를 int형 변수로 선언하는데, int는 이 변수에 저장되는 데이터가 정수임을 나타낸다. 이 프로그램의 작성자는 첫 번째 윈도우에 사용자가 정수를 입력하면 프로그램이 이 정수를 변수 appleCount에 저장하기를 원하는 것이다. JOptionPane으로 스트링만 읽을 수 있기 때문에 스트링을 int형의 값으로 변환해야 한다. 이러한 변환이 왜 필요한 것인지 이해하기 위해, 사용자가 10개의 사과가 있다는 뜻으로 대화창에 10을 입력했다고 하자. 이때 실제로 입력된 것은 문자 '1'과 문자 '0'이며 합쳐서 스트링 "10"이 된다. 입력 윈도우를 사용하는 프로그램의 모든 입력과 출력은 문자열로 이루어진다는 사실을 알아야 한다. 즉, 여러분의 프로그

> **보충 모든 입력과 출력은 스트링이다.**
>
> 프로그램의 입력과 출력은 모두 문자열로 이루어진다. JOptionPane 클래스를 사용하여 숫자에 해당하는 입력을 읽을 때는 읽어 들인 스트링을 원하는 숫자값으로 변환해야 한다. Scanner 클래스도 마찬가지로 입력을 스트링으로 읽지만, nextInt나 nextDouble 같은 메소드를 호출하면 스트링에서 숫자 입력으로의 변환이 메소드에 의해 이루어지는 것이다.

램이 입력 윈도우로부터 받은 입력을 숫자로 생각하도록 하려면 "10"과 같은 스트링을 거기에 대응하는 숫자 10으로 변환해야 한다. 컴퓨터에게 있어서 "10"과 10은 전혀 다른 것이다. (사실 실생활에서도 이 둘은 서로 다른 것이지만 우리는 보통 그 차이를 무시한다.) "10"은 두 개의 문자로 이루어진 스트링이지만 10은 덧셈이나 뺄셈에 사용할 수 있는 숫자이다.

Listing 2.11에서 사용자가 입력한 스트링은 변수 appleString에 저장된다. 이때 입력된 스트링은 정수의 자릿수(digit)에 해당하는 문자들로 이루어졌을 것이므로, 프로그램이 이 스트링을 int값으로 변환해야 한다. 변환된 int값은 다음과 같이 appleCount라는 변수에 저장한다.

```
int appleCount = Integer.parseInt(appleString);
```

Integer는 자바가 제공하는 클래스이고 parseInt는 Integer 클래스의 메소드이다. 메소드 호출 Integer.parseInt(appleString)은 appleString 변수에 저장된 스트링을 거기에 대응하는 정수로 변환한다. 예를 들어 appleString에 저장된 스트링이 "10"이라면 이 메소드 호출은 정수 10을 반환한다.

FAQ 왜 어떤 메소드는 객체 이름이 아니라 클래스 이름을 사용하여 호출하는가?

보통 메소드 호출은 객체 이름을 사용해 이루어진다. 예를 들어 greeting이 String형의 변수라면 greeting.length()라고 하여 메소드 length를 호출한다. 하지만 JOptionPane 클래스의 메소드를 호출할 때는 객체 이름 대신 클래스 이름인 JOptionPane을 사용한다. Integer 클래스의 parseInt 메소드도 마찬가지다. 어떻게 된 것일까? 어떤 특수한 메소드는 호출할 때 객체를 필요로 하지 않는다. 객체 대신에 클래스 이름을 사용하는 것이다. 이런 메소드를 정적(static) 메소드라고 부르며 6장에서 설명할 것이다. 정적 메소드는 메소드 중에서 극히 일부에 불과하지만 I/O와 같은 중요한 작업에 사용된다. 자바 클래스 라이브러리에 속하는 표준 메소드가 정적 클래스인지 알려면 오라클 사의 웹사이트에서 해당 클래스에 대한 문서를 찾아보면 된다.

GOTCHA 잘못된 입력

프로그램이 뭔가 잘못되어 비정상적으로 종료될 때 프로그램이 '죽는다(crash)'고 말한다. Listing 2.11에서처럼 JOptionPane.showInputDialog 메소드를 사용하여 입력을 받을 때 사용자가 올바른 형식으로 내용을 입력하지 않는다면 아마 프로그램이 죽을 것이다. 예를 들어 프로그램이 정수가 입력되기를 기대하고 있는데 2000 대신 2,000을 입력한다면 자바의 정수는 쉼표를 포함할 수 없기 때문에 프로그램이 죽을 것이다. 사용자가 입력 형식을 잘 알거나 조심하지 않아도 되는 보다 '견고한(robust)' 윈도우 프로그램을 작성하는 방법을 나중에 배우게 되겠지만, 그 전까지는 입력할 때 조심하는 수밖에 없다. ■

Listing 2.11의 그다음 몇 문장은 지금까지 설명한 것과 거의 비슷하다. 즉, 두 번째 대화창을 생성하여 사용자로부터 스트링을 입력받은 후 이를 해당하는 정수로 변환하여 변수 orangeCount에 저장한다.

프로그램의 그다음 줄은 새로울 것이 없다.

```
int totalFruitCount = appleCount + orangeCount;
```

totalFruitCount를 int형 변수로 선언하고 그 값을 변수 appleCount와 orangeCount의 합으로 설정한다.

프로그램은 이제 totalFruitCount에 저장된 값을 다음 문장에 의해 출력한다.

```
JOptionPane.showMessageDialog(null,
        "The total number of fruits = " + totalFruitCount);
```

이 문장은 JOptionPane 클래스의 또 다른 메소드인 showMessageDialog를 호출하고 있는데, 이 메소드는 출력을 위한 대화창을 표시한다. 이 메소드는 쉼표로 분리되는 두 개의 인자를 받는데, 당분간 첫 번째 인자는 항상 null로 작성될 것이다. null이 무엇인지는 나중에 설명할 것인데, 지금으로서는 특별한 인자가 필요하지 않을 때 사용하는 것이라고 생각하면 된다. 두 번째 인자는 출력 윈도우에 표시될 스트링이다. 따라서 위의 메소드 호출은 Listing 2.11에 보인 세 번째 대화창을 생성하는 것이다. 이 대화창은 스크린에 표시되었다가 사용자가 OK 버튼을 마우스로 클릭하거나 엔터(혹은 리턴) 키를 누르면 사라진다.

System.out.println에 스트링 인자를 줄 때와 마찬가지로 showMessageDialog 메소드에 대해서도 + 기호를 이용하여 스트링 인자를 줄 수 있다. 즉, 위 문장에 보인 것처럼 스트링 상수에다 totalFruitCount에 저장된 정숫값을 결합할 수 있는데, 이때 자바는 totalFruitCount에 저장된 정숫값을 해당하는 스트링으로 자동 변환한다.

GOTCHA showMessageDialog에서 숫자만 출력하면?

Listing 2.11에서 프로그램의 최종 출력은 다음 문장에 의해 출력 윈도우로 보내진다.

```
JOptionPane.showMessageDialog(null,
        "The total number of fruits = " + totalFruitCount);
```

출력에 항상 설명을 붙이는 것이 바람직한 스타일이므로, 스트링

```
"The total number of fruits= "
```

은 프로그램의 스타일과 이해도 향상에 중요하다. 더욱이 메소드 showMessageDialog의 호출은 출력에 스트링을 포함해야만 컴파일된다. 예를 들어 다음 문장은 컴파일되지 않는다.

```
JOptionPane.showMessageDialog(null, totalFruitCount);  //Illegal
```

메소드 showMessageDialog는 두 번째 인자로 int값이나 다른 기본형의 값을 받아들이지 않는다. + 기호를 이용하여 변수나 숫자를 스트링과 결합하면 숫자가 스트링으로 변환되므로 인자가 받아들여진다. ■

Listing 2.11의 마지막 문장은 다음과 같다.

```
System.exit(0);
```

이 문장은 프로그램을 종료한다는 뜻이다. System은 미리 정의된 자바 클래스로서 자바에 의해 자동적으로 제공되며, exit은 System 클래스의 메소드이다. exit 메소드가 호출되면 프로그램이 즉시 종료된다. 0 대신 다른 정수를 써도 상관없으나 0이 프로그램의 정상적인 종료를 나타내므로 관례적으로 0을 사용한다. 이 메소드는 다음 장에서 자세히 소개한다.

GOTCHA System.exit(0);을 생략하면?

Listing 2.11의 마지막 줄인 다음 문장을 생략하더라도 프로그램은 앞서 설명한 대로 동작할 것이다.

```
System.exit(0);
```

사용자가 입력 윈도우에 입력하면 출력 윈도우가 출력을 보여 준다. 그러나 출력 윈도우의 OK 버튼을 클릭하면 출력 윈도우는 사라지겠지만 프로그램은 종료되지 않는다. 프로그램은 보이지는 않지만 아직 종료되지 않고 컴퓨터의 자원을 차지하고 있으며 여러분이 다른 작업을 하는 데 방해가 될 수도 있다. 윈도우 프로그램은 끝날 때까지 끝난 것이 아니다. 문장을 끝까지 실행했다고 프로그램이 종료되는 것이 아니라 System.exit(0)으로 종료해야 실제로 종료된다. 그러므로 모든 윈도우 프로그램에서는 잊지 말고 반드시 System.exit(0)을 호출하라.

System.exit(0)을 호출하지 않아서 프로그램이 스스로 종료되지 않았다면 어떻게 해야 할까? 스스로 종료하지 않는 프로그램을 종료시키는 방법은 운영체제의 종류에 따라 다르다. 전부는 아니지만 많은 시스템에서 Ctrl-C을 이용하여 프로그램을 종료시킬 수 있다.

윈도우 인터페이스를 이용하는 (애플릿이 아닌) 애플리케이션 프로그램을 작성할 때는 항상 다음 문장으로 프로그램을 종료해야 한다.

```
System.exit(0);
```

반면에 2.1절에서 2.4절까지 다뤘던 프로그램들처럼 윈도우 인터페이스를 사용하지 않는 프로그램은 System.exit(0)을 호출할 필요가 없다. ■

FAQ 왜 어떤 프로그램은 System.exit을 필요로 하고 다른 프로그램은 필요로 하지 않는가?

Listing 2.11처럼 윈도우 인터페이스를 사용하는 애플리케이션 프로그램은 반드시 다음의 메소드를 호출하여 종료해야 한다.

```
System.exit(0);
```

애플릿이나 단순한 텍스트 입출력을 사용하는 프로그램은 이 메소드 호출을 필요로 하지 않는다. 이 장의 앞 절에서 나온 프로그램들이 모두 이런 것들이다. 이렇게 차이가 나는 이유는 무엇일까?

프로그램이 단순한 텍스트 입출력을 사용한다면, 프로그램을 언제 끝내야 하는지 자바가 쉽게 알 수 있다. 즉, 모든 문장을 실행한 후에 끝내면 된다. 애플릿 또한 실행을 끝내는 내장된 메커니즘을 갖고 있어서, 애플릿을 출력하는 웹페이지가 종료되거나 애플릿 뷰어 윈도우가 닫히면 애플릿이 종료된다.

윈도우 인터페이스를 가지는 애플리케이션 프로그램의 경우는 상황이 그리 간단하지 않다. 윈도우 프로그램이 언제 끝나야 하는지 자바가 쉽게 결정하지 못한다. 많은 윈도우 프로그램은 어떤 버튼을 클릭하거나 다른 동작을 취했을 때 프로그램이 종료되는데, 이에 대한 결정은 자바 언어가 아닌 프로그래머에게 달려 있다. 이 절에서 살펴본 단순한 프로그램의 경우에는 문장을 모두 실행하고 나서 종료하면 된다. 그러나 보다 복잡한 윈도우 프로그램은 언제 종료하는지 판단하기가 쉽지 않으므로, 프로그래머가 프로그램의 종료 시점을 System.exit 호출로 자바에게 알려 줘야 한다.

요점 정리 JOptionPane을 사용한 윈도우 입출력

자바 프로그램에서 showInputDialog와 showMessageDialog 메소드를 이용하여 입력 및 출력 윈도우, 즉 대화창(dialog)을 생성할 수 있다. 이 메소드를 사용할 때는 프로그램 파일

(계속됨)

의 첫 부분에 다음 줄을 포함한다.

```
import javax.swing.JOptionPane;
```

이 두 메소드를 이용한 입·출력문의 문법은 다음과 같다.

입력 문법

```
String_Variable = JOptionPane.showInputDialog(String_Expression);
```

*String_Expression*이 대화창에 표시된다. 대화창은 사용자가 입력을 넣을 수 있는 텍스트 필드와 OK 버튼을 가진다. 사용자가 윈도우에 스트링을 입력하고 OK 버튼을 클릭하면 메소드는 입력된 스트링을 반환하고, 이 스트링이 *String_Variable*에 저장된다. OK 버튼을 클릭하는 대신 엔터(Return) 키를 눌러도 마찬가지다. 이와 같은 방식으로 이루어지는 입력은 그 형이 스트링이 됨을 명심하라. 사용자가 정수를 입력하도록 하려면 프로그램이 입력 스트링을 해당하는 숫자로 변환해야 한다.

예제

```
String orangeString =
    JOptionPane.showInputDialog("Enter number of oranges:");
```

출력 문법

```
JOptionPane.showMessageDialog(null, String_Expression);
```

OK 버튼을 가진 대화창에 *String_Expression*이 표시된다. 사용자가 마우스로 OK 버튼을 클릭하거나 엔터(Return) 키를 누르면 윈도우가 사라진다.

예제

```
JOptionPane.showMessageDialog(null,
    "The total number of fruits = " + totalFruitCount);
```

자습문제 SELF-TEST QUESTIONS

35 다음 두 줄의 코드에서 클래스 이름, 메소드 이름, 인자는 각각 어느 것인가?

```
appleString =
    JOptionPane.showInputDialog("Enter number of apples:");
```

36 스크린에 다음 메시지와 함께 대화창을 표시하는 자바 문장을 보여라.

```
I Love You.
```

37 실행하면 프로그램을 종료시키는 자바 문장은 무엇인가?

38 Listing 2.11에서 `System.exit(0)`을 생략하면 어떻게 되는가? 프로그램이 컴파일 되겠는가? 실행 시에 문제가 발생하는가?

39 HelloWorld!라는 메시지를 표시하는 대화창을 생성하는 완전한 자바 프로그램을 작성하라.

40 다음과 같이 동작하는 완전한 자바 프로그램을 작성하라. 프로그램은 입력 대화창을 표시하여 사용자에게 정수를 입력하도록 요청한다. 사용자가 정수를 입력하고 OK 버튼을 클릭하면 윈도우가 사라지고 출력 대화창이 나타난다. 이 대화창은 입력된 숫자를 보여 준다. 사용자가 윈도우의 OK 버튼을 클릭하면 프로그램이 종료된다.

다른 숫자형으로 입력하기

JOptionPane.showInputDialog 메소드는 스트링을 읽어 들이기 때문에, 이전 프로그램에서는 Integer 클래스의 parseInt 메소드를 사용하여 스트링을 int로 변환했다. 다른 메소드를 사용하면 스트링 형태로 표현된 숫자를 다른 숫자형으로 변환할 수 있다. 예를 들어 다음 코드는 사용자에게 double형의 값을 입력받아 double형 변수인 decimalNumber에 저장한다.

```
String numberString = JOptionPane.showInputDialog(
                      "Enter a number with a decimal point:");
double decimalNumber = Double.parseDouble(numberString);
```

그림 2.9에 각 숫자형에 대한 변환 메소드를 나열하였다. String형의 값을 그림의 첫째 열에 주어진 형의 값으로 변환하려면 둘째 열의 메소드를 사용하면 된다. 둘째 열의 각 메소드는 첫째 열에 주어진 형의 값을 반환한다. *String_To_Convert*는 첫째 열 형의 값을 올바르게 표현한 스트링이어야 한다. 예를 들어 int로 변환하려면 *String_To_Convert*는 소수점이 없고 int형의 범위를 벗어나지 않는 정수의 형태여야 한다. 6장에서 이러한 클래스 및 메소드에 대해 더 자세히 설명할 것이다.

결과형	변환 메소드
byte	Byte.parseByte(*String_To_Convert*)
short	Short.parseShort(*String_To_Convert*)
int	Integer.parseInt(*String_To_Convert*)
long	Long.parseLong(*String_To_Convert*)
float	Float.parseFloat(*String_To_Convert*)
double	Double.parseDouble(*String_To_Convert*)

그림 2.9 스트링을 숫자로 변환하는 메소드

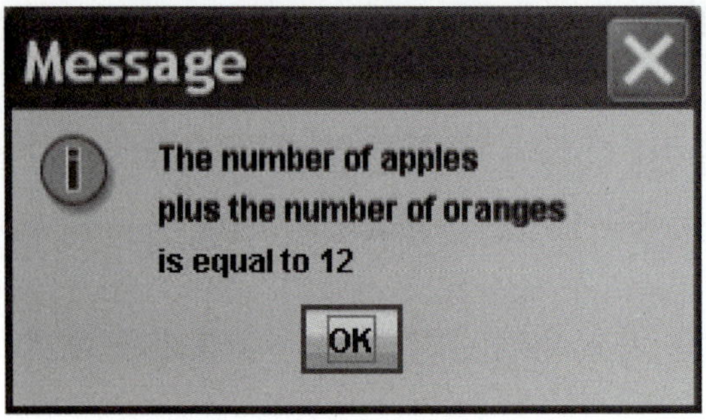

그림 2.10 여러 줄을 출력하는 대화창

프로그래밍 팁_대화창에서 여러 줄 출력하기

JOptionPane의 showMessageDialog 메소드를 사용하여 여러 줄을 출력하려면, 메소드의 두 번째 인자로 사용되는 스트링에 줄 바꿈 문자 '\n'을 삽입하면 된다. 여러 줄을 출력할 때는 출력 스트링이 너무 길어질 것이므로 각 줄을 '\n'로 끝나는 별도의 스트링으로 작성하고 + 기호를 이용해 연결하면 된다. 줄이 길거나 많으면 윈도우가 전체 출력을 보여 주는 데 필요한 만큼 커질 것이다.

예를 들어 다음 코드를 살펴보자.

```
JOptionPane.showMessageDialot(null,
                              "The number of apples\n"
                              + "plus the number of oranges\n"
                              + "is equal to " + totalFruit);
```

totalFruit가 int형의 변수로 12라는 값을 갖고 있다면, 이 메소드 호출은 그림 2.10의 대화창을 생성할 것이다. ■

프로그래밍 예제 윈도우 입출력을 이용한 잔돈 계산 프로그램

Listing 2.12는 Listing 2.3과 같지만 윈도우 인터페이스를 사용한다. 입력과 출력 대화창이 여러 줄의 텍스트를 표시하고 있다. 동전의 개수를 계산하는 세부 사항이 기억이 나지 않는다면 Listing 2.3의 설명 부분을 다시 살펴보라.

다음의 import 문장을 포함해야 한다는 것과

```
import javax.swing.JOptionPane;
```

JOptionPane을 사용하는 애플리케이션 프로그램은 실행 종료를 위해 System.exit 메소드를 호출해야 한다는 것을 주의하라. import 문장을 빠뜨리면 컴파일 에러가 발생할 것이다. System.exit 메소드 호출을 빠뜨리면 컴파일 에러는 발생하지 않겠지만 모든 문장이 실행되고 모든 윈도우가 사라진 다음에도 프로그램이 종료되지 않을 것이다.

Listing 2.12 윈도우 입출력을 이용하는 잔돈 계산 프로그램

```
import javax.swing.JOptionPane;
public class ChangeMakerWindow
{
    public static void main(String[] args)
    {
        String amountString = JOptionPane.showInputDialog(
                  "Enter a whole number from 1 to 99.\n" +
                  "I will output a combination of coins\n" +
                  "that equals that amount of change.");

        int amount, originalAmount,
        quarters, dimes, nickels, pennies;
        amount = Integer.parseInt(amountString);
        originalAmount = amount;

        quarters = amount / 25;
        amount = amount % 25;
        dimes = amount / 10;
        amount = amount % 10;
        nickels = amount / 5;
        amount = amount % 5;
        pennies = amount;

        JOptionPane.showMessageDialog(null, originalAmount +
                       " cents in coins can be given as:\n" +
                       quarters + " quarters\n" +
                       dimes    + " dimes\n" +
                       nickels  + " nickels and\n" +
                       pennies  + " pennies");

        System.exit(0);
    }
}
```

입력 혹은 출력 윈도우를 사용하는 프로그램은 System.exit이 반드시 필요하다.

입력 대화창

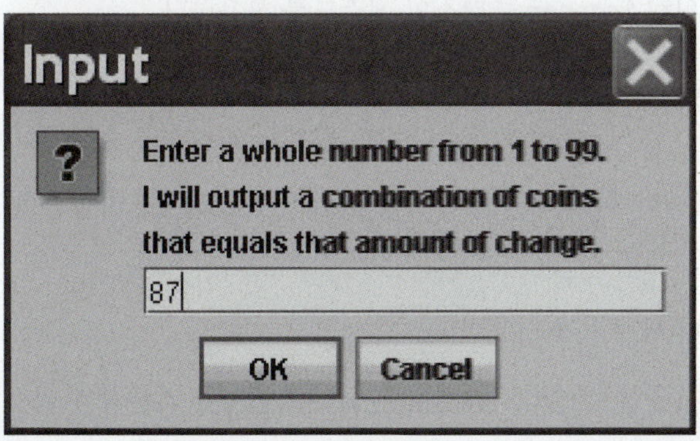

(계속됨)

Listing 2.12 윈도우 입출력을 이용하는 잔돈 계산 프로그램

출력 대화창

요약 SUMMARY

- 변수는 숫자 등의 값을 저장할 수 있다. 변수의 형은 저장된 값의 형과 일치해야 한다.
- 변수 및 프로그램의 다른 항목은 사용되는 용도에 적합한 이름을 가져야 한다. 자바에서는 이 이름을 식별자(identifier)라고 부른다.
- 모든 변수는 프로그램에서 사용하기 전에 초깃값이 주어져야 한다. 변수 초기화를 위해서는 변수 선언에 대입문을 결합하면 된다.
- 산술식에서 괄호는 연산이 수행되는 순서를 나타낸다.
- 대입문을 사용해서 변수에 값을 지정할 때에는 변수의 데이터형이 값의 형과 호환 가능(compatible)해야 한다. 그렇지 않으면 형 변환이 필요하다.
- 키보드 입력을 읽어 들이기 위해 Scanner 클래스의 메소드를 사용한다.
- 프로그램이 사용자가 키보드로 입력하는 데이터를 읽으려 할 때에는 입력을 요청하는 메시지를 표시해야 한다.
- println 메소드는 출력을 표시한 후 줄 바꿈을 하지만 print 메소드는 줄 바꿈을 하지 않는다.
- 형식화된 출력을 위해 printf 메소드를 사용한다.
- String형의 변수와 상수를 사용할 수 있다. String은 클래스이지만 기본형과 비슷

하게 동작한다.

- + 기호를 사용하여 두 스트링을 결합할 수 있다.
- String 클래스에는 스트링 조작을 위해 사용할 수 있는 메소드들이 있다.
- 프로그램에서 숫자를 직접 쓰기보다는 숫자 상수를 정의하고 상수의 이름을 사용하는 것이 좋다.
- 프로그램은 가능한 한 자체적으로 문서화되도록 작성해야 하지만, 불명확한 점을 설명하기 위해 주석문도 사용해야 한다. //는 한 줄짜리 주석문의 시작 부분에 사용하고 여러 줄의 주석문을 둘러쌀 때는 /*과 */나 /**과 */를 사용한다.
- JFrame 클래스를 사용하면 애플릿과 비슷한 방식으로 GUI 애플리케이션을 만들 수 있다.
- setSize 메소드를 사용하여 JFrame 윈도우의 크기를 조정할 수 있다.
- JOptionPane 클래스를 사용하여 입출력을 위한 윈도우 인터페이스를 만들 수 있다.

연습문제 EXERCISES

1 다음 작업을 수행하여 부동소수점 수의 부정확한 특성을 보여 주는 프로그램을 작성하라.

- Scanner를 이용하여 부동소수점 값 x를 읽어 들인다.
- $4.0/x$를 계산하여 결과를 z에 저장한다.
- x, z, 그리고 x를 z로 나눈 결과를 출력한다.
- x와 z의 곱으로부터 5.0을 빼고 그 결과를 출력한다.

2e-11에서 2e11 범위의 수를 x값으로 하여 프로그램을 실행해 보라. 실행 결과로부터 어떤 결론을 내릴 수 있겠는가?

2 다음 작업을 수행하여 double값의 형 변환을 보여 주는 프로그램을 작성하라.

- Scanner를 이용하여 부동소수점 값 x를 읽어 들인다.
- x를 char값으로 형 변환하고 그 결과를 z에 저장한다.
- x와 z를 출력한다.
- x를 long값으로 형 변환하고 그 결과를 y에 저장한다.
- x와 y를 출력한다.

2e-11에서 2e11 범위의 양수 및 음수를 x값으로 하여 프로그램을 실행해 보라. 실

행 결과로부터 어떤 결론을 내릴 수 있겠는가?

3 다음 작업을 수행하여 % 연산자의 동작을 보여 주는 프로그램을 작성하라.

- Scanner를 이용하여 부동소수점 값 x를 읽어 들인다.
- x % 5.0을 계산하여 그 결과를 z에 저장한다.
- x와 z를 출력한다.
- x를 byte값으로 형 변환하여 결과를 y에 저장한다.
- x, z, 그리고 z % 6을 출력한다.

양수와 음수를 x값으로 하여 프로그램을 실행해 보라. 실행 결과가 갖는 의미는 무엇인가?

4 $u = 4, v = 5, w = 6, x = 8, y = 12$이고 모두 int 변수라면 다음 수식의 값은 각각 무엇인가?

- $u * v / w + x$
- $u / y \% v + w * x$
- $++u / v + ++u * w$

5 형 변환이란 무엇인가? 예를 들어 설명하되, 올바른 대입문과 올바르지 않은 대입문을 보여라.

6 int 변수 x가 15라는 값을 가지고 있다면 다음의 자바 문장들은 무엇을 출력하는가?

```
System.out.println("Test 1" + x * 7 * 4.0);
System.out.println("Test 2" + x * 5 + 7.0);
```

이 결과를 보고, 다음 자바 문장이 컴파일되지 않는 이유를 설명하라.

```
System.out.println("Test 3" + x * 9 - 5.0);
```

7 String 메소드인 indexOf와 substring을 사용하여 스트링의 첫 번째 '단어'를 찾는 자바 코드를 작성하라. 여기서 '단어'는 공백 문자를 포함하지 않는 문자열로 정의한다. 예를 들어 다음 스트링의 첫 번째 단어는 "Hello,"이고 두 번째 단어는 "my"이다.

```
"Hello, my good friend!"
```

8 7번 문제를 반복하되 스트링의 두 번째 단어를 찾도록 하라.

9 다음 자바 문장은 무엇을 출력하는가?

```
System.out.println("\"\rTest\\\\\tIt\'");
```

t를 r로 바꾸면 출력이 달라지는가?

10 *two, four, five*를 한 줄에 한 단어씩 출력하는 한 문장의 자바 코드를 작성하라.

11 키보드 입력이 2030aretheinputs일 때 다음 자바 코드의 출력은 무엇인가?

```
Scanner keyboard = new Scanner(System.in);
System.out.println("Enter a string.");
int m = keyboard.nextInt();
String s = keyboard.next();
System.out.println("m is" + m);
System.out.println("s is" + s);
```

12 키보드 입력이 다음 줄과 같을 때

```
What is the output?
```

다음 자바 코드의 출력은 무엇인가?

```
Scanner keyboard = new Scanner(System.in);
keyboard.useDelimiter("t");
System.out.println("Enter a string.");
String a = keyboard.next();
String b = keyboard.next();
System.out.println("a is" + a);
System.out.println("b is" + b);
```

13 연습문제 12번을 반복하되, 변수 a의 값을 지정하는 문장에 next 대신 nextLine을 사용하라.

14 스포츠 경기의 규칙은 상수를 포함하는 경우가 많다. 예를 들어 야구는 9회 경기이고 한 회가 스리아웃, 하나의 아웃은 스트라이크 세 개, 사구는 볼 네 개이다. 야구와 관계된 프로그램이라면 다음과 같이 상수를 정의할 수 있을 것이다.

```
public static final int INNINGS = 9;
public static final int OUTS_PER_INNING = 3;
public static final int STRIKES_PER_OUT = 3;
public static final int BALLS_PER_WALK = 4;
```

다음에 열거한 스포츠 경기에 대해 각 스포츠와 관계된 프로그램에서 사용될 수 있는 자바 이름 상수를 정의해 보라.

- 농구
- 미식축구
- 축구
- 크리켓

• 볼링

15 1장의 연습문제 18번을 반복하되, 이름 상수를 정의하고 사용하라.

16 1장의 프로그래밍 과제 8번에서 사용할 이름 상수를 정의해 보라.

프로그래밍 과제 PROGRAMMING PROJECTS

1 세 개의 정수를 읽어서 평균값을 출력하는 프로그램을 작성하라.

2 다음과 같은 프로그램을 작성하라. Scanner를 사용하여 키보드로부터 두 개의 스트링을 읽어 들인다. 스트링과 그 스트링의 길이를 각기 한 줄씩 두 줄에 출력한다. 두 스트링 사이에 하나의 공백을 두어 결합하고 이를 새로운 스트링에 지정한다. 새로 만든 스트링과 그 길이를 세 번째 줄에 출력한다.

3 월별 대출 상환액(매달 갚는 금액)과 대출 잔액(갚아야 할 남은 액수)을 읽어 들여, 월별 상환액 중 이자를 갚는 금액과 원금을 갚는 금액을 출력하는 프로그램을 작성하라. 연 이자율은 7.49%로 가정하고, 이자율을 이름 상수를 사용하여 나타내라. 상환은 월별로 이루어지므로 이자율은 7.49%의 1/12이다.

4 1998과 같은 네 자리 정수를 읽어 들여 다음과 같이 한 줄에 한 자리씩 출력하는 프로그램을 작성하라.

```
1
9
9
8
```

프로그램은 사용자에게 네 자리 정수를 입력하라고 지시하는 메시지를 표시해야 한다. (힌트 : 나눗셈과 나머지 연산자를 사용하라.)

5 4번 과제를 반복하되 네 자리 정수를 스트링으로 읽고, 힌트 대신 스트링 메소드를 사용하라.

6 다음 공식을 사용하여 화씨 온도를 섭씨 온도로 변환하는 프로그램을 작성하라.

```
DegreeC = 5(DegreeF - 32)/9
```

화씨 온도를 소수 부분 없이 정수로 입력하라고 지시하는 메시지를 출력하라. 프로그램은 입력된 화씨 온도에 대응하는 섭씨 온도를 소수점 이하 한 자리를 포함하여 출력한다. 사용자와의 대화는 다음과 같다.

```
Enter a temperature in degrees Fahrenheit: 72
72 degrees Farenheit is 22.2 degrees Celsius.
```

7 한 줄의 텍스트를 읽어서 그 줄에 처음 나타나는 *hate*를 *love*로 바꾸어서 출력하는 프로그램을 작성하라. 사용자와의 대화의 예는 다음과 같다.

```
Enter a line of text:
I hate you.
I have rephrased that line to read:
I love you.
```

입력에 *hate*가 반드시 포함된다고 가정한다. *hate*가 두 번 이상 나타나면 첫 번째 것만 대체한다.

8 한 줄의 텍스트를 읽어서 그 줄의 첫 단어를 마지막으로 옮기고 그 줄을 출력하는 프로그램을 작성하라. 사용자와의 대화 예는 다음과 같다.

```
Enter a line of text. No punctuation please.
Java is the language
I have rephrased that line to read:
Is the language Java
```

첫 단어의 앞에는 공백이 없고 첫 단어의 끝에는 쉼표나 다른 구두점이 오지 않고 공백이 온다고 가정하라. 새로운 첫 단어는 대문자로 시작해야 함에 주의하라.

9 사용자에게 좋아하는 색깔, 좋아하는 음식, 좋아하는 동물, 친구나 친척의 이름을 묻는 프로그램을 작성하라. 프로그램은 다음의 두 줄을 출력하는데 이탤릭체로 표시된 항목은 사용자의 입력으로 대체되어야 한다.

I had a dream that *Name* ate a *Color Animal*
and said it tasted like *Food!*

예를 들어 사용자가 색깔은 blue, 음식은 hamburger, 동물은 dog, 이름으로는 Jake를 입력했다면 출력은 다음과 같다.

```
I had a dream that Jake ate a blue dog
and said it tasted like hamburger!
```

10 자동판매기에서 돌려줄 잔돈을 결정하는 프로그램을 작성하라. 판매하는 상품의 가격은 25센트에서 1달러 사이이며 5센트씩 증가된다(즉, 25, 30, 35, …, 90, 95, 100). 자동판매기는 1달러짜리 지폐만 받아들인다. 사용자와의 대화 예는 다음과 같다.

```
Enter price of item
(from 25 cents to a dollar, in 5-cent increments): 45

You bought an item for 45cents and gave me a dollar,
```

```
so your change is
2 quarters,
0 dimes, and
1 nickel.
```

11 4 비트의 이진수를 스트링으로 읽어 들여 이를 십진수로 변환하는 프로그램을 작성하라. 예를 들어 입력이 1100이라면 결과는 12가 된다. (힌트 : 스트링을 한 자리씩 분리하고 각 자리를 한 비트값으로 변환하라. 네 개의 비트가 b_0, b_1, b_2, b_3라면 십진수로는 $8b_0+4b_1+2b_2+b_3$가 된다.)

12 많은 우물이 분당 1~2갤런 정도의 물만 생산할 수 있다. 이와 같이 생산량이 작은 우물을 사용하면서 물이 떨어지지 않으려면 저장 탱크를 사용해야 한다. 4인 가족은 하루에 약 250갤런의 물을 사용한다. 그런데 우물은 물을 뽑아 올리는 구멍에 자연적으로 일정량의 물을 보관하고 있으며 우물이 깊을수록 퍼내서 사용할 수 있는 물의 양이 많다. 그러면 사용할 수 있는 물의 양은 정확히 얼마인가?

우물 구멍의 반지름을 인치 단위로, 우물의 깊이를 피트 단위로 읽어 들이는 프로그램을 작성하라. (전형적인 우물 구멍의 반지름은 3인치이다. 우물의 깊이 전체를 물이 채우고 있다고 가정하라.) 프로그램은 우물에 자체적으로 저장된 물이 몇 갤런인지 출력해야 한다.

원통의 부피는 $\pi r^2 h$, 여기서 r은 반지름, h는 높이이다. 1 큐빅피트 = 7.48갤런

예를 들어 반지름 3인치, 깊이 300피트의 우물 구멍에 물이 가득 차 있다면 약 441갤런이며, 이는 4인 가족에 충분하므로 따로 저장 탱크를 설치할 필요가 없다.

13 Harris-Benedict 공식을 사용하면, 운동하지 않을 때 체중을 유지하기 위해 필요한 칼로리를 계산할 수 있다. 이를 기초 대사율(basal metabolic rate 혹은 BMR)이라 부른다.

여성이 자신의 체중을 유지하는 데 필요한 칼로리

BMR = 655 + (4.3 × weight in pounds) + (4.7 × height in inches)
 − (4.7× age in years)

남성이 자신의 체중을 유지하는 데 필요한 칼로리

BMR = 66 + (6.3 × weight in pounds) + (12.9 × height in inches)
 − (6.8 × age in years)

보통 크기의 초콜릿 바가 약 230칼로리이다. 파운드 단위의 체중, 인치 단위의 키, 그리고 나이를 입력받아서, 입력한 체중, 키, 나이의 여성과 남성이 체중을 유지하

기 위해 섭취해야 하는 초콜릿 바의 개수를 출력하는 프로그램을 작성하라.

14 13번 과제를 반복하되 그래픽 보조자료에서 설명된 JOptionPane을 사용하라.

15 *month/day/year* 형식으로 날짜 스트링을 읽어 들여서, 유럽에서 흔히 사용되는 *day.month.year* 형식으로 출력하는 프로그램을 작성하라. 예를 들어 입력이 06/17/11이면 출력은 17.06.11이 된다. 입출력을 위해 JOptionPane을 사용하라.

자습문제 해답

ANSWERS to SELF-TEST QUESTIONS

1 유효한 변수 이름은 다음과 같다.

```
rate1, TimeLimit, numberOfWindows
```

TimeLimit은 유효하긴 하지만 변수 이름은 소문자로 시작한다는 일반적인 관례를 지키기 않았으므로 좋은 선택이 아니다. timeLimit이라고 하는 편이 나을 것이다. 1stPlayer는 숫자로 시작하므로 유효하지 않다. myprogram.java는 허용되지 않는 문자(.)를 포함하기 때문에 유효하지 않다. 마지막으로 long은 예약어이기 때문에 변수 이름으로 유효하지 않다.

2 그렇다. aVariable과 avariable과 같이 대소문자에서 차이가 있는 이름은 자바에서 서로 다른 식별자가 되므로 이들은 서로 다른 두 변수의 이름이 된다. 그러나 이렇게 대소문자에서만 차이가 나는 식별자를 사용하는 것은 바람직하지 않다.

3
```
int count = 0;
```

4
```
double rate = 0.0, time = 0.0;
```

이 선언을 다음과 같이 두 문장으로 쓸 수도 있다.

```
double rate = 0.0;
double time = 0.0
```

0.0 대신 0을 써도 되는데, 이 경우에는 자바가 int값인 0을 자동적으로 double값 0.0으로 변환할 것이다.

5
```
int miles = 0;
double flowRate = 50.56;
```

6 상수의 이름을 정하는 일반적인 관례는 대문자만을 사용하고 단어의 경계를 나타내기 위해 밑줄 문자를 두는 것이다.

7 `public static final int HOURS_PER_DAY = 24;`

8 `interest = 0.05 * balance;`

다음과 같이 해도 된다.

```
interest = balance * 0.05;
```

9 `interest = 0.05 * rate;`

10 `count = count + 3;`

11
```
b
c
c
```

마지막 대입문(a = b)에 따옴표가 붙어 있지 않기 때문에 마지막 출력은 c가 되었다. 이 마지막 대입문은 변수 a를 변수 b의 값으로 지정하는데, 변수 b의 값이 'c'이다.

12 `(int) symbol - (int)'0'`

이 수식이 어떻게 동작하는지 살펴보려면 '0'에서부터 차례로 '1', '2' 등인 경우를 확인하면 된다. 예를 들어 symbol이 '0'인 경우에는 결과가 0이고, symbol이 '1'인 경우에는 유니코드상에서 '0'과 '1'이 인접해 있으므로 결과가 1이 된다. (int)'0' 대신에 실제 코드에 해당하는 숫자를 쓸 수도 있겠지만 (int)'0'이 더 이해하기 쉽다.

13
```
quotient = 2
remainder = 1
```

14 `(1 / 2) * 2 is equal to 0.0`

1/2가 정수 나눗셈이므로 0.5가 생성되지 않고 소수점 이하가 무시되어 0을 생성한다.

15 `result is -10`

수식 $-3 * 7 \% 3 - 4 - 6$은 $(((-3 * 7) \% 3) - 4) - 6$과 동등하다.

16 `result is 5`

17 실행결과는 다음과 같이 바뀐다.

```
Enter a whole number from 1 to 99
I will find a combination of coins
that equals that amount of change.
87
2 cents in coins can be given as:
```

```
3 quarters
1 dimes
0 nickels and
2 pennies
```

18
```
n is 3
n is 2
```

19
```
How do you doSeven of Nine.
```
doSeven에 공백이 없다는 데 주의하라.

20
```
7
b
```

21
```
defg
```

22
```
abc
def
```

23
```
abc\ndef
```

24
```
HELLO JOHN
```

25 거짓(false). 두 스트링은 동일하지 않다.

26 참(true). 두 스트링이 동일하다.

27
```
System.out.println("Once upon a time,");
System.out.println("there were three little programmers.");
```
이후의 출력이 어디에 나타나야 할지 지정하지 않았으므로 두 번째 문장에 println 대신 print를 써도 된다.

28 System.out.println 메소드는 내용을 출력하고 줄 바꿈을 하므로 이후의 출력은 다음 줄에 표시된다. 반면에 System.out.print 메소드는 내용을 출력하고 줄 바꿈을 하지 않으므로 이후의 출력이 같은 줄에서 계속 표시된다.

29
```
import java.util.Scanner;
public class Question29
{
    public static void main(String[] args)
    {
        Scanner keyboard = new Scanner(System.in);
        System.out.println("Enter two whole numbers:");
        int n1 = keyboard.nextInt( );
        int n2 = keyboard.nextInt( );
        System.out.println("You entered: " + n1 + " " + n2);
    }
}
```

30
```
import java.util.Scanner;
public class Question30
{
    public static void main(String[] args)
    {
        Scanner keyboard = new Scanner(System.in);
        String word1, word2, word3;
        System.out.println("Type three words on one line:");
        word1 = keyboard.next( );
        word2 = keyboard.next( );
        word3 = keyboard.next( );
        System.out.println("You typed the words");
        System.out.println(word1 + " " + word2 +" " + word3);
    }
}
```

31 세 개의 스트링 가운데 두 번째가 공백 스트링이므로 출력은

```
HelloJoe
```

32 //와 /* */, 그리고 /** */의 세 가지가 있다. //부터 그 줄의 끝까지는 주석이다. /*과 */ 사이의 모든 것은 주석이다. /**과 */ 사이의 모든 것은 주석이며 이 주석은 javadoc 프로그램이 처리한다.

33
```
One
And hit it
```

34 다음 줄을

```
public static final double PI = 3.14159;
```

다음으로 수정한다.

```
public static final double PI = 3.14;
```

35 JOptionPane이 클래스, showInputDialog가 메소드, "Enter number of apples:"가 인자이다.

36 `JOptionPane.showMessageDialog(null, "I Love You.");`

37 `System.exit(0);`

38 에러 없이 컴파일 및 실행되고, 언뜻 보기에 별문제 없이 생각될 수도 있으나 모든 윈도우가 사라진 후에도 프로그램이 계속 실행된다. 즉, 계속 실행 상태에 있으면서 시스템 자원을 소모하는데 자바 코드의 어떤 부분도 프로그램을 종료시키지 않는다. 이 프로그램을 종료시키기 위해서는 운영체제를 이용해야 한다.

39
```
import javax.swing.JOptionPane;
public class Question39
{
    public static void main(String[] args)
    {
        JOptionPane.showMessageDialog(null, "Hello World!");
        System.exit(0);
    }
}
```

40 다음에서 numberString을 int로 변환할 필요는 없다. 변환해도 프로그램 실행 시에 사용자가 보게 되는 내용은 동일하기 때문이다.

```
import javax.swing.JOptionPane;
public class Question40
{
    public static void main(String[] args)
    {
        String numberString = JOptionPane.showInputDialog(
                                  "Enter a whole number:");
        JOptionPane.showMessageDialog(null, "The number is "
                                          + numberString);
        System.exit(0);
    }
}
```

03 제어 흐름 : 분기문

제어의 흐름이란 프로그램이 동작을 실행하는 순서를 말한다. 지금까지는 이 순서가 간단해서, 프로그램에 작성된 순서대로 동작이 일어났다. 이 장에서는 좀 더 복잡한 제어 흐름을 가지는 프로그램을 어떻게 작성하는지 살펴볼 것이다. 자바 및 대부분의 다른 프로그래밍 언어는 흐름 제어를 위해 두 종류의 문장을 사용한다. 그중 분기문은 둘 혹은 그 이상의 가능한 동작의 목록으로부터 하나의 동작을 선택하고, 반복문은 종료 조건이 만족될 때까지 동작을 반복한다. 이 두 종류의 문장이 프로그램의 제어구조(control structure)를 형성한다. 분기문은 가능한 동작 가운데서 하나를 선택하므로 선택 구조라고도 부른다. 이 장은 분기문에 대해서 설명하고 반복문은 다음 장에서 다룰 것이다.

■ 학습목표

- 자바의 분기문인 `if-else`와 `switch`를 사용할 수 있다.
- 기본형의 값을 서로 비교할 수 있다.
- 스트링과 같은 객체들을 서로 비교할 수 있다.
- 기본형 `boolean`을 사용할 수 있다.
- 단순 열거형을 사용할 수 있다.
- 그래픽 프로그램에서 색상을 사용할 수 있다.
- `JOptionPane` 클래스를 이용하여 yes/no 질문을 위한 대화창을 만들 수 있다.

■ 전제조건

이 장을 읽기 전에 2장의 모든 내용을 공부해야 한다.

3.1 if-else 문

두 개의 동작 중 하나를 선택하는 자바 분기문을 먼저 살펴보자.

단순 if-else 문

일상 생활과 마찬가지로 프로그램에서도 여러 가지 중 하나를 선택하는 경우가 있다. 당좌 예금 계좌에 잔고가 있다면 은행은 약간의 이자를 지불할 것이다. 반대로 어음을 남발하여 마이너스 계좌가 되었다면 위약금을 물게 되어 마이너스값이 더 커질 것이다. 이러한 정책은 자바의 `if-else` 문을 사용하여 은행의 예금 프로그램에 반영될 수 있다.

```
if (balance >= 0)
   balance = balance + (INTEREST_RATE * balance) / 12;
else
   balance = balance - OVERDRAWN_PENALTY;
```

자바에서 >= 기호는 크거나 같다는 의미로 사용된다. 키보드에 ≥ 기호가 없기 때문이다.

if-else 문의 의미는 사실 영어 문장에서 사용되었을 때의 의미와 동일하다. 프로그램이 **if-else** 문을 실행할 때 먼저 **if** 다음에 오는 괄호 안의 수식을 확인하는데, 이 수식은 참이거나 거짓이 되어야 한다. 이 수식이 참이면 **else** 앞의 문장이 실행되고, 거짓이면 **else** 다음의 문장이 실행된다. 앞의 예에서 **balance**가 양수이거나 0이면 다음 동작이 실행된다.

```
balance = balance + (INTEREST_RATE * balance) / 12;
```

(한 달 이자만을 더하는 것이므로 연 이자율을 12로 나누었다.) 반대로 **balance**의 값이 음수이면 위의 문장 대신 다음이 실행된다.

```
balance = balance - OVERDRAWN_PENALTY;
```

그림 3.1은 이 **if-else** 문의 동작을 그림으로 보여 주며, 완전한 프로그램 내에서 **if-else** 문이 사용된 예는 Listing 3.1에 보였다.

balance >= 0과 같은 수식은 **불 수식**(boolean expression)의 예인데, 불 수식이란 참 혹은 거짓이 되는 수식을 말한다. *boolean*이라는 명칭은 이런 종류의 수식에 관해 연구했던 19세기 영국의 논리학자이자 수학자인 George Boole의 이름으로부터 유래했다. 불 수식에 대해서는 다음 절에서 살펴보겠다.

if-else 문은 그 안에 두 개의 문장을 포함하고 있다. 예를 들어 Listing 3.1의 **if-else** 문에는 다음 두 문장이 포함되어 있다.

```
balance = balance + (INTEREST_RATE * balance) / 12;
balance = balance - OVERDRAWN_PENALTY;
```

이 두 문장을 **if**와 **else**보다 한 수준 들여쓰기 했음에 유의하라.

프로그래밍 팁_들여쓰기(indentation)

앞 장에서 들여쓰기에 대해 설명했는데, 들여쓰기는 여러분들이 반드시 따라야 할 스타일상의 관례이다. 컴파일러는 들여쓰기의 여부에 상관하지 않지만 일관성 있게 들여쓰기를 하지 않는다면 프로그램을 읽을 때 혼동이 오고 실수를 일으키기 쉽다. ■

```
if (balance >= 0)
   balance = balance + (INTEREST_RATE * balance) / 12;
else
   balance = balance - OVERDRAWN_PENALTY;
```

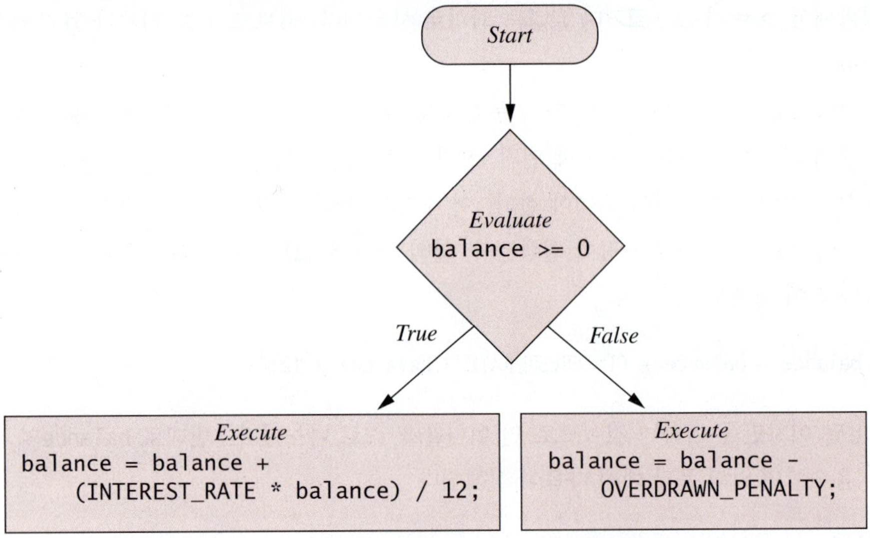

그림 3.1 Listing 3.1에서 if-else 문의 동작

if-else 문의 각 분기에 두 문장 이상을 포함하려면 문장을 중괄호 { }로 묶으면 된다. 중괄호로 묶인 문장들은 하나의 문장으로 간주된다. 따라서 다음은 두 개의 작은 문장을 포함하는 하나의 큰 문장이다.

```
{
   System.out.println("Good for you. You earned interest.");
   balance = balance + (INTEREST_RATE * balance) / 12;
}
```

여러 문장을 중괄호로 묶어서 만든 문장을 **복합문**(compound statement)이라고 부른다. 복합문은 단독으로 사용되는 경우는 드물고, if-else 문처럼 더 큰 문장의 일부로 사용되는 경우가 많다. 위의 복합문은 다음과 같이 if-else 문 내에 들어갈 수 있다.

```
if (balance >= 0)
{
   System.out.println("Good for you. You earned interest.");
   balance = balance + (INTEREST_RATE * balance) / 12;
}
else
{
   System.out.println("You will be charged a penalty.");
   balance = balance - OVERDRAWN_PENALTY;
}
```

Listing 3.1 if-else를 사용하는 프로그램

```
import java.util.Scanner;
public class BankBalance
{
    public static final double OVERDRAWN_PENALTY = 8.00;
    public static final double INTEREST_RATE = 0.02;  //2% annually

    public static void main(String[] args)
    {
        double balance;

        System.out.print("Enter your checking account
        balance: $");
        Scanner keyboard = new Scanner(System.in);
        balance = keyboard.nextDouble();
        System.out.println("Original balance $" + balance);

        if (balance >= 0)
            balance = balance + (INTEREST_RATE * balance)
            / 12;
        else
            balance = balance - OVERDRAWN_PENALTY;

        System.out.print("After adjusting for one month ");
        System.out.println("of interest and penalties,");
        System.out.println("your new balance is $" + balance);
    }
}
```

실행 결과 출력1

```
Enter your checking account balance: $505.67
Original balance $505.67
After adjusting for one month of interest and penalties,
your new balance is $506.51278
```

실행 결과 출력2

```
Enter your checking account balance: $-15.53
Original balance $ -15.53
After adjusting for one month of interest and penalties,
your new balance is $ -23.53
```

복합문을 사용하면 **if-else** 문에 대한 기술이 간단해진다. 즉, 모든 **if-else** 문이 다음과 같은 형식이라고 말할 수 있다.

```
if(Boolean_Expression)
   Statement_1
```

```
if (Boolean_Expression)
    Statement_1
else
    Statement_2
```

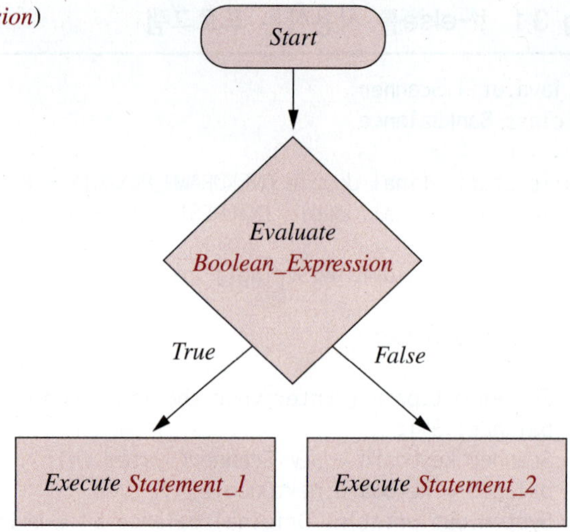

그림 3.2 if-else 문의 의미

```
else
   Statement_2
```

각 분기가 한 문장이 아니라 여러 문장을 포함해야 한다면 *Statement_1*이나 *Statement_2*에 복합문을 사용하면 된다. 그림 3.2에서 `if-else` 문의 의미를 요약하였다.

만약 `else` 부분이 생략되면 그림 3.3에 설명되어 있는 것처럼 `if` 문의 수식이 거짓일 때는 *Statement*를 실행하지 않고 건너뛰게 된다. 예를 들어 은행이 마이너스 계좌에 대한 위약금을 물리지 않는다면 앞서 보았던 문장은 다음과 같이 된다.

```
if (balance >= 0)
{
   System.out.println("Good for you. You earned interest.");
   balance = balance + (INTEREST_RATE * balance) / 12;
}
```

이 `if` 문이 어떻게 동작하는지 보기 위해 다음과 같이 전후에 문장을 추가해 보자. 여기서 keyboard는 Scanner 객체이다.

```
System.out.print("Enter your balance $");
balance = keyboard.nextDouble();
if (balance >= 0)
{
   System.out.println("Good for you. You earned interest.");
   balance = balance + (INTEREST_RATE * balance) / 12;
}
System.out.println("Your new balance is $" + balance);
```

계좌의 잔고가 $100일 때 이 문장을 실행했다면 다음과 같은 결과가 나올 것이다.

```
if (Boolean_Expression)
    Statement
```

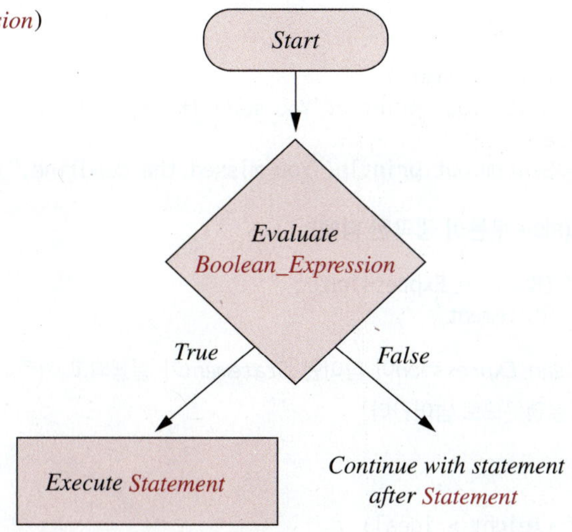

그림 3.3 else가 없는 if 문의 의미

```
Enter your balance $100.00
Good for you. You earned interest.
Your new balance is $100.16
```

수식 `balance >= 0`이 참이기 때문에 약간의 이자를 벌었다. (이자가 정확히 얼마인지가 이 예제의 관심사는 아니지만 Listing 3.1과 같이 연 2%의 이율이 사용되었다.)

이제 계좌가 마이너스가 되어 잔액이 -$50라고 가정하면 결과는 다음과 같다.

```
Enter your balance $ -50.00
Your new balance is $ -50.00
```

이 경우에는 수식 `balance >= 0`이 거짓이고 `else` 부분이 없으므로 아무것도 수행되지 않아서 잔액이 변하지 않는다. 프로그램은 다음 문장으로 그냥 넘어가서 잔액을 출력한다.

요점 정리 if-else 문

문법(기본 형태)

```
if (Boolean_Expression)
    Statement_1
else
    Statement_2
```

*Boolean_Expression*이 참이면 *Statement_1*이 실행되고 거짓이면 *Statement_2*가 실행된다.

(계속됨)

예제

```
if (time < limit)
   System.out.println("You made it.");
else
   System.out.println("You missed the deadline.");
```

문법(else 부분이 생략된 형태)

```
if (Boolean_Expression)
   Statement
```

*Boolean_Expression*이 참이면 *Statement*가 실행되고 거짓이면 *Statement*는 무시하고 다음 실행문으로 넘어간다.

예제

```
if (weight > ideal)
    calorieAllotment = calorieAllotment - 500;
```

복합문 형태

Statement, *Statement_1*, *Statement_2*는 각각 복합문이 될 수 있다. 수식의 어떤 분기에서 여러 문장을 포함하려면 다음 예와 같이 그 문장들을 중괄호로 묶으면 된다.

```
if (balance >= 0)
{
   System.out.println("Good for you. You earned interest.");
   balance = balance + (INTEREST_RATE * balance) / 12;
}
else
{
   System.out.println("You will be charged a penalty.");
   balance = balance - OVERDRAWN_PENALTY;
}
```

불 수식

`if-else` 문에서 이미 간단한 불 수식을 사용한 바 있다. 가장 간단한 형태의 불 수식은 다음 예와 같이 두 값을 비교하는 것이다.

```
balance >= 0
time < limit
```

그림 3.4는 두 수식을 비교할 때 사용할 수 있는 자바의 **비교 연산자**(comparison operator)를 보이고 있다.

괄호로 둘러싸야만 불 수식이 되는 것은 아니지만 `if-else` 문에서 사용될 경우에는 괄호가 반드시 필요하다.

수학 표기	이름	자바 표기	자바 예
=	같다(Equal to)	==	`balance == 0` `answer == 'y'`
≠	같지 않다(Not equal to)	!=	`income != tax` `answer != 'y'`
>	크다(Greater than)	>	`expenses > income`
≥	크거나 같다(Greater than or equal to)	>=	`points >= 60`
<	작다(Less than)	<	`pressure < max`
≤	작거나 같다(Less than or equal to)	<=	`expenses <= income`

그림 3.4 자바의 비교 연산자

GOTCHA 비교 연산자 == 대신 =를 쓰면?

=는 대입 연산자이다. 이 기호가 수학에서는 동일성을 나타내지만 자바에서는 그렇지 않다. x와 y가 같은지 비교할 때 `if (x==y)` 대신 `if (x=y)`라고 쓰면 컴파일 오류가 발생한다. ■

GOTCHA 실숫값의 비교에 ==나 !=를 사용하면?

앞 장에서 실수는 근삿값으로 생각해야 한다고 했다. 소수 부분을 갖는 숫자는 무한한 자릿수를 가질 수도 있는 데 반해 컴퓨터는 제한된 자릿수만을 저장할 수 있으므로 실수는 부정확한 경우가 많다. 이러한 근삿값은 계산 과정에서 점점 더 부정확해질 수도 있다.

따라서 두 개의 실숫값을 계산했을 때 두 값이 정확히 동일할 가능성은 별로 없다. 값이 거의 같은 정도로 만족해야 할지 모른다. 그러므로 실수를 비교할 때 ==를 써서는 안 된다. != 연산자도 마찬가지의 문제가 있다.

실수가 같은지 비교하려면, 근삿값을 취하다 보니 생겨난 차이로 볼 수 있을 만큼 차이가 아주 작은지를 판단해야 한다. 차이가 그렇게 작다면 같은 것으로 간주할 수 있다. ■

간단한 불 수식을 **논리 연산자**(logical operator) &&로 결합하여 보다 복잡한 불 수식을 만들 수 있다. 자바에서 &&는 'and'를 의미한다. 예를 들어 다음을 살펴보자.

```
if ((pressure > min) && (pressure < max))
   System.out.println("Pressure is OK.");
else
```

```
System.out.println("Warning: Pressure is out of range.");
```

pressure의 값이 min보다 크고 max보다 작으면 다음과 같은 결과가 출력된다.

```
Pressure is OK.
```

그렇지 않으면 출력은 다음과 같다.

```
Warning: Pressure is out of range.
```

다음과 같이 쓰지 못한다는 점에 주의하라.

```
min < pressure < max
```
← 잘못된 표현

다음과 같이 부등식을 각각 쓰고 &&로 결합해야 한다.

```
(pressure > min) && (pressure < max)
```

두 개의 작은 불 수식을 &&로 결합하여 큰 불 수식을 만들면, 작은 불 수식이 둘 다 참일 때에만 전체 수식이 참이다. 작은 불 수식 중 하나라도 거짓이면 전체 수식은 거짓이다. 예를 들어 다음 수식은 (pressure > min)과 (pressure < max)가 모두 참일 때만 참이다.

```
(pressure > min) && (pressure < max)
```

요점 정리 'and'를 나타내는 &&

자바에서 &&는 'and'를 의미한다. &&를 사용하여 두 개의 작은 불 수식을 결합하여 큰 불 수식을 만들 수 있다.

문법

```
(Sub_Expression_1) && (Sub_Expression_2)
```

이 수식은 *Sub_Expression_1*과 *Sub_Expression_2*가 모두 참일 때에만 참이다.

예제

```
if ((pressure > min) && (pressure < max))
    System.out.println("Pressure is OK.");
else
    System.out.println("Warning: Pressure is out of" + "range.");
```

불 수식을 결합할 때 'and' 뿐만 아니라 'or'도 사용할 수 있다. 자바에서 'or'는 세로줄 부호 두 개를 이용하여 ||로 나타낸다. || 연산자의 의미는 영어 단어 'or'와 동일하다. 예를 들어 다음을 살펴보자.

```
if ((salary > expenses) || (savings > expenses))
    System.out.println("Solvent");
else
    System.out.println("Bankrupt");
```

salary의 값이 expenses의 값보다 크거나 savings의 값이 expenses의 값보다 크면 (혹은 둘 다 참이라면) Solvent가 출력되고 아니면 Bankrupt가 출력된다.

요점 정리 'or'를 나타내는 ||

자바에서 ||는 'or'를 의미한다. ||를 사용하여 두 개의 작은 불 수식을 결합하여 큰 불 수식을 만들 수 있다.

문법

```
(Sub_Expression_1) || (Sub_Expression_2)
```

이 수식은 *Sub_Expression_1*과 *Sub_Expression_2* 중에서 하나가 참이거나 둘 다 참이면 참이다.

예제

```
if ((salary > expenses) || (savings > expenses))
    System.out.println("Solvent");
else
    System.out.println("Bankrupt");
}
```

앞에서 설명한 것처럼 if-else 문에 사용된 불 수식은 반드시 괄호로 묶어야 한다. && 연산자를 사용하는 if-else 문은 보통 다음과 같이 괄호로 묶는다.

```
if ((pressure > min) && (pressure < max))
```

불 수식 전체를 묶은 필수적인 괄호와 달리 (pressure > min)과 (pressure < max)에서 사용된 괄호는 생략해도 되지만, 읽기 쉽도록 하기 위해 포함한다. 연산자 ||를 포함하는 수식도 &&의 경우와 유사하게 괄호로 묶는다.

자바에서는 불 수식 앞에 부정 연산자(negation operator) !를 붙여서 수식을 부정할 수 있다. 다음 예를 보자.

!(A Op B)는	(A Op B)와 동등
<	>=
<=	>
>	<=
>=	<
==	!=
!=	==

그림 3.5 부정 연산자가 포함된 수식의 변환

```
if (!(number >= min))
   System.out.println("Too small");
else
   System.out.println("OK");
```

number가 min보다 크거나 같지 않다면 Too small이 출력되고 아니면 OK가 출력된다.

가능하면 !를 사용하지 않는 것이 좋다. 예를 들어 앞의 if-else 문은 다음과 같이 !를 사용하지 않고 써도 동등하다.

```
if (number < min)
   System.out.println("Too small");
else
   System.out.println("OK");
```

!(*A Op B*)와 같은 형태의 수식을 부정 연산자 없이 표현하려면 어떻게 해야 하는지 그림 3.5에 보였다.

!를 사용하지 않는 편이 보통은 프로그램을 이해하기 쉽게 한다. 그러나 ! 연산자를 사용하는 편이 자연스럽고 명확한 경우도 있다. 특히 다음 장에서 배울 반복문에서 불 변수(boolean variable)의 값을 부정하기 위해 !를 사용할 수 있다. 불 변수는 이 장 뒷부분에서 설명한다.

요점 정리 'not'을 나타내는 !

자바에서 !는 'not'을 의미한다. !를 사용하여 불 수식의 값을 부정할 수 있다. 부정할 수식이 불 변수라면 !를 사용하지만 그 외의 경우에는 !를 사용하지 않도록 불 수식을 고쳐 쓰는 편이 낫다.

문법

```
!Boolean_Expression
```

이 수식의 값은 *Boolean_Expression* 값의 부정이다. 즉, *Boolean_Expression*이 거짓이

(계속됨)

면 참이 되고 *Boolean_Expression*이 참이면 거짓이 된다.

예제

```
if (!(number < 0))
   System.out.println("OK");
else
   System.out.println("Negative!");
```

그림 3.6은 세 가지 논리 연산자를 요약하고 있다. 이 연산자로 참과 거짓값을 결합할 때의 결괏값은 그림 3.7에 주어진 규칙에 따른다. 예를 들어 불 수식 *A*가 참이고 *B*가 거짓이면 *A && B*의 값은 거짓이다.

스트링 비교

두 숫자를 비교하는 경우처럼 기본형의 두 값이 동일한지를 비교할 때는 **동등 연산자**(equality operator) ==를 사용한다. 그런데 ==를 객체에 적용하면 의미가 달라진다. 스트링은 String 클래스의 객체인데, 두 스트링에 ==를 적용하면 같은 문자열인지 검사하는 것이 아니다. 두 스트링이 같은 문자열인지 비교하려면 ==가 아니라 equals라는 메소드를 사용해야 한다.

예를 들어 불 수식 s1.equals(s2)는 스트링 s1과 s2가 같은 문자열이면 참을 반환하고 아니면 거짓을 반환한다. Listing 3.2에 equals 메소드를 사용하는 예를 보였다. 다음 두 수식은 동등하다.

```
s1.equals(s2)
s2.equals(s1)
```

Listing 3.2는 String의 또 다른 메소드인 equalsIgnoreCase도 보여 주고 있다. equalsIgnoreCase는 대소문자를 구별하지 않는다는 점을 제외하고는 equals와 동일하게 동작한다. 예를 들어 "Hello"와 "hello"는 첫 글자인 'H'와 'h'가 다른 문자이기 때문에 서로 다르다. 그렇지만 equalsIgnoreCase 메소드는 이들을 동일하다고 간주한다. 예를 들어 다음 코드는 Equal을 출력한다.

이름	자바 표기	예제
Logical *and*	&&	(sum > min) && (sum < max)
Logical *or*	||	(answer == 'y') || (answer == 'Y')
Logical *not*	!	!(number < 0)

그림 3.6 자바의 논리 연산자

A의 값	B의 값	A && B의 값	A || B의 값	!(A)의 값
true	true	true	true	false
true	false	false	true	false
false	true	false	true	true
false	false	false	false	true

그림 3.7 불 연산자 &&(and), ||(or), !(not)에 의한 불값의 결합

```
if ("Hello".equalsIgnoreCase("hello"))
   System.out.println("Equal");
```

문자열 "Hello"에 대해 equalsIgnoreCase를 호출하였음에 유의하라. 따옴표로 싼 문자열은 String형의 객체이므로 String이 갖는 모든 메소드를 사용할 수 있다.

Listing 3.2 스트링의 비교

```
import java.util.Scanner;
public class StringEqualityDemo
{
    public static void main(String[] args)
    {
        String s1, s2;
        System.out.println("Enter two lines of text:");
        Scanner keyboard = new Scanner(System.in);
        s1 = keyboard.nextLine();
        s2 = keyboard.nextLine();

        if (s1.equals(s2))
           System.out.println("The two lines are equal.");
        else
           System.out.println("The two lines are not equal.");

        if (s2.equals(s1))
           System.out.println("The two lines are equal.");
        else
           System.out.println("The two lines are not equal.");

        if (s1.equalsIgnoreCase(s2))
           System.out.println(
                       "But the lines are equal, ignoring case.");
        else
           System.out.println(
                       "Lines are not equal, even ignoring case.");
    }
}
```

메소드 equals의 이 두 가지 호출은 동등하다.

(계속됨)

Listing 3.2 스트링의 비교

실행 결과 출력

```
Enter two lines of text:
Java is not coffee.
Java is NOT COFFEE.
The two lines are not equal.
The two lines are not equal.
But the lines are equal, ignoring case.
```

GOTCHA 스트링에 ==를 사용하면?

두 개의 스트링에 대해 == 연산자를 사용하면 두 스트링이 동일 메모리 위치에 저장되어 있는지를 검사하게 된다. 스트링이 아니라 다른 어떤 두 객체에 대해 사용해도 마찬가지이다. 자세한 내용은 5장에서 설명할 것이므로 여기서는 ==가 두 스트링이 같은 값을 갖는지 비교하지 않는다는 사실만 기억하면 된다.

이 장에 나오는 프로그램에서는 스트링이 같은지 비교할 때 ==를 사용해도 올바른 결과가 나오는 것처럼 보일 수도 있다. 그러나 이것은 피해야 할 위험한 습관이고, 스트링 비교를 위해서는 ==가 아니라 equals 메소드를 사용해야 한다. 앞으로 보게 되겠지만 <와 같은 다른 비교 연산자와 compareTo 메소드에 대해서도 비슷한 주의 사항이 적용된다. ■

요점 정리 equals와 equalsIgnoreCase 메소드

스트링이 동일한지 비교할 때는 equals나 equalsIgnoreCase 메소드를 사용한다.

문법

```
String.equals(Other_String)
String.equalsIgnoreCase(Other_String)
```

예제

```
String s1 = keyboard.next();  //keyboard is a Scanner object
if (s1.equals("Hello"))
   System.out.println("The string is Hello.");
else
   System.out.println("The string is not Hello.");
```

프로그램을 작성할 때 두 스트링 가운데 어느 것이 알파벳 순서상 앞쪽에 오는지 알아야 할 때가 많다. 스트링이 동일한지 비교할 때 == 연산자를 사용하면 안 되는 것과 마찬가지로, 알파벳 순서를 비교하기 위해서 <나 >와 같은 연산자를 사용해서는 안 된다. 대신 2장의 그림 2.5에 나왔던 String 메소드 compareTo를 사용해야 한다.

compareTo 메소드는 두 스트링을 **사전편집 순서**(lexicographic order)에 따라 비교한다. 사전편집 순서는 알파벳 순서와 비슷한 것이지만, 그 순서가 항상 동일한 것은 아니다. 사전편집 순서에서 각 문자는 이 책 부록에 나오는 유니코드 순서에 따라 순서가 정해진다.

s1과 s2가 String형의 변수이고 값이 지정되었다면 메소드 호출 s1.compareTo(s2)는 두 스트링을 사전편집 순서에 따라 비교하여 다음과 같이 반환한다.

- 사전편집 순서상 s1이 s2 앞에 오면 음수를 반환한다.
- 두 스트링이 동일하면 0을 반환한다.
- s1이 s2 뒤에 오면 양수를 반환한다.

따라서 다음의 불 수식은 사전편집 순서상 s1이 s2보다 앞이면 참이고 그렇지 않으면 거짓이다.

```
s1.compareTo(s2) < 0
```

예를 들어 다음 코드는 올바른 결과를 출력한다.

```
if (s1.compareTo(s2) < 0)
   System.out.println(s1 + " precedes " + s2 +
                      " in lexicographic ordering");
else if (s1.compareTo(s2) > 0)
   System.out.println(s1 + " follows " + s2 +
                      " in lexicographic ordering");
else  //s1.compareTo(s2) == 0
   System.out.println(s1 + " equals " + s2);
```

하지만 우리가 사전편집 순서가 아니라 알파벳 순서에 따른 비교를 원한다고 하자. 유니코드 표를 살펴보면 사전편집 순서에서는 모든 대문자들이 모든 소문자들의 앞에 온다는 것을 알 수 있다. 예를 들어 'Z'가 'a'보다 앞에 온다. 그러므로 대소문자가 섞여 있는 스트링을 비교할 때는 사전편집 순서와 알파벳 순서가 일치하지 않는다. 그러나 유니코드에서 소문자들은 모두 알파벳 순서를 따르고 대문자들도 역시 알파벳 순서를 따른다. 그러니 소문자로만 구성된 두 스트링을 비교한다면 사전편집 순서와 알파벳 순서가 동일하다. 마찬가지로, 대문자로만 구성된 스트링에 대해서도 두 순서가 일치한다. 따라서 일상적인 알파벳 순서에 따라 두 스트링을 비교하고자 한다면 두 스트링을 모두 대문자로 변환하거나 모두 소문자로 변환한 다음 사전편집 순서에 따라 비교하면 된다.

다음 코드와 같이 두 스트링 s1과 s2를 모두 대문자로 변환하고 나서 대문자로 변환된 s1과 s2를 compareTo를 사용하여 사전편집 순서로 비교하면 올바른 결과를 얻을 수 있다.

```
String upperS1 = s1.toUpperCase();
String upperS2 = s2.toUpperCase();
if (upperS1.compareTo(upperS2) < 0)
    System.out.println(s1 + " precedes " + s2 +
                       " in ALPHABETIC ordering");
else if (upperS1.compareTo(upperS2) > 0)
    System.out.println(s1 + " follows " + s2 +
                       " in ALPHABETIC ordering");
else //s1.compareTo(s2) == 0
    System.out.println(s1 + " equals " + s2 +
                       " ignoring case");
```

프로그래밍 팁_알파벳 순서

문자열로 이루어진 두 스트링을 알파벳 순서에 따라 비교하려면 모두 대문자 혹은 소문자로 변환한 다음 compareTo 메소드를 사용하여 비교한다. 이를 위해 String 메소드 toUpperCase와 toLowerCase 중의 하나를 사용하면 된다. 이런 단계를 생략하면 compreTo는 알파벳 순서가 아니라 사전편집 순서에 따라 스트링을 비교하게 될 것이다. ■

자습문제 SELF-TEST QUESTIONS

1 goals가 int형의 변수라고 가정하자. goals의 값이 10보다 크면 Wow를 출력하고 10 이하이면 Oh Well을 출력하는 if-else 문을 작성하라.

2 goals와 errors가 int형 변수라고 가정하자. goals의 값이 10보다 크고 errors의 값이 0이면 Wow를 출력하고, 그렇지 않으면 Oh Well을 출력하는 if-else 문을 작성하라.

3 salary와 deductions는 double형의 변수로서 값이 지정되어 있다고 가정하고 다음과 같이 동작하는 if-else 문을 작성하라. salary값이 deductions 이상이면 OK를 출력하고 변수 net의 값을 salary에서 deductions를 뺀 값으로 지정한다. salary값이 deductions보다 작으면 No Way를 출력하고 변수의 값을 변경하

지 않는다.

4 speed와 visibility가 int형의 변수라고 가정하자. 변수 speed의 값이 25보다 크고 visibility의 값이 20 미만이면 speed를 25로 지정하고 Caution을 출력하는 if 문을 작성하라. else 부분은 없다.

5 salary와 bonus가 double형의 변수라고 가정하고 다음과 같이 동작하는 if-else 문을 작성하라. salary가 MIN_SALARY보다 크거나 같거나 혹은 bonus가 MIN_BONUS보다 크거나 같으면 OK를 출력하고, 그렇지 않으면 Toolow를 출력한다. MIN_SALARY와 MIN_BONUS는 이름 상수이다.

6 String 변수 nextWord가 영문자로만 이루어진 값을 가지고 있다고 가정하고 다음과 같이 동작하는 자바 코드를 작성하라. nextWord가 알파벳 순서상 문자 *N*보다 앞이면 First half of the alphabet을 출력하고, 그렇지 않으면 Second half of the alphabet을 출력한다. 여기서 문자 *N*을 나타낼 때는 char값이 아닌 String값을 사용해야 한다는 점에 주의하라.

7 x1과 x2가 값이 지정된 변수라고 가정하자. 두 변수가 int형이라면 두 변수의 값이 같은지 어떻게 비교하는가? 두 변수가 String형이라면 어떻게 비교하는가?

중첩된 if-else 문

if-else 문은 그 안에 어떤 종류의 문장이라도 포함할 수 있다. 특히, 다음에 보인 것처럼 if-else 문 안에 또 다른 if-else 문을 **중첩**(nest)시킬 수 있다.

```
if (balance >= 0)
if (INTEREST_RATE >= 0)
   balance = balance + (INTEREST_RATE * balance) / 12;
else
   System.out.println("Cannot have a negative interest.");
else
   balance = balance - OVERDRAWN_PENALTY;
```

balance의 값이 0보다 크거나 같으면 다음 if-else 문 전체가 실행된다.

```
if (INTEREST_RATE >= 0)
   balance = balance + (INTEREST_RATE * balance) / 12;
else
   System.out.println("Cannot have a negative interest.");
```

다음과 같이 중괄호로 묶으면 중첩된 문장을 더 명확하게 나타낼 수 있다.

```
if (balance >= 0)
```

```
{
   if (INTEREST_RATE >= 0)
      balance = balance + (INTEREST_RATE * balance) / 12;
   else
      System.out.println("Cannot have a negative interest.");
}
else
   balance = balance - OVERDRAWN_PENALTY;
```

이 경우의 중괄호는 반드시 필요한 것은 아니지만 코드의 명료도를 향상시키기 위해 사용되었다.

중괄호가 반드시 필요한 경우도 있다. 위의 예에서 **else** 부분을 하나 생략한다면 상황이 조금 복잡해진다. 다음의 두 문장은 겉보기에는 한 쌍의 괄호를 제외하고 동일하지만, 그 의미는 동일하지 않다.

```
//First Version - Braces
if (balance >= 0)
{
   if (INTEREST_RATE >= 0)
      balance = balance + (INTEREST_RATE * balance)/12;
}
else
   balance = balance - OVERDRAWN_PENALTY;

//Second Version - No Braces
if (balance >= 0)
   if (INTEREST_RATE >= 0)
      balance = balance + (INTEREST_RATE * balance)/12;
else
      balance = balance - OVERDRAWN_PENALTY;
```

if-else 문장에서 각 **else**는 **else**를 갖지 않은 가장 가까운 **if**와 짝을 이룬다. 중괄호가 없는 두 번째 버전에서 **else**는 첫 번째 **if**에 맞추어 들여쓰기가 되어 있지만 실제로는 두 번째 **if**와 짝을 이루므로 그 의미는 다음과 같다.

```
//Equivalent to Second Version
if (balance >= 0)
{
   if (INTEREST_RATE >= 0)
      balance = balance + (INTEREST_RATE * balance)/12;
   else
      balance = balance – OVERDRAWN_PENALTY;
}
```

그 차이를 좀 더 명확히 하기 위해 **balance**가 0보다 크거나 같을 때 어떤 일이 일어나는지 살펴보자. 첫 번째 버전에서는 다음 동작이 실행된다.

```
if (INTEREST_RATE >= 0)
    balance = balance + (INTEREST_RATE * balance)/12;
```

반면에 첫 번째 버전에서 balance가 0보다 작다면 다음 동작이 실행된다.

```
balance = balance - OVERDRAWN_PENALTY;
```

두 번째 버전에서 balance가 0보다 크거나 같다면 다음의 if-else 문 전체가 실행된다.

```
if (INTEREST_RATE >= 0)
    balance = balance + (INTEREST_RATE * balance)/12;
else
    balance = balance - OVERDRAWN_PENALTY;
```

두 번째 버전에서 balance가 0보다 작다면 아무 동작도 실행되지 않는다.

프로그래밍 팁_else와 if의 짝 맞추기

if-else 문에서 각 else는 else를 갖지 않은 가장 가까운 if와 짝을 이룬다. 문장의 의미와 일치하도록 들여쓰기를 하여 프로그램의 의도가 명확히 드러나도록 하라. 하지만 컴파일러는 들여쓰기를 무시한다는 사실을 기억하라. 확실하지 않다면 괄호로 묶어 문장의 의미를 명시적으로 나타내도록 하라. ■

다중 분기 if-else 문

두 가지로 분기할 수 있다면 각 가지마다 다시 두 개로 분기하여 네 가지로도 분기할 수도 있다. 이런 방법으로 if-else 문을 중첩하여 원하는 개수의 분기를 얻을 수 있다. 이런 작성법에 대한 표준적인 방법이 존재하는데, 이런 방법이 너무나 표준적으로 사용되기 때문에 중첩된 if-else 문이라기보다는 새로운 종류의 분기문으로 여겨지기도 한다. 예를 살펴보자.

balance가 당좌 예금 계좌의 잔액을 나타내는 변수라고 가정하고 잔액이 양수인지 음수인지 혹은 0인지 확인하려고 한다. balance는 계좌에 몇 달러가 들어 있는지 나타내는 int형이라고 가정하자. 즉, 액수의 센트 부분은 무시한다. balance가 양수인지 음수인지 혹은 0인지 확인하려면 다음과 같은 중첩된 if-else 문을 사용할 수 있다.

```
if (balance > 0)
    System.out.println("Positive balance");
else
    if (balance < 0)
```

```
        System.out.println("Negative balance");
    else
        if (balance == 0)
            System.out.println("Zero balance");
```

이와 동일한 의미를 가지면서 더 명확하고 선호되는 작성법은 다음과 같다.

```
if (balance > 0)
    System.out.println("Positive balance");
else if (balance < 0)
    System.out.println("Negative balance");
else if (balance == 0)
    System.out.println("Zero balance");
```

이러한 형태를 **다중 분기**(multibranch) `if-else` 문이라고 부른다. 이 문장은 사실 일반적인 중첩된 `if-else` 문이지만 다중 분기의 의도에 맞게 들여쓰기를 하고 있다.

다중 분기 `if-else` 문이 실행될 때 컴퓨터는 불 수식을 위에서부터 하나씩 차례로 검사한다. 참이 되는 첫 번째 불 수식이 발견되면 그 불 수식을 뒤따르는 문장이 실행된다. 예를 들어 `balance`가 0보다 크면 앞의 코드는 `Positive balance`를 출력할 것이고, `balance`가 0보다 작으면 `Negative balance`를, `balance`가 0이면 `Zero balance`를 출력할 것이다. 변수 `balance`의 값에 따라 세 가지 출력 가운데서 하나가 표시되는 것이다.

이 첫 번째 예제에서는 세 가지 가능한 경우가 존재했지만, `else-if` 부분을 더 추가하기만 하면 몇 개의 경우라도 가능하다. 그리고 이 예제에서 각 가능한 경우들은 **상호 배타적**(mutually exclusive)이다. 다시 말해 한순간에 단 하나의 가능성만이 참이다. 그러나 상호 배타적이지 않더라도 어떤 불 수식이라도 사용할 수 있다. 만약 둘 이상의 불 수식이 참이라면 참이 되는 불 수식 가운데 첫 번째 수식과 연관된 동작만 실행된다. 다중 분기 `if-else` 문은 하나 이상의 동작을 실행하지는 않는다.

참인 불 수식이 없으면 아무 일도 발생하지 않는다. 그러나 `if`가 붙지 않은 `else` 문을 마지막에 추가하여 참인 불 수식이 하나도 없을 때 실행되도록 하는 것이 좋다. 실제로 앞의 당좌 예금 계좌 예제를 이 방식으로 다시 작성할 수 있다. `balance`가 양수도 아니고 음수도 아니라면 0이므로 다음과 같은 마지막 검사는 필요하지 않다.

```
if (balance == 0)
```

따라서 앞의 다중 분기 `if-else` 문은 다음과 동등하다.

```
if (balance > 0)
    System.out.println("Positive balance");
else if (balance < 0)
    System.out.println("Negative balance");
```

```
else
   System.out.println("Zero balance");
```

요점 정리 다중 분기 if-else 문

문법

```
if (Boolean_Expression_1)
   Action_1
else if (Boolean_Expression_2)
   Action_2
.
.
.
else if (Boolean_Expression_n)
   Action_n
else
   Default_Action
```

*Action*으로 표시된 부분은 자바 문장이다. 불 수식은 가장 위에서부터 하나씩 차례로 검사된다. 참인 불 수식이 발견되면 그 불 수식과 연관된 자바 문장이 실행되고 나머지의 불 수식과 문장은 무시된다. 참인 불 수식이 없으면 *Default_Action*이 실행된다. 그림 3.8에서 이러한 형태의 `if-else` 문의 의미를 설명하고 있다.

예제

```
if (number < 10)
   System.out.println("number < 10");
else if (number < 50)
   System.out.println("number >= 10 and number < 50");
else if (number < 100)
   System.out.println("number >= 50 and number < 100");
else
   System.out.println("number >= 100.");
```

프로그래밍 예제 성적 등급 지정

Listing 3.3은 90점 이상은 A, 80점에서 89점까지는 B, … 등의 규칙에 따라 성적 등급을 지정하는 프로그램이다.

모든 다중 분기 `if-else` 문에서 불 수식은 위에서부터 차례대로 검사되므로 두 번째 불 수식은 첫 번째 불 수식이 거짓이 되어야만 검사된다는 점에 유의하라. 그러므로 두 번째 불 수식이 검사되었다면 첫 번째 불 수식은 거짓이며 `score`가 90 미만이라는 것을 알 수 있다.

따라서 Listing 3.3의 다중 분기 `if-else` 문에서

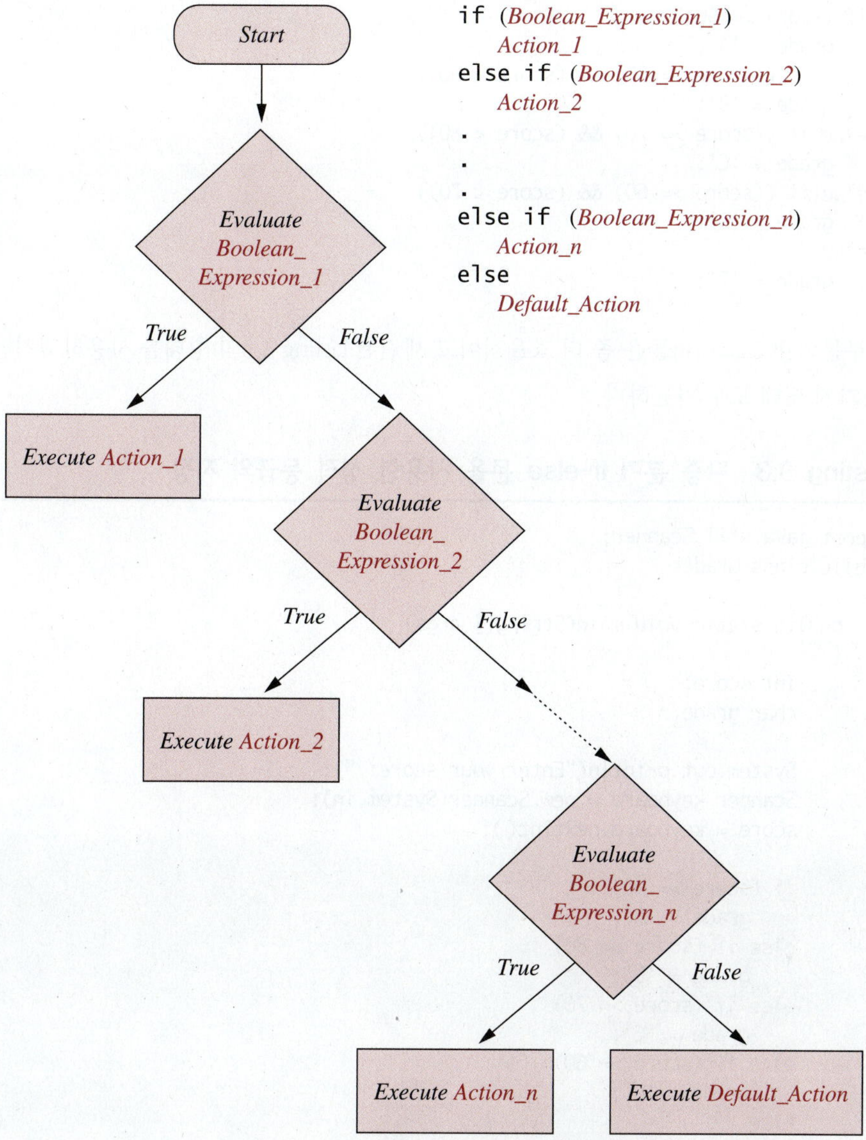


```
if (Boolean_Expression_1)
    Action_1
else if (Boolean_Expression_2)
    Action_2
.
.
.
else if (Boolean_Expression_n)
    Action_n
else
    Default_Action
```

그림 3.8 다중 분기 if-else 문의 의미

```
(score >= 80)
```

을

```
((score >= 80) && (score < 90))
```

으로 바꾸더라도 그 의미가 같다. 모든 불 수식에 대해 같은 방식을 적용하면 그림 3.3의 다중 분기 `if-else` 문은 다음 코드와 동등하다는 것을 알 수 있다.

```
if (score >= 90)
   grade = 'A';
else if ((score >= 80) && (score < 90))
   grade = 'B';
else if ((score >= 70) && (score < 80))
   grade = 'C';
else if ((score >= 60) && (score < 70))
   grade = 'D';
else
   grade = 'F';
```

대부분의 프로그래머들은 좀 더 효율적이고 세련된 Listing 3.3의 형태를 사용하겠지만 두 가지 형태 모두 가능하다.

Listing 3.3 다중 분기 if-else 문을 사용한 성적 등급의 지정

```
import java.util.Scanner;
public class Grader
{
    public static void main(String[] args)
    {
        int score;
        char grade;

        System.out.println("Enter your score: ");
        Scanner keyboard = new Scanner(System.in);
        score = keyboard.nextInt();

        if (score >= 90)
            grade = 'A';
        else if (score >= 80)
            grade = 'B';
        else if (score >= 70)
            grade = 'C';
        else if (score >= 60)
            grade = 'D';
        else
            grade = 'F';
        System.out.println("Score = " + score);
        System.out.println("Grade = " + grade);
    }
}
```

실행 결과 출력

```
Enter your score:
85
Score = 85
Grade = B
```

사례 연구 체질량 지수

체질량 지수(body mass index, BMI)는 키와 체중에 근거하여 체중 관련 질환의 위험성을 평가하는 데 사용된다. 1800년대에 수학자 Adolphe Quetelet에 의해 고안되었으므로 Quetelet index라고 부르기도 한다. BMI는 다음과 같이 계산된다.

$$BMI = \frac{mass}{height^2}$$

이 공식에서 체중(mass)의 단위는 킬로그램이고 키(height)의 단위는 미터이다. BMI 값과 관련된 건강상의 위험성은 다음과 같다.

- 저체중 : BMI < 18.5
- 정상 체중 : 18.5 ≤ BMI < 25
- 과체중 : 25 ≤ BMI < 30
- 비만 : BMI ≥ 30

이 사례 연구에서 사용자가 체중을 파운드로, 키를 피트와 인치로 입력하면 프로그램은 BMI 및 건강 위험성을 출력한다. 프로그램이 첫 번째로 해야 할 일은 파운드를 킬로그램으로 변환하는 것이다. 1킬로그램은 2.2파운드이다. 그다음에 키를 피트와 인치에서 미터로 변환해야 하는데, 키를 먼저 인치 단위로 변환하면 인치값에 0.0254를 곱하여 미터 단위로 만들 수 있다.

BMI 계산 알고리즘

1. 체중을 파운드로 읽어 변수 `pounds`에 저장한다.
2. 키를 피트로 읽어 변수 `feet`에 저장한다.
3. 키의 나머지 부분을 인치로 읽어 변수 `inches`에 저장한다.
4. 변수 `heightMeters`의 값으로 `((feet * 12) + inches) * 0.0254`를 지정한다.
5. 변수 `mass`에 `pounds / 2.2`를 지정한다.
6. 변수 `BMI`에 `mass / (heightMeters * heightMeters)`를 지정한다.
7. `BMI`를 출력한다.
8. `BMI` < 18.5이면 "Underweight"를 출력한다.
9. 그렇지 않고 `BMI` ≥ 18.5이고 `BMI<` 25이면 "Normal weight"를 출력한다.
10. 그렇지 않고 `BMI` ≥ 25이고 `BMI<` 30이면 "Overweight"를 출력한다.
11. 그렇지 않으면 "Obese"를 출력한다.

이 알고리즘은 제대로 동작하지만 좀 더 단순화할 수 있다. BMI가 18.5보다 작으면 8행의 조건이 참이고 프로그램은 "Underweight"를 출력한다. 9행은 8행이 거짓일 때만 실행되므로 프로그램이 9행에 도달했다면 BMI가 18.5보다 크거나 같다는 것을 알 수 있다. 따라서 9행에서 BMI가 18.5보다 크거나 같은지 검사하는 것은 불필요하다. 10행에도 마찬가지 조건이 적용된다. 이에 따라 알고리즘의 9행과 10행을 다음과 같이 바꿀 수 있다.

9. 그렇지 않고 BMI < 25이면 "Normal weight"를 출력한다.
10. 그렇지 않고 BMI < 30이면 "Overweight"를 출력한다.

이 알고리즘을 자바 코드로 번역한 것이 Listing 3.4이다. 변수 **heightMeters**, **mass**, **BMI**는 단위 변환 시에 실숫값을 곱하므로 정확도를 위해 **double**로 선언하였다.

Listing 3.4 체질량 지수 계산 프로그램

```
import java.util.Scanner;
public class BMI
{
    public static void main(String[] args)
    {
        Scanner keyboard = new Scanner(System.in);
        int pounds, feet, inches;
        double heightMeters, mass, BMI;
        System.out.println("Enter your weight in pounds.");
        pounds = keyboard.nextInt();
        System.out.println("Enter your height in feet" +
           "followed by a space" +
           "then additional inches.");
        feet = keyboard.nextInt();
        inches = keyboard.nextInt();
        heightMeters = ((feet * 12) + inches) * 0.0254;
        mass = (pounds / 2.2);
        BMI = mass / (heightMeters * heightMeters);
        System.out.println("Your BMI is " + BMI);
        System.out.print("Your risk category is ");
        if (BMI < 18.5)
           System.out.println("Underweight.");
        else if (BMI < 25)
           System.out.println("Normal weight.");
        else if (BMI < 30)
           System.out.println("Overweight.");
        else
           System.out.println("Obese.");
    }
}
```

(계속됨)

Listing 3.4 체질량 지수 계산 프로그램

실행 결과 출력

```
Enter your weight in pounds.
150
Enter your height in feet followed
by a space then additional inches.
5 5
Your BMI is 25.013498117367398
Your risk category is Overweight.
```

자습문제 SELF-TEST QUESTIONS

8 다음 코드의 출력은 무엇인가?

```
int time = 2, tide = 3;
if (time + tide > 6)
   System.out.println("Time and tide wait for no one.");
else
   System.out.println("Time and tide wait for me.");
```

9 8번 문제에서 코드의 첫 번째 줄을 다음과 같이 바꾸었다면 출력은 무엇인가?

```
int time = 4, tide = 3;
```

10 다음 코드의 출력은 무엇인가?

```
int time = 2, tide = 3;
if (time + tide > 6)
   System.out.println("Time and tide wait for no one.");
else if (time + tide > 5)
   System.out.println("Time and tide wait for someone.");
else if (time + tide > 4)
   System.out.println("Time and tide wait for everyone.");
else
   System.out.println("Time and tide wait for me.");
```

11 number는 int형의 변수이고 값이 지정되었다고 하자. number가 10보다 크면 High를 출력하고, number가 5보다 작으면 Low를 출력하고, 그 외의 경우에는 So-so를 출력하는 다중 분기 if-else 문을 작성하라.

조건 연산자(선택 사항)

자바는 특정 형태의 if-else 문에 해당하는 연산자를 포함하는데, 이는 예전의 프로그래밍 스타일과 호환성을 유지하기 위한 것이다. 예를 들어 다음 문장을 보자.

```
if (n1 > n2)
   max = n1;
else
   max = n2;
```

이 문장은 다음과 같이 표현할 수도 있다.

```
max = (n1 > n2) ? n1 : n2;
```

대입 연산자의 오른편에 있는 ?과 :를 함께 **조건 연산자**(conditional operator) 혹은 **삼항 연산자**(ternary operator)라고 부른다. 다음과 같은 수식을 **조건 연산식**(conditional operator expression)이라 하는데,

```
(n1 > n2) ? n1 : n2;
```

불 수식 다음에 ?가 나오고 그다음에 콜론으로 분리된 두 개의 수식이 나온다. 불 수식이 참이면 두 수식 가운데 첫 번째 수식이 반환되고 그렇지 않으면 두 번째 수식이 반환된다.

앞에서 보인 것처럼 불 조건에 따라 두 개의 값 중 하나를 변수에 대입할 때 조건 연산자가 가장 흔히 사용된다. 조건식은 언제나 값을 반환하므로 특정한 형태의 `if-else` 문장하고만 동등하다는 점에 특히 유의하라.

조건 연산자를 이해하기 위해 예를 하나 더 살펴보자. 종업원의 주급이 일한 시간 수에 시간당 임금을 곱한 것이라고 가정하자. 종업원이 40시간을 초과해 근무했다면 초과 근무 시간에 대해서는 시간당 임금의 1.5배를 지급한다. 다음의 `if-else` 문이 이러한 계산을 수행한다.

```
if (hoursWork <= 40)
   pay = hoursWorked * payRate;
else
   pay = 40 * payRate + 1.5 * payRate * (hoursWorked - 40);
```

이 문장은 조건 연산자를 사용하여 다음과 같이 표현할 수 있다.

```
pay = (hoursWorked <= 40) ? (hoursWorked * payRate) :
            (40 * payRate + 1.5 * payRate * (hoursWorked - 40));
```

exit 메소드

프로그램이 더 이상 실행을 계속할 필요가 없는 상황에 처할 경우가 있다. 그럴 때는 다음과 같이 `exit` 메소드를 호출하여 프로그램을 종료할 수 있다.

```
System.exit(0);
```

이 문장은 실행되는 즉시 자바 프로그램을 종료할 것이다. 예를 들어 다음 코드를 살펴보자.

```
if (numberOfWinners == 0)
{
   System.out.println("Error: Dividing by zero.");
   System.exit(0);
}
else
{
   oneShare = payoff / numberOfWinners;
   System.out.println("Each winner will receive $" + oneShare);
}
```

이 코드는 정상적인 경우에 각 당첨자가 받게 될 몫을 출력한다. 그러나 당첨자의 수가 0이어서 0으로 나누게 되면 이것은 올바른 연산이 아니다. 0으로 나누는 이와 같은 연산을 피하기 위해 프로그램은 당첨자의 수를 검사하여 0이면 exit 메소드를 호출하여 실행을 종료한다.

System은 자바 클래스 라이브러리에 속한 클래스로서 프로그램에서 import 문 없이 사용할 수 있고, exit은 System 클래스의 메소드이다. System.exit에 인자로 넘겨준 0은 운영체제로 반환된다. 대부분의 운영체제에서 0은 프로그램의 정상적인 종료를 나타내고 1은 비정상적인 종료를 나타낸다. 따라서 System.exit 문장이 프로그램을 정상적으로 종료하는 것이라면 인자는 0이 되어야 한다. 여기서 '정상적'이라는 것은 프로그램이 시스템 제약조건이나 다른 중요한 제약조건을 위반하지 않았다는 뜻이다. '정상적'이라고 해서 프로그램이 여러분이 원하는 작업을 잘 수행했다는 뜻이 아니다. 그러므로 거의 모든 경우에 0을 인자로 사용해야 한다.

요점 정리 exit 메소드

exit 메소드의 호출은 프로그램을 종료한다. exit을 호출하는 정상적인 형태는 다음과 같다.

```
System.exit(0);
```

앞 장에서 언급한 대로, 대화창을 생성하기 위해 JOptionPane을 사용하는 프로그램은 실행을 종료하기 위해 반드시 이 메소드를 호출해야 한다. 다른 프로그램들은 특이한 상황을 제외하고는 보통 exit을 호출하지 않는다.

3.2 boolean형

boolean형은 int, double, char 등과 같이 기본형의 하나이고, 다른 기본형들과 마찬가지로 boolean형의 값, boolean형의 상수, boolean형의 변수, boolean형의 수식 등이 가능하다. 그러나 boolean형은 true와 false의 오직 두 가지 값만 가진다. 프로그램에서 2나 3.45 같은 숫자 상수, 'A' 같은 문자 상수를 사용하듯이 true와 false값도 사용할 수 있다.

불 변수

불 변수는 무엇보다도 프로그램을 읽기 쉽도록 하기 위해 사용된다. 예를 들어 프로그램에 다음과 같은 문장이 포함되어 있는데 systemsAreOK는 발사 시스템이 실제로 준비가 되었으면 참이 되는 불 변수라고 하자.

```
if (systemsAreOK)
    System.out.println("Initiate launch sequence.");
else
    System.out.println("Abort launch sequence.");
```

불 변수를 사용하지 않는다면 위의 코드는 다음과 같다.

```
if ((temperature <= 100) && (thrust >= 12000) &&
    (cabinPressure > 30))
    System.out.println("Initiate launch sequence.");
else
    System.out.println("Abort launch sequence.");
```

확실히 불 변수 systemsAreOK가 사용된 첫 번째 코드가 이해하기 쉽다. 물론 프로그램이 먼저 이 불 변수의 값을 적절히 설정해야겠지만, 다음에서 보는 것처럼 그런 설정은 어렵지 않다.

number > 0과 같은 불 수식을 계산하면 true나 false 가운데 하나의 값이 된다. 예를 들어 number > 0이 참이면 다음 문장은 The number is positive를 출력한다.

```
if (number > 0)
    System.out.println("The number is positive");
else
    System.out.println("The number is negative or zero");
```

반대로 number > 0이 거짓이면 출력은 The number is negative or zero가 된다. number > 0과 같은 불 수식의 의미는 if-else 문과 같은 코드 내에서 더욱 쉽게 이해할 수 있다. 그러나 불 변수로 프로그래밍할 때는 이러한 문맥 없이 불 수식 자체에 대해 생각해 보아야 한다. 불 수식은 주변 코드와 상관없이 true나 false값을 생성해 낼 수 있다.

다른 형의 변수에 값을 지정할 때 대입문을 사용하는 것과 마찬가지로, 불 변수에도 대입문을 사용하여 불 수식의 값을 대입할 수 있다. 예를 들어 다음 코드는 불 변수 isPositive에 false를 대입한다.

```
int number = -5;
boolean isPositive = (number > 0);
```

여기서 괄호는 반드시 필요한 것은 아니지만 문장을 조금 더 읽기 쉽게 해 준다.

일단 불 변수에 값이 주어지면 불 수식을 사용하듯이 불 변수를 사용할 수 있다. 예를 들어 다음 코드는 앞의 if-else 문과 동등하다.

```
boolean isPositive = (number > 0);
if (isPositive)
   System.out.println("The number is positive");
else
   System.out.println("The number is negative or zero");
```

물론 이 코드는 그다지 사용될 것 같지 않은 단순한 예이지만, 만약 number의 값이 변한다면 이에 따라 불 수식의 값도 변할 것이고 그런 상황에서는 이와 비슷한 코드를 사용하게 될 것이다. 그런 상황은 다음 장에서 공부할 반복문과 관련해서 주로 발생한다.

복잡한 불 수식도 같은 방법으로 사용된다. 예를 들어 발사 준비가 되었는지 확인하는 앞의 예제는 다음 문장을 첫머리에 포함할 수 있다.

```
boolean systemsAreOK = (temperature <= 100) &&
(thrust >= 12000) && (cabinPressure > 30)
```

FAQ b가 불 변수일 때 if (b==true)… 대신에 if (b)라고 써도 되는 이유는 무엇일까?

불 변수 b는 불 수식이기도 하다. b= =true도 불 수식이다. b가 참이면 두 수식 모두 참이고, b가 거짓이면 둘 다 거짓이다. 따라서 둘 중 아무 수식을 써도 된다.

우선순위 규칙

자바는 산술식을 계산하는 것과 같은 방법으로 불 수식을 계산한다. 예를 들어 다음 수식에서 정수 변수 score가 95라면

```
(score >= 80) && (score < 90)
```

Highest Precedence

First: the unary operators +, −, ++, −−, and !
Second: the binary arithmetic operators *, /, %
Third: the binary arithmetic operators +, −
Fourth: the boolean operators <, >, <=, >=
Fifth: the boolean operators ==, !=
Sixth: the boolean operator &
Seventh: the boolean operator |
Eighth: the boolean operator &&
Ninth: the boolean operator ||

Lowest Precedence

그림 3.9 연산자 우선순위

첫 번째 부분식 (score >= 80)은 참이고 두 번째 부분식 (score < 90)은 거짓이다. 그러므로 전체 수식은 다음과 동일하다.

```
true && false
```

앞에서 보았듯이 자바는 그림 3.7에 주어진 규칙에 따라 true와 false값을 결합한다. 따라서 이 수식은 false로 계산된다.

산술식을 작성할 때와 마찬가지로 불 수식에서도 괄호를 사용하여 계산 순서를 나타내는 것이 좋다. 그러나 괄호가 없다면 자바는 그림 3.9의 우선순위 규칙에 지정된 순서에 따라 연산을 수행한다. 그림 3.9는 그림 2.2에 새로운 연산자를 추가한 버전인데, 여러분이 당분간 사용할 모든 연산자를 포함하고 있다. 2장에서 언급했듯이 목록의 위쪽에 위치한 연산자가 높은 우선순위를 가진다. 두 연산의 순서가 괄호에 의해 지시되지 않으면 자바는 높은 우선순위를 갖는 연산을 먼저 실행한다. 연산자들의 우선순위가 같다면, 이항 연산자는 왼쪽에서 오른쪽의 순서로 실행되고, 단항 연산자는 오른쪽에서 왼쪽의 순서로 실행된다. 단항 연산자는 연산을 적용할 인자가 하나인 연산자를 말하고, 이항 연산자는 인자가 두 개인 연산자를 말한다.

예를 들어 보자. 다음 코드는 괄호를 사용하지 않아서 프로그래밍 스타일상 바람직하지 못하지만 컴퓨터가 실행하는 데는 아무런 문제가 없다.

```
score < min / 2 - 10 || score > 90
```

수식에 나타난 연산자 중에서 나눗셈 연산자가 가장 높은 우선순위를 가지므로 나눗셈이 먼저 실행된다. 괄호를 사용해 이 순서를 표시하면 다음과 같다.

```
score < (min / 2) - 10 || score > 90
```

나머지 연산자 중에서 뺄셈 연산자가 우선순위가 가장 높으므로 뺄셈이 그다음으로 실행된다.

```
score < ((min / 2) - 10) || score > 90
```

나머지 연산자 중에서 비교 연산자 <와 >가 우선순위가 가장 높으므로 그다음으로 실행된다. >와 <는 같은 우선순위를 가지므로 왼쪽에서 오른쪽의 순서로 실행된다.

```
(score < ((min / 2) - 10)) || (score > 90)
```

마지막으로 두 비교 연산의 결괏값이 우선순위가 가장 낮은 || 연산자로 결합된다.

우리는 우선순위 규칙을 이용하여 수식에 괄호를 추가하였다. 컴퓨터에게는 괄호가 추가된 수식이나 원래의 수식이나 동등하다. 여러분은 대부분의 경우에 괄호를 포함하여 산술식이나 불 수식을 읽기 쉽게 작성해야 한다. 하지만 일련의 &&나 ||가 사용된 단순한 수식에 대해서는 괄호를 생략해도 괜찮다. 예를 들어 다음 코드는 괄호를 일부 생략했지만 좋은 스타일로 작성된 것이다.

```
(temperature > 95) || (rainFall > 20) || (humidity >= 60)
```

그런데 위의 수식은 세 개의 비교 연산이 먼저 실행되고 그 결과가 || 연산자로 결합되는 것처럼 생각되겠지만, 실제 규칙은 지금까지 살펴본 것보다 좀 더 복잡하다. 만약 `temperature`의 값이 99라고 하면, `rainFall`이나 `humidity`의 값에 관계 없이 전체 불 수식이 참이라는 것을 알 수 있다. `true || true`와 `true || false`는 모두 참이다. 따라서 `rainfall > 20`이 참인지 아닌지에 관계없이 다음 수식의 값은 참이 될 수밖에 없다.

```
(temperature > 95) || (rainFall > 20)
```

같은 이유로 `humidity >= 60`의 값이 무엇이든 다음 수식도 참이 된다.

```
true || (humidity >= 60)
```

자바는 첫 번째 부분식을 계산하고 그것이 전체 수식의 값을 결정하는 데 충분하다면 나머지 부분식을 계산하지 않는다. 따라서 이 예에서 자바는 `rainFall`이나 `humidity`가 포함된 부분식을 계산하지 않는다. 수식 계산의 이러한 방식을 **단락회로 계산**(short-circuit evaluation) 혹은 **지연 계산**(lazy evaluation)이라고 부르며, 자바는 ||와 &&가 사용된 수식에 대해 이러한 방식을 사용한다.

이제 &&를 포함하는 수식을 살펴보자. 불 수식이 **if-else** 문 내에 위치한 예제를 보일 것이다.

```
if ( (assignmentsDone > 0) &&
   ((totalScore / assignmentsDone) > 60) )
   System.out.println("Good work.");
else
   System.out.println("Work harder.");
```

assignmentsDone의 값이 0이라고 가정하면 첫 번째 부분식이 **false**이다. **false && true**와 **false && false**는 모두 거짓이므로 두 번째 부분식의 값에 관계없이 전체 불 수식은 거짓이 된다. 따라서 자바는 다음 두 번째 부분식을 계산하지 않는다.

```
(totalScore / assignmentsDone) > 60
```

이 경우에 두 번째 부분식에는 0으로 나누는 연산이 들어 있으므로 이를 계산하지 않는 것은 큰 의미가 있다. 두 번째 부분식을 계산하려고 시도한다면 실행 에러를 발생시킬 것이다. 자바는 단락회로 계산을 사용함으로써 이런 에러를 방지하였다.

자바는 여러분이 **전체 계산**(complete evaluation)을 사용할 수 있도록 허용한다. 전체 계산이란 두 수식이 **and**나 **or** 연산자에 의해 결합되었을 때 두 부분식을 모두 계산하고 나서 그 결과를 이용하여 전체 수식의 값을 결정하는 방식을 말한다. 자바에서 전체 계산 방식을 사용하려면 *and* 연산에 && 대신 &를 사용하고 *or* 연산에 || 대신 |를 사용하면 된다.

대부분의 상황에서 단락회로 계산과 전체 계산 방식이 동일한 결과를 만들어 내지만, 앞서 살펴본 것처럼 어떤 경우에는 단락회로 계산 방식이 실행 에러를 방지해 주기도 한다. 전체 계산 방식이 더 선호되는 상황도 있지만 이 책에서는 다루지 않고 &&과 ||에 의한 단락회로 계산 방식만을 사용할 것이다.

> **기억하세요! 단락회로 계산**
>
> *Expr_A* || *Expr_B*와 같은 형태의 불 수식에서 *Expr_A*가 참이면 자바는 *Expr_B*를 계산하지 않고 전체 수식의 값을 **true**로 결정한다. 마찬가지로, *Expr_A* && *Expr_B*와 같은 형태의 불 수식에서 *Expr_A*가 거짓이면 자바는 *Expr_B*를 계산하지 않고 전체 수식의 값을 **false**로 결정한다.

불값의 입출력

boolean형의 **true**와 **false**값은 **int**나 **double** 같은 다른 기본형의 값과 동일한 방법

으로 입출력될 수 있다. 예를 들어 다음의 자바 코드를 살펴보자.

```
boolean booleanVar = false;
System.out.println(booleanVar);
System.out.println("Enter a boolean value:");
Scanner keyboard = new Scanner(System.in);
booleanVar = keyboard.nextBoolean();
System.out.println("You entered " + booleanVar);
```

이 코드는 다음과 같은 사용자와의 대화를 생성한다.

```
false
Enter a boolean value:
true
You entered true
```

이 예에서 보듯이 Scanner 클래스는 boolean값 하나를 읽어 들이는 nextBoolean이라는 메소드를 가지고 있다. 이 메소드에 입력을 줄 때는 true와 false를 대문자나 소문자로 혹은 대소문자를 섞어서도 입력할 수 있다. 자바 프로그램 내에서 true와 false를 값으로 사용할 때는 반드시 소문자로 써야 하지만 입력 메소드 nextBoolean은 약간의 융통성을 갖고 있는 것이다.

자습문제 SELF-TEST QUESTIONS

12 다음 코드의 출력은 무엇인가?

```
int number = 7;
boolean isPositive = (number > 0);
if (number > 0);
    number = -100;
if (isPositive)
    System.out.println("Positive.");
else
    System.out.println("Not positive.");
    System.out.println(number);
```

13 다음 코드의 출력은 무엇인가?

```
System.out.println(false);
System.out.println(7 < 0);
System.out.println(7 > 0);
int n = 7;
System.out.println(n > 0);
```

14 다음 코드의 출력은 무엇인가?

```
System.out.println(true && false);
System.out.println(true || false);
System.out.println(false && (x > 0));
System.out.println(true || (x > 0));
```

3.3 switch 문

다중 분기 if-else 문의 가지가 너무 많으면 읽기 어려울 수가 있다. 가지의 선택이 정수나 문자 수식의 값에 의거해 이루어진다면 switch 문을 사용하여 코드를 이해하기 쉽게 만들 수 있다.

switch 문은 switch라는 예약어로 시작하고 그다음에 괄호로 묶은 **제어식**(controlling expression)이 나온다.

```
switch (Controlling_Expression)
{
    . . .
}
```

그 뒤에 나오는 switch 문의 몸체는 항상 중괄호로 묶인다. Listing 3.5는 제어식이 numberOfBabies라는 변수인 switch 문의 예를 보여 준다. 중괄호 안에는 일련의 case 항목들이 나오는데, 각 항목은 예약어인 case, case **레이블**(case label)이라 부르는 상수, 콜론, 그리고 그 항목의 동작에 해당하는 일련의 문장으로 구성된다.

```
case Case_Label :
    List_of_Statements
```

switch 문을 실행할 때는 먼저 제어식—이 예에서는 numberOfBabies—을 계산한다. 그러고 나서 case 항목들을 차례로 검사하여 제어식의 값과 일치하는 case 레이블을 찾으면 해당 레이블의 동작이 실행된다. case 레이블이 중복되어서는 안 된다.

Listing 3.5에서 각 case의 동작이 **break 문**으로 끝난다는 점에 주의하라. break 문은 break 다음에 세미콜론으로 끝난다. break 문에 도달하면 switch 문의 실행이 종료된다. 특정 case의 문장 중에 break 문이 없으면 다음 case로 실행이 계속된다. break 문을 만나지 않는다면 switch 문의 끝까지 실행이 계속된다.

때로는 break 문이 없는 case가 필요할 때도 있다. 하나의 case에 여러 개의 레이블이 있을 수는 없지만 여러 case를 차례로 나열하고 모두 동일한 동작을 하도록 할 수는 있다. 예를 들어 Listing 3.5에서 case 4에는 break 문이 없기 때문에 case 4와 case 5는 같은 동작을 실행한다. 사실 case 4는 동작에 해당하는 문장이 없다고 해야 한다.

제어식의 값과 일치하는 case가 없으면 **default case**가 실행된다. default case는 예약어 **default**와 콜론으로 표시한다. 하지만 default case는 선택적이어서 생략될 수 있다. default case가 없고 제어식과 일치하는 case가 발견되지 않으면 아무런 동작도 실행되지 않는다. default case가 선택적이기는 하지만 항상 사용하는 것이 좋다. 만약 default case 없이 모든 가능성에 대한 case들이 작성되었다고 생각되면 default case에는 에러 메시지를 넣으면 된다. 어떤 불확실한 case를 놓쳤을지 알 수 없는 일이다.

switch 문의 또 다른 예제로 제어식이 **char** 변수인 다음 예를 보자.

```
switch (eggGrade)
{
   case 'A':
   case 'a':
      System.out.println("Grade A");
      break;
   case 'C':
   case 'c':
      System.out.println("Grade C");
      break;
   default:
      System.out.println("We only buy grade A and grade C.");
      break;
}
```

이 예에서 A 등급과 C 등급의 달걀은 대문자나 소문자로 표시될 수 있다. **eggGrade**의 다른 값은 default case에 의해 처리된다.

case 레이블이 연속적일 필요도 없고 순서에 따라 나와야 할 필요도 없다는 점에 주의하라. 앞의 예제처럼 **'A'**와 **'C'**는 있고 **'B'**는 없어도 된다. case 레이블이 정수인 **switch** 문이라면 1과 3은 있고 2는 없을 수도 있다. case 레이블은 개별적인 값이어야 하며 값의 범위를 나타낼 수는 없다. 예를 들어 1에서 4까지의 값에 대해 같은 동작을 수행하기를 원한다면 각 값에 대해 각각 case를 작성해야 한다. 값의 범위가 넓다면 **switch** 문이 아니라 **if-else** 문을 사용하는 것이 더 실용적이다.

switch 문의 제어식이 하나의 변수여야 하는 것은 아니다. 예를 들어 제어식에 산술 연산자가 포함될 수 있다. JDK(Java Development Kit) 7 이전 버전에서 제어식은 정수형이나 **char**형의 값이 되어야 했다. JDK 7 버전부터는 **String**형의 제어식이 허용된다. 다음 예제는 JDK 7 및 이후 버전에서는 실행되겠지만 이전 버전에서는 컴파일 에러가 발생할 것이다. 변수 **answer**를 소문자 스트링으로 반환하는 메소드 호출이 제어식으로 사용되고 있음에 유의하라.

```
System.out.println("Which US state has only one syllable in " +
                   "its name?");
Scanner keyboard = new Scanner(System.in);
String answer = keyboard.next();
```

Listing 3.5 switch 문

```
import java.util.Scanner;
public class MultipleBirths
{
    public static void main(String[] args)
    {
        int numberOfBabies;
        System.out.print("Enter number of babies: ");
        Scanner keyboard = new Scanner(System.in);
        numberOfBabies = keyboard.nextInt();

        switch (numberOfBabies)        ←—— 제어식
        {
          case 1:        ←—— case 레이블
              System.out.println("Congratulations.");
              break;
          case 2:
              System.out.println("Wow. Twins.");
              break;        ←—— break 문
          case 3:
              System.out.println("Wow. Triplets.");
              break;
          case 4:        ←—— break 문 없는 case
          case 5:
              System.out.print("Unbelievable; ");
              System.out.println(numberOfBabies +
                " babies.");
              break;
          default:
              System.out.println("I don't believe you.");
              break;
        }
    }
}
```

실행 결과 출력 1

```
Enter number of babies: 1
Congratulations.
```

실행 결과 출력 2

```
Enter number of babies: 3
Wow. Triplets.
```

(계속됨)

Listing 3.5 switch 문

실행 결과 출력3

```
Enter number of babies: 4
Unbelievable; 4 babies.
```

실행 결과 출력4

```
Enter number of babies: 6
I don't believe you.
```

```
switch (answer.toLowerCase())
{
   case "maine":
      System.out.println("Correct!");
      break;
   default:
      System.out.println("Incorrect, the answer is Maine.");
      break;
}
```

요점 정리 switch 문

문법

```
switch (Controlling_Expression)
  {
     case Case_Label:
          Statement;
          ...
          Statement;
          break;
     case Case_Label:
          Statement;
          ...
          Statement;
          break;
     default:
          Statement;
          ...
          Statement;
          break;
  }
```

Controlling_Expression은 int, short, byte와 같은 정수형이거나 char형이어야 한다.

각 Case_Label은 Controlling_Expression과 같은 형의 상수이다. 각 case의 Case_Label은 서로 달라야 한다.

break는 생략될 수 있다.

break가 없으면 다음 case로 실행이 계속된다.

case의 개수는 제한이 없다.

default case는 선택적이다.

default case가 없으면 일치하는 case가 없을 때 아무런 동작도 일어나지 않는다.

(계속됨)

예제

```
int seatLocationCode;
...
switch (seatLocationCode)
{
   case 1:
      System.out.println("Orchestra.");
      price = 40.00;
      break;
   case 2:
      System.out.println("Mezzanine.");
      price = 30.00;
      break;
   case 3:
      System.out.println("Balcony.");
      price = 15.00;
      break;
   default:
      System.out.println("Unknown ticket code.");
      break;
}
```

GOTCHA break 문을 빠트리면

switch 문을 포함하는 프로그램을 테스트할 때 하나의 case만 실행되어야 하는데 두 개의 case가 실행되었다면 아마도 break 문을 빠트렸기 때문일 것이다. ■

GOTCHA default case를 빠트리면

switch 문의 case들이 변수에 값을 지정하는 경우, default case가 없으면 구문 에러가 발생할 수도 있다. 컴파일러는 switch 문이 실행되고 나서 변수에 (값이 지정되지 않아) 정의되지 않은 값이 들어 있을 것이라고 생각할 수 있다. 이 에러를 피하려면 default case를 추가하거나 switch 문의 실행 전에 변수를 초기화해야 한다. ■

자습문제 SELF-TEST QUESTIONS

15 다음 코드의 출력은 무엇인가?

```
int code = 2;
switch (code)
{
   case 1:
      System.out.println("Hello.");
```

```
    case 3:
        System.out.println("Good-bye.");
        break;
    default:
        System.out.println("Till we meet again.");
        break;
}
```

16 앞 문제에서 첫 번째 줄을 다음과 같이 수정했다고 하면 출력은 무엇인가?

```
int code = 1;
```

17 다음 코드의 출력은 무엇인가?

```
char letter = 'B';
switch (letter)
{
    case 'A':
    case 'a':
        System.out.println("Some kind of A.");
    case 'B':
    case 'b':
        System.out.println("Some kind of B.");
        break;
    default:
        System.out.println("Something else.");
        break;
}
```

18 다음 코드의 출력은 무엇인가?

```
int key = 1;
switch (key + 1)
{
    case 1:
        System.out.println("Cake");
    break;
    case 2:
        System.out.println("Pie");
        break;
    case 3:
        System.out.println("Ice cream");
    case 4:
        System.out.println("Cookies");
        break;
    default:
        System.out.println("Diet time");
}
```

19 앞 문제에서 첫 번째 줄을 다음과 같이 수정했다고 하면 출력은 무엇인가?

```
int key = 3;
```

20 18번 문제에서 첫 번째 줄을 다음과 같이 수정했다고 하면 출력은 무엇인가?

```
int key = 5;
```

열거형

평론가가 영화를 좋음(excellent), 보통(average), 나쁨(bad)의 세 등급 가운데 하나로 평가한다고 생각해 보자. 이러한 영화평과 관련된 자바 프로그램을 작성한다면 영화 등급을 나타내기 위해 정수 3, 2, 1을 사용하거나 문자 E, A, B를 사용할 수 있다. 이 등급을 저장하기 위해 int형이나 char형의 변수를 정의한다면, 이 변수가 세 가지 유효한 등급 이외의 값을 가지게 되는 상황이 발생할 수도 있다. 변수에 저장되는 내용을 정해진 값으로 제한하려면 **열거형**(enumerated data type 혹은 enumeration)으로 선언하면 된다. 열거형은 변수가 가질 수 있는 값을 나열한다.

예를 들어 다음 문장은 MovieRating을 열거형으로 정의하고 있다.

```
enum MovieRating {E, A, B}
```

열거형의 정의 다음에는 세미콜론을 쓰지 않음에 주의하라. 세미콜론을 쓰더라도 구문 에러가 발생하는 것은 아니며 세미콜론은 단순히 무시될 뿐이다. 또한 E, A, B는 char값이 아니므로 따옴표로 싸지 않는다는 점도 주의하라.

열거형은 클래스형으로 동작하므로 이 열거형을 이용하여 다음과 같이 변수 rating을 선언할 수 있다.

```
MovieRating rating;
```

MovieRating의 정의에서 중괄호 사이에 열거된 항목들은 rating의 값으로 지정할 수 있는 객체이다. 예를 들어 다음과 같이 rating에 A를 대입할 수 있다.

```
rating = MovieRating.A;
```

열거형의 이름과 점(dot)을 A 앞에 붙여야 함에 주의하라. E, A, B 이외의 값을 rating에 대입하는 것은 구문 에러이다.

일단 열거형 변수에 값을 대입하고 나면 이를 switch 문에 사용하여 동작을 선택하는 용도로 쓸 수 있다. 예를 들어 다음 문장은 rating의 값에 따라 메시지를 출력한다.

```
switch (rating)
{
case E:  //Excellent
    System.out.println("You must see this movie!");
    break;
case A:  //Average
    System.out.println("This movie is OK, but not great.");
    break;
```

```
case B:  //Bad
   System.out.println("Skip it!");
   break;
default:
   System.out.println("Something is wrong.");
}
```

switch 문에서 제어식의 데이터형이 열거형이므로 case 레이블은 열거형의 이름을 쓰지 않아도 그 열거형에 속하는 것으로 가정된다. 사실 case MovieRating.E와 같이 쓰는 것이 오히려 구문 에러이다. 하지만 switch 문의 다른 곳에서 열거형의 값을 참조할 필요가 있을 때는 반드시 열거형의 이름을 앞에 붙여야 한다. 예제에서 default case를 작성했지만 여기서는 불필요하다. rating은 열거형에 나열된 것 외에 다른 값을 가질 수 없기 때문이다.

열거형의 값은 이름 상수와 매우 비슷하게 쓰이기 때문에 상수의 이름을 짓는 관례에 따라 열거형의 값도 대문자만 사용해서 만든다. 이름이 한 문자여야 하는 것은 아니므로 앞의 열거형은 다음과 같이 정의할 수도 있다.

```
enum MovieRating {EXCELLENT, AVERAGE, BAD}
```

그러면 대입문은 다음과 같이 되고

```
rating = MovieRating.AVERAGE;
```

case 문은 다음과 같이 된다.

```
case EXCELLENT:
```

열거형은 실제로 클래스이다. 열거형은 다른 클래스의 내부에서 주로 정의되지만 항상 메소드 정의의 바깥에 위치한다. 클래스로서의 열거형에 대해 6장에서 더 살펴볼 것이다.

3.4 그래픽 보조자료

이 절에서는 1장의 그리기 및 2장의 JOptionPane에 대한 설명을 계속한다. 첫 번째로 애플릿 그리기에 색상을 추가하는 방법을 설명하고 행복한 얼굴 애플릿에 색상을 추가할 것이다. 그리고 yes/no 질문을 위한 대화창을 사용하는 방법을 살펴본다. 이런 종류의 대화창을 효과적으로 사용하기 위해서는 분기문이 필요하기 때문에 2장에서는 설명하지 않았다. 2장의 JOptionPane에 대한 부분을 생략했다면 이 절의 대화창에 대한 설명도 생략해도 된다. JOptionPane에 대한 내용은 책의 뒷부분에서 사용되지 않는다.

그리기 색상 지정

애플릿의 paint 메소드 내에서 drawOval 등의 메소드로 그리기를 수행할 때는 색상을 변화시킬 수 있는 펜으로 그리기를 한다고 생각할 수 있다. Graphics 클래스의 setColor 메소드가 펜의 색상을 변경할 것이다.

예를 들어 Listing 3.6에서 그려지는 행복한 얼굴은 노란색 얼굴에 파란 눈과 빨간 입술을 가지고 있다. 색상과 코가 추가된 것을 제외한다면 얼굴 자체는 Listing 1.2에서 그린 것과 거의 동일하다. Listing 3.6의 코드는 Listing 2.9에 기반하는데, Listing 2.9는 Listing 1.2를 스타일 지침에 맞게 작성한 버전이다.

Listing 3.6 색상 추가하기

```
import javax.swing.JApplet;
import java.awt.Color;
import java.awt.Graphics;

public class YellowFace extends JApplet
{
    public static final int FACE_DIAMETER = 200;
    public static final int X_FACE = 100;
    public static final int Y_FACE = 50;
    public static final int EYE_WIDTH = 10;
    public static final int EYE_HEIGHT = 20;
    public static final int X_RIGHT_EYE = 155;
    public static final int Y_RIGHT_EYE = 100;
    public static final int X_LEFT_EYE = 230;
    public static final int Y_LEFT_EYE = Y_RIGHT_EYE;
    public static final int NOSE_DIAMETER = 10;
    public static final int X_NOSE = 195;  //Center of nose will
                                           //be at 200
    public static final int Y_NOSE = 135;
    public static final int MOUTH_WIDTH = 100;
    public static final int MOUTH_HEIGHT = 50;
    public static final int X_MOUTH = 150;
    public static final int Y_MOUTH = 160;
    public static final int MOUTH_START_ANGLE = 180;
    public static final int MOUTH_EXTENT_ANGLE = 180;
    public void paint(Graphics canvas)
    {
        //Draw face interior and outline:
        canvas.setColor(Color.YELLOW);
        canvas.fillOval(X_FACE, Y_FACE, FACE_DIAMETER,
        FACE_DIAMETER);
```

노란색으로 내부가 칠해진 원이 먼저 그려지고 그 노란색 위에 다른 그림이 그려진다.

(계속됨)

Listing 3.6 색상 추가하기

```
        canvas.setColor(Color.BLACK);
        canvas.drawOval(X_FACE, Y_FACE, FACE_DIAMETER,
        FACE_DIAMETER);
        //Draw eyes:
        canvas.setColor(Color.BLUE);
        canvas.fillOval(X_RIGHT_EYE, Y_RIGHT_EYE, EYE_WIDTH,
        EYE_HEIGHT);
        canvas.fillOval(X_LEFT_EYE, Y_LEFT_EYE, EYE_WIDTH,
        EYE_HEIGHT);
        //Draw nose:
        canvas.setColor(Color.BLACK);
        canvas.fillOval(X_NOSE, Y_NOSE, NOSE_DIAMETER,
        NOSE_DIAMETER);
        //Draw mouth:
        canvas.setColor(Color.RED);
        canvas.drawArc(X_MOUTH, Y_MOUTH, MOUTH_WIDTH, MOUTH_HEIGHT,
           MOUTH_START_ANGLE, MOUTH_EXTENT_ANGLE);
    }
}
```

Listing 3.6에서 **setColor** 메소드의 사용은 특별할 게 없다. 예를 들어 다음 문장은 펜의 색상을 노란색으로 지정한다.

```
canvas.setColor(Color.YELLOW);
```

그러면 이제 다음 문장은 얼굴에 해당하는 내부가 노란색으로 칠해진 원을 그린다.

```
canvas.fillOval(X_FACE, Y_FACE, FACE_DIAMETER, FACE_DIAMETER);
```

한 가지 강조할 점은 얼굴의 구성요소를 그리는 순서가 최종 결과에 영향을 미친다는 사실이다. 내부가 칠해진 노란색 원이 먼저 그려지고 눈 등의 다른 요소들이 노란색 위에 위치하게 된다는 말이다. 실제로 펜이나 붓을 사용할 때와 마찬가지로 **paint** 메소드 내의 코드 순서에 따라 한 요소 위에 다른 요소가 그려진다. 만약 노란 원을 마지막으로 그렸다면 눈, 코, 입 위에 그려지므로 노란 원만 보이게 될 것이다. 그러나 실제로 펜으로 그리는 것과는 달리 한 색상 위에 다른 색상을 겹쳐서 그려도 두 색상이 섞이지는 않는다. 나중에 그려진 색상이 이전에 그려진 색상을 대체하게 된다.

어떤 색상은 **Color** 클래스 내에 공용 이름 상수로 미리 정의되어 있는데, 이들의 목록을 그림 3.10에 보였다. 이외의 다른 색상을 정의할 수도 있지만 거기까지는 설명하지 않겠다.

Color.BLACK Color.BLUE Color.CYAN Color.DARK_GRAY Color.GRAY Color.GREEN Color.LIGHT_GRAY	Color.MAGENTA Color.ORANGE Color.PINK Color.RED Color.WHITE Color.YELLOW

그림 3.10 미리 정의된 색상

요점 정리 setColor 메소드

Graphics 클래스의 객체를 사용하여 그리기를 할 때 setColor 메소드를 호출하여 색상을 지정할 수 있다. 나중에 setColor를 다시 호출하여 색상을 변경할 수 있으므로 하나의 그리기에서 여러 색상을 사용할 수 있다.

예제

```
canvas.setColor(Color.RED);
```

자습문제 SELF-TEST QUESTIONS

21 Listing 3.6에서 그리기 명령의 순서를 다음과 같이 변경한다고 가정하면 결과가 어떻게 바뀌겠는가?

```
//Draw mouth:
canvas.setColor(Color.RED);
canvas.drawArc(X_MOUTH, Y_MOUTH, MOUTH_WIDTH,
   MOUTH_HEIGHT, MOUTH_START_ANGLE,
   MOUTH_EXTENT_ANGLE);
//Draw face interior and outline:
canvas.setColor(Color.YELLOW);
canvas.fillOval(X_FACE, Y_FACE,
   FACE_DIAMETER, FACE_DIAMETER);
canvas.setColor(Color.BLACK);
canvas.drawOval(X_FACE, Y_FACE,
   FACE_DIAMETER, FACE_DIAMETER);
//Draw eyes:
canvas.setColor(Color.BLUE);
canvas.fillOval(X_RIGHT_EYE, Y_RIGHT_EYE,
   EYE_WIDTH, EYE_HEIGHT);
canvas.fillOval(X_LEFT_EYE, Y_LEFT_EYE,
   EYE_WIDTH, EYE_HEIGHT);
//Draw nose:
canvas.setColor(Color.BLACK);
```

```
canvas.fillOval(X_NOSE, Y_NOSE,
   NOSE_DIAMETER, NOSE_DIAMETER);
```

22 앞 문제에서 다음과 같이 수정되었다고 가정하면 결과가 어떻게 바뀌겠는가?

```
//Draw face interior:
canvas.setColor(Color.YELLOW);
canvas.fillOval(X_FACE, Y_FACE,
   FACE_DIAMETER, FACE_DIAMETER);
//Draw mouth:
canvas.setColor(Color.RED);
canvas.drawArc(X_MOUTH, Y_MOUTH, MOUTH_WIDTH,
   MOUTH_HEIGHT, MOUTH_START_ANGLE,
   MOUTH_EXTENT_ANGLE);
//Draw face outline:
canvas.setColor(Color.BLACK);
canvas.drawOval(X_FACE, Y_FACE,
   FACE_DIAMETER, FACE_DIAMETER);
//Draw nose:
canvas.setColor(Color.BLACK);
canvas.fillOval(X_NOSE, Y_NOSE,
   NOSE_DIAMETER, NOSE_DIAMETER);
//Draw eyes:
canvas.setColor(Color.BLUE);
canvas.fillOval(X_RIGHT_EYE, Y_RIGHT_EYE,
   EYE_WIDTH, EYE_HEIGHT);
canvas.fillOval(X_LEFT_EYE, Y_LEFT_EYE,
   EYE_WIDTH, EYE_HEIGHT);
```

yes/no 질문을 위한 대화창

2장에서 JOptionPane 클래스를 이용하여 두 종류의 대화창을 만드는 방법을 설명했다. 한 가지 종류는 사용자에게 프로그램이 읽어 들일 입력 데이터를 요청하는 대화창이고 다른 하나는 사용자에게 메시지를 출력하는 대화창이었다. JOptionPane은 사용자에게 yes/no 질문을 던지는 또 다른 종류의 대화창을 제공한다. 대화창은 타이틀과 여러분이 지정하는 질문 내용, Yes와 No로 표시된 두 개의 버튼이 있다. 예를 들어 다음 코드는 그림 3.11의 대화창을 생성한다.

```
int answer =
   JOptionPane.showConfirmDialog(null, "End program?",
         "Click Yes or No:", JOptionPane.YES_NO_OPTION);
if (answer == JOptionPane.YES_OPTION)
   System.exit(0);
else if (answer == JOptionPane.NO_OPTION)
   System.out.println("One more time");
else
   System.out.println("This is impossible");
```

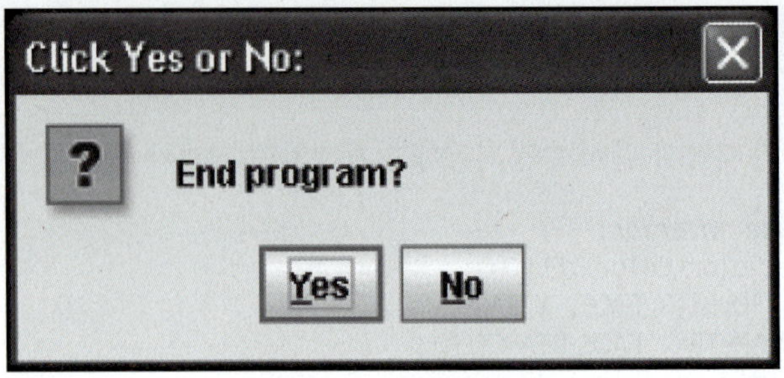

그림 311. Yes/No 대화창

showConfirmDialog 메소드가 어떤 인자를 받는지 살펴보자.

```
(null, "End program?", "Click Yes or No:",
JOptionPane.YES_NO_OPTION)
```

첫째 인자는 윈도우가 스크린의 어느 위치에 표시되는지 지정하지만, 아직 이에 관련된 내용을 다루지 않았으므로 여기서는 디폴트 위치를 지정하는 null을 사용하도록 한다. null의 의미가 정확히 무엇인지는 6장에서 설명할 것이다.

둘째 인자는 Yes와 No 버튼이 나타나는 윈도우에 표시되는 스트링인데, 물론 이 스트링은 yes/no 질문이어야 한다. 위의 예에서 둘째 인자는 "End program?"이다.

셋째 인자는 윈도우의 타이틀로 표시되는 스트링이다. 위의 예에서는 "Click Yes or No:"이다.

마지막 인자인 JOptionPane.YES_NO_OPTION은 Yes와 No 버튼이 있는 대화창을 생성하도록 지정한다. 다른 옵션도 가능하지만 여기서는 설명하지 않을 것이다.

사용자가 Yes 버튼을 클릭하면 showConfirmDialog 메소드는 int값인 JOptionPane.YES_OPTION을 반환하고 윈도우가 사라진다. 위 예제에서는 다중 분기 if-else 문이 System.exit(0)을 호출하여 프로그램을 종료한다. 사용자가 No 버튼을 클릭하면 showConfirmDialog 메소드는 int값인 JOptionPane.NO_OPTION을 반환하고 if-else 문이 System.out.println을 호출하여 One more time을 출력한다.

JOptionPane 클래스는 예제에서 사용된 YES_NO_OPTION, YES_OPTION, NO_OPTION 등의 int 상수를 비롯하여 여러 이름 상수를 정의한다. 이 상수들을 사용하려면 상수 이름 앞에 클래스 이름과 점(.)을 붙여야 함에 주의하라. 이들 상수가 실제로 어떤 정숫값을 가리키는지는 중요하지 않다. showConfirmDialog가 반환하는 값을 yes/no 질문에 대한 답변으로 생각하면 된다.

위 예제 코드를 포함한 완전한 프로그램은 원서와 연계된 웹사이트의 JOptionPane YesNo-Demo.java 파일에서 확인할 수 있다.

요점 정리 Yes/No 질문을 위한 대화창

javax.swing 패키지의 JOptionPane 클래스는 showConfirmDialog 메소드를 정의한다. 이 메소드를 사용하여 yes/no 질문을 하고 사용자 응답을 받는 대화창을 생성할 수 있다.

문법

```
Integer_Response = JOptionPane.showConfirmDialog(null,
    Question_String, Title_String, Option);
```

표시되는 윈도우는 타이틀이 *Title_String*이고 질문 텍스트인 *Question_String* 및 *Option*이 지정하는 버튼을 포함한다. *Option*이 JOptionPane.YES_NO_OPTION이면 Yes와 No로 표시된 두 개의 버튼이 나타난다. 메소드는 사용자가 Yes 버튼을 클릭하면 int 상수 YES_OPTION을 반환하고 사용자가 No 버튼을 클릭하면 NO_OPTION을 반환한다.

예제

```
int answer = JOptionPane.showConfirmDialog(null, "Done?",
    "Click a Button:", JOptionPane.YES_NO_OPTION);
```

자습문제 SELF-TEST QUESTIONS

23 사용자가 18세 이상인지 질문하는 JOptionPane 대화창을 생성하도록 코드를 작성하라. 사용자가 18세 이상이면 boolean 변수 adult에 true를 지정하고 아니면 false를 지정한다. 변수 adult에 대한 선언을 포함하라.

요약 SUMMARY

- 분기문은 여러 동작 가운데 하나를 선택하고 선택한 동작을 수행한다. 분기문에는 if-else 문과 switch 문이 있다.
- 불 수식은 변수를 < 와 같은 비교 연산자로 결합하여 참이나 거짓값을 생성한다.
- if-else 문은 불 수식의 값을 검사하여 참이냐 거짓이냐에 따라 둘 중 하나의 동작을 선택한다.
- if 문에서 else 부분은 생략할 수 있다. else가 생략된 if 문은 불 수식이 참이면 동작을 실행하고 거짓이면 아무 동작도 실행하지 않는다.
- 복합문은 일련의 자바 문장을 중괄호로 묶은 것이다.
- if-else 문은 중첩할 수 있다. if 부분과 else 부분의 동작이 또 다른 if-else 문

이 될 수 있다. 중괄호로 묶어 복합문을 만들면 프로그래머의 의도를 명확히 나타낼 수 있다. 중괄호가 없다면 각 else 부분은 가장 가까운 짝이 없는 if와 짝이 된다는 것을 기억하라.

- 중첩된 if-else 문의 특정한 형태가 다중 분기 구조이다. 이 형태에서는 else에 바로 이어서 다음 if 부분을 쓴다. 즉, if, else if, else if, …, else와 같이 쓴다. 마지막 else가 반드시 필요한 것은 아니지만 포함하는 것이 좋다.
- 불 수식을 논리 연산자 &&, ||, ! 등으로 결합하여 더 큰 수식을 만들 수 있다. 자바는 이런 수식에 대해 단락회로 계산 방식을 사용한다.
- exit 메소드를 호출하면 프로그램의 실행이 종료된다. JOptionPane을 사용하는 프로그램을 종료하기 위해서는 exit 메소드를 반드시 호출해야 하지만, 그 외의 일반적인 경우에는 호출하지 않는다.
- 불 수식의 값은 boolean형의 변수에 저장될 수 있다. boolean형의 변수 자신도 불 수식이므로 if-else 문을 제어하는 용도로 사용될 수 있다. 즉, 불 수식이 사용될 수 있는 곳이면 어디든지 불 변수를 사용할 수 있다.
- switch 문도 다중 분기 선택 구조를 제공한다. switch 문은 정수, 문자 혹은 스트링 수식의 값을 검사하여 그 값에 따라 하나의 case를 실행한다. 대부분의 경우 default case를 포함하는 것이 바람직하다.
- 열거형은 열거된 값이 이름 상수처럼 사용되는 데이터형을 정의한다.
- Graphics 메소드 setColor와 Color 클래스에 이름 상수로 정의된 색상들을 사용하여 애플릿 그리기에 색상을 추가할 수 있다.
- JOptionPane으로 yes/no 질문을 위한 대화창을 생성할 수 있다.

연습문제 EXERCISES

1 정수 변수 score가 유효한 점수를 저장하고 있는지 검사하는 코드를 작성하라. 유효한 점수는 0에서 100점 사이이다.

2 x에 저장된 정숫값을 다음과 같이 변경하는 코드를 작성하라. 즉, x가 홀수이면 7을 곱하고 2를 더한다. x가 짝수이면 5로 나누고 3을 뺀다.

3 사용자에게 yes/no 질문을 하는 프로그램을 작성한다고 하자. 프로그램이 사용자 응답을 String 변수 response에 읽어 들인다고 가정하라.

a. response가 yes 혹은 y이면 불 변수 accept를 참으로 지정하고 아니면 거짓으로 지정하라.

b. Yes와 Y도 받아들이도록 코드를 고치려면 어떻게 하면 되겠는가?

4 다음 코드를 살펴보라.

```
if (x > 15)
   System.out.println("A");
else if (x < 20)
   System.out.println("B");
else
   System.out.println("C");
```

x의 값이 각각 다음과 같을 때 출력은 무엇인가?

a. 16; b. 8; c. 12; d. 15; e. 20; f. 21

5 다음 코드를 살펴보라.

```
if (x > 15)
{
   System.out.println("A");
   if (x < 20)
   System.out.println("B");
}
else
   System.out.println("C");
```

x의 값이 각각 다음과 같을 때 출력은 무엇인가?

a. 16; b. 8; c. 12; d. 15; e. 20; f. 21

6 수표를 현금화할 때의 수수료를 계산하려고 한다. 수수료는 수표의 액수에 따라 달라지는데, 수표 액수가 10달러 미만이면 수수료가 1달러이고 10달러에서 100달러 미만이면 액수의 10%이다. 액수가 100달러에서 1,000달러 미만이면 5달러 + 액수의 5%이고, 1,000달러 이상이면 40달러 + 액수의 1%이다. 다중 분기 `if-else` 문을 사용하여 수수료를 계산하는 자바 코드를 작성하라.

7 x가 15, y가 20, z가 5라면 다음 불 수식의 값은 각각 무엇인가?

a. `(x < 15 && z > x)`

b. `(x < 10 || y > x)`

c. `(x > 3 || y < 10 && z == 25)`

d. `(! (x > 6) && x!= z || z + y == x)`

8 다음 코드는 컴파일되지 않는다. 이유는 무엇인가?

```
if !x < x - y
   x = 3 * y;
else
   x = y + 8;
```

9 불 수식 ((x > 5000) || (x <= 5000))은 아마도 프로그래머의 의도대로 작성된 것이 아닐 것이다. 그렇게 생각할 수 있는 이유는?

10 불 수식 ((7 > 3) && (x > 300))은 아마도 프로그래머의 의도대로 작성된 것이 아닐 것이다. 그렇게 생각할 수 있는 이유는?

11 문자로 된 등급을 5.0 스케일의 점수로 변환하는 switch 문을 작성하라. 변수 gradeValue의 값을 설정하되 E에 대해서 5.0, A에 대해서 4.0, B에 대해서 3.0, C에 대해서 2.0, D에 대해서 1.0, F에 대해서 0.0으로 설정한다. 다른 문자에 대해서는 에러 메시지를 출력한다.

12 앞 문제에서 등급에 +와 −를 포함하라. E+는 5.25, E−는 4.75, A+는 4.25, A−는 3.75 등이다.

a. 이렇게 추가된 문자 등급을 다른 조건문 없이 하나의 switch 문으로 변환하지 못하는 이유는 무엇인가?

b. 다중 분기 if-else 문을 사용하여 변환을 수행하는 코드를 작성하라.

c. 중첩된 switch 문을 사용하여 변환을 수행하는 코드를 작성하라.

13 *a*에서 *e*로 표시되는 다섯 개의 가능한 선택 메뉴를 출력하는 프로그램을 작성한다고 생각해 보자. 사용자 선택은 문자 변수 choice로 읽어 들인다. 어떤 선택을 했는지 보여 주는 메시지를 출력하는 switch 문을 작성하라. 사용자가 유효하지 않은 선택을 했다면 에러 메시지를 출력하라.

14 연습문제 13번을 열거형을 정의하여 이를 switch 문 내에서 사용하는 방식으로 반복하라.

15 연습문제 13번을 switch 문 대신 다중 분기 if-else 문을 사용하여 반복하라.

16 int 변수 temp가 온도를 저장하고 있고 그 값은 음수가 아니라고 가정하자. 조건 연산자를 사용하여 String 변수 label에 "degree"나 "degrees"를 지정하는 자바 문장을 작성하라. label을 이용하여 0 degrees, 1 degree, 2 degrees, … 등과 같이 문법적으로 올바른 출력이 표시되도록 해야 한다. 조건 연산자를 배우지 않고 생략했다면 if-else 문을 사용하라.

17 "Are you in the office?"에 대한 답변을 하는 yes/no 대화창을 생성하도록 자바 문장을 작성하라.

프로그래밍 과제 PROGRAMMING PROJECTS

1 x를 y로 나눈 나머지가 0이면 x는 y로 **나누어 떨어진다**(divisible)고 말한다. 한 숫자가 다른 숫자로 나누어 떨어지는지 검사하는 프로그램을 작성하라. 두 숫자는 키보드로부터 읽어 들인다.

2 음수가 아닌 정수 세 개를 읽어 들여 오름차순으로 출력하는 프로그램을 작성하라.

3 세 개의 스트링을 읽고, 이 세 스트링을 사전편집 순서로 정렬했을 때 두 번째에 해당하는 스트링을 출력하는 프로그램을 작성하라.

4 한 줄의 문장을 입력으로 읽어서 다음과 같은 응답을 출력하는 프로그램을 작성하라. 문장이 물음표(?)로 끝나고 입력이 짝수 개의 문자를 포함하면 Yes를 출력한다. 문장이 물음표로 끝나고 입력이 홀수 개의 문자를 포함하면 No를 출력한다. 문장이 느낌표(!)로 끝나면 Wow를 출력한다. 그 외의 모든 경우에는 You always say라고 출력하고 뒤이어 입력된 스트링을 따옴표로 묶어서 출력한다. 출력은 모두 한 줄에 표시된다. 마지막 경우의 출력에는 입력 스트링을 둘러싼 따옴표가 있어야 함을 명심하라. 그 외의 경우는 출력에 따옴표가 나오지 않는다. 사용자가 올바른 문장을 입력했는지 프로그램이 확인할 필요는 없다.

5 온도를 화씨에서 섭씨로 혹은 섭씨에서 화씨로 변환하는 프로그램을 작성하라. 다음 공식을 사용한다.

```
Degrees_C = 5(Degrees_F - 32)/9
Degrees_F = (9(Degrees_C)/5) + 32)
```

사용자에게 온도 다음에 섭씨인 경우에 C나 c를, 화씨인 경우에 F나 f를 입력하도록 설명문을 출력하라. 섭씨가 입력되면 화씨로 변환하고 화씨가 입력되면 섭씨로 변환한다. 결과를 읽기 쉬운 형태로 출력하라. C, c, F, f 이외의 입력이 들어오면 에러 메시지를 표시하고 프로그램을 중단하라.

6 2장의 프로그래밍 과제 10번을 반복하되 입력에 대한 확인을 포함하라. 유효한 가격이 입력되었을 때에만 잔돈을 출력한다. 유효한 가격이란 25센트 이상, 100센트 이하이며 5센트의 배수여야 한다. 유효한 가격이 아닐 경우에는, 25센트 미만 가격, 5의 배수가 아닌 가격, 1달러 초과 가격에 대해 각각 별도의 에러 메시지를 출

력한다.

7 앞의 프로그래밍 과제 가운데 하나를 2장 그래픽 보조자료에서 설명된 `JOptionPane`을 사용하여 반복하라.

8 사용자 게시판을 제공하는 온라인 서비스에서 비속어를 걸러 내는 옵션을 사용자에게 제공하려고 한다. *cat*, *dog*, *llama* 등 세 단어를 비속어로 간주한다고 가정하고, 스트링을 읽어 비속어를 포함하고 있는지 검사하는 프로그램을 작성하라. 대소문자의 구분 없이 *cAt*와 같은 단어들도 찾아야 한다. **선택 사항** : 비속어가 (단어의 일부가 아니라) 하나의 단어로 포함된 입력만을 찾아내도록 작성하라. 예를 들어 *Dogmatic concatenation is a small category*는 비속어를 포함하지 않는 것으로 판별되어야 한다.

9 키보드로부터 스트링을 읽어 유효한 날짜인지 검사하는 프로그램을 작성하라. 읽은 날짜를 출력하고 그 날짜가 유효한지 여부를 나타내는 메시지를 함께 출력하라. 날짜가 유효하지 않다면 이유를 설명하는 메시지도 출력하라.

입력되는 날짜는 *mm/dd/yyyy*의 형식을 가진다. 몇 월인지 나타내는 *mm*의 유효한 값은 1에서 12이고, 몇 일인지 나타내는 *dd*값은 1에서 해당 월의 마지막 날 사이여야 한다. 4, 6, 9, 11월은 30일이고, 2월은 윤년이 아니면 28일, 윤년이면 29일이다. 나머지 달은 모두 31일이다. 윤년은 4로 나누어 떨어지면서 100으로 나누어 떨어지지 않거나, 400으로 나누어 떨어지는 연도이다.

10 2장 프로그래밍 과제 13번의 칼로리 계산 문제를 반복하라. 사용자가 남성이면 스트링 "M"을 입력하고 여성이면 "W"를 입력하라. "M"이 입력되면 남성 공식만을 사용하고 "W"가 입력되면 여성 공식만을 사용하라. 섭취해야 하는 초콜릿 바의 개수를 출력하는 것은 동일하다.

11 프로그래밍 과제 10번을 반복하되 사용자에게 자신이 다음의 어느 항목에 속하는지 대답하도록 하라.

a. 비활동적
b. 제한적으로 활동적(가끔 운동함)
c. 활동적(주당 3~4일 운동함)
d. 매우 활동적(매일 운동함)

사용자가 '비활동적'이라고 답변하면 계산한 BMR을 20% 증가시킨다. '제한적으로 활동적'이라고 답변하면 계산한 BMR을 30% 증가시킨다. '활동적'이라고 답변하면 계산한 BMR을 40% 증가시킨다. 마지막으로 '매우 활동적'이라고 답변하면 계산한 BMR을 50% 증가시킨다. 수정된 BMR값에 따라 초콜릿 바의 개수를 출력하라.

12 올림픽 심벌인 다섯 개의 맞물린 원을 그리는 애플릿이나 애플리케이션을 작성하라. 원의 색깔은 왼쪽에서 오른쪽으로 파랑, 노랑, 검정, 초록, 빨강이다.

13 1장의 프로그래밍 과제 8번을 반복하되 yes/no 대화창을 추가하여 사용자가 다음과 같이 색상 변경을 할 수 있도록 하라.

- 내부가 칠해진 가운데 원의 색상을 검정에서 빨강으로 변경
- 바깥쪽 원의 색상을 검정에서 파랑으로 변경
- 원호의 색상을 검정에서 초록으로 변경

자습문제 해답 ANSWERS to SELF-TEST QUESTIONS

1
```
if (goals > 10)
    System.out.println("Wow");
else
        System.out.println("Oh Well");
```

2
```
if ((goals > 10) && (errors == 0))
        System.out.println("Wow");
else
        System.out.println("Oh Well");
```

3
```
if (salary >= deductions)
{
    System.out.println("OK");
    net = salary - deductions;
}
else
{
    System.out.println("No Way");
}
```

else 부분의 중괄호는 생략해도 된다.

4
```
if ((speed > 25) && (visibility < 20))
{
    speed = 25;
    System.out.println("Caution");
}
```

5
```
if ((salary >= MIN_SALARY) || (bonus >= MIN_BONUS))
    System.out.println("OK");
```

```
else
   System.out.println("Too low");
```

6
```
String upperWord = nextWord.toUpperCase();
if(upperWord.compareTo("N") < 0)
   System.out.println("First half of the alphabet");
else
   System.out.println("Second half of the alphabet");
```

7 int형이라면 x1 == x2를 사용하고 String형이라면 x1.equals(x2)를 사용한다.

8 Time and tide wait for me.

9 Time and tide wait for no one.

10 Time and tide wait for everyone.

11
```
if(number > 10)
   System.out.println("High");
else if (number < 5)
   System.out.println("Low");
else
   System.out.println("So-so");
```

12
```
Positive
-100
```

13
```
false
false
true
true
```

14
```
false
true
false
true
```

단락 회로 평가이기 때문에 x의 값은 알 필요가 없다.

15 Till we meet again.

16
```
Hello
Good-bye
```

17 Some kind of B.

18 Pie

19 Cookies

20 Diet time

21 내부가 칠해진 노란색 원에 덮이기 때문에 입 부분이 보이지 않을 것이다. 얼굴의 나머지 부분은 Listing 3.6에 보인 것과 동일하다.

22 그려지는 얼굴은 Listing 3.6에 보인 것과 동일하다.

23 아래에 해답 코드를 포함하는 완전한 프로그램을 보였다.

```
import javax.swing.JOptionPane;
public class Question23
{
   public static void main(String[] args)
   {
      boolean adult = false;
      //Initialized to keep the compiler happy.
      int answer = JOptionPane.showConfirmDialog(null,
         "Are you at least 18 years old?",
         "Age Check", JOptionPane.YES_NO_OPTION);
      if (answer == JOptionPane.YES_OPTION)
         adult = true;
      else if (answer == JOptionPane.NO_OPTION)
         adult = false;
      else
         System.out.println("Error");
      if (adult)
         JOptionPane.showMessageDialog
                  (null, "You are old enough.");
      else
         JOptionPane.showMessageDialog(null,
                  "Sorry. you must be 18.");
         System.exit(0);
   }
}
```

04 제어 흐름 : 루프

이 장에서는 앞 장에서 시작한 제어 흐름에 대한 설명을 계속한다. 프로그램 논리에 따라 두 가지 혹은 그 이상의 경로 가운데 하나를 선택하는 자바 분기문은 매우 중요하지만, 컴퓨터의 강력한 성능은 일련의 명령을 여러 번 반복할 수 있는 능력에서 나온다. 자바는 이러한 반복 능력을 사용할 수 있는 문장을 제공한다.

■ **학습목표**

- 루프를 설계할 수 있다.
- 프로그램에서 `while`, do, for 문을 사용할 수 있다.
- 열거형과 함께 for-each 문을 사용할 수 있다.
- 프로그램에서 단언문 검사(assertion check)를 사용할 수 있다.
- 그래픽 프로그램에서 루프를 사용할 수 있다.
- 그래픽 프로그램에서 `drawString` 메소드를 사용하여 텍스트를 출력할 수 있다.

■ **전제조건**

이 장의 예제들은 3장에서 설명한 `if-else` 문, `switch` 문 및 열거형을 활용한다.

4.1 자바 루프문

프로그램이 어떤 동작을 반복해야 하는 경우가 많다. 예를 들어 성적 처리 프로그램은 학생의 시험 점수에 근거해 성적 등급을 할당하는 분기문을 포함할 것이다. 전체 학급에 등급을 할당하려면 이 동작을 모든 학생에 대해 반복해야 한다. 프로그램에서 하나의 문장이나 여러 문장을 반복하는 부분을 반복문 혹은 **루프**(loop)라고 부르고, 반복되는 하나 혹은 여러 문장을 루프의 **몸체**(body)라고 한다. 루프에서 몸체가 한 번 실행되는 것을 **반복**(iteration)이라고 한다.

루프를 설계할 때는 루프의 몸체가 어떤 동작을 수행할지 결정해야 하고, 몸체의 반복을 언제 중단할지 결정하는 장치도 필요하다. 자바에는 이러한 기능을 제공하는 여러 종류의 루프가 있으며, 이 장에서 이들을 살펴볼 것이다.

while 문

자바에서 루프를 구성하는 한 가지 방법은 **`while` 문**(while statement 혹은 while loop)을 사용하는 것이다. `while` 문은 불 수식인 제어식(controlling expression)이 참이면 동작을 계속 반복한다. 즉, 제어식이 참인 '동안'(while) 계속 반복하므로 `while` 문이라고 부른다. 제어식이 거짓이 되면 반복이 종료된다. 예를 들어 Listing 4.1은 **while** 문이 사용된 간단한 예를 포함하고 있다. **while** 문은 예약어 **while** 다음에 괄호에 묶인 불 수식이 오는데, 이 불 수식이 제어식이다. 루프의 몸체는 이 제어식이 참인 동안 반복된다. 몸체는 중괄호 {}로 묶인 복합문인 경우가 많다. 루프의 몸체에는 보통 제어식

Listing 4.1 while 문

```
import java.util.Scanner;
public class WhileDemo
{
    public static void main(String[] args)
    {
        int count, number;
        System.out.println("Enter a number");
        Scanner keyboard = new Scanner(System.in);
        number = keyboard.nextInt();
        count = 1;
        while (count <= number)
        {
            System.out.print(count + ", ");
            count++;
        }
        System.out.println();
        System.out.println("Buckle my shoe.");
    }
}
```

실행 결과 출력 1

```
Enter a number:
2
1, 2,
Buckle my shoe.
```

실행 결과 출력 2

```
Enter a number:
3
1, 2, 3,
Buckle my shoe.
```

실행 결과 출력 3

```
Enter a number:
0
 <────────────── 루프 몸체가 0번 반복된다.

Buckle my shoe.
```

```
while (count <= number)
{
    System.out.print(count + ", ");
    count++;
}
```

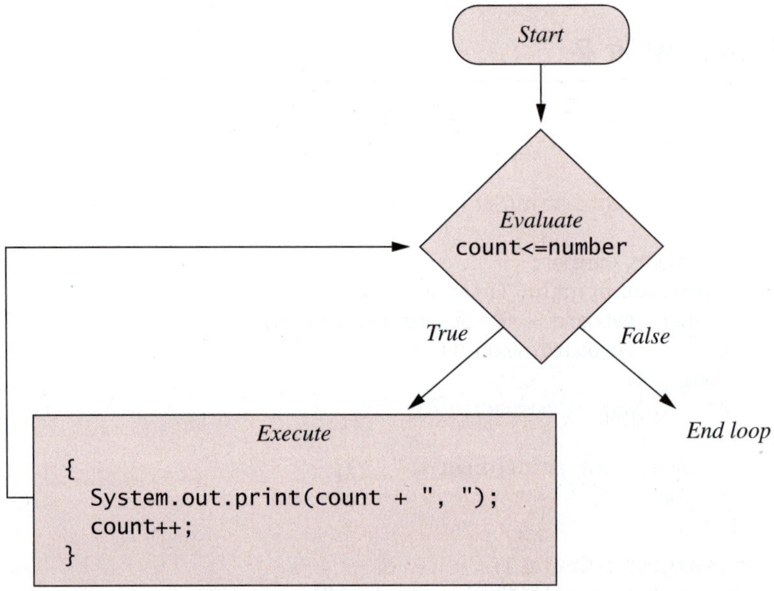

그림 4.1 Listing 4.1에서 **while** 문의 동작

의 값을 참에서 거짓으로 바꾸는 (그래서 반복을 종료시킬 수 있는) 동작이 포함된다. Listing 4.1의 **while** 문의 실행을 한 단계씩 살펴보자.

Listing 4.1에서 **while** 문의 첫 번째 실행 예를 살펴보자. 사용자가 2를 입력하므로 변수 **number**의 값이 2가 된다. 제어식은 다음과 같은데

```
count <= number
```

count는 1이고 **number**는 2이므로 이 불 수식은 참이 되어 아래 보인 루프의 몸체가 실행된다.

```
{
    System.out.print(count + ", ");
    count++;
}
```

루프의 몸체는 **count**의 값 1을 스크린에 출력하고 **count**의 값을 1만큼 증가시켜 2가 되도록 한다.

몸체를 한 번 반복한 후 다시 제어식을 검사한다. **count**가 2이고 **number**도 2이니까

불 수식은 여전히 참이다. 따라서 몸체는 한 번 더 실행되어 count의 값 2를 스크린에 출력하고 count를 증가시켜 3이 되게 한다.

몸체를 두 번째 반복한 후 다시 제어식을 검사한다. count의 값은 이제 3이고 number는 여전히 2이므로 제어식 count <= number는 거짓이 된다. 따라서 while 루프는 종료되고 while 문 다음에 나오는 두 개의 System.out.println 문장이 실행된다. 이 두 문장 가운데 첫 번째는 while 문에서 출력된 숫자들 끝에 줄 바꿈을 표시하고, 두 번째는 Buckle my shoe를 표시한다. 그림 4.1이 이 루프의 동작을 요약해서 보여 준다.

요점 정리 while 문

문법

```
while (Boolean_Expression)
    Body
```

*Body*는 하나의 문장일 수도 있지만 여러 개의 문장을 중괄호 { }로 묶은 복합문인 경우가 많다.

예제

```
//Get next positive integer entered as input data
int next = 0;
while (next <= 0)
    next = keyboard.nextInt();  //keyboard is a Scanner object
```

예제

```
//Sum positive integers read until one is not positive
int total = 0;
int next = keyboard.nextInt();
while (next > 0)
{
    total = total + next;
    next = keyboard.nextInt();
}
```

모든 while 문은 Listing 4.1에 보인 예제와 비슷하게 구성된다. 몸체는 하나의 문장일 수도 있지만 Listing 4.1에서처럼 복합문인 경우가 더 많다. 따라서 while 루프의 가장 흔한 형태는 다음과 같다.

```
while (Boolean_Expression)
{
    First_Statement
    Second_Statement
      . . .
```

```
while (Boolean_Expression)
      Body
```

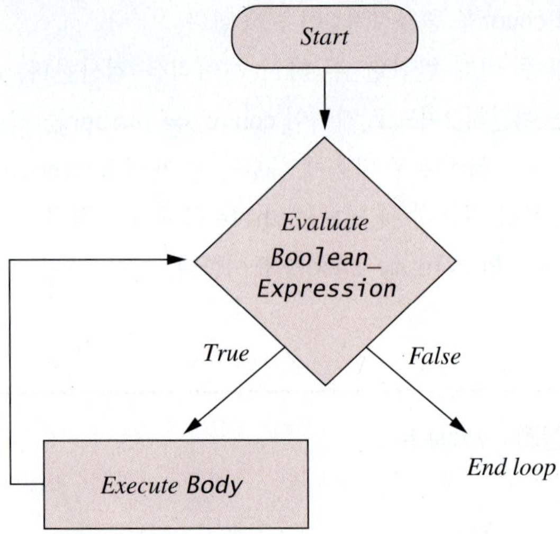

그림 4.2 while 문의 의미

```
    Last_Statement
}
```

while loop의 의미는 그림 4.2에 요약되어 있다. 여기서는 루프의 몸체에 break 문이 나오지 않는다고 가정하였다. 몸체에 break 문이 사용되는 경우에 대해서는 이 장 뒷부분에서 설명하겠다.

프로그래밍 팁_while 문은 한 번도 실행되지 않을 수도 있다

while 문의 몸체는 한 번도 실행되지 않을 수 있다. while 문이 실행될 때는 먼저 제어식이 검사된다. 제어식이 거짓이면 몸체는 한 번도 실행되지 않는다. 이것은 이상하게 생각될지 모른다. 몸체가 실행되지 않는다면 루프를 도대체 왜 쓴 것일까? 그 대답은 사용자의 입력에 따라 몸체의 반복 횟수가 결정되는 루프를 작성하는 경우를 생각해 보면 된다. 예를 들어 루프가 그 날의 모든 영수증의 금액을 합산한다고 하자. 영수증이 하나도 없다면 루프의 몸체가 아예 실행되지 않아야 한다. Listing 4.1의 스크린 출력 예 3이 몸체가 한 번도 실행되지 않는 while 문의 간단한 예를 보여 준다. ■

do-while 문

do-while 문(do-while statement 혹은 do-while loop)은 while 문과 아주 비슷하지만, 주된 차이점은 do-while 문의 몸체는 항상 최소 한 번은 실행된다는 점이다. 반면에

while 문의 몸체는 아예 실행되지 않을 수도 있다.

do-while 문이 실행될 때는 먼저 루프의 몸체가 실행된다. 그다음에는 while 문과 똑같이 불 수식이 검사되어 참이면 루프의 몸체가 다시 한 번 실행된다. 이러한 반복은 불 수식이 참인 동안 계속되고, 불 수식이 거짓이면 루프가 종료된다.

do-while 문의 문법은 다음과 같다.

```
do
    Body
while (Boolean_Expression);    ← 세미콜론에 주의하라!
```

*Body*는 하나의 문장일 수도 있지만 복합문인 경우가 더 많다. 따라서 do-while 루프의 가장 흔한 형태는 다음과 같다.

```
do
{
    First_Statement
    Second_Statement
      . . .
    Last_Statement
} while (Boolean_Expression);
```

괄호로 묶인 *Boolean_Expression* 다음의 세미콜론에 주의하라. 그리고 여기서는 닫는 중괄호 }와 while을 같은 줄에 작성했지만 while을 다음 줄에 작성하는 것을 선호하는 프로그래머들도 있다. 둘 다 괜찮은 방법이지만 일관성 있게 사용해야 한다.

Listing 4.2에 보인 do-while 문의 예는 Listing 4.1의 while 문과 비슷하지만 출력이 다르다. 실행 결과 출력 3에서 불 수식이 처음부터 거짓이지만 그래도 루프 몸체가 실행된다는 점에 주의하라. 즉, do-while 문의 몸체는 항상 최소 한 번은 실행된다. 그림 4.3에 이 루프의 동작을 요약하였다.

Listing 4.2의 do-while 문은 다음과 같은 동등한 while 문으로 바꾸어 쓸 수 있다.

```
{
    System.out.print(count + ", ");
    count++;
}
while (count <= number)
{
    System.out.print(count + ", ");
    count++;
}
```

do-while 문을 이렇게 바꾸어 쓰도록 권장하는 것은 아니지만, 이 예를 보면 두 루프의 차이를 이해할 수 있다. do-while 문의 몸체는 어떤 경우라도 최소 한 번은 실행되

Listing 4.2 do-while 문

```
import java.util.Scanner;
public class DoWhileDemo
{
    public static void main(String[] args)
    {
        int count, number;
        System.out.println("Enter a number");
        Scanner keyboard = new Scanner(System.in);
        number = keyboard.nextInt();
        count = 1;
        do
        {
            System.out.print(count + ", ");
            count++;
        } while (count <= number);

        System.out.println();
        System.out.println("Buckle my shoe.");
    }
}
```

실행 결과 출력 1

```
Enter a number:
2
1, 2,
Buckle my shoe.
```

실행 결과 출력 2

```
Enter a number:
3
1, 2, 3,
Buckle my shoe.
```

실행 결과 출력 3

```
Enter a number:
0
1,   ← 이 루프는 항상 최소 한 번은 실행된다.
Buckle my shoe.
```

지만 while 문의 몸체는 한 번도 실행되지 않을 수 있다.

do-while 문의 의미를 그림 4.4에 나타냈다. 그림 4.2에 보인 while 문의 경우와 마찬가지로, 여기서도 루프의 몸체에 break 문이 나타나지 않는다고 가정하였다.

```
do
{
   System.out.print(count + ", ");
   count++;
} while (count <= number);
```

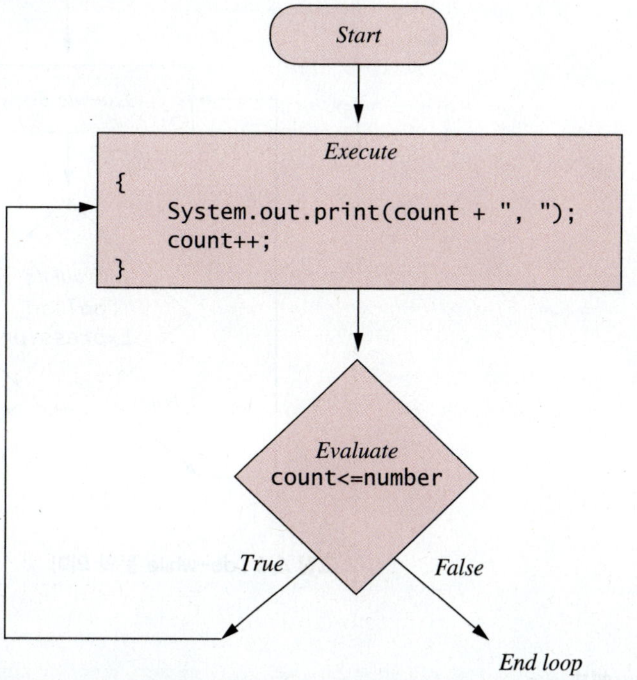

그림 4.3 Listing 4.2에서 do-while 문의 동작

요점 정리 do-while 문

문법

```
do
    Body
while (Boolean_Expression);
```

*Body*는 하나의 문장일 수도 있지만 여러 개의 문장을 중괄호 { }로 묶은 복합문인 경우가 많다. *Body*는 항상 최소 한 번은 실행된다. 마지막의 세미콜론에 특히 주의하라.

예제

```
//Get the next positive integer entered as input data
int next;
do
    next = keyboard.nextInt(); //keyboard is a Scanner object
while (next <= 0);
```

(계속)

```
do
    Body
while (Boolean_Expression)
```

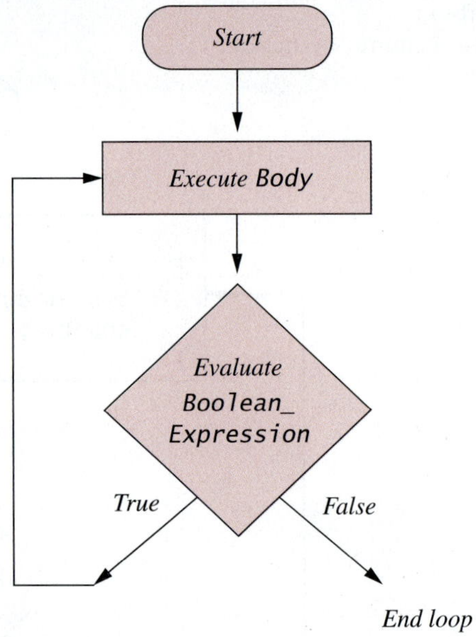

그림 4.4 do-while 문의 의미

예제

```
//Sum the positive integers read until one is not positive
int total = 0;
int next = 0;
do
{
    total = total + next;
    next = keyboard.nextInt();
} while (next > 0);
```

프로그래밍 예제 벌레의 침입

이 예제는 프로그래밍 버그가 아니라 진짜 벌레에 관한 것이다. 여러분의 동네에 바퀴벌레가 만연했다. 결코 유쾌한 일이 아니지만 다행히 Debugging Experts Inc.라는 회사가 바퀴벌레를 박멸할 수 있는 방법을 가지고 있다. 문제는 동네 주민들이 너무 느긋해서 감당할 수 없을 지경이 되기 전까지는 바퀴벌레 박멸에 나서지 않을 것이라는 점이다. 그래서 이 회사는 쇼핑몰에 컴퓨터를 설치해서 문제가 얼마나 악화될 수 있는지 알려 주려고 한다. 컴퓨터에 설치된 프로그램은 바퀴벌레가 마루부터 천장까지 집 전체를 채우는 데 몇 주가 걸리는지 계산한다.

바퀴벌레의 증가 속도는 바퀴벌레 입장에서는 꽤 느린 편이지만 그 정도라고 해도 상황은 상당히 나쁘다. 놔둔다면 바퀴벌레 수는 매주 거의 두 배가 될 것이다. 바퀴벌레 수가 매주 두 배가 된다면 증가율은 매주 100%가 되겠지만 다행히도 매주 95%만 증가한다. 이 바퀴벌레들은 몸집도 상당히 커서 평균 0.002입방피트의 크기를 갖는데, 이는 0.3입방인치보다 약간 작은 정도이다. 프로그램은 문제를 단순화하기 위해 집 안에는 가구가 없으며 바퀴벌레들이 빈 공간 없이 집을 채울 것으로 가정한다. 실제의 상황은 물론 이 프로그램에서 다루는 것보다 훨씬 더 복잡할 것이다.

이 문제를 해결하는 데 필요한 단계를 생각해 보자. 알고리즘의 첫 번째 초안은 다음과 같다.

바퀴벌레 개체군 알고리즘 (초안)

1. 집의 부피를 구한다.
2. 바퀴벌레의 초기 개체 수를 구한다.
3. 집 전체가 바퀴벌레로 가득 찰 때까지 몇 주가 걸리는지 계산한다.
4. 결과를 출력한다.

바퀴벌레 개체군의 성장 속도와 평균 크기는 알고 있으므로 이 값을 읽어 들이지 않고 프로그램의 상수로 정의할 것이다.

알고리즘이 간단해 보이지만 아직은 서둘러 코딩에 들어갈 때가 아니다. 알고리즘의 세 번째 단계가 핵심적인 내용이지만 실제 계산을 어떻게 해야 할지는 알려 주고 있지 않다. 몇 주가 걸리는지 계산해야 하니까 0에서 시작하여 증가되는 카운터를 사용하도록 하자. 바퀴벌레 한 마리의 평균 부피와 초기 개체 수를 알고 있으므로 바퀴벌레 전체의 부피는 이 두 수를 곱해서 얻을 수 있다. 이 값이 0주 차의 바퀴벌레 개체군의 부피이다. 바퀴벌레가 집 전체를 가득 채웠으면 계산이 종료된다. 가득 차지 않았다면 1주 차에 태어난 새로운 바퀴벌레들의 부피를 더한다. 다시 집 전체가 가득 찼는지 확인한다. 가득 차지 않았다면 2주 차에 태어난 새로운 바퀴벌레들의 부피를 더한다. 이와 같이 계속된다. 즉, 루프가 필요하다.

어떤 루프를 사용해야 할까? 사용할 루프의 종류를 일찍 결정할 수 없는 상황도 있을 수 있겠지만 이 문제에서는 그렇지 않다. 만약 초기의 개체군이 집을 가득 채운다면 아무런 계산도 할 필요가 없다. 즉, 루프의 몸체가 실행되지 않아야 한다. 그러므로 여기서는 `do-while` 루프가 아니라 `while` 루프를 사용해야 한다. 하지만 루프의 종류를 이와 같이 미리 결정하지 못했다고 가정하고 진행해 보자.

우선 필요한 상수와 변수를 다음과 같이 나열한다.

GROWTH_RATE—바퀴벌레 개체군의 주당 증가율(상수 0.95)

ONE_BUG_VOLUME—바퀴벌레 한 마리의 평균 부피(상수 0.002)

houseVolume—집의 부피

startPopulation—바퀴벌레 초기 개체수

countWeeks—몇 주가 걸리는지 세는 카운터

population—바퀴벌레의 현재 개체수

totalBugVolume—바퀴벌레의 전체 부피

newBugs—금주에 태어난 바퀴벌레의 수

newBugVolume—새로운 바퀴벌레의 부피

필요한 변수를 모두 한 번에 생각해 낼 수는 없을 것이다. 알고리즘을 다듬어 가는 동안 다른 변수들이 떠오르는 대로 목록에 추가하면 된다. 변수와 그 의미를 따로 목록을 만들어 관리하면 프로그램을 설계하고 작성하는 데 큰 도움이 된다.

프로그래밍 팁_메모하기

자바 첫 문장을 작성하기 전에 프로그램 설계에 시간을 투자하라. 의사코드(pseudocode)를 작성하고 도표를 그리고 필요한 변수들과 그들의 의미를 목록으로 만들어 보라. 다시 말하면 생각을 정리하고 종이에 적어 보라는 것이다. 이런 단계를 거쳐 작성된 프로그램이 너무 서둘러 코딩된 프로그램보다 구성이나 정확성이 우수할 가능성이 많다.

이제 알고리즘의 세 번째 단계를 다음과 같이 수정할 수 있다.

3a. countWeeks = 0

3b. 집이 벌레로 가득 찰 때까지 다음을 반복하라.

```
{
    newBugs = population * GROWTH_RATE
    newBugVolume = newBugs * ONE_BUG_VOLUME
    population = population + newBugs
    totalBugVolume = totalBugVolume + newBugVolume
    countWeeks = countWeeks + 1
}
```

3b 단계에 나와 있는 '…할 때까지 반복하라(repeat until)'는 표현에 직접 대응하는 문장이 자바에는 존재하지 않는다. '집이 벌레로 가득 찰 때까지 반복하라'는 문장은 '집

이 벌레로 가득 차지 않은 동안 반복하라' 혹은 '벌레의 부피가 집의 부피보다 작은 동안 반복하라'는 식으로 바꾸어 쓸 수 있으므로 다음의 자바 문장을 사용하면 된다.

```
while (totalBugVolume < houseVolume)
```

이제까지 살펴본 것을 종합하면 다음과 같은 알고리즘을 얻게 된다.

바퀴벌레 개체군 알고리즘

1. houseVolume을 읽는다.
2. startPopulation을 읽는다.
3. population = startPopulation
4. totalBugVolume = population * ONE_BUG_VOLUME
5. countWeeks = 0
6. while (totalBugVolume < houseVolume)

```
{
     newBugs = population * GROWTH_RATE
     newBugVolume = newBugs * ONE_BUG_VOLUME
     population = population + newBugs
     totalBugVolume = totalBugVolume + newBugVolume
     countWeeks = countWeeks + 1
}
```

7. startPopulation, houseVolume, countWeeks, polulation, totalBugVolume의 값을 출력한다.

루프는 단순히 바퀴벌레의 개체수, 바퀴벌레의 부피 그리고 변수 countWeeks를 갱신한다. 증가율과 바퀴벌레 한 마리의 부피가 모두 양수이므로 population의 값과 totalBugVolume의 값은 루프가 매번 반복될 때마다 증가할 것임을 알 수 있다. 따라서 결국 totalBugVolume의 값이 houseVolume의 값보다 커지게 되면 다음 제어식이 거짓이 되고 while 문이 종료된다.

```
totalBugVolume < houseVolume
```

변수 countWeeks는 0에서 시작하고 루프가 매번 반복될 때마다 1씩 증가한다. 따라서 루프가 종료되면 countWeeks의 값은 바퀴벌레의 부피가 집의 부피보다 커지게 될 때까지 몇 주가 걸리는지 알려 주게 된다.

Listing 4.3에 바퀴벌레 개체군 프로그램과 출력 예를 보였다.

Listing 4.3 바퀴벌레 개체군 프로그램

```
import java.util.Scanner;
/**
 Program to calculate how long it will take a population of
 roaches to completely fill a house from floor to ceiling.
*/
public class BugTrouble
{
    public static final double GROWTH_RATE = 0.95;      //95% per week
    public static final double ONE_BUG_VOLUME = 0.002;  //cubic feet

    public static void main(String[] args)
    {
        System.out.println("Enter the total volume of your house");
        System.out.print("in cubic feet: ");
        Scanner keyboard = new Scanner(System.in);
        double houseVolume = keyboard.nextDouble();

        System.out.println("Enter the estimated number of");
        System.out.print("roaches in your house: ");
        int startPopulation = keyboard.nextInt();
        int countWeeks = 0;
        double population = startPopulation;
        double totalBugVolume = population * ONE_BUG_VOLUME;
        double newBugs, newBugVolume;

        while (totalBugVolume < houseVolume)
        {
            newBugs = population * GROWTH_RATE;
            newBugVolume = newBugs * ONE_BUG_VOLUME;
            population = population + newBugs;
            totalBugVolume = totalBugVolume + newBugVolume;
            countWeeks++;
        }
            System.out.println("Starting with a roach population of " +
                                   startPopulation);
            System.out.println("and a house with a volume of " + houseVolume +
                                   " cubic feet,");
            System.out.println("after " + countWeeks + " weeks,");
            System.out.println("the house will be filled with " +
                          (int)population + " roaches.");
            System.out.println("They will fill a volume of " +
                          (int)totalBugVolume + " cubic feet.");
            System.out.println("Better call Debugging Experts Inc.");
    }
}
```

(int)는 2장에서 설명된 형 변환(type cast)이다.

(계속됨)

Listing 4.3 바퀴벌레 개체군 프로그램

실행 결과 출력

```
Enter the total volume of your house
in cubic feet: 20000
Enter the estimated number of
roaches in your house: 100
Starting with a roach population of 100
and a house with a volume of 20000.0 cubic feet,
after 18 weeks,
the house will be filled with 16619693 roaches.
They will fill a volume of 33239 cubic feet.
Better call Debugging Experts Inc.
```

GOTCHA 무한 루프

흔한 프로그램 버그는 루프가 종료되지 않고 몸체를 무한히 반복하는 것이다. (물론 개념상으로만 무한히 계속된다는 말이다.) 종료되지 않고 몸체를 계속 반복하는 루프를 **무한 루프**(infinite loop)라고 부른다. 정상적이라면 `while`이나 `do-while` 문 몸체 내의 문장이 하나 혹은 그 이상의 변숫값을 변경하여 제어식이 거짓이 되도록 할 것이지만, 그 변수들이 올바른 방식으로 변경되지 않으면 무한 루프에 빠질 수 있다.

Listing 4.3에 약간의 변화를 주어 보자. 예를 들어 여러분의 동네에 바퀴벌레를 잡아먹는 개구리가 침입했다고 하자. 개구리가 바퀴벌레를 워낙 빨리 잡아먹어 바퀴벌레의 수가 실제로 감소한다면 바퀴벌레는 음수의 증가율을 가진다. 이런 점을 반영하기 위해 이름 상수 중 하나를 다음과 같이 수정하고 프로그램을 다시 컴파일해 보자.

```
public static final double GROWTH_RATE = -0.05  //-5% per week
```

프로그램을 이와 같이 변경하고 다시 실행시켰을 때, 초기에 상대적으로 적은 수의 바퀴벌레로 시작한다면 `while` 문은 무한 루프가 된다. 바퀴벌레의 전체 수와 바퀴벌레의 부피가 계속 감소할 것이므로 제어식 `totalBugVolume < houseVolume`은 항상 참이고, 결과적으로 루프는 종료되지 않는다.

어떤 무한 루프는 무한히 실행되지는 않고 시스템 자원이 소진되어 프로그램이 종료되지만, 다른 무한 루프는 내버려 두면 무한히 계속된다. 무한 루프를 포함하는 프로그램을 종료시키기 위해서는 프로그램의 실행을 강제로 중단시키는 방법을 알아야 한다. 그 방법은 운영체제에 따라 다른데, 많은 시스템에서는 Ctrl 키를 누른 상태에서 C 키를 누르는 Ctrl+C에 의해 프로그램의 실행을 중단시킬 수 있다.

경우에 따라서는 프로그래머가 의도적으로 무한 루프를 작성할 수도 있다. 예를 들어 현금 자동 인출기를 제어하는 프로그램은 입금과 출금 처리를 무한정 계속하는 무한 루프를 가질 것이다. 그러나 프로그래밍을 배우는 지금 단계에서 무한 루프는 대부분 에러이다. ■

자습문제 SELF-TEST QUESTIONS

1 다음 코드의 출력은 무엇인가?

```
int count = 0;
while (count < 5)
{
    System.out.println(count);
    count++;
}
System.out.println("count after loop = " + count);
```

2 while 문의 몸체가 0번 반복될 수 있는가? do-while 문의 몸체가 0번 반복될 수 있는가?

3 다음 코드의 출력은 무엇인가?

```
int count = 0;
do
{
    System.out.println(count);
    count++;
} while (count < 0);
System.out.println("count after loop = " + count);
```

4 다음 코드를 do-while 문 대신 while 문을 사용하도록 수정하라.

```
Scanner keyboard = new Scanner(System.in);
int number;
do
{
    System.out.println("Enter a whole number:");
    number = keyboard.nextInt();
    System.out.println("You entered " + number);
} while (number > 0);
System.out.println("number after loop = " + number);
```

5 다음 코드의 출력은 무엇인가?

```
int count = 0;
while (count < 5)
{
    System.out.println(count);
```

```
    count;
}
System.out.println("count after loop = " + count);
```

6 다음 문장으로 도시의 인구를 읽어 들이는 프로그램을 생각해 보자.

```
System.out.print("Enter the population of the city: ");
int population = keyboard.nextInt( );
```

이 문장 뒤에 **while** 문을 작성하여 인구가 양수가 되도록 보장하라. 사용자가 인구를 음수나 0으로 입력하면 음수가 아닌 값을 입력하도록 요구한다.

프로그래밍 예제 중첩된 루프

루프의 몸체는 어떤 종류의 문장이라도 포함할 수 있다. 특히 루프의 몸체에 다시 루프를 넣을 수 있다. 예를 들어 Listing 4.4는 음수가 포함되지 않는 점수 목록의 평균을 계산하기 위해 **while** 문을 사용하고 있다. 프로그램은 사용자가 점수를 모두 입력한 다음 데이터의 끝을 나타내는 음숫값을 입력하도록 요청한다. 이 **while** 문은 **do-while** 문 내부에 들어 있어서 사용자는 전체 과정을 여러 과목의 시험 점수에 대해서 원하는 만큼 반복할 수 있다.

Listing 4.4 중첩된 루프

```
import java.util.Scanner;
/**
Computes the average of a list of (nonnegative) exam scores.
Repeats computation for more exams until the user says to stop.
*/
public class ExamAverager
{
    public static void main(String[] args)
    {
        System.out.println("This program computes the average of");
        System.out.println("a list of (nonnegative) exam scores.");
        double sum;
        int numberOfStudents;
        double next;
        String answer;
        Scanner keyboard = new Scanner(System.in);

        do
        {
            System.out.println();
            System.out.println("Enter all the scores to be averaged.");
            System.out.println("Enter a negative number after");
```

(계속됨)

Listing 4.4 중첩된 루프

```
            System.out.println("you have entered all the scores.");
            sum = 0;
            numberOfStudents = 0;
            next = keyboard.nextDouble();
            while (next >= 0)
            {
               sum = sum + next;
               numberOfStudents++;
               next = keyboard.nextDouble();
            }
            if (numberOfStudents > 0)
                System.out.println("The average is " +
                                   (sum / numberOfStudents));
            else
                System.out.println("No scores to average.");
            System.out.println("Want to average another exam?");
            System.out.println("Enter yes or no.");
            answer = keyboard.next();
        } while (answer.equalsIgnoreCase("yes"));
    }
}
```

실행 결과 출력

```
This program computes the average of
a list of (nonnegative) exam scores.
Enter all the scores to be averaged.
Enter a negative number after
you have entered all the scores.
100
90
100
90
-1
The average is 95.0
Want to average another exam?
Enter yes or no.
yes

Enter all the scores to be averaged.
Enter a negative number after
you have entered all the scores.
90
70
80
-1
The average is 80.0
Want to average another exam?
Enter yes or no.
no
```

for 문

for 문(for statement 혹은 for loop)은 일종의 계수기(counter)에 의해 제어되는 루프를 손쉽게 작성할 수 있도록 한다. 예를 들어 다음 의사코드는 세 번 반복되는 루프를 정의하는데 count에 의해 제어된다.

```
Do the following for each value of count from 1 to 3:
    Display count
```

이 의사코드는 다음의 자바 문장으로 표현할 수 있다.

```
for (count = 1; count <= 3; count++)
    System.out.println(count);
```

이 for 문의 출력은 다음과 같다.

```
1
2
3
```

for 문이 종료되고 나면 몸체 다음에 있는 문장이 실행된다.

위에서 예로 든 for 문장에서 루프의 몸체는 다음 줄이다.

```
System.out.println(count);
```

몸체의 반복은 다음 줄에 의해 제어된다.

```
for (count = 1; count <= 3; count++)
```

괄호 안에 들어 있는 세 부분 가운데 첫 번째인 count = 1은 몸체를 실행하기 전에 해야 할 작업을 알려 준다. 세 번째 수식 count++는 몸체가 매번 반복된 후에 실행된다. 두 번째 수식 count <= 3은 루프가 언제 종료될지 결정하는 불 수식이다. 이것은 while 문의 제어식과 똑같이 동작한다. 따라서 루프의 몸체는 count의 값이 3보다 작거나 같은 동안 실행된다. 지금까지 설명한 내용에 따르면, 다음의 for 문은

```
for (count = 1; count <= 3; count++)
    Body
```

다음 코드와 동등한 의미이다.

```
count = 1;
while (count <= 3)
{
    Body
    count++;
}
```

for 문의 문법은 다음과 같다.

```
for (Initializing_Action;  Boolean_Expression;  Update_Action)
    Body
```

*Body*는 위의 첫 번째 예에서처럼 한 문장일 수도 있지만 복합문인 경우가 많다. 따라서 for 문의 보다 일반적인 형태는 다음과 같다.

```
for (Initializing_Action;  Boolean_Expression;  Update_Action)
{
    Statements
      . . .
}
```

for 문의 실행은 while 문을 포함하는 동일한 의미의 코드로 바꿔 쓸 수 있다. 즉, 앞에서 보인 형태의 for 문은 다음 코드와 동등하다.

```
Initializing_Action;
while (Boolean_Expression)
{
     Statements
       . . .
     Update_Action;
}
```

for 문은 기본적으로 while 문의 다른 표기법이므로, while 문과 마찬가지로 for 문도 몸체가 한 번도 실행되지 않을 수 있다.

Listing 4.5는 for 문의 예를 보여 주고 있다. 그림 4.5가 이 프로그램에서 for 문의 동작을 요약하고 있고, 그림 4.6은 일반적인 for 문의 의미를 기술하고 있다.

Listing 4.5 for 문 예제

```
public class ForDemo
{
    public static void main(String[] args)
    {
        int countDown;
        for (countDown = 3; countDown >= 0; countDown--)
        {
            System.out.println(countDown);
            System.out.println("and counting.");
        }
        System.out.println("Blast off!");
    }
}
```

(계속됨)

Listing 4.5 for 문 예제

실행 결과 출력

```
3
and counting.
2
and counting.
1
and counting.
0
and counting.
Blast off!
```

```
for (countDown = 3; countDown >= 0; countDown-)
{
    System.out.println(countDown);
    System.out.println("and counting.");
}
```

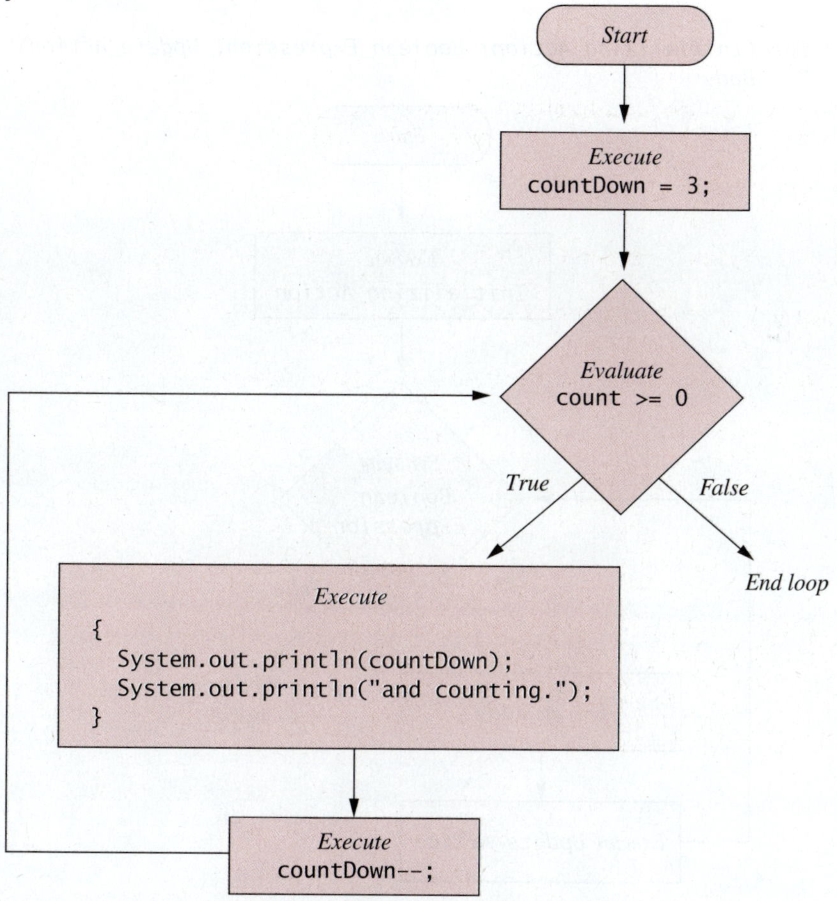

그림 4.5 Listing 4.5에서 for 문의 동작

요점 정리 for 문

문법

```
for (Initializing_Action; Boolean_Expression; Update_Action)
    Body
```

*Body*는 하나의 문장일 수도 있지만 일련의 문장을 중괄호 { }로 묶은 복합문인 경우가 많다. 괄호 내의 세 항목은 세 개가 아니라 두 개의 세미콜론으로 분리한다는 점에 유의하라.

예제

```
for (next = 0; next <= 10; next = next + 2)
{
    sum = sum + next;
    System.out.println("sum now is " + sum);
}
```

```
for (Initializing_Action; Boolean_Expression; Update_Action)
    Body
```

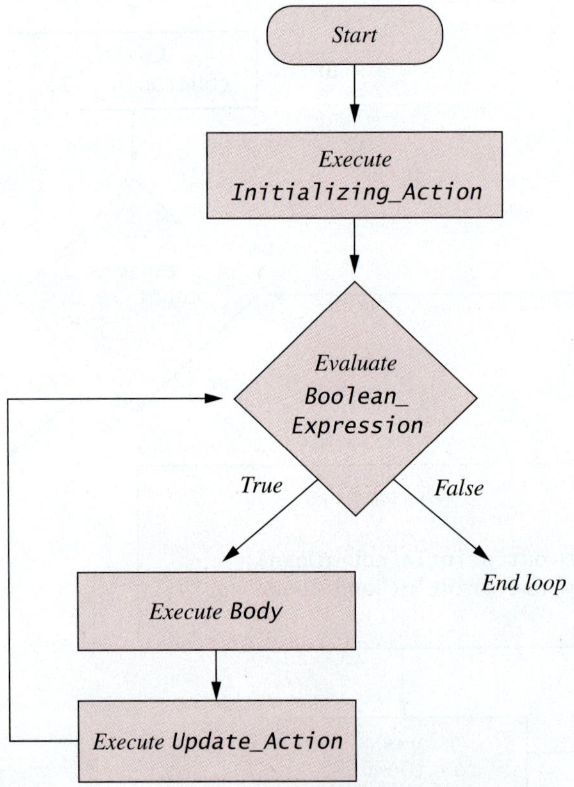

그림 4.6 for 문의 의미

GOTCHA 루프에서 여분의 세미콜론

다음 코드는 정상적인 것처럼 보인다. 더구나 에러 없이 컴파일되고 실행될 것이다. 그러나 이 코드에는 문제가 있다. 계속 읽기 전에 어떤 문제가 있는지 스스로 찾아보라.

```
int product = 1, number;
for (number = 1; number <= 10; number++);
{
    product = product * number;
}
System.out.println("Product of the numbers 1 through " +
                   "10 is " + product);
```

이 코드를 포함하는 프로그램을 작성하고 실행시키면 출력은 다음과 같다.

```
Product of the numbers 1 through 10 is 11
```

이제 무엇이 잘못되었는지 알겠는가? 계속 진행하기 전에 문제가 무엇인지 설명해 보라.

이와 같이 당혹스러운 출력을 생성하는 프로그램을 테스트하고 있다면 당황하게 될 수도 있다. 분명히 **for** 문이 무언가 잘못되어 있는데, 도대체 무엇이 문제일까? **for** 문은 **product**의 값을 다음 수식의 값으로 지정했어야 한다.

$$1 \times 2 \times 3 \times 4 \times 5 \times 6 \times 7 \times 8 \times 9 \times 10$$

하지만 **product**의 값은 11로 지정되었다. 어떻게 이런 일이 발생했을까?

문제는 아주 사소한 것이다. **for** 문의 첫 번째 줄 끝 부분에 여분의 세미콜론이 붙어 있다.

```
for (number = 1; number <= 10; number++);
{
    product = product * number;
}
```

이 **for** 문은 어떻게 동작할까? 끝 부분의 세미콜론은 **for** 문의 몸체가 비어 있음을 뜻한다. 세미콜론 자체가 아무 일도 하지 않는 문장으로 간주되는데, 이를 **공백문**(empty statement 혹은 null statement)이라고 부른다. 여분의 세미콜론을 가진 위의 **for** 문은 다음과 동일한 의미가 된다.

```
for (number = 1; number <= 10; number++)
{
    //Do nothing.
}
{
    product = product * number;
}
```

따라서 for 문의 몸체는 실제로 10번 실행되지만 매번 실행될 때 루프는 아무 일도 하지 않고 변수 number의 값만 1씩 증가시킨다. 따라서 프로그램이 다음 문장에 도달했을 때는 number가 11이 된다.

```
product = product * number;
```

(number는 1에서 시작하여 10번 1씩 증가되므로, 그 값이 11이 된다.) product는 여전히 1이고 number는 11이므로 위의 대입문은 product의 값을 1 곱하기 11, 즉 11로 지정하게 된다. 문제를 해결하기 위해서는 for로 시작하는 줄 끝 부분의 세미콜론을 삭제하면 된다.

비슷한 문제가 while 문에서도 발생할 수 있다. 다음 while 문은 앞의 잘못된 for 문과 동일한 문제를 갖고 있지만 결과는 더 나쁘다.

```
int product = 1, number = 1;
while (number <= 10);
{
    product = product * number;
    number++;
}
System.out.println("Product of the numbers 1 through 10 is " + product);
```

여분의 세미콜론이 while 문을 완성시키기 때문에 while 문의 몸체는 공백문이다. 몸체가 공백문이므로 매번 반복될 때 아무런 일도 하지 않는다. 따라서 number의 값은 변하지 않고 다음 조건은 항상 참이 된다.

```
number <= 10
```

따라서 이 루프는 아무런 일도 하지 않고 무한히 반복되는 무한 루프가 된다. ■

for 문 내에서 변수의 선언

다음 예에서와 같이 for 문의 초기화 부분에서 변수를 선언할 수 있다.

```
int sum = 0;
for (int n = 1; n <= 10; n++)
    sum = sum + n * n;
```

이 경우에 변수 n은 for 문에 **지역적**(local)이다. 이는 for 문의 바깥에서는 사용될 수 없다는 의미이다. 예를 들어 루프가 종료한 다음 println 문으로 n을 출력할 수 없다.

```
for (int n = 1; n <= 10; n++)
    sum = sum + n * n;
System.out.println(n);  //Invalid
```

어떤 변수가 프로그램의 특정 부분에서만 의미를 가진다면 그 부분을 변수의 **영역**(scope)이라고 한다. 앞의 예에서 변수 n의 영역은 for 문이다. (for 문의 몸체는 물론 영역에 포함된다.) 따라서 n은 for 문의 외부에서는 의미를 갖지 않는다.

변수를 오직 for 문을 제어하기 위한 용도로 사용한다면 루프 앞에서가 아니라 초기화 부분에서 선언해야 한다. 앞의 'GOTCHA' 예제에서 이 지침을 따랐다면 코드가 다음과 같을 것이다.

```
int product = 1;
for (int number = 1; number <= 10; number++);
    product = product * number;  //Invalid
```

그러면 number는 이제 for 문에 지역적인 변수이고 여분의 세미콜론이 for 문을 완성시켰으므로, for 문 뒤에서는 number가 정의되지 않아서 컴파일 시에 구문 에러가 발생한다.

변수 선언과 영역에 대해서는 다음 장에서 더 살펴보겠다.

for 문에서 콤마의 사용(선택 사항)

for 문은 두 개 이상의 변수 초기화를 실행할 수 있다. 여러 개의 초기화를 위해서는 다음 예와 같이 각 초기화 동작을 콤마로 구분하면 된다.

```
for (n = 1, product = 1; n <= 10; n++)
    product = product * n;
```

이 for 문은 n을 1로 초기화할 뿐 아니라 product도 1로 초기화한다. 초기화 동작의 구분을 위해서 세미콜론이 아니라 콤마를 사용했음에 주의하라. 여기서 사용된 콤마를 **콤마 연산자**(comma operator)라고 한다.

마찬가지로 콤마로 구분된 여러 개의 갱신 동작(update_action)도 가능하다. 이렇게 하면 몸체가 비어 있지만 유용한 for 문을 작성할 수 있다. 예를 들어 앞의 for 문은 다음과 같이 작성할 수 있다.

```
for (n = 1, product = 1; n <= 10; product = product * n, n++);
```

사실상 루프의 몸체를 갱신 동작의 일부로 만든 것이다. 하지만 이전 버전처럼 갱신 동작에 루프를 제어하는 변수만을 포함하는 것이 프로그램을 읽기 쉽게 해 준다. 이 책은 빈 몸체를 갖는 for 문을 권장하지 않으나 이를 멋진 것이라고 생각하는 프로그래머도 있다. 앞의 'GOTCHA'에서 살펴봤듯이 몸체가 비어 있는 for 문은 프로그래머의 실수일 가능성이 많다.

for 문을 종료할지 검사하는 불 수식을 여러 개 포함할 수는 없다. 대신 &&나 || 연산자로 여러 불 수식을 연결함으로써 하나의 큰 불 수식을 만들어 사용할 수는 있다.

콤마 연산자는 for 문에서만 사용할 수 있음에 주의하라. 콤마 연산자를 다른 곳에서 사용하는 프로그래밍 언어도 있으므로 그런 언어로 프로그래밍한 경험이 있다면 주의해야 한다.

자습문제 SELF-TEST QUESTIONS

7 다음 코드의 출력은?

```
for (int n = 1; n <= 4; n++)
    System.out.println(n);
```

8 다음 코드의 출력은?

```
int n;
for (n = 1; n > 4; n++)
    System.out.println(n);
```

9 다음 코드의 출력은?

```
for (int n = 4; n > 0; n--)
    System.out.println(n);
```

10 다음 코드의 출력은?

```
for (int n = 4; n > 0; n--);
    System.out.println(n);
```

(앞 문제와 똑같지 않다. 자세히 살펴보라.)

11 다음 코드의 출력은?

```
for (double test = 0; test < 3; test = test + 0.5)
    System.out.println(test);
```

12 짝수인 2, 4, 6, 8, 10을 출력하는 for 문을 작성하라. 숫자들은 한 줄에 하나씩 출력되어야 한다. 필요한 변수를 선언하라.

13 다음 코드의 출력은?

```
for (int count = 0; count <= 3; count++)
    for (int count2 = 0; count2 < count; count2++)
        System.out.println(count2);
```

프로그래밍 팁_루프의 선택

프로그램에 루프가 필요하다고 하자. while, do-while, for 문 가운데 무엇을 사용할 것인지 어떻게 결정할까? 여기서는 약간의 일반적인 지침을 소개하도록 하겠다. 프로그램의 모든 입력에 대해 루프가 최소 한 번은 실행되어야 한다고 확신하지 않는다면 do-while 문은 쓰지 말아야 한다. 루프가 항상 최소 한 번은 실행되어야 한다면 do-while 문을 사용하는 것이 좋은 선택일 수도 있지만, 루프의 몸체가 한 번도 실행되지 않아야 하는 경우가 여러분이 생각하는 것보다 흔하다는 데 주의해야 한다. 그런 경우에는 while 문이나 for 문을 사용해야 한다. 계산 과정에서 어떤 수량을 매번 반복할 때마다 정해진 만큼 변경하게 된다면 for 문을 고려하는 것이 좋다. 그러나 확실히 for 문이 적당하다고 생각되지 않는다면 while 문을 사용하라. while 문은 어떤 종류의 반복 계산에도 적용할 수 있기 때문에 항상 안전한 선택이 된다. 이것은 오로지 while 문만을 사용하라는 의미가 아니다. 때로는 다른 루프가 더 명확하고 작성하기 용이한 경우가 있다. 많은 프로그래머들은 코드를 논리적으로 명확하게 하기 위해 for 문을 사용한다. ■

for-each 문

변수의 값을 몇 가지 정해진 값으로 제한하려면 앞 장에서 본 것처럼 열거형(enumeration)을 정의할 수 있다. 열거형의 각 항목에 대해 어떤 동작을 반복해야 한다면 앞에서 설명한 루프 중 어느 것이라도 사용할 수 있다. 그러나 자바는 열거형과 같은 데이터 묶음에 대해 사용할 다른 형태의 for 문을 제공하는데, 이를 for-each 문이라고 부른다.

예를 들어 카드 게임을 하는 프로그램에서 카드의 네 가지 종류에 대한 열거형을 다음과 같이 정의할 수 있다.

```
enum Suit {CLUBS, DIAMONDS, HEARTS, SPADES}
```

카드의 종류를 출력하기 위해서 다음과 같이 for-each 문을 사용할 수 있다.

```
for (Suit nextSuit : Suit.values())
    System.out.print(nextSuit + " ");
System.out.println();
```

Suit.values()라는 표현은 열거형의 모든 값을 나타낸다. 반복이 진행될 때 변수 nextSuit이 이 값을 한 번에 하나씩 가지게 되므로 루프의 출력은 다음과 같다.

```
CLUBS DIAMONDS HEARTS SPADES
```

열거형 이외의 다른 데이터 묶음에 대해 for-each 문을 사용하는 방법은 7장과 12장에 나온다.

4.2 루프를 이용한 프로그래밍

루프는 일반적으로 세 부분으로 나누어지는데, 반복에 앞서 실행되어야 하는 초기화, 루프 몸체, 반복을 종료하기 위한 메커니즘 등이다. 이 절에서는 루프의 각 구성요소를 설계하는 기법을 설명한다. 초기화 부분이 루프 몸체보다 앞쪽에 나오지만 몸체의 설계가 먼저 이루어지는 것이 자연스러우므로 몸체부터 설명한다.

루프 몸체

루프 몸체를 설계하는 한 가지 방법은 코드가 해야 하는 일련의 동작을 작성하는 것이다. 예를 들어 다음과 같은 동작을 작성했다고 하자.

1. 사용자에게 지시를 출력한다.
2. 변수를 초기화한다.
3. 변수 next에 숫자를 읽어 들인다.
4. sum = sum + next
5. 읽어 들인 숫자와 지금까지의 합계 sum을 출력한다.
6. 변수 next에 다른 숫자를 읽어 들인다.
7. sum = sum + next
8. 읽어 들인 숫자와 지금까지의 합계 sum을 출력한다.
9. 변수 next에 다른 숫자를 읽어 들인다.
10. sum = sum + next
11. 읽어 들인 숫자와 지금까지의 합계 sum을 출력한다.
12. 변수 next에 다른 숫자를 읽어 들인다.
13. 이와 같이 계속한다.

이제 목록에서 반복되는 패턴을 찾아보라. 이 경우에 반복된 패턴은 다음과 같다.

변수 next에 다른 숫자를 읽어 들인다.
sum = sum + next

읽어 들인 숫자와 지금까지의 합계 sum을 출력한다.

따라서 루프의 몸체를 의사코드로 나타내면 앞의 세 동작이 된다. 전체 의사코드는 다음과 같다.

1. 사용자에게 지시를 출력한다.
2. 변수를 초기화한다.
3. 다음을 적절한 횟수만큼 반복하라.

```
{
    변수 next에 다른 숫자를 읽어 들인다.
    sum = sum + next
    읽어 들인 숫자와 지금까지의 합계 sum을 출력한다.
}
```

동작 패턴이 의사코드의 첫 번째 동작부터 반복될 필요는 없다는 것에 주의하라. 루프의 실행 이전이나 이후에 어떤 동작이 필요할 수도 있다.

초기화

앞에서 작성했던 의사코드를 살펴보면 변수 sum은 루프 몸체 내의 다음 문장이 실행될 때마다 새로운 값을 가진다.

```
sum = sum + next
```

특히, sum은 루프가 처음 실행될 때에도 값을 가지고 있어야 하므로 루프 시작 전에 초기화되어야 한다. 변수의 초깃값을 정할 때는 첫 번째 반복 후에 그 변수가 어떻게 되어야 하는지를 생각해 보라. 현재의 예에서 sum의 값은 첫 번째 반복 후에 next의 첫 번째 값으로 지정되어야 한다. sum + next가 next와 동일한 값이 되려면 sum은 0이어야 하므로 sum의 값은 0으로 초기화되어야 한다. 따라서 변수 초기화 중의 하나는 다음과 같다.

```
sum = 0
```

루프에 사용된 다른 변수는 next이다. next를 포함하는 첫 번째 실행문은 다음과 같다.

변수 next에 숫자를 읽어 들인다.

이 문장이 next에 값을 지정하므로 next는 루프 실행 이전에 값을 가져야 할 필요가 없다. 그러므로 초기화되어야 하는 변수는 sum뿐이다. 이제 의사코드를 다음과 같이 다시 작성할 수 있다.

1. 사용자에게 지시를 출력한다.
2. sum = 0
3. 다음을 적절한 횟수만큼 반복하라.

```
{
    변수 next에 다른 숫자를 읽어 들인다.
    sum = sum + next
    읽어 들인 숫자와 지금까지의 합계 sum을 출력한다.
}
```

변수가 항상 0으로 초기화되는 것은 아니다. 다음 예를 살펴보자. 루프가 다음과 같이 *n*개의 숫자의 곱을 계산한다고 가정하자.

```
for (int count = 1; count <= n; count++)
{
    변수 next에 숫자를 읽어 들인다.
    product = product * next;
}
```

여기서 모든 변수는 int형이라고 하자. 변수 product를 0으로 초기화하면 아무리 많은 숫자를 읽어서 곱하더라도 product의 값은 0이다. 즉, product를 0으로 초기화하면 안 된다. product의 올바른 초깃값은 1인데, 이를 확인하기 위해서는 루프를 한 번 실행한 다음의 product의 값이 읽어 들인 첫 번째 숫자와 같아야 한다는 사실에 주의하라. product가 1로 초기화되었다면 이런 결과가 나올 것이다. 따라서 올바른 초기화 문장이 추가된 루프는 다음과 같다.

```
int product = 1;
for (int count = 1; count <= n; count++)
{
    변수 next에 숫자를 읽어 들인다.
    product = product * next;
}
```

반복 횟수의 제어

여기서는 루프를 종료하는 표준적인 방법에 대해 설명한다. 루프가 시작되기 전에 몸체가 몇 번 반복되어야 하는지 정확히 지정할 수 있다면 다행스런 경우이다. 예를 들어 어떤 과목의 시험에서 학생들의 평균 성적을 알고 싶다고 하자. 학급의 학생 수가 필요하므로 읽어 들여 정수 변수인 numberOfStudents에 저장한다. 이와 같이 간단한 경우에는 for 문을 이용하여 몸체를 numberOfStudents만큼 반복하게 할 수 있다. 다음과 같이 작성하면 된다.

```
double next, average, sum = 0;
for (int count = 1; count <= numberOfStudents; count++)
{
    next = keyboard.nextDouble();
    sum = sum + next;
}
if (numberOfStudents > 0)
    average = sum/numberOfStudents;
else
    System.out.println("No scores to average.");
```

for 문은 변수 count를 1에서 numberOfStudents까지 증가시킴으로써 루프 몸체의 반복을 제어하고 있다. 이와 같이 루프가 시작되기 전에 반복 횟수를 미리 아는 경우를 **횟수 제어 루프**(count-controlled loop)라고 부른다. 이 예에서는 count가 루프 몸체에서 사용되지 않았지만 사용되는 경우도 있다. 횟수 제어 루프가 반드시 for 문으로 구현되어야 하는 것은 아니지만 for 문을 사용하는 것이 가장 손쉬운 방법이다. 학급에 학생이 한 명도 없다면 루프 몸체는 한 번도 실행되지 않으며 루프 다음의 if 문이 0으로 나누는 연산을 방지한다.

반복 횟수를 항상 미리 알 수 있는 것은 아니다. 루프를 끝내는 직접적인 방법 중의 하나는 사용자에게 끝낼지 물어보는 것이다. 이런 방법을 **반복 전 질의**(ask before iterating)라고 부른다. 예를 들어 다음 코드는 고객이 여러 개의 상품을 살 때 전체 가격을 가늠할 수 있도록 해 준다.

```
do
{
    System.out.println("Enter price $");
    price = keyboard.nextDouble();
    System.out.print("Enter number purchased:");
    number = keyboard.nextInt();
    System.out.println(number + " items at $" + price);
    System.out.println("Total cost $" + price * number);
    System.out.println("Want to make another purchase?");
    System.out.println("Enter yes or no.");
    answer = keyboard.next();
```

```
} while (answer.equalsIgnoreCase("yes"));
```

모든 고객이 최소 하나 이상의 상품을 살 것이라면 이 do-while 루프가 문제없이 동작할 것이고, 그렇지 않은 상황이라면 while 문이 적당할 것이다.

이 코드는 각 고객이 소량의 상품만을 구매할 경우에는 잘 동작하지만, 전체 반복 횟수가 많아지면 사용자에게 지루한 방법이 된다. 입력할 목록이 길다면 **경계값**(sentinel value)을 이용해 입력의 끝을 나타내게 할 수 있다. 경계값으로는 가능한 실제 데이터값에 속하지 않는 다른 값을 사용해야 한다. 예를 들어 시험에서 최고 점수와 최저 점수를 찾아내는 코드를 작성하려고 한다고 하자. 최소한 한 명 이상이 시험을 치렀고 점수는 음수가 될 수 없다면 사용자가 마지막 성적을 입력한 다음에 음수를 입력하도록 할 수 있다. 이 음수는 경계값이며 시험 성적이 아니다. 끝을 나타내는 표지일 뿐이다.

최고 및 최저 점수를 찾아내는 코드는 다음과 같이 작성할 수 있다.

```
System.out.println("Enter scores for all students.");
System.out.println("Enter a negative number after");
System.out.println("you have entered all the scores.");
Scanner keyboard = new Scanner(System.in);
double max = keyboard.nextDouble();
double min = max; //The max and min so far are the first score.
double next = keyboard.nextDouble();
while (next >= 0)
{
    if (next > max)
        max = next;
    else if (next < min)
        min = next;
    next = keyboard.nextDouble();
}
System.out.println("The highest score is " + max);
System.out.println("The lowest score is " + min);
```

사용자가 다음과 같은 점수를 입력한다면

```
100
90
10
-1
```

다음과 같은 출력이 나올 것이다.

```
The highest score is 100
The lowest score is 10
```

여기서 경계값은 −1이며, 이 값은 계산에 사용되지 않는다. 즉, 최저 점수는 −1이 아니라 10이다. −1은 단지 끝을 나타내는 표지이다.

계수기(counter) 변수를 이용하거나, 사용자에게 질의하거나, 경곗값을 이용하는 이 세 가지 기법이 대부분의 상황을 해결할 것이다. 다음의 사례 연구는 경곗값의 사용을 포함하고 있으며 반복의 종료를 위해 불 변수를 사용한다.

사례 연구 루프의 종료를 위한 불 변수의 사용

이 사례 연구에서는 하나의 완전한 문제를 해결하는 것이 아니라 흔한 작업에 대한 루프를 설계하고 이를 예제 프로그램에 포함할 것이다. 이를 통해 불 변수가 주로 어떻게 사용되는지에 익숙해질 수 있다.

여기서 작성할 루프는 일련의 숫자들을 읽어서 합계를 구할 것이다. 숫자는 음수가 아니라고 하자. 예를 들어 프로그래밍팀에서 각 팀원이 작업한 시간 수를 의미한다고 하면, 작업 시간이 음수인 경우는 없으므로 음수를 목록의 끝을 나타내는 경곗값으로 사용할 수 있을 것이다. 여기서는 숫자를 정수라고 가정하겠지만, 같은 기법을 다른 종류의 숫자나 심지어 숫자가 아닌 데이터에도 적용할 수 있다.

루프를 먼저 의사코드로 설계하면 문제와 가능한 해결책에 대해 좀 더 잘 이해할 수 있다. 다음의 초안으로 시작해 보자.

```
int sum = 0;
Do the following for each number on the list:
if (the number is negative)
    Make this the last loop iteration.
else
    sum = sum + the number
```

음수가 목록의 끝을 나타낸다는 사실을 알고 있으므로 의사코드를 다음과 같이 좀 더 개선할 수 있다.

```
int next, sum = 0;
while (there are more numbers to read)
{
    next = keyboard.nextInt();
    if (next < 0)
        Make this the last loop iteration.
    else
        sum = sum + next;
}
```

이 의사코드를 완전한 자바 코드로 변환하는 데에는 여러 가지 방법이 있겠는데, 한 가지 방법은 불 변수를 사용하는 것이다. 불 변수를 사용하면 코드가 영어 문장과 비슷하게 보인다는 장점이 있다. 예를 들어 thereAreMoreNumbersToRead라는 이름의 불 변수를 사용해 보자. 이 불 변수를 선언하고 의사코드의 'there are more numbers to read'라는 부분을 이 변수로 바꾸면 다음과 같이 된다.

```
int next, sum = 0;
boolean thereAreMoreNumbersToRead = initial value;
while (thereAreMoreNumbersToRead)
{
    next = keyboard.nextInt();
    if (next < 0)
        Make this the last loop iteration.
    else
        sum = sum + next;
}
```

이 루프를 완전한 자바 코드로 변환하는 나머지 작업은 간단하다. 불 변수 thereAreMoreNumbersToRead가 거짓이 되면 반복이 종료된다는 것을 고려하면 'Make this the last loop iteration'라는 구절을 다음과 같이 변환할 수 있다.

```
thereAreMoreNumbersToRead = false;
```

이제 thereAreMoreNumbersToRead의 초깃값을 정하는 일만 남았다. 숫자들의 목록이 비어 있더라도 경곗값은 있을 것이므로 루프 몸체는 최소한 한 번은 실행되어야 한다. 따라서 루프의 몸체가 실행되려면 thereAreMoreNumbersToRead가 참이어야 하므로 true로 초기화한다. 이제 다음과 같은 코드를 얻게 된다.

```
int next, sum = 0;
boolean thereAreMoreNumbersToRead = true;
while (thereAreMoreNumbersToRead)
{
    next = keyboard.nextInt();
    if (next < 0)
        thereAreMoreNumbersToRead = false;
    else
        sum = sum + next;
}
```

루프가 끝나면 입력 목록에서 경곗값을 제외한 나머지 숫자들의 합계가 변수 sum에 저장된다.

이제 루프를 프로그램에서 사용할 준비가 되었다. thereAreMoreNumbersToRead는 변수 이름이 너무 길어서 areMore로 줄여서 Listing 4.6 을 작성하였다.

Listing 4.6 루프 종료를 위한 불 변수의 사용

```
import java.util.Scanner;
/**
 Illustrates the use of a boolean variable to end loop iteration.
*/
public class BooleanDemo
{
    public static void main(String[] args)
    {
        System.out.println("Enter nonnegative numbers.");
        System.out.println("Place a negative number at the end");
        System.out.println("to serve as an end marker.");
        int sum = 0;
        boolean areMore = true;
        Scanner keyboard = new Scanner(System.in);
        while (areMore)
        {
            int next = keyboard.nextInt();
            if (next < 0)
               areMore = false;
            else
               sum = sum + next;
        }
        System.out.println("The sum of the numbers is " + sum);
    }
}
```

실행 결과 출력

```
Enter nonnegative numbers.
Place a negative number at the end
to serve as an end marker.
1 2 3 -1
The sum of the numbers is 6
```

프로그래밍 예제 상품권으로 구매하기

시합에 나가서 100달러짜리 상품권을 탔다고 하자. 이 상품권은 지정된 가게에서 세 개 이하의 상품을 구매하는 데 사용할 수 있다. 상품권의 남은 액수와 구매한 상품의 개수는 가게의 컴퓨터에 저장되어 관리된다. 상품을 고를 때마다 이 상품을 살 수 있는지 컴퓨터가 알려 줄 것이다. 상품권 액수와 구매 가능한 상품의 개수를 쉽게 변경할 수 있도록 프로그램이 작성되는 것이 좋겠다.

여기에는 확실히 반복적인 과정이 존재한다. 남은 돈이 충분하고 현재까지 구매한 상품이 세 개 미만이라면 구매를 계속할 수 있다. 루프의 제어는 이 두 가지 기준에 기반할 것이다. 이러한 상황을 반영하여 다음과 같은 의사코드를 작성할 수 있다.

가게의 컴퓨터 프로그램을 위한 알고리즘

```
1. amountRemaining = amount of gift certificate
2. totalSpent = 0
3. itemNumber = 1
4. while (we have money left to spend and (itemNumber <= max number of
   items))
   {
       Display amount of money left and number of items that can be bought.
       Read cost of proposed purchase.
       if (we can afford the purchase)
       {
           Display a message.
           totalSpent = totalSpent + cost of item
           Update amountRemaining
           if (amountRemaining > 0)
           {
               Display amount of money left.
               itemNumber++
           }
           else
           {
               Display a message (no more money).
               Make this the last loop iteration.
           }
       }
       else
           Display a message (item is too expensive).
   }
   Display amount of money spent and farewell message.
```

여기서는 루프를 종료하는 기준을 어떻게 구현할 것인지에 초점을 맞춰 살펴볼 것이다. 이전의 사례 연구에서와 마찬가지로 남은 액수가 있는지 나타내기 위해 불 변수를 사용할 텐데, 변수의 이름은 **haveMoney**라고 하자. 이 변수의 값은 루프 이전에 참으로 지정했다가 반복을 끝내야 할 때에 거짓으로 변경하면 된다. Listing 4.7에 완성된 프로그램과 실행 결과 출력을 보였다. 상품권의 액수와 구매 가능한 상품의 최대 수를 나타내기 위해 이름 상수를 사용했음에 주의하라. 편의상 모든 액수는 정수로 가정했다.

다음 절에서 **break** 문을 사용하여 루프를 종료하는 방법을 살펴보겠지만 그것은 일반적으로 그리 권장할 만한 방법은 아니다.

Listing 4.7 상품권으로 구매하기 프로그램

```
import java.util.Scanner;
public class SpendingSpree
{
    public static final int SPENDING_MONEY = 100;
    public static final int MAX_ITEMS = 3;
    public static void main(String[] args)
    {
        Scanner keyboard = new Scanner(System.in);
        boolean haveMoney = true;
        int leftToSpend = SPENDING_MONEY;
        int totalSpent = 0;
        int itemNumber = 1;
        while (haveMoney && (itemNumber <= MAX_ITEMS))
        {
            System.out.println("You may buy up to " +
                               (MAX_ITEMS - itemNumber + 1) +
                               " items");
            System.out.println("costing no more than $" +
                               leftToSpend + ".");
            System.out.print("Enter cost of item #" +
                             itemNumber + ": $");
            int itemCost = keyboard.nextInt();
            if (itemCost <= leftToSpend)
            {
                System.out.println("You may buy this item. ");
                totalSpent = totalSpent + itemCost;
                System.out.println("You spent $" + totalSpent +
                                   " so far.");
                leftToSpend = SPENDING_MONEY - totalSpent;
                if (leftToSpend > 0)
                    itemNumber++;
                else
                {
                    System.out.println("You are out of money.");
                    haveMoney = false;
                }
            }
                else
                    System.out.println("You cannot buy that item.");
        }
        System.out.println("You spent $" + totalSpent +
                           ", and are done shopping.");
    }
}
```

(계속됨)

Listing 4.7 상품권으로 구매하기 프로그램

실행 결과 출력

```
You may buy up to 3 items
costing no more than $100.
Enter cost of item #1: $80
You may buy this item.
You spent $80 so far.
You may buy up to 2 items
costing no more than $20.
Enter cost of item #2: $20
You may buy this item.
You spent $100 so far.
You are out of money.
You spent $100, and are done shopping.
```

루프 내의 break 문과 continue 문(선택 사항)

지금까지 소개한 while, do-while, for 문 등의 루프는 제어식(*Boolean_Expression*)이 거짓이 되면 반복을 종료한다. 앞의 Listing 4.7에서는 제어식이 불 변수 haveMoney를 포함하고 있어서 haveMoney가 거짓이 되면 제어식이 거짓이 되어 반복이 종료된다.

루프는 break 문을 만날 경우에도 종료된다. break 문이 실행되면 그 break 문을 포함하는 (가장 내부의) 루프가 종료되고 루프 몸체의 나머지 부분은 실행되지 않는다. 자바에서 break 문은 while, do-while 및 for 문 내에서 사용할 수 있다. 이것은 앞서 switch 문에서 사용했던 바로 그 break 문이다.

Listing 4.7에서 불 변수 haveMoney는 세 번 나타났다. 이 중 첫 번째와 두 번째는 삭제하고 세 번째인

```
haveMoney = false;
```

를

```
break;
```

로 바꾼다면 그 결과는 Listing 4.8에 보인 형태의 루프가 될 것이다. leftToSpend가 양수가 아니면 println 메소드가 실행되고 이어서 break 문에 의해 반복이 종료된다. 그다음에 실행될 문장은 while 문의 몸체 다음에 오는 문장이다.

break 문을 포함하는 루프가 다른 루프 안에 내포되어 있다면 break 문은 가장 내부

Listing 4.8 break 문을 사용한 루프의 종료

```
while (itemNumber <= MAX_ITEMS)
{
    . . .
    if (itemCost <= leftToSpend)
    {
        . . .
        if (leftToSpend > 0)
            itemNumber++;
        else
        {
            System.out.println("You are out of money.");
            break;
        }
    }
    else
        . . .
}
System.out.println( . . . );
```

의 루프 하나만 종료시킨다. break 문이 switch 문에 속하고 switch 문이 루프에 내포되었다면 break 문은 switch 문을 종료시키지만 루프는 종료시키지 않는다. break 문은 자신을 포함하는 가장 내부의 루프 혹은 switch 문 하나만을 종료시킨다.

break 문을 포함하지 않는 루프는 단순하고 이해하기 쉬운 구조를 가진다. 반복을 종료할 것인지 결정하기 위해 하나의 불 수식만 검사된다. 여기에 break 문이 추가되면 루프는 제어식이 거짓이 되어 종료될 수도 있고 break 문이 실행되어 종료될 수도 있다. 따라서 루프에 break 문을 사용하는 것은 루프를 이해하기 어렵게 만든다.

예를 들어 Listing 4.8의 루프의 시작 부분은 다음과 같다.

```
while (itemNumber <= MAX_ITEMS)
```

이 루프는 단 하나의 종료 조건만 가진 것처럼 보인다. 루프의 몸체를 조사하여 break 문을 발견해야만 다른 종료 조건이 있다는 것을 알게 된다. 반면에 Listing 4.7의 루프는 다음과 같이 시작한다.

```
while (haveMoney && (itemNumber <= MAX_ITEMS))
```

여기서는 돈을 다 쓰거나 혹은 상품의 최대 개수를 초과하면 루프가 종료된다는 것을 즉각 알 수 있다.

루프 몸체의 continue 문은 현재의 반복(iteration)을 종료하고 다음번 반복을 시작하도록 한다. 이런 방식으로 continue를 사용하는 것은 break 문과 동일한 문제점을 가진다. break 문과 마찬가지로 continue 문도 루프에서 사용하지 않는 것이 좋다.

프로그래밍 팁_루프에서 break 문과 continue 문을 피하라

break와 continue 문은 루프를 복잡하게 만들기 때문에 사용하지 않아야 한다. break나 continue 문을 사용한 루프는 이들을 사용하지 않고서도 작성할 수 있다. ■

자습문제 SELF-TEST QUESTIONS

14 One more time이라는 구절을 네 번 출력하는 자바 루프를 작성하라. 필요한 변수 선언과 초기화를 포함하라.

15 변수 result의 값을 2^5로 지정하는 자바 루프를 작성하라. result의 값을 1로 초기화하고 다섯 번의 루프 반복 때마다 2를 곱하라. 필요한 변수 선언과 초기화를 포함하라.

16 double형의 일련의 숫자를 읽어 들여 평균값을 출력하는 자바 루프를 작성하라. 숫자는 모두 1.0보다 크거나 같다. 데이터 입력의 끝을 나타내는 경곗값을 정하여 사용하도록 하라. 필요한 변수 선언과 초기화를 포함하라.

17 다음 코드의 출력은?

```
for (int n = 1; n <= 3; n++)
{
    switch (n)
    {
        case 1:
            System.out.println("One");
            break;
        case 2:
            System.out.println("Two");
            break;
        case 3:
            System.out.println("Three");
            break;
        default:
            System.out.println("Default case");
            break;
    }
}
System.out.println("After the loop");
```

18 다음 코드의 출력은?

```
for (int n = 1; n <= 5; n++)
{
    if (n == 3)
        break;
    System.out.println("Hello");
}
System.out.println("After the loop");
```

19 다음 코드의 출력은?

```
for (int n = 1; n <= 5; n++)
{
    if (n == 3)
        System.exit(0);
    System.out.println("Hello");
}
System.out.println("After the loop");
```

20 Listing 4.6의 루프를 불 변수 **areMore** 대신 **break** 문을 사용하도록 수정하라. 수정된 루프를 원래의 루프와 비교하면 어떤가?

루프 버그

루프를 포함하는 프로그램은 루프를 사용하지 않는 단순한 프로그램보다 에러를 포함할 확률이 높다. 다행히 루프를 사용할 때 저지르기 쉬운 흔한 실수의 패턴이 있으므로 에러를 찾기 위해 어떤 사항을 조사해야 할지 알려 줄 수 있다. 또 루프의 버그를 찾아내고 수정하는 데 도움을 주는 표준적인 기법도 있다.

가장 흔한 루프 에러는 다음의 두 가지이다.

- 의도하지 않은 무한 루프
- 1 차이의 에러

하나씩 살펴보도록 하자.

무한 루프에 대해서는 이미 논의했지만, 한 가지 미묘한 문제를 강조할 필요가 있다. 루프가 어떤 입력 데이터에 대해서는 종료하지만 다른 데이터에 대해서는 무한히 반복될 수 있다는 점이다. 예를 들어 보자. 당좌 예금 계좌의 잔액이 마이너스가 된 친구가 있다고 하자. 은행은 잔액이 마이너스인 달마다 벌금을 부과한다. 친구는 매달 일정 금액을 예금하면 몇 달 후에 잔액이 마이너스에서 벗어날지 알려 주는 프로그램을 원한다. 그래서 다음과 같은 코드를 설계했다.

```
count = 0;
while (balance < 0)
{
    balance = balance - penalty;
```

```
        balance = balance + deposit;
        count++;
    }
    System.out.println("You will have a nonnegative " +
                       "balance in " + count + " months.");
```

이 코드를 완전한 프로그램에 포함하고, 벌금 15달러와 예금액 50달러 정도의 그럴듯한 데이터를 사용해 테스트했다. 프로그램이 문제없이 실행되었으므로 친구에게 주었는데, 친구가 실행했더니 무한 루프에 빠져 버렸다. 도대체 무슨 일이 일어난 것일까? 친구는 숫자에 밝지 못해서 매달 10달러의 적은 액수를 예금하기로 결정했는데, 은행이 부과하는 벌금이 매달 15달러니까 친구가 매달 예금을 해도 계좌는 점점 마이너스 액수가 늘어가기만 하게 된 것이다.

여러분은 이런 상황이 발생할 수 없으리라고 생각할지 모른다. 우리의 친구가 이런 어리석은 실수를 하지 않을 테니까. 하지만 사람들은 어리석지 않더라도 가끔 부주의하거나 예측할 수 없기 때문에 이런 일은 발생할 수 있다. 이 버그를 해결하는 한 가지 방법은 무한 루프인지 판별하는 코드를 추가하는 것이다. 예를 들어 코드를 다음과 같이 수정할 수 있다.

```
if (deposit <= penalty)
    System.out.println("Deposit is too small.");
else
{
    count = 0;
    while (balance < 0)
    {
        balance = balance - penalty;
        balance = balance + deposit;
        count++;
    }
    System.out.println("You will have a nonnegative " +
                       "balance in " + count + " months.");
}
```

다른 흔한 종류의 루프 에러는 1 **차이 에러**(off-by-one error)라는 것이다. 이 에러는 여러분의 루프가 몸체를 한 번 더 반복하거나 한 번 덜 반복하게 만드는 것을 말한다. 이런 에러는 제어식을 부주의하게 설계함으로써 발생한다. 예를 들어 제어식에 <=라고 써야 하는데 <로 쓰게 되면 루프의 반복 횟수가 틀려질 수 있다.

루프의 제어식에서 발생하는 다른 흔한 문제는 동등성을 검사할 때 사용하는 ==와 관련이 있다. 이 동등 연산자는 정수나 문자에 대해서는 잘 동작하지만 실수에 대해서는 신뢰할 수 없다. 실수는 근삿값인 데 반해 ==는 정확한 값을 비교하기 때문이다. 이런 검사의 결과는 예측할 수 없다. 실수를 비교할 때는 항상 <=와 같은 비교 연산

자를 사용하라. 실수를 비교할 때 ==나 !=를 사용하면 1 차이 에러나 의도하지 않은 무한 루프, 혹은 그 외의 다른 에러가 발생할 수도 있다.

1 차이 에러는 발견하지 못하고 넘어갈 위험이 높다. 루프가 한 번 더 혹은 한 번 덜 반복한다고 해도 결과는 그럴듯해 보일 수 있지만 올바른 값과는 차이가 나므로 나중에 문제가 된다. 간단한 데이터에 대해 연필로 직접 계산한 값처럼 믿을 수 있는 값과 루프의 결괏값을 비교하여 1 차이 에러가 발생하지 않도록 반드시 확인해야 한다.

프로그래밍 팁_항상 다시 테스트하라

프로그램에서 버그를 발견하여 고쳤다면 반드시 프로그램을 다시 테스트하라. 다른 버그가 있을지도 모르고 여러분이 고치느라 수정함으로써 새로운 버그가 발생했을 수도 있다. 수정된 프로그램을 다시 테스트하는 과정을 **회귀 테스트**(regression test)라고 부른다. ■

변수 추적

프로그램이 잘못 동작하는데 무엇이 문제인지 찾을 수 없다면 가장 확률이 높은 방법은 중요한 변수의 값을 추적하는 것이다. **변수 추적**(tracing variable)은 프로그램이 실행되는 동안 변수의 값이 변경되는 과정을 살펴보는 것이다. 일반적으로 프로그램은 변숫값이 변경될 때마다 값을 출력하지는 않는다. 하지만 변숫값의 변화 과정을 살펴보면 프로그램을 디버깅하는 데 도움이 된다.

많은 시스템이 프로그램을 수정하지 않고 변수를 쉽게 추적할 수 있는 내장 기능을 가지고 있다. 디버깅 시스템은 설치된 환경마다 다른데, 이런 디버깅 기능이 있으면 사용 방법을 익혀 둘 필요가 있다. 디버깅 기능이 없다면 프로그램에 임시적인 `println` 문을 넣어서 변수를 추적할 수 있다.

예를 들어 다음 코드가 에러를 포함하고 있어서 변수를 추적하려고 한다고 하자.

```
count = 0;
while (balance < 0)
{
    balance = balance + penalty;
    balance = balance - deposit;
    count++;
}
System.out.println("Nonnegative balance in " + count + " months.");
```

다음과 같이 `println` 문을 추가함으로써 변수를 추적할 수 있다.

```
count = 0;
System.out.println("count == " + count);                    //*
System.out.println("balance == " + balance);                //*
System.out.println("penalty == " + penalty);                //*
System.out.println("deposit == " + deposit);                //*
while (balance < 0)
{
    balance = balance + penalty;
    System.out.println("balance + penalty == " + balance);  //*
    balance = balance - deposit;
    System.out.println("balance + deposit == " + balance);  //*
    count++;
    System.out.println("count == " + count);                //*
}
System.out.println("Nonnegative balance in " + count + " months.");
```

에러를 발견하여 버그를 수정하고 나서 이 추적문을 제거하면 된다. 삽입된 추적문에 여기서 한 것처럼 주석문으로 특별한 표시를 해 두면 나중에 쉽게 찾을 수 있다.

앞의 예에서 많은 추적문을 삽입하는 것이 상당히 번거롭게 여겨질 수도 있지만 그렇게 많은 작업을 필요로 하지는 않는다. 원한다면 먼저 몇 개의 변수만 추적하여 그것으로 문제를 찾는 데 충분한 정보를 얻을 수 있는지 볼 수도 있다. 하지만 처음부터 모든 혹은 거의 모든 변수를 추적하는 것이 일반적으로 가장 빠른 방법이다.

프로그래밍 팁_변수를 추적할 때 DEBUG 표지를 사용하라

프로그램을 디버깅하는 동안, 특정 변숫값을 추적하기 위해 추가한 문장들을 일시적으로 건너뛰고 싶을 때가 있다. 그럴 때는 불 상수 DEBUG를 다음과 같이 선언하여 사용하면 편리하다.

```
public static final boolean DEBUG = true;
. . .
if (DEBUG)
{
   〈특정 변숫값을 출력하는 문장들〉
}
```

이 예에서는 if 문의 몸체에 속한 문장이 실행될 것이다. 나중에 이들을 건너뛰고 싶으면 DEBUG의 값을 거짓으로 바꾸면 된다. ■

단언문 검사(Assertion Check)

단언문(assertion)은 프로그램의 상태에 대해서 무엇인가 말하는 문장을 말한다. 단언문은 참이거나 거짓일 수 있지만, 프로그램에 실수가 없다면 참이어야 한다. 예를 들어 다음 코드에서 모든 주석문이 단언문이다.

```
//n == 1
while (n < limit)
{
    n = 2 * n;
}
//n >= limit
//n is the smallest power of 2 >= limit
```

n과 limit의 값이 무엇이냐에 따라 각 단언문이 참이거나 거짓일 수 있지만, 프로그램이 올바르게 실행되려면 모두 참이어야 한다. 단언문은 프로그램 실행이 단언문이 위치한 곳에 도달했을 때 프로그램 코드에 대해 어떤 사실이 참이라고 '단언'한다. 위의 예는 루프를 포함하고 있지만 다른 상황에서도 단언문을 작성할 수 있다.

자바에서는 단언문이 참인지 실제로 검사하여 참이 아니라면 프로그램을 멈추고 에러 메시지를 출력할 수 있는 기능이 있다. 자바의 **단언문 검사**(assertion check)는 다음의 형태를 가진다.

```
assert Boolean_Expression;
```

프로그램을 실행했을 때 *Boolean_Expression*이 거짓이면 단언문이 실패했다는 에러 메시지를 출력하고 프로그램이 종료된다. 하지만 *Boolean_Expression*이 참이면 아무 일도 일어나지 않고 프로그램 실행이 진행된다.

예를 들어 앞의 코드에서 주석문 가운데 두 개를 단언문 검사로 바꾸어 다음과 같이 작성할 수 있다.

```
assert n == 1;
while (n < limit)
{
    n = 2 * n;
}
assert n >= limit;
//n is the smallest power of 2 >= limit.
```

세 개의 주석문 가운데 두 개만 단언문 검사로 바꾸었음에 주의하라. 모든 단언문 주석이 단언문 검사로 만들기에 적당한 것은 아니다. 예를 들어 마지막 주석문은 단언문이며, 참이거나 거짓일 수 있지만 프로그램이 올바르다면 참이 되어야 한다. 그러나 이 주석문을 불 수식으로 변환할 수 있는 간단한 방법이 존재하지 않는다. 불가능하지는 않겠지만 그렇게 되면 너무 복잡한 코드를 사용해야 한다. 어떤 주석문을 단언문 검사로 변환할지 여부는 각 경우의 세부 사항에 달려 있다.

단언문 검사를 활성화하거나 비활성화할 수 있다. 코드를 디버깅하는 동안에는 활성화시켜서 단언문이 실패했을 때 프로그램을 중단하고 에러 메시지를 출력하게 하고, 코드의 디버깅이 끝나면 비활성화시켜서 단언문 검사를 무시하고 코드가 더 효율적으로 실행되도록 할 수 있다. 즉, 프로그램에 단언문 검사는 그대로 두고 디버깅이 끝난 후에는 단언문 검사를 비활성화하여 무시한다.

프로그램을 정상적으로 실행하면 단언문 검사가 비활성화된다. 단언문 검사가 활성화된 상태로 프로그램을 실행하려면 다음 명령을 사용한다.

```
java -enableassertions YourProgram
```

통합 개발 환경(IDE)을 사용하고 있다면 사용법 문서에서 단언문 검사 옵션을 설정하는 방법을 찾아보라.

요점 정리 단언문 검사

문법

```
assert Boolean_Expression;
```

단언문 검사는 코드의 어느 부분에든 둘 수 있다. 단언문 검사가 활성화되고 *Boolean_Expression*이 거짓이면 프로그램은 적절한 에러 메시지를 출력하고 실행을 중단할 것이다. 단언문 검사가 활성화되지 않았으면 단언문 검사는 주석문으로 간주된다.

예제

```
assert n >= limit;
```

자습문제 SELF-TEST QUESTIONS

21 '변수 추적' 절의 코드에는 어떤 버그가 있는가?

22 다음 코드에 적당한 출력문을 추가하여 모든 변수가 추적되도록 하라.

```
int sum = 0;
for (int n = 1; n < 10; n++)
    sum = sum + n;
System.out.println("1 + 2 + ... + 9 + 10 == " + sum);
```

23 앞 문제의 코드에는 어떤 버그가 있는가?

24 단언문은 무엇인가? 단언문의 예를 보여라.

25 자바에 단언문 검사가 없다고 가정하자. (실제로 초기 버전의 자바에는 없었다.) 다음 단언문 검사를 흉내 내는 코드를 작성하라. 여기서 balance는 double형의 변수이다.

```
assert balance > 0;
```

4.3 그래픽 보조자료

이 절에서는 루프를 사용하여 그림을 그리는 애플릿을 작성한다. 이 애플릿에는 if 문과 setColor 메소드도 사용될 것인데, 이들에 대해서는 앞 장에서 설명하였다. 또한 애플릿 창에 텍스트를 출력하기 위해 drawString 메소드를 소개하고 사용할 것이다.

프로그래밍 예제 여러 개의 얼굴을 출력하는 애플릿

Listing 4.9는 일곱 개의 얼굴을 출력하는 애플릿이다. 처음 다섯 개의 얼굴은 노란색과 흰색이 번갈아 나타나며 뒤로 갈수록 좀 더 크게 웃는 얼굴이 된다. 여섯 번째 얼굴은 사용자에게 키스를 던지며 일곱 번째 얼굴은 (키스 때문에 수줍어서인지) 얼굴을 붉히고 있다. 일곱 개의 얼굴을 애니메이션이나 시차를 두고 촬영한 인물 사진이라고 생각하라. (얼굴을 노란색과 흰색으로 번갈아 나타낸 것은 프로그램을 좀 더 흥미롭게 만들기 위함이지 특별한 이유가 있어서는 아니다.)

처음 다섯 개의 얼굴은 몇 가지 사소한 차이를 제외하면 동일하므로 제어 변수로 i를 사용하는 for 문에 의해 그려진다. for 문의 몸체에서 i의 값에 따라 조금씩 변하는 얼굴을 그린다. 각 i의 값마다 좌표 (X_FACE0 + 50 * i, Y_FACE0 + 30 * i)의 위치에 얼굴을 그리므로, i가 0일 때에 첫 번째 얼굴은 (X_FACE0, Y_FACE0)에 그려지고, 계속되는 i값에 대해 다음 얼굴이 이전보다 우측으로 50픽셀, 아래쪽으로 30픽셀 떨어진 위치에 그려진다. X_FACE0와 Y_FACE0는 이름 상수이다. 50 * i와 30 * i를 매번 다시 계산하는 대신 한 번만 계산하여 각각 변수 xOffset과 yOffset에 저장해 둔다.

Listing 4.9 루프와 분기를 이용하는 애플릿

```
import javax.swing.JApplet;
import java.awt.Graphics;
import java.awt.Color;
```

(계속됨)

Listing 4.9 루프와 분기를 이용하는 애플릿

```
public class MultipleFaces extends JApplet
{
    public static final int FACE_DIAMETER = 50;
    public static final int X_FACE0 = 10;
    public static final int Y_FACE0 = 5;

    public static final int EYE_WIDTH = 5;
    public static final int EYE_HEIGHT = 10;
    public static final int X_RIGHT_EYE0 = 20;
    public static final int Y_RIGHT_EYE0 = 15;
    public static final int X_LEFT_EYE0 = 45;
    public static final int Y_LEFT_EYE0 = Y_RIGHT_EYE0;

    public static final int NOSE_DIAMETER = 5;
    public static final int X_NOSE0 = 32;
    public static final int Y_NOSE0 = 25;

    public static final int MOUTH_WIDTH = 30;
    public static final int MOUTH_HEIGHT0 = 0;
    public static final int X_MOUTH0 = 20;
    public static final int Y_MOUTH0 = 35;
    public static final int MOUTH_START_ANGLE = 180;
    public static final int MOUTH_EXTENT_ANGLE = 180;

    public void paint(Graphics canvas)
    {
        int i, xOffset, yOffset; //Want i to exist after the loop ends
        for (i = 0; i <= 4; i++)
        {   //Draw one face:
            xOffset = 50 * i;
            yOffset = 30 * i;

            //Draw face circle:
            if (i % 2 == 0) //if i is even
            {   //Make face light gray
                canvas.setColor(Color.YELLOW);
                canvas.fillOval(X_FACE0 + xOffset, Y_FACE0 + 30 * i,
                                FACE_DIAMETER, FACE_DIAMETER);
            }
            canvas.setColor(Color.BLACK);
            canvas.drawOval(X_FACE0 + xOffset, Y_FACE0 + yOffset,
                            FACE_DIAMETER, FACE_DIAMETER);
            //Draw eyes:
            canvas.setColor(Color.BLUE);
            canvas.fillOval(X_RIGHT_EYE0 + xOffset, Y_RIGHT_EYE0 +
                            yOffset, EYE_WIDTH, EYE_HEIGHT);
            canvas.fillOval(X_LEFT_EYE0 + xOffset, Y_LEFT_EYE0 +
                            yOffset, EYE_WIDTH, EYE_HEIGHT);
            //Draw nose:
            canvas.setColor(Color.BLACK);
            canvas.fillOval(X_NOSE0 + xOffset, Y_NOSE0 + yOffset,
                            NOSE_DIAMETER, NOSE_DIAMETER);
```

(계속됨)

Listing 4.9 루프와 분기를 이용하는 애플릿

```
            //Draw mouth:
            canvas.setColor(Color.RED);
            canvas.drawArc(X_MOUTH0 + xOffset, Y_MOUTH0 + yOffset,
                           MOUTH_WIDTH, MOUTH_HEIGHT0 + 3 * i,
                           MOUTH_START_ANGLE, MOUTH_EXTENT_ANGLE);
}
//i is 5 when the previous loop ends
xOffset = 50 * i;
yOffset = 30 * i;

//Draw kissing face:
//Draw face outline:
canvas.setColor(Color.BLACK);
canvas.drawOval(X_FACE0 + xOffset, Y_FACE0 + yOffset,
                FACE_DIAMETER, FACE_DIAMETER);
//Draw eyes:
canvas.setColor(Color.BLUE);
canvas.fillOval(X_RIGHT_EYE0 + xOffset, Y_RIGHT_EYE0 + yOffset,
                EYE_WIDTH, EYE_HEIGHT);
canvas.fillOval(X_LEFT_EYE0 + xOffset, Y_LEFT_EYE0 + yOffset,
                EYE_WIDTH, EYE_HEIGHT);
//Draw nose:
canvas.setColor(Color.BLACK);
canvas.fillOval(X_NOSE0 + xOffset, Y_NOSE0 + yOffset,
                NOSE_DIAMETER, NOSE_DIAMETER);
//Draw mouth in shape of a kiss:
canvas.setColor(Color.RED);
canvas.fillOval(X_MOUTH0 + xOffset + 10, Y_MOUTH0 + yOffset,
                MOUTH_WIDTH - 20, MOUTH_WIDTH - 20);

        //Add text:
        canvas.drawString("Kiss, Kiss.",
            X_FACE0 + xOffset + FACE_DIAMETER, Y_FACE0 + yOffset);

        //Draw blushing face:
        i++;
        xOffset = 50 * i;
        yOffset = 30 * i;

        //Draw face circle:
        canvas.setColor(Color.PINK);
        canvas.fillOval(X_FACE0 + xOffset, Y_FACE0 + yOffset,
                        FACE_DIAMETER, FACE_DIAMETER);
        canvas.setColor(Color.BLACK);
        canvas.drawOval(X_FACE0 + xOffset, Y_FACE0 + yOffset,
                        FACE_DIAMETER, FACE_DIAMETER);
        //Draw eyes:
        canvas.setColor(Color.BLACK);
        canvas.fillOval(X_RIGHT_EYE0 + xOffset, Y_RIGHT_EYE0 +
                        yOffset, EYE_WIDTH, EYE_HEIGHT);
```

루프 몸체가 마지막으로 반복된 다음에 i의 값이 한 번 더 증가되어 5가 된다.

(계속됨)

Listing 4.9 루프와 분기를 이용하는 애플릿

```
        canvas.fillOval(X_LEFT_EYE0 + xOffset, Y_LEFT_EYE0 + yOffset,
                        EYE_WIDTH, EYE_HEIGHT);
        //Draw nose:
        canvas.setColor(Color.BLACK);
        canvas.fillOval(X_NOSE0 + xOffset, Y_NOSE0 + yOffset,
                        NOSE_DIAMETER, NOSE_DIAMETER);
        //Draw mouth:
        canvas.setColor(Color.BLACK);
        canvas.drawArc(X_MOUTH0 + xOffset, Y_MOUTH0 + yOffset,
                       MOUTH_WIDTH, MOUTH_HEIGHT0 + 3 * (i - 2),
                       MOUTH_START_ANGLE, MOUTH_EXTENT_ANGLE);
        //Add text:
        canvas.drawString("Tee Hee.",
            X_FACE0 + xOffset + FACE_DIAMETER, Y_FACE0 + yOffset);
    }
}
```

애플릿 결과 출력

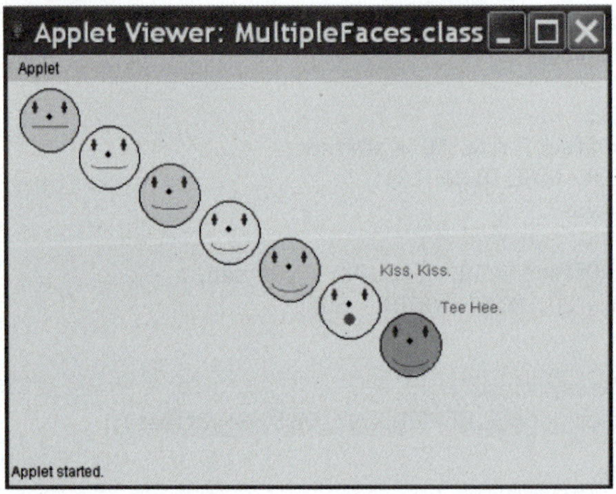

다음 코드는 i가 짝수일 때마다 노란색을 적용한다.

```
if (i % 2 == 0)  //if i is even
{   //Make face yellow
    canvas.setColor(Color.YELLOW);
    canvas.fillOval(X_FACE0 + xOffset, Y_FACE0 + yOffset,
                    FACE_DIAMETER, FACE_DIAMETER);
}
```

그러고 나서 다음 문장에 의해 검은색 외곽선이 그려진다.

```
canvas.setColor(Color.BLACK);
```

```
canvas.drawOval(X_FACE0 + xOffset, Y_FACE0 + yOffset,
                FACE_DIAMETER, FACE_DIAMETER);
```

노란색 얼굴의 내부가 먼저 그려지고 나서 검은색 외곽선이 그려지므로 내부가 채워진 원 위에 외곽선이 보이게 된다.

그다음에 나오는 몇 줄의 코드는 모든 얼굴마다 똑같은 눈과 코를 그린다. 입은 루프 몸체의 마지막 부분에 나오는 다음 문장에 의해 그려진다.

```
//Draw mouth:
canvas.setColor(Color.RED);
canvas.drawArc(X_MOUTH0 + xOffset, Y_MOUTH0 + yOffset,
               MOUTH_WIDTH, MOUTH_HEIGHT0 + 3 * i,
               MOUTH_START_ANGLE, MOUTH_EXTENT_ANGLE);
```

입은 같은 방식으로 그리지만 i의 값에 따라 약간씩 달라진다. i가 1 증가될 때마다 입의 높이는 3픽셀씩 증가된다. i가 0일 때의 첫 번째 입의 높이는 MOUTH_HEIGHT0인데, 이것은 0으로 지정된 이름 상수이다. 따라서 첫 번째 입은 직선으로 그려진다. i가 1일 때 두 번째 입은 높이가 3픽셀이므로 곡선이 드러나서 웃는 것처럼 보인다. 처음 다섯 얼굴에서 뒤로 갈수록 미소가 점점 커진다.

마지막 두 개의 얼굴은 루프 몸체 다음에 나오는 코드에 의해 그려지지만, 몸체의 코드와 거의 유사하다. 마지막 두 얼굴도 for 문에서 그려진 얼굴과 마찬가지로 i의 값에 의해 위치가 정해진다. for 루프가 종료되기 직전 i의 값이 1 증가되었으므로 그다음인 여섯 번째 얼굴도 제 위치에 그려진다. 마지막 얼굴이 그려지기 전에 i를 1 증가시켜 마지막 얼굴도 올바른 위치에 그려지게 된다.

여섯 번째 얼굴에서 입은 키스를 표현하기 위해 빨간색으로 칠해진 원으로 그린다. 마지막 얼굴은 핑크색이고 가장 환한 미소를 담고 있는데, 이 미소는 i가 4였던 다섯 번째 얼굴의 미소와 동일하다. 이제는 i가 6이므로 마지막 얼굴에서 입의 높이를 계산할 때 i–2를 사용했다.

마지막 두 얼굴에는 다음 절에서 설명할 drawString 메소드를 호출하여 출력한 텍스트 레이블이 붙어 있다.

drawString 메소드

drawString 메소드는 타원을 그리는 메소드와 비슷하지만 그림이 아니라 텍스트를 출력한다. 예를 들어 다음은 (10, 20) 위치에 Hello라는 단어를 출력한다.

```
canvas.drawString("Hello", 10, 20);
```

Listing 4.9에 포함된 다음 메소드 호출은 Kiss, Kiss라는 텍스트를 출력하는데, 출력이 시작되는 위치의 *x* 좌표와 *y* 좌표가 각각 X_FACE0 + xOffset + FACE_DIAMETER와 Y_FACE0 + yOffset이다.

```
//Add text:
canvas.drawString("Kiss, Kiss.",
        X_FACE0 + xOffset + FACE_DIAMETER, Y_FACE0 + yOffset);
```

요점 정리 **drawString 메소드**

문법

```
canvas.drawString(String, X, Y);
```

drawString 메소드는 *String*으로 주어진 텍스트를 애플릿 윈도우의 (*X*, *Y*) 위치에 출력한다.

예제

```
canvas.drawString("Hello", 10, 20);
```

자습문제 SELF-TEST QUESTIONS

26 자바 애플릿에서 사용할 루프를 작성하라. 루프는 다음과 같이 한 줄의 동일한 원을 그려야 한다.

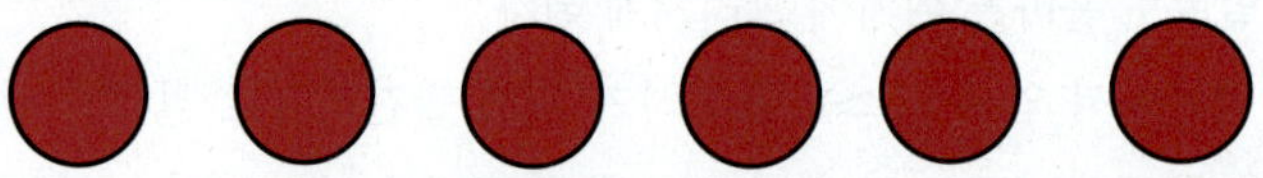

요약 SUMMARY

- 루프(loop)는 동작을 여러 번 반복하는 프로그래밍 구조이다. 반복되는 부분을 루프 몸체라고 한다.
- 자바는 세 종류의 루프문을 제공한다. while 문, do-while 문, 그리고 for 문이다.
- while 문과 do-while 문은 불 수식이 참인 동안 루프 몸체를 반복한다. do-while 문은 몸체를 최소 한 번은 실행하지만 while 문은 몸체를 한 번도 실행하지 않을 수도 있다.
- for 문의 로직은 while 루프와 동일하다. 초기화, 반복조건 검사 및 갱신의 세 단계가 루프에 흩어져 있지 않고 함께 모여 있다. for 문은 계수기(counter)에 의해 제어

되는 루프에 사용되는 경우가 많다.

- for-each 문은 for 문의 변종으로서 열거형과 같은 데이터 묶음의 모든 요소에 대해 반복한다.
- 입력 루프를 종료시키는 한 가지 방법은 데이터의 끝에 경곗값(sentinel value)을 두고 루프가 경곗값을 검사하게 하는 것이다.
- boolean형의 변수를 사용하여 루프문을 제어할 수 있다.
- 가장 흔한 종류의 루프 버그는 의도하지 않는 무한 루프와 1 차이(off-by-one) 에러이다.
- 변수 추적이란 프로그램의 특정한 위치에서 변수의 값을 출력하는 것을 말한다. 변수 추적은 특별한 디버깅 유틸리티를 써서 할 수도 있고 임시적인 출력문을 삽입하여 행할 수도 있다.
- 단언문(assertion)은 메소드가 올바르기 위해서 참이 되어야 하는 문장으로 메소드 내의 특정 위치에 놓인다. 자바는 단언문이 실제로 참인지를 검사하는 단언문 검사(assertion check)를 제공한다.
- 애플릿 그리기에서 drawString 메소드를 사용하여 텍스트를 출력할 수 있다.

연습문제 EXERCISES

1 키보드로부터 done이라는 단어가 입력될 때까지 단어들을 읽어 들이는 코드를 작성하라. done 외의 각 단어에 대해 단어의 첫 문자가 마지막 문자와 같은지 출력하라. 다음 루프를 이용하여 각각 작성하라.

a. while 문
b. do-while 문

2 저축 예금 계좌의 월 단위 잔고를 계산하는 알고리즘을 고안하라. 매달 한 번의 입금 혹은 출금 거래를 할 수 있다. 이자는 매달 초에 계좌에 더해진다. 월 이율은 퍼센트 단위의 연이율을 12로 나눈 것이다.

3 여섯 자리의 비밀번호를 예측하는 간단한 게임 알고리즘을 고안하라. 사용자가 비밀번호를 예측하여 입력하면 프로그램은 ① 사용자 예측이 맞춘 자릿수의 개수와, ② 그 숫자들의 곱을 반환한다. 예를 들어 비밀번호가 775692이고 사용자의 예측이 757643이면 7과 6의 두 자리를 맞추었으므로 프로그램은 2와 42를 반환한다.

사용자가 고정된 횟수만큼 예측할 수 있도록 허용하라.

4 2부터 시작하는 n개의 양수인 짝수의 합계를 계산하는 코드를 작성하라. 예를 들어 n이 6이면 2+4+6+8+10+12를 계산해야 한다.

5 다음 코드를 for 문 대신 중첩된 while 문을 사용하도록 변환하라.

```
int s = 0;
int t = 5;
for (int i = 20; i > 15; i--)
{
    s = s + i;
    for (int j = i; j < 30; j++)
    {
        t = t * (j - i);
    }
        s = s * t;
    System.out.println("T is " + t);
}
System.out.println("S is " + s);
```

6 $1^3+2^3+3^3+4^3+5^3+ \cdots +n^3$의 합계를 계산하는 for 문을 작성하라.

7 (선택 사항) 앞 문제를 다시 풀되, 초기화 및 갱신(Update_Action) 부분을 수정하여 for 문의 몸체가 생략되도록 하라.

8 주어진 스트링에서 문자 t와 문자 P가 나타난 횟수를 세는 루프를 작성하라.

9 5번을 while 루프 대신 do-while 루프를 사용하여 풀어보라.

10 여덟 번의 동전 던지기에 대한 통계를 계산하는 프로그램을 작성하라. 사용자는 동전 던진 결과가 앞면이면 h, 뒷면이면 t를 입력한다. 여덟 번 입력을 받고 나서 프로그램은 앞면과 뒷면이 나온 횟수와 백분율을 출력한다. 입력된 h와 t의 개수를 계산할 때 증가 연산자를 사용하라. 예를 들어 프로그램과 사용자 간의 샘플 대화는 다음과 같다.

```
For each coin toss enter either h for heads or t for tails.
First toss: h
Second toss: t
Third toss: t
Fourth toss: h
Fifth toss: t
Sixth toss: h
Seventh toss: t
Eighth toss: t
Number of heads: 3
Number of tails: 5
```

```
Percent heads: 37.5
Percent tails: 62.5
```

11 파티에 참석한다고 하자. 사람들과 어울리기 위해 우리는 파티에 참석한 모든 사람에게 "Hello"라고 말할 것이다. for 문을 사용하여 "Hello"를 몇 번 말해야 할지 계산하는 코드를 작성하라. (힌트 : 새로 도착하는 사람은 파티장에 와 있는 모두에게 "Hello"라고 말한다. 각 사람이 도착할 때 "Hello"를 말하는 횟수를 루프를 사용하여 계산하라.)

12 요일에 대한 열거형을 정의하고 for-each 문을 사용하여 각 요일을 출력하라.

13 야구 경기의 최종 스코어를 계산하는 코드를 작성하라. 루프를 이용하여 1회부터 9회까지 양팀이 얻은 득점을 읽어 들이고 최종 스코어를 출력한다.

14 여러분이 음료수 회사에서 일한다고 하자. 특정 부피를 저장할 수 있는 원통형 용기의 최적 비용을 알아야 한다. 반복 전 질의 루프를 사용하는 코드를 작성하라. 루프가 매번 반복할 때 사용자에게 원통의 부피와 반지름을 입력하도록 요청한다. 용기의 높이와 비용을 다음 공식을 이용하여 계산하여 출력한다. 다음 공식에서 V는 부피, r은 반지름, h는 높이, C는 비용이다.

$$h = \frac{V}{\pi r^2}$$
$$C = 2\pi r(r+h)$$

15 일련의 양숫값의 기하 평균(geometric mean)을 계산하려고 한다. k개로 이루어진 값의 기하 평균을 계산하려면 값을 모두 곱한 다음 k-제곱근을 구하면 된다. 예를 들어 2, 5, 7의 기하 평균은 $\sqrt[3]{2\times5\times7}$이다. 루프와 경곗값을 이용하여 사용자가 임의의 개수의 값을 입력하도록 하라. 경곗값을 제외한 입력된 모든 값의 기하 평균을 계산하여 출력하라. (힌트 : x의 k-제곱근을 계산하려면 Math.pow(x, 1.0/k)를 이용하면 된다.)

16 파일을 원본의 80% 크기로 압축하여 저장 장치에 저장하는 프로그램이 있다고 가정하자. 압축된 파일을 저장하기 전에 먼저 512바이트 크기의 블록으로 나누어야 한다. 이 프로그램을 위한 알고리즘을 고안하라. 먼저 저장장치에 비어 있는 블록의 수를 읽어 들인다. 루프 내에서 파일의 원본 크기를 읽고 압축된 파일이 저장장치의 남은 공간에 들어갈지 결정한다. 들어간다면 프로그램이 파일을 압축하여 저장한다. 이 과정이 저장장치에 남은 공간을 초과하는 파일을 만날 때까지 반복된다.

예를 들어 저장 장치가 1,000 블록을 저장할 수 있다고 하자. 1,100바이트 크기의 파일은 압축하면 880바이트가 되고 2 블록을 필요로 한다. 남은 공간은 이제 998 블록이다. 20,000바이트 크기의 파일은 압축하면 16,000바이트가 되고 32 블록을 필요로 한다. 남은 공간은 966 블록이 된다.

17 여러 개의 원이 수평선을 따라 같은 거리만큼 떨어져 배치된 패턴을 그리는 애플릿을 작성하라. 여섯 개의 상수를 사용하여 패턴을 나타내는데, 그릴 원의 개수, 첫 번째 원의 지름, 첫 번째 원의 중심점의 x와 y 좌표, 인접한 원 사이의 거리, 한 원과 그다음 원 간의 지름의 변화량 등이다.

18 다음 코드의 출력은 무엇인가? 프로그래머가 의도한 작업은 무엇이라고 생각하는가? 어떻게 수정하면 되겠는가?

```
int product = 0, sum=0;
int max = 20;
for (int i = 1; i <= max; i++)
    product = product * i;
sum=sum + i;
System.out.println("The sum and product is " + sum + product);
```

19 다음 코드의 출력은 무엇인가? 프로그래머가 의도한 작업은 무엇이라고 생각하는가? 어떻게 수정하면 되겠는가?

```
int sum = 0;
int max = 20;
for (int i = 1; i <= max; i=i+2)
    sum = sum + i;
System.out.println("The even number sum is " + sum);
```

프로그래밍 과제 PROGRAMMING PROJECTS

1 3장의 프로그래밍 과제 4번을 반복하되, 이번에는 루프를 사용하여 사용자가 프로그램을 종료하라고 지시할 때까지 계속 문장을 읽고 처리하도록 하라.

2 연습문제 2번에서 고안한 알고리즘을 구현하는 프로그램을 작성하라.

3 3장의 프로그래밍 과제 5번을 반복하되, 이번에는 사용자가 다른 온도를 계속 변환할 수 있도록 루프를 사용하라. 사용자가 온도 다음에 C, c, F, f 이외의 문자를 입력하면 에러 메시지를 출력하고 사용자에게 다시 타당한 입력을 하도록 요청하라. 이때 숫자 부분은 다시 입력하지 않도록 한다. 매번 온도 변환을 처리한 후에 사용자가 Q나 q를 눌러 끝내거나 다른 아무 키나 눌러 온도 변환을 계속 수행하도

록 하라.

4 앞의 과제를 반복하되, 입출력을 위해 JOptionPane 윈도우를 사용하라. 실행을 끝내기 위해 Q나 q 문자를 입력하도록 하지 말고 Yes와 No 버튼을 제공하라. JOptionPane은 2장과 3장의 그래픽 보조자료에 설명되어 있다.

5 일련의 음수가 아닌 정수들을 읽어서 가장 큰 수, 가장 작은 수, 그리고 모든 정수의 평균값을 출력하는 프로그램을 작성하라. 입력의 끝은 음수인 경곗값으로 나타낸다. 이 경곗값은 계산에 사용되지 않는다. 평균값은 소수 부분을 포함하도록 double형으로 한다.

6 시험 점수는 0에서 100 사이의 정수이다. 일련의 점수를 읽어서 학점을 부여하는 프로그램을 작성하라. 부여한 학점의 전체 개수와 각 학점별 개수를 출력하는데, 90에서 100까지는 A, 80에서 89까지는 B, 70에서 79까지는 C, 60에서 69까지는 D, 0에서 59까지는 F이다. 입력의 끝을 나타내는 경곗값으로 음수를 사용하라. (음수값은 루프를 끝내기 위해서만 사용하고 계산에는 사용하지 않는다.) 예를 들어 입력이 다음과 같으면

```
98 87 86 85 85 78 73 72 72 72 70 66 63 50 -1
```

출력은 다음과 같아야 한다.

```
Total number of grades = 14
Number of A's = 1
Number of B's = 4
Number of C's = 6
Number of D's = 2
Number of F's = 1
```

7 5번과 6번 과제를 결합하여, 시험 점수에 해당하는 0에서 100 사이의 일련의 정수를 읽어 다음과 같은 통계를 출력하도록 하라.

점수의 전체 개수

각 학점별 개수

전체에 대한 각 학점의 비율(%)

점수 범위 : 최저와 최고 점수

점수 평균

앞에서와 마찬가지로 음수 점수를 경곗값으로 사용하라.

8 연습문제 3번에서 고안한 알고리즘을 구현하는 프로그램을 작성하라.

9 다음에 나열한 단어들은 각 단어의 첫 번째 문자를 단어의 끝으로 옮기고 뒤에서부터 읽으면 원래의 단어와 같은 단어를 얻는다.

banana dresser grammar potato revive uneven assess

단어를 읽어서 이런 특성을 갖고 있는지 판단하는 프로그램을 작성하라. *quit*이라는 단어를 읽을 때까지 단어를 읽고 테스트하는 과정을 반복하라. 대소문자를 구분하지 말고 처리하라.

10 은행 계좌 잔고와 이자율을 읽어서 10년 후의 계좌 액수를 출력하는 프로그램을 작성하라. 출력은 연별, 월별, 일별 세 가지 방식으로 복리 계산한 결과를 보여야 한다. 연별 복리 계산의 경우에는 이자가 매년 연말에 더해지고, 월별 복리의 경우에는 1년에 12번 더해지며, 일별 복리의 경우에는 1년에 365번 더해진다. 윤년에 대해서는 염려할 필요 없이 모든 해가 365일이라고 가정하라. 연별 이자는 예금한 날짜로부터 정확히 1년 후에 더해진다고 가정하면 된다. 다시 말해 12월 31일과 같이 특정한 날짜에 이자를 계산해야 한다거나 하는 문제는 고려하지 않아도 된다는 말이다. 마찬가지로, 월별 이자는 예금한 날짜로부터 정확히 한 달 후에 더해진다. 이자에 대해서도 이자가 붙으므로 이자가 더 자주 계산될수록 잔액이 높을 것이다. 이자율을 기간에 맞추어 조정해야 하는 점에 주의하라. 이율이 5%라면 월별 이자를 계산할 때는 5/12%를, 일별 이자를 계산할 때는 5/365%를 사용해야 한다. 이 계산을 할 때 공식을 사용하지 말고 각 기간에 대해 이자를 더하는 루프를 사용하라. 여기에 바깥 루프를 사용하여 새로운 잔액과 이자율을 가지고 이 계산을 반복할 수 있도록 하라. 계산은 사용자가 프로그램을 종료하라고 요청할 때까지 반복한다.

11 2장의 프로그래밍 과제 10번을 수정하여 입력 데이터가 유효한지 검사하도록 하라. 유효한 입력은 25센트 이상 100센트 이하이고 5센트의 정수배여야 한다. 유효한 가격이 입력되었을 때에만 잔돈을 계산하라. 입력이 유효하지 않으면, 25센트 이하의 가격, 5의 정수배가 아닌 가격, 1달러를 넘는 가격에 대해 각각 별도의 에러 메시지를 출력하라.

12 프로그래밍 과제 7번이나 8번을 `JOptionPane`을 사용하여 반복하라. `JOptionPane`은 2장과 3장의 그래픽 보조자료에서 설명했다.

13 사용자에게 삼각형의 크기(1에서 50 사이의 정수)를 입력받아 별표(*)로 이루어진 줄을 출력하여 삼각형을 그리는 프로그램을 작성하라. 첫째 줄은 하나의 별표, 둘째 줄은 두 개의 별표 등으로 각 줄이 이전 줄보다 별표가 하나씩 증가되어 사용자

가 입력한 숫자만큼의 별표를 갖는 줄까지 출력한다. 그다음 줄부터는 별표를 하나씩 줄여서 출력하고, 마지막 줄에는 한 개의 별표만 출력한다. (힌트 : 중첩된 루프를 사용하라. 바깥 루프는 출력할 줄 수를 제어하고 안쪽 루프는 한 줄에 출력할 별표의 수를 제어한다.) 예를 들어 사용자가 3을 입력하면 출력은 다음과 같다.

```
*
**
***
**
*
```

14 공이 튀는 모습을 모의 실험하는 프로그램을 작성하라. 가상의 시계로 시간이 진행되는 동안 각 초에서 공의 높이를 계산한다. 시간이 0일 때 공은 높이 0에서 시작하고 초기 속도는 사용자가 입력한다. (초당 100피트 이상의 초기 속도가 적당하다.) 1초가 지난 후에 높이를 현재 속도만큼 더하고, 속도에서 32를 뺀다. 새로운 높이가 0보다 작으면 높이와 속도에 각각 −0.5를 곱해 공이 튀어 오르는 것을 흉내 낸다. 다섯 번 튀어 오르면 종료한다. 프로그램의 출력은 다음과 같은 형태를 가져야 한다.

```
Enter the initial velocity of the ball: 100
Time: 0 Height: 0.0
Time: 1 Height: 100.0
Time: 2 Height: 168.0
Time: 3 Height: 204.0
Time: 4 Height: 208.0
Time: 5 Height: 180.0
Time: 6 Height: 120.0
Time: 7 Height: 28.0
Bounce!
Time: 8 Height: 48.0
. . .
```

15 결선 출전자는 10명이고 이 중 3 명에게 상을 줄 수 있다. 출전자들은 1에서 10까지의 숫자가 지정된다. 출전자 가운데 상을 받을 세 명의 번호를 무작위로 선택하는 프로그램을 작성하라. 같은 숫자를 두 번 고르지 않도록 하라. 예를 들어 3, 6, 2번을 선택하는 것은 타당하지만, 3, 3, 11은 3이 두 번 나왔고 11은 유효한 출전자 번호가 아니기 때문에 타당하지 않다. 난수(random number)를 생성하는 방법은 6장에서 설명하겠지만, 이 문제에서는 1에서 10 사이의 숫자를 무작위로 생성하는 다음 코드를 사용하면 된다.

```
int num = (int) (Math.random() * 10) +1;
```

16 자동판매기에서 초콜릿 바를 하나에 1달러에 살 수 있다고 하자. 초콜릿 바에는 쿠

폰이 하나씩 들어 있고, 쿠폰 여섯 개를 모으면 초콜릿 바 하나를 살 수 있다. 쿠폰이 모이면 항상 쿠폰으로 추가의 초콜릿 바를 사 먹는다면, *N* 달러로 몇 개의 초콜릿 바를 사 먹을 수 있을지 알고 싶다.

예를 들어 6달러를 가지고 초콜릿 바 일곱 개를 사 먹을 수 있다. 여섯 개를 사면 여섯 개의 쿠폰을 얻을 수 있고 이 쿠폰으로 다시 초콜릿 바 한 개를 살 수 있기 때문이다. 그러고 나면 다시 쿠폰이 한 개 생기게 된다. 11달러라면 초콜릿 바 13개를 사 먹고 한 개의 쿠폰이 남고, 12달러라면 14개를 사 먹고 두 개의 쿠폰이 남았을 것이다.

*N*을 입력으로 받아 사 먹을 수 있는 초콜릿 바의 개수와 남은 쿠폰의 개수를 출력하는 프로그램을 작성하라. 초콜릿 바 하나를 살 만큼의 쿠폰이 있다면 계속 쿠폰을 사용하여 초콜릿 바를 구매하는 루프를 사용하라.

17 프로그래밍 과제 14번을 애플릿으로 작성하라. 공의 초기 속도는 상수로 나타내라. 매초의 볼의 위치를 원으로 그려라. *y*-좌표는 볼의 높이에 비례하고, *x*-좌표는 동일한 작은 간격으로 증가한다.

18 과녁판 형태의 패턴을 그리는 자바 애플릿이나 애플리케이션을 작성하라. 중심 원은 지름 100픽셀에 내부가 파란색으로 칠해진 원이다. 이 중심 원은 다섯 개의 고리로 둘러싸이는데 고리의 색깔은 번갈아 녹색과 파란색이고 고리의 너비는 30픽셀이다.

19 일정한 간격으로 떨어져 있는 원의 패턴을 그리는 애플릿이나 애플리케이션을 작성하라. 패턴을 제어하는 다음 네 개의 상수를 사용하라. 원의 개수, 첫 번째 원의 반지름, 원 사이의 반지름의 변화, 원의 *x* 좌표의 변화 등이다. 원의 색깔은 빨간색, 녹색, 파란색의 순서로 바뀐다.

20 (상급) 앞 과제를 반복하되 원의 중심을 나선형으로 배치하라. 각 원의 중심은 원래 위치로부터의 각도와 거리에 의존한다. 각도와 거리를 상수로 변화시키면 나선형 패턴을 이루게 된다.

21 팔, 다리, 머리가 있는 사람의 모양을 여러 개 출력하는 애플릿이나 애플리케이션을 작성하라. 머리에는 행복한 얼굴을 사용하고, 몸통과 팔, 다리는 타원형을 사용하라. Listing 4.9에서처럼 그림을 하나씩 순차적으로 그린다. 그림이 달리는 자세가 되도록 하라. 각 그림의 얼굴 색깔은 흰색, 분홍색, 빨간색, 노란색, 녹색의 차례로 변화하도록 한다. 웃는 모습의 입 모양이 점차 변해 가도록 하여, 처음 미소 짓고 있는 모양이 마지막에는 찌푸린 모양이 되도록 하라. `switch` 문을 사용하여 색

깔을 선택하라. 이 switch 문이 루프 내에 들어가야 한다.

자습문제 해답

ANSWERS to SELF-TEST QUESTIONS

1
```
0
1
2
3
4
count after loop = 5
```

2 그렇다. while 루프의 몸체는 0번 반복될 수 있다.

그렇지 않다. do-while 루프의 몸체는 최소 한 번은 실행되어야 한다.

3
```
0
count after loop = 1
```

4
```
Scanner keyboard = new Scanner(System.in);
int number;
System.out.println("Enter a whole number:");
number = keyboard.nextInt();
System.out.println("You entered " + number);

while (number > 0)
{
    System.out.println("Enter a whole number:");
    number = keyboard.nextInt();
    System.out.println("You entered " + number);
}
System.out.println("number after loop = " + number);
```

5 이 코드는 무한 루프이므로 루프 다음의 println 문은 실행되지 않는다. 실행 결과는 다음과 같이 시작된다.

```
0
-1
-2
-3
.
.
.
```

6
```
while (population <= 0)
{
    System.out.println("Population must be positive.");
    System.out.print("Reenter population: ");
    population = keyboard.nextInt( );
}
```

7
```
1
2
3
4
```

8 이 루프는 출력이 없다. 루프의 첫 번째 반복에서 불 수식 `n > 4`가 거짓이므로 몸체가 실행되지 않고 루프가 종료된다.

9
```
4
3
2
1
```

10
```
0
```

for 루프의 첫 줄 끝에 추가된 세미콜론에 주의하라.

11
```
0.0
0.5
1.0
1.5
2.0
2.5
```

12
```
for (int n = 1; n <= 5; n++)
    System.out.println(2 * n);
```

또는

```
for (int n = 2; n <= 10; n = n + 2)
    System.out.println(n);
```

13
```
0
0
1
0
1
2
```

14
```
for (int time = 1; time < = 4; time++)
    System.out.println("One more time.");
```

15
```
int result = 1;
for (int count = 1; count < = 5; count++)
    result = 2 * result;
```

16 1.0보다 작은 아무 값이라도 경계값으로 사용할 수 있지만 double값의 부정확한 특성으로 인한 문제를 피하려면 1.0보다 상당히 작은 값을 택해야 한다.

```
System.out.println("Enter a list of numbers.");
System.out.println("All the numbers must be 1.0 or larger.");
System.out.print("Enter 0 after the last number ");
System.out.println("on the list.");

double sum = 0;
int count = 0;
Scanner keyboard = new Scanner(System.in);
double next = keyboard.nextDouble();
while (next > 0.9)
//next >= 1.0 has a risk of inaccuracy.
{
     sum = sum + next;
     count++;
     next = keyboard.nextDouble();
}
if (count > 0)
    System.out.println("Average is " + (sum / count));
else
System.out.println("No numbers to average.");
```

17
```
One
Two
Three
After the loop
```

break 문이 switch 문을 종료시키지만 for 루프를 종료시키지는 않는다.

18
```
Hello
Hello
After the loop 1
```

19
```
Hello
Hello
```

프로그램이 종료되므로 After the loop는 출력되지 않는다.

20
```
int sum = 0;
Scanner keyboard = new Scanner(System.in);
while (true)
{
     int next = keyboard.nextInt();
     if (next < 0)
          break;
     else
          sum = sum + next;
}
```

이 루프는 종료 조건이 몸체 내에 숨겨져 있다. 불 변수 areMore을 사용하는 원래 버전이 더 이해하기 쉽다.

21 코드의 다음 부분은

```
balance = balance + penalty;
balance = balance - deposit;
```

다음과 같이 되어야 한다.

```
balance = balance - penalty;
balance = balance + deposit;
```

이렇게 수정한 후에도 여전히 한 가지 문제가 있는데, penalty가 deposit보다 크면 무한 루프가 된다.

22
```
int sum = 0;
System.out.println("sum == " + sum);  // *
for (int n = 1; n < 10; n++)
{
    sum = sum + n;
    System.out.println("n == " + n);  // *
    System.out.println("sum == " + sum);  // *
}
System.out.println("1 + 2 + . . . ) + 9 + 10 == " + sum);
```

23 불 수식은 n < 10이 아니라 n <= 10이라야 한다. 이것은 1 차이 에러이다.

24 단언문은 프로그램의 특정 위치에서 프로그램 상태에 대해 무엇인가 단언하는 문장이다. 프로그램에 에러가 없다면 단언문은 참이 되어야 한다. 다음에 단언문의 예를 보였는데, 한 번은 주석문으로 한 번은 단언문 검사로 보였다.

```
//(timeLeft > 30) && (points < 10)
assert (timeLeft > 30) && (points < 10);
```

25
```
if (balance <= 0)  //if (balance > 0) is false.
{
    System.out.println("Assertion(balance > 0)failed.");
    System.out.println("Aborting program.");
    System.exit(0);
}
```

26 문제에 대한 해답으로는 루프만 작성하면 되지만, 다음에는 해답 루프를 포함하는 완전한 애플릿을 보였다.

```
import javax.swing.JApplet;
import java.awt.Graphics;
import java.awt.Color;

public class Question26 extends JApplet
{
    public static final int DIAMETER = 30;
```

```
    public static final int X_CENTER = 100;
    public static final int Y_CENTER = 100;
    public static final int GAP = 10;

    public void paint(Graphics canvas)
    {
        int radius = DIAMETER / 2;
        int x = X_CENTER - radius;  //upper left corner
        int y = Y_CENTER - radius;
        for (int i = 1; i <= 6; i++)
        {
            canvas.setColor(Color.BLUE);
            canvas.fillOval(x, y, DIAMETER, DIAMETER);

            canvas.setColor(Color.BLACK);
            canvas.drawOval(x, y, DIAMETER, DIAMETER);
            x = x + DIAMETER + GAP;
        }
    }
}
```

05 클래스와 메소드 정의

앞장의 내용에서 객체란 어떤 클래스형의 변수로 선언되어 사용된다고 한 것을 기억하기 바란다. 객체는 데이터를 가지고 있으면서 동작을 실행할 수 있으며, 실행되는 동작은 메소드(method)라 불린다. 여러분은 이미 객체를 사용하고 객체의 메소드를 호출해 본 적이 있다. `String`형의 객체가 있으면 그의 메소드 `length`는 문자열의 길이를 반환한다. 즉, `name`이 스트링 객체일 때 `name.length()`란 표현 방식으로 메소드를 호출하면 `name`의 길이가 반환된다. `String` 클래스는 자바 클래스 라이브러리에 미리 정의되어 있어 어떤 자바 프로그램에서도 사용할 수 있다. 이 장에서는 자신이 직접 클래스를 정의하는 방법과 객체 및 클래스의 메소드를 사용하는 방법에 대해 학습할 것이다.

■ 학습목표

- 클래스 및 클래스를 실체화한 객체의 개념을 이해한다.
- 클래스의 객체를 생성하는 방법을 배운다.
- 클래스와 메소드를 정의하는 방법을 배운다.
- 매개변수가 어떻게 동작하는지 배운다.
- `public`과 `private` 접근 지정자 사용법을 배운다.
- 접근자(accessor) 메소드와 설정자(mutator) 메소드를 정의하는 방법을 배운다.
- 클래스 내에서 전용(private) 메소드를 작성하고 사용하는 방법을 배운다.
- 정보 은닉 및 캡슐화를 이해한다.
- 메소드의 선행조건과 후행조건을 작성하는 방법을 배운다.
- `javadoc`의 목적을 이해한다.
- 간단한 UML 다이어그램 그리는 법을 배운다.
- 클래스형 변수 및 클래스형 매개변수를 이해하기 위해 참조(reference)의 개념을 이해한다.
- `equals`를 비롯한 불값을 반환하는 메소드 작성법을 배운다.
- `Graphics` 클래스의 메소드 사용법 및 애플릿에 레이블을 추가하고 `init` 메소드를 작성하는 방법을 배운다.

■ 전제조건

이 장을 읽기 전에 1장에서 4장까지의 내용을 숙지하고 있어야 하며, 특히 1장에서 '객체지향 프로그래밍'이란 제목의 절을 다시 복습하는 것이 좋다.

5.1 클래스와 메소드 정의

자바 프로그램은 서로 상호 작용하는 여러 클래스의 객체로 이루어져 있다. 자바에서 클래스와 객체를 정의하는 세부적인 내용을 배우기 전에, 클래스와 객체에 대해 앞에서 공부한 내용을 다시 되돌아보자.

객체(object)는 자동차, 집, 직원 인사기록부 등 실제 세계의 물건이나 색, 모양, 단어 등 추상적인 개념을 표현할 수 있다. 클래스(class)는 이러한 객체의 한 종류를 정의하는 것으로, 어떤 특정한 객체를 구성하기 위한 모형이나 설계도와 같은 것이다. 예를 들어 그림 5.1은 Automobile이라는 클래스를 표현하고 있다. 이 클래스는 자동차가 무엇이고 또 무엇을 할 수 있는가에 대한 일반적인 설명을 담고 있다.

이 클래스의 객체는 특정 자동차이다. 그림에서는 세 개의 Automobile 객체가 나타나 있으며, 각각의 객체는 Automobile 클래스의 정의를 만족하는 한 **실체**(instance)이다. 그래서 같은 클래스의 서로 다른 객체들을 생성하는 것을 클래스의 **실체화**

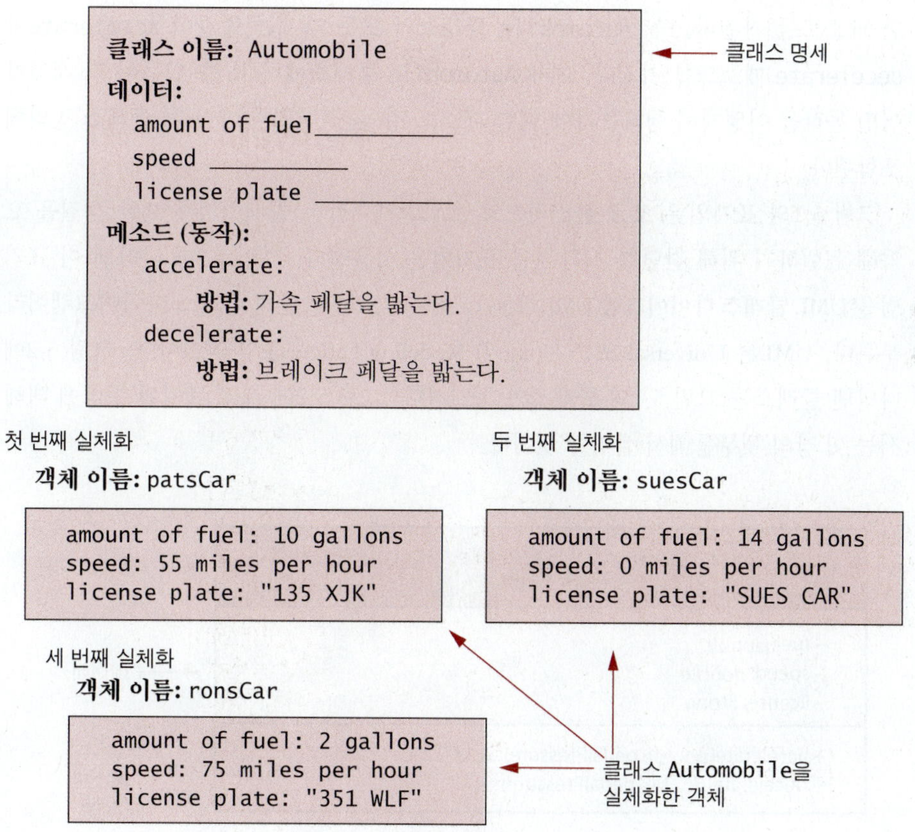

그림 5.1 설계 명세서로서의 클래스

(instantiation)라고도 한다. Automobile 클래스는 자동차가 무엇인지 무슨 작업을 하는지에 대한 일반적인 서술이고, 객체는 개별적인 자동차라 생각하면 된다. 아주 간단한 클래스지만 클래스가 무엇인가에 대한 기본 개념을 보여 준다. 상세한 내용을 살펴보자.

클래스는 그 클래스의 객체가 가지는 속성(attribute) 또는 데이터를 정의한다. Automobile 클래스 정의를 보면 각 객체가 세 가지의 속성에 대한 데이터, 즉 남은 연료의 양을 나타내는 숫자, 자동차의 속도를 보여 주는 숫자, 번호판에 적힌 내용을 저장하는 문자열을 가지게 됨을 알 수 있다. 그러나 클래스에는 어떤 구체적인 데이터도 저장되지 않는다. 각각의 객체는 자신만의 데이터를 갖지만 클래스는 데이터의 종류만을 표시한다.

클래스는 또한 객체가 취할 수 있는 동작과 객체가 그 동작을 수행하는 방법에 대한 내용을 정의한다. Automobile 클래스는 두 개의 동작 accelerate와 decelerate를 정의하고 있다. 따라서 Automobile 클래스를 사용하는 프로그램에서 Automobile 객체가 취할 수 있는 동작은 accelerate와 decelerate뿐이다. 클래스에서 동작을 정의하는 것을 메소드(method)라 한다. 하나의 클래스에 속하는 모든 객체는 동일한 메소드를 가진다. 즉, Automobile 클래스의 모든 객체는 똑같이 accelerate와 decelerate 메소드를 가진다. 예제 Automobile 클래스에서 볼 수 있듯이 각 객체가 어떤 동작을 어떻게 수행하는가에 대한 메소드 정의는 (객체가 아니라) 클래스 정의에 포함된다.

그림 5.1의 표기법은 조금 불편하므로 프로그래머들은 클래스의 중요한 성질을 요약해 표현하기 위해 간단한 시각적인 표기법을 사용한다. 그림 5.2에 나타낸 이 표기법을 **UML 클래스 다이어그램**(UML class diagram) 또는 간단히 클래스 다이어그램이라 부른다. **UML**은 **Universal**(또는 Unified) **Modeling Language**의 약어이다. 그림 5.2에 나타낸 클래스는 그림 5.1의 클래스와 동일하다. 그림 5.2에 새로 표시된 주석에 대해서는 이 장의 뒷부분에서 설명할 것이다.

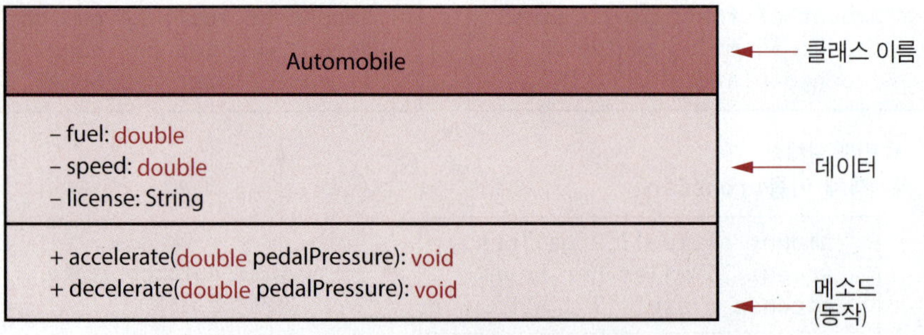

그림 5.2 UML 클래스 다이어그램으로 나타낸 클래스 개요

클래스 및 클래스를 실체화시킨 객체에 대해 하나 더 주의할 내용이 있다. 각각의 객체는 이름을 가진다. 그림 5.1에서 각 객체의 이름은 patsCar, suesCar, ronsCar 등이며, 자바 프로그램에서 이 객체의 이름은 Automobile형의 변수이다. 클래스란 자바 프로그램에서 하나의 자료형이란 것을 명심하자.

간단한 클래스를 정의하여 핵심적인 자바 코드를 분석하기에 앞서 1장에서 설명한 내용을 잠시 복습하여 클래스를 파일에 저장하는 방법과 클래스를 컴파일하는 방법을 살펴보자.

클래스 파일과 독립적 컴파일

이 책에 나오는 클래스를 사용하든 자기 스스로 작성한 클래스를 사용하든 상관없이, 하나의 클래스는 하나의 파일에 저장되어야 한다. 이 규칙을 지키지 않는 경우도 있지만 우리는 거의 그렇게 하지 않을 것이므로 지금은 신경 쓰지 않기로 한다. 파일 이름은 클래스 이름과 동일해야 하며 확장자로 .java를 사용한다. 예를 들어 Automobile이란 클래스 정의를 작성한다면 Automobile.java라는 파일에 저장해야 한다.

자바 클래스는 자바 프로그램에서 사용하기에 앞서 컴파일되어야 한다. 클래스가 컴파일된 결과물인 바이트코드(bytecode)는 소스와 동일한 이름에 .class 확장자를 붙인 파일에 저장된다. 즉, Automobile.java라는 파일을 컴파일하면 Automobile.class라는 파일이 생성된다. 나중에 Automobile 클래스를 사용하는 다른 프로그램 파일을 컴파일할 때는 Automobile 클래스 정의를 다시 컴파일할 필요가 없다. 이 이름 붙이기 규칙은 클래스뿐만 아니라 전체 프로그램에도 적용된다. 프로그램의 시작은 main 메소드이기 때문에 main 메소드를 가지고 있는 클래스 정의가 파일의 맨 앞에 오고 이 클래스의 이름이 클래스를 저장하는 파일 이름이 되며, 이것이 프로그램 이름으로 사용된다. 예를 들어 나중에 보게 될 Listing 5.2의 코드는 DogDemo.java라는 이름의 파일에 저장되어야 한다. 하나의 프로그램에서 사용하는 모든 클래스가 프로그램 파일(main 메소드를 포함하는)과 동일한 디렉터리 혹은 폴더에 존재한다면 디렉터리에 대해 신경 쓰지 않아도 된다. 여러 개의 디렉터리에 파일을 분산 저장하여 사용하는 방법은 6장에서 논의할 것이다.

프로그래밍 예제 Dog 클래스 구현

자바 클래스를 정의하는 법을 소개하기 위해 개를 표현하는 간단한 클래스를 하나 만들어 보자. Listing 5.1에서 Dog라는 이름의 클래스를 볼 수 있다. 설명하기 쉬운 첫 번째 예로 매우 단순하게 만들어서 여러 가지 중요한 설계 원칙에 어긋난 점들이 있다.

Listing 5.1 Dog 클래스의 정의

```
public class Dog
{
    public String name;
    public String breed;
    public int age;
    public void writeOutput()
    {
        System.out.println("Name: " + name);
        System.out.println("Breed: " + breed);
        System.out.println("Age in calendar years: " + age);
        System.out.println("Age in human years: " + getAgeInHumanYears());
        System.out.println();
    }
    public int getAgeInHumanYears()
    {
        int humanAge = 0;
        if (age <= 2)
        {
            humanAge = age * 11;
        }
        else
        {
            humanAge = 22 + ((age-2) * 5);
        }
        return humanAge;
    }
}
```

이 장의 뒷부분에서 인스턴스 변수에 대한 접근 지정자는 public이 아니라 private이 되어야 하는 점을 설명할 것이다.

이 장을 진행하면서 어떤 점이 문제인가 논의하고 개선해서 더 좋은 클래스로 발전시켜 나갈 것이다.

Dog 클래스의 각 객체는 이름(name), 품종(breed), 나이(age) 데이터를 가지게 된다. 또한 각 객체는 두 가지 동작을 할 수 있는데, 이들은 메소드 writeOutput과 getAgeInHumanYears에 정의되어 있다. writeOutput 메소드는 개의 데이터를 출력하고, getAgeInHumanYears 메소드는 개의 나이를 사람 나이로 환산해 준다. 클래스 내의 이러한 데이터와 메소드는 각 객체에 속해 있기 때문에 대개 객체의 **멤버**(member)라고 부른다. 그러나 여기서는 **인스턴스 변수**(instance variable)라고 하겠다. 다음 절에서 인스턴스 변수와 메소드에 대해서 좀 더 자세히 살펴볼 것이다.

인스턴스 변수

Listing 5.1의 클래스 정의 코드에서 다음에서 보는 첫 세 줄은 세 개의 인스턴스 변수를 선언한다.

```
public String name;
public String breed;
public int age;
```

public이란 단어는 이 인스턴스 변수의 사용에 아무런 제약이 없다. 즉, 공백이라는 것을 의미한다. 이렇게 변수를 공용으로 사용하는 것은 좋은 방법이 아니지만, 지금은 그냥 가기로 하자. 각각의 줄은 하나의 인스턴스 변수 이름을 선언하고 있는데, 각 인스턴스 변수는 반드시 하나의 자료형으로 지정되어야 한다. 예를 들어, **name** 변수는 String형이다.

여러분은 클래스의 객체라는 것이 내부에 인스턴스 변수를 가지는 복잡한 덩어리라고 생각하면 된다. 이 예에서 인스턴스 변수는 각각 **name**, **breed**, **age**이다. 클래스에 속하는 각 객체 또는 인스턴스가 이 세 변수를 선언된 모양대로 복사해서 각각 독립적으로 소유하기 때문에 인스턴스 변수란 이름을 사용하는 것이다. Listing 5.2는 앞에서 정의한 **Dog** 클래스와 인스턴스 변수를 어떻게 사용하는지 보여 준다.

Listing 5.2 Dog 클래스와 메소드 사용하기

```
public class DogDemo
{
    public static void main(String[] args)
    {
        Dog balto = new Dog();
        balto.name = "Balto";
        balto.age = 8;
        balto.breed = "Siberian Husky";
        balto.writeOutput();

        Dog scooby = new Dog();
        scooby.name = "Scooby";
        scooby.age = 42;
        scooby.breed = "Great Dane";
        System.out.println(scooby.name + " is a " + scooby.breed + ".");
        System.out.print("He is " + scooby.age + " years old, or ");
        int humanYears = scooby.getAgeInHumanYears();
        System.out.println(humanYears + " in human years.");
    }
}
```

(계속됨)

Listing 5.2 Dog 클래스와 메소드 사용하기

실행 결과 출력

```
Name: Balto
Breed: Siberian Husky
Age in calendar years: 8
Age in human years: 52

Scooby is a Great Dane.
He is 42 years old, or 222 in human years.
```

Listing 5.2 중의 다음 코드는 Dog형의 객체를 새로 하나 생성하고 balto라는 이름을 객체에 붙이는 과정을 나타낸다.

```
Dog balto = new Dog();
```

변수 balto와 scooby는 서로 다른 Dog 객체를 참조하며, 이 객체들은 각각 자신만의 name, breed, age 인스턴스 변수를 가진다. 인스턴스 변수를 참조하고 싶으면 객체 이름 뒤에 점(.)과 인스턴스 변수 이름을 붙여서 사용하면 된다. 예를 들어 balto 객체의 이름을 나타내는 인스턴스 변수는 다음과 같다.

```
balto.name
```

name은 String형의 변수이기 때문에 balto.name도 String형이고, String형의 변수를 사용할 수 있는 곳이라면 어디에서나 사용할 수 있다. 예를 들어 다음 문장은 모두 유효한 자바 실행문이다.

```
balto.name = "Balto";
System.out.println("The dog's name is " + balto.name);
String niceName = balto.name;
```

Dog형의 각 객체는 자신만의 세 인스턴스 변수를 가지게 된다. 다음과 같은 문장이 프로그램에 포함되어 있다고 하자.

```
Dog scooby = new Dog();
```

이렇게 되면 balto.name과 scooby.name은 서로 다른 문자열값을 가지는 두 개의 별개 인스턴스 변수가 된다. Listing 5.2에서 balto.name은 "Balto"로, scooby.name은 "Scooby"라는 서로 다른 문자열로 각각 설정되어 있다.

FAQ 왜 new가 필요한가?

자바에서 new란 클래스의 객체를 생성하는 단항(unary) 연산자이다. new가 다음과 같은 문장에서 사용되면 클래스 Dog의 새로운 객체를 하나 생성하는 것이다.

```
Dog scooby = new Dog();
```

new 연산자가 반환하는 값은 객체를 저장하는 메모리의 주소이다. 그리고 이 주솟값은 Dog형의 참조 변수 scooby에 대입된다. 객체는 내부에 인스턴스 변수를 가질 수 있고, new 연산자가 객체를 생성할 때 객체 안에 이 인스턴스 변수들도 만들어 넣게 된다.

FAQ Listing 5.2의 프로그램도 하나의 클래스인데 왜 인스턴스 변수가 없을까?

프로그램이란 main 메소드를 포함하는 클래스이다. 지금까지 이 책에서 소개한 프로그램들은 main 외에 다른 메소드나 인스턴스 변수가 없었지만, 프로그램 내에 다른 메소드나 인스턴스 변수를 포함할 수도 있다.

메소드

메소드를 사용하는 것을 '메소드를 호출(invoke 또는 call)한다'고 한다. 여러분은 이미 메소드를 호출해 보았다. 예를 들어 이전에 나왔던 프로그램은 Scanner 클래스의 객체를 이용해 nextInt 메소드를 호출하였다. 또한 다음의 실행문과 같이 System.out 객체의 println 메소드를 호출한 적도 있다.

```
System.out.println("Hello out there!");
```

자바에는 두 종류의 메소드가 있다.

- 하나의 값을 반환하는 메소드
- 동작은 수행하되 값은 반환하지 않는 메소드

nextInt 메소드는 하나의 값을 반환하는 메소드의 예로서, int형의 값을 하나 반환한다. println 메소드는 동작은 수행하지만 값은 반환하지 않는 메소드의 대표적인 예이다. 값의 반환 없이 동작만 수행하는 메소드를 void 메소드라 한다.

기억하세요! 두 종류의 메소드

자바에는 두 종류의 메소드가 있다. 하나의 값 또는 객체를 반환하는 메소드와 값의 반환 없이 동작만 수행하는 메소드이다. 이 두 종류는 보통 사용하는 방법도 약간 다르다.

메소드를 어떻게 호출하는지 다시 살펴보자. Scanner 클래스의 nextInt 메소드는 값을 하나 반환하는 메소드다. 프로그램에 다음과 같이 선언되어 있다고 가정하자.

```
int theNextInteger;
```

keyboard가 Scanner 클래스의 객체라고 할 때, keyboard 객체를 이용해 nextInt 메소드를 호출하는 방식은 다음과 같다.

```
theNextInteger = keyboard.nextInt();
```

메소드 호출에 대해 좀 더 상세히 살펴보자.

클래스 내부에서 정의된 메소드는 일반적으로 그 클래스의 객체를 이용해 호출된다. 먼저 수신 객체의 이름(위의 경우 keyboard)을 적고, 그다음에 점과 메소드의 이름(위의 경우 nextInt)을 적은 다음, 마지막으로 소괄호( )를 붙이는데 그 안에 메소드에 전달하는 인자(argument)를 적을 수도 있다. nextInt와 같이 하나의 값을 반환하는 메소드라면 반환값의 자료형이 사용될 수 있는 어디서나 메소드를 호출할 수 있다. nextInt 메소드는 int형의 값을 반환하므로 메소드 호출

```
keyboard.nextInt()
```

라는 표현은 int형 값이 사용될 수 있는 곳이라면 어디서나 사용될 수 있다. 호출문 전체를 반환되는 하나의 int형 값으로 대체하는 것과 같다. 예를 들어 int형 변수를 이용한 다음 대입문을 보자.

```
int data = 6;
```

다음 문장에서 keyboard.nextInt()는 위의 문장에서 6과 동일한 역할을 한다.

```
int data = keyboard.nextInt();
```

값을 반환하지 않고 동작만 수행하는 메소드도 유사한 방식으로 호출한다. 그러나 반환값이 없는 메소드는 다른 자바 문장에 들어가지 않고 독립적으로 호출된다. 예를 들어 다음 문장은 println 메소드 호출의 예이다.

```
System.out.println("Hello out there!");
```

이 메소드 호출은 단지 화면에 Hello out there!라는 문장을 출력하는 일을 할 뿐이다.

Listing 5.2에서 Dog 클래스의 writeOutput 메소드를 호출하는 것도 이와 마찬가지다. 다만 이 경우에는 writeOutput 메소드 호출 시 소괄호 안에 어떤 내용을 출력할지

전달해야 하는 인자가 필요 없다. 대신 writeOutput 메소드는 출력에 필요한 정보를 수신 객체로부터 얻게 된다.

예를 들어 Listing 5.2의 프로그램 전반부를 보면, 세 개의 대입문을 이용하여 객체 balto가 포함하고 있는 인스턴스 변수의 값을 설정한다.

```
balto.name = "Balto";
balto.age = 8;
balto.breed = "Siberian Husky";
```

그다음은 메소드 호출문을 이용하여 이 값들을 출력한다.

```
balto.writeOutput();
```

writeOutput 메소드는 balto 객체에서 정보를 가져와 다음과 같이 출력한다.

```
Name: Balto
Breed: Siberian Husky
Age in calendar years: 8
Age in human years: 52
```

Listing 5.2의 후반부에서는 scooby 객체에 대하여 동일한 내용의 작업을 수행하는데, 이번에는 scooby 객체의 인스턴스 변수를 직접 사용해 그 내용을 출력하게 된다. 출력 문장의 형태를 마음대로 변화시킬 수 있다는 장점이 있는 반면, 실제 출력되는 내용은 writeOutput 메소드를 호출하는 것과 대동소이하다. 따라서 main 메소드의 마지막 네 문장은 다음 문장으로 대체해도 무방할 것이다.

```
scooby.writeOutput();
```

기억하세요! 메소드 호출

메소드를 호출하려면 수신 객체의 이름을 적고 그 뒤에 점과 메소드의 이름을 차례로 적는다. 메소드의 이름 뒤에는 소괄호를 첨부하는데, 메소드에 전달해야 할 정보를 담은 인자(argument)가 소괄호 안에 추가될 수 있다.

요점 정리 값을 반환하는 메소드의 호출

하나의 값을 반환하는 메소드라면 반환값의 자료형이 사용될 수 있는 어디서나 메소드를 호출할 수 있다. 예를 들어 다음 문장은 getAgeInHumanYears 메소드를 호출하고 있는데, 이 메소드의 반환값은 int형이므로 int형 변수에 저장될 수 있다.

(계속됨)

```
humanYears = scooby.getAgeInHumanYears();
```

요점 정리 void 메소드의 호출

값을 반환하지 않고 동작만 수행하는 메소드는 메소드 이름 뒤에 세미콜론(;)을 붙여서 호출한다. 즉, 다른 문장 안에 삽입되지 않고 독립적으로 사용된다. 수행 결과는 메소드 내부에 정의된 작업들이 그 지점에서 차례로 실행되는 것이다. 예를 들어 다음 문장은 balto 객체에 대해 writeOutput 메소드를 호출한다.

```
balto.writeOutput();
```

이 메소드 호출의 결과는 화면에 여러 줄로 구성된 문장이 출력되는 것이다.

FAQ 그러면 main은? 그것도 메소드라면 왜 호출하지 않아도 될까?

main 메소드는 프로그램 내부에서 호출되지 않는다. 사용자가 프로그램을 실행하면, 시스템이 프로그램 내부에서 main이라는 이름의 void 메소드를 찾아서 호출해 주고 이것이 프로그램 실행의 시작이 된다. 프로그래머가 작성하지 않는 매우 특별한 방식의 호출 방법을 사용하지만 어쨌든 이것도 메소드 호출의 한 방법이며, main도 하나의 메소드이다.

void 메소드 정의

메소드를 어떻게 작성하는지 알아보기 위해 writeOutput 메소드의 정의를 다시 들여다보자. Listing 5.1에 있는 메소드 정의는 다음과 같다.

```
public void writeOutput()
{
    System.out.println("Name: " + name);
    System.out.println("Breed: " + breed);
    System.out.println("Age in calendar years: " + age);
    System.out.println("Age in human years: " + getAgeInHumanYears());
    System.out.println();
}
```

모든 메소드는 반드시 어떤 클래스 내부에 정의되어야 한다. Listing 5.1을 보면 모든 메소드가 Dog 클래스 정의 내부에 작성되어 있음을 볼 수 있다. 즉, 메소드는 독립적으로 실행될 수 없으며 클래스 Dog의 객체에 대해서만 사용될 수 있다는 것이다.

지금 당장은 메소드 정의를 public 키워드로 시작하기로 하자. public 키워드는 메소드의 사용에 아무 제약이 없다는 것을 명시하는 것으로, 이 장의 뒷부분에서는 메소드 사용에 제한을 가하는 다른 종류의 접근 지정자(access modifier)를 살펴볼 것이다.

값을 반환하지 않는 writeOutput 같은 메소드를 작성하려면 public 다음에 void

키워드를 입력한다. void는 '비어 있다'라는 뜻으로 이 메소드가 반환하는 값이 없음을 표시하는 역할을 한다. 이 키워드 때문에 반환값이 없는 메소드를 void 메소드라 한다.

void 키워드 다음에는 메소드의 이름과 한 쌍의 소괄호가 나와야 한다. 소괄호 안에는 메소드에 필요한 인자의 정보가 들어간다. 이 예에서는 아무런 정보가 필요하지 않기 때문에 소괄호 내부가 비어 있다. 매개변수가 필요할 때 어떻게 소괄호 안에 그 내용을 작성해 넣어야 하는지 역시 이 장의 뒷부분에서 다룰 것이다.

여기까지 메소드 정의의 시작 부분을 메소드의 **헤딩**(heading)이라 한다. 헤딩은 보통 한 줄로 작성하는데, 만약 한 줄에 넣기 너무 긴 내용이라면 두 줄 이상으로 나눌 수 있다.

헤딩 다음에 오는 메소드의 나머지 정의 부분을 메소드 **몸체**(body)라 하며, 전체를 중괄호 {}로 묶는다. 몸체 안에는 모든 종류의 자바 실행문이나 선언문이 들어갈 수 있다. 또한 메소드 몸체 안에서 인스턴스 변수를 사용할 수도 있다. 인스턴수 변수 외에 메소드에서 사용할 변수들은 반드시 메소드 몸체 내에 선언되어야 하는데, 이를 **지역 변수**(local variable)라 한다.

void 메소드가 호출되면 메소드 호출문이 메소드 정의의 몸체로 대체되는 것과 같은 효과가 발생해 몸체 안의 문장이 실행된다. 실제로는 그냥 대체라고 하기에 약간의 미묘한 부분이 더 있지만, 현재 다루고 있는 단순한 예에서는 메소드 정의의 몸체가 호출문을 그대로 대체한다고 생각하고 진행하자. 나중에는 메소드 정의란 메소드 호출을 일련의 실행문으로 대체하는 것이 아니라 수행되어야 할 작업을 정의하는 것으로 이해하게 되겠지만, 이 대체 개념은 올바른 것이며 메소드 호출을 이해하는 좋은 시작점이 된다.

다음 예에서 writeOutput 메소드 호출을 메소드 몸체의 실행문으로 대체하는 것을 생각해 보자.

```
balto.writeOutput();
```

이 경우 다음 문장들로 대체된다고 볼 수 있다.

```
System.out.println("Name: " + name);
System.out.println("Breed: " + breed);
System.out.println("Age in calendar years: " + age);
System.out.println("Age in human years: " + getAgeInHumanYears());
System.out.println();
```

여기서 변수명, 즉 name, breed, age 등은 수신 객체인 balto의 인스턴스 변수를 의미한다. 따라서 좀 더 정확하게 표현하려면 위의 메소드 호출문은 다음과 같은 문장들로 대체되어야 한다.

```
System.out.println("Name: " + balto.name);
System.out.println("Breed: " + balto.breed);
System.out.println("Age in calendar years: " + balto.age);
System.out.println("Age in human years: " + balto.getAgeInHumanYears());
System.out.println();
```

기억하세요! main은 void 메소드이다

정말로 main은 void 메소드이다. main 메소드의 헤딩에서 보이는 static이니 String[] args니 하는 것들에 대해서는 아직도 미스터리겠지만, 일단은 무조건 따라서 쓰라. 나중에 모두 설명할 것이다. 프로그램으로 실행되는 클래스에는 반드시 main 메소드가 필요한데, 사실은 어떤 클래스라도 main 메소드를 가질 수 있다. 어떤 클래스에 main 메소드가 있지만 프로그램으로 실행되지는 않는 경우, 그 main 메소드는 그냥 무시된다.

반환값이 있는 메소드 정의

반환값이 있는 메소드도 void 메소드와 동일한 방식으로 정의한다. 다만, 반환하는 값에 대한 정의가 추가되어야 한다. Dog 클래스의 getAgeInHumanYears 메소드를 살펴보자. 이 메소드는 개의 나이를 사람 나이로 추정하는 계산을 수행한다. 호출 예는 다음과 같다.

```
int humanYears = scooby.getAgeInHumanYears();
```

이 문장은 humanYears라는 변수에 다음 메소드 호출에서 돌아오는 값을 대입한다.

```
scooby.getAgeInHumanYears()
```

getAgeInHumanYears 메소드의 정의는 반환값을 어떻게 계산할 것인지 컴퓨터에게 지시한다.

Listing 5.1의 메소드 정의를 다시 보자. void 메소드 정의와 마찬가지로 반환값이 있는 메소드의 정의도 헤딩과 몸체의 두 부분으로 구성된다. getAgeInHumanYears() 메소드의 헤딩 부분은 다음과 같다.

```
public int getAgeInHumanYears()
```

반환값이 있는 경우도 void 메소드의 헤딩과 거의 유사하다. 단 하나의 차이점이라면 void 키워드 대신 메소드 이름 앞에 반환값의 형이름이 온다는 것이다. 메소드 헤딩의 구성은 맨 앞에 키워드 public이 오고 다음에 반환값의 형이름, 메소드 이름, 마지막에 소괄호가 오게 된다. 역시 void 메소드와 마찬가지로 메소드에 전달할 인자가 소괄호 사이에 올 수 있다. 이 예에서는 아무것도 없다. 또한 마찬가지로 public 키워드는 메소드의 사용에 아무 제한이 없음을 의미한다.

반환값이 있는 메소드의 몸체 부분도 void 메소드 정의와 거의 같지만, 값을 반환하기 위해 마지막에 반드시 다음과 같은 return 문을 포함해야 한다.

```
return Expression;
```

return 문은 메소드가 *Expression*에서 계산된 값을 반환한다는 것을 지시한다. *Expression*은 메소드 정의의 헤딩 부분에서 지정한 형의 값을 생성하는 것이면 어떤 것이든 상관없다. 예를 들어 메소드 getAgeInHumanYears에서는 다음과 같은 return 문이 사용된다.

```
return 22 + ((age - 2) * 5);
```

반환값이 있는 메소드가 호출되면 메소드 정의의 몸체 부분에 있는 문장이 실행된다. 예를 들어 다음 대입문을 보자.

```
int humanYears = scooby.getAgeInHumanYears();
```

이 문장이 실행될 때 다음과 같은 getAgeInHunanYears의 몸체 부분이 실행된다.

```
int humanAge = 0;
if (age <= 2)
{
   humanAge = age * 11;
}
else
{
   humanAge = 22 + ((age - 2) * 5);
}
return humanAge;
```

인스턴스 변수 age는 수신 객체의 인스턴스 변수를 참조하므로 이것은 scooby의 age가 된다. Listing 5.2를 보면 이 값이 42로 설정됨을 알 수 있다. 사용된 공식은 개의 나이 두 살까지는 1년이 인간의 11년과 같고, 그 이후는 1년이 인간의 5년과 같다는 것이다. humanAge 변수는 이 공식을 이용해 개의 나이를 인간 나이로 환산한 값을 저장하고, 메소드 마지막에서 반환값으로 사용한다.

return 문이 실행되면 값을 반환하는 것과 동시에 메소드 실행도 끝나게 된다. return 문 다음에 다른 실행문들이 더 있더라도 실행되지 않는다.

반환값이 있는 메소드에서도 키보드에서 값을 입력받는다든가 하는 다른 여러 가지 작업을 추가로 실행할 수 있다. 다만 반드시 하나의 값을 반환해야 한다.

> **기억하세요! 메소드 이름 짓기**
>
> 자바에서 메소드의 이름은 키워드를 제외하고 정당한 작명 규칙을 따른 식별자(identifier)라면 어떤 이름이라도 괜찮다. 그러나 코드의 가독성과 이해도를 높이기 위해 의미가 분명하게 드러나는 이름을 사용하는 것이 좋다. 특히 메소드는 동작을 수행하는 것이기 때문에 동사나 동사구 형태로 명명하도록 한다. 또한 클래스 이름은 대문자로 시작하는 관습이 있는 것처럼 메소드의 이름도 소문자로 시작하는 관습을 따른다.

프로그래밍 팁_하나의 return 문 사용

반환값이 있는 메소드의 몸체에 둘 이상의 **return** 문을 사용하는 것도 가능하지만, 되도록이면 딱 한 개만 사용하는 것이 좋다. 그리고 **return** 문을 메소드 몸체의 끝 부분 또는 그 가까이에 두는 것이 가독성을 높일 수 있다. ■

메소드 **getAgeInHumanYears**의 정의에서는 하나의 **return** 문만 사용했지만, 다음과 같이 **age**가 2보다 작거나 같은 경우와 2보다 클 경우에 대해 각각 **return** 문을 사용할 수도 있다.

```
if (age <= 2)
{
    return age * 11;
}
else
{
    return 22 + ((age-2) * 5);
}
```

어떤 프로그래머들은 이런 방식이 실제 메소드의 실행 종료와 **return**의 위치가 일치하고 정의의 끝 부분 가까이에도 있기 때문에 더 명확하다고 한다. 그러나 메소드의 내용이 더 복잡해지면 **return** 문의 위치가 메소드 정의의 끝 부분과 멀어질 수도 있는데 그 경우 메소드의 논리를 이해하기가 쉽지 않다. 우리는 한 메소드에 하나의 **return**만 사용하는 방식을 고수할 것이다.

FAQ 함수라는 용어를 들어봤는데, 자바에도 함수가 있나?

아니다. 자바에는 함수가 없다. 다른 프로그래밍 언어에서는 하나의 값을 반환하는 메소드를 함수(function)라고 부르는데, 이는 수학에서의 함수 개념을 따르기 때문이다. 그러나 자바에서는 메소드가 값을 반환하든 하지 않든 함수라는 용어 대신 메소드를 사용한다.

FAQ void 메소드에서도 return 문을 사용할 수 있나?

void 메소드는 값을 반환하지 않기 때문에 통상적으로는 return 문을 사용하지 않는다. 그러나 void 메소드에서도 뒤따르는 수식 없이 다음과 같이 그냥 return 문을 사용할 수 있다.

```
return
```

이 문장은 반환할 값을 계산해야 하는 수식을 포함하지 않는 점을 제외하면 지금까지 본 다른 return 문과 같다. 이 return 문은 단지 void 메소드의 실행을 종료하는 역할을 하게 된다.

메소드의 호출을 일찍 끝내기 위한 목적으로 이 문장을 사용하기도 하는데, 어떤 문제가 발생했을 경우 등이다. 예를 들어 Listing 5.3의 클래스 SpeciesFirstTry 정의에 다음 메소드를 추가해 보자.

```
public void showLandPortion()
{
    if  (population == 0)
    {
        System.out.println("Population is zero.");
        return;   // 0으로 나누는 것을 방지하기 위해 여기서 종료한다.
    }
    double fraction = 6.0 / population;
    System.out.println("If the population were spread ");
    System.out.println("over 6 continents, each individual");
    System.out.println("would have a fraction of its ");
    System.out.println("continent equal to " + fraction);
}
```

이 메소드는 population의 값이 0이면 return 문에서 실행을 끝내게 되는데, 그 이후의 계산에서 0으로 나누는 연산을 하게 되기 때문이다.

가끔 void 메소드 안에서 return 문을 사용하는 것이 가장 명확하면서도 쉬운 방법이 되는 것은 사실이지만, 더 좋은 해법이 가능하다. 이 예에서는 if 문에 else 부분을 추가하여 메소드의 논리 구성을 명확히 할 수 있다.

```
public void showLandPortion()
{
    if (population == 0)
        System.out.println("Population is zero.");
    else
    {
       double fraction = 6.0 / population;
       System.out.println("If the population were spread ");
       System.out.println("over 6 continents, each individual");
```

```
            System.out.println("would have a fraction of its ");
            System.out.println("continent equal to " + fraction);
        }
    }
```

요점 정리 메소드 정의

모든 메소드는 클래스에 소속되어야 하고, 그 클래스로부터 생성되는 객체들이 사용할 수 있다. 메소드의 정의는 자신이 소속된 클래스 내부에 있어야 한다. 각 메소드는 단 하나의 값을 반환하거나 아무 값도 반환하지 않는다. 반환값이 없는 메소드를 void 메소드라 한다.

문법

```
public Return_Type Method_Name(Parameters)
{
    Statements
}
```

*Return_Type*은 void거나 메소드가 반환하는 값의 형이름이다. 반환값이 있는 경우, *Statements*에는 적어도 하나의 return 문이 포함되어야 한다.

```
return Expression;
```

return 문은 메소드가 반환하는 값을 정의하는 것과 동시에 메소드 실행의 종료를 의미한다. void 메소드에는 return 문이 필요 없지만 메소드 정의가 끝나기 전에 실행을 종료시키고 싶은 경우 사용할 수도 있다. 이때 return 문에는 *Expression* 부분이 생략된다. 일반적으로는 void 메소드에서 return 문을 사용하지 않는다.

곧 소개하겠지만, 지금까지의 메소드에는 매개변수(*Parameters*)가 존재하지 않았다. 아무런 매개변수가 없으면 소괄호 안은 비워 둔다.

예제

```
public void writeOutput()
{
    System.out.println("Name: " + name);
    System.out.println("Breed: " + breed);
    System.out.println("Age in calendar years: " + age);
}
public int halveThePopulation()
{
    return population / 2;
}
```

프로그래밍 예제 종(Species) 클래스 구현의 첫 번째 시도

Listing 5.3의 예제는 멸종 위기에 처한 종들에 대한 기록을 위한 클래스이다. Dog 클래스보다는 많이 복잡하지만 여전히 중요한 설계 원칙을 여러 가지 위반하고 있다. 나중에 이 원칙들을 논하고 예제를 개선할 것이다. 그래서 클래스의 이름을 SpeciesFirstTry로 명명하기로 한다.

Listing 5.3 Species 클래스 정의-첫 번째 시도

나중에 이 클래스를 개선할 것이다.

이 장의 뒷부분에서 인스턴스 변수에 대한 접근 지정자는 **public**이 아니라 **private**이 되어야 하는 점을 설명할 것이다.

```
import java.util.Scanner;
public class SpeciesFirstTry
{
    public String name;
    public int population;
    public double growthRate;

    public void readInput()
    {
        Scanner keyboard = new Scanner(System.in);
        System.out.println("What is the species' name?");
        name = keyboard.nextLine();
        System.out.println("What is the population of the " + "species?");
        population = keyboard.nextInt();
        System.out.println("Enter growth rate " + "(% increase per year):");
        growthRate = keyboard.nextDouble();
    }
    public void writeOutput()
    {
        System.out.println("Name = " + name);
        System.out.println("Population = " + population);
        System.out.println("Growth rate = " + growthRate + "%");
    }
    public int getPopulationIn10()
    {
        int result = 0;
        double populationAmount = population;
        int count = 10;
        while ((count > 0) && (populationAmount > 0))
        {
            populationAmount = populationAmount +
                              (growthRate / 100) * populationAmount;
            count--;
        }
```

(계속됨)

Listing 5.3 Species 클래스 정의-첫 번째 시도

```
        if (populationAmount > 0)
            result = (int)populationAmount;
        return result;
    }
}
```

이 클래스의 각 객체는 이름, 개체수, 증가율 등 세 가지의 속성을 가진다. 이 속성의 값들은 각각 name, population, growthRate라는 인스턴스 변수에 저장된다. 또한 각 객체는 세 가지의 동작을 행할 수 있으며, readInput, writeOutput, getPopulationIn10이라는 메소드로 정의되어 있다.

Listing 5.4의 코드에서는 SpeciesFirstTry형의 객체를 하나 생성하여 speciesOfTheMonth라는 이름을 붙인다. 그리고 개체수와 증가율에 근거하여 10년 후의 개체수를 예상하여 출력한다.

Listing 5.4 Species 클래스와 메소드의 사용

```
public class SpeciesFirstTryDemo
{
    public static void main(String[] args)
    {
        SpeciesFirstTry speciesOfTheMonth = new SpeciesFirstTry();
        System.out.println("Enter data on the Species of "+ "the Month:");
        speciesOfTheMonth.readInput();
        speciesOfTheMonth.writeOutput();
        int futurePopulation = speciesOfTheMonth.getPopulationIn10();
        System.out.println("In ten years the population will be "
                       + futurePopulation);
        // species 객체에 속한 인스턴스 변수의 값을 변경하는 방법을 보여 준다.
        speciesOfTheMonth.name = "Klingon ox";
        speciesOfTheMonth.population = 10;
        speciesOfTheMonth.growthRate = 15;
        System.out.println("The new Species of the Month:");
        speciesOfTheMonth.writeOutput();
        System.out.println("In ten years the population will be"
                  + speciesOfTheMonth.getPopulationIn10());
    }
}
```

(계속됨)

Listing 5.4 Species 클래스와 메소드의 사용

실행 결과 출력

```
Enter data on the Species of the Month:
What is the species' name?
Ferengie fur ball
What is the population of the species?
1000
Enter growth rate (% increase per year):
-20.5
Name = Ferengie fur ball
Population = 1000
Growth rate = 20.5%
In ten years the population will be 100
The new Species of the Month:
Name = Klingon ox
Population = 10
Growth rate = 15.0%
In ten years the population will be 40
```

SpeciesFirstTry형의 모든 객체와 마찬가지로 speciesOfTheMonth 객체는 name, population, growthRate라는 세 개의 인스턴스 변수를 가진다. Listing 5.2에서는 main 메소드에서 인스턴스 변수의 값을 설정한 반면, 여기서는 readInput 메소드를 호출해 키보드에서 값을 입력받는다. 입력된 값은 speciesOfTheMonth 객체의 각 인스턴스 변수에 저장된다.

getPopulationIn10 메소드의 몸체에 있는 실행문은 다음과 같다.

```
int result = 0;
double populationAmount = population;
int count = 10;
while ((count > 0) && (populationAmount > 0))
{
    populationAmount = (populationAmount + (growthRate / 100)
                       * populationAmount);
    count--;
}
if  (populationAmount > 0)
    result = (int)populationAmount;
return result;
```

변수 population은 수신 객체, 즉 이 경우 speciesOfTheMonth 객체의 인스턴스 변수를 참조한다. population의 값은 populationAmount 변수로 복사되고 while 루프가 실행된다. 루프의 매 반복 시마다 populationAmount의 값은 1년간 변화할 것으로 예상되는 개체수만큼 증가 또는 감소하고, 반복 횟수는 10회이다. while 루프가 종료되면 populationAmount에 저장된 값은 10년 후의 예상 개체수가 된다. 그 시점에서 populationAmount는 메소드의 반환값으로 사용할 값이 되는 것이다. 당분간은 populationAmount의 값이 양수를 유지한다고 가정하자. 즉, 멸종되는 종은 없다. 그러면 마지막 if 문에서 (int) populationAmount의 값이 result 변수에 저장된다. (int)는 double형의 값을 int형의 값으로 변환하기 위한 형 변환 연산자인데, populationAmount 변수가 double형이지만 동물의 개체수에 소수점 아래 수가 존재할 수 없기 때문에 정숫값으로 변환한다. result 변수의 값은 다음 문장을 통해 메소드를 호출한 지점으로 반환된다.

```
return result;
```

이것의 효과는 메소드 호출문 자리에 (int) populationAmount를 대체하는 것과 같다. 이 경우 다음 대입문

```
int futurePopulation = speciesOfTheMonth.getPopulationIn10();
```

은 futurePopulation 변수에 (int)populationAmount의 값을 저장하는 결과가 된다.

populationAmount가 0 또는 음수가 되면 result 변수는 초깃값 0에서 변경되지 않는다. 따라서 return 문이 실행되어 메소드 호출문에 반환되는 값은 0이다. 예상 개체수가 음수가 되지 않도록 하는 세심한 구현 기법인데, 실세계에서 동물의 수는 음수가 될 수 없고 멸종한 이후는 개체수가 그냥 0으로 유지되기 때문이다.

this 키워드

Listing 5.3의 SpeciesFirstTry 클래스 정의와 이 클래스를 사용하는 Listing 5.4의 코드를 다시 보자. 인스턴스 변수들에 대한 코드가 클래스 정의 안에 있는 경우와 사용 프로그램과 같이 클래스 정의 밖에 있는 경우가 서로 다르게 작성되어 있는 것을 볼 수 있다. 클래스 정의 밖에서는 클래스의 객체 이름과 점 다음에 인스턴스 변수의 이름을 붙여서 사용한다. Listing 5.4에 있는 다음 코드와 같은 부분이 이에 해당한다.

```
speciesOfTheMonth.name = "Klingon ox";
```

그러나 같은 클래스의 메소드 정의 내에서는 객체 이름이나 점 같은 것 없이 그냥 인스턴스 변수 이름만을 사용한다. 예를 들어 Listing 5.3에 있는 readInput 메소드 정의 내에 있는 다음 코드와 같다.

```
name = keyboard.nextLine();
```

위의 name을 포함한 모든 인스턴스 변수는 어떤 객체에 소속된 인스턴스 변수이다. 이 경우에는 객체가 존재하지만 이름이 생략되어 있는 것이다. 존재하지만 명시되지 않은 객체는 약간 특이해 보이는 this라는 이름을 갖고 있다. 보통 this는 명시하지 않지만 원한다면 사용해도 된다. 앞의 코드 예에서 인스턴스 변수 name을 다음과 같이 고쳐 써도 무방하다.

```
this.name = keyboard.nextLine();
```

다른 예로서, 다음 메소드는 Listing 5.3의 writeOutput 메소드를 재작성한 것으로 의미는 동일하다.

```
public void writeOutput()
{
    System.out.println("Name = " + this.name);
    System.out.println("Population = " + this.population);
    System.out.println("Growth rate = " + this.growthRate + "%");
}
```

키워드 this는 수신 객체를 의미한다. 다음과 같은 호출에서 수신 객체는 speciesOfTheMonth이다.

```
speciesOfTheMonth.writeOutput();
```

따라서 이렇게 writeOutput 메소드를 호출하는 것은 다음 코드와 동일하다.

```
{
    System.out.println("Name = " + speciesOfTheMonth.name);
    System.out.println("Population = " + speciesOfTheMonth.population);
    System.out.println("Growth rate = " + speciesOfTheMonth.growthRate
                                       + "%");
}
```

이는 this 대신 speciesOfTheMonth를 사용한 것과 같다.

키워드 this는 메소드 호출을 수신하는 객체의 이름이 채워지기를 기다리는 빈칸과 같은 역할을 한다. 필요할 때마다 다 사용하면 너무 많은 this가 코드에 나타나야 하므로 자바에서는 이 this와 그에 이어지는 점을 생략해도 된다고 허용한 것이다. 많은 프로그래머가 this 키워드를 거의 사용하지 않지만, 때로는 반드시 사용해야만 하는 경우도 있다. 반면 어떤 프로그래머는 참조되는 객체를 명확히 표현하기 위해 this 키워드를 항상 사용하기도 한다.

> **요점 정리 키워드 this**
>
> 메소드 정의 내에서는 메소드 호출을 수신하는 객체의 이름으로 this 키워드를 사용할 수 있다.

자습문제 SELF-TEST QUESTIONS

1 Listing 5.4의 프로그램에 speciesOfTheYear라는 객체를 추가하고, 이름, 개체수, 증가율 등의 데이터의 값을 직접 설정하려고 한다. 어떤 코드를 추가하면 될까? (힌트 : 단 몇 줄만으로 가능하다.)

2 Employee라는 클래스를 생각해 보자. readInput이라는 void 메소드가 포함되어 있고, 다음과 같이 dilbert라는 이름의 객체를 생성한다고 하자.

```
Employee dilbert = new Employee();
```

dilbert를 수신 객체로 하여 readInput 메소드를 호출하는 코드를 작성하라. readInput 메소드 호출 시 소괄호 안에 주어야 할 정보는 필요하지 않다.

3 세상에 존재하는 생물들에 대해 종의 이름과 더불어 고유 숫자를 부여한다고 해 보자. 아마 관리하기가 더 편해질지도 모른다. Listing 5.3의 SpeciesFirstTry 클래스에 고유 숫자가 포함되도록 클래스 정의를 수정하라. 숫자는 int형이어야 한다. (힌트 : 간단히 추가만 하면 된다.)

4 세상의 모든 생물 종이 특이한 한 가지의 출생 형태라고 가정하자. 암컷 출생 후 수컷, 그다음은 다시 암컷, 수컷, 이런 식이다. Listing 5.3의 SpeciesFirstTry 클래스 정의에 암컷 개체의 수만 계산해 반환하는 getFemalePopulation 메소드를 추가하라. 또한 수컷 개체의 수만 반환하는 getMalePopulation 메소드도 추가하라. 전체 개체수가 홀수이면 암컷과 수컷을 한 마리씩 짝지은 후 한 마리가 남게 되는데, 이 개체는 항상 암컷이라고 가정한다. 예를 들어 개체수가 7이면 수컷은 세 마리, 암컷은 네 마리가 되고, 개체수가 8이면 암컷, 수컷 모두 각각 네 마리씩이 된다. (힌트 : 메소드는 매우 짧게 작성할 수 있다.)

5 키워드 this를 사용해 Listing 5.3의 writeOutput 메소드를 재작성하라. 메소드의 의미는 변하지 않아야 하며, 아주 약간 수정을 가하면 될 것이다. (힌트 : 실제로 할 일은 단지 this와 점을 적절한 곳에 추가하는 것이다.)

6 키워드 this를 사용해 Listing 5.3의 readInput 메소드를 재작성하라.

7 키워드 `this`를 사용해 Listing 5.3의 `getPopulationIn10` 메소드를 재작성하라.

8 `getPopulationIn10` 메소드의 정의에 나타나는 `(int)`의 의미는 무엇인가? 이것은 왜 필요한가?

지역 변수

Listing 5.3의 `getPopulationIn10` 메소드 정의를 보면 `populationAmount`와 `count`라는 변수를 선언하고 있다. 이 장의 앞부분에서 언급한 바와 같이 메소드 내에서 선언된 변수는 지역 변수(local variable)라 한다. 이 변수의 사용 범위는 메소드 정의 내부로 한정되기 때문에 '지역'이라는 명칭을 붙인다.

같은 클래스 내에 정의된 두 개의 메소드를 생각해 보자. 각각의 메소드 내에 실제로는 다른 변수지만 우연히 같은 이름의, 예를 들어 `result`라는 변수를 선언할 수 있다. 하나의 메소드에서 `result`의 값을 변경한다고 해도 다른 메소드 안에 있는 `result` 변수의 값은 변경되지 않는다. 마치 서로 다른 컴퓨터에서 두 메소드를 따로 실행시킨다거나, 한쪽의 `result`를 컴퓨터가 알아서 `result2`라는 이름으로 바꾼 것과 같다.

어떤 프로그램의 `main` 메소드 내에서 선언한 모든 변수는 `main` 내에서만 유효하다. 다른 어떤 메소드에서 선언된 변수가 같은 이름을 갖는다 해도 이들은 그냥 어쩌다 이름만 같은 완전히 별개의 변수 두 개인 것이다. 예를 들어 Listing 5.5의 프로그램과 클래스 정의를 들여다보자. 먼저 하부의 프로그램 쪽에 보면 `main` 메소드에 `newAmount`라는 이름의 변수가 선언되어 있다. 상부의 클래스 정의에서는 `showNewBalance`라는 메소드에 똑같이 `newAmount`라는 이름의 변수가 선언되어 있음을 볼 수 있다. 이 두 변수는 서로 다르다. `main`에서 `newAmount` 변수의 값이 800.00으로 설정되고 `showNewBalance` 메소드가 호출된다.

```
myAccount.showNewBalance();
```

이 메소드의 정의에 따라 약간 산수를 해 본다면 `showNewBalance` 메소드에서 `newAmount`의 값은 105.00으로 설정됨을 알 수 있다. 그러나 이 변경은 `main`에 있는 `newAmount` 변수에는 아무런 영향을 미치지 않는다. 실행 예에서 메소드 호출이 종료된 다음, `main`의 `newAmount` 값을 출력한 결과는 여전히 800.00임을 볼 수 있다. 이 경우에서는 `newAmount`라는 동일한 이름의 지역 변수를 가지는 두 메소드가 각기 다른 파일의 서로 다른 클래스 내에 정의되어 있다. 그렇지만 두 메소드가 같은 파일의 같은 클래스 정의 내에 있다고 해도 여전히 상황은 마찬가지로 두 변수는 완전 별개의 것이다.

Listing 5.5 지역 변수

이 클래스 정의는 BankAccount.java 라는 파일에 저장된다.

```
/**
이 클래스는 LocalVariablesDemoProgram에서 사용된다.
*/
public class BankAccount
{
    public double amount;
    public double rate;
    public void showNewBalance()
    {
        double newAmount = amount + (rate / 100.0) * amount;
        System.out.println("With interest added, the new amount
                                  is $" + newAmount);
    }
}
```

이 연산은 main 메소드에 있는 변수 newAmount 값을 변경하지 않는다.

newAmount라는 같은 이름의 서로 다른 두 개의 변수

이 프로그램은 LocalVariableDemoProgram.java 라는 파일에 저장된다.

```
/**
지역 변수가 어떻게 동작하는지 보여 주는 토이 프로그램
*/
public class LocalVariablesDemoProgram
{
    public static void main(String[] args)
    {
        BankAccount myAccount = new BankAccount();
        myAccount.amount = 100.00;
        myAccount.rate = 5;

        double newAmount = 800.00;
        myAccount.showNewBalance();
        System.out.println("I wish my new amount were $" + newAmount);
    }
}
```

실행 결과 출력 6장에서 달러 표기법을 변경할 것이다.

```
With interest added, the new amount is $105.0
I wish my new amount were $800.0
```

요점 정리 지역 변수

메소드 정의 내에서 선언되는 변수를 지역 변수라 한다. 한 메소드의 지역 변수는 다른 메소드에서는 아무 의미가 없다. 또한 두 개의 메소드가 같은 이름의 지역 변수를 각각 선언한 경우에도 두 변수는 서로 다른 별개의 변수이다.

FAQ 전역 변수라는 용어를 들은 적이 있는데 어떤 것인가?

지금까지 우리는 두 종류의 변수, 인스턴스 변수와 지역 변수를 살펴보았다. 인스턴스 변수는 어떤 클래스의 객체에 소속되고, 지역 변수는 메소드에 소속되어 그 안에서만 사용된다. 어떤 프로그래밍 언어에는 **전역 변수**(global variable)라 하는 다른 종류의 변수가 있기도 한데, 전역 변수는 범위의 제한 없이 프로그램 전체에서 사용 가능하다. 자바에는 이런 변수가 없다. 그러나 다음 장에서 보면 알겠지만 자바에는 정적(static) 변수라는 종류가 있어 전역 변수와 비슷한 역할을 한다.

블록

3장에서 여러 개의 자바 실행문을 중괄호 { }로 싸서 복합문을 형성할 수 있음을 보았다. **블록**(block)이라는 용어는 복합문과 같은 의미를 띤다. 그렇지만 두 용어는 서로 다른 맥락에서 사용된다. 어떤 변수를 복합문 내에서 선언한 경우 그 복합문을 보통 블록이라 한다.

블록, 즉 복합문 내에서 변수를 선언하면 그 변수의 효력은 블록에 국한된다. 앞 장에서 설명한 바와 같이 변수가 효력을 가진 프로그램의 일부분을 그 변수의 유효 범위(scope)라 한다. 지역 변수의 유효 범위는 선언된 지점부터 그 선언을 포함하는 블록의 끝까지가 된다. 즉, 블록이 끝나면 블록 내에서 선언된 모든 변수는 사라진다는 것이다. 심지어 블록 외부의 다른 변수에 블록 내에서 선언했던 변수와 똑같은 이름을 사용해도 된다. 블록 외부에서 변수를 선언하고 같은 이름의 변수가 블록 내에 없으면 그 변수는 블록 안이나 밖에서 모두 동일한 의미로, 즉 같은 변수로 사용할 수 있다.

요점 정리 블록

블록은 여러 개의 실행문을 중괄호로 둘러싼 복합문과 같은 의미의 용어이다. 그러나 블록이라는 용어는 주로 중괄호 내에 변수 선언이 있을 때 사용한다. 블록 내에서 선언된 변수는 블록에 지역적이므로 블록의 실행이 종료되면 변수는 사라진다.

GOTCHA 블록 내에서 선언된 변수

변수를 블록 내에서 선언하면 그 변수는 블록 외부에서 사용할 수 없다. 블록 외부에 변수를 선언해야 블록의 안과 밖에서 모두 그 변수를 사용할 수 있다. ■

기본형의 매개변수

Listing 5.3의 클래스 SpeciesFirstTry 정의에 있는 getPopulationIn10 메소드를 다시 살펴보자. 이 메소드는 10년 후 한 생물 종의 예상 개체수를 계산하여 반환한다. 만약 10년이 아니라 5년 또는 50년이 지난 후의 예상 개체수를 알고 싶으면 어떻게 할까? 정해진 햇수 대신 그때그때 주어지는 햇수를 이용해 예상 개체수를 계산해 주는 메소드라면 더욱 유용할 것이다. 이것이 가능하려면 메소드에서 햇수에 해당하는 부분을 빈칸으로 남겨 두고, 메소드를 호출할 때마다 그 빈칸을 채울 수 있는 값을 넘겨 주는 방법이 필요하다. 메소드에서 이 빈 공간의 역할을 하는 것을 **형식 매개변수**(formal parameter) 또는 간단히 **매개변수**라 한다. 실제로는 단순한 빈 공간이 아닌 약간 복잡한 형태지만, 메소드 호출 시 메소드에 주어야 할 정보로 채워질 공백이나 공간이라고 생각해도 틀린 것은 아니다.

이 아이디어를 적용해 SpeciesFirstTry 클래스를 개선해 보자. Listing 5.6의 SpeciesSecondTry 클래스에 정의된 predictPopulation 메소드에는 years라고 하는 하나의 형식 매개변수가 있다. 이 메소드를 호출할 때는 매개변수 years를 대체할 어떤 값을 주어야 한다. 예를 들어, speciesOfTheMonth 변수를 SpeciesSecondTry형으로 선언하고, 12년 후의 개체수를 계산하기 위해 다음과 같이 predictPopulation 메소드를 호출할 수 있다.

```
int futurePopulation = speciesOfTheMonth.predictPopulation(12);
```

Listing 5.7의 프로그램은 SpeciesSecondTry 클래스와 predictPopulation 메소드를 사용한 점만 제외하면 Listing 5.4의 프로그램과 같다. 이 클래스를 사용하면 미래의 임의의 햇수 후의 개체수를 추정할 수 있다. 심지어 다음과 같이 햇수에 대해 변수를 사용할 수도 있다.

```
System.out.println("Enter the projected number of years:");
int projectedYears = keyboard.nextInt();
int futurePopulation = speciesOfTheMonth.
                           predictPopulation(projectedYears);
System.out.println("In " + projectedYears + " years, the");
System.out.println("population will be "+ futurePopulation);
```

메소드 predictPopulation을 좀 더 자세히 살펴보자. 메소드 헤딩을 보면 뭔가 새로운 점이 있다.

```
public int predictPopulation(int years)
```

years라는 단어는 하나의 형식 매개변수이다. 이는 나중에 메소드 호출 시 채워질 값에 대한 대역의 역할을 한다. 메소드 호출 시 채워지는 값은 이전에도 소개된 것처럼 인자(argument)라고 한다. 다른 책에서는 인자를 **실매개변수**(actual parameter)라고도 한다. 예를 들어 다음과 같이 10을 인자로 하여 호출할 수 있다.

```
int futurePopulation = speciesOfTheMonth.predictPopulation(10);
```

인자 10은 형식 매개변수 years를 대신해 들어가는 값이므로, Listing 5.6의 predictPopulation 메소드 정의 내에서 years가 사용되는 모든 위치에 대체된다. 그 외의 메소드 호출과 실행 과정은 이전에 보았던 메소드 호출과 동일한 방식으로 진행된다.

이 '대체' 과정에는 인자의 값(value)만 사용된다는 것에 주의해야 한다. 메소드 호출 시 인자가 변수이면 그 변수의 이름이 아니라 값만 메소드에 전달된다. 예를 들어 SpeciesSecondTry 클래스를 사용하는 다음 코드를 살펴보자.

```
SpeciesSecondTry mySpecies = new SpeciesSecondTry();
int yearCount = 12;
int futurePopulation = mySpecies.predictPopulation(yearCount);
```

이 경우 predictPopulation 메소드 정의에서 형식 매개변수인 years 자리에 대체되는 것은 yearCount라는 이름이 아니라 그의 값 12이다. 인자의 값만 사용되기 때문에 이런 방식으로 형식 매개변수를 실인자로 대체하는 것을 **값에 의한 호출**(call-by-value)이라고 한다. 자바에서 int, double, char 등 기본형의 매개변수는 모두 이 방식을 사용한다. 클래스형의 매개변수인 경우 약간 다른 방식을 사용하지만 나중에 알아보기로 하고, 우선은 기본형의 매개변수와 인자 전달 방식에 집중하자.

사실 매개변수 대체 과정의 정확한 세부 사항은 지금까지 설명한 것보다 좀 더 복잡하다. 보통은 그런 세부 사항에 신경 쓰지 않아도 되지만 가끔 이 과정이 정확하게 어떻게 일어나는지 이해해야 할 필요가 있는 경우도 있다. 그래서 그 과정을 이 시점에서 설명해 보기로 한다.

메소드 정의에 표시된 형식 매개변수는 그 메소드의 지역 변수로서, 메소드가 호출될 때 전달되는 인자의 값으로 초기화된다. 예를 들어 Listing 5.6의 predictPopulation 메소드의 매개변수 years는 그 메소드의 지역 변수이며, int years가 변수 선언이라고 할 수 있다. 다음 코드와 같이 메소드를 호출하면 인자인 yearsCount의 값으로 지역 변수 years를 초기화하게 된다.

```
int futurePopulation = mySpecies.predictPopulation(yearCount);
```

이는 메소드 몸체가 다음과 같이 변경되는 것과 같은 효과를 가진다.

```
public int predictPopulation(int years)
{
    years = yearCount;        ← 인자인 yearCount를 대입하는 것과 같은 효과
    int result = 0;
    double populationAmount = population;
    int count = years;
    ...
```

Listing 5.6 매개변수를 가지는 메소드

```
import java.util.Scanner;          이 장의 뒷부분에서 더 개선된
public class SpeciesSecondTry      버전을 소개할 것이다.
{
    <인스턴스 변수 name, population, growthRate는 Listing 5.3과 동일하게 선언된다.>
    <메소드 readInput, writeOutput은 Listing 5.3과 동일하게 정의된다.>
    /**
    지정된 햇수가 지난 후 수신 객체의 예상 개체수를 반환한다.
    */
    public int predictPopulation(int years)
    {
        int result = 0;
        double populationAmount = population;
        int count = years;
        while ((count > 0) && (populationAmount > 0))
        {
            populationAmount = (populationAmount +
                               (growthRate / 100) * populationAmount);
            count--;
        }
        if (populationAmount > 0)
            result = (int)populationAmount;
        return result;
    }
}
```

요점 정리 매개변수 이름의 유효 범위는 메소드에 지역적이다

자바에서 한 메소드의 형식 매개변수 이름을 작성할 때, 다른 메소드에 같은 이름의 매개변수나 지역 변수가 있더라도 신경 쓰지 않아도 된다. 형식 매개변수는 실제로는 지역 변수이며, 그 이름은 메소드 정의 내에서만 유효하다.

메소드 정의 시 형식 매개변수가 있을 때 매개변수의 이름 앞에 반드시 자료형을 지정해야 한다. 앞의 예에서 `years`의 자료형은 `int`이다. 그리고 메소드를 호출할 때 전달하는 인자는 반드시 지정된 매개변수의 형과 일치해야 한다. 즉, `predictPopulation`을 호출할 때 소괄호 안에 넣는 인자는 반드시 `int`형의 변수 또는 값이어야 한다.

실제로는 자료형이 완전히 일치하지 않을 수도 있다. 많은 경우 자바는 자동 형 변환을 실시하며, 자동 변환이 허용되는 경우는 형식 매개변수와 실인자의 형이 정확하게 일치하지 않아도 된다. 예를 들어 메소드 호출 시 인자가 `int`형인데 매개변수는 `double`형인 경우, 자바는 `int`형의 값을 자동으로 `double`형의 값으로 변환하여 전달한다. 다음 목록은 이렇게 자동 변환되는 형을 순서대로 보여 준다. 메소드 호출 시 인자의 형에 따라 형식 매개변수가 목록에서 자신의 오른쪽에 나타나는 형이라면 언제나 자동으로 형 변환이 이루어진다.[1]

`byte` → `short` → `int` → `long` → `float` → `double`

이 목록은 2장에서 소개한 변수들의 자동 형 변환에서 사용되었던 것과 완전히 같다는 것을 알아차렸을 것이다. 따라서 변수든 인자든 자동 형 변환의 규칙은 다음의 한 문장으로 서술할 수 있다. 목록에 있는 하나의 형이 사용되어야 하는 곳에, 목록에서 자신보다 왼쪽에 있는 어떤 형의 값이라도 사용할 수 있다.

지금까지는 하나의 값을 반환하는 메소드에 대해 매개변수와 인자 전달을 설명했지만 `void` 메소드라고 해도 마찬가지이다. `void` 메소드도 형식 매개변수를 가질 수 있고 반환값이 있는 메소드와 똑같은 방식으로 메소드 호출과 인자 전달이 이루어진다.

---

1 `char`형의 인자는 `int`형이나 `int`형보다 오른쪽에 있는 형의 매개변수가 있는 곳에 자동 변환되어 사용될 수 있다. 그러나 이 기능을 권장하지는 않는다.

> **요점 정리 기본형의 매개변수**
>
> 형식 매개변수를 선언하려면 메소드를 정의할 때 메소드 헤딩에서 메소드 이름 다음의 소괄호 안에 선언한다. 기본형, 즉 int, double, char 등의 형식 매개변수는 메소드의 지역 변수가 된다.
>
> 메소드가 호출될 때 각 형식 매개변수는 호출문에 들어 있는 인자들로 초기화된다. 이런 방식의 대체를 '값에 의한 호출(call-by-value)'이라 한다. 메소드 호출에 사용하는 인자는 적절한 형의 값을 나타낼 수 있다면, 2나 'A'와 같은 상수, 적절한 형의 변수 또는 수식이 모두 가능하다.
>
> 메소드 호출 시의 인자로 기본형의 변수를 사용할 때, 이 변수의 값이 호출 결과로 인해 변경되지는 않는다는 것을 명심하라.

메소드 정의에서 둘 이상의 형식 매개변수가 사용되는 것도 흔한 일이다. 이 경우 각 매개변수가 모두 형 이름과 함께 소괄호 안에 나열되어야 한다. 다음과 같은 메소드 헤딩의 예를 보자.

```
public void doStuff(int n1, int n2, double cost, char code)
```

동일한 형의 매개변수가 하나 이상 사용되는 경우에도 각 매개변수마다 형 이름을 따로 적어 준다.

메소드 호출 시 사용되는 인자의 수는 메소드 정의에 나타나는 형식 매개변수의 수와 정확히 일치해야 한다. 예를 들어 앞에서 정의한 doStuff 메소드를 호출하는 예는 다음과 같다.

```
anObject.doStuff(42, 100, 9.99, Z);
```

> **보충 매개변수와 인자라는 용어의 사용법**
>
> 이 책에서 매개변수(parameter)와 인자(argument)라는 용어의 사용은 일반적인 방식을 따르고 있다. 매개변수는 메소드 정의의 헤딩 부분에서 선언되는 변수를 지칭하고, 인자는 메소드가 호출될 때 메소드에 전달되는 항목을 의미한다. 때로는 이 용어들을 다르게 사용하는 사람들도 있다. 형식 매개변수와 인자를 둘 다 매개변수라 하기도 하고 둘 다 인자라 하기도 한다. 다른 교재나 자료에서 매개변수 또는 인자라는 용어를 볼 때는 정확히 무엇을 의미하는지 사용된 앞뒤 문맥을 잘 파악하기 바란다.

이 예를 잘 보면 매개변수와 인자는 개수뿐만 아니라 순서와 형까지 일치함을 알 수 있다. 메소드 호출의 첫 번째 인자는 메소드 정의의 첫 번째 형식 매개변수에, 두 번째 인자는 두 번째 매개변수에 대체되는 방식이다. 각 인자는 대응하는 매개변수와 형이 일치하거나 적어도 자동 형 변환이 가능해야 한다.

경고 한마디 : 클래스형의 매개변수는 기본형의 매개변수와는 다른 방식으로 동작한다. 클래스형의 매개변수에 대해서는 이 장의 뒷부분에서 설명할 것이다.

요점 정리 매개변수와 인자의 대응 관계

메소드를 정의할 때 형식 매개변수는 메소드 헤딩의 소괄호 안에 선언된다. 메소드 호출 시 인자는 메소드 이름 다음의 소괄호 안에 주어진다. 이 인자는 메소드 헤딩에 나타나는 형식 매개변수와 수, 순서, 자료형에서 모두 일치해야 한다.

인자는 각각 자신과 대응하는 형식 매개변수에 접속된다. 메소드 호출의 첫 번째 인자는 메소드 정의의 첫 번째 형식 매개변수에, 두 번째 인자는 두 번째 형식 매개변수에 접속된다. 인자는 대응하는 형식 매개변수와 형이 일치하거나 적어도 자동 형 변환이 가능한 형이어야 한다.

요점 정리 클래스 정의

문법

```
public class Class_Name
{
    Instance_Variable_Declarations
    ...
    Method_Definitions
}
```

이 형태가 가장 많이 사용하는 형태이나, 메소드 정의와 변수 선언의 순서를 지키지 않거나 섞어서 배치해도 괜찮다.

요점 정리 메소드 헤딩

문법

지금까지 작성한 메소드 헤딩은 모두 다음과 같은 형태이다.

```
public Type_Name_Or_void  Method_Name(Parameter_List)
```

*Parameter_List*는 형식 매개변수를 선언하는 것으로, 각 매개변수는 형과 이름을 명시하고 둘 이상의 경우 콤마로 분리한다. 매개변수가 하나도 없는 메소드도 가능하며, 그 경우 소괄호 안에는 아무것도 적지 않는다.

예제

```
public double getTotal(double price, double tax)
public void setValue(int count, char rating)
public void readInput()
public int predictPopulation(int years)
```

메소드 정의의 완전한 문법은 280쪽에 있다.

자습문제 SELF-TEST QUESTIONS

9 앞에 수식어가 붙지 않은 그냥 매개변수(parameter)와 형식 매개변수(formal parameter)라는 두 용어의 차이점은 무엇인가?

10 Listing 5.6의 `SpeciesSecondTry` 클래스에 추가할 수 있는 `getDensity` 메소드를 정의하라. 이 메소드는 `double`형의 매개변수 `area`를 가진다. `area` 매개변수는 어떤 생물 종이 점유하고 있는 영역의 크기를 나타내며 제곱킬로미터(km^2) 단위를 가지는 것으로 가정한다. `getDensity`의 반환값은 `double`형으로서 해당 생물 종의 밀도, 즉 $1 km^2$당 개체수이다. area의 값은 항상 0보다 크다고 가정해도 된다. (힌트 : 메소드 정의는 매우 짧다.)

11 Listing 5.6의 `SpeciesSecondTry` 클래스에 추가할 수 있는 `changePopulation` 메소드를 정의하라. 이 메소드는 `double`형의 매개변수 `area`를 가지는데, 이는 어떤 생물 종이 점유하고 있는 영역의 크기를 나타내며 제곱킬로미터(km^2) 단위를 가지는 것으로 가정한다. `changePopulation` 메소드는 $1 km^2$당 2개체가 존재하도록 인스턴스 변수 `population`의 값을 변경한다.

12 Listing 5.6의 `SpeciesSecondTry` 클래스에 추가할 수 있는 `changePopulation` 메소드를 정의하라. 이 메소드는 두 개의 매개변수를 가진다. 하나는 `double`형의 `area`로 어떤 생물 종이 점유하고 있는 영역의 크기를 나타내며 제곱킬로미터(km^2) 단위를 가지는 것으로 가정한다. 다른 하나는 `int`형의 `numberPerKMeter`로 $1 km^2$ 당 존재할 희망 개체수를 표시한다. `changePopulation` 메소드는 $1 km^2$당 존재하는 개체수가 `numberPerKMeter`만큼 되도록 인스턴스 변수 `population`의 값을 변경한다.

5.2 정보 은닉과 캡슐화

정보를 숨긴다고 하면 뭔가 나쁜 짓을 하는 것같이 들린다. 정보를 숨겨서 얻을 수 있는 이득은 무엇일까? 컴퓨터 과학에서 사용하는 정보 은닉(information hiding)이란 용어는 실제 정보를 숨긴다는 것이 아니라 일종의 좋은 프로그래밍 기법으로 간주되는 것이다. 정보 과다(information overload)를 막는 기본적인 한 방법으로서 정보의 사용 범위를 제한해 프로그램하기 쉽고 이해하기 쉬운 코드를 작성하는 기법이다.

정보 은닉

누군가 다른 사람이 정의한 메소드를 사용하는 프로그래머는 그 메소드의 몸체 부분의 코드가 어떻게 작성되었는지 세세한 부분까지 알 필요 없이 사용 방법만 알면 된다. 하나의 메소드 또는 어떤 소프트웨어 일부분이 잘 작성되어 있다면, 그 메소드를 사용하는 프로그래머는 메소드가 '무엇'을 하는 것인지만 이해하면 되고 '어떻게' 하는지는 몰라도 된다. 예를 들어 우리는 메소드가 어떻게 정의되어 있는지 보지 않고도 Scanner 클래스의 메소드 nextInt를 사용할 수 있다. 그 코드가 뭔가 비밀스럽고 금지된 내용을 포함하고 있다는 것이 아니다. 여기서 요점은 코드를 들여다보는 것이 메소드 사용에 도움을 주는 것이 아니라, 오히려 분석할 내용만 많아져 필수적인 프로그래밍 작업에 집중할 수 없게 된다는 것이다.

코드의 상세한 부분을 이해할 필요 없이 사용 가능하도록 메소드를 설계하는 것을 **정보 은닉 기법**이라고 한다. 이 용어는 메소드의 몸체가 프로그래머에게 아예 보이지 않는 것처럼 구성된다는 것을 강조하는 것이다. 정보 은닉이라는 용어가 너무 부정적으로 느껴진다면 **요약**(abstraction)이라는 용어를 대신 사용해도 좋다. 자바에서 정보 은닉과 요약이라는 말은 동일한 개념을 나타낸다. 요약이란 용어의 사용이 그렇게 놀랍지는 않다. 무엇인가를 요약하면 그 무엇이 가지고 있던 상세 정보의 일부는 사라진다. 예를 들어 어떤 논문이나 책의 요약문은 전체 내용에 대한 축약된 설명이다.

프로그래밍 팁_메소드를 설계할 때는 기능(what)과 방법(how)을 분리하라

하나의 메소드는 그 메소드를 사용하는 프로그램 및 다른 메소드와는 상관없는 독립적인 것이어야 한다. 메소드를 사용하는 프로그래머는 그 메소드가 무엇을 하는 메소드인지 알아야 하지만 그 일을 어떻게 하는지 알 필요는 없다. ■

선행조건 및 후행조건 주석문

한 메소드가 무슨 일을 하는 것인지 설명하는 효율적이고도 표준적인 방법은 '선행조건'과 '후행조건'이라 하는 특별한 종류의 주석문이다. 어떤 메소드의 **선행조건**(preconditions) 주석문은 메소드를 호출하기 전에 만족해야 하는 조건을 설명한다. 그 조건이 만족되지 않으면 메소드는 사용될 수 없거나 정확한 결과를 생성하지 않는다.

후행조건(postconditions) 주석문은 메소드 호출에 의해 나타나는 모든 결과와 영향을 설명한다. 선행조건이 만족된 상황에서 메소드가 실행된 후에 무엇이 이루어지는가 하는 것이다. 하나의 값을 반환하는 메소드의 경우에는 후행조건에 그 반환값에 대한 설명도 포함된다.

예를 들어 다음 주석문은 Listing 5.3의 **writeOutput** 메소드의 적절한 선행조건과 후행조건을 보여 준다.

```
/**
    선행조건 : 수신 객체의 인스턴스 변수에 값이 지정되어 있다.
    후행조건 : 수신 객체(의 인스턴스 변수)에 저장된 데이터가 화면에 출력된다.
*/
public void writeOutput()
```

Listing 5.6의 **predictPopulation** 메소드에 대한 주석문은 다음과 같이 작성할 수 있다.

```
/**
    선행조건 : years는 0이 아닌 수이다.
    후행조건 : 지정된 햇수(years)가 지난 후의 수신 객체의 예상 개체수를 반환한다.
*/
public int predictPopulation(int years)
```

후행조건이 반환값에 대한 설명뿐이라면 '후행조건'이라는 단어를 생략해도 된다. 앞의 주석문은 보통 다음과 같이 작성된다.

```
/**
    선행조건 : years는 0이 아닌 수이다.
    반환값은 지정된 햇수(years)가 지난 후의 수신 객체의 예상 개체수이다.
*/
public int predictPopulation(int years)
```

설계 명세서 작성 시 모든 메소드에 대해 선행조건과 후행조건을 명시할 것을 요구하기도 한다. 반면, 메소드의 이름만으로 그 동작이 분명히 설명될 수 있는 경우는 선 · 후행조건을 생략하기도 한다. **readInput**, **writeOutput**과 **set**으로 시작하는 이름들은 대개 자체적으로 의미가 설명된다. 그러나 상사나 선생님이 어떤 지침을 내렸든, 뭔가 불분명하고 의심스러운 경우는 무조건 선행조건과 후행조건을 작성하는 것이 가장 좋은 방침이다.

주석문에서 **선행조건**, **후행조건**이라는 용어를 사용하고 싶어 하지 않는 프로그래머들도 있다. 그러나 용어가 어쨌든 메소드의 주석문을 작성할 때는 선행조건과 후행조건의 관점에서 생각해야 한다. 중요한 것은 용어가 아니라 그 이름이 나타내는 개념이다. 선행조건과 후행조건 주석문은 단언(assertion)의 한 예이기도 하다.

public 및 private 접근 지정자

접근 지정자(modifier) **public**은 클래스, 메소드, 인스턴스 변수 등에 사용되며, 다른 아무 클래스에서나 그 클래스, 메소드, 인스턴스 변수의 이름을 이용해 접근할 수 있다는 것을 의미한다. 예를 들어 Listing 5.7의 프로그램은 다음 세 줄의 코드를 포함하고 있는데, speciesOfTheMonth 객체의 인스턴스 변수의 값을 직접 변경한다.

```
speciesOfTheMonth.name = "Klingon ox";
speciesOfTheMonth.population = 10;
speciesOfTheMonth.growthRate = 15;
```

speciesOfTheMonth는 SpeciesSecondTry 클래스의 객체로, 클래스 정의는 Listing 5.6을 참조하도록 한다. 거기에 보면 name, population, growthRate 등 세 개의 인스턴스 변수가 모두 public으로 선언되어 있음을 알 수 있다. 그래서 위의 세 문장은 아무런 문제가 없다.

클래스와 메소드는 public, 즉 외부에 알려지는 것이 지극히 정상적인 반면, 인스턴스 변수를 완전 공용으로 사용하는 것은 그렇게 좋은 프로그래밍 습관이 아니다. 사

Listing 5.7 매개변수가 하나인 메소드 사용하기

```
/**
predictPopulation 메소드에서 매개변수를 사용하는 방법을 보여 준다.
*/
public class SpeciesSecondTryDemo
{
    public static void main(String[] args)
    {
        SpeciesSecondTry speciesOfTheMonth = new SpeciesSecondTry();
        System.out.println("Enter data on the Species of the " + "Month:");
        speciesOfTheMonth.readInput();
        speciesOfTheMonth.writeOutput();
        int futurePopulation = speciesOfTheMonth.predictPopulation(10);
        System.out.println("In ten years the population will be " +
                           futurePopulation);
        // species 객체에 속한 인스턴스 변수의 값을 변경하는 방법을 보여 준다.
        speciesOfTheMonth.name = "Klingon ox";
        speciesOfTheMonth.population = 10;
        speciesOfTheMonth.growthRate = 15;
        System.out.println("The new Species of the Month:");
        speciesOfTheMonth.writeOutput();
        System.out.println("In ten years the population will be " +
                           speciesOfTheMonth.predictPopulation(10));
    }
}
```

실행 결과 출력

```
실행 결과는 Listing 5.4와 완전히 동일하다.
```

실 모든 인스턴스 변수는 해당 객체에만 전용(private)이어야 한다. 지금까지 사용한 **public** 대신 **private**을 변수 선언 앞에 붙여서 인스턴스 변수를 전용으로 만들 수 있다. 자바 키워드인 **public**과 **private**는 **접근 지정자**(access modifier)의 일종이다.

Listing 5.6의 클래스 SpeciesSecondTry의 정의에서 인스턴스 변수 name 앞의 접근 지정자를 public에서 private로 변경하여 다음과 같이 작성해 보자.

```
public class SpeciesSecondTry
{
    private String name;  // 전용!
    public int population;
    public double growthRate;
```

이렇게 바꾸면 Listing 5.7에 있는 다음 실행문은 더 이상 유효하지 않게 된다.

```
speciesOfTheMonth.name = "Klinon ox";  // private일 때는 유효하지 않다.
```

반면, population과 growthRate은 공용인 채로 있기 때문에 다음 두 문장은 여전히 유효하다.

```
speciesOfTheMonth.population = 10;
speciesOfTheMonth.growthRate = 15;
```

인스턴스 변수가 전용일 때는 변수가 속한 클래스 외부에서는 그 변수의 이름에 접근할 수 없다. 다른 말로 다른 클래스는 그 이름을 볼 수 없고 부를 수도 없지만 클래스 내부에서는 어떤 메소드에서나 그 변수를 사용할 수 있다. 특히 인스턴스 변수의 값을 직접 변경할 수도 있다. 클래스 정의의 외부에서는 어떤 방법으로도 전용 인스턴스 변수의 이름을 직접 사용할 수 없다.

SpeciesSecondTry 클래스의 세 인스턴스 변수를 모두 전용으로 만들고 메소드는 변경하지 않는 경우를 생각해 보자. Listing 5.8의 SpeciesThirdTry 클래스에 그 결과가 나타나 있다. 인스턴스 변수들이 모두 전용이기 때문에 SpeciesThirdTry 클래스에 속하지 않는 다른 클래스의 메소드에서 다음과 같은 세 문장을 사용하는 것은 허용되지 않는다.

```
SpeciesThirdTry secretSpecies = new SpeciesThirdTry();  // 유효하다.
secretSpecies.readInput;  // 유효하다.
secretSpecies.name = "Aardvark";  // 유효하지 않다.
System.out.println(secretSpecies.population);  // 유효하지 않다.
System.out.println(secretSpecies.growthRate);  // 유효하지 않다.
```

그러나 readInput 메소드를 호출하는 것은 유효하다는 것에 주의하기 바란다. 이는 인스턴스 변수가 전용으로 선언되었다 해도 어떤 객체의 인스턴스 변수의 값을 설정하

Listing 5.8 전용 인스턴스 변수를 가진 클래스

```
import java.util.Scanner;
public class SpeciesThirdTry
{
    private String name;
    private int population;
    private double growthRate;
    <메소드 readInput, writeOutput, predictPopulation의 정의는
    Listing 5.3과 5.6에 정의된 것과 같다.>
}
```

이 장의 뒷부분에서 더 개선된 버전을 소개할 것이다.

거나 변경할 방법이 존재한다는 것을 의미한다. Listing 5.3에 있는 **readInput** 메소드의 정의를 들여다보면 다음 두 개의 대입문이 인스턴스 변수의 값을 설정한다.

```
name = keyboard.nextLine();
population = keyboard.nextInt();
```

즉, 인스턴스 변수를 전용으로 선언하다고 해서 절대 그 값을 변경할 수 없다는 것은 아니다. 단지 클래스 정의의 외부에서 그 변수의 이름을 직접 사용할 수 없다는 것만 의미한다.

메소드 역시 전용이 될 수 있다. 어떤 메소드가 **private**로 선언되면 그 메소드가 속한 클래스 외부에서는 그것을 호출할 수 없다. 그러나 그 메소드가 속한 클래스 내부의 다른 메소드들은 전용 메소드라고 해도 마음대로 호출해 사용할 수 있다. 대부분의 메소드는 **public**이지만 어떤 메소드가 자기 클래스 내부의 다른 메소드를 '돕는' 역할만 할 뿐이라면 그것을 클래스 내부에서만 사용하도록 지정할 수 있다. 전용 메소드를 사용하면 구체적인 구현 방법을 클래스 외부에 공개하지 않는 정보 은닉의 한 방법이 되기도 한다.

클래스 자체도 **private**이 될 수 있다. 이 주제는 12장에서 다룰 것이다.

요점 정리 public과 private 접근 지정자

클래스를 정의할 때 각 인스턴스 변수와 메소드 그리고 클래스 자체도 선언 시 **public**이나 **private** 지정자를 앞에 붙일 수 있다. 이 접근 지정자는 클래스나 인스턴스 변수, 메소드가 사용될 수 있는 범위를 지정한다. 인스턴스 변수가 **private**이면 그 이름은 클래스 정의 외부에서 직접 참조할 수 없다. 그러나 클래스 내부의 메소드에서는 사용할 수 있다. 인스턴스 변수가 **public**이면 아무런 제약 없이 어디에서나 그 이름을 사용할 수 있다.

(계속됨)

메소드가 private로 지정되면 클래스 외부에서는 호출될 수 없지만 메소드가 속한 클래스 내의 다른 메소드에서는 호출될 수 있다. 메소드가 public이면 제약 없이 어디에서나 호출될 수 있다.

일반적으로 모든 인스턴스 변수는 private이고 대부분의 메소드는 public이다.

프로그래밍 팁_인스턴스 변수는 전용이어야 한다

클래스의 인스턴스 변수는 모두 private로 선언해야 한다. 그렇게 하면 인스턴스 변수에 접근하기 위해서 반드시 그 클래스의 메소드를 통하도록 강제할 수 있다. 즉 클래스를 사용하는 프로그래머들이 인스턴스 변수의 값을 알아보거나 변경하는 방식을 제한할 수 있는 것이다. 다음 프로그래밍 예제는 인스턴스 변수를 전용으로 선언하는 것이 왜 중요한지 보여 준다. ■

프로그래밍 예제 인스턴스 변수는 왜 전용이어야 하는가?

Listing 5.9는 직사각형을 표현하는 클래스이다. 여기에는 직사각형의 너비, 높이, 면적을 각각 표현하는 세 개의 인스턴스 변수가 선언되어 있다. 메소드 setDimensions는 인스턴스 변수의 값을 설정하고, getArea 메소드는 면적을 반환한다.

Listing 5.9 Rectangle 클래스

```
/**
직사각형을 표현하는 클래스
*/
public class Rectangle
{
    private int width;
    private int height;
    private int area;

    public void setDimensions(int newWidth, int newHeight)
    {
        width = newWidth;
        height = newHeight;
        area = width * height;
    }
    public int getArea()
    {
        return area;
    }
}
```

다음과 같은 방식으로 Rectangle 클래스를 사용할 수 있다.

```
Rectangle box = new Rectangle( );
box.setDimensions(10, 5);
System.out.println("The area of our rectangle is " + box.getArea());
```

이 코드의 출력은 다음과 같다.

```
The area of our rectangle is 50
```

Rectangle 클래스의 세 인스턴스 변수가 전용이 아니라 공용이라면 어떤 일이 생길까? 10×5 크기의 직사각형을 생성한 후에 인스턴스 변수 일부 혹은 전부의 값을 변경할 수 있다. area의 값은 setDimensions 메소드에서 50으로 설정되어 있는 반면, width 변수의 값을 다음과 같이 6으로 바꿀 수 있다.

```
box.width = 6;  // width가 공용이라면 이렇게 할 수 있다.
```

그다음 getArea 메소드를 호출하면 실제 면적이 30이어야 함에도 불구하고 메소드는 50을 반환한다. 이처럼 Rectangle 클래스의 인스턴스 변수를 public으로 선언하면 area 변수의 값이 width * height의 값과 달라질 가능성이 생긴다. 인스턴스 변수를 private로 선언함으로써 이들이 참조되거나 변경되는 방식을 제한할 수 있다.

GOTCHA 인스턴스 변수를 공용으로 하면 클래스 데이터의 변조가 일어날 수 있다

위의 프로그래밍 예제는 인스턴스 변수의 이름을 아무 데서나 사용할 수 있게 하는 경우, 객체 내 데이터 간의 일관성이 유지되지 않을 가능성이 있다는 것을 보여 준다. 인스턴스 변수가 public일 때 클래스 데이터의 변조가 일어나기 때문에 항상 private으로 선언하는 것이 좋다. ■

프로그래밍 예제 Rectangle 클래스의 새로운 구현

이제 Listing 5.10에 있는 Rectangle2 클래스를 보자. Rectangle 클래스와 똑같은 이름의 메소드를 정의하고 있지만 그 구현 내용은 약간 다르다. 새 클래스에서는 직사각형의 면적 계산을 getArea 메소드에서 한다. 또한 이 면적은 인스턴스 변수에 저장되지 않는다.

Rectangle2 클래스를 사용하는 방법은 클래스 이름이 Rectangle에서 Rectangle2로 바뀐 것만 제외하면 모든 점에서 같다.

```
Rectangle2 box = new Rectangle2( );
box.setDimensons(10, 5);
System.out.println("The area of our rectangle is " + box.getArea());
```

즉, 같은 방식으로 메소드를 호출하면 클래스가 달라도 그 행동은 동일하여 동일한 결과를 나타낸다.

기억하세요! 구현 방법에 따라 행동이 달라져서는 안 된다

같은 행동을 하는 두 클래스의 구현 내용이 다를 수도 있다.

Rectangle과 Rectangle2 클래스는 같은 결과를 나타내도록 동작한다. 즉 두 클래스가 '무엇'을 하는지는 같고 '어떻게' 하는지는 다르다. Rectangle2에서는 면적을 저장하지 않고 getArea 메소드에서 직접 계산하여 반환하는 반면, Rectangle 클래스에서는 인스턴스 변수 area를 사용한다. setDimensions 메소드에서 면적을 계산하여 area에 저장하고, getArea 메소드에서는 단순히 area 변수의 값을 반환하는 일만 한다.

둘 중의 어느 클래스가 더 '나은' 것일까? 이 경우 답은 '더 낫다'는 것을 어떻게 정의하느냐에 따라, 그리고 클래스를 사용하는 방식에 따라 달라진다. 우선 다음과 같은 두 가지 점에 주목해 볼 수 있다.

Listing 5.10 두 번째 Rectangle 클래스

```
/**
직사각형을 표현하는 다른 클래스
*/
public class Rectangle2
{
    private int width;
    private int height;
    public void setDimensions(int newWidth, int newHeight)
    {
        width = newWidth;
        height = newHeight;
    }
    public int getArea()
    {
        return width * height;
    }
}
```

- Rectangle은 Rectangle2보다 인스턴스 변수가 하나 더 많으므로 더 많은 메모리를 사용한다.
- Rectangle은 면적 정보가 필요하지 않은 경우에도 항상 면적을 계산한다.

두 번째 항목은 실행 시간 면에서 Rectangle 클래스가 Rectangle2 클래스보다 더 많은 시간을 소비한다는 것을 의미한다.

> **기억하세요! 구현 방법은 효율성에 영향을 줄 수 있다**
>
> 클래스를 구현하는 방법에 따라 실행 시간과 메모리 사용량이 달라질 수 있다.

접근자 메소드와 설정자 메소드

모든 인스턴스 변수를 private으로 선언하면 그 변수들에 대한 완벽한 제어가 가능하다. 그렇지만 만약 외부에서 인스턴스 변수에 접근해야 할 합당한 이유가 있다면 어떻게 해야 할까? 이런 경우, 그 변수에 접근할 수 있도록 하는 접근자 메소드를 제공함으로써 해결이 가능하다. **접근자**(accessor) **메소드**(get **메소드** 또는 getter라고도 한다)는 인스턴스 변수에 저장된 내용을 읽을 수 있도록 해 주는 단순한 메소드이다. Listing 5.11에 나와 있는 수정된 Species 클래스를 보면 각 인스턴스 변수의 값을 알려 주는 접근자 메소드가 있다. 이 메소드의 이름은 getName과 같이 get으로 시작하여 각 인스턴스 변수의 이름이 뒤에 붙는 형태로 되어 있다.

접근자 메소드가 전용 인스턴스 변수의 값을 읽을 수 있게 해 주는 반면, **설정자**(mutator) **메소드**(set **메소드** 또는 setter라고도 한다)는 외부에서 전용 인스턴스 변수의 값을 변경할 수 있도록 한다. Listing 5.11의 클래스 정의에는 setSpecies라는 하나의 설정자 메소드가 있으며, 이 메소드의 사용법은 Listing 5.12에 나타나 있다. Listing 5.12 프로그램의 동작은 Listing 5.7의 프로그램과 유사하지만, Species 클래스의 변수들이 전용이기 때문에 그 변수들의 값을 변경하기 위해서는 반드시 설정자 메소드 setSpecies를 사용해야 하는 점에서 다르다.

접근자와 설정자 메소드를 정의하면 인스턴스 변수를 전용으로 선언한 목적에 맞지 않는 것 같지만 사실은 그렇지 않다. 설정자 메소드에서는 변수에 가해진 변경 사항이 적절한지 점검하고 문제점을 사용자에게 경고할 수 있다. 예를 들어 setSpecies 메소드에는 population 변수의 값이 음수가 되는지 점검하는 부분이 있다.

이 메소드들의 이름에 반드시 get과 set을 사용할 필요는 없고 자신이 선호

Listing 5.11 접근자와 설정자 메소드를 포함하는 클래스

```
import java.util.Scanner;
public class SpeciesFourthTry
{
    private String name;
    private int population;
    private double growthRate;

    <메소드 readInput, writeOutput, predictPopulation의 정의가 이 위치에 삽입된다.
    내용은 Listing 5.3과 Listing 5.6에 있는 것과 같다>

    public void setSpecies(String newName, int newPopulation,
                           double newGrowthRate)
    {
        name = newName;
        if (newPopulation >= 0)
            population = newPopulation;
        else
        {
                System.out.println("ERROR: using a negative population.");
                System.exit(0);
        }
        growthRate = newGrowthRate;
    }
    public String getName()
    {
        return name;
    }
    public int getPopulation()
    {
        return population;
    }
    public double getGrowthRate()
    {
        return growthRate;
    }
}
```

이 클래스는 나중에 더 개선된 형태로 수정된다.

설정자 메소드는 인스턴스 변수의 값이 제대로 설정되었는지 점검할 수 있다.

하는 이름을 자유로이 선택해도 괜찮다. 예를 들어 retrieveValue, reset 또는 giveNewValues 등의 이름을 사용할 수도 있다. 그러나 접근자 메소드는 get으로, 설정자 메소드는 set으로 시작하는 이름을 붙여 주는 것이 일반적인 관습이다.

Listing 5.12 설정자 메소드의 사용

```
import java.util.Scanner;
/**
설정자 메소드 setSpecies의 사용법을 보여 준다.
*/
public class SpeciesFourthTryDemo
{
    public static void main(String[] args)
    {
        SpeciesFourthTry speciesOfTheMonth = new SpeciesFourthTry();
        System.out.println("Enter number of years to project:");
        Scanner keyboard = new Scanner(System.in);
        int numberOfYears = keyboard.nextInt();

        System.out.println("Enter data on the Species of the Month:");
        speciesOfTheMonth.readInput();
        speciesOfTheMonth.writeOutput();

        int futurePopulation =
            speciesOfTheMonth.predictPopulation(numberOfYears);
        System.out.println("In " + numberOfYears +
                           " years the population will be " +
                           futurePopulation);
        // species 객체에 속한 인스턴스 변수의 값을 변경하는 방법을 보여 준다.
        speciesOfTheMonth.setSpecies("Klingon ox", 10, 15);
        System.out.println("The new Species of the Month:");
        speciesOfTheMonth.writeOutput();

        futurePopulation =
              speciesOfTheMonth.predictPopulation(numberOfYears);
        System.out.println("In " + numberOfYears +
                           " years the population will be " +
                           futurePopulation);
    }
}
```

실행 결과 출력

```
Enter number of years to project:
10
Enter data on the Species of the Month:
What is the species' name?
Ferengie fur ball
What is the population of the species?
1000
Enter growth rate (% increase per year):
-20.5
```

(계속됨)

Listing 5.12 설정자 메소드의 사용

```
Name = Ferengie fur ball
Population = 1000
Growth rate = -20.5%
In 10 years the population will be 100
The new Species of the Month:
Name = Klingon ox
Population = 10
Growth rate = 15.0%
In 10 years the population will be 40
```

요점 정리 접근자와 설정자 메소드

전용 인스턴스 변수에서 값을 읽어 반환하는 공용 메소드를 접근자 메소드, get 메소드 또는 getter라 한다. 접근자 메소드의 이름은 보통 get으로 시작한다. 하나 이상의 전용 인스턴스 변수의 값을 변경하는 공용 메소드는 설정자 메소드, set 메소드 또는 setter라 한다. 설정자 메소드의 이름은 보통 set으로 시작한다.

자습문제 SELF-TEST QUESTIONS

13 Listing 5.12에서는 speciesOfTheMonth 객체의 데이터를 다음과 같이 설정한다.

```
speciesOfTheMonth.setSpecies("Klingon ox", 10, 15);
```

이 방법 대신 다음과 같은 코드로 대체해서 사용할 수 있을까?

```
speciesOfTheMonth.name = "Klingon ox";
speciesOfTheMonth.population = 10;
speciesOfTheMonth.growthRate = 15;
```

이 대체 코드를 사용할 수 있다면 왜 그렇게 하지 않았을까? 대체 코드를 사용할 수 없다면 왜 사용할 수 없는지 이유를 설명하라.

14 Listing 5.11의 SpeciesFourthTry 클래스에 다음과 같은 메소드가 있다고 가정할 때, 이 메소드의 선행조건과 후행조건을 정의하라.

```
public void updatePopulation()
{
    population = (int)(population + (growthRate / 100) * population);
}
```

15 접근자 메소드란 무엇인가? 설정자 메소드란 무엇인가?

16 두 개의 인스턴스 변수를 가진 Person 클래스를 정의해 보자. 한 변수는 사람의 이름(name)을 저장하고 또 하나는 나이(age)를 저장한다. 또한 이 클래스는 각 변수에 대한 접근자 메소드 두 개와 두 변수의 값을 설정하는 설정자 메소드 한 개를 포함하며, 그 외의 다른 메소드는 없다.

프로그래밍 예제 Purchase 클래스

Listing 5.13은 사과 12개나 우유 2병 등, 여러 개의 동일한 물품을 한 번에 구입하는 내용을 정의한 Purchase 클래스이다. 이 클래스는 슈퍼마켓의 계산대에서 사용되는 프로그램의 일부로 작성되었다. 슈퍼마켓의 물건에는 개당 가격이 붙어 있기도 하지만, 5개에 3,000원, 3개에 4,200원 등과 같이 묶음 상품으로 가격을 붙여 내놓는 경우가 많다. 5개에 3,000원이라는 가격을 붙여 2개만 사려는 고객이 5개를 사도록 유도하는 것이다. 그러나 5개 3,000원은 개당 600원이므로 정작 2개를 살 때는 1,200원만 지불하면 된다.

이 클래스의 인스턴스 변수들은 다음과 같다.

```
private String name;
private int groupCount;       // 묶음 가격에서 물품의 개수, 예를 들어 5개 3,000원일 때 5
private double groupPrice;   // 묶음 가격에서 물품의 가격, 예를 들어 5개 3,000원일 때 3000
private int numberBought;    // 구매한 물품의 개수
```

Listing 5.13 Purchase 클래스

```
import java.util.Scanner;
/**
한 종류의 물품을 여러 개 구매하는 것을 나타내는 클래스
가격은 묶음 가격 형태, 즉 5개 3,000원과 같은 식으로 나타낸다.
*/
public class Purchase
{
    private String name;
    private int groupCount;       // 묶음 가격에서 물품의 개수, 예를 들어 5개 3,000원일 때 5
    private double groupPrice; // 묶음 가격에서 물품의 가격, 예를 들어 5개 3000원일 때 3,000
    private int numberBought;  // 구매한 물품의 개수
    public void setName(String newName)
    {
        name = newName;
    }
    /**
    묶음 개수(count)당 가격(costForCount)을 설정한다. 예를 들어 5개 3,000원
    */
    public void setPrice(int count, double costForCount)
```

(계속됨)

Listing 5.13 Purchase 클래스

```
{
    if ((count <= 0) || (costForCount <= 0))
    {
        System.out.println("Error: Bad parameter in " + "setPrice.");
        System.exit(0);
    }
    else
    {
        groupCount = count;
        groupPrice = costForCount;
    }
}
public void setNumberBought(int number)
{
    if (number <= 0)
    {
        System.out.println("Error: Bad parameter in " +
                           "setNumberBought.");
        System.exit(0);
    }
    else
        numberBought = number;
}

/**
하나의 구매에 대해 가격과 개수를 키보드에서 입력받는다.
*/
public void readInput()
{
    Scanner keyboard = new Scanner(System.in);
    System.out.println("Enter name of item you are purchasing:");
    name = keyboard.nextLine();
    System.out.println("Enter price of item as two numbers.");
    System.out.println("For example, 3 for $2.99 is entered as");
    System.out.println("3 2.99");
    System.out.println("Enter price of item as two numbers, " + "now:");
    groupCount = keyboard.nextInt();
    groupPrice = keyboard.nextDouble();

    while ((groupCount <= 0) || (groupPrice <= 0))
    { // 다시 시도
        System.out.println("Both numbers must " + "
                           be positive. Try again.");
        System.out.println("Enter price of " + " item as two numbers.");
        System.out.println("For example, 3 for " + "
                           $2.99 is entered as");
        System.out.println("3 2.99");
        System.out.println("Enter price of item as two numbers, now:");
        groupCount = keyboard.nextInt();
```

(계속됨)

Listing 5.13 Purchase 클래스

```
            groupPrice = keyboard.nextDouble();
        }
        System.out.println("Enter number of items purchased:");
        numberBought = keyboard.nextInt();

        while (numberBought <= 0)
        { // 다시 시도
            System.out.println("Number must be positive. " + "Try again.");
            System.out.println("Enter number of items purchased:");
            numberBought = keyboard.nextInt();
        }
    }

    /**
    구매할 물품의 개수와 묶음 가격을 출력한다.
    */
    public void writeOutput()
    {
        System.out.println(numberBought + " " + name);
        System.out.println("at " + groupCount + " for $" + groupPrice);
    }
    public String getName()
    {
        return name;
    }
    public double getTotalCost()
    {
        return (groupPrice / groupCount) * numberBought;
    }
    public double getUnitCost()
    {
        return groupPrice / groupCount;
    }
    public int getNumberBought()
    {
        return numberBought;
    }
}
```

이 인스턴스 변수들의 의미를 설명하기 위해 하나의 실례를 보겠다. 만약 5개에 3,000원인 사과를 12개 구입한다면, 각 인스턴스 변수의 값은 name이 "apples", groupCount는 5, groupPrice는 3,000, numberBought는 12가 된다. '5개에 3,000원'이라는 묶음 가격의 각 요소가 groupCount 변수와 groupPrice 변수에 나누어 저장되는 것에 유의하기 바란다.

이 인스턴스 변수들을 사용한 메소드 getTotalCost를 살펴보자. 구매한 물품의 전체 가격은 다음 식으로 계산된다.

```
(groupPrice / groupCount) * numberBought
```

위의 예와 같이 5개 3,000원인 사과를 12개 사면 전체 구입 가격은 다음과 같다.

(3000 / 5) * 12 = 7200

클래스 내의 다른 메소드 readInput, setPrice, setNumberBought에도 주의하라. 이 메소드들은 모두 음숫값이 사용되지 않는지 점검하는 부분을 포함한다. 물품의 수나 가격 등은 음수가 될 수 없기 때문이다. Purchase 클래스를 사용하는 간단한 예제 프로그램은 Listing 5.14에 나타나 있다.

Listing 5.14 Purchase 클래스의 사용

```
public class PurchaseDemo
{
    public static void main(String[] args)
    {
        Purchase oneSale = new Purchase();
        oneSale.readInput();
        oneSale.writeOutput();
        System.out.println("Cost each $" + oneSale.getUnitCost());
        System.out.println("Total cost $" + oneSale.getTotalCost());
    }
}
```

실행 결과 출력

```
Enter name of item you are purchasing:
pink grapefruit
Enter price of item as two numbers.
For example, 3 for $2.99 is entered as
3 2.99
Enter price of item as two numbers, now:
4 5.00
Enter number of items purchased:
0
Number must be positive. Try again.
Enter number of items purchased:
3
3 pink grapefruit
at 4 for $5.0
Cost each $1.25
Total cost $3.75
```

메소드를 호출하는 메소드

메소드의 몸체에서 다른 메소드를 호출하는 문장을 사용할 수 있다. 이런 종류의 메소드 호출을 사용하는 상황은 이전에 main 메소드에서 메소드를 호출하는 것과 정확히 같다. 그러나 호출되는 메소드가 같은 클래스 내에 있을 때는 수신 객체를 지정하지 않아도 된다. 호출되는 메소드가 공용이든 전용이든 관계없이 수신 객체 없이 호출할 수 있다.

Listing 5.15에는 Oracle이라는 클래스가 정의되어 있다. 이 클래스의 chat 메소드는 사용자와의 대화를 구현한 것으로, 사용자가 한 줄짜리 질문을 하면 그에 응답하는 것을 반복하는 형태로 구성된다. chat 메소드의 정의 내에 Oracle 클래스의 또 다른 메소드인 answer를 호출하는 문장이 포함되어 있음을 주목하라. 또한 answer 메소드의 정의를 보면 seekAdvice와 update라는 Oracle 클래스의 다른 두 메소드에 대한 호출이 포함되어 있음을 알 수 있다.

Listing 5.15 다른 메소드를 호출하는 메소드

```
import java.util.Scanner;
public class Oracle
{
    private String oldAnswer = "The answer is in your heart.";
    private String newAnswer;
    private String question;

    public void chat()
    {
        System.out.print("I am the oracle. ");
        System.out.println("I will answer any one-line question.");
        Scanner keyboard = new Scanner(System.in);
        String response;
        do
        {
            answer();
            System.out.println("Do you wish to ask " +
                "another question?");
            response = keyboard.next();
        } while (response.equalsIgnoreCase("yes"));
        System.out.println("The oracle will now rest.");
    }

    private void answer()
    {
        System.out.println("What is your question?");
        Scanner keyboard = new Scanner(System.in);
        question = keyboard.nextLine();
```

(계속됨)

Listing 5.15 다른 메소드를 호출하는 메소드

```
        seekAdvice();
        System.out.println("You asked the question:");
        System.out.println(" " + question);
        System.out.println("Now, here is my answer:");
        System.out.println(" " + oldAnswer);
        update();
    }
    private void seekAdvice()
    {
        System.out.println("Hmm, I need some help on that.");
        System.out.println("Please give me one line of advice.");
        Scanner keyboard = new Scanner(System.in);
        newAnswer = keyboard.nextLine();
        System.out.println("Thank you. That helped a lot.");
    }
    private void update()
    {
        oldAnswer = newAnswer;
    }
}
```

먼저 chat 메소드 내의 answer 메소드 호출을 살펴보자. answer 메소드 앞에 객체 이름과 점이 없다는 점을 인식했는가? 여기서 answer 메소드의 수신 객체는 이를 호출한 chat 메소드의 수신 객체와 동일한 것으로 간주된다. Listing 5.16의 예제 프로그램은 Oracle 클래스의 한 객체 delphi를 생성하고, 이 객체에 대해 chat 메소드를 호출한다.

```
delphi.chat();
```

이 메소드 내부에서 answer 메소드를 호출할 때,

```
answer();
```

이는 다음과 같이 호출하는 것과 같은 것으로 간주된다.

```
delphi.answer();
```

chat과 같은 메소드의 정의를 작성하는 단계에서는 수신 객체의 이름이 무엇이 될 것인지 알 수 없는데, 이는 객체의 이름이 때에 따라 달라질 수 있기 때문이다. 수신 객체의 이름을 알 수 없으므로 적지 않는다. 그러므로 Listing 5.15의 Oracle 클래스 정의의 메소드 내에서 다음과 같이

Listing 5.16 Oracle 예제 프로그램

```
public class OracleDemo
{
    public static void main(String[] args)
    {
        Oracle delphi = new Oracle();
        delphi.chat();
    }
}
```

실행 결과 출력

```
I am the oracle. I will answer any one-line question.
What is your question?
What time is it?
Hmm, I need some help on that.
Please give me one line of advice.
Seek and ye shall find the answer.
Thank you. That helped a lot.
You asked the question:
    What time is it?
Now, here is my answer:
    The answer is in your heart.
Do you wish to ask another question?
yes
What is your question?
What is the meaning of life?
Hmm, I need some help on that.
Please give me one line of advice.
Ask the car guys.
Thank you. That helped a lot.
You asked the question:
    What is the meaning of life?
Now, here is my answer:
    Seek and ye shall find the answer.
Do you wish to ask another question?
no
The oracle will now rest.
```

```
answer();
```

로 표기하는 것은 앞에 수신 객체의 이름이 생략된 것으로 봐야 한다.

```
Receiving_Object.answer();
```

this 키워드가 바로 수신 객체를 의미하기 때문에 이 호출문은 다음과 같이 작성할 수도 있다.

```
this.answer();
```

같은 클래스 안의 메소드를 호출할 때 키워드 this와 그에 이은 점을 생략하는 것은 이미 이전에 인스턴스 변수에서 했던 방법과 같아 새롭지는 않다. 그러나 반드시 명심해야 할 점은 '같은 클래스' 내의 메소드를 호출할 때만 허용된다는 것이다. 자신과 다른 클래스에 속한 메소드를 메소드 내에서 호출할 때는 반드시 객체 이름과 점을 앞에 붙여야 한다.[2] 수신 객체의 이름을 생략하는 것은 그 수신 객체가 this로 표현 가능한 경우에만 가능하다는 것도 명심하기 바란다. 수신 객체가 메소드 정의 내에서 선언되어 생성된 경우에는 동일 클래스의 메소드라 할지라도 반드시 객체 이름과 점을 앞에 붙여야 한다.

Oracle 클래스의 메소드 정의에 대한 논의를 계속해 보자. 어떤 메소드가 다른 메소드를 호출하고, 또 연속으로 그 메소드가 다른 메소드를 호출하는 방식으로 프로그램을 작성할 수도 있다. Oracle 클래스에서 chat 메소드가 호출하는 answer 메소드의 정의를 보면 이 역시 Oracle 클래스의 다른 메소드인 seekAdvice와 update 메소드를 호출하는데, 이들은 방금 설명한 대로 객체 이름과 점을 생략하고 있다.

Listing 5.16에 있는 프로그램의 다음 호출문을 살펴보자.

```
delphi.chat();
```

메소드 chat의 정의는 다음 호출문을 포함하고 있다.

```
answer();
```

이는 다음 호출문과 동일하다.

```
this.answer();
```

수신 객체가 delphi이기 때문에 이 문장은 다음과 같이 호출하는 것과 동일하다.

```
delphi.answer();
```

메소드 answer의 정의에는 다음 두 개의 호출문이 있다.

```
seekAdvice();
update();
```

이들은 각각 다음 호출문과 동일하다.

2 메소드 내에서 다른 클래스의 메소드를 호출하는 방법에 관한 이 규칙은 정적 메소드일 경우에는 적용되지 않는다(정적 메소드에 대해서는 다음 장을 참조하도록 한다). 그러나 지금까지 나타난 모든 종류의 메소드에 대해서는 이 규칙이 준수되어야 한다.

```
this.seekAdvice();
this.update();
```

여기서 수신 객체는 앞과 동일하게 delphi이기 때문에 이들은 각각 다음 호출문과 동일하다.

```
delphi.seekAdvice();
delphi.update();
```

메소드 내에서 호출하는 메소드의 개수에는 제한이 없다. 각 호출의 세부 사항은 지금까지 설명한 바와 동일하게 취급된다.

기억하세요! 수신 객체의 생략

메소드 호출에서 수신 객체가 키워드 this로 표현될 수 있을 때 this와 점을 생략하고 메소드 이름만 이용해 호출할 수 있다. 다음 예를 보자.

```
public void answer()
{
    ...
    this.seekAdvice();
    ...
    this.update();
}
```

위의 코드는 다음과 같이 작성해도 무방하며 동일한 의미를 가진다.

```
public void answer()
{
    ...
    seekAdvice();
    ...
    update();
}
```

프로그래밍 팁_보조 메소드는 전용으로 선언하라

Listing 5.15의 프로그램을 다시 보자. answer, seekAdvice, update 메소드는 모두 public이 아니라 private으로 선언되어 있다. 메소드가 전용이면 같은 클래스 내의 다른 메소드에서만 호출 가능하다는 것을 기억하라. 따라서 다른 클래스나 프로그램에서 다음 예와 같이 전용 메소드인 answer를 호출하는 것은 유효하지 않으며 컴파일러가 오류 메시지를 발생시킬 것이다.

```
Oracle myOracle = new Oracle();
myOracle.answer();  // 유효하지 않다. : answer는 전용 메소드이다.
```

반면에 공용 메소드를 다음과 같이 호출하는 것은 아무 문제가 없다.

```
myOracle.chat(); // 유효하다.
```

세 개의 메소드 answer, seekAdvice, update를 전용으로 선언한 것은 이들이 단지 보조(helping) 메소드이기 때문이다. Oracle 클래스를 사용하는 프로그램에서 이 메소드들을 직접 호출할 필요는 없고, 단지 chat 메소드 내에서만 사용된다. 이는 answer, seekAdvice, update 메소드가 클래스 구현의 일부분일 뿐 그 클래스의 사용자에게 허용되는 것은 아님을 의미한다. 다음 절인 '캡슐화' 항목에서 강조하는 바와 같이, 클래스의 세부 구현은 바깥에 노출되지 않도록 전용으로 선언하는 것이 좋은 프로그래밍 습관이다. ■

자습문제 SELF-TEST QUESTIONS

17 어떤 메소드 내에서 동일한 클래스의 다른 메소드를 호출할 수 있는가?

18 Listing 5.15의 메소드 정의에서 다음 문장

```
seekAdvice();
```

를 다음과 같이 변경하는 것은 어떤 효과가 있는가?

```
this.seekAdvice();
```

캡슐화

1장에서 캡슐화란 소프트웨어 동작의 세부 사항을 숨기는 것이라고 설명하였다. 이제 자바와 정보 은닉에 대해 좀 더 많은 것을 공부했으니 이 기본 정의를 다음과 같이 확장할 수 있다. 캡슐화란 어떤 클래스를 정의할 때 그 클래스의 객체들이 사용되는 방법을 이해하는 데 필요하지 않은 세부 사항을 숨기는 과정이다. 예를 하나 보자.

여러분이 자동차를 운전하고자 한다. 이 작업을 수행하기 위해 자동차를 묘사하는 가장 유용한 방식은 무엇일까? 자동차의 실린더 수, 공기와 가솔린의 흡입 사이클 과정, 가솔린과 공기의 혼합 비율, 배기가스 등이 운전을 배우는 데 도움이 될까?

자동차 운전을 배우려는 사람에게는 다음 정보가 자동차에 대한 가장 유용한 정보가 될 것이다.

- 가속 페달을 밟으면 자동차 속도가 더 빨라질 것이다.
- 브레이크 페달을 밟으면 속도가 느려져서 결국 멈출 것이다.
- 운전대를 왼쪽이나 오른쪽으로 돌리면 자동차도 그와 같은 방향으로 움직일 것이다.

다른 세부 사항들도 묘사할 수 있지만 위의 세 가지가 운전에 가장 중요한 요소이다. 이것으로 캡슐화의 개념이 충분히 설명되었으리라 본다.

캡슐화의 원칙은 운전을 배우고자 하는 사람에게 자동차를 묘사할 때는 위의 목록과 같은 무언가를 제공해야 한다는 것이다. 프로그래밍에 있어서도 캡슐화는 같은 의미이다. 프로그래머가 다른 소프트웨어를 사용하고자 할 때 그 소프트웨어의 내부가 어떻게 작성되어 있는지 모든 세부 사항을 알 필요는 없다. 역으로 내가 10페이지짜리 소프트웨어를 작성했더라도, 다른 사람이 나의 소프트웨어를 사용할 수 있도록 하기 위해 10페이지 내용을 모두 보여 줄 필요는 없다. 세부 사항을 숨기고 사용법만을 정리한다면 반 페이지 정도의 분량이라도 충분할 것이다. 물론 그러기 위해서는 간단한 사용법만 넘겨줘도 되는 방식으로 소프트웨어를 작성해야 한다.

다른 비유법을 하나 더 들면, 자동차의 하드웨어를 생각해 볼 수 있다. 자동차는 페달이나 운전대 같은 겉으로 드러나 보이는 부분과, 후드에 덮여 있는 엔진 등으로 구성되어 있다. 즉, 자동차는 운전에 필요한 부분만 드러내고 상세 부속품은 숨기는 방식으로 '캡슐화'되어 있다. 마찬가지로 소프트웨어에서도 세부 사항은 가려지고 필요한 제어 부분만이 보이도록 캡슐화되어야 한다. 캡슐화된 소프트웨어를 사용하는 프로그래머는 상세한 내부 동작에 대해 신경 쓰지 않아도 된다. 따라서 캡슐화는 프로그래머의 작업량을 현저히 줄여 주고, 더 많은 소프트웨어를 쉽게 작성할 수 있도록 해 준다.

이 장의 앞부분에서 정보 은닉이라는 주제로 캡슐화의 몇 가지 기법을 이미 다루었다. 캡슐화는 정보 은닉의 한 형태이다. 제대로 된 캡슐화가 되려면 프로그래머가 세부 구현 내용을 모르는 상태에서도 사용할 수 있도록 클래스를 정의해야 한다. 올바르게 수행된 캡슐화는 클래스 정의를 명확하게 두 부분으로 나눈다. 하나는 인터페이스[3] 부분이고 하나는 세부 구현 부분이다. **클래스 인터페이스**(class interface)는 프로그래머가 클래스를 사용하기 위해 알아야 할 사항을 말한다. 클래스 인터페이스는 공용 메소드의 헤딩과 클래스에서 정의된 공용 상수로 구성되고, 프로그래머에게 공용 메소드와 상수를 사용하는 방법을 알려 주는 주석문을 덧붙이는 것이 보통이다.

클래스의 **구현**(implementation)은 전용 인스턴스 변수를 포함한 클래스 정의의 모든

3 인터페이스(Interface)는 자바에서 별도의 기술적 기능을 가지는 것으로 8장에서 소개될 것이다. 단어 본래의 의미로 볼 때 두 경우에서 인터페이스란 단어의 용도는 같지만, 여기서 클래스 인터페이스라고 할 때는 자바의 인터페이스와는 조금 다르게 사용하는 것이다.

전용 요소와 공용 및 전용 메소드 정의 등으로 구성된다. 클래스 인터페이스와 클래스 정의의 구현은 실제 코드에서는 분리되어 있지 않고 서로 섞여 있음에 주의하라. 예를 들어 Listing 5.13의 **Purchase** 클래스에서 클래스 인터페이스에 해당하는 부분은 별도의 색으로 강조되어 있다. 클래스를 사용하는 프로그램이 제대로 동작하려면 클래스의 구현 부분이 필요하지만, Listing 5.14에서 보다시피 클래스를 사용하는 프로그램을 작성할 동안 내부 구현에 대해서 알 필요는 없다.

캡슐화의 원칙을 적용하여 클래스를 정의할 때는 인터페이스가 단순하면서도 안전하게 클래스를 묘사할 수 있도록 인터페이스와 구현을 개념적으로 명확히 구분해야 한다. 이 구분을 이해하는 한 가지 방법은 인터페이스와 구현 사이에 벽이 존재하는데 잘 통제된 정해진 방식으로만 벽 건너편과 통신할 수 있다고 생각하는 것이다. 그림 5.3에 묘사된 벽을 참고하라. 이런 방식으로 캡슐화를 사용하여 클래스를 정의한 경우, 그 클래스는 **캡슐화가 잘 되었다**(well encapsulated)라고 한다.

잘 캡슐화된 클래스를 정의하기 위한 가장 중요한 지침은 다음과 같다.

- 클래스 정의 앞에 클래스를 사용할 프로그래머가 그 클래스의 데이터와 메소드에 대해 어떻게 생각해야 하는지를 설명하는 주석문을 붙여라. 예를 들어 어떤 클래스가 돈의 액수를 위해 정의된다면, 프로그래머는 그 클래스가 돈이 어떤 형의 변수를 써서 표현되어 있는지가 아니라 그냥 달러와 센트의 관점에서 생각해야 한다. 주석문은 프로그래머가 이 관점에서 생각할 수 있도록 작성되어야 한다.

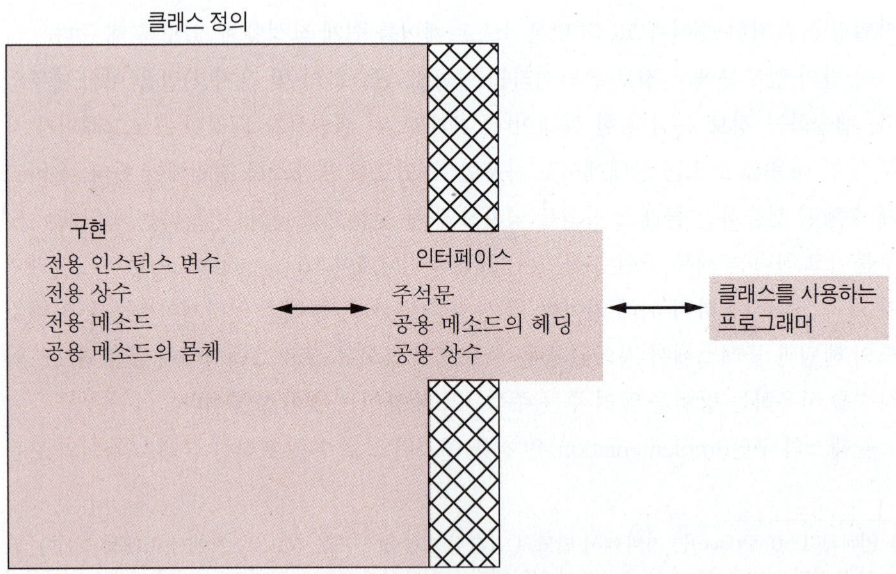

그림 5.3 잘 캡슐화된 클래스 정의

- 클래스의 모든 인스턴스 변수는 전용으로 선언하라.
- 객체의 데이터를 읽기 위한 공용 접근자 메소드를 제공하라. 또한 프로그래머가 클래스 내의 데이터를 조작하는 데 필요한 기본적인 요구를 만족시킬 수 있는 공용 메소드를 작성해서 제공하라. 설정자 메소드도 여기에 포함될 수 있다.
- 각 공용 메소드의 헤딩 앞에 그 메소드의 사용 방법에 대해 잘 설명한 주석문을 붙여라.
- 보조 메소드는 모두 전용으로 선언하라.
- 클래스 정의 내에 상세한 구현 방법을 설명한 주석문을 작성하라.

클래스와 그 내부의 공용 메소드를 사용하는 방법을 설명한 주석문은 클래스 인터페이스의 일부분을 구성한다. 이미 예에서 본 바와 같이 이런 주석문들은 보통 클래스 정의의 앞이나 공용 메소드의 헤딩 앞에 위치한다. 다른 주석문들은 구현 세부 사항을 설명한다. 클래스 인터페이스 주석문은 /** */ 방식으로 작성하고, 구현 주석문은 // 방식을 사용하는 것이 권장되는 주석문 작성 규칙이다.

캡슐화된 클래스를 정의할 때는 클래스 내부의 상세 구현을 수정한 경우에도 그 클래스를 사용하는 프로그램은 변경 없이 사용할 수 있도록 해야 한다. 이는 자신이 작성한 클래스의 캡슐화가 잘 되었는지 평가하는 좋은 방법이기도 하다. 때때로 충분한 이유가 있어 클래스 정의의 구현 세부 사항을 수정해야 할 경우가 있다. 예를 들어 어떤 메소드의 실행 속도가 향상될 수 있는 더 효율적인 알고리즘을 알아냈을 수 있다. 때로는 메소드의 호출 방식과 기본 목적을 변경하지 않고 구현의 작업 내용을 약간 바꾸도록 결정할 수도 있다. 예를 들어 은행 계좌 객체를 위한 클래스가 있을 때, 마이너스 계좌에 부과되는 벌금 액수에 대한 규칙을 변경할 수 있다.

FAQ 클래스 인터페이스는 응용 프로그램 인터페이스(API)와 관계가 있는가?

1장에서 자바 API를 소개할 때 응용 프로그램 인터페이스, API라는 단어가 언급된 적이 있다. 한 클래스에 대한 API는 본질적으로 그 클래스의 클래스 인터페이스와 동일한 것이다. 클래스 라이브러리에 대한 문서를 읽을 때 이 API라는 단어를 자주 보게 될 것이다.

FAQ ADT가 무엇인가?

ADT는 **추상 자료형**(Abstract Data Type)의 약어로서, 어떤 데이터 집합과 그 데이터에 대한 동작의 명세를 지칭한다. 이 명세서에는 동작이 무엇을 하는지만 정의하고, 데이터가 저장되는 방법이나 동작이 어떻게 수행되는지 등에 대한 정의는 포함하지 않는다. 그래서 ADT는 훌륭한 정보 은닉 기술을 사용하고 있는 것이다.

요점 정리 캡슐화

캡슐화는 현대 프로그래밍 기술을 설명할 때 자주 듣게 되는 단어다. 캡슐화란 소프트웨어가 어떻게 동작하는지에 대한 모든 세부 사항을 숨기는(캡슐에 넣는) 과정으로, 그것을 사용할 프로그래머에게는 사용에 충분한 최소한의 정보만 공개한다. 즉, 캡슐화는 데이터와 동작이 한 덩어리—자바의 경우, 클래스 객체—로 결합되어 있고 구현의 세부 사항은 모두 숨겨진 채 있는 것을 의미한다. 따라서 정보 은닉, ADT, 캡슐화는 모두 동일한 개념에 근거하고 있다. 실용성의 측면에서 설명하면, 이 개념은 클래스를 사용할 프로그래머가 클래스 내부가 어떻게 구현되었는지 세부 사항을 알지 못해도 괜찮다는 의미이다.

javadoc을 이용한 자동 문서화

선 마이크로시스템즈(현재는 오라클) 등에서 제공하는 자바 시스템은 대개 javadoc 이라고 하는 도구를 포함하고 있는데, 이는 클래스 인터페이스에 대한 문서를 자동으로 생성해 준다. 이 문서는 클래스를 사용해 프로그램하려는 개발자에게 그 클래스를 사용하기 위해 알아야 하는 요소를 설명한다. 자신의 클래스에 대한 javadoc 문서를 좀 더 충실한 내용으로 만들고 싶으면 특정한 방법으로 주석문을 작성해야 한다. 이 책의 예제 클래스에는 바로 javadoc 방식으로 주석문이 붙어 있다. 다만, 지면의 제한으로 인해 간략하게 되어 있는데 이보다는 더 상세하게 하는 것을 권장한다. 클래스를 정의할 때 올바른 방식으로 주석문을 작성하면 javadoc은 이들을 입력으로 받아들여 잘 정리된 방식으로 클래스 인터페이스 문서를 생성한다. 예를 들어 Listing 5.13의 클래스 정의에 대해 javadoc을 실행하면, 소스의 /** */ 주석문과 공용 메소드의 헤딩 등으로 내용을 구성하고 줄 맞춤이나 공간을 조정하여 보기 좋은 형태로 만들어진 html 문서가 만들어진다. 이 문서는 웹 브라우저나 HTML 뷰어 등을 이용해 읽을 수 있다.

이 교재의 내용을 이해하기 위해서 또는 자바 프로그램을 작성하기 위해 javadoc 도구를 사용할 필요는 없다. 그러나 사용법을 한 번 들여다보면 쉬우면서도 매우 유용한 도구라는 것을 알게 될 것이다. Javadoc의 기초 사용법과 그 출력물의 예제는 부록 5에 소개되어 있으니 참조하기 바란다.

UML 클래스 다이어그램

이 장의 시작 부분에 있는 그림 5.2에서 클래스 다이어그램의 예를 보여 주었다. 이제는 그 다이어그램의 표기법을 충분히 이해할 수준이 되었다. 이번엔 다른 클래스 다이어그램을 하나 더 보자. 그림 5.4는 Listing 5.13의 Purchase 클래스에 대한 UML 클래스 다이어그램이다. (+)와 (−) 기호를 제외하면 그 자체로 의미는 명확하다. 인스턴

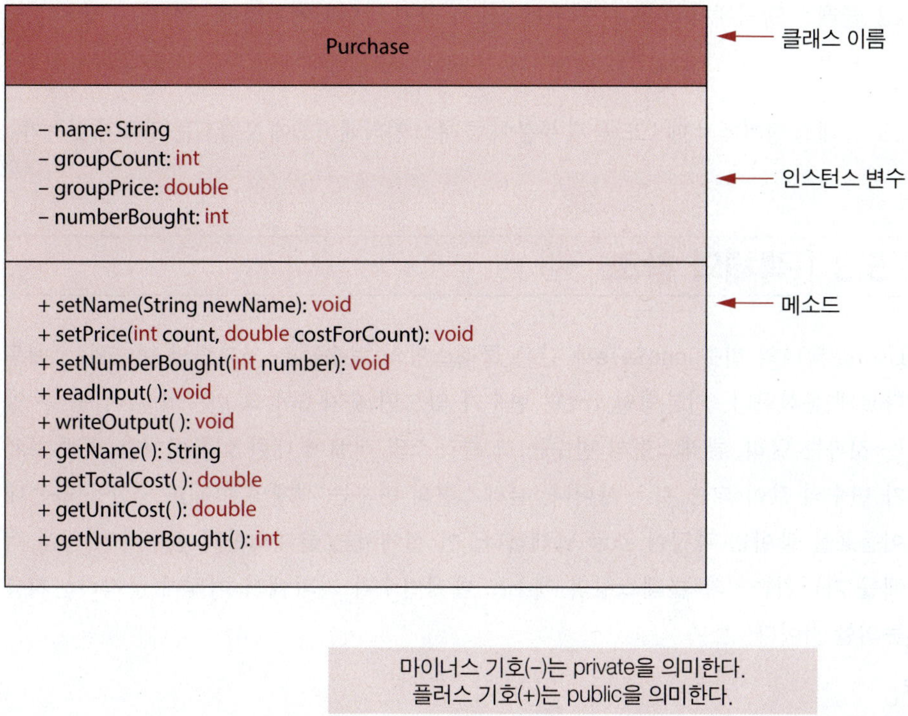

그림 5.4 Purchase(Listing 5.13) 클래스에 대한 UML 클래스 다이어그램

스 변수나 메소드 앞의 플러스 기호(+)는 `public`을, 마이너스 기호(−)는 `private`을 각각 나타낸다.

클래스 다이어그램은 클래스의 인터페이스보다는 상세하고, 전체 구현보다는 간단하다는 것에 주목하라. 보통 클래스 다이어그램은 클래스를 정의하기 전에 인터페이스와 구현에 대한 개략 설계의 용도로 작성한다. 즉, 클래스 다이어그램은 우선 클래스를 정의하는 프로그래머를 위한 것이다. 클래스 인터페이스는 다른 소프트웨어를 작성하기 위해 그 클래스를 사용하는 프로그래머를 위한 것이다.

자습문제 SELF-TEST QUESTIONS

19 잘 캡슐화된 클래스 정의란 무엇인가?

20 클래스 정의 내의 인스턴스 변수는 어떤 경우에 전용이어야 하고 어떤 경우에 공용이어야 하는가?

21 어떤 상황에서 전용 메소드를 정의하는가?

22 클래스 정의에서 전용 변수나 메소드가 클래스 인터페이스에 포함되는 경우가 있는가?

23 클래스 정의에서 메소드 몸체 부분이 클래스 인터페이스에 포함되는 경우가 있는가?

5.3 객체와 참조

Listing 5.14의 변수 `oneSale`과 같은 클래스형의 변수들은 기본형의 변수와는 매우 다르게 동작한다. 기본형인 `int`형 변수가 있으면 숫자 6이 그 변수의 값이 될 수 있는 것과는 달리, 클래스형의 변수는 그 클래스의 객체에 대한 이름이지만 객체 자체가 변수의 값이 되는 것은 아니다. 클래스형의 변수는 객체의 이름표 역할을 하는데 이름표를 붙이는 과정이 조금 난해하다. 이 절에서는 클래스형의 변수가 어떻게 객체를 가리키는지와 클래스형의 메소드 매개변수가 자바에서 어떻게 동작하는지를 논의할 것이다.

클래스형의 변수

클래스형의 변수는 기본형의 변수가 값을 저장하는 방식과는 다른 방법으로 객체의 이름 역할을 한다. 기본형이든 클래스형이든 모든 변수는 메모리상의 한 위치로 구현된다. 기본형의 변수는 그 변수에게 할당된 위치에 값을 직접 저장한다. 그러나 클래스형의 변수가 사용하는 공간에는 그 변수가 나타내고 있는 객체의 메모리 주소를 저장한다. 객체 자체는 변수에 직접 저장되지 않고 메모리 내의 어딘가 다른 위치에 저장된다. 객체가 저장된 다른 공간의 주소는 객체에 대한 **참조**(reference)라 불린다. 이 때문에 클래스형의 변수는 종종 **참조형**이라고도 한다. 다시 말해 참조형 변수는 객체의 실젯값이 아닌 객체에 대한 참조, 즉 메모리 주소를 저장하고 있는 변수다.

기본형의 변수와 클래스형의 변수들이 서로 다른 방식으로 동작하는 데는 이유가 있다. `int`와 같은 기본형의 값은 항상 정해진 크기만큼의 저장 공간을 차지한다. 자바에서는 `int`형의 최댓값이 존재하고, 따라서 `int`형 변수에 저장되는 값은 일정 크기로 제한된다. 그러나 객체에 저장되는 값은 변할 수 있다. 예를 들어 `String` 클래스의 객체는 어떤 크기의 문자열이라도 가능하며, 따라서 문자열 객체를 저장하기 위한 공간을 미리 일정한 크기로 지정해 두면 시스템이 이를 처리하기가 어려워질 수 있다. 한편 어떤 길이의 문자열이라도 그 시작 주소를 변수에 저장하도록 하는 것은 쉽다. 주솟값은 컴퓨터의 메모리 크기에 따라 일정 크기로 한정되기 때문이다.

클래스형의 변수가 참조를 저장하고 기본형의 변수와 매우 다른 방식으로 동작한다는 사실은 놀라운 결과를 만들어 낼 수 있다. 프로그램의 메인 부분이 다음과 같은 코드로 시작하는 것을 고려해 보자.

```
SpeciesFourthTry klingonSpecies = new SpeciesFourthTry();
SpeciesFourthTry earthSpecies = new SpeciesFourthTry();
int n = 42;
int m = n;
```

여기에는 n과 m이라는 두 개의 int형 변수가 있다. 두 변수는 모두 42라는 값을 가지고 있는데, 이 중 하나의 값을 변경하더라도 다른 하나의 값은 그대로 남아 있게 된다. 예를 들어 계속해서 다음 코드를 실행하면,

```
n = 99;
System.out.println(n + " and " + m);
```

결과는 다음과 같다.

```
99 and 42
```

지금까지는 놀라울 것이 없다. 그러나 다음 코드가 계속된다고 하자.

```
klingonSpecies.setSpecies("Klingon ox", 10, 15);
earthSpecies.setSpecies("Black rhino", 11, 2);
earthSpecies = klingonSpecies;
earthSpecies.setSpecies("Elephant", 100, 12);
System.out.println("earthSpecies:");
earthSpecies.writeOutput();
System.out.println("klingonSpecies:");
klingonSpecies.writeOutput();
```

이를 실행하면 **klingonSpecies**는 "Klingon ox"이고 **earthSpecies**는 "Elephant"라고 생각하겠지만, 다음 결과를 보면 그렇지 않다는 것을 알게 될 것이다.

```
earthSpecies:
Name = Elephant
Population = 100
Growth rate = 12%
klingonSpecies:
Name = Elephant
Population = 100
Growth rate = 12%
```

도대체 무슨 일이 벌어진 걸까? 여기에는 두 개의 클래스형 변수 **klingonSpecies**와 **earthSpecies**가 있다. 먼저 두 변수는 각각 서로 다른 객체를 참조한다. 각 객체는 컴퓨터 메모리 어딘가에 따로 저장되어 있고 그 위치, 즉 주소가 **klingonSpecies**와 **earthSpecies** 변수에 각각 저장되는 것이다. 두 변수가 객체의 내용물을 직접 저장하

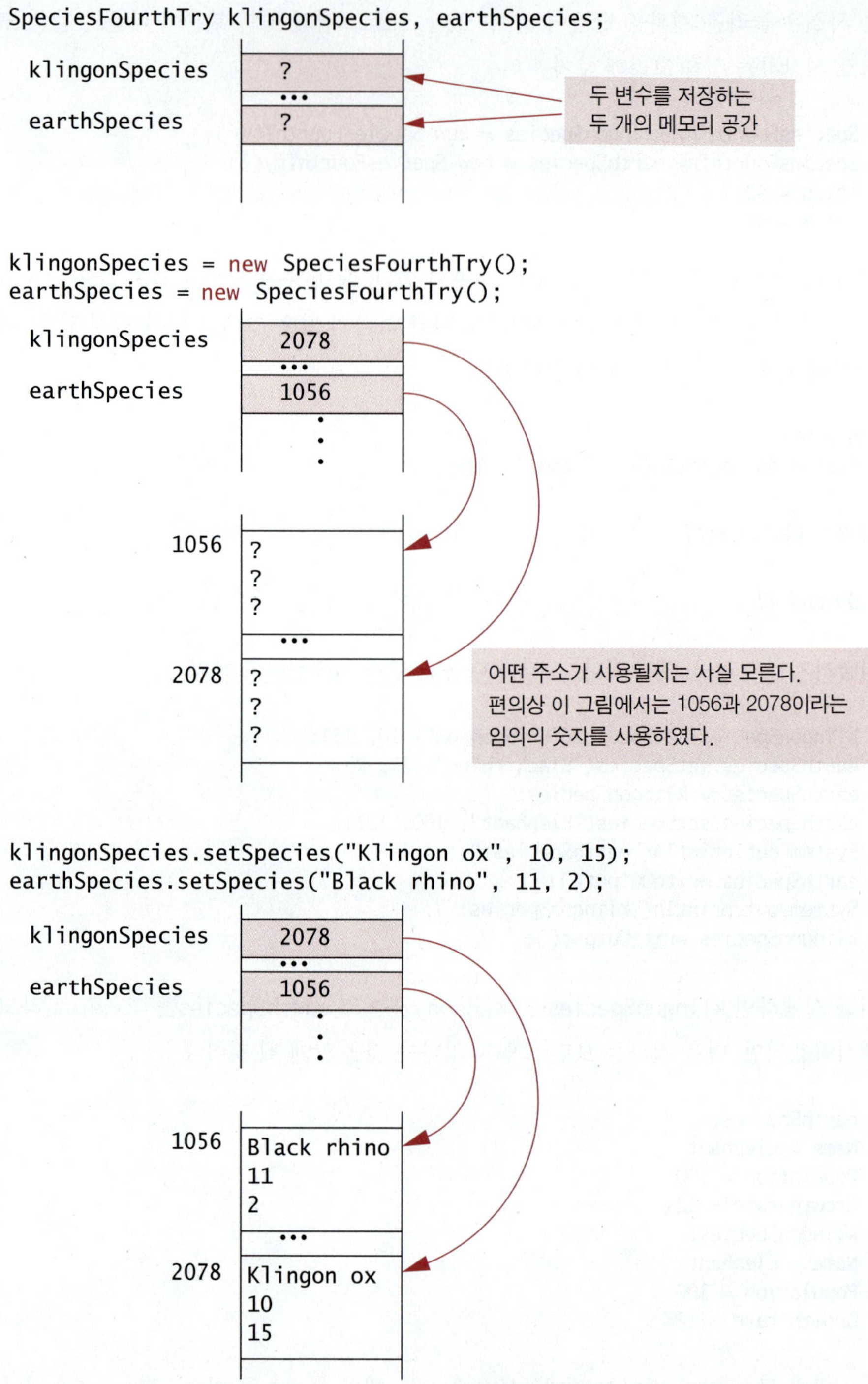

그림 5.5 클래스 변수의 동작

```
earthSpecies = klingonSpecies;
```

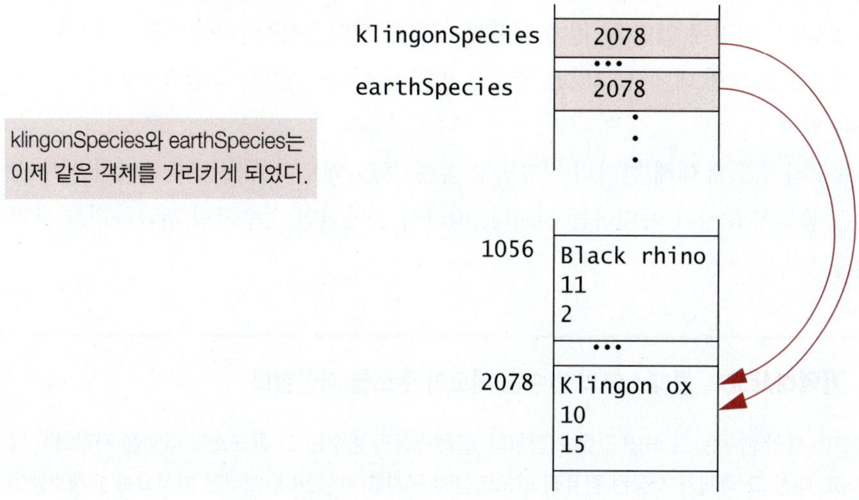


```
earthSpecies.setSpecies("Elephant", 100, 12);
```

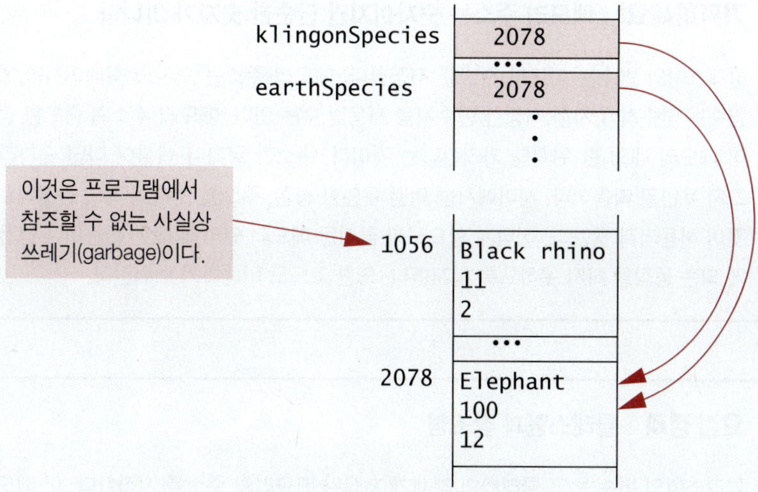

그림 5.5 클래스 변수의 동작(계속)

는 것이 아니다. 그런데 다음 대입문을 실행함으로써,

```
earthSpecies = klingonSpecies;
```

klingonSpecies에 저장되어 있던 주소가 earthSpecies 변수에 복사되므로 두 변수는 같은 주솟값을 저장하게 된다. 따라서 두 변수가 참조하는 객체는 동일한 것이 되는 것이다. 이제 어느 변수에 대해 setSpecies 메소드를 호출하는가에 상관없이 실제로는 같은 객체가 메소드 호출을 수신하게 되고, 같은 객체에 대한 변경 작업이 수행된다. 그러면 이전에 있던 두 번째 객체는 어떻게 되었을까? 안타깝게도, 어딘가 존재는 하지만 프로그램 내에서 그것을 참조할 방법이 이제는 없다. 그림 5.5에 이 과정이 나타나 있다.

메모리 주소에 대해 한마디 경고하고 싶은 것은, 메모리 주소는 숫자이지만 int값과 같은 종류의 숫자가 아니라는 것이다. 따라서 일반적인 정수처럼 취급하려고 하면 안 된다.

기억하세요! 클래스형의 변수는 메모리 주소를 저장한다

기본형의 변수는 그 형의 값을 저장한다. 클래스형의 변수는 그 클래스의 객체를 저장하지 않고, 대신 그 객체가 저장된 컴퓨터 메모리상의 위치를 저장한다. 이러한 방식으로 클래스형의 변수가 그 클래스의 객체에 대한 이름으로 사용될 수 있다. 그러나 =이나 ==과 같은 일부 연산자들은 클래스형의 변수에 대해 기본형의 경우와 매우 다르게 동작한다.

기억하세요! 메모리 주소는 숫자이지만 단순한 숫자가 아니다

클래스형의 변수는 메모리 주소를 저장한다. 메모리 주소는 숫자의 형태이지만, 클래스형의 변수는 단순히 숫자를 저장한 변수처럼 사용될 수는 없다. 메모리 주소의 중요한 성질은 그것이 메모리 내의 한 위치를 가리킨다는 것이다. 주소가 글자나 색깔이 아닌 숫자라는 사실은 그저 우연일 따름이다. 자바에서는 이런 우연한 성질, 주소를 숫자 원래의 성질대로 사용하는 것이 허용되지 않는다. 이렇게 함으로써 금지된 메모리 영역에 대한 접근이나 컴퓨터를 망치게 되는 동작을 하지 못하도록 방지한다. 또한 코드도 이해하기 쉬워진다.

요점 정리 클래스형과 참조형

클래스형의 변수는 그 클래스의 객체가 저장된 메모리의 주소를 저장한다. 이 메모리 주소는 객체에 대한 참조라고도 불린다. 그래서 클래스형은 참조형이다. 참조형의 변수는 객체의 실젯값이 아니라 참조, 즉 메모리 주소를 저장한다. 그런데 클래스형이 아닌 참조형 변수가 존재한다. 따라서 앞으로 클래스형이라는 용어는 클래스의 이름을 언급할 때 사용할 것이다. 모든 클래스형은 참조형이지만, 모든 참조형이 클래스형인 것은 아니며 이는 7장에서 공부할 것이다.

GOTCHA 클래스형의 변수에 == 연산자 사용하기

앞 절에서 클래스형의 변수에 대입 연산자를 적용했을 때 생각과 다른 결과를 얻을 수 있다는 것을 알았다. 동일성을 검사하는 경우에도 이와 같이 독특해 보이는 방식으로 동작한다. Listing 5.11에 정의된 클래스 SpeciesFourthTry를 활용해 다음과 같은 코드를 작성했다고 하자.

```
SpeciesFourthTry klingonSpecies = new SpeciesFourthTry();
SpeciesFourthTry earthSpecies = new SpeciesFourthTry();
klingonSpecies.setSpecies("Klingon ox", 10, 15);
earthSpecies.setSpecies("Klingon ox", 10, 15);
if (klingonSpecies == earthSpecies)
    System.out.println("They are EQUAL.");
else
    System.out.println("They are NOT equal.");
```

이를 실행하면 다음과 같은 출력을 보여 준다.

```
They are NOT equal.
```

그림 5.6에 이 코드의 실행 과정이 나타나 있다.

SpeciesFourthTry 클래스의 두 객체가 메모리에 저장되어 있다. 두 객체의 내용물은 똑같은 종으로 설정되어 있지만 저장된 위치는 다르다. 그런데 일반적인 개념으로 두 객체가 같은지 비교해 보라면 같은 것으로 생각하겠지만, 문제는 클래스형의 변수가 객체가 아니라 메모리 주소를 저장하고 있다는 것이다. == 연산자가 여기서 비교하는 것은 저장된 두 개의 메모리 주소가 동일한가 하는 것이다. 원래 검사하기 원했던 것은 이게 아닐 것이다. 일반적으로 클래스를 정의할 때 두 개의 객체가 서로 같은지 검사할 수 있도록 equals라는 메소드를 별도로 정의해야 한다. 다음 절을 보도록 하자. ■

클래스에 equals 메소드 정의하기

두 개의 객체에 대해 == 연산자를 적용하면 두 객체가 메모리 내의 동일 위치에 있는지를 검사하는 것이 된다. '동일성' 검사라고 할 때 직관적으로 떠오르는 그런 검사가 아닌 것이다. 일반적인 동일성 검사를 하고 싶으면 클래스 내에 equals라는 메소드를 정의해야 한다. Listing 5.17에서 이전의 Species 클래스에 equals 메소드를 추가한 개정 버전을 볼 수 있다.

equals를 사용하는 방법은 이전에 String 클래스의 객체에 대해 equals 메소드를 사용했던 것과 완전히 같다. Listing 5.18의 프로그램은 Species 클래스에 정의된 equals 메소드를 사용하는 예를 보여 준다.

Species 클래스에서 정의한 equals 메소드를 보면 두 개의 Species 객체는 대소문자에 관계없이 이름이 같고, 같은 개체수와 같은 증가율을 가지면 같은 것으로 간주한

```
klingonSpecies = new SpeciesFourthTry();
earthSpecies = new SpeciesFourthTry();
```

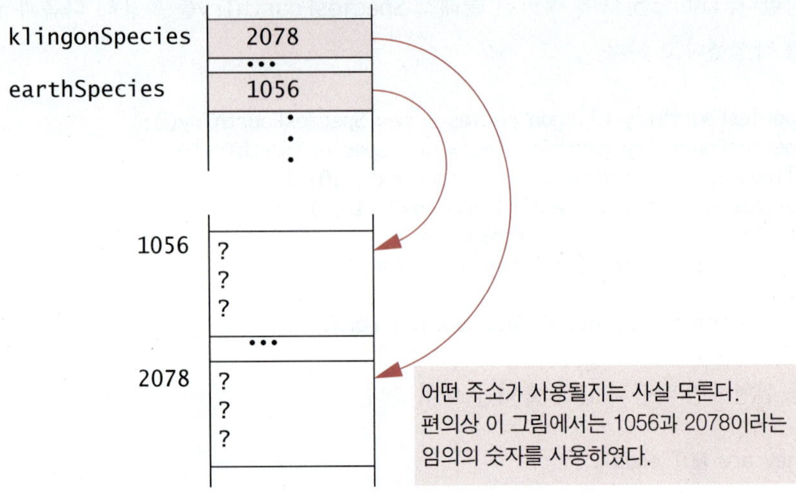


```
klingonSpecies.setSpecies("Klingon ox", 10, 15);
earthSpecies.setSpecies("Klingon ox", 10, 15);
```

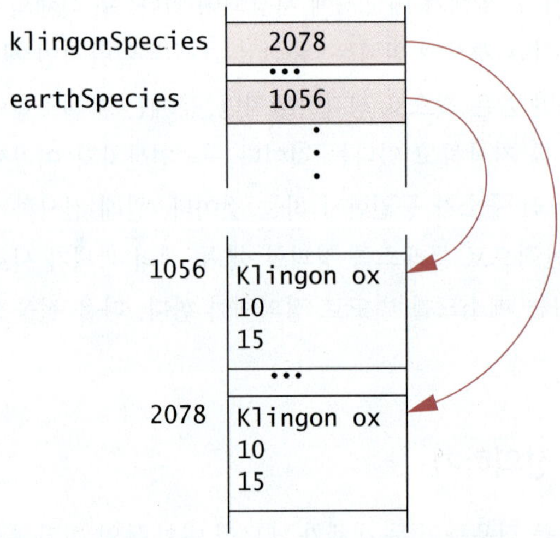


```
if (klingonSpecies == earthSpecies)
    System.out.println("They are EQUAL.");
else
    System.out.println("They are NOT equal.");
```

결과는 They are NOT equal이다. 2078번지와 1056번지는 같지 않기 때문이다.

그림 5.6 객체에 == 연산자를 사용할 때의 위험

다. 이름을 비교하기 위해 String 클래스의 equalsIgnoreCase 메소드를 사용하였다. 이는 대문자를 그에 상응하는 소문자와 같은 것으로 취급하여 두 개의 문자열이 같은지 비교하는 메소드이다. 2장에서 언급한 바와 같이 이 메소드는 자바 언어의 일부분

Listing 5.17 equals 메소드의 정의

```
import java.util.Scanner;
public class Species
{
    private String name;
    private int population;
    private double growthRate;

    <메소드 readInput, writeOutput, predictPopulation의 정의는 Listing 5.3 및 Listing 5.6과 같다.>
    <메소드 setSpecies, getName, getPopulation, getGrowthRate의 정의는 Listing 5.11과 같다.>
    public boolean equals(Species otherObject)
    {
        return (this.name.equalsIgnoreCase(otherObject.name)) &&
               (this.population == otherObject.population) &&
               (this.growthRate == otherObject.growthRate);
    }
}
```

equalsIgnoreCase는 String 클래스의 메소드이다.

으로 자동 제공되는 것이다. 개체수와 증가율은 각각 기본형의 값이기 때문에 비교하기 위해 == 연산자를 이용하였다.

Listing 5.17의 **equals** 메소드는 반환형이 **boolean**이기 때문에 **true** 또는 **false**를 반환한다. 메소드에서 사용된 **return** 문이 약간 이상해 보이겠지만 이는 일반적인 **if-else** 문에서 사용하는 불 연산식과 같은 것이다. 이를 다음과 같이 표현한다면 이해하기가 좀 더 쉬울 것이다.

```
if ((this.name.equalsIgnoreCase(otherObject.name)) &&
    (this.population == otherObject.population) &&
    (this.growthRate == otherObject.growthRate))
then return true
otherwise return false
```

이를 Listing 5.18의 프로그램의 다음 문장에 적용해 보면,

```
if (s1.equals(s2))
    System.out.println("Match with the method equals.");
else
    System.out.println("Do Not match with the method equals.");
```

다음의 코드와 동일한 내용이 된다.

```
if ((s1.name.equalsIgnoreCase(s2.name)) &&
    (s1.population == s2.population) &&
    (s1.growthRate == s2.growthRate))
    System.out.println("Match with the method equals.");
```

Listing 5.18 equals 메소드 사용의 예

```
public class SpeciesEqualsDemo
{
    public static void main(String[] args)
    {
        Species s1 = new Species(), s2 = new Species();

        s1.setSpecies("Klingon ox", 10, 15);
        s2.setSpecies("Klingon ox", 10, 15);

        if (s1 == s2)
            System.out.println("Match with ==.");
        else
            System.out.println("Do Not match with ==.");
        if (s1.equals(s2))
            System.out.println("Match with the method equals.");
        else
            System.out.println("Do Not match with the method equals.");
        System.out.println("Now change one Klingon ox to lowercase.");
        s2.setSpecies("klingon ox", 10, 15);  // 소문자를 사용하라.
        if (s1.equals(s2))
            System.out.println("Match with the method equals.");
        else
            System.out.println("Do Not match with the method equals.");
    }
}
```

실행 결과 출력

```
Do Not match with ==.
Match with the method equals.
Now change one Klingon ox to lowercase.
Match with the method equals.
```

```
else
    System.out.println("Do Not match with the method equals. ");
```

boolean형의 값을 반환하는 메소드는 뒷부분의 '불값을 반환하는 메소드' 절에서 더 상세히 다루도록 하겠다.

모든 경우에 적용할 수 있는 범용적인 equals 메소드의 정의는 없다. 이는 각 클래스를 어떻게 사용하려는지에 따라 다르게 정의된다. Listing 5.17의 equals 메소드는 두 개의 Species 객체가 이름이 같고, 같은 개체수와 같은 증가율을 가지면 동일한 객체인 것으로 정의한다. 용도를 달리해서 개체수와 증가율이 다르더라도 종의 이름만 같으면 같은 객체인 것으로 정의할 수도 있다. 이는 각 객체가 서로 다른 시점에서 수집된 정보를 반영하고 있지만 동일한 생물에 대한 것이라면 두 객체가 같다고 생각하는 것에 해당한다.

두 객체의 동일성 검사를 위한 메소드를 정의할 때는 반드시 equals라는 이름을 사용해야 한다. 임의의 다른 이름, 예를 들어 same이나 s를 뺀 equal과 같은 이름을 사용하지 않도록 한다. 자바를 구성하는 일부 소프트웨어는 객체의 동일성을 검사하기 위해 정확히 equals라는 이름의 메소드를 호출하도록 작성되어 있다. 따라서 그 이름의 메소드를 제공해 주는 것이 좋다.

클래스를 정의할 때 equals를 정의하지 않으면 자바는 자동으로 기본 equals 메소드를 생성한다. 그러나 이는 프로그래머가 원하는 방식으로 동작하지 않을 수도 있다. 따라서 동일성 검사가 필요한 경우는 자신의 equals 메소드를 정의하는 것이 최선의 방책이다.

프로그래밍 예제 Species 클래스

Listing 5.19는 Species 클래스의 최종 버전이다. 실제 내용은 Listing 5.17과 같지만 세부 내용까지 모두 포함시켜 전체 예제를 볼 수 있도록 했다. 또한 this 키워드를 사용하지 않고 equals 메소드를 다시 정의했는데, 이것이 대부분의 프로그래머가 사용하는 방식이다. Listing 5.19의 equals 정의는 Listing 5.17의 정의와 완전히 동일하다. 그림 5.7은 이 Species 클래스에 대한 클래스 다이어그램이다.

Listing 5.19 완전한 Species 클래스

이는 Listing 5.17의 클래스 정의와 동일하며 모든 세부 내용을 포함한다.

```
import java.util.Scanner;
/**
멸종 위기 종에 대한 정보를 저장하는 클래스
*/
public class Species
{
    private String name;
    private int population;
    private double growthRate;

    public void readInput()
    {
        Scanner keyboard = new Scanner(System.in);
        System.out.println("What is the species' name?");
        name = keyboard.nextLine();

        System.out.println("What is the population of the species?");
        population = keyboard.nextInt();
```

(계속됨)

Listing 5.19 완전한 Species 클래스

```
        while (population < 0)
        {
            System.out.println("Population cannot be negative.");
            System.out.println("Reenter population:");
            population = keyboard.nextInt();
        }
        System.out.println("Enter growth rate (% increase per year):");
        growthRate = keyboard.nextDouble();
    }
    public void writeOutput()
    {
        System.out.println("Name = " + name);
        System.out.println("Population = " + population);
        System.out.println("Growth rate = " + growthRate + "%");
    }
    /**
    선행조건 : years는 음수가 아니다.
    지정된 연수(years)가 경과한 후의 수신 객체의 예상 개체수를 반환한다.
    */
    public int predictPopulation(int years)
    {
        int result = 0;
        double populationAmount = population;
        int count = years;
        while ((count > 0) && (populationAmount > 0))
        {
            populationAmount = (populationAmount + (growthRate / 100) *
                               populationAmount);
            count--;
        }
        if (populationAmount > 0)
            result = (int)populationAmount;
        return result;
    }
    public void setSpecies(String newName, int newPopulation,
                           double newGrowthRate)
    {
        name = newName;
        if (newPopulation >= 0)
            population = newPopulation;
        else
        {
            System.out.println("ERROR: using a negative population.");
            System.exit(0);
        }
        growthRate = newGrowthRate;
    }
```

(계속됨)

Listing 5.19 완전한 Species 클래스

```
    public String getName()
    {
        return name;
    }
    public int getPopulation()
    {
        return population;
    }
    public double getGrowthRate()
    {
        return growthRate;
    }
    public boolean equals(Species otherObject)
    {
        return (name.equalsIgnoreCase(otherObject.name)) &&
               (population == otherObject.population) &&
               (growthRate == otherObject.growthRate);
    }
}
```

이는 Listing 5.17의 equals 정의와 동일하다.
this 키워드는 명시하지 않았으나 묵시적으로 적용되었다.

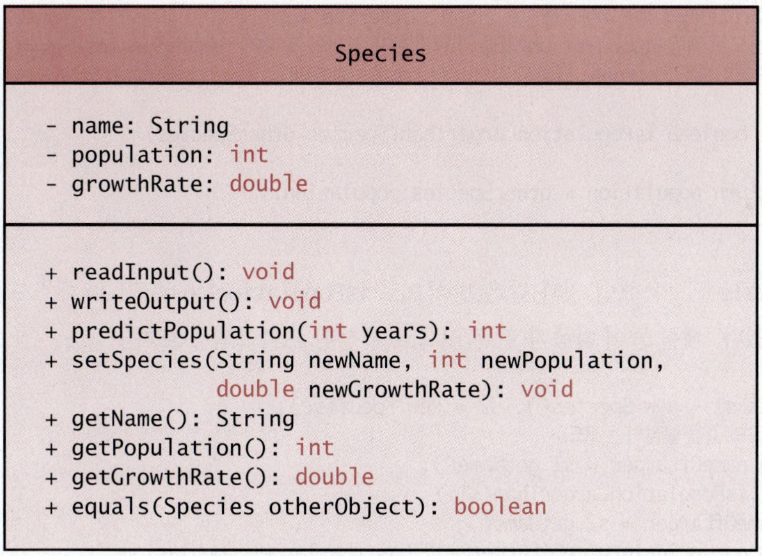

그림 5.7 Listing 5.19의 Species 클래스에 대한 클래스 다이어그램

불값을 반환하는 메소드

메소드가 boolean형의 값을 반환할 수 있다는 사실은 전혀 새로울 게 없다. 메소드를 정의할 때 반환형을 boolean으로 명시하고 return 문에 불 연산식을 사용하면 된다.

Listing 5.19의 Species 클래스에서 이미 equals 메소드가 그런 방식으로 작성되었음을 보기도 했다. 이 메소드는 return 문에서 결과가 true 또는 false로 나오는 불 연산식을 계산하여 그 값을 반환한다.

앞에서 언급한 바와 같이 equals 메소드를 if 문이나 while 문 또는 불 연산식이 필요한 다른 문장에서 호출해 사용할 수 있다. 또한 equals 메소드 또는 불값을 반환하는 메소드에서 반환되는 값을 boolean형의 변수에 저장한 후 나중에 사용할 수도 있다. 다음 예를 보자.

```
Species s1 = new Species(), s2 = new Species();
<s1과 s2의 값을 설정하는 코드>
boolean areEqual = s1.equals(s2);
<추가로 필요한 코드—있다면>
if (areEqual)
   System.out.println("They are equal.");
else
   System.out.println("They are not equal.");
```

불값을 반환하는 메소드의 다른 예로 다음 메소드를 Listing 5.19의 Species 클래스에 추가해 보자.

```
/**
  선행조건 : 현재의 객체와 매개변수로 전달되는 otherSpecies
  객체는 모두 개체수(population) 값을 가진다. 현재 객체의 개체수가 otherSpecies
  개체수보다 많으면 true를, 그렇지 않으면 false를 반환한다.
*/
public boolean isPopulationLargerThan(Species otherSpecies)
{
    return population > otherSpecies.population;
}
```

이제 equals를 사용했던 것과 같은 방식으로 isPopulationLargerThan 메소드를 사용할 수 있다. 예를 들어 다음과 같은 코드로 구성된 프로그램을 보자.

```
Species s1 = new Species(), s2 = new Species();
<s1과 s2의 값을 설정하는 코드>
String nameOfLarger = s1.getName();
if (s2.isPopulationLargerThan(s1))
    nameOfLarger = s2.getName();
System.out.println(nameOfLarger + " has the larger population.");
```

Listing 5.19의 Species 클래스에는 다음과 같은 메소드도 추가할 수 있다.

```
/**
  선행조건 : 현재 객체는 개체수(population) 값을 가진다. 이 객체의 개체수의 값이
  0이면 true를, 그렇지 않으면 false를 반환한다.
*/
public boolean isExtinct()
```

```
{
    return population == 0;
}
```

위의 메소드를 활용하는 예제 코드는 다음과 같이 작성할 수 있다.

```
Species s1 = new Species();
<s1의 값을 설정하는 코드>
if (s1.isExtinct())
    System.out.println(s1.getName() + " is extinct.");
else
    System.out.println(s1.getName() + " is still with us.")
```

프로그래밍 팁_불값을 반환하는 메소드의 이름

앞의 예 isExtinct 메소드가 if 문 내에서 호출될 때, 이를 일반적인 영문으로 읽으면 그대로 의미가 이해된다. 예를 들어

```
if (s1.isExtinct())
```

라는 문장은 'if s1 is extinct (s1이 멸종되었으면)'을 의미하는 것이다. 불값을 반환하는 메소드의 이름은 프로그램에서의 의미를 살려 보통 *is* 또는 *has*로 시작하는 것이 명확해서 좋다. 이러한 명명 관습을 따르면 다른 사람들이 잘 이해할 수 있을 뿐만 아니라 프로그래밍 과정에서의 오류도 많이 줄일 수 있다. ■

자습문제 SELF-TEST QUESTIONS

24 참조형은 무엇인가? 클래스형은 참조형인가? int와 같은 기본형은 참조형인가?

25 클래스형의 두 값이 서로 같은지 비교하려면 ==와 equals 중 어느 것을 사용해야 하는가?

26 int형의 두 값이 서로 같은지 비교하려면 ==와 equals 중 어느 것을 사용해야 하는가?

27 Listing 5.19의 Species 클래스에 추가할 수 있는 isGrowthRateLargerThan 메소드를 작성하라. 이 메소드는 Species형의 매개변수를 하나 받아서 수신 객체의 증가율이 매개변수의 증가율보다 크면 true를, 그렇지 않으면 false를 반환한다.

사례 연구 단위 테스트

지금까지의 예제에서는 프로그램을 직접 실행하고 입력값을 넣고 결과가 예상대로 나왔는지 보는 방식으로 프로그램을 테스트하였다. 작은 프로그램에서는 이런 방법이 아무 문제가 없으나 프로그램이 크고 복잡해지면 이 방식으로는 충분한 테스트가 어렵다. 큰 프로그램에서는 대개 수많은 입력값이 서로 조합을 이루어 작동하게 되고, 모든 입력 경우의 수에 대해 제대로 된 결과가 출력되는지 일일이 다 테스트하는 것은 시간이 매우 많이 걸린다. 게다가 코드를 일부 변경하면 원하지 않는 부수적 효과가 발생할 수도 있다. 예를 들어 하나의 오류를 수정하기 위해 코드를 변경했는데 그로 인해 다른 오류가 새로 발생하기도 한다. 이 문제를 해결하는 한 가지 방법은 여러 개의 **단위 테스트**(unit test)를 작성하는 것이다. 단위 테스트란 코드의 개별 단위가 정확한지 테스트하는 방식이다. 하나의 단위(unit)는 대개 하나의 메소드이지만 때로는 하나의 클래스나 몇 줄의 코드가 되기도 한다.

여러 개의 단위 테스트를 모으면 **한 벌의 테스트**(test suite)가 된다. 각각의 테스트는 보통 인간의 개입 없이 실행될 수 있도록 자동화한다. 테스트는 자주 그리고 신속하게 실행되어야 하기 때문에 자동화는 매우 중요하다. 이렇게 하면 하루에 한 번 또는 코드가 변경될 때마다 반복적으로 동일한 테스트를 수행할 수 있고, 일부 변경된 부분뿐만 아니라 모든 것이 제대로 작동하고 있다는 것을 쉽게 확인할 수 있다. 반복적으로 테스트를 수행하는 일련의 과정을 **회귀 테스트**(regression testing)라 한다.

Listing 5.19의 Species 클래스에 대한 간단한 테스트 사례로 시작해 보자. 첫 번째 테스트는 종의 이름과 개체수, 증가율이 setSpecies 메소드에 의해 제대로 설정되었는지 확인하는 것이 좋겠다. 이를 위해 Species형의 객체를 새로 생성하고 setSpecies를 호출하고 그 값을 확인하는 과정으로 테스트를 구성할 수 있다.

```
Species testSpecies = new Species();
// setSpecies 메소드를 테스트한다.
testSpecies.setSpecies("Tribbles", 100, 50);
if (testSpecies.getName().equals("Tribbles") &&
    (testSpecies.getPopulation() == 100) &&
    (testSpecies.getGrowthRate() >= 49.99) &&

    (testSpecies.getGrowthRate() <= 50.01))
{
    System.out.println("Pass: setSpecies test.");
}
else
{
    System.out.println("FAIL: setSpecies test.");
}
```

getGrowthRate가 double 값을 반환하기 때문에 testSpecies.getGrowthRate()==50과 같이 작성하면 안 된다.

이 간단한 예는 테스트 사례에 대한 값의 입력, 테스트하려는 코드 호출, 실행 결과와 기댓값이 일치하는지 검사하는 과정으로 구성되었다. 만약 setSpecies 메소드 내에서 오류가 있었다면, 예를 들어 증가율 값을 인스턴스 변수에 저장하는 과정을 빠트렸다면 위의 테스트가 성공하지 못할 것이다.

테스트 사례의 설계는 보통 이보다는 더 복잡하다. predictPopulation 메소드의 테스트 사례를 생각해 보라. 어떤 값을 입력으로 주어야 테스트할 단위가 기대한 대로의 결과를 생성한다고 확인할 수 있을까? 시도해 볼 수 있는 테스트 유형 중에 **반대 테스트**(negative test) 기법이 있다. 이 방법은 잘못된 입력이 들어왔을 때도 시스템이 제대로 동작한다는 것을 확인하는 것이다. 예를 들어 predictPopulation 메소드의 매개변수 years의 값으로 음수를 전달하면 결과로는 초기 개체수가 그대로 반환된다고 기대할 수 있다. 그리고 추가로 각각 1년과 5년을 입력으로 전달하고 미래 개체수를 예측하도록 테스트할 수 있다. Listing 5.20은 testSpecies 객체를 사용해 이와 같은 테스트를 실행하는 예를 보여 준다.

테스트를 작성하는 데 사용되는 일반적인 방식은 assert 문을 이용하는 것이다. 예를 들어 통상적인 if-else 문 대신 다음과 같이 작성할 수 있다.

```
assert (testSpecies.getPopulation() == 100);
```

주의해야 할 점은 프로그램이 모든 테스트를 다 통과했다고 해서 그 프로그램이 완벽하다는 것을 보장하지는 않는다는 것이다. 여전히 프로그램 오류가 발생할 어떤 입력 조합이 있을 가능성은 있다. 또한 테스트에 통과한 각 단위를 서로 통합할 때 새로운 오류가 발생할 가능성도 있다. 그러나 일단 테스트를 통과하면 적어도 가장 기본적인 기능은 제대로 동작한다는 확신을 가져도 된다.

원칙적으로 테스트 사례는 클래스의 구현 내용과 독립적이어야 한다. 여기서 소개한 간단한 예제에서는 Species 클래스를 테스트하기 위해 main 메소드를 가진 별도의 클래스를 작성하였다. 좀 더 큰 규모의 프로젝트를 진행한다면 테스트 집합을 조직하고 실행하기 편하도록 설계된 JUnit과 같은 테스트 체계도 고려해 볼 수 있다.

Listing 5.20 Species 클래스를 위한 테스트 예제

```
public class SpeciesTest
{
    public static void main(String[] args)
    {
        Species testSpecies = new Species();
```

(계속됨)

Listing 5.20 Species 클래스를 위한 테스트 예제

```
        // setSpecies 메소드를 테스트한다.
        testSpecies.setSpecies("Tribbles", 100, 50);
        if (testSpecies.getName().equals("Tribbles") &&
            (testSpecies.getPopulation() == 100) &&
            (testSpecies.getGrowthRate() >= 49.99) &&
            (testSpecies.getGrowthRate() <= 50.01))
        {
             System.out.println("Pass: setSpecies test.");
        }
        else
        {
             System.out.println("FAIL: setSpecies test.");
        }

        // predictPopulation 메소드를 테스트한다.
        if ((testSpecies.predictPopulation(-1) == 100) &&
            (testSpecies.predictPopulation(1) == 150) &&
            (testSpecies.predictPopulation(5) == 759))

        {
             System.out.println("Pass: predictPopulation test.");
        }
        else
        {
             System.out.println("FAIL: predictPopulation test.");
        }
    }
}
```

실행 결과 출력

```
Pass: setSpecies test.
Pass: predictPopulation test.
```

클래스형의 매개변수

메소드에 전달되는 클래스형의 매개변수는 기본형의 매개변수와는 다른 방식으로 취급된다. 앞에서 객체에 대입 연산자를 사용하는 것을 설명할 때 그 차이점에 대해 언급한 적이 있다. 다음 두 가지 사항을 다시 살펴보면 클래스형의 매개변수가 어떻게 동작할 것인지 이해하는 데 도움이 된다.

- 먼저, 대입 연산자가 객체에 대해 어떻게 동작하는지 기억해 보라. Listing 5.19에 정의된 Species 클래스에 대해 다음 코드를 살펴보자.

```
Species species1 = new Species();
```

```
species1.readInput();
Species species2 = species1;
```

어떤 클래스형으로 선언된 객체에 대해 대입 연산자를 사용할 때는 실제로는 객체가 저장된 메모리의 주소를 복사하는 것이다. 따라서 앞 절에서 논의한 바와 같이 위 코드의 실행 결과는 **species1**과 **species2**가 같은 객체를 가리키는 두 개의 서로 다른 이름이 되는 것이다.

- 이제 기본형의 매개변수가 어떻게 동작하는지 생각해 보라. 예를 들어 Listing 5.19의 메소드 **predictPopulation**의 정의는 다음과 같이 시작한다.

```
public int predictPopulation(int years)
{
    int result = 0;
    double populationAmount = population;
    int count = years;
     . . .
```

앞에서 설명한 바와 같이 형식 매개변수 **years**는 사실은 지역 변수이다. **predictPopulation** 메소드를 호출할 때 이 지역 변수 **years**는 메소드 호출 시 주어지는 인자의 값으로 초기화된다. 그래서 예를 들어 Listing 5.12에 있는 다음 호출을 사용하면,

```
int futurePopulation =
        speciesOfTheMonth.predictPopulation(numberOfYears);
```

매개변수 **years**의 값은 **numberOfYears**의 값으로 초기화된다. 실제 효과는 다음 대입문을 메소드 정의 내에 임시로 넣는 것과 같다.

```
years = numberOfYears;
```

다르게 표현하면, 메소드가 호출되어 실행되는 동안에는 **predictPopulation**의 정의가 다음과 같이 변경된다고 생각해도 된다.

```
public int predictPopulation(int years)
{
    years = numberOfYears;   // 실제로 이렇게 할 수는 없지만 자바는
                             // 이 코드가 있는 것처럼 동작한다.
    int result = 0;
    double populationAmount = population;
    int count = years;
     . . .
```

자, 서론이 길었다. 그렇지만 이 두 가지 사항을 잘 이해한다면 클래스형의 매개변수가 어떻게 동작하는지 이해하는 것은 쉽다. 클래스형의 매개변수는 기본형의 매개변수와

동작하는 방식이 같지만, 다만 클래스형의 변수에 대해 대입 연산자가 작동하는 방식이 다르기 때문에 그 결과는 매우 달라진다.

조금 다른 말로 다시 설명해 보겠다. Listing 5.18에서 사용된 **equals** 메소드를 이용해 다음과 같이 호출하는 경우를 생각해 보자.

```
if (s1.equals(s2))
    System.out.println("Match with the method equals.");
else
    System.out.println("Do Not match with the method equals.");
```

이 호출에서 **s2**는 Listing 5.19에서 정의된 **Species** 클래스형의 변수이다. Listing 5.19의 **equals** 메소드 정의를 다음과 같이 다시 작성해 보자.

```
public boolean equals(Species otherObject)
{
    return (name.equalsIgnoreCase(otherObject.name)) &&
           (population == otherObject.population) &&
           (growthRate == otherObject.growthRate);
}
```

s1.equals(s2)와 같이 **equals** 메소드를 호출하면 **equals** 메소드의 정의 맨 앞에 다음 대입문을 삽입한 것과 같은 효과가 발생한다.

```
otherObject = s2;
```

다시 말하면, **equals** 메소드를 위와 같이 호출하는 동안은 메소드 정의가 다음과 같이 작성된 것과 마찬가지라고 생각할 수 있다.

```
public boolean equals(Species otherObject)
{
    otherObject = s2;  // 실제로 이렇게 할 수는 없지만 자바는
                       // 이 코드가 있는 것처럼 동작한다.
    return (name.equalsIgnoreCase(otherObject.name)) &&
           (population == otherObject.population) &&
           (growthRate == otherObject.growthRate);
}
```

자, 이제 이 대입문은 **otherObject** 변수에 **s2**가 저장한 메모리 주소를 복사하는 것이고, 따라서 **otherObject**는 **s2**가 가리키는 객체와 동일한 객체를 가리키게 된다는 점을 다시 기억해 보라. 그래서 이후 **otherObject**라는 변수에 어떤 작업이 이루어지면, 실제로는 **s2**라는 이름의 객체에 작업이 이루어지게 되는 것이다. 이는 메소드가 다음 동작을 실행하는 것과 같다.

```
return (name.equalsIgnoreCase(s2.name)) &&
```

```
    (population == s2.population) &&
    (growthRate == s2.growthRate);
```

클래스형의 형식 매개변수 otherObject에 대해 일어난 동작은 실제로는 메소드 호출에 사용된 인자, 즉 s2에 대해 이루어진다. 메소드 호출에 사용된 인자에 대해 실질적인 작업이 이루어지기 때문에 메소드 호출에 의해 인자의 값이나 내용이 변경될 수 있다.

equals 메소드의 경우에는 단지 동일성만 비교하는 것이기 때문에 클래스형의 매개변수 전달 방식을 사용하고 있지만 기본형의 매개변수를 사용하는 경우와 그 결과가 그렇게 다르지 않다. 그러나 다른 종류의 메소드에서는 이 작동 방식의 차이점이 매우 놀라운 차이를 낳을 수 있다. 다음 절에서는 클래스형의 매개변수가 기본형의 매개변수와 얼마나 큰 차이를 만들 수 있는지 좀 더 극적인 예를 보도록 하겠다.

보충 참조에 의한 호출

어떤 프로그래머는 클래스형의 매개변수에 사용되는 매개변수 전달 방식을 참조에 의한 호출(call-by-reference)이라 부른다. 이에 대해 다른 프로그래머는 이 용어가 부적절하다고 말한다. 문제는 '참조에 의한 호출'이라는 용어의 정의가 여러 가지라는 것이다. 게다가 자바에서 클래스형의 매개변수에 사용되는 방식은 다른 언어에서의 '참조에 의한 호출'과는 약간 다른 방식으로 동작한다. 따라서 여기서는 '참조에 의한 호출'이라는 용어를 사용하지 않을 것이다. 용어가 중요한 것이 아니라 클래스형의 매개변수가 어떻게 동작하는가 이해하는 것이 중요하다.

요점 정리 클래스형의 매개변수

형식 매개변수는 메소드 정의의 시작 부분에서 메소드 이름 다음에 오는 소괄호 안에 주어진다. 클래스형의 형식 매개변수는 그 클래스형의 객체의 메모리 주소를 저장하는 지역 변수이다. 메소드가 호출될 때 매개변수의 값은 메소드 호출에 사용된 대응 인자가 저장한 주솟값으로 초기화된다. 개념적으로 말해서 메소드 호출의 인자로 사용되는 객체에 대한 다른 이름으로 형식 매개변수가 사용된다는 의미이다.

기억하세요! 메소드 호출에 의해 인자로 전달된 객체가 변경될 수 있다

메소드 호출에 인자로 사용된 객체는 메소드 실행 시 동작의 대상이 되고, 따라서 그 내용이 변경될 수 있다. 그러나 다른 객체가 그 객체를 대체할 수는 없다. 다음 프로그래밍 예제가 이 점을 보여 줄 것이다.

프로그래밍 예제 클래스형 매개변수 대 기본형 매개변수

Species 클래스에 세 개의 메소드를 추가하여 DemoSpecies라는 새 클래스를 만들어 보자. Listing 5.21에 정의된 이 클래스는 단지 시범용일 뿐이므로 클래스 정의의 나머지 부분은 신경 쓰지 않아도 된다.

Listing 5.21 시범용 클래스

```
import java.util.Scanner;
/**
Species 클래스를 변형한 이 클래스는 단지 클래스형의 매개변수와
기본형 매개변수와의 차이점을 보여 주기 위해 작성된 예제이다.
*/
public class DemoSpecies
{
    private String name;
    private int population;
    private double growthRate;
    /**
    intVariable의 값을 현재 객체의 개체수와 같도록 설정하려고 한다.
    그러나 기본형의 매개변수는 변경될 수 없다.
    */
    public void tryToChange(int intVariable)
    {
        intVariable = this.population;
    }
    /**
    otherObject가 현재 객체를 참조하도록 하려고 한다.
    그러나 클래스형의 매개변수는 대체될 수 없다.
    */
    public void tryToReplace(DemoSpecies otherObject)
    {
        otherObject = this;
    }
    /**
    otherObject 내의 데이터를 현재 객체의 데이터로 변경한다.
    객체 자체는 변경되지 않는다.
    */
    public void change(DemoSpecies otherObject)
    {
        otherObject.name = this.name;
        otherObject.population = this.population;
        otherObject.growthRate = this.growthRate;
    }
    <클래스 정의의 나머지 부분은 Listing 5.19의 Species 클래스와 같다.>
}
```

DemoSpecies 클래스에 있는 tryToChange 메소드를 살펴보자. 이 메소드는 기본형인 int형의 형식 매개변수를 가지고 있으며, 메소드의 몸체 내에서 이 매개변수에 값을 대입한다. Listing 5.22에 있는 프로그램은 int형 변수 aPopulation을 인자로 하여 tryToChange를 호출한다. 그러나 메소드 몸체에서 수행된 대입문은 인자인 aPopulation에는 아무런 영향을 미치지 못한다. 기본형의 변수는 주소가 아닌 실젯값을 저장하고 있기 때문에, 자바는 값에 의한 호출 방식으로 매개변수를 전달하여 인자의 값이 매개변수로 복사가 된다. 매개변수는 실제로 메소드 내에서 지역 변수의 역할을 수행하므로 매개변수에 가해지는 변화는 메소드 내에 한정되고 인자에 전파되지는 않는다.

메소드 tryToReplace의 매개변수는 클래스형인 DemoSpecies형이다. 여기서도 자바는 값에 의한 호출 방식에 의해 인자의 값을 매개변수에 전달한다. 그러나 인자와 매개변수 모두 클래스형이기 때문에 복사되는 인자의 값은 실제로는 메모리 주소가 된다. 그다음 메소드 몸체에서 매개변수에 새로운 값을 대입한다. (사실, 이 새로운 값은 키워드 this, 즉 수신 객체의 주소이다.) 앞에 나온 tryToChange 메소드와 마찬가지로 매개변수값의 변화는 인자에 아무런 영향을 미치지 않는다. 결과적으로 Listing 5.22의 프로그램에서 tryToReplace를 호출할 때 전달한 DemoSpecies형의 객체인 s2의 값은 변경되지 않는다.

마지막으로 change 메소드를 보자. 이 메소드의 매개변수도 DemoSpecies 클래스형이고, Listing 5.22의 프로그램에서 s2를 인자로 하여 change를 호출한다. 메소드 몸체의 대입문은 객체 인자 s2의 인스턴스 변수의 값을 실제로 변경한다. 메소드에서 클래스형의 인자, 즉 객체의 상태를 바꿀 수 있는 것이다.

Listing 5.22 클래스형의 매개변수 대 기본형의 매개변수

```
public class ParametersDemo
{
    public static void main(String[] args)
    {
        DemoSpecies s1 = new DemoSpecies(),
                    s2 = new DemoSpecies();
        s1.setSpecies("Klingon ox", 10, 15);
        int aPopulation = 42;
        System.out.println("aPopulation BEFORE calling " +
                           "tryToChange: " + aPopulation);
        s1.tryToChange(aPopulation);
        System.out.println("aPopulation AFTER calling " +
                           "tryToChange: aPopulation);
        s2.setSpecies("Ferengie Fur Ball", 90, 56);
```

(계속됨)

Listing 5.22 클래스형의 매개변수 대 기본형의 매개변수

```
        System.out.println("s2 BEFORE calling tryToReplace: ");
        s2.writeOutput();
        s1.tryToReplace(s2);
        System.out.println("s2 AFTER calling tryToReplace: ");
        s2.writeOutput();
        s1.change(s2);
        System.out.println("s2 AFTER calling change: ");
        s2.writeOutput();
    }
}
```

실행 결과 출력

```
aPopulation BEFORE calling tryToChange: 42
aPopulation AFTER calling tryToChange: 42
s2 BEFORE calling tryToReplace:
Name = Ferengie Fur Ball
Population = 90
Growth Rate = 56.0%
s2 AFTER calling tryToReplace:
Name = Ferengie Fur Ball
Population = 90
Growth Rate = 56.0%
s2 AFTER calling change:
Name = Klingon ox
Population = 10
Growth Rate = 15.0%
```

기본형 인자의 값은 변경될 수 없다.

클래스형 인자의 객체는 대체될 수 없다.

클래스형 인자의 상태는 변경될 수 있다.

지금까지 본 바와 같이 클래스형의 매개변수는 기본형의 매개변수보다 쓰임새가 넓다. 기본형의 매개변수는 메소드에 값을 전달할 뿐 인자로 주어진 기본형 변수의 값을 변화시킬 수는 없다. 반면, 클래스형의 매개변수는 메소드에 정보를 전달할 뿐만 아니라 인자로 주어진 클래스형의 객체의 상태를 변경할 수 있다. 그러나 메소드에서 인자로 주어진 객체를 다른 객체로 바꿀 수는 없다.

기억하세요! 기본형과 클래스형 매개변수의 차이점

메소드는 매개변수 전달에 사용된 기본형 인자의 값을 변경할 수는 없다. 또한 매개변수에 전달된 인자가 가리키는 객체를 메소드가 다른 것으로 바꿀 수도 없다. 한편 메소드에서 클래스형의 인자가 가리키는 객체의 상태를 바꿀 수는 있다.

자습문제 SELF-TEST QUESTIONS

28 Listing 5.19에 있는 Species 클래스에 대해 다음 프로그램은 왜 오류를 일으키는가?

```
public class SpeciesEqualsDemo
{
    public static void main(String[] args)
    {
        Species s1, s2;
        s1.setSpecies("Klingon ox", 10, 15);
        s2.setSpecies("Klingon ox", 10, 15);
        if (s1 == s2)
            System.out.println("Match with ==.");
        else
            System.out.println("Do Not match with ==.")
    }
}
```

29 앞 문제의 오류를 수정한 후 프로그램을 실행하면 출력되는 것은 무엇인가?

30 기본형 매개변수와 클래스형 매개변수의 가장 큰 차이점은 무엇인가?

31 Listing 5.19의 Species 클래스와 다음 클래스가 있다고 하자.

```
public class ExerciseClass
{
    public void mystery(Species s, int m)
    {
        s.setSpecies("Klingon ox", 10, 15);
        m = 42;
    }
}
```

다음 프로그램의 결과 출력은 무엇인가?

```
public class ExerciseProgram
{
    public static void main(String[] args)
    {
        Species s1 = new Species();
        ExerciseClass mysteryMaker = new ExerciseClass();
        int n = 0;
        s1.setSpecies("Hobbit", 100, 2);
        mysteryMaker.mystery(s1, n);
        s1.writeOutput();
        System.out.println("n = " + n);
    }
}
```

32 자습문제 16번의 Person 클래스에 대한 equals 메소드를 작성하라.

5.4 그래픽 보조자료

이제 메소드와 매개변수에 대해 충분히 설명했으므로 앞 장의 그래픽 보조자료를 다시 좀 더 자세히 살펴볼 것이다. 이 절에서는 다음 내용을 다룬다.

- Graphics 클래스를 보다 완전하게 설명한다.
- 앞에서 작성한 그래픽스 애플릿 중의 하나를 메소드를 이용해 좀 더 깔끔한 방식으로 작성한다.
- 그리기와 관련된 기법을 좀 더 소개한다.
- init 메소드를 소개한다. 이것은 paint와 유사한 애플릿 메소드 중의 하나인데 사용 목적은 서로 다르다.

Graphics 클래스

Graphics 클래스의 객체는 화면의 한 영역을 표현하지만 그 이상의 기능을 가지고 있다. Graphics 객체는 자신이 표현하는 화면 영역에 그림을 그리고 문자를 출력하는 메소드를 포함하고 있다. 그림 5.8에 이러한 메소드 일부에 대한 요약을 수록하였다. 이들 메소드 대부분을 이미 앞 장의 애플릿 예제에서 본 적이 있을 것이다. 그러나 요약이 너무 짧아 적어도 다음 두 가지의 의문 사항을 가지게 된다.

- Graphics 객체는 화면의 영역을 어떻게 표현하는가?
- 애플릿의 paint 메소드에 사용되는 매개변수(앞의 애플릿 예제에서 보통 canvas로 지칭한 매개변수)에 어떤 Graphics 객체가 전달되는가?

Graphics 객체는 자신이 표시하는 화면의 영역을 지정하는 인스턴스 변수를 가지고 있다. 지금까지의 예제에서 Graphics 객체는 항상 애플릿 내부에 해당하는 영역을 표시했다. 세부적인 사항은 몰라도 되고, Graphics 객체가 어떻게든 애플릿 내부 영역을 표시한다는 것만 알면 된다.

그래도 여전히 의문은 남는다. 애플릿을 위한 이 Graphics 객체는 어디서 생성된 것인가? 답은 애플릿이 실행될 때 적절한 Graphics 객체가 자동으로 생성되고, paint 메소드가 (자동으로) 호출될 때 이 객체가 인자로 사용된다는 것이다. 자동으로 이루어지는 것이 상당히 많은데, 그렇지 않으면 일일이 프로그래머가 애플릿을 작성할 때마다 Graphics 객체를 생성하고 paint 메소드를 호출하는 문장을 작성해야 한다. 프로그래머 대신에 애플릿 라이브러리에 있는 코드가 이 일을 자동으로 수행하는 것이다. 이 라이브러리 코드를 자신의 애플릿 정의에 어떻게 추가할 수 있을까? 바로 'extends

Graphics_Object.drawOval(*X*, *Y*, *Width*, *Height*) 점 (*X*, *Y*)에 지정된 너비(Width)와 높이(Height)를 가진 타원의 윤곽선을 그린다.
Graphics_Object.fillOval(*X*, *Y*, *Width*, *Height*) drawOval과 같으나 타원의 내부가 채워진다.
Graphics_Object.drawArc(*X*, *Y*, *Width*, *Height*, *Start_Angle*, *ArcAngle*) 타원의 일부분인 호를 그린다. 상세한 내용은 1장의 그래픽 보조자료를 참조하라.
Graphics_Object.fillArc(*X*, *Y*, *Width*, *Height*, *Start_Angle*, *ArcAngle*) drawArc와 같으나 타원의 보이는 부분이 채워진다.
Graphics_Object.drawRect(*X*, *Y*, *Width*, *Height*) 점 (*X*, *Y*)에 지정된 너비(Width)와 높이(Height)를 가진 직사각형의 윤곽선을 그린다.
Graphics_Object.fillRect(*X*, *Y*, *Width*, *Height*) drawRect와 같으나 직사각형의 내부가 채워진다.
Graphics_Object.drawLine(*X1*, *Y1*, *X2*, *Y2*) 점 (*X1*, *Y1*)과 (*X2*, *Y2*)를 연결하는 선을 그린다.
Graphics_Object.drawString(*A_String*, *X*, *Y*) (*X*, *Y*) 지점에 지정한 문자열을 출력한다.
Graphics_Object.setColor(*Color_Object*) 이후의 그림과 문자에 사용될 색을 설정한다. 다시 setColor를 호출하여 변경할 때까지 설정이 그대로 유지된다.

그림 5.8 Graphics 클래스의 메소드

JApplet'이라는 단어가 이 작업을 수행하는데, 이에 대해서는 '상속성(inheritance)'을 설명하는 8장에서 자세히 다룰 것이다.

> **요점 정리 Graphics 클래스**
>
> Graphics 클래스의 객체는 화면의 한 영역을 표시하며, 그 영역에 그림을 그리고 문자를 출력할 수 있는 메소드를 가진다. 애플릿의 paint 메소드가 Graphics형의 매개변수를 사용한다. 애플릿을 실행하면 애플릿의 내부 영역을 표시하는 Graphics 객체가 자동으로 생성되고, 다시 자동으로 호출되는 paint 메소드에 인자로 전달된다.

자습문제 SELF-TEST QUESTIONS

33 3장의 Listing 3.5에 있는 paint 메소드에서 사용한 canvas라는 이름 대신에 g로 바꾸어 보자. 이렇게 수정하면 Listing 3.5의 애플릿에 어떤 일이 발생하는가?

34 Listing 2.9나 Listing 3.5에서 보았던 애플릿은 paint 메소드의 정의를 포함하고 있

지만 이 paint 메소드는 아무 데서도 호출하지 않는다. 메소드가 호출되지 않으면 실제 아무런 작업이 이루어지지 않는 것이 맞다. 그런데 왜 이 paint 메소드는 애플릿에서 실제로 그림을 그릴 수 있는가?

프로그래밍 예제 보조 메소드를 이용한 여러 개의 얼굴

Listing 5.23의 프로그램은 Listing 4.9의 애플릿을 개정한 것이다. 이 새로운 버전에서는 입과 피부색을 제외한 그리기 부분을 따로 뽑아내어 drawFaceSansMouth라는 메소드 내부로 옮겼다. Listing 4.9의 애플릿 예제에서는 이 코드 부분이 for 루프 내부에서 한 번, for 루프 다음에 두 번 해서, 모두 세 번 반복되었다. Listing 5.23에서 이 코드는 drawFaceSansMouth 메소드 내부에 한 번만 나타난다. 이렇게 하면 일단 타이핑의 양이 줄어드는 장점이 있는데, 더 중요한 점은 코드를 이해하고 유지 보수하기가 쉬워진다는 것이다. drawFaceSansMouth 메소드는 입과 피부색을 제외한 복잡한 그리기 작업을 한데 묶어 두었다. 얼굴을 그리고 싶을 때 일일이 여러 줄의 코드를 작성하는 대신 drawFaceSansMouth 메소드를 한 번 호출하면 된다. 다음과 같이 한 줄로 써 놓으면,

```
drawFaceSansMouth(canvas, i);
```

다음 코드를 다 써 놓은 것보다 훨씬 이해하기가 쉽다.

```
g.setColor(Color.BLACK);
g.drawOval(X_FACE0 + 50 * i, Y_FACE0 + 30 * i,
           FACE_DIAMETER, FACE_DIAMETER);
// 눈을 그린다.
g.setColor(Color.BLUE);
g.fillOval(X_RIGHT_EYE0 + 50 * i, Y_RIGHT_EYE0 + 30 * i,
           EYE_WIDTH, EYE_HEIGHT);
g.fillOval(X_LEFT_EYE0 + 50 * i, Y_LEFT_EYE0 + 30 * i,
           EYE_WIDTH, EYE_HEIGHT);
// 코를 그린다.
g.setColor(Color.BLACK);
g.fillOval(X_NOSE0 + 50 * i, Y_NOSE0 + 30 * i,
           NOSE_DIAMETER, NOSE_DIAMETER);
```

Listing 5.23 반복되는 부분 작업을 메소드로 구현하기

```
import javax.swing.JApplet;
import java.awt.Graphics;
import java.awt.Color;
```

(계속됨)

Listing 5.23 반복되는 부분 작업을 메소드로 구현하기

```
public class MultipleFaces extends JApplet
{
    public static final int FACE_DIAMETER = 50;
    public static final int X_FACE0 = 10;
    public static final int Y_FACE0 = 5;

    public static final int EYE_WIDTH = 5;
    public static final int EYE_HEIGHT = 10;
    public static final int X_RIGHT_EYE0 = 20;
    public static final int Y_RIGHT_EYE0 = 15;
    public static final int X_LEFT_EYE0 = 45;
    public static final int Y_LEFT_EYE0 = Y_RIGHT_EYE0;

    public static final int NOSE_DIAMETER = 5;
    public static final int X_NOSE0 = 32;
    public static final int Y_NOSE0 = 25;

    public static final int MOUTH_WIDTH = 30;
    public static final int MOUTH_HEIGHT0 = 0;
    public static final int X_MOUTH0 = 20;
    public static final int Y_MOUTH0 = 35;
    public static final int MOUTH_START_ANGLE = 180;
    public static final int MOUTH_EXTENT_ANGLE = 180;
    /**
    g는 그리기 영역이다. pos는 얼굴의 위치를 나타낸다.
    pos가 증가할수록 얼굴의 위치는 아래쪽과 오른쪽 방향으로 이동한다.
    */
    private void drawFaceSansMouth(Graphics g, int pos)
    {
        g.setColor(Color.BLACK);
        g.drawOval(X_FACE0 + 50 * pos, Y_FACE0 + 30 * pos,
                   FACE_DIAMETER, FACE_DIAMETER);
        // 눈을 그린다.
        g.setColor(Color.BLUE);
        g.fillOval(X_RIGHT_EYE0 + 50 * pos, Y_RIGHT_EYE0 + 30 * pos,
                   EYE_WIDTH, EYE_HEIGHT);
        g.fillOval(X_LEFT_EYE0 + 50 * pos, Y_LEFT_EYE0 + 30 * pos,
                   EYE_WIDTH, EYE_HEIGHT);
        // 코를 그린다.
        g.setColor(Color.BLACK);
        g.fillOval(X_NOSE0 + 50 * pos, Y_NOSE0 + 30 * pos,
                   NOSE_DIAMETER, NOSE_DIAMETER);
    }
    public void paint(Graphics canvas)
    {
        int i;
        for (i = 0; i < 5; i++)
        { // 얼굴을 하나씩 그린다.
```

(계속됨)

Listing 5.23 반복되는 부분 작업을 메소드로 구현하기

```
            if (i % 2 == 0)  // i가 짝수이면
            { // 얼굴을 노란색으로 칠한다.
                canvas.setColor(Color.YELLOW);
                canvas.fillOval(X_FACE0 + 50 * i, Y_FACE0 + 30 * i,
                                FACE_DIAMETER, FACE_DIAMETER);
            }
            drawFaceSansMouth(canvas, i);
            // 입을 그린다.
            canvas.setColor(Color.RED);
            canvas.drawArc(X_MOUTH0 + 50 * i, Y_MOUTH0 + 30 * i,
                        MOUTH_WIDTH, MOUTH_HEIGHT0 + 3 * i,
                        MOUTH_START_ANGLE, MOUTH_EXTENT_ANGLE);
            }
            // i == 5
            // 키스하는 얼굴을 그린다.
            drawFaceSansMouth(canvas, i);
            // 키스 모양의 입을 그린다.
            canvas.setColor(Color.RED);
            canvas.fillOval(X_MOUTH0 + 50 * i + 10, Y_MOUTH0 + 30 * i,
                        MOUTH_WIDTH - 20, MOUTH_WIDTH - 20);
            // 문자를 추가한다.
            canvas.setColor(Color.BLACK);
            canvas.drawString("Kiss, Kiss.",
                X_FACE0 + 50 * i + FACE_DIAMETER, Y_FACE0 + 30 * i);
            // 붉어진 얼굴을 그린다.
            i++;
            // 둥근 얼굴을 그린다.
            canvas.setColor(Color.PINK);
            canvas.fillOval(X_FACE0 + 50 * i, Y_FACE0 + 30 * i,
                            FACE_DIAMETER, FACE_DIAMETER);
            drawFaceSansMouth(canvas, i);
            // 입을 그린다.
            canvas.setColor(Color.RED);
            canvas.drawArc(X_MOUTH0 + 50 * i, Y_MOUTH0 + 30 * i,
                        MOUTH_WIDTH, MOUTH_HEIGHT0 + 3 * (i - 2),
                        MOUTH_START_ANGLE, MOUTH_EXTENT_ANGLE);
            // 문자를 추가한다.
            canvas.setColor(Color.BLACK);
            canvas.drawString("Tee Hee.",
               X_FACE0 + 50 * i + FACE_DIAMETER, Y_FACE0 + 30 * i);
        }
}
```

애플릿 출력

생성된 그림은 얼굴을 그리는 데 사용된 색깔 일부를 제외하고 Listing 4.9의 결과와 똑같다.

물론 보조 메소드를 어떻게 설계하고 작성할지에 대해서는 스스로 이해할 필요가 있지만, 적어도 Listing 4.9에서와 같이 같은 코드를 세 번 반복해서 작성하지는 않아도 된다.

drawFaceSansMouth 메소드는 paint 메소드의 보조 메소드일 뿐이므로 private로 선언한 점을 주목하기 바란다.

자습문제 SELF-TEST QUESTIONS

35 Listing 5.23의 drawFaceSansMouth 메소드에 색깔을 지정하는 매개변수를 하나 추가하여 그에 따라 피부색을 다르게 칠하도록 메소드를 다시 작성하라.

init 메소드

지금까지 애플릿을 정의할 때마다 paint 메소드를 항상 정의했다. 애플릿을 작성할 때 init라는 이름의 메소드도 항상 정의할 수 있다. paint 메소드와 마찬가지로 init 메소드도 애플릿 실행 시 자동으로 호출된다. 어떤 의미에서는 paint 메소드보다 init 메소드가 더 필수 요소다. paint 메소드는 그림을 그릴 경우, 즉 Graphics 클래스의 메소드를 호출할 필요가 있을 때만 사용된다. 애플릿의 시작을 비롯해 애플릿이 실행하는 다른 모든 작업은 init 메소드 내에 정의된다. init 메소드는 일반 애플리케이션에서 main 메소드가 하는 것과 같은 역할을 애플릿에 대해 수행한다. 일반적으로는 애플릿 클래스를 정의할 때마다 init 메소드를 정의해야 한다. 다음 절에서는 init 메소드를 포함하는 애플릿 예제를 소개할 것이다.

아직까지 그런 예제를 보여 주진 않았지만 애플릿 클래스가 init 메소드와 paint 메소드를 모두 포함할 수도 있다. 또한 Listing 5.23의 drawFaceSansMouth 메소드와 같은 다른 메소드도 포함할 수 있다. 그러나 init과 paint 메소드는 애플릿이 실행될 때 자동으로 호출되므로 매우 특별하다.

FAQ paint와 init 메소드 간의 차이점은 무엇인가?

paint와 init 메소드는 둘 다 애플릿이 실행될 때 자동으로 호출되지만, 두 메소드 내에서는 각각 다른 작업을 할 수 있다. 그림을 그리거나 drawString을 호출해 문자를 출력하기 위해서는 paint 메소드를 사용한다. 반면 애플릿에 레이블이나 버튼과 같은 요소를 추가하기 위해서는 init 메소드를 사용한다. 하나의 애플릿은 paint 메소드 또는 init 메소드만, 또는 두 메소드를 모두 가질 수 있다. 매우 드문 경우이긴 하지만 애플릿 내에 두 메소드를 모두 작성하지 않아도 된다. 그러나 두 메소드 가운데 최소한 하나라도 포함해야 애플릿이 어느 정도의 작업을 수행할 수 있다.

애플릿에 레이블 추가하기

애플릿 내의 **레이블**(label)은 단순한 문자열과 거의 차이가 없지만 버튼(button)과 같은 다른 애플릿 컴포넌트와 동일한 방법으로 취급된다. 레이블은 애플릿에 문자를 추가하는 다른 종류의 방식이다. 애플릿에 레이블을 추가할 수 있게 되면, 같은 방식으로 레이블 외의 요소들을 추가할 수 있다.

Listing 5.24는 문자열 `Hello out there!`를 출력하는 애플릿 프로그램인데, 이 애플릿은 문자열 출력에 `drawString` 메소드를 사용하지 않고 레이블을 사용한다. 레이블과 같은 컴포넌트를 애플릿에 추가할 때는 `paint` 메소드를 사용하지 않고 `init` 메소드를 사용한다. 이번 절에서는 레이블만 추가하지만 다음 장에서는 애플릿에 버튼을 추가하게 될 것이다.

Listing 5.24의 코드를 자세히 들여다보기 전에 이 애플릿에서 사용된 간단하지만 새로운 두어 가지 요소를 먼저 살펴보자. 먼저 다음 문장에 주목하라.

```
Container contentPane = getContentPane();
```

`getContentPane`이라는 메소드는 애플릿의 **내용 창**(content pane)을 반환한다. 내용 창이란 애플릿의 내부라 생각하면 된다. 애플릿에 어떤 컴포넌트를 추가하는 것은 바로 내용 창에 그것을 부착하는 것이다. 내용 창은 자바 클래스 라이브러리에 정의되어 있는 `Container` 클래스의 객체다. `Container` 클래스를 사용하는 주 용도는 애플릿의 내용 창에 붙여 줄 이름의 변수를 선언하는 것이다.

`contentPane`은 `Container`형의 변수이다. 원한다면 `contentPane`이란 이름 대신 키워드 아닌 다른 어떤 이름이라도 사용할 수 있다. `getContentPane` 메소드는 애플릿의 내용 창을 가져다준다. 내용 창에 변수를 이용한 이름을 붙여 줌으로써 애플릿의 내용 창에 뭔가를 작업하려고 할 때마다 일일이 `getContentPane` 메소드를 호출하지 않아도 된다.

예를 들어 Listing 5.24에서 내용 창을 흰색으로 설정하는 다음 문장을 보자.

```
contentPane.setBackground(Color.WHITE);
```

애플릿의 내용 창은 나중에 살펴볼 다른 컴포넌트들과 마찬가지로 `setBackground`라는 메소드를 호출하여 색을 지정해 줄 수 있다. 이 메소드를 호출하지 않으면 내용 창이나 기타 컴포넌트들은 미리 정해진 기본색으로 설정된다.

Listing 5.24 애플릿에 레이블 추가하기

```
import javax.swing.JApplet;
import javax.swing.JLabel;
import java.awt.Color;
import java.awt.Container;
import java.awt.FlowLayout;

/**
문자를 출력하기 위해 레이블을 사용하는 애플릿
*/
public class LabelDemo extends JApplet
{
    public void init()
    {
        Container contentPane = getContentPane();
        contentPane.setBackground(Color.WHITE);
        // 레이블 생성
        JLabel label1 = new JLabel("Hello ");
        JLabel label2 = new JLabel("out there!");
        // 레이블 부착
        contentPane.setLayout(new FlowLayout());
        contentPane.add(label1);
        contentPane.add(label2);
    }
}
```

애플릿 출력

요점 정리 setBackground 메소드

이 메소드는 애플릿의 내용 창 및 나중에 다룰 대부분의 컴포넌트의 색을 설정한다.

문법

```
Container Content_Pane = getContentPane();
Content_Pane.setBackground(Color_Object);
```

(계속됨)

예제

```
Container contentPaneOfApplet = getContentPane();
contentPaneOfApplet.setBackground(Color.PINK);
```

Listing 5.24에서는 두 개의 레이블을 애플릿에 추가하였다. 하나의 레이블에 모든 문자를 다 넣어도 동일한 결과를 얻겠지만, 애플릿에 하나 이상의 컴포넌트를 추가하는 예를 보이기 위한 것이다. 일반적으로 애플릿에는 여러 개의 컴포넌트가 사용된다. 이때 이들 컴포넌트를 어떤 방식으로 배치할 것인지 결정할 필요가 있다. Listing 5.24에서는 다음과 같은 방식을 사용하였다.

```
contentPane.setLayout(new FlowLayout());
```

이 문장은 컴포넌트가 contentPane에 부착된 순서에 따라 왼쪽에서 오른쪽으로 배치되도록 설정한다. 세부적인 사항은 나중에 자세히 설명하겠지만, 지금은 일단 이 배치 결과로 출력 그림에서 보는 바와 같이 두 개의 레이블이 나란히 나타나게 된다는 것만 알아 두자.

레이블을 생성하고 애플릿의 내용 창에 부착하는 것은 두 단계의 과정을 거친다. 먼저 Listing 5.24에 있는 다음 문장과 같이 `JLabel` 클래스의 객체로서 레이블을 생성한다.

```
JLabel label1 = new JLabel("Hello ");
```

다음은 add 메소드를 호출하여 레이블을 애플릿의 내용 창에 추가한다.

```
contentPane.add(label1);
```

FAQ 왜 번거로운 레이블을 사용하는가? 그냥 drawString만 사용하면 되지 않을까?

애플릿에서 레이블을 사용하는 것은 단순히 `paint` 메소드에서 drawString을 호출하여 문자를 출력하는 것과 결과는 같은데 훨씬 더 복잡한 일을 해야 하는 것 같다. 지금까지 한 것으로 봐서는 맞는 말이다. 그러나 곧 레이블을 이용할 때 뭔가 특별한 다른 일을 할 수 있게 됨을 알게 될 것이다. 게다가 레이블을 추가하는 방법을 배웠기 때문에 똑같은 방식으로 버튼과 같은 다른 종류의 컴포넌트를 애플릿에 추가할 수 있게 되었다. 다음 장의 그래픽 보조자료에서 바로 그 효과를 경험하게 될 것이다.

요점 정리 애플릿에 레이블 추가하기

애플릿의 내용 창에 레이블을 추가하려면 init 메소드 내에서 해당 메소드를 호출한다.

문법

```
Container Content_Pane = getContentPane();
JLabel Label_Name = new JLabel(A_String);
Content_Pane.setLayout(new FlowLayout());
Content_Pane.add(Label_Name);
```

예제

Listing 5.24 참조

자습문제 SELF-TEST QUESTIONS

36 Listing 5.24에서 init 메소드에 있는 contentPane 식별자를 inside라는 이름으로 바꾸면 어떻게 될까?

37 Listing 5.24에서 다음 문장을

```
contentPane.add(label1);
```

다음 문장으로 바꾸는 것은 형태의 차이 외에 어떤 효과를 나타내는가?

```
getContentPane().add(label1);
```

요약 SUMMARY

- 클래스는 값을 저장하기 위한 인스턴스 변수와 동작을 수행하기 위한 메소드를 가진다.
- 클래스, 인스턴스 변수, 메소드는 각각 공용(public)이나 전용(private)으로 선언할 수 있다. 공용으로 선언하면 어디서든 접근할 수 있고 사용할 수 있다. 전용 인스턴스 변수는 클래스 정의의 외부에서는 그 이름을 직접 사용해 접근할 수 없다. 그러나 같은 클래스에 속한 메소드 내부에서는 사용할 수 있다. 전용 메소드는 그것이 속한 클래스 외부에서는 호출할 수 없지만 같은 클래스에 속한 다른 메소드 내부에서는 호출할 수 있다.
- 인스턴스 변수는 private로 선언되어야 한다. 당연한 결과로, 인스턴스 변수는 같은

클래스의 메소드 정의 내부에서만 접근할 수 있을 뿐 다른 곳에서는 그 이름을 직접 사용할 수 없다.

- 접근자 메소드는 인스턴스 변수의 값을 반환한다. 설정자 메소드는 하나 이상의 인스턴스 변수의 값을 설정한다.
- 모든 메소드는 클래스에 소속되어야 하고, 자신이 속한 클래스로부터 생성된 객체에서 사용될 수 있다.
- 메소드에는 값을 반환하는 메소드와 값을 반환하지 않는 void 메소드, 두 종류가 있다.
- 메소드가 반환하는 자료형의 값이 사용되는 곳이라면 어디에서나 메소드 호출문을 사용할 수 있다.
- 단순히 어떤 작업을 수행하기 위해 void 메소드 호출문 뒤에 세미콜론을 붙여 하나의 실행문을 작성할 수 있다.
- 메소드 내부에서 사용되는 this 키워드는 그 메소드의 호출을 수신하는 객체를 나타낸다.
- 지역 변수란 메소드 정의 내부에 선언되는 변수이며 메소드 외부에서는 존재하지 않는다.
- 메소드를 호출할 때 전달하는 인자들은 메소드 헤딩에 정의한 형식 매개변수와 개수, 순서, 자료형이 일치해야 한다.
- 메소드의 형식 매개변수는 지역 변수처럼 동작한다. 각 매개변수는 메소드 호출 시 전달된 대응하는 인자의 값으로 초기화된다. 이런 식으로 매개변수를 인자와 대체하는 것을 값에 의한 호출(call-by-value) 방식이라 한다.
- 메소드의 매개변수로 기본형과 클래스형이 모두 사용될 수 있다. 두 형태의 매개변수는 다른 방식으로 동작한다. 기본형의 매개변수는 대응하는 인자의 값으로 초기화된다. 클래스형의 매개변수는 대응하는 인자 객체의 메모리 주소 또는 참조값으로 초기화된다.
- 메소드 내에서 기본형의 매개변수에 저장된 값을 바꾸어도 대응하는 인자의 값은 변하지 않는다.
- 클래스형의 매개변수는 대응하는 인자 대신 사용하는 다른 이름의 역할을 한다. 따라서 매개변수의 상태에 변화가 생기면 대응하는 인자 쪽에도 동일한 변경이 이루어진다. 그러나 매개변수가 메소드 내에서 완전히 새로운 다른 객체로 변경되면 대응하는 인자 쪽에는 아무런 영향을 미치지 않는다.

- 하나의 메소드 내에서 자신과 동일한 클래스에 속한 메소드나 다른 클래스에 속한 메소드를 호출할 수 있다.
- 블록은 지역 변수 선언을 포함하는 복합문이다.
- 캡슐화는 데이터와 동작이 하나의 항목—클래스 객체—으로 결합된다는 것을 의미하며 구현의 세부 사항은 숨겨진다. 모든 인스턴스 변수를 전용으로 만드는 것은 일종의 캡슐화 과정이다.
- 메소드의 선행조건 주석문은 메소드가 호출되기 전에 만족해야 하는 조건을 명시한다. 후행조건 주석문은 메소드가 실행된 후 참이 되는 조건을 명시한다. 즉, 후행조건은 선행조건이 만족한 상태에서 메소드 호출에 의해 나타나는 모든 결과와 영향을 설명한다. 선행조건과 후행조건은 단언문(assertion)의 일종이다.
- 유틸리티 프로그램인 `javadoc`는 특정한 양식을 따르는 주석문을 이용해 클래스에 대한 문서를 자동으로 생성한다.
- 클래스 설계 시 클래스를 표현하기 위해 UML이라는 표기법을 사용한다.
- 단위 테스트란 코드의 개별 단위들이 제대로 동작하는지 검증하기 위해 프로그래머가 일련의 테스트를 작성하고 테스트하는 방법론이다.
- 클래스의 객체에 대해서는 `=` 연산자와 `==` 연산자가 기본형의 데이터와 다른 방식으로 동작한다.
- 자신이 정의한 클래스에 대해서는 고유의 `equals` 메소드를 작성하는 것이 좋다.
- 애플릿에서 수행되는 그래픽 작업은 보통 `paint` 메소드 내에 정의한다. 그 외 대부분의 작업 코드는 `init` 메소드 내에 작성되어야 한다.
- 애플릿의 `paint` 메소드에 전달되는 매개변수는 `Graphics` 클래스형이다. 지금까지 애플릿에서 사용한 그리기 관련 메소드는 `Graphics` 클래스에 속한 것들이다.
- `setBackground` 메소드는 애플릿의 내용 창이나 앞으로 소개할 대부분의 다른 컴포넌트의 색을 설정한다.
- 애플릿의 내용 창에 레이블을 추가하려면 `init` 메소드 내에서 적절한 메소드들을 호출한다.

연습문제 EXERCISES

1 은행 계좌를 표현하는 클래스를 설계하라. 은행 계좌의 속성은 어떤 것이 있는지

생각해 보라. 은행 계좌에는 무슨 데이터가 있어야 하는가? 은행 계좌에 대해 어떤 작업이 수행될 수 있는가? 이 질문에 대한 답을 이용해 은행 계좌 클래스를 설계하여 UML 클래스 다이어그램으로 표현하라. 그리고 이 클래스의 객체에 대한 예를 두 가지 보여라.

2 은행 계좌 대신 은행 계좌 내역서에 대해 1번 문제를 반복하라. 내역서는 계좌에 대해 이루어진 입금과 출금 내역을 표시한다.

3 은행 계좌 대신 단과 대학에 대해 1번 문제를 반복하라.

4 은행 계좌 대신 여러 단과 대학이 존재하는 종합 대학에 대해 1번 문제를 반복하라.

5 사용자로부터 적절한 정숫값을 입력받아 사용하는 자바 클래스를 생각해 보라. 이 클래스의 객체는 다음과 같은 속성을 가진다.

- 입력 가능한 최솟값
- 입력 가능한 최댓값
- 입력 안내 문자열

또한 메소드는 다음과 같은 것이 있다.

- getValue는 입력 안내 문자열을 출력하고 Scanner 클래스를 이용해 값을 읽어 들인다. 입력된 값이 허용 범위를 넘어서면 오류 메시지를 출력하고 새로운 값의 입력을 요구한다. 이 작업은 적절한 값이 입력될 때까지 반복된다. 마지막으로 입력된 값을 반환한다.

a. getValue 메소드의 선행조건과 후행조건을 작성하라.
b. 클래스를 자바로 구현하라.
c. 클래스를 테스트할 수 있는 자바 코드를 작성하라.

6 한 물품의 구매 상황을 추적하는 클래스를 생각해 보라. 이 클래스의 객체는 다음과 같은 속성을 가진다.

- 구매 수량(number)
- 전체 구매 금액(total purchases)
- 전체 할인 금액(total discounts)
- 개당 가격(cost per item)
- 묶음 판매 수량(bulk quantity)
- 묶음 판매 할인율(bulk discount percentage)

또한 다음 메소드를 가진다.

- `registerPurchase(n)`은 물품 *n*개의 매상을 기록한다. *n*이 묶음 판매 수량보다 크면 개당 가격은 묶음 판매 할인 금액만큼 감소한다.
- `displayPurchase`는 구매한 수량, 전체 구매 금액, 전체 할인 금액을 출력한다.

a. 클래스를 자바로 구현하라.
b. 클래스를 테스트할 수 있는 자바 코드를 작성하라.

7 모터보트를 표현하는 `MotorBoat` 클래스를 생각해 보라. 모터보트는 다음 속성을 가진다.

- 연료 탱크 용량
- 탱크에 현재 저장된 연료의 양
- 보트의 최대 속도
- 보트의 현재 속도
- 보트에 장착된 모터의 효율
- 주행 거리

이 클래스의 메소드로 다음과 같은 것들이 가능하다.

- 보트의 속도를 변경하기
- 정해진 시간 동안 현재 속도로 보트를 조종하기
- 현재 연료량을 고려하여 급유하기
- 탱크에 현재 저장된 연료량을 알아보기
- 현재까지 주행한 거리 알아보기

보트의 효율이 e이면 s의 속도로 t 시간 동안 주행하는 데 필요한 연료량은 $e \times s^2 \times t$로 계산된다. 그 시간 동안 주행한 거리는 $s \times t$이다.

a. 각 메소드에 대한 헤딩을 작성하라.
b. 각 메소드의 선행조건과 후행조건을 작성하라.
c. 클래스를 테스트할 수 있는 자바 실행문을 몇 개 작성하라.
d. 클래스를 구현하라.

8 주소록의 한 항목을 표현하는 `CompanyAddress` 클래스를 생각해 보라. 속성은 다음과 같다.

- 회사명
- 지점명
- 회사의 이메일 주소

- 회사의 전화번호

또한 다음 동작을 수행하는 메소드를 가진다.

- 각 속성의 값을 알아본다.
- 이메일 주소를 변경한다.
- 전화번호를 변경한다.
- 두 객체의 회사명이 같으면 동일한 것으로 판정한다.

a. 각 메소드의 헤딩을 작성하라.
b. 각 메소드의 선행조건과 후행조건을 작성하라.
c. 클래스를 테스트할 수 있는 자바 실행문을 몇 개 작성하라.
d. 클래스를 구현하라.

9 영화와 같은 어떤 대상에 대해 수치로 된 평점을 표현하는 클래스 RatingScore를 생각해 보라. 속성은 다음과 같다.

- 평점을 매길 대상에 대한 서술
- 가능한 최대 평점
- 평점

메소드는 다음과 같은 동작을 수행한다.

- 사용자로부터 평점을 입력받는다.
- 가능한 최대 평점을 반환한다.
- 평점을 반환한다.
- 출력을 위해 적절한 양식으로 평점을 보여 주는 문자열을 반환한다.

a. 각 메소드의 헤딩을 작성하라.
b. 각 메소드의 선행조건과 후행조건을 작성하라.
c. 클래스를 테스트할 수 있는 자바 실행문을 몇 개 작성하라.
d. 클래스를 구현하라.

10 과학전에 출품된 작품 평가를 보조할 ScienceFairProjectRating 클래스를 생각해 보라. 이 클래스는 앞 문제의 RatingScore 클래스를 사용한다. 새 클래스의 속성은 다음과 같다.

- 작품명
- 각 작품을 구분하는 데 사용할 식별 문자열
- 출품자 이름
- 창조성에 대한 평점(최대 30)

- 과학적 사고력에 대한 평점(최대 30)
- 완성도에 대한 평점(최대 15)
- 기술 수준에 대한 평점(최대 15)
- 우수성에 대한 평점(최대 10)

메소드는 다음과 같은 동작을 수행한다.

- 심사위원의 수를 입력받는다.
- 한 작품에 대한 모든 평점을 받는다.
- 한 작품에 대한 평점 합계를 반환한다.
- 가능한 최대 평점 합계를 반환한다.
- 출력을 위해 적절한 양식으로 평점을 보여 주는 문자열을 반환한다.

a. 각 메소드의 헤딩을 작성하라.
b. 각 메소드의 선행조건과 후행조건을 작성하라.
c. 클래스를 테스트할 수 있는 자바 실행문을 몇 개 작성하라.
d. 클래스를 구현하라.

프로그래밍 과제 PROGRAMMING PROJECTS

1 다음과 같은 질문에 답하는 프로그램을 작성하라. Klingon ox의 개체수는 100이고 성장률은 15%이며 elephant의 개체수는 10이고 성장률은 35%라고 가정하자. 몇 년이 경과하면 elephant의 개체수가 Klingon ox의 개체수를 능가할 것인가? Listing 5.19의 클래스를 사용하라. 여러분의 프로그램은 사용자로부터 두 종족에 대한 데이터를 입력받고, 작은 개체수의 종족이 많은 개체수의 종족을 능가하는 데 걸리는 햇수를 화면에 출력해야 한다. 두 종족의 데이터는 임의의 순서로 입력될 수 있다. 작은 개체수의 종족이 다른 종족의 개체수를 넘어서지 못할 경우도 존재함을 명심하라. 이 경우 프로그램은 이 사실을 알려 주는 적절한 메시지를 출력해야 한다.

2 `Counter` 클래스를 정의하라. 이 클래스의 객체는 물건의 개수를 세는 데 사용될 수 있으므로 양의 정수를 저장한다. 개수를 0으로 설정하는 메소드, 1씩 증가시키는 메소드, 1씩 감소시키는 메소드 등을 포함하라. 어떤 메소드도 개수를 음수로 만들어서는 안 된다. 현재의 개수를 반환하는 접근자 메소드와 개수를 화면에 출력하는 메소드도 포함하라. 입력 메소드는 없어도 된다. 개수를 특정한 수로 설정할 수 있는 것은 개수를 0으로 설정하는 메소드뿐이다. 클래스 정의를 검사할 수

있는 프로그램을 작성하라. (힌트 : 인스턴스 변수는 하나만 있으면 된다.)

3 다음과 같은 방식으로 성적을 처리하기 위한 프로그램을 작성하라.

- 퀴즈는 두 번 실시하고 각 퀴즈는 10점 만점이다.
- 중간고사와 기말고사를 실시하고 각 시험의 만점은 100점이다.
- 기말고사 50%, 중간고사 25%, 퀴즈 2회 25%의 비율로 전체 성적의 평균을 산출한다. (각 시험의 비율에 따라 점수를 표준화해야 한다.)

프로그램은 먼저 학생들의 점수를 입력하고, 두 개의 퀴즈 점수, 두 개의 시험 점수, 합계 점수 및 학점으로 구성된 각 학생의 성적표를 출력한다. 합계 점수는 위의 조건에 따라 비율이 적용된 0～100 사이의 가중 평균 점수여야 한다.

학점은 합계 점수에 따라 90점 이상은 A, 80～89는 B, 70～79는 C, 60～69는 D, 60 미만은 F를 부여한다.

각 학생의 성적표를 위한 클래스를 정의하여 사용하라. 이 클래스에는 두 번의 퀴즈, 중간고사, 기말고사, 최종 점수, 학점을 저장하는 인스턴스 변수들이 있어야 한다. 메소드는 먼저 입력 및 출력 메소드가 있어야 한다. 입력 메소드에서 합계 점수와 학점을 직접 입력받지는 않아야 한다. 다음으로 합계 점수와 학점을 계산하는 각각의 메소드가 있어야 한다. 이들은 적절한 인스턴스 변수의 값을 설정하는 `void` 메소드가 될 것이다. 하나의 메소드가 다른 메소드를 호출할 수도 있다. 원한다면 합계 점수와 학점 계산을 하나의 메소드에서 수행하도록 작성할 수도 있으나 이 경우 보조 메소드를 사용하라. 성적 처리 프로그램은 여기서 논의된 모든 메소드를 사용해야 한다. 최종 구현되는 클래스는 프로그램에서의 사용 여부에 상관없이 합당한 접근자 및 설정자 메소드를 포함해야 하며, 필요하다면 다른 메소드를 추가해도 된다.

4 자습문제 16번의 `Person` 클래스에 다음 작업을 수행할 메소드들을 추가하라.

- `Person` 객체의 이름을 설정한다.
- `Person` 객체의 나이를 설정한다.
- 두 `Person` 객체가 같은 이름과 나이를 가지고 있는 동일한(equal) 객체인지 검사한다.
- 두 `Person` 객체가 같은 이름을 가지고 있는지 검사한다.
- 두 `Person` 객체가 같은 나이를 가지고 있는지 검사한다.
- 한 `Person` 객체가 다른 `Person` 객체보다 나이가 많은지 검사한다.
- 한 `Person` 객체가 다른 `Person` 객체보다 나이가 적은지 검사한다.

각 메소드가 동작하는지 테스트하기 위한 프로그램을 작성하라. 각 메소드에 대해 적어도 하나씩의 true 사례와 false 사례가 테스트되어야 한다.

5 한 강좌의 학점 분포를 나타내는 클래스를 작성한다. 다음 작업들을 수행할 수 있는 메소드를 작성하라.

- 학점 A, B, C, D, F를 받은 학생 수를 각각 설정한다.
- 학점 A, B, C, D, F를 받은 학생 수를 각각 입력받는다.
- 전체 학생 수(각 학점 개수의 합)를 반환한다.
- 각 학점이 전체 수에서 차지하는 비율(%)을 0 이상 100 이하의 값으로 계산하여 반환한다.
- 학점 분포를 막대그래프로 표시한다.

그래프는 각 학점에 하나씩 다섯 개의 막대로 표시될 것이다. 각 막대는 별문자(*)를 수평 방향으로 출력하는데, 전체 수에 대한 비율을 이용해 별문자의 개수를 적절하게 정한다. 예를 들어 하나의 별이 2%를 나타낸다면 100%는 50개의 별문자로 표시한다. 수평축에 0부터 100까지 10 단위로 눈금을 표시하고, 각 막대마다 해당 학점 문자를 덧붙여 출력하도록 하라. 예를 들어 A 1명, B 4명, C 6명, D 2명, F 1명으로 구성된 분포가 입력되었다고 하자. 전체 수는 14이고, 각 학점의 비율은 A 7%, B 29%, C 43%, D 14%, F 17%이다. 전체를 50개의 별문자로 표시한다고 할 때, 7%인 A는 반올림해서 4개의 별문자가 될 것이고, B 14개, C 21개, D 7개, F 4개 등으로 각각 표시할 수 있다. 최종 출력된 그래프는 다음과 같다.

```
0    10   20   30   40   50   60   70   80   90   100%
|    |    |    |    |    |    |    |    |    |    |
**************************************************
**** A
************** B
********************* C
******* D
**** F
```

6 Listing 5.13의 **Purchase** 클래스를 사용하여 다음의 가격을 설정하는 프로그램을 작성하라.

오렌지 : 10개 $2.99

달걀 : 12개 $1.69

사과 : 3개 $1.00

수박 : 개당 $4.39

베이글 : 6개 $3.50

그리고 다음의 다섯 항목에 대해 각각의 가격과 전체 구매 금액을 계산하라.

오렌지 24개
달걀 36개
사과 20개
수박 2개
베이글 12개

7 다음 질문에 답할 수 있는 프로그램을 작성하라.

Klingon ox 종족의 개체수는 100이고 증가율은 15%이며, 1,500 km^2 영역에 서식한다. 밀도가 1 km^2당 1을 초과하려면 몇 년이 걸리는가? Listing 5.19의 `Species` 클래스에 자습문제 10번에서 작성한 `getDensity`를 추가하여 사용하라.

8 행맨(hangman) 게임을 실행하는 데 필요한 클래스를 생각해 보라. 클래스는 다음과 같은 속성을 가진다.

- 문제 단어
- 가려진 단어 : 문제 단어 중 추측한 철자가 있는 곳은 알파벳으로 표시하고, 아직 밝혀지지 철자는 ?로 가린 단어. 예를 들어 문제 단어가 *abracadabra*이고 *a*, *b*, *e*를 추측한 상태라면 가려진 단어는 *ab?a?a?ab?a*가 된다.
- 추측 횟수
- 틀린 추측 수

메소드는 다음과 같은 것이 필요하다.

- `makeGuess(c)`는 문자 `c`가 문제 단어에 있는지 추측한다.
- `getDisguisedWord`는 현재까지 이루어진 추측에 따라 밝혀진 철자는 알파벳으로, 그렇지 않은 부분은 ?로 표시한 문자열을 반환한다.
- `getSecretWord`는 문제 단어를 반환한다.
- `getGuessCount`는 추측 횟수를 반환한다.
- `isFound`는 문제 단어를 맞춘 경우 `true`를, 그렇지 않으면 `false`를 반환한다.

a. 각 메소드의 헤딩을 작성하라.
b. 각 메소드의 선행조건과 후행조건을 작성하라.
c. 클래스를 테스트할 수 있는 자바 실행문을 몇 개 작성하라.
d. 클래스를 구현하라.
e. 위에 제시된 기초 설계 외에 필요한 추가 메소드나 속성을 모두 나열하라. 기초 설계를 변경할 필요가 있다면 그것도 나열하라.

f. 구현한 클래스를 이용해 행맨 게임 프로그램을 작성하라.

9 농구 경기의 상태를 표현하는 `BasketballGame` 클래스를 생각해 보라. 속성은 다음과 같다.

- 첫 번째 팀의 이름
- 두 번째 팀의 이름
- 첫 번째 팀의 점수
- 두 번째 팀의 점수
- 경기 상태 : 종료 또는 진행 중

필요한 메소드는 다음과 같다.

- 한 팀이 1점 득점한 것을 기록한다.
- 한 팀이 2점 득점한 것을 기록한다.
- 한 팀이 3점 득점한 것을 기록한다.
- 경기 상태를 종료 상태로 변경한다.
- 한 팀의 점수를 반환한다.
- 현재 이기고 있는 팀의 이름을 반환한다.

a. 각 메소드의 헤딩을 작성하라.

b. 각 메소드의 선행조건과 후행조건을 작성하라.

c. 클래스를 테스트할 수 있는 자바 실행문을 몇 개 작성하라.

d. 클래스를 구현하라.

e. 위에 제시된 기초 설계 외에 필요한 추가 메소드나 속성을 모두 나열하라. 기초 설계를 변경할 필요가 있다면 그것도 나열하라.

f. `BasketballGame` 클래스를 이용해 농구 경기의 점수를 계속해서 기록하는 프로그램을 작성하라. 득점이 일어날 때마다 그것을 입력으로 받는 반복문을 사용하라. 각 득점에 대해 어느 팀이 득점했는지, 1, 2, 3점 중 몇 점짜리인지 명시할 수 있어야 한다. 입력이 들어오면 경기의 현재 점수와 상태를 출력한다. 프로그램의 실행 예는 다음과 같다.

```
Enter a score:
a 1
Cats 1, Dogs 0; Cats are winning.
Enter a score:
a 2
Cats 3, Dogs 0; Cats are winning.
Enter a score:
b 2
Cats 3, Dogs 2; Cats are winning.
Enter a score:
b 3
Cats 3, Dogs 5; Dogs are winning.
```

10 공연 티켓의 판매량을 기록하는 ConcertPromoter 클래스를 생각해 보라. 공연 전날까지는 전화로만 티켓을 구매하고, 공연 당일에는 현장 구매만 가능하다. 클래스가 가져야 할 속성은 다음과 같다.

- 밴드의 이름
- 공연장 크기(가능한 입장객 수)
- 판매된 티켓의 수
- 전화로 판매되는 예매권의 가격
- 현장 판매되는 티켓의 가격
- 전체 판매 금액

메소드는 다음과 같다.

- 하나 이상의 티켓 판매를 기록한다.
- 전화 판매에서 현장 판매로 변경한다.
- 판매된 총티켓의 수를 반환한다.
- 남아 있는 티켓의 수를 반환한다.
- 공연 티켓의 전체 판매 금액을 반환한다.

a. 각 메소드의 헤딩을 작성하라.

b. 각 메소드의 선행조건과 후행조건을 작성하라.

c. 클래스를 테스트할 수 있는 자바 실행문을 몇 개 작성하라.

d. 클래스를 구현하라.

e. 위에 제시된 기초 설계 외에 필요한 추가 메소드나 속성을 모두 나열하라. 기초

설계를 변경할 필요가 있다면 그것도 나열하라.

f. 작성한 ConcertPromoter 클래스를 사용하여 다음 작업을 수행하는 프로그램을 작성하라. 먼저 전화로 판매되는 티켓을 차례로 기록하고, 다음은 현장에서 판매되는 티켓을 기록한다. 티켓이 판매될 때마다 남아 있는 티켓 수가 출력되어야 한다. 프로그램이 종료할 때 팔린 티켓의 수와 전체 판매 금액을 출력한다.

11 5.2절에서 설명한 정보 은닉과 캡슐화 원칙에 따라 Listing 5.1의 Dog 클래스를 다시 작성하라. 새로운 버전에서는 접근자와 설정자 메소드가 포함되어야 한다. 또한 두 객체에 대해 개의 이름, 나이, 품종이 같으면 true를 반환하는 equals 메소드를 정의하라. 새로 작성한 Dog 클래스가 제대로 동작하는지 테스트하기 위한 main 메소드도 작성하라.

12 한 영화에 대한 정보를 저장하는 Movie 클래스를 생각해 보라. 속성은 다음과 같다.

- 영화의 제목
- 관람 등급(예 : 전체 관람가, 12세 이상 관람가, 15세 이상 관람가, 청소년 관람 불가, 제한상영가)
- 평점 1을 부여한 관객 수(최악)
- 평점 2를 부여한 관객 수(별로다)
- 평점 3을 부여한 관객 수(그저 그렇다)
- 평점 4를 부여한 관객 수(좋다)
- 평점 5를 부여한 관객 수(강력 추천)

영화 제목과 관람 등급에 대한 접근자와 설정자 메소드를 가지는 클래스를 구현하라. 매개변수로 정수를 하나 받아 평점을 기록하는 addRating 메소드를 작성하라. 이 메소드 내부에서는 먼저 전달된 매개변수의 값이 1에서 5 사이의 정당한 값인지 확인하고, 각 평점의 관객 수를 기록하는 인스턴스 변수의 값을 하나 증가시켜야 한다. 예를 들어 매개변수의 값이 3이면, 평점 3을 부여한 관객 수가 하나 증가해야 한다. 전체 평점에 대해 평균을 계산하여 반환하는 getAverage 메소드도 작성하라. 클래스를 테스트하기 위해 적어도 두 개의 영화 객체를 생성하고, 한 영화당 최소 5개의 평점을 받은 다음, 각 영화에 대해 제목과 관람 등급, 평점 평균을 출력하는 main 메소드를 작성하라.

13 4장의 프로그래밍 과제 18번에서 원을 출력하는 부분을 별도 메소드로 만들고 프로그램을 재작성하라.

14 다음과 같은 그림을 출력하는 애플릿 또는 응용 프로그램을 작성하라. 원숭이의 얼굴과 손을 그리는 메소드를 별도로 작성해야 한다.

자습문제 해답 ANSWERS to SELF-TEST QUESTIONS

1
```
SpeciesFirstTry speciesOfTheYear = new SpeciesFirstTry();
System.out.println("Enter data for Species of the Year:");
speciesOfTheYear.readInput();
```

2
```
dilbert.readInput();
```

3
```
import java.util.Scanner;
public class SpeciesFirstTry
{
    public String name;
    public int number;
    public int population;
    public double growthRate;
    public void readInput()
    {
        Scanner keyboard = new Scanner(System.in);
        System.out.println("What is the species name?");
        name = keyboard.nextLine();
        System.out.println("What is the species number?");
        number = keyboard.nextInt();
        System.out.println("What is the population of the species?");
        population = keyboard.nextInt();
        System.out.println("Enter growth rate (% increase per year):");
        growthRate = keyboard.nextDouble();
    }
    public void writeOutput()
    {
        System.out.println("Name = " + name);
        System.out.println("Number = " + number);
        System.out.println("Population = " + population);
        System.out.println("Growth rate = " + growthRate + "%");
    }
    public int getPopulationIn10()
    〈이 메소드는 변경하지 않는다.〉
}
```

4
```
public int getFemalePopulation()
{
    return population / 2 + population % 2;
}
public int getMalePopulation()
{
    return population / 2;
}
```

5
```
public void writeOutput()
{
    System.out.println("Name = " + this.name);
    System.out.println("Population = " + this.population);
    System.out.println("Growth rate = " + this.growthRate + "%");
}
```

6
```
public void readInput()
{
    Scanner keyboard = new Scanner(System.in);
    System.out.println("What is the species name?");
    this.name = keyboard.nextLine();
    System.out.println("What is the population of the species?");
    this.population = keyboard.nextInt();
    System.out.println("Enter growth rate (% increase per year):");
    this.growthRate = keyboard.nextDouble();
}
```

7
```
public int getPopulationIn10()
{
    int result = 0;
    double populationAmount = this.population;
    int count = 10;
    while ((count > 0) && (populationAmount > 0))
    {
       populationAmount = (populationAmount +
             (this.growthRate / 100) * populationAmount);
       count--;
    }
    if (populationAmount > 0)
        result = (int)populationAmount;
    return result;
}
```

8 (int)라는 표현은 형 변환을 의미한다. 메소드 헤딩을 보면 반환형이 int로 선언되어 있는데, populationAmount는 double형이기 때문에 이것을 int형으로 변환하기 위해서 필요하다.

9 이 책에서는 '매개변수'와 '형식 매개변수'는 동일한 의미로 사용된다.

10
```
public double getDensity(double area)
```

```
{
    return population / area;
}
```

11
```
public void changePopulation(double area)
{
    population = (int)(2 * area);
}
```

12
```
public void changePopulation(double area, int numberPerKMeter)
{
    population = (int)(numberPerKMeter * area);
}
```

13 대체 코드는 사용할 수 없다. 인스턴스 변수들이 private로 선언되어 있어 SpeciesFourthTry 클래스 내부에 있는 메소드 외에는 이 변수들을 접근할 수 없기 때문이다.

14
```
/**
선행조건 : 객체의 개체수와 증가율의 값이 주어져야 한다.
후행조건 : 객체의 개체수가 1년간의 변화를 반영하여 변경되었다.
다른 데이터의 값은 변경되지 않는다.
*/
```

15 접근자 메소드는 전용 인스턴스 변수의 값을 반환하는 공용 메소드이며, 보통 get으로 시작하는 이름을 가진다. 설정자 메소드는 하나 이상의 전용 인스턴스 변수의 값을 변경하는 공용 메소드이며, 보통 set으로 시작하는 이름을 가진다.

16
```
import java.util.Scanner;
public class Person
{
    private String name;
    private int age;
    public void setName(String newName)
    {
        name = newName;
    }
   public void setAge(int newAge)
   {
          if (newAge >= 0)
              age = newAge;
          else
          {
                System.out.println("ERROR: Age is negative.");
                System.exit(0);
          }
   }
   public void setPerson(String newName, int newAge)
   {
```

```
            setName(newName);
            setAge(newAge)
    }
    public String getName()
    {
            return name;
    }
    public int getAge()
    {
            return age;
    }
}
```

17 그렇다. Listing 5.15가 그 예가 된다.

18 전혀 아무런 변화가 없다. 이 프로그램에서 두 문장은 완전히 똑같은 기능을 한다.

19 잘 캡슐화된 클래스 정의는 클래스 인터페이스와 구현이 논리적으로 잘 분리되어 있는 것이다. 클래스를 이용하는 프로그래머가 클래스 인터페이스로 주어진 정보만 활용하고 내부 구현에 대해서는 알 필요가 없도록 해야 한다.

20 인스턴스 변수는 항상 전용이어야 한다.

21 어떤 메소드가 다른 메소드의 정의 내에서만 사용되는 보조 메소드일 때 전용이어야 한다.

22 없다. 그것은 구현의 일부이다.

23 없다. 그것은 구현의 일부이다.

24 참조형이란 그 형의 변수가 데이터값이 아니라 참조, 즉 메모리 주소를 저장하는 경우를 말한다. 클래스형은 참조형이다. 그러나 모든 참조형이 클래스형인 것은 아니며 그 예는 나중에 보게 될 것이다. 기본형은 참조형이 아니다.

25 보통 두 객체의 상태 또는 내부가 서로 같은지 알아보기 위해서 equals 메소드를 사용한다. == 연산자를 사용하는 유일한 경우는 비교하는 객체들이 메모리에서 같은 위치에 저장되어 있는지, 즉 완전히 같은 하나의 객체인지 알아보고자 할 때이다.

26 int와 같은 기본형 데이터의 값이 같은가 비교할 때 == 연산자를 사용한다. 기본형 데이터에 대해서는 equals 메소드가 없다.

27
```
/**
선행조건 : 현재 객체와 인자인 otherSpecies 객체에 모두 증가율 값이 지정되어 있어야 한다. 현재
```

```
객체의 증가율이 otherSpecies 객체의 증가율보다 크면 true, 아니면 false를 반환한다.
*/
```

28 변수 s1과 s2는 Species형의 객체를 가리키는데 이 프로그램은 이들이 가리킬 실제 객체를 전혀 생성하지 않는다. s1과 s2는 그저 이름일 뿐 가리킬 실체가 없다. 이 프로그램은 다음과 같이 수정해야 한다.

```
public class SpeciesEqualsDemo
{
    public static void main(String[] args)
    {
        Species s1 = new Species(), s2 = new Species();
        <코드의 나머지 부분은 문제 없음>
```

29 Do Not match with ==

30 가장 큰 차이점은 서로 다른 형의 매개변수에 대응하는 인자 전달 방식이다. 기본형의 매개변수가 사용된 경우 메소드에서는 그에 전달된 인자의 값을 변경할 수 없다. 또한 클래스형의 매개변수인 경우 메소드에서 인자가 가리키는 객체를 변경할 수 없다. 그러나 클래스형의 매개변수인 경우 메소드에서 인자가 가리키는 객체의 인스턴스 변수의 값을 변경할 수는 있다.

31
```
Name = Klingon ox
Population = 10
Growth rate = 15.0%
n = 0
```

32 Person에 대한 equals 정의는 두 가지 정도가 가능하다. 첫 번째는 나이에 상관없이 이름이 같을 경우 두 Person 객체가 같다고 정의할 수 있다. 두 번째는 이름과 나이가 모두 같은 경우 두 객체가 같다고 정의할 수 있다. 이 코드에서 this는 생략해도 무방하다.

33 아무런 변화가 없다. 애플릿의 동작도 이전과 같다. canvas는 단지 하나의 이름일 뿐이므로 키워드만 아니라면 어떤 이름을 식별자로 사용해도 상관없다.

34 paint 메소드는 애플릿이 실행될 때 자동으로 호출된다.

35
```
private void drawFaceSansMouth(Graphics g,int pos, Color skinColor)
{
    g.setColor(skinColor);
    g.fillOval(X_FACE0 + 50 * pos, Y_FACE0 + 30 * pos,
                               FACE_DIAMETER, FACE_DIAMETER);
    g.setColor(Color.BLACK);
    g.drawOval(X_FACE0 + 50 * pos, Y_FACE0 + 30 * pos,
               FACE_DIAMETER, FACE_DIAMETER);
```

```
    // 눈을 그린다.
    g.setColor(Color.BLUE);
    g.fillOval(X_RIGHT_EYE0 + 50 * pos, Y_RIGHT_EYE0 + 30 * pos,
             EYE_WIDTH, EYE_HEIGHT);
    g.fillOval(X_LEFT_EYE0 + 50 * pos, Y_LEFT_EYE0 + 30 * pos,
             EYE_WIDTH, EYE_HEIGHT);
    // 코를 그린다.
    g.setColor(Color.BLACK);
    g.fillOval(X_NOSE0 + 50 * pos, Y_NOSE0 + 30 * pos,
             NOSE_DIAMETER, NOSE_DIAMETER);
}
```

36 아무런 변화가 없다. 다만 init 메소드 내에 사용된 모든 contentPane을 inside로 바꿔 주어야 함을 명심하라.

37 아무런 변화가 없다.

06 객체와 메소드

이 장에서는 클래스 및 클래스의 메소드를 정의하고 사용하는 방법에 대해 좀 더 자세히 살펴볼 것이다. 먼저 새로운 객체를 생성하는 데 사용되는 메소드인 생성자(constructor)를 소개한다. 생성자가 무엇인가 하겠지만, 사실 **new**를 호출했을 때 이미 생성자를 사용한 것이다. 자바가 기본 생성자를 제공하기 때문인데, 여기서는 자신의 생성자를 어떻게 정의하는지 배우게 될 것이다.

두 번째로 정적(static) 메소드를 살펴볼 것이다. 바로 `main`이 정적 메소드인데, 이번 장을 공부하고 나면 그 특성을 좀 더 잘 이해하게 될 것이다. 더 나아가 자신만의 다른 정적 메소드를 작성하여 객체 이름이 아닌 클래스 이름을 이용해 메소드를 호출하는 기법을 배우게 된다.

다음은 같은 클래스 내부에서 두 개 이상의 메소드에 같은 이름을 사용할 수 있는 중복(overloading)이라 불리는 기법에 대해 배울 것이다. 그리고 패키지(package)에 대해서도 다룬다. 패키지는 다른 클래스를 정의하는 데 손쉽게 사용할 수 있는 클래스들의 라이브러리이다. 자바 클래스 라이브러리에 있는 많은 클래스를 사용하는 과정에서 이미 패키지를 사용한 바 있다. 그 외에도 보다 나은 메소드 정의를 작성하는 데 도움이 되는 몇 가지 프로그램 작성 기법을 소개한다.

마지막으로, 그래픽 보조자료에서는 애플릿에 버튼과 아이콘(icon)을 추가하는 방법을 배울 것이다 아이콘이란 자그마한 그림이다. 또한 애플릿 및 그래픽 프로그램 작성에 자주 사용되는 중요한 기법인 이벤트 구동 프로그래밍(event-driven programming) 기법에 대해서도 배울 것이다.

■ 학습목표

- 클래스의 생성자를 정의하고 사용하는 방법을 배운다.
- 정적 변수와 정적 메소드를 작성하고 사용하는 법을 배운다.
- 자바에서 기본으로 제공하는 `Math` 클래스의 메소드 사용법을 배운다.
- 자바에서 기본으로 제공하는 포장(wrapper) 클래스에 대해 배운다.
- 스터브(stub) 메소드나 구동 프로그램(driver) 등 클래스와 프로그램을 테스트하는 몇 가지 기법을 배운다.
- 메소드 중복에 대해 배운다.
- 열거(enumeration) 메소드를 정의하고 사용하는 방법을 배운다.
- 패키지 및 `import` 문에 대해 배운다.
- 애플릿에 버튼과 아이콘을 추가하는 방법을 배운다.
- 기초적인 이벤트 구동 프로그래밍 기법을 배운다.

■ **전제조건**

이 장을 읽기 전에 5장의 내용을 숙지해야 한다. 이 장의 어떤 절은 다음 장을 읽을 때까지 미루어도 된다.

6.5절은 클래스형의 인스턴스 변수를 사용함에 있어서 발생하는 어떤 미묘한 사항에 대해 다루고 있다. 엄밀히 말하면 이 절은 이 책의 나머지 부분에서 필요하지 않으므로 나중에 봐도 된다. 그러나 6.5절은 매우 근본적인 요소를 논의하고 있기 때문에 언젠가는 반드시 읽어야 한다.

6.7절의 패키지 부분은 디렉터리 폴더 및 경로 변수에 대한 지식을 필요로 한다. 디렉터리 폴더와 경로 변수는 자바에 직접 관련된 것이 아니라 운영체제와 관련된 부분이므로 자신이 사용하고 있는 운영체제가 무엇인지에 따라 세부 사항이 달라진다. 6.7절은 이 책의 나머지를 공부하는 데 필요하지 않은 내용이므로 나중에 봐도 된다.

6.1 생성자

new 연산자를 이용해 클래스의 객체를 생성할 때 사실은 생성자라고 하는 특별한 메소드를 호출하는 것이 된다. 이때 인스턴스 변수에 초깃값을 설정하는 것과 같은 어떤 초기화 작업이 수행되기를 원하는 경우가 종종 있다. 생성자는 바로 이런 초기화를 수행하는 메소드이다. 이 절에서는 생성자의 정의 및 사용 방법을 설명한다.

생성자 정의

생성자는 새로운 객체를 생성하기 위해 new 연산자를 사용할 때 호출되는 특별한 종류의 메소드이다. 지금까지는 자바가 제공하는 기본 생성자를 사용하였다. 예를 들어 Listing 5.19의 Species 클래스를 사용하여 다음과 같은 문장으로 새로운 Species 객체를 생성할 수 있다.

```
Species earthSpecies = new Species();
```

이 문장의 앞부분인 Species earthSpecies는 Species 클래스의 한 객체에 대한 이름으로 사용할 earthSpecies 변수를 선언하는 것이다. 뒷부분인 new Species()는 새로운 객체를 하나 생성하여 초기화하는 부분이고, 최종적으로 그 주소를 earthSpecies 변수에 대입하게 된다. 여기서 Species()는 바로 클래스에 대해 자바가 기본으로 제공하는 생성자를 호출하는 문장이다. 이 기본 생성자는 아무런 인자를 받지 않기 때문에 괄호 안이 비어 있다.

지금까지 보아 왔던 클래스에서 기본 생성자는 객체를 생성하고 인스턴스 변수를 기본 초깃값으로 초기화하는 역할을 했다. 사실 이 초깃값은 프로그래머가 원하지 않는 것일 수도 있다. 따라서 객체 생성 시에 자신이 원하는 대로 인스턴스 변수의 값을 초기화하기 원하는 경우, 프로그래머는 자신만의 생성자를 직접 작성하면 된다.

생성자 내에서 어떤 종류의 작업이라도 실행하도록 작성할 수 있으나, 원칙적으로 생성자의 역할은 인스턴스 변수에 초깃값을 부여하는 등의 초기화 작업이다. 생성자의 주목적은 본질적으로 설정(set) 메소드와 같다. 다만 새로운 객체를 생성하고 설정 작업을 수행한다는 것이 설정 메소드와 다른 점이다. 그리고 설정 메소드와 마찬가지로 매개변수를 가질 수 있다.

애완 동물을 표현하는 간단한 클래스를 생각해 보자. 동물을 나타내는 속성으로 이름, 나이, 몸무게를 사용한다고 하자. 그리고 기본 동작으로는 이러한 속성에 값을 설정하거나 설정된 값을 알아내는 정도를 정의할 수 있다. 이제 여기에 Pet이라는 이름을 붙여 그림 6.1에서 보는 것과 같은 클래스 다이어그램을 그려 본다. 인스턴스 변수의 값을 설정하는 네 개의 서로 다른 메소드가 있는 것에 주목하라. 하나는 name, age, weight 변수의 값을 한꺼번에 설정하고, 나머지 세 메소드는 각 변수의 값을 각각 설정한다. 이 클래스 다이어그램은 생성자를 포함하고 있지 않은데 그것이 일반적이다.

처음에는 좀 이상해 보일 수도 있는 생성자의 한 특성은 생성자가 클래스와 같은 이름을 가진다는 것이다. 클래스의 이름이 Species이면 생성자의 이름도 Species다. 클래스 이름이 Pet이면 생성자 이름도 Pet이 된다.

여러 개의 생성자가 정의될 수도 있다. 다만 각 생성자의 매개변수의 형과 개수는 모

Pet
- name: String - age: int - weight: double
+ writeOutput(): void + setPet(String newName, int newAge, double newWeight): void + setName(String newName): void + setAge(int newAge): void + setWeight(double newWeight): void + getName(): String + getAge(): int + getWeight(): double

그림 6.1 Pet 클래스의 클래스 다이어그램

두 달라야 한다. 한 예로서, Listing 6.1의 **Pet** 클래스 정의에는 여러 개의 생성자가 포함되어 있다. 이 생성자들의 헤딩에는 **void**라는 키워드가 없다는 것에 주목하라. 생성자를 정의할 때는 **void**를 포함해 아무런 반환형을 명시하지 않아야 한다. 생성자는 반환형이 **void**인 설정 메소드와 매우 유사해 보인다. 사실 이 예에서는 생성자와 그와 유사한 설정 메소드를 묶어서 나란히 배치하였다. 그러나 설정 메소드와는 달리 생성자는 매개변수로 한두 개의 값만 주어진 경우에도 '모든' 인스턴스 변수의 값을 설정한다. 만약 일부 인스턴스 변수의 값을 명시적으로 설정하지 않으면 자바 시스템이 자동으로 기본값을 설정해 준다. 별도의 생성자를 정의하여 작성하는 경우라면 모든 인스턴스 변수에 대해 값을 설정해 주는 것이 좋은 습관이다.

Listing 6.1 Pet 클래스 : 생성자와 설정 메소드 정의

```
/**
 Pet의 기본 데이터 클래스 : name, age, weight
*/
public class Pet
{
    private String name;
    private int age;        // 햇수로
    private double weight;  // 파운드로

    public Pet()   <---- 기본(default) 생성자
    {
        name = "No name yet.";
        age = 0;
        weight = 0;
    }
    public Pet(String initialName, int initialAge, double initialWeight)
    {
        name = initialName;
        if ((initialAge < 0) || (initialWeight < 0))
        {
            System.out.println("Error: Negative age or weight.");
            System.exit(0);
        }
        else
        {
            age = initialAge;
            weight = initialWeight;
        }
    }
```

(계속됨)

Listing 6.1 Pet 클래스 : 생성자와 설정 메소드 정의

```
public void setPet(String newName, int newAge, double newWeight)
{
    name = newName;
    if ((newAge < 0) || (newWeight < 0))
    {
        System.out.println("Error: Negative age or weight.");
        System.exit(0);
    }
    else
    {
        age = newAge;
        weight = newWeight;
    }
}
```

```
public Pet(String initialName)
{
    name = initialName;
    age = 0;
    weight = 0;
}
public void setName(String newName)
{
    name = newName;  // age와 weight는 변경되지 않는다.
}
```

```
public Pet(int initialAge)
{
    name = "No name yet.";
    weight = 0;
    if (initialAge < 0)
    {
        System.out.println("Error: Negative age.");
        System.exit(0);
    }
    else
        age = initialAge;
}
public void setAge(int newAge)
{
    if (newAge < 0)
    {
        System.out.println("Error: Negative age.");
        System.exit(0);
    }
    else
        age = newAge;
    // name과 weight는 변경되지 않는다.
}
```

(계속됨)

Listing 6.1 Pet 클래스 : 생성자와 설정 메소드 정의

```
    public Pet(double initialWeight)
    {
        name = "No name yet";
        age = 0;
        if (initialWeight < 0)
        {
            System.out.println("Error: Negative weight.");
            System.exit(0);
        }
        else
            weight = initialWeight;
    }
    public void setWeight(double newWeight)
    {
        if (newWeight < 0)
        {
            System.out.println("Error: Negative weight.");
            System.exit(0);
        }
        else
            weight = newWeight;  // name과 age는 변경되지 않는다.
    }
    public String getName()
    {
        return name;
    }
    public int getAge()
    {
        return age;
    }
    public double getWeight()
    {
        return weight;
    }
    public void writeOutput()
    {
        System.out.println("Name: " + name);
        System.out.println("Age: " + age + " years");
        System.out.println("Weight: " + weight + " pounds");
    }
}
```

기억하세요! 생성자와 설정 메소드는 비슷한 기능이지만 서로 다른 방법으로 사용된다

생성자는 객체를 새로 생성할 때만 호출된다. 기존 객체의 상태를 변경하려면 설정 메소드가 있어야 한다.

Listing 6.1에는 아무런 매개변수가 없고 이름이 Pet인 생성자가 정의되어 있다. 이런 생성자를 **기본 생성자**(default constructor)라 한다. 일반적으로 하나 이상의 생성자를 명시적으로 정의할 때는 매개변수가 없는 생성자도 포함해야 한다. 앞 장의 Species 클래스를 보면 아무런 생성자가 정의되어 있지 않다. 클래스 정의에 생성자가 포함되어 있지 않을 때는 자바 시스템이 자동으로 매개변수가 없는 기본 생성자를 정의한다. 자동으로 정의된 이 기본 생성자는 클래스의 객체를 생성할 때 실행되어 인스턴스 변수의 값을 기본값으로 초기화한다. 그러나 명시적으로 정의되는 생성자가 하나라도 있으면 자동으로 정의되는 생성자는 없다. 따라서 Listing 6.1의 Pet 클래스를 작성할 때 매개변수가 없는 기본 생성자를 포함하도록 주의하였다.

객체를 생성하기 위해 new 연산자를 사용할 때 반드시 적절한 생성자를 호출해야 한다. 일반적인 메소드 호출과 마찬가지로 생성자 이름(클래스 이름과 같다)을 적고 그 뒤에 정의에 대응하는 인자를 괄호에 넣어 붙여야 한다. 예를 들어 Pet 클래스 객체를 새로 생성하기 위해 new 연산자를 사용한다고 하면, 다음과 같은 것이 가능하다.

```
Pet fish = new Pet("Wanda", 2, 0.25);
```

Pet("Wanda", 2, 0.25)는 Pet 클래스에 정의된 생성자 중 세 개의 인자를 받아들이는 생성자를 호출한다. 이 생성자의 매개변수는 각각 String, int, double형의 순서로 선언되어 있어 그에 해당하는 값의 인자들을 순서대로 제공한다. 이 호출이 실행되면 이름이 Wanda이고 나이 2살, 무게 0.25파운드의 애완동물을 표현하는 Pet 객체가 새로 생성된다.

생성자가 반환하는 값은 생성한 객체의 참조, 즉 메모리 주소라고 생각하면 된다. 앞의 예에서 이 주소는 fish라는 이름의 변수에 저장된다. 그림 6.2에 이 과정이 나타나 있다.

다른 예를 하나 더 보자.

```
Pet myPet = new Pet();
```

이 문장은 매개변수가 없는 기본 생성자를 호출하여 Pet 클래스의 객체를 생성한다.

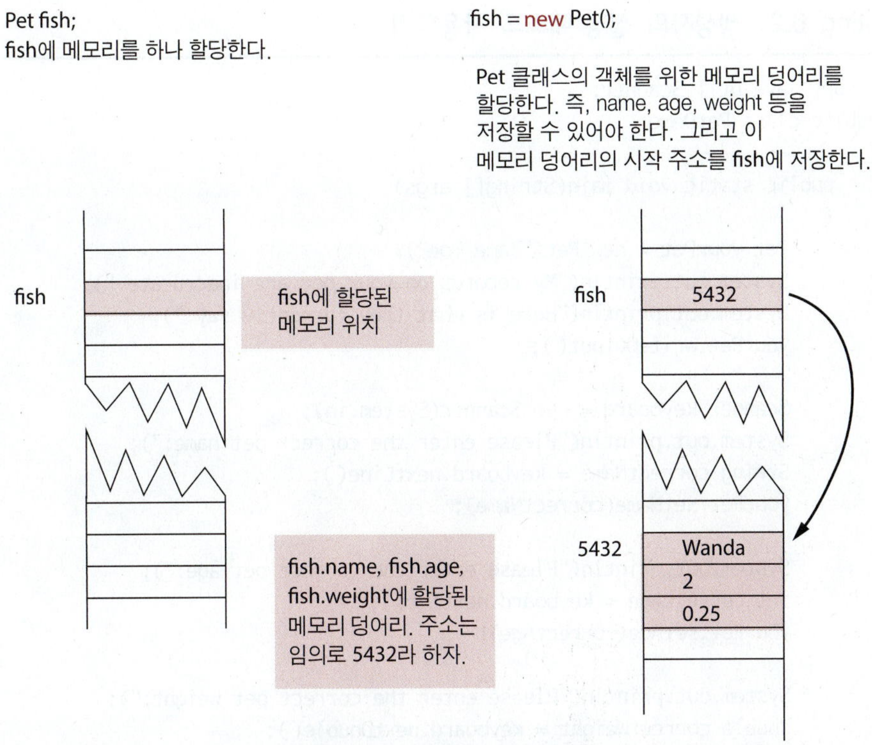

그림 6.2 참조를 반환하는 생성자

Listing 6.1의 Pet 클래스 정의를 보면 매개변수가 없는 생성자는 name 변수의 값을 "No name yet"으로 설정하고, age와 weight는 각각 0으로 설정한다. (물론 갓 태어난 동물의 무게는 0이 아니다. 여기서 0이라는 값은 단지 적절한 값이 설정될 때까지 자리를 차지하는 임시값의 역할이다.)

이미 존재하는 객체에 대해 생성자를 호출할 수는 없다. Pet 클래스의 객체인 myPet이 이미 존재한다고 할 때 다음 호출문은 유효하지 않다.

```
myPet.Pet("Fang", 1, 150.0);  // 유효하지 않다.
```

일단 생성된 객체에 대해 그 인스턴스 변수의 값을 바꾸고 싶다면 다른 방법을 사용해야 한다. 이는 하나 이상의 설정 메소드를 호출하는 것이 된다. 따라서 Listing 6.1에 있는 클래스 정의를 사용할 때 myPet의 상태를 바꾸는 것은 생성자를 호출하는 것이 아니라 다음과 같이 setPet을 호출해야 한다.

```
myPet.setPet("Fang", 1, 150.0);
```

생성자와 다양한 설정 메소드를 사용하는 예는 Listing 6.2에 나와 있다.

Listing 6.2 생성자와 설정 메소드 사용하기

```
import java.util.Scanner;
public class PetDemo
{
    public static void main(String[] args)
    {
        Pet yourPet = new Pet("Jane Doe");
        System.out.println("My records on your pet are inaccurate.");
        System.out.println("Here is what they currently say:");
        yourPet.writeOutput();

        Scanner keyboard = new Scanner(System.in);
        System.out.println("Please enter the correct pet name:");
        String correctName = keyboard.nextLine();
        yourPet.setName(correctName);

        System.out.println("Please enter the correct pet age:");
        int correctAge = keyboard.nextInt();
        yourPet.setAge(correctAge);

        System.out.println("Please enter the correct pet weight:");
        double correctWeight = keyboard.nextDouble();
        yourPet.setWeight(correctWeight);

        System.out.println("My updated records now say:");
        yourPet.writeOutput();
    }
}
```

실행 결과 출력

```
My records on your pet are inaccurate.
Here is what they currently say:
Name: Jane Doe
Age: 0 years
Weight: 0.0 pounds
Please enter the correct pet name:
Moon Child
Please enter the correct pet age:
5
Please enter the correct pet weight:
24.5
My updated records now say:
Name: Moon Child
Age: 5 years
Weight: 24.5 pounds
```

프로그래밍 팁_생성자들은 묶어서 한곳에 두라

Listing 6.1에서는 각 생성자 정의 다음에 그와 유사한 설정 메소드를 작성하였다. 생성자와 일반 메소드라는 두 종류의 메소드의 유사점과 차이점을 보여 주기 위해 이렇게 해 두었는데, 일반적으로는 생성자끼리 묶어서 다른 메소드 정의의 앞, 클래스 앞부분에 위치시키는 것이 보통이다. ■

요점 정리 생성자

생성자는 new 연산자를 사용해 클래스의 객체를 생성할 때 호출되는 메소드이다. 생성자는 객체를 생성하여 인스턴스 변수에 초깃값을 설정한다.

생성자의 이름은 자신이 속한 클래스의 이름과 동일해야 한다. 생성자의 모양은 일반적인 다른 메소드와 같은데, 다만 메소드 헤딩에 반환형이 명시되지 않아야 하며 void도 사용할 수 없다.

예

Listing 6.1에서 생성자 정의의 예를 볼 수 있다. 다음은 이 생성자를 호출하는 예이다.

```
Pet myDog = new Pet("Fido", 2, 4.5);
Pet yourDog = new Pet("Cha Cha");
Pet ourDog = new Pet();
```

요점 정리 기본 생성자

매개변수가 없는 생성자를 기본(default) 생성자라 한다. 여러분이 정의하는 대부분의 클래스는 기본 생성자를 포함해야 한다.

기억하세요! 자바는 자동으로 생성자를 정의해 줄 수 있다

프로그래머가 클래스에 생성자를 정의하지 않으면 자바 시스템이 하나를 정의해 준다. 이렇게 제공되는 생성자는 기본 생성자, 즉 매개변수가 없는 형태이고, 인스턴스 변수에 기본값을 설정한다. 그러나 프로그래머가 직접 생성자를 하나라도 정의하면 자바는 아무런 생성자도 정의하지 않는다. 이런 경우 프로그래머가 기본 생성자를 정의하지 않으면, 이 클래스에는 기본 생성자가 없는 것이 된다.

GOTCHA 기본 생성자의 생략

Listing 6.1의 Pet 클래스 정의에서 기본 생성자가 없다고 가정해 보자. 그러면 다음 문장

```
Pet heinz57 = new Pet();
```

은 유효하지 않아서 오류 메시지가 발생하게 된다. 자바가 기본 생성자를 자동으로 정의해 주기 때문에 위 문장이 유효할 것이라 생각할 수도 있다. 그러나 자바는 생성자가 하나도 없을 경우에만 기본 생성자를 정의해 주기 때문에 생성자가 많은 Pet 클래스에 대해서는 기본 생성자를 정의해 주지 않는다.

클래스는 한 번 작성된 후 재사용되는 경우가 많고, 지금은 필요 없지만 조만간 매개변수가 없는 생성자를 이용해 객체를 생성할 필요가 생길 가능성이 있을 수 있다. 그래서 클래스를 작성할 때 기본 생성자를 생략할지 여부에 대해 심각하게 고려하여 결정해야 한다. ■

FAQ 클래스 다이어그램에 생성자를 넣어야 할까?

클래스 다이어그램에 모든 메소드를 다 적을 필요는 없다. 클래스 다이어그램은 설계 도구이기 때문에 설계 과정에 필요한 만큼만 완벽하면 된다. 생성자는 보통 클래스 다이어그램에 들어가지 않는데, 이는 생성자가 항상 필요하고 항상 같은 기능을 수행하기 때문이다.

생성자에서 메소드 호출

앞 장에서 메소드가 같은 클래스 내의 다른 메소드를 호출할 수 있다는 것을 설명한 바 있다. 마찬가지로 생성자도 같은 클래스 안의 다른 메소드를 호출할 수 있다. 예를 들어 Listing 6.1의 Pet 클래스의 모든 생성자가 설정 메소드 중 하나를 호출하도록 수정할 수 있다. 특히 Pet에서 기본 생성자를 제외한 첫 번째 생성자의 정의는 setPet 메소드와 거의 똑같다. 같은 코드의 반복을 피하기 위해 다음과 같이 작성할 수 있다.

```
public Pet(String initialName, int initialAge, double initialWeight)
{
    setPet(initialName, initialAge, initialWeight);
}
```

똑같은 코드를 반복해서 작성하지 않고 다른 메소드를 호출하도록 하는 것은 좋은 프로그래밍 습관이지만 생성자가 자기 클래스의 공용 메소드를 호출할 때는 주의할 점이 있다. 이는 상속성과 관련이 있는데 상세한 내용은 8장에서 다룰 것이다. 알다시피

공용 메소드는 다른 클래스에서도 사용할 수 있기 때문에 악의적으로 사용될 경우 생성자의 원래 의미대로 동작하지 않을 수도 있다. 8장에서 어떻게 이를 방지할 수 있는지 설명할 것이다. 일단 당장 사용할 수 있는 다른 해법으로 생성자가 호출하는 메소드를 전용으로 선언할 것을 추천한다. 앞의 Pet 예제에서는 setPet이란 메소드를 공용으로 운영하고 싶기 때문에 그것을 전용으로 바꿀 수는 없다. 대신 setPet과 생성자가 공통으로 호출할 수 있는 추가적인 전용 메소드를 하나 더 정의할 수 있다.

```
public Pet(String initialName, int initialAge, double initialWeight)
{
    set(initialName, initialAge, initialWeight);
}
public void setPet(String newName, int newAge, double newWeight)
{
    set(newName, newAge, newWeight);
}
private void set(String newName, int newAge, double newWeight)
{
    name = newName;
    if ((newAge < 0) || (newWeight < 0))
    {
        System.out.println("Error: Negative age or weight.");
        System.exit(0);
    }
    else
    {
        age = newAge;
        weight = newWeight;
    }
}
```

Pet 클래스의 다른 생성자와 설정 메소드들도 전용 메소드인 set 메소드를 호출하도록 개정할 수 있다. Listing 6.3의 코드를 참조하라.

Listing 6.3 전용 메소드를 호출하는 생성자와 설정 메소드

```
/**
 개정된 Pet의 기본 데이터 클래스 : name, age, weight
*/
public class Pet2
{
    private String name;
    private int age;          // 햇수로
    private double weight;   // 파운드로

    public Pet2(String initialName, int initialAge, double initialWeight)
```

(계속됨)

Listing 6.3 전용 메소드를 호출하는 생성자와 설정 메소드

```
{
    set(initialName, initialAge, initialWeight);
}
public Pet2(String initialName)
{
    set(initialName, 0, 0);
}
public Pet2(int initialAge)
{
    set("No name yet.", initialAge, 0);
}
public Pet2(double initialWeight)
{
    set("No name yet.", 0, initialWeight);
}
public Pet2( )
{
    set("No name yet.", 0, 0);
}
public void setPet(String newName, int newAge, double newWeight)
{
    set(newName, newAge, newWeight);
}
public void setName(String newName)
{
    set(newName, age, weight);  // age와 weight는 변경되지 않는다.
}
public void setAge(int newAge)
{
    set(name, newAge, weight);  // name과 weight는 변경되지 않는다.
}
public void setWeight(double newWeight)
{
    set(name, age, newWeight);  // name과 age는 변경되지 않는다.
}
private void set(String newName, int newAge, double newWeight)
{
    name = newName;
    if ((newAge < 0) || (newWeight < 0))
    {
        System.out.println("Error: Negative age or weight.");
        System.exit(0);
    }
```

(계속됨)

Listing 6.3 전용 메소드를 호출하는 생성자와 설정 메소드

```
        else
        {
            age = newAge;
            weight = newWeight;
        }
    }
    〈메소드 getName, getAge, getWeight, writeOutput은 Listing 6.1과 동일하다.〉
}
```

자습문제 SELF-TEST QUESTIONS

1 Student라는 클래스를 작성한다면 그 클래스의 생성자 이름으로 무엇을 사용할 수 있는가?

2 생성자를 정의할 때 반환되는 값으로 어떤 형을 명시해야 하는가? 기본형인가? 클래스형인가? 아니면 void인가?

3 기본 생성자는 무엇인가?

4 자바의 모든 클래스는 자동으로 기본 생성자를 포함하는가? 그렇지 않다면 자바 시스템이 자동으로 기본 생성자를 제공하는 것은 어떤 경우인가? 또 어떤 경우에 제공하지 않는가?

5 Listing 6.2의 프로그램 PetDemo에서 세 가지 설정 메소드에 대한 호출을 모두 setPet 메소드 호출로 바꿀 수 있다. 호출문을 작성하라.

생성자에서 다른 생성자 호출(선택사항)

Listing 6.3의 Pet2 클래스를 다시 들여다보자. 세 개의 인자를 가지는 첫 번째 생성자와 전용 메소드인 set을 정의하고 나면, 다른 생성자가 이 첫 번째 생성자를 호출하도록 할 수 있다. 이를 위해서는 메소드 이름 대신 키워드 this를 사용해 호출 작업을 표시한다. 예를 들어 다음 문장

```
this(initialName, 0, 0);
```

은 다른 생성자의 몸체에서 매개변수 세 개인 생성자를 호출하는 것이다. 이렇게 생성자 내에서 다른 생성자를 호출하는 것은 몸체의 첫 번째 실행문이 되어야 한다. Listing 6.4를 보면 Listing 6.3의 생성자를 이 방식으로 변경한 코드가 나타나 있다. 설정 메소

드들은 이 방식을 사용하지 않는다는 것에 주의하라. 일반 설정 메소드는 Pet2와 마찬가지로 전용 메소드인 set을 호출한다. this 키워드를 사용하여 생성자를 호출하는 것은 같은 클래스의 다른 생성자 내에서만 가능하다.

Listing 6.4 다른 생성자를 호출하는 생성자

```
/**
 개정된 Pet의 기본 데이터 클래스 : name, age, weight
*/
public class Pet3
{
    private String name;
    private int age;         // 햇수로
    private double weight;   // 파운드로

    public Pet3(String initialName, int initialAge, double initialWeight)
    {
        set(initialName, initialAge, initialWeight);
    }
    public Pet3(String initialName)
    {
        this(initialName, 0, 0);
    }
    public Pet3(int initialAge)
    {
        this("No name yet.", initialAge, 0);
    }
    public Pet3(double initialWeight)
    {
        this("No name yet.", 0, initialWeight);
    }
    public Pet3( )
    {
        this("No name yet.", 0, 0);
    }
    <코드의 나머지 부분은 Listing 6.3의 Pet2와 같다.>
}
```

요점 정리 같은 클래스 내에서 다른 생성자를 호출하는 생성자

생성자를 정의할 때 같은 클래스 내의 다른 생성자를 지칭하기 위해 this 키워드를 사용할 수 있다. this를 이용해 호출할 때는 생성자 내의 맨 앞에 두어 다른 문장들보다 먼저 수행되어야 한다.

(계속됨)

예

```
public Pet3(String initialName)
{
    this(initialName, 0, 0);
}
```

프로그래밍 팁_생성자들은 서로 관련되도록 작성하라

클래스 내에 여러 개의 생성자가 존재할 때는 하나를 주 생성자로 지정해 다른 생성자들이 this로 호출할 수 있도록 작성하라. 이런 방식으로 생성자를 작성하면 실질적인 초기화 작업이 한 군데서만 일어나는 결과가 되어 클래스 유지 보수가 간단해지고 오류를 줄일 수 있다. 8장에서 이런 방식으로 생성자를 작성하는 것에 대해 좀 더 다룰 것이다. ■

6.2 정적 변수와 정적 메소드

클래스에는 정적 변수와 정적 메소드가 있을 수 있다. 정적 변수와 메소드는 어떤 특정 객체에 소속되는 것이 아니라 클래스 전체에 속하는 것이다. 이 절에서는 정적 변수와 메소드를 정의하는 방법을 살펴볼 것이다.

정적 변수

특별한 종류이긴 하지만 우리는 이미 **정적 변수**를 사용해 본 적이 있다. 다음과 같이 상수에 이름을 붙이는 경우이다.

```
public static final double FEET_PER_YARD = 3;
```

FEET_PER_YARD라는 이름의 변수는 단 한 개만 존재한다. 개별 객체가 생성될 때 이 상수의 복사본이 객체 내에 따로 만들어지는 것이 아니라 클래스에 직접 소속되어 모든 객체가 하나의 상수를 공유하고 이를 사용할 수 있다.

이 특정한 형태의 정적 변수는 키워드 final을 이용해 선언되어 프로그램 실행 도중 값이 바뀌지 않는, 즉 상수의 역할을 수행한다. 그러나 값이 바뀌는 정적 변수도 선언할 수 있다. 일반적인 인스턴스 변수의 선언문과 동일한 형태지만 맨 앞에 static이라는 키워드가 붙는다. 예를 들어 다음과 같이 선언한 정적 변수는 값을 변경할 수 있다.

```
private static int numberOfInvocations;
```

정적 변수는 공용이든 전용이든 상관없다. 그러나 다른 인스턴스 변수의 경우와 마찬가지로 값이 변경되는 정적 변수는 전용으로 선언해야 하며, 클래스 외부에서 이를 접근하거나 변경하기 위한 접근자 메소드와 설정자 메소드를 정의해 주는 것이 좋다.

numberOfInvocations라는 변수는 전체 클래스 내에 단 한 개뿐이고, 클래스에서 생성된 모든 객체가 참조할 수 있다. 이는 정적 변수를 이용해 여러 객체들이 서로 통신하거나 어떤 공동 작업을 수행할 수 있다는 것을 의미한다. 예를 들어 클래스의 각 메소드가 numberOfInvocations의 값을 하나씩 증가시킨다면, 클래스 내 모든 객체가 호출한 메소드 호출 횟수를 알 수 있다. 다음 절은 정적 변수를 어떻게 사용하는지 예를 보여 줄 것이다. 정적 변수를 초기화하는 방법은 **final**이라는 키워드만 빼면 이름 붙은 상수를 선언하는 경우와 동일하다.

보충 System.out은 정적 객체다

2장에서 out은 System 클래스의 한 객체임을 설명한 적이 있다. 사실 이 객체의 선언부를 보면 다음과 같이 정적 상수임을 알 수 있다.

```
public static final PrintStream out;
```

out은 공용이기 때문에 System 클래스의 외부에서도 직접 이 이름을 사용할 수 있다. 그러나 이때 반드시 클래스 이름 System을 앞에 붙여 System.out으로 사용해야 한다. 한편, 위의 선언문은 out이 자바 클래스 라이브러리에 있는 PrintStream 클래스의 객체로 생성됨을 의미한다. 자주 사용되는 print와 println 메소드는 PrintStream 클래스의 메소드들이다. 이들을 호출하기 위해서는 PrintStream 객체의 이름, 점, 메소드 이름 순서대로 호출문을 작성해야 한다. 그래서 늘 사용해 온 System.out.println( )이라는 호출문은 out 객체의 println 메소드를 호출한다는 것이다.

```
private static int numberOfInvocations = 0;
```

정적 변수는 다른 말로 **클래스 변수**(class variables)라고도 한다. 클래스 변수, 즉 어떤 클래스 내에 선언된 정적 변수라는 용어와 클래스형 변수, 즉 클래스의 한 객체를 가리킬 수 있도록 그 형이 클래스로 선언된 변수와 혼동하지 않도록 주의하라. 정적 변수와 인스턴스 변수 모두 **필드**(fields) 또는 **데이터 멤버**(data members)라고도 불린다.

요점 정리 정적 또는 클래스 변수

정적 변수의 선언문에는 키워드 static이 붙는다. 정적 변수는 클래스에서 생성된 모든 객체가 공유할 수 있다.

기억하세요! 세 종류의 변수

자바에는 세 종류의 변수가 있다 : 지역 변수, 인스턴스 변수, 정적(클래스) 변수

정적 메소드

때로는 어떤 종류의 객체와도 관계없는 메소드가 필요할 경우가 있다. 예를 들어 두 정수 중 큰 수를 정하는 메소드나, 어떤 수의 제곱근을 계산하거나, 소문자를 대문자로 변환하는 메소드 등이다. 이 메소드들은 특정한 객체에 속해야 할 필요가 없다. 이런 경우에 메소드를 정적으로 정의할 수 있다. 메소드를 정적으로 정의하게 되면 일단 클래스 내에서 선언되었으므로 여전히 클래스에 소속된 멤버지만, 어떠한 객체도 생성하지 않고 메소드를 호출할 수 있다. 보통 정적 메소드를 호출할 때는 객체 이름이 아니라 클래스 이름을 붙여 호출한다.

예를 들어 Listing 6.5에서 정의한 DimensionConverter라는 클래스를 보자. 이 클래스에는 피트와 인치 간의 단위를 변환하는 작업을 하는 두 개의 정적 메소드가 있다. 메소드를 정의하는 방법은 다른 일반 메소드와 동일하며, 헤딩에 static이라는 키워드를 추가하면 된다.

다음은 이 메소드를 호출하는 예이다.

```
double feet = DimensionConverter.convertInchesToFeet(53.7);
double inches = DimensionConverter.convertFeetToInches(2.6);
```

정적 메소드를 호출할 때는 객체 이름이 아니라 클래스 이름을 사용한다. Listing 6.6에 이들을 사용한 완전한 프로그램의 예가 있다. 물론 DimensionConverter의 객체를 새로 생성하고 그것을 이용해 다른 일반 메소드와 마찬가지로 정적 메소드를 호출할 수도 있지만 혼란을 초래할 수 있다.

Listing 6.5 정적 메소드

```
/**
 도량형 변환을 수행하는 정적 메소드의 클래스
*/
public class DimensionConverter
{
    public static final int INCHES_PER_FOOT = 12;
    public static double convertFeetToInches(double feet)
    {
        return feet * INCHES_PER_FOOT;
    }
    public static double convertInchesToFeet(double inches)
    {
        return inches / INCHES_PER_FOOT;
    }
}
```

정적 상수. 여기서는 전용이어도 된다.

기억하세요! 정적 메소드의 클래스

특별한 계산 작업을 수행하는 정적 메소드를 모아서 그들을 모두 넣은 하나의 클래스를 정의할 수 있다.

Listing 6.6 정적 메소드 사용하기

```
import java.util.Scanner;
/**
 DimensionConverter 클래스를 사용하는 예시
*/
public class DimensionConverterDemo
{
    public static void main(String[] args)
    {
        Scanner keyboard = new Scanner(System.in);
        System.out.println("Enter a measurement in inches: ");
        double inches = keyboard.nextDouble();
        double feet = DimensionConverter.convertInchesToFeet(inches);
        System.out.println(inches + " inches = " + feet + " feet.");
        System.out.print("Enter a measurement in feet: ");
        feet = keyboard.nextDouble();
        inches = DimensionConverter.convertFeetToInches(feet);
        System.out.println(feet + " feet = " + inches + " inches.");
    }
}
```

실행 결과 출력

```
Enter a measurement in inches: 18
18.0 inches = 1.5 feet.
Enter a measurement in feet: 1.5
1.5 feet = 18.0 inches.
```

Listing 6.5의 DimensionConverter 클래스에서는 이름 붙은 상수와 두 개의 메소드가 모두 public static으로 선언되어 있다. 이 중 INCHES_PER_FOOT 상수는 외부에서 접근하기 원하지 않는 경우 private로 선언해도 된다. 이 클래스에는 인스턴스 변수가 하나도 없지만, 하나의 클래스에 인스턴스 변수, 정적 변수, 정적 상수, 정적 메소드, 정적이 아닌 메소드를 모두 정의하는 것도 가능하다. 다만 이렇게 여러 가지 종류를 하나의 클래스에 한꺼번에 사용할 때는 좀 더 신중할 필요가 있다.

Listing 6.7의 SavingsAccount 클래스를 살펴보면서 한 클래스에 다양한 정적 멤버와 비정적(non-static) 멤버가 있을 때 그들 간의 상호작용에 대해 공부해 보자. 이 클

래스는 개인 소유의 저축 계좌 잔고를 관리하는 것으로 balance라는 인스턴스 변수가 선언되어 있다. 모든 계좌에 동일한 이자율이 적용되기 때문에 이를 저장하기 위한 정적 변수 interestRate가 있다. 그리고 현재 개설된 전체 계좌 수를 관리하기 위해 numberOfAccounts라는 정적 변수를 선언하였다.

이 클래스에는 이자율 데이터에 대해 정적 설정자 메소드와 접근자 메소드, 계좌 수에 대한 정적 접근자 메소드가 있고, 예금, 인출, 이자 계산, 잔고 확인을 위한 비정적 메소드가 차례대로 정의되어 있다. 마지막으로, 지정된 저축 계좌의 잔고 내역을 출력하는 정적 메소드가 있다.

정적 메소드 내에서는 인스턴스 변수를 사용할 수 없다. 인스턴스 변수는 각 객체에 속한 것이고, 정적 메소드는 객체 이름 없이 호출되기 때문에 참조할 인스턴스 변수가 없다. 예를 들어 정적 메소드인 setInterestRate는 정적 변수인 interestRate를 사용할 수 있지만 비정적 인스턴스 변수인 balance는 사용할 수 없다.

정적 메소드에서는 같은 클래스 내에 있더라도 비정적 메소드를 객체 없이 호출

Listing 6.7 정적 및 비정적 멤버들의 혼합

```
import java.util.Scanner;
/**
 정적 멤버와 비정적 멤버들을 가진 클래스
*/
public class SavingsAccount
{
    private double balance;
    public static double interestRate = 0;
    public static int numberOfAccounts = 0;
    public SavingsAccount()
    {
        balance = 0;
        numberOfAccounts++;
    }
    public static void setInterestRate(double newRate)
    {
        interestRate = newRate;
    }
    public static double getInterestRate()
    {
        return interestRate;
    }
    public static int getNumberOfAccounts()
    {
        return numberOfAccounts;
    }
```

비정적 인스턴스 변수 (balance)

정적 변수 (interestRate, numberOfAccounts)

비정적 메소드는 정적 변수를 참조할 수 있다. (numberOfAccounts++;)

정적 메소드는 정적 변수를 참조할 수 있지만 인스턴스 변수는 참조할 수 없다. (interestRate = newRate;)

(계속됨)

Listing 6.7 정적 및 비정적 멤버들의 혼합

```
    public void deposit(double amount)
    {
        balance = balance + amount;
    }
    public double withdraw(double amount)
    {
        if (balance >= amount)
            balance = balance - amount;
        else
            amount = 0;
        return amount;
    }
    public void addInterest()
    {
        double interest = balance * interestRate;
        // interestRate 대신 getInterestRate( )을 사용해도 된다.
        balance = balance + interest;
    }
    public double getBalance()
    {
        return balance;
    }
    public static void showBalance(SavingsAccount account)
    {
        System.out.print(account.getBalance());
    }
}
```

비정적 메소드는 정적 변수를 참조할 수 있고 정적 메소드를 호출할 수 있다.

정적 메소드는 정당한 객체가 없으면 비정적 메소드를 호출할 수 없다.

할 수 없다. main 메소드도 정적이기 때문에 마찬가지이다. 예를 들어 정적 메소드인 showBalance는 매개변수로 SavingsAccount의 객체를 받고, 이 객체를 이용해 비정적 메소드인 getBalance를 호출할 수 있다. showBalance 메소드에서 특정 계좌의 잔고 데이터를 참조하려면 그 계좌를 나타내는 객체를 통하는 방법밖에는 없다.

비정적 메소드인 addInterest에서는 정적 변수인 interestRate를 참조하거나 정적 메소드 getInterestRate를 호출할 수 있다. 이들은 모두 SavingsAccount 클래스 내에 정의되어 있기 때문에 getInterestRate를 호출할 때 앞에 붙인 클래스 이름과 점은 생략할 수 있다. 생성자 역시 정적이 아님을 주목하라. 이 생성자는 호출될 때마다 정적 변수 numberOfAccounts의 값을 하나씩 증가시켜 새로운 계좌 객체의 수를 세게 된다.

Listing 6.8은 SavingsAccount 클래스를 사용하는 예제 프로그램이다. 잔고 액수를 표현하는 변수가 double로 선언되어 있기 때문에 출력에서 달러로 표시한 금액이 별로 보기 좋지는 않다. 나중에 이를 개선한 예를 볼 것이다.

Listing 6.8 정적 및 비정적 메소드 사용하기

```
public class SavingsAccountDemo
{
    public static void main(String[] args)
    {
        SavingsAccount.setInterestRate(0.01);
        SavingsAccount mySavings = new SavingsAccount( );
        SavingsAccount yourSavings = new SavingsAccount( );
        System.out.println("I deposited $10.75.");
        mySavings.deposit(10.75);
        System.out.println("You deposited $75.");
        yourSavings.deposit(75.00);
        System.out.println("You deposited $55.");
        yourSavings.deposit(55.00);
        double cash = yourSavings.withdraw(15.75);
        System.out.println("You withdrew $" + cash + ".");
        if (yourSavings.getBalance() > 100.00)
        {
            System.out.println("You received interest.");
            yourSavings.addInterest();
        }
        System.out.println("Your savings is $" +
                           yourSavings.getBalance());
        System.out.print("My savings is $");
        SavingsAccount.showBalance(mySavings);
        System.out.println();
        int count = SavingsAccount.getNumberOfAccounts();
        System.out.println("We opened " + count +
                          " savings accounts today.");
    }
}
```

실행 결과 출력

```
I deposited $10.75.
You deposited $75.
You deposited $55.
You withdrew $15.75.
You received interest.
Your savings is $115.3925
My savings is $10.75
We opened 2 savings accounts today.
```

GOTCHA 정적 메소드 내에서 비정적 메소드 호출하기

"정적 메소드 내에서 비정적 메소드를 호출할 수 없다."라는 말을 자주 들을 수 있다. 그러나 이는 사실이 아니다. 좀 더 정확하게 표현하면 "정적 메소드는 비정적 메소드를 호출하는 데 사용될 객체가 없는 경우 비정적 메소드를 호출할 수 없다." 다른 말로 표현하면, 정적 메소드 내에서는 호출 객체로서 this를 사용하거나 호출 객체를 명시하지 않는 암묵적인 방식으로 인스턴스 변수나 메소드를 사용할 수 없다. 정적 메소드는 호출 객체 없이 호출될 수 있기 때문에 this와 연결되는 객체가 없이도 호출될 수 있다. ■

요점 정리 정적 메소드

메소드를 정의할 때 헤딩 부분에 static 키워드를 사용하면 그 메소드는 객체 이름이 아닌 클래스 이름을 이용해 호출된다. 정적 메소드는 호출 객체를 필요로 하지 않으며, 따라서 각 객체에 소속되는 인스턴스 변수를 사용할 수 없다. 또한 같은 클래스 내의 메소드라 해도 호출 객체를 명시하지 않으면 비정적 메소드를 호출할 수 없다. 즉, 정적 메소드의 정의 내에서는 호출 객체로서 this를 사용하거나 호출 객체를 명시하지 않는 암묵적인 방식으로 인스턴스 변수나 비정적 메소드를 사용할 수 없다.

자습문제 SELF-TEST QUESTIONS

6 정적 변수와 인스턴스 변수의 차이점은 무엇인가?

7 하나의 클래스 내에 인스턴스 변수와 정적 메소드가 같이 포함될 수 있는가?

8 정적 메소드 내에서 클래스 이름과 점을 붙이지 않고 같은 클래스의 정적 변수를 사용할 수 있는가?

9 정적 메소드 내에서 클래스 또는 객체 이름과 점을 붙이지 않고 같은 클래스의 인스턴스 변수를 사용할 수 있는가?

10 비정적 메소드 내에서 클래스 이름과 점을 붙이지 않고 같은 클래스의 정적 변수를 사용할 수 있는가?

11 비정적 메소드 내에서 클래스 또는 객체 이름과 점을 붙이지 않고 같은 클래스의 인스턴스 변수를 사용할 수 있는가?

12 Listing 6.5의 DimensionConverter 클래스에 대해 다음 문장들은 유효한가?

```
DimensionConverter dc = new DimensionConverter();
double inches = dc.convertFeetToInches(2.5);
```

13 하나의 클래스 내에 정적 및 비정적 메소드를 모두 정의할 수 있는가?

14 정적 메소드 내에서 비정적 메소드를 호출할 수 있는가?

15 비정적 메소드 내에서 정적 메소드를 호출할 수 있는가?

16 Listing 6.7의 SavingsAccount 클래스에 대해 다음 문장은 유효한가?

```
SavingsAccount.addInterest();
```

main 메소드의 작업을 부분 작업으로 나누기

프로그램의 논리 구조가 서로 연관되어 있다거나 같은 코드가 반복될 때, 이들을 각각 부분 작업으로 나누어 정적 메소드로 구현하고 main 메소드에서 이들을 호출하는 방식으로 프로그램을 작성할 수 있다. 앞 장에서 나온 Species 클래스의 equals 메소드를 테스트하기 위한 Listing 5.18 프로그램을 Listing 6.9에서 다시 작성해 본다. 코드에

Listing 6.9 반복되는 코드를 가진 main 메소드

```
public class SpeciesEqualsDemo
{
    public static void main(String[] args)
    {
        Species s1 = new Species(), s2 = new Species();

        s1.setSpecies("Klingon Ox", 10, 15);
        s2.setSpecies("Klingon Ox", 10, 15);
        if (s1 == s2)
            System.out.println("Match with ==.");
        else
            System.out.println("Do Not match with ==.");

        if (s1.equals(s2))
            System.out.println("Match with the method equals.");
        else
            System.out.println("Do Not match with the method equals.");
        System.out.println("Now change one Klingon Ox to lowercase.");
        s2.setSpecies("klingon ox", 10, 15);  // 소문자를 사용한다.
        if (s1.equals(s2))
            System.out.println("Match with the method equals.");
        else
            System.out.println("Do Not match with the method equals.");
    }
}
```

Listing 6.10 보조 메소드를 사용하는 main 메소드

웹에서는 SpeciesEqualsDemo2.java에 이 클래스가 있다.

```
public class SpeciesEqualsDemo
{
    public static void main(String[] args)
    {
        Species s1 = new Species(), s2 = new Species();

        s1.setSpecies("Klingon Ox", 10, 15);
        s2.setSpecies("Klingon Ox", 10, 15);

        testEqualsOperator(s1, s2);
        testEqualsMethod(s1, s2);

        System.out.println("Now change one Klingon Ox to lowercase.");
        s2.setSpecies("klingon ox", 10, 15);  // 소문자를 사용한다.

        testEqualsMethod(s1, s2);
    }

    private static void testEqualsOperator(Species s1, Species s2)
    {
        if (s1 == s2)
            System.out.println("Match with ==.");
        else
            System.out.println("Do Not match with ==.");
    }

    private static void testEqualsMethod(Species s1, Species s2)
    {
        if (s1.equals(s2))
            System.out.println("Match with the method equals.");
        else
            System.out.println("Do Not match with the method equals.");
    }
}
```

는 반복되는 부분이 두 군데 표시되어 있는데, 이것을 정적 메소드로 분리하고 main 메소드에서 두 번 호출하는 것으로 변경할 수 있다. 이렇게 개선된 버전은 Listing 6.10에 나와 있으며, Listing 6.9의 코드 중 색칠 없이 네모로 감싼 부분도 별도의 메소드로 정의하였다. 새로 정의한 두 개의 보조 메소드는 모두 정적이고 전용이다.

프로그래밍 팁_main 메소드를 위한 보조 메소드

응용 프로그램 작성 시 main 메소드는 보조 메소드에 대한 호출문만 포함하도록 하여 논리를 단순화하라. main이 정적이기 때문에 보조 메소드도 정적이어야 한다. 또한 보조 메소드이기 때문에 전용으로 선언하는 것이 좋다. ■

기억하세요! main도 정적 메소드이다

Main 메소드도 정적이기 때문에 앞 절에서 설명한 정적 메소드에 관한 사항들을 잘 지켜야 한다. 일반적으로 정적 메소드에서는 정적 메소드만 호출할 수 있고, 정적 변수만 사용할 수 있다. 같은 클래스 내의 메소드라 할지라도 호출 객체를 명시하지 않으면 비정적 메소드를 호출할 수 없다.

클래스에 main 메소드 추가하기

지금까지는 main 메소드를 작성하기 위해 별도의 클래스를 따로 정의하고 별도 파일에 저장하였다. 그러나 main 메소드를 사용하려는 클래스 정의 내에 포함하는 것이 합리적일 때도 있다. 이러한 클래스는 두 가지 목적으로 사용된다. 하나는 다른 클래스에서 이 클래스의 객체를 생성하기 위한 용도이고, 다른 하나는 그 자신이 프로그램으로 실행되는 것이다. 예를 들어 Listing 5.19의 Species 클래스 내에 main 메소드를 직접 작성할 수 있다. Listing 6.11이 그 결과를 보여 준다.

이런 방식으로 Species 클래스를 다시 정의한 다음, 이것을 프로그램으로 실행시키면 main 메소드가 맨 먼저 호출된다. Species가 단순히 객체를 생성하기 위한 클래스로 사용될 때는 main 메소드는 무시된다.

main 메소드는 정적이기 때문에 비정적 메소드를 호출하기 위해서는 별도의 객체를 생성하거나 가져오는 방식으로 객체가 존재해야 하고 그 객체를 통해서만 메소드를 호출할 수 있다. Listing 6.11의 main 메소드는 Species 클래스의 객체를 먼저 생성하고 그것을 이용해 클래스 내의 다른 메소드를 호출한다. main 메소드가 비록 Species 클래스 내에 존재하지만 이렇게 해야만 비정적 메소드를 호출할 수 있다.

프로그래밍 팁_클래스 테스트용으로 main 메소드를 추가하라

객체를 생성하는 일반적인 목적의 클래스 정의 내에 아무 내용의 main 메소드나 작성해서는 안 된다. 그러나 클래스 정의 내에 그 클래스를 테스트하기 위한 작은 진단용 main 메소드를 작성하는 것은 권장할 만한 방법이다. 이렇게 하면 클래스 작성자가 실행한 테스트 내용에 대해 다른 프로그래머에게 알려 줄 수 있다. 이 장의 뒷부분에서 테스트에 관한 사항을 좀 더 논의할 것이다. ■

Listing 6.11 클래스 정의 내에 main 메소드 포함

```
import java.util.Scanner;
public class Species
{
    private String name;
    private int population;
    private double growthRate;

    <readInput, writeOutput, predictPopulation, setSpecies, getName, getPopulation,
     getGrowthRate, equals 정의가 이곳에 위치한다. 내용은 Listing 5.19와 같다.>

    public static void main(String[] args)
    {
        Species speciesToday = new Species( );
        System.out.println("Enter data on today's species:");
        speciesToday.readInput( );
        speciesToday.writeOutput( );

        System.out.println("Enter number of years to project:");
        Scanner keyboard = new Scanner(System.in);
        int numberOfYears = keyboard.nextInt( );
        int futurePopulation =
                  speciesToday.predictPopulation(numberOfYears);
        System.out.println("In " + numberOfYears +
                          " years the population will be " +
                          futurePopulation);
        speciesToday.setSpecies("Klingon ox", 10, 15);
        System.out.println("The new species is:");
        speciesToday.writeOutput( );
    }
}
```

Math 클래스

자바에서 미리 정의해 놓은 클래스 중의 하나인 Math는 많은 수의 표준 수학 메소드를 제공한다. 이 클래스는 자바 언어로 프로그램할 때 자동으로 제공되기 때문에 import 문을 사용할 필요가 없다. 그림 6.3에 Math 클래스의 일부 메소드가 소개되었다. 이 메소드들은 모두 정적이어서 이들을 사용하기 위해 Math 클래스의 객체를 따로 생성할 필요가 없고, 보통 클래스 이름 Math를 앞에 붙여 사용한다. 예를 들어 다음 코드는 숫자 2와 3 중의 큰 수를 찾아 출력한다.

```
int ans = Math.max(2, 3);
System.out.println(ans);
```

여기서 변수를 생략하고 다음과 같이 간략하게 표현할 수도 있다.

```
System.out.println(Math.max(2, 3));
```

Math 클래스에는 두 개의 이름 붙은 상수 PI와 E가 있다. 수학에서 보통 π로 표시되는 PI는 원이나 구 등 원에 기반한 기하학적 도형에 대한 계산에 사용되는 원주율로서 약 3.14159의 값을 가진다. E는 수학 표현으로 e이며, 자연로그의 밑으로 사용되고 값은 약 2.71828이다. 상수 PI와 E는 모두 정적이어서 Math.PI와 Math.E와 같은 형태로 사용할 수 있다. 예를 들어 주어진 반지름 radius를 이용해 원의 면적을 구하기 위한 코드는 다음과 같다.

```
area = Math.PI * radius * radius;
```

PI와 E 값을 사용하기 위해 따로 정의하기보다는 Math.PI와 Math.E를 사용하는 것이 좋다.

그림 6.3의 표에 있는 메소드 중에 서로 유사해 보이지만 같지는 않은 세 개의 메소드 round, floor, ceil이 있다. 이들 중 일부는 double형의 값을 반환하지만 실제로

이름	설명	인자의 형	반환형	예	반환값
pow	승수	double	double	Math.pow(2.0, 3.0)	8.0
abs	절댓값	int, long, float 또는 double	인자의 형과 동일	Math.abs(-7) Math.abs(7) Math.abs(-3.5)	7 7 3.5
max	최댓값	int, long, float 또는 double	인자의 형과 동일	Math.max(5, 6) Math.max(5.5, 5.3)	6 5.5
min	최솟값	int, long, float 또는 double	인자의 형과 동일	Math.min(5, 6) Math.min(5.5, 5.3)	5 5.3
random	임의의 수	없음	double	Math.random()	0 ≤ x < 1인 임의의 수 x
round	반올림	float 또는 double	int 또는 long	Math.round(6.2) Math.round(6.8)	6 7
ceil	올림	double	double	Math.ceil(3.2) Math.ceil(3.9)	4.0 4.0
floor	내림	double	double	Math.floor(3.2) Math.floor(3.9)	3.0 3.0
sqrt	제곱근	double	double	Math.sqrt(4.0)	2.0

그림 6.3 Math 클래스의 정적 메소드

반환되는 값을 보면 모두 주어진 인자에 가까운 정수에 해당하는 것들이다. **round** 메소드는 인자의 값을 반올림하여 가장 가까운 정숫값을 반환한다. 인자가 **float**형이면 **int**형 수를, **double**형이면 **long**형 수를 반환한다. 만약 **double**형 인자에 대해 **int**형 수를 반환하기 원하면 형 변환 연산자를 사용해야 한다.[1]

```
double start = 3.56;
int answer = (int)Math.round(start);
```

이 코드를 실행하면 **answer**의 값은 4가 된다.

floor와 **ceil** 메소드는 **round**와 유사하지만 약간 다른 점이 있다. 이 메소드의 반환값은 주어진 인자에 가까운 정수이긴 하지만 **int**나 **long**형이 아니라 **double**형이다. **floor** 메소드는 주어진 인자보다 작거나 같은 수 중 가장 가까운 정수를 반환하는 것으로 **내림**(rounding down) 연산을 수행한다. 그래서 **Math.floor(3.9)**는 4.0이 아니라 3.0을 반환한다. **Math.floor(3.3)**도 마찬가지로 3.0을 반환한다.

*Ceiling*의 줄임말인 **ceil** 메소드는 주어진 인자보다 크거나 같은 수 중 가장 가까운 정수를 반환하는 것으로 **올림**(rounding up) 연산을 수행한다. 그래서 **Math.ceil(3.1)**은 3.0이 아닌 4.0을 반환하며, **Math.ceil(3.9)**도 역시 4.0을 반환한다.

floor나 **ceil** 메소드에 의해 반환된 값을 **int**형 변수에 저장하고 싶으면 역시 다음 예와 같이 형 변환 연산자를 사용해야 한다.

```
double start = 3.56;
int lowAnswer = (int)Math.floor(start)
int highAnswer = (int)Math.ceil(start);
```

이 예에서 **Math.floor(start)**는 **double**형의 3.0을 반환하고, **lowAnswer** 변수에는 이것을 **int**형으로 변환한 값 3이 저장된다. **Math.ceil(start)**는 **double**형의 4.0을 반환하고, 변수 **highAnswer**에는 **int**형 값 4가 저장된다.

마지막으로 **random** 메소드를 설명하면 이 메소드는 0보다 크거나 같고 1보다 작은 임의의 **double**형 수를 반환한다. 0과 1 사이의 랜덤 수가 아닌 다른 수를 사용하고 싶은 경우가 자주 있는데, 이런 경우에는 결괏값에 적절한 곱셈과 덧셈을 수행해 원하는 범위의 수로 변경하면 된다. 그리고 정수가 필요하다면 형 변환도 해야 한다. 예를 들어 6면짜리 주사위를 굴리는 것을 흉내 내는 코드라면 다음과 같이 작성할 수 있다.

```
int die = (int)(6.0 * Math.random()) + 1;
```

반환된 랜덤 수에 6.0을 곱하면 0에서 6.0 사이의 값이 만들어진다. 이것을 **int**형으로

---

1 결과가 4와 같이 작은 값이어서 **int**형의 크기에 맞는다 해도 **long**형으로 지정된 수가 **int**형 변수에 저장될 수는 없다.

형 변환하면 정수 0, 1, 2, 3, 4, 5 중의 하나가 되고, 여기에 1을 더하면 원하는 대로 1~6 사이의 정수가 나온다.

자습문제 SELF-TEST QUESTIONS

17 다음 각 호출문이 실행되어 반환되는 값은 무엇인가?

a. `Math.round(2.3)`

b. `Math.round(2.7)`

c. `Math.floor(2.3)`

d. `Math.floor(2.7)`

e. `Math.ceil(2.3)`

f. `Math.ceil(2.7)`

g. `(int) (Math.random() * 10.0) + 10;`

18 변수 `speed`가 `double`형이고 `Math.round(speed)`가 반환한 값을 `int`형 변수 `approxSpeed`에 저장하고 싶다고 하자. 이 작업을 코드로 작성해 보라.

19 `long`형 변수 `longSpeed`에 `Math.round(speed)` 값을 대입한다고 하고, 앞 문제를 그대로 반복하라.

20 `n1`은 `int`형, `n2`는 `long`형 변수라고 하자. `Math.min(n1, n2)`가 반환하는 값은 무슨 형인가?

21 두 개의 메소드 `getArea`와 `getCircumference`만 가지는 `CirlceCalculator` 클래스를 정의하라. 두 메소드는 주어진 인자인 반지름(radius)을 이용해 원의 면적과 원둘레를 각각 계산하며 정적 메소드이다. 파이값을 별도로 정의하지 마라.

포장 클래스

자바는 `int`, `double`, `char` 등과 같은 기본형과 `String`이나 각자 정의한 클래스로 선언하는 클래스형을 구분해서 취급한다. 예를 들어 5장에서 배운 바와 같이 메소드의 매개변수가 기본형인지 클래스형인지에 따라 서로 다른 방식으로 인자가 전달된다. 어떤 메소드에 클래스형의 인자를 전달해야 하는데 기본형의 값을 가지고 있을 경우, 기본형의 값을 그에 상응하는 클래스의 값으로 변환할 필요가 있다. 이러한 변환을 위해 자바는 각각의 기본형에 대해 **포장 클래스**(wrapper class)라고 하는 종류의 클래스를 제공한다. 포장 클래스 각각에는 자신이 지원하는 기본형의 값에 대한 동작이 메소드로 정의되어 있다.

한 예로 기본형 int에 대응하는 포장 클래스는 Integer이다. 어떤 int형의 값, 예를 들어 42라는 값을 Integer 클래스의 객체로 변환하려면 다음과 같이 할 수 있다.

```
Integer n = new Integer(42);
```

이 코드가 실행되면 n은 42라는 int형 수에 해당하는 Integer 클래스의 한 객체를 가리키는 이름이 된다. 사실은 객체 n의 인스턴스 변수에 42라는 값이 저장되는 형태다. 역으로 다음 문장은 Integer형의 객체를 int형의 값으로 변환하게 된다.

```
int i = n.intValue();   // n은 Integer 클래스의 객체를 가리킨다.
```

intValue 메소드는 Integer형의 객체가 표현하는 것과 동등한 int형 값을 추출하는 기능을 한다.

기본형인 long, float, double, char에 대응하는 포장 클래스는 각각 Long, Float, Double, Character이다. 물론 Integer 클래스의 intValue 메소드와 같이 각 클래스는 longValue, floatValue, doubleValue, charValue라는 메소드를 가지고 있다.

int 등의 기본형에서 상응하는 Integer와 같은 포장 클래스로 변환하는 것은 자동으로 이루어지기도 한다. 이런 형 변환을 **박싱**(boxing)이라 한다. 포장 클래스의 객체를 '상자(box)'라 생각하고 기본형의 값을 그 박스 안에 있는 전용 인스턴스 변수로 넣는다고 생각할 수 있다. 따라서 다음 문장은

```
Integer n = new Integer(42);
Double d = new Double(9.99);
Character c = new Character('Z');
```

다음과 같이 보다 단순한 형태로 작성할 수 있다.

```
Integer n = 42;
Double d = 9.99;
Character c = 'Z';
```

이 단순한 대입문은 new 연산자를 포함하는 위의 긴 문장을 줄여서 간략하게 표시한 것뿐이다. 이는 double형의 값을 int형 변수에 대입할 때 형 변환 연산자가 없이도 자동으로 형 변환이 수행되는 것과 마찬가지라고 보면 된다.

포장 클래스의 객체에서 기본형의 값으로의 역변환 과정은 **언박싱**(unboxing)이라 한다. 언박싱도 자동으로 수행된다. 예를 들어 n이 Integer 클래스의 객체일 때 다음 문장은

```
int i = n.intValue();   // n은 Integer 클래스의 객체를 가리킨다.
```

다음 형태로 간략하게 표현할 수 있다.

```
int i = n;  // n은 Integer 클래스의 객체를 가리킨다.
```

다음 코드도 자동 언박싱의 예제들이다.

```
int i = new Integer(42);
double f = new Double(9.99);
char s = new Character('Z');
```

실제로 일어나는 일은 기본형 변수에 대입할 값을 알아내기 위해 자바가 해당 클래스마다 적절한 접근자 메소드, 즉 intValue, doubleValue, charValue 등을 자동으로 호출하는 것이다.

자동 박싱과 언박싱은 지금까지 예로 든 단순한 대입문뿐만 아니라 메소드의 매개변수에도 적용될 수 있다. 어떤 메소드의 매개변수가 Integer와 같은 포장 클래스형으로 선언되었을 때, 호출 시의 인자로 기본형인 int형의 값을 전달할 수 있다. 마찬가지로 기본형의 매개변수를 가진 메소드에 상응하는 포장 클래스형의 객체를 전달할 수 있다.

이제 포장 클래스의 가장 중요한 점을 살펴보자. 포장 클래스는 각 기본형에 대한 유용한 상수와 정적 메소드를 많이 제공하고 있다. 예를 들어 어떤 기본형의 수에 대해 표현할 수 있는 최댓값과 최솟값이 무엇인지 상응하는 포장 클래스에서 찾을 수 있다. int형의 최댓값과 최솟값은 각각

```
Integer.MAX_VALUE
Integer.MIN_VALUE
```

이고, double형의 최댓값과 최솟값은

```
Double.MAX_VALUE
Double.MIN_VALUE
```

이다. MAX_VALUE와 MIN_VALUE는 포장 클래스인 Integer, Long, Float, Double, Character에 각각 정적 상수로 정의되어 있다. 예를 들어 Integer 클래스에는 다음과 같이 정의되어 있다.

```
public static final int MAX_VALUE = 2147483647;
```

포장 클래스가 제공하는 정적 메소드를 이용하면 문자열을 그에 대응하는 int, double, long, float형 등의 값으로 변환할 수 있다. 예를 들어 Double 클래스의 정적 메소드 parseDouble은 문자열로 주어진 인자를 그에 대응하는 double형 값으로 변환

한다. 그래서

```
Double.parseDouble("199.98")
```

이라는 호출문은 double형의 값 199.98을 반환한다. 물론 사람의 경우 그냥 보기만 해도 알 수 있기 때문에 이런 복잡한 방식을 사용할 가치가 있을까 싶기도 하다. 그러나 같은 기법이 문자열 변수의 값을 바꾸는 데 사용될 수 있다. 예를 들어 theString이 String형의 변수이고 double형 수에 대한 문자열 표현이 저장되어 있다고 하자. 다음 문장은 theString에 저장된 문자열에 상응하는 double형 값을 반환한다.

```
Double.parseDouble(theString)
```

theString이 가진 문자열의 맨 앞이나 맨 뒤에 여분의 공백이 있다면 이를 잘라 내고 값을 추출하기 위해 다음과 같이 작성한다.

```
Double.parseDouble(theString.trim())
```

trim 메소드는 String 클래스에 있는 것으로 문자열의 앞뒤에 있는 공백 문자와 같은 여백을 잘라 낸다. parseDouble과 같은 메소드를 호출할 때는 항상 trim을 사용하는 것이 안전한 방법이다. 앞뒤 어디에 얼마만큼 여백이 붙어 있을지 모른다. 문자열이 올바른 형식의 숫자가 아닐 경우 Double.parseDouble을 호출하면 프로그램이 그대로 종료한다. 그러나 trim을 사용하면 이런 문제를 방지할 수 있다.

문자열을 숫자로 변환하는 이런 기능은 Double 외에도 Integer, Long, Float 등의 포장 클래스에서도 가능하다. Double.parseDouble과 유사하게 Integer.parseInt, Long.parseLong, Float.parseFloat 등을 호출하면 된다.

숫자에 대한 포장 클래스는 또한 반대 방향의 변환을 실행하는 toString이라는 정적 메소드를 가지고 있다. 즉, 숫자값을 그 숫자의 문자열 표현으로 변환한다. 예를 들어

```
Integer.toString(42)
```

라는 호출문은 문자열 "42"를 반환한다. 마찬가지로,

```
Double.toString(199.98)
```

은 문자열 "199.98"을 반환한다.

Character는 기본형 중 char에 대한 포장 클래스이다. 다음의 코드는 이 클래스의 몇몇 기본 메소드에 대한 예제이다.

```
Character c1 = new Character('a');
Character c2 = new Character('A');
if (c1.equals(c2))
    System.out.println(c1.charValue() + " is the same as " +
                       c2.charValue());
else
    System.out.println(c1.charValue() + "is not the same as" +
                       c2.charValue());
```

이 코드를 실행한 결과는 다음과 같다.

```
a is not the same as A
```

equals 메소드는 문자의 동일성을 검사하기 때문에 대문자와 소문자는 다른 것으로 간주된다.

Character 클래스에는 그 외에도 유용한 정적 메소드들이 더 있다. 소문자와 대문자를 서로 바꾼다거나 어떤 문자가 영문자인지 숫자인지 검사하는 등 몇 가지 예가 그림 6.4에 나열되어 있다.

Boolean 포장 클래스도 있다. 여기에는 boolean형의 두 상수인 Boolean.TRUE와 Boolean.FALSE가 정의되어 있는데, 그냥 자바 키워드 true와 false를 사용하는 편이 훨씬 더 쉽다.

이름	설명	인자의 형	반환형	예	반환값
toUpperCase	대문자로 변환	char	char	Character.toUpperCase('a') Character.toUpperCase('A')	'A' 'A'
toLowerCase	소문자로 변환	char	char	Character.toLowerCase('a') Character.toLowerCase('A')	'a' 'a'
isUpperCase	대문자인지 검사	char	boolean	Character.isUpperCase('A') Character.isUpperCase('a')	true false
isLowerCase	소문자인지 검사	char	boolean	Character.isLowerCase('A') Character.isLowerCase('a')	true false
isLetter	영문자인지 검사	char	boolean	Character.isLetter('A') Character.isLetter('%')	true false
isDigit	숫자인지 검사	char	boolean	Character.isDigit('5') Character.isDigit('A')	true false
isWhitespace	여백인지 검사	char	boolean	Character.isWhitespace(' ') Character.isWhitespace('A')	true false
여백 문자는 출력 시에 여백으로 보이는 문자로 공백 문자(' '), 탭 문자('\t'), 줄 바꿈 문자('\n') 등이 있다.					

그림 6.4 Character 클래스의 정적 메소드

요점 정리 포장 클래스

모든 기본형은 포장 클래스를 가진다. 포장 클래스는 기본형의 값에 대응하는 클래스 객체를 생성할 수 있게 해 준다. 또한 포장 클래스에는 다수의 유용한 상수와 메소드가 미리 정의되어 있다. 그래서 각 포장 클래스에는 서로 연관되어 있지만 별개인 두 가지 용도가 있다.

예를 들어 int형의 수에 대응하는 포장 클래스 Integer의 객체를 생성할 수 있다.

```
Integer n = new Integer(42);
```

포장 클래스인 Integer는 parseInt와 같은 유용한 정적 메소드가 모여 있는 라이브러리 역할도 수행한다. 예를 들면 다음과 같다.

```
String numeralString;
  ...
int number = Integer.parseInt(numeralString);
```

어떤 프로그램이든 포장 클래스의 이 두 가지 측면을 모두 사용할 수 있다.

GOTCHA 포장 클래스에는 기본 생성자가 없다

포장 클래스인 Boolean, Byte, Character, Double, Float, Integer, Long, Short에는 기본 생성자가 없다. 그래서 다음과 같은 문장은 유효하지 않다.

```
Integer n = new Integer();  // 유효하지 않다!
```

이들 클래스의 객체를 새로 생성할 때는 다음 예와 같이 반드시 생성자에 대한 초깃값으로 인자를 전달해야 한다.

```
Character myMark = new Character('Z');
```

포장 클래스에는 설정 메소드도 없다. 따라서 일단 생성된 객체의 값은 변경할 수 없다. 포장 클래스를 설계한 사람들이 기본값을 주지 않기로 결정했기 때문에 기본 생성자가 없는 것이다. ■

자습문제 SELF-TEST QUESTIONS

22 다음 문장 중 유효한 것은?

```
Integer n = new Integer(77);
int m = 77;
n = m;
m = n;
```

이 중 유효하지 않은 것이 있다면 그 문장이 의도하는 바를 수행할 수 있는 유효한 자바 문장을 작성하라.

23 double형 변수 x에 저장된 값을 문자열로 변환할 수 있는 자바 표현을 작성하라.

24 정수를 표현하는 일반적인 방법으로 "123"과 같은 문자열을 저장한 String형의 변수 s를 생각해 보자. 이 문자열을 상응하는 int형의 값으로 변환하는 자바 표현을 작성하라.

25 앞 문제와 같지만 " 123 "과 같이 앞뒤에 여백이 있는 문자열인 경우까지 처리할 수 있는 자바 표현을 작성하라.

26 double형이 가질 수 있는 최댓값과 최솟값을 출력하는 자바 코드를 작성하라.

6.3 메소드 작성법

이 절에서는 메소드의 설계, 구현, 테스트에 관련된 몇 가지 기본적인 기법을 설명한다. 사례 연구로 시작해 보자.

사례 연구 양식화된 출력

일정 액수의 금액을 저장하는 double형의 변수를 가지고 있다면, 그 액수를 출력할 때 보기 좋은 모양으로 출력하도록 프로그램을 작성해야 한다. 그러나 다음과 같은 출력이 되기가 쉽다.

```
Your cost, including tax, is $19.98123576432
```

대신에 다음과 같이 출력되면 더 보기 좋을 것이다.

```
Your cost, including tax, is $19.98
```

이번 사례 연구에서는 위와 같은 보기 좋은 모양의 출력[2]을 수행하는 정적 메소드 write와 writeln을 가지는 DollarFormat 클래스를 정의할 것이다. 예를 들어 돈의

2 printf 메소드를 비롯해 자바에는 원하는 형식에 맞춰 숫자를 출력해 주는 기능의 클래스가 있다. 그러나 이 클래스를 사용하는 것이 상당히 복잡할 수도 있다. 자신의 출력 클래스를 스스로 작성하는 것이 학습에 더 도움이 되며, 기존 클래스 사용보다 오히려 더 쉬울 수도 있다. 형식을 맞춰 주는 클래스에 대해 더 알고 싶으면 부록 4에 있는 DecimalFormat 클래스 설명을 참조하라.

액수가 amount라는 이름의 double형 변수에 저장되어 있다면 이러한 출력을 생성해 내는 코드는 다음과 같이 작성할 수 있다.

```
System.out.print("Your cost, including tax, is ");
DollarFormat.writeln(amount);
```

write와 writeln 메소드가 항상 달러 기호를 덧붙이는 것과 소수점 뒤에 숫자 두 개까지만 출력해야 한다는 것에 주의하라. 따라서 이 메소드는 $2.1이 아닌 $2.10을 출력할 것이다.

출력해야 할 액수가 소수점 뒤에 두 개 이상의 숫자를 가지고 있다면 나머지 숫자에 어떤 처리를 해야 할지 결정해야 한다. 소수점 이하 두 자리가 오게 반올림하도록 결정했다고 하자. 그러면 9.128이라는 수에 대해 출력은 $9.13이 될 것이다.

write와 writeln의 차이점은 print와 println의 차이점과 같다. 출력할 내용을 내보낸 후에 write는 줄을 바꾸지 않은 채로 유지하고, writeln은 다음 줄로 전진한다. 따라서 writeln 메소드는 먼저 write 메소드를 호출한 후 다음 줄로 옮기기 위해 println을 호출하는 순서로 구현하면 된다.

이제 이 메소드들이 무엇을 해야 하는지 정해졌으므로 어떻게 구현할 것인지 생각할 때다. 9.87과 같은 값을 출력하기 위해서는 이 수를 9와 87로 분리해 따로 출력하는 수밖에 없다. 따라서 작성하고자 하는 메소드의 개략적인 초안은 다음 의사코드와 같아야 한다.

double형의 액수를 달러와 센트로 출력하는 알고리즘

(변수 amount는 출력해야 할 액수를 저장하고 있다.)

1. dollars = amount에 저장된 달러의 액수
2. cents = amount에 저장된 센트의 액수. 소수점 뒤에 세 개 이상의 숫자가 있으면 반올림한다.
3. 달러 기호, dollars, 점 순서로 출력한다.
4. cents를 두 자릿수의 정수로 출력한다.

이제 의사코드를 자바로 바꾸어야 한다. 변수 amount에 이미 어떤 double형 수가 저장되어 있다고 하자. 달러와 센트를 두 개의 int값으로 얻기 위해서 먼저 소수점을 제거해야 한다. 이렇게 할 수 있는 한 가지 방법은 전체 액수를 센트로 표현하는 것이다. 예를 들어 10.95달러를 모두 센트로 변환하려면 100을 곱해서 1095.0이라는 숫자를 만들 수 있다. 10.9567달러가 1095.67센트가 되는 것처럼 센트 단위에서도 소수점 아랫부분이 존재한다면 round 메소드를 써서 이것을 잘라 낼 수 있다. Math.round(1095.67)을 호출하면 long형의 값 1096을 반환한다.

이 반올림 결과는 전체 액수를 cents로 표현하는 int형 변수에 저장해야 함을 잊지 말자. Math.round 메소드는 long형의 값을 반환하기 때문에 수의 크기에 상관없이 그대로는 int형 변수에 저장할 수 없다. 따라서 다음과 같이 반환된 값을 int형으로 변환해 주는 형 변환 연산자를 덧붙여 주어야 한다.

```
(int)(Math.round(1095.67))
```

이 연산의 결과는 int형 값인 1096이 된다. 따라서 다음과 같은 코드로 프로그램을 시작할 수 있다.

```
int allCents = (int)(Math.round(amount * 100));
```

이제 allCents에 저장된 값을 달러 액수와 센트 액수로 바꾸어야 한다. 예를 들어 1096센트는 10.96달러이기 때문에 1096을 정수 10과 96으로 나누어야 한다. 1달러는 100센트이므로 정수 나눗셈을 사용하면 달러 액수를 얻을 수 있다.

```
int dollars = allCents / 100;
```

이 나눗셈의 나머지가 바로 센트의 액수이므로 % 연산자를 적용하면 된다.

```
int cents = allCents % 100;
```

이제 의사코드의 첫 두 단계를 자바 코드로 변환하였다.

```
int allCents = (int)(Math.round(amount * 100));
int dollars = allCents / 100;
int cents = allCents % 100;
```

세 번째 단계를 자바로 표현하는 것은 간단하다.

```
System.out.print('$');
System.out.print(dollars);
System.out.print(.);
```

이제 남은 것은 의사코드의 마지막 단계

```
cents를 두 자릿수의 정수로 출력한다.
```

를 자바 코드로 표현하는 것이다. 아주 간단해 보인다. 다음 코드처럼 할 수 있다.

```
System.out.println(cents);
```

이제 이것을 테스트하기 위해 10.9567이란 값을 amount에 넣어 보면 결과 출력은 다음과 같다.

```
$10.96
```

성공적으로 완수한 것으로 보인다. (amount를 특정값으로 지정하는 대입문을 추가하는 것은 코드를 테스트하기 위한 임시방편이다.) 그러나 다른 예에 대해서 더 실행해 보면 문제를 만나게 된다. 예를 들어 amount가 7.05이면 출력은

```
$7.05
```

가 되어야 하는데 위 코드에 따른 출력은 다음과 같다.

```
$7.5
```

이 결과를 분석해 보면 센트의 크기가 10보다 작을 때는 0을 앞에 하나 출력하도록 해 주어야 한다는 것을 알 수 있다. 다음 문장을 추가하면 이 문제를 해결할 수 있다.

```
if (cents < 10)
{
    System.out.print(0);
    System.out.print(cents);
}
else
    System.out.print(cents);
```

Listing 6.12에 지금까지 개발한 클래스 정의가 나와 있다. 이제 클래스를 완성했으니 보다 심각한 테스트가 필요한 시점이다. Listing 6.13은 write 메소드를 테스트하는 프로그램을 보여 준다. 이런 종류의 프로그램을 종종 **구동 프로그램**(driver program 또는 driver)이라고 하는데, 다른 내용 없이 오로지 메소드를 구동시키는 일만 하기 때문이다. 메소드는 이런 종류의 프로그램으로 테스트할 수 있다.

음수를 넣지 않으면 테스트는 잘 진행된다. 음수의 돈 액수도 있을 수 있는 일인데, 빚 또는 채무일 때가 그렇다. 그러나 amount의 값이 −1.20일 때 우리가 작성한 메소드는 $−1.0−20을 출력한다. 음수를 다루는 방법이 뭔가 잘못된 것이다.

amount가 음수일 때의 계산 과정을 따라가 보면, dollars와 cents 모두 음수를 갖게 된다는 것을 알 수 있다. dollars의 음수는 문제가 없으며, 위의 테스트에서도 정당한 결과인 $−1을 출력한다. 문제는 cents이며 −20이 아니라 20을 출력하도록 해야 한다. 이를 수정하는 방법은 여러 가지가 있지만, 가장 단순하고 깔끔한 방법은 현재 코드가 음이 아닌 수에 대해서는 제대로 동작하므로 음수를 양수로 바꾸어 계산하는 것이다. 그리고 마지막에 결과 양수 앞에 마이너스(−) 기호를 붙여 출력한다.

개선된 클래스는 Listing 6.14에 있다. 새로운 메소드 writePositive는 원래 메소드

Listing 6.12 DollarFormatFirstTry 클래스

```
public class DollarFormatFirstTry
{
    /**
     amount의 값을 달러와 센트로 출력한다.
     소수점 셋째 자리에서 반올림한다.
     출력 후에 다음 줄로 이동하지 않는다.
    */
    public static void write(double amount)
    {
        int allCents = (int)(Math.round(amount * 100));
        int dollars = allCents / 100;
        int cents = allCents % 100;

        System.out.print('$');
        System.out.print(dollars);
        System.out.print('.');

        if (cents < 10)
        {
            System.out.print('0');
            System.out.print(cents);
        }
        else
            System.out.print(cents);
    }
    /**
     amount의 값을 달러와 센트로 출력한다.
     소수점 셋째 자리에서 반올림한다.
     출력 후에 다음 줄로 이동한다.
    */
    public static void writeln(double amount)
    {
        write(amount);
        System.out.println();
    }
}
```

write와 거의 같다. 유일한 차이는 writePositive 메소드가 달러 기호를 출력하지 않고 새로 개정한 write 메소드에서 출력한다는 점이다.

DollarFormatFirstTry를 테스트했던 프로그램과 비슷한 것으로 DollarFormat 클래스를 테스트하면 결과는 성공이다. (이러한 테스트용 구동 프로그램은 원서와 연계된 웹사이트 DollarFormatDriver.java 파일에 있다.)

Listing 6.13 DollarFormatFirstTry 클래스를 테스트하는 프로그램

이런 종류의 테스트 프로그램을 종종 구동 프로그램(driver)이라 한다.

```
import java.util.Scanner;
public class DollarFormatFirstTryDriver
{
    public static void main(String[] args)
    {
        double amount;
        String response;
        Scanner keyboard = new Scanner(System.in);

        System.out.println("Testing DollarFormatFirstTry.write:");
        do
        {
            System.out.println("Enter a value of type double:");
            amount = keyboard.nextDouble();
            DollarFormatFirstTry.write(amount);
            System.out.println();
            System.out.println("Test again?");
            response = keyboard.next();
        } while (response.equalsIgnoreCase("yes"));
        System.out.println("End of test.");
    }
}
```

실행 결과 출력

```
Testing DollarFormatFirstTry.write:
Enter a value of type double:
1.2345
$1.23
Test again?
yes
Enter a value of type double:
1.235
$1.24
Test again?
yes
Enter a value of type double:
9.02
$9.02
Test again?
yes
Enter a value of type double:
-1.20
$-1.0-20        ← 앗! 문제 발생!
Test again?
no
```

Listing 6.14 수정한 DollarFormat 클래스

```
public class DollarFormat
{
    /**
     amount의 값을 달러와 센트로 출력한다.
     소수점 셋째 자리에서 반올림한다.
     출력 후에 다음 줄로 이동하지 않는다.
    */
    public static void write(double amount)
    {
        if (amount >= 0)
        {
            System.out.print('$');
            writePositive(amount);
        }
        else
        {
            double positiveAmount = -amount;    돈의 액수가 음수인 경우
            System.out.print('$');
            System.out.print('-');
            writePositive(positiveAmount);
        }
    }
    // 선행조건 : amount >= 0
    // amount의 값을 달러와 센트로 출력한다. 소수점 셋째 자리에서 반올림한다.
    // 달러 기호는 생략한다.
    private static void writePositive(double amount)
    {
        int allCents = (int)(Math.round(amount * 100));
        int dollars = allCents / 100;
        int cents = allCents % 100;

        System.out.print(dollars);
        System.out.print('.');

        if (cents < 10)                    논리구조를 단순화했지만 의미는
            System.out.print('0');         Listing 6.12에서 사용된 것과 동일하다.
        System.out.print(cents);
    }
    /**
     amount의 값을 달러와 센트로 출력한다.
     소수점 셋째 자리에서 반올림한다.
     출력 후에 다음 줄로 이동한다.
    */
    public static void writeln(double amount)
    {
        write(amount);                 원서와 연계된 웹사이트의 소스
        System.out.println();          코드 중 DollarFormatDriver.java
    }                                  파일에 이 클래스에 대한
}                                      테스트와 시범 프로그램이 있다.
```

프로그래밍 팁_다시 테스트하라

클래스나 메소드의 정의를 변경할 때마다 다시 테스트해야 한다. ■

분해

앞 절의 사례 연구에서 double형으로 표시된 수를 화폐 형태로 출력하는 메소드를 설계하기 위한 첫 번째 시도로 다음과 같은 의사코드를 작성하였다.

1. dollars = amount에 저장된 달러의 액수
2. cents = amount에 저장된 센트의 액수. 소수점 뒤에 세 개 이상의 숫자가 있으면 반올림한다.
3. 달러 기호, dollars, 점 순서로 출력한다.
4. cents를 두 자릿수의 정수로 출력한다.

실제 이 의사코드로 수행한 작업은 금액을 출력하는 작업을 여러 개의 작은 부분 작업으로 **분해**(decomposition)한 것이다. 예를 들어 의사코드의 첫 번째 단계는 다음과 같은 부분 작업을 간략하게 표현한 것이다.

amount에 저장된 금액의 달러 부분을 계산하여 int형 변수 dollars에 저장한다.

다음 단계는 각 부분 작업을 해결할 방법을 별도로 고안하고 그것을 자바 코드로 작성했다. 그 후 각 부분 작업에 대한 코드를 하나로 결합하여 최종적으로 메소드의 정의를 완성하였다.

최종 버전은 보다시피 의사코드에서 도출된 코드가 write 메소드가 아니라 writePositive 메소드에 작성되었다. 이는 단지 작업을 분해하는 단계를 한 단계 더 나간 것이다. writePositive 메소드는 write 메소드의 최종 정의에 사용될 부분 작업을 담당하였다.

항상은 아니지만 종종 부분 작업에 대한 해결책은 전용 보조 메소드로 작성된다. 부분 작업의 양이 많으면 더 작은 부분 작업으로 나누어 각 부분 작업을 따로따로 구현하면 된다. 이 작은 부분 작업은 역시 더 작은 작업들로 분해될 수 있으며, 최종적으로는 설계하기 쉽고 작성하기 쉬운 정도의 크기로 작아진다.

컴파일러의 관심사

컴파일러는 프로그램에서 특정하게 요구되는 사항이 이루어졌는지 확인하고 점검한다. 예를 들어 변숫값의 초기화, 반환값이 있는 메소드에서 return 문의 사용 여부 등

이다. 때로는 컴파일러가 이런 작업을 요구하는 메시지를 내지만, 이미 그 작업을 했거나 할 필요가 없는 경우일 수도 있다. 그런 경우 컴파일러를 탓할 필요는 없다. 대부분 컴파일러가 옳을 테니 말이다. 코드에서 오류를 발견할 수 없더라도 컴파일러가 요구하는 것을 수행했다는 것이 확실해지도록 코드를 바꾸는 것이 좋다.

예를 들어 int형의 값을 반환하는 메소드를 작성했는데 마지막 부분이 다음과 같이 되어 있다고 하자.

```
if (something > somethingElse)
    return something;
else if (something < somethingElse)
    return somethingElse;
```

이 문장은 something과 somethingElse가 같은 경우에 대한 처리가 없다. 따라서 컴파일러는 return 문이 더 필요하다고 불평할 것이다. 프로그램의 논리상 something과 somethingElse가 동일한 경우는 절대 발생하지 않으므로 자신의 코드가 맞다고 생각할지라도, 이 문장을 다음과 같이 변경해야 컴파일러를 만족시킬 수 있다.

```
if (something > somethingElse)
    return something;
else if (something < somethingElse)
    return somethingElse;
else
    return 0;
```

동일한 의미의 코드로 다음과 같이 바꿀 수도 있다.

```
int answer = 0;
if (something > somethingElse)
    answer = something;
else if (something < somethingElse)
    answer = somethingElse;
return answer;
```

앞 장에서 return 문은 하나만 있는 것이 좋다고 권고한 바 있다. 이를 따른다면 컴파일러의 불평은 훨씬 줄어들 것이다.

다른 예로서, 변수를 다음과 같이 선언했다고 하자.

```
String line;
```

컴파일러가 이 변수를 초기화하라고 주장한다면 다음과 같이 수정할 수 있다.

```
String line = null;
```

상숫값 null은 클래스형의 변수에 대입할 수 있는 특별한 상수로 자바에서 미리 정의해 둔 것이다. null은 일반 주솟값과 동일하게 취급되기 때문에 어떤 변숫값이 null인지 테스트하기 위해 equals 메소드를 사용하는 것이 아니라 ==나 =! 연산자를 사용하면 된다.

null은 객체가 아니라 객체의 주소를 표현하는 일종의 주솟값임을 기억하라. 클래스형의 변수를 초기화하기 위해 언제나 null을 사용하는 것은 아니다. 클래스형의 변수가 어떤 메소드의 호출에 사용되고, 메소드에서 그 변수에 객체를 대입할 것이라는 것을 알고 있을 때만 메소드 호출 전에 초기화해야 한다. 즉, 반드시 해야 할 때만 클래스형의 변수를 null로 초기화해야 한다는 것을 의미한다. 그러나 컴파일러는 때때로 필요하지 않은 경우에도 초기화하라고 주장한다.

GOTCHA Null 포인터 예외

null은 객체가 아니기 때문에 메소드를 호출할 때 사용할 수 없다. 만약 null 객체로 메소드를 호출한다면 "Null Pointer Exception"이라는 오류 메시지를 보게 될 것이다. 예를 들어 다음 문장

```
Pet myDog = null;
myDog.setPet("Spot", 2, 35.4);
```

은 Pet 클래스가 어떻게 정의되어 있든 상관없이 오류 메시지를 발생시킨다. 제대로 된 문장은 Pet형의 객체를 생성하는 new 연산자를 사용하는 것이다.

```
Pet myDog = new Pet();
myDog.setPet("Spot", 2, 35.4);
```

앞으로 더 많은 프로그램을 작성하면서 "Null Pointer Exception" 오류를 발생시키는 여러 가지 다른 상황을 만나게 될 것이다. 이런 경우에는 클래스형의 변수가 초기화되지 않은 부분이 있나 점검하기 바란다. ■

프로그래밍 팁_컴파일러는 항상 옳다

흠. 그러기를 바란다. 자신은 절대 실수하지 않았다는 생각으로 디버깅을 하면 컴파일러가 불평하게 된 오류를 찾기가 점점 더 어려워질 것이다. ■

메소드 테스트

메소드를 테스트하는 한 가지 방법은 Listing 6.13에 있는 것과 같은 구동 프로그램을

사용하는 것이다. 이 구동 프로그램은 본인만 사용할 것이므로 아주 간단해도 된다. 멋진 출력이나 정성 들인 코드 같은 것은 그다지 필요 없다. 해야 할 일이란 메소드에 인자를 주고 호출하는 것뿐이다.

클래스에 구현된 모든 메소드를 테스트해야 한다. 또한 그 메소드만 테스트하지 않은 상태로 만든 프로그램에서 테스트해야 한다. 이런 방법을 사용하면 무언가 잘못되었을 때 어떤 메소드가 잘못된 것인지 쉽게 판단할 수 있다. 하나의 프로그램에서 둘 이상의 메소드를 동시에 테스트하면, 실제로는 어느 한 메소드가 틀렸는데 다른 메소드가 틀렸다고 잘못 판단할 수가 있다.

프로그래밍 팁_메소드는 따로따로 테스트하라

모든 메소드는 테스트의 대상이 되는 메소드만이 테스트되지 않은 상태로 만든 프로그램에서 각각 테스트해야 한다. ■

각 메소드를 따로따로 테스트하는 한 가지 방법은 **상향식 검사**(bottom-up testing)라는 기법이다. 메소드 A가 메소드 B를 호출하는 관계일 때, 상향식 검사법에서는 A 메소드를 테스트하기 전에 B 메소드를 완벽하게 테스트해야 한다. 상향식 검사법은 훌륭하고 안전한 검사법이지만 끈기를 요구하는 지루한 작업이다. 오류를 좀 더 빨리 쉽게 발견하는 다른 검사법들이 있다. 또한 어떤 메소드가 호출하는 모든 메소드를 다 테스트하기 전에 그 메소드를 테스트해 보고 싶을 때가 있다. 예를 들어 모든 메소드를 작성하지 않은 상태에서 문제에 대한 일반적인 해결책이 옳은지 검사하고자 할 때가 있다. 그러나 원칙상 테스트 대상 메소드만이 테스트되지 않은 유일한 메소드인 프로그램에서 테스트를 진행해야 한다. 이것이 문제다. 메소드 A가 메소드 B를 호출하고, 메소드 B는 아직 테스트되지 않은 상태인데 어떻게 테스트되지 않은 유일한 메소드가 A 밖에 없는 프로그램을 작성할 수 있을까? 이에 대한 답은 메소드 B 대신 스터브(stub)를 사용하는 것이다.

스터브는 최종 클래스 정의에는 불충분하지만 다른 메소드의 테스트에 사용되어 정확성을 확인할 수 있을 만큼만 충분하게 구현한 간략화된 메소드 버전이다. 예를 들어 Listing 6.14의 `DollarFormat` 클래스에서 `write` 메소드를 작성하기 전에 `writeln` 메소드를 검사한다고 하자. `write` 메소드 대신 다음과 같은 스터브를 사용할 수 있다.

```
public static void write(double amount)
{
    System.out.print("$99.12");   //STUB
}
```

이 코드는 write 메소드를 제대로 구현한 것이 아니다. 인자가 무엇이 주어지든 무조건 $99.12를 출력한다. 그렇지만 writeln 메소드 검사에 사용하는 데는 충분하다. write 메소드 대신 스터브를 이용해 writeln 메소드를 검사하면 writeln은 의도한 대로 $99.12를 출력하고 줄을 바꿀 것이고, 그러면 writeln이 제대로 구현되었다고 거의 확신할 수 있다. 이 스터브를 이용하면 write나 writePositive 메소드를 구현하기 전에도 writeln 메소드의 기능을 검사할 수 있다.

자습문제 SELF-TEST QUESTIONS

27 Listing 6.14의 DollarFormat 클래스가 있을 때 DollarFormat.writeln(7.0)을 호출하면 출력이 어떻게 되는가?

28 Listing 6.14에 있는 writePositive 메소드에 있는 allCents 변수를 생각해 보자. 이 변수는 돈의 액수가 모두 센트로 표현된 수를 저장한다. 금액이 12.95달러면 int형 변수 allCents의 값은 1295가 된다. 그런데 int형을 사용하는 데는 약간 제한이 있다. int형의 가장 큰 수는 2147483647이어서 이것으로 표현할 수 있는 금액은 21,474,836.47달러이다. 약 2,100만 달러 정도의 금액인데, 상당히 크기는 하지만 잘 나가는 대기업 CEO의 연봉이나 국가 예산 같은 금액을 생각하면 충분하지 않다. DollarFormat 클래스에서 보다 큰 액수의 돈을 다룰 수 있게 하기 위해 메소드 정의에서 어떤 부분을 수정하면 쉽게 처리할 수 있는가?

29 다음과 같이 시작하는 프로그램에서 잘못된 부분은? (Species 클래스는 5장의 Listing 5.19에 정의되어 있다.)

```
public class SpeciesDemo
{
    public static void main(String[] args)
    {
        Species s1 = null;
        Species s2 = null;
        s1.setSpecies("Klingon Ox", 10, 15);
        s2.setSpecies("Naked Mole Rat", 10000, 25);
```

30 돈의 액수가 아닌 double형의 값을 출력하는 클래스를 설계하라. 이름은 OutputFormat이라 하자. 이 클래스는 두 개의 정적 메소드 write와 writeln을 가지며, 이들은 각각 두 개씩의 인자를 받는다. 첫 번째 인자는 double형의 값으로 화면에 출력될 수이다. 두 번째 인자는 소수점 아래 몇째 자리까지 출력할지 지정하는 int형 값이다. 지정한 자릿수 이하의 값은 반올림한다. 이 메소드들은

DollarFormat 클래스의 write, writeln 메소드와 유사하다. DollarFormat 클래스를 좋은 모델로 참조할 수 있지만 두 클래스 간에는 차이가 좀 있다. 짐작하는 대로 write는 출력 후에 다음 출력이 같은 줄에 계속되고, writeln은 출력 후에 다음 출력이 다음 줄에서 시작한다. 그 외에는 write와 writeln이 모두 같은 작업을 수행한다.

```
OutputFormat.writeln(9.1234667, 4);
OutputFormat.writeln(9.9999, 2);
OutputFormat.writeln(7.01234, 4);
```

예를 보면, 위의 문장은 다음과 같은 출력을 만들어 낸다.

```
9.1235
10.00
7.0123
```

1.023이나 1.0023과 같이 소수점 다음에 0이 오는 숫자에 대한 검사를 잊지 않도록 하라. (힌트 : 소수점을 옮기는 연산에 그림 6.3에서 소개한 Math.pow 메소드가 유용하다.) 이 문제는 상당히 어려운 편이므로 완성하려면 시간이 좀 걸릴 것이다. 이 클래스를 성공적으로 완성하지 못한 경우에는 적어도 해답을 참고하여 그 내용을 반드시 이해하기 바란다. 아주 유용한 클래스이기 때문이다.

31 앞 문제의 OutputFormat 클래스 정의에서 write나 writeln 대신에 print나 println이라는 이름을 사용해도 괜찮은가? 이 이름들이 System.out.println과 충돌을 일으키지는 않을까?

6.4 중복

서로 다른 둘 이상의 클래스에서 같은 이름을 가지는 메소드를 정의해 사용하는 것을 본 적이 있을 것이다. 예를 들어 많은 클래스가 readInput이라는 메소드를 가지고 있다. 이것은 별로 놀라운 일이 아니다. 자바 시스템은 호출 객체의 형을 보고 많은 readInput 중 어느 것을 사용해야 하는지 판단한다. 그런데 같은 클래스 안에서 같은 이름의 메소드가 여러 개 존재할 수 있다는 사실을 알면 좀 놀랄 것이다. 어떻게 이것이 가능할까?

중복의 기초

하나의 클래스 내에서 둘 이상의 메소드가 같은 이름을 가지는 경우, 메소드 이름을 **중복**(overloading)한다고 말한다. 이렇게 할 수 있으려면 같은 이름의 다른 정의를 가진 메소드는 매개변수에서 뭔가 다른 부분이 있어야 한다.

Listing 6.15에 매우 간단한 중복의 예가 나와 있다. Overload 클래스에는 세 개의 정적 메소드가 있는데 이름은 똑같이 getAverage이다. Overload.getAverage가 호출될 때 셋 중 어느 메소드가 호출된 것인지 어떻게 판단할까? 모든 인자의 형이 double이면 인자가 몇 개인지에 따라 어느 getAverage를 사용할지 정할 수 있다. double형의 인

Listing 6.15 중복

```
/**
 이 클래스는 중복의 예를 보여 준다.
*/
public class Overload
{
    public static void main(String[] args)
    {
        double average1 = Overload.getAverage(40.0, 50.0);
        double average2 = Overload.getAverage(1.0, 2.0, 3.0);
        char average3 = Overload.getAverage('a', 'c');

        System.out.println("average1 = " + average1);
        System.out.println("average2 = " + average2);
        System.out.println("average3 = " + average3);
    }
    public static double getAverage(double first, double second)
    {
        return (first + second) / 2.0;
    }
    public static double getAverage(double first, double second,
                                    double third)
    {
        return (first + second + third) / 3.0;
    }
    public static char getAverage(char first, char second)
    {
        return (char)(((int)first + (int)second) / 2);
    }
}
```

실행 결과 출력

```
average1 = 45.0
average2 = 2.0
average3 = b
```

자 두 개가 주어지면 첫 번째 getAverage가 호출되고, 세 개의 double형 인자가 주어지면 두 번째 getAverage가 호출되는 것이다.

이제 getAverage에 대한 호출문이 두 개의 char형 인자를 가지고 있다고 하자. 자바는 인자의 형을 보고 세 번째 getAverage 메소드를 사용해야 함을 알 수 있다. 셋 중 이것 하나만 char형의 인자를 가진다. (도대체 두 개의 문자로 어떻게 평균값을 구하는지 궁금할 것이다. 그에 대해서는 나중에 다시 살펴보겠다.)

같은 클래스 내의 여러 메소드에 같은 이름을 부여하면, 즉 메소드 이름을 중복해서 사용하면 자바는 그들이 가진 인자의 형과 개수에 따라 메소드를 구분한다. 메소드 호출이 발생하면 먼저 일치하는 이름을 찾고, 첫 번째 인자가 첫 번째 매개변수와 같은 형인지 보고, 두 번째 인자가 두 번째 매개변수와 같은 형인지 보는 등, 차례로 맞춰 보는 방식으로 어느 메소드가 사용되어야 할지 결정한다. 일치하는 메소드가 하나도 없으면 교재 앞부분에서 설명한 자동 형 변환—int를 변환해 double에 대입하는 등—을 적용해 일치하는 것이 있는지 찾는다. 이것까지 실패하면 오류 메시지를 출력한다.

메소드의 이름과 인자의 수와 형을 그 메소드의 **서명**(signature)이라 한다. 그래서 중복에 대한 규칙을 설명하는 다른 방법은 한 클래스 내의 메소드들은 서로 다른 서명을 가져야 한다는 것이다. 다른 말로 하면 한 클래스에는 같은 서명을 가진 둘 이상의 메소드가 존재할 수 없다.

중복이라는 용어는 처음 접했겠지만 이미 그 예는 본 적이 있다. 자바 클래스 라이브러리의 PrintStream 클래스에 있는 print와 println 메소드는 중복 정의되어 있다. 각 메소드는 한 개의 매개변수를 가지는데, 어떤 것은 String, 다른 것은 int나 double 등이다. 또한 이 장에서 소개한 Math 클래스의 많은 메소드도 역시 중복 정의되어 있다. 예를 들어 Math 클래스에는 여러 개의 max 메소드가 있는데 모두 같은 이름에 두 개씩의 매개변수를 가진다. 이들에 대한 호출은 인자의 형으로 구분된다. 두 인자가 모두 int형이면 int형의 값을 반환하는 max가 호출된다. 두 인자가 모두 double형이면 반환값도 double형이 된다.

중복은 어떤 종류의 메소드에도 적용될 수 있다. void 메소드, 반환값이 있는 메소드, 정적 메소드, 비정적 메소드 또는 이들 특성을 혼합한 메소드에도 모두 적용 가능하다. 마찬가지로 생성자도 중복 정의할 수 있다. Listing 6.1의 Pet 클래스에 정의된 생성자들은 모두 같은 이름을 가지는, 즉 중복 정의된 것들이다. 이들은 분석할 수 있는 구체적인 예를 제공해 준다.

Listing 6.1에 정의된 생성자들의 헤딩을 다시 살펴보자.

- `public Pet()`
- `public Pet(String initialName, int initialAge, double initialWeight)`
- `public Pet(String initialName)`

- `public Pet(int initialAge)`
- `public Pet(double initialWeight)`

각 생성자는 서로 다른 수의 매개변수를 가졌거나, 같은 수일 때는 서로 다른 형의 매개변수를 가지고 있음에 주목하라. 이로 인해 각각의 생성자 호출은 서로 다른 생성자 정의와 관련된다.

예를 들어 다음 문장은 각각 다른 생성자를 호출하여 Pet 객체를 생성하게 된다.

```
Pet aPet      = new Pet();
Pet myCat     = new Pet("Fluffy", 2, 4.5);
Pet myDog     = new Pet("Spot");
Pet myTurtle = new Pet(20);
Pet myHorse   = new Pet(750.5);
```

첫 번째 문장은 아무 인자도 없기 때문에 기본 생성자를 호출한다. 두 번째 문장에서 myCat에 연결되는 객체는 인자가 세 개인 생성자를 호출하여 생성된다. 나머지 세 문장은 모두 인자가 하나인 생성자를 호출한다. 어느 생성자가 선택될까? 바로 인자와 매개변수의 형이 일치하는 것이다. 그래서 Pet("Spot")은 매개변수가 String인 생성자, Pet(20)은 매개변수가 int인 생성자, Pet(750.5)는 매개변수가 double인 생성자를 각각 호출하게 된다.

> **요점 정리 중복**
>
> 하나의 클래스 내에서 같은 이름을 가지는 둘 이상의 메소드를 정의할 수 있다. 그러나 이들은 매개변수의 수가 다르거나, 같은 위치의 매개변수가 다른 형이어야 한다. 즉, 각 메소드는 서로 다른 서명(signature)을 가져야 한다. 이것을 메소드 이름의 중복이라 한다.

중복과 자동 형 변환

어떤 상황에서는 한 명의 친구가 둘보다 나을 수도 있다. 두 가지의 좋은 것이 나쁜 방식으로 결합될 수도 있다. 중복은 자바 언어의 유익한 특징의 하나이다. 메소드가 double형의 값을 인자로 원할 때 2라는 int형 값이 double형의 2.0으로 바뀌는 것과 같은 자동 형 변환도 자바 언어의 유익한 특징이다. 그러나 이 두 유익한 특징이 가끔 서로 방해가 될 경우가 있다.

예를 들어 다음 문장을 보자.

```
Pet myHorse = new Pet(750.0);
```

이것은 무게가 750파운드인 Pet 객체를 하나 생성한다. 그러나 실수로 소수점과 0을 빼먹고 다음과 같이 작성하면,

```
Pet myHorse = new Pet(750);
```

무게가 750인 Pet이 아니라 나이가 750살인 객체가 생성된다. 750은 int형의 인자이고 따라서 int형 매개변수를 하나 가지는 생성자를 호출하기 때문이다. 그 생성자는 인자의 값을 weight 변수가 아니라 age 변수에 대입한다. 자바는 수와 형이 일치하는 매개변수를 가지는 메소드를 찾을 수 있다면 자동 형 변환을 실행하지 않는다.

앞의 예에서는 자동 형 변환이 실행되기 바랐겠지만 그렇게는 안 된다. 반대로 자동 형 변환을 원하지 않는데 실행되어 버리는 경우도 발생한다. 예를 들어 이름이 Cha Cha이고 무게는 2파운드, 나이는 3살인 개에 대한 객체를 생성하려고 다음 문장을 작성했다고 하자.

```
Pet myDog = new Pet("Cha Cha", 2, 3);
```

이 문장은 myDog의 나이를 3이 아니라 2, 무게를 2.0이 아니라 3.0의 값으로 설정한다. 물론 잘못한 건 작성자가 두 번째와 세 번째 인자를 바꿔 적은 것이지만, 자바가 이 작업을 수행하는 과정을 살펴보자. 앞의 호출이 발생했을 때, 자바는 다음과 같은 형태의 헤딩을 가진 생성자를 찾는다.

보충 두 문자의 평균 구하기

잠깐 옆길로 새서 어떻게 두 개의 문자를 평균할 수 있는지 알아보자. 앞의 예에서는 이게 미친 짓이든 아니든 별 상관 없었지만, 실제로 Listing 6.15의 세 번째 getAverage 메소드에서 사용한 기법은 문자, 그중 최소한 영문자의 평균을 구하는 매우 실용적인 방법이다. 두 문자가 모두 소문자이면 계산된 평균은 알파벳 순서상 두 문자의 중간에 해당하는 소문자일 것이다. 정확한 중간이 아니라면 가능한 중간에 가까운 문자가 선택된다. 마찬가지로 두 문자가 모두 대문자이면 계산된 평균은 알파벳 순서상 두 문자의 중간에 해당하는 대문자가 된다. 이 방식은 유니코드(Unicode)가 각 문자에 대해 알파벳 순서대로 코드값을 할당하기 때문에 가능하다. 'b'를 나타내는 값은 'a'를 나타내는 값보다 하나 더 크고, 또 'c'를 나타내는 값은 'b'를 나타내는 값보다 하나 더 큰 그런 식이다. 그래서 두 개의 문자를 수로 변환하고 그 수들의 평균을 구한 다음 다시 문자로 변환하면 중간에 존재하는 문자를 구할 수 있게 된다.

```
public Pet(String Parm_1, int Parm_2, int Parm_3)
```

Pet 클래스에는 이런 생성자가 없기 때문에 정확히 일치하는 호출이 일어나지 않는다. 그다음 자바는 일치하는 생성자를 찾기 위해 int를 double로 자동 형 변환을 시도한다. 이때 3을 3.0으로 바꾸면 다음 생성자와 일치하게 됨을 알게 된다.

```
public Pet(String newName, int newAge, double newWeight)
```

따라서 형 변환을 실행하고 생성자를 호출한다.

두 인자의 위치를 바꾼 것 외에 무엇이 잘못되었는가? 무게에 대한 값을 2가 아니라 2.0으로 주었어야 했다. 만약 2.0을 사용했다면 그것을 int형으로 자동 형 변환할 수는 없기 때문에 오류 메시지가 발생되고, 프로그래머는 잘못을 인식할 수 있었을 것이다. 자바는 도와주려고 했지만 오히려 그 도움이 방해가 된 경우다.

GOTCHA 중복과 자동 형 변환

중복과 자동 형 변환이 어떻게 얽히느냐에 따라 하나의 메소드 호출이 두 가지 다른 방식으로 해석될 수 있다. 이런 모호한 메소드 호출은 자바에서 허용되지 않으며, 실행 시간 오류가 발생하거나 컴파일 단계에서 오류로 처리될 수 있다. 예를 들어 다음의 SampleClass에서 보는 바와 같이 problemMethod 메소드를 중복 정의할 수 있다.

```
public class SampleClass
{
    public static void problemMethod(double n1, int n2)
    . . .
    public static void problemMethod(int n1, double n2)
    . . .
```

클래스는 아무 문제 없이 컴파일될 것이다. 그러나 다음과 같은 호출문을 만나면

```
SampleClass.problemMethods(5, 10);
```

오류 메시지가 발생할 것이다. 왜냐하면 중복된 problemMethod 중에 어느 것을 사용해야 할지 결정할 수 없기 때문이다. int형의 값인 5를 double로 변환해서 첫 번째 메소드를 호출해야 할까? 아니면 int값 10을 double로 변환해서 두 번째 메소드를 호출해야 할까? 이런 상황에서 자바는 메소드 호출의 모호성을 지적하는 오류 메시지를 출력하게 된다.

다음의 두 호출문은 유효하다.

```
SampleClass.problemMethod(5.0, 10);
SampleClass.problemMethod(5, 10.0);
```

그러나 이 문장들도 역시 혼란스럽긴 마찬가지이며 사용되어서는 안 된다. ▣

기억하세요! 자동 형 변환 전에 중복

자바는 항상 자동 형 변환을 시도하기 전에 중복을 사용하려고 한다. 일치하는 형의 매개변수를 가진 메소드를 찾을 수 있으면 그 메소드를 사용한다. 메소드 호출에 사용된 인자와 정확히 일치하는 형의 매개변수를 가진 메소드를 찾을 수 없는 경우에만 메소드 인자의 자동 형 변환을 시도한다.

프로그래밍 팁_중복을 피하려면 서술적 이름을 선택하라

Listing 6.1의 Pet 클래스에서 네 개의 설정 메소드에 똑같이 set이란 이름을 붙였다면, 지금 막 논의한 것과 같은 중복과 자동 형 변환에 대한 예를 보여 줄 수 있었을 것이다. Pet 클래스에서는 중복을 하는 대신 메소드마다 구별되는 이름을 선택하여 이 난점을 방지하였다. 모두 set이라고 하지 않고 좀 더 설명이 되는 이름으로 setName, setAge, setWeight, setPet 메소드로 이름 지었다. 중복은 반드시 그렇게 해야 할 합당한 근거가 있을 때만 사용하라. 그것보다는 이름에 설명을 덧붙여 구분하는 것이 더 낫다. 다만 생성자의 이름은 클래스 이름과 같아야 하기 때문에 이 지침을 따를 수 없다. 그래서 중복된 이름의 여러 생성자는 흔히 볼 수 있는 일이다. ■

중복과 반환형

나머지는 다 같고 반환형만 다르게 정의하는 방식으로 두 메소드를 중복 정의할 수는 없다. 예를 들어 Listing 6.1의 Pet 클래스에 getWeight라는 메소드를 하나 더 추가하려고 한다. 이 메소드는 애완동물이 과체중인지 저체중인지에 따라 각각 '+'와 '−' 그리고 적절한 체중에 대해서는 '*'라는 문자를 반환한다고 하자. 따라서 반환형은 char로 선언되어야 한다. 그러면 두 개의 getWeight 메소드 헤딩은 다음과 같다.

```
/**
 애완동물의 몸무게를 반환한다.
*/
public double getWeight()
/**
과체중이면 '+', 저체중이면 '−', 정상체중이면 '*'를 반환한다.
*/
public char getWeight()
```

하나의 클래스에 이 두 메소드를 같이 정의할 수 없다.

안타깝게도 이렇게는 할 수 없다. 한 클래스 정의 내에서 이름이 같은 두 메소드는 매개변수의 수가 다르거나, 적어도 같은 위치에 있는 하나의 매개변수는 서로 형이 달라야 한다. 반환형에만 근거한 중복은 할 수 없다. 메소드의 서명에 대한 정의에 반환형은 포함되어 있지 않다는 것을 기억해 보라. 따라서 위의 두 getWeight 메소드는 같은 서명을 가지는 것이 되고, 이는 자바에서 허용되지 않는다.

조금 생각해 보면 반환형에 근거한 중복을 허용하는 컴파일러를 작성하기란 불가능하다는 것을 알 수 있다. 예를 들어 다음을 살펴보자.

```
Pet myPet = new Pet();
. . .
double value = myPet.getWeight();
```

현실과는 달리 앞의 두 getWeight 메소드 중복을 허용했다고 가정해 보자. char 형의 반환값을 double형의 변수에 저장하고자 할 경우, 자바는 char에서 double로 자동 형 변환을 수행한다. 따라서 이 가상의 시나리오에서 value 변수는 getWeight가 반환하는 값이 double이든 char이든 상관없이 받아서 저장한다.

불쌍한 컴파일러 입장에서는 어느 하나의 getWeight를 선택해 호출해야 하는데, 프로그래머가 의도한 것이 어느 쪽인지 판단할 방법이 없다. 프로그래머에게 직접 물어보고 싶겠지만 컴파일러가 프로그래머에게 질문하는 것은 허용되지 않는다.

GOTCHA 반환형만 다른 메소드는 중복이 불가능하다

한 클래스 안의 여러 메소드가 동일한 이름과 동일한 매개변수를 가지고 반환형만 다를 경우는 중복할 수 없다. 그런 메소드는 동일한 서명을 가진 것이 되며 자바에서 허용되지 않는다. ■

자습문제 SELF-TEST QUESTIONS

32 다음 생성자 호출문을 Listing 6.2의 프로그램에 포함하는 것은 올바른 사용인가?

```
Pet myDog = Pet("Fido", 2, 7);
```

33 하나의 클래스가 다음 두 메소드 정의를 모두 포함할 수 있는가?

```
/**
 후행조건 : numberOfCouples만큼의 부부에 포함된 사람의 수를 반환한다.
*/
public static int countPeople(int numberOfCouples)
{
    return 2 * numberOfCouples;
}
/**
 후행조건 : 각 부부가 2.3 명의 자녀를 두었다고 가정하고 자녀의 수를 반환한다.
*/
public static double countPeople(int numberOfCouples)
{
    return 2.3 * numberOfCouples;
}
```

34 하나의 클래스가 다음 두 메소드 정의를 모두 포함할 수 있는가?

```
/**
 후행조건 : number가 양수면 그 수의 정수 부분을 반환하고 음수면 0을 반환한다.
*/
public static int convertValue(double number)
```

```
{
    int result = 0;
    if (number > 0.0)
        result = (int)number;
    return result;
}
/**
 후행조건 : number가 양수면 그 수의 정수 부분을 반환하고 음수면 0을 반환한다.
*/
public static double convertValue(int number)
{
    double result = 0;
    if (number > 0.0)
        result = (double)number;
    return result;
}
```

35 5장의 Listing 5.19에 있는 Species 클래스를 생각해 보자. 여기에는 이름과 개체수, 증가율의 값을 설정하는 setSpecies 메소드가 있다. 이 클래스에 이름만 매개변수로 사용해 설정하고 개체수와 증가율은 모두 0으로 설정하는 같은 이름의 setSpecies 메소드를 추가하는 것이 가능한가? 만약 그렇다면 그 메소드의 정의를 작성하라.

36 앞의 문제와 같이 setSpecies 메소드를 작성하는데, 이번에는 이름만 설정하고 다른 인스턴스 변수들은 변경하지 않는 것으로 정의하라.

37 5장의 Species 클래스에 자습문제 35번과 36번에서 정의한 setSpecies 메소드를 둘 다 추가할 수 있는가?

프로그래밍 예제 Money 클래스

Listing 6.16에 있는 Money라는 클래스는 $9.99, $500.00, $0.50과 같은 미국 화폐의 액수를 표현하는 객체에 대한 클래스이다. 이 책을 읽는 사람들은 돈의 액수를 double형의 값으로 생각하는 경향이 있겠지만, Money 클래스를 이용해 프로그램을 작성하려는 사람이나 프로그램을 잘 모르는 채 Money로 작성된 프로그램을 사용하는 일반 사용자들은 int니 double이니 하는 자바 기본형[3]에 대해 별로 생각하지 않는다. 사용할 데이터값은 단지 Money형이다. '길거리에 있는 장삼이사'들에게 $9.99는 double형의 값으로 인식되지 않는다. 돈의 액수를 double형으로 표현하는 것으로 잘해 나갈 수 있는

3 Listing 6.14에서 double형으로 주어진 돈의 액수를 출력하는 DollarFormat 클래스를 작성해 본 바 있다. 이 프로그래밍 예제에서는 금액을 double형으로 표현하지 않으며 따라서 DollarFormat 클래스를 사용하지 않는다.

Listing 6.16 Money 클래스

```
import java.util.Scanner;
/**
이 클래스는 음수가 아닌 돈의 액수를 표현한다.
예 : $100, $41.99, $0.55
*/
public class Money
{
    private long dollars;
    private long cents;

    public void set(long newDollars)
    {
        if (newDollars < 0)
        {
            System.out.println(
                "Error: Negative amounts of money are not allowed.");
            System.exit(0);
        }
        else
        {
            dollars = newDollars;
            cents = 0;
        }
    }
    public void set(double newAmount)
    {
        if (newAmount < 0)
        {
            System.out.println(
               "Error: Negative amounts of money are not allowed.");
            System.exit(0);
        }
        else
        {
            long allCents = Math.round(newAmount * 100);
            dollars = allCents / 100;
            cents = allCents % 100;
        }
    }
    public void set(Money moneyObject)
    {
        this.dollars = moneyObject.dollars;
        this.cents = moneyObject.cents;
    }
    /**
    선행조건 : 인자로 전달되는 것은 일반적인 형태의 돈의 액수이다.
    달러 기호는 붙을 수도 있고 붙지 않을 수도 있다.
    센트 단위 이하의 금액은 허용되지 않는다.
    */
```

(계속됨)

Listing 6.16 Money 클래스

```
public void set(String amountString)
{
    String dollarsString;
    String centsString;

    // '$'가 있으면 삭제한다.
    if (amountString.charAt(0) == '$')
        amountString = amountString.substring(1);
    amountString = amountString.trim();

    // 소수점의 위치를 정한다.
    int pointLocation = amountString.indexOf(".");

    if (pointLocation < 0)  // 소수점이 없는 경우
    {
        cents = 0;
        dollars = Long.parseLong(amountString);
    }
    else  // 문자열에 소수점이 있는 경우
    {
        dollarsString = amountString.substring(0, pointLocation);
        centsString = amountString.substring(pointLocation + 1);

        // 센트 단위의 한 자리는 달러의 10분의 1을 의미한다.
        if (centsString.length() <= 1)
            centsString = centsString + "0";

        // 수치값으로 변환한다.
        dollars = Long.parseLong(dollarsString);
        cents = Long.parseLong(centsString);
        if ((dollars < 0) || (cents < 0) || (cents > 99))
        {
            System.out.println(
               "Error: Illegal representation of money.");
            System.exit(0);
        }
    }
}
public void readInput()
{
    System.out.println("Enter amount on a line by itself:");
    Scanner keyboard = new Scanner(System.in);
    String amount = keyboard.nextLine();
    set(amount.trim());
}
```

달러 기호와 숫자 사이에 공백이 있을 수도 있기 때문에 next가 아니라 nextLine을 사용했다.

(계속됨)

Listing 6.16 Money 클래스

```
    /**
    금액을 출력한 후 다음 줄로 이동하지 않는다.
    */
    public void writeOutput()
    {
        System.out.print("$" + dollars);
        if (cents < 10)
            System.out.print(".0" + cents);
        else
            System.out.print("." + cents);
    }
    /**
  수신 객체의 금액을 n배한 객체를 반환한다.
    */
    public Money times(int n)
    {
        Money product = new Money();
        product.cents = n * cents;
        long carryDollars = product.cents / 100;
        product.cents = product.cents % 100;
        product.dollars = n * dollars + carryDollars;
        return product;
    }
    /**
    수신 객체의 금액과 인자의 액수를 더한 객체를 반환한다.
    */
    public Money add(Money otherAmount)
    {
        Money sum = new Money();
        sum.cents = this.cents + otherAmount.cents;
        long carryDollars = sum.cents / 100;
        sum.cents = sum.cents % 100;
        sum.dollars = this.dollars + otherAmount.dollars
                   + carryDollars;
        return sum;
    }
}
```

경우도 있겠지만 이 방식에는 잠재적인 문제가 있다. double형의 값은 실제로는 정확한 값이 아니라 근삿값이다. 회계 프로그램 같은 데서 근삿값을 사용하는 것은 특히 문제가 될 수 있다. 은행이 관리하는 계좌의 잔고가 몇 달러 혹은 몇 센트라도 차이가 있다면, 고객은 불만스러울 것이고 법적인 조치를 취하게 될 수도 있다.

물론 Money 클래스를 구현하기 위해서는 뭐가 되었든 데이터를 표현할 방법을 선택해야 한다. 여기서는 금액을 정확한 수치로 나타낼 수 있는 정수형을 사용할 것이다. 그러나 int형은 그다지 큰 수를 표현할 수 없기 때문에 long형을 사용한다. $3500.36

과 같은 금액은 3500과 36이라는 두 개의 정수로 표현할 수 있고, 이들은 두 개의 long형 인스턴스 변수에 저장된다. 금액이 음수인 경우도 현실에서는 가능하지만, 여기서는 일단 학습 목적으로 문제를 간단히 하기 위해 음수인 경우를 제외하였다. 최종적인 완성 단계에서는 당연히 음수도 허용해야 한다.

중복된 메소드 이름인 set에 주목해 보자. Money 클래스에는 set이라는 이름의 메소드가 네 개 있어 편리한 어떤 방법으로든 돈의 액수를 설정할 수 있도록 되어 있다. 센트 부분 없이 달러 금액만 하나의 정수형 값으로 사용할 수도 있고, double형의 값을 하나 사용할 수도 있다. 또한 Money형의 객체나 "$9.98" 또는 "9.98"과 같은 문자열로도 금액을 표시할 수 있다. 이 클래스를 이용해 프로그램을 작성하는 사람은 Money 클래스 내부에서 어떤 인스턴스 변수가 사용되는지 신경 쓸 필요도 없고 신경 써서도 안 된다. 대신 프로그래머는 단지 돈 액수의 관점에서만 생각해야 한다.

이제 set 메소드 정의의 세부 사항을 살펴보자. long형의 매개변수 하나를 가지는 set 메소드는 간단하다. 인자값을 모두 dollars의 값으로 설정한다. double형의 매개변수 하나를 가지는 set 메소드는 먼저 인자로 주어진 double값을 모두 페니에 해당하는 값으로 바꾼다. 이는 다음 문장에 의해 수행된다.

```
long allCents = Math.round(newAmount * 100);
```

Math.round 메소드는 센트 단위의 소수 부분을 제거하는데, 인자가 double형일 때 long형의 값을 반환하는 메소드이므로 위와 같이 사용할 수 있다. 다음 단계로 정수 나눗셈과 나머지 연산을 수행하는 /와 % 연산을 이용해 페니를 달러와 센트로 변환한다.

매개변수가 Money형인 set 메소드의 경우도 간단하지만, 한 가지 중요한 사항에 주목해야 한다. 매개변수 moneyObject의 인스턴스 변수는 Money 클래스 정의 내부에서 직접 사용할 수 있다. 이 경우에는 moneyObject.dollars와 moneyObject.cents다. 클래스 내부에서는 그 클래스의 어떤 객체에 대한 인스턴스 변수라도 직접 접근할 수 있다.

매개변수가 String형인 set 메소드에서는 "$12.75"나 "12.75"와 같은 문자열로 주어진 인자를 12와 75라는 두 개의 정수로 변환한다. 먼저 문자열의 첫 글자가 달러 기호인지 확인한다.

```
if (amountString.charAt(0) == '$')
    amountString = amountString.substring(1);
```

amountString에 있는 첫 글자가 무엇인지 알아보기 위해 String 클래스의 메소드 charAt을 호출하였다. 이 문자가 달러 기호인 것으로 판명되면, 인덱스 위치 0에 있는 달러 기호를 뺀 나머지, 즉 인덱스 위치 1에서부터 마지막 글자까지의 부분 문자열을 잘라서 원래의 문자열을 대체한다. String 클래스의 메소드 substring을 이용해 이 작업을 할 수 있다. substring의 작업에 대해 복습하고 싶다면 2장의 그림 2.5를 참조하기 바란다.

$ 기호와 숫자 사이에 하나 이상의 공백이 있을 수 있다. 공백은 다음과 같이 String 메소드인 trim을 호출해 제거할 수 있다.

```
amountString = amountString.trim();
```

다음은 문자열을 달러 부분과 센트 부분을 나타내는 두 개의 부분 문자열로 분리한다. 이것을 나누는 기준은 소수점이므로 먼저 소수점의 위치를 찾아야 한다. 소수점의 위치는 다음 문장을 이용해 pointLocation이란 변수에 저장된다.

```
int pointLocation = amountString.indexOf(".");
```

달러와 센트를 나타내는 부분 문자열은 다음 문장으로 추출할 수 있다.

```
dollarsString = amountString.substring(0, pointLocation);
centsString = amountString.substring(pointLocation + 1);
```

마지막으로 달러와 센트 부분 문자열을 각각 long형의 값으로 변환한다. 이 작업은 이 장의 앞부분에서 소개했던 포장 클래스 Long의 정적 메소드인 parseLong을 이용하면 된다.

```
dollars = Long.parseLong(dollarsString);
cents = Long.parseLong(centsString);
```

Money 클래스에서 정의한 times 메소드는 주어진 정수를 금액에 곱하는 것이고, add 메소드는 Money형의 두 객체를 더하는 데 사용된다. 예를 들어 m1과 m2가 Money형의 객체이고 둘 다 $2.00이라는 금액을 표현한다면 m1.times(3)은 $6.00을 표현하는 Money 클래스의 객체를 반환하고 m1.add(m2)는 $4.00을 표현하는 Money 클래스 객체를 반환하게 된다.

times와 add 메소드의 정의를 이해하려면 1달러는 100센트라는 것을 기억해 보라. product.cents의 값이 100 이상이면 다음 코드는 carryDollars 변수에 product.cents에 저장된 센트 액수 중 달러에 해당하는 부분을 저장할 것이다.

```
long carryDollars = product.cents / 100;
```

달러를 제외하고 남은 센트의 양은 다음 코드로 계산된다.

```
product.cents % 100
```

Listing 6.17 Money 클래스 사용하기

```
public class MoneyDemo
{
    public static void main(String[] args)
    {
        Money start = new Money();
        Money goal = new Money();

        System.out.println("Enter your current savings:");
        start.readInput();
        goal = start.times(2);
        System.out.print("If you double that, you will have ");
        goal.writeOutput();

        System.out.println(", or better yet:");
        goal = start.add(goal);
        System.out.println(
            "If you triple that original amount, you will have:");
        goal.writeOutput();
        System.out.println();        // writeOutput은 줄을 바꾸지 않기 때문에 여기서 줄을 바꾼다.

        System.out.println("Remember: A penny saved");
        System.out.println("is a penny earned.");
    }
}
```

실행 결과 출력

```
Enter your current savings:
Enter amount on a line by itself:
$500.99
If you double that, you will have $1001.98, or better yet:
If you triple that original amount, you will have
$1502.97
Remember: A penny saved
is a penny earned.
```

Money 클래스를 사용하는 프로그램의 예는 Listing 6.17에 나와 있다.

자습문제 SELF-TEST QUESTIONS

38 Listing 6.16의 add 메소드에서 this를 사용하지 않도록 add를 재작성하라.

39 Listing 6.16에서 String 매개변수를 가지는 set 메소드는 처음 인자로 주어진 문자열의 앞뒤에 공백이 붙어 있는 경우를 허용하지 않는다. 이것을 허용하도

록 set 메소드를 다시 작성하라. 예를 들어 " $5.43"과 같은 인자를 사용할 수 있어야 한다.

6.5 정보 은닉 다시 보기

이 절에서 논의하는 내용은 책의 나머지 부분을 이해하는 데 그다지 필요하지 않다. 원한다면 클래스에 좀 더 익숙해질 때까지 이 부분의 학습을 미루어도 괜찮다. 여기서는 어떤 종류의 클래스를 정의할 때 발생할 수 있는 미묘한 문제를 다룬다. 그 문제는 int, double, char, boolean과 같은 기본형이거나 String형인 인스턴스 변수만 가지는 클래스를 정의하는 경우에는 발생하지 않는다. 따라서 여기서 언급하는 문제를 만나지 않고도 많은 클래스를 정의해서 사용할 수 있다.

프라이버시 누설

클래스는 클래스형을 포함한 어떠한 형의 인스턴스 변수도 가질 수 있다. 이런 변수들을 가지는 것은 자연스럽고도 유용한 경우가 많다. 그러나 클래스형의 인스턴스 변수를 사용하는 것은 특별한 주의를 기울여야 하는 문제를 초래할 수 있다. 이 문제는 클래스형의 변수가 저장하는 값이 객체가 저장된 메모리의 위치, 즉 메모리 주소이기 때문에 발생한다. 예를 들어 goodGuy와 badGuy가 둘 다 Listing 6.1에서 정의한 클래스 Pet형의 변수라고 하자. 이제 goodGuy가 어떤 객체를 가리키고 있을 때 다음 대입문을 실행한다고 하자.

```
badGuy = goodGuy;
```

이 대입문이 실행된 후 badGuy와 goodGuy는 동일한 객체에 대한 두 개의 이름이 된다. 따라서 badGuy를 변경하면 goodGuy도 변경된다.

이것이 무엇을 의미하는지 알아보기 위해 위의 대입문을 중간에 삽입한 다음 코드를 보자.

```
Pet goodGuy = new Pet();
goodGuy.set("Faithful Guard Dog", 5, 75);
Pet badGuy = goodGuy;
badGuy.set("Dominion Spy", 1200, 500);
goodGuy.writeOutput();
```

badGuy와 goodGuy는 둘 다 같은 객체를 가리키기 때문에 이 코드는 다음과 같은 출력을 보여 준다.

```
Name: Dominion Spy
Age: 1200 years
Weight: 500.0 pounds
```

badGuy와 goodGuy가 같은 객체를 가리키고 있기 때문에 badGuy의 값을 변경했는데 goodGuy의 값까지 변경되었다. 같은 일이 인스턴스 변수에도 발생할 수 있고 그것 때문에 미묘한 문제가 발생할 수도 있다. 다음 예를 보자.

Listing 6.18은 한 쌍의 애완동물 객체를 표현하는 PetPair 클래스를 보여 준다. 이 클래스에는 Pet형의 전용 인스턴스 변수 두 개가 있다. 이것을 작성한 프로그래머는 PetPair 클래스를 사용하는 어떤 프로그램도 first와 second라는 두 인스턴스 변수가 가리키는 데이터를 변경할 수 없을 거라고 잘못 생각했다. 이것은 프로그래머가 저지르기 쉬운 실수다.

어쨌든 인스턴스 변수를 전용으로 선언하여 클래스 외부에서 이들을 직접 접근할 수는 없게 만들었다. 그리고 최상의 안전을 위해 프로그래머는 전용 인스턴스 변수의 값을 변경할 수 있는 설정자 메소드도 만들지 않았다. 그렇지만 공용 접근자 메소드인

Listing 6.18 보안성이 약한 클래스

```
/**
프라이버시가 깨질 가능성이 있는 클래스
*/
public class PetPair
{
    private Pet first, second;
    public PetPair(Pet firstPet, Pet secondPet)
    {
        first = firstPet;
        second = secondPet;
    }
    public Pet getFirst()
    {
        return first;
    }
    public Pet getSecond()
    {
        return second;
    }
    public void writeOutput()
    {
        System.out.println("First pet in the pair:");
        first.writeOutput();
        System.out.println("\nSecond pet in the pair:");
        second.writeOutput();
    }
}
```

getFirst와 getSecond를 제공하여 객체에 저장된 한 쌍의 애완동물 데이터를 볼 수는 있게 해 두었다. 괜찮은 것 같지 않은가? 불행하게도 프로그래머는 갑자기 불쾌한 사실을 알게 될 것이다.

Listing 6.19의 프로그램은 PetPair 객체를 하나 생성하고 그 객체의 전용 인스턴스 변수인 first의 상태를 바꾸어 버린다! 어떻게 그럴 수가 있을까? 문제는 클래스형의 변수가 메모리 주소를 저장하고, 이 절의 시작 부분에서 보았듯이 대입 연산자를 사용해 두 변수가 동일한 객체를 가리키도록 할 수 있기 때문이다. 이것이 Listing 6.19의 프로그램을 작성한 해커 프로그래머가 한 일이다. 접근자 메소드인 getFirst를 호출하면 전용 인스턴스 변수 first에 저장된 주소를 얻을 수 있다. 그 메모리 주소는 변수 badGuy에 저장된다. 즉 badGuy가 first가 가리키는 객체의 다른 이름이 되는 것이다. 해커는 전용 인스턴스 변수인 first라는 이름은 사용할 수 없지만 같은 객체에 접근하기 위해 badGuy를 사용할 수 있다.

이제 해커가 할 일은 badGuy라는 이름으로 Pet 클래스의 setPet 메소드를 호출하는 것뿐이다. badGuy는 first가 가리키는 객체의 다른 이름이기 때문에, 결과적으로 해커가 전용 인스턴스 변수인 first가 가리키는 객체를 변화시킨 것이다. 이런 현상을 **프라이버시 누설**(privacy leak)이라 한다.

이런 문제를 피하려면 클래스를 어떻게 작성해야 할까? 클래스형의 전용 인스턴스 변수를 진정으로 안전하게 만드는 것은 불가능해 보인다. 해커들은 항상 그런 부분을 파고들 방법을 찾을 것이고 또 찾을 수 있을 것이다. 그러나 이 문제를 해결할 방법은 있다. 쉬운 것도 있고 어려운 것도 있다.

이 문제를 해결하는 쉬운 방법 중의 하나는 오로지 기본형의 인스턴스 변수만 사용하는 것이다. 물론 여기에는 심각한 제약이 뒤따른다. 설정자 메소드가 하나도 없는 클래스형의 인스턴스 변수만 사용하는 방법도 있다. String이 바로 그런 클래스이다. String 객체가 한 번 생성되면 그 객체가 저장한 데이터는 절대 바뀌지 않는다. 따라서 위 프로그램에서 사용한 해커의 계략은 통하지 않을 것이다. 기본형은 클래스형이 아니기 때문에 역시 저런 방법이 통하지 않는다. 이것이 이 책에서 채택한 쉬운 방법이다.

또 다른 쉬운 방법은 접근자 메소드들이 전용 인스턴스 변수가 가리키는 객체 자체가 아니라 그 객체의 개별 속성만 반환하도록 작성하는 것이다. 예를 들어 PetPair의 getFirst 같은 접근자 메소드를 정의하지 않고, getNameOfFirst, getAgeOfFirst, getWeightOfFirst라는 세 개의 메소드를 대신 정의할 수 있다. 물론 어떤 개별 속성이 다른 객체가 될 수도 있기 때문에 비슷한 문제의 근원이 될 소지는 있다.

좀 더 어려운 해법도 존재하지만 이 책의 범주를 벗어나기 때문에 약간의 개념만 설명한다. 어떤 객체와 똑같은 복사본을 생성하는 메소드를 작성할 수 있다. 이 완벽한

Listing 6.19 클래스 내에서 전용 객체 변경

```
/**
PetPair 클래스의 전용 데이터를 접근하여 변경할 수 있는
시범을 보여 주는 간단한 프로그램
*/
public class Hacker
{
    public static void main(String[] args)
    {
        Pet goodDog = new Pet("Faithful Guard Dog", 5, 75.0);
        Pet buddy = new Pet("Loyal Companion", 4, 60.5);

        PetPair pair = new PetPair(goodDog, buddy);
        System.out.println("Our pair:");
        pair.writeOutput( );
        Pet badGuy = pair.getFirst();
        badGuy.setPet("Dominion Spy", 1200, 500);
        System.out.println("\nOur pair now:");
        pair.writeOutput( );
        System.out.println("The pet wasn't so private!");
        System.out.println("Looks like a security breach.");
    }
}
```

실행 결과 출력

```
Our pair:
First pet in the pair:
Name: Faithful Guard Dog
Age: 5 years
Weight: 75.0 pounds
Second pet in the pair:
Name: Loyal Companion
Age: 4 years
Weight: 60.5 pounds
Our pair now:
First pet in the pair:
Name: Dominion Spy
Age: 1200 years
Weight: 500.0 pounds
Second pet in the pair:
Name: Loyal Companion
Age: 4 years
Weight: 60.5 pounds
The pet wasn't so private!
Looks like a security breach.
```

이 프로그램은 객체 pair의 전용 인스턴스 변수가 가리키는 객체를 변경시켰다.

복사본을 **클론**(clone)이라 한다. 클래스형의 전용 인스턴스 변수가 가리키는 객체를 직접 반환하는 대신에 객체의 클론을 반환하도록 한다. 이렇게 하면 해커가 클론에 위해를 가할 수 있더라도 원본인 전용 데이터는 전혀 건드리지 못한다.

클래스형의 인스턴스 변수는 무조건 나쁘다는 생각은 갖지 않기 바란다. 그것은 매우 일반적이고 또 매우 유용하다. 그러나 그들을 효과적으로 다루기 위해서는 주의가 필요하다. 이 책의 뒷부분에서 그런 인스턴스 변수에 대해 좀 더 다루도록 하겠다.

GOTCHA 프라이버시 누설

어떤 클래스의 객체를 가리키는 클래스형의 전용 인스턴스 변수는 그 인스턴스 변수를 포함하는 클래스의 외부에 의해 변경될 수 있다. 이 문제를 방지하기 위해 다음과 같은 조치를 취할 수 있다.

- 설정 메소드가 전혀 없는 `String`과 같은 클래스형의 인스턴스 변수만 선언한다.
- 클래스형의 인스턴스 변수가 가리키는 객체 자체를 반환하는 접근자 메소드는 작성하지 않는다. 대신 객체의 각 속성을 반환하는 메소드를 정의한다.
- 클래스형의 인스턴스 변수가 가리키는 객체 대신 그 객체의 클론을 반환하는 접근자 메소드를 작성한다. ■

자습문제 SELF-TEST QUESTIONS

40 Listing 6.18의 `PetPair` 클래스 정의에서 하나의 `getFirst` 메소드 대신 사용할 수 있는 세 개의 접근자 메소드를 작성하라. 세 메소드는 애완동물의 이름, 나이, 무게를 각각 반환한다. 이 새 접근자 메소드는 이번 절에서 설명한 문제를 발생시키지 않을 것이다. 이들은 클래스 `PetPair`의 객체에 저장된 데이터들을 반환하지만 설정자 메소드에 의해 변경될 수 있는 객체 자체는 반환하지 않는다.

6.6 클래스로서의 열거형

3장에서 열거형(enumeration)에 대해 소개하고 컴파일러가 열거형을 만나면 클래스를 하나 생성한다고 언급했다. 이번 절은 바로 그 클래스에 대해 설명한다. 여러분은 프로그램을 작성할 때 열거형을 사용할지 여부를 고려해야겠지만, 여기서 소개하는 내용은 책의 나머지 부분을 이해하는 데 중요하지는 않다.

한 벌의 카드를 위한 간단한 열거형을 정의해 보자.

```
enum Suit {CLUBS, DIAMONDS, HEARTS, SPADES}
```

컴파일러는 Suit라는 클래스를 생성한다. 나열된 값은 Suit형의 공용 정적 객체의 이름이 된다. 이미 알다시피 다음 코드와 같이 이 이름들의 앞에 Suit와 점을 붙여 각 값을 참조할 수 있다.

```
Suit s = Suit.DIAMONDS;
```

Suit 클래스는 equals, compareTo, ordinal, toString, valueOf와 같은 여러 개의 메소드를 가진다. 변수 s가 Suit.DIAMONDS를 참조한다고 할 때 다음 예들은 메소드를 사용하는 법을 보여 준다.

- s.equals(Suit.HEARTS)는 s가 HEARTS와 같은지 검사한다. 이 경우에는 DIAMONDS와 HEARTS가 같지 않기 때문에 equals가 false를 반환한다.
- s.compareTo(Suit.HEARTS)는 Suit의 정의에서 s가 HEARTS와 비교해 앞에 나오는지, 같은 위치인지, 뒤에 나오는지 검사한다. 3장에서 설명한 String 클래스의 compareTo 메소드와 마찬가지로 비교의 결과에 따라 각각 음수, 0, 양수를 반환한다. 이 경우, DIAMONDS는 HEARTS보다 앞에 열거되어 있기 때문에 음의 정수를 반환한다.
- s.ordinal()은 열거 목록에서 DIAMONDS의 위치, 즉 **순서값**(ordinal value)을 반환한다. 목록에 있는 객체의 위치는 0부터 시작한다. 그래서 이 예에서 s.ordinal()의 반환값은 1이다.
- s.toString()은 문자열 "DIAMONDS"를 반환한다. 즉, toString 메소드는 수신 객체의 이름을 문자열로 반환한다.
- Suit.valueOf("HEARTS")는 객체 Suit.HEARTS를 반환한다. 인자로 주어진 문자열과 열거 객체의 이름은 정확히 일치해야 한다. 문자열 안에 있는 여백도 포함된다. valueOf 메소드는 정적이므로 클래스 이름 Suit와 점을 앞에 붙여 호출한다.

열거형에 대해 추가적인 전용 인스턴스 변수나 생성자를 포함한 공용 메소드를 더 정의할 수 있다. 인스턴스 변수를 정의하면 열거 목록에 있는 객체에 값을 대입할 수 있으며, 이 값에 접근하기 위해 접근자 메소드를 추가할 수도 있다. Listing 6.20의 코드는 Suit 열거형에 이런 작업들을 모두 수행한 것이다.

여기서는 열거된 객체의 값을 문자열로 표현하였다. 그래서 인스턴스 변수로 String 객체인 color를 추가하고 그 초깃값을 설정하는 생성자도 추가하였다.

Listing 6.20 개선된 열거형 Suit

```
/** 카드 한 벌에 대한 열거형 */
enum Suit
{
    CLUBS("black"), DIAMONDS("red"), HEARTS("red"), SPADES("black");

    private final String color;

    private Suit(String suitColor)
    {
        color = suitColor;
    }
    public String getColor()
    {
        return color;
    }
}
```

CLUBS("black")과 같이 표기하면 생성자가 호출되고 CLUBS의 전용 인스턴스 변수의 값이 문자열 "black"으로 설정된다. color는 final로 선언되었기 때문에 이후 값이 변하지 않는다는 것에 주목하라. Suit 클래스에는 또한 생성자가 전용이어서 이것을 직접 호출할 수 없다는 특이점도 있다. 생성자는 Suit 정의 내부에서만 호출될 수 있다. getColor 메소드는 공용으로 선언되어 color값에 대한 접근 기능을 제공한다.

열거형도 public이나 private와 같은 접근 지정자를 가질 수 있다. 접근 지정자가 없으면 기본으로 private인 것으로 간주된다. 일반적인 공용 클래스를 정의하듯이 별도의 파일에서 독자적으로 공용 열거형을 정의할 수 있다.

자습문제 SELF-TEST QUESTIONS

41 cardSuit가 Suit의 한 객체이고 Suit.SPADES라는 값이 지정되어 있다면 다음 호출문들은 어떤 값을 반환하는가?

a. `cardSuit.ordinal()`

b. `cardSuit.equals(Suit.CLUBS)`

c. `cardSuit.compareTo(Suit.CLUBS)`

d. `Suit.valueOf("CLUBS")`

e. `Suit.valueOf(cardSuit.toString())`

f. `cardSuit.getColor()`

g. `cardSuit.toString()`

6.7 패키지

패키지(package)란 관련된 클래스를 묶어 이름을 붙여 준 것으로, 아무 프로그램에서나 클래스의 라이브러리로 사용할 수 있도록 만든 것이다. 패키지가 있으면 동일한 디렉터리 폴더에 이 클래스를 포함하지 않고도 프로그램을 작성할 수 있다. 비록 중요하고 유용한 주제지만 이 책의 나머지 부분에서는 여기서 설명된 패키지를 사용하지 않는다. 따라서 지금 당장이 아니라 책을 공부하는 동안 아무 때나 이 절을 읽어 봐도 된다.

이 요소를 이해하려면 폴더 혹은 디렉터리, 폴더의 경로 이름, 그리고 운영체제가 경로 (환경) 변수를 다루는 방법에 대한 이해가 필요하다. 만약 그런 사항들을 잘 모른다면 그 내용을 이해할 때까지 이 절을 보지 않는 편이 낫다. 이들은 자바의 요소가 아니라 운영체제의 일부분이므로 세부 사항은 현재 자신이 사용하고 있는 운영체제에 따라 달라진다. 경로 변수의 설정법을 아는 정도면 이 절에 나오는 경로 변수에 대한 설명을 충분히 이해할 수 있다.

패키지와 import

패키지는 단순히 하나의 폴더에 함께 들어 있는 클래스의 집합이다. 폴더의 이름이 바로 패키지 이름이 된다. 패키지 내의 클래스들은 각각 별도의 파일에 저장되어 있으며, 지금까지 해 왔듯이 파일의 이름은 클래스 이름으로 시작한다. 패키지 내의 각 파일이 이전 파일과 다른 유일한 차이점은 파일 첫 부분이 다음과 같이 시작한다는 것이다.

```
package Package_Name;
```

이 코드 앞에 공백 줄이나 주석문이 올 수는 있지만 그 외에는 아무것도 올 수 없다. 대개 *Package_Name*은 모두 소문자를 사용하고 각 단어를 점으로 구분하는 경우가 많다. 예를 들어 패키지 이름이 `general.utilities`이면 패키지 내의 각 파일들의 첫 부분은 다음과 같이 시작한다.

```
package general.utilities;
```

패키지에 포함된 클래스를 사용하려는 프로그램이나 다른 클래스는 프로그램이나 클래스를 저장하는 파일 맨 앞에 적절한 `import` 문을 적어 주면 된다. 프로그램이나 클래스가 패키지와 다른 디렉터리에 있더라도 마찬가지다. 예를 들어 `general.utilities` 패키지 안에 있는 `HelpfulClass` 클래스를 사용하고 싶다면 자신이 작성하는 파일의 맨 앞에 다음과 같이 적는다.

```
import general.utilities.HelpfulClass;
```

여기에 적어 주는 이름은 파일의 이름인 HelpfulClass.java가 아니라 클래스 이름인 HelpfulClass인 점에 주의하라.

요점 정리 package 문

패키지란 하나의 폴더에 함께 묶여 있는 클래스의 집합에 이름을 붙인 것이다. 각 클래스는 독립된 파일에 저장되고, 파일의 이름은 클래스 이름을 따라 정해진다. 패키지 내의 각 파일은 공백이나 주석문을 제외한 첫 문장을 package 문으로 시작해야 한다.

패키지 내의 클래스에 대한 문법

```
〈공백 또는 주석문〉
package Package_Name;
〈클래스 정의〉
```

예

```
package general.utilities;
package java.io;
```

요점 정리 import 문

자신이 작성하려는 클래스나 프로그램의 맨 앞에 패키지 이름을 명시한 import 문을 적으면, 그 패키지에 포함되어 있는 모든 클래스를 사용할 수 있다. 사용 클래스나 프로그램이 패키지와 동일한 폴더에 위치할 필요는 없다.

문법

```
import Package_Name.Class_Name_Or_Asterisk;
```

클래스 이름까지 적어 주면 패키지에 있는 클래스 중 그것 하나만 사용한다는 의미이다. 패키지 이름 뒤에 *(별문자)을 붙여 주면 패키지 내의 모든 클래스를 사용할 수 있다.

예

```
import java.util.Scanner;
import java.io.*;
```

general.utilities 패키지에 있는 모든 클래스를 사용하고 싶을 때는 import 문을 다음과 같이 작성한다.

```
import general.utilities.*;
```

별문자(*)는 '모든 것'을 의미하는 것으로, 위 문장은 패키지 내의 모든 파일을 가져오기 원한다는 것을 표현한다. 이 방식이 사용된 예를 볼 수 있겠지만, 여기서는 특정 클래스만 가져와 사용하는 방식을 권장한다.

패키지 이름과 디렉터리

패키지 이름은 아무렇게나 만드는 것이 아니다. 이름의 목적은 컴파일러에게 그 패키지의 클래스가 저장된 곳을 알려 주는 것이다. 실질적으로 패키지 이름은 그 패키지의 클래스를 포함하고 있는 디렉터리의 경로 이름을 컴파일러에게 알려 준다.

자바는 먼저 **클래스 경로 변수**(class path variable)에 지정된 디렉터리부터 검색을 시작하기 때문에 그에 대해 먼저 알아보도록 하자. 클래스 경로 변수는 자바의 변수가 아니라 운영체제가 관리하는 변수이며, 여기에는 여러 디렉터리의 경로명이 포함되어 있다. 자바는 패키지의 위치를 찾기 위해 먼저 이 변수에 저장된 디렉터리부터 검색한다. 이들을 **클래스 경로 기준 디렉터리**(class path base directory)라 하자. 이제 자바가 이 클래스 경로 기준 디렉터리를 어떻게 이용하는지, 패키지 이름은 어떻게 만들어지는지, 그리고 클래스 경로 변수는 어떻게 설정하는지 등을 차례로 설명하겠다.

패키지의 이름은 패키지 클래스를 포함하는 디렉터리에 대한 상대 경로 이름을 명시하는 것이다. 상대 경로 이름인 까닭은 클래스 경로 기준 디렉터리에서 시작하여 패키지 이름이 명시한 하위 디렉터리의 경로를 따라가는 것으로 간주하기 때문이다. 예를 들어 다음 이름이 클래스 경로 기준 디렉터리라 하자. (운영체제에 따라 \가 아니라 /를 사용할 수도 있다.)

```
\myjavastuff\libraries
```

그리고 패키지 클래스가 다음 디렉터리에 존재한다면,

```
\myjavastuff\libraries\general\utilities
```

패키지는 반드시 다음 이름이 되어야 한다.

```
general.utilities
```

패키지 이름은 마음대로 지어지는 것이 아니라 클래스 경로 기준 디렉터리로부터 그 패키지 클래스가 포함된 디렉터리에 이르는 경로 상의 디렉터리 이름들로 구성되어야 함을 명심하기 바란다. 그렇기 때문에 자바가 패키지 클래스를 찾기 위해 기준 클래스 디렉터리로부터 시작해 어떤 하위 디렉터리들을 검색해야 하는지 알게 되는 것이다. 그림 6.5는 이 구조를 보여 준다. 패키지 이름에 있는 점은 운영체제가 디렉터리 경로

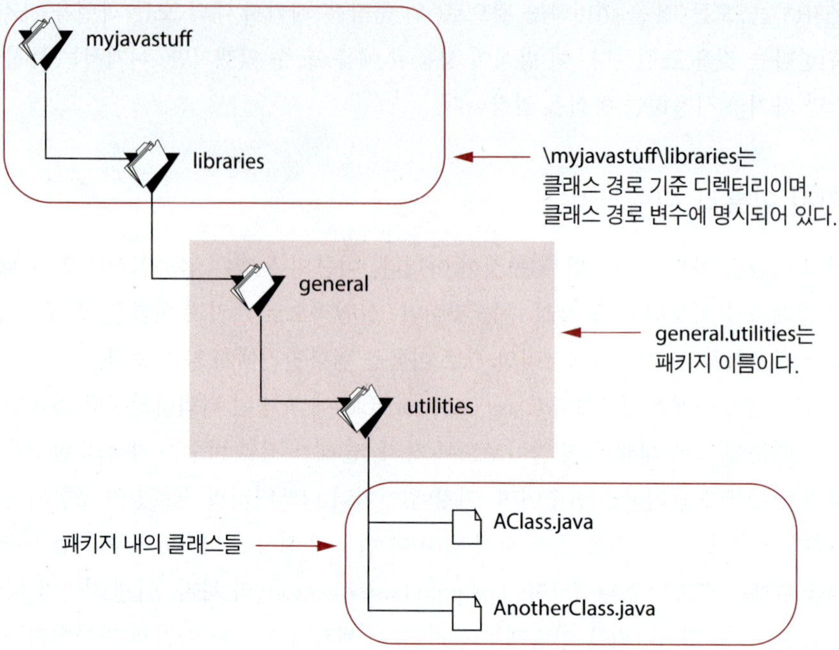

그림 6.5 패키지 이름

를 명시할 때 사용하는 / 또는 \와 같은 기능을 한다.

클래스 경로 (환경) 변수를 설정하여 클래스 경로 기준 디렉터리를 지정할 수 있다. 클래스 경로 변수를 설정하는 방법은 운영체제에 따라 다르다. UNIX 시스템을 사용한다면 다음과 같은 명령을 실행하면 된다.

```
export CLASSPATH=/myjavastuff/libraries:/home/username/javaclasses:.
```

> **요점 정리 패키지의 이름**
>
> 패키지의 이름은 그 패키지의 클래스들이 포함된 디렉터리에 이르는 경로 이름이어야 한다. 다만 이름들을 분리하기 위해 운영체제가 사용하는 /나 \ 대신에 점을 사용한다. 패키지에 이름을 붙일 때는 클래스 경로 변수에 지정된 디렉터리에서 시작하는 상대 경로 이름을 사용한다.
>
> **예**
>
> ```
> general.utilities
> java.io
> ```

Windows 운영체제를 사용하고 있다면 제어판을 열어서 CLASSPATH라는 환경 변수를 만들고 폴더 경로를 지정해 준다. 클래스 경로 변수에 둘 이상의 기준 경로를 설정할 수도 있는데 각 경로를 세미콜론(;)으로 구분하면 된다. 예를 들어 다음과 같은 클래스 경로 설정이 가능하다.

```
c:\myjavastuff\libraries;f:\yourjavastuff
```

이는 패키지를 만들 때 다음 디렉터리

```
c:\myjavastuff\libraries
```

또는

```
f:\yourstuff
```

디렉터리의 하위 디렉터리에 생성할 수 있다는 의미이다. 자바가 패키지를 검색할 때는 먼저 첫 번째 디렉터리에서 시작한다.

```
c:\myjavastuff\libraries
```

이 디렉터리의 하위 디렉터리에서 찾을 수 없으면 다음 디렉터리를 검색한다.

```
f:\yourstuff
```

클래스 경로 변수를 새로 설정하거나 변경할 때마다 현재 디렉터리를 포함시키도록 하라. **현재 디렉터리**(current directory)는 자신이 작성 중인 프로그램(또는 클래스)이 위치한 곳이다. 대부분의 운영체제에서 현재 디렉터리는 하나의 점으로 표시된다. 따라서 클래스 경로 변수를 설정하기 위해 다음과 같이 경로명을 나열한 마지막에 점을 추가하면 된다.

```
c:\myjavastuff\libraries;f:\yourjavastuff;.
```

찾고자 하는 패키지가 앞의 두 기준 디렉터리에서 발견되지 않으면, 자바는 현재 디렉터리, 즉 자신이 지금 컴파일하고 있는 프로그램이 위치한 곳을 기준으로 그 하위 디렉터리를 검색한다. 클래스 경로로 설정된 다른 디렉터리에 우선해서 현재 디렉터리를 먼저 검색하게 하고 싶으면 현재 디렉터리(점)을 맨 앞에 두면 된다.

GOTCHA 클래스 경로에 현재 디렉터리를 포함하지 않으면

클래스 경로 변수에 현재 디렉터리를 넣지 않으면 사용할 수 있는 패키지의 위치를 제한할 뿐만 아니라 패키지를 사용하지 않는 프로그램을 방해할 수도 있다. 만약 패키지를 사용하지 않고 모든 클래스를 같은 디렉터리에 저장한 상태로 프로그램을 작성할 때, (이 책의 나머지 부분에서는 이렇게 하고 있다) 현재 디렉터리가 클래스 경로에 포함되어 있지 않다면 자바는 클래스의 위치를 알 수 없다. (클래스 경로 변수가 아예 없으면 이 문제는 발생하지 않는다. 클래스 경로 변수가 명시적으로 설정되었을 때만 발생하는 문제이다.) ■

이름 충돌

패키지는 클래스들의 라이브러리를 묶어서 사용하는 편리한 방법이지만 패키지를 사용하는 다른 이유도 있다. 패키지는 이름 충돌을 예방하는 데 도움이 된다. 이름 충돌이란 두 개의 클래스가 같은 이름을 사용하는 상황이다. 서로 다른 프로그래머들이 클래스에 같은 이름을 붙이는 경우가 많지만 서로 다른 패키지 이름을 사용함으로써 혼란을 방지할 수 있다.

예를 들어 mystuff라는 패키지에 CoolClass라는 이름의 클래스가 있고, yourstuff라는 패키지에도 CoolClass라는 같은 이름의 다른 클래스가 있다고 하자. 이들을 각각 mystuff.CoolClass와 yourstuff.CoolClass라는 완전한 이름으로 사용하면 이 두 클래스를 하나의 프로그램에서 동시에 이용할 수 있게 된다. 예를 들면 다음과 같다.

```
mystuff.CoolClass object1 = new mystuff.CoolClass();
yourstuff.CoolClass object2 = new yourstuff.CoolClass();
```

이런 방식으로 패키지 이름과 클래스 이름을 함께 사용하면, 이 이름에 패키지에 대한 정보가 모두 명시되어 있으므로 패키지를 import할 필요가 없다.

자습문제 SELF-TEST QUESTIONS

42 현재 작성 중인 프로그램에서 mypackage.library1 패키지에 포함되어 있는 클래스를 사용하고 싶다. 프로그램 파일의 맨 앞에 어떤 코드가 있어야 하는가?

43 mypackage.library1이라는 패키지에 클래스를 추가하고 싶다고 하자. 그 클래스의 정의를 저장하는 파일에 어떤 코드를 추가해야 하는가? 또 그 코드는 파일의 어느 부분에 있어야 하는가?

44 패키지 이름은 마음대로 지어도 되는가, 아니면 패키지 이름에 대한 제약 사항이 있는가? 있다면 어떤 제약 사항이 있는지 설명하라.

45 자신의 시스템에서 Listing 6.1의 Pet 클래스를 아무 프로그램에서나 사용할 수 있

도록 하고 싶다. 현재 작성 중인 프로그램과 같은 디렉터리로 Pet을 복사하거나 이동하지 않고 적절한 import 문만으로 Pet을 사용할 수 있도록 Pet의 저장 위치를 변경하라.

6.8 그래픽 보조자료

이 절에서는 애플릿이나 GUI 방식의 애플리케이션에 버튼과 아이콘을 추가하는 방법과 레이블, 아이콘, 버튼과 같은 컴포넌트들을 나타내거나 사라지게 하는 방법을 설명한다. **버튼**(button)이란 애플릿이나 응용프로그램의 한 객체로, 작은 단추 모양으로 생겼고 마우스를 이용해 클릭하면 무슨 일인가 발생하게 되는 컴포넌트다. **아이콘**(icon)은 작은 그림을 의미한다.

프로그래밍 팁_외양과 동작 코드를 분리하라

애플릿이나 GUI 방식의 애플리케이션을 설계하고 코딩할 때 적용할 수 있는 좋은 기법 중 하나는 먼저 프로그램의 외양을 작성하는 것이다. 예를 들어 버튼은 몇 개를 사용하고 각 버튼에는 어떤 글자를 적을 것인가 같은 것들이다. 일단 원하는 대로 모양을 만들고 나면 프로그램이 수행해야 할 작업, 예를 들면 버튼을 눌렀을 때 어떤 일이 발생할 것인지 등에 대한 프로그램을 작성한다. 이 방식으로 작업하면 하나의 커다란 작업이 보다 작은 두 개의 작업으로 나누어지고 각각을 처리하기가 더 쉬워진다. 여기서 버튼을 설명하면서 이 방식을 적용할 것이다. 먼저 애플릿에 버튼을 추가하는 방법을 보여 준다. 이들을 클릭해도 아무런 동작도 하지 않는다. 애플릿에 버튼을 추가하는 방법을 익히고 나면 버튼을 클릭했을 때 반응하도록 동작을 프로그램하는 법을 설명할 것이다. ■

버튼의 추가

앞에서 레이블 객체를 생성했을 때와 같은 방법으로 버튼 객체를 생성할 수 있다. 다만 JLabel 대신 JButton 클래스를 사용해야 한다. 예를 들어 Listing 6.21의 애플릿은 다음과 같이 버튼을 생성한다.

```
JButton sunnyButton = new JButton("Sunny");
```

JButton 클래스의 생성자를 호출할 때 전달하는 인자(여기서는 "Sunny")는 버튼이 출력되었을 때 버튼 위에 표시될 문자열이다. Listing 6.21 애플릿의 출력을 살펴보면 Sunny와 Cloudy라는 이름의 두 버튼을 볼 수 있다.

버튼 객체를 생성하고 나면 레이블 때와 마찬가지로 그것을 애플릿의 내용 창에 부착한다. 예를 들어 Listing 6.21에서 sunnyButton은 다음과 같이 애플릿의 내용 창에 부착된다.

```
Container contentPane = getContentPane();
    ...
contentPane.add(sunnyButton);
```

레이블과는 달리 버튼에는 동작을 연결할 수 있다. 즉, 마우스로 버튼을 클릭하면 애플릿이 뭔가 동작을 하게 되는 것이다. Listing 6.21에 있는 버튼 두 개는 클릭해도 아무 일도 발생하지 않는다. 아직 그에 대한 동작을 프로그램하지 않았기 때문이다. 이 작업을 하려면 이제까지와는 다른 종류인 **이벤트 구동 프로그래밍**(event-driven programming) 기법을 사용해야 한다. 버튼에 대한 동작을 코딩하는 법을 설명하기 전에 이 기법에 대한 간단한 소개를 하겠다.

Listing 6.21 애플릿에 버튼 추가하기

```
import javax.swing.JApplet;
import javax.swing.JButton;
import java.awt.Color;
import java.awt.Container;
import java.awt.FlowLayout;
import java.awt.Graphics;
/**
애플릿에 버튼을 추가하는 간단한 예제.
추가된 버튼들은 아무런 동작도 하지 않는다. 나중에 추가될 것이다.
*/
public class PreliminaryButtonDemo extends JApplet
{
    public void init()
    {
        Container contentPane = getContentPene();
        contentPane.setBackground(Color.WHITE);

        contentPane.setLayout(new FlowLayout());

        JButton sunnyButton = new JButton("Sunny");
        contentPane.add(sunnyButton);

        JButton cloudyButton = new JButton("Cloudy");
        contentPane.add(cloudyButton);
    }
}
```

(계속됨)

Listing 6.21 애플릿에 버튼 추가하기

애플릿 출력

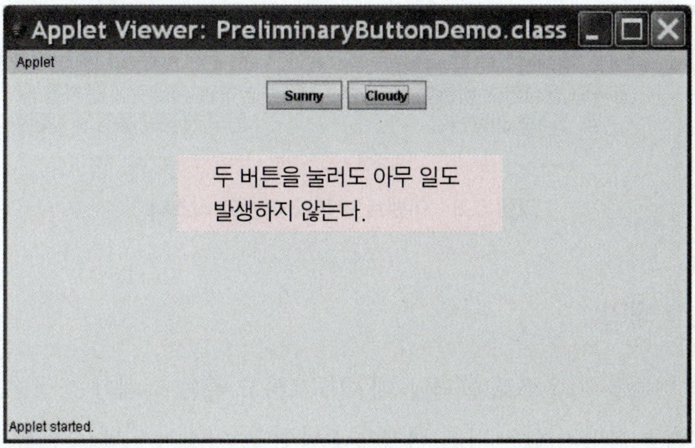

이벤트 구동 프로그래밍

애플릿과 GUI 애플리케이션은 이벤트와 이벤트 처리기를 사용한다. **이벤트**(event)란 마우스로 버튼을 클릭하는 것과 같이 반응을 유도하는 동작을 표현하는 객체이다. 어떤 객체가 이벤트를 만들어 내면 객체가 이 이벤트를 '발생시킨다(fire)'라고 표현한다. 예를 들어 사용자가 버튼을 클릭하면 버튼은 이벤트를 발생시킨다. 애플릿이나 응용 프로그램에서 이벤트를 발생시킬 수 있는 모든 객체는 발생한 이벤트를 수신할 수 있는 **리스너 객체**(listener object)를 하나 이상 가질 수 있다. 리스너 객체에는 다양한 종류의 이벤트에 대해 리스너가 각 이벤트를 수신했을 때 어떻게 처리할 것인지 지시한 메소드가 포함되어 있다. 이 메소드를 **이벤트 처리기**(event handler)라고 한다.

프로그래머는 이벤트를 발생시킬 수 있는 여러 객체에 대해 어느 객체가 리스너 객체인지 명시해야 한다. 또한 프로그래머는 이벤트 처리 메소드도 작성해야 한다. 버튼과 같은 이벤트를 발생시키는 객체와 이벤트를 처리하는 리스너와의 관계는 그림 6.6에 나타나 있다.

이벤트 구동 프로그래밍은 지금까지 해 온 프로그래밍과는 다른 종류의 기법이다. 이벤트 구동 프로그래밍에서는 이벤트를 발생시킬 수 있는 객체를 생성하고, 그 이벤트에 반응할 리스너 객체를 따로 생성한다. 대부분의 경우 어떤 순서로 작업이 진행될지 프로그램에서 결정할 수 없고, 이벤트가 그 순서를 결정한다. 이벤트 구동 프로그램이 실행되고 있을 때 다음에 무슨 작업이 수행될 것인지는 다음에 발생하는 이벤트에 달려 있다.

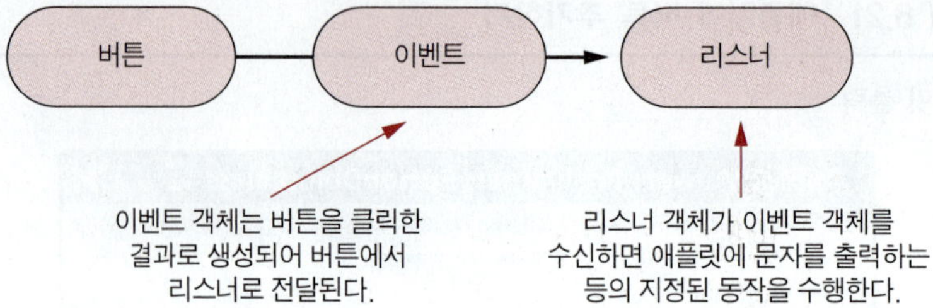

그림 6.6 이벤트 발생과 이벤트 리스너

버튼 프로그래밍

복습해 보면 버튼을 마우스로 클릭할 때 이벤트라고 하는 객체가 생성되고, 이벤트는 리스너로 알려진 하나 이상의 다른 객체에 전달된다. 이것이 이벤트 발생 과정이다. 그 다음 리스너가 어떤 동작을 수행하게 된다.

이벤트가 리스너 객체에게 '전달된다'는 것은 실제로는 이벤트 객체를 인자로 사용하는 리스너 객체 내부의 어떤 메소드가 호출된다는 것을 의미한다. 이 호출은 자바에 의해 자동으로 수행되기 때문에 자신이 작성하는 애플릿의 클래스 정의에 메소드 호출문을 추가할 필요는 없다. 그러나 애플릿 클래스 정의에는 다음 두 가지가 포함되어야 한다.

- 각 버튼에 대해 그 버튼이 발생시킨 이벤트에 반응할 리스너는 무슨 객체인지 명시해야 한다. 이를 리스너 **등록**(registering)이라 한다.
- 이벤트가 리스너에게 전달되었을 때 호출될 메소드를 정의해야 한다.

클래스 정의 내부에서 그 클래스의 객체는 `this`로 명시됨을 기억해 보라. 다음 문장은 `sunnyButton`이란 버튼에서 발생한 이벤트를 수신하는 리스너로 `this`를 등록하는 것이다.

```
sunnyButton.addActionListener(this);
```

같은 방식으로 `cloudyButton`에서 발생한 이벤트를 수신하는 리스너로 `this`를 등록할 수 있다. 인자가 `this`라는 것은 버튼이 정의된 클래스가 그대로 리스너 클래스가 된다는 것을 의미한다. 더 정확하게 표현하면, 지금 작성하는 애플릿 클래스가 `ButtonDemo`일 때 `ButtonDemo`의 각 애플릿 객체가 그 객체 내부의 버튼에 대한 리스너 객체가 된다는 것이다. 이 관계는 그림 6.7에 표현되어 있다.

다음은 버튼이 발생시킨 이벤트를 수신하고 처리하는 `ButtonDemo`와 같은 리스너 클래스를 작성하는 법을 알아보자. 다양한 종류의 컴포넌트가 발생시키는 이벤트를 처리하기 위해서는 다양한 종류의 리스너 클래스가 필요하다. 버튼은 **동작 이벤트**

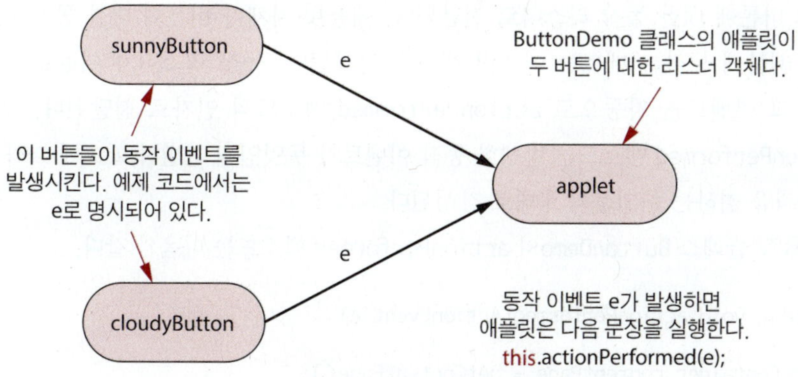

그림 6.7 버튼과 동작 리스너

(action event)라는 종류의 이벤트를 발생시키고, 동작 이벤트는 **동작 리스너**(action listener)에 의해 처리된다.

동작 리스너는 ActionListener형의 객체다. ActionListener는 클래스가 아니라 클래스에 부여할 수 있는 속성이다. ActionListener와 같은 속성을 **인터페이스**(interface)라 하는데 이는 8장에서 좀 더 상세히 다룰 것이다. 어떤 클래스가 동작 리스너가 되려면 다음 두 가지가 필요하다.

- 클래스 정의의 시작부(보통 첫 번째 줄의 맨 뒤)에 implements ActionListener라는 구절을 추가한다.
- actionPerformed라는 이름의 메소드를 정의한다.

ButtonDemo 클래스의 대략적인 모양은 다음과 같다.

```
public class ButtonDemo extends JApplet implements ActionListener
{
    . . .
    public void actionPerformed(ActionEvent e)
    {
    . . .
    }
    . . .
}
```

버튼 이벤트 처리 외에 다른 작업은 하지 않는 독립된 클래스로 작성할 수도 있지만, 여기서는 ButtonDemo 애플릿 클래스를 동작 리스너로 만들어 버튼 이벤트를 처리하는 방법을 선택하였다. 왜냐하면 버튼 이벤트가 애플릿 모양을 변경시킬 수 있고 그 경우 애플릿 자체의 메소드를 이용해 처리하는 편이 가장 쉬운 방법이기 때문이다.

사용자가 마우스를 이용해 애플릿 내의 한 버튼을 클릭하면 동작 이벤트가 발생해 그 버튼에 대한 동작 리스너로 전달된다. 애플릿 자체가 버튼에 대한 동작 리스너이기 때문에 동작 이벤트는 애플릿 객체로 전달된다. 동작 리스너가 이벤트를 수신하면 그 이벤트는 자동으로 actionPerformed 메소드의 인자로 전달된다. 보통의 actionPerformed 메소드는 발생한 동작 이벤트가 무엇인지 판별하고 그에 따라 적절한 동작을 취하는 분기문의 형태로 작성된다.

애플릿 클래스 ButtonDemo의 actionPerformed 메소드는 다음과 같다.

```
public void actionPerformed(ActionEvent e)
{
    Container contentPane = getContentPane();
    if (e.getActionCommand().equals("Sunny"))
        contentPane.setBackground(Color.BLUE);
    else if (e.getActionCommand().equals("Cloudy"))
        contentPane.setBackground(Color.GRAY);
    else
        System.out.println("Error in button interface.");
}
```

이번 예에서 actionPerformed 메소드는 동작 이벤트가 Sunny라는 이름의 버튼과 Cloudy라는 이름의 버튼 중 어디서 왔는지 판별해야 한다. 버튼을 클릭함으로써 생성된 동작 이벤트를 e라고 할 때, e.getActionCommand()는 버튼에 적힌 문자열을 반환한다. 이 경우에는 "Sunny" 또는 "Cloudy"가 된다. 이런 문자열을 **동작 명령**(action command)이라 한다.

actionPerformed 메소드는 e.getActionCommand()가 반환한 동작 명령이 "Sunny"인지 "Cloudy"인지 판별하여 해당 버튼에 대한 적절한 동작을 수행하면 된다. e.getActionCommand() 메소드가 String 클래스의 객체를 반환하기 때문에 이 판별 검사를 위해 String의 equals 메소드를 호출한다. 이를 연속한 메소드 호출문의 형태로 다음과 같이 작성할 수 있다.

```
e.getActionCommand().equals(String_Argument)
```

if 문에서 이 호출문을 사용하고 결과에 따라 다음과 같이 내용 창의 색상을 변경할 수 있다.

```
contentPane.setBackground(Color.BLUE);
```

동작 리스너 클래스를 정의하려면 다음의 import 문을 반드시 추가해야 한다.

```
import java.awt.event.ActionEvent;
import java.awt.event.ActionListener;
```

요점 정리 동작 이벤트와 동작 리스너

버튼을 비롯한 몇몇 컴포넌트들은 ActionEvent 클래스의 객체인 이벤트를 발생시킨다. 이 이벤트들은 동작 이벤트라고 하며 하나 이상의 동작 리스너에 의해 처리된다. 애플릿 클래스를 포함한 어떤 클래스라도 다음 과정을 완수하면 동작 리스너가 될 수 있다.

- 클래스를 정의할 때 첫 줄의 맨 끝에 implements ActionListener를 추가한다.
- 동작 이벤트를 발생시키는 버튼이나 다른 컴포넌트에 동작 리스너를 등록한다. 이는 ActionListener 클래스의 객체를 인자로 하여 addActionListener 메소드를 호출하면 된다.
- 클래스에 actionPerformed라는 이름의 메소드를 정의한다.

동작 리스너 클래스 내에는 리스너로서의 작업 이외에 다른 기능도 정의할 수 있다.

예

Listing 6.22 참조

요점 정리 actionPerformed 메소드

동작 리스너가 되려면 클래스 내에 actionPerformed라는 이름의 메소드가 반드시 정의되어 있어야 한다. 이 메소드는 ActionEvent형의 매개변수 하나를 가진다. ActionListener 인터페이스가 요구하는 메소드는 이것 하나뿐이다.

문법

```
public void actionPerformed(ActionEvent e)
{
    Code_for_Actions_Performed
}
```

Code_for_Actions_Performed 부분은 보통 인자 e가 가지는 속성에 따른 분기문의 형태로 작성된다. 대개 이 분기문은 동작 명령을 반환하는 e.getActionCommand( )의 호출 결과에 따라 구성된다. e가 버튼 클릭으로 인해 발생한 이벤트라면 동작 명령은 버튼에 적힌 문자열이 된다.

예

Listing 6.22 참조

프로그래밍 예제 버튼이 있는 애플릿

Listing 6.22의 애플릿 시작 부분은 Listing 6.21과 거의 같아 보인다. 그러나 이 버전의 버튼은 '작동한다.' Sunny라는 이름의 버튼을 클릭하면 배경색이 파랗게 되고, Cloudy

라는 버튼을 클릭하면 배경색이 회색으로 변한다. 마지막 else 절은 실행되어서는 안 된다. 이는 코드에 인지하지 못한 실수가 있을 경우 경고를 받을 목적으로 작성해 둔 것이다.

Listing 6.22 버튼에 동작 추가하기

이 애플릿 코드는 Listing 6.21의 코드에 색칠한 부분이 추가된 버전이다.

```
import javax.swing.JApplet;
import javax.swing.JButton;
import java.awt.Color;
import java.awt.Container;
import java.awt.FlowLayout;
import java.awt.Graphics;
import java.awt.event.ActionEvent;
import java.awt.event.ActionListener;
/**
애플릿에 버튼을 추가하는 간단한 예제.
버튼을 클릭하면 뭔가가 수행된다.
*/
public class ButtonDemo extends JApplet implements ActionListener
{
    public void init()
    {
        Container contentPane = getContentPane();
        contentPane.setBackground(Color.WHITE);

        contentPane.setLayout(new FlowLayout());

        JButton sunnyButton = new JButton("Sunny");
        contentPane.add(sunnyButton);
        sunnyButton.addActionListener(this);
        JButton cloudyButton = new JButton("Cloudy");
        contentPane.add(cloudyButton);
        cloudyButton.addActionListener(this);
    }
    public void actionPerformed(ActionEvent e)
    {
        Container contentPane = getContentPane();
        if (e.getActionCommand().equals("Sunny"))
            contentPane.setBackground(Color.BLUE);
        else if (e.getActionCommand().equals("Cloudy"))
            contentPane.setBackground(Color.GRAY);
        else
            System.out.println("Error in button interface.");
    }
}
```

ActionEvent와 ActionListener를 사용하려면 import 문이 필요하다.

(계속됨)

Listing 6.22 버튼에 동작 추가하기

애플릿의 초기 출력

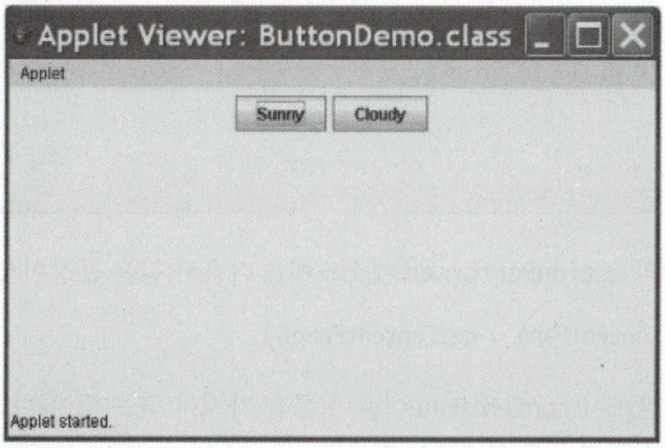

Sunny를 클릭한 후의 애플릿 모습

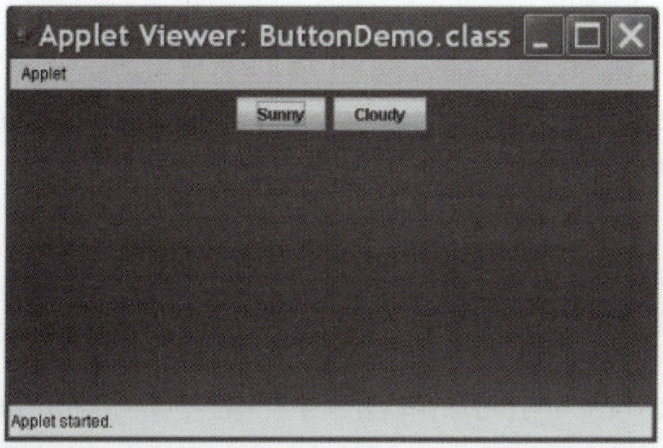

Cloudy를 클릭한 후의 애플릿 모습

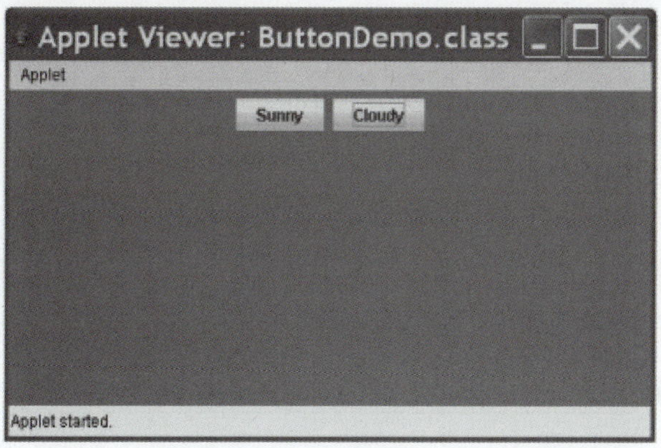

프로그래밍 팁_애플릿은 생성자를 사용하지 않는다

애플릿은 일반적으로 생성자를 가지지 않는 특이한 클래스이다. 보통 생성자 내에 작성하는 초기화 작업은 특별한 메소드인 init에 포함시켜야 한다. ■

자습문제 SELF-TEST QUESTIONS

46 Listing 6.22의 actionPerformed 메소드에는 다음과 같은 문장이 있다.

```
Container contentPane = getContentPane();
```

내용 창은 반드시 contentPane이란 이름을 가져야 하는가, 아니면 다음 예와 같이 다른 아무 이름이라도 괜찮은가?

```
Container insideOfApplet = getContentPane();
```

47 이벤트가 리스너 객체에 '전달된다'는 것은 무엇을 의미하는가?

48 Listing 6.22에서 actionPerformed 메소드의 매개변수 e를 buttonEvent라는 이름으로 바꿔 보자. 프로그램에 어떤 변화가 생기는가?

아이콘의 추가

이 절의 서두에서 언급했다시피 아이콘은 단순히 하나의 그림이다. 그럴 필요는 별로 없지만 아이콘은 대개 작다. 사용할 그림은 무엇이든 괜찮다. 대신 GIF나 JPEG 등 컴퓨터 화면에 출력될 수 있는 양식으로 만들어야 한다. 다양한 종류의 표준 양식으로 만들어진 그림이 아이콘으로 사용될 수 있다. 이 그림 파일들을 프로그램과 같은 폴더에 저장한다.

Swing이 디지털 영상 파일을 아이콘으로 변환시킨다. 그리고 프로그래머는 레이블이나 버튼 등의 컴포넌트에 이 아이콘을 추가할 수 있다. 레이블이나 버튼 위에 아이콘이나 문자열 또는 그 둘 모두를 함께 표시하도록 할 수 있다.

디지털 영상 파일을 Swing 아이콘으로 변환하려면 Swing 라이브러리에 있는 ImageIcon 클래스를 사용한다. 예를 들어 다음 코드는 duke_waving.gif라는 파일을 dukeIcon이라는 이름의 아이콘으로 변환한다.

```
ImageIcon dukeIcon = new ImageIcon("duke_waving.gif");
```

그리고 setIcon 메소드를 써서 이 아이콘을 레이블에 부착할 수 있다.

```
niceLabel.setIcon(dukeIcon);
```

Listing 6.23은 이 과정을 보여 주는 간단한 예이다. 레이블 **niceLabel**에는 아이콘 외에도 **"Java is fun!"**이란 문자열도 부착되어 있기 때문에 이 레이블은 아이콘과 문자열 두 가지를 모두 출력한다.

레이블에서 문자열을 제외하려면 Listing 6.23의 코드에서 **niceLabel**을 정의하는 부분을 다음과 같이 바꾸면 된다.

Listing 6.23 아이콘을 출력하는 애플릿

```
import javax.swing.ImageIcon;
import javax.swing.JApplet;
import javax.swing.JLabel;

public class IconDemo extends JApplet
{
    public void init()
    {
        JLabel niceLabel = new JLabel("Java Is fun!");
        ImageIcon dukeIcon = new ImageIcon("duke_waving.gif");
        niceLabel.setIcon(dukeIcon);
        getContentPane().add(niceLabel);
    }
}
```

애플릿 출력[4]

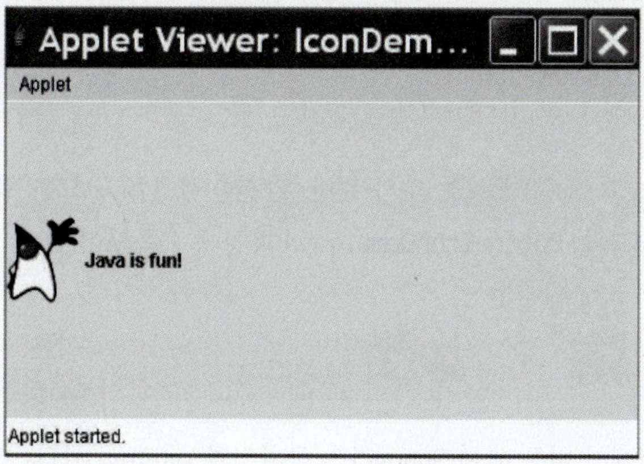

4 Java와 Duke를 비롯해 자바 기반의 상표와 로고는 미국 및 기타 국가들에서 Oracle, Inc.의 소유로 등록된 상표이다. (Duke는 손 흔드는 그림)

이 애플릿의 코드는 원서와 연계된 웹사이트의 소스 코드 중 ButtonIconDemo.java 파일에 있다.

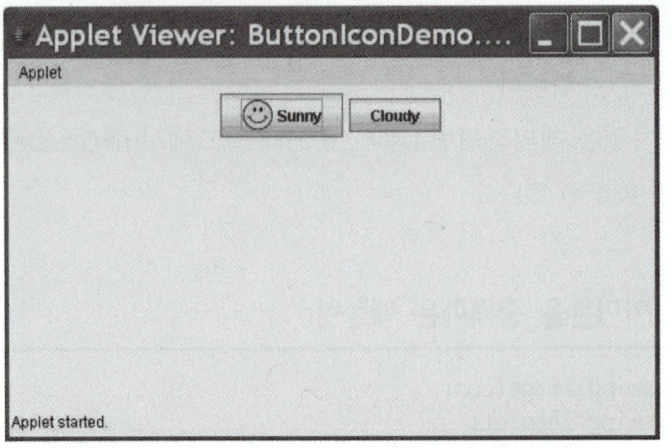

그림 6.8 아이콘을 포함하는 버튼

```
JLabel niceLabel = new JLabel();  // 생성자의 인자가 없으면 문자열이 추가되지 않는다.
```

위 문장의 결과로 애플릿 출력에서 Java is fun!이란 문자열이 보이지 않게 된다.

버튼에 아이콘을 추가할 때도 setIcon 메소드를 사용할 수 있다. 예를 들어 Listing 6.22에 다음 코드의 색칠된 부분을 추가하면 Sunny 버튼 위에는 문자열 외에 smiley.gif에 저장된 그림이 추가로 출력될 것이다.

```
JButton sunnyButton = new JButton("Sunny");
ImageIcon smileyFaceIcon = new ImageIcon("smiley.gif");
sunnyButton.setIcon(smileyFaceIcon);
contentPane.add(sunnyButton);
sunnyButton.addActionListener(this);
```

화면 출력 결과는 그림 6.8에 보는 바와 같다. 완전한 애플릿 코드는 원서와 연계된 웹사이트의 소스 코드 중 ButtonIconDemo.java 파일에 수록되어 있다.

자습문제 SELF-TEST QUESTIONS

49 이 절의 예제에서 버튼 위에 Sunny라는 문자열과 smiley.gif로 만들어진 아이콘을 둘 다 출력하도록 하는 방법을 설명하였으며, 그 결과는 그림 6.8에 나와 있다. 여기에 Cloudy 버튼도 nasty.gif의 그림을 문자열과 같이 출력할 수 있도록 코드를 수정하라. (nasty.gif 파일은 원서와 연계된 웹사이트의 소스 코드에 포함되어 있다.)

가시성 변경

앞으로 소개할 모든 레이블과 모든 버튼 및 거의 모든 컴포넌트에는 setVisible이라는 메소드가 정의되어 있다. 이 메소드는 인자로 전달되는 불값에 따라 컴포넌트의 가시성을 변경해 화면에 보였다 안 보였다 하도록 만들 수 있다.

레이블 또는 컴포넌트가 true를 인자값으로 하여 setVisible 메소드를 호출하면 컴포넌트가 화면에 나타난다. 반면 인자가 false면 화면에서 사라진다. setVisible이 호출되지 않으면 기본적으로는 화면에 보이게 된다. 버튼과 같은 컴포넌트가 보이지 않으면 마우스로 클릭할 수도 없다. '보이지 않는' 컴포넌트는 다만 화면에 나타나지 않는 것뿐만 아니라 그 자리에 아예 존재하지 않게 된다. 다음 프로그래밍 예제는 setVisible 메소드를 사용하는 예를 보여 준다.

프로그래밍 예제 **가시성 변경**

Listing 6.24의 애플릿은 처음에는 보이지 않다가 사용자가 버튼을 클릭하면 나타나는 레이블을 정의한다. 레이블의 이름은 response이고 init 메소드 내의 다음 호출문에 의해 보이지 않게 된다.

```
response.setVisible(false);
```

사용자가 버튼을 클릭하면 actionPerformed 메소드가 호출된다. 이 메소드는 다음 문장을 실행하여 레이블이 보이도록 한다.

Listing 6.24 가시성을 변경하는 레이블이 있는 애플릿

```
import javax.swing.ImageIcon;
import javax.swing.JApplet;
import javax.swing.JButton;
import javax.swing.JLabel;
import java.awt.Color;
import java.awt.Container;
import java.awt.FlowLayout;
import java.awt.Graphics;
import java.awt.event.ActionEvent;
import java.awt.event.ActionListener;

/**
애플릿에서 가시성을 변경하는 간단한 예제
*/
```

(계속됨)

Listing 6.24 가시성을 변경하는 레이블이 있는 애플릿

```
public class VisibilityDemo extends JApplet implements ActionListener
{
    private JLabel response;
    private Container contentPane;
    public void init()
    {
        contentPane = getContentPane();
        contentPane.setBackground(Color.WHITE);

        // 버튼을 생성한다.
        JButton aButton = new JButton("Push me!");
        aButton.addActionListener(this);

        // 레이블을 생성한다.
        response = new JLabel("Thanks. That felt good!");
        ImageIcon smileyFaceIcon = new ImageIcon("smiley.gif");
        response.setIcon(smileyFaceIcon);
        response.setVisible(false);   // 버튼을 클릭할 때까지 보이지 않는다.

        // 버튼을 부착한다.
        contentPane.setLayout(new FlowLayout());
        contentPane.add(aButton);
        // 레이블을 부착한다.
        contentPane.add(response);
    }
    public void actionPerformed(ActionEvent e)
    {
        contentPane.setBackground(Color.PINK);
        response.setVisible(true);   // 레이블이 보이게 한다.
    }
}
```

레이블 response와 변수 contentPane은 인스턴스 변수이므로 init와 actionPerformed 메소드에서 사용될 수 있다.

애플릿 초기 출력

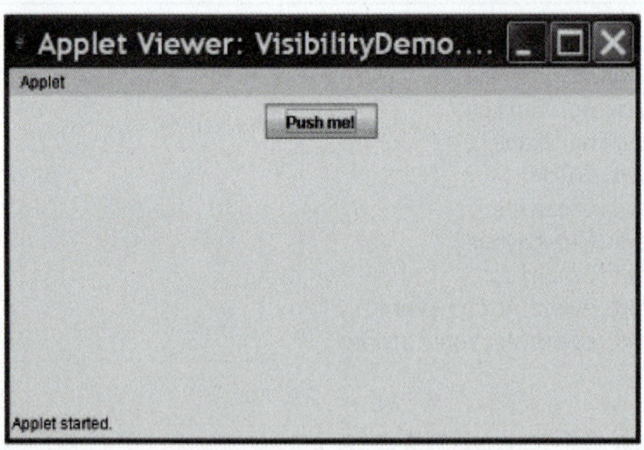

(계속됨)

Listing 6.24 가시성을 변경하는 레이블이 있는 애플릿

버튼을 클릭한 후의 애플릿 출력

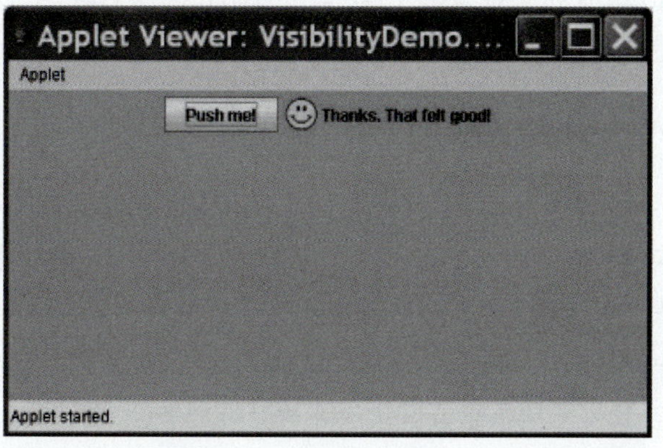


```
response.setVisible(true);
```

나타나는 문자열은 Thanks. That felt good!이다.

레이블 response와 contentPane 변수는 모두 애플릿의 전용 인스턴스 변수이므로 init와 actionPerformed 메소드에서 사용될 수 있다. 변수 contentPane은 init 메소드에서 getContentPane을 호출하여 애플릿의 내용 창으로 초기화된다. contentPane 변수를 초기화하는 것은 init 메소드가 생성자처럼 동작하는 하나의 예이다.

요점 정리 setVisible 메소드

레이블과 버튼을 비롯한 여러 애플릿 컴포넌트에는 setVisible 메소드가 있다. 이 메소드는 하나의 boolean형 인자를 가진다. aComponent가 이런 컴포넌트 중 하나라고 할 때, 다음 문장

```
aComponent.setVisible(true);
```

을 실행하면 aComponent가 화면에 나타난다. 반면,

```
aComponent.setVisible(false);
```

을 실행하면 aComponent가 화면에서 사라진다.

GOTCHA '보이지 않는다'의 의미

setVisible 메소드에 사용된 보이지 않는다(invisible)는 용어의 의미를 좀 더 명확히 할 필요가 있다. aButton이라는 버튼이 있다고 하자. 다음 문장

```
aButton.setVisible(false);
```

이 실행되면 버튼은 보이지 않게 된다. 그런데 여기서 '보이지 않는다'는 것은 단어 그대로의 의미보다 더 큰 의미를 담고 있다. 실제로는 버튼이 그 위치에 존재하지 않는 것과 같다. 일부 프로그래머는 '보이지 않는다'의 의미를 버튼은 그 자리에 있지만 다만 보이지 않을 뿐이라는 식으로 잘못 이해하고, 보이지는 않지만 화면상에 버튼이 있던 위치를 클릭하면 보이는 버튼을 클릭한 것과 똑같이 반응할 것이라는 기대를 한다. 틀렸다. 보이지 않는 버튼은 클릭할 수 없다. 클릭하려면 먼저 보이게 만들어야 한다. ■

자습문제 SELF-TEST QUESTIONS

50 Listing 6.24에 정의된 actionPerformed 메소드의 인자 e는 한 번도 사용되지 않았다. 그래도 괜찮은가?

51 Listing 6.24의 actionPerformed 메소드에는 왜 분기문이 없는가?

52 일단 클릭되면 버튼이 사라지도록 Listing 6.24의 애플릿을 수정하라.

요약 SUMMARY

- 생성자는 new 연산자를 사용할 때 호출되어 객체를 생성하고 초기화하는 메소드다. 생성자의 이름은 클래스 이름과 같아야 한다.
- 매개변수가 없는 생성자를 기본 생성자라 한다. 클래스에 생성자를 정의하지 않으면 자바가 자동으로 기본 생성자를 제공한다. 클래스에 하나 이상의 생성자를 정의하면서 기본 생성자를 정의하지 않는 경우에는 기본 생성자가 자동으로 제공되지 않는다.
- 클래스의 생성자를 정의할 때 같은 클래스의 다른 생성자를 가리키는 이름으로 this를 사용한다. this를 사용해 다른 생성자를 호출하는 문장은 생성자 몸체의 첫 번째 실행문이 되어야 한다.

- 정적 변수를 선언하려면 키워드 static을 사용한다. 정적 변수는 그 클래스의 모든 객체에게 공유되는 변수다.
- 정적 메소드의 헤딩에는 키워드 static을 사용한다. 정적 메소드를 호출할 때는 개별 객체의 이름이 아니라 클래스 이름을 앞에 붙여 호출한다. 정적 메소드에서는 같은 클래스 내에 있는 인스턴스 변수나 메소드라 할지라도 정적이 아닌 경우에는 변수 이름만으로 접근하거나 클래스의 객체 이름을 붙이지 않고 메소드를 호출할 수 없다.
- 모든 기본형에 대해서 그 형의 데이터를 클래스 객체로 사용할 수 있도록 하는 포장 클래스가 제공된다. 각 포장 클래스에는 여러 개의 유용한 상수와 메소드가 미리 정의되어 있다.
- 자바는 기본형의 값과 그에 상응하는 포장 클래스 객체 간의 변환을 필요할 때마다 자동으로 수행한다.
- 메소드 정의를 작성할 때는 큰 작업을 부분 작업으로 나누어 작성하라.
- 모든 메소드는 자신만이 유일하게 테스트되지 않은 메소드인 상황에서 테스트되어야 한다.
- 같은 클래스 내에서 둘 이상의 메소드가 같은 이름을 가질 수 있다. 단, 매개변수의 개수나 형이 서로 달라야 한다. 즉, 각 메소드는 서로 다른 서명을 가져야 한다. 이것을 메소드 이름의 중복이라 한다.
- 열거형은 사실상 클래스다. 따라서 열거형 내에 인스턴스 변수, 생성자, 메소드 등을 정의할 수 있다.
- 자주 사용하는 클래스 정의를 묶어 패키지를 만들 수 있다. 패키지 내의 클래스 각각은 별도의 독립적인 파일로 작성되어 같은 디렉터리에 저장되어야 하고, 파일 시작 부분에 package 문이 있어야 한다.
- 프로그램을 작성할 때 맨 앞에 import 문을 사용하면 어떤 패키지 내의 클래스를 프로그램과 같은 폴더에 옮겨 놓지 않고도 사용할 수 있다.
- 애플릿에 버튼과 아이콘을 추가할 수 있다.
- 이벤트 구동 프로그래밍에서는 버튼을 클릭하는 것과 같은 동작이 이벤트를 발생시킨다. 이 이벤트는 동작을 수행하는 리스너에 전달되는데, 어떤 동작이 수행될 것인지는 발생한 이벤트에 따라 다르다.
- 동작 리스너는 클래스다. 동작 리스너를 정의하려면 클래스 헤딩의 맨 뒤에 `implements ActionListener`를 덧붙이고 actionPerformed 메소드를 정의해야

한다. 이 메소드는 ActionEvent형의 매개변수를 하나 가진다.

- setVisible 메소드는 레이블이나 버튼 같은 컴포넌트를 화면에 보이도록 또는 보이지 않도록 제어한다.

연습문제 EXERCISES

1 전기요금을 계산하기 위한 여러 개의 정적 메소드를 한데 묶을 클래스 다이어그램을 작성하라. 이 클래스에는 생성자가 있어서는 안 된다. 속성은 다음과 같다.

- domesticRate—가정용에 붙이는 세율은 static double 변수에 저장되고 5%에서 시작한다.
- commercialRate—상업용에 붙이는 세율은 static double 변수에 저장되고 10%에서 시작한다.

메소드는 다음과 같다.

- computeCostDomestic(price)—주어진 요금(price)에 가정용 세금을 더하고 페니 단위로 반올림한 값을 반환하는 정적 메소드
- computeCostCommercial(price)—주어진 요금에 상업용 세금을 더하고 페니 단위로 반올림한 값을 반환하는 정적 메소드
- changeDomesticRateTo(newRate)—가정용 세금의 세율을 변경하는 정적 메소드
- changeCommercialRateTo(newRate)—상업용 세금의 세율을 변경하는 정적 메소드
- roundToNearestPenny(price)—주어진 금액을 페니 단위로 반올림한 값을 반환하는 전용 정적 메소드. 예를 들어 금액이 10.567일 때 10.57을 반환한다.

2 하루 중의 시각을 표시하는 Time 클래스를 생각해 보자. 속성은 시(hour)와 분(minute)이다. 시를 나타내는 값은 0에서 23까지인데 0에서 11까지는 오전을 나타낸다. 분을 나타내는 값은 0에서 59 사이다.

a. 시각을 0시 0분으로 설정하는 기본 생성자를 작성하라.

b. 전용 메소드 isValid(hour, minute)를 작성하라. 이 메소드는 주어진 시와 분의 값이 정당한 범위 안에 있으면 true를 반환한다.

c. setTime(hour, minute) 메소드를 작성하라. 이 메소드는 주어진 값이 유효한 경우, 시각을 그 값으로 설정한다.

d. 오전/오후를 나누어 시각을 설정하는 메소드 setTime(hour, minute, isAM)을 작성하라. 이번에는 시의 값이 0과 11 사이에 있어야 유효한 것으로 판정하며, 매개변수 isAM은 시각이 오전인 경우 true를, 그렇지 않으면 false의 값을 가진다.

3 클래스 Employee를 생각해 보자. 기본 생성자를 이용해 Employee형의 객체 emp를 생성하는 문장을 작성하라.

4 포장 클래스는 왜 필요한가? 박싱과 언박싱은 무엇인가? 자바에서 int형이 나타낼 수 있는 최솟값과 최댓값을 출력하는 코드를 작성하라. Character 클래스에 있는 정적 메소드 isUpperCase()의 매개변수의 형과 반환형은 무엇인가?

5 온라인 만남 사이트에서 두 사람이 얼마나 잘 어울리는지 평가하는 데 사용할 Characteristic 클래스를 생각해 보자. 속성은 다음과 같다.

- description—특성을 구분하는 문자열(예 : 외모, 재산, 학력 등)
- rating—1에서 10 사이의 정수로 한 사람이 다른 사람의 특성에 대해 희망하는 수준을 표시.

  a. 주어진 문자열로 특성의 description을 설정하고, rating을 0으로 설정하는 생성자를 작성하라. rating의 값이 0이면 아직 정해지지 않았음을 의미한다.
  b. 주어진 rating의 값이 유효하면, 즉 1에서 10 사이의 값이면 true를 반환하는 전용 메소드 isValid(aRating)을 작성하라.
  c. 메소드 setRating(aRating)을 작성하라. 이 메소드는 aRating의 값이 유효한 경우, rating을 그 값으로 설정한다.
  d. rating 값을 키보드에서 읽어 들여 설정하는 setRating 메소드를 작성하라. 사용자가 유효한 값을 입력하도록 요구해야 한다.

6 다음과 같은 속성을 가지는 Employee 클래스를 생각해 보라.

- employeeId : 사원의 사원 번호를 저장한다. (String형)
- employeeName : 사원의 이름을 저장한다. (String형)
- salary : 사원의 급여액을 저장한다. (float형)

이 클래스에는 다음과 같은 메소드들이 있다.

- getEmployeeId() : 사원 번호를 반환한다.
- setEmployeeId(newEmployeeId) : 사원 번호를 설정한다.
- getEmployeeName() : 이름을 반환한다.

- setEmployeeName(newEmployeeName) : 이름을 설정한다.
- getSalary() : 급여액을 반환한다.
- setSalary(newSalary) : 급여액을 설정한다.

Employee 클래스의 클래스 다이어그램을 작성하라.

7 생성자와 설정(set) 메소드의 차이점을 설명하라. 생성자의 용도는 무엇인가?

8 때로는 단 하나의 인스턴스만 가지는 클래스를 원할 때가 있다. 예로서 정적이고 Merlin형인 인스턴스 변수 theWizard를 가지는 Merlin 클래스를 작성해 보라. 이 클래스에는 생성자 하나와 두 개의 메소드가 있다.

- Merlin—전용 생성자. 이 클래스 내에서만 생성자를 호출할 수 있고 다른 클래스나 프로그램에서는 Merlin의 객체를 생성할 수 없다.
- summon—theWizard가 null이 아니면 그것을 반환하고, null이면 전용 생성자를 이용해 Merlin의 인스턴스 객체를 생성하여 theWizard에 대입한 다음 반환한다.
- consult—문자열 "Pull the sword from stone"을 반환하는 비정적 메소드이다.

9 자바에는 어떤 종류의 변수들이 있는가? 정적 변수는 왜 클래스 변수라고도 하는가? 데이터 멤버라고도 불리는 변수는 어떤 종류인가? 정적 메소드는 왜 인스턴스 변수를 사용할 수 없는가?

10 학생을 표현하는 클래스 Student를 생각해 보라. 이 클래스의 인스턴스 변수로는 문자열로 표시하는 학생의 이름과 정수형으로 표현하는 학번이 있다. 이름은 각각 name과 roll이다.

a. Student 클래스의 기본 생성자를 작성하라. 이 생성자는 name의 값을 "No name yet"으로 설정하고 roll의 값을 0으로 설정한다.

b. Student 클래스의 두 번째 생성자를 작성하라. 이 생성자는 문자열과 정수를 각각 인자로 받아 name과 roll의 값을 설정한다.

c. 클래스의 인스턴스 객체를 반환하는 정적 메소드 createTeen()을 작성하라. 반환되는 객체는 10대를 총칭해 표현하는 것으로 이름은 "A Teen"이고 나이는 14살이다.

Student 클래스에 대한 클래스 다이어그램을 작성하라.

11 각 객체가 유일한 데이터를 갖게 되는 클래스인 Android를 작성하라. 속성은 다음

과 같다.

- tag—정적 정수형 변수로 1에서 시작하고 하나의 객체가 새로 생성될 때마다 변경된다.
- name—이 클래스의 각 객체를 구분할 수 있도록 중복되지 않는 이름을 문자열로 표현한다.

Android가 가지는 메소드는 다음과 같다.

- Android—"Bob"에 tag의 값을 연결해서 이름을 설정하는(Bob1, Bob2 등) 기본 생성자. 이름을 설정한 후 전용 메소드인 changeTag를 호출해 tag의 값을 변경한다.
- getName—호출 객체의 이름을 반환한다.
- isPrime(n)—n이 소수, 즉 1과 자신만을 인수로 하는 수이면 true를 반환하는 전용 정적 메소드
- changeTag—tag의 값을 현재 값보다 큰 다음 소수로 변경하는 전용 정적 메소드

12 Math 클래스의 random 메소드가 반환하는 값은 무엇인가? 또 random 메소드가 반환하는 값의 형은 무엇인가?

프로그래밍 과제 PROGRAMMING PROJECTS

1 double형의 값을 출력하기 위한 DoubleOut 클래스를 작성하라. Listing 6.14의 DollarFormat 클래스와 자습문제 30번의 OutputFormat 클래스에 정의된 모든 메소드를 포함시키고, 2.13e-12와 같이 지수 표기법으로 double형의 값을 출력하는 scienceWrite 메소드를 추가하라. (지수 표기법은 과학적 표기법이라고 하기 때문에 메소드의 이름에 science가 붙는다.) 지수 표기법으로 출력할 때는 그 수가 정확히 0인 경우를 제외하고는 소수점 앞에 단 하나의 0이 아닌 숫자가 와야 한다. scienceWrite 메소드는 출력 후 다음 줄로 바꾸지 않는다. 다른 부분은 scienceWrite와 모두 같고 출력 후 다음 줄로 바꾸는 scienceWriteln 메소드도 추가하라. 마지막 두 메소드를 제외한 나머지는 교재를 참고해 직접 입력하거나 웹에 제공되는 소스를 이용하면 된다. write와 writeln 메소드는 중복 정의해야 한다.

scienceWriteln 메소드를 테스트하기 위한 구동 프로그램을 작성하라. 이 구동 프로그램은 scienceWrite에 대해 스터브를 사용해야 한다. 즉, scienceWrite

메소드를 완성하지 않고도 scienceWriteln 메소드를 테스트할 수 있도록 해야 한다. 그다음 scienceWrite 메소드를 테스트하기 위한 구동 프로그램을 작성하라. 마지막으로 double형의 값을 입력으로 받아 두 개의 writeln 메소드와 scienceWriteln 메소드를 이용해 출력하는 최상위 구동 프로그램을 작성하라. 소수점 아래 출력할 숫자의 개수를 지정할 필요가 있을 때는 5를 사용하라. 이 최상위 구동 프로그램은 사용자가 프로그램 종료를 선택할 때까지 계속 double형 수를 입력받아 출력하는 과정을 반복할 수 있어야 한다.

2 5장의 Species 클래스에서 setSpecies 메소드를 삭제하고 다음 메소드를 추가하여 수정하라.

- 다섯 개의 생성자 : 각 인스턴스 변수마다 하나씩, 세 개의 매개변수를 이용해 세 개의 인스턴스 변수를 한꺼번에 설정하는 생성자 및 기본 생성자. 각 생성자에서 세 변수를 모두 설정해야 함을 명심하라.
- 값을 설정하는 네 개의 set 메소드 : 하나는 Listing 5.16의 setSpecies 메소드와 같고, 나머지 세 개는 세 인스턴스 변수를 각각 하나씩 설정한다.

추가한 모든 메소드를 검사하기 위한 테스트 프로그램을 작성하라. 마지막으로, 수정한 클래스를 이용해 5장의 프로그래밍 과제 1번의 문제를 다시 해결하라. Species 클래스의 새로운 객체를 생성할 때 기본 생성자가 아니라 다른 생성자를 사용하라.

3 5장의 프로그래밍 과제 4번을 다시 수행하라. 이번에는 네 개의 생성자를 추가해야 한다. 각 인스턴스 변수마다 하나씩, 그리고 두 개의 매개변수를 받아 두 인스턴스 변수를 설정하는 생성자와 기본 생성자가 있어야 한다. 각 생성자에서 모든 인스턴스 변수를 설정하도록 하라. 각 메소드를 검사할 수 있는 구동 프로그램을 작성하라. 구동 프로그램은 네 개의 생성자 각각에 대한 테스트와 각 테스트 메소드마다 최소한 한 개씩의 true 사례와 false 사례가 있어야 한다.

4 Listing 6.14의 DollarFormat 클래스와 같지만 소수점 아래 셋째 자리에서 반올림하는 것이 아니라 그냥 잘라 버리는 TruncateDollarFormat 클래스를 작성하라. 즉, 1.229라는 수는 1.23이 되는 것이 아니라 1.22가 된다. 이 새 클래스를 사용해 4장의 프로그래밍 과제 10번을 다시 수행하라.

5 Listing 6.1의 Pet 클래스를 이용해 다섯 마리의 애완동물에 대한 데이터를 입력하고 분석 결과를 출력하는 프로그램을 작성하라. 분석 결과는 가장 작은 동물의 이름, 가장 큰 동물의 이름, 가장 나이가 많은 동물의 이름, 가장 어린 동물의 이름,

다섯 마리의 평균 몸무게, 다섯 마리의 평균 나이 등이다.

6 연습문제 2번에서 설명한 `Time` 클래스를 완전하게 테스트하는 프로그램을 작성하라. 문제의 c항과 d항에서 기술한 `setTime` 메소드와 유사한 생성자를 두 개 더 추가하라. 또한 다음 메소드들을 포함하도록 하라.

- `getTime24`는 시각을 *hhmm* 형태의 24시간 표기법으로 나타낸 문자열을 반환한다. 예를 들어 hour값이 7이고 minute값이 25이면 `"0725"`를 반환한다. hour가 0이고 minute가 5일 때는 `"0005"`, hour가 15이고 minute가 30인 경우는 `"1530"`을 각각 반환한다.
- `getTime12`는 시각을 *h:mm xx* 형태의 12시간 표기법으로 나타낸 문자열을 반환한다. 예를 들어 hour값이 7이고 minute값이 25이면 `"7:25 am"`를 반환하다. hour가 0이고 minute가 5일 때는 `"12:05 am"`, hour가 15이고 minute가 30인 경우는 `"3:30 pm"`을 각각 반환한다.

7 연습문제 5번의 `Characteristic` 클래스를 완전하게 테스트하는 프로그램을 작성하라. 다음 메소드를 추가하라.

- `getDescription`—현재 특성의 `description`을 반환한다.
- `getRating`—현재 특성의 `rating`을 반환한다.
- `getCompatibility(Characteristic otherRating)`—두 특성이 같은 종류, 즉 `description`이 일치할 경우 적합성 수치를 반환하고 일치하지 않으면 0을 반환한다.
- `getCompatibilityMeasure(Characteristic otherRating)`—전용 메소드로서 다음 수식을 사용해 적합성을 계산하여 `double`형 값으로 반환한다.

$$\left[m = 1 - \frac{(r_1 - r_2)^2}{81} \right]$$

  두 `rating`의 값이 모두 0이 아닐 때는 위의 수식을 사용하고 어느 하나라도 0이면 m은 0이 된다. 연습문제 5번에서 설명했듯이 생성자는 `rating`을 0으로 설정하고 이는 값이 아직 결정되지 않았음을 의미한다.
- `isRating(Characteristic otherRating)`—`description`이 일치하면 `true`를 반환하는 전용 메소드

8 학점 등급을 A부터 F까지의 문자 및 마이너스(−), 0, 플러스(+) 기호로 표현하는 열거형 `LetterGrade`를 작성하라. 합격선이면(passing) `true`인 `boolean`값을 저장하는 전용 인스턴스 변수를 정의하라. 또한 이 인스턴스 변수의 값을 초기화하는

생성자와 변수 passing에 대한 접근자 메소드인 isPassing 메소드, 학점을 문자열로 반환하는 toString 메소드를 추가하라. 마지막으로, 이 열거형을 사용한 시범 프로그램을 작성하라.

9 연습문제 10번의 Person 클래스를 완전하게 테스트하는 프로그램을 작성하라. 다음 메소드들을 포함해야 한다.

- getName—이름을 반환한다.
- getAge—나이를 반환한다.
- setName(first, last)—주어진 매개변수를 이용해 성(last)과 이름(first)을 설정한다.
- setName(name)—주어진 하나의 문자열로 이름을 설정한다.
- setAge(age)—주어진 매개변수로 나이를 설정한다.
- createToddler—유아를 표현하는 특별한 객체를 반환하는 정적 메소드. 이 객체의 이름은 "A toddler"이고 나이는 2살이다.
- createPreschooler—미취학 아동을 표현하는 특별한 객체를 반환하는 정적 메소드. 이 객체의 이름은 "A preschooler"이고 나이는 5살이다.
- createAdolescent—아동을 표현하는 특별한 객체를 반환하는 정적 메소드. 이 객체의 이름은 "An adolescent"이고 나이는 9살이다.
- createTeenager—10대 청소년을 표현하는 특별한 객체를 반환하는 정적 메소드. 이 객체의 이름은 "A teenager"이고 나이는 15살이다.

10 온도를 섭씨(Celsius)와 화씨(Fahrenheit), 두 가지로 표현하는 Temperature 클래스를 작성하라. 온도를 표현하는 부동소수점 수와 척도를 나타내는 문자를 사용하라. 문자는 섭씨인 경우 'C'이고 화씨인 경우는 'F'다. 이 클래스는 다음과 같은 내용으로 구성되어야 한다.

- 네 개의 생성자 : 수치로 표현한 온도에 대한 생성자, 척도에 대한 생성자, 온도와 척도 모두에 대한 생성자 및 기본 생성자. 각 생성자는 값이 주어지지 않는 경우 온도는 0, 척도는 섭씨를 기본값으로 사용한다.
- 두 개의 접근자 메소드 : 하나는 섭씨 온도를, 다른 하나는 화씨 온도를 반환한다. 3장의 프로그래밍 과제 5번에 제시된 수식을 사용하고, 반올림하여 소수점 첫째 자리까지만 사용한다.
- 세 개의 set 메소드 : 각각 온도를 설정, 척도를 설정, 둘 다를 설정한다.
- 세 개의 비교 메소드 : 각각 두 개의 온도가 같은지 검사, 하나가 다른 하나보다 높은지 검사, 하나가 다른 하나보다 낮은지 검사한다.

모든 메소드를 검사하는 구동 프로그램을 작성하라. 모든 생성자를 각각 호출하고, 비교 메소드에 대해서는 최소한 하나 이상의 true 사례와 false 사례를 각각 포함해야 한다. 또한 동일성 검사를 위해 다음 세 사례를 반드시 포함한다. 섭씨 0.0도와 화씨 32.0도, 섭씨 −40.0도와 화씨 −40.0도, 섭씨 100.0도와 화씨 212.0도

11 5장의 프로그래밍 과제 10번을 다시 수행하라. 이번에는 생성자들을 추가하라.

12 유리수를 표현하는 클래스를 작성하고 충분히 테스트하라. 유리수는 두 개의 정수 *a*와 *b*의 비율, 즉 분수로 표현할 수 있다. 이때 *b*는 0이 아니어야 한다. 이 클래스는 분자(numerator)와 분모(denominator)를 속성으로 가진다. 분수는 항상 가장 단순한 형태로 저장되어야 한다. 즉, *a*와 *b*의 공약수가 있으면 약분해서 저장한다. 예를 들어 40/12는 10/3으로 저장되어야 한다.

이 클래스에는 다음과 같은 생성자와 메소드가 있다.

- 유리수를 0/1로 설정하는 기본 생성자
- 매개변수로 분자와 분모를 받아 약분된 형태로 변환하는 생성자
- `simplify`—유리수를 약분하는 전용 메소드
- `getGCD(x, y)`—두 양수 x와 y의 최대 공약수를 반환하는 전용 정적 메소드. 예를 들어 40과 12의 최대 공약수는 4이다.
- `getValue`—유리수를 `double`형의 값으로 반환하는 메소드
- `toString`—유리수를 *a*/*b* 형태의 문자열로 반환하는 메소드

13 VoteRecorder 클래스를 작성하고 그를 이용해 두 후보 중 한 명에 대한 투표 내역을 기록하는 프로그램을 작성하라. VoteRecorder 클래스는 후보들에 대한 전체 투표수를 저장하는 정적 변수와 한 후보에 대한 투표수를 저장하는 인스턴스 변수를 가진다. 그 외에 다음과 같은 속성들이 추가된다.

- `nameCandidatePresident1`—첫 번째 대통령 후보의 이름을 저장하는 정적 문자열
- `nameCandidatePresident2`—두 번째 대통령 후보의 이름을 저장하는 정적 문자열
- `nameCandidateVicePresident1`—첫 번째 부통령 후보의 이름을 저장하는 정적 문자열
- `nameCandidateVicePresident2`—두 번째 부통령 후보의 이름을 저장하는 정적 문자열
- `votesCandidatePresident1`—첫 번째 대통령 후보에 대한 투표수를 저장하는 정적 정수

- votesCandidatePresident2—두 번째 대통령 후보에 대한 투표수를 저장하는 정적 정수
- votesCandidateVicePresident1—첫 번째 부통령 후보에 대한 투표수를 저장하는 정적 정수
- votesCandidateVicePresident2—두 번째 부통령 후보에 대한 투표수를 저장하는 정적 정수
- myVoteForPresident—한 개인이 대통령 후보에게 투표한 내역을 저장하는 정수. 0은 기권, 1은 1번 후보, 2는 2번 후보를 의미한다.
- myVoteForVicePresident—한 개인이 부통령 후보에게 투표한 내역을 저장하는 정수. 0은 기권, 1은 1번 후보, 2는 2번 후보를 의미한다.

VoteRecorder 클래스에는 또한 적절한 생성자가 정의되어야 하며, 다음 메소드들을 포함한다.

- setCandidatesPresident(String name1, String name2)—두 대통령 후보의 이름을 설정하는 정적 메소드
- setCandidatesVicePresident(String name1, String name2)—두 부통령 후보의 이름을 설정하는 정적 메소드
- resetVotes—투표수를 0으로 재설정하는 정적 메소드
- getCurrentVotePresident—두 대통령 후보에 대한 투표수 현황을 문자열로 반환하는 메소드
- getAndConfirmVotes—개인의 투표 내역을 입수하여 확인하고 기록하는 비정적 메소드
- getAVote(String name1, String name2)—한 개인에게 선택을 하도록 안내하고 투표 결과를 반환하는 전용 메소드(0은 기권, 1은 1번 후보 선택, 2는 2번 후보 선택)
- getVotes—한 개인에게서 대통령과 부통령에 대한 투표 결과를 받아 반환하는 전용 메소드
- confirmVotes—한 개인이 대통령과 부통령에게 한 투표 결과를 출력해 주고 맞는지 확인하도록 한 다음, 예-아니요 응답에 따라 true나 false를 반환하는 전용 메소드
- recordVotes—한 개인의 투표 내역을 적절한 정적 변수에 추가하는 전용 메소드

선거 과정을 수행하는 프로그램을 작성하라. 대통령 후보들의 이름은 Annie와 Bob이고, 부통령 후보는 John과 Susan이다. 다수의 유권자가 투표한 결과를 기록

할 수 있도록 루프를 사용하라. 각 유권자마다 새로운 VoteRecorder 객체를 생성해 기록하라. 투표가 완료되면 결과를 출력하라.

14 5장의 프로그래밍 과제 12번에 생성자를 추가하여 다시 수행하라.

15 Listing 6.24의 애플릿에서 버튼이 클릭되고 나면 사라지도록 프로그램을 수정하라. 레이블과 아이콘은 클릭 후에도 그대로 남아 있어야 한다. (힌트 : 그다지 많이 수정하지 않아도 된다.)

16 세 개의 버튼 Red, White, Blue를 가지는 애플릿 또는 GUI 애플리케이션을 작성하라. 하나의 버튼이 클릭될 때마다 배경색이 버튼 이름과 같은 색으로 변경된다.

17 간단한 전등을 흉내 내는 애플릿 또는 GUI 애플리케이션인 Light를 작성하라. 전등 스위치 역할의 버튼을 하나 만들고 On/Off라는 이름을 붙인다. 버튼을 클릭할 때마다 배경색이 DARK_GRAY와 YELLOW를 오가며 바뀐다.

18 간단한 맞추기 게임을 하는 애플릿 또는 GUI 애플리케이션을 작성하라. Odd와 Even이라는 이름의 버튼 두 개가 있어야 한다. 비밀 수가 생성된 후, 사용자는 두 버튼 중 하나를 눌러 그 수가 짝수인지 홀수인지 추측한다. 결과에 따라 애플릿은 Congratulations, you are correct! 또는 Sorry, you are wrong.을 출력한다. 양쪽 모두 The secret number was:라는 문자열과 문제의 비밀 수를 출력해야 한다. 이 세 가지 메시지를 위해 레이블을 사용하도록 한다.

이 게임 프로그램은 비밀 수를 long형으로 저장하는 전용 인스턴스 변수인 secretNumber를 가진다. 먼저 init 메소드에서 이 수를 다음과 같이 임의의 수로 설정할 수 있다.

```
secretNumber = java.util.Calendar.getInstance().getTimeInMillis() % 100;
```

actionPerformed 메소드에서는 어느 버튼이 클릭되었는지 확인하고 적절한 응답 레이블이 출력되도록 한다. 그 후에는 두 버튼을 보이지 않게 만들고(즉, 추측은 한 번만 할 수 있다.) 비밀 수를 저장한 레이블이 나타나도록 한다.

자습문제 해답 ANSWERS to SELF-TEST QUESTIONS

1 클래스 이름이 Student이므로 생성자 이름도 모두 Student여야 한다.

2 생성자에는 void를 포함해 아무런 반환형도 명시하지 않는다.

3 기본 생성자란 매개변수가 없는 생성자다.

4 클래스에 항상 기본 생성자가 있는 것은 아니다. 프로그래머가 생성자를 하나도 정의하지 않으면 자바가 자동으로 기본 생성자를 제공한다. 그러나 하나 이상의 생성자가 정의되면 자바는 아무런 생성자도 제공하지 않는다. 따라서 자신이 정의한 생성자 중에 기본 생성자가 없으면 그 클래스에는 기본 생성자가 없는 것이다.

5 `yourPet.setPet(correctName, correctAge, correctWeight)`

6 인스턴스 변수를 정의할 때는 `static` 키워드를 사용하지 않지만, 정적 변수를 정의할 때는 `static` 키워드를 사용한다. 인스턴스 변수는 클래스의 개별 객체들이 각자 하나씩 독립적으로 소유한다. 그러나 정적 변수는 클래스 전체에 하나만 존재하며, 개별 객체들이 공유하게 된다.

7 그렇다.

8 그렇다. 예로는 Listing 6.7에 있는 `setInterestRate` 메소드에서 사용한 정적 변수 `interestRate`을 들 수 있다.

9 아니다. 정적 메소드는 객체 없이 호출될 수 있는데 그 경우 인스턴스 변수가 존재하지 않기 때문에 정적 메소드 내에서는 인스턴스 변수를 객체 없이 그냥 사용할 수 없다.

10 그렇다.

11 그렇다. 비정적 메소드 내에서는 인스턴스 변수나 정적 변수를 그냥 사용할 수 있다는 것을 의미한다.

12 유효하다. 그러나 다음 방법으로 하는 것이 더 일반적이다.

```
double inches = dimensionConverter.convertFeetToInches(2.5);
```

13 그렇다.

14 그렇다. 정적 메소드 내에서 비정적 메소드를 호출할 수는 있지만 해당 클래스의 객체가 반드시 존재해야 하고 메소드 이름 앞에 그 객체 이름을 붙여 주어야 한다.

15 그렇다. 비정적 메소드 안에서 정적 메소드를 호출하는 데는 아무런 제약이 없다.

16 아니다. `addInterest` 메소드는 비정적이기 때문이다.

17 a. 2; b. 3; c.2.0; d. 2.0; e. 3.0; f. 3.0; g. 10 이상 19 이하의 랜덤 정수. 처음 두 개는 long형이고 뒤의 네 개는 double형임을 주의하라.

18 approxSpeed = (int)Math.round(speed);

Math.round 메소드는 long형의 값을 반환하고 원하는 수는 int형이기 때문에 형 변환 연산자를 사용해야 한다.

19 longSpeed = Math.round(speed);

Math.round 메소드가 long형의 값을 반환하기 때문에 형 변환이 필요 없다.

20 long. 인자가 long형이므로 결과도 long형이다.

21 다음 클래스와 시범 프로그램은 원서와 연계된 웹사이트의 소스 코드에 포함되어 있다.

```
public class CircleCalculator
{
    public static double getArea(double radius)
    {
        return Math.PI * radius * radius;
    }
    public static double getCircumference(double radius)
    {
        return Math.PI * (radius + radius);
    }
}
```

22 모두 유효하다.

23 Double.toString(x)

24 Integer.parseInt(s)

25 Integer.parseInt(s.trim())

26
```
System.out.println("Largest double is " + Double.MAX_VALUE);
System.out.println("Smallest double is " + Double.MIN_VALUE);
```

27 $7.00

28 int형 대신 long형의 변수를 사용한다. Math.round 메소드가 long형의 값을 반환하기 때문에 writePositive 메소드에 들어 있는 형 변환 코드는 더 이상 필요 없다. 예를 들어 다음 코드를

```
int allCents = (int)(Math.round(amount * 100));
```

다음과 같이 변경하면 된다.

```
long allCents = Math.round(amount * 100);
```

변수 dollars와 cents도 모두 long형으로 선언해야 한다.

29 "Null Pointer Exception" 오류를 발생시킬 것이다. 변수 s1과 s2가 아무 객체도 가리키지 않기 때문이다. 다음 코드

```
Species s1 = null;
Species s2 = null;
```

을 다음과 같이 수정해야 한다.

```
Species s1 = new Species();
Species s2 = new Species();
```

30 다음의 OutputFormat 클래스는 원서와 연계된 웹사이트의 소스 코드 중 OutputFormat.java 파일에 수록되어 있다.

```
public class OutputFormat
{
/**
    소수점 뒤에 digitsAfterPoint가 지정하는 만큼의 자릿수를 출력한다.
    그 뒷부분은 반올림한다.
    출력 후에 다음 줄로 바꾸지 않는다.
*/
public static void write(double number, int digitsAfterPoint)
{
    if (number >= 0)
        writePositive(number, digitsAfterPoint);
    else
    {
        double positiveNumber = -number;
        System.out.print('-');
        writePositive(positiveNumber, digitsAfterPoint);
    }
}
// 선행조건 : number >= 0
// 소수점 뒤에 digitsAfterPoint가 지정하는 만큼의 자릿수를 출력한다.
// 그 뒷부분은 반올림한다.
private static void writePositive(double number, int digitsAfterPoint)
{
    int mover = (int)(Math.pow(10, digitsAfterPoint));
            // 1 다음에 digitsAfterPoint 개의 0이 온다.
    int allWhole; // 소수점이 있는 수를 digitsAfterPoint 자리만큼 이동한 수
    allWhole = (int)(Math.round(number * mover));
    int beforePoint = allWhole / mover;
    int afterPoint = allWhole % mover;
    System.out.print(beforePoint);
    System.out.print('.');
```

```
    writeFraction(afterPoint, digitsAfterPoint);
}
// 정수 afterPoint를 출력하는데 digitsAfterPoint만큼의 길이가 되도록
// 0을 추가해서 출력한다.
private static void writeFraction(int afterPoint, int digitsAfterPoint)
{
    int n = 1;
    while (n < digitsAfterPoint)
    {
        if (afterPoint < Math.pow(10, n))
            System.out.print('0');
        n = n + 1;
    }
    System.out.print(afterPoint);
}
/**
소수점 뒤에 digitsAfterPoint가 지정하는 만큼의 자릿수를 출력한다.
그 뒷부분은 반올림한다.
출력 후에 다음 줄로 바꾼다.
*/
    public static void writeln(double number, int digitsAfterPoint)
    {
        write(number, digitsAfterPoint);
        System.out.println();
    }
}
```

31 그렇다. OutputForamt 클래스에서도 print와 println이라는 이름을 사용할 수 있다. 이 메소드들을 호출할 때는 클래스 이름 OutputFormat을 앞에 명시해야 하기 때문에 자바가 이들을 System.out.println과 혼동할 염려는 없다. 클래스 이름 대신 객체 이름을 사용하더라도 그 객체는 OutputFormat 클래스의 객체이기 때문에 문제없다. 그러나 OutputFormat의 출력 기능은 System.out.println과 기능이 약간 다르기 때문에 다른 이름을 붙여 주는 편이 의미가 명확해져서 좋다.

32 그렇다. 세 개의 매개변수를 가지는 생성자의 정의와 맞추기 위해 7은 7.0으로 변환될 것이다.

33 아니다. 반환형만 다른 메소드 중복 정의는 허용되지 않는다. 이 두 메소드는 동일한 서명을 가진다.

34 그렇다. 매개변수의 형이 서로 다르기 때문에 두 개의 메소드는 convertValue라는 이름을 중복해서 사용할 수 있다. 여기서 반환값이 다르다는 것은 중복이 가능한 것인가라는 문제에 아무런 영향을 미치지 않는다.

35 그렇다. 모든 setSpecies 메소드의 매개변수가 개수와 형에서 다르기 때문에 유

효하다. 메소드 정의는 다음과 같다.

```
public void setSpecies(String newName)
{
    name = newName;
    population = 0;
    growthRate = 0;
}
```

36 그렇다. 모든 setSpecies 메소드의 매개변수가 개수와 형에서 다르기 때문에 유효하다. 메소드 정의는 다음과 같다.

```
public void setSpecies(String newName)
{
    name = newName;
}
```

37 아니다. 이 두 개의 setSpecies는 둘 다 String형의 매개변수 하나만 가지고 있기 때문에 서명이 동일하여 중복 사용할 수 없다.

38 코드에서 this를 모두 삭제하면 된다.

39 trim 메소드를 호출하는 부분을 추가하면 된다. 수정 코드는 다음과 같다.

```
public void set(String amountString)
{
    String dollarsString;
    String centsString;
    amountString = amountString.trim();
〈코드의 나머지 부분은 Listing 6.16에 있는 것과 같다.〉
```

40
```
public String getNameOfFirst()
{
    return first.getName();
}
public int getAgeOfFirst()
{
    return first.getAge();
}
public double getWeightOfFirst()
{
    return first.getWeight();
}
```

41 a. 3

b. false

c. (양의 정수)

d. Suit.CLUBS

e. `Suit.SPADES`

f. `"black"`

g. `"spades"`

42 `import mypackages.library1.*;`

43 파일의 맨 앞부분에 공백과 주석문을 제외한 첫 번째 실행문으로 다음 문장을 삽입해야 한다.

```
package mypackages.library1;
```

44 패키지 이름은 그 패키지의 클래스가 저장된 디렉터리에 이르는 경로 이름이어야 한다. 단, /나 \ 대신 점으로 각 디렉터리를 구분한다. 패키지의 이름은 클래스 경로 변수에 설정된 기준 디렉터리로부터 시작하는 상대 경로로 만들면 된다.

45 이의 해답은 자신이 사용하는 운영체제와 개인적 취향에 따라 달라질 수 있다. 대강 다음과 같은 단계로 수행한다. 먼저 패키지 이름을 선택하고 `Pet.java` 파일의 맨 앞에 다음 문장을 삽입한다.

```
package Package_Name;
```

다음, `Pet.java` 파일을 컴파일한다. 그리고 `Pet.java`와 `Pet.class` 파일을 *Package_Name*에 해당하는 디렉터리에 저장한다.

46 키워드만 아니라면 아무 이름이나 사용해도 상관없다. 예를 들어 다음 문장도 괜찮다.

```
Container insideOfApplet = getContentPane();
```

물론 이 경우 `actionPerformed` 메소드에 나타나는 모든 `contentPane`을 `insideOfApplet`으로 변경해야 한다.

47 이벤트가 리스너 객체에 전달되었다는 것은 리스너의 어떤 메소드가 이벤트 객체를 인자로 하여 호출되었다는 의미이다. 이 호출은 자동으로 수행된다. 애플릿 클래스 내에 명시적으로 이 호출문을 작성할 필요는 없다.

48 아무런 영향도 미치지 않는다. 다만 메소드 내에 사용된 `e`는 모두 `buttonEvent`로 바꾸어야 한다. `e`는 메소드의 한 매개변수이므로 키워드만 아니면 어떤 이름을 사용해도 괜찮다.

49 다음 코드를

```
JButton cloudyButton = new JButton("Cloudy");
contentPane.add(cloudyButton);
cloudyButton.addActionListener(this);
```

다음과 같이 수정한다.

```
JButton cloudyButton = new JButton("Cloudy");
ImageIcon nastyFaceIcon = new ImageIcon("nasty.gif");
cloudyButton.setIcon(nastyFaceIcon);
contentPane.add(cloudyButton);
cloudyButton.addActionListener(this);
```

완전한 애플릿 코드는 원서와 연계된 웹사이트의 소스 코드에 포함된 ButtonIconDemo2.java 파일에 있다.

50 괜찮다. 메소드 헤딩에 포함된 매개변수 e는 한 번도 사용되지 않아도 된다.

51 리스너 역할의 애플릿에 하나의 버튼만 존재하기 때문에 어느 버튼이 클릭되었는지 검사할 필요가 없다.

52 다음 세 단계로 구현하면 된다.

- 다음 코드를 actionPerformed 메소드의 마지막에 추가한다.

```
aButton.setVisible(false);
```

- 다음과 같이 aButton을 전용 인스턴스 변수로 만든다.

```
private JButton aButton;
```

- aButton을 생성하는 문장에서 맨 앞의 JButton을 삭제한다.

07 배열

7.1 배열의 기초
7.2 클래스와 메소드에서의 배열
7.3 배열과 클래스를 이용한 프로그래밍
7.4 배열의 정렬과 검색
7.5 다차원 배열
7.6 그래픽 보조자료

배열은 데이터의 집합을 저장하는 데 사용되는 특별한 종류의 객체다. 다른 객체들과 배열의 차이점은 다음 두 가지로 설명할 수 있다.

- 배열에 저장되는 데이터는 모두 같은 형이어야 한다. 예를 들어 강수량을 센티미터 단위로 기록하는 double형의 값을 저장하는 데 배열을 사용할 수 있다. 또는 다양한 멸종 위기의 종들을 기록하기 위해 Species 클래스의 객체 목록을 저장하기 위해 배열을 사용할 수 있다.
- 배열 객체에는 몇 가지 미리 정의된 메소드가 있다. 배열은 클래스 개념이 도입되기 이전부터 오랫동안 사용되어 온 프로그래밍 요소이기 때문에, 메소드의 모양이 일반 메소드와는 달라 특별한 표기법을 사용해 메소드를 호출한다. 대부분의 사람들은 이들을 메소드로 인식하지도 못한다.

이번 장에서는 배열의 개념을 소개하고 자바에서 배열을 사용하는 법에 대해 설명할 것이다.

■ 학습목표

- 배열의 특성과 목적을 이해한다.
- 간단한 자바 프로그램에서 배열을 사용하는 방법을 배운다.
- 배열을 매개변수로 가지는 메소드를 정의하는 법을 배운다.
- 배열을 반환하는 메소드를 정의하는 법을 배운다.
- 클래스의 한 인스턴스 변수로 배열을 사용하는 방법을 배운다.
- 완전히 채워지지 않은 배열을 사용하는 방법을 배운다.
- 배열의 요소들을 정렬하는 방법을 배운다.
- 배열에서 특정한 항목을 검색하는 방법을 배운다.
- 다차원 배열을 정의하고 사용하는 방법을 배운다.
- 애플릿에 문자열 영역과 문자열 필드를 추가하는 방법을 배운다.
- 애플릿에서 임의의 다각형을 그리는 방법을 배운다.

■ 전제조건

이 장은 다음에 무엇을 읽을지 선택할 수 있는 첫 번째 지점이다. 원한다면 지금 이 장을 읽지 않고 다음 장을 먼저 공부한 다음 다시 돌아올 수도 있다. 배열에 대한 내용을 공부하기 전에도 8장에서는 8.1절, 8.2절, 8.5절, 9장 그리고 10.5절을 제외한 10장 전체를 이해할 수 있다. 8.3절과 8.4절에서는 일부 예제에서 배열을 사용한다.

7.1절을 이해하는 데는 1장에서 4장까지만으로도 충분하다. 그러나 나머지 부분을 이해하기 위해서는 지금까지의 모든 내용을 이해하고 있어야 한다.

지금까지 각 장의 그래픽 보조자료를 건너뛰지 않고 모두 공부했다면, 배열에 대한 내용을 읽지 않고도 이 장의 그래픽 보조자료의 전반부는 학습할 수 있다.

7.1 배열의 기초

일주일 간의 온도를 측정하여 주간 평균 기온을 계산하려 한다고 하자. 다음과 같은 코드를 사용할 수 있다.

```
Scanner keyboard = new Scanner(System.in);
System.out.println("Enter 7 temperatures:");
double sum = 0;
for (int count = 0; count < 7; count++)
{
   double next = keyboard.nextDouble();
   sum = sum + next;
}
double average = sum / 7;
```

알고 싶은 것이 평균뿐이라면 이것으로 충분하다. 그러나 추가로 평균 기온보다 높은 온도와 낮은 온도가 각각 무엇인지 알고 싶다면 문제가 발생한다. 평균을 계산하기 위해 일곱 개의 온도 데이터를 입력하고, 각 온도를 평균과 비교하기 전에 먼저 평균을 계산해야 한다. 그런 후에 각각의 온도를 평균과 비교하려면 일곱 개의 온도 데이터를 기억하고 있어야 한다. 이를 어떻게 처리할 것인가? 뻔한 해법은 일곱 개의 **double**형 변수를 사용하는 것이지만 이는 좀 곤란한 방식이다. 일곱 개의 변수는 조금 많은 개수이고 어떤 경우에는 이런 방법을 사용하기 어렵기 때문이다. 일주일이 아니라 1년에 대해 같은 작업을 해야 한다고 생각해 보라. 프로그램에 365개의 변수를 각각 선언한다는 것은 바보 같은 일이다. 배열은 이런 종류의 서로 관련 있는 데이터의 집합을 선언하는 세련된 방법을 제공한다. **배열**(array)이란 동일한 형을 가지는 데이터의 집합이다. 이는 일반 변수가 나열된 목록과 같은 것이지만 간결하고 깔끔한 방식으로 변수의 이름을 다룬다.

배열의 생성과 접근

자바에서 배열은 특별한 종류의 객체인데, 그냥 같은 형의 변수의 집합이라고 생각하는 편이 더 편리한 경우가 많다. 예를 들어 일곱 개의 **double**형 변수의 집합으로 구성되는 배열은 다음과 같이 생성된다.

```
double[] temperature = new double[7];
```

이것은 다음과 같은 이상해 보이는 이름의 double형 변수 일곱 개를 선언하는 것과 같다.

```
temperature[0], temperature[1], temperature[2], temperature[3],
temperature[4], temperature[5], temperature[6]
```

temperature[0]이나 temperature[1]과 같이 대괄호[ ] 속에 정수 표현을 사용하는 이런 변수들을 **인덱스 변수**(indexed variable), **첨자 변수**(subscripted variable), **배열 요소**(array element) 또는 간단히 **요소**(element)라고 한다. 대괄호 속의 정수 표현은 **인덱스**(index) 또는 **첨자**(subscription)라 한다. 인덱스는 1이 아니라 0에서부터 시작한다는 것을 명심하라.

> **기억하세요! 배열의 인덱스는 0에서 시작한다**
>
> 자바에서 배열의 인덱스는 항상 0에서 시작한다. 1 또는 0이 아닌 다른 어떤 수로도 시작하지 않는다.

이 일곱 개 변수 각각은 보통의 다른 double형 변수와 똑같은 방식으로 사용된다. 예를 들어 다음과 같은 코드를 작성할 수 있다.

```
temperature[3] = 32;
temperature[6] = temperature[3] + 5;
System.out.println(temperature[6]);
```

이들 인덱스 변수를 한데 묶어 하나의 통합된 항목으로 취급할 때, 그것을 하나의 배열이라 한다. 그리고 그 배열은 대괄호를 뺀 temperature라는 이름으로 참조한다. 그림 7.1에 temperature 배열의 모양을 나타내었다.

이 일곱 개의 변수는 일곱 개의 평범한 double형 변수 이상의 것이다. 대괄호 안의 수는 각 변수의 이름의 일부인데 반드시 정수형 상수일 필요는 없다. 대신에 0에서 6까

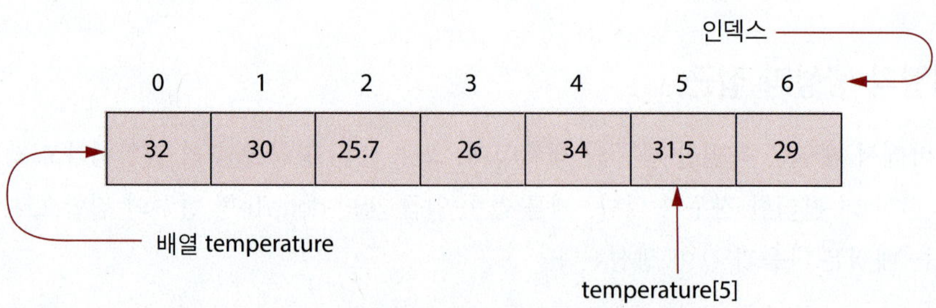

그림 7.1 배열을 가시화하는 일반적인 방법

지의 정수를 나타낼 수 있는 어떤 표현이나 수식도 사용할 수 있다. 예를 들어 다음과 같은 코드가 가능하다.

```
Scanner keyboard = new Scanner(System.in);
System.out.println("Enter day number (0 - 6):");
int index = keyboard.nextInt();
System.out.println("Enter temperature for day " + index);
temperature[index] = keyboard.nextDouble();
```

인덱스가 수식이 될 수도 있기 때문에 배열 **temperature**에 저장될 각 데이터를 입력하는 루프를 다음과 같이 작성할 수 있다.

```
System.out.println("Enter 7 temperatures:");
for (int index = 0;index < 7; index++)
    temperature[index] = keyboard.nextDouble();
```

사용자는 일곱 개의 값을 각각 다른 줄에 입력할 수도 있고, 공백으로 분리하여 한 줄에 연속해서 입력할 수도 있다. 배열의 값이 모두 입력된 후 다음과 같이 출력한다.

```
System.out.println("The 7 temperatures are:");
for (int index = 0; index < 7; index++)
     System.out.print(temperature[index] + " ");
System.out.println( );
```

Listing 7.1의 프로그램은 **double**형의 인덱스 변수 일곱 개를 가지는 **temperature** 배열을 사용하는 예를 보여 준다. 방금 예시한 바와 같이 **for** 루프를 이용하고 있음에 주목하라.

Listing 7.1 온도를 나타내는 배열

```
/**
사용자로부터 일곱 개의 온도를 입력받고, 각 온도가 평균보다 높은지 또는 낮은지 보여 준다.
*/
import java.util.Scanner;
public class ArrayOfTemperatures
{
    public static void main(String[] args)
    {
        double[] temperature = new double[7];
        // 온도를 읽고 평균을 계산한다.
        Scanner keyboard = new Scanner(System.in);
        System.out.println("Enter 7 temperatures:");
        double sum = 0;
        for (int index = 0; index < 7; index++)
```

(계속됨)

Listing 7.1 온도를 나타내는 배열

```
        {
            temperature[index] = keyboard.nextDouble();
            sum = sum + temperature[index];
        }
        double average = sum / 7;
        System.out.println("The average temperature is " + average);
        // 각 온도 및 그 온도와 평균의 관계를 출력한다.
        System.out.println("The temperatures are");
        for (int index = 0; index < 7; index++)
        {
            if (temperature[index] < average)
                System.out.println(temperature[index] + " below average");
            else if (temperature[index] > average)
                System.out.println(temperature[index] + " above average");
            else  //temperature[index] == average
                System.out.println(temperature[index] + " the average");
        }
        System.out.println("Have a nice week.");
    }
}
```

실행 결과 출력

```
Enter 7 temperatures:
32
30
25.7
26
34
31.5
29
The average temperature is 29.7428
The temperatures are
32.0 above average
30.0 above average
25.7 below average
26.0 below average
34.0 above average
31.5 above average
29.0 below average
Have a nice week.
```

배열의 세부 사항

배열은 일반적인 클래스형의 객체를 생성하는 것과 같이 new 연산자를 이용하지만 표기법은 약간 다르다. *Base_Type*형의 요소를 가지는 배열을 생성할 때의 문법은 다음과 같다.

```
Base_Type[] Array_Name = new Base_Type[Length];
```

예를 들어 int형의 요소 100개를 가지는 배열 pressure는 다음과 같이 생성한다.

```
int[] pressure = new int[100];
```

또는 위 문장을 두 개로 나누어 다음과 같이 두 단계로 생성할 수도 있다.

```
int[] pressure;
pressure = new int[100];
```

첫 번째 단계에서는 정수의 배열을 선언하고, 두 번째 단계에서는 배열에 정수를 100개까지 저장할 수 있는 충분한 메모리를 할당해 주는 것이다.

배열 요소의 자료형을 **요소형**(base type)이라 한다. 이 예제에서 요소형은 int이다. 배열에 저장할 수 있는 요소의 수는 배열의 **길이**(length), **크기**(size) 또는 **용량**(capacity)이라 한다. pressure 배열의 길이는 100이고, 이는 pressure[0]부터 pressure[99]까지의 인덱스 변수가 있다는 것을 의미한다. 인덱스는 0에서 시작하기 때문에 pressure처럼 길이가 100인 배열에는 절대로 pressure[100]이라는 인덱스 변수는 없다.

> **보충 배열을 선언하는 다른 방법**
>
> 이 방식의 사용을 권장하지는 않지만 간혹 다른 사람의 코드에서 볼 수 있는 다른 선언 방식을 소개한다. 대괄호를 요소의 형 이름 뒤에 붙이는 대신에 변수 이름 뒤에 붙여 선언할 수 있다.
>
> ```
> char alphabet[];
> ```

배열의 요소형은 어떤 것이라도 좋다. 특히 클래스형도 가능하다. 다음 문장은 Species라는 클래스가 있을 때 각 요소가 Species의 객체인 배열 entry를 생성하는 것이다.

```
Species[] entry = new Species[3];
```

이 배열은 세 개의 변수 entry[0], entry[1], entry[2]의 집합이고, 각 인덱스 변수는 모두 Species형이다.

> **요점 정리 배열의 선언과 생성**
>
> 배열을 선언하고 생성하는 방법은 일반 클래스의 객체를 선언하고 생성하는 것과 거의 유사하다. 문법에 있어 단 하나의 조그만 차이점이 있다.
>
> (계속됨)

문법

```
Base_Type[] Array_Name = new Base_Type[Length];
```

예

```
char[] symbol = new char[80];
double[] reading = new double[100];
Species[] specimen = new Species[80];  // Species는 클래스이다
```

기억하세요! 배열에 대괄호를 사용하는 법

배열 이름에 대괄호를 사용하는 세 가지 방법이 있다.

- 배열을 선언할 때 자료형의 이름에 붙인다. 예를 들어 다음 문장은 int형의 요소를 저장하는 pressure라는 이름의 배열을 선언하는 것이다. 이것으로는 저장할 데이터를 위한 메모리 공간이 할당되지 않는다.

```
int[] pressure;
```

- 배열 공간을 생성할 때 필요한 정수형의 크기를 감싸는 데 사용한다. 다음 문장은 pressure라는 이름의 배열에 100개의 int형 수를 저장할 공간을 할당한다.

```
pressure = new int[100];
```

- 배열의 인덱스 변수 이름에 사용한다. 예를 들어 다음 코드에서 사용된 두 개의 pressure[3]은 인덱스 변수이다.

```
pressure[3] = keyboard.nextInt();
System.out.println("You entered" + pressure[3]);
```

앞에서 언급했듯이 대괄호 속에 올 수 있는 것은 정숫값으로 평가될 수 있는 어떤 표현이나 수식이라도 가능하다. 배열을 생성할 때 정수형 숫자 대신 이름 붙은 상수를 사용할 수 있는데, 상수를 사용하는 편을 권장한다. 예를 들어 pressure 배열을 생성할 때 100이라는 숫자 대신 NUMBER_OF_READINGS란 이름의 상수를 사용한다.

```
public static final int NUMBER_OF_READINGS = 100;
int[] pressure = new int[NUMBER_OF_READINGS];
```

다른 모든 객체와 마찬가지로 자바는 실행 시간에 배열에 메모리를 할당한다. 따라서 프로그램 작성 시에 배열의 크기가 어떻게 될지 모를 때는 실행 시에 키보드로부터 입력받을 수 있도록 작성한다.

```
System.out.println("How many temperatures do you have?");
int size = keyboard.nextInt();
```

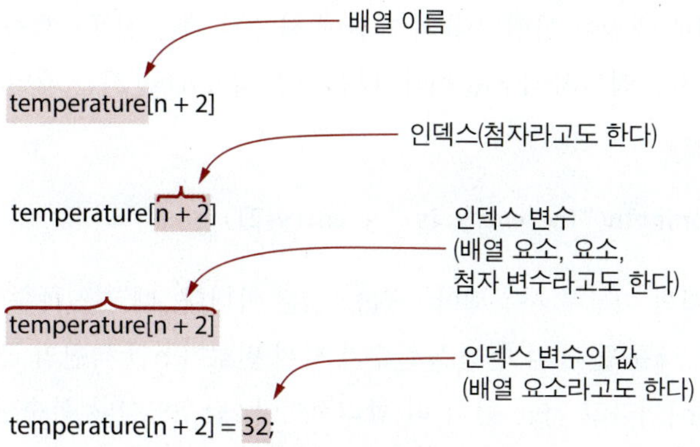

그림 7.2 배열 용어

```
double[] temperature = new double[size];
```

또한 배열의 인덱스 변수 이름을 구성할 때 적절한 정숫값으로 계산될 수 있는 아무 수식이라도 사용할 수 있다. 다음 예와 같다.

```
int point = 2;
temperature[point + 3] = 32;
System.out.println("Temperature is " + temperature[point + 3]);
```

`temperature[point + 3]`에서 `point + 3`은 5가 되기 때문에 이 이름은 `temperature[5]`와 같다.

그림 7.2는 배열에 관한 몇 가지 핵심 용어를 보여 준다. 요소(element)라는 단어가 두 가지 의미를 가지고 있음에 주의하라. 이는 인덱스 변수를 가리킬 수도 있고 인덱스 변수의 값을 의미할 수도 있다.

프로그래밍 팁_단수형 배열 이름을 사용하라

Species와 같은 클래스의 객체를 저장하기 위해 배열을 사용하고자 할 때 다음과 같이 하고 싶을 것이다.

```
Species[] entries = new Species[20];  // 유효하지만 별로 좋지 않다.
```

배열은 보통 하나 이상의 데이터를 저장하기 때문에 entries와 같이 복수형 이름을 사용하는 것이 타당해 보인다. 그러나 프로그래머들의 경험상 다음과 같이 단수형 이름을 쓰는 것이 더 이해하기 쉽다고 알려져 있다.

```
Species[] entry = new Species[20];  // 이 편이 더 낫다.
```

그 이유는 실제로 배열이 어떤 종류의 계산에 사용될 때는 전체로서가 아니라 하나하나의 요소를 가지고 작업하기 때문이다. 다음 코드의 entry[2]는 배열의 한 요소를 나타낸다.

```
System.out.println("The entry is " + entry[2]);
```

반드시 단수형의 이름을 사용해야 한다는 것은 아니다. 때로는 복수형 이름이 더 적절할 수도 있다. 예를 들어 각 인덱스 변수가 사원 번호가 n인 직원의 근무 시간을 저장한다면 hours[n]이라고 하는 편이 더 합리적이다. 단수형이냐 복수형이냐 선택하는 것은 인덱스 변수가 프로그램 내에서 어떻게 사용되는지에 달렸다. ■

인스턴스 변수 length

배열은 일종의 객체이기 때문에 다른 모든 객체와 마찬가지로 인스턴스 변수를 가질 것이라 추측할 수 있다. 실제로 배열에는 단 하나의 공용 인스턴스 변수인 length가 있으며, 이 변수의 값은 배열의 길이와 같다. 예를 들어 다음과 같이 배열을 생성하면,

```
Species[] entry = new Species[20];
```

entry.length의 값은 20이 된다. 20이라는 숫자 대신 변수 length를 사용함으로써 프로그램을 좀 더 명확하고 일반적인 형태로 작성할 수 있다. entry.length 같은 이름은 의미가 불명확한 숫자보다 훨씬 더 확실한 의미를 전달한다. 게다가 나중에 배열의 크기를 변경하게 되더라도 entry.length가 사용된 부분을 수정할 필요가 없다. length는 final로 선언되어 있어 값이 변경되지 않는다.

GOTCHA 인스턴스 변수 length에 값 대입하기

인스턴스 변수 length는 final이기 때문에 프로그램에서 그 변수에 직접 값을 대입할 수 없다. 예를 들어 배열의 크기를 바꾸려는 다음 코드는 유효하지 않다.

```
entry.length = 10;  // 유효하지 않다.
```

■

인스턴스 변수 length를 사용해 Listing 7.1의 프로그램을 수정한 결과가 Listing 7.2에 있다. 또한 배열 temperature의 크기를 사용자로부터 입력받아 size라는 변수에 저장하도록 했다. 따라서 이 예에서는 temperature.length 대신 size를 사용해도 된다. 그러나 size는 final이 아니므로 그 값이 항상 temperature.length와 같을 것이라고 장담할 수 없다.

Listing 7.2 수정한 온도 배열

```
/**
사용자로부터 일곱 개의 온도를 입력받고, 각 온도가 평균보다 높은지 또는 낮은지 보여 준다.
*/
import java.util.Scanner;

public class ArrayOfTemperatures2
{
    public static void main(String[] args)
    {
        Scanner keyboard = new Scanner(System.in);
        System.out.println("How many temperatures do you have?");
        int size = keyboard.nextInt( );
        double[] temperature = new double[size];

        // 온도를 읽고 평균을 계산한다.
        System.out.println("Enter " + temperature.length +
                           " temperatures:");
        double sum = 0;
        for (int index = 0; index < temperature.length; index++)
        {
            temperature[index] = keyboard.nextDouble();
            sum = sum + temperature[index];
        }
        double average = sum / temperature.length;
        System.out.println("The average temperature is " + average);

        // 각 온도 및 그 온도와 평균의 관계를 출력한다.
        System.out.println("The temperatures are");
        for (int index = 0; index < temperature.length; index++)
        {
            if (temperature[index] < average)
                System.out.println(temperature[index] + " below average");
            else if (temperature[index] > average)
                System.out.println(temperature[index] + " above average");
            else  //temperature[index] == average
                System.out.println(temperature[index] + " the average");
        }
        System.out.println("Have a nice week.");
    }
}
```

실행 결과 출력

```
How many temperatures do you have?
3
Enter 3 temperatures:
32
26.5
27
```

(계속됨)

Listing 7.2 수정한 온도 배열

```
The average temperature is 28.5
The temperatures are
32.0 above average
26.5 below average
27.0 below average
Have a nice week.
```

프로그래밍 팁_배열 원소를 차례로 모두 다루고자 할 때는 for 루프를 사용하라

배열의 원소를 차례로 모두 다루고자 할 때는 for 루프의 사용을 권장한다. 예를 들어 Listing 7.2의 다음 for 루프는 배열 원소를 하나씩 처리하는 방법을 보여 준다.

```
for (int index = 0; index < temperature.length; index++)
{
   temperature[index] = keyboard.nextDouble();
   sum = sum + temperature[index];
}
```

전체 배열의 원소를 하나씩 처리하는 또 다른 방법은 4장에서 소개한 for-each 문이다. 예를 들어 Listing 7.2에서 temperature에 저장된 값을 출력하는 마지막 루프는 다음과 같이 수정할 수 있다.

```
for (int value : temperature)
{
   if (value < average)
       System.out.println(value + " below average.");
   else if (value > average)
       System.out.println(value + " above average.");
   else  //value == average
       System.out.println(value + " the average.");
}
```

배열의 인덱스

자바에서 배열의 첫 번째 요소의 인덱스는 0이고 배열의 길이가 n일 때 유효한 마지막 인덱스는 $n-1$이다. 예를 들면 temperature 배열의 유효한 마지막 인덱스는 temperature.length − 1이 된다.

배열로 프로그램할 때 저지르기 쉬운 실수 중 하나는 수식으로 인덱스를 표현할 때 유효하지 않은 인덱스값이 나오는 수식을 사용하는 것이다. 예를 들어 다음 배열 선언을 보자.

```
double[] entry = new double[5];
```

배열 entry의 인덱스값은 반드시 0, 1, 2, 3, 4 중의 하나여야 한다. 예를 들어 프로그램에 entry[n + 2]라는 인덱스 변수가 사용된다면, n + 2의 값은 반드시 위의 다섯 정수 중 하나여야 한다. 인덱스를 나타내는 수식이 0에서 배열 길이보다 하나 작은 수까지의 정숫값이 되지 않으면 인덱스는 **범위를 벗어났다**(out of bounds) 또는 **유효하지 않다**(invalid)라고 한다. 범위를 벗어난 인덱스 수식을 프로그램에 사용하더라도 오류 메시지 없이 컴파일되지만 프로그램을 실행할 때 문제가 생긴다.

기억하세요! 배열 인덱스는 유효한 범위 내에 있어야 한다

자바 배열의 첫 번째 요소의 인덱스가 항상 0이기 때문에 마지막 인덱스 번호는 배열의 길이가 아니라 배열의 길이보다 하나 작은 수가 된다. 자신이 사용하는 인덱스가 이 범위 내에 있도록 주의하라.

배열의 인덱스 범위가 벗어나는 흔한 경우 중 하나는 배열을 처리하는 루프가 한 번 더 반복되는 경우다. 예를 들어 배열에 값을 채워 넣는 루프를 생각해 보자. 키보드로부터 음이 아닌 수를 차례로 입력받으려고 한다. 입력의 끝을 나타내는 감시값으로는 음수를 사용한다. 코드는 다음과 같다.

```
System.out.println("Enter a list of nonnegative integers.");
System.out.println("Place a negative integer at the end.");
int[] list = new int[10];
Scanner keyboard = new Scanner(System.in);
int number = keyboard.nextInt();
int i = 0;
while (number >= 0)
{
   list[i] = number;
   i++;
   number = keyboard.nextInt();
}
```

사용자가 배열 길이보다 많은 숫자를 입력하면 이 코드의 배열 인덱스는 범위를 벗어나게 된다.

while 루프를 다음과 같이 수정하면 좀 더 안전한 코드가 된다.

```
while ( (i < list.length) && (number >= 0) )
{
```

```
    list[i] = number;
    i++;
    number = keyboard.nextInt();
}
if (number >= 0)
{
    System.out.println("Could not read in all the numbers.");
    System.out.println("Only able to read" + list.length + " numbers.");
}
```

루프 진입 시에 인덱스 i가 list.length보다 작은지 검사하기 때문에 배열이 모두 채워지면 while 루프가 종료한다.

GOTCHA 범위를 벗어난 배열 인덱스

배열 인덱스가 0보다 작거나 배열의 크기와 같으면 프로그램 실행 도중 오류가 발생한다. ■

배열에 저장되는 수가 1부터 시작한다고 가정해 보자. 예를 들어 어떤 회사의 사원 번호가 1부터 시작할 수 있다. 그러나 자바 배열의 인덱스는 항상 0에서 시작한다. 이 상황을 처리하는 한 가지 방법은 실제 사용하는 번호를 이용해 배열 인덱스를 계산하도록 조정하는 것이다. 예를 들어 직원의 급여 계산을 위해 다음과 같은 코드를 사용할 수 있다.

```
public static final int NUMBER_OF_EMPLOYEES = 100;
. . .
int[] hours = new int[NUMBER_OF_EMPLOYEES];
Scanner keyboard = new Scanner(System.in);
System.out.println("Enter hours worked for each employee:");
for (int index = 0; index < hours.length; index++);
{
    System.out.println("Enter hours for employee " + (index + 1));
    hours[index] = keyboard.nextInt();
}
```

이 코드에서 직원들의 사원 번호는 1부터 100까지인 반면, 근무 시간은 hours[0]에서 hours[99]까지의 인덱스 변수에 저장된다.

그러나 이와 같은 상황은 혼동을 일으키기 쉬워 프로그램 오류가 발생할 가능성이 있다. 전체적으로 두 가지 번호가 일치한다면 코드를 이해하기가 훨씬 쉬워질 것이다. 배열의 크기를 하나 증가시키고 인덱스 0번의 요소를 무시해 버리면 이렇게 할 수 있다.

```
int[] hours = new int[NUMBER_OF_EMPLOYEES + 1];
Scanner keyboard = new Scanner(System.in);
System.out.println("Enter hours worked for each employee:");
for (int index = 1; index < hours.length; index++);
{
   System.out.println("Enter hours for employee" + index);
   hours[index] = keyboard.nextInt();
}
```

수정된 코드에서 사원 번호는 여전히 1부터 100까지이지만, 근무 시간은 **hours[1]**에서 **hours[100]**까지의 요소에 저장된다. 배열의 크기가 100이 아니라 101이기 때문에 **hours[100]**은 유효한 반면, **hours[0]**은 사용되지 않는다.

원래 코드에서와 마찬가지로 유효한 마지막 인덱스는 **hours.length – 1**이 된다는 것에 주목하라. 단지 **hours.length**의 값이 이전보다 하나 더 커진 것이다. **for** 문에 있는 다음 코드

```
index < hours.length
```

는 다음의 코드로 대체하는 것이 일반인이 보기에는 더 명확할 것이다.

```
index <= NUMBER_OF_EMPLOYEES
```

그러나 다른 프로그래머가 여러분의 코드를 들여다볼 때는 인덱스 0에 어떤 값이 저장되기를 기대할 수도 있다. 결론적으로 말해서 하나의 프로젝트에서 협업하고 있는 모든 프로그래머는 동일한 코딩 관습을 지켜야 하며, 그렇지 않을 경우 혼란과 오류가 발생할 수 있다.

프로그래밍 팁_배열 요소가 낭비되는 것을 두려워하지 마라

앞의 예에서 **hours[0]**은 전혀 사용되지 않는다. 즉 하나의 배열 요소가 '낭비되었다.' 그러나 이는 코드를 더 작성하기 쉽고 이해하기 쉽게 만들기 위해서다. 그 결과로 오류를 줄일 수도 있다. 그러나 자신과 같이 작업하는 다른 프로그래머들에게 자신의 이런 코딩 습관을 알려야 한다. 자바에서 낭비되는 메모리의 양은 그다지 중요하지 않다. 크기가 매우 큰 객체의 배열을 생성한다고 해도 배열에 저장되는 것은 단지 객체의 주소뿐이다. 다른 프로그래밍 언어에서는 이야기가 다를 수도 있다. 예를 들어 C++는 배열에 객체의 주소가 아니라 객체 그 자체를 저장한다. C++ 배열에서 하나의 요소를 낭비하는 것은 자바에서보다 좀 더 심각한 문제가 될 수 있다. ■

프로그래밍 팁_인덱스 0에 익숙해져라

배열 첫 번째 요소의 인덱스는 0이다. 자바 프로그래머들은 이를 알고 있다. 자신의 프로그램에서 이 인덱스를 조정할 만한 합당한 이유가 있지 않다면 바꾸지 말아야 한다. 앞의 예에서는 두 가지의 번호가 일치하도록 조정해서 혼란과 오류가 발생할 가능성을 줄였다. 그러나 인덱스 0을 회피하는 코딩을 하는 것이 일상적인 일이 되어서는 안 된다. ■

배열의 초기화

배열을 선언하면서 동시에 초기화할 수 있다. 이렇게 하려면 다음의 예와 같이 각 요소의 값을 중괄호 {}로 묶고 대입 연산자를 사용해야 한다.

```
double[] reading = {3.3, 15.8, 9.7};
```

배열의 크기, 즉 길이는 주어진 값들을 저장할 수 있는 최솟값으로 설정되므로 위의 초기화 문은 다음의 코드와 동일하다.

```
double[] reading = new double[3];
reading[0] = 3.3;
reading[1] = 15.8;
reading[2] = 9.7;
```

명시적으로 배열 요소를 초기화하지 않으면 자동적으로 요소형의 디폴트값으로 초기화된다. 예를 들어 정수 배열을 초기화하지 않으면 각 요소의 값은 0으로 초기화된다. 그러나 명시적으로 초기화하는 것이 더 확실하다. 방금 설명한 대로 중괄호를 사용해 초기화하거나, 다음 for 루프에서 보다시피 각 배열 요소에 직접 값을 대입하는 방법으로 초기화할 수 있다.

```
int[] count = new int[100];
for (int i = 0; i < 100; i++)
    count[i] = 0;
```

자습문제 SELF-TEST QUESTIONS

1 다음 코드의 출력은 무엇인가?

```
int[] anArray = new int[10];
for (int i = 0; i < anArray.length; i++)
    anArray[i] = 2 * i;
```

```
for (int element : anArray)
    System.out.print(element + " ");
System.out.println();
```

2 다음 코드의 출력은 무엇인가?

```
char[] vowel = {'a', 'e', 'i', 'o', 'u'};
for (int index = 0; index < vowel.length; index++)
    System.out.println(vowel[index]);
```

3 다음 코드의 출력은 무엇인가?

```
double tide[] = {12.2, -7.3, 14.2, 11.3};
System.out.println("Tide 1 is " + tide[1]);
System.out.println("Tide 2 is " + tide[2]);
```

4 다음 배열을 보자.

```
int[] a = new int[10];
```

배열 a의 마지막 인덱스는 무엇인가? `a.length`의 값은 무엇인가?

5 배열 b를 초기화하기 위한 다음 코드에서 틀린 점은 무엇인가?

```
int[] b = new int[10];
for (int i = 1; i <= b.length; i++)
    b[i] = 5 * i;
```

6 키보드에서 20개의 `double`형 값을 읽어서 배열에 저장하는 프로그램을 작성하라. 마지막, 즉 20번째 읽은 수를 출력하라. 그다음 배열에 저장된 각 수 및 그 수와 20번째 읽어 들인 수의 차이를 출력하라. 예를 들어 사용자가 입력한 마지막 수가 5.0이면, 배열 요소가 2.0일 때 5.0과의 차이는 −3.0이고, 배열 요소가 7.0이면 차이는 2.0이 된다. 사용자 입력은 한 줄에 하나씩 들어오는 것으로 가정하고, 특별히 안내문을 출력할 필요는 없다.

7.2 클래스와 메소드에서의 배열

배열을 클래스의 인스턴스 변수로 사용할 수 있다. 메소드들의 인자로 인덱스 변수나 배열 전체를 사용할 수 있고, 배열을 반환할 수도 있다. 다시 말해 배열은 다른 모든 객체와 동일하게 클래스와 메소드에 사용될 수 있다. 먼저 클래스의 인스턴스 변수로 배열을 사용하는 예를 보도록 하자.

사례 연구 판매 보고

이 사례 연구에서는 어떤 회사의 판매팀의 판매 보고서를 작성하는 프로그램을 작성할 것이다. 회사는 어느 판매 직원이 가장 높은 판매 실적을 올렸는지, 그리고 각 판매 직원의 실적이 평균과 비교해서 어떠한지 쉽게 파악하고 싶어 한다.

각 판매 직원의 이름과 판매 실적을 기록해야 하기 때문에 한 사람에 대해 두 데이터를 저장하는 클래스를 설계할 수 있다. 클래스는 입력과 출력을 수행하는 메소드와 적절한 접근자와 설정자 메소드를 제공한다. 다소 평범한 내용으로 구성된 판매 직원 클래스 정의가 Listing 7.3에 나타나 있다.

Listing 7.3 판매 직원 클래스

```
import java.util.Scanner;
/**
 한 판매 직원의 판매 실적을 기록하기 위한 클래스
*/
public class SalesAssociate
{
    private String name;
    private double sales;
    public SalesAssociate()
    {
        name = "No record";
        sales = 0;
    }
    public SalesAssociate(String initialName, double initialSales)
    {
        set(initialName, initialSales);
    }
    public void set(String newName, double newSales)
    {
        name = newName;
        sales = newSales;
    }
    public void readInput()
    {
        System.out.print("Enter name of sales associate: ");
        Scanner keyboard = new Scanner(System.in);
        name = keyboard.nextLine();

        System.out.print("Enter associate's sales: $");
        sales = keyboard.nextDouble();
    }
```

(계속됨)

Listing 7.3 판매 직원 클래스

```
    public void writeOutput()
    {
        System.out.println("Name: " + name);
        System.out.println("Sales: $" + sales);
    }
    public String getName()
    {
        return name;
    }
    public double getSales()
    {
        return sales;
    }
}
```

작성할 프로그램은 모든 판매 직원의 데이터를 기록하기 위해 배열을 사용한다. 또한 가장 높은 판매 실적과 평균을 저장해야 한다. 그러므로 이를 위해 다른 클래스를 하나 더 설계할 필요가 있다. 이 새로운 클래스에서 데이터를 기록하기 위해 다음 세 개의 인스턴스 변수를 선언한다.

```
private double highestSales;
private double averageSales;
private SalesAssociate[] team;
```

전체 판매 직원의 수를 알아야 하는데 이 수는 `team.length`와 같지만 직원의 수라는 것을 표현할 수 있는 이름을 가진 별도의 변수를 사용하는 편이 나을 것이다. 그래서 다음 인스턴스 변수를 하나 더 선언한다.

```
private int numberOfAssociates;  // team.length와 같다
```

프로그램이 할 일은 다음 부분 작업으로 나눠 볼 수 있다.

1. 준비 작업을 한다.
2. 데이터를 입력받는다.
3. 통계 자료를 계산한다(인스턴스 변수의 값이 변경된다).
4. 결과를 출력한다.

먼저 클래스와 메소드의 이름을 만들어야 한다. 생각을 잘 정리하기 위해 그림 7.3과 같은 클래스 다이어그램을 그려 본다. 이에 상응하는 프로그램 클래스는 다음과 같은 모양일 것이다.

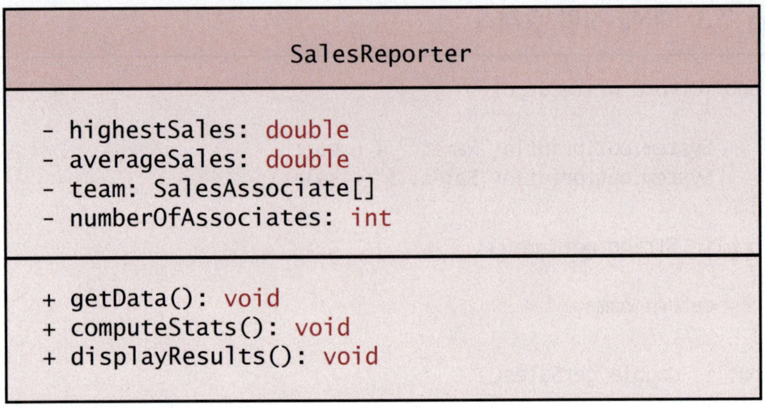

그림 7.3 SalesReporter 클래스에 대한 클래스 다이어그램

```
public class SalesReporter
{
    private double highestSales;
    private double averageSales;
    private SalesAssociate[] team;
    private int numberOfAssociates;  // team.length와 같다.

    public static void main(String[ ] args)
    {
        SalesReporter clerk = new SalesReporter();
        clerk.getData();
        clerk.computeStats();
        clerk.displayResults();
    }
    <다른 요소가 여기에 더 추가되어야 한다.>
}
```

이제 남은 일은 세 개의 메소드 getData, computeStats, displayResults를 작성한 후, 프로그램의 테스트와 디버깅을 수행하는 것이다. 세 가지 메소드를 하나씩 차례로 만들어 보자.

입력 메소드 getData는 상대적으로 쉽다. 이미 SalesAssociate 클래스에 객체를 입력하기 위한 메소드가 있기 때문이다. 먼저 직원의 수를 읽어 들이고, 다음과 같은 기초적인 입력 루프를 사용하면 된다.

```
for (int i = 1; i <= numberOfAssociates; i++)
{
   System.out.println("Enter data for associate number" + i);
   team[i].readInput();
}
```

배열 인덱스는 0부터 시작하지만 직원 번호는 1부터 시작하기 때문에 i번의 직원에 대한 데이터를 team[i]에 저장하기로 한다. 즉, team[0]은 사용하지 않는다. 따라서 배열의 크기는 다음과 같이 필요한 크기보다 하나 더 커야 한다.

```
team = new SalesAssociate[numberOfAssociates + 1];
```

getData 메소드에서 numberOfAssociates를 읽어 들이기 때문에 이 문장도 메소드에 추가할 것이다.

그러나 다른 문제가 남아 있다. 위의 루프를 테스트하면 "null pointer" 운운하는 오류 메시지가 나타나는데 이 문제는 배열 team의 요소형이 클래스형이기 때문에 발생하는 것이다. 이 문제를 이해하기 위해 먼저 다른 상황을 생각해 보자. 다음과 같은 코드가 있다고 하자.

```
SalesAssociate s;
s.readInput();
```

이 코드 역시 "null pointer" 운운하는 동일한 오류 메시지를 발생시킨다. 문제는 변수 s가 단지 이름일 뿐, SalesAssociate 클래스의 어떤 객체와도 연결되어 있지 않다는 것이다. 여기에는 일반적인 객체 생성 과정, 즉 new 연산자 사용이 빠져 있다. 코드는 다음과 같이 수정되어야 한다.

```
SalesAssociate s = new SalesAssociate();
s.readInput();
```

인덱스 변수 team[i]도 역시 클래스형의 변수이기 때문에 객체를 생성해 가리키도록 하지 않으면 그저 단순한 이름일 뿐이다. 입력문

```
team[i].readInput();
```

을 실행하기 전에 먼저 SalesAssociate 객체를 team[i]에 대입해 주어야 한다. 그래서 다음 문장을 루프에 추가할 필요가 있다.

```
team[i] = new SalesAssociate();
```

이 코드를 포함한 메소드 getData의 완전한 정의는 Listing 7.4에 있다.

Listing 7.4 판매 실적 보고 프로그램

```
import java.util.Scanner;
/**
 판매 실적 보고서를 작성하는 프로그램
*/
public class SalesReporter
{
    private double highestSales;
    private double averageSales;
    private SalesAssociate[] team;    // 배열 객체는 getData에서 생성된다.
    private int numberOfAssociates;   // team.length와 같다.
    /**
     판매 직원의 수와 각 직원의 데이터를 입력한다.
    */
    public void getData()
    {
        Scanner keyboard = new Scanner(System.in);
        System.out.println("Enter number of sales associates:");
        numberOfAssociates = keyboard.nextInt();
        team = new SalesAssociate[numberOfAssociates + 1];
        for (int i = 1; i <= numberOfAssociates; i++)
        {
            team[i] = new SalesAssociate();
            System.out.println("Enter data for associate " + i);
            team[i].readInput();
            System.out.println();
        }
    }
    /**
     평균 판매 실적과 최고 판매 실적을 계산한다.
     선행조건 : 적어도 하나의 salesAssociate가 있어야 한다.
    */
    public void computeStats()
    {
        double nextSales = team[1].getSales();
        highestSales = nextSales;
        double sum = nextSales;
        for (int i = 2; i <= numberOfAssociates; i++)
        {
            nextSales = team[i].getSales();
            sum = sum + nextSales;
            if (nextSales > highestSales)
                highestSales = nextSales;  // 지금까지의 판매액 중 최고액
        }
        averageSales = sum / numberOfAssociates;
    }
```

main 메소드는 클래스의 끝 부분에 있다.

배열 객체는 여기서 생성된다.

SalesAssociate 객체는 여기서 생성된다.

team[1]은 이미 처리했으므로 루프는 team[2]에서 시작한다.

(계속됨)

Listing 7.4 판매 실적 보고 프로그램

```
/**
 판매 실적 결과를 화면에 출력한다.
*/
public void displayResults()
{
    System.out.println("Average sales per associate is $" +
                        averageSales);
    System.out.println("The highest sales figure is $" +
                        highestSales);
    System.out.println();
    System.out.println("The following had the highest sales:");
    for (int i = 1; i <= numberOfAssociates; i++)
    {
        double nextSales = team[i].getSales();
        if (nextSales == highestSales)
        {
            team[i].writeOutput();
            System.out.println("$" + (nextSales - averageSales)
                          + " above the average.");
            System.out.println();
        }
    }
    System.out.println("The rest performed as follows:");
    for (int i = 1; i <= numberOfAssociates; i++)
    {
        double nextSales = team[i].getSales();
        if (team[i].getSales() != highestSales)
        {
            team[i].writeOutput();
            if (nextSales >= averageSales)
                System.out.println("$" + (nextSales -
                        averageSales) + " above the average.");
            else
                System.out.println("$" + (averageSales -
                           nextSales) + " below the average.");
            System.out.println();
        }
    }
}
public static void main(String[] args)
{
    SalesReporter clerk = new SalesReporter();
    clerk.getData();
    clerk.computeStats();
    clerk.displayResults();
}
}
```

(계속됨)

Listing 7.4 판매 실적 보고 프로그램

```
Enter number of sales associates:
3
Enter data for associate number 1
Enter name of sales associate: Dusty Rhodes
Enter associate's sales: $36000
Enter data for associate number 2
Enter name of sales associate: Natalie Dressed
Enter associate's sales: $50000
Enter data for associate number 3
Enter name of sales associate: Sandy Hair
Enter associate's sales: $10000
Average sales per associate is $32000.0
The highest sales figure is $50000.0
The following had the highest sales:
Name: Natalie Dressed
Sales: $50000.0
$18000.0 above the average.
The rest performed as follows:
Name: Dusty Rhodes
Sales: $36000.0
$4000.0 above the average.
Name: Sandy Hair
Sales: $10000.0
$22000.0 below the average.
```

다음은 computeStats 메소드 차례이다. 다음 코드를 살펴보자.

```
for (int i = 1; i <= numberOfAssociates; i++)
{
   sum = sum + team[i].getSales();
   if (team[i].getSales() > highest)
      highestSales = team[i].getSales();  // 지금까지의 판매액 중 최고액
}
average = sum / numberOfAssociates;
```

이 루프는 기본적으로는 괜찮아 보인다. 그러나 변수 sum과 highest는 루프가 시작되기 전에 초기화되어야 한다. sum은 0으로 초기화하면 되겠지만 highest는 어떤 값으로 초기화해야 할까? 판매 실적이 음수일 수는 없기 때문에 음수를 사용해도 된다. 정말 음수가 될 수 없을까? 물건이 반품되는 경우는 음수로 처리해야 할 것이고, 따라서 전체 판매 실적도 음수가 될 수 있다. 그러나 회사에는 최소한 한 명의 판매 직원이 존재하므로, 첫 번째 판매 직원의 실적으로 sum과 highest 변수를 초기화할 수 있다. 이것은 루프 바깥에서 루프가 시작하기 전에 처리되어야 하므로 다음 코드와 같이 작성한다.

```
highestSales = team[1].getSales();
double sum = team[1].getSales();
for (int i = 2; i <= numberOfAssociates; i++)
{
   sum = sum + team[1].getSales();
   if (team[i].getSales() > highest)
      highestSales = team[i].getSales();  // 지금까지의 판매액 중 최고액
}
average = sum / numberOfAssociates;
```

위의 루프는 잘 동작할 것이다. 그러나 반복되는 연산 부분을 잘 살펴보면, 똑같은 **team[i].getSales()** 호출을 세 번 사용한다. 이런 중복을 방지하기 위해 한 번 호출한 결과를 변수에 저장하여 사용할 수 있다.

```
double nextSales = team[1].getSales();
highestSales = nextSales;
double sum = nextSales;
for (int i = 2; i <= numberOfAssociates; i++)
{
   nextSales = team[i].getSales();
   sum = sum + nextSales;
   if (nextSales > highest)
      highest = nextSales;  // 지금까지의 판매액 중 최고액
}
average = sum / numberOfAssociates;
```

computeStats 메소드의 완전한 정의는 Listing 7.4에 있다.

마지막으로 **displayResults** 메소드는 이미 지금까지 다루어 본 기법만으로도 작성이 가능하다. 따라서 세세한 설명은 덧붙이지 않겠다. Listing 7.4의 코드를 참조하기 바란다.

자습문제 SELF-TEST QUESTIONS

7 길이가 3이고 요소형이 **SalesAssociate** 클래스형인 배열 **entry**를 선언하는 코드를 작성하라. 배열의 요소가 가리키는 각 객체에는 동일한 기록이 저장되며, 이름은 **"Jane Doe"**, 판매 실적은 5,000달러이다. **for** 루프를 사용하라.

8 Listing 7.4의 프로그램 **SalesReporter**의 **displayResults**를 다시 작성하라. 새 버전은 6장의 Listing 6.14에 있는 **DollarFormat** 클래스의 메소드를 사용하여 달러와 센트의 정확한 양식으로 금액을 출력한다.

메소드 인자로 배열 요소 사용하기

배열 a의 한 인덱스 변수인 a[i]는 배열의 요소형과 같은 형의 일반 변수가 사용될 수 있는 곳이라면 어디에서든 사용된다. 따라서 배열 요소는 배열 요소형의 변수가 메소드의 인자로 사용되는 것과 완전히 동일한 방법으로 인자로 사용될 수 있다.

Listing 7.5는 메소드의 한 인자로 인덱스 변수를 사용하는 예를 보여 준다. getAverage 메소드는 int형의 인자 두 개를 받는다. nextScore 배열의 요소형이 int이므로 프로그램에서 사용된 다음 코드에서처럼 nextScore[i]를 getAverage 메소드를 호출할 때의 인자로 사용할 수 있다.

```
double possibleAverage = getAverage(firstScore,nextScore[i]);
```

변수 firstScore는 int형으로 선언된 일반 변수다. 인덱스 변수 nextScore[i]가 int형의 다른 변수들과 동일하게 사용될 수 있다는 것은 다음과 같이 두 인자를 바꾸어 getAverage를 호출해도 동일하게 작동된다는 것을 보면 알 수 있다.

```
double possibleAverage = getAverage(nextScore[i],firstScore);
```

메소드 getAverage의 정의를 보면 메소드가 받는 인자가 int형 배열의 인덱스 변수일 수도 있는지에 대한 아무런 표시도 없다. 전달되는 인자가 int형이기만 하면 그것이 인덱스 변수인지, 일반 변수인지 혹은 상수인지, 매개변수 쪽에서는 알 필요도 없고 알고 싶어 하지도 않는다.

인덱스 변수가 메소드의 인자로 사용될 때 약간의 미묘한 부분은 있다. 예를 들어 앞에 설명한 두 가지의 메소드 호출문을 살펴보자. i의 값이 2이면 인자는 nextScore[2]가 된다. 반면 i가 0이면 인자는 nextScore[0]이 된다. 인덱스로 표시된 식은 정확히 어느 인덱스 변수가 인자가 되는지 결정하기 위해 미리 계산되어야 한다.

배열 a의 인덱스 변수 a[i]는 배열의 요소형의 변수라는 것을 명심하라. a[i]가 메소드의 인자로 사용될 때는 배열 a의 요소형과 같은 형의 다른 변수들과 동일한 방법으로 취급된다. 즉, 배열의 요소형이 int, double, char와 같은 기본형이면 메소드에서 a[i]의 값을 변경할 수 없다. 반면에 배열의 요소형이 클래스형이면, 메소드에서 a[i]가 가리키는 객체의 상태를 변경할 수 있다. 새로운 사실은 아니다. a[i]와 같은 인덱스 변수는 단순히 배열 요소형으로 선언된 하나의 변수이고, 같은 형의 다른 변수들과 똑같이 취급된다는 것만 기억하라.

Listing 7.5 메소드 인자로 사용된 배열 요소

```
import java.util.Scanner;
/**
 배열 요소를 메소드의 인자로 사용하는 예제
*/
public class ArgumentDemo
{
    public static void main(String[] args)
    {
        Scanner keyboard = new Scanner(System.in);
        System.out.println("Enter your score on exam 1:");
        int firstScore = keyboard.nextInt();
        int[] nextScore = new int[3];

        for (int i = 0; i < nextScore.length; i++)
            nextScore[i] = firstScore + 5 * i;

        for (int i = 0; i < nextScore.length; i++)
        {
            double possibleAverage = getAverage(firstScore, nextScore[i]);
            System.out.println("If your score on exam 2 is " +
                               nextScore[i]);
            System.out.println("your average will be " + possibleAverage);
        }
    }
    public static double getAverage(int n1, int n2)
    {
        return (n1 + n2) / 2.0;
    }
}
```

실행 결과 출력

```
Enter your score on exam 1:
80
If your score on exam 2 is 80
your average will be 80.0
If your score on exam 2 is 85
your average will be 82.5
If your score on exam 2 is 90
your average will be 85.0
```

요점 정리 인자로 사용되는 인덱스 변수

인덱스 변수는 배열의 요소형의 변수가 사용될 수 있는 곳이라면 어디서든 사용될 수 있다. 예를 들어 다음과 같이 선언되었다고 하자.

(계속됨)

```
double[] a = new double[10];
```

a[3]이나 a[index]와 같은 인덱스 변수는 double형의 값을 인자로 받아들이는 어떤 메소드에서나 인자로 사용될 수 있다.

FAQ 어떤 경우에 메소드가 인자로 전달된 인덱스 변수를 변경할 수 있을까?

a[i]가 배열 a의 인덱스 변수이고 다음과 같은 호출문에서 인자로 사용된다고 하자.

```
doStuff(a[i]);
```

메소드 doStuff가 배열 요소인 a[i]를 변경할 수 있는가 여부는 배열 a의 요소형이 무엇인지에 따라 다르다. 배열 a의 요소형이 int, double, char와 같은 기본형이면, doStuff 메소드는 a[i]의 값을 복사해서 사용하므로 a[i]를 변경할 수 없다. 그러나 배열 a의 요소형이 클래스이면, doStuff 메소드는 a[i]가 가진 주소를 받게 되므로 메소드에서 a[i]가 가리키는 객체의 상태를 변경할 수 있다. 그러나 객체 자체를 다른 객체로 대체할 수는 없다. (메소드의 인자 전달에 대한 상세한 내용은 5장을 참조하라.)

메소드 인자로 전체 배열 사용하기

배열의 인덱스 변수가 메소드의 인자로 사용될 수 있음을 알았다. 그런데 전체 배열이 메소드의 인자로 사용될 수도 있다. 메소드 정의에서 매개변수로 배열을 명시하는 방법은 배열을 선언하는 것과 비슷하다. 예를 들어 다음 코드의 incrementArrayBy2 메소드는 요소형이 double인 배열을 매개변수로 명시하고 있다.

```
public class SampleClass
{
    public static void incrementArrayBy2(double[] anArray)
    {
        for (int i = 0; i < anArray.length; i++)
            anArray[i] = anArray[i] + 2;
    }
    〈클래스 정의의 나머지 내용이 이 부분에 작성된다.〉
}
```

배열 매개변수를 명시할 때는 배열의 요소형만 적어 주고 크기는 지정하지 않는다.

SampleClass의 사용법을 보여 주기 위해 어떤 메소드 정의에 다음과 같이 선언하고 배열 a와 b의 요소에 값을 대입했다고 하자.

```
double[] a = new double[10];
double[] b = new double[30];
```

다음의 두 메소드 호출문은 모두 유효하다.

```
SampleClass.incrementArrayBy2(a);
SampleClass.incrementArrayBy2(b);
```

메소드 incrementArrayBy2가 인자로 전달받는 배열은 길이가 무엇이든 상관없고, 메소드에서 배열에 저장된 요소의 값을 변경할 수 있다. 앞에 나온 호출문이 실행되면 배열 a와 b의 요소의 값은 모두 2씩 증가한다.

보충 배열 매개변수를 명시하는 다른 문법

배열 변수를 선언할 때 다른 형태의 문법이 있었던 것과 마찬가지로 배열 매개변수를 명시하는 다른 문법이 있다. 요소형 다음에 대괄호를 붙이는 대신, 다음 예와 같이 이름 뒤에 붙일 수도 있다.

```
public static void showArray(char a[])
```

그러나 이 문법의 사용을 권장하지는 않는다.

요점 정리 배열 매개변수

메소드의 인자로 배열 전체를 전달할 수 있다. 메소드 헤딩에 이를 명시하는 문법은 다음과 같다.

문법

public static *Return_Type Method_Name*(*Base_Type*[] *Param_Name*)

public과 static이 아닌 다른 지정자도 사용할 수 있다.

예

```
public static int getOneElement(char[] anArray, int index)
public void readArray(int[] anotherArray)
```

기억하세요! 배열 매개변수는 배열의 길이를 지정하지 않는다

메소드 헤딩에서 정의하는 배열 매개변수는 요소형이 무엇인지 명시하지만 길이는 지정하지 않는다. 예를 들어 다음 메소드 헤딩은 문자의 배열을 매개변수로 사용함을 명시한다.

```
public static void showArray(char[] a)
```

기억하세요! 배열 인자의 특성

- 전체 배열을 메소드의 인자로 전달할 때는 배열 이름에 대괄호를 붙이지 않는다.
- 배열 길이에 상관없이 배열 매개변수에 대응하는 인자로 사용할 수 있다.
- 메소드 안에서 배열 인자의 요소값을 변경할 수 있다.

위의 특성들은 본문에서 설명한 incrementArrayBy2에 나타나 있다.

main 메소드의 인자

프로그램의 main 메소드의 헤딩은 다음과 같다.

```
public static void main(String[] args)
```

매개변수 선언 String[] args의 의미는 args가 배열이고 그 요소형이 String이라는 것이다. 즉 main 메소드는 인자로 String 값이 저장된 배열을 하나 받아들인다. 그러나 지금까지 프로그램을 실행할 때 한 번도 main 메소드에 인자를 전달한 적이 없다. 사실 main이란 메소드를 호출한 적도 없다! 도대체 어떻게 된 걸까?

알다시피 main 메소드의 호출은 매우 특별한 종류의 호출로서 사용자가 직접 호출하지 않는다. 프로그램을 실행하면 자동으로 main이 호출되고, 디폴트 인자로 디폴트 문자열 배열이 전달된다. 그러나 원한다면 프로그램을 실행할 때 사용자가 직접 문자열을 제공하고, 이 문자열이 자동으로 배열 args의 요소가 되어 main의 인자로 전달되도록 할 수 있다. 보통 자신이 사용하는 운영체제의 명령행(command line)에서 다음과 같이 프로그램을 실행시키면 된다.

```
java TestProgram Sally Smith
```

이 명령은 args[0]을 "Sally"로, args[1]을 "Smith"로 설정한다. 그리고 main 메소드 내에서 이 두 개의 인덱스 변수를 사용할 수 있다.

예를 들어 다음과 같은 프로그램을 살펴보자.

```
public class TestProgram
{
    public static void main(String[] args)
    {
        System.out.println("Hello" + args[0] + " " + args[1]);
    }
}
```

다음의 명령으로 TestProgram을 실행시키면,

```
java TestProgram Josephine Student
```

출력은 다음과 같다.

```
Hello Josephine Student
```

main 메소드에 전달되는 인자는 문자열의 배열임을 명심하라. 프로그램에서 수치를 사용하기 원한다면 문자열로 표현된 수를 해당하는 형의 값으로 변환해야 한다. 예를 들어 첫 번째 인자를 정수로 사용하려면 Integer.parseInt(args[0])을 호출하면 된다. 매개변수 이름 args는 단순히 식별자이기 때문에 args 대신 다른 어떤 유효한 식별자를 사용해도 괜찮다. 다만 main 메소드 내에서 args가 사용된 모든 곳을 자신이 정한 식별자로 대체해야 한다. 그러나 main의 매개변수로 args를 사용한 것은 전통적인 관습이다.

배열의 대입과 동일성

배열은 객체다. 따라서 대입 연산자 =와 동일성을 검사하는 연산자 ==는 이전에 설명한 다른 종류의 객체와 똑같은 방식으로 배열에 동작한다. 이들이 어떻게 배열에 적용되는지 이해하려면 먼저 배열이 컴퓨터의 메모리에 어떤 방식으로 저장되는지 알아야 한다. 중요한 점은 전체 배열의 내용, 즉 모든 인덱스 변수의 내용이 한 덩어리를 이루어 메모리의 한 구역에 저장된다는 것이다. 이렇게 해서 하나의 주소로 전체 배열이 표시될 수 있다.

객체의 변수가 사실은 객체의 메모리 주소를 저장하고 있다는 사실을 다시 떠올려 보라. 대입 연산자는 메모리의 주소를 복사하게 된다. 예를 들어 다음 코드를 살펴보자.

```
int[] a = new int[3];
int[] b = new int[3];
for (int i = 0; i < a.length; i++)
    a[i] = i;
b = a;
System.out.println("a[2] = " + a[2] + ", b[2] = " + b[2]);
a[2] = 2001;
System.out.println("a[2] = " + a[2] + ", b[2] = " + b[2]);
```

이 코드의 출력은 다음과 같다.

```
a[2] = 2, b[2] = 2
a[2] = 2001, b[2] = 2001
```

대입문 b = a는 배열 변수 a가 가진 메모리 주소를 배열 변수 b에 복사한다. 그래서 a와 b는 동일한 배열에 대한 두 개의 다른 이름이 된다. 따라서 a[2]의 값을 변경하면 b[2]의 값도 변경되는 것이다. 이런 이유 때문에 배열에는 대입 연산자를 사용하지 않는 것이 최선이다. a와 b가 서로 다른 배열이지만 각 요소가 동일한 값을 가지도록 하고 싶다면

```
b = a;
```

라는 대입문 대신 다음과 같은 코드를 작성해야 한다.

```
for (int i = 0; i < a.length; i++)
   b[i] = a[i];
```

이 for 루프는 배열 a와 b의 길이가 같다는 것을 전제로 하고 있음에 주의하라.

동일성 검사 연산자 ==는 두 배열이 컴퓨터 메모리의 같은 위치에 저장되어 있는지 검사한다. 예를 들어

```
int[] a = new int[3];
int[] b = new int[3];
for (int i = 0; i < a.length; i++)
   a[i] = i;
for (int i = 0; i < b.length; i++)
   b[i] = i;
if (b == a)
   System.out.println("Equal by ==");
else
   System.out.println("Not equal by ==");
```

이 코드의 출력은 다음과 같다.

```
Not equal by ==
```

두 배열이 동일한 순서로 된 동일한 값을 가지고 있다 하더라도 메모리상에 저장된 위치는 다르다. == 연산자는 두 주소가 같은지 검사하게 되므로 b == a의 결과는 false가 된다.

두 배열의 요소가 동일한가 검사하고 싶으면 한 배열의 각 요소가 다른 배열의 대응하는 요소와 같은지 일일이 검사해야 한다. Listing 7.6에 그 작업을 실행하는 하나의 방법이 소개되어 있다.

Listing 7.6 두 종류의 동일성

```
/**
 두 배열이 같은지 테스트하는 시범 프로그램
*/
public class TestEquals
{
    public static void main(String[] args)
    {
        int[] a = new int[3];
        int[] b = new int[3];
        setArray(a);
        setArray(b);
        if (b == a)
            System.out.println("Equal by ==.");
```

배열 a와 b는 같은 순서로 된 같은 정수들을 가지고 있다.

(계속됨)

Listing 7.6 두 종류의 동일성

```
        else
            System.out.println("Not equal by ==.");
        if (equals(b, a))
            System.out.println("Equal by the equals method.");
        else
            System.out.println("Not equal by the equals method.");
    }
    public static boolean equals(int[] a, int[] b)
    {
        boolean elementsMatch = true;  // 초기 가정값
        if (a.length != b.length)
            elementsMatch = false;
        else
        {
            int i = 0;
            while (elementsMatch && (i < a.length))
            {
                if (a[i] != b[i])
                    elementsMatch = false;
                i++;
            }
         }
         return elementsMatch;
    }
    public static void setArray(int[] array)
    {
         for (int i = 0; i < array.length; i++)
             array[i] = i;
    }
}
```

실행 결과 출력

```
Not equal by ==.
Equal by the equals method.
```

GOTCHA 배열에 =와 == 연산자 사용하기

배열에 이름을 하나 더 주고 싶을 때 대입 연산자 =를 사용하며, 서로 다른 배열끼리 한 배열에서 다른 배열로 내용물을 복사하고 싶을 때는 사용해서는 안 된다. 마찬가지로 동일성 검사 연산자 ==는 두 배열 이름이 같은 메모리 주소를 참조하고 있는지 검사한다. 그러나 두 개의 서로 다른 배열이 동일한 값을 가지고 있는지는 검사하지 않는다. ■

기억하세요! 배열형은 참조형이다

배열형의 변수는 배열이 저장된 메모리의 주소만 저장한다. 이 메모리 주소는 메모리 내의 배열 객체에 대한 참조라고도 한다. 이 때문에 배열형은 참조형(reference type)이라 불린다. 5장의 내용을 기억해 보면 참조형은 실제 데이터를 저장하는 것이 아니라 참조, 즉 메모리 주소를 저장하는 종류의 자료형을 말한다. 배열형과 클래스형은 모두 참조형이다. 기본형은 참조형이 아니다.

FAQ 배열은 정말 객체일까?

배열은 어떤 클래스에도 속하지 않는다. 8장에서 논의할 상속성과 같은 클래스 객체에 적용되는 다른 특성이 배열에는 적용되지 않는다. 그래서 배열을 객체로 생각해야 하는지 100% 명확하지는 않다. 그러나 그건 단지 학문적인 논쟁 요소일 뿐이고, 자바에서 배열은 공식적으로 객체로 취급된다. 자바 문서에 어떤 사항이 모든 객체에 적용된다고 나와 있으면 그것은 배열에도 또한 적용된다.

배열을 반환하는 메소드

메소드가 배열을 반환할 수도 있다. 이렇게 하려면 배열 매개변수를 명시한 것과 동일한 방법으로 메소드의 반환형을 명시하면 된다. 예를 들어 Listing 7.7은 Listing 7.5에 있는 프로그램을 수정한 것인데, 두 프로그램은 거의 같은 계산 작업을 수행하지만 새로운 버전의 getArrayOfAverages 메소드에서 가능한 여러 평균값을 계산한다는 점이 다르다. 새 메소드는 이 평균값을 배열로 만들어 반환한다. 이를 위해 다음 코드와 같이 새로운 배열을 선언해 사용한다.

```
double temp = new double[nextScore.length];
〈temp 배열의 내용을 채운다.〉
return temp;
```

Listing 7.7 배열을 반환하는 메소드

```
import java.util.Scanner;
/**
 배열을 반환하는 메소드를 보여 주는 프로그램
*/
public class ReturnArrayDemo
{
```

(계속됨)

Listing 7.7 배열을 반환하는 메소드

```
    public static void main(String[] args)
    {
        Scanner keyboard = new Scanner(System.in);
        System.out.println("Enter your score on exam 1:");
        int firstScore = keyboard.nextInt();
        int[] nextScore = new int[3];

        for (int i = 0; i < nextScore.length; i++)
            nextScore[i] = firstScore + 5 * i;

        double[] averageScore = getArrayOfAverages(firstScore, nextScore);
        for (int i = 0; i < nextScore.length; i++)
        {
            System.out.println("If your score on exam 2 is " +
                               nextScore[i]);
            System.out.println("your average will be " + averageScore[i]);
        }
    }
    public static double[] getArrayOfAverages(int firstScore,
                                              int[] nextScore)
    {
        double[] temp = new double[nextScore.length];
        for (int i = 0; i < temp.length; i++)
            temp[i] = getAverage(firstScore, nextScore[i]);
        return temp;
    }
    public static double getAverage(int n1, int n2)
    {
        return (n1 + n2) / 2.0;
    }
}
```

실행 결과는 Listing 7.5와 같다.

요점 정리 배열의 반환

메소드에서 배열을 반환하는 것은 다른 형의 값을 반환하는 것과 동일한 방법으로 할 수 있다.

문법

```
public static Base_Type[] Method_Name(Parameter_List)
{
    Base_Type[] temp = new Base_Type[Array_Size];
    Statements_To_Fill_Array
    return temp;
}
```

(계속됨)

메소드가 반드시 공용이거나 정적일 필요는 없다. 다음은 허용되는 메소드 헤딩의 예이다.

```
public Base_Type[] Method_Name(Parameter_List)
private static Base_Type[] Method_Name(Parameter_List)
private Base_Type[] Method_Name(Parameter_List)
```

예

```
public static char[] getVowels()
{
    char[] newArray = {'a', 'e', 'i', 'o', 'u'};
    return newArray;
}
```

요점 정리 배열 자료형의 이름

배열 선언 시 사용하는 자료형의 이름은 항상 다음과 같다.

Base_Type[]

배열 변수를 선언할 때 외에도 배열 매개변수의 형을 명시할 때나 배열을 반환하는 메소드를 정의할 때도 마찬가지다.

예

```
int[] counter = new int[10];
Species[] ghost = new Species[20];
public static double[] halfAll(int[] arrayToBeHalved);
{
  ...
```

GOTCHA 배열에서의 프라이버시 누설

클래스에 포함된 공용 메소드가 배열을 반환하면, 클래스 외부에서 배열형의 전용 인스턴스 변수를 변경할 수 있다. 이는 앞 장에서 설명한 문제와 동일하며 그 해법도 역시 유사하다. ■

자습문제 SELF-TEST QUESTIONS

9 다음 코드의 출력은 무엇인가?

```
char[] a = new char[3];
for (int i = 0; i < a.length; i++)
    a[i] = 'a';
char[] b = a;
System.out.println("a[1] = " + a[1] + ", b[1] = " + b[1]);
```

```
System.out.println("a[2] = " + a[2] + ", b[2] = " + b[2]);
b[2] = 'b';
System.out.println("a[1] = " + a[1] + ", b[1] = " + b[1]);
System.out.println("a[2] = " + a[2] + ", b[2] = " + b[2]);
```

10 매개변수로 요소형이 char인 배열을 가진 정적 메소드 showArray를 작성하라. 이 메소드는 배열 인자에 저장된 문자들을 차례대로 화면에 한 줄로 출력한다.

11 매개변수로 요소형이 double인 배열을 가진 정적 메소드 getArrayOfHalves를 작성하라. 이 메소드는 매개변수 배열의 요소를 2로 나눈 값을 요소로 하는 배열을 반환한다. 매개변수와 반환되는 배열의 요소형과 크기는 같다.

12 다음 메소드는 컴파일도 되고 실행도 되지만 기대한 대로 동작하지는 않는다. 무엇이 잘못되었는가?

```
/** 배열을 복사한다. */
public static int[] copyArray(int[] anArray)
{
    int[] temp = new int[anArray.length];
    temp = anArray;
    return temp;
}
```

13 다음 메소드는 컴파일도 되고 실행도 되지만 기대한 대로 동작하지는 않는다. 무엇이 잘못되었는가?

```
/** 배열의 크기를 2배로 만든다. */
public static void doubleSize(int[] a)
{
    a = new int[a.length * 2];
}
```

14 Listing 7.4의 클래스 SalesReporter에 이 클래스를 사용하는 프로그램이 판매 직원의 데이터에 접근할 수 있도록 다음 메소드를 추가한다고 하자.

```
/** SalesAssociate 객체의 배열을 반환한다. */
public SalesAssociate[] getSalesTeam()
{
    return team;
}
```

이 메소드는 잘 컴파일되어서 의도대로 실행되는가? 이 메소드를 SalesReporter 클래스에 추가하는 것이 옳은 선택인가?

7.3 배열과 클래스를 이용한 프로그래밍

이 절에서는 배열을 가지고 작업하는 기법을 좀 더 살펴본다. 특히 배열 변수를 클래스의 인스턴스 변수로 사용하는 것에 대해 설명한다. 먼저 몇 가지 기본적인 기법을 보여주는 프로그래밍 예제로 시작해 보자.

프로그래밍 예제 특수한 목록 클래스

배열을 특수한 목적으로 사용하는 한 가지 방법은 배열을 클래스의 인스턴스 변수로 선언하는 것이다. 그러면 오로지 클래스 메소드를 통해서만 배열을 접근할 수 있고, 원하는 검사 과정이나 자동 처리 방법을 추가할 수 있다. 이런 방식으로 클래스의 객체가 특수한 목적의 배열처럼 동작하는 클래스를 정의할 수 있다. 이 프로그래밍 예제에서 그러한 클래스의 한 예를 보게 될 것이다.

이 예제에서는 식료품 목록이나 할 일 목록 같은 항목의 목록을 관리하는 데 사용할 수 있는 객체에 대한 클래스를 정의한다. 이 클래스는 다소 긴 이름인 OneWayNoRepeatsList를 사용할 것이다.[1]

OneWayNoRepeatsList 클래스에는 목록에 항목들을 추가하는 메소드가 포함될 것이다. 목록의 한 항목은 문자열인데, "Buy Milk"와 같이 자신이 원하는 내용이라면 무엇이든 상관없다. 하나의 항목을 변경하거나 목록에서 삭제하는 메소드는 없지만 목록 전체를 삭제하거나 빈 목록에서 다시 시작할 수 있는 메소드는 있다. OneWayNoRepeatsList 클래스의 각 객체는 자신이 저장할 수 있는 항목의 최대 개수를 가진다. 어떤 시점에서 목록은 0에서 최대 개수 사이의 항목을 저장하고 있게 된다.

OneWayNoRepeatsList 클래스의 객체는 인스턴스 변수로 문자열의 배열을 가진다. 이 배열은 목록에 있는 항목들을 저장한다. 그러나 이 배열에 직접 접근할 수는 없고, 접근자와 설정자 메소드를 사용해야 한다. 목록상의 위치를 나타내는 int형 변수를 사용할 수 있다. 이 int형 변수들 중의 하나는 인덱스와 같은 역할을 하지만 위치는 0이 아니라 1에서 시작한다. 예를 들어 getEntryAt이라는 메소드는 주어진 위치에 대해 그 위치의 항목을 찾아 준다. toDoList가 OneWayNoRepeatsList 클래스의 객체라고 할 때, 다음 문장은 문자열 변수 next에 두 번째 위치에 있는 항목을 대입한다.

---

1 자바에서는 관습적으로 긴 이름을 사용하지만, 단지 관습을 따르기 위해 긴 이름을 선택한 것은 아니다. *Collection*이나 *List*와 같은 짧은 이름은 모두 자바에서 특별한 의미를 가지고 사용되고 있다. 그래서 이미 알려진 의미가 아닌 다른 뜻으로 짧은 이름을 사용하는 것은 혼란을 초래할 수 있다.

```
String next = toDoList.getEntryAt(2);
```

다른 메소드로는 목록의 맨 마지막에 항목을 하나 추가하는 것과 전체 목록을 삭제하는 것이 있는데 이들만이 목록을 변경시킬 수 있다. 목록에서 특정한 항목을 변경 또는 삭제할 수 없으며, 목록의 마지막이 아닌 다른 곳에 항목을 삽입할 수 없다.

5장에서 캡슐화에 대해 논의하였다. OneWayNoRepeatsList 클래스는 잘 캡슐화된 클래스의 좋은 예이다. 클래스를 사용하는 프로그래머는 클래스의 세부 사항이나 구현 내용을 알 수 없고 알 필요도 없다. 그러나 프로그래머가 클래스를 어떻게 사용하는지는 알아야 하기 때문에 클래스의 내부 정의를 제시하기 전에 먼저 사용법을 설명하는 것도 터무니없는 일은 아니다.

Listing 7.8의 프로그램은 OneWayNoRepeatsList 클래스를 사용하는 방법을 보여 주는 시범 프로그램이다. 생성자가 하나의 정수를 취한다는 것에 유의하라. 이 정수는 목록이 저장할 수 있는 최대 항목 수를 지정한다. 이 예제에서는 작은 수를 사용하였다.

addItem 메소드는 목록의 마지막에 문자열을 추가한다. 예를 들어 다음 코드는 toDoList의 마지막에 변수 next가 가리키는 문자열을 추가하라는 것이다.

```
toDoList.addItem(next);
```

Listing 7.8 OneWayNoRepeatsList 클래스 사용하기

```
import java.util.Scanner;

public class ListDemo
{
    public static final int MAX_SIZE = 3;  // 0보다 큰 값으로 설정

    public static void main(String[] args)
    {
        OneWayNoRepeatsList toDoList = new OneWayNoRepeatsList(MAX_SIZE);
        System.out.println("Enter items for the list, when prompted.");
        boolean moreEntries = true;
        String next = null;
        Scanner keyboard = new Scanner(System.in);

        while (moreEntries && !toDoList.isFull())
        {
            System.out.println("Enter an item:");
            next = keyboard.nextLine();
            toDoList.addItem(next);
            if (toDoList.isFull())
            {
                System.out.println("List is now full.");
            }
```

(계속됨)

Listing 7.8 OneWayNoRepeatsList 클래스 사용하기

```
            else
            {
                System.out.print("More items for the list? ");
                String ans = keyboard.nextLine();
                if (ans.trim().equalsIgnoreCase("no"))
                    moreEntries = false;  // 사용자가 no로 대답
            }
        }

        System.out.println("The list contains:");
        int position = toDoList.START_POSITION;
        next = toDoList.getEntryAt(position);
        while (next != null)  // null은 목록의 끝을 표시
        {
            System.out.println(next);
            position++;
            next = toDoList.getEntryAt(position);
        }
    }
}
```

실행 결과 출력

```
Enter items for the list, when prompted.
Enter an item:
Buy milk
More items for the list? yes
Enter an item:
Walk dog
More items for the list? yes
Enter an item:
Buy milk
More items for the list? yes
Enter an item:
Write program
The list is now full.
The list contains:
Buy milk
Walk dog
Write program
```

Listing 7.8의 실행 결과 출력을 보면 Buy Milk가 두 번 추가되었지만 목록에는 한 번만 나타나는 것을 볼 수 있다. 이미 목록에 있는 항목을 추가하려고 하면 **addItem** 메소드는 이를 거부하고 추가하지 않는다. 그래서 중복이 없는(no repeat) 목록이 만들어진다.

목록을 처음부터 끝까지 순서대로 처리하기 위해 하나의 int형 변수를 사용할 수 있

다. 이 기법은 Listing 7.8의 마지막 부분에 사용되었다. 시작은 목록의 첫 번째 위치를 int형 변수에 대입하여 초기화하는 것이다.

```
int position = toDoList.START_POSITION;
```

이름 붙은 상수인 toDoList.START_POSITION은 단순히 1이라는 값을 나타낸다. 그러나 숫자 1이라기보다는 목록의 시작점으로 인식하기 위해서 이 이름을 사용한다. getEntryAt 메소드를 호출하면 목록에서 특정 위치에 있는 항목을 추출할 수 있다. 예를 들어 다음 코드는 문자열 변수 next의 값을 목록에서 변수 position의 위치에 있는 문자열로 설정한다.

```
next = toDoList.getEntryAt(position);
```

목록에 있는 다음 항목을 추출하기 위해서는 단순히 position 변수의 값만 하나씩 증가시킨다. Listing 7.8에 수록된 다음 코드가 목록을 차례대로 처리하는 부분이다.

```
int position = toDoList.START_POSITION;
next = toDoList.getEntryAt(position);
while (next != null)
{
   System.out.println(next);
   position++;
   next = toDoList.getEntryAt(position);
}
```

position의 값이 목록의 마지막 항목이 있는 위치를 넘어가면 position이 가리키는 위치에는 아무 항목도 존재하지 않는다. 따라서 목록의 마지막에 도달했는지 알 수 있는 어떤 편리한 방법이 필요하다. 그렇지 않으면 배열의 사용되지 않은 부분에 존재하는 '쓰레기' 값을 읽어 올 수도 있다. 이 문제를 해결하기 위해 지정된 위치에 아무 항목도 없을 때는 getEntryAt 메소드가 null을 반환하도록 만들 것이다. null은 실제로는 문자열과 다르기 때문에 목록에는 나타나지 않는 항목임을 유의하라. 이제 프로그램에서는 목록의 끝에 도달했는가 검사하기 위해 null값을 이용하면 된다. 문자열 변수와 null의 동일성을 검사하기 위해 equals 메소드가 아니라 ==나 !=를 사용해야 함을 상기하라.

OneWayNoRepeatsList 클래스의 완전한 정의는 Listing 7.9에 있다. 목록의 각 항목은 요소형이 String인 배열로 선언된 인스턴스 변수 entry에 저장된다. 그래서 목록이 저장할 수 있는 최대 항목 수는 entry.length가 된다. 일반적으로 목록이 가득 채워지지 않고 entry.length보다 적은 수의 항목을 저장하고 있을 가능성이 많다. 배열 entry가 현재 저장하고 있는 목록이 몇 개인지 기록하기 위해 클래스에는 다른 인스턴스 변수인 countOfEntries가 있다. 항목들은 인덱스 변수인 entry[0], entry[1], entry[2], …, entry[countOfEntries – 1]에 각각 저장된다. 인덱스가 countOfEntries와 같거나 그보다 큰 경우에는 배열 요소에 단지 쓰레기값이 저장되어 있을 뿐 아무런 항목도 표현하지 않는다. 그래서 목록의 항목들을 차례대로 처리하려면 entry[countOfEntries – 1] 다음에서 멈춰야 한다.

예를 들어, isOnList 메소드의 정의에 배열을 차례로 처리하는 while 루프가 있어 주어진 인자와 배열 요소가 같은지 검사하는 작업을 한다고 하자.

```
while ((!found) && (i < countOfEntries))
{
    if (item.equalsIgnoreCase(entry[i]))
        found = true;
    else
        i++;
}
```

이 코드는 인덱스가 countOfEntries보다 작은 배열 요소들만 검사한다. 배열의 나머지 부분의 데이터는 목록에 존재하지 않기 때문이다.

완전하게 정의된 OneWayNoRepeatsList 클래스에는 Listing 7.8의 시범 프로그램에서 사용했던 것보다 좀 더 많은 메소드가 정의되어 있다. 이 추가 메소드가 있어 좀 더 유용한 클래스가 되고, 더 넓은 범위의 응용프로그램에서 사용된다.

배열 entry의 인덱스는 0에서 시작하지만 Listing 7.8에서 사용한 position 변수와 같이 위치를 나타내는 int형 변수를 별도로 사용해 0이 아닌 1에서 번호를 시작할 수 있다. 클래스의 메소드가 자동으로 인덱스를 교정하기 때문에 position 위치에 있는 항목을 요구하면 entry[position – 1]의 항목이 반환된다. 물론 앞에서 설명한 바와 같이, entry[0]을 사용하지 않고 entry 배열의 크기를 하나 더 크게 지정하는 방법으로 배열 인덱스와 목록의 위치상의 차이를 보정할 수도 있다.

Listing 7.9 목록을 표현하기 위해 클래스로 포장한 배열

```
/**
 이 클래스의 객체는 특별한 종류의 문자열 목록이다. 이 목록은 앞에서 뒤의 방향으로만 작성할 수 있다.
 목록 끝에서만 항목의 추가가 가능하다. 개별 항목을 변경할 수는 없으나 전체 항목을 삭제하고
 처음부터 다시 시작할 수는 있다. 이미 목록에 있는 것과 동일한 항목은 추가되지 않는다.
 목록 내의 위치를 나타내기 위해 int 형 변수를 사용할 수 있다.
 위치 표시자는 배열의 인덱스와 유사하지만 1에서 시작한다.
*/
public class OneWayNoRepeatsList
{
```

(계속됨)

Listing 7.9 목록을 표현하기 위해 클래스로 포장한 배열

```
public static int START_POSITION = 1;
public static int DEFAULT_SIZE = 50;

// entry.length는 목록에 저장할 수 있는 최대 항목수로 목록의 용량(capacity)을 표현한다.
// countOfEntries는 현재 목록에 저장되어 있는 항목의 수이다.
private int countOfEntries;  // entry.length보다 작을 수 있다.
private String[] entry;

/**
 주어진 크기의 빈 목록을 생성한다.
*/
public OneWayNoRepeatsList(int maximumNumberOfEntries)
{
    entry = new String[maximumNumberOfEntries];
    countOfEntries = 0;
}

/**
 DEFAULT_SIZE 크기의 빈 목록을 생성한다.
*/
public OneWayNoRepeatsList()
{
    entry = new String[DEFAULT_SIZE];
    countOfEntries = 0;
// 또는 위 두 문장을 this(DEFAULT_SIZE);로 대체할 수 있다.
}

public boolean isFull()
{
    return countOfEntries == entry.length;
}
public boolean isEmpty()
{
    return countOfEntries == 0;
}

/**
 선행조건 : 목록이 가득 차 있지 않다.
 후행조건 : 항목이 목록에 없으면 목록에 추가된다.
*/
public void addItem(String item)
{
    if (!isOnList(item))
    {
        if (isFull())
        {
            System.out.println("Adding to a full list!");
            System.exit(0);
        }
```

(계속됨)

Listing 7.9 목록을 표현하기 위해 클래스로 포장한 배열

```
            else
            {
                entry[countOfEntries] = item;
                countOfEntries++;
            }
        } // 항목이 이미 목록에 있는 경우, 아무것도 하지 않는다.
    }

    /**
     주어진 인자가 목록상의 한 위치를 지정하는 경우는 그 위치의 항목이 반환된다.
     그렇지 않으면 null이 반환된다.
    */
    public String getEntryAt(int position)
    {
        String result = null;
        if ((1 <= position) && (position <= countOfEntries))
            result = entry[position - 1];

        return result;
    }

    /**
     position이 목록의 마지막 항목이 있는 위치를 나타내면 true를,
     그렇지 않으면 false를 반환한다.
    */
    public boolean atLastEntry(int position)
    {
        return position == countOfEntries;
    }

    /**
     항목이 목록에 있으면 true를, 그렇지 않으면 false를 반환한다.
     대문자와 소문자는 구분하지 않는다.
    */
    public boolean isOnList(String item)
    {
        boolean found = false;
        int i = 0;
        while (!found && (i < countOfEntries))
        {
            if (item.equalsIgnoreCase(entry[i]))
                found = true;
            else
                i++;
        }

        return found;
    }
```

(계속됨)

Listing 7.9 목록을 표현하기 위해 클래스로 포장한 배열

```
    public int getMaximumNumberOfEntries()
    {
        return entry.length;
    }
    public int getNumberOfEntries()
    {
        return countOfEntries;
    }
    public void eraseList()
    {
        countOfEntries = 0;
    }
}
```

클래스 OneWayNoRepeatsList에는 목록의 끝을 알아내는 세 가지 방법이 있다. 목록의 각 항목의 위치를 나타내는 int형 변수 position을 사용한다고 가정하자.

- position이 getNumberOfElntries()와 같으면 position이 마지막 항목의 위치다.
- atLastEntry(position)이 true를 반환하면 position이 마지막 항목의 위치다.
- getEntryAt(position)이 null을 반환하면 position이 마지막 항목의 위치다.

마지막으로 자바 클래스 라이브러리에 있는 ArrayList 클래스를 소개하며 프로그래밍 예제를 마무리하도록 하겠다. ArrayList 클래스는 여기서 작성한 목록 클래스와 같이 배열을 사용해 목록을 표현하지만, 보다 훨씬 범용적이고 적응성 높은 목록을 생성할 수 있는 기법들을 제공한다. 12장에 이 클래스가 소개되어 있는데 원한다면 다른 장을 건너뛰고 그 부분부터 읽어도 무방하다.

자습문제 SELF-TEST QUESTIONS

15 Listing 7.8의 마지막 루프를 변경해서 목록에 있는 항목 수를 이용하는 for 루프로 작성하라.

16 Listing 7.8의 마지막 루프를 변경해서 atLastEntry 메소드를 사용하는 루프로 작성하라.

부분적으로 채워진 배열

Listing 7.9의 `OneWayNoRepeatsList` 클래스에 있는 `entry` 배열의 요소들은 어느 목록의 항목들을 저장하고 있다. 목록이 완전히 채워지지 않았을 때 `entry` 배열은 **부분적으로 채워진 배열**(partially filled array)이다. 이런 상황에서는 배열에 있는 인덱스 변수가 모두 사용되지는 않는다. 이러한 경우에는 배열에서 몇 개가 사용되고 있는지, 앞으로 사용할 수 있는 남은 요소가 몇 개인지 파악하고 있어야 한다. 일반적으로 배열의 항목 수를 세기 위한 `int`형 변수를 사용할 수 있다. 예를 들어 Listing 7.9의 `OneWayNoRepeatsList` 클래스에서는 이 목적으로 `countOfEntries` 변수가 사용되고 있다. 특히 `countOfEntries`는 그림 7.4에서 보는 바와 같이 인덱스 0부터 `countOfEntries – 1`까지의 요소가 목록에서 사용되고 있다는 것을 나타낸다. 배열에서 현재 사용 중인 요소가 몇 개인지 파악하는 것은 매우 중요하다. 왜냐하면 그 외 배열의 나머지 요소에 있는 값은 관계없는 값이기 때문이다. 부분적으로 채워진 배열을 사용하고자 할 때는 의미 있는 값만 접근하고 나머지는 무시하고 싶을 것이다. 물론 부분적으로 채워진 배열에 항목을 추가하거나 삭제할 때마다 의미 있는 값과 그렇지 않은 값 사이의 경계는 이동할 수 있는데, 이 변화는 `countOfEntries` 같은 적절한 `int`형 변수의 값을 변경하여 표시해 두어야 한다.

일반적으로 배열에서 의미 있는 부분은 배열 맨 앞에서 시작하지만 반드시 그래야만 하는 것은 아니다. 만약 인덱스가 0에서 시작하지 않는 배열을 사용하고 싶다면, 배열에서 자신이 생각하는 사용 범위의 첫 번째 요소와 마지막 요소의 위치를 각각 기록하기 위해 `first`와 `last`와 같은 두 개의 `int`형 변수를 정의한다. 이 변수들은 인스턴스 변수일 수도 있고 메소드의 매개변수일 수도 있다. 예를 들어 다음과 같은 헤딩으로 시작하는 정적 메소드를 정의할 수 있다.

```
/** 선행조건: 0 <= first <= last < anArray.length */
public static void processArray(double[] anArray, int first, int last)
```

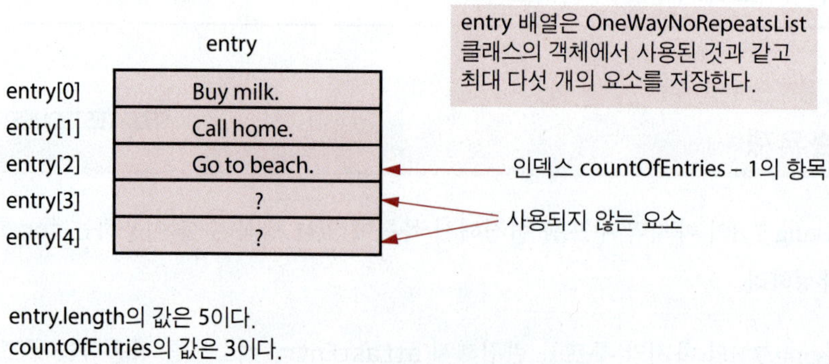

그림 7.4 부분적으로 채워진 배열

기억하세요! 배열에 저장된 항목의 수 대 배열의 길이

배열에서 사용 중인 항목의 수와 배열의 용량을 구분하라. 배열 a의 용량은 a.length이다. 이것은 배열을 선언할 때 명시해 준 배열 요소의 수이다. 이 요소들 중 일부만 사용하게 되는 경우가 있다. 이런 경우, 지금까지 몇 개의 요소가 사용되었는지 파악하고 있어야 한다. 보통 두 개의 정수를 사용하는데, 하나는 배열의 전체 용량, 다른 하나는 지금까지 사용한 요소의 수를 나타낸다.

자습문제 SELF-TEST QUESTIONS

17 요소형이 double인 배열 a가 있다고 하자. 한 줄에 하나씩 배열에 저장된 모든 요소를 화면에 출력하는 코드를 작성하라.

18 배열 a는 요소형이 double이고 부분적으로만 사용된다고 하자. 이 배열의 요소는 처음부터 numberUsed개까지만 의미 있는 값을 저장하고 있다. numberUsed는 int형 변수다. 배열 a에 있는 모든 의미 있는 값을 출력하는 코드를 작성하라.

19 18번 문제의 배열 a가 최대 10개의 요소를 저장할 수 있고 현재 세 개의 요소에만 의미 있는 값이 있다면, 이 의미 있는 요소를 저장하는 인덱스 변수는 어떤 것들인가? 그리고 numberUsed 변수의 값은 무엇인가?

20 18번 문제의 부분적으로 채워진 배열에 대해, 현재 a 배열의 마지막 수 다음에 42라는 값을 저장하는 코드를 작성하라.

21 20번 문제와 동일한 상황에서 배열 a가 다 채워졌는지 아닌지 모르는 상태라고 가정하자. 배열 a가 가득 차 있으면 새로운 요소를 추가할 수 없다는 오류 메시지를 출력할 수 있는 코드를 작성하라.

22 OneWayNoRepeatsList 클래스에 배열 entry를 반환하는 접근자 메소드인 getEntryArray를 추가하라. entry는 문자열의 배열이기 때문에 문자열을 일일이 복사할 필요는 없다.

7.4 배열의 정렬과 검색

어떤 값이 저장된 배열이 있다고 하자. 이 값을 어떤 순서에 맞추어 나열하고 싶을 때가 있다. 예를 들어 작은 수에서 큰 수의 순서대로 또는 큰 수에서 작은 수의 순서대로 나열하거나, 문자열의 경우 사전식 순서대로 나열하고 싶을 수도 있다. 항목들의 집합을 특정한 순서대로 맞추는 것을 **정렬**(sorting)이라 한다. 배열의 정렬은 보통 **오름차순**(ascending order)이나 **내림차순**(descending order)으로 수행된다.

이 절에서는 간단한 정렬 알고리즘에 대해 논의하고 구현해 본다. 정수로 구성된 배열을 정렬하는 방식으로 알고리즘을 설명할 것이지만, 조금만 바꾸면 정수가 아닌 다른 형의 값에 대해서도 쉽게 같은 알고리즘을 적용할 수 있다. 예를 들어 직원 인사기록 객체의 배열을 사원 번호 순서대로 정렬할 수 있다.

추가로 특정한 항목을 배열에서 검색해(searching) 찾아내는 기법도 소개할 것이다. 배열의 요소들이 정렬되어 있든 아니든 배열을 검색할 수 있는 방법은 있다. 정렬과 검색은 매우 중요한 작업이기 때문에 효율적인 알고리즘으로 구현하는 것이 중요하다. 그러나 여기서는 이 주제를 소개하는 정도로만 다룰 것이다.

선택 정렬

정수의 배열을 오름차순으로 정렬하고 싶다고 하자. 즉, 배열의 인덱스 변수에 저장된 값을 다음과 같이 되도록 재배치할 것이다.

```
a[0] ≤ a[1] ≤ a[2] ≤ ... ≤ a[a.length - 1]
```

이해하기 쉽도록 가장 쉬운 정렬 알고리즘의 하나인 **선택 정렬**(selection sort)에 대해 논의해 보자. 이 알고리즘은 알고리즘이 무엇을 해야 하는지 생각하는 바를 따라가는 방식이다. 즉, 배열 a의 값들이 재배치되어 a[0]에 가장 작은 수, a[1]에 그다음 작은 수 등의 순서로 저장되기를 원하는 것이다. 이를 의사코드로 표현해 보면 다음과 같다.

```
for (index = 0; index < a.length; index++)
    (index + 1)번째로 작은 요소를 a[index]에 저장한다.
```

이 알고리즘을 구현하기 위해 배열을 하나만 사용하기를 원한다고 하자. 그러면 배열 요소의 값을 손상하지 않고 다른 위치로 옮기는 유일한 방법은 배열 내의 다른 요소와 위치를 바꾸는(swap) 것이다. 위치를 서로 바꾸거나 교환하는 방식을 사용하는 정렬 알고리즘을 **교환 정렬 알고리즘**(interchange sorting algorithm)이라 한다. 따라서 선택 정렬 알고리즘은 교환 정렬 알고리즘의 하나이다.

배열 요소들이 어떻게 교환되는지 이해하기 위해 예제를 먼저 살펴보자. 그림 7.5는 값의 교환을 통해 배열이 정렬되는 방법을 나타낸다. 정렬되지 않은 값의 배열로 시작하여 배열에서 가장 작은 값을 찾아낸다. 이 예에서 이 값은 a[4]에 있는 3이다. 가장

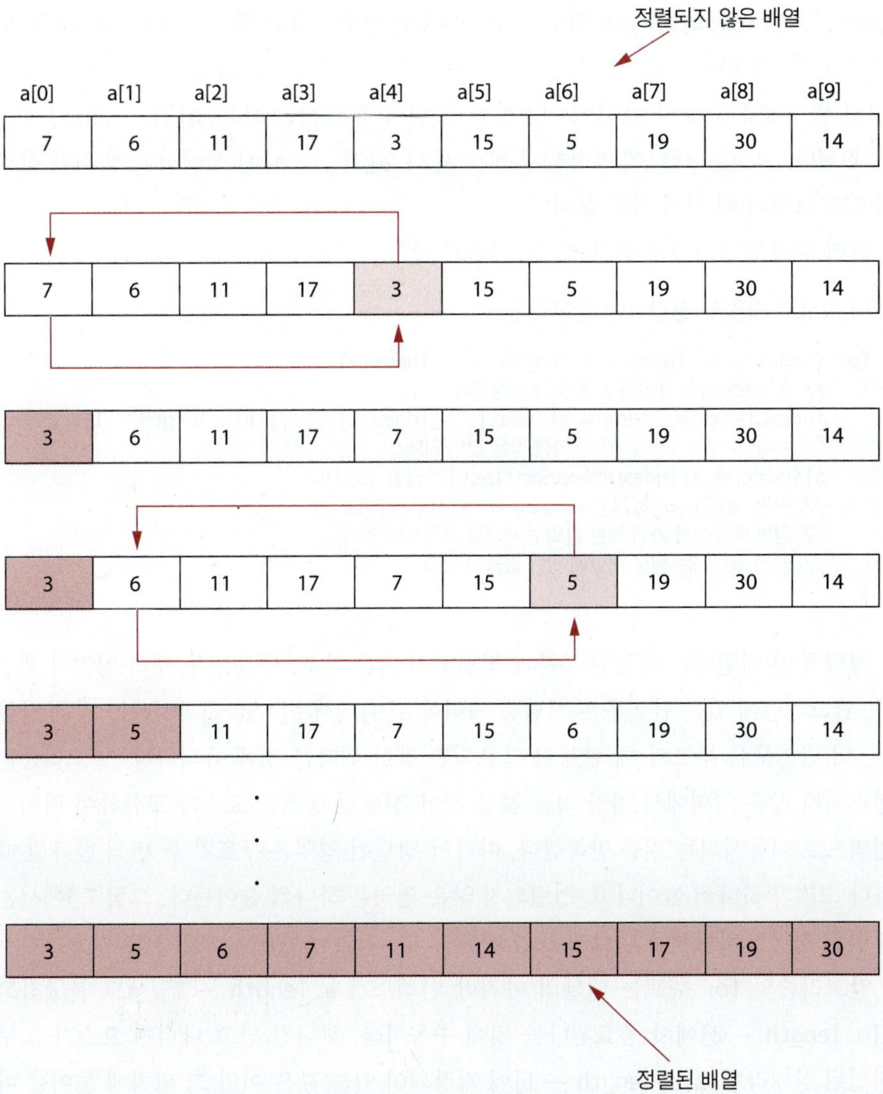

그림 7.5 선택 정렬

작은 수가 배열의 첫 번째 요소가 되어야 하기 때문에 a[4]의 값을 a[0]의 값과 교환한다. 이 교환이 이루어지고 나면 배열에서 가장 작은 값이 a[0]에 위치하게 된다.

배열에서 그다음 작은 수는 a[6]의 5이다. 이것이 배열의 두 번째 위치에 가야 하기 때문에 a[6]과 a[1]의 값을 교환한다. 이 교환이 끝나면 a[0]과 a[1]에 있는 값은 각각 가장 작은 값과 두 번째 작은 값이 되고, 이는 최종 정렬된 배열이 되었을 때의 상태와 같다. 이제 그다음은 a[2]에 들어가야 할 값을 찾아 교환하고, 또 그다음 수를 찾아 교환하는 방식으로 전체 배열이 정렬될 때까지 같은 작업을 반복한다.

배열에서 가장 작은 수를 찾는 것은 가장 큰 수를 찾는 방법과 유사하기 때문에

Listing 7.4의 computeStats 메소드에서 사용한 방법을 활용할 수 있다. 그런데 두 번째 작은 값, 세 번째 작은 값 같은 것은 어떻게 찾아야 할까? a[0], a[1], …, a[n]에 있는 값 중 최솟값을 찾아 a[0]에 저장하면 두 번째 작은 값은 a[1], a[2], …, a[n] 중에 있게 된다. 그것을 a[1]에 저장한 후에는 a[2], a[3], …, a[n] 중에서 가장 작은 값을 찾으면 그것이 세 번째 작은 값이다.

선택 정렬 알고리즘의 의사코드는 다음과 같다.

선택 정렬로 배열을 정렬하는 알고리즘

```
for (index = 0; index < a.length - 1; index++)
{   // a[index]에 올바른 값을 찾아 저장한다.
    indexOfNextSmallest = a[index], a[index+1], ..., a[a.length - 1]의 값 중
                          가장 작은 값의 인덱스
    a[index]와 a[indexOfNextSmallest]의 값을 교환한다
    // 단언 : a[0] <= a[1] <= ... <= a[index]이고
    // 원본 배열에서 가장 작은 값의 순서대로 저장되어 있다.
    // 남은 위치에는 원본 배열에 있던 값들이 있다.
}
```

정렬 중인 배열에는 정렬된 부분과 정렬되지 않은 부분, 사실상 두 개의 영역이 생긴다. 알고리즘에 있는 단언문은 정렬된 영역이 a[0]에서 a[index]까지라는 것을 말한다. 이 단언문은 루프의 매 반복이 완료되면 참이 된다는 것에 유의하라. 알고리즘은 정렬되지 않은 영역에서 가장 작은 값을 찾아 정렬된 영역의 요소와 교환하여 정렬된 영역으로 이동시키는 것을 반복한다. 따라서 정렬된 영역은 루프가 한 번씩 반복될 때마다 크기가 하나씩 늘어나고, 정렬되지 않은 영역은 하나씩 줄어든다. 그림 7.5에서는 정렬된 영역의 바탕색을 다르게 표현하였다.

알고리즘의 for 루프는 배열의 마지막 인덱스가 a.length – 1임에도 불구하고 a[a.length – 2]에서 종료된다는 것에 주목하라. 하나만 남고 나머지 요소가 모두 정렬된 상태라면, a[a.length – 1]에 저장되어 있는 값은 이미 그 위치에 들어갈 마지막 값인 것이다.

Listing 7.10은 선택 정렬 알고리즘을 구현한 selectionSort라는 정적 메소드를 정의하는 클래스를 보여 준다. 이 메소드는 getIndexOfSmallest와 interchange라는 두 개의 전용 보조 메소드를 사용한다. 이 보조 메소드를 이해하면 selectionSort 알고리즘은 의사코드를 그대로 자바 코드로 변환한 것이라는 것을 알게 될 것이다. 그래서 먼저 이 두 private 메소드를 살펴보기로 한다.

Listing 7.10 선택 정렬의 구현

```
/**
 요소형이 int인 배열을 작은 수에서 큰 수의 순서로 정렬하는 클래스
*/
public class ArraySorter
{
    /**
     선행조건 : anArray의 모든 요소에 값이 저장되어 있다.
     동작 : 배열을 오름차순으로 정렬한다.
    */
    public static void selectionSort(int[] anArray)
    {
        for (int index = 0; index < anArray.length - 1; index++)
        {   //anArray[index]에 올바른 값을 찾아 저장한다.
            int indexOfNextSmallest = getIndexOfSmallest(index, anArray);
            interchange(index, indexOfNextSmallest, anArray);
            // 단언 : anArray[0] <= anArray[1] <=...<= anArray[index]이고
            // 원본 배열에서 가장 작은 값의 순서대로 저장되어 있다.
            // 남은 위치에는 원본 배열에 있던 값들이 있다.
        }
    }
    /**
     배열의 startIndex의 위치에서 시작하여 배열의 마지막 요소에서 끝나는 영역에서
     가장 작은 값을 찾아 그 인덱스를 반환한다.
    */
    private static int getIndexOfSmallest(int startIndex, int[] a)
    {
        int min = a[startIndex];
        int indexOfMin = startIndex;
        for (int index = startIndex + 1; index < a.length; index++)
        {
            if (a[index] < min)
            {
                min = a[index];
                indexOfMin = index;
                // min은 a[startIndex]와 a[index] 사이에서 가장 작은 값이다.
            }
        }
        return indexOfMin;
    }
    /**
     선행조건 : i와 j는 배열 a의 유효한 인덱스이다.
     후행조건 : a[i]와 a[j]에 있는 값이 교환되었다.
    */
    private static void interchange(int i, int j, int[] a)
    {
        int temp = a[i];
        a[i] = a[j];
        a[j] = temp;  // a[i]의 원래 값
    }
}
```

메소드 getIndexOfSmallest에서는 다음 요소들 중에서 최솟값을 찾아 그 인덱스를 반환한다.

```
a[startIndex], a[startIndex + 1], . . . , a[a.length - 1]
```

이 작업을 위해 두 개의 지역 변수 min과 indexOfMin을 사용한다. 최솟값을 찾는 과정에서 min은 그때까지 검사한 수 중 가장 작은 수를 저장하고, indexOfMin은 그 수의 인덱스를 저장한다. 즉, a[indexOfMin]은 min 값을 가진다. 검색을 시작할 때 최솟값은 맨 처음의 값이라 가정하고, min의 초깃값을 a[startIndex]로, indexOfMin을 startIndex로 초기화한다. 그다음 각 배열 요소를 이들과 비교해 새로운 최솟값이 될 수 있는지 검사한다. 새로운 최솟값으로 인정되면 min과 indexOfMin의 값을 갱신한다. 메소드는 후보 영역의 모든 요소를 검사한 후 indexOfMin의 값을 반환한다.

interchange 메소드는 a[i]의 값과 a[j]의 값을 교환한다. 이 코드에서 주의 깊게 봐야 할 점이 하나 있다. 만약 교환을 위해 다음 코드를 실행하면,

```
a[i] = a[j]
```

a[i]에 원래 저장되어 있던 값이 없어진다. 그래서 위 문장을 실행하기 전에 a[i]의 값을 어딘가에, 여기서는 지역 변수인 temp에 저장해야 한다.

Listing 7.11에 선택 정렬 메소드의 동작을 보여 주는 시범 프로그램이 나타나 있다.

Listing 7.11 selectionSort 메소드 사용 예제

```
public class SelectionSortDemo
{
    public static void main(String[] args)
    {
        int[] b = {7, 5, 11, 2, 16, 4, 18, 14, 12, 30};

        display(b, "before");
        ArraySorter.selectionSort(b);
        display(b, "after");
    }

    public static void display(int[] array, String when)
    {
        System.out.println("Array values " + when + " sorting:");
        for (int i = 0; i < array.length; i++)
            System.out.print(array[i] + " ");
        System.out.println( );
    }
}
```

(계속됨)

Listing 7.11 selectionSort 메소드 사용 예제

실행 결과 출력

```
Array values before sorting:
7 5 11 2 16 4 18 14 12 30
Array values after sorting:
2 4 5 7 11 12 14 16 18 30
```

다른 정렬 알고리즘

선택 정렬 알고리즘은 정렬이라는 주제에 대한 도입으로 충분한 역할을 하지만, 가장 효율적인 정렬 알고리즘은 아니다. 사실은 잘 알려진 수많은 정렬 알고리즘 중 상당히 비효율적인 알고리즘에 속한다. 그러나 선택 정렬은 다른 알고리즘에 비해 훨씬 간단하다. 간단한 알고리즘은 코딩할 때 오류가 발생할 가능성이 적다. 그래서 급하게 정렬 프로그램을 작성해야 할 경우에는 선택 정렬이나 다른 간단한 알고리즘을 사용하는 것이 더 안전하다.

반면, 효율이 더 중요한 문제라면 복잡하지만 좀 더 효율적인 알고리즘을 사용하고 싶을 수 있다. 그러나 복잡한 알고리즘일수록 코딩과 테스트, 디버깅하는 시간이 오래 걸린다는 것을 감안해야 한다. 효율성은 미묘한 주제이다. 잘못된 결과를 얻는 것은 아무리 빨리 결과를 얻는다고 하더라도 항상 비효율적이라는 것을 기억하라.

다행히도 자바 클래스 라이브러리는 효율적인 정렬 메소드를 제공한다. `java.util` 패키지에 포함된 Arrays 클래스에는 sort라는 정렬 메소드가 정의되어 있다. anArray가 기본형의 값 또는 객체일 때 다음과 같이 사용하면,

```
Arrays.sort(anArray);
```

배열의 전체 요소를 오름차순으로 정렬할 수 있다. 인덱스 `first`와 `last` 사이에 있는 요소들만 정렬하고 싶을 때는 다음과 같이 호출한다.

```
Arrays.sort(anArray, first, last);
```

Arrays 클래스에 있는 sort 메소드는 여러 가지이다. 즉, 모든 종류의 기본형과 클래스형의 요소를 처리하기 위해 중복 정의되어 있다.

이 장의 끝에 있는 프로그래밍 과제 4번과 5번에 두 가지의 다른 정렬 알고리즘이 설명되어 있다. `Arrays.sort`가 사용하는 것과 유사한 좀 더 효율적인 정렬 알고리즘은 11장에서 재귀(recursion)를 설명할 때 소개할 것이다.

자습문제 SELF-TEST QUESTIONS

23 다음 값이 저장된 배열을 오름차순으로 정렬하도록 선택 정렬 알고리즘의 각 단계를 따라가 보라.

```
7 5 1 3 6
```

24 배열 myArray가 정숫값을 저장하고 있을 때 selectionSort 메소드를 호출하여 배열을 오름차순으로 정렬하도록 호출문을 작성하라.

25 int형의 수 대신 double형 수를 정렬할 수 있도록 하려면 selectionSort 메소드를 어떻게 수정해야 하는가?

26 int형의 수를 오름차순이 아니라 내림차순으로 정렬할 수 있도록 하려면 selectionSort 메소드를 어떻게 수정해야 하는가?

27 하나의 값이 두 번 저장되어 있는 배열 b를 생각해 보라. 예를 들어 7이라는 값이 b[0]과 b[5]에 저장되어 있다고 하자. 이 배열을 selectionSort 메소드로 정렬하면, 정렬된 배열에는 7이 한 개 들어 있는가, 아니면 두 개 들어 있는가?

배열의 검색

Listing 7.9의 OneWayNoRepeatsList 클래스에 있는 isOnList 메소드는 배열 entry를 검색해 item이라는 매개변수에 저장된 값과 같은 것이 있는지 찾는다. 이것은 배열에 대한 **순차 검색**(sequential search)의 한 예이다. 순차 검색 알고리즘은 매우 단순하고 이해하기 쉽다. 검색 항목과 일치하는 배열 요소가 있는지 알아내기 위해 배열의 요소를 처음부터 끝까지 검사한다. 배열에서 찾고자 하는 항목이 발견되거나, 항목을 발견하지 못하고 배열의 마지막에 도달하면 검색이 종료한다. 후자의 경우는 물론 검색이 실패한 것이 된다. 배열이 부분적으로 채워져 있다면, 의미 있는 값을 저장하고 있는 영역에서만 검색을 해야 한다.

순차 검색 알고리즘은 단순하지만 정렬되지 않은 배열도 검색할 수 있다는 장점이 있다. 그러나 배열이 정렬되어 있다면 검색하려는 항목이 배열에 존재하지 않는 상황에서 검색 속도를 개선할 수 있다. 연습문제 19번은 개선된 알고리즘을 작성하라는 문제이다. 정렬된 배열에 대해서는 이진 검색(binary search)이라는 훨씬 더 빠른 알고리즘을 적용할 수 있으며, 11장에서 학습할 것이다.

7.5 다차원 배열

때로는 하나 이상의 인덱스를 가지는 배열을 사용하는 것이 편리하다. 예를 들어 그림 7.6의 달러값을 어떤 배열에 저장하고 싶다고 하자. 이 표에는 60개의 값이 있다. 이를 인덱스가 하나인 배열에 저장하려면 길이가 60이 되어야 한다. 이 경우 어느 항목이 어느 인덱스 변수에 저장되는지 파악하기가 어렵다. 반면, 인덱스가 두 개라면 하나는 행을 표시하고 다른 하나는 열을 표시하도록 사용할 수 있다. 그림 7.7에 그러한 배열이 나타나 있다.

정확히 두 개의 인덱스를 가지는 배열은 2차원의 표로 표현될 수 있고 **2차원 배열**(two-dimensional array)이라 한다. 관례적으로 첫 번째 인덱스가 표의 행을 나타내는 것으로, 두 번째 인덱스는 표의 열을 나타내는 것으로 간주한다. 앞에서 살펴본 간단한 배열에서와 마찬가지로 각 인덱스는 1이 아니라 0에서 시작한다. 2차원 배열을 자바에서 표현하는 방식은 다음과 같다.

Array_Name[*Row_Index*][*Column_Index*]

예를 들어 `table`이라는 이름의 배열이 두 개의 인덱스를 가질 때, `table[3][2]`는 행의 인덱스가 3이고 열의 인덱스가 2인 항목을 나타낸다. 인덱스가 0에서 시작하기 때문에 이 항목은 그림 7.7에서 보는 바와 같이 `table`의 네 번째 행과 세 번째 열에 위치

1000달러 예치 후 다양한 복리 이율을 적용한 연간 예금 잔액 (달러 이하의 금액은 반올림됨)						
Year	**5.00%**	**5.50%**	**6.00%**	**6.50%**	**7.00%**	**7.50%**
1	$1050	$1055	$1060	$1065	$1070	$1075
2	$1103	$1113	$1124	$1134	$1145	$1156
3	$1158	$1174	$1191	$1208	$1225	$1242
4	$1216	$1239	$1262	$1286	$1311	$1335
5	$1276	$1307	$1338	$1370	$1403	$1436
6	$1340	$1379	$1419	$1459	$1501	$1543
7	$1407	$1455	$1504	$1554	$1606	$1659
8	$1477	$1535	$1594	$1655	$1718	$1783
9	$1551	$1619	$1689	$1763	$1838	$1917
10	$1629	$1708	$1791	$1877	$1967	$2061

그림 7.6 데이터 테이블

행 인덱스 3

열 인덱스 2

인덱스	0	1	2	3	4	5
0	$1050	$1055	$1060	$1065	$1070	$1075
1	$1103	$1113	$1124	$1134	$1145	$1156
2	$1158	$1174	$1191	$1208	$1225	$1242
3	$1216	$1239	$1262	$1286	$1311	$1335
4	$1276	$1307	$1338	$1370	$1403	$1436
5	$1340	$1379	$1419	$1459	$1501	$1543
6	$1407	$1455	$1504	$1554	$1606	$1659
7	$1477	$1535	$1594	$1655	$1718	$1783
8	$1551	$1619	$1689	$1763	$1838	$1917
9	$1629	$1708	$1791	$1877	$1967	$2061

table[3][2]의 값은 1262이다.

그림 7.7 배열 table의 행과 열 인덱스

하게 된다. 배열 인덱스를 실제의 행이나 열 번호와 맞춰 보려는 것은 혼동을 일으키기 쉽고 그럴 필요도 없다.

둘 이상의 인덱스를 가지는 배열을 **다차원 배열**(multidimensional array)이라 한다. 더 정확히 표현하면 *n*개의 인덱스를 가지는 배열은 ***n*-차원 배열**(n-dimensional array)이라 한다. 따라서 보통의 인덱스 하나짜리 배열은 **1차원 배열**(one-dimensional array)이다. 2차원보다 더 큰 배열은 자주 사용되지 않지만 몇몇 응용프로그램에서는 유용한 역할을 한다.

다차원 배열의 기초

여러 개의 인덱스를 가지는 배열도 1차원 배열과 유사한 방식으로 취급된다. 세부 사항을 설명하기 위해 그림 7.7에 있는 것과 같은 배열을 출력하는 자바 프로그램을 예로 살펴볼 것이다. 그 프로그램은 Listing 7.12에 소개되어 있다. 배열의 이름은 `table`이고, 다음 문장으로 `table`이라는 이름을 선언하고 배열을 생성한다.

```
int[][] table = new int[10][6];
```

이것은 다음 두 문장으로 작성한 코드와 동일하다.

```
int[][] table;
table = new int[10][6];
```

이 문법이 1차원 배열을 선언할 때 사용했던 것과 거의 같다는 점을 주목하라. 단 하나의 차이는 대괄호를 하나씩 추가하고, 두 번째 차원의 크기, 즉 열의 개수를 지정한다는 것이다. 차원이 몇 개인 배열이라도 정의할 수 있다. 인덱스의 개수가 늘면 선언문에서 대괄호를 그만큼 더 사용하면 된다.

Listing 7.12 2차원 배열 사용하기

> 실제 응용은 table을 이용해 더 많은 작업을 할 것이다. 이는 단지 하나의 시범 프로그램이다.

```
/**
 이자율에 따라 예금 잔액이 어떻게 되는지 보여 주는
 2차원 표를 출력한다.
*/
public class InterestTable
{
    public static void main(String[] args)
    {
        int[][] table = new int[10][6];
        for (int row = 0; row < 10; row++)
            for (int column = 0; column < 6; column++)
                table[row][column] =
                    getBalance(1000.00, row + 1, (5 + 0.5 * column));

        System.out.println("Balances for Various Interest Rates " +
                           "Compounded Annually");
        System.out.println("(Rounded to Whole Dollar Amounts)");
        System.out.println();
        System.out.println("Years 5.00% 5.50% 6.00% 6.50% " + "7.00% 7.50%");

        for (int row = 0; row < 10; row++)
        {
            System.out.print((row + 1) + " ");
            for (int column = 0; column < 6; column++)
                System.out.print("$" + table[row][column] + " ");
            System.out.println();
        }
    }
    /**
    startBalance를 초깃값으로 하여 이자율과 연수에 따라 잔액을 계산하여 반환한다.
    이자는 복리로 적용된다.
    최종 잔액은 소수 부분이 없도록 반올림된다.
    */
    public static int getBalance(double startBalance, int years,
                                 double rate)
    {
        double runningBalance = startBalance;
        for (int count = 1; count <= years; count++)
            runningBalance = runningBalance * (1 + rate / 100);
```

(계속됨)

Listing 7.12 2차원 배열 사용하기

```
        return (int)(Math.round(runningBalance));
    }
}
```

실행 결과 출력

```
Balances for Various Interest Rates Compounded Annually
(Rounded to Whole Dollar Amounts)

Years 5.00%  5.50%  6.00%  6.50%  7.00%  7.50%
1     $1050  $1055  $1060  $1065  $1070  $1075
2     $1103  $1113  $1124  $1134  $1145  $1156
3     $1158  $1174  $1191  $1208  $1225  $1242
4     $1216  $1239  $1262  $1286  $1311  $1335
5     $1276  $1307  $1338  $1370  $1403  $1436
6     $1340  $1379  $1419  $1459  $1501  $1543
7     $1407  $1455  $1504  $1554  $1606  $1659
8     $1477  $1535  $1594  $1655  $1718  $1783
9     $1551  $1619  $1689  $1763  $1838  $1917
10     $1629  $1708  $1791  $1877  $1967  $2061
```

출력의 마지막 줄은 다른 줄과 나란하지 않은데 이는 10이 두 자리 수이기 때문이다. 이를 수정하는 것은 쉽지만 배열에 대한 논의의 초점을 흐릴 수 있다.

다차원 배열의 인덱스 변수는 다차원을 표현하기 위한 대괄호를 차원 수만큼 더 사용한다는 것을 제외하면 1차원 배열의 인덱스 변수와 동일하다. Listing 7.12에 나온 다음 for 루프에서 예를 볼 수 있다.

```
for (int row = 0; row < 10; row++)
    for (int column = 0; column < 6; column++)
        table[row][column] = getBalance(1000.00, row + 1,
                                        (5 + 0.5 * column));
```

여기서는 두 개의 for 루프가 사용되었고 하나가 다른 하나 안에 중첩되어 있음을 주목하라. 이것이 2차원 배열에 있는 모든 원소를 하나씩 차례대로 처리하는 일반적인 방법이다. 인덱스가 세 개라면 세 개의 중첩된 for 루프, *n*개라면 *n*개의 중첩된 for 루프를 사용한다. 그림 7.7을 보면 table[row][column]에서 인덱스의 의미와 중첩된 for 루프의 의미를 이해할 수 있을 것이다.

1차원 배열의 인덱스 변수와 마찬가지로 다차원 배열의 인덱스 변수는 요소형의 한 변수이고, 그 요소형이 사용되는 곳이라면 어디서든 사용될 수 있다. 예를 들어 Listing 7.12에 선언한 배열의 인덱스 변수 table[3][2]는 int형의 변수이고, 보통의 int형 값이 사용되는 곳이라면 어디든지 사용될 수 있다.

요점 정리 다차원 배열의 선언과 생성

다차원 배열의 변수를 선언하고 배열을 생성하는 것은 기본적으로 1차원 배열의 변수를 선언하고 배열을 생성한 것과 동일한 방법을 사용한다. 다만 인덱스를 추가로 명시하기 위해 대괄호를 추가로 사용한다.

문법

```
Base_Type[]...[] Array_Name = new Base_Type[Length_1]...[Length_n];
```

예

```
char[][] page = new char[100][80];
int[][] table = new int[10][6];
double[][][]threeDPicture = new double[10][20][30];
SomeClass[][]entry = new SomeClass[100][80];
```

여기서 SomeClass는 클래스이다.

다차원 배열 매개변수와 반환값

메소드에서 매개변수나 반환값으로 다차원 배열을 사용할 수 있다. 대괄호를 더 사용하는 것만 제외하면 1차원 배열의 경우와 비슷하다. 예를 들어 Listing 7.13의 프로그램은 Listing 7.12의 프로그램과 비슷한데, 2차원 배열을 인자로 전달받아 출력하는 메소드가 있는 점이 다르다. 배열 매개변수의 형이 `int[][]`로 선언된 점을 주목하라. 또한 행과 열의 수를 정의하기 위해 숫자 대신 이름 붙은 상수를 사용하였다.

Listing 7.13 다차원 배열 매개변수

```
/**
 이자율에 따라 예금 잔액이 어떻게 되는지 보여 주는
 2차원 표를 출력한다.
*/
public class InterestTable2
{
    public static final int ROWS = 10;
    public static final int COLUMNS = 6;

    public static void main(String[] args)
    {
        int[][] table = new int[ROWS][COLUMNS];
        for (int row = 0; row < ROWS; row++)
            for (int column = 0; column < COLUMNS; column++)
```

(계속됨)

Listing 7.13 다차원 배열 매개변수

```
            table[row][column] =
                getBalance(1000.00, row + 1, (5 + 0.5 * column));

        System.out.println("Balances for Various Interest Rates " +
                           "Compounded Annually");
        System.out.println("(Rounded to Whole Dollar Amounts)");
        System.out.println();
        System.out.println("Years 5.00% 5.50% 6.00% 6.50% 7.00% 7.50%");
        showTable(table);
    }

    /**
    선행조건 : anArray 배열은 ROWS개의 행과 COLUMNS개의 열을 가진다.
    후행조건 : 배열의 내용이 달러 기호와 함께 출력된다.
    */
    public static void showTable(int[][] anArray)
    {
        for (int row = 0; row < ROWS; row++)
        {
            System.out.print((row + 1) + " ");
            for (int column = 0; column < COLUMNS; column++)
                System.out.print("$" + anArray[row][column] + " ");
            System.out.println();
        }
    }

    public static int getBalance(double startBalance, int years,
                                 double rate)
    <getBalance 메소드 정의의 나머지 부분은 Listing 7.12에 있는 것과 같다.>
}
```

showTable은 개선될 수 있으며 나중에 소개할 것이다.

실행 결과 출력은 Listing 7.12와 같다.

다차원 배열을 반환하고자 할 때는 다차원 배열 매개변수를 선언했을 때와 같은 형태로 반환형 선언을 해 주면 된다. 예를 들어 다음 메소드는 요소형이 **double**인 2차원 배열을 반환한다.

```
/**
 선행조건 : startArray의 각 차원의 크기는 size이다.
 후행조건 : 반환되는 배열은 startArray를 복사한 배열이다.
*/
public static double[][] copy(double[][] startArray, int size)
{
    double[][] temp = new double[size][size];
    for (int row = 0; row < size; row++)
        for (int column = 0; column < size; column++)
            temp[row][column] = startArray[row][column];
    return temp;
}
```

요점 정리 다차원 배열 매개변수와 반환형

메소드의 매개변수나 반환형으로 다차원 배열 전체를 사용할 수 있다. 메소드 헤딩의 문법은 1차원 배열 매개변수나 반환형과 유사하며, 차원 수만큼 대괄호 []를 추가하면 된다.

문법

```
public static Return_Type Method_Name(Base_Type[]...[] Parameter_Name)
```

또는

```
public static Base_Type[]...[] Method_Name(Parameter_List)
```

public이나 static이 아닌 다른 지정자를 사용할 수 있다.

예

```
public static int getOneElement(char[][] a, int row, int column)
public void readArray (int[][] anArray)
public static char[][] copy(char[][] array)
public int[][] getArray()
```

자바에서의 다차원 배열 표현

자바 컴파일러는 여러 개의 1차원 배열로 다차원 배열을 표현한다. 예를 들어 다음의 2차원 배열을 살펴보자.

```
int[][] table = new int[10][6];
```

배열 table은 사실은 길이가 10인 1차원 배열이고, 각 요소의 요소형은 int[]이다. 다시 말해서 다차원 배열은 배열들의 배열이다. 일반적으로 이런 내용은 컴파일러가 알아서 자동으로 처리하기 때문에 프로그래머가 이런 세부 사항까지 알 필요는 없다. 그러나 자바가 다차원 배열을 어떻게 저장하는지 알게 되면 상당히 유용하게 활용할 수 있다.

예를 들어 for 루프를 이용해 2차원 배열의 요소들에 모두 값을 대입하고 싶다고 하자. Listing 7.13의 프로그램은 for 루프를 제어하기 위해 ROWS와 COLUMNS라는 상수를 사용하였다. 이런 목적으로 루프를 제어하는 보다 일반적인 방법은 배열의 길이 정보를 사용하는 것이다. 그러나 다차원 배열의 length 변수를 사용할 때는 배열들의 배열이라는 관점에서 파악하고 있어야 한다.

다음 코드는 Listing 7.13의 main 메소드에 있는 중첩된 for 루프를 다시 작성한 것이다.

```
for (int row = 0; row < table.length; row++)
   for (int column = 0;column < table[row].length; column++)
       table[row][column]=
          getBalance(1000.00,row + 1,(5 + 0.5 * column));
```

table 배열은 실제로는 길이가 10인 1차원 배열이기 때문에, 첫 번째 for 루프에서 행의 수 10을 나타내는 ROWS 상수 대신 table.length를 사용할 수 있다. 또한 table[0]부터 table[9]까지의 인덱스 변수 각각은 길이가 6(COLUMNS)인 1차원 배열을 가리킨다. 따라서 table[row]는 길이가 6인 1차원 배열이기 때문에 두 번째 for 루프는 COLUMNS 대신 table[row].length를 사용할 수 있다.

기억하세요! 2차원 배열에 대한 인스턴스 변수 length

2차원 배열 b에 대해 b.length는 행의 개수, 즉 변수 선언 시 첫 번째 대괄호 안에 지정된 정수이다. b[i].length는 열의 개수로, 변수 선언 시 두 번째 대괄호 안에 지정된 정수이다. Listing 7.13의 table 배열에 대해 table.length의 값은 행의 개수인 10이고, table[row].length의 값은 열의 개수인 6이 된다.

Listing 7.13의 showTable 메소드도 다차원 배열이 배열들의 배열이라는 사실을 활용하여 개선할 수 있다. Listing 7.13의 showTable 메소드는 매개변수로 전달된 배열의 ROWS(10)개의 행과 COLUMNS(6)개의 열을 가지는 것으로 가정하고 있다. 이 가정은 하나의 특정한 프로그램에 적용되는 것이지만, 더 활용도가 높은 showTable 메소드가 되려면 크기에 상관없이 모든 2차원 배열에 적용할 수 있는 것이 좋다. 이 문제는 여러분이 직접 해결하도록 자습문제 29번으로 남겨 두겠다.

자습문제 SELF-TEST QUESTIONS

28 다음 코드의 출력은 무엇인가?

```
int[][] testArray = new int[3][4];
for (int row = 0; row < testArray.length; row++)
    for (int col = 0; col < testArray[row].length; col++)
        testArray[row][col] = col;
for (int row = 0; row < testArray.length; row++)
{
    for (int col = 0; col < testArray[row].length; col++)
        System.out.print(testArray[row][col] + " ");
    System.out.println();
}
```

29 Listing 7.13의 `showTable`을 수정하여 어떤 크기의 2차원 정수 배열에 대해서도 사용할 수 있도록 하라.

30 키보드에서 입력받은 값을 다음 배열의 각 요소에 대입하는 코드를 작성하라.

```
int[][] a = new int[4][5];
```

사용자가 네 개의 줄에 각 다섯 개씩의 숫자를 입력하는 방식을 사용할 수도 있지만, 실제 몇 개의 줄에 나누어 입력하든 상관없다.

31 배열을 통째로 인자로 전달받아 출력하는 void 메소드 display를 작성하라. 매개변수인 배열의 내용은 자습문제 30번에서와 같이 4행 5열로 저장된 정수들이다. 그러나 4 × 5의 크기가 아닌 2차원 배열에 대해서도 제대로 동작할 수 있도록 작성해야 한다. 그리고 클래스에 추가될 수 있도록 정적 메소드로 작성하라.

비정형 배열(선택 사항)

2차원 배열에 대한 앞의 예제에서는 모든 행이 같은 수의 요소를 가지고 있었다. 예를 들어 다음과 같은 2차원 배열을 생성할 수 있다.

```
int[][] a = new int[3][5];
```

위의 코드는 다음과 같은 여러 개의 문장으로 나누어 써도 된다.

```
int[][] a;
a = new int[3][];
a[0] = new int[5];
a[1] = new int[5];
a[2] = new int[5];
```

두 번째 줄의

```
a = new int[3][];
```

는 a가 길이 3인 배열이고, 각각의 요소는 임의의(아직 정해지지 않은) 길이의 1차원 배열에 대한 이름이라는 것을 선언한다. 다음 3줄은 각각 길이가 5인 배열을 `a[0]`, `a[1]`, `a[2]`라는 이름으로 생성하는 것이다. 결과적으로는 요소형이 `int`인 3행 5열의 2차원 배열이 생성되었다.

여기서 다음 코드를 다시 보자.

```
a[0] = new int[5];
a[1] = new int[5];
```

```
a[2] = new int[5];
```

'세 배열의 길이가 모두 5여야만 할까?'라는 의문이 생길 법하다. 답은 '아니다'이다. 자바에서 2차원 배열은 배열들의 배열이기 때문에 각 행은 서로 다른 개수의 요소들을 가질 수 있다. 즉, 서로 다른 행은 서로 다른 개수의 열을 가질 수 있다. 그러한 배열을 **비정형 배열**(ragged array)이라 한다. 다음 코드는 서로 다른 길이의 행으로 구성된 비정형 배열 b를 정의한다.

```
int[][] b;
b = new int[3][];
b[0] = new int[5];  // 첫 번째 행은 요소가 5개
b[1] = new int[7];  // 두 번째 행은 요소가 7개
b[2] = new int[4];  // 세 번째 행은 요소가 4개
```

배열 b에 값을 모두 대입한 후에 Listing 7.13에 정의된 showTable 메소드로 b를 출력할 수 없다는 것은 당연한 일이다. 그러나 자습문제 29번에서 개선한 것과 같은 showTable 메소드를 이용하면 출력할 수 있다. 다음 코드를 보자.

```
/**
 anArray는 임의의 크기의 2차원 배열이다.
*/
public static void showTable(int[][] anArray)
{
    for (int row = 0; row < anArray.length; row++)
    {
        System.out.print((row + 1) + " ");
        for (int column = 0; column < anArray[row].length; column++)
            System.out.print("$" + anArray[row][column] + " ");
        System.out.println();
    }
}
```

이렇게 수정한 메소드는 비정형 배열을 포함해 아무 크기의 2차원 배열에 대해서나 작동된다.

어떤 특정한 상황에서는 비정형 배열을 매우 유용하게 활용할 수 있지만 대부분의 응용에서는 별로 필요가 없다. 그러나 비정형 배열을 이해하면 자바의 모든 다차원 배열이 어떤 방식으로 처리되는지 더 잘 이해할 수 있다.

프로그래밍 예제 직원의 근무 시간 기록

이 프로그래밍 예제에서는 어떤 회사에서 각 직원이 월요일부터 금요일까지 근무한 시간을 기록하기 위해 hours라는 2차원 배열을 사용한다. 배열의 첫 번째 인덱스는 요

일을 나타내고 두 번째 인덱스는 직원을 나타낸다. 이 2차원 배열은 Listing 7.14에 있는 TimeBook이라는 클래스의 전용 인스턴스 변수이다. 클래스에는 3명의 직원이 있는 작은 회사에 대해 클래스를 사용하는 시범을 보이는 main 메소드가 포함되어 있다. 각 직원은 1, 2, 3이라는 번호를 부여받지만, 배열 인덱스가 0에서 시작하기 때문에 배열에는 각각 0, 1, 2번의 위치에 저장된다. 따라서 직원의 배열 인덱스를 명시하기 위해 때로는 1을 빼주는 연산이 필요할 때가 있다. 각 요일은 월요일 0, 화요일 1의 순으로 인덱스와 일치시킨 번호를 사용한다.

예를 들어 번호가 3인 직원이 화요일에 근무한 시간은 hours[1][2]에 저장된다. 첫 번째 인덱스는 일주일의 두 번째 날, 즉 화요일을 나타내고, 두 번째 인덱스는 3번 직원을 표시한다.

FAQ 약간 혼란스럽지만 1차원 배열에서 했던 것처럼 인덱스 0을 사용하지 않는 방법으로 하면 안 될까?

1차원 배열 a에 대해 배열의 요소를 하나 더 크게 선언하면 a[0]를 사용하지 않아도 된다고 제시한 바 있다. 배열에는 주소가 저장되기 때문에 하나쯤 낭비하는 것은 그리 큰 문제가 아니다. 그러나 2차원 배열에서 인덱스가 0인 요소를 사용하지 않으면 그 인덱스 변수가 가리키는 행 전체나 열 전체 또는 행과 열 모두를 사용하지 못하게 될 수 있다. 이는 일반적으로 별로 좋은 방법이 아니다. 이 예에서는 인덱스 0을 모두 사용할 것이다.

각 요일을 나타내기 위해 열거형을 사용하는 대신, 다음과 같이 간단히 final로 5개의 이름 붙은 상수를 정의하고 인덱스로 사용한다.

```
private static final int MON = 0;
private static final int TUE = 1;
...
private static final int FRI = 4;
```

FAQ 열거형을 사용할 수 있을까?

그렇다. 일주일의 각 요일을 나타내기 위해 다음과 같이 열거형을 정의할 수 있다.

```
enum Days {MON, TUE, WED, THU, FRI}
```

MON을 수로 나타내면 0, TUE는 1 등등임을 상기하라. 열거형을 사용하면 더 이해하기 쉬운 프로그램을 작성할 수 있다.

Listing 7.14의 TimeBook 클래스는 아직 완성된 것이 아니다. 정말로 유용한 클래스가 되려면 아직 메소드가 더 필요하다. 그러나 main에 작성된 시범 프로그램을 실행할 정도는 된다. Listing 7.14에 있는 클래스 정의는 완성품까지 가는 첫 번째 단계라 생각할 수 있다. 심지어는 setHours 메소드 같은 스터브도 포함하고 있다. 스터브는 테스트를 위한 목적으로만 사용될 수 있을 뿐 최종 정의는 아니라는 점을 명심하라. 그러나 이 단계에서는 클래스의 인스턴스 변수인 2차원 배열 hours의 사용법을 보여 주기 위한 용도로 충분한 내용이다.

2차원 배열 hours 외에도 TimeBook 클래스에는 인스턴스 변수로 두 개의 1차원 배열이 더 있다. weekHours 배열에는 각 직원이 일주일 동안 일한 총근무 시간이 기록된다. 즉, weekHours[0]은 1번 직원의 총근무 시간, weekHours[1]은 2번 직원의 총근무 시간 등이다. dayHours 배열에는 각 요일에 전 직원이 일한 총근무 시간이 합산되어

Listing 7.14 근무 시간 기록 프로그램

```
/**
 1주-5일 동안 한 회사의 각 직원이 일한 근무 시간을 기록하는 클래스
 예제 프로그램은 main 메소드에 있다.
*/
public class TimeBook
{
    private int numberOfEmployees;
    private int[][] hours;     // hours[i][j]는 j+1번 직원이 i요일에 일한 시간
    private int[] weekHours;   // weekHours[i]는 i+1번 직원이 일주일 동안 일한 시간
    private int[] dayHours;    // dayHours[i]는 i요일에 전 직원이 일한 시간의 합계
    private static final int NUMBER_OF_WORKDAYS = 5;
    private static final int MON = 0;
    private static final int TUE = 1;
    private static final int WED = 2;
    private static final int THU = 3;
    private static final int FRI = 4;
    /**
     각 직원이 각 요일에 일한 시간을 읽어 hours 배열에 저장한다.
     (이 초기 단계에서 입력 메소드는 단지 스터브의 역할로 구현된다.)
     각 직원이 일주일간 일한 시간의 합계와 매일 전 직원이 일한 시간의 합계가 계산된다.
    */

    public static void main(String[] args)
    {
        private static final int NUMBER_OF_EMPLOYEES = 3;
        TimeBook book = new TimeBook(NUMBER_OF_EMPLOYEES);
        book.setHours();
        book.update();
        book.showTable();
    }
```

> 이 클래스에는 더 많은 메소드가 필요할 것이다. 그러나 여기서는 main에서 사용하는 메소드만 정의한다.

(계속됨)

Listing 7.14 근무 시간 기록 프로그램

```
    public TimeBook(int theNumberOfEmployees)
    {
        numberOfEmployees = theNumberOfEmployees;
        hours = new int[NUMBER_OF_WORKDAYS][numberOfEmployees];
        weekHours = new int[numberOfEmployees];
        dayHours = new int[NUMBER_OF_WORKDAYS];
    }
```

최종 프로그램에서는 스터브인 setHours가 사용자로부터 직원 데이터를 입력받는 완전한 메소드로 대체된다.

```
    public void setHours()   // 이것은 스터브이다.
    {
        hours[0][0] = 8; hours[0][1] = 0; hours[0][2] = 9;
        hours[1][0] = 8; hours[1][1] = 0; hours[1][2] = 9;
        hours[2][0] = 8; hours[2][1] = 8; hours[2][2] = 8;
        hours[3][0] = 8; hours[3][1] = 8; hours[3][2] = 4;
        hours[4][0] = 8; hours[4][1] = 8; hours[4][2] = 8;
    }

    public void update()
    {
        computeWeekHours();
        computeDayHours();
    }

    private void computeWeekHours()
    {
        for (employeeNumber = 1;
             employeeNumber <= numberOfEmployees;
             employeeNumber++)
        {// 한 명의 직원 데이터를 처리한다.
           int sum = 0;
           for (int day = MON; day <= FRI; day++)
               sum = sum + hours[day][employeeNumber - 1];
               // sum은 employeeNumber번의 직원이 일주일 동안
               // 일한 시간의 합계를 저장한다.
           weekHours[employeeNumber - 1] = sum;
        }
    }

    private void computeDayHours()
    {
        for (int day = MON; day <= FRI; day++)
        {// 모든 직원에 대해 하루의 근무 시간을 처리한다.
           int sum = 0;
           for (int employeeNumber = 1;
                    employeeNumber <= numberOfEmployees;
                    employeeNumber++)
```

(계속됨)

Listing 7.14 근무 시간 기록 프로그램

```
                sum = sum + hours[day][employeeNumber - 1];
                // sum은 하루 동안 전체 직원이 일한 시간의 합계를 저장한다.
            dayHours[day] = sum;
        }
    }

    public void showTable()
    {
        // 머리글 출력
        System.out.print("Employee ");
        for (int employeeNumber = 1;
                 employeeNumber <= numberOfEmployees;
                 employeeNumber++)
            System.out.print(employeeNumber + " ");
        System.out.println("Totals");
        System.out.println( );

        // 각 행의 요소 출력
        for (int day = MON; day <= FRI; day++)
        {
            System.out.print(getDayName(day) + " ");
            for (int column = 0; column < hours[day].length; column++)
                System.out.print(hours[day][column] + " ");
            System.out.println(dayHours[day]);
        }
        System.out.println( );

        System.out.print("Total = ");
        for (int column = 0; column < numberOfEmployees; column++)
            System.out.print(weekHours[column] + " ");
        System.out.println( );
    }
    // 0을 "Monday"로, 1을 "Tuesday" 등으로 변환한다.
    // 모든 문자열의 길이를 똑같이 맞추기 위해 공백을 삽입한다.
    private String getDayName(int day)
    {
        String dayName = null;
        switch (day)
        {
            case MON:
                dayName = "Monday   ";
                break;
            case TUE:
                dayName = "Tuesday  ";
                break;
            case WED:
                dayName = "Wednesday";
                break;
```

showTable 메소드는 좀 더 개선할 수 있다. 프로그래밍 과제 6번을 참고하라.

(계속됨)

Listing 7.14 근무 시간 기록 프로그램

```
            case THU:
                dayName = "Thursday ";
                break;
            case FRI:
                dayName = "Friday   ";
                break;
            default:
                System.out.println("Fatal Error.");
                System.exit(0);
                break;
        }
        return dayName;
    }
}
```

실행 결과 출력

```
Employee     1     2     3     Totals
Monday       8     0     9     17
Tuesday      8     0     9     17
Wednesday    8     8     8     24
Thursday     8     8     4     20
Friday       8     8     8     24
Total  =     40    24    38
```

기록된다. 즉, dayHours[MON]에는 월요일의 근무 시간 합계, dayHours[TUE]에는 화요일의 근무 시간 합계 등이다.

computeWeekHours와 computeDayHours 메소드는 2차원 배열 hours를 이용해 각각 weekHours와 dayHours 배열에 저장될 값을 계산한다. 그림 7.8은 배열 hours의 예시 및 hours와 weekHours, dayHours와의 관계를 보여 준다.

computeWeekHours 메소드가 2차원 배열 hours의 인덱스를 어떻게 사용하는지 주목하라. for 루프가 다른 for 루프에 중첩되어 있다. 외부 for 루프는 모든 직원에 대해 반복되고, 내부 for 루프는 일주일의 하루에 대해 한 번씩 수행된다. 내부 for 루프를 앞뒤의 대입문과 함께 여기서 다시 보자.

```
int sum = 0;
for (int day = MON; day <= FRI; day++)
   sum = sum + hours[day][employeeNumber - 1];
   // sum은 employeeNumber번의 직원이 일주일 동안 일한 시간의 합계를 저장한다.
weekHours[employeeNumber - 1] = sum;
```

한 명의 직원이 일한 전체 시간의 합계를 계산할 때 특정 직원을 명시하는 두 번째 인덱스는 변하지 않은 상태로 있게 된다.

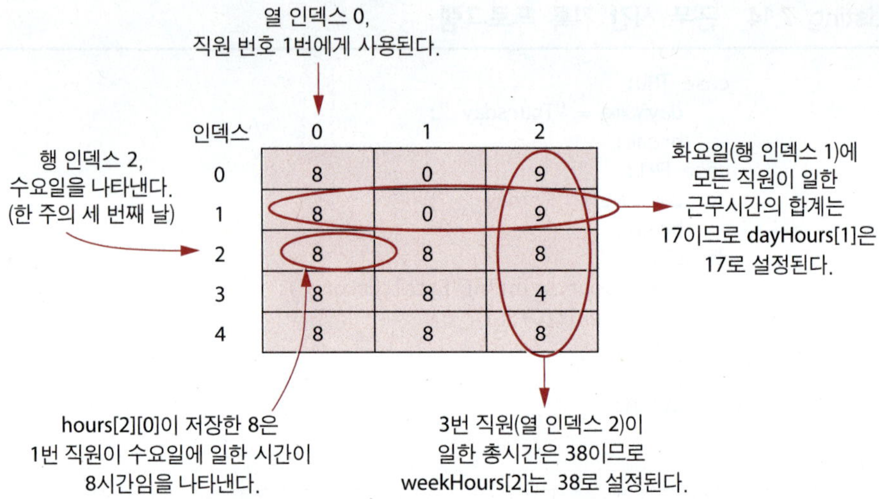

그림 7.8 TimeBook 클래스를 위한 배열

computeDayHours 메소드도 비슷한 방식으로 어느 요일에 전체 직원이 일한 시간의 합계를 계산한다. 그러나 이 경우에는 첫 번째 인덱스가 변하지 않는 상황에서 두 번째 인덱스를 변경하며 내부 for 루프가 진행된다. 다른 방식으로 말하면 직원 인덱스의 역할과 요일 인덱스의 역할이 서로 바뀌게 된다.

여기까지 작성한 TimeBook 클래스에 오류가 있는 것은 아니지만 하나의 소프트웨어로 저장되어 재사용이 될 수 있을 만큼 완벽하지는 않다. setHours 메소드는 단지 스터브일 뿐이며, 사용자로부터 직접 근무 시간 데이터를 입력받을 수 있도록 좀 더 활용성 높은 형태로 재작성되어야 한다. showTable 메소드도 Listing 7.14에 있는 것과 같은 깔끔한 출력을 항상 생성할 수 있는 것은 아니다. 시간을 나타내는 수의 자릿수가 달라지면 줄이 맞지 않고 어긋날 수도 있기 때문에, 보다 넓은 범위의 실제 상황에 대응해서도 깔끔한 출력이 될 수 있도록 다양한 경우를 수용할 수 있어야 한다. 마지막으로 TimeBook 클래스에는 여러 상황에서 유용하게 사용될 수 있도록 더 많은 메소드가 있어야 한다. 프로그래밍 과제 6번에서 이 모든 것들을 완성하도록 요구할 것이다.

7.6 그래픽 보조자료

이 절의 앞부분은 애플릿에서 문자로 된 입력과 출력이 가능하도록 하는 컴포넌트인 문자열 영역과 문자열 필드를 소개한다. 이 부분은 이 장에서 지금까지 설명한 배열과 아무 관련이 없기 때문에 배열 부분을 하나도 읽지 않은 상태로도 공부할 수 있다. 이 절의 뒷부분은 매우 일반적인 도형인 다각형(polygon)을 애플릿에 그리는 방법을 보여준다. 이 부분을 이해하는 데는 이 장에서 소개한 배열의 기초적인 내용이 필요하다.

문자열 영역과 문자열 필드

문자열 영역(text area)이란 애플릿이나 GUI 애플리케이션에서 문자열 입력 및 출력에 사용할 수 있는 창 모양의 영역이다. 문자열 영역에서는 원하는 만큼의 문자를 원하는 만큼의 줄 수만큼 사용할 수 있다. **문자열 필드**(text field)는 한 줄의 문자열만 가능하다는 점 외에는 문자열 영역과 비슷하다. 예를 들어 사용자는 애플릿의 문자열 영역을 이용해 질문을 입력할 수 있고, 애플릿은 같은 영역에 그 질문에 대한 답을 출력할 수 있다. 다음 프로그래밍 예제에서 그런 애플릿을 보게 될 것이다. 먼저 이 애플릿이 실행될 때 무슨 일이 일어나는지에 대해 논의하고, 그다음 문자열 영역과 문자열 필드를 사용하는 일반적인 방법에 대해 설명한다.

프로그래밍 예제 질의 응답 애플릿

Listing 7.15의 애플릿은 무엇이 되었든 질문에 대답하는 애플릿이다. 사용자는 마우스를 이용해 문자열 영역을 선택하고 어떤 질문을 키보드로 입력한다. 그 시점에서 문자열 영역은 질문만 포함하고 있다. 답변을 구하기 위해 사용자는 `Get Answer` 버튼을 클릭한다. 그러나 이 버튼을 클릭하는 것만으로는 답변이 바로 생성되지 않는다. 대신 문자열 영역에 다른 문자열이 나타나 답변을 구하기 위한 조언을 요구한다. 그러면 다시 사용자가 문자열 영역에 조언을 입력하고 `Send Advice` 버튼을 누르면, 드디어 애플릿이 문자열 영역에 답변을 출력한다. 사용자가 답변을 읽은 다음 `Reset` 버튼을 클릭하면 애플릿은 초기 상태로 돌아간다. 사용자는 다른 사용자가 애플릿을 사용할 수 있도록 초기 상태로 되돌려 놓아야 한다. 그러면 여러 명의 사용자가 질문을 하고, 조언을 입력하고, 답변을 얻는 이 과정이 계속 반복될 수 있다.

Listing 7.15 문자열 영역이 있는 애플릿

```
import javax.swing.JApplet;
import javax.swing.JButton;
import javax.swing.JLabel;
import javax.swing.JTextArea;
import java.awt.Container;
import java.awt.FlowLayout;
import java.awt.event.ActionEvent;
import java.awt.event.ActionListener;
```

(계속됨)

Listing 7.15 문자열 영역이 있는 애플릿

```
public class Oracle extends JApplet implements ActionListener
{
    public static int LINES = 5;
    public static int CHAR_PER_LINE = 40;

    private JTextArea theText;
    private String question;
    private String answer;
    private String advice;

    public void init()
    {
        Container contentPane = getContentPane();
        contentPane.setLayout(new FlowLayout());

        JLabel instructions=
            new JLabel("I will answer any question, " +
                       "but may need some advice from you.");
        contentPane.add(instructions);

        JButton getAnswerButton = new JButton("Get Answer");
        getAnswerButton.addActionListener(this);
        contentPane.add(getAnswerButton);

        JButton sendAdviceButton = new JButton("Send Advice");
        sendAdviceButton.addActionListener(this);
        contentPane.add(sendAdviceButton);

        JButton resetButton = new JButton("Reset");
        resetButton.addActionListener(this);
        contentPane.add(resetButton);

        theText = new JTextArea(LINES, CHAR_PER_LINE);
        theText.setText("Questions and advice go here.");
        contentPane.add(theText);
        answer = "The answer is: Look around.";  // 첫 번째 답변
    }

    public void actionPerformed(ActionEvent e)
    {
        String actionCommand = e.getActionCommand();
        if (actionCommand.equals("Get Answer"))
        {
            question = theText.getText();
            theText.setText("That is a difficult question.\n" +
                            "Please give me some advice\n" +
                            "and click the Send Advice button.");
        }
```

(계속됨)

Listing 7.15 문자열 영역이 있는 애플릿

```
        else if (actionCommand.equals("Send Advice"))
        {
            advice = theText.getText();
            theText.setText("That advice helped.\n" +
                            "You asked the question: " + question +
                            "\n" + answer +
                            "\nClick the Reset button and" +
                            "\nleave the program on for others.");
            answer = "The answer is: " + advice;
        }
        else if (actionCommand.equals("Reset"))
        {
            theText.setText("Questions and advice go here.");
        }
        else
            theText.setText("Error");
    }
}
```

애플릿 출력

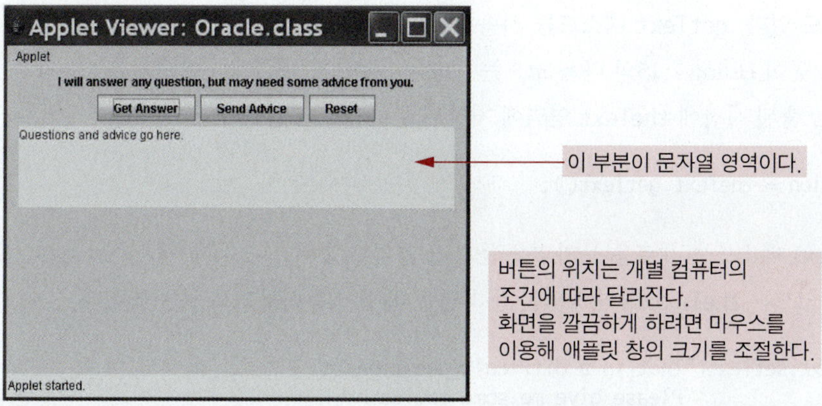

질문을 원하는 많은 사용자가 있다고 하자. 한 사람에 하나씩의 질문만 허용되고 질문한 후에 대기열의 맨 끝에 가서 줄을 서야 하는 상황이라면 이 애플릿은 꽤 대단한 것으로 보인다. 그러나 질문한 사람의 옆에 서서 들여다볼 수 있다면 사용자가 입력한 조언이 다음 사용자의 질문에 대한 답변으로 활용된다는 것을 알아챌 수 있다. 그렇게 뛰어난 기법은 아니지만 입력과 출력을 위해 문자열 영역을 사용하는 좋은 예를 보여주기는 한다. Listing 7.15에서 사용한 문자열 영역에 대한 세부 사항과 문자열 영역 및 문자열 필드에 대한 일반적인 사항은 다음 절에서 다시 살펴보기로 하자.

JTextArea와 JTextField 클래스

문자열 영역은 JTextArea의 클래스이고, 사용자가 여러 줄의 문자열을 입력할 수 있는 형태로 나타난다. Listing 7.15의 애플릿에서는 사용자가 질문을 입력하고 답변을 받기 위한 영역으로 theText라는 이름의 문자열 영역을 생성하는 데 다음 코드를 사용하였다.

```
private JTextArea theText;
...
theText = new JTextArea(LINES, CHAR_PER_LINE);
```

theText 객체는 전용 인스턴스 변수이고, 애플릿의 init 메소드에서 JTextArea의 생성자가 호출된다. 생성자의 인자인 LINES와 CHAR_PER_LINE은 각각 이름 붙은 상수로서, 문자열 영역에 필요한 최소한의 줄 수와 한 줄당 들어갈 수 있는 최소한의 문자 수를 나타낸다. 이 애플릿에서 문자열 영역은 최소 5줄 및 줄당 40글자 이상의 문자열을 수용한다. 사용자는 5줄보다 많이 또는 한 줄에 40글자보다 많은 문자를 입력할 수 있지만, 최소 기준 이상의 문자는 보이지 않을 수도 있다.

애플릿은 문자열 영역에서 문자열을 읽어 올 수도 있고 문자열 영역에 문자열을 출력할 수도 있다. getText 메소드는 사용자가 문자열 영역에 입력한 문자열을 반환한다. 예를 들어 Listing 7.15의 다음 코드는 question이라는 String 변수에 getText 메소드가 호출된 시점에 theText 영역에 저장된 문자열을 대입한다.

```
question = theText.getText();
```

setText 메소드는 새로운 문자열을 문자열 영역에 출력한다. 예를 들어 Listing 7.15의 다음 코드는 theText 영역에 있는 문자열을 바꾸어 출력하도록 하는 것이다.

```
theText.setText("That is a difficult question.\n" +
                "Please give me some advice\n" +
                "and click the Send Advice button.");
```

문자열 영역에 출력되는 문자열은 setText 메소드 호출에 주어진 문자열로 변경될 것이다. 위의 문자열은 두 개의 개행 문자를 포함하고 있기 때문에 3줄로 나뉘어 출력된다.

문자열 필드는 JTextField 클래스의 객체이다. 문자열 필드를 생성하는 세부 과정은 문자열 영역의 경우와 같지만, 문자열 필드는 생성 시 명시된 수만큼의 문자를 포함하는 단 한 줄의 문자열만 사용 가능하고, JTextArea 대신 JTextField라는 이름을 사용해야 한다.

요점 정리 JTextArea 클래스와 JTextField 클래스

JTextArea와 JTextField 클래스는 둘 다 애플릿이나 애플리케이션에서 변경 가능한 문자열을 위한 영역으로 사용될 수 있다. JTextArea 클래스의 객체는 명시한 줄 수와 각 줄당 문자 수만큼의 문자를 위한 공간을 가진다. JTextField 클래스의 객체는 명시한 문자 수만큼의 한 줄 문자열을 위한 공간을 가진다. 문자열 영역이나 문자열 필드에 명시한 수보다 많은 문자가 입력될 수 있지만 추가된 문자는 보이지 않을 수도 있다.

예

```
// 30자짜리 한 줄
JTextField name = new JTextField(30);
getContentPane().add(name);

// 10줄 및 줄당 30자
JTextAreasomeText = new JTextArea(10, 30);
getContentPane().add(someText);
```

요점 정리 getText와 setText 메소드

JTextArea와 JTextField 클래스에는 각각 getText와 setText라는 메소드가 정의되어 있다. getText 메소드는 문자열 영역이나 문자열 필드에 기록된 문자를 추출한다. setText 메소드는 문자열 영역이나 문자열 필드에 있는 문자열을 지정한 것으로 변경한다.

예

```
// theText는 JTextArea 또는 JTextField의 객체이다.
String question = theText.getText();
theText.setText("The answer is 42.");
```

자습문제 SELF-TEST QUESTIONS

32 theText가 JTextArea의 인스턴스라고 하자. 현재 theText에 있는 문자열을 가져와서 그 문자열을 두 번 출력하는 것으로 대체하는 코드를 작성하라.

다각형 그리기

애플릿에서 Graphics 클래스의 메소드 drawRect를 이용해 직사각형을 그릴 수 있다. 그러나 직사각형은 네 개의 변과 각각 90°인 꼭지각을 가지는 도형이며, 때로는 다양한 수의 변과 다양한 꼭지각을 가지는 도형을 그리고 싶을 때가 있다. **다각형**(polygon)은 서로 교차하지 않는 직선으로 이루어진 폐곡선이다. 직사각형은 변이 네 개인 다각형의 특수한 경우이며, 일반적인 다각형은 변의 수와 각 변이 이루는 각도에 제한이 없다.

다각형을 정의하기 위해서는 각 꼭짓점의 위치를 지정하여 연속되는 꼭짓점을 직선으로 연결하여 나타나는 모양으로 만들 수 있다. **다각선**(polyline)은 다각형과 유사하지만 폐곡선이 아닌 경우를 말한다. 그림 7.9에 다각형과 다각선의 차이점이 나타나 있다. 그림에는 p1부터 p5까지 다섯 개의 점이 있고 이 점을 연결하여 다각형을 구성한 것을 보여 준다. 다각선의 경우는 마지막 점에서 첫 번째 점으로 연결하는 직선이 없다.

Graphics 클래스의 drawPolygon 메소드를 이용해 다각형을 그릴 수 있다. 이 메소드에는 세 개의 인자가 필요한데, 첫 번째는 각 점의 *x*-좌표를 저장하는 int형 배열, 두 번째는 각 점의 *y*-좌표를 저장하는 int형 배열, 세 번째는 점의 개수이다. 두 배열의 길이는 같으며, 부분적으로 채워진 배열일 가능성도 있기 때문에 세 번째 인자가 반드시 필요하다.

Grahpics 클래스의 fillPolygon 메소드는 drawPolygon과 동일하게 다각형을 그리며, 추가로 다각형의 내부를 지정된 색깔로 칠한다. drawPolyline 메소드도 drawPolygon 메소드와 거의 같으며, 배열의 마지막 점과 첫 번째 점을 연결하는 직선을 그리지 않는다.

Listing 7.16은 간단한 집의 그림을 그리는 애플릿 프로그램이다. 집 전체는 fillPolygon 메소드를 이용해 색칠된 다각형으로 그려지고, 창문은 drawPolygon을 이용한 다각형, 문은 drawPolyline을 이용한 다각선으로 그려진다. 마지막으로 drawString을 이용해 문자열을 출력한다.

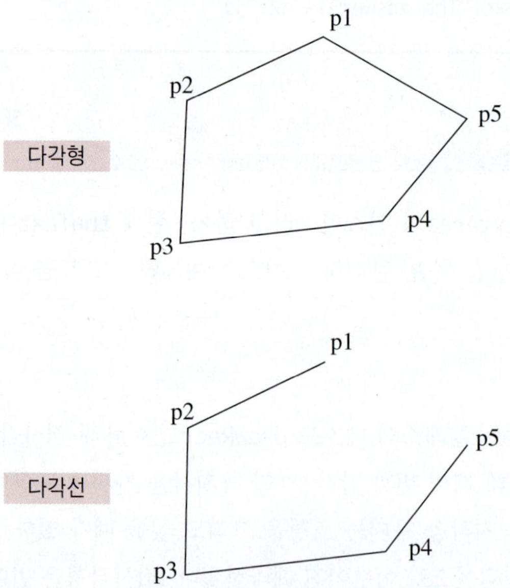

그림 7.9 다각형과 다각선

Listing 7.16 다각형과 다각선이 있는 애플릿

```
import javax.swing.JApplet;
import java.awt.Color;
import java.awt.Graphics;

public class House extends JApplet
{
    private int[] xHouse = {150, 150, 200, 250, 250};
    private int[] yHouse = {100, 40, 20, 40, 100};
    private int[] xDoor = {175, 175, 200, 200};
    private int[] yDoor = {100, 60, 60, 100};
    private int[] xWindow = {220, 220, 240, 240};
    private int[] yWindow = {60, 80, 80, 60};

    public void paint(Graphics canvas)
    {
        this.setBackground(Color.LIGHT_GRAY);
        canvas.setColor(Color.GREEN);
        canvas.fillPolygon(xHouse, yHouse, xHouse.length);
        canvas.setColor(Color.BLACK);
        canvas.drawPolyline(xDoor, yDoor, xDoor.length);
        canvas.drawPolygon(xWindow, yWindow, xWindow.length);
        canvas.drawString("Home sweet home!", 150, 120);
    }
}
```

애플릿 출력

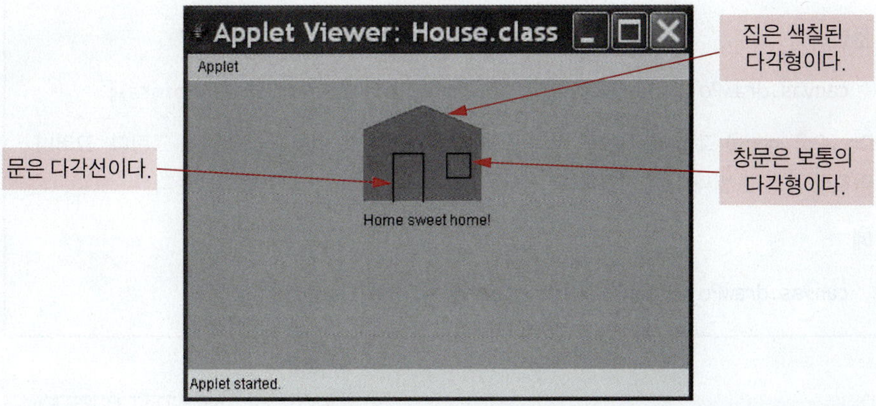

요점 정리 drawPolygon, fillPolygon, drawPolyline 메소드

drawPolygon, fillPolygon, drawPolyline 메소드는 Graphics 클래스에 정의되어 있다.

문법

```
drawPolygon(Array_Of_Xs, Array_Of_Ys, Number_Of_Points);
```

점 (*Array_Of_Xs*[i], *Array_Of_Ys*[i])을 직선으로 연결하여 다각형을 그린다. i 값의 범위는 0에서부터 *Number_Of_Points*까지이다.

예

```
private int[] xCoord = {150, 150, 200, 250, 250};
private int[] yCoord = {100, 40, 20, 40, 100};
        ...
canvas.drawPolygon(xCoord, yCoord, xCoord.length);
```

문법

```
fillPolygon(Array_Of_Xs, Array_Of_Ys, Number_Of_Points);
```

DrawPolygon과 같지만 다각형의 내부를 색칠한다.

예

```
fillPolygon(xCoord, yCoord, xCoord.length);
```

문법

```
canvas.drawPolyline(Array_Of_Xs, Array_Of_Ys, Number_Of_Points);
```

DrawPolygon을 그릴 때 사용한 것과 같이 점을 직선으로 연결해 다각선을 그린다. 그러나 마지막 점과 첫 번째 점을 연결하는 직선을 그리지 않아 폐곡선을 만들지 않는다.

예

```
canvas.drawPolyline(xCoord, yCoord, xCoord.length);
```

자습문제 SELF-TEST QUESTIONS

33 직사각형을 그리기 위해 drawRect를 사용할 수 있지만 drawPolygon을 사용할 수도 있다. 호출 객체가 canvas일 때, 세로 10픽셀, 가로 20픽셀이고, 왼쪽 상단의 꼭짓점 좌표가 (7, 8)인 직사각형을 그리는 drawPolygon 호출문을 작성하라.

요약 SUMMARY

- 배열은 동일한 형의 변수들의 집합으로 간주된다.
- 배열은 new 연산자를 이용해 생성할 수 있는 객체다. 그러나 문법은 일반적인 클래스의 객체를 생성하는 것과는 약간 다르다.
- 배열 요소는 0에서 시작해 배열 크기보다 하나 작은 수까지로 번호를 붙인다. a가 배열이라고 할 때, `a[i]`는 배열의 인덱스 변수이다. 인덱스 `i`는 0 이상의 정수로 배열의 길이인 `a.length`보다 작아야 한다. 프로그램을 실행할 때 `i`의 값이 이 범위를 벗어나면 오류가 발생한다.
- 인덱스 변수가 메소드의 인자로 사용될 때는 배열의 요소형과 같은 형의 일반 변수와 똑같이 취급된다. 특히 요소형이 `int`, `double`, `char` 등의 기본형이면, 메소드에서 인덱스 변수의 값을 변경할 수 없다. 요소형이 클래스형인 경우에는 인덱스 변수가 가리키는 객체의 상태를 변경할 수 있다.
- 메소드에 배열 전체를 전달할 수 있다. 그러면 메소드에서 배열에 저장된 기본형의 값을 변경할 수 있고, 객체의 상태를 변경할 수도 있다.
- 메소드에서 전체 배열을 반환할 수 있다.
- 배열의 일부만 사용하는 경우에는 보통 배열의 앞부분에 데이터를 저장하고 몇 개가 저장되어 있는지 표시하는 `int`형 변수를 사용한다. 이런 경우를 부분적으로 채워진 배열이라 한다.
- 어떤 접근자 메소드가 전용 인스턴스 변수로 선언한 배열에 해당하는 배열을 반환할 때는 참조가 아니라 배열을 복사한 새 배열을 반환하도록 하는 것이 좋다. 프라이버시 누설이 생길 수 있기 때문이다.
- 선택 정렬 알고리즘은 배열에 저장된 값들을 오름차순 또는 내림차순으로 정렬한다.
- 배열은 둘 이상의 인덱스를 가질 수 있고, 그런 배열을 다차원 배열이라 한다. 자바에서 다차원 배열은 배열들의 배열로 구현된다.
- 2차원 배열은 행과 열로 구성된 2차원의 표라고 생각할 수 있다. 이러한 배열의 인덱스 변수는 행과 열을 가리키는 두 개의 인덱스를 사용하는데, 첫 번째가 행을, 두 번째가 열을 나타낸다.
- 애플릿이나 GUI 애플리케이션에서 문자열을 입력하고 출력하기 위해 문자열 영역 또는 문자열 필드를 삽입할 수 있다.

■ 애플릿이나 GUI 애플리케이션에서 임의의 다각형이나 다각선을 그릴 수 있다.

연습문제 EXERCISES

1 기온이 평균보다 내려간 날의 수를 세는 TemperatureBelowAverage 클래스로 프로그램을 작성하라. 키보드에서 다섯 개의 온도 데이터를 읽어서 배열에 저장한다. 평균 기온을 계산하고 기온이 평균 이하로 내려간 날의 수를 계산해서 출력하라.

2 소득이 특정한 값 이하인 직원의 수를 세는 CountEmployees 클래스로 프로그램을 작성하라. 키보드에서 정수 n을 읽어서 크기가 n인 double형 배열을 생성한다. 키보드에서 n명의 직원의 소득을 입력하여 배열에 저장한다. 이 소득 중의 최댓값을 찾아내고, 최대 소득의 10%보다 적은 소득을 가지는 직원의 수를 세어서 그 수와 해당하는 각 직원의 소득을 출력하라.

3 저소득층으로 간주되는 가구 수를 세는 CountPoor 클래스로 프로그램을 작성하라. 다음과 같은 속성을 가지는 Family 클래스를 만들어서 사용하라.

- income–가구의 소득을 나타내는 double형 변수
- size–가구원의 수

Family 클래스의 메소드는 다음과 같다.

- Family(income, size)–속성의 값을 설정하는 생성자
- isPoor(housingCost, foodCost)–housingCost + foodCost * size가 가구 소득의 반 이상이 되는 경우 true를 반환한다. (housingCost는 한 가구마다 설정되고, foodCost는 각 개인의 식비를 평균한 것이다.)
- toString–가구에 대한 정보를 담은 문자열을 반환한다.

프로그램은 키보드에서 정수 k를 입력한 후 요소형이 Family이고 크기가 k인 배열을 생성한다. 그리고 k개의 Family형 객체를 생성하여 하나씩 배열에 저장하는데, 각 가구의 소득과 인원은 키보드에서 입력한다. 평균 주거비와 평균 식비를 키보드에서 입력한 후에 어느 가구가 저소득층인지 출력한다.

4 장난감 가게에서 팔린 장난감의 수를 세는 ToyCounter 클래스로 프로그램을 작성하라. Zen, Leo, Star, Sam, Barry라는 다섯 가지의 장난감이 있고, 가격은 각각 75센트, 50센트, 1.25달러, 80센트, 75센트이다. 먼저 각 장난감의 이름을 저장하는 문자열 배열을 생성하라. 그리고 각 장난감의 가격을 저장하는 배열을 하나 더 생성하라. 그다음 고객이 원하는 장난감의 이름과 수량을 입력한다. 이름 배열에서

장난감을 찾고 그 인덱스를 이용해 가격 배열에서 가격을 검색하라. 마지막으로 전체 가격을 계산하여 출력한다.

5 다음 배열 정의를 보자.

```
double[][] arrayDemo = new double[8][10];
```

이 배열에는 몇 개의 행과 열과 요소가 있는가? 배열의 마지막 행의 마지막 열에 위치한 요소에 값을 저장하는 코드를 작성하라.

6 어떤 상점의 판매고를 기록하는 Ledger 클래스를 작성하라. 속성은 다음과 같다.

- sale–각 판매의 금액을 저장하는 double형 배열
- salesMade–지금까지의 판매 횟수
- maxSales–판매고에 기록할 수 있는 최대 판매 금액

메소드는 다음과 같다.

- Ledger(max)–최대 판매 금액을 max로 설정하는 생성자
- addSale(d)–sale 배열에 값이 d인 판매를 추가한다.
- getNumberOfSales–지금까지의 판매 횟수를 반환한다.
- getTotalSales–전체 매상 금액을 반환한다.

7 main 메소드에 전달되는 배열의 자료형은 무엇인가? main 메소드에 전달할 아무 인자가 없을 때도 반드시 헤딩에 동일한 서명을 사용해야 하는가? 식별자의 이름으로 반드시 args를 사용해야 하는가? main 메소드의 매개변수 이름이 args일 때, 명령행을 통해 main 메소드에 전달된 인자가 몇 개인지 알아내는 코드를 작성하라.

8 정적 메소드 isStrictlyDecreasing(int[] n)을 작성하라. 이 메소드는 주어진 배열에 저장된 각 요소가 바로 앞 요소의 값보다 작을 때 true를, 그렇지 않으면 false를 반환한다.

9 다음 각 명령을 수행하라.

- 다음 문자열들로 초기화되는 String 배열의 선언문을 작성하라. "Java", "C++", "C", "Basic"
- 앞에서 선언한 배열의 각 요소의 내용을 출력하는 루프를 작성하라.
- 앞에서 선언한 배열의 각 요소의 내용을 역순으로 출력하는 루프를 작성하라.
- 앞에서 선언한 배열에 저장된 각 문자열의 길이를 모두 더해서 출력하는 코드를 작성하라.

10 배열 내에 저장된 의미 있는 데이터의 수가 그 배열의 용량보다 작을 수도 있다는 문장은 올바른가? 배열에서 현재 사용되고 있는 요소의 수를 파악하는 것은 필수적인가? 현재 사용되고 있지 않은 요소를 출력하려고 하면 무엇이 출력되는가?

11 기금을 모금하기 위해 상자 단위의 사탕을 판매하려고 한다. 다음과 같은 다섯 가지 맛의 사탕이 있다. Mints, Chocolates with Nuts, Chewy Chocolates, Dark Chocolate Creams, Sugar-Free Suckers. 고객의 주문이 들어오면 종류마다 사탕의 상자 수를 기록하는 크기 5인 정수형 배열에 주문량을 기록한다. 인자로 두 장의 주문서를 받아 하나로 합친 주문을 반환하는 정적 메소드인 `combineOrder`를 작성하라. 예를 들어 `order1`은 0, 0, 3, 4, 7로 구성되고 `order2`는 0, 4, 0, 1, 2로 구성되어 있을 때, 반환되는 배열은 0, 4, 3, 5, 9를 저장하고 있어야 한다.

12 x에 대한 다항식의 값을 계산하는 클래스 `Polynomial`을 작성하라. 다항식은 다음과 같이 표현된다.

$$P(x) = a_0 + a_1x + a_2x^2 + \cdots + a_{n-1}x^{n-1} + a_nx^n$$

계수 a_i는 부동 소수점 수이고 x의 지수는 정수다. 가장 큰 지수 n은 다항식의 **차수**(degree)라고 하며 0 이상의 수이다. 클래스의 속성은 다음과 같다.

- `degree`—가장 큰 지수인 차수 n의 값
- `coefficients`—계수 a_i를 저장하는 배열

메소드는 다음과 같다.

- `Polynomial(max)`—차수가 `max`이고 계수는 모두 0으로 설정된 다항식을 생성하는 생성자
- `setConstant(i, value)`—계수 a_i의 값을 `value`로 설정한다.
- `evaluate(x)`—주어진 x값에 대하여 다항식의 값을 계산한다.

예를 들어 다음과 같은 다항식이 있다고 하자.

$$P(x) = 3 + 5x + 2x^3$$

차수는 3이고 각 계수는 $a_0 = 3, a_1 = 5, a_2 = 0, a_3 = 2$이다. `evaluate(7)`을 호출하면 $3 + 5 \times 7 + 0 \times 7^2 + 2 \times 7^3$, 즉 $3 + 35 + 0 + 686$이 되어 결과 724를 반환한다.

13 배열의 크기 선언과 하나의 첨자는 어떤 점이 다른가? `arrayDemo1`과 `arrayDemo2`가 모두 배열 변수일 때 `arrayDemo1`의 내용을 `arrayDemo2`로 복사하려면 어떻게 해야 하는가?

14 arrayDemo1과 arrayDemo2가 모두 배열 변수일 때, 다음 문장과 같이 arrayDemo2가 가리키는 배열을 arrayDemo1에 대입하면 무슨 일이 일어나는가?

```
arrayDemo1 = arrayDemo2;
```

15 정수 배열을 선택 정렬 방식으로 정렬하는 정적 메소드를 작성하라.

16 다음 배열을 생각해 보자.

```
Employee[] emp = new Employee[20];
```

이 배열에는 몇 개의 요소가 있는가? 배열의 첫 번째 요소의 첨자는 무엇인가? 배열의 마지막 요소의 첨자는 무엇인가?

17 배열의 첫 번째 요소의 인덱스는 무엇인가? 자바에서 배열을 선언하는 방식은 어떤 것들이 있는가?

18 0보다 작거나 배열의 크기 이상의 인덱스가 사용되면 어떤 일이 발생하는가? 부분적으로 채워진 배열은 무엇인가?

19 순차 검색은 대상 배열이 정렬되지 않은 상태에서도 잘 동작한다. 배열이 정렬되어 있어야 하는 종류의 검색 기법을 무엇이라고 하는가? 정수 배열에서 주어진 값이 있는지 순차적으로 검색하는 정적 메소드를 작성하라.

20 2차원 double형 배열 picture를 인자로 사용하는 정적 메소드 findFigure(picture, threshold)를 작성하라. 이 메소드는 각 요소가 0.0 또는 1.0인 새로운 2차원 배열을 반환한다. 1.0은 picture에 있는 같은 위치의 값이 picture에 있는 모든 값의 평균보다 threshold배 이상임을 의미한다. 그렇지 않은 요소는 0.0이 된다.

예를 들어 picture에 저장된 값이 다음과 같다고 하자.

1.2	1.3	4.5	6.0	2.7
1.7	3.3	4.4	10.5	17.0
1.1	4.5	2.1	25.3	9.2
1.0	9.5	8.3	2.9	2.1

이 값들의 평균은 5.55이다. threshold가 1.4라면 반환되는 배열은 다음과 같다.

0.0	0.0	0.0	0.0	0.0
0.0	0.0	0.0	1.0	1.0
0.0	0.0	0.0	1.0	1.0
0.0	1.0	0.0	0.0	0.0

threshold가 0.6이라면 결과는 다음과 같다.

0.0	0.0	1.0	1.0	0.0
0.0	0.0	1.0	1.0	1.0
0.0	1.0	0.0	1.0	1.0
0.0	1.0	1.0	0.0	0.0

21 영상 파일에서 사람의 얼굴이나 자동차 번호판 같은 일부 내용이 보이지 않도록 처리하는 데 사용할 수 있는 정적 메소드인 blur(double[][] picture)를 작성하라. 이 메소드는 picture에 있는 각 값의 가중 평균(weighted average)을 계산하고 그것을 새 배열에 저장해 반환한다. 여러 수의 가중 평균을 계산하기 위해서는 먼저 계산에 들어갈 수의 개수를 알아야 한다. 그다음 각 수에 가중치를 곱하고 그 결과를 모두 더한 다음, 가중치의 합으로 나누어 평균을 구한다.

picture의 각 요소에 대해 그 요소와 이웃한 값들의 가중 평균을 계산하라. 결과를 새로 생성한 2차원 배열의 같은 위치에 저장하라. 메소드는 이 배열을 반환한다.

picture 배열에서 한 요소의 이웃은 수직 방향, 수평 방향, 대각선 방향으로 각각 위, 아래, 왼쪽, 오른쪽 요소가 된다. 그래서 picture 배열의 한 요소의 가중 평균은 자기 자신을 포함하여 최대 아홉 개의 값으로 계산된다. 모서리에 있는 요소는 네 개, 가장자리에 있는 요소는 여섯 개의 값만으로 계산한다. 그 외의 내부에 있는 요소들은 모두 아홉 개의 값으로 가중 평균을 계산한다. 따라서 메소드 작성 시 모서리와 가장자리의 요소들은 별도로 처리해야 한다.

사용할 가중치는 다음과 같다.

```
1   2   1
2   4   2
1   2   1
```

계산하려는 요소 자체는 4의 가중치, 수평 및 수직 방향의 이웃 요소는 2의 가중치, 대각 방향의 이웃은 1의 가중치를 가진다.

예를 들어 picture 배열에 다음과 같은 값이 있다고 하자.

1.2	1.3	4.5	6.0	2.7
1.7	3.3	4.4	10.5	17.0
1.1	4.5	2.1	25.3	9.2
1.0	9.5	8.3	2.9	2.1

새로운 배열의 이름을 `result`라고 하자. 가중치를 곱하는 작업을 수행할 때 어떠한 순서로 해도 상관없지만, 여기서는 시계 방향으로 각 이웃 요소를 다루겠다. 그러면 내부 요소인 `result[1][1]`의 경우 가중 평균은 다음과 같이 계산된다.

$$\frac{4(3.3)+2(4.4)+1(2.1)+2(4.5)+1(1.1)+2(1.7)+1(1.2)+2(1.3)+1(4.5)}{4+2+1+2+1+2+1+2+1}$$

이 식은 먼저 `picture[1][1]`의 값으로 시작하여 오른쪽에 있는 이웃 요소부터 시계 방향으로 추가해 나간 것이다. 모서리 요소인 `result[0][0]`의 값은 다음과 같다.

$$\frac{4(1.2)+2(1.3)+1(3.3)+2(1.7)}{4+2+1+2}$$

`picture[0][0]`의 경우는 내부에 있는 요소보다 이웃의 수가 적다는 것에 유의하라. `picture[0][1]`과 같은 가장자리 요소의 경우도 마찬가지이다. 가장자리 요소인 `result[0][1]`의 값은 다음 식으로 계산된다.

$$\frac{4(1.3)+2(4.6)+1(4.4)+2(3.3)+1(1.7)+2(1.2)}{4+2+1+2+1+2}$$

최종적인 `result` 배열은 다음과 같다.

1.57	2.44	4.60	6.73	7.48
1.98	2.87	5.97	10.37	12.01
2.63	4.09	7.48	11.40	11.58
3.30	5.73	7.67	7.86	6.43

프로그래밍 과제 PROGRAMMING PROJECTS

1 한 줄에 하나씩 입력되는 정수를 읽어 들여 합을 계산해 출력하는 프로그램을 작성하라. 또한 읽어 들인 수가 무엇이며, 각 수가 전체 합에 기여한 비율이 얼마인지 퍼센트로 출력하라. 전체 배열을 하나의 인자로 받고, 배열에 있는 수의 합을

반환하는 메소드를 이용하라. (힌트 : 사용자에게 몇 개의 수를 입력할 것이지 질문하고, 그 답에 따라 배열의 크기를 정해서 생성하면 배열의 모든 요소를 채울 수 있다. 프로그램과 사용자 사이에 이루어지는 대화의 예는 다음과 같다.

```
How many numbers will you enter?
4
Enter 4 integers, one per line:
2
1
1
2
The sum is 6.
The numbers are:
2, which is 33.3333% of the sum.
1, which is 16.6666% of the sum.
1, which is 16.6666% of the sum.
2, which is 33.3333% of the sum.)
```

2 한 줄의 문자열을 입력할 때 문장의 끝을 의미하는 값으로 마침표(.)를 이용하는 프로그램을 작성하라. 문자열에 나타나는 모든 문자를 한 줄에 하나씩 알파벳 순서대로 출력하고, 각 문자가 입력된 문자열에 몇 번씩 나타나는지 출현 빈도수를 같이 출력하라. 요소형이 int이고 길이가 26인 배열을 사용하라. 인덱스 0의 요소가 *a*의 빈도수를 저장하고, 인덱스 1의 요소가 *b*의 빈도수를 저장하는 방식이다. 대문자나 소문자 모두 입력할 수 있으며, 대소문자 구분 없이 같은 문자로 취급한다. (힌트 : 6장에서 설명한 포장 클래스인 Character 클래스에 있는 메소드 **toUpperCase** 또는 **toLowerCase**를 이용하라. 하나의 문자를 인자로 받아서 그 문자의 인덱스를 int값으로 반환하는 메소드를 정의하면 유용하다. 예를 들어 인자가 'a'이면 0이 반환되고, 인자가 'b'이면 1이 반환되는 식이다. char형의 값에서 int형의 값으로 변환하기 위해 (int)letter와 같이 형 변환 연산자를 사용할 수도 있다. 물론 이렇게 한다고 원하는 수(0 또는 1 등)가 나오지는 않으며, 그 수에서 (int)'a'를 빼면 원하는 인덱스값이 나온다.) 사용자가 중단을 지시할 때까지 같은 작업을 반복할 수 있도록 프로그램을 작성하라.

3 **회문**(palindrome)이란 앞에서부터 읽으나 뒤에서부터 읽으나 똑같은 단어나 구를 말한다. 보통 공백은 무시하고 대소문자를 구분하지 않는다. 다음은 회문의 예들이다.

- warts n straw
- radar
- Able was I ere I saw Elba

- xyzczyx
- 소주 만 병만 주소

마침표로 끝나는 일련의 문자들을 읽어서 마침표를 제외한 문자열이 회문인지 아닌지 판별하는 프로그램을 작성하라. 입력은 오직 문자와 공백만으로 구성되며 길이는 최대 80글자라고 가정하라. 문자열을 더 검사할 것인지 프로그램이 종료할 것인지 사용자가 결정할 수 있도록 하는 루프를 포함하라. (힌트 : 다음과 같이 시작하는 **isPalindrome** 메소드를 작성하라.)

```
/**
선행조건 : 배열 a는 a[0]부터 a[used - 1]까지 문자 또는 공백을 저장하고 있다.
문자열이 회문이면 true를, 아니면 false를 반환한다.
*/
public static boolean isPalindrome(char[] a, int used)
```

프로그램은 먼저 입력 문자를 읽어서 요소형이 char인 배열에 저장하고, 앞에서 설명한 메소드를 호출해야 한다. 배열에서 얼마나 많은 요소가 사용되고 있는지 파악하기 위해, '부분적으로 채워진 배열'의 절에서 설명한 바와 같이 **int**형 변수 used를 사용한다.

4 Listing 7.10의 ArraySorter 클래스에 배열에 대한 **버블 정렬**(bubble sort)을 수행하는 bubbleSort라는 메소드를 추가하라. 버블 정렬 알고리즘은 배열에 있는 각 요소를 자신의 바로 옆에 있는 요소와 비교하고 순서에 맞지 않을 때 교환하는 작업을 배열의 처음부터 끝까지 반복한다. 교환이 일어날 때마다 배열은 점점 정렬된 상태로 진행한다. 이 알고리즘의 의사코드는 다음과 같다.

배열 a를 정렬하는 버블 정렬 알고리즘

다음 작업을 배열 a가 정렬될 때까지 반복한다.

```
for (index = 0; index < a.length - 1; index++)
    if (a[index] > a[index + 1])
        a[index]와 a[index + 1]의 값을 교환한다.
```

버블 정렬 알고리즘은 대개 다른 정렬 방법보다 많은 시간이 걸린다.

5 Listing 7.10의 ArraySorter 클래스에 배열에 대한 **삽입 정렬**(insertion sort)을 수행하는 insertionSort라는 메소드를 추가하라. 이 과제를 좀 더 단순하게 처리하기 위해 여기 소개하는 알고리즘에서는 별도의 추가 배열을 사용할 것이다. 원래의 배열에서 하나의 값이 있어야 할 위치를 찾아 새로운 배열의 그 위치에 값을 복사한다. 이렇게 하려면 새 배열의 다른 요소들이 위치를 바꾸어야 하는 경우도 자주 발생한다. 알고리즘의 의사코드는 다음과 같다.

배열 a를 정렬하는 삽입 정렬 알고리즘

```
for (index = 0; index < a.length; index++)
    a[index]의 값을 temp 배열의 올바른 위치에 삽입한다. 이때 temp 배열에 있는
    모든 값이 정렬 상태를 유지할 수 있도록 이동이 필요하면 이동하여 복사한다.
temp 배열의 모든 값을 a 배열로 복사한다.
```

배열 `temp`는 부분적으로 채워진 배열이고 `insertionSort` 메소드의 지역 변수로 선언된다.

6 Listing 7.14의 `TimeBook` 클래스는 완성된 것이 아니다. 지금부터 설명하는 내용을 따라 클래스를 완성하라. 먼저 기본 생성자와 각 인스턴스 변수 및 배열의 인덱스 변수의 값을 반환하거나 설정하는 set과 get 메소드를 추가하라. 스터브인 `setHours` 메소드가 키보드에서 입력을 받을 수 있도록 수정하라. 또한 두 개의 `int`형 매개변수를 가지고 두 번째 매개변수가 지정한 수만큼의 공간 안에 첫 번째 매개변수의 값을 출력하는 전용 메소드를 정의해야 한다. 첫 번째 매개변수가 짧아서 지정한 공간이 남는 곳은 공백 문자로 채워야 한다. 이 메소드를 사용하면 각 배열의 요소를 정확히 4칸 또는 5칸 등에 출력시켜, 전체 출력의 모양이 깔끔하게 직사각형을 이루도록 할 수 있다. 새로운 메소드를 추가한 후에도 Listing 7.14의 `main` 메소드에 있는 프로그램이 잘 동작하도록 해야 한다. (힌트 : 정해진 공간에 `int`형의 값 *n*을 출력하기 위해 숫자 *n*을 문자열로 변환하는 `Integer.toString(n)`을 호출하고, 이후 작업은 문자열에 대해 수행하면 된다. 이 메소드는 6장의 '포장 클래스' 절에서 설명하였다.)

7 `TicTacToe` 클래스를 정의하라. `TicTacToe`형의 한 객체는 하나의 tic-tac-toe 게임이 된다. 요소형이 `char`이고 행과 열의 수가 모두 세 개씩인 하나의 2차원 배열로 게임판을 구성하라. 말을 하나씩 놓는 메소드, 게임판을 출력하는 메소드, O와 X 중 누구의 순서인지 알려 주는 메소드, 승자가 있는지 알려 주는 메소드, 누가 승자인지 알려 주는 메소드, 게임을 초기화하고 처음부터 다시 시작할 수 있도록 하는 메소드 등을 작성하라. 마지막으로 두 명의 플레이어가 같은 키보드를 사용해 차례로 자신의 말을 놓는 방식으로 게임할 수 있도록 `main` 메소드를 작성하라.

8 5장의 프로그래밍 과제 12번에서 각 영화의 평점을 개별 변수가 아니라 배열에 저장하도록 수정하여 다시 수행하라. 모든 변경은 클래스 내에서만 이루어져야 하며, 이전 테스트에 사용했던 두 개의 객체를 가지고 배열 버전을 테스트하는 `main` 메소드가 이전과 동일하게 수행되도록 해야 한다.

9 전통적인 패스워드 입력 방식은 아무 의심 없는 사용자가 패스워드나 PIN 번

호를 입력하는 동안 나쁜 마음을 먹은 사람이 '어깨너머로 훔쳐보기(shoulder surfing)'하는 것에 취약하다. 이 문제에 대한 해결책 한 가지는 무작위 문제-응답(randomized challenge-response) 시스템이다. 이 시스템에서는 무작위로 생성되는 문제에 대한 응답을 위해 사용자는 자신의 비밀 정보에 근거하지만 매번 다르게 보이는 정보를 입력하게 된다. 예를 들어 패스워드가 다섯 개의 PIN 번호(00000~99999)로 구성된 시스템을 생각해 보자. 각 숫자는 1, 2, 3 중의 한 숫자로 무작위 배정된다. 사용자는 자신의 실제 PIN 번호 대신 자신의 PIN에 대응하는 무작위 숫자를 입력한다.

예를 들어 실제 PIN 번호가 12345인 경우를 가정하자. 사용자를 인증하기 위해 화면에 다음과 같은 내용이 출력된다.

```
PIN: 0 1 2 3 4 5 6 7 8 9
NUM: 3 2 3 1 1 3 2 2 1 3
```

그러면 사용자는 12345 대신 23113을 입력한다. 나쁜 사람이 이 번호를 알아채더라도 23113이라는 숫자는 69440이나 70439 같은 번호와도 대응하기 때문에 실제 패스워드는 노출되지 않는다. 다음에 사용자가 로그인할 때는 새로 생성된 다른 무작위 수가 출력된다.

```
PIN: 0 1 2 3 4 5 6 7 8 9
NUM: 1 1 2 3 1 2 2 3 3 3
```

이 인증 과정을 시뮬레이션하는 프로그램을 작성하라. 프로그램 내에 자신의 실제 PIN 번호를 저장하라. 그다음 0부터 9까지의 수에 무작위 수를 대응시키기 위해 배열을 사용해야 한다. 무작위 수를 화면에 출력하고, 사용자로부터 입력을 받고, 사용자의 응답이 PIN 번호와 대응되는지 검사하여 결과를 출력하라.

10 소나무 그림을 출력하는 애플릿 또는 GUI 애플리케이션을 작성하라. 작은 직사각형으로 그려진 밑둥 위에 삼각형을 그려서 표현하며, 나무는 녹색, 밑둥은 회색으로 칠해야 한다.

11 ELIZA는 1966년에 작성된 프로그램으로 심리치료사의 면담을 흉내 낸다. 사용자가 문장을 입력하면 프로그램은 그 문장의 단어를 사용해 질문을 생성한다.

이 아이디어를 활용한 간단한 애플릿 또는 GUI 애플리케이션을 작성하라. 프로그램은 질문을 저장하는 레이블과 사용자가 응답을 입력할 수 있는 문자열 필드, 사용자가 응답을 완료했는지 표시할 수 있는 버튼과 프로그램 종료 버튼 등을 가진다.

질문 레이블의 최초 문자열은 '무엇에 대해 이야기하고 싶은가요?'이다. 사용자가 문자열 필드에 응답을 입력하고 버튼을 누르면, 프로그램은 문자열 필드에 있던 텍스트를 읽어 들인다. 이제 문자열로부터 한 번에 하나씩 단어를 추출하고, 길이가 4 이상인 가장 긴 단어를 찾는다. 이 최장 단어를 X라고 하자. 응답 시에는 단어의 길이에 근거한 질문을 생성한다. 단어의 길이가 4이면 새로운 질문은 'X에 대해 더 말씀해 주세요.'이고, 길이가 5이면 '왜 당신은 X가 중요하다고 생각하십니까?'가 된다. 길이가 6 이상이면 '이제 문제를 찾아내고 있는 것 같군요. X가 당신에게 준 가장 큰 영향은 무엇입니까?'가 질문이 된다. 길이가 4 이상인 단어가 하나도 없으면 새 질문은 '이제 다음 단계로 가야겠군요. 이야기하고 싶은 다른 문제가 있습니까?'가 된다. (힌트 : 문자열에서 공백으로 분리될 수 있는 단어를 추출하기 위해 Scanner 클래스를 사용할 수 있다. 예를 들어 다음 문장

```
String text = " one potato two potato ";
Scanner parser = new Scanner(text);
System.out.println(parser.next());
System.out.println(parser.next());
```

은 one과 potato를 각각 다른 줄에 출력한다.)

12 스도쿠는 9×9 개의 정사각형으로 이루어진 2차원 배열을 사용하는 유명한 논리 퍼즐 게임이다. 전체 배열은 다시 9개의 3×3 크기의 하위 배열로 나누어진다. 배열 상의 각 정사각형을 1부터 9까지의 숫자로 채워야 하는데, 같은 행이나 같은 열, 또는 같은 3×3의 하위 배열에는 중복되는 숫자가 들어갈 수 없다. 시작 시 일부 사각형에는 이미 숫자가 정해져 있고 이것은 바꿀 수 없다. 예를 들어 스도쿠 퍼즐의 한 시작 상태를 다음 그림과 같이 나타낼 수 있다.

1	2	3	4	9	7	8	6	5
4	5	9						
6	7	8						
3				1				
2								
9					5			
8								
7								
5			9					

SudokuPuzzle 클래스를 작성하라. 속성은 다음과 같다.

- board—퍼즐의 현재 상태를 나타내는 9×9 정수 배열로 0은 아직 숫자가 없는 상태다.
- start—board 내의 사각형에 변경할 수 없는 숫자들이 배정된 상황을 표시하는 9×9 boolean 배열

메소드는 다음과 같다.

- SudokuPuzzle—빈 퍼즐을 생성하는 생성자
- toString—출력할 수 있도록 퍼즐을 문자열로 표현한다.
- addInitial(row, col, value)—주어진 row행과 col열의 위치에 변경할 수 없는 초깃값 value를 설정한다.
- addGuess(row, col, value)—주어진 위치의 사각형을 주어진 값으로 설정한다. 설정된 값은 나중에 addGuess를 호출하여 변경할 수도 있다.
- checkPuzzle—퍼즐에 설정된 값이 규칙을 위반하지 않으면 true를 반환한다.
- getValueIn(row, col)—주어진 위치의 값을 반환한다.
- getAllowedValues(row, col)—9개의 boolean값으로 구성된 1차원 배열을 반환한다. 배열의 값은 인덱스가 나타내는 숫자가 주어진 위치에 규칙을 위반하지 않고 들어갈 수 있는지 여부를 표시한다.
- isFull—모든 사각형에 값이 다 설정되면 true를 반환한다.
- reset—변경할 수 없는 숫자만 남겨 두고 나머지를 모두 공백(0)으로 되돌린다.

main 메소드를 SudokuPuzzle 클래스 내에 추가하여 게임을 진행할 수 있도록 한다. 먼저 SudokuPuzzle 객체를 생성하고 초기 형태를 설정한다. 그다음 스도쿠 게임을 하는 루프를 작성하라. 현재 상태를 출력하고 행, 열, 값의 입력을 안내한다. 사용자가 입력하면 상태를 갱신하고 그 내용을 다시 출력한다. 규칙을 만족하지 않는 상태가 되면 사용자에게 메시지를 출력한다. 퍼즐이 정확하게 완성되면, 즉 checkPuzzle과 isFull 메소드가 모두 true를 반환하면 이를 사용자에게 알린다. 또한 퍼즐을 재설정하는 기능과 어떤 사각형에 허용될 수 있는 숫자들을 힌트로 알려 줄 수 있는 기능을 옵션으로 제공해야 한다.

13 다각형과 다각선을 이용해 다음 그림과 같은 요술봉을 그리는 애플릿 또는 GUI 애플리케이션을 작성하라.

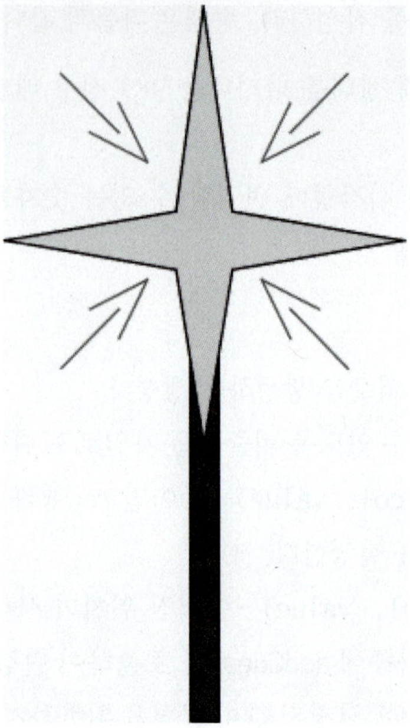

자습문제 해답 ANSWERS to SELF-TEST QUESTIONS

1 0 2 4 6 8 10 12 14 16 18

2
```
a
e
i
o
u
```

3
```
Tide 1 is -7.3
Tide 2 is 14.2
```

4 a의 마지막 인덱스는 9이다.

a.length의 값은 10이다.

5 for 루프에서는 b[1]에서 b[10]까지의 값을 참조하는데 b[10]이란 값은 없다. 배열 요소는 b[0]에서 b[9]까지 존재한다. 이 부분이 클래스나 프로그램에 포함되면 코드는 오류 메시지 없이 컴파일되지만, 실행 시에 배열 인덱스가 범위를 벗어 났다는 오류가 발생한다.

6
```
import java.util.Scanner;
public class Question6
{
    public static void main(String[] args)
```

```
    {
        double[] array = new double[20];

        Scanner keyboard = new Scanner(System.in);
        System.out.println("Enter 20 numbers:");
        for (int index = 0; index < array.length; index++)
            array[index] = keyboard.nextDouble();

        double lastNumber = array[array.length - 1];
        System.out.println("The last number read is " + lastNumber + ".");
        System.out.println("The numbers read and their " +
                           "differences from last number are:");
        for (int index = 0; index < array.length; index++)
            System.out.println(array[index] +
                               " differs from the last number by " +
                               (array[index] - lastNumber));
    }
}
```

7
```
SalesAssociate[] entry = new SalesAssociate[3];
for (int i = 0; i < entry.length; i++)
    entry[i] = new SalesAssociate("Jane Doe", 5000);
```

8 변경되는 부분은 다음 코드에서 색을 칠해 표시하였다. 이 외에 SalesAssociate 클래스의 writeOutput 메소드 정의도 수정해야 함을 명심하라. 수정된 writeOutput 메소드도 아래에 있다. DollarFormat 클래스를 사용하기 위해서는 클래스를 소스와 같은 디렉터리로 복사하거나 적절한 패키지에 넣고 import해야 한다는 점을 잊지 말아야 한다.

```
/**
판매 실적 기록을 화면에 출력한다.
*/
public void displayResults()
{
    System.out.print("Average sales per associate is ");
    DollarFormat.writeln(averageSales);
    System.out.print("The highest sales figure is ");
    DollarFormat.writeln(highest);
    System.out.println();
    System.out.println("The following had the highest sales:");
    for (int i = 1; i <= numberOfAssociates; i++)
    {
        double nextSales = team[i].getSales();
        if (nextSales == highest)
        {
            team[i].writeOutput();
            DollarFormat.write(nextSales - averageSales);
            System.out.println(" above the average.");
            System.out.println();
        }
    }
```

```
    System.out.println("The rest performed as follows:");
    for (i = 1; i <= numberOfAssociates; i++)
    {
        double nextSales = team[i].getSales();
        if (team[i].getSales() != highest)
        {
            team[i].writeOutput();
            if (nextSales >= averageSales)
            {
                DollarFormat.write(nextSales - averageSales);
                System.out.println(" above the average.");
            }
            else
            {
                DollarFormat.write(averageSales - nextSales);
                System.out.println(" below the average.");
            }
            System.out.println();
        }
    }
}
```

다음은 SalesAssociate 클래스의 writeOutput 메소드를 수정한 것이다. 변경된 부분은 색을 달리하여 표시하였다.

```
public void writeOutput()
{
    System.out.println("Sales associates: " + name);
    System.out.print("Sales: ");
    DollarFormat.writeln(sales);
}
```

9

```
a[1] = a, b[1] = a
a[2] = a, b[2] = a
a[1] = a, b[1] = a
a[2] = b, b[2] = b
```

10 두 가지 가능한 해답이 있다.

```
public static void showArray(char[] a)
{
    for (int i = 0; i < a.length; i++)
        System.out.print(a[i]);
    System.out.println();
}

public static void showArray(char[] line)
{
    for (char character : line)
        System.out.print(character);
    System.out.println();
}
```

11
```
public static double[] getArrayOfHalves(double[] a)
{
    double[] temp = new double[a.length];
    for (int i = 0; i < a.length; i++)
        temp[i] = a[i] / 2.0;
    return temp;
}
```

12 이 메소드가 반환하는 배열은 인자로 전달된 것과 동일한 것이다. 즉, 인자가 저장하고 있는 주소와 동일한 주소를 반환하게 된다. 배열을 복사하기 위해서는 다음 문장

```
temp = anArray;
```

를 다음과 같이 수정해야 한다.

```
for (int i = 0; i < anArray.length; i++)
    temp[i] = anArray[i];
```

13 b가 길이가 10인 배열일 때 **doubleSize(b)**를 호출하면 오류 없이 실행되지만, b의 길이는 변경되지 않는다. 사실 b에 대한 아무것도 변경되지 않는다. 매개변수 a는 일종의 지역 변수로서 b의 주소로 초기화될 뿐이기 때문이다. 지역 변수 a는 b 배열의 두 배 크기의 새로운 배열을 가리키도록 변경되지만, 메소드 실행이 끝나면 a는 없어지고 a에 저장된 주소도 사라진다.

14 메소드는 컴파일되고 실행도 된다. 메소드의 반환값은 SalesAssociate 객체의 배열인 인스턴스 변수 team에 대한 주소가 된다. 그러나 이 메소드로 인한 프라이버시 누설이 일어날 수 있다. 배열 team에 대한 주소를 가지면 그 데이터를 변경할 수 있게 되기 때문이다. 예를 들어 SalesAssociate 클래스의 set 메소드를 이용해 경쟁자의 판매 실적을 0으로 만들어 버릴 수 있다.

15
```
int count = toDoList.getNumberOfEntries();
for (int pos = toDoList.START_POSITION; pos <= count; pos++)
    System.out.println(toDoList.getEntryAt(position));
```

16
```
if (!toDoList.isEmpty())
{
    int position = toDoList.START_POSITION;
    while (!toDoList.atLastEntry(position))
    {
       System.out.println(toDoList.getEntryAt(position));
       position++;
    }
    System.out.println(toDoList.getEntryAt(position));
}
```

17 두 가지 해답이 가능하다. 하나는

```
for (int i = 0; i < a.length; i++)
    System.out.println(a[i]);
```

이고, 다른 하나는 다음과 같다.

```
for (double element : a)
    System.out.println(element);
```

18 여기서는 for-each 루프를 사용할 수 없다.

```
for (int i = 0; i < numberUsed; i++)
    System.out.println(a[i]);
```

19 a[0], a[1], a[2]. numberUsed는 3이다.

20
```
a[numberUsed] = 42;
numberUsed++;
```

21
```
if (numberUsed == a.length)
    System.out.println("Array is full. Cannot add to it.");
else
{
   a[numberUsed] = 42;
   numberUsed++;
}
```

22
```
public String[] getEntryArray()
{
   String[] temp = new String[entry.length];
   for (int i = 0; i < countOfEntries; i++)
      temp[i] = entry[i];
   return temp;
}
```

23 7 5 1 3 6

1 5 7 3 6

1 3 7 5 6

1 3 5 7 6

1 3 5 6 7

24 ArraySorter.selectionSort(myArray);

25 배열의 요소형을 int에서 double로 바꾼다. 인덱스의 형을 선언하는 부분은 제외하고, 코드에 나타나는 int를 모두 double로 바꾼다. 예를 들어 다음 헤딩을

```
private static void interchange(int i, int j, int[] a)
```

다음과 같이 수정한다.

```
private static void interchange(int i, int j, double[] a)
```

i와 j는 인덱스이기 때문에 그대로 int로 남겨 두어야 함을 명심하라.

26 getIndexOfSmallest 메소드의 다음 코드 부분에서 <를 >로 바꾸면 된다.

```
if (a[index] < min)
```

코드를 좀 더 이해하기 쉽게 작성하려면 메소드의 이름을 getIndexOfLargest로, 변수 min을 max로, 변수 indexOfMin도 indexOfMax로 바꾸는 것이 좋다. 물론 주석문도 적절하게 다시 작성하는 것이 좋다.

27 두 개

28 0 1 2 3

0 1 2 3

0 1 2 3

29

```
/**
배열 anArray의 각 차원의 요소 수는 몇 개여도 괜찮다.
선행조건 : 배열 내용은 달러 기호를 붙여 출력된다.
*/
public static void showTable(int[][] anArray)
{
    for (int row = 0; row < anArray.length; row++)
    {
        System.out.print((row + 1) + " ");
        for (int column = 0; column < anArray[row].length; column++)
            System.out.print("$" + anArray[row][column] + " ");
        System.out.println();
    }
}
```

이 메소드는 원서와 연계된 웹사이트의 소스 코드 InterestTable3 클래스에서 볼 수 있다.

30

```
int[][] a = new int[4][5];
System.out.println("Enter numbers:");
Scanner keyboard = new Scanner(System.in);
    for (int row = 0; row < 4; row++)
        for (int column = 0; column < 5; column++)
            a[row][column] = keyboard.nextInt();
```

다른 방식으로 다음과 같이 for 문을 시작할 수 있다.

```
for (int row = 0; row < a.length; row++)
    for (int column = 0; column < a[row].length; column++)
```

31
```
public static void display(int[][] anArray)
{
    for (int row = 0; row < anArray.length; row++)
    {
        for (int column = 0; column < anArray[row].length; column++)
        System.out.print(anArray[row][column] +" ");
        System.out.println();
    }
}
```

32
```
String text = theText.getText();
theText.setText(text + text);
```

33
```
private int[] xCoord = {7, 27, 27, 7};
private int[] yCoord = {8, 8, 18, 18};
...
canvas.drawPolygon(xCoord, yCoord, xCoord.length);
```

08 상속, 다형성, 인터페이스

이 장에서는 객체지향 프로그래밍의 세 가지 주요 개념인 상속, 다형성 및 인터페이스에 대해 다룬다. 자바 언어와 함께 제공되는 여러 라이브러리를 사용하기 위해서도 이 개념들에 대한 이해가 필요하다. 다형성은 객체가 여러분이 기대하는 대로 동작하도록 하며 이러한 동작의 명세에 집중하도록 해 준다. 상속은 기존의 클래스를 사용하여 새로운 클래스를 정의할 수 있게 하여 소프트웨어의 재사용을 용이하게 한다. 마지막으로 인터페이스는 클래스가 필수적으로 구현해야 하는 메소드를 명시하게 해 준다.

■ 학습목표

- 다형성과 상속의 일반적인 개념을 설명할 수 있다.
- 메소드를 명시하는 인터페이스를 정의할 수 있다.
- 동적 바인딩을 설명할 수 있다.
- 자바의 파생 클래스를 정의하고 사용할 수 있다.
- 자바 애플리케이션 프로그램에서 윈도우 인터페이스를 생성할 때 상속이 어떻게 사용되는지 이해할 수 있다.

■ 전제조건

이 장 내용을 이해하려면 1장에서 6장까지를 읽어야 한다. 8.3절과 8.4절에 나오는 일부 예제는 7장을 알아야 한다.

8.1 상속의 기초

운송수단(vehicle)에 해당하는 클래스를 정의한다고 하자. 이 클래스는 바퀴의 개수와 최대 승차인원을 나타내는 인스턴스 변수, 그리고 접근자와 설정자 메소드를 가진다. 그러고 나서 자동차(automobile) 클래스를 정의하게 되는데, 여기에는 앞의 운송수단 클래스와 동일한 인스턴스 변수 및 메소드가 필요하다. 자동차 클래스는 여기에 더해 연료 탱크의 용량과 자동차 등록번호에 해당하는 인스턴스 변수와 몇몇 추가적인 메소드도 필요하다. 운송수단 클래스가 가지는 인스턴스 변수 및 메소드의 정의를 자동차 클래스에서 다시 반복하는 대신, 자바의 상속 메커니즘을 이용하여 자동차 클래스가 운송수단 클래스의 모든 인스턴스 변수와 메소드를 물려받게 할 수 있다.

상속(inheritance)을 이용하면 먼저 일반적인 클래스를 정의하고 나중에 이 일반적인 클래스 정의에다 새로운 세부 사항을 추가하는 특수화된 클래스를 정의할 수 있

Listing 8.1 Person 클래스

```
public class Person
{
    private String name;

    public Person()
    {
        name = "No name yet";
    }
    public Person(String initialName)
    {
        name = initialName;
    }
    public void setName(String newName)
    {
        name = newName;
    }
    public String getName()
    {
        return name;
    }
    public void writeOutput()
    {
        System.out.println("Name: " + name);
    }
    public boolean hasSameName(Person otherPerson)
    {
        return this.name.equalsIgnoreCase(otherPerson.name);
    }
}
```

다. 이렇게 하면 작업을 절약할 수 있는데, 특수화된 클래스가 일반적인 클래스의 모든 특성을 상속받으므로 프로그래머는 단지 추가되는 특성만 프로그래밍하면 되기 때문이다.

자바에서 상속의 예를 만들어 보기 전에 먼저 상속이 이루어질 상위 클래스가 필요하므로 **Person**이라는 간단한 클래스를 정의하였다. Listing 8.1에 주어진 이 클래스는 매우 단순하여 이름이 유일한 속성이다. **Person** 클래스 자체는 그다지 쓸모가 없지만 이 클래스를 사용하여 다른 클래스를 정의할 것이다.

Person 클래스의 메소드는 대부분 간단하다. 예를 들어 **hasSameName** 메소드는 이미 살펴본 **equals** 메소드와 비슷하지만 이름을 비교할 때 대소문자의 구분을 무시한다는 점에 주의하라.

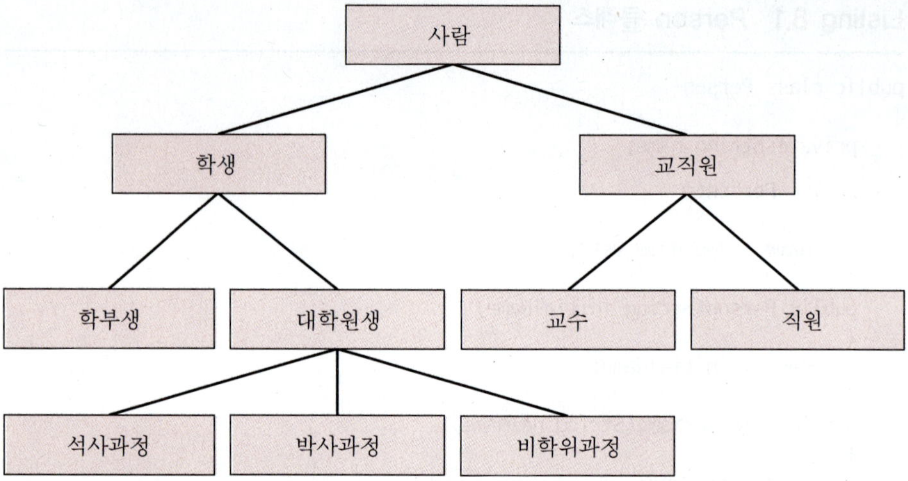

그림 8.1 클래스 계층

파생 클래스

대학의 기록 보관 프로그램을 설계한다고 생각해 보자. 학생, 교수 및 직원에 대한 기록이 각각 있고, 이들 기록의 종류를 그룹으로 묶는 자연스러운 계층이 존재한다. 모든 기록은 '사람(person)'에 대한 것이며, '사람'의 하위 클래스로 '학생(student)'과 '교직원(employee)'이 있다. '교직원'은 다시 '교수(faculty)'와 '직원(staff)'을 포함한다. '학생'은 다시 '학부생(undergraduate)'과 '대학원생(graduate)'의 두 하위 클래스로 나뉜다. 하위 클래스들은 더 작은 하위 클래스로 다시 나뉠 수도 있다.

그림 8.1은 이 계층 구조의 일부를 보이고 있다. '사람'이나 '교직원'에 대한 클래스를 프로그램이 필요로 하지 않더라도 이와 같은 클래스를 고려하는 것이 유용하다. 예를 들어 모든 '사람'은 이름이라는 속성을 가질 것이고, 이름을 초기화하고, 표시하고, 변경하는 메소드들은 학생, 직원, 교수 문서에 공통될 것이다. 자바에서 Person이라는 클래스를 정의하여 '사람'의 모든 하위 클래스의 공통된 속성에 해당하는 인스턴스 변수 및 이런 인스턴스 변수를 조작하는 모든 메소드 정의를 포함하도록 할 수 있다. Listing 8.1에서 이미 이러한 Person 클래스의 정의를 보였다.

Listing 8.2는 '학생' 클래스의 정의를 보여 준다. 학생은 사람의 일종이므로 Student 클래스를 Person 클래스의 **파생 클래스**(derived class) 혹은 **하위 클래스**(subclass)로 정의했다. 파생 클래스는 기존의 클래스에다 인스턴스 변수와 메소드를 추가하여 정의하는 클래스이다. 이때 파생 클래스가 기존 클래스를 **확장한다**(extends)고 말한다. 파생 클래스의 기반이 되는 기존 클래스를 **기반 클래스**(base class) 혹은 **상위 클래스**(superclass)라고 부른다. 앞의 예에서 Person이 기반 클래스이고 Student가 파생 클

Listing 8.2 파생 클래스

```
public class Student extends Person
{
    private int studentNumber;
    public Student()
    {
        super();
        studentNumber = 0; //Indicating no number yet
    }
    public Student(String initialName, int initialStudentNumber)
    {
        super(initialName);
        studentNumber = initialNumber;
    }
    public void reset(String newName, int newStudentNumber)
    {
        setName(newName);
        studentNumber = newStudentNumber;
    }
    public int getStudentNumber()
    {
        return studentNumber;
    }
    public void setStudentNumber(int newStudentNumber)
    {
        studentNumber = newStudentNumber;
    }
    public void writeOutput()
    {
        System.out.println("Name: " + getName());
        System.out.println("Student Number: " + studentNumber);
    }
    public boolean equals(Student otherStudent)
    {
        return this.hasSameName(otherStudent) &&
            (this.studentNumber == otherStudent.studentNumber);
    }
}
```

super는 장 후반부에 설명되므로, 지금은 신경 쓸 필요가 없다.

래스이다. Listing 8.2의 Student 정의에 보면 클래스 정의 첫 줄에 extends Person이라는 구절을 포함하여 이러한 사실을 나타내고 있다. 즉, Student 클래스 정의는 다음과 같이 시작한다.

```
public class Student extends Person
```

Student와 같은 파생 클래스는 자신이 확장하는 기반 클래스의 공용 인스턴스 변수와 공용 메소드를 **상속받는다**(inherit)고 말한다. 파생 클래스를 정의할 때는 추가되는 인스턴스 변수와 추가되는 메소드만 작성하면 된다. Student 클래스는 Person 클래스의 모든 공용 인스턴스 변수와 공용 메소드를 가지지만 Student를 정의할 때 이들을 선언하거나 정의하지 않는다. 예를 들어 Student 클래스의 모든 객체는 getName 메소드를 가지지만 Student 클래스를 정의할 때 getName을 정의하지 않는다는 말이다.

Student와 같은 파생 클래스는 기반 클래스로부터 상속받은 것들에다 추가적인 인스턴스 변수와 메소드를 더할 수 있다. 예를 들어 Student 클래스는 인스턴스 변수 studentNumber와 reset, getStudentNumber, setStudentNumber, writeOutput 및 equals 메소드, 그리고 몇 개의 생성자를 정의하고 있다. (생성자에 대한 논의는 클래스 정의의 다른 부분을 모두 설명한 다음에 하겠다.)

Student가 Person의 전용 인스턴스 변수인 name을 상속받지는 않지만 setName을 비롯하여 기반 클래스의 공용 메소드를 상속받는다는 점에 주의하라. 즉, Student는 name에 대해 간접적으로 접근할 수 있기 때문에 새로운 정의를 추가할 필요가 없다. s가 다음과 같이 정의되는 Student 클래스의 객체라면

```
Student s = new Student();
```

다음과 같은 코드를 작성할 수 있다.

```
s.setName("Warren Peace");
```

하지만 name이 Person의 전용 인스턴스 변수이기 때문에 Person 클래스 정의를 벗어나서는 s.name이라고 쓸 수 없다. 이것은 Student의 정의 내에서조차 불가능하다. 그렇더라도 이 인스턴스 변수(name)가 존재하기는 하며 Person에서 정의된 메소드(setName 등)를 사용하여 접근하거나 변경할 수 있다. Listing 8.3은 상속을 보여 주는 아주 간단한 예시 프로그램이다.

Student 객체는 Student의 모든 메소드를 가질 뿐만 아니라 더하여 Person의 모든 메소드도 가진다. 앞에서 학생은 사람의 일종(A student is a person)이라고 설명한 적이 있었다. 실세계에서 학생과 사람 간에 존재하는 이런 관계는 Student가 Person의 모든 동작(즉, 메소드)을 가진다는 방식으로 Student와 Person 클래스에 의해 표현된다. 이런 관계를 is-a 관계라고 부르는데, 어떤 클래스와 파생 클래스 간에 **is-a 관계**가 성립할 때만 상속을 사용해야 한다.

프로그래밍 팁_is-a 관계가 성립할 때만 상속을 사용하라

두 클래스 간에 is-a 관계가 성립하지 않을 때에는 한 클래스에서 다른 클래스를 파생시키는 상속을 사용해서는 안 된다. 대신 한 클래스의 객체를 다른 클래스의 인스턴

Listing 8.3 Student를 사용한 상속의 예제

```
public class InheritanceDemo
{
    public static void main(String[] args)
    {
        Student s = new Student();
        s.setName("Warren Peace")
        s.setStudentNumber(1234);
        s.writeOutput();
    }
}
```

setName은 Person 클래스로부터 상속받았다.

실행 결과 출력

```
Name: Warren Peace
Student Number: 1234
```

스 변수로 정의할 수 있는지 검토하라. 이러한 관계는 has-a 관계라고 부른다. 'is-a 관계와 has-a 관계'라는 제목의 프로그래밍 팁에서 이 두 관계에 대해 더 자세히 다룰 것이다. ■

파생 클래스에 대해 논의할 때는 흔히 가족 관계에서 빌려 온 용어를 사용한다. 흔히 기반 클래스를 **부모 클래스**(parent class)로, 파생 클래스를 **자식 클래스**(child class)라 부른다. 이런 용어는 상속과 관련된 설명을 아주 자연스럽게 해 준다. 예를 들어 자식 클래스가 부모 클래스의 공용 인스턴스 변수와 공용 메소드를 상속받는다고 말할 수 있다.

이런 비유를 좀 더 적용해 본다면, 어떤 클래스가 다른 클래스의 부모의 부모의 부모라면 ('~의 부모' 관계가 여러 번 더 반복될 수도 있다) 흔히 **조상 클래스**(ancestor class)라고 부른다. 클래스 A가 클래스 B의 조상 클래스라면 B를 A의 **자손**(descendent)이라고 부른다.

요점 정리 파생 클래스

파생 클래스(derived class) 혹은 하위 클래스를 정의할 때는 이미 정의된 다른 클래스를 출발점으로 삼아 메소드와 인스턴스 변수를 추가하거나 변경한다. 출발점이 된 클래스를 기반 클래스(base class) 혹은 상위 클래스라고 부른다. 파생 클래스는 기반 클래스의 모든 공용 메소드와 공용 인스턴스 변수를 상속받고 여기에 추가적인 인스턴스 변수와 메소드를 더할 수 있다.

(계속됨)

문법

```
public class Derived_Class_Name extends Base_Class_Name
{
    Declarations_of_Added_Instance_Variables
    Definitions_of_Added__And_Changed_Methods
}
```

예제

Listing 8.2를 보라.

다음 절에서 보는 것처럼 변경된 메소드는 재정의(override)되었다고 말한다.

메소드의 재정의

Listing 8.2의 Student 클래스는 매개변수가 없는 writeOutput 메소드를 정의한다. 그런데 Person 클래스도 매개변수가 없는 같은 이름의 메소드를 포함하고 있다. 만약 Student 클래스가 기반 클래스 Person으로부터 writeOutput 메소드를 상속받는다면 Student는 매개변수가 없고 이름이 writeOutput인 두 개의 메소드를 포함하게 된다. 자바는 이런 문제를 해결하기 위한 규칙을 가지고 있다. 파생 클래스에서 정의되는 메소드가 기반 클래스의 메소드와 이름, 매개변수의 수와 형, 반환형 등이 동일하다면, 파생 클래스의 정의가 기반 클래스의 정의를 **재정의한다**(override)고 말한다. 다시 말하여 파생 클래스의 객체에 대해서는 파생 클래스에 주어진 정의가 사용된다. 예를 들어 Listing 8.3의 다음 호출은

```
s.writeOutput();
```

s가 Student 클래스의 객체이기 때문에 Student 클래스의 writeOutput 정의를 사용한다. Person 클래스의 정의가 사용되는 것이 아니라는 말이다.

메소드를 재정의할 때 메소드 정의 부분은 마음대로 변경할 수 있으나 메소드 헤딩과 반환형은 변경하지 못한다.

요점 정리 메소드의 재정의

기반 클래스에 이미 있는 메소드와 이름, 매개변수의 개수 및 형, 그리고 반환형이 정확히 동일한 메소드 정의를 파생 클래스에 포함시키면, 파생 클래스의 객체가 이 메소드에 대한 호출을 받았을 때 파생 클래스의 정의가 기반 클래스의 정의를 대체하게 된다.

(계속됨)

> 메소드를 재정의할 때 반환형은 변경하지 못한다. 메소드 서명(signature)에는 반환형이 포함되지 않으므로 파생 클래스 메소드가 기반 클래스 메소드를 재정의할 때 두 메소드는 동일한 서명과 반환형을 가져야 한다고 말할 수 있다.

재정의와 중복

메소드의 재정의(overriding)와 중복(overloading)을 혼동하지 않아야 한다. 메소드 재정의에서는 파생 클래스에 주어지는 메소드의 새로운 정의가 원래의 메소드와 이름, 반환형, 매개변수의 개수와 형 등이 같아야 한다. 반면에 파생 클래스의 메소드가 기반 클래스 메소드와 이름과 반환형은 같지만 매개변수의 개수나 형이 다르다면 메소드 중복이 일어난다. 그런 경우에 파생 클래스는 두 메소드를 모두 가지게 된다.

예를 들어 Listing 8.2의 **Student** 클래스에 다음과 같은 메소드 정의를 추가했다고 하자.

```
public String getName(String title)
{
    return title + getName();
}
```

이 경우에 **Student** 클래스는 **getName**이라는 이름의 메소드를 두 개 가지게 되는데, 하나는 기반 클래스 **Person**(Listing 8.1)으로부터 상속받은 **getName** 메소드로서 매개변수가 없는 것이고 다른 하나는 방금 정의한 **getName** 메소드로서 매개변수를 하나 가진다. 이렇게 되는 이유는 두 **getName** 메소드의 매개변수 개수가 달라서 메소드 중복으로 간주되기 때문이다.

메소드 중복과 재정의가 혼동된다면, 메소드 중복은 한 메소드의 이름을 다른 메소드에도 사용되도록 '중복'시키는 것이고 메소드 재정의는 메소드의 정의를 새로운 정의로 대체하는 것임을 기억하라.

final 수식어

어떤 메소드 정의가 파생 클래스에서 새로운 정의로 재정의될 수 없도록 명시하려면 다음 예와 같이 메소드 헤딩에 **final** 수식어를 포함하면 된다.

```
public final void specialMethod()
```

메소드가 **final**로 선언되면 컴파일러는 이 메소드가 어떻게 사용될지 좀 더 자세히 알게 되므로 보다 효율적인 코드를 생성할 수 있게 된다.

클래스 전체가 final로 선언될 수도 있는데, 이렇게 되면 이 클래스를 기반 클래스로 하는 파생 클래스를 생성할 수 없게 된다. 여러분이 당분간 final 수식어를 사용하게 될 가능성은 별로 없지만 표준 자바 라이브러리의 메소드 설명에서 만나게 될 수도 있으므로 알아 두는 것이 좋다.

프로그래밍 팁_메소드를 호출하는 생성자

생성자가 공용 메소드를 호출할 경우, 파생 클래스가 그 메소드를 재정의하여 생성자의 동작에 영향을 미칠 수 있다. 이런 일이 일어나지 않도록 하고 싶으면 그런 공용 메소드는 final로 선언하면 된다. ■

기반 클래스의 전용 인스턴스 변수와 전용 메소드

파생 클래스인 Student(Listing 8.2)의 객체는 기반 클래스 Person(Listing 8.1)의 인스턴스 변수인 name을 상속받지 않는다. 하지만 Person의 공용 메소드를 통해 name의 값을 접근하거나 변경할 수는 있다. 예를 들어 다음 문장은 Student 객체를 생성하고 name과 studentNumber의 값을 지정한다.

```
Student joe = new Student();
joe.reset("Joesy", 9892);
```

변수 name은 Person 클래스의 전용 인스턴스 변수이므로 Student 클래스 정의에서는 그 이름으로 직접 접근할 수 없다. 따라서 Student 클래스의 reset 메소드는 다음과 같이 정의되었다.

```
public void reset(String newName, int newStudentNumber)
{
    setName(newName);
    studentNumber = newStudentNumber;
}
```

올바른 정의

다음과 같이 정의하면 안 된다.

```
public void reset(String newName, int newStudentNumber)
{
    name = newName;  //ILLEGAL!
    studentNumber = newStudentNumber;
}
```

잘못된 정의

주석문에 표시했듯이 이 대입문은 동작하지 않는데, 그 이유는 파생 클래스는 기반 클래스의 전용 인스턴스 변수를 상속받지 않기 때문이다. 그러므로 Student 클래스의 reset 정의는 setName 메소드를 사용하여 인스턴스 변수 name의 값을 지정한다.

GOTCHA 전용 인스턴스 변수는 파생 클래스에서 직접 접근하지 못한다

파생 클래스는 기반 클래스의 전용 인스턴스 변수를 변수 이름을 써서 직접 접근하지 못한다. 파생 클래스가 아는 것은 기반 클래스의 공용 동작뿐이다. 즉, 파생 클래스는 기반 클래스가 데이터를 어떻게 저장하는지에 대해 알지 못하도록 설계되어야 한다. 하지만 상속받은 공용 메소드에는 전용 인스턴스 변수에 대한 참조가 포함될 수 있다. ■

파생 클래스가 기반 클래스의 전용 인스턴스 변수를 변수 이름을 통해 접근하지 못한다는 사실은 잘못된 것으로 여길 수 있다. 어쨌거나 학생은 자신의 이름을 변경할 수 있어야지 name이 Person 클래스의 전용 인스턴스 변수이기 때문에 안 된다고 하면 뭔가 문제가 있다는 것이다. 여러분이 '학생'이라면 '사람'이기도 하다. 이는 자바에서도 마찬가지로 Student 클래스의 객체는 Person 클래스의 객체이기도 하다. 그렇지만 전용 인스턴스 변수의 사용에 관한 규칙은 지금껏 설명한 것과 같아야지, 그렇지 않다면 전용으로 지정하는 것이 무의미해진다. 만약 파생 클래스에서 기반 클래스의 전용 인스턴스 변수에 접근하는 것이 가능하다면, 전용 인스턴스 변수에 접근하고자 할 때마다 파생 클래스를 만들어서 그 변수에 접근하는 메소드를 작성하면 된다. 그렇게 되면 누구나 약간의 수고만 한다면 전용 인스턴스 변수에 접근할 수 있게 된다.

마찬가지로 기반 클래스의 전용 메소드도 다른 클래스에서 직접 접근하지 못한다. 비록 파생 클래스라 할지라도 마찬가지다. 하지만 전용 메소드가 없어지는 것은 아니므로 파생 클래스가 상속받은 공용 메소드를 호출하고 그 공용 메소드가 전용 메소드에 대한 호출을 포함하고 있다면 이 호출은 여전히 잘 동작한다. 그러나 기반 클래스의 전용 메소드를 호출하는 메소드를 파생 클래스가 정의하지는 못한다. 이러한 제한은 문제가 되지 않는다. 전용 메소드는 보조적인 메소드로 사용되는 것이므로 자신이 정의된 클래스에서만 사용하도록 제한되어야 한다. 어떤 메소드가 다수의 파생 클래스에서 보조 메소드로 사용되도록 하고 싶다면 그것은 이미 단순한 보조 메소드가 아니므로 공용 메소드로 선언해야 한다.

GOTCHA 전용 메소드는 파생 클래스에서 직접 접근하지 못한다

파생 클래스는 기반 클래스에 정의된 전용 메소드를 호출하지 못한다. 그러나 파생 클래스가 기반 클래스의 공용 메소드를 호출하고 그 공용 메소드가 다시 기반 클래스의 전용 메소드를 호출하는 것은 가능하다. ■

프로그래밍 팁_동료 프로그래머들이 악의적이라고 가정하라

전용 인스턴스 변수를 파생 클래스에서 직접 접근하지 못하도록 하는 이유는 그렇게 하지 않으면 악의적인 프로그래머가 편법을 써서 접근할 수 있기 때문이다. 여러분은 동료 프로그래머가 악의적이지 않다고 생각할지 모른다. 사실 기초적인 프로그래밍 강좌에서는 혼자서 숙제를 할 것이고 여러분은 당연히 자신이 짠 프로그램을 망가뜨리려고 하지는 않을 것이다. 물론 맞는 말이다. 하지만 여러분의 동료나 심지어 여러분 자신조차도 악의적인 의도는 아닐지라도 실수로라도 문제가 되는 일을 할 수 있다. 동료가 실제로 악의적이기 때문에 악의적이라고 가정하라는 것이 아니다. 그렇게 가정함으로써 여러분 자신을 포함한 선의를 가진 프로그래머들의 의도하지 않은 실수에 가장 잘 대처할 수 있기 때문이다. ■

UML 상속 다이어그램

그림 8.2는 그림 8.1에 나왔던 클래스 계층의 일부를 UML 표기법을 사용하여 보인 것이다. 클래스 다이어그램을 그릴 때는 현재의 설계 작업을 위해 필요한 만큼만 보이는 것이 일반적이다. 그림 8.2와 그림 8.1의 표기법상 중요한 차이는 그림 8.2에서는 상속을 나타내기 위해 화살표를 썼다는 점이다. 화살표가 파생 클래스에서 기반 클래스로 가는 방향이라는 점에 주의하라. 이 화살표가 is-a 관계를 나타낸다. 예를 들어 Student는 Person의 일종이다. 자바 용어로 말하면 Student형의 객체는 Person형이기도 한다.

화살표는 메소드 정의의 위치를 찾는 데도 유용하다. 어떤 클래스의 메소드를 찾으려 한다면 화살표가 여러분(혹은 컴퓨터)이 따라가야 하는 경로를 보여 준다. Undergraduate 클래스의 객체에 의해 사용된 메소드 정의를 찾으려 한다면 먼저 Undergraduate 클래스의 정의에서 찾고, 거기에 없으면 Student의 정의에서 찾는다. 거기에도 없다면 Person 클래스의 정의에서 찾는다.

그림 8.3은 Person 클래스와 그 파생 클래스인 Student 클래스의 상속 계층을 보다 자세히 보여 준다. s가 Student 클래스의 객체를 참조하고 있다면, 다음에서 호출된 getStudentNumber 메소드의 정의를 Student 클래스에서 찾을 수 있다는 것을 그림 8.3의 다이어그램을 보고 알 수 있다.

```
int num = s.getStudentNumber();
```

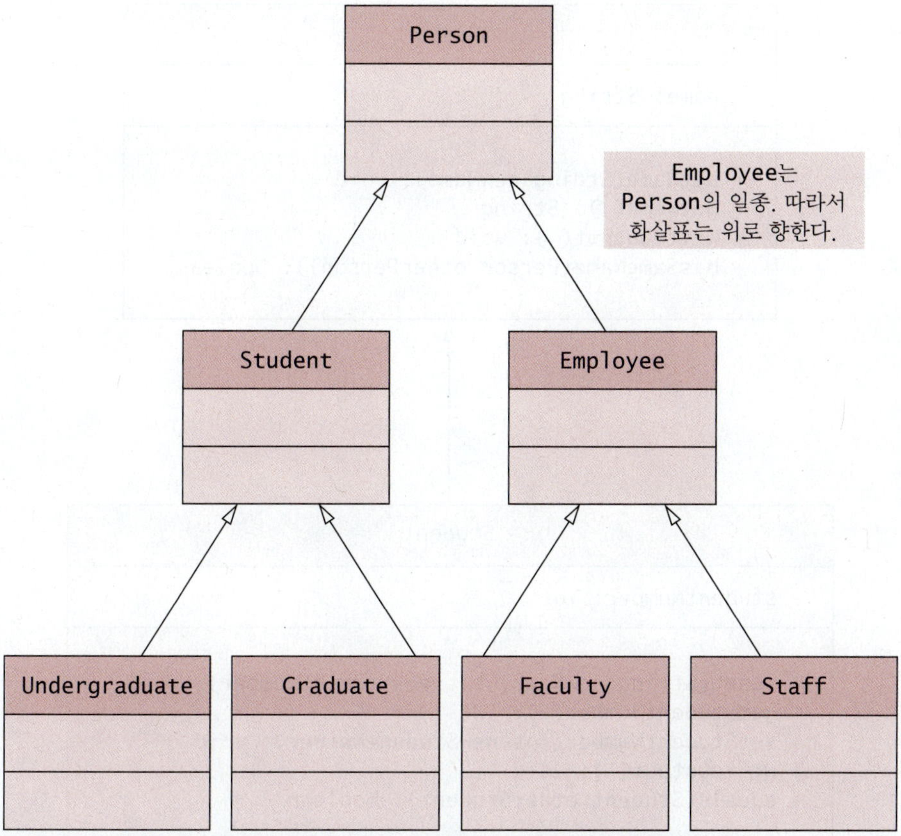

그림 8.2 UML 표기법에 의한 클래스 계층

또한 다음 호출에서 setName 메소드의 정의는 Person 클래스에 있다는 것도 알 수 있다.

```
s.setName("Joe Student");
```

자습문제 SELF-TEST QUESTIONS

1 메소드 재정의(overriding)와 메소드 이름 중복(overloading)의 차이는 무엇인가?

2 SportsCar가 Automobile 클래스의 파생 클래스라고 하자. 그리고 Automobile은 speed, manufacturer, numberOfCylinders라는 전용 인스턴스 변수를 가진다고 하자. SportsCar 클래스의 객체는 speed, manufacturer, numberOfCylinders라는 이름의 인스턴스 변수를 가지는가?

3 SportsCar가 Automobile 클래스의 파생 클래스이고, Automobile은

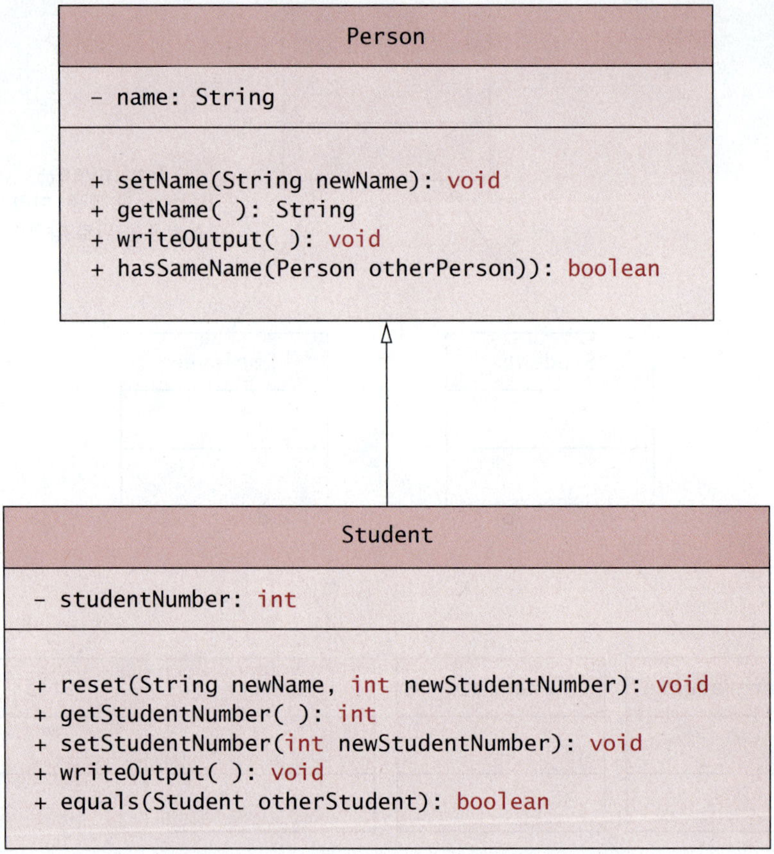

그림 8.3 그림 8.2에 보인 UML 클래스 계층의 세부

accelerate, addGas라는 공용 메소드를 가진다고 하자. SportsCar 클래스의 객체는 accelerate와 addGas라는 이름의 메소드를 가지는가? 만약 그렇다면 이 메소드는 SportsCar 클래스에서도 Automobile 클래스에서와 똑같은 동작을 실행해야 하는가?

4 파생 클래스가 기반 클래스의 전용 인스턴스 변수를 이름을 통해 직접 접근할 수 있는가?

5 파생 클래스가 기반 클래스의 전용 메소드를 직접 호출할 수 있는가?

6 s가 Student 클래스의 객체라고 하자. 그림 8.3의 상속 다이어그램에 따른다면 다음 호출에 사용된 hasSameName 메소드의 정의를 어디에서 찾을 수 있는가? 왜 그런지 설명하라.

```
Student other = new Student("Joe Student", 777);
```

```
if (s.hasSameName(other))
    System.out.println("Wow!");
```

7 s가 Student 클래스의 객체라고 하자. 그림 8.3의 상속 다이어그램에 따른다면 다음 호출에 사용된 메소드의 정의를 어디에서 찾을 수 있는가? 왜 그런지 설명하라.

```
s.setStudentNumber(1234);
```

8.2 상속을 사용한 프로그래밍

이 절에서는 파생 클래스를 정의하거나 사용할 때 필요한 기본적인 프로그래밍 기법을 설명한다.

파생 클래스의 생성자

Listing 8.2의 Student와 같은 파생 클래스는 자신의 생성자를 가지며 기반 클래스로부터 생성자를 상속받지 않는다. Person과 같은 기반 클래스도 역시 자신의 생성자를 가진다. 파생 클래스의 생성자 정의에서는 먼저 기반 클래스의 생성자를 호출하는 경우가 많다. 예를 들어 Student 클래스의 생성자를 정의한다고 하면 초기화가 필요한 것 중 하나는 학생의 이름이다. 그런데 인스턴스 변수 name이 Person에서 정의되었으므로 name은 Person의 생성자에 의해 초기화되는 것이 정상적이다.

다음과 같은 파생 클래스 Student(Listing 8.2)의 생성자 정의를 살펴보자.

```
public Student(String initialName, int initialStudentNumber)
{
    super(initialName);
    studentNumber = initialStudentNumber;
}
```

이 생성자는 예약어 super를 메소드 이름으로 하여 기반 클래스의 생성자를 호출하고 있다. 기반 클래스 Person이 두 가지 생성자를 정의하고 있지만 다음 호출은 그중 스트링 매개변수 하나를 가지는 생성자에 대한 호출이다.

```
super(initialName);
```

생성자의 이름이 아니라 예약어 super를 사용함에 주의하라. 즉, 다음과 같이 호출하지 못한다는 말이다.

```
Person(initialName); //ILLEGAL
```

FAQ super가 파생 클래스의 생성자가 아니라 기반 클래스의 생성자를 호출한다는 사실을 기억하려면?

기반 클래스를 상위 클래스(superclass)라고 부르기도 한다는 점을 생각하면 super가 상위 클래스의 생성자를 호출한다는 것을 쉽게 기억할 수 있을 것이다.

super를 사용할 때는 몇 가지 알아야 할 세부 사항이 있다. super 호출은 항상 생성자 정의의 첫 부분에 와야 한다. 첫 부분 이후에서는 super를 쓸 수 없다. 파생 클래스의 생성자가 명시적으로 기반 클래스 생성자를 호출하지 않으면 자바는 자동적으로 기반 클래스의 디폴트 생성자를 호출할 것이다. 예를 들어 다음에 보인 Listing 8.2의 Student 클래스의 디폴트 생성자 정의는

```
public Student()
{
    super();
    studentNumber = 0;  //Indicating no number yet
}
```

다음 정의와 완전히 동등하다.

```
public Student()
{
    studentNumber = 0;  //Indicating no number yet
}
```

요점 정리 기반 클래스 생성자의 호출

파생 클래스의 생성자를 정의할 때 super를 사용하여 기반 클래스 생성자를 나타낼 수 있다. super에 대한 호출은 반드시 생성자의 첫 문장이 되어야 한다.

예제

```
public Student(String initialName, int initialStudentNumber)
{
    super(initialName);
    studentNumber = initialStudentNumber;
}
```

GOTCHA 생성자에서 super 호출을 생략하면?

파생 클래스 생성자에서 기반 클래스 생성자에 대한 호출을 생략하면 파생 클래스 생성자의 첫 작업으로 기반 클래스의 디폴트 생성자가 호출된다. 디폴트 생성자는 매개변수가 없는 생성자를 말하는데, 실제로 호출되어야 하는 것이 이 디폴트 생성자가 아닐 수도 있다. 그러니 기반 클래스 생성자에 대한 호출을 명시적으로 포함하는 것이 좋은 경우가 많다.

예를 들어 Student 클래스의 두 번째 생성자에서 super(initialName)을 생략하면 Person의 디폴트 생성자가 호출될 것이다. 이렇게 되면 학생의 이름이 스트링 initialName으로 지정되지 않고 "No name yet"으로 지정될 것이다. ■

this 메소드 다시 보기

생성자를 정의할 때 같은 클래스의 다른 생성자를 호출하는 일이 흔하다. 6장에서 예약어 this를 사용하는 이런 경우에 대해 설명했었다. 이제 super에 대해 배웠으니 this와 super가 비슷하게 사용된다는 점을 명백하게 느꼈을 것이다.

Person 클래스(Listing 8.1)의 디폴트 생성자를 다음과 같이 수정하여 같은 클래스 내의 다른 생성자를 this를 사용해 호출하도록 할 수 있다.

```
public Person()
{
    this("No name yet");
}
```

이렇게 하면 디폴트 생성자가 다음 생성자를 호출하게 되므로

```
public Person(String initialName)
{
    name = initialName;
}
```

인스턴스 변수 name에 "No name yet"이라는 스트링을 지정하게 된다.

super와 마찬가지로 this 호출도 생성자 정의의 첫 문장으로 와야 한다. 따라서 하나의 생성자 정의가 super와 this 호출을 둘 다 포함할 수는 없다. 두 가지 호출을 모두 포함하고 싶다면 어떻게 할까? this를 사용하여 다른 생성자를 호출하고 그 생성자의 첫 문장으로 super를 넣으면 된다.

기억하세요! 생성자에서 this와 super의 사용

생성자 정의에서 this는 같은 클래스의 생성자를 호출하고, super는 기반 클래스의 생성자를 호출한다.

재정의된 기반 클래스 메소드의 호출

파생 클래스의 생성자가 super를 사용하여 기반 클래스의 생성자를 호출할 수 있음을 보았다. 파생 클래스의 메소드가 기반 클래스 메소드를 재정의하여 대체하는 경우에도 파생 클래스 메소드에서 super를 사용하여 재정의된 기반 클래스 메소드를 호출할 수 있지만 사용 방법이 약간 다르다.

예를 들어 Listing 8.2에서 Student 클래스의 writeOutput 메소드를 살펴보면 다음과 같은 문장이 있어서 Student의 이름을 출력한다.

```
System.out.println("Name: " + getName());
```

그런데 이렇게 하는 대신 Listing 8.1의 Person 클래스의 writeOutput 메소드를 호출해서 이름을 출력하는 것도 가능할 것이다. 하지만 Student 클래스 안에서 writeOutput이라는 메소드 이름을 사용하면 Student 클래스의 writeOutput 메소드가 호출된다는 문제가 있다. 즉, '기반 클래스에서 정의된 writeOutput()'을 호출하는 특별한 방법이 필요하다. 해결책은 super.writeOutput()이라고 쓰면 되고, 이를 이용하여 Student 클래스의 writeOutput 메소드를 다시 정의하면 다음과 같다.

```
public void writeOutput()
{
    super.writeOutput();  //Display the name
    System.out.println("Student Number: " + studentNumber);
}
```

Listing 8.2의 Student 정의에서 writeOutput 메소드를 위의 정의로 대체해도 Student 클래스의 동작은 똑같을 것이다.

요점 정리 재정의된 기반 클래스 메소드의 호출

파생 클래스의 메소드 정의에서 재정의된 기반 클래스 메소드를 호출하려면 메소드 이름 앞에 super와 점(.)을 붙이면 된다.

(계속됨)

문법

```
super.Overridden_Method_Name(Argument_List)
```

예제

```
public void writeOutput()
{
    super.writeOutput();  //Calls writeOutput in the base class
    System.out.println("Student Number: " + studentNumber);
}
```

프로그래밍 예제 파생 클래스의 파생 클래스

파생 클래스로부터 다시 파생 클래스를 만들 수 있다. 사실 이는 흔한 일이다. 예를 들어 앞에서 Person 클래스(Listing 8.1)의 파생 클래스로 Student(Listing 8.2)를 만들었다. 여기서는 Listing 8.4에 보인 것처럼 Student의 파생 클래스로 Undergraduate 클래스를 만든다. 그림 8.4는 Person, Student, Undergraduate 클래스들 간의 관계를 보여 주는 UML 다이어그램이다.

Undergraduate 클래스의 객체는 Student 클래스의 모든 공용 멤버를 가진다. 그런데 Student는 Person의 파생 클래스이므로 Undergraduate 객체는 Person 클래스의 모든 공용 멤버도 가지게 된다. Person 클래스의 객체는 name이라는 인스턴스 변수를 가진다. Student 클래스의 객체는 studentNumber라는 인스턴스 변수를 가지고, Undergraduate 클래스의 객체는 level이라는 인스턴스 변수를 가진다. name과 studentNumber는 전용 인스턴스 변수이기 때문에 Undergraduate 객체가 이들을 상속받지 않지만, 상속받은 접근자 및 설정자 메소드를 통해 이 변수들을 접근하거나 변경할 수는 있다. 결국 Person 클래스의 공용 메소드가 모두 상속되기 때문에, Student와 Undergraduate 클래스 및 이들로부터 파생된 다른 클래스는 Person 클래스의 정의에 주어진 코드를 재사용하는 셈이다.

Undergraduate 클래스의 모든 생성자는 super 호출로 시작하는데 여기서의 super는 기반 클래스 Student의 생성자를 의미한다. 그런데 Student 클래스의 생성자도 super 호출로 시작하며, 여기서는 super가 Person 클래스의 생성자를 의미한다. 따라서 new를 사용하여 Undergraduate의 생성자를 호출하면 먼저 Person과 Student의 생성자가 호출되고 나서 Undergraduate 생성자 정의에서 super 다음에 나오는 코드가 실행된다.

Student와 Undergraduate 클래스는 둘 다 reset이라는 메소드를 정의한다.

Listing 8.4 파생 클래스의 파생 클래스

```
public class Undergradute extends Student
{
    private int level;  //1 for freshman, 2 for sophomore
                        //3 for junior, or 4 for senior.
    public Undergraduate()
    {
        super();
        level = 1
    }
    public Undergraduate(String initialName,
                int initialStudentNumber, int initialLevel)
    {
        super(initialName, initialStudentNumber);
        setLevel(initialLevel);  //checks 1 <= initialLevel <= 4
    }
    public void reset(String newName, int newStudentNumber,
                     int newLevel)
    {
        reset(newName, newStudentNumber);  //Student's reset
        setLevel(newLevel);  //Checks 1 <= newLevel <= 4
    }
    public int getLevel()
    {
        return level;
    }
    public void setLevel(int newLevel)
    {
        if ((1 <= newLevel) && (newLevel <= 4))
            level = newLevel;
        else
        {
            System.out.println("Illegal level!");
            System.exit(0);
        }
    }
    public void writeOutput()
    {
        super.writeOutput();
        System.out.println("StudentLevel: " + level);
    }
    public boolean equals(Undergraduate otherUndergraduate)
    {
        return equals(Student)otherUndergraduate) &&
               (this.level == otherUndergraduate.level);
    }
}
```

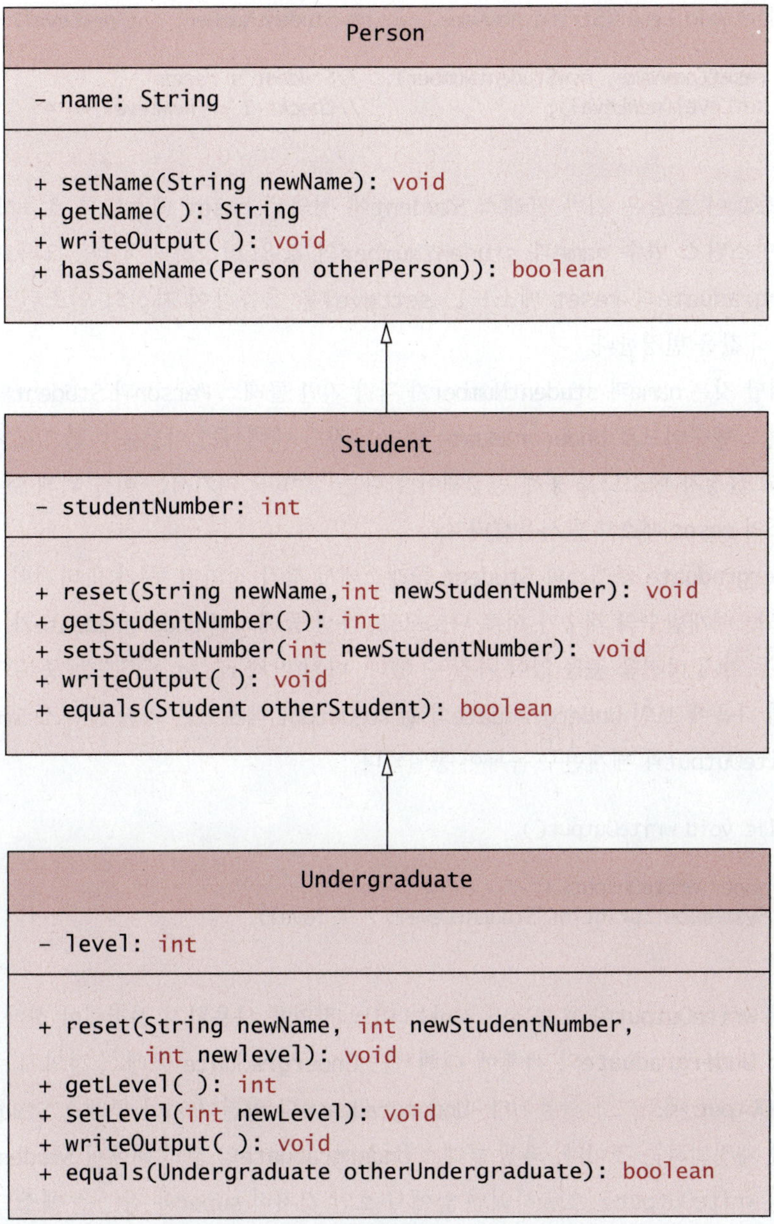

그림 8.4 그림 8.2에 보인 UML 클래스 계층의 추가적인 세부

Student의 reset은 두 개의 매개변수를 가지고 Undergraduate의 reset은 세 개의 매개변수를 가지므로 이 reset은 중복된 메소드이다. 다음에 보인 Undergraduate의 reset 메소드는 첫 부분에서 reset을 호출하고 있는데 매개변수는 두 개만 넘겨주고 있다.

```
public void reset(String newName, int newStudentNumber, int newLevel)
{
    reset(newName, newStudentNumber);  //Student's reset
    setLevel(newLevel);                //Checks 1 <= newLevel <= 4
}
```

그러므로 이 호출은 기반 클래스 Student에 정의된 reset 메소드를 호출하는 것이며 인스턴스 변수 name과 studentNumber의 값을 변경하게 된다. 그러고 나서 Undergraduate의 reset 메소드는 setLevel을 호출하여 자신의 인스턴스 변수 level의 값을 변경한다.

주의할 것은 name과 studentNumber가 각각 기반 클래스 Person과 Student의 전용 인스턴스 변수이므로 Undergraduate 클래스 정의 내에서는 이들을 이름으로 참조할 수 없고 설정자 메소드를 통해 변경해야 한다는 점이다. 여기서는 이를 위해 Student 클래스의 reset 메소드를 사용했다.

Undergraduate 클래스와 Student 클래스에서 각각 정의된 두 가지 버전의 reset 메소드는 매개변수의 개수가 서로 다르므로, 파생 클래스인 Undergraduate가 reset의 이 두 가지 버전을 충돌 없이 가질 수 있다. 다시 말해 reset 메소드는 중복되었다. 반면에 다음에 보인 Undergraduate의 writeOutput 메소드는 기반 클래스 Student의 writeOutput과 매개변수 목록이 동일하다.

```
public void writeOutput()
{
    super.writeOutput();
    System.out.println("StudentLevel: " + level);
}
```

따라서 writeOutput이 호출되면 자바는 어느 정의를 사용할지 결정해야 한다. 파생 클래스 Undergraduate의 객체에 대해서는 Undergraduate 클래스 정의에 주어진 writeOutput 메소드가 사용된다. Undergraduate의 버전이 기반 클래스 Student의 버전을 재정의하는 것이다. 파생 클래스 Undergraduate의 정의 내에서 Student에서 정의된 writeOutput을 호출하려면 앞에서 보인 것처럼 super와 점(.)을 메소드 이름 앞에 붙여야 한다.

이제 Student와 Undergraduate 클래스에서 각각 정의된 equals 메소드를 생각해 보자. 이들은 매개변수 목록이 다르다. Student 클래스의 정의는 Student형의 매개변수 하나를 가지는 반면 Undergraduate 클래스의 정의는 Undergraduate형의 매개변수 하나를 가진다. 이 둘은 매개변수의 개수가 동일하지만 그 매개변수의 형이 서로 다르다. 형만 달라도 메소드 중복이 이루어진다는 점을 기억하라. 상황을 자세히 살펴보기 위해 파생 클래스 Undergraduate의 equals 정의를 다음에 다시 보였다.

```
public boolean equals(Undergraduate otherUndergraduate)
{
    return equals((Student)otherUndergraduate) &&
      (this.level == otherUndergraduate.level);
}
```

equals 호출에서 otherUndergraduate를 Student로 형 변환한 이유는 무엇일까? 형 변환을 하지 않았더라면 Undergraduate의 equals 정의가 호출되었을 것이기 때문이다. 즉 위의 equals 메소드는 자기 자신을 호출했을 것이다. 메소드가 자신을 호출하는 것 자체는 (11장에서 살펴볼 것처럼) 몇 가지 조건만 지켜진다면 아무런 문제가 없지만, 여기서 우리가 원하는 바가 아니다. 그래서 인자를 Undergraduate에서 Student로 형 변환함으로써 Student의 equals 메소드가 호출되도록 하였다. otherUndergraduate는 Undergraduate 객체이지만 Student 객체의 모든 특성을 가지기 때문에 Student의 equals 메소드 내에서도 올바르게 동작할 것이다. 이 문제는 다음 절에서 보다 상세히 살펴볼 것이다.

Undergraduate는 특별할 게 없는 클래스이지만 이 클래스를 사용하는 간단한 데모 프로그램을 원서와 연계된 웹사이트의 소스 코드에 UndergraduateDemo.java라는 파일로 포함시켰으니 참고하기 바란다.

Undergraduate의 equals 메소드를 정의하는 다른 방법

Undergraduate 클래스의 equals 메소드는 매개변수 otherUndergraduate를 Undergraduate형에서 Student형으로 변환하여 Student의 equals 메소드에 인자로 넘겨주고 있다. Student의 equals 메소드를 호출하도록 강제하는 다른 방법은 다음과 같이 super와 점을 사용하는 것이다.

```
public boolean equals(Undergraduate otherUndergraduate)
{
    return super.equals(otherUndergraduate) &&
           (this.level == otherUndergraduate.level);
}
```

GOTCHA super를 연속해서 사용하지 못한다

이미 살펴본 것처럼 파생 클래스의 메소드 내에서 재정의된 기반 클래스 메소드를 호출하려면 메소드 이름 앞에 super와 점을 붙이면 되었다. 하지만 부모가 아닌 그 위 조상 클래스의 재정의된 메소드를 호출하기 위해 super를 여러 개 반복해서 사용하지는 못한다. 예를 들어 Student 클래스가 Person 클래스로부터 파생되었고 Undergraduate 클래스가 Student 클래스로부터 파생되었다고 하면, Undergraduate 클래스 정의 내에서 Person 클래스의 메소드를 호출하기 위해 다음과 같이 super.super를 사용하면 된다고 생각하기 쉽다.

```
super.super.writeOutput(); //ILLEGAL!
```

그러나 위의 주석문이 나타내듯이 자바에서 이렇게 super의 연쇄를 사용하는 것은 허용되지 않는다. ■

자료형의 호환성

Listing 8.4의 Undergraduate 클래스를 생각해 보면, Undergraduate는 Student 클래스의 파생 클래스이다. 실세계에서 모든 '학부생'(undergraduate)은 '학생'(student)이기도 하다. 이런 관계는 이 자바 예제 내에서도 성립한다. Undergraduate 클래스의 모든 객체는 Student 클래스의 객체이기도 하다. 따라서 Student형의 형식 매개변수를 가지는 메소드가 있다면 이 메소드를 호출할 때 Undergraduate형의 객체를 인자로 넘겨줄 수 있다. 이 경우에 호출된 메소드는 Student 클래스에서 정의된 메소드만 사용할 수 있는데, Undergraduate 클래스의 모든 객체는 Student의 모든 메소드를 가지고 있으므로 문제가 없다.

예를 들어 Student와 Undergraduate 클래스가 Listing 8.2와 8.4처럼 정의되었고 어떤 클래스가 다음과 같은 메소드 정의를 가진다고 하자.

```
public class SomeClass
{
    public static void compareNumbers(Student s1, Student s2)
    {
        if (s1.getStudentNumber() == s2.getStudentNumber())
            System.out.println(s1.getName() + " has the same " +
                               "number as " + s2.getName());
        else
            System.out.println(s1.getName() + " has a different " +
                               "number than " + s2.getName());
    }
    . . .
}
```

그리고 someClass를 사용하는 프로그램이 다음과 같은 코드를 가진다고 하자.

```
Student studentObject = new Student("Jane Doe", 1234);
Undergraduate undergradObject =
    new Undergraduate("Jack Buck", 1234, 1);
SomeClass.compareNumbers(studentObject, undergradObject);
```

compareNumbers 메소드의 헤딩 부분을 보면 두 매개변수가 모두 Student형임을 확인할 수 있다. 하지만 다음 호출은 Student형의 인자 하나와 Undergraduate형의 인자 하나를 사용하고 있다.

```
SomeClass.compareNumbers(studentObject, undergradObject);
```

Student형의 인자가 필요한 자리에 Undergraduate형의 객체를 사용할 수 있는 이유는 무엇일까? 그 대답은 Undergraduate형의 모든 객체는 Student형이기도 하다는 것이다. 앞에서 두 인자의 순서를 다음과 같이 바꾸어도 메소드 호출은 여전히 유효하다는 점에 주의한다면 이러한 사실을 좀 더 명확히 알 수 있을 것이다.

```
SomeClass.compareNumbers(undergradObject , studentObject);
```

여기서는 자동적인 형 변환이 일어나는 것이 아니라는 점에 주의하라. Undergraduate 클래스의 객체는 바로 Student 클래스의 객체이다. Student형이라는 말이다. Student 클래스 객체로의 형 변환이 필요하지도 않고 일어나지도 않는다.

상속의 결과로 한 객체가 둘 이상의 형을 가지는 것처럼 동작할 수 있다. Undergraduate는 Student의 파생 클래스이고 Student는 다시 Person의 파생 클래스라는 점을 기억한다면, 모든 Undergraduate 객체가 Student형의 객체인 동시에 Person형의 객체이기도 함을 알 수 있다. 따라서 Person 클래스의 객체에 동작하는 모든 것은 Undergraduate 객체에도 동작한다.

예를 들어 Person과 Undergraduate 클래스가 Listing 8.1과 8.4처럼 정의되었고 어떤 프로그램에 다음의 코드가 나왔다고 하자.

```
Person joePerson = new Person("Josephine Student");
System.out.println("Enter name:");
Scanner keyboard = new Scanner(System.in);
String newName = keyboard.nextLine();
Undergraduate someUndergrad =
    new Undergraduate(newName, 222, 3);
if (joePerson.hasSameName(someUndergrad))
    System.out.println("Wow, same names!");
else
    System.out.println("Different names");
```

Listing 8.1에서 hasSameName 메소드의 헤딩을 보면 매개변수가 하나이고 Person형이라는 것을 알 수 있다. 하지만 앞의 if-else 문에 포함된 다음 호출은 유효하다.

```
joePerson.hasSameName(someUndergrad)
```

인자인 someUndergrad는 Undergraduate형이고 hasSameName의 매개변수는 Person

형이지만 문제가 없다. 이는 Undergraduate 클래스의 모든 객체는 Person 클래스의 객체이기도 하기 때문이다.

심지어 다음 호출도 유효하다.

```
someUndergrad.hasSameName(joePerson)
```

hasSameName 메소드는 Person에 속하지만 Undergraduate 클래스에 상속된다. 그러므로 Undergraduate 객체인 someUndergrad도 이 메소드를 가진다. Undergraduate 형의 객체는 Person형이기도 하다. 조상 클래스의 객체에 대해 동작하는 모든 것은 그 클래스의 어느 자손 클래스의 객체에 대해서도 동작한다. 다른 식으로 말한다면 자손 클래스의 객체는 조상 클래스의 객체가 할 수 있는 모든 일을 할 수 있다. 이미 살펴본 것처럼 클래스 A가 클래스 B의 파생 클래스이고 클래스 B가 클래스 C의 파생 클래스라면 A 클래스의 객체는 A형인 동시에 B형이며 C형이기도 하다. 이러한 관계는 파생 클래스의 연쇄가 아무리 길어지더라도 성립한다.

파생 클래스의 객체는 자신의 자료형뿐 아니라 모든 조상 클래스의 자료형도 가지므로, 어떤 클래스의 객체를 그 조상 형 중 하나의 변수에 대입하는 것은 가능하지만 반대로는 안 된다. 예를 들면 Student가 Person의 파생 클래스이고 Undergraduate가 Student의 파생 클래스이므로 다음 코드는 유효하다.

```
Student s = new Student();
Undergraduate ug = new Undergraduate();
Person p1 = s;
Person p2 = ug;
```

다음과 같이 new로 생성한 객체를 s나 ug 같은 변수를 건너뛰고 변수 p1, p2에 직접 대입해도 문제가 없다.

```
Person p1 = new Student();
Person p2 = new Undergraduate();
```

하지만 다음의 모든 문장은 유효하지 않다.

```
Student s = new Person();            //ILLEGAL!
Undergraduate ug = new Person();     //ILLEGAL!
Undergraduate ug2 = new Student();   //ILLEGAL!
```

그리고 p와 s를 다음과 같이 정의했다면

```
Person p = new Person();     //valid
Student s = new Student();   //valid
```

다음 문장들은 멀쩡하게 보일지 몰라도 마찬가지로 유효하지 않다.

```
Undergraduate ug = p;   //ILLEGAL!
Undergraduate ug2 = s;  //ILLEGAL!
```

이 모든 것은 사리에 잘 맞는다. 예를 들어 Student는 Person의 일종(A Student *is a* Person)이지만 Person이 Student의 일종이라고 할 수는 없다. 객체가 어떤 형을 가지는지 그리고 변수에 어떤 대입문이 유효한지 판단할 때 'is a' 관계를 대입해 보면 도움이 된다고 생각하는 프로그래머들도 있다. 다른 예로 Employee가 Person의 파생 클래스라면 Employee는 Person의 일종이므로 Employee 객체를 Person형의 변수에 할당할 수 있다. 하지만 Person이 Employee의 일종이라고 할 수는 없으므로 그냥 Person으로 생성한 객체를 Employee형의 변수에 대입하는 것은 불가능하다.

기억하세요! 대입 호환성(assignment compatibility)

파생 클래스의 객체는 파생 클래스형을 가지지만 그 조상 클래스들 중 하나의 형을 가지는 변수로도 이 객체를 참조할 수 있다. 즉, 파생 클래스 객체를 그 조상 형의 변수에 할당할 수 있지만 그 반대로는 안 된다.

프로그래밍 팁_is-a 관계와 has-a 관계

앞서 설명했듯이 Student는 일종의 Person이고 그렇기 때문에 Student 클래스를 Person 클래스의 파생 클래스로 만들었다. 이것은 클래스 간의 is-a 관계의 예이다. 이와 같은 클래스의 파생은 단순한 클래스로부터 더 복잡한 클래스를 만들어 내는 한 가지 방법이다.

다른 방법으로는 **has-a 관계**가 있다. 예를 들어 날짜를 나타내는 Date 클래스가 있다면 Student 클래스에 Date형의 인스턴스 변수를 추가함으로써 등록일자를 포함시킬 수 있다. 이 경우에 Student가 Date를 가진다(Student 'has a' Date)고 말한다. 다른 예로 MechanicalArm이라는 클래스가 있고 로봇의 작동을 흉내 내는 클래스를 정의하려고 한다면 Robot 클래스에 MechanicalArm형의 인스턴스 변수를 둘 수 있다. 이 때는 Robot이 MechanicalArm을 가진다고 말한다.

대부분의 상황에서 is-a 관계나 has-a 관계 가운데 어느 것을 선택하더라도 거기에 맞추어 동작하는 코드를 만들 수 있지만, has-a 관계가 더 나은 선택인 경우도 많다. Robot 클래스를 MechanicalArm 클래스의 파생 클래스로 만드는 것은 우스꽝스럽긴 하지만 불가능한 것은 아니다. 하지만 그 결과는 잘못된 설계가 될 것이다.

다행히도 인간의 언어로 가장 자연스럽게 느껴지는 방식을 따르면 보통은 그것이 최선의 프로그래밍 기법이다. "Robot이 MechanicalArm을 가진다"고 말하는 것이 "Robot이 MechanicalArm의 일종이다"라고 말하는 것보다 합당하다. 그러므로 MechnicalArm을 Robot 클래스의 인스턴스 변수로 두는 것이 프로그래밍 기법으로서도 더 합당하다.

프로그래밍 기법에 관한 문헌에서 is-a나 has-a 같은 용어를 만날 기회가 많을 것이다. ■

자습문제 SELF-TEST QUESTIONS

8 Listing 8.1의 Person 클래스로부터 파생되는 TitledPerson이라는 클래스를 정의하라. TitledPerson 클래스는 Ms., Mr., The Honorable 등의 호칭(title)에 해당하는 String 인스턴스 변수를 추가로 가진다. 두 개의 생성자가 필요한데, 하나는 디폴트 생성자이고 다른 하나는 이름과 호칭을 지정하는 생성자이다. 또한 writeOutput 메소드, reset 메소드, equals 메소드, 호칭을 반환하는 getTitle이라는 접근자 메소드, 호칭을 변경하는 setTitle이라는 설정자 메소드 등을 가진다. 두 TitledPerson 객체가 동일하려면 같은 이름과 같은 호칭을 가져야 한다. Listing 8.2의 Student 클래스를 참고할 수 있을 것이다.

9 Student 클래스에 생성자를 추가하라. 이 생성자는 인자로 받은 스트링을 학생의 이름에 지정하고 학생의 학번은 0으로 지정하는데, 이를 위해 Student의 다른 생성자를 호출해야 한다.

10 Listing 8.4에 주어진 Undergraduate 클래스의 writeOutput 메소드를 다시 작성하되 super.writeOuput 대신에 getName과 getStudentNumber를 사용하라. (대부분의 프로그래머는 Listing 8.4에 작성된 버전을 선호하겠지만 두 가지 방식으로 작성할 수는 있어야 한다.)

11 Listing 8.4에 주어진 Undergraduate 클래스의 reset 메소드를 다시 작성하되 중복된 reset 메소드 대신 setName과 setStudentNumber를 사용하라. (대부분의 프로그래머는 Listing 8.4에 작성된 버전을 선호하겠지만 두 가지 방식으로 작성할 수는 있어야 한다.)

12 하나의 객체가 형이 서로 다른 여러 변수에 의해 참조될 수 있는가?

13 어떤 형의 변수가 다음 문장에서 생성된 객체를 참조할 수 있는가? (Undergraduate

클래스의 정의는 Listing 8.4에 주어져 있다.)

```
Undergraduate ug = new Undergraduate();
```

14 예약어 super의 두 가지 용도를 설명하라.

15 생성자 정의 내에서 this와 super를 사용하여 메소드를 호출한다면 이 둘 간의 차이는 무엇인가?

Object 클래스

자바에는 '이브(Eve)'에 해당하는 클래스, 즉 모든 클래스의 조상이 되는 클래스가 있다. 자바에서 모든 클래스는 Object 클래스로부터 파생된다. 클래스 C의 기반 클래스가 B라면 이 기반 클래스 B가 Object로부터 파생된 것이므로 결국 C도 Object로부터 파생된 것이 된다. 그러므로 모든 클래스의 모든 객체는 자신이 속한 클래스형 및 모든 조상 클래스형임과 동시에 Object형이기도 하다. 여러분이 상속 없이 정의하는 클래스조차도 Object 클래스의 자손이 된다. 클래스를 만들 때 다른 클래스의 파생 클래스로 지정하지 않는다면 자바가 그 클래스를 자동적으로 Object의 파생 클래스로 지정한다.

메소드에 Object형의 매개변수를 사용하면 인자로 어떤 클래스의 객체라도 받게 할 수 있다. 여러분이 만나게 될 라이브러리 메소드 중에는 Object형의 매개변수를 가지기 때문에 어떤 클래스의 객체라도 인자로 받을 수 있는 것들이 있다.

Object 클래스에도 몇 개의 메소드가 있으며 이들은 모든 자바 클래스에 상속된다. 예를 들어 모든 클래스는 equals와 toString 메소드를 조상 클래스로부터 상속받는데, Object에게서 직접 받거나 혹은 Object로부터 메소드를 물려받은 다른 클래스에게서 받는다. 하지만 Object에게 상속받은 equals와 toString 메소드는 여러분이 작성하는 클래스에서는 거의 제대로 동작하지 않을 것이므로, 여러분은 상속받은 메소드를 보다 적절한 새 정의로 재정의해야 할 필요가 있다.

초급 프로그래머에게는 equals 메소드를 제대로 작성하는 것이 약간 복잡한 일이다. 다음 절에서 완전하고 올바른 equals 메소드를 작성하는 방법을 설명할 텐데, 이 책에서 작성하는 equals 메소드가 대부분의 상황에서 잘 동작할 것이다.

조상 클래스로부터 상속받은 toString 메소드는 인자를 가지지 않는다. toString 메소드는 객체의 모든 데이터를 스트링 형태로 포장하여 반환하기 위한 것이지만, 상속받은 toString 메소드 버전은 데이터를 적절한 스트링 형태로 표현하지 못하므로 거의 쓸모가 없다. 따라서 새로 작성하는 클래스의 객체가 가지는 데이터를 스트링으로 잘 표현하도록 toString 메소드를 재정의해야 한다.

예를 들어 Listing 8.2의 Student 클래스에 다음 toString 정의를 추가할 수 있다.

```
public String toString()
{
    return "Name: " + getName() +
           "\nStudent number: " + studentNumber;
}
```

원서와 연계된 웹사이트의 소스 코드에 들어 있는 Student 클래스는 이러한 toString 메소드를 포함하고 있으므로 쉽게 테스트해 볼 수 있다.

Student 클래스에 toString 메소드를 추가하고 나면 이 메소드를 사용하여 다음과 같이 객체를 출력할 수 있다.

```
Student joe = new Student("Joe Student", 2001);
System.out.println(joe.toString());
```

표시되는 출력은 다음과 같다.

```
Name: Joe Student
Student number: 2001
```

여기서 호출된 println 메소드는 String형의 매개변수를 하나 가진다.

System.out 객체는 여러 개의 println 정의를 가진다. 즉 println은 중복되어 있다. 이 println 메소드 가운데 하나는 Object형의 매개변수를 가지는데 그 정의가 다음과 같다.

```
public void println(Object theObject)
{
    System.out.println(theObject.toString());
}
```

프로그래밍 팁_클래스를 작성할 때 그 클래스에 대한 toString 메소드를 정의하라

Object의 toString 메소드는 여러분이 작성하는 클래스와 관련된 데이터를 표시해 주지 않는다. 클래스를 작성할 때는 toString을 재정의해야 하는 경우가 대부분이다. ■

Object 클래스로부터 상속받는 다른 메소드로 clone이 있다. 이 메소드는 인자가 없으며 수신 객체를 복제하여 반환한다. 반환되는 객체는 호출한 객체와 동일한 데이터를 가지게 되지만 동일한 쌍둥이 혹은 복제물(clone)이지 동일 객체는 아니다.

Object로부터 상속받는 다른 메소드와 마찬가지로 clone 메소드도 재정의되어야 올바르게 동작한다. clone 메소드의 경우에는 이외에도 해야 할 작업이 더 있다. clone 메소드에 대한 상세한 논의는 이 책의 범위를 벗어나지만, 약간의 추가 정보가 6장의 '프라이버시 누설' 절에 나와 있다.

자습문제 SELF-TEST QUESTIONS

16 앞 절에서 논의했던 다음 코드를 살펴보자.

```
Student joe = new Student("Joe Student", 2001);
System.out.println(joe.toString());
```

왜 결과가 한 줄이 아니라 두 줄에 표시되는가?

17 다음 중 어느 것이 유효하고 어느 것이 유효하지 않은가? Undergraduate는 Student의 파생 클래스이고 Student는 Person의 파생 클래스이다.

a. `Person p1 = new Student();`

b. `Person p2 = new Undergraduate();`

c. `Student s1 = new Person();`

d. `Student s2 = new Undergraduate();`

e. `Undergraduate ug1 = new Person();`

f. `Undergraduate ug2 = new Student();`

g. `Object ob = new Student();`

h. `Student s3 = new Object();`

더 나은 equals 메소드

앞 절에서 언급한 것처럼 Object 클래스는 equals 메소드를 가지며 이 메소드가 모든 클래스에 상속된다. 그러나 여러분이 작성하는 클래스에서 equals 메소드가 올바르게 동작하려면 Object의 정의를 여러분 자신의 버전으로 재정의해야 하는 경우가 대부분이다. 그런데 엄격히 말하자면 우리도 이러한 충고를 따르지 않은 셈이 된다. Listing 8.2에 주어진 Student 클래스 정의에서 equals 메소드의 헤딩을 보면 다음과 같다.

```
public boolean equals(Student otherStudent)
```

반면에 Object 클래스의 equals 메소드의 헤딩은 다음과 같다.

```
public boolean equals(Object otherStudent)
```

이 두 가지 equals 메소드의 매개변수형이 다르므로 실제로 equals 메소드는 재정의된 것이 아니라 단지 메소드 중복이 일어났을 뿐이다. 즉, Student 클래스는 두 메소드를 모두 가진다는 말이다. 대부분의 상황에서는 이것이 문제가 되지 않으나 일부에서는 문제가 되는 경우도 있다.

어떤 메소드가 Object형의 매개변수 objectParam과 Student형의 매개변수 studentParam을 가진다고 하자. 이 메소드가 미리 정의된 것이든 프로그래머가 정의한 것이든 상관없다. 그리고 이 메소드의 몸체에 다음과 같은 호출이 있다.

```
studentParam.equals(objectParam)
```

이 메소드의 objectParam과 studentParam 매개변수에 넘겨준 인자가 둘 다 Student 형이었더라도, 자바는 우리가 Student 클래스에 정의한 equals가 아니라 Object 클래스로부터 상속받은 equals 정의를 사용할 것이다. 즉, 어떤 경우에는 equals 메소드가 잘못된 결과를 반환할 수도 있다는 말이다.

이 문제를 해결하기 위해서는 Student 클래스에 정의했던 equals 메소드의 매개변수형을 Student에서 Object으로 변경해야 한다. 첫 번째 시도는 다음과 같다.

```
// equals 메소드의 첫 번째 개선안
public boolean equals(Object otherObject)
{
    Student otherStudent = (Student)otherObject;
    return this.hasSameName(otherStudent) &&
      (this.studentNumber == otherStudent.studentNumber);
}
```

매개변수 otherObject를 Object형에서 Student형으로 형 변환해야 함에 주의하라. 형 변환하지 않고 다음과 같이 작성하면 문법 에러가 발생한다.

```
otherObject.studentNumber
```

이는 Object 클래스가 studentNumber라는 이름의 인스턴스 변수를 가지지 않기 때문이다. (사실 hasSameName의 호출도 마찬가지로 문법 에러가 발생한다.)

equals 메소드의 이 첫 번째 개선안은 Object 클래스의 equals 정의를 재정의하도록 작성되었고 거의 모든 경우에 잘 동작할 것이다. 하지만 여전히 한 가지 문제가 있는데, 그것은 이제 이 새로운 equals 정의는 인자로 어떤 객체라도 허용하게 된다는 점이다. Student가 아닌 인자로 equals를 호출한다면 어떻게 될까? Student로 형 변환을 시도할 때 실행 에러가 발생할 것이다.

이 정의는 어떤 객체에 대해서도 에러 없이 동작하도록 해야 한다. 객체가 Student가 아니라면 거짓을 반환하면 된다. 어쨌든 이 메소드는 Student 객체에 속한 것이므로 인자가 Student가 아니라면 두 객체가 같지 않다고 간주해야 한다. 하지만 매개변수가 Student형이 아닌지 어떻게 알 수 있을까?

instanceof 연산자를 사용하여 객체가 Student형인지 여부를 확인할 수 있다. 문법은 다음과 같다.

```
Object instanceof Class_Name
```

이 수식은 *Object*가 *Class_Name*형이면 참을 반환하고 아니면 거짓을 반환하므로, 다음 코드는 otherObject가 Student형이면 참을 반환할 것이다.

```
otherObject instanceof Student
```

보충 다중 상속

C++과 같은 일부 프로그래밍 언어는 두 개의 기반 클래스를 가지는 하위 클래스를 허용한다. 즉, 클래스 C를 클래스 A와 B로부터 파생시킬 수 있다. 이러한 특성은 **다중 상속**(multiple inheritance)으로 알려졌는데 자바에서는 허용되지 않는다. 자바에서 파생 클래스는 오직 하나의 기반 클래스를 가질 수 있다. 하지만 클래스 A로부터 클래스 B를 파생시키고 다시 B로부터 클래스 C를 파생시키는 것은 다중 상속이 아니므로 가능하다.

파생 클래스는 하나의 기반 클래스를 확장함과 동시에 여러 개의 **인터페이스**(interface)를 구현할 수 있다. (인터페이스는 이 장 뒷부분에서 논의될 것이다.) 이를 통해 자바는 여러 개의 기반 클래스를 가짐으로써 생기는 문제들을 피하면서 다중 상속과 비슷한 효과를 달성할 수 있다.

이제 equals 메소드는 앞의 불 수식이 거짓이면 거짓을 반환하면 된다.

equals 메소드의 최종안을 Listing 8.5에 보였다. 한 가지 또 다른 경우에 대한 처리도 포함되었음에 주의하라. 미리 정의된 상수 null이 Object형의 매개변수에 주어질 수 있는데, 자바 표준 문서에 따르면 equals 메소드는 객체와 null값을 비교하면 거짓을 반환해야 한다. 코드에 이에 대한 처리가 포함되었다.

Listing 8.5 Student 클래스의 개선된 equals 메소드

```
public boolean equals(Object otherObject)
{
    boolean isEqual = false;
    if ((otherObject != null) &&
      (otherObject instanceof Student))
    {
      Student otherStudent = (Student)otherObject;
      isEqual = this.sameName(otherStudent) &&
            (this.studentNumber == otherStudent.studentNumber);
    }
    return isEqual;
}
```

8.3 다형성

상속은 기반 클래스를 정의하고 이로부터 파생 클래스를 만들 수 있게 해 준다. **다형성**(polymorphism)은 파생 클래스의 메소드 정의를 변경하면 그 변경 내용이 기반 클래스에서 작성된 메소드에 적용되도록 해 준다. 이런 처리는 자바에서 자동적으로 이루어지지만 그 과정을 이해하는 것이 중요하다.

동적 바인딩과 상속

그림 8.4의 Person, Student, Undergraduate 클래스를 사용하는 프로그램을 생각해 보자. '학생'(student) 혹은 '교직원'(employee) 네 명으로 이루어진 위원회를 구성한다고 가정하자. 배열을 사용하여 위원회에 속한 위원의 목록을 저장한다면, Person에서 파생된 어떤 클래스의 객체라도 받을 수 있도록 Person형의 배열을 사용해야 합당할 것이다. 이를 위한 배열 선언은 다음과 같다.

```
Person[] people = new Person[4];
```

다음으로 위원을 나타내는 객체들을 배열에 추가할 텐데, 다음 예에서는 Undergraduate형의 객체 세 개와 Student형의 객체 하나를 추가했다. 아마도 학부생인지 대학원생인지 모르기 때문에 Student형의 객체가 사용되었을 것이다.

```
people[0] = new Undergraduate("Cotty, Manny", 4910, 1);
people[1] = new Undergraduate("Kick, Anita", 9931, 2);
people[2] = new Student("DeBanque, Robin", 8812);
people[3] = new Undergraduate("Bugg, June", 9901, 4);
```

여기서 우리는 파생 클래스(Student 혹은 Undergraduate)의 객체를 그 조상(Person)으로 정의된 변수에 대입했다. Person이 자신에게서 파생된 클래스를 포함하므로 이러한 대입은 유효하다. 즉 Student가 일종의 Person이고 Undergraduate도 일종의 Person이므로 이들을 Person형의 변수에 대입할 수 있다.

이제 위원회에 속한 모든 위원에 관한 정보를 담은 보고서를 출력한다고 하자. 이 보고서는 최대한 상세해야 한다. 예를 들어 학생이 학부생이라면 보고서에 이름, 학번, 학년을 포함해야 하고, 학생이 Student형이라면 이름과 학번을 포함해야 한다. 교직원에 대해서도 마찬가지로 상세한 정보를 포함해야 한다. writeOutput 메소드가 이런 세부 사항을 출력하기는 하지만 대체 어느 것이 호출되는 것일까? Undergraduate, Student, Person에 각각 하나씩 세 개의 writeOutput 메소드가 있다.

person[0]만 떼어 보면 Person형의 객체로 선언되었음을 알 수 있다. 따라서 다음과 같이 호출하면 Person에 정의된 writeOutput 메소드가 호출될 것이라고 예상하는 것이 논리적이다.

```
people[0].writeOutput();
```

그런데 실제로는 그렇지 않다. 자바는 people[0]에 Undergraduate형의 객체가 저장되어 있음을 알아내고, 이에 따라 people[0]이 Person형으로 선언되었음에도 불구하고 거기 저장된 객체의 클래스에 해당하는 메소드를 호출한다. 이를 **동적 바인딩**(dynamic binding) 혹은 **늦은 바인딩**(late binding)이라고 부른다.

좀 더 정확하게 말하면 재정의된 메소드가 호출될 때 실행되는 것은 new 연산자를 통해 객체를 생성했던 클래스에 정의된 메소드이다. 객체를 참조하는 변수의 자료형에 의해 실행할 메소드가 결정되는 것이 아니다. 어떤 조상 클래스의 변수라도 그 자손 클래스의 객체를 참조할 수 있지만, 그 객체는 각 메소드의 이름에 어떤 메소드 동작을 사용해야 할지 항상 기억하고 있다. 이때 변수의 자료형은 상관이 없다. 중요한 것은 객체가 생성될 때의 클래스 이름이다.

보고서 출력 예로 돌아가면, 다음 코드를 사용하여 보고서를 생성할 수 있다.

```
for (Person p : people)
{
    p.writeOutput();
    System.out.println();
}
```

이 코드의 출력은 다음과 같다.

```
Name: Cotty, Manny
Student Number: 4910
Student Level: 1

Name: Kick, Anita
Student Number: 9931
Student Level: 2

Name: DeBanque, Robin
Student Number: 8812

Name: Bugg, June
Student Number: 9901
Student Level: 4
```

완전한 프로그램은 다음 Listing 8.6에 보였다.

Listing 8.6 다형성 예제

```
public class PolymorphismDemo
{
    public static void main(String[] args)
    {
        Person[] people = new Person[4];
        people[0] = new Undergraduate("Cotty, Manny", 4910, 1);
        people[1] = new Undergraduate("Kick, Anita", 9931, 2);
        people[2] = new Student("DeBanque, Robin", 8812);
        people[3] = new Undergraduate("Bugg, June", 9901, 4);
        for (Person p : people)
        {
            p.writeOutput();
            System.out.println();
        }
    }
}
```

비록 p가 Person형이지만 객체를 생성할 때 사용된 클래스가 무엇이냐에 따라 Undergraduate 혹은 Student의 writeOutput 메소드가 호출된다.

실행 결과 출력

```
Name: Cotty, Manny
Student Number: 4910
Student Level: 1

Name: Kick, Anita
Student Number: 9931
Student Level: 2

Name: DeBanque, Robin
Student Number: 8812

Name: Bugg, June
Student Number: 9901
Student Level: 4
```

보충 자바는 항상 동적 바인딩을 가정한다

다른 언어에서는 어느 메소드가 동적 바인딩이 필요한지 미리 지정해야 하는 경우가 많지만, 자바는 항상 동적 바인딩이 일어날 것이라고 가정한다. 이러한 가정을 하는 것은 효율에서는 다소 손해를 보겠지만 대신에 자바는 프로그램하기 쉽고 에러가 덜 발생하는 장점이 있다.

다형성에서 놀라운 점은 아직 존재하지도 않는 메소드를 호출할 수 있다는 점이다. 예를 들어 Person, Student, Undergraduate 클래스만 정의된 상태에서 Listing 8.6의 프로그램이 실행된다고 하자. 그림 8.1에 표시된 Employee, Faculty, Staff 클래스는 추후에 작성할 수 있을 것이다. 이 클래스들은 모두 Person으로부터 파생될 것이기 때문에 각 클래스가 writeOutput 메소드를 구현하기만 한다면 이들의 객체를 배열에 넣을 수 있고 그러면 해당 객체의 writeOutput 메소드가 for 루프에서 호출될 것이다. 새로 추가된 메소드를 동적 바인딩으로 호출하기 위해 Listing 8.6의 PolymorphismDemo 클래스를 다시 컴파일할 필요조차도 없다.

> **기억하세요! 객체는 어떻게 동작해야 하는지 알고 있다**
>
> 재정의된 메소드가 호출되면, new 연산자를 사용하여 그 객체를 생성했던 클래스에 정의된 메소드가 실행된다. 그 객체를 참조하는 변수의 자료형에 의해 실행할 메소드가 결정되는 것은 아니다. 어떤 조상 클래스의 변수라도 그 자손 클래스의 객체를 참조할 수 있지만, 그 객체는 각 메소드 이름에 대해 사용해야 할 메소드 동작을 항상 기억하고 있다. 이때 변수의 자료형은 상관이 없고, 중요한 것은 객체가 생성될 때의 클래스 이름이다. 이것이 자바가 동적 바인딩을 사용하는 이유이다.

toString의 동적 바인딩

클래스 정의에 적당한 toString 메소드를 포함하면 그 클래스의 객체를 System.out.println을 사용하여 출력할 수 있다. 예를 들어 앞 절에서 Student 클래스에 toString 메소드를 추가했다.

```
public String toString()
{
    return "Name: " + getName() +
           "\nStudent number: " + studentNumber;
}
```

Student 객체인 joe가 있다면 다음 문장으로 이 메소드를 호출할 수 있다.

```
System.out.println(joe.toString());
```

하지만 toString을 생략해도 똑같은 결과를 얻는다.

```
System.out.println(joe);
```

이렇게 되는 이유는 자바가 toString 메소드에 대해 동적 바인딩을 사용하기 때문이다. System.out 객체에 속하는 여러 가지 println 메소드는 우리가 Student 클래스를 정의하기 오래전에 작성되었다. 그렇지만 위의 호출은 Object 클래스의 toString이 아니라 Student 클래스의 toString 정의를 실행하는데, joe가 Student 형의 객체를 참조하고 있기 때문이다. 여기서 동적 바인딩이 작동하고 있다. System.out.println이 이와 같은 방식으로 toString을 호출하기 때문에 여러분이 작성하는 클래스에 항상 적당한 toString 메소드를 정의하는 것이 좋다.

> **요점 정리 동적 바인딩과 다형성**
>
> 동적 (혹은 늦은) 바인딩에서는 메소드 정의와 메소드 호출 간의 결속(binding)이 메소드가 호출되는 실행 시간 이전에 이루어지지 않는다. 다형성은 하나의 메소드 이름에 여러 의미를 연관시키는 능력을 뜻하는데, 이는 동적 바인딩을 통해 이루어진다. 따라서 다형성과 동적 바인딩은 사실 하나의 주제에 속한다.

자습문제 SELF-TEST QUESTIONS

18 다형성이란 무엇인가?

19 동적 바인딩이란 무엇인가? 늦은 바인딩이란 무엇인가? 각각의 예를 들라.

20 메소드 이름의 중복은 다형성의 예인가?

21 다음 코드에서 writeOutput의 두 가지 호출이 화면에 표시하는 결과는 동일한가? (관련된 클래스는 Listing 8.1, 8.2, 8.4에 정의되어 있다.)

```
Person person = new Student("Sam", 999);
person.writeOutput();
person = new Undergraduate("Sam", 999, 1);
person.writeOutput();
```

22 다음 코드에서 writeOutput의 어느 정의가 호출되는가? (관련된 클래스는 본문의 프로그래밍 예제에 정의되어 있다.)

```
Undergraduate ug = new Undergraduate("Sam", 999, 1);
Person p = (Person) ug;
p.writeOutput();
```

8.4 인터페이스와 추상 클래스

5장에서 클래스 인터페이스란 그 클래스를 어떻게 사용할지 알려 주는 부분이라고 정의했다. 구체적으로 클래스 인터페이스는 클래스의 공용 메소드 헤딩과 공용 이름상수 및 주석문으로 구성된다. 클래스 인터페이스는 그 클래스의 공용 메소드 명세에 해당하며, 프로그래머는 인터페이스만 알면 그 클래스를 사용하는 코드를 작성할 수 있다. 그 클래스의 구현 내용에 대해서는 몰라도 된다.

지금까지는 클래스 인터페이스가 클래스 정의에 통합되어 있었다. 그런데 자바에서는 인터페이스를 그 구현 부분으로부터 분리하여 별도의 파일에 작성할 수 있다. 클래스 인터페이스의 개념을 좀 더 검토하고 이러한 개념이 어떻게 자바 인터페이스와 연관될 수 있는지 살펴보자.

클래스 인터페이스

1장에서 어떤 사람이 휘파람을 불어서 애완동물에게 식사 시간임을 알려 주는 상황을 가정했다. 각 동물은 나름의 방법으로 응답했는데, 뛰어오거나 날아오거나 헤엄쳐 왔다. 이 애완동물들의 행동을 명시해 보자. 예를 들어 애완동물들이 다음 동작을 가진다고 하자.

- 이름을 지정할 수 있다.
- 먹을 수 있다.
- 명령에 응답할 수 있다.

각 행동에 대해 다음의 메소드 헤딩을 명시할 수 있다.

- `/** Sets a pets name to petName. */`
  `public void setName(String petName)`
- `/** Returns true if a pet eats the given food.*/`
  `public boolean eat(String food)`
- `/** Returns a description of a pet's response to the given command. */`
  `public String respond(String command)`

이 메소드 헤딩으로 클래스 인터페이스를 구성할 수 있다.

이제 세 가지 클래스 Dog, Bird, Fish가 이 메소드들을 모두 구현한다고 생각해 보자. 그러면 이 클래스의 객체는 동일한 동작을 갖게 된다. 모든 객체가 이름을 지정할 수 있고, 먹을 수 있고, 응답할 수 있다는 말이다. 하지만 이러한 동작의 내용은 객체에 따라 다를 수 있다. 예를 들면 개, 새, 물고기가 모두 같은 명령에 응답하지만 응답하는 방식은 다르다.

다음과 같은 자바 문장을 생각해 보자.

```
String response = myPet.respond("Come!");
```

myPet이 참조하는 것이 Dog 객체든, Bird 객체든 혹은 Fish 객체든 상관없이 이 문장은 유효하다. 하지만 response 스트링의 값은 myPet이 참조하는 객체의 종류에 따라 다를 수 있다. 세 클래스가 각자 나름의 방식으로 respond 메소드를 구현하기만 하면 한 종류의 객체를 다른 종류의 객체로 바꾸어도 아무런 문제가 없다. 그러면 클래스가 특정 메소드를 구현하는지 어떻게 확신할 수 있을까? 계속 공부해 보자.

자바 인터페이스

자바 인터페이스(Java interface)는 일련의 공용 메소드 헤딩을 포함하는 프로그램 구성 요소이다. 어떤 인터페이스는 클래스의 모든 공용 메소드를 명시하지만 일부의 메소드만 명시하는 인터페이스도 있다. 인터페이스는 공용의 이름상수를 정의할 수도 있다. 또한 인터페이스는 메소드를 설명하는 주석문을 포함하여 프로그래머가 인터페이스를 구현할 때 필요한 정보를 제공해야 한다. 클래스 설계자는 이런 방법으로 다른 프로그래머를 위해 메소드를 기술할 수 있다. 사실 여러분이 사용할 수 있도록 미리 작성된 인터페이스가 자바 클래스 라이브러리에 많이 포함되어 있지만 여러분 자신의 인터페이스를 정의하는 것도 가능하다.

앞에서 작성했던 클래스 인터페이스는 자바 인터페이스에 필요한 형태와 거의 같다. 자바 인터페이스는 `class` 대신 `interface`라는 예약어를 쓴다는 점을 제외하고는 클래스 정의와 비슷하게 시작한다. 즉 클래스의 시작 부분은 다음과 같지만

```
public class Class_Name
```

인터페이스의 시작 부분은 다음과 같다.

```
public interface Interface_Name
```

인터페이스에 포함되는 공용 메소드 헤딩의 개수는 제한이 없으며 모두 세미콜론으로 끝난다. 예를 들어 Listing 8.7은 둘레(perimeter)와 면적을 각각 반환하는 메소드를 가지는 객체에 대한 자바 인터페이스이다.

Listing 8.7 자바 인터페이스

```
/**
 An interface for methods that return
 the perimeter and area of an object.
*/
public interface Measurable
{
    /** Returns the perimeter. */
    public double getPerimeter();
    /** Returns the area. */
    public double getArea();
}
```

메소드 헤딩 마지막에 세미콜론을 잊으면 안 된다.

인터페이스 이름은 클래스 이름과 마찬가지로 대문자로 시작하는 것이 일반적인 관례이다. 인터페이스는 개별 파일에 저장할 수 있는데, 이때 파일의 이름은 인터페이스 이름 뒤에 `.java`를 붙여 만든다. 예를 들어 Listing 8.7의 인터페이스는 `Measurable.java`라는 파일에 저장된다. 인터페이스는 프로그래머에게 간단히 요약된 메소드 명세를 제공한다. 프로그래머는 메소드 몸체를 살펴보지 않고 인터페이스의 정보만으로 메소드를 사용할 수 있어야 한다.

인터페이스는 클래스의 생성자를 선언하지 않는다. 인터페이스 내의 메소드는 공용으로 간주되므로 헤딩에서 `public`을 생략해도 된다. 또 인터페이스 내에 공용의 이름 상수를 몇 개든 정의할 수 있다. 하지만 인스턴스 변수를 포함하지 않으며, 완전한 메소드 정의를 가지지도 않는다. 즉, 메소드의 몸체를 가질 수 없다는 말이다.

요점 정리 자바 인터페이스

문법

```
public interface Interface_Name
{
    Public_Named_Constant_Definitions
    . . .
    Public_Method_Heading_1;
    . . .
    Public_Method_Heading_n;
}
```

예제

```
/**
An interface of static methods to convert measurements
between feet and inches.
*/
public interface Convertible
{
public static final int INCHES_PER_FOOT = 12;
public static double convertToInches(double feet);
public static double convertToFeet(double inches);
}
```

인터페이스의 구현

인터페이스에 선언된 메소드를 정의하는 클래스를 작성할 때 이 클래스가 해당 **인터페이스를 구현한다**(implements the interface)고 말한다. 인터페이스를 구현하는 클래스는 인터페이스가 명시하는 모든 메소드의 몸체를 정의해야 한다. 인터페이스에 명시되지 않은 메소드를 추가로 정의하는 것은 가능하다. 다시 말하면 인터페이스가 클래스에 정의되는 모든 메소드를 선언해야 할 필요는 없다는 말이다. 그리고 하나의 클래스가 둘 이상의 인터페이스를 구현할 수도 있다.

인터페이스를 구현하려면 클래스는 다음의 두 가지를 해야 한다.

1. 다음 구절을 클래스 정의 시작 부분에 포함한다.

```
implements Interface_Name
```

   하나 이상의 인터페이스를 구현하는 경우에는 다음과 같이 인터페이스 이름을 나열하고 콤마로 분리하면 된다.

```
implements MyInterface, YourInterface
```

2. 인터페이스에 선언된 모든 메소드를 정의한다.

이런 방법으로 프로그래머는 클래스가 특정한 메소드를 정의하도록 보장하고 그런 사실을 다른 프로그래머에게 알려 줄 수 있다. 또한 자바에서 둘 이상의 부모 클래스로부터 하나의 클래스를 파생시키는 다중 상속은 허용되지 않지만 하나의 클래스가 여러 개의 인터페이스를 구현하는 것은 가능하다. 그러므로 이는 다중 상속의 특성을 일부 포착하는 방법이 된다.

예를 들어 Listing 8.7에 보인 Mesaurable 인터페이스를 구현하는 Rectangle 클래스는 다음과 같이 시작해야 한다.

```
public class Rectangle implements Measurable
```

이 클래스는 또한 getPerimeter와 getArea라는 두 개의 메소드를 구현해야 한다. Rectangle 클래스의 완전한 정의는 Listing 8.8에 주어져 있다.

Listing 8.9의 Circle 클래스도 Measurable 인터페이스를 구현하고 있다. Circle 클래스는 인터페이스에 선언된 메소드 외에 getCircumference 메소드도 정의하고 있음에 주의하라. 한 클래스 내에서 같은 작업을 수행하는 두 개의 메소드를 정의하는 일은 드물지 않다. 그렇게 하면 특정 메소드에 대해 익숙한 이름을 선호하는 프로그래머가 이 클래스를 사용할 때 편리하다. 하지만 getCircumference가 스스로 계산을 수행하지 않고 getPerimeter를 호출하고 있음에 주의하라. 이렇게 하는 편이 클래스를 유지보수하는 데 유리하다. 예를 들어 getPerimeter의 코드에 문제를 발견했다면 그것만 고치면 getCircumference도 함께 고쳐질 것이다.

Listing 8.8 Measurable 인터페이스의 구현

```
/**
A class of rectangles.
*/
public class Rectangle implements Measurable
{
    private double myWidth;
    private double myHeight;

    public Rectangle(double width, double height)
    {
        myWidth = width;
        myHeight = height;
    }
    public double getPerimeter()
    {
        return 2 * (myWidth + myHeight);
    }
    public double getArea()
    {
        return myWidth * myHeight;
    }
}
```

Listing 8.9 Measurable 인터페이스의 다른 구현

```
/**
A class of circles.
*/
public class Circle implements Measurable
{
    private double myRadius;
    public Circle(double radius)
    {
        myRadius = radius;
    }
    public double getPerimeter()
    {
        return 2 * Math.PI * myRadius;
    }
    public double getCircumference()
    {
        return getPerimeter();
    }
    public double getArea()
    {
        return Math.PI * myRadius * myRadius;
    }
}
```

이 메소드는 인터페이스에 선언되지 않았다.

동일 연산을 반복하는 대신 다른 메소드를 호출한다

기억하세요! 인터페이스는 설계자와 프로그래머에게 도움이 된다

인터페이스를 작성함으로써 클래스 설계자는 다른 프로그래머에게 메소드를 명시한다. 인터페이스를 구현함으로써 프로그래머는 클래스가 특정 메소드를 정의한다는 사실을 보장한다.

기억하세요! 여러 클래스가 동일한 인터페이스를 구현할 수 있다

서로 다른 여러 클래스가 동일한 인터페이스를 구현할 수 있다. 물론 구현하는 방법은 다를 수 있다. 예를 들어 여러 클래스가 Measurable 인터페이스를 구현하되 getPerimeter와 getArea 메소드에 대해 각자 나름의 버전을 제공할 수 있다.

자료형으로서의 인터페이스

인터페이스는 참조 자료형이다. 그러므로 인터페이스형의 매개변수를 가지는 메소드를 작성할 수 있다. 이를테면 Measurable형의 매개변수가 가능하다는 말이다. 예를 들어 프로그램이 다음과 같은 메소드를 정의한다고 가정해 보자.

```
public static void display(Measurable figure)
{
    double perimeter = figure.getPerimeter();
    double area = figure.getArea();
    System.out.println("Perimeter = " + perimeter +
            "; area = " + area);
}
```

프로그램이 이 메소드를 호출할 때 Measurable 인터페이스를 구현하는 어떤 클래스의 객체라도 인자로 넘겨줄 수 있다.

예를 들어 프로그램은 다음 문장을 포함할 수 있다.

```
Measurable box = new Rectangle(5.0, 5.0);
Measurable disc = new Circle(5.0);
```

두 변수는 모두 Measurable형이지만 box와 disc로 참조되는 객체는 getPerimeter와 getArea에 대해 서로 다른 정의를 가지고 있다. 변수 box는 Rectangle 객체를 참조하고 disc는 Circle 객체를 참조한다. 그러므로 다음 호출은

```
display(box);
```

출력이 다음과 같고

```
Perimeter = 20.0; area = 25.0
```

반면에 다음 호출은

```
display(disc);
```

출력이 다음과 같다.

```
Perimeter = 31.4; area = 78.5
```

Rectangle과 Circle 클래스는 동일한 인터페이스를 구현하므로 display 메소드를 호출할 때 인자를 한 클래스의 객체에서 다른 클래스의 객체로 바꾸어도 문제가 없다. 이와 같이 동적 바인딩을 사용하여 한 객체의 자리에 다른 객체를 바꾸어 넣을 수 있는 능력은 다형성의 또 다른 예이다. 동적 바인딩은 프로그램이 실행될 때까지는 메소드 호출이 특정 메소드 정의에 결속되지 않는다는 사실을 가리킨다.

다른 예로 다음 코드를 생각해 보자.

```
Measurable m;
Rectangle box = new Rectangle(5.0, 5.0);
m = box;
display(m);
Circle disc = new Circle(5.0);
m = disc;
display(m);
```

두 번의 display 호출은 동일하고 display 메소드의 코드도 두 경우에 동일하므로 display 내에 있는 getPerimeter와 getArea에 대한 호출도 동일하다. 하지만 display에 대한 두 번의 호출은 getPerimeter와 getArea의 서로 다른 정의를 사용하므로 앞의 예에서와 마찬가지로 서로 다른 결과를 생성한다.

인터페이스형의 변수가 그 인터페이스를 구현하는 클래스의 객체를 참조할 수 있지만, 각 메소드 이름에 대해 어떤 메소드 동작을 사용할 것이냐 결정하는 것은 항상 그 객체 자신이다. 이때 변수의 자료형은 상관이 없고 중요한 것은 객체가 생성될 때의 클래스 이름인데 이는 자바가 동적 바인딩을 채택하기 때문이다. 심지어 형 변환을 하더라도 이런 사실에는 변함이 없다.

그러므로 동적 바인딩이 자바 컴파일러의 자료형 검사와 어떻게 상호작용하는지 이해할 필요가 있다. 예를 들어 다음을 생각해 보자.

```
Measurable m = new Circle(5.0);
```

Circle이 Measurable을 구현하므로 Measurable형의 변수에 Circle형 객체를 대입할 수 있다. 그러나 이 변수를 통해서는 오직 Measurable 인터페이스에 선언된 메소드만 호출할 수 있다. 그러므로 getCircumference에 대한 다음의 호출은 비문법적이다.

```
System.out.println(m.getCircumference()); //ILLEGAL!
```

getCircumference가 Measurable 인터페이스에서 선언된 메소드 이름이 아니기 때문이다. 이 호출에서 변수 m은 Measurable형이지만 m이 참조하는 것은 그래도 Circle형의 객체임이 분명하다. 이 객체가 getCircumference 메소드를 가지고는 있지만 컴파일러가 이 사실을 알지 못하는 것이다. 이 호출을 올바르게 만들기 위해서는 다음과 같이 형 변환이 필요하다.

```
Circle c = (Circle)m;
System.out.println(c.getCircumference()); //Legal
```

기억하세요! 무엇이 문법적인가 그리고 무슨 일이 일어나는가?

변수의 자료형이 어떤 메소드 이름을 사용할 수 있는지 결정하지만, 메소드의 여러 정의 가운데 어느 것을 사용할지 결정하는 것은 그 변수가 참조하는 객체이다.

요점 정리 동적 바인딩과 다형성은 인터페이스에도 적용된다

클래스와 마찬가지로 인터페이스에도 동적 바인딩이 적용된다. 동적 바인딩은 서로 다른 클래스의 객체들이 모두 같은 인터페이스를 갖고 있다면 그 객체들을 서로 바꾸어 쓸 수 있게 해준다. 다형성이라고 부르는 이런 특성에 의해 서로 다른 객체들이 같은 메소드 이름에 대해 서로 다른 메소드 동작을 가질 수 있게 된다.

자습문제 SELF-TEST QUESTIONS

23 Oval이라는 클래스가 getPerimeter과 getArea 메소드를 정의하지만 implements Measurable이라는 구절은 가지지 않는다고 하자. 앞 절에 주어진 display 메소드의 인자로 Oval의 객체를 넘겨줄 수 있는가?

24 하나의 클래스가 둘 이상의 인터페이스를 구현할 수 있는가?

인터페이스의 확장

인터페이스의 경우에도 일종의 상속 과정을 통해 기존의 인터페이스를 **확장하는**

(extends) 새로운 인터페이스를 정의할 수 있다. 즉, 기존의 인터페이스에 속한 메소드에 새로운 메소드를 추가하는 인터페이스를 생성할 수 있다.

예를 들어 앞에서 설명했던 애완동물의 클래스와 함께 다음 인터페이스를 생각해 보자.

```
public interface Nameable
{
    public void setName(String petName);
    public String getName();
}
```

Nameable을 확장하여 Callable이라는 인터페이스를 만들 수 있다.

```
public interface Callable extends Nameable
{
    public void come(String petName);
}
```

Callable을 구현하는 클래스는 come, setName, getName 메소드를 모두 구현해야 한다.

여러 인터페이스를 결합하여 하나의 새로운 인터페이스를 만들고 동시에 더 많은 메소드를 추가할 수도 있다. 예를 들어 앞의 두 인터페이스에 더해 다음 인터페이스를 정의한다고 하자.

```
public interface Capable
{
    public void hear();
    public String respond();
}
public interface Trainable extends Callable, Capable
{
public void sit();
public String speak();
public void lieDown();
}
```

Trainable을 구현하는 클래스는 sit, speak, lieDown 메소드 외에도 setName, getName, come, hear, respond 메소드를 구현해야 한다.

자습문제 SELF-TEST QUESTIONS

25 클래스 C가 앞 절에서 정의된 Trainable 인터페이스를 구현한다고 하자. 매개변수가 Capable형인 메소드에 C의 객체를 인자로 넘겨줄 수 있는가?

26 클래스 D가 앞 절에서 정의된 `Callable` 및 `Capable` 인터페이스를 구현한다고 하자. 매개변수가 `Trainable`형인 메소드에 D의 객체를 인자로 넘겨줄 수 있는가?

사례 연구 문자 그래픽

자바는 컴퓨터 화면에 그래픽을 그리는 메소드를 제공한다. 하지만 여러분이 저렴한 장치를 설계 중인데 스크린에 그래픽 기능이 없고 텍스트 출력만 허용한다고 가정해 보자. 이 사례 연구에서는 일반적인 키보드 문자들로 간단한 도형을 그림으로써 스크린에 그래픽을 출력하는 세 개의 인터페이스와 세 개의 클래스를 설계할 것이다. 이런 방식으로 정교한 그림을 그릴 수는 없겠지만, 문제 해결에서 인터페이스와 상속이 어떻게 사용되는지 살펴보는 데는 도움이 될 것이다.

객체가 가져야 할 메소드를 명시하는 인터페이스부터 작성해 보자. `drawHere` 메소드는 현재 줄에서부터 도형을 그리고 `drawAt` 메소드는 현재 줄에서 주어진 수의 줄만큼 내려가서 도형을 그린다고 가정하자.

모든 도형은 몇 가지 공통된 특성을 가진다. 예를 들어 각 도형은 스크린의 좌측 끝으로부터 얼마나 들여서 그려야 하는지를 나타내는 오프셋을 가질 것이다. 오프셋에 대한 지정자와 접근자 메소드도 필요하다. 각 도형은 크기를 가지겠지만 어떤 도형의 크기는 숫자 하나로 나타낼 수 있는 반면 다른 경우에는 여러 개의 숫자가 필요하다. 크기는 도형의 종류에 따라 명시될 것이기 때문에 모든 도형이 공통으로 가지는 속성은 아니다. Listing 8.10은 모든 도형이 가질 메소드를 정의하는 인터페이스이다.

직사각형과 삼각형을 그린다고 가정하자. 직사각형의 크기는 너비와 높이로 주어지며 각각 문자의 개수로 표현된다. 문자의 높이가 너비보다 크기 때문에 직사각형은 생각보다 키가 커 보일 것이다. 예를 들어 5 × 5의 사각형은 스크린에 정사각형처럼 보이지 않고 그림 8.5에 있는 것처럼 보일 것이다.

삼각형은 항상 밑변이 아래쪽에, 뾰족한 끝이 위쪽으로 간다고 가정하자. 밑변의 길이를 결정하고 나면, 옆변이 매끄럽게 표시되도록 옆변의 기울기는 한 줄에 한 문자씩 들여쓰는 만큼으로 제한한다. 그러므로 밑변이 결정되면 삼각형의 옆변의 모양은 선택의 여지가 없이 정해진다. 그림 8.5에는 삼각형의 예도 포함되어 있다.

도형의 오프셋과 크기를 생성자에서만 명시하기로 한다면 Listing 8.10에 작성한 인터페이스로도 충분할 것이다. 그러나 기존 도형의 크기를 변경할 수 있어야 한다면 설정자 메소드가 필요하다. 도형의 크기는 그릴 도형이 무엇인지에 따라 달라지므로 여기서는 직사각형과 삼각형에 대해 각각 하나씩의 인터페이스를 정의할 것이다. Listing 8.11에 이 인터페이스를 보였는데, 두 인터페이스 모두 `ShapeInterface`를 확장하고 있다.

Listing 8.10 키보드 문자로 도형 그리기를 위한 인터페이스

```
/**
Interface for simple shapes drawn on
the screen using keyboard characters.
*/
public interface ShapeInterface
{
    /**
    Sets the offset for the shape.
    */
    public void setOffset(int newOffset);
    /**
    Returns the offset for the shape.
    */
    public int getOffset();
    /**
    Draws the shape at lineNumber lines down
    from the current line.
    */
    public void drawAt(int lineNumber);
    /**
    Draws the shape at the current line.
    */
    public void drawHere();
}
```

이제 명세가 완성되었으므로 우리가 작성할 그리기 메소드를 사용하는 자바 문장을 써볼 수 있다. 예를 들어 다음과 같이 하여 8×4 직사각형을 현재 줄에, 공백 5개의 오프셋으로 그릴 수 있다.

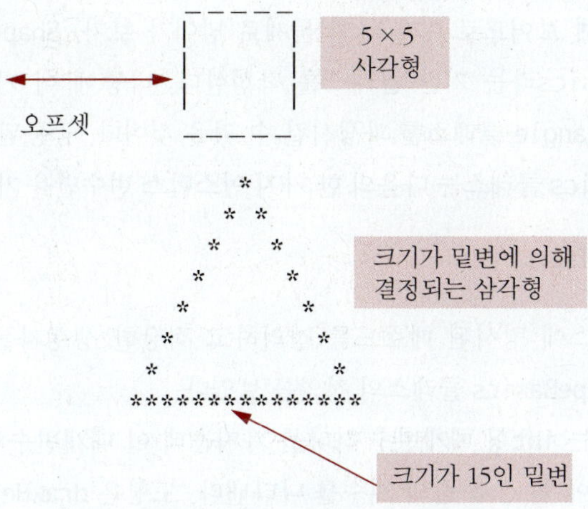

그림 8.5 직사각형과 삼각형의 예

Listing 8.11 직사각형과 삼각형 그리기를 위한 인터페이스

```
/**
Interface for a rectangle to be drawn on the screen.
*/
public interface RectangleInterface extends ShapeInterface
{
    /**
    Sets the rectangle's dimensions.
    */
    public void set(int newHeight, int newWidth);
}
/**
Interface for a triangle to be drawn on the screen.
*/
public interface TriangleInterface extends ShapeInterface
{
    /**
    Sets the triangle's base.
    */
    public void set(int newBase);
}
```

```
RectangleInterface box = new Rectangle(5, 8, 4);
box.drawHere();
```

그러고 나서는 다음 문장들로 box 객체의 크기와 오프셋을 변경하고 스크린에서 두 줄 아래로 내려가서 그릴 수 있다.

```
box.set(5, 5);
box.setOffset(10);
box.drawAt(2);
```

명세가 그럴듯해 보이므로 이제 구현 문제로 넘어가 보자. ShapeInterface를 구현하는 ShapeBasics라는 기반 클래스를 작성한다. 나중에 이 기반 클래스로부터 Rectangle과 Triangle 클래스를 파생시킬 수 있을 것이다. 공통된 속성은 오프셋뿐이므로 ShapeBasics 클래스는 다음의 한 가지 인스턴스 변수만을 가진다.

```
private int offset;
```

이제 인터페이스에 명시된 메소드를 정의하고 적당한 생성자를 추가하면 된다. Listing 8.12에 ShapeBasics 클래스의 정의를 보였다.

drawAt 메소드는 int형 매개변수 하나를 가지는데 이 매개변수의 값이 도형을 그리기 전에 삽입해야 할 공백 줄의 개수를 나타낸다. 도형은 drawHere를 호출하여 그린다.

Listing 8.12 기반 클래스 ShapeBasics

```
/**
Class for drawing simple shapes on the screen using keyboard
characters. This class will draw an asterisk on the screen as a
test. It is not intended to create a "real" shape, but rather
to be used as a base class for other classes of shapes.
*/
public class ShapeBasics implements ShapeInterface
{
    private int offset;
    public ShapeBasics()
    {
        offset = 0;
    }
    public ShapeBasics(int theOffset)
    {
        offset = theOffset;
    }
    public void setOffset(int newOffset)
    {
        offset = newOffset;
    }
    public int getOffset()
    {
        return offset;
    }
    public void drawAt(int lineNumber)
    {
        for (int count = 0; count < lineNumber; count++)
              System.out.println();
        drawHere();
    }
    public void drawHere()
    {
        for (int count = 0; count < offset; count++)
              System.out.print(' ');
        System.out.println('*');
    }
}
```

drawHere 메소드는 스크린에 오프셋이 지정하는 개수만큼 공백을 출력하고 나서 별표 문자 하나를 출력한다. 출력이 이렇게 간단한 것은 테스트 용도이기 때문이다. 즉, 이 버전의 drawHere 메소드는 실제로 사용하려는 것이 아니다. 직사각형과 삼각형 클래스를 정의할 때 drawHere은 재정의될 것이다.

이제 직사각형에 대한 클래스를 생각해 보자. 이 클래스의 이름은 Rectangle이고 ShapeBasics의 파생 클래스이므로 클래스 정의는 다음과 같이 시작한다.

```
public class Rectangle extends ShapeBasics
```

이 클래스는 RectangleInterface를 구현해야 하므로 다음과 같이 implements 구절이 추가된다.

```
public class Rectangle extends ShapeBasics
    implements RectangleInterface
```

extends와 implements 구절이 함께 있을 때는 항상 extends가 먼저 와야 한다. 사전 순서상 extends가 implements를 앞선다는 것을 생각하면 이 순서를 쉽게 기억할 수 있을 것이다.

ShapeBasics에 이미 있는 인스턴스 변수 외에 추가할 것이 있는지 결정해야 한다. 또 ShapeBasics의 메소드 중에 재정의할 메소드가 있는지도 결정해야 한다. Rectangle 클래스는 기반 클래스의 인스턴스 변수인 offset을 사용할 수 있지만 직사각형의 높이와 너비에 대한 인스턴스 변수를 추가해야 한다. 따라서 클래스 정의는 다음과 같다.

```
public class Rectangle extends ShapeBasics
    implements RectangleInterface
{
    private int height;
    private int width;
    <Method definitions>
}
```

Rectangle 내에 인스턴스 변수 offset을 포함하지 않았음에 주의하라.

Rectangle에는 일반적인 생성자와 너비와 높이를 위한 설정자 메소드도 필요하다. Rectangle은 ShapeBasics 클래스로부터 setOffset, getOffset, drawAt, drawHere 메소드를 상속받는다. drawHere 메소드는 재정의하여 실제로 직사각형을 그리도록 해야 한다. drawAt 메소드도 재정의해야 할까? Listing 8.12의 drawAt 메소드를 살펴보면 drawHere 메소드만 제대로 정의된다면 drawAt 메소드는 직사각형에 대해서든 다른 어떤 도형에 대해서든 잘 동작할 것이다. 다형성에 의해 올바른 버전의 drawHere가 호출될 것이라고 확신할 수 있다.

인자로 주어지는 값으로 인스턴스 변수의 값을 지정하는 생성자를 먼저 살펴보자. 인스턴스 변수 offset은 기반 클래스 ShapeBasics의 전용 인스턴스 변수이므로 이름을 통해 직접 접근할 수 없다. 대신 setOffset 메소드를 호출하거나 super를 사용하여 기반 클래스 생성자를 호출할 수 있다. 후자의 방법을 택하면 다음과 같은 생성자 정의를 얻는다.

```
public Rectangle(int theOffset, int theHeight, int theWidth)
{
    super(theOffset);
    height = theHeight;
    width = theWidth;
}
```

디폴트 생성자도 비슷하게 기반 클래스의 디폴트 생성자를 호출하고 직사각형의 치수를 0으로 지정한다. 디폴트 생성자의 경우에는 자동적인 호출이 이루어질 것이므로 super 호출을 생략해도 되지만 여기서는 명확성을 위해 super 호출을 포함했다.

RectangleInterface에 명시된 set 메소드는 특별할 게 없으니 넘어가고, 그리려는 도형이 무엇이냐에 따라 많은 부분이 달라지는 drawHere 메소드를 살펴보자. **하향식 설계**(top-down design)라는 기법을 사용할 수 있는데, 이 기법은 수행할 작업을 하위작업으로 쪼개어 나간다. 여기서는 다음과 같은 하위작업을 생각해 볼 수 있다.

직사각형을 그리는 알고리즘

1. 윗변을 그린다.
2. 옆변을 그린다.
3. 밑변을 그린다.

작업을 하위작업으로 나누는 여러 방식이 있을 수 있지만 그중 어떤 방식은 제대로 동작하지 않을 수도 있음에 주의해야 한다. 처음에는 사각형의 두 옆변을 두 개의 하위작업으로 나누어 그리려고 시도할 수도 있다. 하지만 출력은 스크린에 한 줄씩 차례로 그려야 하고 위쪽으로 되돌아가지 못한다. 따라서 두 옆변은 나란히 놓여야 하므로 함께 그릴 수밖에 없다.

drawHere의 정의는 간단하게 작성할 수 있다.

```
public void drawHere()
{
    drawHorizontalLine();
    drawSides();
    drawHorizontalLine();
}
```

drawHere 메소드가 간단한 대신 대부분의 작업은 뒤로 미루어졌다. 이제 drawHorizontalLine과 drawSides 메소드를 추가로 작성해야 한다. 이들은 보조 메소드이므로 전용 메소드가 된다.

drawHorizontalLine의 로직은 다음 의사코드에서 보는 것처럼 그리 복잡하지 않다.

drawHorizontalLine의 알고리즘

1. offset 개의 공백을 출력한다.
2. width 개의 '-' 문자를 출력한다.
3. System.out.println();

지정된 개수의 공백을 출력하는 작업은 간단한 루프로 작성된 **skipSpaces**라는 또 다른 보조 메소드가 담당한다. **drawHorizontalLine**의 최종 코드는 다음과 같다.

```
private void drawHorizontalLine()
{
    skipSpaces(getOffset());
    for (int count = 0; count < width; count++)
        System.out.print('-');
    System.out.println();
}
```

이제 **drawSides** 메소드를 생각해 보자. 이 메소드가 할 일은 다음과 같은 형태를 그리는 것이다.

```
|       |
|       |
|       |
|       |
```

각 줄이 동일하므로 한 줄을 출력하는 것을 하위작업으로 간주할 수 있다. **drawSides** 메소드의 정의는 다음과 같다.

```
private void drawSides()
{
    for (int count = 0; count < (height - 2); count++)]
        drawOneLineOfSides();
}
```

높이보다 두 줄 적게 출력한 것은 윗변과 밑변의 가로선이 높이의 두 줄을 차지하기 때문이다.

이제 남은 것은 보조 메소드 **drawOneLineOfSides**를 정의하는 일이다. 일련의 공백을 출력하는 메소드가 이미 있기 때문에 **drawOneLineOfSides**의 의사코드는 다음과 같은 자바 코드가 된다.

```
skipSpaces(getOffset());
System.out.print('|');
skipSpaces(width - 2);
System.out.println('|');
```

Listing 8.13은 Rectangle 클래스의 완전한 정의이다.

Listing 8.13 Rectangle 클래스

```
/**
Class for drawing rectangles on the screen using keyboard
characters. Each character is higher than it is wide, so
these rectangles will look taller than you might expect.
Inherits getOffset, setOffset, and drawAt from the class
ShapeBasics.
*/
public class Rectangle extends ShapeBasics
                        implements RectangleInterface
{
    private int height;
    private int width;

    public Rectangle()
    {
        super();
        height = 0;
        width = 0;
    }
    public Rectangle(int theOffset, int theHeight,
                     int theWidth)
    {
        super(theOffset);
        height = theHeight;
        width = theWidth;
    }
    public void set(int newHeight,int newWidth)
    {
        height = newHeight;
        width = newWidth;
    }
    public void drawHere();
    {
        drawHorizontalLine();
        drawSides();
        drawHorizontalLine();
    }
    private void drawHorizontalLine()
    {
        skipSpaces(getOffset());
        for (int count = 0; count < width; count++)
            System.out.print('-');
        System.out.println();
    }
```

(계속됨)

Listing 8.13 Rectangle 클래스

```
    private void drawSides()
    {
        for (int count = 0; count < (height - 2); count++)
            drawOneLineOfSides();
    }
    private void drawOneLineOfSides()
    {
        skipSpaces(getOffset());
        System.out.print('|');
        skipSpaces(width - 2);
        System.out.println('|');
    }
    //Writes the indicated number of spaces.
    private static void skipSpaces(int number)
    {
        for (int count = 0; count < number; count++)
            System.out.print(' ');
    }
}
```

> skipSpaces 메소드는 객체와 무관하므로 이를 명확히 하기 위해 정적 메소드로 정의했다.

이 사례 연구에서 테스트 과정을 따로 설명하지는 않겠지만 ShapeBasics, Rectangle, 그리고 아직 설명하지 않은 Triangle 클래스까지 모든 메소드는 테스트가 필요하다. 각 메소드를 테스트할 때는 그 메소드를 제외한 모든 부분이 테스트된 프로그램에 포함시켜서 해야 한다는 점을 기억하라.

Listing 8.14는 Triangle 클래스의 정의이다. Triangle 클래스도 Rectangle 클래스와 동일한 기법으로 설계할 수 있다. 여기서는 drawHere 메소드의 일부분만 설명하는데, 처음에는 그 부분의 기술적인 세부 사항이 명백하지 않을 것이기 때문이다. drawHere 메소드는 두 개의 하위작업으로 나누어지는데, 먼저 삼각형의 두 옆변을 구성하는 뒤집어진 V자 모양을 그리고, 그다음에 밑변에 해당하는 가로선을 그리면 된다.

drawTop 메소드는 다음과 같은 형태를 그린다.

```
                *
               * *
              *   *
             *     *
            *       *
           *         *
          *           *
```

도형 전체를 들여쓰기 했음에 주의하라. 그 오프셋값은 도형의 밑변을 좌측으로부터 들여쓰기 한 거리와 정확히 같다. 그런데 아래에서 위로 올라갈수록 각 줄의 들

Listing 8.14 Triangle 클래스

```
/**
Class for drawing triangles on the screen using keyboard
characters. A triangle points up. Its size is determined
by the length of its base, which must be an odd integer.
Inherits getOffset, setOffset, and drawAt from the class
ShapeBasics.
*/
public class Triangle extends ShapeBasics
                      implements TriangleInterface
{
    private int base;

    public Triangle()
    {
        super();
        base = 0;
    }
    public Triangle(int theOffset, int theBase)
    {
        super(theOffset);
        base = theBase;
    }
    /** Precondition: newBase is odd. */
    public void set(int newBase)
    {
        base = newBase;
    }
    public void drawHere()
    {
        drawTop();
        drawBase();
    }
    private void drawBase()
    {
        skipSpaces(getOffset());
        for (int count = 0; count < base; count++)
            System.out.print('*');
        System.out.println();
    }
    private void drawTop()
    {
        //startOfLine == number of spaces to the
        //first '*' on a line. Initially set to the
        //number of spaces before the topmost '*'.
        int startOfLine = getOffset() + base / 2;
        skipSpaces(startOfLine);
        System.out.println('*');        //top '*'
        int lineCount = base / 2 - 1;   //height above base
```

(계속됨)

Listing 8.14 Triangle 클래스

```
        //insideWidth == number of spaces between the
        //two '*'s on a line.
        int insideWidth = 1;
        for (int count = 0; count < lineCount; count++)
        {
            //Down one line, so the first '*' is one more
            //space to the left.
            startOfLine --;
            skipSpaces(startOfLine);
            System.out.print.('*');
            skipSpaces(insideWidth);
            System.out.println('*');

            //Down one line, so the inside is 2 spaces wider.
            insideWidth = insideWidth + 2;
        }
    }
    private static void skipSpaces(int number)
    {
        for (int count = 0; count < number; count++)
            System.out.print(' ');
    }
}
```

여쓰기값이 늘어난다. 혹은 컴퓨터가 하듯이 위에서 아래로 내려온다면 들여쓰기값이 한 줄에 한 문자씩 줄어든다. 그러므로 삼각형 꼭대기의 들여쓰기값이 **int** 변수 **startOfLine**으로 주어진다면 첫 번째 줄의 들여쓰기는 다음과 같이 수행된다.

```
skipSpaces(startOfLine);
```

그러고 나서 별표 문자를 하나 출력한다.

첫 줄에는 한 개의 별표 문자가 출력되지만 그다음 줄부터는 두 개씩 출력해야 한다. **startOfLine**을 매번 1씩 감소시키는 루프를 작성하고 위의 **skipSpaces** 호출과 똑같은 문장을 실행한다. 그다음에 별표 문자를 하나 출력하고 공백을 몇 개 더 출력하고 두 번째 별표 문자를 출력한다. 각 줄에서 두 별표 문자 사이의 간격은 한 줄씩 내려갈 때마다 2씩 증가한다. 이 간격이 **int** 변수 **insideWidth**로 주어진다면 꼭대기의 첫 줄을 제외한 뒤집어진 V 형태의 나머지를 그리는 루프는 다음과 같다.

```
for (int count = 0; count < lineCount; count++)
{
    startOfLine--;
    skipSpaces(startOfLine);
    System.out.print(*);
```

```
        skipSpaces(insideWidth);
        System.out.println(*);
        insideWidth = insideWidth + 2;
    }
```

drawTop 메소드의 완전한 정의는 Listing 8.14에 주어져 있다.

삼각형의 밑변은 별표 문자로 이루어진 줄이다. 밑변에 홀수 개의 별표 문자를 사용하도록 강제해야 균형 잡힌 삼각형이 그려지겠지만, 여기서는 클래스를 단순하게 하기 위해 이러한 사실을 Triangle의 set 메소드의 전제조건으로 기술하기만 하고 강제하지는 않을 것이다.

Listing 8.15은 우리가 작성한 클래스들을 사용하는 예시 프로그램인데, 삼각형과 사각형을 그려서 약간 조잡한 전나무 모양을 만든다.

Listing 8.15 Triangle과 Rectangle 예시 프로그램

```
/**
A program that draws a fir tree composed of a triangle and
a rectangle, both drawn using keyboard characters.
*/
public class TreeDemo
{
    public static final int INDENT = 5;
    public static final int TREE_TOP_WIDTH = 21;  //must be odd
    public static final int TREE_BOTTOM_WIDTH = 4;
    public static final int TREE_BOTTOM_HEIGHT = 4;

    public static void main(String[] args)
    {
        drawTree(TREE_TOP_WIDTH, TREE_BOTTOM_WIDTH,
                 TREE_BOTTOM_HEIGHT);
    }
    public static void drawTree(int topWidth, int bottomWidth,
                                int bottomHeight)
    {
        System.out.println("     Save the Redwoods!");
        TriangleInterface treeTop = new Triangle(INDENT, topWidth);
        drawTop(treeTop);
        RectangleInterface treeTrunk = new Rectangle(INDENT +
                           (topWidth / 2) - (bottomWidth / 2),
                           bottomHeight, bottomWidth);
        drawTrunk(treeTrunk);
    }
    private static void drawTop(TriangleInterface treeTop)
    {
        treeTop.drawAt(1);
    }
```

(계속됨)

Listing 8.15 Triangle과 Rectangle 예시 프로그램

```
    private static void drawTrunk(RectangleInterface treeTrunk)
    {
        treeTrunk.drawHere(); //or treeTrunk.drawAt(0);
    }
}
```

실행 결과 출력

```
Save the Redwoods!
          *
        *   *
       *     *
      *       *
     *         *
    *           *
   *             *
  *               *
 *                 *
*********************
        ----
       |    |
       |    |
        ----
```

자습문제 SELF-TEST QUESTIONS

27 Listing 8.13에 주어진 drawHere 정의는 중복의 예인가 아니면 재정의의 예인가?

28 Listing 8.14에 주어진 drawHere 정의는 중복의 예인가 아니면 재정의의 예인가?

29 Listing 8.14에서 두 생성자 정의는 중복의 예인가 아니면 재정의의 예인가?

30 전용 메소드 skipSpaces는 Rectangle(Listing 8.13)과 Triangle(Listing 8.14) 정의에 모두 나타난다. 이 메소드를 Rectangle과 Triangle이 각자 정의하는 대신 기반 클래스 ShapeBasics(Listing 8.12)로 옮겨서 상속받게 할 수 있는가?

31 ShapeBasics 클래스로부터 파생되는 Diamond라는 클래스의 drawHere 메소드 구현을 어떻게 할지 설명해 보라. 이 장의 프로그래밍 과제 2번에서 이 클래스를 실제로 작성하게 될 것이다. (힌트 : Diamond 클래스는 Triangle 클래스와 비슷하다.)

사례 연구 Comparable 인터페이스

자바에는 미리 정의된 수많은 인터페이스가 있고 많은 클래스가 이들을 사용한다. 그 중의 하나가 Comparable 인터페이스인데, 이 인터페이스를 구현하는 객체들은 순서 관계를 가지게 된다. Comparable 인터페이스는 compareTo라는 오직 하나의 메소드 헤딩을 가지며, Comparable 인터페이스를 구현하는 클래스는 이 메소드를 작성해야 한다.

```
public int compareTo(Object other);
```

이 인터페이스는 두 객체를 어떻게 비교할지, 즉 어떤 경우에 한 객체가 다른 객체보다 '앞에 오거나(come before)' '뒤에 오거나(come after)' 혹은 '같은지(equal)' 명시하게 한다. 순서 관계가 사리에 합당하도록 정의하는 것은 프로그래머의 책임이다. 예를 들어 A가 B보다 앞에 오고 B가 C보다 앞에 온다고 정의했다면 C가 A보다 앞에 오는 것을 허용해서는 안 된다.

compareTo 메소드의 반환값은 다음과 같아야 한다.

- 호출 객체가 매개변수 other보다 '앞에 오면' 음숫값을 반환하고
- 호출 객체가 매개변수 other와 '같으면' 0을 반환하고
- 호출 객체가 매개변수 other보다 '뒤에 오면' 양숫값을 반환한다.

'사과를 오렌지와 비교할 수 없다(One can't compare apples to oranges)'는 속담을 생각해 보자. 자바에서는 compareTo 메소드를 원하는 대로 정의할 수 있기 때문에 이 속담이 자바 클래스에는 적용되지 않음을 보일 것이다. 사과와 오렌지를 나타내는 Fruit 클래스의 초안은 Listing 8.16의 코드와 같다. 이 간단한 클래스는 String을 사용하여 과일 이름을 저장하고 이름에 대한 설정자와 접근자 메소드를 가진다. 생성자는 과일 이름을 인자로 받는다. 이 초안은 아무 인터페이스도 구현하지 않는다.

Fruit 클래스를 사용하는 간단한 예시 프로그램을 Listing 8.17에 보였다. 이 예제는 네 개의 Fruit 객체를 갖는 배열을 만들어 7.4절에서 설명한 Arrays.sort를 사용하여 정렬하고자 시도한다.

Listing 8.17의 프로그램을 컴파일 및 실행하면 다음과 같은 실행 에러가 발생한다.

```
Exception in thread "main" java.lang.ClassCastException: Fruit
cannot be cast to java.lang.Comparable
```

이 에러가 발생하는 이유는 자바가 배열을 정렬하고자 할 때 Fruit 클래스의 두 객체를 비교하여 한 객체가 다른 객체 '앞에 오는지' 알 방법이 없기 때문이다. 더 정확히

Listing 8.16 Fruit 클래스 초안

```
public class Fruit
{
    private String fruitName;
    public Fruit()
    {
        fruitName = "";
    }
    public Fruit(String name)
    {
        fruitName = name;
    }
    Public void setName(String name)
    {
        fruitName = name;
    }
    public String getName()
    {
        return fruitName;
    }
}
```

Listing 8.17 Fruit 객체의 배열을 정렬하는 프로그램

```
import java.util.Arrays;
public class FruitDemo
{
    public static void main(String[] args)
    {
        Fruit[] fruits = new Fruit[4];
        fruits[0] = new Fruit("Orange");
        fruits[1] = new Fruit("Apple");
        fruits[2] = new Fruit("Kiwi");
        fruits[3] = new Fruit("Durian");
        Arrays.sort(fruits);
        //Output the sorted array of fruits
        for (Fruit f : fruits)
        {
            System.out.println(f.getName());
        }
    }
}
```

말하면 Arrays.sort 메소드는 배열의 원소로 넘겨지는 객체들이 Comparable 인터페이스에 따라 compareTo 메소드를 가질 것이라고 간주하고 작성되었다. 배열을 정렬하기 위해 Arrays.sort는 배열의 객체에 대해 (예를 들어 fruits[0]이 fruits[1]보다 큰지 알기 위해) compareTo를 호출하려고 한다. 그런데 이 메소드가 존재하지 않으므로 에러가 발생하는 것이다.

해결책은 Fruit 클래스가 compareTo 메소드를 가지는 Comparable 인터페이스를 구현하도록 하는 것이다. 한 과일을 다른 과일과 비교하는 한 가지 방법은 과일 이름의 사전 순서를 사용하는 것이다. 두 스트링이 모두 대문자거나 모두 소문자라면 사전 순서는 알파벳 순서와 동일하다. 예를 들어 'apple'이라는 단어가 'orange'라는 단어보다 사전 순서상 앞이므로 사과가 오렌지보다 앞에 온다. 이런 비교를 위해 String 클래스의 compareTo 메소드를 사용할 수 있다. 두 개의 스트링 str1과 str2가 있을 때 다음 메소드 호출은 str1이 str2보다 사전 순서상 앞쪽이면 음수를, str1과 str2가 같으면 0을, str1이 str2보다 사전 순서상 뒤쪽이면 양수를 반환한다.

```
str1.compareTo(str2)
```

Fruit 클래스의 compareTo 메소드는 비교할 과일 이름으로 compareTo 메소드를 호출하여 그 결과를 반환하도록 작성하면 된다. Listing 8.18의 코드는 새로운 버전의 Fruit 클래스를 포함하는데 변경된 부분이 강조되어 있다.

Listing 8.18 Comparable을 구현하는 Fruit 클래스

```
public class Fruit implements Comparable
{
    private String fruitName;
    public Fruit()
    {
        fruitName = "";
    }
    public Fruit(String name)
    {
        fruitName = name;
    }
    public void setName(String name)
    {
        fruitName = name;
    }
    public String getName()
    {
        return fruitName;
    }
    public int compareTo(Object o)
    {
        if ((o != null) &&
            (o instanceof Fruit))
```

(계속됨)

Listing 8.18 Comparable을 구현하는 Fruit 클래스

```
        {
            Fruit otherFruit = (Fruit) o;
            return (fruitName.compareTo(otherFruit.fruitName));
        }
        return -1; //Default if other object is not a Fruit
    }
}
```

이제 Listing 8.17의 프로그램은 에러 없이 실행되어 다음을 출력한다.

```
Apple
Durian
Kiwi
Orange
```

이제는 배열의 객체를 비교하고 재배열하기 위해 **compareTo** 메소드를 호출할 수 있기 때문에 **Arrays.sort** 메소드가 성공적으로 실행된다. 우리가 작성한 **compareTo** 메소드가 **Arrays.sort** 메소드로부터 호출된다는 점을 명백히 하기 위해 **compareTo** 메소드를 재정의하여 다른 기준으로 과일을 정렬하게 수정할 수 있다. 사전 순서 대신 과일 이름의 길이를 비교 기준으로 사용해 보자. 짧은 이름의 과일이 긴 이름의 과일보다 앞에 온다. 다음은 **compareTo** 메소드의 새로운 정의이다.

```
public int compareTo(Object o)
{
    if ((o != null) &&
        (o instanceof Fruit))
    {
        Fruit otherFruit = (Fruit) o;
        if (fruitName.length() >
            otherFruit.fruitName.length())
            return 1;
        else if (fruitName.length() <
                 otherFruit.fruitName.length())
            return -1;
        else
            return 0;
    }
    return -1; //Default if other object is not a Fruit
}
```

Listing 8.17의 프로그램은 이제 다음을 출력한다.

```
Kiwi
Apple
```

```
Orange
Durian
```

이제 과일은 단어가 짧은 순서로 정렬된다.

추상 클래스

Listing 8.12의 ShapeBasics 클래스는 ShapeBasics 객체를 생성하기 위한 목적으로 작성한 것이 아니다. ShapeBasics는 Listing 8.13의 Rectangle 클래스와 같은 다른 클래스를 위한 기반 클래스로 설계된 것이다. ShapeBasics 클래스의 객체를 생성할 필요는 전혀 없지만, 다음과 같이 생성할 수는 있다.

```
ShapeBasics shapeVariable = new ShapeBasics();
```

그런데 위 문장이 제대로 동작하려면 ShapeBasics 클래스에 drawHere 메소드의 정의를 작성해야 한다. 앞서 작성했던 정의는 별표 하나를 그렸는데, 이것은 호출했을 때 무엇이라도 나오도록 구색만 갖춰 놓은 것이다. 기반 클래스 ShapeBasics의 객체를 통해 drawHere 메소드를 호출하려는 의도는 전혀 없었다. Rectangle과 Triangle 같은 파생 클래스의 객체에 대해서만 drawHere 메소드를 사용할 계획이었다.

기반 클래스의 어떤 메소드를 파생 클래스에서 재정의할 계획이라면, 그 정의를 억지로 만들어 내려고 하기보다는 다음과 같이 **추상**(abstract) **메소드**로 선언할 수 있다.

```
public abstract void drawHere();
```

메소드 헤딩에 키워드 abstract를 사용하고 헤딩 마지막에는 메소드 몸체를 생략하고 세미콜론으로 마친다. 추상 메소드는 (추상이 아닌) 파생 클래스에 의해 재정의되어 정의가 주어져야 한다. 클래스에 추상 메소드를 포함하는 것은 파생 클래스가 특정 메소드를 정의하도록 강제하는 방법이다.

자바에서 클래스가 하나의 추상 메소드라도 가진다면 추상 클래스로 선언되어야 한다. 추상 클래스로 선언하기 위해서는 다음과 같이 클래스 정의의 첫 부분에 키워드 abstract를 넣으면 된다.

```
public abstract class ShapeBase
{...
```

이렇게 정의된 클래스를 **추상 클래스**(abstract class)라고 부른다. 추상 클래스는 객체를 생성하지 못하고 다른 클래스를 위한 기반 클래스로만 사용할 수 있다. 이런 이유로 추

Listing 8.19 추상 클래스 ShapeBase

```
/**
Abstract base class for drawing simple shapes on the screen
using characters.
*/
public abstract class ShapeBase implements ShapeInterface
{
    private int offset;
    public abstract void drawHere();

    클래스의 나머지 부분은 생성자 이름을 제외하고는 Listing 8.12의
    ShapeBasics와 동일하다. drawHere 메소드만 추상 메소드이고,
    다른 모든 메소드는 몸체를 가지며 헤딩에 키워드 abstract를
    가지지 않는다. 그 가운데 하나만 아래에 다시 보였다.

    public void drawAt(int lineNumber)
    {
        for (int count = 0; count < lineNumber; count++)
            System.out.println();
        drawHere();
    }
}
```

상 클래스를 **추상 기반 클래스**(abstract base class)라고 부르기도 한다.

Listing 8.19에서는 ShapeBasics 클래스를 추상 클래스로 수정하여 ShapeBase라고 이름을 붙였다. 이전의 사례 연구에서 이 추상 클래스 ShapeBase를 사용했더라도 파생 클래스는 모두 이전처럼 동작할 것이다. 다만 ShapeBase의 객체만 생성하지 못한다.

ShapeBase가 추상 클래스이지만 모든 메소드가 추상 메소드인 것은 아니다. drawHere 메소드를 제외한 나머지의 모든 메소드 정의는 원래의 ShapeBasics와 동일한 완전한 정의이고 abstract 키워드를 가지지 않는다. 추상 클래스에 속한 메소드일지라도 몸체를 정의하는 것이 합당하다면 정의해야 한다. 그렇게 함으로써 가능한 한 많은 세부 사항을 추상 클래스에 포함시켜 파생 클래스마다 그런 세부 사항이 반복되는 것을 피할 수 있다.

추상 클래스를 만드는 이유는 무엇일까? 추상 클래스는 사고를 단순화시켜 준다. 사례 연구에서 이미 설명했듯이 ShapeBasics 클래스를 정의한 이유는 drawAt과 같은 메소드 정의를 모든 도형마다 반복하지 않기 위함이다. 하지만 drawHere 메소드의 경우에는 불필요한 정의를 작성해야만 했다. 추상 클래스를 사용하면 불필요한 메소드 정의를 작성해야 하는 의무에서 벗어나므로 기반 클래스를 정의하기가 쉬워진다. 어떤 메소드가 항상 재정의될 것이라면 추상 메소드로 만들고 그것이 포함된 클래스는 추상 클래스로 만들라. 추상 메소드는 완전한 정의가 주어지지 않지만 나름의

역할을 담당한다. 그것은 모든 (추상이 아닌) 파생 클래스에서 정의되어야 하는 메소드를 위한 플레이스 홀더(place holder) 역할을 한다. Listing 8.19의 **drawAt** 메소드가 **drawHere** 메소드에 대한 호출을 포함하고 있음을 눈여겨보라. 추상 메소드 **drawHere**를 생략하면 **drawHere**에 대한 이 호출이 비문법적인 것이 된다.

추상 클래스가 인터페이스와 매우 유사한다는 점을 알아챘을 것이다. 둘 다 메소드를 포함하며 객체를 만들지 못한다. 하지만 추상 클래스에서는 메소드를 정의할 수 있지만 인터페이스에서는 메소드 헤딩만 명시할 수 있다. 또한 추상 클래스는 여러분이 해결하고자 하는 문제에 속한 추상적 개념을 나타내는 반면, 인터페이스는 클래스가 어떤 기능을 지원해야 하는지 명시하는 역할을 한다.

> **기억하세요! 추상 클래스는 자료형이다**
>
> 추상 클래스의 객체를 생성하지 못한다. 예를 들어 추상 클래스 ShapeBase가 Listing 8.19에서처럼 정의되었다면 다음 문장은 비문법적이다.
>
> ```
> ShapeBase f = new ShapeBase();  //ILLEGAL!
> ```
>
> 그럼에도 불구하고 ShapeBase형의 매개변수를 가지는 것은 가능하다. ShapeBase의 자손 클래스 중 어느 것의 객체라도 그 매개변수의 인자로 넘겨질 수 있다.

자습문제 SELF-TEST QUESTIONS

32 ShapeBase가 Listing 8.19에 정의된 바와 같다면 다음 문장은 올바른가?

```
ShapeInterface shapeVariable = new ShapeBase();
```

33 ShapeBase가 Listing 8.19에 정의된 바와 같고, **Rectangle**은 Listing 8.13에서 **ShapeBasics**를 ShapeBase로 바꾼 것과 같다면 다음 문장은 올바른가?

```
ShapeBase shapeVariable = new Rectangle();
```

8.5 그래픽 보조자료

이 절에서는 지금까지 애플릿이나 GUI 애플리케이션의 정의를 작성했을 때 매번 상속을 사용해 왔음을 설명한다. 또한 윈도우 이벤트와 윈도우 리스너에 대해 좀 더 자세히 설명한다.

JApplet 클래스

지금까지 작성했던 애플릿 클래스의 코드에서 알 수 있듯이, 애플릿은 JApplet 클래스의 파생 클래스이다. 이는 다음 예와 같은 애플릿 클래스 정의의 첫 줄에서 알 수 있다.

```
public class LabelDemo extends JApplet
```

JApplet 클래스는 init과 paint라는 이름의 메소드를 가진다. 그러므로 애플릿에 init과 paint 메소드를 정의했다면 사실은 상속받은 메소드를 재정의한 것이다. 이것이 init과 paint 메소드가 자동적으로 호출되는 이유이다. 세부 사항은 대략 다음에 설명하는 바와 같다. showApplet[1]이라는 이름의 메소드가 JApplet형의 매개변수 anApplet을 가진다고 가정하자.

```
public void showApplet(JApplet anApplet)
{
    anApplet.init();
    ...
    anApplet.paint();
}
```

JApplet 클래스가 init과 paint 메소드를 가지기 때문에 showApplet 메소드의 몸체에 anApplet.init()과 anApplet.paint() 같은 호출을 포함할 수 있다.

showApplet 메소드를 호출하면서 여러분이 작성한 애플릿 클래스를 매개변수 anApplet에 인자로 넘겨주면, 다형성으로 인해 여러분이 자신의 애플릿에 작성한 init과 paint 메소드 정의가 호출된다. 그러므로 시스템이 제공하는 미리 정의된 라이브러리 클래스를 통해 여러분의 애플릿을 실행하고 여러분이 작성한 init과 paint 정의가 자동적으로 호출되도록 할 수 있다.

JFrame 클래스

2장에서 JFrame 클래스를 사용하여 자바 GUI 애플리케이션을 작성하는 방법을 설명했지만, 그 당시에는 클래스와 객체에 대해 충분히 다루지 않았기 때문에 왜 그렇게 동작하는지 설명하지 못했다. 이제는 그 세부 사항을 자세히 다룰 수 있게 되었다. JApplet 클래스는 웹페이지에서 실행되는 애플릿의 기반 클래스로 사용된다. 자바 애플리케이션으로 실행되는 GUI(즉, 윈도우 인터페이스)를 얻기 위해서는 JApplet이

---

1 showApplet은 가공의 메소드 이름이며 JApplet형의 매개변수를 갖는 아무 메소드라도 대신할 수 있다.

아니라 JFrame을 기반 클래스로 사용한다. 그 한 가지 예로 6장 Listing 6.22의 애플릿을 재작성했는데, 기반 클래스 JApplet을 JFrame으로 변경하고 이에 따른 몇 가지 추가적인 수정을 적용했다. 그 결과로 얻은 ButtonDemo 클래스가 Listing 8.20에 주어져 있다. 다음 절에서 설명할 WindowDestroyer도 추가되었다.

ButtonDemo가 만드는 GUI를 사용하려면 ButtonDemo 객체를 생성하는 Listing 8.21과 같은 자바 애플리케이션 프로그램이 필요하다. 이 간단한 애플리케이션 프로그램은 gui라는 ButtonDemo 객체를 생성하고 다음 문장에 의해 GUI를 표시한다.

```
gui.setVisible(true);
```

Listing 8.20 JFrame에서 파생된 윈도우 인터페이스

이 클래스를 컴파일하려면 같은 디렉터리(폴더) 내에 WindowDestroyer 클래스가 있어야 한다. WindowDestroyer에 대해서는 이 그래픽 보조자료 절의 뒷부분에서 설명한다.

```
import javax.swing.JButton;
import javax.swing.JFrame;
import java.awt.Container;
import java.awt.event.ActionEvent;
import java.awt.event.ActionListener;

/**
Simple demonstration of putting buttons in a JFrame window.
*/

public class ButtonDemo extends JFrame implements ActionListener
{
    public static final int WIDTH  = 400;
    public static final int HEIGHT = 300;

    public ButtonDemo()
    {
        setSize(WIDTH, HEIGHT);
        WindowDestroyer listener = new WindowDestroyer();
        addWindowListener(listener);

        Container contentPane = getContentPane();
        contentPane.setBackground(Color.WHITE);

        contentPane.setLayout(new FlowLayout());

        JButton sunnyButton = new JButton("Sunny");
        sunnyButton.addActionListener(this);
        contentPane.add(sunnyButton);

        JButton cloudyButton = new JButton("Cloudy");
        cloudyButton.addActionListener(this);
        contentPane.add(cloudyButton);
    }
```

(계속됨)

Listing 8.20 JFrame에서 파생된 윈도우 인터페이스

```
    public void actionPerformed(ActionEvent e)
    {
        String actionCommand = e.getActionCommand();
        Container contentPane = getContentPane();
        if (actionCommand.equals("Sunny"))
            contentPane.setBackground(Color.BLUE);
        else if (actionCommand.equals("Cloudy"))
            contentPane.setBackground(Color.GRAY);
        else
            System.out.println("Error in button interface.");
    }
}
```

Listing 8.21 애플리케이션에서 JFrame 클래스의 실행

```
    public class ShowButtonDemo
    {
        public static void main(String[] args)
        {
            ButtonDemo gui = new ButtonDemo();
            gui.setVisible(true);
        }
    }
```

실행 결과 출력

이 GUI는 Listing 6.22의 애플릿과 같은 방식으로 버튼 클릭에 반응하여 색상을 바꾼다.

JFrame 클래스 및 JFrame으로부터 파생되는 모든 클래스는 setVisible이라는 메소드를 가진다. 이 메소드는 불 인자를 하나 받는데, 인자가 참이면 GUI가 보이고 거짓이면 보이지 않게 된다. 이 setVisible 메소드는 6장의 그래픽 보조자료에서 설명한 것과 동일한 메소드이다. 궁극적으로 레이블, 버튼, JFrame GUI 및 다른 모든 컴포넌트들은 모두 공통의 조상 클래스로부터 setVisible 메소드를 상속받는다. 이와 같이 수

많은 클래스가 setVisible 메소드라는 통일된 동작을 보이는 것은 상속 메커니즘 때문이다.

JFrame에서 파생된 GUI 클래스(Listing 8.20)로 돌아가서 6장의 애플릿 코드(Listing 6.22)와 달라진 부분을 설명하도록 하자. 달라진 부분은 모두 강조되어 있는데, 가장 명백한 차이는 extends JApplet을 extends JFrame으로 변경했다는 점이지만 이에 대해서는 이미 설명했다. 다른 중요한 차이는 JFrame에서 파생된 클래스는 init 메소드를 가지지 않고 생성자를 사용한다는 점이다. 애플릿이라면 init 메소드에 들어갔을 코드가 JFrame의 파생 클래스에서는 생성자에 들어가게 된다. 사실 이것은 특별히 설명할 것도 없는 것이, 여기 들어가는 코드는 모두 초기화 동작이고 초기화 동작은 당연히 생성자에 들어간다. 생성자 대신 init 메소드를 사용하는 애플릿이 오히려 예외적인 경우이다.

JFrame에서 파생되는 GUI는 setSize 메소드를 호출하여 초기의 크기를 지정하는데, Listing 8.20에 포함된 다음 줄이 그 부분이다.

```
setSize(WIDTH, HEIGHT);
```

마지막으로, 애플릿은 자신을 표시하는 웹페이지가 닫히거나 애플릿 뷰어의 닫기 버튼을 클릭하면 종료된다. (애플릿에서 여러분이 보는 윈도우 닫기 버튼은 애플릿이 아니라 애플릿 뷰어의 윈도우 닫기 버튼이다.) JFrame의 경우에는 GUI의 윈도우 닫기 버튼을 프로그램으로 처리해야 하며, 이에 대해서는 다음 절에서 설명한다.

윈도우 이벤트와 윈도우 리스너

2장에서 윈도우 닫기 버튼을 눌렀을 때의 동작을 다음 문장으로 명시했다.

```
setDefaultCloseOperation(EXIT_ON_CLOSE);
```

이 JFrame 메소드는 윈도우가 닫힐 때의 기본 동작을 지정하는 역할을 한다. EXIT_ON_CLOSE 상수는 애플리케이션을 종료시킬 것이다. HIDE_ON_CLOSE(디폴트값)나 DO_NOTHING_ON_CLOSE와 같은 다른 상수도 있다. 이것은 간단하고 편리한 해결책이지만 더 강력한 방법은 윈도우가 닫힐 때 호출되는 메소드를 직접 작성하는 것이다. 이런 방법을 사용하면 윈도우가 닫힐 때 무엇이든 원하는 작업을 할 수 있지만 이 예에서는 단지 애플리케이션을 종료하는 작업만 할 것이다. 지금까지 보아 온 일반적인 JButton 객체와 마찬가지로 윈도우 닫기 버튼도 하나의 이벤트를 발생시키지만, 일반 버튼과 달리 **윈도우 리스너**(window listener)에 의해 처리되는 **윈도우 이벤트**(window event)를 발생시킨다.

WindowAdapter 클래스가 윈도우 리스너이므로 여기서 파생되는 모든 클래스도 역시 윈도우 리스너이다. Listing 8.22에 주어진 WindowDestroyer 클래스가 이런 윈도우 리스너의 예이다. JButton 객체를 등록해야 했던 것과 마찬가지로 JFrame GUI에 대해서 윈도우 리스너를 등록해야 한다. 이를 위해서는 addWindowListener 메소드를 부르면 되는데, 이 메소드는 JButton 객체에 사용했던 addActionListener와 매우 유사하다. 다음 코드는 WindowDestroyer 객체를 생성하고 이를 Listing 8.20의 JFrame GUI에 대한 윈도우 리스너로 등록한다.

```
WindowDestroyer listener = new WindowDestroyer();
addWindowListener(listener);
```

WindowDestroyer 클래스는 표준 자바 라이브러리에 포함된 클래스가 아니므로 프로그래머가 직접 작성해야 하지만, Listing 8.22에 보인 것처럼 간단히 작성할 수 있다. windowClosing 메소드가 윈도우 닫기 버튼에 반응하는 방식은 actionPerformed가 JButton 객체의 이벤트에 반응하는 것과 비슷하다. 윈도우 닫기 버튼을 클릭하면 windowClosing 메소드가 System.exit을 호출하므로 JFrame GUI가 종료된다. 그 전까지는 Listing 8.22의 WindowDestroyer 정의를 복사하고 다음 두 줄을 여러분이 작성하는 JFrame GUI의 생성자에 포함하면 된다.

```
WindowDestroyer listener = new WindowDestroyer();
addWindowListener(listener);
```

Listing 8.22 JFrame GUI의 윈도우 이벤트를 위한 리스너 클래스

WindowDestroyer 클래스는 자바에서 제공되는 클래스가 아니라 프로그래머가 정의해야 하는 클래스이다.

```
import java.awt.event.WindowAdapter;
import java.awt.event.WindowEvent;

/**
If you register an object of this class as a listener to any
object of the class JFrame, the object will end the program
and close the JFrame window if the user clicks the window's
close-window button.
*/
public class WindowDestroyer extends WindowAdapter
{
    public void windowClosing(WindowEven e)
    {
        System.exit(0);
    }
}
```

GOTCHA JButton과 윈도우 닫기 버튼을 혼동하지 마라

JFrame GUI의 윈도우 닫기 버튼은 JButton 객체가 아니다. JButton 객체는 액션 리스너에 의해 처리되는 액션 이벤트를 발생시킨다. 윈도우 닫기 버튼은 Listing 8.22의 WindowDestroyer와 같은 윈도우 리스너에 의해 처리되는 윈도우 이벤트를 발생시킨다. JFrame GUI는 윈도우 닫기 버튼을 항상 가지지만, JButton 객체는 가질 수도 있고 가지지 않을 수도 있다. ■

ActionListener 인터페이스

인터페이스는 이 장 시작 부분에서 소개했지만 지금까지 그래픽 보조자료를 빠짐없이 읽었다면 6장에서 ActionListener 인터페이스를 만났음을 기억할 것이다. 이 인터페이스는 다음의 한 가지 메소드 헤딩만을 선언한다.

```
public void actionPerformed(ActionEvent e)
```

애플릿이나 JFrame GUI에서 버튼 클릭에 대응하는 리스너는 **액션 리스너**(action listener)여야 한다. 다시 말해, 버튼에 대한 리스너는 ActionListener 인터페이스를 구현해야 한다는 뜻이다.

자습문제 SELF-TEST QUESTIONS

34 WindowDestroyer는 표준 자바 패키지(라이브러리)에 들어 있는가?

35 애플릿의 paint 메소드에서 할 수 있는 작업과 JFrame에서 파생된 GUI의 paint 메소드에서 할 수 있는 작업은 어떻게 다른가?

36 JFrame에서 파생된 GUI는 일반적으로 init 메소드를 가지지 않는다. 애플릿에서 init 메소드에 넣었던 코드를 JFrame에서 파생된 GUI에서는 어디에 넣겠는가?

요약 SUMMARY

- 자바 인터페이스는 공용 메소드 헤딩과 공용 이름상수 정의를 포함한다. 인터페이스는 생성자나 전용 인스턴스 변수를 선언하지 않는다.
- 인터페이스를 구현하는 클래스는 인터페이스가 명시하는 모든 메소드의 몸체를 정

의해야 한다. 인터페이스에 선언되지 않는 추가 메소드를 정의할 수도 있다. 한 클래스가 둘 이상의 인터페이스를 구현할 수 있다.

- 인터페이스를 이용하여 클래스 설계자는 다른 프로그래머에게 메소드의 명세를 제공할 수 있다. 인터페이스를 구현함으로써 프로그래머는 클래스가 특정 메소드를 정의하도록 보장할 수 있다.
- 인터페이스는 참조형이므로 인터페이스형의 변수나 메소드 매개변수를 선언할 수 있다.
- 인터페이스를 확장하여 기존 인터페이스의 메소드에 더하여 추가의 메소드를 가지는 새로운 인터페이스를 생성할 수 있다.
- 동적 (혹은 늦은) 바인딩은 서로 다른 클래스의 객체들이 모두 동일한 인터페이스를 가진다면 그 객체들을 서로 바꿔 넣을 수 있게 한다. 이런 특성을 다형성이라고 하며, 이에 의해 같은 메소드 이름에 대해 서로 다른 객체들이 서로 다른 메소드 동작을 실행하게 된다.
- 파생 클래스는 기반 클래스에 인스턴스 변수와 메소드를 추가하여 얻는다. 파생 클래스는 기반 클래스에 포함된 모든 공용 인스턴스 변수와 공용 메소드를 상속받는다.
- 파생 클래스의 생성자를 정의할 때는 먼저 super를 사용해 기반 클래스 생성자를 호출해야 한다. 명시적으로 호출하지 않으면 자바가 기반 클래스의 디폴트 생성자를 자동적으로 호출할 것이다.
- 생성자 내에서 this는 자신의 클래스의 생성자를 호출하지만 super는 기반 클래스의 생성자를 호출한다.
- 기반 클래스의 메소드를 파생 클래스에서 다시 정의하여 다른 정의를 갖도록 할 수 있다. 이를 메소드의 재정의라고 부른다.
- 메소드를 재정의할 때 파생 클래스에 주어지는 새로운 정의는 매개변수의 수와 자료형, 메소드의 반환형 등이 기반 클래스의 메소드와 정확히 일치해야 한다. 파생 클래스의 메소드가 기반 클래스 메소드와 매개변수의 수나 자료형이 다르다면 메소드가 재정의된 것이 아니라 중복된 것이다.
- 파생 클래스의 메소드 내에서 재정의된 메소드의 기반 클래스 버전을 호출하려면 메소드 이름 앞에 super와 점을 붙이면 된다.
- 기반 클래스의 전용 인스턴스 변수와 전용 메소드를 파생 클래스 내에서 이름을 통해 직접 접근할 수 없다.
- 파생 클래스의 객체는 파생 클래스형이지만 동시에 기반 클래스형이기도 하다. 일

반적으로 말해 파생 클래스는 모든 조상 클래스의 자료형을 가진다.

- 파생 클래스 객체를 그 조상 클래스 중 하나의 자료형을 가진 변수에 할당할 수 있지만, 그 반대로는 안 된다.
- 자바에서 모든 클래스는 미리 정의된 클래스 Object의 자손이다. 그러므로 모든 클래스의 모든 객체는 자신의 클래스 및 자신의 조상 클래스형인 동시에 Object형이기도 하다.
- JFrame의 파생 클래스는 애플릿과 유사한 윈도우 인터페이스를 생성하지만 애플릿과 달리 일반적인 자바 애플리케이션 프로그램에서 사용된다.
- WindowAdapter 클래스의 파생 클래스를 작성하여, JFrame GUI의 윈도우 닫기 버튼을 클릭하면 동작하는 윈도우 리스너로 사용할 수 있다.

연습문제 EXERCISES

1 학교 도서관의 물품을 관리하는 프로그램을 생각해 보자. 기반 클래스를 포함하여 물품의 여러 종류로 구성되는 클래스 계층을 그려라. 대출할 수 없는 물품도 고려해야 한다.

2 앞 문제의 클래스 계층에서 기반 클래스를 구현하라.

3 상속을 사용하는 장점은 무엇인가? Employee 클래스를 확장하는 Manager 클래스를 가정해 보자. Manager 클래스 정의의 첫 줄을 작성하라. Manager 클래스를 확장하는 SalesManager 클래스 정의의 첫 줄을 작성하라.

4 상속 관계에서 어느 클래스가 특수화된(specialized) 클래스인가? 하위 클래스는 기반 클래스의 멤버 중 어떤 종류에 접근할 수 있는가? 클래스가 다른 클래스를 상속함을 나타내려면 어떤 예약어를 사용하는가? 객체의 기반 클래스를 참조하는 예약어는 무엇인가? 상위 클래스의 디폴트 생성자를 명시적으로 호출하는 문법은 무엇인가?

5 도형의 중심점(두 개의 정숫값)과 색상(스트링)을 가지는 추상 클래스 DrawableShape와 이로부터 파생되는 Square 클래스를 생성하라. 속성에 대한 적당한 접근자 메소드와 주어진 거리만큼 객체를 이동시키는 메소드를 추상 클래스 내에 정의하라. Square 객체는 옆변의 길이를 가진다. Square 클래스는 이 길이에 대한 접근자 및 설정자 메소드를 가져야 한다. 또한 정사각형의 넓이와 둘레를

계산하는 메소드도 가져야 한다.

6 학생들에 대한 기반 클래스 Student를 생성하라. 속성으로는 학생의 이름과 나이, 전공, 멘토(mentor)의 이름 등이 필요하다. 각 속성에 대해 적당한 접근자와 설정자 메소드도 작성하라.

7 앞 문제에서 설명한 Student로부터 파생되는 ScienceStudent 클래스를 작성하라. ScienceStudent는 나이에 대한 접근자 메소드를 재정의하여 실제 나이에 2를 더해 반환하도록 하라. 멘토에 대한 접근자도 재정의하여 멘토 이름 다음에 "is the best"라는 스트링을 붙여서 반환하도록 하라.

8 파생 클래스 생성자에서 기반 클래스 생성자에 대한 호출을 생략하면 어떻게 되는가? 하위 클래스의 메소드가 상위 클래스에 있는 메소드와 동일한 서명(signature)을 가지면 이를 무엇이라고 부르는가?

9 is-a 관계란 무엇인가? 예를 들어 설명하라. 메소드의 재정의와 중복은 어떻게 다른가? 추상 메소드란 무엇인가? 추상 클래스와 인터페이스의 차이점은 무엇인가? 메소드 정의가 파생 클래스에서 새로운 정의로 재정의되는 것을 금지하려면 어떤 예약어를 사용하는가?

10 추상 클래스 DiscountPolicy를 작성하라. DiscountPolicy는 한 개의 추상 메소드 computeDiscount를 가지는데, 이 메소드는 한 품목을 몇 개 구매하면 얼마가 할인되는지를 알려 줘야 한다. 즉, 두 개의 매개변수 count와 itemCost를 가지고 할인액을 반환한다.

11 동적 바인딩은 메소드의 정의와 호출에 어떤 영향을 미치는가? 동적 바인딩과 다형성은 어떻게 다른가? Shape 인터페이스를 구현하는 Triangle 클래스의 서명을 작성하라. InterfaceB를 상속받는 InterfaceA 인터페이스의 서명을 작성하라.

12 10번 문제의 DiscountPolicy로부터 파생되는 BuyNItemGetOneFree 클래스를 작성하라. 이 클래스에는 n을 매개변수로 가지는 생성자가 필요하다. 또한 n개를 구매하면 n번째 물품은 공짜가 되도록 computeDiscount 메소드를 정의해야 한다. 예를 들어 다음 표는 물품의 단가가 10달러이고 n이 3일 때 여러 개를 구매하면 얼마나 할인이 되는지 보여 준다.

Count	1	2	3	4	5	6	7
Discount	0	0	10	10	10	20	20

13 is-a 관계와 has-a 관계의 예를 하나씩 보여라. 모든 클래스가 직접적으로나 간접적으로 상속하는 클래스는 무엇인가? 모든 자바 클래스가 상속하는 Object 클래스의 메소드를 두 개만 들어 보라. instanceof 연산자는 무엇이며 어디에 사용하는가?

14 다중 상속이란 무엇인가? 다중 상속의 예를 보여라. 자바는 다중 상속을 어떻게 지원하는가?

15 encode(plainText)라는 하나의 추상 메소드를 가지는 MessageEncoder 인터페이스를 작성하라. 여기서 plainText는 암호화할 메시지이고, 메소드는 암호화된 메시지를 반환해야 한다.

16 앞 문제의 MessageEncoder 인터페이스를 구현하는 SubstitutionCipher 클래스를 작성하라. 생성자는 shift라는 매개변수 하나를 가져야 한다. shift의 값만큼 각 문자를 '옮기는' encode 메소드를 정의하라. 예를 들어 shift가 3이라면 a는 d로, b는 e로, c는 f로 대체될 것이다. (힌트 : 한 문자를 옮기는 전용 메소드를 정의하여 사용하는 것이 좋다.)

17 15번의 MessageEncoder 인터페이스를 구현하는 ShuffleCipher 클래스를 작성하라. 생성자는 n이라는 매개변수 하나를 가져야 한다. 메시지를 n번 뒤섞는(shuffle) 메소드 encode를 정의하라. 한 번의 '뒤섞기'는 메시지를 반으로 쪼개고 쪼개진 반으로부터 각각 한 문자씩 교대로 취하여 새로운 메시지를 구성한다. 예를 들어 메시지가 abcdefghi라면 abcde와 fghi의 두 부분으로 쪼개어지고, 뒤섞은 메시지는 afbgchdie가 된다. (힌트 : 한 번 뒤섞기를 행하는 전용 메소드를 정의하여 사용하는 것이 좋다.)

프로그래밍 과제

PROGRAMMING PROJECTS

1 직원의 기록부를 나타내는 Employee 클래스를 정의하라. 이 클래스는 Listing 8.1의 Person 클래스로부터 파생된다. Employee 객체는 Person 클래스로부터 이름을 상속받고, 여기에 추가로 double형의 연봉, int형의 고용 연도, 그리고 String형의 사번을 가진다. 적절한 생성자, 접근자 및 설정자 메소드, 그리고 equals 메소드를 포함하라. 작성된 클래스 정의를 테스트하는 프로그램을 작성하라.

2 Diamond라는 클래스를 작성하되, ShapeBasics(Listing 8.12) 클래스나 ShapeBase(Listing 8.19) 추상 클래스로부터 파생되도록 하라. 다이아몬드의 위쪽

반은 Triangle 객체와 같고 아래쪽 반은 위쪽 반을 뒤집은 모양이다. 유틸리티 클래스를 정의하여 그 안에 skipSpaces 메소드 및 수평선, 커다란 V 모양, 뒤집어진 커다란 V 모양을 각각 그리는 공용 정적 메소드들을 포함하라. 자습문제 31번에서 이 클래스의 메소드 중 한 가지를 설명하도록 했다.

3 Listing 8.19의 추상 클래스 ShapeBase로부터 파생되는 두 개의 클래스 RightArrow와 LeftArrow를 정의하라. 이 클래스들은 Rectangle이나 Triangle과 비슷하지만 각각 오른쪽 화살표와 왼쪽 화살표를 그린다. 예를 들어 다음은 오른쪽 화살표이다.

```
                *
                * *
                *   *
****************      *
                *   *
                * *
                *
```

화살표의 크기는 '꼬리'의 길이와 화살촉의 너비에 해당하는 두 개의 숫자에 의해 결정된다. (너비는 수직선으로 그려진 화살촉 밑변의 길이이다.) 위에 보인 화살표는 꼬리 길이가 16이고 화살촉 너비가 7이다. 화살촉의 너비는 짝수가 될 수 없으므로 생성자와 설정자 메소드는 이 너비가 항상 홀수가 되도록 검사해야 한다. 이 두 클래스의 모든 메소드를 테스트하는 프로그램을 작성하라. 화살촉의 너비가 최소 3이라고 가정할 수 있다.

4 의사의 기록부를 나타내는 Doctor라는 클래스를 정의하라. Doctor는 Listing 8.1의 Person 클래스로부터 파생된다. Doctor 객체는 (Person 클래스에서 정의된) 이름, String형의 전공(예를 들어 소아과, 산부인과, 가정의학과 등), double형의 진료비를 가진다. 적절한 생성자와 접근자 메소드 및 equals 메소드를 포함하라. 모든 메소드를 테스트하는 프로그램을 작성하라.

5 병원의 기록부에 해당하는 Patient와 Billing 클래스를 정의하라. Patient는 Listing 8.1의 Person 클래스의 파생 클래스이다. Patient 객체는 (Person 클래스에서 정의된) 환자 이름과 String형의 환자 번호를 가진다. Billing 객체는 Patient 객체와 (프로그래밍 과제 4에서 정의했던) Doctor 객체를 포함한다. 적절한 생성자와 접근자 메소드 및 equals 메소드를 포함하라. 먼저 모든 메소드를 테스트하는 프로그램을 작성하고, 다음으로는 최소 두 개의 Patient 객체, 최소 두 개의 Doctor 객체, 최소 두 개의 Billing 객체를 생성하고 나서 Billing 객체로부터의 총수입을 출력하는 테스트 프로그램을 작성하라.

6 Vehicle이라는 기반 클래스를 정의하라. Vehicle 클래스는 제조사 이름(String형), 엔진의 기통 수(int형) 및 소유자(Listing 8.1의 Person형)를 가진다. 다음으로 Vehicle의 파생 클래스 Truck을 정의하라. Truck은 톤 단위의 적재 용량(소수 부분이 있을 수 있으므로 double형)과 톤 단위의 견인 능력(double형)을 추가 속성으로 가진다. 적절한 생성자와 접근자 메소드 및 equals 메소드를 포함하라. 모든 메소드를 테스트하는 프로그램을 작성하라.

7 Listing 8.19의 추상 클래스 ShapeBase로부터 파생되는 RightTriangle과 Rectangle 클래스를 정의하라. 그리고 Rectangle로부터 파생되는 Square 클래스를 정의하라. 이 세 가지 파생 클래스는 상속받은 메소드 외에 면적과 둘레를 계산하는 두 개의 추가 메소드를 가진다. 또한 drawHere 메소드를 재정의해야 한다. 적절한 생성자와 접근자 메소드를 포함하라. Square 클래스는 변(side)에 해당하는 하나의 치수만을 포함하고, 높이와 너비는 자동적으로 이 변의 길이로 지정해야 한다. 치수는 문자 너비와 행 간격을 그대로 사용하면 되는데, 물론 문자 너비와 행 간격이 동일하지 않을 것이므로 정사각형이 정사각형처럼 보이지는 않을 것이다. (이 장의 Rectangle 객체에서도 동일한 경우가 발생했었다.) 모든 메소드를 테스트하는 프로그램을 작성하라.

8 6장 Listing 6.1의 Pet 클래스로부터 파생되는 Dog 클래스를 정의하라. 이 클래스는 새로운 속성으로 breed(String형)와 boosterShot(boolean형)을 가지는데 boosterShot은 애완견이 추가접종을 받았으면 참이고 아니면 거짓이다. 적절한 생성자와 접근자 메소드를 작성하라. 모든 메소드를 테스트하는 프로그램을 작성하라. 그리고 Dog형의 애완견 객체를 다섯 개 읽어 들여 두 살 이상이면서 추가접종을 받지 않은 모든 애완견의 이름과 품종(breed)을 출력하는 프로그램을 작성하라.

9 decode(cipherText)라는 한 개의 추상 메소드를 가지는 MessageDecoder 인터페이스를 정의하라. cipherText는 해독해야 할 암호 메시지이고 메소드는 해독한 메시지를 반환한다. 연습문제 16번과 17번의 SubstitutionCipher와 ShuffleCipher 클래스를 수정하여 연습문제 15번의 MessageEncoder 인터페이스뿐만 아니라 MessageDecoder도 구현하도록 하라. 마지막으로 사용자가 키보드로 입력한 메시지를 암호화하고 해독하는 프로그램을 작성하라.

10 이 프로그래밍 과제는 그림 8.4의 Person, Student 및 Undergraduate 클래스 정의와 Listing 8.6의 다형성 예시 프로그램에서 시작하라. 그림 8.2에 기술된 Employee, Faculty, Staff 클래스를 정의하라. Employee 클래스는 직원 번호를 저장하는 int형 인스턴스 변수와 부서를 저장하는 String형 인스턴스 변

수를 가진다. Faculty 클래스는 교수의 직함(예를 들어 '컴퓨터공학과 교수')을 String으로 저장하는 인스턴스 변수를 가진다. Staff 클래스는 직원의 급여 등급(1~20 사이의 정수)을 저장하는 int형 인스턴스 변수를 가진다. 모든 클래스가 적절한 생성자, 접근자, 설정자 메소드 및 모든 인스턴스 변수의 값을 출력하는 writeOutput 메소드를 가져야 한다.

Listing 8.6의 프로그램을 수정하여 Undergraduate와 Student 객체 외에 최소 하나씩의 Faculty 객체와 Staff 객체를 포함하도록 하라. for 루프를 수정하지 않고 보고서 출력 내용이 Faculty 객체에 대해서는 이름, 직원 번호, 부서, 직함을, 그리고 Staff 객체에 대해서는 이름, 직원 번호, 부서, 급여 등급을 포함하도록 해야 한다.

11 Listing 8.2의 Student 클래스를 수정하여 Comparable 인터페이스를 구현하도록 하라. Student 객체를 studentNumber값에 따라 정렬하도록 compareTo 메소드를 정의하라. main 메소드에서 최소 다섯 개의 Student 객체로 이루어진 배열을 생성하고 Arrays.sort를 사용하여 정렬한 다음 학생들을 출력하도록 하라. 학번의 오름차순으로 정렬되어야 한다. 그다음에는 Student 객체가 name 변수의 사전 순서에 따라 정렬되도록 compareTo 메소드를 수정하라. 프로그램은 main 메소드의 수정 없이 이름 순으로 정렬된 학생들의 목록을 출력해야 한다.

12 JTextField를 통해 메시지를 받고 프로그래밍 과제 9번에서 설명한 클래스를 사용하여 암호화 및 해독을 행하는 JFrame 윈도우 애플리케이션을 작성하라. 네 개의 버튼을 사용하여 사용할 암호화 방법을 결정하고 암호화할지 해독할지를 지정하도록 하라. 또한 JTextField를 사용하여 암호화 생성자에서 사용할 숫자를 받도록 하라.

13 ButtonDemo 클래스(Listing 8.20)를 개선하여 GUI가 다음에 설명하는 모든 방식대로 동작하도록 하라. GUI가 처음 나타날 때는 두 버튼이 모두 보이지만 한쪽 버튼을 클릭하면 그 버튼은 사라지고 다른 버튼만 보이게 된다. 그다음에는 매번 한쪽 버튼만 보이고, 클릭하면 그 버튼은 사라지고 다른 버튼이 나타난다. 버튼을 클릭하면 Listing 8.20에서와 같이 색상이 변하는데, Sunny 버튼을 클릭하면 웃는 얼굴이 나타나고 Cloudy 버튼을 클릭하면 찌푸린 얼굴이 나타난다. 프로그램이 처음 실행될 때는 얼굴이 나타나지 않는다. 뒤에 나타나는 얼굴은 앞 얼굴을 대체해 나타난다. 버튼을 열 번 클릭한 다음에는 Only one more click이라는 메시지가 나타나고, 한 번 더 클릭하면 프로그램이 종료된다.

14 선분을 사용하여 나선형을 그리는 `JFrame` GUI 애플리케이션을 작성하라.

나선의 각 점에 대한 공식은 다음과 같다.

$$x = 250 + k\theta \sin \theta$$

$$y = 250 + k\theta \sin \theta$$

150개의 점을 그려야 한다. θ는 0에서 시작하고 각 점마다 0.1씩 증가한다. k는 15로 하고 윈도우 크기는 500 × 500으로 지정하라.

자습문제 해답 ANSWERS to SELF-TEST QUESTIONS

1 재정의(overriding)는 기반 클래스 메소드가 파생 클래스에서 다른 정의를 가지도록 재정의하는 것을 의미한다. 중복(overloading)은 하나의 메소드 이름에 매개변수 목록이 다른 두 개의 정의를 할당하는 것을 의미한다. 두 경우 모두 메소드는 같은 이름을 가진다. 메소드 정의를 재정의할 때 파생 클래스에 주어지는 새로운 메소드 정의는 메소드 이름, 반환형, 매개변수의 개수와 자료형이 모두 기반 클래스의 원래 메소드와 동일해야 한다. 만약 파생 클래스의 메소드가 매개변수의 개수나 자료형이 기반 클래스 메소드와 다르다면 파생 클래스는 두 가지 정의를 모두 다 가지게 되므로 메소드 중복이다. 기반 클래스 없이 하나의 클래스 내에서도 메소드 이름의 중복이 가능하다.

2 아니다. 파생 클래스는 기반 클래스의 전용 인스턴스 변수를 상속받지 않는다. 그러나 기반 클래스가 공용의 접근자 및 설정자 메소드를 제공한다면 `SportsCar`가 `speed`, `manufacturer`, `numerOfCylinders`의 값을 접근하거나 변경할 수 있다.

3 그렇다. 그 두 가지 메소드를 가진다. 파생 클래스는 기반 클래스의 모든 공용 메소드를 가지고, 그 메소드들은 기반 클래스와 파생 클래스에서 완전히 동일한 동작을 실행한다. 하지만 파생 클래스가 기반 클래스의 메소드를 재정의할 수 있고 그런 경우에는 새로운 정의가 이전 정의를 대체하게 된다. 물론 이때 이름과 반환형, 매개변수의 숫자와 자료형이 동일해야 한다.

4 아니다.

5 아니다.

6 `hasSameName` 메소드는 `Student`의 클래스 다이어그램에 나와 있지 않다. 따라서 `Person`의 클래스 다이어그램으로 가는 화살표를 따라가게 되고, `Person`의 클

래스 다이어그램에 hasSameName 메소드가 있다. 이 메소드 매개변수의 자료형은 Person이다. 그런데 Student가 Person이라는 것을 알고 있으므로 Student 객체를 이 메소드에 인자로 넘겨줄 수 있다. 따라서 hasSameName 메소드의 정의는 Person 클래스의 정의에 있다.

7 Student의 클래스 다이어그램에서 찾기 시작한다. setStudentNumber 메소드가 Student의 클래스 다이어그램에 있으므로 더 이상 찾아볼 필요가 없다. 즉, setStudentNumber 메소드 호출에 사용되는 정의는 Student 클래스 정의 내에 있다.

8
```
public class TitledPerson extends Person
{
    private String title;
    public TitledPerson()
    {
        super();
        title = "no title yet";
    }
/*  //ALTERNATE DEFINITION OF DEFAULT CONSTRUCTOR:
    public TitledPerson()
    {
        this("no title yet");
    }
*/
    public TitledPerson(String initialName, String initialTitle)
    {
        super(initialName);
        title = initialTitle;
    }
    public void reset(String newName, String newTitle)
    {
        setName(newName);
        title = newTitle;
    }
    public String getTitle()
    {
        return title;
    }
    public void setTitle(String newTitle)
    {
        title = newTitle;
    }
    public void writeOutput()
    {
        System.out.println("Name: " + getName());
        System.out.println("Title: " + title);
    }
    public boolean equals(TitledPerson otherPerson)
    {//'this' is optional in the next statement
```

```
        return this.sameName(otherPerson) &&
            this.title.equalsIgnoreCase(otherPerson.title);
    }
}
```

9
```
public Student(String initialName)
{
    this(initialName, 0);
}
```

10
```
public void writeOutput()
{
    System.out.println("Name:" + getName());
    System.out.println("Student Number: " + getStudentNumber());
    System.out.println("Student Level:" + level);
}
```

11
```
public void reset(String newName, int newStudentNumber,
                  int newLevel)
{
    setName(newName);
    setStudentNumber(newStudentNumber);
    level = newLevel;
}
```

12 그렇다. 클래스 A가 클래스 B로부터 파생되었다면 A형의 객체는 A형의 변수 및 B형의 변수에 의해 참조가 가능하다.

13 Undergraduate, Student 및 Person형의 변수가 이 객체를 참조할 수 있다. (이 장의 뒷부분에서 살펴보겠지만 Object형의 변수도 이 객체를 참조할 수 있다. Object는 다음 절에서 소개하려고 하는 미리 정의된 자바 클래스이다.)

14 첫째, 기반 클래스 생성자의 이름으로 사용된다(Listing 8.2 참조). 둘째, 다음에서와 같이 수신 객체로 사용되었다면

```
super.writeOutput();
```

이때의 super는 기반 클래스에 있는 메소드가 호출되어야 함을 나타낸다. 예를 들면 Listing 8.4에서 위 문장은 Undergraduate 클래스의 writeOutput 메소드가 아니라 기반 클래스인 Student의 writeOutput 메소드를 호출한다.

15 메소드 이름으로 예약어 this를 사용하면 현재 정의하고 있는 클래스의 생성자를 나타낸다. 메소드 이름으로 예약어 super를 사용하면 현재 정의하고 있는 클래스의 기반 클래스의 생성자를 나타낸다.

16 toString 메소드가 반환하는 값이 줄바꿈 문자 '\n'을 포함하기 때문이다.

17 a. 유효하다. Student는 Person의 일종이다.
b. 유효하다. Undergraduate는 Person의 일종이다.
c. 유효하지 않다. Person 객체가 Student의 모든 동작을 실행하지는 못할 것이다.
d. 유효하다. Undergraduate는 Student의 일종이다.
e. 유효하지 않다. Person 객체가 Undergraduate의 모든 동작을 실행하지는 못할 것이다.
f. 유효하지 않다. Student 객체가 Undergraduate의 모든 동작을 실행하지는 못할 것이다.
g. 유효하다. Student는 Object의 일종이다.
h. 유효하지 않다. Object 객체가 Student의 모든 동작을 실행하지는 못할 것이다.

18 다형성(polymorphism)은 객체를 참조하는 변수의 자료형이 무엇이냐에 상관없이 객체가 올바르게 동작하도록 한다는 의미인데, 이는 동적 바인딩에 의해 가능하다. 즉, 메소드 이름의 의미가 (변수의 자료형이 아니라) 변수가 참조하는 객체에 달려 있다.

19 동적 바인딩(dynamic binding)과 늦은 바인딩(late binding)은 같은 의미의 용어이다. 동적 바인딩 혹은 늦은 바인딩에서는 프로그램이 실행되기 전까지 메소드 호출이 그 호출에 의해 실행될 메소드 정의에 결속되지 않는다. 자바는 동적 바인딩을 사용한다. 메소드 정의 가운데 어느 것을 사용할지 결정할 때는 객체가 new 연산자로 생성되었을 때의 클래스에 있는 정의를 선택한다. 그 객체를 가리키는 변수의 자료형에 해당하는 클래스에 있는 정의를 사용하는 것이 아니다.

20 이 질문에는 명확한 한 가지 답이 없다. 다형성의 원래 정의에서는 메소드 중복을 다형성의 한 예로 간주했고 지금도 이런 옛 정의를 사용하는 책이 있다. 이 책이 채택하고 있는 현재의 정의에 따르면 메소드 중복은 다형성의 예가 아니다.

21 아니다. 두 호출은 서로 다른 출력을 생성한다. 첫 번째는 Name : Sam과 Student Number : 9999를 출력하지만 두 번째는 Name : Sam, Student Number : 9999, Student Level : 1을 출력한다.

22 p가 Undergraduate 객체를 참조하기 때문에 Person에 주어진 writeOutput 정의가 아니라 Undergraduate에 주어진 writeOutput 정의가 사용된다.

23 아니다. Oval 클래스는 Measurable 인터페이스를 구현한다는 사실을 나타내는

implements 절을 가져야 한다.

24 그렇다. 한 클래스가 여러 개의 인터페이스를 구현할 수 있다. 예약어 implements 뒤에 인터페이스를 콤마로 구분해서 나열하면 된다.

25 그렇다.

26 아니다.

27 재정의.

28 재정의.

29 중복.

30 옮길 수 없다. 파생 클래스는 전용 메소드를 상속받지 못하기 때문이다. 그러나 skipSpaces를 전용 메소드가 아니라 공용 메소드로 만든다면 옮길 수 있을 것이다. 더 나은 방법은 유틸리티 클래스를 만들어 skipSpaces 메소드나 수평선, V 모양 및 뒤집어진 V 모양 등을 그리는 공용 정적 메소드를 가지게 하는 것이다.

31 drawHere 메소드는 두 개의 전용 메소드인 drawTop과 drawBottom을 호출한다. drawTop 메소드로는 Triangle의 drawTop 메소드를 사용할 수 있는데, 여기서 변수 base는 다이아몬드의 너비가 될 것이다. drawBottom 메소드는 drawTop의 코드에서 다음의 몇 가지를 변경하면 된다. 즉, startOfLine은 오프셋에서 시작하고 insideWidth는 2*lineCount – 1에서 시작하며, 매번 반복의 끝에 startOfLine은 1씩 증가하고 insideWidth는 2씩 감소한다. skipSpaces 메소드는 Triangle의 경우와 동일하다.

32 올바르지 않다. Listing 8.19의 ShapeBase는 추상 클래스이기 때문이다.

33 올바르다.

34 아니다. 직접 정의해야 한다. (이 책이나 원서와 연계된 웹사이트의 소스 코드로부터 복사하여 사용할 수도 있다.)

35 차이가 없다.

362 JFrame에서 파생된 GUI의 생성자에 넣는다.

09 예외 처리

9.1 예외 처리의 기초
9.2 프로그래머 정의 예외 클래스
9.3 예외 클래스에 대한 추가 사항
9.4 그래픽 보조자료

프로그램을 작성하는 한 가지 방법은 처음에는 비정상적이거나 잘못된 상황이 발생하지 않는다고 가정하는 것이다. 예를 들어 프로그램이 목록으로부터 한 항목을 취하려 한다면 그 목록이 비어 있지는 않을 것이라고 가정할 수 있다. 일단 프로그램이 이런 정상적인 상황에서 동작하게 되면, 그다음에 예외적인 경우를 처리하는 코드를 추가할 수 있다. 자바는 이런 접근 방법을 반영하여 코드를 작성할 수 있도록 해준다. 처음에는 비정상적인 상황이 발생하지 않을 것처럼 코드를 작성하고, 그러고 나서 예외적인 경우에 대한 코드를 자바의 예외 처리 기능을 이용하여 추가한다. 이 장에서는 자바의 이러한 기능을 소개한다.

■ 학습목표

- 예외 처리의 개념을 설명할 수 있다.
- 특정 예외가 발생했을 때 올바르게 대처할 수 있다.
- 자바의 예외 처리 기능을 자신이 작성하는 클래스와 프로그램에서도 효과적으로 사용할 수 있다.

■ 전제조건

이 장 9.1절은 1장에서 6장까지의 내용만을 필요로 한다. 나머지 부분에서는 8장의 상속에 관한 일부 내용도 필요하다. 배열에 대해서도 언급되지만 7장을 아직 공부하지 않았다면 배열이 나오는 부분을 무시해도 된다.

9.1 예외 처리의 기초

자바는 프로그램에서 발생되는 정해진 종류의 특이 상황을 처리하는 기능을 제공한다. 이 기능은 프로그램이나 메소드 정의를 정상적인 경우에 대한 부분과 예외적인 경우에 대한 부분으로 나눌 수 있게 해 준다. 이런 방법으로 하나의 큰 프로그래밍 작업을 더 작고 쉽게 처리할 수 있는 두 개의 작업으로 나누어 처리할 수 있다.

예외(exception)는 프로그램의 실행 도중에 비정상적인 상황이 발생했음을 알리는 객체이다. 이 객체를 만들어 내는 과정, 즉 예외를 생성하는 과정을 **예외를 던진다**(throws an exception)고 말한다. 예외적인 경우를 처리하는 코드는 프로그램의 구분된 장소, 아마도 별도의 클래스나 메소드에 위치시킨다. 예외를 감지하고 대응하는 코드는 **예외를 처리한다**(handles the exception)고 말한다.

예외의 사용이 가장 중요해지는 때는 메소드에서 발생되는 특별한 경우가 프로그램에 따라 다른 방식으로 처리되어야 하는 경우일 것이다. 앞으로 살펴보겠지만 메소드는 그런 경우가 발생했을 때 예외를 던질 수 있고, 예외 처리 메커니즘에 따라 예외가 상황에 맞는 방식으로 메소드 외부에서 처리될 수 있다. 예를 들어 메소드 내에서 0으로 나누는 연산이 발생했을 때 그 메소드를 호출한 어떤 경우에는 프로그램이 끝나야 하지만 다른 경우에는 다른 식으로 처리되어야 한다면, 이런 상황이 바로 그런 특별한 경우가 된다.

자바의 예외

대부분의 짧은 프로그램은 거의 예외 처리를 필요로 하지 않으며, 그런 프로그램이 예외를 처리한다 하더라도 코드에서 이를 찾아보기 어려운 경우가 많다. 첫 예제로는 간단한 토이 프로그램을 사용할 텐데, 처음에는 자바의 예외 처리 기능을 사용하지 않고 작성해 보고 그다음에 예외 처리를 사용하여 다시 작성할 것이다.

예를 들어 우리 사회에서는 우유가 매우 중요한 품목이어서 사람들이 우유가 떨어지는 상황을 거의 용납하지 않지만, 그래도 만약에 우유가 떨어지는 그런 예외 상황이 발생했을 경우에 프로그램이 대처하도록 하고 싶다고 하자. 우유가 떨어지는 상황이 발생하지 않는다고 가정한 기본적인 코드는 다음과 같다.

```
System.out.println("Enter number of donuts:");
int donutCount = keyboard.nextInt();

System.out.println("Enter number of glasses of milk:");
int milkCount = keyboard.nextInt();

double donutsPerGlass = donutCount / (double)milkCount;
System.out.println(donutCount + " donuts.");
System.out.println(milkCount + " glasses of milk.");
System.out.println("You have " + donutsPerGlass +
                   " donuts for each glass of milk.");
```

우유가 몇 잔인지 나타내는 숫자가 0으로 입력되었다면 (즉, 우유가 떨어져서 없다면) 이 코드는 0에 의한 나눗셈을 발생시킨다. 우유가 떨어져서 잘못된 나눗셈을 하게 되는 경우를 다루기 위해 검사를 추가할 수 있다. 특별한 경우에 대해 이와 같은 검사를 추가한 프로그램이 Listing 9.1에 주어져 있다.

이제 이 프로그램을 자바의 예외 처리 기능을 사용하여 수정해 보자. 0에 의한 나눗셈은 예외를 발생시키는데, 그런 나눗셈을 피하는 대신 그대로 내버려 두고 그 결과로 발생하는 예외에 대응할 수 있다. Listing 9.2가 이런 대응 방식에 따른 코드이다. 물론 이 예는 너무 간단하기 때문에 실제로는 아마 예외 처리를 사용하지 않을 것이다. 수정된 프로그램은 당연히 Listing 9.1의 원래 버전보다 단순하지 않다. 하지만 **try**와 **catch**라는 두 단어 사이의 코드는 원래 프로그램의 코드보다 더 명확하며, 예외 처리

Listing 9.1 문제 상황을 다루는 한 가지 방법

```
import java.util.Scanner;

public class GotMilk
{
    public static void main(String[] args)
    {
        Scanner keyboard = new Scanner(System.in);

        System.out.println("Enter number of donuts:");
        int donutCount = keyboard.nextInt();

        System.out.println("Enter number of glasses of milk:");
        int milkCount = keyboard.nextInt();

        //Dealing with an unusual event without Java's exception
        //handling features:
        if (milkCount < 1)
        {
            System.out.println("No milk!");
            System.out.println("Go buy some milk.");
        }
        else
        {
            double donutsPerGlass = donutCount / (double)milkCount;
            System.out.println(donutCount + " donuts.");
            System.out.println(milkCount + " glasses of milk.");
            System.out.println("You have " + donutsPerGlass +
                               " donuts for each glass of milk.");
        }
        System.out.println("End of program.");
    }
}
```

실행 결과 출력

```
Enter number of donuts:
2
Enter number of glasses of milk:
0
No milk!
Go buy some milk.
End of program.
```

의 장점을 보여 준다. 크고 복잡한 프로그램에 있어서는 명확한 조직과 구조가 필수적이다.

Listing 9.2의 코드는 기본적으로 Listing 9.1과 동일하지만, 원래의 큰 **if-else** 문 대신 다음의 작은 **if** 문을 썼다는 차이가 있다

```
if (milkCount< 1)
    throw new Exception("Exception: No milk!");
```

이 if 문은 우유가 없다면 프로그램이 어떤 예외적인 작업을 해야 함을 나타낸다. 그 예외적인 작업의 내용은 catch라는 단어 다음에 주어진다. 즉, 정상적인 상황은 try 다음의 코드에 의해 처리되고 catch 다음의 코드는 예외적인 상황에서만 사용된다는 것이다. 좀 더 자세히 알아보자.

자바에서 예외를 처리하는 기본적인 방법은 try-throw-catch의 세 부분으로 이루

Listing 9.2 예외 처리 예제

이 프로그램은 예외 처리의 기본 문법을 보여 주는 간단한 예이다.

```
import java.util.Scanner;

public class ExceptionDemo
{
    public static void main(String[] args)
    {
        Scanner keyboard = new Scanner(System.in);

        try
        {
            System.out.println("Enter number of donuts:");
            int donutCount = keyboard.nextInt();

            System.out.println("Enter number of glasses of milk:");
            int milkCount = keyboard.nextInt();

            if (milkCount < 1)
                throw new Exception("Exception: No milk!");

            double donutsPerGlass = donutCount / (double)milkCount;
            System.out.println(donutCount + " donuts.");
            System.out.println(milkCount + " glasses of milk.");
            System.out.println("You have " + donutsPerGlass +
                               " donuts for each glass of milk.");
        }
        catch(Exception e)
        {
            System.out.println(e.getMessage());
            System.out.println("Go buy some milk.");
        }
        System.out.println("End of program.");
    }
}
```

try 블록

catch 블록

(계속됨)

Listing 9.2 예외 처리 예제

실행 결과 출력 1

```
Enter number of donuts:
3
Enter number of glasses of milk:
2
3 donuts.
2 glasses of milk.
You have 1.5 donuts for each glass of milk.
End of program.
```

실행 결과 출력 2

```
Enter number of donuts:
2
Enter number of glasses of milk:
0
Exception: No milk!
Go buy some milk.
End of program.
```

어진다. **try 블록**(try block)의 문법은 다음과 같다.

```
try
{
    Code_To_Try
}
```

try 블록은 모든 것이 정상적으로 진행될 때의 기본적 알고리즘에 대한 코드를 포함한다. try 블록이라고 부르는 이유는, 모든 것이 정상적으로 진행되리라고 100퍼센트 확신할 수는 없지만 일단 시험해(try) 보려고 하기 때문이다.

실제로 무엇이 잘못 된다면 예외를 던질 것이고, 이는 어떤 종류의 문제가 발생했음을 나타내는 것이다. 이제 try 블록에 **throw 문**(throw statement)을 추가하면 다음과 같다.

```
try
{
    Code_To_Try
    Possibly_Throw_An_Exception
    More_Code
}
```

Listing 9.2의 try 블록이 이러한 형태이며 다음 문장을 포함하고 있다.

```
throw new Exception("Exception: No milk!");
```

이 throw 문은 다음의 new 연산에 의해 Exception이라는 자바에 미리 정의된 클래스의 새로운 객체를 하나 생성하고

```
new Exception("Exception: No milk!")
```

그다음에 이 예외 객체를 **던진다.** "Exception: No milk!"라는 문자열은 Exception 클래스의 생성자에게 넘겨주는 인자이다. 생성되는 Exception 객체는 이 문자열을 객체의 인스턴스 변수에 저장하여 추후 사용할 수 있게 한다.

예외를 던지게 되면 둘러싸고 있는 블록의 실행이 중단되고 **catch 블록**(catch block)이라고 부르는 다른 부분의 코드가 실행된다. catch 블록을 실행하는 것을 **예외를 잡는다**(catching the exception)고 말한다. 예외를 '던지면' 그 예외는 결국 어떤 catch 블록에 의해서든지 '잡혀야' 한다. Listing 9.2를 보면 catch 블록이 try 블록 바로 다음에 나온다.

catch 블록은 매개변수를 가진 메소드 정의와 비슷하게 생겼고, 메소드 정의는 아니지만 어떤 면에서는 메소드처럼 동작한다. catch 블록은 앞쪽의 try 블록 내에서 throw 문이 실행되었을 때 실행되는 별도의 코드 부분이다. 이때 throw 문은 메소드 호출과 유사한데, 메소드를 호출하는 것이 아니라 catch 블록을 호출하여 그 안의 코드가 실행되도록 한다.

Listing 9.2에서 catch 블록의 첫 번째 줄을 살펴보자.

```
catch(Exception e)
```

식별자 e는 매개변수와 비슷하게 보이며, 실제로 매개변수와 아주 비슷하게 동작한다. 그래서 catch 블록이 메소드는 아니지만 이때의 e를 **catch 블록 매개변수**(catch-block parameter)라고 부른다. catch 블록 매개변수는 이 블록이 잡은 예외의 이름이며, 이 이름을 사용하여 catch 블록 내에서 예외 객체를 조작하는 코드를 작성할 수 있다. catch 블록 매개변수로 가장 흔히 사용되는 이름이 e이지만 어떤 유효한 식별자라도 사용할 수 있다.

예외 객체를 던지면 이 객체가 catch 블록 매개변수 e에 전달되고 나서 catch 블록 내의 코드가 실행된다. 따라서 이 경우에 e는 앞에서 던진 예외 객체의 이름이다. 모든 예외 객체는 getMessage라는 메소드를 가지며, 여러분이 다른 식으로 재정의하지 않았다면 이 메소드는 객체를 던질 때 생성자를 통해 예외 객체에 주었던 스트링을 찾아 반환한다. 앞의 예에서 e.getMessage()는 "Exception: No milk!"를 반환하므로 Listing 9.2의 catch 블록이 실행되면 화면에 출력되는 결과는 다음과 같다.

```
Exception: No milk!
Go buy some milk.
```

catch 블록 매개변수 앞에 나오는 클래스 이름은 해당 catch 블록이 어떤 종류의 예외를 잡을 수 있는지 나타낸다. 앞의 예에서 Exception 클래스는 이 catch 블록이 Exception형의 예외를 잡을 수 있음을 의미한다. 따라서 예외 객체가 Exception형이어야만 이 catch 블록이 적용될 수 있다. 앞으로 살펴보겠지만 다른 종류의 예외도 가능하며, 하나의 try 블록 뒤에 여러 개의 catch 블록이 나와서 각 catch 블록이 특정한 종류의 예외를 처리하게 할 수 있다. 하지만 이 catch 블록 가운데서 현재 발생된 예외와 그 자료형이 일치하는 단 하나의 catch 블록만이 실행될 수 있고 나머지 블록은 그 특정 종류의 예외를 처리할 때는 모두 무시된다. 그런데 모든 예외는 Exception

Listing 9.3 예외가 발생하지 않을 때의 제어 흐름

```java
import java.util.Scanner;
public class ExceptionDemo
{
    public static void main(String[] args)
    {
        Scanner keyboard = new Scanner(System.in);
        try
        {
            System.out.println("Enter number of donuts:");
            int donutCount = keyboard.nextInt();
            System.out.println("Enter number of glasses of milk:");
            int milkCount = keyboard.nextInt();
            if (milkCount < 1)
                throw new Exception("Exception: No milk!");
            double donutsPerGlass = donutCount / (double)milkCount;
            System.out.println(donutCount + " donuts.");
            System.out.println(milkCount + " glasses of milk.");
            System.out.println("You have " + donutsPerGlass +
                               " donuts for each glass of milk.");
        }
        catch(Exception e)
        {
            System.out.println(e.getMessage());
            System.out.println("Go buy some milk.");
        }
        System.out.println("End of program.");
    }
}
```

여기서는 사용자가 우유가 몇 잔인지에 양수를 입력했다고 가정한다.

milkCount가 양수이므로 여기서는 예외를 던지지 않는다.

이 코드는 실행되지 않는다.

형이므로 앞의 예에서는 그 하나의 catch 블록이 모든 예외를 잡을 것이다. 이런 처리가 좋은 방법인 것처럼 여겨질 수도 있겠지만, 일반적으로는 좋은 방법이 아니다. 일반적인 하나의 catch 블록을 사용하는 것보다 구체적인 몇 개의 catch 블록을 사용하는 것이 낫다.

Listing 9.2의 프로그램에서 사용자가 우유가 몇 잔인지 나타내는 숫자로 양수를 입력했다면 예외가 발생하지 않는다. 이 경우의 제어 흐름을 Listing 9.3에 보였다. Listing 9.4는 사용자가 0이나 음수를 입력해서 예외가 발생했을 때의 제어 흐름이다.

요약하면, try 블록은 예외를 던질 가능성이 있는 코드를 포함한다. 직접 throw 문을 포함하거나 혹은 (다음에 살펴보듯이) throw 문을 포함하는 다른 메소드를 호출하

Listing 9.4 예외가 발생할 때의 제어 흐름

여기서는 사용자가 우유가 몇 잔인지에 0을 입력했고, 그래서 예외를 던진다고 가정한다.

```
import java.util.Scanner;
public class ExceptionDemo
{
    public static void main(String[] args)
    {
        Scanner keyboard = new Scanner(System.in);
        try
        {
            System.out.println("Enter number of donuts:");
            int donutCount = keyboard.nextInt();

            System.out.println("Enter number of glasses of milk:");
            int milkCount = keyboard.nextInt();


            if (milkCount < 1)
                throw new Exception("Exception: No milk!");

            double donutsPerGlass = donutCount / (double)milkCount;
            System.out.println(donutCount + " donuts.");
            System.out.println(milkCount + " glasses of milk.");
            System.out.println("You have " + donutsPerGlass
                      + " donuts for each glass of milk.");
        }
        catch(Exception e)
        {
            System.out.println(e.getMessage());
            System.out.println("Go buy some milk.");
        }
        System.out.println("End of program.");
    }
}
```

milkCount가 0이나 음수이므로 여기서 예외를 던진다.

이 코드는 실행되지 않는다.

면 예외를 던질 가능성이 있는 것이다. throw 문은 보통 예외적인 상황에서만 실행되고, 실행되었을 때는 특정 예외 클래스의 예외를 던지게 된다. (지금까지의 설명에서는 Exception이 유일한 예외 클래스였지만 곧 다른 것에 대해서도 살펴보게 된다.) 예외를 던지는 상황이 발생하면 try 블록의 실행이 중지된다. try 블록의 남은 코드는 무시되고 적당한 catch 블록이 있다면 거기로 제어가 넘겨진다. catch 블록은 바로 앞에 나오는 try 블록에만 적용된다. 예외를 던지고 그 예외가 잡히면 그 예외 객체는 catch 블록 매개변수에 넘겨지고 해당 catch 블록의 문장이 실행된다. catch 블록의 코드가 실행되고 나서는 마지막 catch 블록 다음의 코드로 실행이 넘어간다. try 블록으로 복귀하지 않는다는 말이다. 그러므로 Listing 9.4에 보였듯이 예외를 발생시킨 문장 다음에 나오는 try 블록의 모든 코드는 실행되지 않는다. (예외를 잡을 적당한 catch 블록이 없으면 어떻게 되는지에 대해서는 나중에 설명하겠다.)

이제 try 블록에서 아예 예외가 발생하지 않으면 어떻게 되는지 살펴보자. try 블록이 예외를 던지지 않고 정상적으로 완료되면 마지막 catch 블록 다음의 코드로 넘어가 프로그램 실행이 계속된다. 즉, 예외가 발생하지 않으면 Listing 9.3에 보인 것처럼 해당 try 블록에 딸린 모든 catch 블록이 무시된다.

지금까지의 설명에 따르면 try-throw-catch로 이어지는 과정이 if-else 문과 똑같아 보인다. 실제로 예외가 메시지를 운반한다는 점을 제외하면 거의 동일하다. 즉, if-else 문은 자신의 분기로 메시지를 보내지 못한다. 이 차이는 대수롭지 않게 여겨지겠지만, 메시지를 보낼 수 있는 이러한 능력으로 인해 예외 처리 기능이 if-else 문보다 유용성을 가진다.

기억하세요! 예외는 객체이다

다음과 같은 문장은 단순히 어떤 동작을 명시하는 것이 아니다.

```
throw new Exception("Illegal character.");
```

이 문장은 메시지를 갖는 객체를 생성한다. 이 예에서 메시지는 "Illegal character."이다.

이 점을 분명히 하기 위해 앞 문장과 동등한 다음 코드를 살펴보자.

```
Exception exceptObject = new Exception("Illegal character.");
throw exceptObject;
```

첫 번째 문장은 Exception 클래스의 생성자를 호출하여 Exception 클래스의 객체를 생성한다. 두 번째 문장은 이렇게 생성된 예외 객체를 던진다. catch 블록이 이 객체와 메시지를 사용할 수 있으므로, 예외를 던지는 것의 효과는 단순히 catch 블록의 첫 문장으로 제어를 넘겨주는 것 이상인 것이다.

요점 정리 예외 던지기

throw 문은 예외를 던진다.

문법

```
throw new Exception_Class_Name(Possibly_Some_Arguments);
```

throw 문은 보통 if 문 혹은 if-else 문 안에서 사용된다. try 블록에는 예외를 명시적으로 던지는 문장이나 예외를 던질 가능성이 있는 메소드 호출이 여러 개 포함될 수 있는데, 그 개수는 제한이 없다.

예제

```
throw new Exception("Unexpected End of Input.");
```

요점 정리 예외의 처리

예외를 처리하는 기본적인 방법은 try와 catch 문을 함께 사용하는 것이다.

```
try
{
    Code_To_Try
    Possibly_Throw_An_Exception
    More_Code
}
catch (Exception_Class_Name Catch_Block_Parameter)
{
    Process_Exception_Of_Type_Exception_Class_Name
}
Possibly_Other_Catch_Blocks
```

try 블록 내에서 예외를 던지게 되면 try 블록 내의 나머지 부분은 건너뛰고 방금 던진 예외와 자료형이 일치하는 첫 번째 catch 블록으로 실행이 넘어간다. 해당 catch 블록의 실행이 완료된 후에는 마지막 catch 블록 다음의 코드가 실행된다.

try 블록에서 예외가 발생하지 않으면, try 블록이 끝까지 실행된 후 마지막 catch 블록 다음의 코드로 실행이 진행된다. 즉, 예외가 발생하지 않으면 catch 블록은 무시된다.

하나의 try 블록에 둘 이상의 catch 블록이 나올 수 있지만 각 catch 블록은 하나의 예외 클래스만을 처리할 수 있다. *Catch_Block_Parameter*는 예외가 발생했을 때 그 예외를 가리키는 식별자이다. try 블록에서 *Exception_Class_Name* 클래스의 예외를 던졌다면 그 예외가 *Catch_Block_Parameter*로 전달된다. catch 블록 내의 코드는 *Catch_Block_Parameter*를 참조할 수 있다. *Catch_Block_Parameter*로 보통은 e를 사용하지만 유효한 식별자라면 아무것이나 사용할 수 있다.

> **요점 정리 getMessage 메소드**
>
> 모든 예외 객체는 메시지를 저장하는 String 인스턴스 변수를 가진다. 이 메시지는 보통 예외가 발생한 이유를 나타낸다. 예를 들어 다음 문장으로 예외를 던진다면
>
> `throw new Exception(String_Argument);`
>
> 이 String 인스턴스 변수의 값은 *String_Argument*가 된다. 예외 객체의 이름이 e라면 e.getMessage() 호출이 이 스트링을 반환한다.

자습문제 SELF-TEST QUESTIONS

1 다음 코드의 출력은 무엇인가?

```
int waitTime = 46;
try
{
    System.out.println("Try block entered.");
    if (waitTime> 30)
        throw new Exception("Time Limit Exceeded.");
    System.out.println("Leaving try block.");
}
catch(Exception e)
{
    System.out.println("Exception: " + e.getMessage());
}
System.out.println("After catch block");
```

2 앞 문제에서 첫 번째 줄의 46을 12로 바꾸면 무엇이 출력되는가?

3 예외란 무엇인가? 예외는 식별자인가? 변수인가? 메소드인가? 객체인가? 클래스인가? 아니면 다른 어떤 것인가?

4 다음 문장은 유효한가?

```
Exception myException = new Exception("Hi Mom!");
```

5 Listing 9.2의 코드에서 다음 부분을

```
if (milkCount < 1)
    throw new Exception("Exception: No milk!");
```

다음과 같이 바꾼다면 프로그램의 동작은 어떻게 변하겠는가?

```
if (milkCount < 1)
{
    Exception e = new Exception("Exception: No milk!");
    throw e;
}
```

6 자습문제 1번에 주어진 코드에서 throw 문은 어느 부분인가?

7 throw 문이 실행되면 어떤 일이 일어나는가? 자습문제 1번이나 다른 특정한 예제 코드에서 일어나는 일을 설명하지 말고 일반적인 설명을 제시하라.

8 자습문제 1번의 코드에서 try 블록은 어느 부분인가?

9 자습문제 1번의 코드에서 catch 블록은 어느 부분인가?

10 자습문제 1번의 코드에서 catch 블록 매개변수는 무엇인가?

11 자습문제 1번의 코드에서 catch 블록을 다음과 같이 수정한다면 코드의 실행이 달라지는가?

```
catch(Exception messenger)
{
    System.out.println("Exception: " +
                       messenger.getMessage());
}
```

12 String 변수 status의 값이 "bad"이면 Exception형의 예외를 던지는 문장을 작성하라. getMessage에 의해 반환되는 스트링은 "Exception thrown: Bad Status."여야 한다. try와 catch 블록은 작성하지 않아도 된다.

자바에 미리 정의된 예외 클래스

자바가 제공하는 클래스의 메소드를 공부할 때 어떤 메소드가 특정한 종류의 예외를 던질 가능성이 있다는 설명을 들을 때가 있을 것이다. 이러한 예외는 자바 클래스 라이브러리에 속한 예외 클래스의 객체이다. 예외를 던질 가능성이 있는 메소드를 사용할 때는 그 메소드에 대한 호출을 try 블록에 넣고 그 뒤에 catch 블록을 두어 예외를 잡을 수 있다. 자바에 미리 정의된 예외의 이름은 스스로 의미를 나타내도록 지어졌다. 미리 정의된 예외 클래스의 몇 가지 예를 보이면 다음과 같다.

```
BadStringOperationException
ClassNotFoundException
IOException
NoSuchMethodException
```

이런 미리 정의된 예외 클래스의 예외를 잡을 때에는, 보통 getMessage 메소드가 반환하는 스트링으로 예외의 원인을 충분히 알 수 있다. 그러므로 SampleClass라는 클래스에 doStuff라는 메소드가 있는데 이 메소드가 IOException 클래스의 예외를 던진다면 다음과 같은 코드를 사용할 수 있다.

```
SampleClass object = new SampleClass();
try
{
    <Possibly some code>
    object.doStuff();  //may throw IOException
    <Possibly some more code>
}
catch(IOException e)
{
    < Code to deal with the exception, probably including the following:>
    System.out.println(e.getMessage());
}
```

예외가 일어난 다음에 프로그램 실행을 계속하는 것이 타당하지 않다고 생각한다면 다음과 같이catch 블록에 System.exit 호출을 두어 프로그램을 종료시킬 수 있다.

```
catch(IOException e)
{
    System.out.println(e.getmessage());
    System.out.println("Program aborted");
    System.exit(0);
}
```

프로그래밍 팁_구체적인 예외를 잡아라

첫 번째 예제에서 했던 것처럼 catch 블록에 Exception 클래스를 사용할 수 있지만, IOException과 같이 보다 구체적인 예외를 잡는 것이 더 유용하다. ■

프로그래밍 팁_예외의 import

이 책에서 보는 대부분의 예외는 java.lang 패키지에 포함되므로 따로 import할 필요가 없다. 하지만 다른 패키지에 속하기 때문에 import해야 하는 예외도 있다. 예를 들어 IOException 클래스는 java.util 패키지에 속한다. 예외에 대한 문서를 읽을 때는 필요하면 import 문을 작성할 수 있도록 그것이 어느 패키지에 속하는지 확인하라. ■

자습문제
SELF-TEST QUESTIONS

13 다음 문장은 유효한가?

```
IOException sos = new IOException("Hello Houston!");
throw sos;
```

14 다음의 catch 블록은 유효한가?

```
catch(NoSuchMethodException exception)
{
    System.out.println(exception.getmessage());
    System.exit(0);
}
```

9.2 프로그래머 정의 예외 클래스

자신의 예외 클래스를 새로 정의할 수 있지만, 반드시 이미 정의된 예외 클래스의 파생 클래스로 만들어야 한다. 새로 정의하는 예외 클래스는 자바에 미리 정의된 예외 클래스의 파생 클래스이거나 혹은 여러분이 이미 성공적으로 정의했던 다른 예외 클래스의 파생 클래스가 된다. 여기서 살펴볼 예제들은 Exception 클래스의 파생 클래스이다.

예외 클래스를 정의할 때는 생성자가 가장 중요하고, 기반 클래스로부터 상속받은 메소드와 생성자 이외에는 다른 메소드가 전혀 없는 경우도 많다. 예를 들어 Listing 9.5는 DivideByZeroException이라는 예외 클래스를 포함하는데, 이 클래스는 디폴트 생성자와 String 매개변수 하나를 가지는 생성자 등 두 개의 생성자만을 메소드로 가진다. 여기서 필요한 것은 이 두 가지가 전부이기 때문이다. 물론 이 클래스는 기반 클래스인 Exception의 모든 메소드를 상속받는다. 특히, DivideByZeroException

Listing 9.5 프로그래머 정의 예외 클래스

```
public class DivideByZeroException extends Exception
{
    public DivideByZeroException()
    {
        super("Dividing by Zero!");
    }
    public DivideByZeroException(String message)
    {
        super(message);
    }
}
```

예외 생성자에 더 많은 작업을 포함할 수도 있으나 이 형태가 흔하다.

super는 기반 클래스인 Exception의 생성자를 호출한다.

클래스는 스트링 메시지를 반환하는 getMessage 메소드를 상속받는다. 디폴트 생성자 정의의 다음 문장이 이 스트링 메시지를 지정한다.

```
super("Dividing by Zero!");
```

이 문장은 기반 클래스 Exception의 생성자를 호출한다. 앞에서 이미 설명했듯이 Exception 클래스의 생성자에 스트링을 인자로 넘겨주면 이는 String 인스턴스 변수의 값으로 지정된다. 이 값은 추후에 getMessage 메소드를 호출하여 얻을 수 있는데, getMessage 메소드는 Exception 클래스의 평범한 접근자 메소드이며 DivideByZeroException에 의해 상속된다. 예를 들어 Listing 9.6은 이 예외 클래스를 사용하는 예제 프로그램인데, 다음과 같이 디폴트 생성자로 예외를 생성한 후 던지고 있다.

```
throw new DivideByZeroException();
```

이 예외는 다음 문장을 포함하는 catch 블록이 잡게 된다.

```
System.out.println(e.getMessage());
```

이 문장은 Listing 9.6의 실행 결과에도 나와 있듯이 다음과 같은 출력을 화면에 표시한다.

```
Dividing by Zero!
```

Listing 9.6 프로그래머 정의 예외 클래스의 사용

```
import java.util.Scanner;
public class DivideByZeroDemo
{
    private int numerator;
    private int denominator;
    private double quotient;

    public static void main(String[] args)
    {
        DivideByZeroDemo oneTime = new DivideByZeroDemo();
        oneTime.doIt();
    }
    public void doIt()
    {
        try
        {
```

이 프로그램의 개선된 버전을 장 후반부에서 소개할 것이다.

(계속됨)

Listing 9.6 프로그래머 정의 예외 클래스의 사용

```
            System.out.println("Enter numerator:");
            Scanner keyboard = new Scanner(System.in);
            numerator = keyboard.nextInt();
            System.out.println("Enter denominator:");
            denominator = keyboard.nextInt();

            if (denominator == 0)
                throw new DivideByZeroException();

            quotient = numerator / (double)denominator;
            System.out.println(numerator + "/" + denominator +
                                  " = " + quotient);
        }
        catch(DivideByZeroException e)
        {
            System.out.println(e.getMessage());
            giveSecondChance();
        }
        System.out.println("End of program.");
    }
    public void giveSecondChance()
    {
        System.out.println("Try again:");
        System.out.println("Enter numerator:");
        Scanner keyboard = new Scanner(System.in);
        numerator = keyboard.nextInt();
        System.out.println("Enter denominator:");
        System.out.println("Be sure the denominator is not zero.");
        denominator = keyboard.nextInt();

        if (denominator == 0)
        {
            System.out.println("I cannot do division by zero.");
            System.out.println("Since I cannot do what you want,");
            System.out.println("the program will now end.");
            System.exit(0);
        }

        quotient = ((double)numerator) / denominator;
        System.out.println(numerator + "/" + denominator +
                              " = " + quotient);
    }
}
```

어떤 경우에는 예외를 던지지 않고 예외적인 경우를 처리하는 것이 나을 수도 있다.

(계속됨)

Listing 9.6 프로그래머 정의 예외 클래스의 사용

실행 결과 출력1

```
Enter numerator:
5
Enter denominator:
10
5/10 = 0.5
End of program.
```

실행 결과 출력2

```
Enter numerator:
5
Enter denominator:
0
Dividing by Zero!
Try again.
Enter numerator:
5
Enter denominator:
Be sure the denominator is not zero.
10
5/10 = 0.5
End of program.
```

실행 결과 출력3

```
Sample Screen Output 3
Enter numerator:
5
Enter denominator:
0
Dividing by Zero!
Try again.
Enter numerator:
5
Enter denominator:
Be sure the denominator is not zero.
0
I cannot do division by zero.
Since I cannot do what you want,
the program will now end.
```

Listing 9.5의 DivideByZeroException 클래스는 두 번째 생성자를 가지는데, 이 생성자에는 String형 매개변수가 하나 있어서 예외를 던질 때 원하는 메시지를 포함할 수 있게 해 준다. 만약 Listing 9.6의 throw 문 대신 다음을 사용했다면

```
throw new DivideByZeroException("Oops. Shouldn't Have Used Zero.");
```

다음 문장은

```
System.out.println(e.getMessage());
```

다음과 같은 출력을 화면에 표시할 것이다.

```
Oops. Shouldn't Have Used Zero.
```

Listing 9.6의 try 블록은 프로그램의 정상적인 부분을 포함한다. 모든 것이 정상적이라면 try 블록의 코드만 실행되고 출력은 실행 결과 출력 1에 보인 바와 같을 것이다. 사용자가 분모에 0을 입력하는 예외적인 경우라면 예외를 던지고 그다음에 catch 블록이 이 예외를 잡게 된다. catch 블록은 예외 메시지를 출력하고 giveSecondChance 메소드를 호출한다. giveSecondChance 메소드는 사용자에게 올바른 값을 입력할 두 번째 기회를 주고 새로운 입력으로 계산을 수행한다. 사용자가 두 번째에도 0에 의한 나눗셈을 시도하면 프로그램은 예외를 던지지 않고 종료한다. giveSecondChance 메소드는 이 예외적인 경우를 위해서만 존재한다. 따라서 여기서는 0으로 나누는 예외적인 경우를 처리하는 코드를 별도의 메소드로 분리하여 정상적인 경우를 위한 코드와 뒤섞이지 않도록 했다.

프로그래밍 팁_자신의 예외 클래스를 작성할 때 getMessage를 보존하라

자바에 미리 정의된 모든 예외 클래스에서 getMessage 메소드는 생성자의 인자로 넘겨준 스트링을 반환할 것이다. (생성자에 인자를 주지 않으면—즉, 디폴트 생성자를 호출하면—getMessage는 디폴트 스트링을 반환한다.) 예를 들어 다음과 같이 예외를 던졌다고 하자.

```
throw new Exception("This is a big exception!");
```

String 인스턴스 변수의 값은 "This is a big exception!"으로 지정된다. 예외 객체를 e라고 하면 메소드 호출 e.getMessage()는 "This is a big exception!"을 반환한다.

여러분이 예외 클래스를 정의할 때에도 getMessage 메소드의 이러한 동작은 유지

되어야 한다. 예를 들어 MySpecialException이라는 예외 클래스를 정의하고 다음과 같이 예외를 던진다고 하자.

```
throw new MySpecialException("Wow, what an exception!");
```

던진 예외 객체를 e라는 이름으로 부른다면 e.getMessage()는 "Wow, what an exception!"을 반환해야 한다. 여러분이 정의하는 예외 클래스가 이런 방식으로 동작하도록 보장하려면, 스트링 매개변수를 가지는 생성자를 포함하되 그 정의를 다음에 보인 것처럼 super에 대한 호출로 시작하도록 하라.

```
public MySpecialException(String message)
{
    super(message);
    //There can be more code here, but often there is none.
}
```

super 호출은 기반 클래스의 생성자를 호출하는 것이다. 기반 클래스의 생성자가 메시지를 올바르게 처리한다고 가정하면 위와 같은 방식으로 정의한 파생 클래스도 역시 메시지를 올바르게 처리하게 된다.

여러분이 정의하는 모든 예외 클래스에는 디폴트 생성자도 포함되어야 한다. 디폴트 생성자는 getMessage에 의해 반환될 디폴트값을 지정해야 하며, 다음에 보인 것처럼 디폴트 생성자의 정의도 super에 대한 호출로 시작해야 한다.

```
public MySpecialException()
{
    super("MySpecialException thrown.");
    //There can be more code here, but often there is none.
}
```

getMessage가 기반 클래스에서 앞에서 설명한 대로 동작한다면 위의 디폴트 생성자도 새로 정의되는 예외 클래스에서 올바르게 동작할 것이다. ■

기억하세요! 예외 객체의 특성

예외 객체에 관한 두 가지 가장 중요한 사항은 다음과 같다.

- 객체의 자료형, 즉 예외 클래스의 이름. 앞으로 살펴볼 절에서 이것이 왜 중요한지 설명할 것이다.
- 객체가 String형의 인스턴스 변수에 보관하는 메시지. 이 스트링은 접근자 메소드인 getMessage를 호출하여 얻을 수 있다. 이 스트링을 사용하여 코드에서 예외 객체와 함께 메시지를 보내고 이 예외를 처리하는 catch 블록이 이 메시지를 복원할 수 있다.

프로그래밍 팁_언제 예외 클래스를 정의해야 할까?

코드에 throw 문을 삽입하려고 한다면 아마도 여러분 자신의 예외 클래스를 정의하는 것이 바람직할 것이다. 그렇게 하면 catch 블록이 예외를 잡을 때 여러분의 예외와 자바가 제공하는 클래스의 메소드가 던진 예외를 구분할 수 있게 된다. 예를 들어 Listing 9.6은 Listing 9.5에서 정의한 예외 클래스 DivideByZeroException를 사용했다.

바람직한 방법은 아니지만 Listing 9.6에서 예외를 던질 때 다음과 같이 자바에 미리 정의된 Exception 클래스를 그대로 사용하고 싶을지도 모르겠다.

```
throw new Exception("Dividing by Zero!");
```

그러면 다음의 catch 블록으로 이 예외를 잡을 수 있다.

```
catch(Exception e)
{
    System.out.println(e.getMessage());
    giveSecondChance();
}
```

이런 방식이 Listing 9.6의 프로그램에 동작하기는 하겠지만 좋은 방법은 아니다. 왜냐하면 위의 catch 블록은 IOException 같은 예외를 포함해 모든 예외를 잡기 때문이다. IOException은 giveSecondChance를 호출하는 것과는 다른 처리를 필요로 하므로 0에 의한 나눗셈을 처리하기 위해 Exception 클래스를 사용하기보다는 Listing 9.6에서 했던 것처럼 DivideByZeroException과 같은 보다 구체적인 프로그래머 정의 클래스를 사용하는 편이 낫다. ■

요점 정리 프로그래머 정의 예외 클래스

자신의 예외 클래스를 정의할 수 있지만 반드시 기존의 예외 클래스로부터 파생시켜야 한다. 기존의 클래스는 자바에 미리 정의된 클래스이거나 여러분이 정의한 것일 수 있다.

지침

- 다른 클래스를 사용할 특별한 이유가 없다면 Exception을 기반 클래스로 사용하라.
- 디폴트 생성자와 String 매개변수 하나를 가지는 생성자 등 최소 두 개의 생성자를 정의해야 한다.
- 생성자 정의는 기반 클래스 생성자에 대한 호출, 즉 super로 시작해야 한다. 디폴트 생성자에서의 super 호출은 어떤 종류의 예외인지 나타내는 스트링 인자를 가져야 한다. 예를 들어

(계속됨)

```
super("Tidal Wave Exception thrown!");
```

생성자가 String 매개변수를 가지는 것이면 그 매개변수를 super 호출의 인자로 넘겨야 한다. 예를 들면

```
super(message);
```

이렇게 하면 getMessage 메소드를 사용하여 이 스트링을 복원할 수 있다.

- 여러분이 정의하는 예외 클래스는 getMessage 메소드를 상속받는데, 이것을 재정의하면 안 된다.
- 보통은 이외의 다른 메소드를 정의할 필요가 없지만, 정의할 수는 있다.

예제

```
public class TidalWaveException extends Exception
{
    public TidalWaveException()
    {
        super("Tidal Wave Exception thrown!");
    }
    public TidalWaveException(String message)
    {
        super(message);
    }
}
```

super는 기반 클래스 Exception의 생성자에 대한 호출이다.

자습문제 SELF-TEST QUESTIONS

15 CoreBreachException이라는 예외 클래스를 정의하라. 디폴트 생성자를 가져야 하는데, 디폴트 생성자를 사용해 예외를 던지면 getMessage는 "Core Breach! Evacuate Ship!"을 반환해야 한다. String형의 매개변수 하나를 가지는 생성자도 정의해야 하는데, 이 생성자를 사용해 예외를 던지면 getMessage는 생성자의 인자로 사용된 값을 반환해야 한다.

16 앞 문제를 반복하되 이번에는 클래스의 이름을 MessageTooLongException이라고 하라. 그리고 디폴트 생성자를 사용해 예외를 던지면 getMessage는 "Message Too Long!"을 반환해야 한다.

17 예외 클래스 ExerciseException이 다음과 같이 정의되었다고 하자.

```
public class ExerciseException extends Exception
{
```

```
    public ExerciseException()
    {
        super("Exercise exception thrown!");
        System.out.println("Exception thrown.");
    }
    public ExerciseException(String message)
    {
        super(message);
        System.out.println("ExerciseException invoked "+
            "with an argument.");
    }
}
```

다음 코드는 무엇을 출력하겠는가?

```
ExerciseException e = new ExerciseException("Do Be Do");
System.out.println(e.getMessage());
```

18 예외 클래스 CrazyException이 다음과 같이 정의되었다고 하자.

```
public class CrazyException extends Exception
{
    public CrazyException()
    {
        super("Crazy exception thrown!");
        System.out.println("Wow, Crazy exception thrown!");
    }
    public CrazyException(String message)
    {
        super(message);
        System.out.println("Wow, crazy exception thrown with "+
            "an argument!");
    }
    public void crazyMethod()
    {
        System.out.println("Message is " + getMessage());
    }
}
```

다음 코드는 무엇을 출력하겠는가?

```
CrazyException exceptionObject = new CrazyException();
System.out.println(exceptionObject.getMessage());
exceptionObject.crazyMethod();
```

19 예외 클래스 DoubleException이 다음과 같이 정의되었다고 하자.

```
public class DoubleException extends Exception
{
    public DoubleException()
```

```
    {
        super("Double exception thrown!");
    }
    public DoubleException(String message)
    {
        super(message + " " + message);
    }
}
```

다음 코드는 무엇을 출력하겠는가?

```
try
{
    System.out.println("try block entered:");
    int number = 42;
    if (number > 0)
        throw new DoubleException("DoubleException thrown!");
    System.out.println("Leaving try block.");
}
catch(DoubleException exceptionObject)
{
   System.out.println(exceptionObject.getMessage());
}
System.out.println("End of code.");
```

20 앞 문제의 catch 블록에서 DoubleException형을 Exception형으로 변경했다고 하자. 출력이 어떻게 달라지는가?

21 자습문제 19번에서 number의 값을 42에서 −99로 변경했다고 하자. 출력이 어떻게 달라지는가?

22 예외 클래스는 일반적으로 스트링 메시지를 보관하지만 다른 어떤 자료형이라도 그 자료형의 메시지를 보관하도록 예외 클래스를 정의할 수 있다. 여러분의 예외 클래스에 인스턴스 변수와 메소드를 추가하면 된다. 예를 들어 다음 클래스의 객체는 스트링 메시지뿐만 아니라 int '메시지'도 보관할 수 있다.

```
public class IntException extends Exception
{
    private int intMessage;
    public IntException()
    {
        super("IntException thrown!");
    }
    public IntException(String message)
    {
        super(message + " " + message);
    }
    public IntException(int number)
```

```
    {
        super("IntException thrown!");
            intMessage = number;
    }
    public int getNumber()
    {
        return intMessage;
    }
}
```

다음 코드는 무엇을 출력하겠는가?

```
IntException e = new IntException(42);
System.out.println(e.getNumber());
System.out.println(e.getMessage());
```

23 자바가 제공하는 IOException 클래스로부터 예외 클래스를 파생시킬 수 있는가? 아니면 Exception 클래스로부터 파생시켜야 하는가?

9.3 예외 클래스에 대한 추가 사항

이 절에서는 기초적인 수준을 넘어서는 핵심적인 예외 사용 기법들에 대해 살펴본다.

예외 선언(책임 떠넘기기)

예외의 처리를 미루는 것이 합당한 경우가 있다. 예를 들면, 예외를 던지는 코드를 포함하는 메소드가 있는데 그 메소드 내에서 예외를 잡으려고 하지 않는 경우이다. 예외가 발생했을 때 그 메소드를 사용하는 어떤 프로그램은 단순히 프로그램을 종료해야 하지만 다른 프로그램은 다른 작업을 해야 한다고 하자. 그러면 그 메소드 내에서 예외를 잡는다면 그 예외에 대해 무엇을 해야 할지 알 수 없게 된다. 이런 경우에는 메소드 정의 내에서 예외를 잡지 않는 것이 타당하다. 대신 그 메소드를 사용하는 코드가 try 블록 내에 메소드 호출을 두고 그 다음에 catch 블록을 두어 예외를 잡게 하는 것이다.

메소드가 예외를 잡지 않으려면 최소한 프로그래머에게 해당 메소드의 호출이 예외를 던질 가능성이 있음을 경고해야 하는데 이런 경고를 **throws 절**(throws clause)이라고 한다. 예를 들어 DivideByZeroException을 던질 가능성이 있지만 그 예외를 잡지 않는 메소드라면 다음과 같은 헤딩을 가질 것이다.

```
public void sampleMethod() throws DivideByZeroException
```

throws DivideByZeroException이 바로 throws 절이다. 이 부분은 sampleMethod

의 호출이 DivideByZeroException을 던질 가능성이 있음을 알려 준다.

메소드 호출에서 발생할 가능성이 있는 예외는 대부분의 경우에, 다음의 두 가지 중 한 가지 방법으로 처리되어야 한다.

- 메소드 정의 내의 catch 블록에서 예외를 잡는다.
- 메소드 헤딩에 throws 절을 써서 예외의 발생 가능성을 선언하고 그 예외의 처리는 메소드를 사용하는 코드에게 맡긴다.

하나의 메소드에서 어떤 예외는 잡고 다른 예외는 throws 절로 선언하는 식으로 이 두 가지 방법을 섞어서 사용할 수도 있다.

catch 블록에서 예외를 처리하는 첫 번째 방법은 이미 알고 있을 것이다. 두 번째 방법은 일종의 '책임 떠넘기기'라고 볼 수 있다. 예를 들어 methodA가 다음과 같이 throws 절을 가진다고 하자.

```
public void methodA() throws DivideByZeroException
```

이 경우 methodA가 실행되는 동안 DivideByZeroException형의 예외가 발생할 가능성이 있지만, methodA는 이 예외에 대해서 예외를 잡는 책임을 면제받게 된다. 하지만 methodB의 정의가 methodA에 대한 호출을 포함하고 있다면 methodB는 이 예외를 감당해야 한다. methodA에 throws 절을 포함하는 것은 methodB에게 "나를 호출한다면 내가 던지는 DivideByZeroException에 대해 걱정해야 한다"고 말하는 것과 같다. 사실 methodA는 DivideByZeroException형의 예외에 대한 책임을 자신을 호출하는 메소드에게로 떠넘기는 것이다.

물론 methodA가 헤딩에 throws 절을 포함하여 methodB에게 책임을 떠넘긴다면, methodB도 역시 자신의 정의에 throws 절을 포함시켜 자신을 부르는 다른 메소드에게 책임을 떠넘길 수 있다. 그러나 잘 작성된 프로그램이라면 발생된 모든 예외는 궁극적으로 어느 메소드의 catch 블록에 의해 잡혀야 한다.

throws 절에 둘 이상의 예외형이 포함될 수 있는데, 그럴 경우에는 다음과 같이 예외형을 콤마로 분리하면 된다.

```
public int myMethod() throws IOException, DivideByZeroException
```

throws 절을 가지는 기반 클래스 메소드를 파생 클래스에서 재정의하는 경우, 파생 클래스 메소드의 throws 절에 새로운 예외를 추가할 수는 없다. 따라서 재정의하는 메소드가 기반 클래스 메소드의 throws 절에 열거되지 않은 예외를 던질 필요가 있다면 재정의하는 메소드는 이 예외를 try-catch 블록에서 처리해야 한다. 반면에 재정의하는 메소드의 throws 절이 더 적은 예외를 선언하는 것은 가능하다.

> **기억하세요! 예외를 던지면 메소드가 종료될 수 있다**
>
> 메소드가 예외를 던지고 그 예외를 메소드 내에서 잡지 않는다면 예외가 발생한 직후 그 메소드에 대한 호출이 종료된다.

Listing 9.7은 Listing 9.6의 프로그램을 수정하여 정상적인 경우를 doNormalCase 메소드에 넣은 것이다. 이 메소드는 DivideByZeroException을 던질 수 있지만 이 예외를 잡지는 않으므로 메소드 정의의 헤딩에 throws 절로 이 예외가 발생할 수 있다고 선언해야 한다. 프로그램을 이와 같은 방식으로 구성한다면 정상적인 경우에 대한 코드가 완전히 독립되므로 프로그램이 읽기 쉽게 된다. try나 catch 블록조차도 나타나지 않는다. 하지만 main 메소드가 doNormalCase 메소드를 호출할 때는 try 블록 내에서 호출해야 한다.

Listing 9.7 throws 절을 사용한 책임 떠넘기기

```
import java.util.Scanner;

public class DoDivision
{
    private int numerator;
    private int denominator;
    private double quotient;

    public static void main(String[] args)
    {
        DoDivision doIt = new DoDivision();
        try
        {
            doIt.doNormalCase();
        }
        catch(DivideByZeroException e)
        {
            System.out.println(e.getMessage());
            doIt.giveSecondChance();
        }
        System.out.println("End of program.");
    }
    public void doNormalCase() throws DivideByZeroException
    {
        System.out.println("Enter numerator:");
        Scanner keyboard = new Scanner(System.in);
        numerator = keyboard.nextInt();
        System.out.println("Enter denominator:");
```

(계속됨)

Listing 9.7 throws 절을 사용한 책임 떠넘기기

```
        denominator = keyboard.nextInt();
        if (denominator == 0)
            throw new DivideByZeroException();

        quotient = numerator / (double)denominator;
        System.out.println(numerator + "/" + denominator +
                           " = " + quotient);
    }
}
```

giveSecondChance 메소드 및 실행결과 출력 부분은 Listing 9.6에 보인 것과 같다.

요점 정리 throws 절

메소드를 정의할 때 그 메소드가 특정 클래스의 예외를 던질 가능성이 있다면, 메소드 정의 내의 catch 블록에서 그 예외를 잡거나 혹은 메소드 헤딩에 throws 절을 작성하여 예외를 선언해야 한다.

문법

```
public Type Method_Name(Parameter_List)
throws List_Of_Exceptions
    Body_Of_Method
```

예제

```
public void methodA(int n) throws IOException, MyException
{
    ...
}
```

기억하세요! throw와 throws

예약어 throw는 예외를 던지기 위해 사용되는 반면, throws는 메소드 헤딩에 예외를 선언하기 위해 사용된다. 즉, throw 문은 예외를 던지지만 throws 절은 예외를 선언한다.

예외의 종류

지금까지는 대부분의 경우에 예외는 catch 블록에 의해 잡히거나 메소드 헤딩의 throws 절에서 선언되어야 한다고 했다. 이것이 기본적인 규칙이지만 여기에는 예외가 있다. (예외에 관한 규칙에 예외가 있다는 말이니, 합리적이지 않은가!) 자바에는 몇 가지 예외적인 예외들이 있어서 이런 방식으로 처리하지 않아도 된다. 물론 원한다면 catch 블록으로 잡을 수는 있다.

자바의 모든 예외는 확인 예외와 비확인 예외의 두 종류로 구분할 수 있다. **확인 예외**(checked exception)는 catch 블록으로 잡거나 throws 절로 선언해야 한다. 이런 예외는 프로그램 종료에 이르게 될 심각한 문제를 나타내는 경우가 많다. BadStringOperationException, ClassNotFoundException, IOException, NoSuchMethodException 등은 모두 자바 클래스 라이브러리에 포함된 확인 예외들이다.

비확인 예외(unchecked exception) 혹은 **실행 예외**(run-time exception)는 catch 블록으로 잡거나 throws 절로 선언하지 않아도 된다. 이런 예외는 보통 여러분이 작성한 코드가 무엇인가 잘못되었으므로 고쳐야 함을 나타낸다. 일반적으로 이 종류의 예외에 대해서는 프로그래머가 throw 문을 작성하지 않는다. 이런 예외는 수식의 계산 중에 발생하거나 자바 제공 클래스의 메소드에 의해 발생된다. 예를 들어 프로그램이 너무 작거나 너무 큰 배열 첨자를 사용하려고 시도하면 ArrayIndexOutOfBoundsException이 발생한다. 산술 연산이 0으로 나누는 것과 같은 문제를 일으키면 ArithmeticException이 발생한다. 이런 예외에 대해서는 catch 블록을 추가하는 것이 아니라 코드를 수정해야 한다. 실행 예외를 잡지 않으면 프로그램이 종료된다는 점에 주의하라.

어떤 예외가 확인 예외인지 비확인 예외인지를 어떻게 알 수 있을까? 자바 클래스 라이브러리에 관한 문서를 참조하면 예외의 기반 클래스가 무엇인지 알 수 있고 이로부터 확인 예외인지 여부를 추정할 수 있다. 그림 9.1은 자바에 미리 정의된 예외 클래스

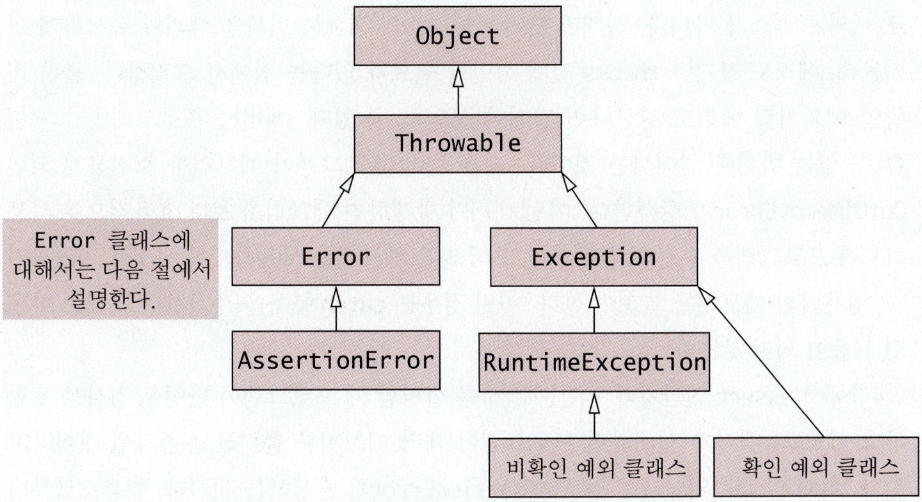

그림 9.1 자바에 미리 정의된 예외 클래스의 계층

의 계층을 보여 준다. Exception 클래스는 모든 예외 클래스의 기반 클래스가 된다. 다시 말해, 모든 예외 클래스는 Exception 클래스의 자손이다. Exception 클래스로부터 직접 파생되거나 Exception에서 유래한 다른 클래스로부터 파생된다는 말이다. 비확인 예외 클래스들은 RuntimeException이라는 클래스로부터 파생된다. 그 외의 모든 예외 클래스들은 반드시 잡아야 하는 확인 예외이다.

어떤 예외를 잡아야 하는지 아닌지, 혹은 throws 절에 선언해야 하는지 아닌지에 관해 너무 걱정할 필요는 없다. 처리해야 하는 예외에 대한 처리를 빠뜨리면 컴파일러가 알려 줄 것이다. 그걸 확인하고 catch 블록으로 처리하거나 throws 절에 선언하면 된다.

요점 정리 예외의 종류

모든 예외 클래스는 Exception 클래스의 자손이다. RuntimeException은 Exception의 파생 클래스이고, RuntimeException의 파생 클래스 및 그 자손 클래스는 비확인 예외를 나타낸다. 비확인 예외는 catch 블록으로 잡거나 메소드 헤딩의 throws 절에 선언하지 않아도 된다. 나머지의 모든 예외는 확인 예외이며 catch 블록으로 잡거나 throws 절에 선언해야 한다.

에러

에러(error)는 Error 클래스의 객체이며 그림 9.1에서 보듯이 Error는 Throwable의 파생 클래스이다. Throwable은 Exception의 기반 클래스이기도 하다. 엄밀하게 말하자면 Error 클래스와 그 자손 클래스들은 Exception 클래스의 자손이 아니므로 예외 클래스가 아니다. 하지만 Error 클래스의 객체는 비확인 예외와 유사하게 보이는데, 에러도 잡거나 throws 절에 선언할 필요가 없다는 점에서 그러하다. 물론 비확인 예외처럼 에러도 원한다면 잡거나 선언할 수 있다. 에러는 프로그래머가 제어할 수 있는 범위를 넘어서는 것이다. 예를 들어 프로그램이 메모리를 소진하게 되면 OutOfMemoyError가 발생한다. 이런 에러가 발생하면 메모리를 보다 효율적으로 사용하도록 프로그램을 수정하거나, 자바가 더 많은 메모리를 사용하도록 설정을 변경하거나, 컴퓨터의 메모리를 늘려야 한다. 이런 경우는 catch 블록을 추가한다고 해도 아무런 도움이 되지 않는다.

4장에서 assert 연산자와 단언문 검사를 설명할 때 프로그램이 단언문 검사를 포함하고 있고 그 검사가 실패하면 프로그램이 에러 메시지를 출력하고 종료될 것이라고 했다. 이때 실제로 일어나는 일은 AssertionError가 발생하는 것이다. 이름으로부터 짐작할 수 있듯이 AssertionError는 Error 클래스로부터 파생된다.

요점 정리 **Error 클래스**

에러는 Error 클래스의 객체이며 특정한 비정상적 상황이 발생하면 생성된다. 대부분의 경우 프로그램은 에러를 catch 블록으로 잡거나 throws 절에 선언하지 말아야 한다. 에러는 예외와 비슷해 보이지만 엄밀히 말한다면 예외가 아니다.

여러 개의 throw와 catch

try 블록은 몇 개의 예외라도 던질 수 있고, 그 예외의 종류도 모두 다를 수 있다. 하나의 catch 블록은 단 한 종류의 예외를 잡을 수 있지만, try 블록 다음에 여러 개의 catch 블록을 두어 여러 종류의 예외를 잡게 할 수 있다. 예를 들어 Listing 9.8의 프로그램은 try 블록 다음에 두 개의 catch 블록을 가진다. 하나는 Listing 9.5에서 정의되었던 DivideByZeroException형의 예외를 위한 것이고 다른 하나는 Listing 9.9에서 정의된 NegativeNumberException형의 예외를 위한 것이다.

Listing 9.8 여러 개의 예외를 잡기

이 프로그램은 두 개의 catch 블록으로 예외를 처리하는 예제이다.

```
import java.util.Scanner;

public class TwoCatchesDemo
{
    public static void main(String[] args)
    {
        try
        {
            System.out.println("Enter number of widgets " +
                    "produced:");
            Scanner keyboard = new Scanner(System.in);
            int widgets = keyboard.nextInt();
            if (widgets < 0)
               throw new NegativeNumberException("widgets");

            System.out.println("How many were defective?");
            int defective = keyboard.nextInt();
            if (defective < 0)
               throw new NegativeNumberException("defective " +
                                                 "widgets");

            double ratio = exceptionalDivision(widgets,
                                               defective);
            System.out.println("One in every " + ratio +
                               " widgets is defective.");
        }
```

(계속됨)

Listing 9.8 여러 개의 예외를 잡기

```
        catch(DivideByZeroException e)
        {
            System.out.println("Congratulations! A perfect " +
                               "record!");
        }
        catch(NegativeNumberException e)
        {
            System.out.println("Cannot have a negative number of " +
                               e.getMessage());
        }
       System.out.println("End of program.");
    }
    public static double exceptionalDivision(double numerator,
                  double denominator) throws DivideByZeroException
    {
        if (denominator == 0)
           throw new DivideByZeroException();
        return numerator / denominator;
    }
}
```

실행 결과 출력1

```
Enter number of widgets produced:
1000
How many were defective?
500
One in every 2.0 widgets is defective.
End of program.
```

실행 결과 출력2

```
Sample Screen Output 2
Enter number of widgets produced:
-10
Cannot have a negative number of widgets
End of program.
```

실행 결과 출력3

```
Enter number of widgets produced:
1000
How many were defective?
0
Congratulations! A perfect record!
End of program.
```

Listing 9.9 NegativeNumberException 클래스

```
public class NegativeNumberException extends Exception
{
    public NegativeNumberException()
    {
        super("Negative Number Exception!");
    }
    public NegativeNumberException(String message)
    {
        super(message);
    }
}
```

프로그래밍 팁_구체적인 예외를 먼저 잡아라

여러 개의 예외를 잡을 때는 catch 블록의 순서가 중요할 수 있다. try 블록에서 예외를 던지게 되면 나타난 순서대로 catch 블록들이 검사되어 던진 예외와 자료형이 일치하는 첫 번째 블록이 실행된다. 따라서 catch 블록의 다음과 같은 순서는 바람직하지 않다.

```
catch(Exception e)  //This catch block should not be first.
{
    ...
}
catch(DivideByZeroException e)
{
    ...
}
The second catch block can never be reached.
```

이런 순서라면 모든 예외가 첫 번째 catch 블록에 의해 잡히기 때문에 DivideByZeroException에 대한 catch 블록은 결코 실행되지 않을 것이다. 다행히 컴파일러가 아마 이 문제에 대해 경고할 것이다.

올바른 순서는 catch 블록의 순서를 뒤집어, 다음 코드와 같이 더 구체적인 예외가 부모 예외 클래스보다 앞에 나오도록 하는 것이다.

```
catch(DivideByZeroException e)
{
    ...
}
catch(Exception e)
{
    ...
}
```

■

프로그래밍 팁_사용자 입력

프로그램이 사용자로부터 입력 데이터를 읽을 때는 예외를 처리할 필요가 있을 것이다. 고의든 아니든 사용자는 거의 무슨 내용이라도 입력할 수 있기 때문이다. ■

프로그래밍 팁_예외 처리와 정보 은닉

메소드의 throws 절에 예외가 선언되어 있다면 그 메소드에 대한 호출이 해당 예외를 발생시킬 가능성이 있음을 알 수 있다. 일단 예외가 발생하면 그것이 throw 문에 의한 것이든 메소드 호출에 의한 것이든 예외에 대한 처리는 동일하다. catch 블록으로 잡거나 혹은 throws 절에 선언해야 한다. 예외를 던질 가능성이 있는 메소드 호출을 분석할 때는 메소드 정의의 어느 부분에 throw 문이 있는지 생각하지 마라. 예외가 어떻게 발생했는지는 중요하지 않다. 중요한 것은 메소드 호출이 예외를 던질 가능성이 있다는 사실뿐이다. 메소드 내에서 어떤 일이 일어나는지 상관없이 예외는 동일한 방법으로 처리된다. ■

자습문제 SELF-TEST QUESTIONS

24 적당한 throws 절을 추가하여 다음 메소드 정의를 올바르게 수정하라.

```
public void doStuff(int n)
{
    if (n < 0)
        throw new Exception("Negative number.");
}
```

25 메소드를 호출했는데 그 메소드가 확인 예외를 던지고 그 예외를 잡지 않으면 어떻게 되는가?

26 메소드 A의 호출을 생각해 보자. 메소드 A가 메소드 B를 부르고 메소드 B가 메소드 C를 부른다. 메소드 C가 예외를 던지는데 그 예외를 스스로 잡지 않는다면 그 예외를 어디서 잡을 수 있는가? B에서? A에서? 혹은 A의 외부에서?

27 다음 코드의 출력은 무엇인가? NegativeNumberException 클래스의 정의는 앞에서 주어졌지만, 이 문제에 답하기 위해 그 내용을 볼 필요는 없다.

```
try
{
```

```
        int n = 7;
        if (n > 0)
            throw new Exception();
        else if (n < 0)
            throw new NegativeNumberException();
        else
            System.out.println("Hello!");
        }
        catch(NegativeNumberException e)
        {
            System.out.println("First catch.");
        }
        catch(Exception e)
        {
            System.out.println("Second catch");
        }
        System.out.println("End of code");
    }
```

28 자습문제 27번에서 n의 값을 7에서 −7로 수정하면 출력이 어떻게 되는가?

29 자습문제 27번에서 n의 값을 7에서 0으로 수정하면 출력이 어떻게 되는가?

30 다음 프로그램의 출력은 무엇인가?

```
public class Question30
{
    public static void main(String[] args)
    {
        Question30 object = new Question30();
        try
        {
            System.out.println("Trying");
            object.sampleMethod();
            System.out.println("Trying after call.");
        }
        catch(Exception e)
        {
            System.out.println("Catching");
            System.out.println(e.getMessage());
        }
    }
    public void sampleMethod() throws Exception
    {
        System.out.println("Starting sampleMethod.");
        throw new Exception("From sampleMethod with love.");
    }
}
```

FAQ 언제 예외를 던져야 할까?

throw 문은 불가피한 경우에만 사용해야 한다. throw 문을 넣고 싶은 생각이 든다면, 이 throw 문 없이 프로그램이나 클래스 정의를 작성한다면 어떻게 될지 생각해 보라. 합리적인 코드를 생성하는 대안이 있다면 아마 예외를 던지지 않아야 할 것이다. 하지만 메소드가 어떻게 그리고 어디서 호출되었는지에 따라 예외적인 조건을 처리하는 방법이 달라진다면, 그때에는 해당 메소드를 호출하는 프로그래머에게 예외 처리를 맡기는 것이 가장 좋은 방법이다. 그 외의 다른 상황에서는 예외를 던지지 않는 편이 낫다.

자바에 미리 정의된 메소드 가운데도 메소드를 호출하는 프로그래머에게 예외 처리를 맡기는 것들이 많다. 미리 정의된 메소드에 대해 공부할 때 그 메소드가 특정한 종류의 예외를 던진다고 설명할 때가 있는데, 그때는 그 메소드를 사용하는 프로그래머인 여러분이 예외를 처리해야 한다.

프로그래밍 팁_어디로 예외를 던질까?

지금까지는 예외 처리의 기본 개념을 설명하기 위해 아주 간단한 코드만을 사용했는데, 사실 그 예들은 비현실적으로 간단한 것이다. 일반적으로 예외를 던지는 코드와 예외를 잡는 코드는 별도의 메소드로 분리해야 한다. 예를 들어 어떤 메소드는 다음과 같은 형태를 가지고

```
public void methodA() throws MyException
{
    ...
    throw new MyException("Blah Blah Blah");
    ...
}
```

다른 메소드는 다음과 같은 형태를 가질 수 있다. 더욱이 이 메소드는 다른 클래스에 속할 수도 있다.

```
public void methodB()
{
    ...
    try
    {
        ...
        methodA();
        ...
    }
    catch(MyException e)
    {
        ... //Deal with the exception.
```

```
    }
    ...
}
```

이렇게 되는 이유는 예외를 언제 던질까에 관한 앞의 FAQ와 관계가 있다. 메소드가 어떤 특정한 상황을 어떻게 다룰지 알고 있다면 아마도 예외를 던지지 않고 직접 처리해야 할 것이다. 메소드 내의 어떤 코드가 예외를 던졌을 때(예를 들어 예외를 던지는 다른 메소드를 호출했을 때), 만약 그 예외를 메소드 내에서 처리할 수 있다면 처리하도록 하라. 그렇지 않다면 메소드의 throws 절에 그 예외를 선언하고 다른 메소드가 catch 블록을 포함하도록 하라. ■

GOTCHA 중첩된 try-catch 블록

try 블록이나 catch 블록 안에 다시 try 블록 및 그에 연관된 catch 블록을 넣는 것이 불가능하지는 않지만, 그와 같은 구성이 유용한 경우는 거의 없다. try 및 catch 블록을 중첩시키고 싶은 상황이라면 먼저 코드를 다른 방식으로 구성할 수는 없는지 생각해 보아야 한다. 예를 들어 try 블록을 몇 개 없애거나, 아니면 안쪽 try-catch 블록을 다른 메소드 정의에 두고 바깥쪽 try 혹은 catch 블록에서 그 메소드를 호출하게 할 수 있다. 거의 모든 경우에 중첩된 try-catch 블록을 피하는 것이 낫다.

하지만 어쨌든 중첩된 try-catch 블록을 사용했다고 가정해 보자. try 블록과 그에 연관된 catch 블록을 바깥쪽의 큰 try 블록 안에 포함시켰는데 안쪽 try 블록에서 예외를 던졌지만 안쪽 catch 블록에 의해 잡히지 않았다면, 이 예외는 바깥쪽 try 블록에게로 던져지고 바깥쪽 catch 블록이 이를 잡아 처리할 수 있다. try 블록과 그에 연관된 catch 블록을 바깥쪽의 큰 catch 블록에 포함시켰다면 안쪽과 바깥쪽의 catch 블록 매개변수에는 서로 다른 이름을 사용해야 한다. try 블록이나 catch 블록도 일종의 블록이므로 자바가 중첩된 블록을 다루는 동일한 방법이 적용된다. ■

finally 블록

일련의 catch 블록 뒤에 finally 블록을 추가할 수 있다. finally 블록 내의 코드는 예외의 발생 여부와 관계없이 실행된다. 예외 발생으로 인해 남아 있을 미진한 부분들을 이 블록에서 정리할 수 있다.

일반적인 형식은 다음과 같다.

```
try
{
```

```
    ...
}
Catch_Block(s)
finally
{
    Some_Code  //Always executed.
}
```

finally 블록이 왜 중요한지 그리고 어떻게 유용할 수 있는지 알기 위해서 try-catch-finally 블록이 메소드 정의 내에 있다고 가정해 보자. 모든 try-catch-finally 블록은 어쨌든 어떤 메소드 내에 위치하게 된다. 물론 그 메소드가 main일 수도 있다.

try-catch-finally 블록 내의 코드가 실행될 때 다음 세 가지 결과가 나올 수 있다.

- try 블록이 끝까지 실행되고 예외가 발생하지 않는다. 이 경우에는 try 블록 다음에 finally 블록이 실행된다.
- try 블록에서 예외가 발생하고 try 블록 뒤의 catch 블록 가운데 하나가 이를 잡는다. 이 경우에는 catch 블록 다음에 finally 블록이 실행된다.
- try 블록에서 예외가 발생하지만 예외의 형이 일치하는 catch 블록이 존재하지 않는다. 메소드 호출이 종료되고 예외 객체는 블록을 포함하는 메소드에게로 던져진다. 이 경우에는 메소드가 종료되기 전에 finally 블록이 실행된다. catch 블록 다음에 finally 블록 없이 그냥 코드를 둔다고 해서 이와 같이 동작하지 않는다는 점에 주의하라.

지금 단계에서는 여러분이 finally 블록을 사용할 필요가 별로 없을 것이지만, 설명의 완전성을 위해 포함시켰다. 프로그래밍 공부를 더 하다 보면 나중에 필요할 때가 있을 것이다.

예외 다시 던지기(선택 사항)

catch 블록 내에서 예외를 던지는 것이 가능하다. 드문 경우지만 일단 예외를 잡은 후 getMessage가 반환하는 예외 메시지나 다른 이유에 의해 같은 예외 혹은 다른 예외를 다시 던져 예외 처리 블록 연쇄의 윗부분에서 이를 처리하도록 할 수 있다.

자습문제 SELF-TEST QUESTIONS

31 try 블록과 이에 연관된 catch 블록을 다른 try 블록 안에 내포시킬 수 있는가?

32 try 블록과 이에 연관된 catch 블록을 다른 catch 블록 안에 내포시킬 수 있는가?

33 다음 프로그램을 생각해 보자.

```
public class Question33
{
    public static void main(String[ ] args)
    {
        try
        {
            sampleMethod(99);
        }
        catch(Exception e)
        {
            System.out.println("Caught in main.");
        }
    }
    public static void sampleMethod(int n) throws Exception
    {
        try
        {
            if (n > 0)throw new Exception();
            else if (n < 0)
                throw new NegativeNumberException();
            else
                System.out.println("No exception.");
            System.out.println("Still in sampleMethod.");
        }
        catch (NegativeNumberException e)
        {
            System.out.println("Caught in sampleMethod.");
        }
        finally
        {
            System.out.println("In finally block.");
        }
        System.out.println("After finally block.");
    }
}
```

a. 프로그램의 출력은 무엇인가?

b. sampleMethod의 인자가 99가 아니라 −99라면 프로그램의 출력은 어떻게 되는가?

c. sampleMethod의 인자가 99가 아니라 0이라면 프로그램의 출력은 어떻게 되는가?

사례 연구 행-단위 계산기

탁상용 계산기와 비슷한 계산기 프로그램을 작성하려고 한다. 덧셈, 뺄셈, 곱셈, 나눗셈을 할 수 있어야 한다. 이 프로그램의 첫 버전으로는 윈도우 인터페이스를 사용하지 않고 이 장의 앞 예제들처럼 간단한 행-단위의 텍스트 입출력을 사용할 것이다.

먼저 사용자 인터페이스를 구체적으로 정의해야 한다. 사용자가 다음 예와 같이 연산자, 공백, 숫자들을 모두 한 줄에 입력하도록 하자.

```
+ 3.4
```

연산자나 숫자의 앞이나 뒤에 추가의 공백을 넣어도 된다. 사용자가 계속해서 연산자와 숫자를 입력하는 동안 프로그램은 지금까지의 계산 결과를 유지한다. 이 결과는 탁상용 계산기에 현재까지의 계산값으로 표시되는 숫자와 같다. 화면에는 예를 들어 다음과 같이 표시된다.

```
updated result = 3.4
```

사용자는 다음과 같은 명령을 사용해서 덧셈, 뺄셈, 곱셈, 나눗셈을 할 수 있다.

```
* 3
```

예를 들어 사용자와 프로그램 간의 다음과 같은 대화가 가능하다.

```
result = 0
+ 80
result + 80 = 80
updated result = 80
- 2
result - 2 = 78
updated result = 78
e
```

사용자 입력은 색자로 표시되었고 흑색 텍스트는 프로그램의 출력이다. 'result'의 초깃값은 0으로 가정한다. 프로그램은 입력 데이터를 보여 준 다음에 각 계산의 결과를 출력한다. 계산을 끝내려면 E 혹은 e를 입력하도록 하자.

이러한 인터페이스가 결정되고 나면 계산기를 위한 클래스를 설계할 수 있다. 일단은 사용자 인터페이스에 대한 우리의 명세를 따르는 간단한 계산기 프로그램 전체를 이 클래스의 `main` 메소드로 구현할 것이다. 나중에 좀 더 정교한 인터페이스를 설계하여 더욱 강력한 계산기를 만들고, 궁극적으로는 윈도우 인터페이스를 붙일 수 있을 것이다.

현재의 결괏값은 result라는 이름의 전용 인스턴스 변수에 유지하기로 하자. 프로그램은 항상 현재의 result값에 입력된 수를 더하거나, 빼거나, 곱하거나, 나눈다. 예를 들어 result의 현재 값이 80이고 사용자가 다음과 같이 입력하면

```
- 9.5
```

result의 값이 70.5로 수정된다.

클래스가 적어도 다음의 메소드를 포함하도록 하자.

- result의 값을 0으로 지정하는 reset 메소드
- 한 번의 연산을 계산하는 evaluate 메소드
- 일련의 연산을 실행하는 doCalculate 메소드
- 인스턴스 변수 result의 값을 반환하는 접근자 메소드 getResult
- result의 값을 주어진 값으로 지정하는 설정자 메소드 setResult

reset, setResult, getResult 메소드의 정의는 별다른 게 없지만 evaluate와 doCalculation 메소드는 약간 생각을 해야 한다. 코드의 첫 버전을 단순화하기 위해 모든 것이 문제없이 진행된다고 가정하자. 예외를 일으킬 만한 특별한 일이 일어나지 않는다는 말이다. 발생 가능한 예외가 생각나면 메모해 둘 수는 있겠지만 예외 처리 코드는 클래스의 주요 내용이 설계된 후에나 작성할 것이다.

evaluate 메소드가 직접 인스턴스 변수 result를 수정하지 않고 한 번 연산의 결과만 반환하도록 하는 편이 클래스를 더 쓸모 있게 만들 것이다. 따라서 evaluate 메소드는 다음과 같이 명시된다.

```
/**
Returns n1 op n2,
provided op is one of '+', '-', '*', or '/'.
*/
public double evaluate(char op, double n1, double n2)
```

계산기 동작의 핵심 부분은 다음과 같이 명시되는 doCalculation 메소드에 의해 수행된다.

```
/**
Interacts with the user to perform a series
of calculations and updates result.
*/
public void doCalculation()
```

doCalculation을 먼저 작성해 보자. 이 메소드는 사용자가 문자 'E'와 같은 경곗값을 입력할 때까지 다음 일련의 명령을 반복해야 한다.

```
char nextOp = (keyboard.next()).charAt(0);
double nextNumber = keyboard.nextDouble();
result = evaluate(nextOp, result, nextNumber);
```

여기서 keyboard.next()가 연산자를 스트링으로 읽어 들이고 charAt(0)이 문자로 반환한다. 여기서 nextOp와 nextNumber는 지역 변수이고 result는 인스턴스 변수이다.

doCalculation에서는 앞의 코드를 다음과 같이 루프 내에 포함시킨다.

```
boolean done = false;
while (!done)
{
    char nextOp = (keyboard.next()).charAt(0);
    if ((nextOp == 'e') || (nextOp == 'E'))
        done = true;
    else
    {
        double nextNumber = keyboard.nextDouble();
        result = evaluate(nextOp, result, nextNumber);
        System.out.println("result " + nextOp + " " +
                           nextNumber + " = " + result);
        System.out.println("updated result = " + result);
    }
}
```

다음으로 evaluate 메소드에 대해서는 다음과 같은 switch 문을 작성할 수 있을 것이다.

```
switch (op)
{
    case '+':
        answer = n1 + n2;
        break;
    case '-':
        answer = n1 - n2;
        break;
    case '*':
        answer = n1 * n2;
        break;
    case '/':
        answer = n1 / n2;   // 0에 의한 나눗셈을 고려할 것
        break;
    default:  // 잘못된 문자 입력을 고려할 것
}
return answer;
```

코드를 처음 테스트할 때는 문제가 되는 경우를 완전히 무시할 수도 있겠지만, 여기서는 몇 가지 예외를 던지도록 할 것이다. 이는 사례 연구가 너무 길어지지 않도록 하

기 위함이지만, 이 예외를 지금 처리하지는 않는다. 앞에서 나눗셈에 해당하는 case에 다음 코드를 포함하도록 하자.

```
if (n2 == 0.0)
    throw new DivideByZeroException();
```

이런 접근법은 개념상으로는 올바른 것이지만 한 가지 문제가 있는데, 여기서 숫자가 double형이라는 것이다. 3장에서 설명한 대로 이와 같은 부동 소수점 수는 단지 근사값을 나타낼 뿐이므로 ==를 사용하여 동일성을 검사하면 안 된다. n2의 값이 0에 아주 근접해서 그것으로 다른 수를 나누면 0에 의한 나눗셈이나 마찬가지인 상황에서도 ==에 의한 검사는 0과 동일하지 않다고 나올 수 있다. 그러므로 분모가 0에 아주 근접할 때에는 예외를 던져야 한다. '0에 아주 근접하다'는 것을 어떻게 정의할 수 있을까? 가령 1/1,000보다 작은 값이면 0에 아주 근접한 것으로 간주할 수 있다. 하지만 나중에 이 값이 가장 적당한 선택이 아니라는 사실을 발견하게 될 수도 있으니, 실제의 값 대신 precision이라는 이름의 인스턴스 변수를 사용하도록 하자. 일단 precision의 정의는 다음과 같이 할 수 있다.

```
private double precision = 0.0001;
```

그러면 나눗셈에 대한 case는 이제 다음과 같이 된다.

```
case '/':
    if ( (-precision < n2) && (n2 < precision) )
        throw new DivideByZeroException();
    answer = n1 / n2;
    break;
```

사용자가 연산자 자리에 '+', '-', '*', '/' 외의 문자를 입력한다면 어떻게 할까? switch 문의 디폴트 case에서 다음과 같이 다른 종류의 예외를 던질 수 있다.

```
default:
    throw new UnknownOpException(op);
```

DivideByZeroException 클래스는 Listing 9.5에서 정의했다. UnknownOpException은 새로운 예외 클래스라서 정의해야 하는데, 그 내용은 지금까지 작성했던 다른 예외 클래스와 비슷하며 Listing 9.10에 주어져 있다. 사용자가 잘못된 연산자를 입력하면 그 잘못된 문자를 에러 메시지에 포함하여 보여 주려고 하므로, 연산자를 char형의 인자로 받는 생성자가 필요하다.

doCalculation 메소드의 몸체에 throw 문이 나오지 않지만 doCalculation의 헤딩에는 예외 클래스 UnknownOpException과 DivideByZeroException에 대한

Listing 9.10 UnknownOpException 클래스

```
public class UnknownOpException extends Exception
{
    public UnknownOpException()
    {
        super("UnknownOpException");
    }

    public UnknownOpException(char op)
    {
        super(op + " is an unknown operator.");
    }

    public UnknownOpException(String message)
    {
        super(message);
    }
}
```

throws 절을 포함해야 한다. 왜냐하면 doCalculation이 evaluate 메소드를 호출하고 evaluate 메소드가 UnknownOpException 혹은 DivideByZeroException을 던질 가능성이 있기 때문이다.

이제 예외 처리를 제외한 대부분의 프로그램을 작성했고, 이렇게 완성된 프로그램의 초기 버전이 Listing 9.11이다. 프로그램을 디버그 및 테스트한 후에 예외 처리부를 작성하면 된다. 사용자가 잘못된 연산자를 입력하거나 0으로 나누지만 않는다면 이 버전은 잘 동작할 것이다.

Listing 9.11 예외가 아닌 경우에 대한 프로그램

이 버전은 예외를 처리하지 않으므로 아직 완전하지 않지만, 실행 가능하고 디버깅 용도로 사용할 수 있다.

```
import java.util.Scanner;
/**
PRELIMINARY VERSION without exception handling.
Simple line-oriented calculator program. The class
can also be used to create other calculator programs.
*/
public class PrelimCalculator
{
    private double result;
    private double precision = 0.0001;
    //Numbers this close to zero are treated as if equal to zero.
```

(계속됨)

Listing 9.11 예외가 아닌 경우에 대한 프로그램

```
public static void main(String[] args)
            throws DivideByZeroException,
                   UnknownOpException
{
    PrelimCalculator clerk = new PrelimCalculator();

    System.out.println("Calculator is on.");
    System.out.print("Format of each line: ");
    System.out.println("operator space number");
    System.out.println("For example: + 3");
    System.out.println("To end, enter the letter e.");
    clerk.doCalculation();

    System.out.println("The final result is " +
                       clerk.resultValue());
    System.out.println("Calculator program ending.");
}
public PrelimCalculator()
{
    result = 0;
}
public void reset()
{
    result = 0;
}
```

main 메소드의 정의는 나중에 수정될 것이다.

reset, setResult, getResult는 이 프로그램에서는 사용되지 않지만 이 클래스를 사용할 다른 응용에서 필요할 수도 있다.

```
public void setResult(double newResult)
{
    result = newResult;
}
public double getResult()
{
    return result;
}
/**
Returns n1 op n2, provided op is one of '+', '-', '*',or '/'.
Any other value of op throws UnknownOpException.
*/
public double evaluate(char op, double n1, double n2)
          throws DivideByZeroException, UnknownOpException
{
    double answer;
    switch (op)
```

(계속됨)

Listing 9.11 예외가 아닌 경우에 대한 프로그램

```
        {
            case '+':
                answer = n1 + n2;
                break;
            case '-':
                answer = n1 - n2;
                break;
            case '*':
                answer = n1 * n2;
                break;
            case '/':
                if ((-precision < n2) && (n2 < precision))
                    throw new DivideByZeroException();
                answer = n1 / n2;
                break;
            default:
                throw new UnknownOpException(op);
        }
        return answer;
    }
    public void doCalculation() throws DivideByZeroException,
                                       UnknownOpException
    {
        Scanner keyboard = new Scanner(System.in);
        boolean done = false;
        result = 0;
        System.out.println("result = " + result);

        while (!done)
        {
            char nextOp = (keyboard.next()).charAt(0);
            if ((nextOp == 'e') || (nextOp == 'E'))
                done = true;
            else
            {
                double nextNumber = keyboard.nextDouble();
                result = evaluate(nextOp, result, nextNumber);
                System.out.println("result " + nextOp + " " +
                                   nextNumber + " = " + result);
                System.out.println("updated result = " + result);
            }
        }
    }
}
```

(계속됨)

Listing 9.11 예외가 아닌 경우에 대한 프로그램

실행 결과 출력

```
Calculator is on.
Format of each line: operator space number
For example: + 3
To end, enter the letter e.
result = 0.0
+ 4
result + 4.0 = 4.0
updated result = 4.0
* 2
result* 2.0 = 8.0
updated result = 8.0
e
The final result is 8.0
Calculator program ending.
```

초기 버전의 프로그램을 디버깅했으면 이제 예외 처리를 추가할 수 있다. 가장 중요한 예외는 UnknownOpException이므로 이것부터 살펴보자. UnknownOpException 클래스의 정의는 앞에서 이미 보였지만, 이 예외와 관련해서 지금까지 한 일은 evaluate 메소드에서 이 예외를 던지고 throws 절에서 선언한 것이 전부다. evaluate 메소드는 doCalculation 메소드가 호출하고 doCalculateion 메소드는 main 메소드가 호출한다. 여기서 이 예외를 처리하는 세 가지 방법이 있다.

- evaluate 메소드에서 예외를 잡는다.
- evaluate 메소드의 throws 절에 UnknownOpException 예외를 선언하고 doCalculation 메소드에서 잡는다.
- evaluate 메소드와 doCalculation 메소드의 throws 절에 모두 UnknownOpException 예외를 선언하고 main 메소드에서 잡는다.

어떤 방법을 선택할 것인지는 예외를 던졌을 때 어떤 동작을 원하느냐에 달려 있다. 사용자가 연산자의 입력을 다시 시도하도록 하려면 첫 번째나 두 번째 방법을 사용할 수 있고, 전체 계산을 처음부터 다시 시작하려면 마지막 방법을 사용할 수 있다. 마지막 방법을 선택하기로 하고 try와 catch 블록을 main 메소드에 두었다고 하자. 이렇게 결정했다면 main 메소드를 Listing 9.12에서 보인 바와 같이 다시 작성해야 한다. 또한 두 개의 새로운 메소드, handleUnknownOpException과 handleDivideByZeroException을 도입하기로 했다. 이제 남은 것은 예외를 처리하도록 이 두 메소드를 작성하는 것이다.

main 메소드의 catch 블록을 보면 UnknownOpException이 발생했을 때 handleUnknownOpException가 이를 처리한다는 것을 알 수 있다. 이 메소드는 사용자가 계산식을 처음부터 다시 입력할 기회를 주도록 설계되었다. 사용자가 두 번째 시도에서도 다시 잘못된 연산자를 입력하면 또 다른 UnknownOpException을 던지지만 이번에는 handleUnknownOpException 메소드가 이 예외를 잡게 되고 프로그램이 종료된다. (UnknownOpException을 처리하는 다른 좋은 방법이 있겠지만 현재로서는 여기서 택한 방법으로 충분하다.) 이러한 처리에 대한 코드는 Listing 9.12의 handleUnknownOpException 메소드의 catch 블록을 확인하라.

사용자가 0에 의한 나눗셈을 시도하면 프로그램을 그냥 종료시키기로 한다. (이 예외도 이 프로그램의 나중 버전에서 좀 더 정교한 처리를 할 수도 있겠지만 여기서는 이 정도로 하자.) 따라서 handleDivideByZeroException 메소드는 아주 간단하다.

프로그래밍 팁_프로그램 문서화를 할 때 발생 가능한 예외를 기술해야 한다

다른 프로그래머가 작성한 클래스와 메소드를 사용할 때는 발생 가능한 예외가 설명된 문서가 있으면 좋을 것이다. 예외를 어떻게 처리할지 생각하는 데 이런 문서가 도움을 줄 수 있다. 여러분의 코드에 대해 javadoc 주석문이나 다른 문서를 작성할 때 이런 점을 고려하라. ■

Listing 9.12 완전한 행-단위 계산기

```
import java.util.Scanner;
/**
Simple line-oriented calculator program. The class
can also be used to create other calculator programs.
*/
public class Calculator
{
    private double result;
    private double precision = 0.0001;
    //Numbers this close to zero are treated as if equal to zero.

    public static void main(String[] args)
    {
        Calculator clerk = new Calculator();

        try
        {
            System.out.println("Calculator is on.");
            System.out.print("Format of each line: ");
```

(계속됨)

Listing 9.12 완전한 행-단위 계산기

```
            System.out.println("operator space number");
            System.out.println("For example: + 3");
            System.out.println("To end, enter the letter e.");
            clerk.doCalculation();
        }
        catch(UnknownOpException e)
        {
            clerk.handleUnknownOpException(e);
        }
        catch(DivideByZeroException e)
        {
            clerk.handleDivideByZeroException(e);
        }
        System.out.println("The final result is " +
                                   clerk.resultValue());
        System.out.println("Calculator program ending.");
    }

    public Calculator()
    {
        result = 0;
    }
    public void handleDivideByZeroException
                                  (DivideByZeroException e)
    {
        System.out.println("Dividing by zero.");
        System.out.println("Program aborted");
        System.exit(0);
    }
    public void handleUnknownOpException(UnknownOpException e)
    {
        System.out.println(e.getMessage());
        System.out.println("Try again from the beginning:");

        try
        {
            System.out.print("Format of each line: ");
            System.out.println("operator number");
            System.out.println("For example: + 3");
            System.out.println("To end, enter the letter e.");
            doCalculation();      <-- 첫 번째의 UnknownOpException은
        }                             사용자에게 다시 입력할 기회를 준다.

        catch(UnknownOpException e2)   <-- 이 블록은 두 번째로 던져진
                                           UnknownOpException을 잡는다.
        {
            System.out.println(e2.getMessage());
            System.out.println("Try again at some other time.");
            System.out.println("Program ending.");
```

(계속됨)

Listing 9.12 완전한 행-단위 계산기

```
            System.exit(0);
        }
        catch(DivideByZeroException e3)
        {
            handleDivideByZeroException(e3);
        }
    }
}
```

reset, setResult, getResult, evaluate, doCalculation 메소드는 Listing 9.11과 같다.

실행 결과 출력

```
Calculator is on.
Format of each line: operator space number
For example: + 3
To end, enter the letter e.
result = 0.0
+ 80
result + 80.0 = 80.0
updated result = 80.0
- 2
result - 2.0 = 78.0
updated result = 78.0
% 4
% is an unknown operator.
Try again from the beginning:
Format of each line is: operator space number
For example: + 3
To end, enter the letter e.
result = 0.0
+ 80
result + 80.0 = 80.0
updated result = 80.0
- 2
result - 2.0 = 78.0
updated result = 78.0
* 0.04
result * 0.04 = 3.12
updated result = 3.12
e
The final result is 3.12
Calculator program ending.
```

자습문제 SELF-TEST QUESTIONS

34 Listing 9.12의 Calculator 클래스에 추가할 접근자 메소드 getPrecision를 작성하라. 이 메소드는 인스턴스 변수 precision의 값을 반환한다. 또한 precision

의 값을 지정된 값으로 변경하는 설정자 메소드 `setPrecision`을 작성하라.

35 Listing 9.11의 프로그램을 실행하고 프로그램이 인식하지 못하는 %나 # 같은 잘못된 연산자를 입력하면 어떻게 되는가?

9.4 그래픽 보조자료

이 절에서는 예외를 사용하는 `JFrame` GUI의 예를 설명한다.

GUI에서의 예외

`main`을 포함한 모든 메소드가 발생 가능한 모든 예외를 `throws` 절에 선언한다면 예외를 전혀 잡지 않을 수도 있다. 하지만 이것은 좋은 프로그래밍 방법이 아니다. GUI가 아닌 자바 애플리케이션 프로그램에서는 잡히지 않은 예외가 있으면 프로그램이 에러 메시지를 내고 종료된다. `JFrame` GUI 프로그램이나 애플릿에서는 잡히지 않은 예외가 있어도 프로그램이 종료되지 않지만, GUI가 예외를 제대로 다루지 못하거나 사용자가 충분한 정보를 얻지 못할 수 있다. 따라서 발생한 확인 예외들이 결국에는 남김없이 잡히도록 보장하는 것이 GUI 프로그램에서 더욱 중요하다.

프로그래밍 예제 | 예외를 사용하는 JFrame GUI

Listing 9.13은 사용자에게 몇 가지 색상을 보여 주는 `JFrame` GUI 정의를 포함하고 있다. 사용자가 텍스트 필드에 색상의 이름을 입력하고 `ShowColor` 버튼을 클릭한다. GUI가 그 색상을 알면 배경이 해당 색상으로 변경되고, GUI가 그 색상을 알지 못하면 텍스트 필드에 `UnknownColor`라는 메시지가 나오고 배경이 회색으로 변경된다.

사용자가 입력한 스트링은 `getColor` 메소드에 의해 `Color` 클래스의 객체로 변환된다. `getColor` 메소드는 알지 못하는 색상이 주어지면 예외를 던진다. `getColor` 메소드는 이 예외를 잡지 않고 `throws` 절에 선언한다. `getColor` 메소드의 호출은 `actionPerformed` 메소드의 `try` 블록 내에서 이루어지고, 이 예외에 대한 `catch` 블록 역시 이 메소드에 있다.

이 GUI를 실행하기 위해서는 네 개의 클래스가 필요한데, Listing 9.13에 주어진 `ColorDemo`, Listing 9.14에 주어진 `UnknownColorException`, Listing 9.15에 주어진 `ShowColoDemo`, 그리고 앞 장의 Listing 8.22에 주어진 `WindowDestroyer` 등이다.

Listing 9.13 예외를 사용하는 JFrame GUI

```
import javax.swing.JButton;
import javax.swing.JFrame;
import javax.swing.JTextField;
import java.awt.Color;
import java.awt.Container;
import java.awt.FlowLayout;
import java.awt.Graphics;
import java.awt.event.ActionEvent;
import java.awt.event.ActionListener;

public class ColorDemo extends JFrame implements ActionListener
{
    public static final int WIDTH = 400;
    public static final int HEIGHT = 300;
    public static final int NUMBER_OF_CHAR = 20;

    private JTextField colorName;

    public ColorDemo()
    {
        setSize(WIDTH, HEIGHT);
        WindowDestroyer listener = new WindowDestroyer();
        addWindowListener(listener);

        Container contentPane = getContentPane();
        contentPane.setBackground(Color.GRAY);
        contentPane.setLayout(new FlowLayout());
        JButton showButton = new JButton("Show Color");
        showButton.addActionListener(this);
        contentPane.add(showButton);

        colorName = new JTextField(NUMBER_OF_CHAR);
        contentPane.add(colorName);
    }

    public void actionPerformed(ActionEvent e)
    {
        Container contentPane = getContentPane();

        try
        {
            contentPane.setBackground(getColor(colorName.getText()));
        }
        catch(UnknownColorException exception)
        {
        colorName.setText("Unknown Color");
        contentPane.setBackground(Color.GRAY);
        }
    }
    public Color getColor(String name) throws UnknownColorException
    {
```

(계속됨)

Listing 9.13 예외를 사용하는 JFrame GUI

```
        if (name.equalsIgnoreCase("RED"))
            return Color.RED;
        else if (name.equalsIgnoreCase("WHITE"))
            return Color.WHITE;
        else if (name.equalsIgnoreCase("BLUE"))
            return Color.BLUE;
        else if (name.equalsIgnoreCase("GREEN"))
            return Color.GREEN;
        else
            throw new UnknownColorException();
    }
}
```

Listing 9.14 UnknownColorException 클래스

```
public class UnknownColorException extends Exception
{
    public UnknownColorException()
    {
        super("Unknown Color!");
    }
    public UnknownColorException(String message)
    {
        super(message);
    }
}
```

GOTCHA actionPerformed에는 throws 절이 허용되지 않는다

액션 리스너 클래스의 actionPerformed 메소드를 정의할 때는 throws 절을 포함할 수 없다. actionPerformed 메소드의 헤딩은 이미 완전히 명시되어 있어서, 매개변수의 이름을 정하는 것 외에는 전혀 수정하지 못한다. 따라서 actionPerformed 메소드의 정의에서 발생하는 예외는 메소드 내에서 잡아야 한다. 예를 들어 Listing 9.13에서 UnknownColorException은 반드시 actionPerformed 몸체에서 잡아야 한다.

이와 마찬가지로 WindowDestroyer와 같은 윈도우 리스너 클래스의 windowClosing 메소드를 재정의할 때도 windowClosing의 헤딩에 throws 절을 추가하지 못한다. ■

Listing 9.15 ColorDemo GUI의 실행

```
public class ShowColorDemo
{
    public static void main(String[] args)
    {
        ColorDemogui = new ColorDemo( );
        gui.setVisible(true);
    }
}
```

실행 결과 출력

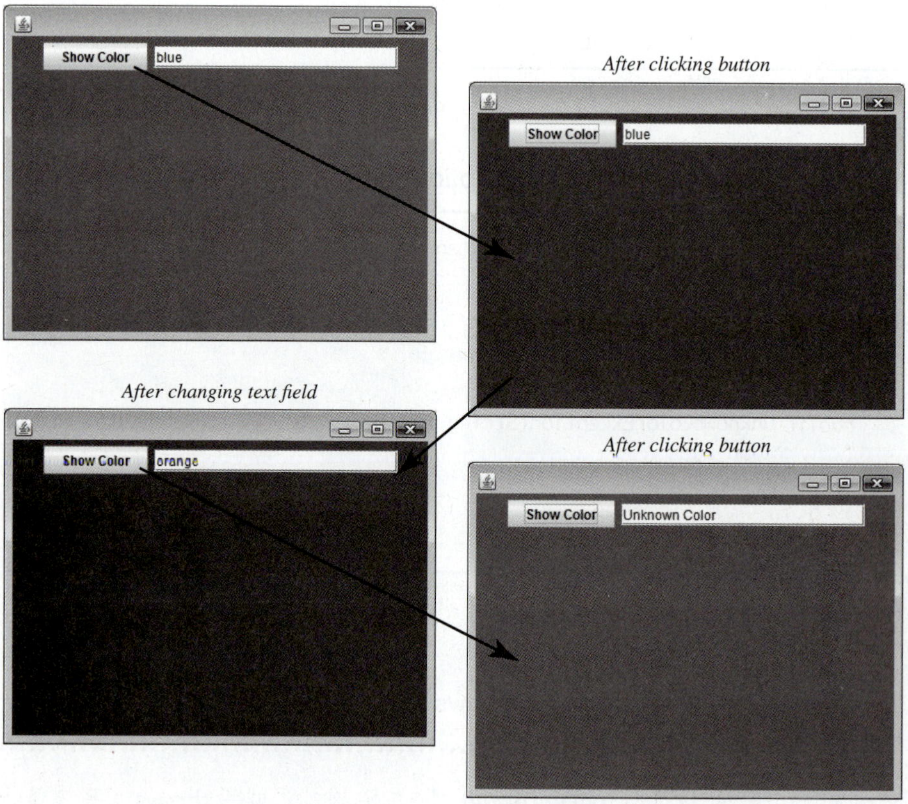

GOTCHA 프로그램에서 확인 예외를 잡지 않으면

애플릿이나 JFrame을 사용하는 GUI 프로그램에서는 확인 예외를 잡지 않더라도 프로그램이 종료되지 않는다. 그런 경우에 GUI를 가지지 않는 자바 애플리케이션 프로그램은 에러 메시지를 내고 종료되지만, 애플릿이나 GUI 프로그램은 예측할 수 없는 결과를 일으키게 되어 사용자를 당황케 할 것이다. ■

자습문제 SELF-TEST QUESTIONS

36 Listing 9.13의 ColorDemo 클래스를 애플릿으로 다시 작성하라.

37 Listing 9.13의 try 블록은 setBackground, getColor, getText 등 세 개의 메소드에 대한 호출을 포함하고 있다. 하나뿐인 catch 블록은 getColor 메소드가 던지는 UnknownColorException을 잡는다. try 블록에서 호출된 다른 두 메소드가 던지는 예외에 대해서도 catch 블록을 작성했어야 하는가?

요약 SUMMARY

- 예외는 Exception 클래스와 그로부터 파생되는 클래스의 객체이다. Error 클래스의 자손은 예외가 아니지만 예외처럼 동작한다.
- 예외 처리를 통해 정상적인 경우와 예외적인 상황을 별도로 분리하여 설계 및 코딩할 수 있다.
- 자바는 미리 정의된 예외 클래스를 제공한다. 자신의 예외 클래스를 새로 정의할 수도 있다.
- 자바에는 두 종류의 예외가 있는데, 확인 예외와 비확인(혹은 실행) 예외이다. 확인 예외를 던지는 메소드는 직접 그 예외를 처리하거나 혹은 헤딩의 throws 절에서 선언해야 한다. 확인 예외는 결국 어디선가 잡혀야 한다. 그렇지 않으면 프로그램 실행이 종료된다. 비확인 혹은 실행 예외는 잡거나 throws 절에 선언할 필요가 없으며 일반적으로 잡거나 선언하지 않는다. 비확인 예외는 RuntimeException 클래스로부터 파생되는 클래스에 속한다. 그외 다른 예외는 모두 확인 예외이다.
- 어떤 자바 문장은 그 자체로 예외를 던질 가능성이 있다. 클래스 라이브러리에도 예외를 던질 가능성이 있는 메소드가 코드 내에서 throw 문을 사용하여 명시적으로 예외를 던질 수도 있다.
- 메소드가 예외를 던질 가능성이 있지만 그 예외를 잡지 않는다면 해당 메소드의 throws 절에 그 예외 클래스를 포함해야 한다.
- 예외는 catch 블록이 잡는다.
- try 블록 다음에 하나 이상의 catch 블록이 나올 수 있다. 이 경우에 구체적인 예외 클래스에 대한 catch 블록을 일반적인 예외 클래스에 대한 catch 블록보다 앞에 두어야 한다.

■ 모든 예외는 getMessage 메소드를 가지는데, 이 메소드를 사용하면 예외에 대한 설명을 얻을 수 있다.

■ 예외를 남용하지 마라.

연습문제 EXERCISES

1 학생들이 오후 1, 2, 3, 4, 5, 6시 가운데 하나로 방문 시간을 예약하도록 하는 프로그램을 작성하라. 여섯 개의 스트링으로 이루어진 배열을 사용하여 각 시간대에 예약된 이름을 저장하라. 배열에 빈 자리가 있는 동안 반복하는 루프를 작성하라. try 블록 내에서 사용자가 시간과 이름을 입력하도록 하라. 입력된 시간이 비어 있다면 이름을 배열에 넣는다. 시간이 비어 있지 않다면 TimeInUseException을 던진다. 시간이 유효하지 않다면 InvalidTimeException을 던진다. 예외의 각 종류마다 별도의 catch 블록을 사용하라.

2 사용자가 입력한 두 개의 정숫값을 곱한 결과를 계산하는 프로그램을 작성하라. 발생되는 모든 예외를 잡고 사용자가 새로운 값을 입력하도록 허용하라.

3 사용자가 입력한 시간이 유효하지 않음을 나타내는 데 적합한 예외 클래스를 작성하라. 시간은 hour : minute 다음에 "am"이나 "pm"을 붙이는 형식이다.

4 앞 문제에서 작성한 클래스로부터 파생되는 몇 개의 예외 클래스를 작성하라. 각 클래스는 특정 종류의 오류를 나타내게 된다. 예를 들어 InvalidHourException은 시간(hour)에 대해 입력된 값이 1과 12 사이의 정수가 아니라는 것을 나타낸다.

5 앞 문제에서 작성한 예외 클래스를 사용하는 TimeOfDay 클래스를 작성하라. 이 클래스는 setTimeTo(timeString) 메소드를 가지는데, 이 메소드는 timeString이 유효한 시간이면 시간을 변경하고 그렇지 않으면 적절한 유형의 예외를 던져야 한다.

6 키보드로부터 스트링을 읽어 들이고 이를 이용하여 앞 문제에서 작성한 TimeOfDay형의 변수 myTime에 시간을 지정하는 코드를 작성하라. try-catch 블록을 사용하여 myTime에 유효한 시간이 설정되도록 보장해야 한다.

7 온라인 음원을 구입하는 상품권을 나타내는 SongCard 클래스를 작성하라. 다음과 같은 전용 속성을 가져야 하고

- songs—상품권으로 구입할 수 있는 노래의 수

- activated–카드가 활성화되었으면 참이 된다.

다음과 같은 메소드를 가져야 한다.

- SongCard(*n*)–*n*개의 노래를 가지는 상품권 생성자
- activate–카드를 활성화시킨다. 카드가 이미 활성화되었으면 예외를 던진다.
- buyASong–노래를 한 개 구입하는 메소드로서, 상품권으로 구입할 수 있는 남은 노래의 수를 하나 감소시킨다. 상품권을 다 썼거나 활성화시키지 않았으면 예외를 던진다.
- songsRemaining–상품권으로 구입할 수 있는 노래의 수를 반환한다.

8 음수가 아닌 수를 나타내는 NonNegative 클래스를 작성하라. 다음과 같은 전용 속성을 가져야 하고

- numerator(정수)
- denominator(정수)

다음과 같은 메소드를 가져야 한다.

- NonNegative(*numerator*, *denominator*)–음수가 아닌 수의 생성자
- numerator와 denominator에 대한 접근자 메소드 getNumerator, getDenominator와 설정자 메소드 setNumerator, setDenominator

프로그래머 정의 예외 클래스를 사용하여 numerator와 denominator가 음수가 되지 않도록 보장해야 한다.

9 앞 문제의 NonNegative 클래스를 수정하라. 예외가 아니라 단언문을 사용하여 numerator와 denominator가 음수가 아니고 denominator가 0이 아니도록 보장해야 한다.

10 방에 있는 사람의 수를 세는 객체를 생성하려고 한다. 사람의 수는 음수가 될 수 없다. 다음의 세 가지 공용 메소드를 가지는 RoomCounter 클래스를 작성하라.

- addPerson–방에 한 명을 추가한다.
- removePerson–방에서 한 명을 제거한다.
- getCount–방에 있는 사람의 수를 반환한다.

removePerson이 방에 있는 사람의 수를 음수로 만들면 NegativeCounterException을 던지도록 하라.

11 앞 문제의 RoomCounter 클래스에서 방에 있는 사람의 수가 음수가 되지 않도록 하기 위해 예외가 아니라 단언문을 사용하도록 수정하라.

12 Listing 9.12의 Calculator 클래스에 지수 연산을 추가하려면 어떻게 수정해야 하는가? 지수 연산자로 ^를 사용하고 계산을 실행하기 위해서는 Math.pow 메소드를 사용하라.

13 경주에서 바퀴별 경과 시간을 측정하는 데 사용할 수 있는 LapTimer 클래스를 작성하라. 클래스는 다음과 같은 전용 속성을 가져야 하고

- running—타이머가 측정 중인지 나타내는 불값
- startTime—타이머의 측정 시작 시간
- lapStart—현재 바퀴가 시작되었을 때의 타이머값
- lapTime—마지막 바퀴의 경과 시간
- totalTime—경주의 시작부터 완료된 마지막 바퀴까지의 전체 경과 시간
- lapsCompleted—지금까지 완료된 바퀴 수
- lapsInRace—경주의 총바퀴 수

다음과 같은 메소드를 가져야 한다.

- LapTimer(*n*)—*n* 바퀴로 구성된 경주의 생성자
- start—타이머로 측정을 시작한다. 경주가 이미 시작되었으면 예외를 던진다.
- markLap—현재 바퀴의 종료와 새로운 바퀴의 시작을 표시한다. 경주가 종료되었으면 예외를 던진다.
- getLapTime—마지막 바퀴의 측정시간을 반환한다. 첫 번째 바퀴가 아직 완료되지 않았다면 예외를 던진다.
- getTotalTime—경주의 시작부터 완료된 마지막 바퀴까지의 전체 경과 시간을 반환한다. 첫 번째 바퀴가 아직 완료되지 않았다면 예외를 던진다.
- getLapsRemaining—현재 진행 중인 바퀴를 포함해서 완료되어야 할 바퀴의 수를 반환한다.

모든 시간은 초 단위로 표시한다.

현재 시간을 어떤 기본 날짜로부터 1,000분의 1초 단위로 얻으려면 다음과 같이 호출한다.

```
Calendar.getInstance().getTimeInMillis()
```

이 호출은 long형의 값을 반환한다. 이와 같은 호출을 두 번 하여 반환된 두 값 사

이의 차이를 구하면 두 번의 호출 사이에 경과된 시간을 1,000분의 1초 단위로 얻을 수 있다. `Calendar` 클래스는 `java.util` 패키지에 포함된다.

프로그래밍 과제 PROGRAMMING PROJECTS

1 자습문제 16번의 예외 클래스 MessageTooLongException을 사용하여 사용자에게 20 글자를 넘지 않는 한 줄의 텍스트를 입력하도록 요청하는 프로그램을 작성하라. 사용자가 20 글자 이하를 입력하면 "You entered *x* characters, which is an acceptable length" (여기서 *x*는 실제 입력된 글자의 수)라는 메시지를 출력한다. 그렇지 않으면 MessageTooLongException을 던지고 잡아야 한다. 두 경우 모두 프로그램은 다음 줄을 입력할지 프로그램을 종료할지 사용자에게 묻도록 한다.

2 시간을 24-시간 표기법에서 12-시간 표기법으로 변환하는 프로그램을 작성하라. 다음은 사용자와 프로그램의 대화 예이다.

```
Enter time in 24-hour notation:
13:07
That is the same as
1:07 PM
Again? (y/n)
y
Enter time in 24-hour notation:
10:15
That is the same as
10:15 AM
Again? (y/n)
y
Enter time in 24-hour notation:
10:65
There is no such time as 10:65
Try Again:
Enter time in 24-hour notation:
16:05
That is the same as
4:05 PM
Again? (y/n)
n
End of program
```

TimeFormatException이라는 예외 클래스를 정의하라. 사용자가 10:65나 8&*68 같은 잘못된 시간을 입력하면 프로그램은 TimeFormatException을 던지고 처리해야 한다.

3 Listing 9.12의 `Calculator` 클래스를 사용하여 더욱 강력한 계산기 프로그램을 작

성하라. 이 계산기는 하나의 결과를 메모리에 저장했다가 다시 불러올 수 있다. 계산기의 명령은 다음과 같다.

- e는 종료
- c는 지우기, result를 0으로 설정
- m은 메모리에 저장, result값을 메모리에 저장
- r은 메모리값 불러오기, 메모리에 저장된 값을 출력하지만 result를 변경하지는 않음

Calculator 클래스의 파생 클래스를 정의하여 메모리에 해당하는 추가된 인스턴스 변수, 개선된 계산기를 실행하는 새로운 main 메소드, handleUnknownOpException 메소드의 재정의를 포함하도록 하고, 그외 다른 필요한 것이 있으면 추가하거나 재정의하라. 사용자와의 대화 예를 다음에 보였다. 여러분이 작성하는 프로그램의 출력이 이와 완전히 동일할 필요는 없지만, 비슷한 내용을 명확히 보이면 된다.

```
Calculator on:
result = 0.0
+ 4
result + 4.0 = 4.0
updated result = 4.0
/ 2
result / 2.0 = 2.0
updated result = 2.0
m
result saved in memory
c
result = 0.0
+ 99
result + 99.0 = 99.0
updated result = 99.0
/ 3
result / 3.0 = 33.0
updated result = 33.0
r
recalled memory value = 2.0
result = 33.0
+ 2
result + 2.0 = 35.0
updated result = 35.0
e
End of program
```

4 수치 형식의 월-일 표기를 영문 형식으로 변환하는 프로그램을 작성하라. 예를 들어 1/31이나 01/31을 입력하면 January 31이 출력되어야 한다. 사용자와

의 대화는 프로그래밍 과제 2번에 보인 것과 비슷해야 한다. MonthException과 DayException이라는 두 개의 예외 클래스를 정의해야 한다. 올바른 월 (1에서 12까지의 정수) 이외의 것이 입력되면 프로그램이 MonthException을 던지고 잡아야 한다. 마찬가지로, 올바른 일 (월에 따라 1에서 28, 30 혹은 31까지의 정수) 이외의 것이 입력되면 DayException을 던지고 잡아야 한다. 편의상 2월은 항상 28일까지라고 가정하라.

5 8장 프로그래밍 과제 6번의 구동 프로그램을 수정하여 CylinderException, LoadException, TowingException 등 세 개의 예외 클래스를 사용하도록 하라. 실린더의 수는 1에서 12 사이의 정수여야 하고, 적재 용량은 1에서 10 사이의 수(소수 부분을 가질 수도 있다)여야 하며, 견인 능력은 1에서 20 사이의 수(소수 부분을 가질 수도 있다)여야 한다. 이 범위의 수 이외의 것에 대해서는 프로그램이 적절한 예외를 던지고 잡아야 한다. 또한 CylinderException, LoadException, TowingException 클래스를 정의해야 한다.

6 DimensionException이라는 이름의 예외 클래스를 정의하여 8장 프로그래밍 과제 7번의 구동 프로그램에 사용하라. 사용자가 치수로 0이나 0보다 작은 값을 입력하면 DimensionException을 던지고 잡도록 구동 프로그램을 수정하라.

7 사회보장번호(social security number)와 연봉 등의 직원 데이터를 배열에 입력하는 프로그램을 작성하라. 직원은 최대 100명이지만 프로그램은 100명 미만의 어떤 직원 수에 대해서도 잘 동작해야 한다. 프로그램은 두 개의 예외 클래스를 사용해야 하는데, 대시나 공백 없이 입력된 사회보장번호가 정확히 아홉 글자가 아닐 때 발생하는 SSNLengthException과 사회보장번호로 입력된 글자가 숫자가 아닐 때 발생하는 SSNCharacterException이다. 예외가 발생하면 사용자에게 자신이 입력한 내용이 무엇인지, 그리고 무엇이 잘못되었는지 알려 주고 데이터를 다시 입력하도록 요청한다. 모든 데이터가 입력된 다음, 프로그램은 전체 직원의 정보를 출력해야 한다. 출력할 때 각 직원의 연봉이 평균 이상인지 평균 이하인지를 함께 출력하도록 하라. 또한 Employee, SSNLengthException, SSNChracterException 클래스를 정의해야 한다. Employee 클래스는 8장 Listing 8.1의 Person 클래스로부터 파생시켜라. Employee 클래스는 생성자, 접근자, 설정자 메소드 외에 입출력 메소드를 가져야 한다. 각 Employee 객체는 (Person에 정의된) 직원의 이름, 연봉, 사회보장번호, 그 외 필요하거나 적절하다고 생각되는 다른 데이터를 저장해야 한다.

8 특별한 에러 코드를 반환하는 메소드는 문제를 일으킬 수 있다. 호출 메소드가 에

러 코드를 무시하거나 혹은 에러 코드를 유효한 반환값으로 처리할 수 있는 것이다. 이런 경우라면 예외를 던지는 편이 나을 것이다. 다음 클래스는 계좌 잔고를 유지하며 특별한 에러 코드를 반환한다.

```
public class Account
{
    private double balance;
    public Account()
    {
        balance = 0;
    }
    public Account(double initialDeposit)
    {
        balance = initialDeposit;
    }
    public double getBalance()
    {
        return balance;
    }
    //returns new balance or -1 if error
    public double deposit(double amount)
    {
        if (amount > 0)
            balance += amount;
        else
            return -1;  //Code indicating error
        return balance;
    }
    //returns new balance or -1 if invalid amount
    public double withdraw(double amount)
    {
        if ((amount > balance) || (amount < 0))
            return -1;
        else
            balance -= amount;
        return balance;
    }
}
```

에러 코드로 −1을 반환하는 대신 적당한 예외를 발생시키도록 클래스를 다시 작성하라. 유효하지 않은 금액의 입금 및 출금을 시도하고 이때 발생된 예외를 잡는 테스트 코드를 작성하라.

9 Listing 9.12의 `Calculator` 클래스를 애플릿으로 수정하라. 사용자가 텍스트 필드에 +80과 같은 식으로 입력하도록 하라. **Update**라는 버튼을 두어 애플릿이 +80과 같은 입력된 연산을 실행하도록 하라. 다른 텍스트 필드에 결괏값을 나타낸다. **Reset** 버튼을 두어 **result**를 0으로 설정하여 계산을 다시 시작하도록 하라.

10 앞의 과제를 애플릿 대신 GUI를 구현하는 애플리케이션으로 작성하라.

11 연습 문제 13번의 LapTimer 클래스를 사용하여 랩 타이머를 구현하는 애플리케이션이나 애플릿을 작성하라. 랩 타이머는 Start와 Lap이라는 두 개의 버튼과, 마지막 바퀴의 시간 및 전체 시간에 대한 두 개의 레이블을 가져야 한다. 여러분이 작성하는 클래스는 LapTimer의 전용 인스턴스를 생성하여 사용해야 한다. 바퀴의 수로는 너무 크지 않은 아무 숫자라도 사용할 수 있어야 한다.

12 어떤 회사의 고객 서비스 부서에서 일하고 있다고 하자. 전화 문의가 들어올 때마다 전화한 고객의 이름이 기록되고 서비스 담당자가 고객에게 전화하여 요청을 처리하게 된다. 전화한 고객 명단을 유지하는 ServiceRequests 클래스를 작성하라. 이 클래스는 다음과 같은 메소드를 가져야 한다.

- addName(*name*)—목록에 이름을 추가한다. 목록에 추가할 공간이 없으면 ServiceBackUpException을 던진다.
- removeName(*name*)—목록에서 이름을 제거한다. 목록에 이름이 없으면 NoServiceRequestException을 던진다.
- getName(*i*)—목록에서 *i*번째 이름을 반환한다.
- getNumber—현재의 서비스 요청의 수를 반환한다.

전화 문의를 한 고객의 목록을 유지하기 위해 ServiceRequests형의 객체를 사용하는 프로그램을 작성하라. 프로그램에 루프를 포함시켜서, 루프의 각 반복에서 이름을 추가하거나 제거하거나 모든 이름을 출력하도록 하라. 이름의 목록으로 크기가 10인 배열을 사용하라.

13 여행 시간 계산기를 구현하는 애플리케이션이나 애플릿을 작성하라. 여행 시간을 계산하기 위해 TripComputer 클래스를 정의하여 사용하라. TripComputer는 다음의 전용 속성을 가져야 하고

- totalTime—여행의 전체 시간
- restStopTaken—이번 구간 종료 후에 휴식을 취했는지 나타내는 불 변수

다음의 메소드를 가져야 한다.

- computeLegTime(*distance*, *speed*)—여행 구간의 거리(distance)가 마일로 주어지고 속도(speed)가 시간당 마일로 주어졌을 때, 이 구간의 여행 시간을 계산한다. 거리나 속도가 음수이면 예외를 던진다.
- takeRestStop(*time*)—주어진 시간(time) 동안 휴식을 취한다. 주어진 시간

이 음수이면 예외를 던진다. 잇달아 두 번의 휴식을 취하려고 할 때도 예외를 던진다.

- getTripTime—현재까지의 전체 여행 시간을 반환한다.
- 여행 시간 계산기에 필요한 레이블, 버튼, 텍스트 필드의 구성의 예는 다음과 같다.

자습문제 해답 ANSWERS to SELF-TEST QUESTIONS

1
```
Try block entered.
Exception: Time Limit Exceeded.
After catch block.
```

2
```
Try block entered.
Leaving try block.
After catch block.
```

3 예외는 객체이다. 예를 들어 다음 코드에서 Exception은 Exception 클래스의 생성자이다.

```
throw new Exception("Time Limit Exceeded.");
```

다음 식은 예외 객체를 생성한다.

```
new Exception("Time Limit Exceeded.");
```

4 그렇다. 이런 코드를 쓸 이유는 전혀 없겠지만 코드는 전적으로 유효하다.

5 변하지 않는다. 새로운 코드는 원래 코드와 동등하다.

6 throw new Exception("Time Limit Exceeded.");

다음 문장은 throw 문을 포함하고는 있지만 throw 문이 아니라 if 문이다.

```
if (waitTime> 30)
    throw new Exception("Time Limit Exceeded.");
```

7 throw 문이 실행되면 throw 문을 포함하는 try 블록이 종료되고 try 블록 내의 다른 문장은 실행되지 않는다. try 블록 다음에 나오는 catch 블록 가운데 그 매개변수가 예외 객체와 자료형이 일치하는 곳으로 제어가 넘겨진다. 그 catch 블록 내의 문장이 실행된다.

8
```
try
{
    System.out.println("Try block entered.");
    if (waitTime> 30)
        throw new Exception("Time Limit Exceeded.");
    System.out.println("Leaving try block.");
}
```

9
```
catch (Exception e)
{
    System.out.println("Exception: " + e.getMessage());
}
```

10 e가 catch 블록 매개변수이다.

11 아니다. catch 블록 매개변수 e는 messenger와 같은 다른 아무 식별자로 바꾸어도 상관 없다.

12
```
if (status.equals("bad"))
    throw new Exception("Exception thrown: Bad Status.");
```

13 그렇다. 이 문장들은 유효하지만 보통은 다음과 같이 쓰게 될 것이다.

```
throw new IOException("Hello Houston!");
```

그리고 보통 이 throw 문은 if 문과 같은 분기문에 포함될 것이다.

14 그렇다.

15
```
public class CoreBreachException extends Exception
{
    public CoreBreachException()
    {
        super("Core Breach! Evacuate Ship!");
    }
```

```
    public CoreBreachException(String message)
    {
        super(message);
    }
}
```

16
```
public class MessageTooLongException extends Exception
{
    public MessageTooLongException()
    {
        super("Message Too Long!");
    }
    public MessageTooLongException(String message)
    {
        super(message);
    }
}
```

17
```
ExerciseException invoked with an argument.

Do Be Do
```

18
```
Wow, Crazy exception thrown!
Crazy exception thrown!
Message is Crazy exception thrown!
```

19
```
try block entered:
DoubleException thrown! DoubleException thrown!
End of code.
```

20 결과는 전혀 바뀌지 않는다. 수정된 프로그램은 원래 프로그램과 완전히 동등하다.

21 출력이 다음과 같이 바뀐다.

```
try block entered:
Leaving try block.
End of code.
```

22
```
42
IntException thrown!
```

23 예외 클래스는 자바에 미리 정의된 것이든 프로그래머가 정의한 것이든 어떤 예외 클래스로부터도 파생될 수 있다. 즉, 미리 정의된 클래스인 IOException으로부터 예외 클래스를 파생시킬 수 있다.

24 다음과 같이 메소드 헤딩에 throws 절을 추가한다.

```
public void doStuff(int n) throws Exception
```

25 코드가 문제없이 컴파일되었으므로 메소드가 해당 예외를 **throws** 절로 선언했다고 가정할 수 있다. 메소드를 호출할 때 **try** 블록으로 둘러싸고 적절한 **catch** 블록을 작성하여 예외를 처리하지 않았다면, 예외가 발생한 즉시 메소드 호출이 종료될 것이다. 메소드 호출을 **try** 블록 안에 두었을 경우에는, 예외와 일치하는 **catch** 블록이 있다면 거기로 예외가 던져질 것이다. 예외와 일치하는 **catch** 블록이 없다면 잡히지 않은 예외가 되고, 이때에는 예외가 발생된 즉시 메소드 호출이 종료된다.

26 메소드 B에서 잡거나, 거기서 잡지 않으면 메소드 A에서 잡거나, 거기서 잡지 않으면 메소드 A 외부에서 잡을 수 있다.

27
```
Second catch.
End of code.
```

28
```
First catch.
End of code.
```

29
```
Hello!
End of code.
```

30
```
Trying
Starting sampleMethod.
Catching
From sampleMethod with love.
```

31 그렇다. 하지만 아마도 더 나은 방법은 안쪽의 **try**와 **catch** 블록을 메소드 정의 내에 넣고, 바깥쪽 **try** 블록에서 그 메소드를 호출하게 하는 것이다.

32 그렇다. 하지만 아마도 더 나은 방법은 안쪽의 **try**와 **catch** 블록을 메소드 정의 내에 넣고, 바깥쪽 **catch** 블록에서 그 메소드를 호출하게 하는 것이다.

33 인자가 99일 때 출력은

```
In finally block.
Caught in main.
```

인자가 −99이 때 출력은

```
Caught in sampleMethod.
In finally block.
After finally block.
```

인자가 0일 때 출력은

```
No exception.
```

```
Still in sampleMethod.
In finally block.
After finally block.
```

34
```
public double getPrecision()
{
    return precision;
}
public void setPrecision(double newPrecision)
{
    precision = newPrecision;
}
```

35 프로그램은 UnknownOpException을 던진 즉시 종료될 것이다.

36 ColorDemo 클래스를 다음과 같이 변경하면 된다.

```
extends JFrame
```

을

```
extends JApplet
```

으로 바꾸고

```
public ColorDemo()
```

를

```
public void init()
```

으로 바꾼다. 다음의 세 줄을 삭제한다.

```
setSize(WIDTH, HEIGHT);
WindowDestroyer listener = new WindowDestroyer();
addWindowListener(listener);
```

애플릿 버전에서는 WindowDestroyer 클래스가 필요하지 않지만 UnknownColorException 클래스는 여전히 필요하다.

37 아니다. Component 클래스의 setBackground 메소드는 확인 예외를 던지지 않는다. JTextComponent 클래스로부터 JTextField 클래스로 상속된 getText 메소드 역시 확인 예외를 던지지 않는다. getText가 NullPointerExceptin을 던질 가능성이 있지만 이것은 일반적으로 잡지 않는 실행 예외이다.

10 스트림과 파일 I/O

I/O란 프로그램에 대한 입력(input)과 출력(output)을 뜻한다. 입력은 키보드 또는 파일에서 들어올 수 있고, 마찬가지로 출력은 화면이나 파일로 나갈 수 있다. 이 장에서는 파일에서 입력을 받고 파일로 출력을 하는 프로그램 작성법을 설명한다. 파일을 사용하면 프로그램의 실행이 끝난 후에도 자료와 객체를 오랫동안 보존할 수 있다.

■ 학습목표

- I/O 스트림의 개념을 이해한다.
- 텍스트 파일과 이진 파일의 차이점을 이해한다.
- 객체를 포함한 데이터를 파일에 저장하는 방법을 배운다.
- 객체를 포함한 데이터를 파일에서 읽어 오는 방법을 배운다.

■ 전제조건

이 장을 이해하려면 9장에 소개된 예외 처리에 대한 지식이 필요하다. 또한 상속에 대한 개념을 잘 이해하고 있는 편이 좋다. 10.5절 전체와 10.3절의 사례 연구를 이해하려면 7장과 8장에서 다룬 배열, 인터페이스, 상속에 대한 지식이 요구된다. 물론 이들을 공부하지 않았다면 해당 절을 건너뛰어도 되고, 원한다면 10.4절과 10.5절을 먼저 학습한 후 10.3절을 읽어도 된다. 이진 파일에 대한 부분은 많은 독자들이 생략하는 쪽으로 선택한다. 이 책의 나머지 부분에 나오는 프로그래밍 과제의 극히 일부만이 이 장에서 설명하는 지식을 요구한다.

다음 표에 부분별 상세한 전제 조건이 나타나 있다.

절	전제 조건
10.1 스트림과 파일 I/O 개요	1장에서 6장까지
10.2 텍스트 파일 입출력	9.1절과 10.1절. 또한 8장에 설명된 상속에 대한 내용 일부
10.3 파일 다루는 기법	10.2절 및 사례 연구를 위한 7장의 내용
10.4 이진 파일 입출력의 기초	9.2절과 10.2절. 10.3절을 알 필요는 없다.
10.5 객체와 배열의 이진 파일 입출력	10.4절과 7장 및 8장. 10.3절을 알 필요는 없다.
10.6 그래픽 보조자료	9.4절과 10.3절

10.1 스트림과 파일 I/O 개요

이 절에서는 파일 I/O에 대한 일반적인 사항을 소개한다. 특히 텍스트 파일과 이진 파일의 차이점에 대해 설명한다. 파일 입출력에 대한 자바 문법은 다음 절부터 나온다.

스트림의 개념

여러분은 이미 많은 작업에 파일을 사용하고 있다. 자바 클래스와 프로그램을 저장하고, 음악이나 그림, 동영상 등을 저장하기도 한다. 이에 더해 프로그램에 대한 입력을 저장하거나 프로그램에서 생산되는 출력을 저장하기 위해서도 파일을 사용할 수 있다. 자바에서의 파일 입출력은 간단한 키보드 및 화면 입출력과 마찬가지로 스트림으로 처리된다. **스트림**(stream)이란 데이터의 흐름이다. 여기서 데이터는 문자나 숫자, 또는 이진수로 이루어진 바이트 등이 될 수 있다. 데이터가 프로그램 쪽으로 유입되는 흐름일 때 이를 **입력 스트림**(input stream)이라 하고, 프로그램에서 유출되는 흐름일 때 **출력 스트림**(output stream)이라 한다. 예를 들어 어떤 입력 스트림이 키보드에 연결되어 있으면 데이터는 키보드에서 프로그램으로 유입되고, 입력 스트림이 파일에 연결되어 있으면 데이터는 파일에서 프로그램으로 유입된다. 그림 10.1은 이러한 스트림의 예를 나타내었다.

자바에서 스트림은 특별한 스트림 클래스의 객체로 구현되어 있다. 지금까지 키보드 입력을 위해 사용해 온 `Scanner` 클래스의 객체는 입력 스트림이다. 또한 출력을 위해 자주 사용했던 `System.out` 객체는 출력 스트림의 한 예이다. 이 장에서는 키보드와 화면 대신 입출력을 위해 파일을 프로그램과 연결하는 스트림에 대해 다룰 것이다.

> **요점 정리 스트림**
>
> 스트림은 다음 두 가지 중 하나의 기능을 하는 객체이다.
> - 프로그램에서 파일이나 화면과 같은 목적지로 데이터를 전달한다.
> - 파일이나 키보드와 같은 공급원에서 데이터를 받아 프로그램으로 전달한다.

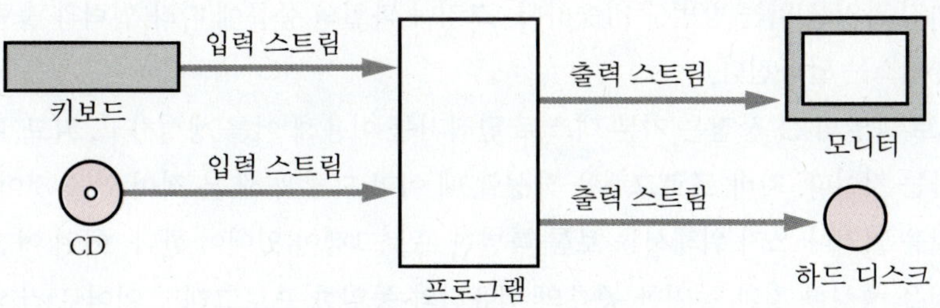

그림 10.1 입력과 출력 스트림

입출력에 왜 파일을 사용하는가?

지금까지 사용한 키보드 입력과 화면 출력에서 사용한 데이터는 일시적인 것이다. 프로그램이 종료하면 키보드에서 입력했던 데이터나 화면에 출력되었던 데이터는 사라진다. 그러나 파일을 이용하면 이 데이터를 영구히 보존할 수 있다. 파일의 내용은 사람이나 프로그램이 그 파일을 변경하기 전까지 그대로 남아 있게 된다.

입력 파일을 사용하면 여러 프로그램에 대해 매번 새로 데이터를 타이핑하지 않고 반복해서 같은 데이터를 입력할 수 있다. 또한 데이터의 양이 매우 많을 때에도 유용하다. 대용량의 입력 파일을 사용하면 일일이 매번 데이터를 입력하는 수고 없이 프로그램에 데이터를 공급할 수 있다.

텍스트 파일과 이진 파일

파일에 저장되는 모든 데이터는 이진 형태, 즉 0과 1로 이루어진 비트(bit)로 기록된다. 그러나 어떤 상황에서는 파일에 저장된 데이터를 이진수의 집합으로 생각하지 않고 문자의 나열로 인식한다. 파일이 일련의 문자로 구성되었다고 간주되어, 프로그램이나 문서 편집기를 위해 이진수를 문자로 변환해 공급해 주는 스트림과 메소드가 존재하는 종류의 파일을 **텍스트 파일**(text file)이라 한다. 그 외 모든 파일은 **이진 파일**(binary file)이다. 각 형태의 파일을 처리하기 위해서는 각각에 맞추어진 스트림과 메소드를 따로 사용해야 한다.

여러분이 작성한 자바 프로그램은 텍스트 파일에 저장된다. 음악이나 그림 파일은 이진 파일이다. 텍스트 파일은 문자의 집합이기 때문에 어떤 컴퓨터에서든 동일한 형태로 보이므로, 그다지 어렵지 않게 서로 다른 컴퓨터로 옮길 수 있다. 이진 파일의 내용은 대개 숫자를 기반으로 구성되는데, 어떤 종류의 이진 파일은 표준화되어 있어 여러 종류의 플랫폼에서 사용될 수 있다. 그림 파일이나 음악 파일은 대개 이런 부류에 속한다.

자바 프로그램은 텍스트 파일과 이진 파일을 모두 생성하거나 판독할 수 있다. 텍스트 파일과 이진 파일의 작성은 유사한 절차를 거친다. 마찬가지로 텍스트 파일을 읽는 것과 이진 파일을 읽는 방법도 비슷하다. 그러나 파일의 종류에 따라 입력과 출력을 수행할 클래스는 달라진다.

텍스트 파일의 큰 장점은 기본 텍스트 편집기를 이용해 이를 생성하고, 읽고, 편집할 수 있다는 것이다. 자바 프로그램을 작성할 때 이미 그렇게 해 본 적이 있을 것이다. 이진 파일을 읽거나 쓰기 위해서는 보통 특별한 프로그램이 있어야 한다. 어떤 이진 파일은 그것을 생성한 것과 동일한 종류의 컴퓨터와 동일한 프로그래밍 언어로 작성된 프로그램을 통해서만 판독이 가능하다. 그러나 자바의 이진 파일은 플랫폼에 독립적이다. 즉, 그 파일을 읽을 수 있는 자바 프로그램만 있으면 어느 컴퓨터에 옮겨 가서든 판독할 수 있다.

텍스트 파일의 각 문자는 시스템이 사용하는 코드가 ASCII냐 유니코드냐에 따라 1 또는 2 바이트로 표현된다. 프로그램이 어떤 값을 텍스트 파일에 기록할 때 실제 기록되는 문자의 수는 `System.out.println`을 사용해 출력할 때 나타나는 문자의 수와 같다. 예를 들어, `int`값 12345를 텍스트 파일에 기록하면 그림 10.2에서 보는 바와 같이 다섯 개의 문자가 기록된다. 일반적으로 하나의 `int`형 수를 텍스트 파일에 기록할 때는 1~11개 문자만큼의 자릿수를 차지한다.

이진 파일에는 같은 기본형의 값이 같은 양식으로 저장된다. 각 값은 같은 수의 바이트로 저장된다. 예를 들어 그림 10.2에서 보는 바와 같이 이진 파일에서 모든 `int`값은 각각 4 바이트씩을 차지한다. 자바 프로그램에서는 주기억장치에 저장된 데이터를 해석하는 것과 동일한 방법으로 이 바이트들을 처리한다. 이진 파일이 매우 효율적으로 처리될 수 있는 것은 이 때문이다.

FAQ 텍스트 파일과 이진 파일 중 어느 것을 써야 할까?

프로그램에 입력할 파일의 작성이나 프로그램이 생성한 파일을 읽기 위해 텍스트 편집기를 사용하고 싶다면 텍스트 파일을 선택하라. 그렇지 않은 경우에는 일반적으로 저장 공간을 덜 차지하는 이진 파일을 고려해 보라.

기억하세요! 입력과 출력이라는 용어

입력(input)이라는 단어는 데이터가 프로그램으로 옮겨 간다는 것을 의미하는 것이지 파일로 들어간다는 것이 아니다. 반면 **출력**(output)이라는 단어는 데이터가 프로그램으로부터 나온다는 것을 의미하는 것이지 파일에서 나오는 것이 아니다.

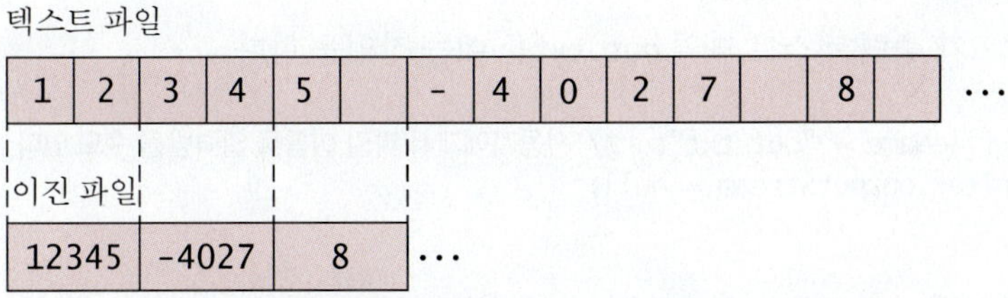

그림 10.2 동일한 값을 표현하는 텍스트 파일과 이진 파일의 내부

자습문제 SELF-TEST QUESTIONS

1 화면에 출력하는 대신 파일에 출력을 보내는 프로그램을 작성하는 이유는 무엇인가?

2 입력이라는 용어를 쓸 때, 이는 데이터가 프로그램에서 파일로 이동하는 것을 의미하는가, 반대로 파일에서 프로그램으로 이동하는 것을 의미하는가?

3 텍스트 파일과 이진 파일의 차이점은 무엇인가?

10.2 텍스트 파일 입출력

이 절에서는 자바로 텍스트 파일 입출력을 수행하는 가장 일반적인 방법에 대해 설명한다.

텍스트 파일 생성

자바 클래스 라이브러리에 있는 PrintWriter 클래스에는 텍스트 파일을 생성하고 작성하는 데 필요한 메소드가 정의되어 있다. 텍스트 파일을 작성할 수 있는 다른 클래스도 있지만 이 클래스가 특히 선호된다. 이것은 java.io 패키지에 있기 때문에 이 클래스를 사용하려면 import 문이 필요하다. 이 외에도 다른 클래스를 더 사용해야 하고 그들에 대한 import 문도 사용될 것이다.

텍스트 파일에 데이터를 기록하기 전에 먼저 파일을 출력 스트림에 연결해야 한다. 이를 파일을 **연다**(open)고 한다. 이를 위해 먼저 문자열로 된 파일 이름이 필요한데, 파일 이름의 규칙은 운영체제에 따라 다르지만 대개 out.txt와 같은 이름을 가진다. 그다음은 실제 파일과 연결될 스트림을 참조하는 데 사용할 변수를 하나 선언해야 한다. 이를 **스트림 변수**(stream variable)라 하는데, 이 변수의 자료형은 지금과 같은 경우 PrintWriter가 된다. 파일 이름을 인자로 하여 PrintWriter의 생성자를 호출하면 출력을 위한 파일을 열 수 있다. 이 동작은 예외를 발생시킬 수 있기 때문에 try 블록 내에서 생성자를 호출해야 한다.

다음 코드가 출력 텍스트 파일 out.txt를 여는 작업을 한다.

```
String fileName = "out.txt";  // 사용자에게서 파일 이름을 입력받을 수도 있다.
PrintWriter outputStream = null;
try
{
    outputStream = new PrintWriter(fileName);
}
```

```
catch(FileNotFoundException e)
{
    System.out.println("Error opening the file " + fileName);
    System.exit(0);
}
```

FileNotFoundException 클래스도 역시 java.io 패키지에 있는 것이다.

여기서 사용한 파일 이름 out.txt는 String값으로 주어졌다. 보통은 이런 리터럴을 사용하는 대신 파일의 이름을 키보드에서 입력받는다. 파일의 이름은 PrintWriter 생성자의 인자로 사용된다. 그 결과로 생성된 PrintWriter 클래스의 객체를 스트림 변수 outputStream에 대입한다.

이런 방법으로 파일을 출력 스트림에 연결하면 항상 비어 있는 공백(empty) 파일로 시작한다. 만약 out.txt라는 파일이 이미 존재하는 것이라면, 그 파일에 저장되어 있던 모든 데이터는 사라진다. 그러나 out.txt 파일이 존재하지 않는 상태에서는 새로운 빈 파일 out.txt가 생성된다.

PrintWriter 생성자가 파일을 열려고 시도하다가 FileNotFoundException 예외를 발생시킬 수도 있기 때문에 이를 try 블록 내에 두어야 한다. 예외가 발생되면 catch 블록에서 처리한다. 생성자가 이 예외를 발생시켰다고 해서 정말로 파일을 찾을 수 없다는 것을 의미하지는 않는다. 새 파일을 생성하려고 한다면 존재할 리가 없기 때문이다. 그 경우 이 예외는 어떤 이유에서든지, 예를 들어 주어진 파일의 이름이 폴더(디렉터리) 이름으로 이미 사용되고 있다든가 하는 등의 이유로 인해 생성이 불가능한 상태임을 의미한다.

파일을 열고 나면, 즉 파일을 스트림에 연결하고 나면 거기에 데이터를 기록할 수 있다. PrintWriter 클래스의 println 메소드는 지금까지 화면 출력용으로 사용한 System.out.println 메소드와 동일한 방식으로 동작한다. PrintWriter에는 print 메소드가 있는데 이것도 System.out.print와 똑같이 동작한다. 다만 출력이 텍스트 파일에 기록되는 점만 다르다.

파일이 열리면 프로그램 내에서 이 파일을 참조하는 것은 파일 이름이 아니라 그에 연결된 스트림 변수를 통해서 한다. 여기서 생성한 출력 스트림, 즉 PrintWriter 객체는 스트림 변수 outStream이 참조하고 있기 때문에 println 메소드를 호출하기 위해 이를 사용한다. outStream은 try 블록 밖에서 선언되었기 때문에 블록 외부에서 사용할 수 있다. try 블록과 같이 어떤 블록 내에서 선언된 것의 유효 범위는 블록 내부로 한정된다는 것을 명심하기 바란다.

이제 텍스트 파일에 뭔가를 기록해 보자. 파일을 여는 앞의 코드 이후에 다음 문장을 넣는다.

```
outputStream.println("This is line 1.");
outputStream.println("Here is line 2.");
```

PrintWriter는 출력을 파일로 즉시 전송하는 것이 아니라 어느 정도 크기가 될 때까지 기다렸다가 모아서 보낸다. 예를 들어 println 문에서 출력된 문자열은 출력 파일에 곧바로 기록되지 않고, 메모리 내에 **버퍼**(buffer)라고 하는 임시 저장소에 잠시 저장된다. 이후에 print나 println을 호출해 만들어지는 출력도 버퍼에 저장되며, 버퍼가 차서 더 이상의 출력을 저장할 공간이 없어지면 그 내용이 파일에 기록된다. 따라서 println이 실행될 때마다 파일에 기록되는 것이 아니라 여러 개의 println에서 나온 출력이 한꺼번에 기록된다. 이 기법을 **버퍼링**(buffering)이라 하며 파일을 이용한 처리 속도를 높이는 역할을 한다.

텍스트 파일 작성이 모두 끝나면 스트림과 파일의 연결을 해제한다. 즉, 다음 코드를 이용해 파일에 연결된 스트림을 **닫는다**(close).

```
outputStream.close();
```

스트림을 닫으면 시스템은 스트림을 파일에 연결하는 데 사용된 자원을 해제하고 그 외 필요한 처리 작업을 수행한다. 프로그래머가 직접 스트림을 닫는 문장을 작성하지 않는 경우 프로그램 종료 시 자바가 자동으로 그것을 닫는다. 그러나 close 메소드를 호출하여 명시적으로 스트림을 닫는 것이 더 안전하다. 데이터를 파일에 기록할 때 해당 메소드 호출 즉시 그 데이터가 목적한 파일에 기록되지 않을 수도 있다는 것을 다시 한 번 상기하기 바란다. 출력 스트림을 명시적으로 닫으면 그때까지 출력되지 않고 버퍼에 대기 중이던 출력물이 강제로 파일에 기록된다. 스트림을 닫지 않은 상황에서 비정상적인 방식으로 프로그램이 종료하게 되면, 자바의 자동 스트림 폐쇄가 동작하지 않고 데이터가 손실될 수 있다. 스트림을 더 빨리 닫을수록 이런 상황이 발생하는 것을 줄일 수 있다.

프로그램에서 작성한 파일을 나중에 입력을 위해 사용하고 싶은 경우에는 일단 쓰기를 위한 스트림을 먼저 닫고, 읽기를 위해 다시 파일을 열어야 한다. (자바에는 하나의 파일에 읽기와 쓰기가 동시에 가능하도록 해 주는 클래스도 있지만 이 책에서는 다루지 않는다.) PrintWriter를 포함한 모든 스트림 클래스에는 close 메소드가 있다.

println과 close 호출문은 반드시 처리되어야 할 예외를 발생시키지는 않기 때문에 try 블록 내에 있을 필요가 없다. Listing 10.1에 간단하지만 사용자로부터 입력되는 데이터로 텍스트 파일을 생성하는 완전한 프로그램이 제시되어 있다. 결과 텍스트 파일의 각 줄이 화면에 출력할 때 기대하는 결과와 동일하다는 점에 주목하라. 이 파일은 텍스트 편집기를 사용하거나 나중에 소개할 다른 자바 프로그램을 사용해서 읽을 수 있다.

Listing 10.1 텍스트 파일로 출력하기

```
import java.io.PrintWriter;
import java.io.FileNotFoundException;
import java.util.Scanner;

public class TextFileOutputDemo
{
    public static void main(String[] args)
    {
        String fileName = "out.txt";  // 파일 이름을 키보드에서
                                      // 입력받을 수도 있다.
        PrintWriter outputStream = null;
        try
        {
            outputStream = new PrintWriter(fileName);
        }
        catch(FileNotFoundException e)
        {
            System.out.println("Error opening the file" + fileName);
            System.exit(0);
        }
        System.out.println("Enter three lines of text:");
        Scanner keyboard = new Scanner(System.in);
        for (int count = 1; count <= 3; count++)
        {
            String line = keyboard.nextLine();
            outputStream.println(count + " " + line);
        }
        outputStream.close();
        System.out.println("Those lines were written to " + fileName);
    }
}
```

실행 결과 출력

```
Enter three lines of text:
A tall tree
in a short forest is like
a big fish in a small pond.
Those lines were written to out.txt
```

결과 파일

```
1 A tall tree
2 in a short forest is like
3 a big fish in a small pond.
```

텍스트 편집기를 사용해 이 파일을 읽을 수 있다.

요점 정리 텍스트 파일 생성

문법

```
// PrintWriter로 파일을 연다.
Output_Stream_Name = null;
try
{
    Output_Stream_Name = new PrintWriter(File_Name);
}
catch(FileNotFoundException e)
{
    Statements_Dealing_With_The_Exception
}
// 다음과 같은 문장을 이용해 파일에 데이터를 기록한다.
Output_Stream_Name.println(...);
Output_Stream_Name.print(...);
// 파일을 닫는다.
Output_Stream_Name.close();
```

예제

Listing 10.1을 참조하라.

프로그래밍 팁_과묵한 프로그램은 좋지 않다

파일을 생성하는 프로그램은 파일에 기록이 끝났을 때 이를 사용자에게 보고해야 한다. 그렇지 않은 프로그램을 **과묵한 프로그램**(silent program)이라 하며, 프로그램이 제대로 실행되었는지 문제가 생겼는지 사용자가 알 수 없게 된다. 텍스트 파일이든 이진 파일이든 이 권고 사항을 명심하는 것이 좋다. ■

기억하세요! 파일은 프로그램 내에서 두 개의 이름을 가진다

입력과 출력을 막론하고 프로그램에서 사용되는 모든 파일은 두 개의 이름을 가지는 것으로 보인다. 하나는 운영체제가 사용하는 실제 파일 이름이고, 다른 하나는 파일에 연결된 스트림의 이름이다. 파일 이름은 파일을 스트림에 연결할 때 사용된다. 연결이 이루어지면 파일에 대한 실제 작업은 스트림 이름을 통해서 하게 된다. 프로그램이 종료하면 스트림 이름은 존재하지 않게 되지만 실제 파일 이름은 그대로 유지된다. 스트림 변수 또한 여러 별칭을 가질 수 있기 때문에 실제로 파일의 이름은 두 개 이상이 될 수도 있다. 중요한 점은 파일의 이름과 스트림 이름 간의 차이점을 이해하는 것이다.

FAQ 파일 이름을 짓는 규칙이 있는가?

파일에 이름을 붙이는 규칙은 자바가 아니라 자신이 사용하고 있는 운영체제에 달려 있다. 스트림을 만드는 자바 생성자에 파일 이름을 전달할 때 자바에서 정한 식별자 규칙에 맞는 이름을 사용하는 것이 아니라, 운영체제가 사용하는 파일 이름에 해당하는 문자열을 넘겨준다. 대부분의 운영체제에서 공통적으로 파일 이름에 문자와 숫자, 점(.) 기호를 사용하도록 허용한다. 또한 많은 운영체제에서 그 외의 문자를 사용할 수 있지만, 보통은 문자와 숫자, 점 기호만으로 대부분 목적을 달성할 수 있다. 확장자(suffix), 즉 out.txt라는 파일 이름에서 .txt와 같은 부분은 자바 프로그램에서 아무런 특별한 의미를 가지지 않는다. 이 책에서 텍스트 파일임을 표시하기 위해 .txt를 사용하고 있지만, 이는 단지 일반적인 관습일 뿐이다. 자신이 사용하고 있는 운영체제에서 허용하는 아무 파일 이름이나 만들어 써도 되지만, 어떤 운영체제에서는 확장자를 가리고 보이지 않게 하는 경우도 있다는 것을 인식하고 있어야 한다.

GOTCHA try 블록은 블록이다

Listing 10.1의 프로그램을 다시 들여다보자. 변수 outputStream을 try 블록의 외부에서 선언한 것은 단지 우연이거나 별로 중요하지 않은 스타일의 문제가 아니다. 이 선언문을 다음과 같이 try 블록 내부로 옮겨 보자.

```
try
{
    PrintWriter outputStream = new PrintWriter(fileName);
}
```

별로 문제가 없어 보이겠지만, 이렇게 되면 outputStream은 try 블록의 지역 변수가 된다. 따라서 try 블록 외부에서는 outputStream을 사용할 수 없으며, 만약 외부에서 사용하면 outputStream이 정의되지 않은 식별자라는 오류 메시지가 발생할 것이다. ■

8장에서 자신의 클래스 내에 toString 메소드를 정의해서 사용할 것을 권장한 적이 있다. 이 메소드는 클래스의 각 인스턴스 내에 저장된 데이터를 표현하는 문자열을 반환한다. System.out의 print와 println 메소드는 인자로 주어진 객체에 대한 toString 메소드를 자동으로 호출한다. PrintWriter 객체의 print와 println 메소드도 마찬가지다.

예를 들어 5장의 Species 클래스에 toString 메소드를 추가할 수 있다. 이 클래스에는 세 개의 인스턴스 변수 name, population, growthRate가 정의되어 있다. 그래서 다음과 같이 toString을 정의할 수 있다.

```
public String toString()
{
    return ("Name = " + name + "\n" +
            "Population = " + population + "\n" +
            "Growth rate = " + growthRate + "%");
}
```

그런 다음, 프로그램에 다음과 같은 문장을 작성하면

```
Species oneRecord = new Species("Calif. Condor", 27, 0.02);
System.out.println(oneRecord.toString());
```

출력 결과가 다음과 같을 것이다.

```
Name = Calif. Condor
Population = 27
Growth rate = 0.02%
```

다음과 같이 문장을 작성해도 역시 같은 결과가 출력된다.

```
System.out.println(oneRecord);
```

텍스트 파일에 출력을 할 때도 마찬가지다. 다음의 두 문장을 사용하면

```
outputStream.println(oneRecord.toString());
outputStream.println(oneRecord);
```

스트림 outputStream에 연결된 텍스트 파일에 기록되는 출력은 앞에서 화면에 출력한 결과와 같다.

원서와 연계된 웹사이트에서 제공되는 소스 코드 중 TextFileSpeciesOutputDemo 파일에 이 효과를 보여 주는 프로그램이 수록되어 있다.

프로그래밍 팁_자신의 클래스에 toString메소드를 정의하라

print와 println 메소드는 수신 객체가 System.out이든 출력 스트림에 연결된 객체든 상관 없이 자동으로 toString을 호출한다. 따라서 자신이 만드는 클래스에 항상 별도의 toString 메소드를 정의하는 것이 좋다. ■

GOTCHA 파일 덮어쓰기

출력을 위해 텍스트 파일이나 이진 파일을 열면, 항상 아무것도 기록되지 않은 빈 파일 상태에서 시작하게 된다. 지정한 이름의 파일이 존재하지 않는 경우에는 생성자가 그 이름의 새 빈 파일을 생성한다. 그러나 존재하는 파일의 경우 있던 데이터가 모두 삭제되는 효과가 발생하고 새로운 출력이 그 기존 파일에 기록된다. 이렇듯 의도하지 않게 파일을 덮어쓰게 되는 경우를 방지할 수 있도록 파일의 존재 여부를 검사하는 방법을 10.3절에서 소개한다. ■

텍스트 파일에 내용 추가

Listing 10.1에서 사용한 방법으로 출력용 텍스트 파일을 열면 그 파일이 항상 빈 파일인 것처럼 시작한다. 이미 지정한 이름의 파일이 존재하는 경우 그 내부에 기록되어 있던 내용은 모두 손실된다. 원해서 그렇게 할 수도 있지만 때로는 그렇게 되지 않기를 바라는 때도 있다. 이미 존재하는 파일의 내용은 그대로 두고 끝 부분에 새로운 데이터를 더 **추가**(append)하고 싶을 경우가 있는 것이다. 만약 파일 이름이 String 변수 fileName으로 참조되는 텍스트 파일에 출력 결과를 추가하고 싶을 때는 outputStream 스트림을 파일에 연결할 때 다음과 같이 해야 한다.

```
outputStream = new PrintWriter(new FileOutputStream(fileName, true));
```

PrintWriter 클래스에는 이러한 작업을 할 수 있는 생성자가 별도로 존재하지 않기 때문에 java.io 패키지의 다른 클래스인 FileOutputStream의 도움을 받아야 한다. FileOutputStream 생성자의 두 번째 인자(여기서는 true)는 파일이 이미 존재하는 경우 추가하기를 원한다는 것을 표시한다. 파일이 존재할 때 그 내용은 그대로 보존되고 새로운 출력은 기존 내용의 다음에 덧붙여진다. 파일이 존재하지 않는 경우에는 그 이름으로 새로운 빈 파일을 생성하고 출력 내용은 빈 파일에 추가된다. 이 경우의 결과는 Listing 10.1에서 보이는 것과 같다. 이런 방식으로 텍스트 파일에 출력을 추가하는 경우에도 Listing 10.1에서 사용한 것과 같은 try-catch 블록을 사용해야 한다. Listing 10.1을 수정하여 out.txt 파일에 출력을 추가하도록 한 프로그램은 원서와 연계된 웹 사이트에서 제공하는 소스 코드 중 AppendTextFile.java에 수록되어 있다.

요점 정리 출력을 추가할 수 있도록 파일 열기

이미 존재하는 텍스트 파일의 끝 부분에 새로운 데이터를 추가할 수 있도록 PrintWriter 클래스의 스트림을 생성할 수 있다.

문법

```
PrintWriter Output_Stream_Name = new PrintWriter(new
FileOutputStream(File_Name, true));
```

예제

```
PrintWriter outputStream = new PrintWriter(new
FileOutputStream("out.txt", true));
```

이 문장 다음에 print 또는 println 메소드를 사용해서 새로운 텍스트가 파일의 기존 텍스트 다음에 추가되도록 출력하면 된다. (실제 프로그램할 때는 Listing 10.1에서 한 것과 같이 스트림 변수의 선언과 생성자의 호출을 분리해서, 파일을 열 때 발생할 수 있는 예외인 FileNotFoundException을 처리하도록 할 수 있다.)

자습문제 SELF-TEST QUESTIONS

4 PrintWriter 클래스의 객체로 outStream이라는 이름의 스트림을 생성하고, 이 스트림을 통해 출력을 기록할 수 있는 sam.txt라는 파일을 생성하여 연결하는 코드를 작성하라. sam.txt 파일이 존재하지 않으면 주어진 이름으로 새로운 빈 파일을 생성한다. 그러나 sam.txt 파일이 이미 존재하는 경우에는 기존의 내용을 모두 지우고 새로 빈 파일로 시작할 수 있도록 해야 한다.

5 파일 sam.txt가 이미 존재하는 경우 기존 내용을 그대로 두고 그 뒤부터 데이터를 기록할 수 있도록 하여 문제 4번의 작업을 반복하라.

6 파일의 이름을 사용자로부터 입력받을 수 있도록 수정하여 문제 4번을 반복하라.

7 다음 문장에서 어떤 종류의 예외가 발생할 수 있으며, 그 예외가 발생한 경우 처리하기 위한 예외 이름은 무엇이 될 수 있는가?

```
PrintWriter outputStream = new PrintWriter("out.txt");
```

텍스트 파일 읽기

Listing 10.2의 프로그램은 텍스트 파일에서 데이터를 읽어 그 내용을 화면에 출력하는 것이다. 텍스트 파일 out.txt는 텍스트 편집기 또는 Listing 10.1과 같이 PrintWriter 클래스를 사용한 자바 프로그램에 의해 생성될 수 있다. 파일로부터의 데이터 입력을 위해 지금까지 키보드에서 데이터를 입력받기 위해 사용했던 것과 같은 Scanner 클래스가 사용되었다는 점에 주목하기 바란다. 다만 이전에는 Scanner 클래스의 생성자의 인자로 System.in을 전달한 점이 다르다.

안타깝게도 Scanner 생성자의 인자로 파일 이름을 직접 전달할 수는 없다. Scanner 생성자 중에 문자열을 인자로 받아들이는 것이 있긴 하지만 그 문자열은 파일의 이름

Listing 10.2 텍스트 파일에서 입력하기

```
import java.util.Scanner;
import java.io.File;
import java.io.FileNotFoundException;

public class TextFileInputDemo
{
    public static void main(String[] args)
    {
        String fileName = "out.txt";
        Scanner inputStream = null;
        System.out.println("The file " + fileName +
                           "\ncontains the following lines:\n");
        try
        {
            inputStream = new Scanner(new File(fileName));
        }
        catch(FileNotFoundException e)
        {
            System.out.println("Error opening the file " + fileName);
            System.exit(0);
        }
        while (inputStream.hasNextLine())
        {
            String line = inputStream.nextLine();
            System.out.println(line);
        }
        inputStream.close();
    }
}
```

실행 결과 출력

```
The file out.txt
contains the following lines;
1 A tall tree
2 in a short forest is like
3 a big fish in a small pond.
```

이 아니라 데이터로 인식된다. 대신 Scanner 클래스 생성자 중에는 표준 클래스 중의 하나인 File 클래스의 인스턴스를 인자로 받는 것이 있고, File 클래스의 생성자에 파일 이름을 전달할 수도 있다. (다음 절에서 File 클래스에 대해 좀 더 자세히 설명할 것이다.) 그래서 다음과 같은 코드를 사용하면 입력을 위한 파일을 열 수 있다.

```
Scanner Stream_Name = new Scanner(new File(File_Name));
```

프로그램에서 위와 같이 입력을 위해 파일을 열려고 할 때, 주어진 이름의 파일이 없는 경우 Scanner의 생성자는 FileNotFoundException을 발생시킨다. 이 예외는 앞에서 본 것과 같이 다른 상황에서도 발생된다.

Listing 10.2의 프로그램에서 텍스트 파일을 처리하는 방법은 Listing 10.1의 프로그램과 유사점이 있다는 것에 주목하라. 둘 다 try-catch 블록 내에서 파일을 열고, 파일을 이용해 무엇인가 작업을 한 다음 파일을 닫는다. Listing 10.2에서 전체 파일을 읽어 출력하는 다음 문장을 살펴보자.

```
while (inputStream.hasNextLine())
{
    String line = inputStream.nextLine();
    System.out.println(line);
}
```

이 루프는 파일에서 한 번에 한 줄씩 데이터를 읽어 화면에 출력하고, 파일의 끝에 도달하면 작업을 종료한다. 화면에 출력되는 내용을 보면 Listing 10.2에서 사용된 파일 out.txt는 Listing 10.1에서 생성한 파일임을 알 수 있다.

이전에 입력을 위해 사용했던 Scanner 클래스의 모든 메소드를 파일에 대해서 동일한 방식으로 사용할 수 있다. 2장의 그림 2.7에 nextLine을 포함한 Scanner 클래스 메소드의 일부가 소개되어 있다. 그러나 hasNextLine 메소드는 이전에 사용한 적이 없다. 이 메소드는 입력 파일에 아직 데이터가 남아 있을 경우 true를 반환한다. 그림 10.3에 이 메소드를 포함한 유사한 메소드들이 요약되어 있다.

요점정리 텍스트 파일 입력

문법

```
// 파일을 연다.
Scanner Input_Stream_Name = null;
try
```

(계속됨)

```
{
    Input_Stream_Name = new Scanner(new File(File_Name));
}
catch(FileNotFoundException e)
{
    Statements_Dealing_With_The_Exception
}
// 다음 형태의 문장을 사용해 파일을 읽는다.
Input_Stream_Name.Scanner_Method();
// 파일을 닫는다.
Input_Stream_Name.close();
```

예

Listing 10.2를 참조하라.

자습문제 SELF-TEST QUESTIONS

8 PrintWriter 클래스의 객체인 textStream이라는 스트림을 생성하고, 출력용으로 dobedo라는 이름의 텍스트 파일에 연결하는 코드를 작성하라.

9 앞의 문제에서 정의한 스트림을 사용해 dobedo 파일에 데이터를 기록하는 프로그램을 실행했다고 가정하자. 이 절에서 설명한 것과 같은 방법으로 이 텍스트 파일에서 데이터를 읽을 수 있는 inputStream이라는 스트림을 생성하는 코드를 작성하라.

10 Scanner 클래스의 next 메소드가 반환하는 값의 자료형은 무엇인가? Scanner 클래스의 nextLine 메소드는 무슨 형의 값을 반환하는가?

Scanner_Object_Name.hasNext() next 메소드를 써서 읽을 수 있는 입력 데이터가 남아 있는 경우 true를 반환한다.
Scanner_Object_Name.hasNextDouble() nextDouble 메소드를 써서 읽을 수 있는 입력 데이터가 남아 있는 경우 true를 반환한다.
Scanner_Object_Name.hasNextInt() nextInt 메소드를 써서 읽을 수 있는 입력 데이터가 남아 있는 경우 true를 반환한다.
Scanner_Object_Name.hasNextLine() nextLine 메소드를 써서 읽을 수 있는 입력 데이터가 남아 있는 경우 true를 반환한다.

그림 10.3 Scanner 클래스의 메소드(그림 2.7의 추가)

10.3 파일 다루는 기법

지금까지는 텍스트 파일을 사용하는 예만 소개했지만 이 절에서는 텍스트 파일과 이진 파일을 막론하고 파일을 다루는 데 사용될 수 있는 몇 가지 기법을 설명한다. 먼저 앞 절에서 파일로부터 입력을 받기 위해 사용한 표준 클래스인 File에 대해 설명한다.

File 클래스

File 클래스는 포괄적인 방식으로 파일의 이름을 표현하는 방법을 제공한다. "treasure.txt"와 같은 문자열이 파일의 이름이 될 수 있으나, 이는 단지 문자열일 뿐이므로 자바는 이것이 파일의 이름인지 인식하지 못한다. 반면, File 클래스 생성자에 이 문자열을 인자로 전달하면, 생성자는 이를 파일의 이름으로 인식할 수 있는 객체를 생성한다. 다른 말로 하면 이는 운영체제에서 관리하는 실제 파일이 아니라, 추상화되어 시스템에 독립적으로 사용될 수 있는 것이다. 예를 들어

```
new File("treasure.txt")
```

위와 같이 생성된 객체는 단순한 문자열이 아니라, 그 문자열이 파일을 지칭하는 이름으로 인식되는 객체다.

일부 스트림 클래스에는 문자열을 파일의 이름으로 받아들이는 생성자가 있지만 그렇지 않은 클래스도 있다. 어떤 스트림 클래스의 생성자는 오직 File 객체만 인자로 받아들인다. 이미 앞 절에 나온 파일에서 입력하는 예제를 보면 Scanner 생성자에 파일 이름을 문자열로 전달할 수 없음을 알 수 있다. 단순한 문자열 대신 File 클래스의 객체를 전달해야 한다. 그러나 출력을 위해 사용한 PrintWriter 클래스의 경우 문자열로 된 파일 이름을 인자로 받는 생성자가 있으며, 더욱이 특정 파일을 지칭하는 File의 인스턴스 객체를 받아들이는 생성자도 있다.

File 클래스의 메소드를 살펴보기 전에 사용자로부터 파일의 이름을 입력받는 예제를 보자. 이 예제에서는 텍스트 파일을 사용했지만 이진 파일의 경우도 마찬가지다.

프로그래밍 예제 키보드에서 파일의 이름을 입력받기

지금까지는 하나의 String형 변수에 문자열 상수를 대입하여 프로그램에서 파일 이름으로 사용했다. 그러나 프로그램 작성 시 파일 이름을 알지 못하는 경우, 프로그램 실행 시 사용자가 파일 이름을 입력하도록 코드를 작성하고 싶을 것이다. 이 작업은 어렵지 않다. 단순히 파일 이름을 읽어서 String 변수에 대입하도록 프로그램하면 되는 것

Listing 10.3 파일 이름 입력받기

```
import java.util.Scanner;
import java.io.File;
import java.io.FileNotFoundException;
public class TextFileInputDemo2
{
    public static void main(String[] args)
    {
        System.out.print("Enter file name: ");
        Scanner keyboard = new Scanner(System.in);
        String fileName = keyboard.next();
        Scanner inputStream = null;
        System.out.println("The file " + fileName + "\n" +
                           "contains the following lines:\n");
        try
        {
            inputStream = new Scanner(new File(fileName));
        }
        catch(FileNotFoundException e)
        {
            System.out.println("Error opening the file " + fileName);
            System.exit(0).
        }
        while (inputStream.hasNextLine())
        {
            String line = inputStream.nextLine();
            System.out.println(line);
        }
        inputStream.close();
    }
}
```

실행 결과 출력

```
Enter file name: out.txt
The file out.txt
contains the following lines:
1 A tall tree
2 in a short forest is like
3 a big fish in a small pond.
```

으로 Listing 10.3에 그 방법이 코드로 나와 있다. 이 프로그램은 파일 이름을 키보드에서 읽어서 변수 **filename**에 대입하는 부분만 제외하고 Listing 10.2의 프로그램과 동일하다.

위의 프로그램에서 데이터 입력 경로가 두 가지임을 주목하라. **keyboard**라는 이름의 **Scanner** 객체는 키보드에서 파일의 이름을 입력받고, **inputStream**이라는

Scanner 객체는 특정한 파일에 연결되어 그 파일에서 데이터를 입력받는 데 사용된다.

경로 이름 사용

앞에서 설명한 여러 방법을 따라 파일을 여는 생성자의 인자로 파일 이름을 쓸 때에는 그 이름의 파일이 프로그램을 실행 중인 디렉터리(폴더)와 동일한 위치에 존재하는 것으로 가정된다. 그러나 프로그램과 파일의 위치가 서로 다르다면 파일의 이름 대신 **경로 이름**(path name)을 사용함으로써 파일이 저장된 디렉터리를 명시할 수 있다. **완전 경로 이름**(full path name)은 이름이 나타내는 바와 같이 루트 디렉터리에서 시작해 지정한 파일로 이르는 전체 경로 이름을 표시한다. 반면, **상대 경로 이름**(relative path name)은 프로그램이 저장된 현재 디렉터리에서부터 해당 파일에 도달하기 위한 경로를 표시한다. 경로 이름을 명시하는 방법은 사용하는 운영체제에 따라 다른데, 세부 사항을 좀 더 살펴보기로 하자.

UNIX에서 전형적인 경로 이름은 다음 예와 같다.

```
/user/smith/homework1/data.txt
```

이 파일에 연결되는 입력 스트림을 생성하려면 다음과 같은 코드를 써야 한다.

```
Scanner inputStream = new Scanner(new
            File("/user/smith/homework1/data.txt"));
```

Windows에서는 경로 이름에 / 대신 \를 사용한다. 전형적인 Windows 경로 이름은 다음과 같다.

```
C:\homework\hw1\data.txt
```

이 파일에 연결되는 입력 스트림을 생성하려면 다음과 같은 코드를 써야 한다.

```
Scanner inputStream = new Scanner(
            new File("C:\\homework\\hw1\\data.txt"));
```

위 코드에서 \ 대신 \\를 사용해야 한다는 것에 주의하기 바란다. 자바에서 역슬래시 부호는 \h 등의 예와 같이 다른 문자와 함께 사용되어 탈출(escape) 문자로 활용되기 때문이다.

인용 부호 안에 있는 문자열에서 역슬래시 부호를 사용할 때 이 점을 반드시 주의해야 하지만, 키보드에서 이름을 읽어 들일 때는 문제가 되지 않는다. Listing 10.3과 같은 프로그램을 실행할 때 사용자와의 대화가 다음과 같이 진행되었다고 하자.

```
Enter file name:
C:\homework\hw1\data.txt
```

이 경로 이름은 제대로 인식된다. 사용자가 키보드에서 다음과 같이 입력할 필요는 없다.

```
C:\\homework\\hw1\\data.txt
```

사실 입력에서 \\를 사용하면 파일 이름이 잘못 인식될 수 있다. 사용자가 키보드로 입력할 때 자바는 사용자의 입력은 모든 것이 문자로 구성된다고 간주하기 때문에 \h와 같은 입력을 탈출 문자가 아니라 역슬래시와 h, 두 개의 문자가 입력된 것으로 인식한다.

이 탈출 문자 문제가 발생하지 않도록 하는 방법은 경로 이름을 쓸 때 항상 UNIX 방식을 따르는 것이다. 자바 프로그램은 프로그램이 실행되는 컴퓨터의 운영체제가 사용하는 방법과 입력 양식이 일치하지 않는 경우에도 Windows나 UNIX 경로 이름 여부에 관계 없이 모두 잘 인식한다. 따라서 다음과 같은 Windows 파일이 있을 때,

```
C:\homework\hw1\data.txt
```

이 파일에 연결하는 입력 스트림을 생성하기 위해 다음과 같은 대체 코드를 사용할 수 있다.

```
Scanner inputStream = new Scanner( new
            File("C:/homework/hw1/data.txt"));
```

File 클래스의 메소드

파일의 속성을 점검하기 위해 `File` 클래스의 메소드를 사용할 수 있다. 지정한 이름의 파일이 이미 존재하는지, 읽기 가능한 파일인지 등을 검사할 수 있다.

다음 코드를 사용해 `File` 클래스의 객체를 생성하고 이름을 `fileObject`라 하자.

```
File fileObject = new File("treasure.txt");
```

`File` 객체는 파일 그 자체가 아니라는 것을 다시 한 번 기억하기 바란다. `fileObject`는 파일의 경로 이름, 이 경우에는 `treasure.txt`에 대해 시스템 독립적으로 추상화된 객체다.

`fileObject`를 생성한 후에 `treasure.txt`라는 이름의 파일이 이미 존재하고 있는지 여부를 검사하기 위해 `File` 클래스에 있는 `exists` 메소드를 사용할 수 있다. 예를 들어 다음과 같이 쓴다.

```
if (!fileObject.exists())
    System.out.println("No file by that name.")
```

그 이름의 파일이 존재한다면, 운영체제가 자신에게 그 파일을 읽는 것을 허용하는지 알아보기 위해 canRead 메소드를 사용할 수 있다. 예를 들어 다음과 같이 쓴다.

```
if (!fileObject.canRead())
    System.out.println("Not allowed to read from that file.");
```

대부분의 운영체제는 어떤 파일은 읽을 수 없고 어떤 파일은 특정 사용자만 읽을 수 있는지 표시하는 방법을 가지고 있다. canRead 메소드는 자신 또는 다른 누군가가 우연이든 의도적이든 파일에 대한 읽기를 금지했는지 점검해 보는 좋은 방법이기도 하다.

Listing 10.3에 있는 프로그램에 다음 문장을 추가하여, 파일의 이름을 입력받은 직후에 그 텍스트 파일이 데이터 입력에 사용될 준비가 된 상태인지 검사할 수 있다.

```
File fileObject = new File(fileName);
boolean fileOK = false;
while (!fileOK)
{
    if (!fileObject.exists( ))
        System.out.println("No such file");
    else if (!fileObject.canRead( ))
            System.out.println("That file is not readable.");
    else
        fileOK = true;
    if (!fileOK)
    {
        System.out.println("Enter file name again:");
        fileName = keyboard.next( );
        fileObject = new File(fileName);
    }
}
```

Listing 10.3의 프로그램을 위의 내용대로 수정한 코드는 원서와 연계된 웹사이트의 소스 코드 중 FileClassDemo.java 파일에 수록되어 있다.

canWrite 메소드는 canRead 메소드와 유사한데, 운영체제가 프로그램 실행자에게 지정한 파일의 읽기가 아니라 쓰기를 허용하는지 점검하는 것이다. 대부분의 운영체제에는 어떤 파일에 쓰기를 허용하는지, 어떤 파일은 특정 사용자에게만 쓰기를 허용하는지 표시하는 방법이 있다. 그림 10.4에 이 메소드를 포함해 File 클래스의 메소드 몇 가지를 정리해 놓았다.

`public boolean canRead()` 프로그램이 파일을 읽을 권한이 있는지 검사한다.
`public boolean canWrite()` 프로그램이 파일에 쓸 권한이 있는지 검사한다.
`public boolean delete()` 파일의 삭제를 시도한다. 파일을 삭제할 수 있으면 true를 반환한다.
`public boolean exists()` File 객체가 생성될 때 생성자에 전달된 이름과 같은 이름의 파일이 존재하는지 검사한다.
`public String getName()` 파일의 이름을 반환한다. (이 이름은 경로 이름이 아니라 단순히 파일만의 이름이다.)
`public String getPath()` 파일의 경로 이름을 반환한다.
`public long length()` 파일의 길이를 바이트 단위의 수로 반환한다.

그림 10.4 File 클래스의 메소드

요점 정리 File 클래스

클래스 File은 파일의 이름을 표현한다. File 클래스의 생성자는 문자열로 된 인자를 받아서 그 문자열을 이름으로 하는 파일로 간주될 수 있는 객체를 생성한다. File 객체와 File 클래스의 메소드는 다음과 같은 질문에 대한 답을 구하기 위해 사용될 수 있다. 파일이 존재하는가? 자신의 프로그램이 그 파일을 읽을 수 있는 권한을 가지고 있는가? 자신의 프로그램이 그 파일에 기록할 수 있는 권한을 가지고 있는가? 그림 10.4에 클래스 File의 일부 메소드가 요약되어 있다.

예제

```
File fileObject = new File("stuff.txt");
if (!fileObject.exists())
    System.out.println("There is no file named stuff.txt.");
else if (!fileObject.canRead())
    System.out.println("File stuff.txt is not readable.");
```

FAQ 파일과 File 객체의 차이는 무엇인가?

파일은 하드 디스크와 같이 물리적인 장치에 저장된 데이터의 집합이다.
File 객체는 파일의 경로 이름이 나타내는 것을 시스템 독립적으로 추상화한 것이다.

자습문제 SELF-TEST QUESTIONS

11 사용자에게 파일의 이름을 묻고, 그 파일이 존재하는 것인지 테스트한 다음, 존재한다면 그것을 삭제할 것인지 사용자에게 다시 물어 사용자의 응답대로 처리하는 완전한 자바 프로그램을 작성하라.

스트림을 생성하는 메소드 정의

파일을 하나 여는 메소드를 작성하고 싶다고 하자. 텍스트 파일을 하나 사용하기로 하고 출력용으로 그 파일을 열면 되는데, 이 생각은 어떤 종류의 파일에든 적용할 수 있다. 이 메소드는 파일 이름을 표현하기 위해 String형의 매개변수를 가지며, 이 이름은 문자열 상수로 지정할 수도 있고 사용자로부터 입력받을 수도 있다. 다음 메소드는 출력 스트림을 생성하여 주어진 이름의 텍스트 파일에 연결하고, 그 스트림을 반환하는 작업을 한다.

```
public static PrintWriter openOutputTextFile(String fileName)
    throws FileNotFoundException
{
    PrintWriter toFile = new PrintWriter(fileName);
    return toFile;
}
```

이 메소드의 호출은 다음과 같이 이루어질 수 있다.

```
PrintWriter outputStream = null;
try
{
    outputStream = openOutputTextFile("data.txt");
}
〈적절한 catch 블록〉
```

그러면 지정한 이름의 파일에 출력하기 위해 outputStream을 사용할 수 있다. 이 기법을 보여 주는 간단한 프로그램은 원서와 연계된 웹사이트에서 제공되는 소스 코드 중 OpenFileDemo.java 파일에 있다.

이 메소드가 출력 스트림을 반환하는 것이 아니라 void 메소드라면, 스트림은 어떤 매개변수를 가져야 할까? 다음 메소드와 같이 작성하면 그럴듯해 보이지만 문제가 좀 있다.

```
// 다음 메소드는 의도한 대로 동작하지 않는다.
public static void openFile(String fileName, PrintWriter stream)
    throws FileNotFoundException
```

```
{
    stream = new PrintWriter(fileName);
}
```

예를 들어 메소드를 호출하기 위해 다음과 같은 문장을 사용했다고 하자.

```
PrintWriter toFile = null;
try
{
    openFile("data.txt", toFile);
}
```

이 코드가 실행된 후에도 toFile의 값은 여전히 null이다. 메소드 openFile에서 열었던 파일은 메소드가 종료하면 사라진다. 이 문제는 자바가 클래스형의 인자를 어떻게 취급하는지와 관련이 있다. 클래스형의 인자는 메모리 주소의 형태로 메소드에 전달되지만 그 주소는 변경될 수 없다. 즉, 메모리 주소의 위치에 저장된 객체의 상태는 메소드에서 변경될 수 있지만, 주소 자체는 변경될 수 없는 것이다. 따라서 이 예제에서 toFile의 값은 변경되지 않는다.

이는 단지 메소드의 매개변수일 때만 해당되는 사항이다. 인스턴스 변수나 메소드 내의 지역 변수로 스트림 변수를 선언해 사용하는 경우에는 파일을 열어 그것을 스트림에 연결할 수 있으며, 이런 문제가 발생하지 않는다. 일단 스트림이 파일에 연결되면 그 스트림 변수를 메소드의 인자로 전달할 수 있으며, 메소드에서 파일을 변경할 수 있게 된다.

사례 연구 콤마로 분리된 값이 저장된 파일의 처리

콤마로 분리된 값(comma-separated values) 또는 **CSV** 파일은 주소록과 같이 여러 항목으로 이루어진 레코드(record)의 목록을 저장하는 데 사용되는 간단한 텍스트 양식이다. 콤마는 하나의 레코드에서 각 항목(field)을 분리하는 구분자(delimiter)로 사용된다. 이 양식은 스프레드시트, 데이터베이스 또는 특정 응용 프로그램 간에 데이터를 서로 전송하기 위해 통상적으로 활용된다. 한 예로서, 하루의 매상 기록을 Transactions.txt라는 이름의 CSV 파일에 저장하는 금전등록기가 있다고 하자. 이 파일은 다음과 같은 데이터를 저장하고 있다.

```
SKU,Quantity,Price,Description
4039,50,0.99,SODA
9100,5,9.50,T-SHIRT
1949,30,110.00,JAVA PROGRAMMING TEXTBOOK
5199,25,1.50,COOKIE
```

파일의 첫 번째 줄은 각 항목을 명시하는 제목(header)이다. 첫 번째 항목은 SKU 또는 재고 관리코드(stock-keeping unit)인데, 이는 하나의 단위로 묶어 판매하는 상품의 고유 번호 역할을 한다. 두 번째 항목은 현재 매상 기록에 판매된 SKU의 양이고, 세 번째 항목은 상품 한 개의 가격, 마지막 항목은 판매 상품에 대한 설명이다. 예를 들어, 파일의 두 번째 줄은 50개의 탄산음료가 개당 0.99달러의 가격으로 판매되었고, 그 탄산음료의 SKU는 4039임을 나타낸다.

이 데이터를 처리하는 많은 방법이 있겠지만, 이번 사례 연구에서는 파일에서 각 항목을 읽어 들여 각각의 거래 내역을 좀 더 읽기 쉬운 문장으로 출력하고, 해당 금전등록기의 매상 합계를 계산하는 단순한 방법을 소개할 것이다. 전체적인 알고리즘은 다음과 같다.

1. 파일의 제목 줄을 읽고 건너뛴다.
2. 파일의 끝에 도달할 때까지 다음 작업을 반복한다.
   a. 파일에서 하나의 줄(하나의 레코드)을 문자열로 읽어 들인다.
   b. 한 레코드의 내용을 저장할 문자열의 배열을 생성한다. `array[0]`은 첫 번째 항목의 값, `array[1]`은 두 번째 항목의 값과 같은 식으로 저장한다.
   c. 문자열의 배열에서 수치로 나타나는 항목은 적절한 수치 자료형으로 변환한다.
   d. 각 항목을 처리한다.

알고리즘의 2b 단계를 코딩하는 것이 약간 어려워 보인다. 이 단계 직전에 파일에서 하나의 줄을 읽어 하나의 문자열로 저장한 상태다. 예의 첫 번째 줄을 처리한다면 `"4039,50,0.99,SODA"`라는 내용을 읽어 `String`형의 변수에 대입한 것이다. 여기서 각각의 항목을 분리해야 하는데, 콤마가 구분자로 사용되었으므로 먼저 문자열에서 첫 번째 콤마의 위치를 찾아 문자열의 시작에서 콤마까지의 부분 문자열을 추출하여 배열의 첫 번째 요소로 저장하고, 다음 항목에 대해 같은 작업을 반복하면 된다. 그런데 `String` 클래스에는 이런 작업을 수행할 수 있는 `split` 메소드가 다음과 같이 정의되어 있다.

```
public String[] split(String delimiter)
```

이 메소드는 `delimiter`로 지정된 문자를 기준으로 주어진 문자열을 분리하여 각 부분 문자열을 배열로 만들어 반환한다. 매개변수 `delimiter`에는 다양하고 유연한 패턴 매칭을 수행하기 위해 정규식(regular expression)을 사용한다. 이 예제의 목적을 달성하기 위해서는 단순히 구분자로 사용되는 콤마를 표현하는 문자열이면 충분하다. 다음 예가 `split` 메소드의 사용법을 보여 준다.

```
String line = "4039,50,0.99,SODA";
String[] ary = line.split(",");
```

```
System.out.println(ary[0]);  // 4039를 출력한다
System.out.println(ary[1]);  // 50을 출력한다
System.out.println(ary[2]);  // 0.99를 출력한다
System.out.println(ary[3]);  // SODA를 출력한다
```

Listing 10.4는 매상 기록 시나리오에 이 기법을 적용한 것이다. 나머지 부분은 파일을 읽고, 수량을 정수로 변환하고, 가격을 double형의 수로 변환하고, 상품의 판매량

Listing 10.4 콤마로 분리된 값으로 매상 기록을 저장한 파일의 처리

```
import java.io.FileInputStream;
import java.io.FileNotFoundException;
import java.io.IOException;
import java.io.File;
import java.util.Scanner;
public class TransactionReader
{
    public static void main(String[] args)
    {
        String fileName = "Transactions.txt";
        try
        {
            Scanner inputStream = new Scanner(new File(fileName));
            // 읽은 다음 무시함으로써 제목 줄을 건너뛴다.
            String line = inputStream.nextLine();
            // 전체 매상 합계
            double total = 0;
            // 파일의 나머지 부분을 한 줄씩 읽는다.
            while (inputStream.hasNextLine())
            {
                // SKU, Quantity, Price, Description이 포함되어 있다.
                line = inputStream.nextLine();
                // 하나의 문자열을 문자열의 배열로 재구성한다.
                String[] ary = line.split(",");
                // 각 항목을 추출하여 적절한 변수에 저장한다.
                String SKU = ary[0];
                int quantity = Integer.parseInt(ary[1]);
                double price = Double.parseDouble(ary[2]);
                String description = ary[3];
                // 항목을 출력한다.
                System.out.printf("Sold %d of %s (SKU: %s) at "+
                    "$%1.2f each.\n",
                    quantity, description, SKU, price);
                // 전체 합계를 계산한다.
                total += quantity * price;
            }
            System.out.printf("Total sales: $%1.2f\n",total);
            inputStream.close( );
        }
```

(계속됨)

Listing 10.4 콤마로 분리된 값으로 매상 기록을 저장한 파일의 처리

```
        catch(FileNotFoundException e)
        {
            System.out.println("Cannot find file " + fileName);
        }
        catch(IOException e)
        {
            System.out.println("Problem with input from file " + fileName);
        }
    }
}
```

실행 결과 출력

```
Sold 50 of SODA (SKU: 4039) at $0.99 each.
Sold 5 of T-SHIRT (SKU: 9100) at $9.50 each.
Sold 30 of JAVA PROGRAMMING TEXTBOOK (SKU: 1949) at $110.00 each.
Sold 25 of COOKIE (SKU: 5199) at $1.50 each.
Total sales: $3434.50
```

과 가격을 곱한 것을 누적해서 전체 매상 합계를 계산하는 일을 한다. 이 프로그램에서 가격과 매상 합계를 소수점 두 자리까지만 양식에 맞추어 표시하기 위해 System.out.printf 메소드를 사용했다.

10.4 이진 파일 입출력의 기초

여기서는 이진 파일의 입출력을 위해서 ObjectInputStream과 ObjectOutputStream 클래스를 사용한다. 이 클래스들에는 각각 한 번에 한 바이트씩 데이터를 읽거나 쓰는 메소드가 있다. 이들 스트림은 또한 숫자나 문자를 바이트로 변환해 이진 파일에 저장할 수 있는 기능을 가진다. 이들을 사용하면 파일에 기록되어 있거나 파일에서 읽은 데이터가 단순한 바이트로 구성된 것이 아니라, int, char, double 등의 자바 기본형의 형태로 된 항목이거나 더 나아가 문자열, 배열 전체를 포함해 어떤 종류의 클래스 객체든 상관없이 프로그램을 작성할 수 있다. 텍스트 편집기를 이용해 파일을 읽을 필요가 없다면 파일에 데이터를 쓰거나 파일에서 읽기 위해 ObjectOutputStream과 ObjectInputStream을 이용해 이진 파일에 읽고 쓰는 것이 가장 쉽고 효율적이다.

먼저 이진 파일을 생성하는 것부터 시작해서 기본형의 데이터와 문자열을 파일에 기록하는 방법을 살펴보겠다. 그리고 입출력 데이터로 객체와 배열을 사용하는 방법을 설명할 것이다.

이진 파일 생성

기본형의 값, 문자열 또는 객체 등을 저장하는 이진 파일을 생성하고 싶다면 스트림 클래스 중의 하나인 ObjectOutputStream 클래스를 사용할 수 있다. Listing 10.5는 정수를 이진 파일에 기록하는 프로그램이다. 이 프로그램이 어떻게 작성되었는지 세부 사

Listing 10.5 ObjectOutputStream을 사용해 파일에 출력하기

```
import java.io.FileOutputStream;
import java.io.ObjectOutputStream;
import java.io.FileNotFoundException;
import java.io.IOException;
import java.util.Scanner;

public class BinaryOutputDemo
{
    public static void main(String[] args)
    {
        String fileName = "numbers.dat";
        try
        {
            ObjectOutputStream outputStream =
            new ObjectOutputStream(new FileOutputStream(fileName));
            Scanner keyboard = new Scanner(System.in);

            System.out.println("Enter nonnegative integers.");
            System.out.println("Place a negative number at the end.");

            int anInteger;
            do
            {
                anInteger = keyboard.nextInt();
                outputStream.writeInt(anInteger);
            } while (anInteger >= 0);

            System.out.println("Numbers and sentinel value");
            System.out.println("written to the file " + fileName);
            outputStream.close();
        }
        catch(FileNotFoundException e)
        {
            System.out.println("Problem opening the file " + fileName);
        }
        catch(IOException e)
        {
            System.out.println("Problem with output to file " + fileName);
        }
    }
}
```

이진 파일을 닫는 방법은 텍스트 파일과 같다.

(계속됨)

Listing 10.5 ObjectOutputStream을 사용해 파일에 출력하기

실행 결과 출력

```
Enter nonnegative integers.
Place a negative number at the end.
1 2 3 -1
Number and sentinel value
written to the file numbers.dat
```

프로그램이 실행된 후의 이진 파일

이것은 이진 파일이기 때문에 텍스트 편집기로 읽을 수 없다.

1	2	3	-1

-1은 파일의 끝을 표시하는 표시값(sentinel value)이다. 나중에 설명하겠지만 특정 값으로 파일 끝을 표시하는 것이 필수는 아니다.

항을 살펴보자.

프로그램의 주요 부분은 **try** 블록 내에 있다는 점을 주목하기 바란다. 여기서 설명하는 방식대로 이진 파일의 입출력을 처리하는 코드는 **IOException**을 발생시킬 가능성이 있다. 따라서 어떤 종류든 **IOException**을 받아서 처리하도록 프로그램을 작성하면 적절한 오류 메시지를 출력하고 프로그램을 정상 종료시킬 수 있다.

다음과 같은 코드로 **numbers.dat**라는 이진 파일에 대한 출력 스트림을 생성할 수 있다.

```
ObjectOutputStream outputStream =
    new ObjectOutputStream(new FileOutputStream("numbers.dat"));
```

텍스트 파일과 마찬가지로 이 과정을 (이진) 파일을 연다(open)고 한다. 기존의 **numbers.dat** 파일이 없으면 이 코드는 **numbers.dat**라는 이름의 빈 파일을 생성한다. 그러나 **numbers.dat** 파일이 이미 존재한다면 내부에 저장되어 있던 내용을 모두 삭제하고 빈 파일로 시작하도록 한다. 이 과정은 사용하는 클래스가 다를 뿐, 텍스트 파일을 여는 과정과 기본적으로 똑같다.

ObjectOutputStream의 생성자는 문자열을 인자로 받을 수 없는 대신, **FileOutputStream**의 생성자가 받을 수 있다. 또한 **ObjectOutputStream** 클래스에는 **FileOutputStream**의 객체를 인자로 받는 생성자가 있다. 그래서 텍스트 파일에서 입력을 받기 위해 **Scanner**의 생성자에 **File** 객체를 전달하는 것과 같은 방식으로 **FileOutputStream**의 객체를 **ObjectOutputStream**의 생성자에 전달하도록 한다. ObjectOutputStream은 IOException을, 그리고 FileOutputStream은 FileNotFoundException을 발생시킬 수 있음에 주의하라.

이진 파일에 기본형의 값 기록하기

ObjectOutputStream 클래스에는 println이라는 메소드가 없다. 이는 객체의 내용을 텍스트 파일이나 화면에 출력하기 위한 것이기 때문이다. 대신 writeInt라는 이름의 메소드가 있어 하나의 int값을 이진 파일에 기록할 수 있으며, 그 외에도 여러 출력 메소드가 있다. 따라서 ObjectOutputStream 클래스의 outputStream 객체를 어떤 파일에 연결한 후에는 Listing 10.5에 있는 다음과 같은 코드를 써서 정수를 파일에 출력할 수 있다.

```
outputStream.writeInt(anInteger);
```

writeInt 메소드는 IOException을 발생시킬 수 있다.

Listing 10.5에서는 numbers.dat 파일의 데이터가 사람이 읽을 수 있는 형태로 기록된 것처럼 그림으로 보여 주는데, 사실은 그렇지 않다. 이진 파일에는 줄의 개념도 없고 각 데이터를 구분하는 구분자도 없다. 데이터는 오로지 이진수의 형태, 즉 각 데이터가 일련의 바이트로 구성된 형태로 그저 차례로 기록되어 있을 뿐이다. 이런 식으로 부호화된 값은 일반 편집기를 사용해 읽을 수 없다. 현실적으로 다른 자바 프로그램에서만 이런 파일이 의미가 있다.

어떤 종류의 기본형의 값이든 ObjectOutputStream 클래스의 스트림을 사용해 파일에 기록할 수 있다. ObjectOutputStream에는 각 자료형에 대응하는 쓰기 메소드가 있는데, writeLong, writeDouble, writeFloat, writeChar 같은 것들이다.

메소드 writeChar는 하나의 문자를 기록할 때 사용될 수 있다. 예를 들어, outputStream이라는 스트림에 연결된 파일에 문자 'A'를 쓰려면 다음과 같이 하면 된다.

```
outputStream.writeChar('A');
```

이 writeChar 메소드는 알고 보면 상당히 놀라운 속성을 가지고 있는데, 이 메소드가 받는 인자의 형은 int형이다. 그래서 위와 같이 char형의 인자를 전달할 때에는 이를 int형으로 형 변환을 해서 전달해야 한다. 따라서 앞의 호출문은 다음과 동일하다.

```
outputStream.writeChar((int)'A');
// 형 변환 연산자는 생략해도 괜찮다.
```

이진 파일에 쓰는 작업이 끝나면 텍스트 파일에서 했던 것과 같은 방법으로 파일을 닫는다. 즉,

```
outputStream.close();
```

이 문장이 이진 파일을 닫는다.

아직 설명하지 않은 메소드를 포함해 ObjectOutputStream 클래스의 여러 메소드가 그림 10.5에 요약되어 있다. 이들 중 많은 메소드가 IOException을 발생시킬 수 있다.

요점 정리 이진 파일의 생성

문법

```
try
{
    // 파일을 연다.
    ObjectOutputStream Output_Stream_Name =
        new ObjectOutputStream(new FileOutputStream(File_Name));
    // 다음 형태의 문장을 사용해 파일에 기록한다.
    Output_Stream_Name.MethodName(Argument);  // 그림 10.5를 참조하라.
    // 파일을 닫는다.
    Output_Stream_Name.close();
}
catch(FileNotFoundException e)
{
    Statements_Dealing_With_The_Exception
}
catch(IOException e)
{
    Statements_Dealing_With_The_Exception
}
```

예제

Listing 10.5를 참조하라.

`public ObjectOutputStream(OutputStream streamObject)`
지정한 이진 파일에 연결하는 출력 스트림을 생성한다. 파일의 이름을 인자로 받는 생성자는 없다. 파일 이름을 이용해 스트림을 생성하고 싶으면 다음과 같이 한다.
 	
`new ObjectOutputStream(new FileOutputStream(`*File_Name*`))`
 	
또는 `File` 클래스의 객체를 사용해 다음과 같이 한다.
 	
`new ObjectOutputStream(new FileOutputStream(new File(`*File_Name*`)))`
 	
두 가지 방법 모두 하나의 빈 파일을 생성한다. *File_Name*을 가지는 파일이 이미 존재한다면 기존의 내용은 모두 삭제된다.
`FileOutputStream`의 생성자는 `FileNotFoundException`을 발생시킬 수 있으며, 이 예외가 발생하지 않는 경우 `ObjectOutputStream`의 생성자가 `IOException`을 발생시킬 수 있다.

`public void writeInt(int n) throws IOException` `int`형의 값 `n`을 출력 스트림에 쓴다.
`public void writeLong(long n) throws IOException` `long`형의 값 `n`을 출력 스트림에 쓴다.
`public void writeDouble(double x) throws IOException` `double`형의 값 `x`를 출력 스트림에 쓴다.
`public void writeFloat(float x) throws IOException` `float`형의 값 `x`를 출력 스트림에 쓴다.

`public void writeChar(int c) throws IOException`
`char`값을 출력 스트림에 쓴다. 매개변수 `c`는 `char`형이 아니라 `int`형인 점에 주의하라. 그러나 `char`형의 값을 사용해도 자바가 자동으로 `int`값으로 변환해 준다. 따라서 다음과 같이 `writeChar` 메소드를 호출해도 무방하다.
 	
`outputStream.writeChar('A');`

`public void writeBoolean(boolean b) throws IOException` `boolean`형의 값 `b`를 출력 스트림에 쓴다.
`public void writeUTF(String aString) throws IOException` 문자열 `aString`을 출력 스트림에 쓴다. UTF란 문자열을 부호화하는 특정 방법을 지칭한다. 기록한 문자열을 파일로부터 다시 읽으려면 `ObjectInputStream` 클래스의 `readUTF` 메소드를 사용해야 한다. 이 문제는 다음 절에서 설명할 것이다.

`public void writeObject(Object anObject) throws IOEXception,`
`NotSerializableException, InvalidClassException`
객체 `anObject`를 출력 스트림에 쓴다. 인자는 직렬화할 수 있는(serializable) 클래스의 객체여야 한다. 이 문제는 뒷부분에서 설명할 것이다. `anObject`의 클래스가 직렬화할 수 없는 것이면 `NotSerializableException`, 직렬화와 관련한 무슨 문제가 발생하면 `InvalidClassException`을 각각 발생시킨다. `writeObject` 메소드는 나중에 상세히 다룰 것이다.

`public void close() throws IOException` 파일에 연결된 스트림을 닫는다.

그림 10.5 ObjectOutputStream 클래스의 메소드

자습문제 SELF-TEST QUESTIONS

12 toFile이란 이름으로 ObjectOutputStream 클래스의 출력 스트림을 생성하여 stuff.data라는 이름의 파일에 연결하는 자바 코드를 작성하라.

13 파일 stuff.data에 double형 변수 x1, x2, x3의 값을 기록하는 문장을 작성하라. 앞의 문제에서 생성한 toFile 스트림을 사용하라.

14 앞의 두 문제에서 사용한 스트림 toFile을 닫는 문장을 작성하라.

15 이진 파일을 생성할 때 무슨 import 문을 사용해야 하는가?

이진 파일에 문자열 기록하기

이진 파일에 문자열을 쓰기 위해서는 writeUTF 메소드를 사용한다. 예를 들어 outputStream이 ObjectOutputStream형의 스트림일 때, 다음 코드는 문자열 "Hi Mom"을 그 스트림에 연결된 파일에 쓰게 된다.

```
outputStream.writeUTF("Hi Mom");
```

물론 어떤 종류의 쓰기 메소드를 사용해도 상수 대신 적절한 형(이 경우에는 String 형)의 변수를 그 메소드의 인자로 전달해도 된다.

서로 다른 자료형의 값을 하나의 이진 파일에 출력할 수도 있다. 예를 들어 int, double, String형의 값들이 혼합된 데이터를 기록할 수 있다. 그러나 이진 파일에 여러 형의 데이터를 기록하는 데는 특별한 주의가 필요하며, 나중에 그 파일을 읽을 때 올바른 자료형으로 읽도록 해야 한다. 특히 어떤 순서로 어떤 형의 값이 파일에 나타나는지 알고 있어야 하는데, 이는 각 데이터를 읽을 때 서로 다른 메소드를 사용해야 하기 때문이다.

FAQ UTF는 무엇을 말하는 것일까?

하나의 int형 값을 ObjectOutputStream 클래스의 스트림으로 출력하려면 writeInt를 사용하고, double형 값은 writeDouble을 사용하며 다른 기본 자료형에 대해서도 비슷하다. 그러나 문자열을 출력할 때는 writeUTF를 사용한다. ObjectOutputStream 클래스에 writeString이라는 메소드는 없다. 왜 writeUTF라는 우스꽝스러운 이름이 붙었을까? UTF는 Unicode Text Format(유니코드 텍스트 양식)을 의미하는데, 이렇게 풀어 써도 알기가 쉽지 않으므로 자세히 설명하겠다.

자바는 유니코드 문자 집합을 사용한다는 사실을 기억해 보자. 유니코드는 영어와 매우 다른 문자 집합을 기반으로 하는 다양한 언어에 사용할 수 있도록 많은 문자를 포함한다. 대부분의 텍스트 편집기와 운영체제가 ASCII 문자 집합을 사용하는데, 이는 보통 영어에서 사용되는 문자들을 포함하며 일반적인 자바 프로그램도 이 문자들을 주로 사용한다. ASCII 문자 집합은 유니코드의 부분집합이며, 따라서 유니코드에는 자신의 프로그램에 필요하지 않은 많은 문자가 포함되어 있다고 볼 수 있다. 영어 사용권 국가들에 대해 문자를 표현하기 위해 유니코드를 사용하는 것은 그다지 효율적인 방식이 아니다. UTF 코딩 방식은 ASCII 문자를 선호하는 방식으로 유니코드에 있는 모든 문자를 부호화하는 대안이다. ASCII 문자에 대해서는 짧고 효율적인 코드를 배정하고 그 외 다른 유니코드 문자에 대해서는 덜 효율적인 코드를 사용한다. ASCII 문자 외의 유니코드 문자를 사용하지 않는다면 이것이 좋은 정책이 된다.

writeUTF 세부 사항

파일에 정수를 기록하기 위해 `writeInt` 메소드를 사용하면, 모든 정수는 같은 수의 바이트, 즉 같은 개수의 0과 1로 저장된다. 마찬가지로 `writeLong` 메소드는 모든 `long`형의 값을 같은 수의 바이트로 기록한다. 그러나 두 메소드는 서로 다른 수의 바이트를 사용한다. 이는 이진 파일에 기본형의 값을 기록하는 다른 쓰기 메소드에 대해서도 마찬가지다. 그러나 `writeUTF` 메소드는 파일에 문자열을 기록할 때 각 문자열에 따라 서로 다른 수의 바이트를 사용한다. 긴 문자열은 짧은 문자열보다 더 많은 바이트로 기록된다. 그러나 이런 점은 자바에 문제를 일으킬 수 있는데, 이진 파일에 저장되는 데이터의 각 항목은 아무런 구분자 없이 기록되기 때문이다. 그래서 자바는 각 문자열의 시작 부분에 부가 정보를 기록함으로써 쓰기나 읽기 작업에 문제가 없도록 한다. 이 부가 정보는 문자열의 기록에 사용된 바이트의 수로서, `readUTF` 메소드가 실행될 때 얼마나 많은 바이트를 읽어서 그것을 문자열로 변환할지 알 수 있게 된다. (`readUTF` 메소드는 나중에 설명하겠지만, 짐작하는 대로 이 메소드는 `String`형의 값을 읽어 들이는 것이다.)

그런데 `writeUTF`와 관련된 상황은 지금까지 설명한 내용보다 조금 더 복잡하다. 파일에서 문자열 코드의 시작 부분에 있는 정보는 몇 개의 바이트를 읽어야 하는지 알려 줄 뿐, 몇 개의 문자가 그 문자열에 포함되어 있는지 알려 주지는 않는다. 이 두 가지 요소는 같은 것이 아니다. UTF 방식으로 문자를 부호화하면 각 문자마다 서로 다른 수의 바이트로 부호화된다. 단, 모든 ASCII 문자는 한 개의 바이트로 표현된다. 따라서 ASCII 문자만 사용할 경우에는 이 차이점은 현실에서 부딪히지 않는 이론적인 문제가 된다.

이진 파일에서 읽어 오기

ObjectOutputStream을 사용해 이진 파일에 기록했다면, ObjectInputStream 클래스의 스트림을 사용해 그 파일에서 데이터를 읽을 수 있다. 그림 10.6은 가장 흔히 사용되는 이 클래스의 메소드를 소개한 것이다. 이들 메소드를 그림 10.5에 있는 ObjectOutputStream의 메소드와 비교해 보면, 각 출력 메소드에 대응하는 입력 메소드가 있음을 알 수 있다. 예를 들어, ObjectOutputStream의 writeInt 메소드를 사용해 파일에 정수를 기록했다면, ObjectInputStream의 readInt 메소드로 그 파일에서 정수를 읽을 수 있다. ObjectOutputStream의 writeDouble로 기록한 수는 ObjectInputStream의 readDouble로 읽을 수 있으며, 나머지도 마찬가지이다.

ObjectInputStream을 사용하여 입력하기 위한 이진 파일을 여는 과정은

ObjectInputStream(OutputStream streamObject)
지정한 이진 파일에 연결하는 입력 스트림을 생성한다. 파일의 이름을 인자로 받는 생성자는 없다. 파일 이름을 이용해 스트림을 생성하고 싶으면 다음과 같이 한다.

```
new ObjectIntputStream(new FileInputStream(File_Name))
```

또는 File 클래스의 객체를 사용해 다음과 같이 한다.

```
new ObjectInputStream(new FileInputStream(new File(File_Name)))
```

FileInputStream의 생성자는 FileNotFoundException을 발생시킬 수 있으며, 이 예외가 발생하지 않는 경우 ObjectInputStream의 생성자가 IOException을 발생시킬 수 있다.

---

public int readInt() throws EOFException, IOException
입력 스트림에서 int형의 값을 읽어 반환한다. ObjectOutputStream 클래스의 writeInt 메소드 또는 그와 동등한 방법을 사용해 작성하지 않은 파일에서 readInt 메소드가 값을 읽으려 하면 문제가 발생한다. 파일의 끝을 지나서 읽기를 시도하는 경우, EOFException이 발생한다.

---

public long readLong() throws EOFException, IOException
입력 스트림에서 long형의 값을 읽어 반환한다. ObjectOutputStream 클래스의 writeLong 메소드 또는 그와 동등한 방법을 사용해 작성하지 않은 파일에서 readLong 메소드가 값을 읽으려 하면 문제가 발생한다. 파일의 끝을 지나서 읽기를 시도하는 경우, EOFException이 발생한다.

하나의 정수를 기록할 때 writeLong을 사용하고 같은 수를 readInt로 읽으려 하거나, writeInt로 기록하고 readLong으로 읽는 것은 허용되지 않음을 명심하라. 이는 예상할 수 없는 결과를 초래할 것이다.

---

public double readDouble() throws EOFException, IOException
입력 스트림에서 double형의 값을 읽어 반환한다. ObjectOutputStream 클래스의 writeDouble 메소드 또는 그와 동등한 방법을 사용해 작성하지 않은 파일에서 readDouble 메소드가 값을 읽으려 하면 문제가 발생한다. 파일의 끝을 지나서 읽기를 시도하는 경우, EOFException이 발생한다.

(계속됨)

그림 10.6 ObjectInputStream 클래스의 메소드

ObjectOutputStream의 사용에서 본 방법과 유사하다. Listing 10.6의 프로그램은 다음 코드와 같이 이진 파일을 열어 inputStream이라는 이름의 스트림에 연결한다.

```
ObjectInputStream inputStream =
    new ObjectInputStream(new FileInputStream(fileName));
```

이 문장은 ObjectOutputStream과 FileOutputStream 대신 ObjectInputStream

---

`public float readFloat() throws EOFException, IOException`

입력 스트림에서 float형의 값을 읽어 반환한다. ObjectOutputStream 클래스의 writeFloat 메소드 또는 그와 동등한 방법을 사용해 작성하지 않은 파일에서 readFloat 메소드가 값을 읽으려 하면 문제가 발생한다. 파일의 끝을 지나서 읽기를 시도하는 경우, EOFException이 발생한다.

하나의 부동 소수점수를 기록할 때 writeDouble을 사용하고 같은 수를 readFloat로 읽으려 하거나, writeFloat로 기록하고 readDouble로 읽는 것은 허용되지 않음을 명심하라. 이는 예상할 수 없는 결과를 초래할 것이다. 또한 writeInt로 기록하고 readFloat나 readDouble로 읽는 것과 같이 형이 일치하지 않는 다른 경우들도 마찬가지다.

`public char readChar() throws EOFException, IOException`

입력 스트림에서 char형의 값을 읽어 반환한다. ObjectOutputStream 클래스의 writeChar 메소드 또는 그와 동등한 방법을 사용해 작성하지 않은 파일에서 readChar 메소드가 값을 읽으려 하면 문제가 발생한다. 파일의 끝을 지나서 읽기를 시도하는 경우, EOFException이 발생한다.

`public boolean readBoolean() throws EOFException, IOException`

입력 스트림에서 boolean형의 값을 읽어 반환한다. ObjectOutputStream 클래스의 writeBoolean 메소드 또는 그와 동등한 방법을 사용해 작성하지 않은 파일에서 readBoolean 메소드가 값을 읽으려 하면 문제가 발생한다. 파일의 끝을 지나서 읽기를 시도하는 경우, EOFException이 발생한다.

`public String readUTF() throws IOException, UTFDataFormatException`

입력 스트림에서 String형의 값을 읽어 반환한다. ObjectOutputStream 클래스의 writeUTF 메소드 또는 그와 동등한 방법을 사용해 작성하지 않은 파일에서 readUTF 메소드가 값을 읽으려 하면 문제가 발생한다. UTFDataFormatException이나 IOException 중의 하나가 발생할 수 있다.

```
Object readObject() throws ClassNotFoundException,
    InvalidClassException, OptionalDataException, IOException
```

입력 스트림에서 객체를 하나 입력한다. 직렬화된 객체의 클래스를 찾을 수 없는 경우 ClassNotFoundException이 발생한다. 직렬화 가능한 클래스와 관련한 문제가 발생하면 InvalidClassException이 발생한다. 객체가 아니라 기본형의 데이터가 스트림에 있는 경우 OptionalDataException이 발생한다. 그 외 다른 I/O 문제가 생기면 IOException이 발생한다. readObject 메소드는 10.5절에서 자세히 다룬다.

`public void close() throws IOException`

파일에 연결된 스트림을 닫는다.

그림 10.6 ObjectInputStream 클래스의 메소드

과 FileInputStream을 각각 사용했다는 점만 제외하면 Listing 10.5에 있는 코드와 동일하다. 다시 한 번 말하지만, 이진 데이터 입력에 사용하고 싶은 메소드를 가진 클래스에는 문자열로 된 파일 이름을 인자를 받아들이는 생성자가 없다. 또한 FileInputStream의 생성자는 IOException의 일종인 FileNotFoundException을 발생시킬 수 있다. FileInputStream 생성자가 성공한 경우, ObjectInputStream의 생성자가 다른 종류의 IOException을 발생시킬 수 있다.

ObjectInputStream을 사용하면 같은 파일에서 서로 다른 형의 데이터를 입력할 수 있다. 예를 들어 int형의 수, double형의 수, String형의 문자열 등이 조합된 데이터를 읽어 올 수 있다. 그러나 파일의 다음 데이터가 다음에 사용할 읽기 메소드에 대응하지 않는 경우, 그 결과는 잘못될 가능성이 높다. 예를 들어 프로그램에서 writeInt 메소드를 써서 정수를 기록했다면, 그 파일에서 정수를 읽으려는 프로그램은 readInt를 사용해야 한다. 그 메소드가 아닌 다른 메소드, 예를 들어 readLong이나 readDouble을 사용한다면, 이후 프로그램은 예상치 못한 방식으로 오작동하게 될 것이다.

Listing 10.6 ObjectInputStream을 사용해 파일에서 입력하기

Listing 10.5의 프로그램이
이미 실행되었다고 가정한다.

```
import java.io.FileInputStream;
import java.io.ObjectInputStream;
import java.io.EOFException;
import java.io.FileNotFoundException;
import java.io.IOException;
import java.util.Scanner;
public class BinaryInputDemo
{
    public static void main(String[] args)
    {
        String fileName = "numbers.dat";
        try
        {
            ObjectInputStream inputStream =
                  new ObjectInputStream(new FileInputStream(fileName));
            System.out.println("Reading the nonnegative integers");
            System.out.println("in the file " + fileName);
            int anInteger = inputStream.readInt();
            while (anInteger >= 0)
            {
                System.out.ptintln(anInteger);
```

(계속됨)

Listing 10.6 ObjectInputStream을 사용해 파일에서 입력하기

```
                anInteger = inputStream.readInt();
            }
            System.out.println("End of reading from file.");
            inputStream.close();
        }
        catch(FileNotFoundException e)
        {
            System.out.println("Problem opening the file " + fileName);
        }
        catch(EOFException e)
        {
            System.out.println("Problem reading the file " + fileName);
            System.out.println("Reached end of the file.");
        }
        catch(IOException e)
        {
            System.out.println("Problem reading the file " + fileName);
        }
    }
}
```

실행 결과 출력

```
Reading the nonnegative integers
in the file number.dat
1
2
3
End of reading from file.
```

표시값 -1이 파일에서 입력되지만 화면에 출력되지는 않는다.

요점 정리 이진 파일에서 읽어 오기

문법

```
try
{
    // 파일을 연다.
    ObjectInputStream Input_Stream_Name =
           new ObjectInputStream(new FileInputStream(File_Name));
    // 다음과 같은 코드를 사용해 파일을 읽는다.
    Input_Stream_Name.MethodName(Argument);  // 그림 10.6을 참조하라
    // 파일을 닫는다.
    Input_Stream_Name.close();
}
```

(계속됨)

```
catch(FileNotFoundException e)
{
    Statements_Dealing_With_The_Exception
}
catch(EOFException e)
{
    Statements_Dealing_With_The_Exception
}
catch(IOException e)
{
    Statements_Dealing_With_The_Exception
}
```

예제

Listing 10.6을 참조하라.

요점 정리 FileInputStream과 FileOutputStream

이 책에서는 FileInputStream과 FileOutputStream 클래스에서 생성자만 사용할 뿐 그 외의 용도는 없다. 이 두 클래스는 파일의 이름을 인자로 하는 생성자를 가지고 있다. 이 생성자는 스트림 클래스, 예를 들어 ObjectInputStream과 ObjectOutputStream과 같이 파일 이름을 인자로 하는 생성자가 없는 클래스의 인자를 생성하는 데 사용된다. 다음은 FileInputStream과 FileOutputStream 클래스의 사용 예다.

```
ObjectInputStream fileInput = new ObjectInputStream(
                  new FileInputStream("rawstuff.dat"));
ObjectOutputStream fileOutput = new ObjectOutputStream(
                  new FileOutputStream("nicestuff.dat"));
```

Listing 10.5와 Listing 10.6에서 각각 이와 유사한 문장을 사용한 예가 있다. FileInputStream과 FileOutputStream의 생성자는 FileNotFoundException 클래스의 예외를 발생시킬 수 있다. FileNotFoundException은 IOException의 일종이다.

GOTCHA ObjectInputStream을 사용해 텍스트 파일 읽기

이진 파일과 텍스트 파일은 데이터를 서로 다른 방식으로 부호화한다. 따라서 이진 파일을 읽기 위해 만들어진 스트림, 예를 들어 ObjectInputStream의 스트림으로 텍스트 파일을 읽으면 문제가 생긴다. ObjectInputStream 클래스의 스트림을 사용해 텍스트 파일을 읽으려고 시도하면, 의미 없는 '쓰레기 값'을 읽거나 뭔가 다른 오류 상황을 만나게 될 것이다. 마찬가지로 이진 파일을 텍스트 파일처럼 Scanner를 사용해 읽으려 하면 역시 문제에 봉착할 것이다. ■

자습문제 SELF-TEST QUESTIONS

16 ObjectInputStream형의 입력 스트림 fromFile을 생성해 stuff.data라는 이름의 파일에 연결하는 자바 코드를 작성하라.

17 파일 stuff.data에서 세 개의 double형의 수를 읽어 들이는 세 문장을 작성하라. 앞의 문제에서 생성한 fromFile 스트림을 사용하라. 이 세 개의 값을 저장할 수 있도록 세 변수를 선언하라.

18 앞의 문제에서 생성한 fromFile 스트림을 닫는 문장을 작성하라.

19 파일에 하나의 수를 기록할 때 writeInt를 사용하고 읽을 때는 readLong을 사용하는 것이 가능한가? 그 수를 readDouble로 읽을 수 있는가?

20 텍스트 파일에서 문자열을 읽기 위해 readUTF를 사용할 수 있는가?

21 사용자에게 이진 파일의 이름을 입력받고 그 파일의 첫 번째 데이터를 화면에 출력하는 완전한 자바 프로그램을 작성하라. 첫 번째 데이터는 writeUTF 메소드를 사용해 파일에 기록한 문자열이라고 가정한다.

EOFException 클래스

이진 파일에서 입력을 받는 많은 메소드가 파일의 끝을 지나서 읽으려는 시도를 할 경우 EOFException을 발생시킨다. Listing 10.7의 프로그램에 나와 있는 것처럼, ObjectInputStream을 사용할 때 파일의 끝을 검사하기 위해 EOFException 클래스를 이용할 수 있다. 이 프로그램에서 파일을 읽어 들이는 문장은 루프 종료를 검사하는 불 수식이 true인 while 루프 내에 있다. 이는 얼핏 보면 무한 루프같이 보이지만 종료가 된다. 파일의 끝에 도달하여 예외가 발생하면 전체 try 블록이 종료되고 catch 블록 쪽이 실행되기 때문이다.

Listing 10.7 EOFException 사용

Listing 10.5의 프로그램이 이미 실행되었다고 가정한다.

```
import java.io.FileInputStream;
import java.io.ObjectInputStream;
import java.io.EOFException;
```

(계속됨)

Listing 10.7 EOFException 사용

```
import java.io.FileNotFoundException;
import java.io.IOException;

public class EOFExceptionDemo
{
    public static void main(String[] args)
    {
        String fileName = "numbers.dat";
        try
        {
            ObjectInputStream inputStream =
                new ObjectInputStream(new FileInputStream(fileName));
            System.out.println("Reading ALL the integers");
            System.out.printin("in the file " + fileName);
            try
            {
                while (true)
                {
                    int anInteger = inputStream.readInt();
                    System.out.println(anInteger);
                }
            }
            catch(EOFException e)
            {
                System.out.println("End of reading from file.");
            }
            inputStream.close();
        }
        catch(FileNotFoundException e)
        {
            System.out.println("Cannot find file " + fileName);
        }
        catch(IOException e)
        {
            System.out.println("Problem with input from file " + fileName);
        }
    }
}
```

이 루프는 예외가 발생하면 종료됨

실행 결과 출력

```
Reading ALL the integers
in the file numbers.dat
1
2
3
-1
End of reading from file.
```

입력 종료를 위해 EOFException을 사용할 경우, -1을 포함한 어떤 정수를 포함한 파일이라도 읽을 수 있다. 여기서 -1은 파일 끝을 표시하는 값이 아니라 보통의 정수로 취급된다.

Listing 10.7의 프로그램과 유사한 Listing 10.6의 프로그램을 비교해 보면 알 수 있는 것이 있다. Listing 10.6에서는 파일의 끝을 알아보기 위해 읽은 수가 음수인지 검사하였다. 이 방법이 나쁜 것은 아니지만 이렇게 하면 파일의 끝을 표시하는 값 외에는 파일에 음수를 사용할 수가 없게 된다. 반면, Listing 10.7의 프로그램은 EOFException을 이용해 파일의 끝을 검사한다. 따라서 이 방법을 사용하는 경우의 데이터 파일은 음수를 포함해 어떠한 정수라도 저장할 수 있다.

요점 정리 EOFException 클래스

그림 10.6에 나열된 ObjectInputStream 클래스의 메소드를 사용해 이진 파일에서 기본형의 데이터를 입력할 때, 파일의 끝을 지나서 읽기를 시도할 경우 EOFException이 발생한다. 이 예외는 파일에 있는 모든 데이터를 읽는 루프의 종료 검사에 사용될 수 있다.

EOFException 클래스는 IOException의 하위클래스이기 때문에, 모든 종류의 EOFException 예외는 또한 IOException의 예외가 된다.

프로그래밍 팁_항상 파일의 끝을 점검하라

파일의 끝을 지나서 데이터를 읽는 시도를 해서 좋을 일은 하나도 없다. 정확히 어떤 일이 발생할지는 프로그램에 따라 다른데, 무한 루프에 빠질 수도 있고 프로그램 실행이 갑자기 중단될 수도 있다. 프로그램에서 항상 파일의 끝을 점검하도록 하고, 그 지점에 이르렀을 경우 적절한 조치를 취하도록 프로그램하라. 내 프로그램이 파일의 끝을 지나 읽는 일이 발생할 리 없다고 생각하더라도, 모든 것이 계획한 대로 정확하게 되지 않을 가능성도 있다는 것을 염두에 두고 이 마무리 코드를 작성해야 한다. ■

GOTCHA 파일의 끝을 점검하는 틀린 방법

서로 다른 클래스에 속한 서로 다른 파일 읽기 메소드는 제각기 다른 방법으로 파일의 끝을 검사한다. 어떤 메소드는 파일의 끝을 지나 읽으려는 시도가 있을 때 EOFException 클래스의 예외를 발생시키고, 어떤 것은 null과 같은 특별한 값을 반환한다. 파일에서 입력받을 때 자신이 사용 중인 메소드에 따라 어떻게 파일의 끝을 검사하는 것이 올바른 방법인지 주의해야 한다. 잘못된 방법으로 파일의 끝을 검사할 경우 둘 중 한 가지가 발생할 수 있다. 프로그램이 의도하지 않은 무한 루프로 빠지거나, 갑작스럽게 종료된다.

모든 클래스의 모든 메소드가 파일의 끝을 지나 읽으려 할 때 EOFException을 발생시키는 것은 아니다. 이 책에서 소개한 클래스만 보자면 다음과 같은 규칙을 따른다고 볼 수 있다. 이진 파일에서 기본형의 데이터를 읽는 경우는 EOFException이 발생한다. 반면, 텍스트 파일에서 입력을 받을 때는 파일의 끝에서 null과 같은 특수한 값을 반환할 뿐, EOFException은 발생되지 않는다. ■

요점 정리 이진 파일에서 데이터의 끝을 인식하기

이진 파일에 저장된 모든 데이터를 읽어 들이기 위해 다음 두 가지 방법을 사용할 수 있다.

- 파일의 끝에 기록된 표시값 사용
- EOFException을 잡아서 처리

프로그래밍 예제 이진 데이터 파일의 처리

Listing 10.8에는 데이터를 처리하는 간단한 프로그램이 있다. 사용자에게 두 개의 파일 이름을 요구하고, 입력 파일에서 숫자를 읽은 다음 그 수를 두 배로 만들고, 결과를 출력 파일에 기록한다. 이런 프로그래밍 작업은 그다지 복잡한 것은 아니나 파일 입출력에 대한 많은 표준적인 프로그래밍 기법을 포함하고 있다. 특히 파일에 연결된 스트림 객체 변수는 인스턴스 변수이고, 전체 작업이 여러 개의 부분 작업으로 나누어져 여

Listing 10.8 이진 데이터 파일의 처리

```
import java.io.FileInputStream;
import java.io.FileOutputStream;
import java.io.ObjectInputStream;
import java.io.ObjectOutputStream;
import java.io.EOFException;
import java.io.FileNotFoundException;
import java.io.IOException;
import java.util.Scanner;

public class Doubler
{
    private ObjectInputStream inputStream = null;
    private ObjectOutputStream outputStream = null;

    /**
    한 파일에 저장된 각 수를 두 배로 하여 다른 파일에 기록한다.
    */
    public static void main(String[] args)
```

(계속됨)

Listing 10.8 이진 데이터 파일의 처리

```
{
    Doubler twoTimer = new Doubler();
    twoTimer.connectToInputFile();
    twoTimer.connectToOutputFile();
    twoTimer.timesTwo();
    twoTimer.closeFiles();
    System.out.println("Numbers from input file");
    System.out.println("doubled and copied to output file.");
}
public void connectToInputFile()
{
    String inputFileName =
        getFileName("Enter name of input file:");
    try
    {
        inputStream = new ObjectInputStream(
                          new FileInputStream(inputFileName));
    }
    catch(FileNotFoundException e)
    {
        System.out.println("File " + inputFileName + " not found.");
        System.exit(0);
    }
    catch(IOException e)
    {
        System.out.println("Error opening input file" + inputFileName);
         System.exit(0);
    }
}
private String getFileName(String prompt)
{
    String fileName = null;
    System.out.println(prompt);
    Scanner keyboard = new Scanner(System.in);
    fileName = keyboard.next();

    return fileName;
}
public void connectToOutputFile()
{
    String outputFileName = getFileName("Enter name of output file:");
    try
    {
        outputStream = new ObjectOutputStream(
                          new FileOutputStream(outputFileName));
    }
```

(계속됨)

Listing 10.8 이진 데이터 파일의 처리

```
        catch(IOException e)
        {
            System.out.println("Error opening outputfile" + outputFileName);
            System.out.println(e.getMessage());
            System.exit(0);
        }
    }
```

실생활 응용에서 사용되는 클래스라면 출력 파일에 데이터를 쓰기 전에 보통 좀 더 복잡한 방법으로 입력 데이터를 가공하고 변환한다. 그런 클래스에는 메소드도 더 많을 것이다.

```
    public void timesTwo()
    {
        try
        {
            while (true)
            {
                int next = inputStream.readInt();
                outputStream.writeInt(2 * next);
            }
        }
        catch(EOFException e)
        {
            // 아무것도 하지 않는다. 루프를 종료시킬 뿐이다.
        }
        catch(IOException e)
        {
            System.out.println( "Error: reading or writing files.");
            System.out.println(e.getMessage());
            System.exit(0);
        }
    }
    public void closeFiles()
    {
        try
        {
            inputStream.close();
            outputStream.close();
        }
        catch(IOException e)
        {
            System.out.println("Error closing files " + e.getMessage());
            System.exit(0);
        }
    }
}
```

러 메소드에서 수행되는 점을 주목하라.

여기서 try 블록은 매우 작아서 예외가 발생하면 가장 가까운 catch 블록에서 그를 처리할 수 있다. try 블록의 수를 줄이고 크게 만들면 전체 코드의 어느 부분에서 현재 발생한 예외를 처리하게 되는지 판단하기 힘들 수도 있다.

GOTCHA 예외, 예외, 예외

텍스트 파일의 입출력과 관련해서는 예외가 발생하지 않지만 같은 상황에서 이진 파일에 대해서는 예외가 발생할 수 있다. 따라서 이진 파일로 작업할 때는 텍스트 파일로 작업할 때보다 훨씬 많이 예외 처리를 할 필요가 있다. 예를 들어 PrintWriter형의 스트림에 연결된 텍스트 파일을 닫을 때는 아무런 예외도 발생하지 않는다. 그러나 지금까지 설명한 클래스에 속하는 이진 파일 스트림을 닫을 때는 IOException이 발생할 수 있다. 이진 파일 입출력을 수행할 때는 거의 모든 것이 예외를 발생시킬 가능성이 있다. 또한 writeObject와 readObject 메소드의 경우, 그림 10.5와 10.6에서 보다시피 발생하는 예외의 종류도 많다. ■

자습문제 SELF-TEST QUESTIONS

22 입력 스트림을 하나 생성하여 mydata.dat라는 이름의 이진 파일에 연결하고 싶다고 하자. 다음 코드가 그 작업을 수행하는가? 수행하지 못한다면, 제대로 수행할 수 있도록 하는 유사한 코드를 작성할 수 있는가?

```
ObjectInputStream inputStream = new ObjectInputStream("mydata.dat");
```

23 FileIntputStream 클래스에 readInt라는 메소드가 있는가? readDouble 메소드는 있는가? readUTF 메소드가 있는가?

24 FileOutputStream 클래스에 파일의 이름을 인자로 전달받는 생성자가 있는가?

25 ObjectOutputStream 클래스에 파일의 이름을 인자로 전달받는 생성자가 있는가?

26 이 장에서 설명한 방법대로 출력용 이진 파일을 열 때 예외가 발생할 가능성이 있는가? 어떤 종류의 예외인가? 출력 대신 입력용 이진 파일을 여는 것에 대해 같은 질문을 하면 답은 무엇인가?

27 어떤 이진 파일에 정확히 세 개의 수가 기록되어 있는데, 이들은 ObjectOutputStream

의 writeDouble 메소드를 사용해 기록했다고 하자. 더 나아가 ObjectInputStream의 readDouble 메소드를 세 번 호출하여 이 세 개의 수를 읽는 프로그램을 작성한다고 가정하자. 이 프로그램이 readDouble을 네 번째로 호출하면 무슨 일이 발생하는가?

28 다음 코드는 Listing 10.7의 프로그램 일부이다.

```
try
{
    while (true)
    {
            int anInteger = inputStream.readInt();
            System.out.println(anInteger);
    }
}
catch(EOFException e)
{
    System.out.println("End of reading from file.");
}
```

왜 이 코드에 무한 루프가 없다고 할 수 있는가?

29 temperatures.dat라는 이름의 이진 파일에 기록된 모든 수를 화면에 출력하는 완전한 자바 프로그램을 작성하라. 파일의 내용은 모두 writeDouble 메소드를 사용해 기록했다고 가정한다.

10.5 객체와 배열의 이진 파일 입출력

이 절에서는 클래스의 객체와 역시 실제로는 객체인 배열에 대한 이진 파일 입출력에 대해 설명한다. ObjectInputStream과 ObjectOutputStream 클래스를 사용하게 된다.

객체에 대한 이진 파일 입출력

앞 절에서 기본형의 값과 문자열을 어떻게 이진 파일에 기록하고, 다시 그 기록을 어떻게 파일에서 읽어 오는지를 살펴보았다. 문자열이 아닌 다른 객체를 파일에 읽고 쓰려면 어떻게 해야 할까? 물론 객체의 각 인스턴스 변수를 파일에 따로따로 기록하고, 나중에 파일을 읽을 때 객체로 재조립하는 어떤 방법을 고안해 낼 수 있다. 그러나 인스턴스 변수는 다시 어떤 객체일 수 있고, 또 그 객체는 인스턴스 변수로 또 객체를 가질 수 있기 때문에 이 방식으로 객체를 기록하는 것은 매우 어려운 작업으로 보인다.

다행히도 자바에는 객체를 일련의 바이트로 표현해 이진 파일에 기록할 수 있는 간단한 방법, 즉 **객체 직렬화**(object serialization)라는 기법이 있다. 이 과정은 어떤 객체가 **직렬화 가능한**(serializable) 클래스에 속할 때 자동으로 수행된다. 직렬화 가능한 클래스를 만들기는 쉽다. 클래스를 정의할 때 이름 옆에 `implements Serializable`을 추가하면 된다. 다음 예와 같다.

```
public class Species implements Serializable
```

사실 클래스의 인스턴스 변수와 관련된 세부 사항에 대해 주의할 필요가 있지만, 이 절의 예제와는 관계가 없으므로 다음 절에서 자세한 설명을 하기로 한다. 직렬화의 의미에 대해서도 그때 살펴볼 것이다.

`Serializable`은 자바 클래스 라이브러리에 정의된 하나의 인터페이스로 `java.io` 패키지에 속한다. 이 인터페이스의 내부에는 사실 아무것도 없기 때문에 추가로 구현할 메소드 같은 것도 없다. 빈 인터페이스라 쓸모없어 보이지만, 이것으로 자바가 어떤 클래스를 직렬화 가능한 것으로 만들어 준다. 이를 사용하려면 다음의 `import` 문을 프로그램에 포함해야 한다.

```
import java.io.Serializable;
```

5장의 Listing 5.19에서 작성했던 `Species` 클래스를 직렬화하고 생성자와 `toString` 메소드를 추가한 프로그램이 Listing 10.9에 있다. 이진 파일에 객체를 기록하고 읽어

Listing 10.9 이진 파일 입출력을 위해 직렬화된 Species 클래스

이 프로그램은 5장의 Listing 5.19에 있는 Species 클래스를 수정, 대체한 새로운 클래스 정의이다.

```
import java.io.Serializable;
import java.util.Scanner;

/**
멸종 위기종에 대한 데이터를 저장하는 직렬화 클래스
*/
public class Species implements Serializable
{
    private String name;
    private int population;
    private double growthRate;

    public Species()
```

이 두 단어와 import 문을 사용함으로써 클래스를 직렬화 가능한 것으로 만들 수 있다.

(계속됨)

Listing 10.9 이진 파일 입출력을 위해 직렬화된 Species 클래스

```
    {
        name = null;
        population = 0;
        growthRate = 0;
    }

    public Species(String initialName, int initialPopulation,
                   double initialGrowthRate)
    {
        name = initialName;
        if (initialPopulation >= 0)
            population = initialPopulation;
        else
        {
            System.out.println("ERROR: Negative population.");
            System.exit(0);
        }

        growthRate = initialGrowthRate;
    }
    public String toString()
    {
        return ("Name = " + name + "\n" +
                "Population = " + population + "\n" +
                "Growth rate = " + growthRate + "%");
    }
        <다른 메소드들은 5장의 Listing 5.19에 있는 것과 같은데,
        이 장에서 설명하는 내용에는 필요하지 않다.>
}
```

오는 작업을 보여 주기 위해 이 Species 클래스를 사용하기로 한다.

직렬화 가능한 클래스의 객체는 ObjectOutputStream 클래스의 writeObject 메소드를 사용해 이진 파일에 기록할 수 있고, ObjectInputStream 클래스의 readObject 메소드를 사용해 파일에서 읽을 수 있다. Listing 10.10은 이 과정을 보여 주는 프로그램이다. Species 클래스의 한 객체를 이진 파일에 쓰기 위해 다음과 같이 writeObject 메소드의 인자로 객체를 전달한다.

```
outputStream.writeObject(oneSpecies);
```

여기서 outputStream은 ObjectOutputStream의 스트림 객체이고, oneSpecies는 Species 클래스의 객체이다.

Listing 10.10 클래스 객체를 파일로 입출력하기

```
import java.io.FileInputStream;
import java.io.FileOutputStream;
import java.io.IOException;
import java.io.ObjectInputStream;
import java.io.ObjectOutputStream;

public class ClassObjectIODemo
{
    public static void main(String[] args)
    {
        ObjectOutputStream outputStream = null;
        String fileName = "species.records";

        try
        {
            outputStream = new ObjectOutputStream(
                                new FileOutputStream(fileName));
        }
        catch(IOException e)
        {
            System.out.println("Error opening output file " + fileName + ".");
            System.exit(0);
        }
        Species califCondor = new Species("Calif. Condor", 27, 0.02);
        Species blackRhino = new Species("Black Rhino", 100, 1.0);
        try
        {
            outputStream.writeObject(califCondor);
            outputStream.writeObject(blackRhino);
            outputStream.Close();
        }
        catch(IOException e)
        {
            System.out.println("Error writing to file " + fileName + ".");
            System.exit(0)
        }

        System.out.println("Records sent to file " + fileName + ".");
        System.out.println(
             "Now let's reopen the file and echo the records.");
        ObjectInputStream inputStream = null;

        try
        {
            inputStream = new ObjectInputStream(
                               new FileInputStream("species.records"));
        }
```

(계속됨)

Listing 10.10 클래스 객체를 파일로 입출력하기

```
        catch(IOException e)
        {
            System.out.println("Error opening input file " + fileName + ".");
            System.exit(0);
        }
        Species readOne = null, readTwo = null;

        try
        {
            readOne = (Species)inputStream.readObject();
            readTwo = (Species)inputStream.readObject();
            inputStream.close();
        }

        catch(Exception e)
        {
            System.out.println("Error reading from file " + fileName + ".");
            System.exit(0);
        }

        System.out.println("The following were read\n" +
                           "from the file " + fileName + ".");
        System.out.println(readOne);
        System.out.println();
        System.out.println(readTwo);

        System.out.println("End of program.");
    }
}
```

형 변환에 주목하라.

예외 별로 따로 catch 블록을 만드는 것이 더 좋은 방법이다. 여기서는 공간을 절약하기 위해 하나로 처리한다.

실행 결과 출력

```
Records sent to file species.records.
Now let's reopen the file and echo the records.
The following were read
from the file species.records.
Name = Calif. Condor
Population = 27
Growth rate = 0.02%
Name = Black Rhino
Population = 100
Growth rate 1.0%
End of program.
```

> **기억하세요! 이진 파일에 객체 쓰기**
>
> 이진 파일에 writeObject 메소드를 사용해 객체를 쓰려면 객체의 클래스가 직렬화 가능한 것이어야 한다. 자신이 정의하지 않은 기존의 클래스를 사용하기 위해 클래스 명세서를 참조할 때는 implements Serializable이 명시되어 있는지 확인한다.

writeObject 메소드를 사용해 이진 파일에 기록된 객체는 Listing 10.10에 있는 다음 코드와 같이 ObjectInputStream 클래스의 readObject 메소드로 읽을 수 있다.

```
readOne = (Species)inputStream.readObject();
```

여기서 inputStream은 ObjectInputStream 클래스의 스트림이고, ObjectOutputStream 클래스의 writeObject를 사용해 기록된 데이터가 저장된 파일에 연결되어 있다. 파일의 데이터는 Species 클래스의 객체로 구성되어 있고, 변수 readOne은 Species형이다. readObject의 반환값은 Object형의 한 객체임을 기억하라. 읽은 값을 Species형의 객체로 사용하고 싶다면, 반환된 객체를 Species형으로 형 변환해야 한다.

이 예제의 설명을 마무리하기 전에 오해하기 쉬운 점을 하나 명확히 하고 넘어가자. Species 클래스에는 toString 메소드가 있는데, 이 메소드는 println 메소드를 사용해 화면이나 텍스트 파일로 출력하는 데이터가 제대로 보이도록 하고 싶을 때 필요한 것이다. 그러나 toString 메소드는 이진 파일에 객체를 입출력하는 것과는 아무 관계가 없다. toString 메소드를 재정의하지 않더라도 이진 파일의 객체 입출력은 문제 없이 작동한다.

직렬화 세부 사항

앞 절에 나온 직렬화에 대한 설명에는 세부 사항이 빠져 있는데, 이제 그 부분을 채워 직렬화 가능한 클래스를 완전히 정의해 보자. 앞에서 인스턴스 변수가 객체가 될 수 있고, 그것이 또 다른 객체를 인스턴스 변수로 가질 수도 있다는 점을 언급한 적이 있다. 실제로 Species 클래스의 한 인스턴스 변수는 문자열이다. 직렬화 가능한 클래스의 인스턴스 변수가 클래스형일 때, 그 인스턴스 변수가 속한 클래스 역시 직렬화 가능해야 하고, 그 클래스 내부의 모든 단계의 인스턴스 변수도 마찬가지로 직렬화 가능해야 한다.

따라서 다음 조건이 만족하는 경우에 어떤 클래스가 직렬화 가능한 것이라 한다.

- 클래스가 Serializable 인터페이스를 구현한다.
- 클래스형의 인스턴스 변수가 있는 경우, 그 변수는 직렬화 가능한 클래스의 객체다.
- 클래스의 직속 상위 클래스(있다면)가 직렬화 가능한 것이거나 기본 생성자를 가지고 있다.

예를 들어 Species 클래스는 Serializable 인터페이스를 구현하고 String형의 인스턴스 변수를 가지는데, String 클래스 역시 직렬화 가능하다. 직렬화 가능한 클래스의 하위 클래스 역시 직렬화 가능하기 때문에 Species에서 파생된 다른 클래스 또한 직렬화 가능하다.

클래스를 직렬화 가능하게 만든다는 것은 어떤 효과가 있을까? 어떤 의미로는 클래스에 미치는 영향이 하나도 없다고 할 수 있지만, 그 클래스의 객체에 대한 파일 입출력을 수행하는 자바의 방식에 영향을 미친다. 어떤 클래스가 직렬화 가능한 경우, 자바는 ObjectOutputStream형의 스트림에 그 클래스의 객체를 기록할 때 각 객체에 **일련 번호**(serial number)를 부여한다. 하나의 객체가 한 번 이상 스트림에 기록되는 경우, 자바는 처음 한 번만 데이터를 기록하고 그 이후에는 객체의 데이터를 모두 중복해서 기록하는 것이 아니라 일련 번호만 기록한다. 이렇게 함으로써 파일 입출력을 훨씬 효율적으로 수행하고 파일의 크기를 줄일 수 있다. ObjectInputStream형의 스트림을 사용해 파일을 읽을 때는 동일한 객체에 대한 참조로 중복된 일련 번호가 반환된다. 이는 두 개의 변수가 동일한 객체에 대한 참조값을 가진 경우, 두 변수의 객체를 파일에 기록하고 나중에 파일에서 읽어 올 때, 읽어 온 두 객체가 동일한 객체에 대한 참조값이 된다는 것을 의미한다. 즉 객체를 파일에 기록하고 다시 읽을 때 객체 데이터의 구조에 전혀 손상이 없다는 것이다.

직렬화할 수 있다는 것은 대단해 보인다. 그러면 왜 모든 클래스를 직렬화 가능하도록 하지 않을까? 어떤 경우 이는 보안의 문제다. 일련 번호 시스템을 사용함으로써 프로그래머는 보조 기억 장치에 저장된 객체 데이터에 쉽게 접근할 수 있다. 다른 이유로는 그 데이터를 나중에 다시 읽을 일이 없기 때문에 보조 기억 장치에 객체를 기록한다는 것이 무의미한 경우가 있다는 것이다. 예를 들어 하나의 시스템에 종속적인 데이터를 포함하는 객체는 다른 작업에서는 의미가 없을 수도 있다.

이진 파일에서의 배열 객체

자바는 배열을 객체로 취급하기 때문에 배열 전체를 이진 파일에 기록하기 위해 writeObject 메소드를 사용할 수 있고, 파일에서 그것을 다시 읽기 위해 readObject 메소드를 사용할 수 있다. 이 작업을 할 때 배열 요소가 클래스형이면 그 클래스는 직렬화 가능해야 한다. 이는 하나의 직렬화 가능한 클래스의 데이터를 모두 하나의 배열에 저장한다면, writeObject 메소드를 사용해 이진 파일에 전체 데이터를 한 번에 기록할 수 있다는 뜻이다.

예를 들어 Species 객체의 배열인 group이 있다고 하자. ObjectOutputStream의 객체인 toFile이 이진 파일에 연결된 스트림이라 할 때, 다음 문장을 사용해 그 배열을 파일에 기록할 수 있다.

```
toFile.writeObject(group);
```

파일을 생성한 후에는 다음 문장으로 배열을 읽어 올 수 있다.

```
Species[] myArray = (Species[])fromFile.readObject();
```

여기서 fromFile은 ObjectInputStream의 객체로 앞에서 생성한 파일에 연결되어 있는 것이다.

배열의 기본형인 Species가 직렬화 가능하다는 점과 파일에서 배열을 읽어 올 때 형 변환을 해야 한다는 점을 주목하라. readObject는 반환값으로 Object형의 객체를 반환하기 때문에 적절한 배열형으로 형 변환이 되어야 하고, 여기서는 Species[]가 된다.

Listing 10.11은 이진 파일에 배열을 기록하고 다시 읽는 예제 프로그램이다. 배열 oneArray와 anotherArray를 모두 try 블록의 외부에 선언했는데, 이는 try 블록 내외부에서 모두 사용할 필요가 있기 때문이다. anotherArray는 null 값으로 초기화되어 있는 반면, newSpecies[2]는 그렇지 않다는 점도 주목하라. 여기서 새로운 배열을 할당한다고 해도 뒤이은 readObject 호출로 인해 그것이 대체된다. 즉, readObject는 기존의 배열에 내용을 채우는 것이 아니라 새로운 배열을 생성하는 것이다.

Listing 10.11 배열 객체를 파일로 입출력하기

```
import java.io.FileInputStream;
import java.io.FileOutputStream;
import java.io.IOException;
import java.io.ObjectInputStream;
import java.io.ObjectOutputStream;

public class ArrayIODemo
{
    public static void main(String[] args)
```

(계속됨)

Listing 10.11 배열 객체를 파일로 입출력하기

```
    {
        Species[] oneArray = new Species[2];
        oneArray[0] = new Species("Calif. Condor", 27, 0.02);
        oneArray[1] = new Species("Black Rhino", 100, 1.0);

        String fileName = "array.dat";

        try
        {
            ObjectOutputStream outputStream =
                  new ObjectOutputStream(new FileOutputStream(fileName));
            outputStream.writeobject(oneArray);
            outputStream.close();
        }
        catch(IOException e)
        {
            System.out.println("Error writing to file " + fileName + ".");
            System.exit(0);
        }
        System.out.println("Array written to file " +
                                fileName + " and file is closed.");
        System.out.println("Open the file for input and " +
                               "echo the array.")
        Species[] anotherArray = null;
        try
        {
            ObjectInputStream inputStream =
                       new objectInputStream(
                               new FileInputStream(fileName));
            anotherArray = (Species[])inputStream.readobject();
            inputStream.close();
        }
        catch(Exception e)
        {
            System.out.println("Error reading file " + fileName + ".");
            System.exit(0);
        }
        System.out.println("The following were read from " +
                                "the file " + fileName + ":");
        for (int i = 0; i < anotherArray.length; i++)
        {
            System.out.println(anotherArray[i]);
            System.out.println();
        }
        System.out.println("End of program.");
    }
}
```

형 변환에 주목하라.

예외 별로 따로 catch 블록을 만드는 것이 더 좋은 방법이다. 여기서는 공간을 절약하기 위해 하나로 처리한다.

(계속됨)

Listing 10.11 배열 객체를 파일로 입출력하기

실행 결과 출력

```
Array written to file array.dat and file is closed.
Open the file for input and echo the array.
The following were read from the file array.dat:
Name = Calif. Condor
Population = 27
Growth rate = 0.02%
Name = black Rhino
Population = 100
Growth rate = 1.0%
End of program.
```

자습문제 SELF-TEST QUESTIONS

30 직렬화 가능한 클래스는 어떻게 만드는가?

31 ObjectInputStream 클래스의 readObject 메소드가 반환하는 값은 무슨 형인가?

32 ObjectOutputStream 클래스의 writeObject가 발생시킬 수 있는 예외는 어떤 것이 있는가? (자바 클래스 라이브러리 문서를 참조하기 바란다.)

33 ObjectInputStream 클래스의 readObject가 발생시킬 수 있는 예외는 어떤 것이 있는가? (자바 클래스 라이브러리 문서를 참조하기 바란다.)

10.6 그래픽 보조자료

그래픽 사용자 인터페이스, 즉 GUI는 단지 예쁘게 보여 주기 위한 것이 아니다. GUI의 진정한 목적은 실제 응용 프로그램의 인터페이스 역할이다. 이 절에서는 파일을 조작하는 데 사용되는 JFrame GUI의 예를 보여 줄 것이다.

프로그래밍 예제 파일 조작을 위한 JFrame GUI

Listing 10.12의 프로그램은 텍스트 파일과 관련된 여러 기본 작업들을 수행할 수 있도록 JFrame을 사용해 GUI를 구성한다. 이 GUI에는 세 개의 버튼과 두 개의 문자열 필드가 있다. 사용자는 지정된 문자열 필드에 파일 이름을 입력할 수 있다. 그다음 Show first line 버튼을 누르면, 파일의 첫 번째 줄이 다른 문자열 필드에 나타나 파일의 내용을 확인할 수 있다. 그러나 파일이 존재하지 않거나 읽을 수 없는 경우, 내용 대신 상황을 설명하는 메시지가 문자열 필드에 나타난다. 그리고 지정한 파일이 텍스트 파일이 아닐 때는 무슨 말인지 알 수 없는 문자가 나타날 것이다.

Listing 10.12 파일 관리자 GUI

```
import javax.swing.JFrame;
import javax.swing.JButton;
import javax.swing.JFrame;
import javax.swing.JTextField;
import java.awt.Color;
import java.awt.Container;
import java.awt.FlowLayout;
import java.awt.Graphics;
import java.awt.event.ActionEvent;
import java.awt.event.ActionListener;
import java.io.File;
import java.io.FileNotFoundException;
import java.util.Scanner;

public class FileOrganizer extends JFrame implements ActionListener
{
    public static final int WIDTH = 400;
    public static final int HEIGHT = 300;
    public static final int NUMBER_OF_CHAR = 30;

    private JTextField fileNameField;
    private JTextField firstLineField;

    public FileOrganizer()
    {
        setSize(WIDTH, HEIGHT);
        WindowDestroyer listener = new WindowDestroyer();
        addWindowListener(listener);
        Container contentPane = getContentPane();
        contentPane.setLayout(new FlowLayout());

        JButton showButton = new JButton("Show first line");
        showButton.addActionListener(this);
        contentPane.add(showButton);
```

(계속됨)

Listing 10.12 파일 관리자 GUI

```
        JButton removeButton = new JButton("Remove file");
        removeButton.addActionListener(this);
        contentPane.add(removeButton);

        JButton resetButton = new JButton("Reset");
        resetButton.addActionListener(this);
        contentPane.add(resetButton);

        fileNameField = new JTextField(NUMBER_OF_CHAR);
        contentPane.add(fileNameField);
        fileNameField.setText("Enter file name here.");

        firstLineField = new JTextField(NUMBER_OF_CHAR);
        contentPane.add(firstLineField);
    }
    public void actionPerformed(ActionEvent e)
    {
        String actionCommand = e.getActionCommand();
        if (actionCommand.equals("Show first line"))
            showFirstLine();
        else if (actionCommand.equals("Remove file"))
            removeFile();
        else if (actionCommand.equals("Reset"))
            resetFields();
        else
            firstLineField.setText("Unexpected error.");
    }
    private void showFirstLine()
    {
        Scanner fileInput = null;
        String fileName = fileNameField.getText();
        File fileObject = new File(fileName);

        if (!fileObject.exists())
            firstLineField.setText("No such file");
        else if (!fileObject.canRead())
            firstLineField.setText("That file is not readable.");
        else
        {
            try
            {
                fileInput = new Scanner(fileObject);
            }
            catch(FileNotFoundException e)
            {
                firstLineField.setText("Error opening the file " +
                                        fileName);
            }
            String firstLine = fileInput.nextLine();
            firstLineField.setText(firstLine);
```

(계속됨)

Listing 10.12 파일 관리자 GUI

```
            fileInput.close();
        }
    }
    private void resetFields()
    {
        fileNameField.setText("Enter file name here.");
        firstLineField.setText("");
    }
    private void removeFile()
    {
        Scanner fileInput = null;
        String firstLine;
        String fileName = fileNameField.getText();
        File fileObject = new File(filename);

        if (!fileObject.exists())
            firstLinefield.setText("No such file");
        else if (!fileObject.canWrite())
            firstLineField.setText("Permission denied.");
        else
        {
            if (fileObject.delete())
                firstLineField.setText("File deleted.");
            else
                firstLineField.setText("Could not delete file.");
        }
    }
    public static void main(String[] args)
    {
        FileOrganizer gui = new FileOrganizer();
        gui.setVisible(true);
    }
}
```

GUI의 초기 상태 또는 리셋 버튼이 클릭된 경우의 화면 출력

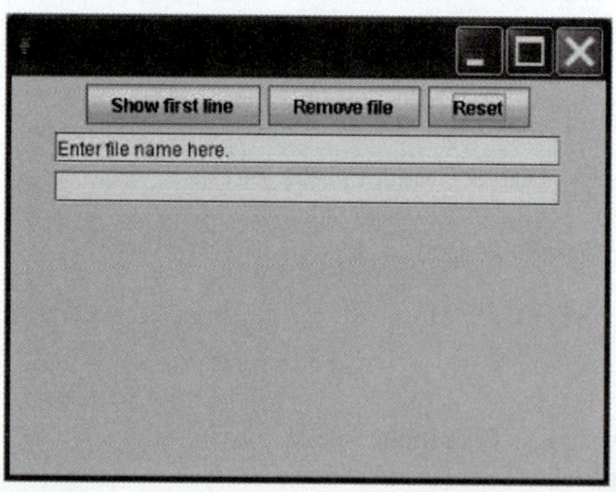

(계속됨)

Listing 10.12 파일 관리자 GUI

파일 이름을 입력하고 Show first line 버튼을 누른 후의 화면 출력

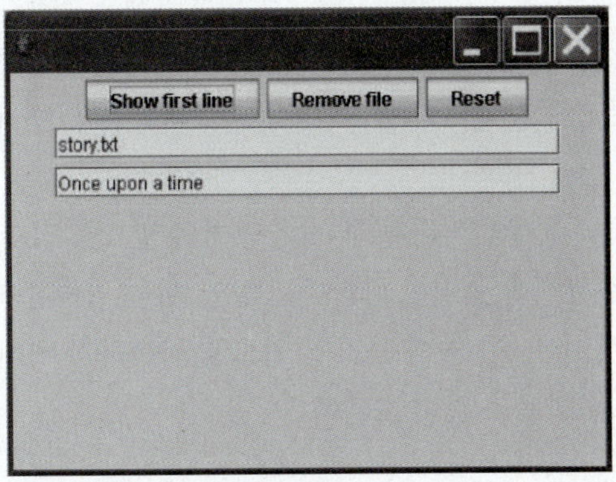

파일의 첫 번째 줄이 나타난다.

Remove file 버튼을 누른 후의 화면 출력

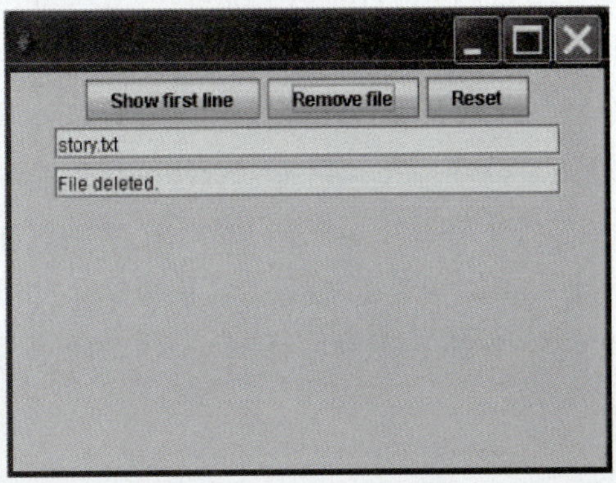

파일 이름을 입력하고 Show first line 버튼을 누른 후의 화면 출력

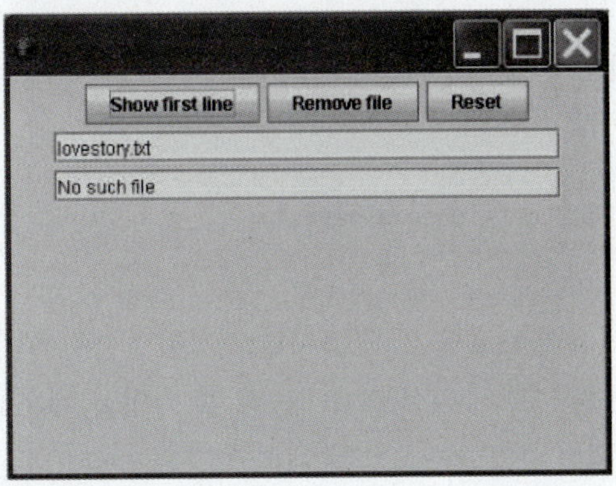

입력한 이름의 파일이 존재하지 않는다.

파일을 삭제하고 싶을 때는 문자열 필드에 파일 이름을 입력하고 Remove file 버튼을 누른다. 파일이 존재하고 사용자에게 쓰기가 허용되어 있는 경우, 파일은 지워지고 확인 메시지가 나타난다. 파일이 존재하지 않거나 사용자에게 쓰기가 허용되어 있지 않는 경우, 즉 사용자가 그 파일을 지울 수 없는 경우에는 적절한 메시지가 나타난다. 마지막으로 Reset 버튼은 문자열 필드를 초기 상태로 되돌린다. 이제 코드를 자세히 살펴보자.

이 클래스의 생성자에서는 세 개의 버튼과 두 개의 문자열 필드를 정의한다. 두 개의 문자열 필드가 있다는 것은 한쪽에 출력이 나타나는 동안 처음 입력한 파일의 이름이 보이는 채로 남아 있다는 뜻이다. 두 개의 문자열 필드를 구분하기 위해 파일 이름을 입력하는 쪽의 문자열 필드는 다음과 같이 초기화된다.

```
fileNameField.setText("Enter file name here.");
```

위와 같은 메시지가 문자열 필드 내부가 아니라 외부에 나타나도록 문자열 필드에 레이블을 부착하는 방법을 설명한다.

actionPerformed 메소드는 어느 버튼이 클릭되었는지 판명하고, 클래스에 있는 세 개의 전용 메소드 중 하나를 호출하여 해당 버튼에 적합한 동작을 수행한다. 메소드 showFirstLine은 문자열 필드에서 파일의 이름을 추출하여 그 파일의 존재 여부와 읽기 권한을 확인한 후, 입력용으로 그 파일을 연다. 그다음 파일의 첫 번째 줄을 읽어 두 번째 문자열 필드에 출력한 후, 파일을 닫는다. 이 세 단계의 작업은 다음 문장들로 수행된다.

```
String firstLine = fileInput.readLine();
firstLineField.setText(firstLine);
fileInput.close();
```

다른 파일 이름을 입력하기 전에 사용자는 Reset 버튼을 눌러 두 개의 문자열 필드를 다음과 같이 설정해야 한다.

```
fileNameField.setText("Enter file name here.");
firstLineField.setText("");
```

두 번째 문장은 문자열 필드의 내용을 공백 문자열로 채워 화면에 아무것도 나타나지 않게 한다. (Reset 버튼을 누르지 않아도 GUI는 이후 작업을 제대로 수행하겠지만, 눌러 주면 더 명확한 출력이 나타난다.) 이 두 개의 문장은 Reset 버튼을 눌렀을 때 actionPerformed가 호출하는 전용 메소드인 resetFields에 들어 있다.

마지막으로 Remove file 버튼이 클릭되면 actionPerformed는 전용 메소드인 removeFile을 호출한다. removeFile은 파일의 존재 여부와 쓰기 권한을 확인한 다음, 다음 코드를 이용해 파일을 삭제한다.

```
if (fileObject.delete())
    firstLineField.setText("File deleted.");
else
    firstLineField.setText("Could not delete file.");
```

fileObject.delete()를 호출하면 파일의 삭제를 시도한다. 삭제가 성공하면 delete는 true를 반환하고, 그렇지 않으면 false를 반환한다.

이 예에서는 클래스 내부의 main 메소드에서 GUI 객체를 생성하고 출력하였다. main 메소드를 클래스 내부에 두느냐 다른 클래스에 두느냐는 단지 상황에 따라 달라질 수 있으며, 어느 정도는 개인적인 선호도의 문제다.

자습문제 SELF-TEST QUESTIONS

34 Listing 10.12의 FileOrganizer 클래스에는 GUI를 생성하고 출력하는 main 메소드가 포함되어 있다. 이렇게 하지 않고 별도의 클래스를 만들어 그 내부에 main 메소드를 두고, FileOrganizer 클래스의 main 메소드는 삭제해도 문제가 없는가?

35 Listing 10.12에서 예외를 발생시킬 가능성이 있는 모든 메소드에 단지 throws 절을 추가하여 직접 예외를 처리하지 않도록 하는 것이 가능한가?

GOTCHA 애플릿은 다른 컴퓨터의 파일을 조작할 수 없다

보안상의 문제 때문에 애플릿이 할 수 있는 작업에는 제한 사항이 있다. 애플릿은 웹페이지 내부에 포함되어 웹으로 연결된 어딘가에 있는 다른 컴퓨터에서 동작하도록 설계되었기 때문에, 자바를 만든 사람들은 다른 컴퓨터에 있는 파일을 애플릿이 건드릴 수 있도록 허용하지 않았다. 따라서 Listing 10.12의 JFrame GUI와 동일하게 작업 중인 컴퓨터의 파일을 읽고 쓰는 기능을 할 수 있는 애플릿은 작성할 수 없다. 그러나 같은 기능의 애플릿을 작성해 자신의 컴퓨터에서 애플릿 뷰어 프로그램으로 수행시킬 때는 자기 컴퓨터의 파일을 조작할 수 있다. 그러나 그런 경우에도 애플릿보다는 JFrame GUI를 사용하는 편이 낫다. ■

프로그래밍 팁_어떤 경우에 GUI 컴포넌트를 인스턴스 변수로 정의할 것인가?

어떤 GUI 컴포넌트가 하나의 클래스 내에서 하나 이상의 메소드에서 사용할 수 있어야 할 때는, 이를 여러 메소드에 인자로 전달하기보다는 인스턴스 변수로 선언하는 것이 더 편리하다. 예를 들어 Listing 10.12를 보면 두 개의 문자열 필드, `fileNameField`와 `firstLineField`가 생성자에서 생성되고 초기화되어 `main`을 제외한 다른 모든 메소드에서 사용되고 있음을 알 수 있다. 이들 문자열 필드는 인스턴스 변수로 정의되어 있다.

그러나 생성자가 정의하는 버튼을 살펴보자. 이들은 생성자 내에서만 사용되기 때문에 메소드 내의 지역 변수로 해도 무방하다. 물론 `actionPerformed` 메소드에 버튼의 동작에 대한 코드가 포함되어 있지만 버튼 자체를 이름으로 참조하지는 않는다. 대신 버튼을 클릭했을 때 생성되는 동작 이벤트에서 동작 명령을 알아낼 수 있다. 이 동작 명령이 `actionPerformed` 내에서 처리되기 때문에 버튼 자체가 인스턴스 변수가 되어야 할 이유가 없다. ■

요약 SUMMARY

- 문자로 구성된 문자열의 집합으로 간주되고, 프로그램이나 텍스트 편집기에서 문자로 나타나는 파일을 텍스트 파일이라 한다. 그 외 모든 파일은 이진 파일이라 한다.
- 프로그램에서 텍스트 파일에 데이터를 기록하기 위해 `PrintWriter` 클래스를 사용할 수 있고, 텍스트 파일에서 데이터를 읽어 오기 위해 `Scanner` 클래스를 사용할 수 있다.
- 어떤 파일을 입력할 때, 항상 파일의 끝을 검사하고, 파일의 끝에 도달한 경우 적절한 조치를 취해야 한다. 파일의 끝을 검사하는 방법은 프로그램이 읽고 있는 파일이 텍스트 파일인지 또는 이진 파일인지에 따라 다르다.
- 파일의 이름을 키보드에서 읽어 `String`형의 변수에 저장하고, 이후 파일 이름 대신 그 변수를 사용할 수 있다.
- 주어진 이름의 파일의 존재 여부를 알아보기 위해 `File` 클래스를 사용할 수 있다. 또한 프로그램이 파일을 읽을 권한과 쓸 권한이 있는지 검사할 때도 사용할 수 있다.
- 프로그램에서 이진 파일에 데이터를 기록하기 위해 `ObjectOutputStream` 클래스를 사용할 수 있고, 이진 파일에서 데이터를 읽어 오기 위해 `ObjectInputStream` 클래스를 사용할 수 있다.
- 프로그램에서 이진 파일에 클래스 객체나 배열을 기록하기 위해 `ObjectOutputStream` 클래스의 `writeObject` 메소드를 사용할 수 있다. 또한

ObjectInputStream의 readObject 메소드를 사용해 객체나 배열을 이진 파일에서 읽어 올 수 있다.

- ObjectOutputStream의 writeObject 메소드와 ObjectInputStream의 readObject 메소드를 사용하기 위해서는 이진 파일에 기록되는 객체가 속한 클래스가 Serializable 인터페이스를 구현해야 한다.

연습문제 EXERCISES

1 스트림이란 무엇인가? 입력 스트림과 출력 스트림의 차이점은 무엇인가? 텍스트 파일과 이진 파일 중 저장 공간을 적게 차지하는 것은 어느 것인가?

2 FileNotFoundException 클래스를 포함하는 패키지는 무엇인가? 버퍼란 무엇인가? 버퍼링의 장점을 설명하라.

3 파일에 이름을 붙일 때 규칙은 무엇인가? 파일 output.txt를 열어서 마지막 부분 이후에 데이터를 추가하기 위한 문법을 작성하라. 파일을 제대로 열 수 없는 경우 발생하는 예외는 무엇인가? File 클래스를 포함하는 패키지는 무엇인가?

4 어떤 무역상의 거래를 기록하는 프로그램을 작성하라. 각각의 거래에 대해 제품의 이름, 가격, 구매량을 키보드에서 입력받도록 하라. 각 거래의 구매액(구매량 × 가격)을 계산하고, 모든 데이터를 텍스트 파일에 기록하라. 또한 이 정보와 현재까지의 매입 비용 합계를 화면에 출력하라. 모든 제품에 대한 거래 내역이 입력된 후 총매입 비용을 화면과 파일에 모두 출력하라. 기록된 모든 거래 내역이 보존되기를 원하기 때문에 새로운 데이터는 기존 파일의 끝에 추가되어야 한다.

5 9장의 연습문제 13번에서 설명한 LapTimer 클래스를 다음과 같이 수정하라.

- 시간을 파일 스트림에 기록할 수 있도록 속성을 추가하라.
- n 바퀴가 걸리는 경주에 대한 다음 생성자를 추가하라.

```
LapTimer(n, person, fileName)
```

이 생성자에 전달되는 인자인 선수 이름과 시간을 기록할 파일 이름은 모두 문자열로 주어진다. 생성자에서 파일을 열고 그 파일에 선수 이름을 기록해야 한다. 파일을 열 수 없는 경우에는 예외가 발생된다.

6 전화번호를 저장하는 TelephoneNumber 클래스를 작성하라. 이 클래스에는 다음 속성들이 있다.

- areaCode—3자리의 정수
- exchangeCode—3자리의 정수
- number—4자리의 정수

메소드는 다음과 같다.

- TelephoneNumber(aString)—xxx-xxx-xxxx 또는 지역 번호 없이 xxx-xxxx 형태로 이루어진 문자열을 인자로 받아 새로운 객체를 생성해 반환하는 생성자다. 번호가 형식에 맞지 않으면 예외를 발생시킨다. (힌트 : 생성자를 단순하게 작성하기 위해 인자로 주어지는 전화번호에서 하이픈(-)을 공백 문자로 대체할 수 있다. 하이픈이 포함된 전화번호를 인식하기 위해 주어진 문자열을 한 글자씩 처리하거나, Scanner 클래스에서 공백이 아닌 글자를 구분자로 해서 문자열을 분리하는 방법을 찾아내 활용할 수 있다.)
- toString—생성자로 입력되는 두 가지 양식 중 한 가지로 만들어진 문자열을 반환한다.

텍스트 편집기를 사용해 여러 개의 전화번호가 수록된 텍스트 파일을 생성한다. 번호의 양식은 앞에서 설명한 두 가지 형태가 가능하다. 파일에 대해 다음 작업이 가능한 프로그램을 작성하라. 먼저 이 파일을 읽어서 화면에 출력하고, 기본형이 TelephoneNumber인 배열을 생성한다. 그다음 사용자가 파일에 하나의 전화번호를 추가하거나 파일에서 삭제할 수 있는 기능을 제공한다. 추가나 삭제가 되면 텍스트 파일에 수정된 내용을 기록하여 원래의 내용을 대체할 수 있도록 하라. 마지막으로 수정된 파일을 읽어서 전화번호를 출력한다.

7 한 사람의 연락처를 저장하는 클래스 ContactInfo를 작성하라. 이 클래스의 속성은 이름, 회사 전화, 집 전화, 휴대 전화, 이메일 주소, 집 주소 등이 있다. 그리고 toString 메소드가 있어서 이 속성 데이터를 하나의 문자열로 만들어 반환해야 하는데, 정보가 없는 속성은 적절한 대체 방식으로 표현해야 한다. 생성자 ContactInfo(aString)은 문자열 aString에 있는 데이터를 이용해 클래스의 새 인스턴스를 생성한다. 이 생성자에서 사용하는 문자열의 양식은 toString 메소드가 만들어 내는 문자열과 동일해야 한다.

이 텍스트 편집기를 이용해 앞에서 설명한 방식대로 여러 명의 연락처 정보를 수록한 텍스트 파일을 생성하라. 그리고 이 파일을 다음 순서대로 처리하는 프로그램을 작성하라. 먼저 파일을 읽어 들여 데이터를 화면에 출력한 다음, 기본형이 ContactInfo인 배열을 생성한다. 그다음 사용자에게 다음 세 가지 중 어떤 작업을 실행할지 요구한다. 한 연락처에 대한 정보 수정, 연락처 추가, 연락처 삭제. 사용자의 선택에 따라 해당 작업을 수행하고, 마지막으로 수정된 내역을 파일에 기록한다.

8 `Scanner` 클래스를 포함하는 패키지는 무엇인가? `Scanner` 클래스의 `hasNextLine()` 메소드가 반환하는 값은 자료형이 무엇인가?

9 경로 이름은 어떤 경우에 사용되는가? 완전 경로 이름과 상대 경로 이름의 차이점을 설명하라.

10 텍스트 파일을 한 줄씩 읽어 복사 파일을 만드는 프로그램을 작성하라. 원본 텍스트 파일의 이름과 생성할 복사 파일의 이름은 키보드에서 입력받도록 한다. 원본 파일의 존재와 읽기 권한 여부를 점검하기 위해 `File` 클래스의 메소드를 사용하라. 만약 없다면 적절한 오류 메시지를 출력하고 프로그램 실행을 중단한다. 마찬가지로 새 파일의 이름에 대해 존재 여부를 검사하라. 만약 동일한 이름의 파일이 있다면 경고 메시지를 출력하고, 프로그램을 중단할지, 기존 파일에 덮어쓰기를 할지, 또는 다른 이름으로 변경할지 사용자가 선택하도록 한다.

11 사람들의 성명이 나열된 텍스트 파일이 있다고 하자. 파일의 모든 성명은 하나의 이름(first name)과 하나의 성(last name)으로 구성되어 있다. 황당하게도 이 파일을 생성한 프로그래머의 이상한 유머 감각 때문에 하나의 성명이 한 줄에 기록되지 않은 경우가 있다. 이 성명 파일을 읽어 이름 앞에 "First Name", 성 앞에 "Last Name"을 추가하여 한 줄에 하나의 성명이 기록되도록 새로운 텍스트 파일을 생성하라. 예를 들어 입력 파일이 다음과 같다고 하자.

Ken Frank Roy
Robert Rich Marsh
Clarke
Kepler

출력 파일은 다음처럼 되어야 한다.

First Name – Ken Last Name – Frank
First Name – Roy Last Name – Robert
First Name – Rich Last Name – Marsh
First Name – Clarke Last Name – Kepler

12 `int` 또는 `double`형의 수가 기록된 이진 파일이 있다고 하자. 무슨 형의 수가 무슨 순서로 파일에 기록되어 있는지 알 수 없으나, 각 수의 형이 파일의 첫 부분에 문자

열로 기록되어 있다. 이 문자열은 `int`형에 대해 i, `double`형에 대해 d라는 문자를 사용해 나타나는 순서대로 구성되어 있으며, `writeUTF` 메소드를 사용해 기록된 것이다.

예를 들어, "iddiiddd"라는 문자열은 이 파일에 8개의 수가 있으며, 그 수들은 `int`형 한 개, `double`형 두 개, `int`형 두 개, `double`형 세 개의 순서로 기록되어 있음을 뜻한다. 이 이진 파일을 읽어 한 줄에 하나의 수를 기록한 텍스트 파일을 생성하는 프로그램을 작성하라.

13 디지털로 변환된 오디오 정보를 이진 파일에 저장하고 싶다고 하자. 하나의 오디오 신호는 연속되는 샘플 간에 변화가 그렇게 많지는 않다. 이런 경우, 전체 데이터값을 기록하는 것보다 데이터값에 변화가 있을 때만 기록하도록 하면 저장 공간을 많이 절약할 수 있다. 이 아이디어를 활용해 다음 프로그램을 작성해 보자.

프로그램 `StoreSignal`은 먼저 키보드 또는 텍스트 파일에서 여러 개의 양수를 입력받는다. 이때 각 수는 자기 앞의 수와의 차이가 127 이내여야 한다. 이진 파일을 생성하여 첫 번째 수를 기록하고, 그 이후의 수에 대해서는 바로 앞의 수와의 차이를 계산하여 그 결과를 `byte`형으로 변환한 후 이진 파일에 기록한다. 입력에서 음수가 나오면 데이터가 종료되었다고 인식하고 기록을 종료한다.

14 하나의 파일과 `File` 객체의 차이점은 무엇인가? 출력을 위한 이진 파일 `one.dat`를 생성하는 문법을 작성하라. 유니코드 텍스트 양식(UTF)이란 무엇인가? 객체 직렬화란 무엇인가?

15 이진 파일은 텍스트 파일이 아니지만 텍스트를 포함할 수 있다. 이를 알아보기 위해 프로그램을 하나 작성하라. 프로그램은 먼저 이진 파일을 열어 한 번에 한 바이트씩 읽는다. 그리고 읽은 값을 정수와 문자(ASCII 문자로 표현 가능할 때)로 각각 출력한다.

기술적 세부 사항 : 바이트를 문자로 변환하기 위해 다음 코드를 사용하라.

```
char[] charArray = Character.toChars(byteValue);
```

`toChars` 메소드의 인자 `byteValue`는 파일에서 읽어 온 한 바이트와 동등한 값의 `int`형 수이다. 그 바이트로 표현되는 문자가 `charArray[0]`이 된다. `int`형은 4바이트이기 때문에 `byteValue`는 네 개의 ASCII 문자를 표현할 수 있다. `toChars` 메소드는 4바이트 각각을 하나의 문자로 바꾸어 `char`형 배열에 저장한다. 여기서는 한 바이트만 취급하기 때문에 인덱스가 0인 요소만 처리하면 된다. 해당 바이트에 대응하는 문자가 없는 경우, 이 메소드는 `IllegalArgumentException`을 발생시

킨다. 예외가 발생하면 정숫값만 출력하고 다음 바이트로 진행하도록 한다.

프로그래밍 과제 PROGRAMMING PROJECTS

1 숫자로 구성된 파일을 검색하여 최댓값과 최솟값 및 모든 수의 평균을 출력하는 프로그램을 작성하라. 파일에 있는 수들이 어떤 특정 순서로 되어 있다고 가정할 수 없다. 파일의 이름은 사용자가 입력하도록 한다. 텍스트 파일이나 이진 파일에 대한 제약은 없다. 텍스트 파일을 사용하는 경우, 한 줄에 하나의 수가 있다고 가정한다. 이진 파일의 경우에는 `writeDouble`을 사용해 `double`형의 수를 기록한 것이라고 가정한다.

2 `int`형의 수가 기록된 파일을 읽어서 모든 수를 중복 없이 다른 파일에 기록하는 프로그램을 작성하라. 입력 파일의 수들은 최솟값에서 최댓값 순으로 정렬되어 있다고 가정한다. 프로그램의 실행이 끝나면 새로운 파일에는 원본 파일에 있던 수들이 하나씩만 기록되어 있어야 한다. 출력 파일 또한 작은 수부터 순서대로 기록되어야 한다. 두 파일의 이름은 사용자로부터 입력받으며, 텍스트 파일 또는 이진 파일에 대한 제약은 없다. 텍스트 파일의 경우 한 줄에 하나의 수가 있다고 가정한다. 이진 파일의 경우 `writeInt`를 사용해 `int`형의 수를 기록한 것이라고 가정한다.

3 텍스트 파일을 읽어 양식과 구두점 문제를 검사하는 프로그램을 작성하라. 먼저 입력과 출력에 사용할 파일의 이름은 사용자로부터 입력받는다. 그다음 입력 파일의 내용을 읽어 다음 두 가지를 만족하도록 수정하여 출력 파일에 기록한다. (1) 둘 이상의 공백은 하나의 공백으로 대체한다. (2) 모든 문장은 대문자로 시작한다. 이때 하나의 문장은 점, 물음표, 느낌표로 끝나면서 바로 다음에 하나 이상의 공백이 있는 것으로 인식한다.

4 임의의 수의 `Species` 객체를 이진 파일에 기록하는 Listing 10.10의 프로그램과 유사한 프로그램을 작성하라. (`Species` 클래스는 5장의 Listing 5.19에 있다.) 먼저 텍스트 편집기를 이용해 객체 데이터 파일을 작성하고, 프로그램에서는 파일의 이름을 입력받아 그 파일로부터 객체 데이터를 입력해 이진 파일에 기록한다. 그다음 생성한 이진 파일을 검색하여 사용자가 요청한 멸종 위기종에 대한 정보를 찾아 출력해 주는 두 번째 프로그램을 작성하라. 사용자는 먼저 파일의 이름을 입력하고, 그다음 원하는 종의 이름을 입력한다. 프로그램에서는 요청된 종의 정보를 찾아 출력하거나, 그 종이 파일에 기록되어 있지 않은 경우 적절한 메시지를 출력하도록 한다. 그 후 검색을 계속할지 종료할지 사용자가 선택하도록 한다.

5 앞의 프로그래밍 과제에서 생성된 파일을 읽어 다음 정보를 화면에 출력하는 프로그램을 작성하라.

- 개체수가 가장 적은 종의 데이터
- 개체수가 가장 많은 종의 데이터

파일의 객체는 특정한 순서 없이 기록되어 있다. 파일의 이름은 사용자가 지정하도록 한다.

6 프로그래밍 과제 4번에서 `Species` 클래스의 객체가 기록된 이진 파일을 생성하는 프로그램을 작성한다. 이번에는 그 프로그램에서 생성된 파일을 읽어 100년 후의 추정값으로 개체수를 수정하고, 새로운 파일에 수정된 객체 정보를 기록하는 프로그램을 작성하라. `Species` 클래스의 `predictPopulation` 메소드를 사용하고, 각 종의 증가율은 임의로 주어졌다고 가정한다.

7 문자 전송(text messaging), 또는 단문 메시지(short message)는 보편화된 통신 방법이다. 공식적인 문서에는 적합하지 않을 수 있는 약어나 이모티콘이 문자에서는 일상적으로 사용된다. 이런 약어들이 한 줄에 하나씩 `abbreviations.txt`라는 파일에 저장되어 있다고 하자. 예를 들어 이 파일에는 다음과 같은 내용이 있을 수 있다.

lol
:)
iirc
4
u
ttfn

어떤 텍스트 파일에 저장된 메시지를 읽어서 위의 파일에 정의된 약어가 나타날 때마다 〈 〉로 감싸고, 그 결과를 새로운 텍스트 파일에 저장하는 프로그램을 작성하라.

예를 들어 읽은 메시지가 다음과 같다고 할 때,

How are u today? Iirc, this is your first free day. Hope you are having fun! :)

새 파일에 기록되는 결과는 다음과 같다.

How are 〈u〉 today? 〈Iirc〉, this is your first free day. Hope you are having fun! 〈:)〉

8 연습문제 6번의 `TelephoneNumber` 클래스를 직렬화 가능하도록 수정하고, 다음 작업을 수행하는 프로그램을 작성하라. 먼저 키보드에서 전화번호 데이터를 입력받아 기본형이 `TelephoneNumber`인 배열에 저장한다. 그리고 `writeObject` 메소드를 사용해 배열을 이진 파일에 기록한다. 그다음 `readObject` 메소드를 사용해 이진 파일에서 데이터를 읽어 화면에 출력한다. 사용자에게 메뉴를 출력해 특정 전화 번호의 수정, 추가, 삭제, 또는 종료를 선택하도록 한다. 모든 수정이 끝나면(사용자가 종료 선택), 원본 파일의 내용을 대체하여 수정된 전화 번호 데이터를 기록한다.

9 6장의 Listing 6.1에 소개된 `Pet` 클래스를 직렬화 가능하도록 수정하고, `Pet`형의 객체를 파일에 읽고 쓰는 프로그램을 작성하라. 맨 먼저 사용자에게 파일을 읽을 것인지 파일에 쓸 것인지 선택하도록 해야 한다. 다음 단계로는 파일의 이름을 입력받는다. 그다음 파일에 기록하기를 선택한 사용자는 원하는 만큼의 데이터를 입력한다. 파일에서 읽어 오기를 선택한 경우는 지정한 파일에 저장된 모든 데이터가 화면에 출력된다. 데이터의 양이 많을 경우 출력이 너무 빨리 지나가 읽지 못하게 되는 일이 없도록 해야 한다. (힌트 : 적절한 양의 출력이 화면에 나타난 후 프로그램을 일시 정지시키는 방법을 고안해 보라.)

10 앞 문제에서 설명한 프로그램에 의해 생성된 파일에 있는 `Pet`형 레코드를 읽어서 다음의 정보를 화면에 출력하는 프로그램을 작성하라.

- 가장 무거운 애완동물의 이름과 무게
- 가장 가벼운 애완동물의 이름과 무게
- 가장 어린 애완동물의 이름과 나이
- 가장 나이가 많은 애완동물의 이름과 나이

11 다음은 오래된 낱말 퀴즈 문제다. "tremendous, stupendous, horrendous처럼 dous로 끝나는 단어를 찾아라." 영단어를 잘 아는 사람은 잠시 생각해 보고 답을 찾아낼 수 있을 것이다. 그러나 이 문제를 컴퓨터로 해결하는 방법도 있다. 영어 단어가 수록된 텍스트 파일을 읽어서 "dous"로 끝나는 단어를 출력하면 된다. 교재의 온라인 사이트에서 제공하는 "words.txt" 파일에는 앞에서 제시한 세 단어를 포함해 87314개의 영어 단어를 수록하고 있다. 텍스트 파일에서 각 단어를 읽어 "dous"로 끝나는 단어인 경우에만 출력하는 프로그램을 작성하라.

12 UC Irvine 대학의 기계 학습에 대한 정보 저장소(repository)에는 컴퓨터 과학 연구를 수행하는 데 필요한 많은 데이터 집합이 저장되어 있다. 그중의 하나인

Haberman's Survival 데이터 집합을 활용해 보자. 이 파일은 원서와 연계된 웹사이트에서 제공하는 소스 코드에 포함되어 있고, http://archive.ics.uci.edu/ml/datasets/Haberman's+Survival에서도 구할 수 있다. "haberman.data" 파일에는 유방암 환자들의 생존 데이터가 콤마로 분리된 값(CSV) 양식으로 저장되어 있다. 첫 번째 항목은 수술 당시 환자의 나이, 두 번째 항목은 수술연도, 세 번째 항목은 감지된 양성 액와 림프절(positive axillary node)의 수, 네 번째는 생존 상태를 나타낸다. 수술 후 5년 이상 환자가 살아 있을 경우 생존 상태를 1, 5년 이내 사망한 경우 2로 표시한다.

CSV 파일을 읽어서 5년 이상 생존한 환자들에게서 관찰된 양성 액와 림프절의 평균 수치와 5년 이내 사망한 환자들의 양성 액와 림프절의 평균 수치를 계산하는 프로그램을 작성하라. 두 평균값 사이에 큰 차이가 있다면, 양성 액와 림프절의 검출 여부가 생존 기간을 예측하는 데 의미 있는 요소라는 것을 암시하는 것이다. 이 프로그램에서 나이와 연도 항목은 무시해도 괜찮다.

13 앞에 나온 프로그래밍 과제 중 아무것이나 선택하여 JFrame GUI를 사용한 프로그램으로 재작성하라.

14 텍스트 필드를 사용해 파일의 이름을 입력받고, 해당 파일을 바이트 단위로 읽은 다음 그 바이트를 문자로 출력하는 애플리케이션 또는 애플릿을 작성하라. (연습문제 15번에 바이트값을 문자로 변환하는 방법이 설명되어 있다.) 먼저 처음 20개의 문자를 레이블로 표시하라. 어떤 바이트가 읽을 수 있는 문자로 표시될 수 없는 경우는 공백으로 표시한다. 그리고 Next 버튼을 클릭하면 다음 20문자를 파일에서 읽어 출력하도록 한다. GUI는 그림 10.7에 제시된 것과 비슷하게 될 것이다.

15 간단한 텍스트 편집기를 구현하는 애플리케이션 또는 애플릿을 작성하라. 텍스트 필드와 버튼을 써서 파일의 이름을 입력받는다. 전체 파일을 문자로 읽어 들인 다음, JTextArea에 그 내용을 출력한다. 그다음 사용자가 텍스트 영역 안에서 내용

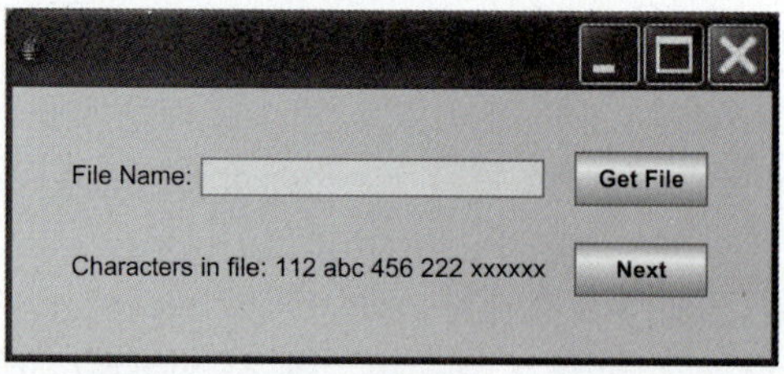

그림 10.7 프로그래밍 과제 14번의 GUI

을 변경한다. Save 버튼을 누르면 현재 텍스트 영역에 있는 내용을 가져와 원본 파일에 덮어 쓰도록 한다.

기술적 세부 사항 : 파일에서 한 줄씩 내용을 읽어 append(aString) 메소드를 사용해 텍스트 영역에 출력한다. getText 메소드는 현재 텍스트 영역에 있는 모든 내용을 하나의 문자열에 저장해 반환하며, 그 문자열을 파일에 기록하면 된다. editorTextArea가 텍스트 영역으로 선언된 변수일 때, 다음 코드를 사용하면 스크롤이 가능하도록 만들 수 있다.

```
JScrollPane scrollPane = new JScrollPane(editorTextArea);
```

그런 다음, 다른 컴포넌트와 마찬가지로 scrollPane을 구성한 GUI의 적절한 곳에 부착하면 된다. 텍스트 영역 editorTextArea를 별도로 GUI에 부착할 필요는 없으며, scrollPane에 의해 연결되었으므로 그대로 사용할 수 있다.

자습문제 해답

ANSWERS to SELF-TEST QUESTIONS

1 프로그램이 출력을 화면으로 보내면 프로그램 종료 후 그 출력은 사라진다. 그러나 출력을 파일로 보내면 프로그램의 실행이 끝난 후에도 남아 있게 된다. 출력을 파일로 보내는 프로그램은 실행 종료 후에도 계속해서 그 출력을 보존하여 사용하기 위한 것이다. 파일의 내용은 사람이나 프로그램이 그 파일을 변경하기 전까지 그대로 유지된다.

2 파일에서 프로그램으로

3 모든 파일은 이진 데이터를 저장한다. 텍스트 파일은 그 이진 데이터가 일련의 문자인 것으로 인식된다. 텍스트 편집기를 사용하거나 자바 프로그램을 이용해 텍스트 파일을 읽고 쓸 수 있다. 그 외 다른 파일은 모두 이진 파일이다. 이진 파일 내의 데이터는 텍스트 편집기를 이용해 읽을 수 없다. 음악이나 그림 파일과 같은 일부 표준 양식의 이진 파일은 플랫폼에 관계 없이 생성이나 판독이 가능하며, 자바 이진 파일도 플랫폼에 무관하다. 그러나 일반적인 이진 파일은 생성할 때 사용한 컴퓨터나 프로그래밍 언어에 따라 처리법이 달라진다.

4
```
PrintWriter outStream = new PrintWriter("sam.txt");
```

5
```
PrintWriter out Stream = new
PrintWriter(new FileOutputStream("sam.txt", true));
```

6
```
System.out.print("Enter file name: ");
```

```
Scanner keyboard = new Scanner(System.in);
String fileName = keyboard.next();
PrintWriter outStream = new PrintWriter(fileName);
```

7 파일을 열 수 없을 경우, 예를 들어 **out.txt**라는 이름의 디렉터리(폴더)가 이미 존재하는 등의 경우에 **FileNotFoundException**이 발생한다. 실제로 그 이름의 파일이 존재하지 않는 경우에는 예외가 발생하는 것이 아니라 새 파일이 생성된다. FileNotFoundException은 IOException의 한 종류이기 때문에 그의 처리를 위해 IOExeption을 받아 처리해도 괜찮다. 그러나 각 예외에 대해 좀 더 구체적인 예외 클래스를 사용하는 것이 더 좋은 해법이므로 FileNotFoundException으로 처리해 준다.

8 `PrintWriter textStream = new PrintWriter("dobedo");`

9 `Scanner inputStream = new Scanner(new File("dobedo"));`

10 두 메소드 모두 String형의 값을 반환한다.

11 다음 코드는 원서와 연계된 웹사이트의 소스 코드에 포함되어 있다.

```
import java.io.File;
import java.util.Scanner;
public class Question11
{
    public static void main(String[] args)
    {
        System.out.print("Enter a file name and I will ");
        System.out.println("tell you whether it exists.");
        Scanner keyboard = new Scanner(System.in);
        String name = keyboard.next();
        File fileObject = new File(name);
        if (fileObject.exists())
        {
            System.out.println("I found the file " + name);
            System.out.println("Delete the file?");
            String ans = keyboard.next();
            if (ans.equalsIgnoreCase("yes"))
            {
                System.out.println("If you delete the file " + name);
                System.out.println("all data in the file " +
                                   "will be lost.");
                System.out.println("Delete?");
                ans = keyboard.next();
                if (ans.equalsIgnoreCase("yes"))
                {
                    if (fileObject.delete())
                        System.out.println("File deleted.");
                    else
```

```
                    System.out.println("Can't delete.");
                }
                else
                    System.out.println("File not deleted.");
                }
                else
                    System.out.println("File not deleted.");
            }
        else
                System.out.println("I cannot find " + name);
    }
}
```

12
```
ObjectOutputStream toFile = new ObjectOutputStream(
    new FileOutputStream("stuff.data"));
```

13
```
toFile.writeDouble(x1);
toFile.writeDouble(x2);
toFile.writeDouble(x3);
```

14
```
toFile.close();
```

15
```
import java.io.FileOutputStream;
import java.io.ObjectOutputStream;
import java.io.FileNotFoundException;
import java.io.IOException;
```

16
```
ObjectInputStream fromFile = new ObjectInputStream(
    new FileInputStream("stuff.data"));
```

17
```
double x1 = fromFile.readDouble();
double x2 = fromFile.readDouble();
double x3 = fromFile.readDouble();
```

18
```
fromFile.close();
```

19 아니다. 파일에 기록할 때 writeInt를 사용했으면 readInt로만 읽어야 한다. readLong이나 readDouble을 사용하면 문제가 발생할 것이다.

20 텍스트 파일에서 문자열을 읽기 위해 readUTF를 사용해서는 안 된다. 이진 파일에서 문자열을 읽을 때만 readUTF를 사용해야 한다. 또한 그 문자열은 writeUTF 메소드를 사용해 파일에 기록된 것이어야 한다.

21 다음 프로그램은 원서와 연계된 웹사이트의 소스 코드에 수록되어 있다.

```
import java.io.FileInputStream;
import java.io.FileNotFoundException;
import java.io.ObjectInputStream;
import java.io.IOException;
```

```
import java.util.Scanner;
public class Question21
{
    public static void main(String[] args)
    {
        // catch 블록에서 fileName을 사용하기 위해 try 블록의 밖에서 선언한다.
        String fileName = null;
        try
        {
            System.out.println("Enter file name:");
            Scanner keyboard = new Scanner(System.in);
            fileName = keyboard.next();
            ObjectInputStream inputStream =
                        new ObjectInputStream(
                        new FileInputStream(fileName));
            System.out.println("The first thing in the file");
            System.out.println(fileName + " is");
            String first = inputStream.readUTF();
            System.out.println(first);
            inputStream.close();
        }
        catch(FileNotFoundException e)
        {
            System.out.println("Problem opening the file "+ fileName);
        }
        catch(EOFException e)
        {
            System.out.println("Unexpected end of file.");
        }
        catch(IOException e)
        {
            System.out.println("Problem with input from the file "+
                                    fileName);
        }
    }
}
```

22 수행하지 못한다. 왜냐하면 ObjectInputStream의 생성자 중에 String형의 매개변수가 정의된 것이 없기 때문이다. 이 작업을 수행할 수 있도록 하는 올바른 코드는 다음과 같다.

```
ObjectInputStream inputStream = new ObjectInputStream(
    new FileInputStream("mydata.dat"));
```

23 FileInputStream 클래스에는 readInt, readDouble, readUTF 메소드가 없다.

24 그렇다.

25 아니다.

26 이 장에서 설명한 방법대로 입력이나 출력을 위한 이진 파일을 열 때는 FileNotFoundException과 IOException이 발생할 수 있다.

27 EOFException이 발생할 것이다.

28 파일의 끝에 도달하면 예외가 발생할 것이고, 이는 try 블록 전체를 종료시키기 때문에 무한 루프는 없다.

29 다음 프로그램은 원서와 연계된 웹사이트의 소스 코드에 수록되어 있다.

```
import java.io.ObjectInputStream;
import java.io.EOFException;
import java.io.IOException;
public class Question29
{
    public static final String FILE_NAME = "temperatures.dat";
    public static void main(String[] args)
    {
        try
        {
            ObjectInputStream inputStream =
                        new ObjectInputStream(
                            new FileInputStream(FILE_NAME));
            System.out.println("Numbers from the file " + FILE_NAME + ":");
            try
            {
                while (true)
                {
                    double number = inputStream.readDouble();
                    System.out.println(number);
                }
            }
            catch(EOFException e)
            {
                // 아무것도 하지 않는다.
            }
            System.out.println("End of reading from file.");
            inputStream.close();
        }
        catch(IOException e)
        {
            System.out.println("Problem reading from file.");
        }
    }
}
```

30 클래스를 정의할 때 헤딩에 implements Serializable이라는 두 단어를 추가하면 된다. 그 클래스의 인스턴스 변수가 객체라면 그 또한 직렬화 가능한 클래스에 속해야 한다.

31 반환형은 Object이다. 즉, 반환된 값을 '실제' 클래스에 사용하려면 형 변환을 해야 한다는 것을 의미한다.

32 InvalidClassException, NotSerializableException, IOException

33 ClassNotFoundException, InvalidClassException, StreamCorruptedException, OptionalDataException, IOException

34 그렇다. 아무 문제가 없다. 한번 시도해 보라.

35 그렇게 하는 것이 좋은 방식이 아니기도 하지만 이 경우에는 아예 불가능하다. showFirstLine 메소드에 throws 절을 추가하고 메소드 내부의 try와 catch 블록을 삭제할 수 있다. 그러나 이렇게 되면 actionPerformed 메소드에서 예외를 잡아 처리해 주어야 한다. 그리고 actionPerformed 메소드에는 throws 절을 추가할 수 없다. 9장의 그래픽 보조자료 말미에 있는 'actionPerformed 메소드에는 throws 절을 사용할 수 없다'라는 제목의 GOTCHA 부분을 참조하기 바란다. 그 외에는 삭제할 catch 블록이 없다.

11 재귀

어떤 것의 정의에 그것 자신이 나타나서는 안 된다고 생각하는 사람이 많다. 일종의 순환 오류라는 것이다. 그러나 메소드를 정의할 때 정의하려는 메소드 자신을 이용하는 것이 가능하고 유용한 경우가 있다. 제대로만 한다면 순환 오류가 되지 않는다. 어떤 의미에서 자바는 메소드를 그 자신에 의해 정의하는 것을 허용한다. 보다 정확히 말하면 자바 메소드 정의는 정의되는 자기 자신에 대한 호출을 포함할 수 있다. 즉, 메소드가 자기 자신을 호출할 수 있다. 이 장에서는 이런 종류의 메소드를 다루게 된다.

■ 학습목표

- 재귀의 개념을 설명할 수 있다.
- 프로그래밍에 재귀를 사용할 수 있다.
- 배열에서 특정 요소를 탐색하는 재귀적인 이진 탐색 알고리즘을 설명하고 사용할 수 있다.
- 배열을 정렬하는 병합 정렬 알고리즘을 설명하고 사용할 수 있다.

■ 전제조건

이 장의 대부분은 1장에서 6장까지의 내용만을 전제로 한다. 마지막 두 절인 사례 연구 '이진 탐색'과 프로그래밍 예제 '병합 정렬—재귀적 정렬 방법'에서만 7장에서 다룬 배열에 관한 추가적인 지식이 필요하다.

11.1 재귀의 기초

알고리즘을 설계할 때, 적용 대상을 쪼개고 각 부분에 다시 같은 알고리즘을 적용하게 되는 경우가 있다. 예를 들어 전화번호부에서 이름을 찾는 알고리즘의 개요를 생각해 보자. 전화번호부의 중간 부분을 펼친다. 찾는 이름이 그 페이지에 있으면 이름을 찾은 것이다. 만약 이름이 알파벳 순서상 그 페이지보다 앞에 있으면 책의 앞쪽 반을 탐색하고, 이름이 알파벳 순서상 그 페이지보다 뒤에 있으면 책의 뒤쪽 반을 탐색한다. 전화번호부의 반을 탐색하는 것은 전화번호부 전체를 탐색하는 원래 작업을 부분에 적용하는 것이다.

알고리즘의 하위작업이 알고리즘의 전체 작업을 작은 규모로 적용하는 것일 때 이를 **재귀적**(recursive)이라고 한다. 재귀적 알고리즘을 이용하여 자바에서 **재귀 메소드**(recursive method)를 작성할 수 있다. 재귀 메소드는 메소드 자신에 대한 호출을 포함하는데, 이 호출을 **재귀 호출**(recursive call 혹은 recursive invocation)이라고 부른다.

물론 재귀 메소드는 올바른 방법으로 정의해야 하며, 그렇지 않으면 문제가 생길 것이다. 이 장의 목표는 재귀 메소드를 정의하는 올바른 방법을 설명하는 것이다. 재귀 메소드와 관련된 주제를 일반적으로 **재귀**(recursion)라고 부른다.

자바에서 재귀를 보여 주는 간단한 예제부터 살펴보자. 정수 변수 num이 있을 때 num에서 1까지의 모든 수를 출력하려고 한다. num이 1보다 작다면 줄 바꿈을 출력한다. 예를 들어 num이 3이면 프로그램의 출력은 다음과 같다.

```
321
```

이런 프로그램은 물론 간단한 for 루프로 작성할 수 있다. 이 문제에 있어서는 for 루프를 사용하는 것이 더 나은 방법이지만, 여기서는 재귀가 어떻게 동작하는지 보여 주기 위해 재귀적인 countDown 메소드를 소개할 것이다. 이 장의 뒷부분에서 재귀를 사용하는 것이 더 적절하고 선호되는 문제들을 살펴볼 것이다.

우선, 문제가 가장 간단한 경우를 생각해 보자. 이것은 보통 문제의 입력이 가장 단순한 값 혹은 가장 작은 값인 경우이고 일반적으로 간단한 방법으로 해결될 수 있다. 우리의 예에서 가장 단순한 입력은 num이 1보다 작을 때이다. 이때에는 단지 빈 줄을 출력하면 된다. 이러한 경우를 **베이스 케이스**(base case 혹은 stopping case)라고 부르고, 이때에는 재귀 호출을 포함하지 않는다. 이 경우가 발생하면 재귀가 종료된다. 그리고 이 단순한 경우가 제대로 동작하지 않으면 다른 모든 경우도 제대로 동작하지 않는다.

우리의 예제에서 베이스 케이스를 구현하는 메소드 코드는 단순하다.

```
public static void countDown(int num)
{
    if (num <= 0)
    {
        System.out.println();
    }
}
```

이 메소드는 베이스 케이스를 처리하지만 num이 1이나 그 이상인 경우는 다루지 않는다. 재귀적인 해결책을 얻으려면 문제를 같은 문제의 더 작은 버전으로 쪼개어야 한다. 이는 countDown에 대한 메소드 호출로 문제를 바꾸어 표현한다는 뜻이다. num이 3이라고 가정하자. 다시 말하면 countDown(3)을 호출하였다. 우리가 원하는 것은 "321"이 출력되는 것인데, "3"을 출력하고 다음에 "21"을 출력해도 마찬가지 결과가 된다. 그런데 "21"은 countDown(2)가 출력하는 내용과 동일하다. 그러므로 이에 대한 알고리즘은 다음과 같이 된다.

- 3을 출력

- countDown(2)를 호출—여기서 21을 출력하게 된다.

그다음에 countDown(2)도 동일한 과정을 반복한다.

- 2를 출력
- countDown(1)을 호출—여기서 1을 출력하게 된다.

그다음에 countDown(1)도 동일한 과정을 반복한다.

- 1을 출력
- countDown(0)을 호출—여기서 줄 바꿈을 출력하게 된다.

countDown(0)이 호출되면 베이스 케이스가 실행되어 줄 바꿈을 출력하고 메소드의 재귀 호출을 끝낸다.

임의의 num값에 대해 재귀적 해결책은 다음과 같다.

- num을 출력
- countDown(num − 1)을 호출—여기서 num − 1에서 1까지 출력하게 된다.

Listing 11.1에 이 알고리즘을 자바로 구현한 완전한 프로그램을 보였다.

Listing 11.1 재귀적인 카운트다운 메소드

```
public class RecursiveCountdown
{
    public static void main(String[] args)
    {
        countDown(3);
    }
    public static void countDown(int num)
    {
        if (num <= 0)
        {
            System.out.println();
        }
        else
        {
            System.out.print(num);
            countDown(num - 1);
        }
    }
}
```

실행 결과 출력

```
321
```

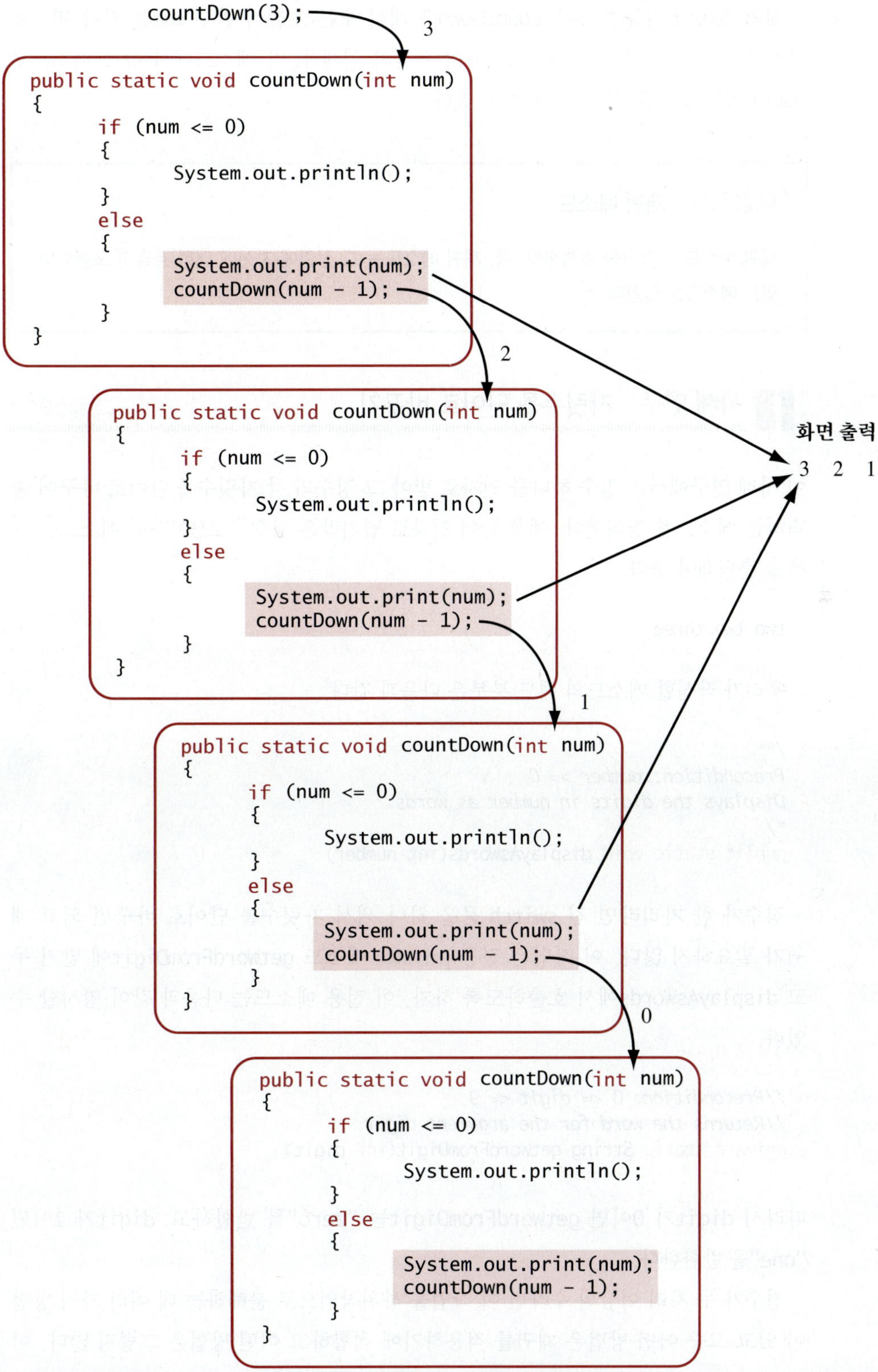

그림 11.1 countDown 메소드의 재귀 호출

재귀 호출이 가능한 것은 countDown에 대한 모든 호출이 변수 num을 각각 별도로 갖게 되기 때문이다. 그림 11.1은 재귀 호출의 연쇄와, 각 메소드에서 다음 메소드로 num이 어떻게 전달되는지를 보이고 있다.

요점 정리 재귀 메소드

재귀 메소드는 자신을 호출한다. 즉, 재귀 메소드는 그 정의에 자신에 대한 호출이 포함되어 있는 메소드를 말한다.

사례 연구 자릿수를 단어로 바꾸기

이 사례 연구에서는 정수 하나를 인자로 받아 그 정수의 각 자릿수를 단어로 바꾸어 출력하는 메소드를 정의한다. 예를 들어 인자로 넘겨받은 정수가 223이라면 메소드는 다음을 출력해야 한다.

```
two two three
```

우리가 작성할 메소드의 헤드 부분은 다음과 같다.

```
/**
Precondition: number >= 0
Displays the digits in number as words.
*/
public static void displayAsWords(int number)
```

정수가 한 자리라면 긴 switch 문을 하나 써서 자릿수를 단어로 바꾸면 되고 재귀가 필요하지 않다. 이 작업은 전용(private) 메소드 getWordFromDigit에 맡겨 두고 displayAsWords에서 호출하도록 하자. 이 전용 메소드는 다음과 같이 명시할 수 있다.

```
//Precondition: 0 <= digit <= 9
//Returns the word for the argument digit.
private static String getWordFromDigit(int digit)
```

따라서 digit가 0이면 getWordFromDigit는 "zero"를 반환하고, digit가 1이면 "one"을 반환한다.

정수가 두 자리 이상의 수라면 이 작업을 하위작업으로 분해하는 데 여러 가지 방법이 있고 그중 어떤 방법은 재귀를 적용하기에 적합하고 어떤 방법은 그렇지 않다. 이 작업을 두 가지 하위작업으로 분해하여 하나를 즉시 해결하고, 나머지 하나에 재귀를 적용할 수 있는 한 가지 좋은 방법은 다음과 같다.

1. 마지막 자릿수를 제외한 모든 자리를 단어로 출력한다.
2. 마지막 자릿수를 단어로 출력한다.

첫 번째 하위작업은 원래 문제의 소규모 버전이다. 사실 이 하위작업은, 처리할 숫자가 더 적은 자릿수를 가진다는 점만 제외하면 원래의 작업과 완전히 동일한 문제다. 그러므로 첫 번째 하위작업은 지금 정의하고 있는 메소드 자신을 호출함으로써 해결할 수 있다. 두 번째 하위작업은 전용 메소드 getWordFromDigit를 호출하여 해결할 수 있다. 이런 시나리오에 따라 앞의 두 단계를 다음과 같이 바꿔 쓸 수 있다.

displayAsWords(number) 알고리즘

1. displayAsWords(number에서 마지막 자릿수를 제거한 수);
2. System.out.print(getWordFromDigit(number의 마지막 자릿수) + " ");

숫자의 마지막 자릿수를 분리해 내고 남은 숫자로 1단계를 실행하고 분리된 마지막 자릿수를 2단계에서 사용하려면 어떻게 해야 할까? 예를 들어 987과 같이 두 자리 이상인 숫자를 선택했다고 하자. 그러면 이 수를 98과 7의 두 부분으로 나누어야 하는데, 이를 위해서는 정수 나눗셈을 이용하여 10으로 나누면 된다. 즉, 987 / 10은 98이고 987 % 10은 7이므로 알고리즘을 다음과 같은 자바 코드로 바꿀 수 있다.

```
displayAsWords(number / 10);
System.out.print(getWordFromDigit(number % 10) + " ");
```

이 문장들을 메소드 displayAsWords의 몸체로 사용하면 다음과 같은 메소드 정의를 얻는다.

```
public static void displayAsWords(int number)
//Not quite right
{
    displayAsWords(number / 10);
    System.out.print(getWordFromDigit(number % 10) + " ");
}
```

하지만 주석문으로 표시했듯이 이 메소드는 제대로 동작하지 않는다.

이 메소드는 재귀적이고 올바른 방향을 담고 있지만 한 가지 큰 문제가 있다. 즉, 이 정의는 인자인 number가 두 자리 이상이라고 가정하고 있다. 한 자리 정수가 주어지는 특별한 경우를 처리해야 한다. 따라서 메소드 정의를 다음과 같이 수정한다.

```
public static void displayAsWords(int number)
{
    if (number < 10)
        System.out.print(getWordFromDigit(number) + " ");
    else //number has two or more digits
    {
        displayAsWords(number / 10);
        System.out.print(getWordFromDigit(number % 10) + " ");
    }
}
```

재귀 호출 displayAsWords(number / 10)의 인자 number / 10은 displayAsWords에 대한 이전 호출의 인자 number보다 작은 수가 된다. 메소드 내의 재귀 호출이 원래 문제의 '작은' 버전을 해결하게 된다는 점이 중요하다. 이 '작다'는 직관적 표현의 의미는 이 장 뒷부분에서 보다 명확하게 할 것이다.

다음 절에서 살펴보는 것처럼 displayAsWords와 같은 재귀 메소드가 제대로 실행되려면 가장 단순한 경우(즉, 베이스 케이스)가 재귀 호출을 포함하지 않아야 한다. displayAsWords의 정의에서 베이스 케이스는 한 자리의 수가 주어진 경우이고 다음과 같이 처리되었다.

```
if (number < 10)
    System.out.print(getWordFromDigit(number) + " ");
```

즉, 베이스 케이스는 재귀 호출을 포함하지 않는다.

이제 displayAsWords 메소드의 정의가 완성되었다. Listing 11.2에 이 메소드를 예시 프로그램과 함께 보였다.

Listing 11.2 자릿수를 단어로 바꾸는 재귀 프로그램

```
import java.util.Scanner;

public class RecursionDemo
{
    public static void main(String[] args)
    {
        System.out.println("Enter an integer:");
        Scanner keyboard = new Scanner(System.in);
        int number = keyboard.nextInt();
        System.out.println("The digits in that number are:")
        displayAsWords(number);
        System.out.println();
```

(계속됨)

Listing 11.2 자릿수를 단어로 바꾸는 재귀 프로그램

```
        System.out.println("If you add ten to that number,")
        System.out.println("the digits in the new number are:")
        number = number + 10;
        displayAsWords(number);
        System.out.println();
    }
    /**
    Precondition: number >= 0
    Displays the digits in number as words.
    */
    public static void displayAsWords(int number)
    {
        if (number < 10)
            System.out.print(getWordFromDigit(number) + " ")
        else  //number has two or more digits
        {
            displayAsWords(number / 10);        ← 재귀 호출
            System.out.print(getWordFromDigit(number) + " ")
        }
    }

    //Precondition: 0 <= digit <= 9
    //Returns the word for the argument digit.
    private static String getWordFromDigit(int digit)
    {
        String result = null;

        switch (digit)
        {
            case 0: result = "zero";  break;
            case 1: result = "one";   break;
            case 2: result = "two";   break;
            case 3: result = "three"; break;
            case 4: result = "four";  break;
            case 5: result = "five";  break;
            case 6: result = "six";   break;
            case 7: result = "seven"; break;
            case 8: result = "eight"; break;
            case 9: result = "nine";  break;
            default:
                {
                    System.out.println("Fatal Error.");
                    System.exit(0);
                }
        }
        return result;
    }
}
```

(계속됨)

Listing 11.2 자릿수를 단어로 바꾸는 재귀 프로그램

실행 결과 출력

```
Sample Screen Output
Enter an integer:
987
The digits in that number are:
nine eight seven
If you add ten to that number,
the digits in the new number are:
nine nine seven
```

재귀의 동작 원리

컴퓨터는 정확히 어떻게 재귀 호출을 처리할까? 자세히 알아보기 위해 다음과 같은 displayAsWords 호출을 생각해 보자.

```
displayAsWords(987);
```

Listing 11.2의 displayAsWords 정의가 재귀 호출을 포함하고 있지만, 자바는 displayAsWords의 호출에 대해 별도의 특별한 조치를 취하지 않는다. 인자의 값 987이 메소드의 매개변수 number에 복사되고 나서 코드가 실행된다. 따라서 코드는 다음과 같은 의미가 된다.

```
{//Code for invocation of displayAsWords(987)
    if (987 < 10)
          System.out.print(getWordFromDigit(987) + " ");
    else  //987 has two or more digits
    {
          displayAsWords(987 / 10);
          System.out.print(getWordFromDigit(987 % 10) + " ");
    }
}
```

987이 10보다 작지 않으므로 else 다음의 복합문이 실행된다. 복합문은 재귀 호출 displayAsWords(987 / 10)으로 시작되므로, 복합문의 나머지 부분은 이 재귀 호출이 완료될 때까지 실행되지 않는다. 이러한 상황은 자기 자신을 재귀적으로 호출할 때뿐만 아니라 다른 메소드를 호출할 때에도 마찬가지라는 점에 유념하라. 따라서 displayAsWords(987)의 실행이 중단되고 displayAsWords(987 / 10)의 실행이 완료될 때까지 기다린다. 재귀 호출의 실행이 완료되면 중단되었던 계산이 재개된다. 즉, 복합문의 나머지 부분이 실행된다는 말이다.

새로운 재귀 호출 displayAsWords(987 / 10)도 여타 메소드 호출과 동일한 방식으로 처리된다. 인자의 값 987 / 10이 매개변수 number에 복사되고 나서 코드가 실행된다. 987 / 10은 98이므로 코드는 다음과 같은 의미가 된다.

```
{//Code for invocation of displayAsWords(98)
    if (98 < 10)
        System.out.print(getWordFromDigit(98) + " ");
    else  //98 has two or more digits
    {
        displayAsWords(98 / 10);
        System.out.print(getWordFromDigit(98 % 10) + " ");
    }
}
```

이번에도 메소드의 인자 98은 10보다 작지 않으므로 이 새로운 코드도 재귀 호출 displayAsWords(98 / 10)을 발생시킨다. 이 시점에서 다시 실행이 중단되고 재귀 호출이 완료될 때까지 기다린다. 매개변수 number의 값이 98 / 10, 즉 9이므로 다음 코드가 실행된다.

```
{//Code for invocation of displayAsWords(9)
    if (9 < 10)
        System.out.print(getWordFromDigit(9) + " ");
    else  //9 has two or more digits
    {
        displayAsWords(9 / 10);
        System.out.print(getWordFromDigit(9 % 10) + " ");
    }
}
```

이제 9는 10보다 작으므로 if-else 문의 앞부분인 다음 문장이 실행된다.

```
System.out.print(getWordFromDigit(9) + " ");
```

이 경우가 바로 **베이스 케이스**(base case 혹은 stopping case), 즉 재귀 호출을 포함하지 않는 경우이다. getWordFromDigit 메소드를 훑어보면 "nine"이라는 문자열이 화면에 출력된다는 것을 알 수 있다.

이제 displayAsWords(98 / 10)의 실행이 완료되었으므로 중단되었던 계산이 재개된다. 아래 보인 중단되었던 코드에서 화살표로 표시한 위치 직후부터 실행이 재개된다.

```
{//Code for invocation of displayAsWords(98)
    if (98 < 10)
          System.out.print(getWordFromDigit(98) + " ");
    else  //98 has two or more digits
    {
          displayAsWords(98 / 10);  ←—— 재귀 호출
```

```
        System.out.print(getWordFromDigit(98 % 10) + " ");
    }
}
```

따라서 다음 문장이 실행되어 화면에 "eight"가 출력되면 재귀 호출 displayAsWords(98)이 종료된다.

```
System.out.print(getWordFromDigit(98 % 10) + " ");
```

조금만 더 계속해 보자. 이제 중단되었다가 재개를 기다리고 있는 코드는 아래 보인 하나만 남았다.

```
{//Code for invocation of displayAsWords(987)
    if (987 < 10)
            System.out.print(getWordFromDigit(987) + " ");
    else  //987 has two or more digits
    {
            displayAsWords(987 / 10);   ←—— 재귀 호출
            System.out.print(getWordFromDigit(98 % 10) + " ");
    }
}
```

화살표로 표시한 위치 직후부터 실행이 재개되어 다음 코드가 실행된다.

```
System.out.print(getWordFromDigit(987 % 10) + " ");
```

이 문장에 의해 화면에 "seven"이 출력되고 전체 실행이 종료된다. 이 일련의 재귀 호출을 그림 11.2에 나타내었다.

재귀 호출이 실행될 때에 아무런 특별한 조치가 취해지지 않는다는 점에 유념하라. 여타 메소드 호출에서와 마찬가지로 인자값이 매개변수에 복사되고 메소드 정의의 코드가 실행된다.

기억하세요! 성공적인 재귀 구현을 위한 원칙

메소드 자신에 대한 재귀 호출을 포함하는 메소드 정의는 다음 설계 지침을 따라야 제대로 동작한다.

- 메소드 정의의 중심부는 if-else 문이나 다른 분기문이어야 한다. 이 분기문이 메소드 매개변수의 어떤 특성에 따라 서로 다른 케이스로 분기된다.
- 하나 이상의 가지는 재귀 호출을 포함해야 하는데, 이 재귀 호출은 '더 작은' 인자를 사용하거나 메소드가 수행하는 작업의 '더 작은' 버전을 해결해야 한다.
- 하나 이상의 가지는 재귀 호출을 포함하지 않아야 한다. 이 가지가 베이스 케이스(혹은 stopping case)이다.

displayAsWords(987)은 다음을 실행하는 것과 같다.

```
{//Code for invocation of displayAsWords(987)
    if (987 < 10)
        System.out.print(getWordFromDigit(987) + " ");
    else //987 has two or more digits
    {
        displayAsWords(987 / 10);
        System.out.print(getWordFromDigit(987 % 10) + " ");
    }
}
```

실행이 여기서 중단되고 재귀 호출의 완료를 기다린다.

displayAsWords(987/10)은 displayAsWords(98)이고, 이것은 다음을 실행하는 것과 같다.

```
{//Code for invocation of displayAsWords(98)
    if (98 < 10)
        System.out.print(getWordFromDigit(98) + " ");
    else //98 has two or more digits
    {
        displayAsWords(98 / 10);
        System.out.print(getWordFromDigit(98 % 10) + " ");
    }
}
```

실행이 여기서 중단되고 재귀 호출의 완료를 기다린다.

displayAsWords(98/10)은 displayAsWords(9)이고, 이것은 다음을 실행하는 것과 같다.

```
{//Code for invocation of displayAsWords(9)
    if (9 < 10)
        System.out.print(getWordFromDigit(9) + " ");
    else //9 has two or more digits
    {
        displayAsWords(9 / 10);
        System.out.print(getWordFromDigit(9 % 10) + " ");
    }
}
```

더 이상의 재귀 호출은 발생하지 않는다.

그림 11.2 재귀호출의 실행

요점 정리 베이스(base 혹은 stopping) 케이스

베이스 케이스는 모든 재귀 호출 체인을 종료시키도록 설계해야 한다. 메소드 호출이 자신에 대한 재귀 호출을 생성하고, 그 호출이 다시 새로운 재귀 호출을 생성하는 식으로 계속되어 몇

(계속됨)

개의 재귀 호출로 이루어진 체인이 만들어지는데, 모든 그런 체인은 최종적으로 재귀 호출을 포함하지 않는 베이스 케이스로 끝나야 한다. 그렇지 않다면 메소드 호출이 종료되지 않는다.

전형적인 재귀 메소드 정의는 if-else 문이나 다른 분기문을 포함하며 이 분기문이 여러 케이스 가운데 하나를 선택하게 되는데, 이 케이스에는 재귀 호출을 포함하는 하나 이상의 케이스와 재귀 호출을 포함하지 않는 하나 이상의 케이스가 포함된다. 재귀 호출의 모든 체인은 최종적으로 비재귀적인 (베이스) 케이스 가운데 하나에 도달해야 한다.

항상 베이스 케이스에 도달하도록 보장하는 가장 흔한 방법은 메소드의 모든 재귀 호출이 '더 작은' 인자를 사용하도록 하는 것이다. 예를 들어 Listing 11.2의 displayAsWords 메소드를 살펴보자. 메소드의 매개변수는 number이고 메소드 내 재귀 호출의 매개변수는 더 작은 값인 number/10이다. 이렇게 하면 재귀 호출의 체인에서 각 재귀 호출은 이전보다 더 작은 인자를 갖게 된다. 메소드의 정의에서 베이스 케이스는 한 자리의 인자이므로 항상 베이스 케이스에 도달하리라고 확신할 수 있다.

무한 재귀

앞 절에서 정의한 displayAsWords 메소드를 생각해 보자. 실수로 다음과 같이 정의했다고 가정하자.

```
public static void displayAsWords(int number)  //Not quite right
{
    displayAsWords(number / 10);
    System.out.print(getWordFromDigit(number % 10) + " ");
}
```

사실 빠뜨린 경우를 깨닫기 전까지는 우리도 이런 식으로 정의할 뻔했다. 여기서는 그때 빠뜨린 경우를 깨닫지 못하고 위의 부정확한 정의를 사용했다고 가정하고 displayAsWords(987)의 재귀 호출을 추적해 보자.

메소드 호출 displayAsWords(987)은 다음의 재귀 호출을 생성하는데

```
displayAsWords(987 / 10)
```

이 호출은 displayAsWords(98)과 같다. displayAsWords(98)은 다시 다음의 재귀 호출을 생성하는데

```
displayAsWords(98 / 10)
```

이 호출은 displayAsWords(9)와 같다. 위의 부정확한 메소드 정의는 한 자리의 수에 대한 특별한 분기를 갖지 않으므로 displayAsWords(9)는 다음의 재귀 호출을 생성한다.

```
displayAsWords(9 / 10)
```

이 호출은 **displayAsWords(0)**과 같다. 다시 **displayAsWords(0)**은 다음의 재귀 호출을 생성하는데

```
displayAsWords(0 / 10)
```

이 호출은 다시 **displayAsWords(0)**과 같다.

이제 문제가 명백해졌다. **displayAsWords(0)**은 또 다른 **displayAsWords(0)**를 호출하며, 이 새로운 호출은 다시 또 다른 **displayAsWords(0)**를 호출한다. 이러한 호출이 끝없이 혹은 컴퓨터의 자원을 모두 소모할 때까지 계속되는데, 이러한 상황을 **무한 재귀**(infinite recursion)라고 부른다.

앞의 **displayAsWords** 정의는 잘못된 계산을 수행한다는 의미에서만 부정확하지 비문법적인 것은 아니다. 위의 **displayAsWords**와 같은 재귀적인 메소드 정의는 재귀 호출의 체인을 끝낼 베이스 케이스를 갖지 않지만, 자바 컴파일러는 이와 같은 정의를 에러 없이 수용할 것이다. 그러나 재귀 메소드가 베이스 케이스에 확실히 도달하도록 정의되지 않는다면 무한히 연속적인 재귀 호출이 일어나게 되고 이로 인해 프로그램이 무한정 실행되거나 비정상 종료될 것이다.

재귀 메소드 정의가 무한 재귀를 일으키지 않고 올바르게 동작하려면 하나 이상의 베이스 케이스가 있어서 어떤 인자값에 대해 재귀 호출을 발생시키지 않고 종료해야 한다. Listing 11.2에 주어진 올바른 **displayAsWords**의 정의는 하나의 베이스 케이스를 가지는데, 다음 코드에 회색으로 표시한 부분이다.

베이스 케이스

```
public static void displayAsWords(int number)
{
    if (number < 10)
        System.out.print(getWordFromDigit(number) + " ");
    else //number has two or more digits
        {
            displayAsWords(number / 10);
            System.out.print(getWordFromDigit(number % 10) + " ");
        }
}
```

GOTCHA 스택 오버플로

메소드 호출이 무한 재귀를 일으키면 프로그램은 '스택 오버플로(stack overflow)'를 알리는 에러 메시지와 함께 종료될 가능성이 많다. 스택(stack)이란 재귀 호출과 다른 여러 가지 것들을 관리하는 자료 구조를 가리킨다.

시스템은 각 재귀 호출에 관한 기록을 컴퓨터 메모리 내부에 유지한다. 이 기록을 한 장의 종이라고 가정하면, 스택은 시스템이 메소드 호출에 따라 이런 종이를 하나씩 쌓아둔 것을 말한다. 이 스택이 너무 커져서 가용 메모리에 들어갈 수 없으면 **스택 오버플로**가 발생한다. ■

자습문제 SELF-TEST QUESTIONS

1 다음 코드의 출력은?

```
public class Question1
{
    public static void main(String[] args)
    {
        methodA(3);
    }
    public static void methodA(int n)
    {
        if (n < 1)
            System.out.println('B');
        else
        {
            methodA(n - 1);
            System.out.println('R');
        }
    }
}
```

2 다음 코드의 출력은?

```
public class Question2
{
    public static void main(String[] args)
    {
        methodB(3);
    }
    public static void methodB(int n)
    {
        if (n < 1)
            System.out.println('B');
        else
        {
            //The following two lines are in the reverse of
            //their order in Self-Test Question 1.
            System.out.println('R');
            methodB(n - 1);
        }
    }
}
```

3 다음 메소드를 재귀 메소드로 작성하라.

```
/**
Precondition: n >= 1.
Displays the symbol '#' n times on one line
and then advances to the next line.
*/
public static void displaySharps(int n)
```

예를 들어 displaySharps(3)는 다음 문장과 동일한 내용을 출력한다.

```
System.out.println("###");
```

해결이 어려우면 출력이 줄 바꿈을 하지 않게 단순화시켜서 메소드를 작성해 보라. 이 단순화된 버전에서는 print와 println을 구분할 필요 없이 print만 사용하면 된다. 단순화된 버전을 완성한 후에 문제에서 요구한 대로 시도해 보라.

재귀 메소드와 반복 메소드

재귀 호출을 포함하는 모든 메소드 정의는 같은 작업을 재귀 없이 수행하도록 고쳐 쓸 수 있다. 예를 들어 Listing 11.3은 Listing 11.2의 displayAsWords 정의를 재귀를 사용하지 않도록 수정한 프로그램이다. displayAsWords의 두 가지 버전은 정확히 동일한 내용을 화면에 출력한다. 비재귀적인 버전은 보통 재귀 대신 루프를 사용한다. Listing 11.3도 그러하다. 비재귀적인 **반복**(iteration) 과정을 이용하여 구현되는 메소드를 **반복 메소드**(iterative method)라고 부른다.

Listing 11.3 displayAsWords의 반복 버전

```
import java.util.scanner;
public class IterativeDemo
{
    public static void main(String[] args)
    <The rest of main is the same as Listing 11.2.>

    /**
    Precondition: number >= 0
    Displays the digits in number as words.
    */
    public static void displayAsWords(int number)
    {
        int divisor = getPowerOfTen(number);
        int next = number;
        while (divisor >= 10)
        {
            System.out.print(getWordFromDigit(next / divisor) + " ");
```

(계속됨)

Listing 11.3 displayAsWords의 반복 버전

```
            next = next % divisor
            divisor = divisor / 10
        }
        System.out.print(getWordFromDigit(next / divisor) + " ");
    }
    //Precondition: n >= 0.
    //Returns 10 raised to the power n.
    private static int getPowerOfTen(int n)
    {
        int result = 1;
        while (n >= 10)
        {
            result = result * 10;
            n = n / 10;
        }
        result result;
    }
    private static String getWordFromDigit(int digit)
    <getWordFromDigit의 나머지 부분은 Listing 11.2와 동일하다.>
}
```

실행 결과 출력

출력은 Listing 11.2와 동일하다.

메소드의 재귀적 버전은 재귀 호출 및 중단된 계산을 관리하는 데 필요한 추가적인 처리 때문에 반복 버전보다 더 많은 기억장소를 사용한다. 이로 인해 재귀 메소드는 반복 버전보다 실행 효율이 떨어질 수 있다. 때로는 실행 속도의 저하 때문에 재귀가 아예 사용되지 않아야 하는 경우도 있다. 예를 들어 이 장의 프로그래밍 과제 7번에 소개되는 피보나치(Fibonacci) 수열은 재귀적으로 계산해서는 안 된다. 그러나 재귀적 구현을 사용해도 좋은 경우가 많이 있고 그런 경우에 재귀는 코드를 이해하기 쉽게 만든다. 사실 재귀가 프로그램의 명료성을 향상시키는 데 큰 도움이 되는 경우가 있다.

값을 반환하는 재귀 메소드

재귀 메소드는 앞의 예처럼 **void** 메소드일 수도 있지만 값을 반환할 수도 있다. 값을 반환하는 재귀 메소드를 설계하는 것도 **void**형의 재귀 메소드를 설계하는 것과 본질적으로 다를 바가 없으며, 이 장의 앞부분(598쪽)에서 소개한 설계 지침을 따르면 된다. 그 두 번째 지침을 반환값이 있는 경우에 적용되도록 좀 더 명확히 하려면 다음과 같이 고딕체로 표시한 부분을 추가할 수 있다.

하나 이상의 가지는 값을 반환하는 재귀 호출을 포함해야 하는데, 이 재귀 호출은 더 '작은' 인자를 사용하거나 메소드가 수행하는 작업의 '더 작은' 버전을 해결해야 한다.

Listing 11.4에 정의된 재귀 메소드 getNumberOfZeros는 반환값을 가지는 메소드인데, 인자로 주어진 정수에 포함된 0의 개수를 반환한다. 예를 들어 2030에 0인 자릿수가 두 개 포함되므로 getNumberOfZeros(2030)은 2를 반환한다. 이 메소드가 어떻게 동작하는지 살펴보자.

이 메소드 정의는 다음의 간단한 사실을 이용한다.

- n이 한 자리의 수라면, n이 0이면 n에는 1개의 0이 포함되어 있는 것이고, n이 0이 아니면 0개의 0이 포함되어 있는 것이다.

Listing 11.4 값을 반환하는 재귀 메소드

```
import java.util.Scanner;

public class RecursionDemo2
{
    public static void main(String[] args)
    {
        System.out.println("Enter a nonnegative number:");
        Scanner keyboard = new Scanner(System.in);
        int number = keyboard.nextInt();
        System.out.println(number + " contains " +
                           getNumberOfZeros(number) + " zeros.");
    }
    /**
    Precondition: n >= 0
    Returns the number of zero digits in n.
    */
    public static int getNumberOfZeros(int n)
    {
        int result;
        if (n == 0)
            result = 1;
        else if (n < 10)
            result = 0;  //n has one digit that is not 0
        else if (n % 10 == 0)
            result = getNumberOfZeros(n / 10) + 1;
        else  //n % 10 != 0
            result = getNumberOfZeros(n / 10);
        return result;
    }
}
```

(계속됨)

Listing 11.4 값을 반환하는 재귀 메소드

실행 결과 출력

```
Enter a nonnegative number:
2008
2008 contains 2 zeros.
```

- *n*이 두 자리 이상의 수라면, *n*의 마지막 자릿수를 *d*라고 하고 *n*에서 마지막 자리를 제거하고 남은 수를 *m*이라고 하자. *d*가 0이면 *n*에 포함된 0의 개수는 *m*에 포함된 0의 개수 더하기 1이다. *d*가 0이 아니라면 *n*에 포함된 0의 개수는 *m*에 포함된 0의 개수와 같다.

예를 들어 20030에 포함된 0의 개수는 마지막 자릿수가 0이므로 2003에 포함된 0의 개수 더하기 1이다. 20035에 포함된 0의 개수는 마지막 자릿수가 0이 아니므로 2003에 포함된 0의 개수와 같다. 이 정의를 염두에 두고 `getNumberOfZeros`를 사용한 간단한 계산을 따라가 보자.

우선 다음의 간단한 수식을 살펴보면, 이 수식은 값을 반환하므로 대입문의 오른편에 나올 수도 있다.

```
getNumberOfZeros(0)
```

이 메소드가 호출되면 매개변수 `n`의 값이 0으로 지정되고 메소드 몸체의 코드가 실행된다. `n`이 0이므로 다중 `if-else` 문의 첫 번째 가지가 적용되어 1이 반환된다.

다음으로 또 다른 간단한 수식을 살펴보자.

```
getNumberOfZeros(5)
```

메소드가 호출되면 매개변수 `n`의 값이 5로 지정되고 메소드 몸체의 코드가 실행된다. `n`의 값이 0이 아니므로 다중 `if-else` 문의 첫 번째 가지는 적용되지 않는다. `n`의 값이 10 미만이므로 `if-else` 문의 두 번째 가지가 적용되어 0이 반환된다. 간단한 이 두 가지 경우는 올바르게 동작한다.

이제 재귀 호출이 발생하는 예제의 하나로, 다음 수식을 살펴보자.

```
getNumberOfZeros(50)
```

메소드가 호출되면 `n`의 값이 50으로 지정되고 메소드 몸체의 코드가 실행된다. `n`의 값이 0이 아니고 10 미만도 아니므로 다중 `if-else` 문의 첫째와 둘째 가지는 적용되지 않는다. 50 % 10은 0이므로 세 번째 가지가 적용되어 반환값은 다음이 된다.

```
getNumberOfZeros(n / 10) + 1
```

이 수식은 n이 50이므로 다음과 같고

```
getNumberOfZeros(50 / 10) + 1
```

나눗셈을 계산하면 다음과 같이 된다.

```
getNumberOfZeros(5) + 1
```

앞에서 보았듯이 **getNumberOfZeros(5)**는 0을 반환하므로 **getNumberOfZeros(50)**의 반환값은 0 + 1, 즉 1이 된다.

더 큰 수를 인자로 넘겨주면 재귀 호출의 체인이 더 길어진다. 예를 들어 다음 수식을 살펴보자.

```
getNumberOfZeros(2008)
```

이 수식의 값은 다음과 같이 계산된다.

```
getNumberOfZeros(2008)은 getNumberOfZeros(200) + 0
getNumberOfZeros(200)은 getNumberOfZeros(20) + 1
getNumberOfZeros(20)은 getNumberOfZeros(2) + 1
getNumberOfZeros(2)는 0 (베이스 케이스)
getNumberOfZeros(20)은 getNumberOfZeros(2) + 1, 이것은 0 + 1이므로 1
getNumberOfZeros(200)은 getNumberOfZeros(20) + 1, 이것은 1 + 1이므로 2
getNumberOfZeros(2008)은 getNumberOfZeros(200) + 0, 이것은 2 + 0이므로 2
```

베이스 케이스인 **getNumberOfZeros(2)**에 도달했을 때는 세 개의 계산이 중단된 상태이다. 베이스 케이스의 반환값을 계산한 후에 가장 최근에 중단된 계산이 재개되어 **getNumberOfZeros(20)**의 값을 얻는다. 그다음에 중단된 계산이 하나씩 차례로 재개되어 완료된다. 각각의 계산된 값은 다른 중단된 계산 과정에 사용되어 마지막으로 처음의 메소드 호출 **getNumberOfZeros(2008)**의 계산이 완료된다. 중단된 계산이 완료되는 순서는 중단되었던 순서의 반대가 된다. 최종적인 반환값은 2008이 두 개의 0을 포함하므로 2가 된다.

기억하세요! 재귀와 중복을 혼동하지 마라

재귀와 중복을 혼동하지 마라. 메소드 이름을 중복하는 것은 같은 이름에 두 개의 서로 다른 메소드를 할당하는 것이다. 이 두 메소드 가운데 한쪽의 정의에서 다른 쪽을 호출한다고 해도, 그것은 재귀가 아니다. 재귀 메소드 정의에 포함되는 자기 자신에 대한 호출은 매개변수의 개수와 형까지 정확히 동일한 메소드를 의미한다.

자습문제 SELF-TEST QUESTIONS

4 다음 코드의 출력은?

```
public class Question4
{
    public static void main(String[] args)
    {
        System.out.println(getMysteryValue(3));
    }
    public static int getMysteryValue(int n)
    {
        if (n <= 1)
            return 1;
        else
            return getMysteryValue(n - 1) + n;
    }
}
```

5 다음 메소드 정의를 완성하라. 재귀를 사용해야 한다. (힌트 : $n > 1$에 대해 10^n은 $10^{n-1} \times 10$이다.)

```
/**
Precondition: n >= 0.
Returns 10 to the power n.
*/
public static int computeTenToThe(int n)
```

6 다음 메소드 정의를 완성하라. 재귀를 사용해야 한다. 앞의 5번과 달리 여기서는 인자의 부호나 값을 제한하지 않는다. 5번과 동일한 방법을 사용할 수 있으나 음의 지수를 처리하는 분기가 하나 더 있어야 한다. (힌트 : $n < 0$에 대해 10^n은 $1/10^{-n}$이다. n이 음수이면 $-n$은 양수가 된다. 예를 들어 $10^{-2} = 1/10^2$)

```
/**
Precondition: n can be any int.
Returns 10 to the power n.
*/
public static int computeTenToThe(int n)
```

11.2 재귀 프로그래밍

이 절에서는 재귀를 사용하는 방법을 프로그램 예제를 통해 알아본다.

프로그래밍 예제 사용자가 올바른 값을 입력할 때까지 요청하기

Listing 11.5는 양의 정수를 요청하고 그 숫자부터 0까지 카운트다운한다. 메소드 getCount가 사용자로부터 정수를 읽어 들인다. 만약 사용자가 양수가 아닌 숫자를 입력하면 getCount는 자기 자신을 호출하며, 이 호출은 입력 과정을 처음부터 다시 실행한다. 사용자가 다시 잘못된 숫자를 입력하면 또 다른 재귀 호출이 발생하여 입력 과정을 처음부터 다시 실행한다. 사용자가 양의 정수를 입력할 때까지 이 과정이 반복된다. 물론 실제로 그리 많은 재귀 호출이 필요하지는 않겠지만 어쨌든 사용자가 잘못된 데이터를 입력한 횟수만큼은 발생할 것이다. 일반적으로 이런 방법은 권장되지 않는다. 유효하지 않은 입력이 들어올 때마다 재귀 호출을 발생시키는 것은 바람직한 방법이 아니다. 사용자가 잘못된 입력을 계속한다면 무한 재귀와 유사한 상황이 되어 스택 오버플로를 발생시킬 수도 있다.

Listing 11.5 재입력을 위한 재귀의 사용

```
import java.util.Scanner;
public class CountDown
{
    private int count;

    public static void main(String[] args)
    {
        CountDown countDowner = new CountDown();
        countDowner.getCount();
        countDowner.showCountDown();
    }

    public void getCount()
    {
        System.out.println("Enter a positive integer:");
        Scanner keyboard = new Scanner(System.in);
        count = keyboard.nextInt();
        if (count <= 0)
        {
            System.out.println("Input must be positive.");
            System.out.println("Try again.");
            getCount();  //start over
        }
    }
    public void showCountDown()
    {
        System.out.println("Counting down:");
        for (int left = count; left >= 0; left--)
```

(계속됨)

Listing 11.5 재입력을 위한 재귀의 사용

```
            System.out.print(left + ", ");
        System.out.println("Blast Off!");
    }
}
```

실행 결과 출력

```
Enter a positive integer:
0
Input must be positive.
Try again.
Enter a positive integer:
3
Counting down:
3, 2, 1, 0, Blast Off!
```

자습문제 SELF-TEST QUESTIONS

7 Listing 11.5의 getCount 메소드를 재귀가 아니라 반복을 사용하도록 수정하라.

사례 연구 이진 탐색

이 사례 연구는 여러분이 7장에서 설명한 배열의 기초를 이해하고 있다고 가정한다. 여기서는 주어진 숫자가 정수 배열에 들어 있는지 알려 주는 재귀적 메소드를 설계할 것이다. 찾고자 하는 숫자가 배열에 들어 있으면 메소드는 배열 내에서 그 숫자의 위치를 나타내는 인덱스를 알려 준다.

예를 들어 당첨된 복권의 목록이 배열에 들어 있고 여러분은 자신이 당첨되었는지 알기 위해 목록을 탐색하려고 한다고 가정하자. 또 다른 배열이 있어서 첫 번째 배열에 들어 있는 복권의 순서대로 각 복권의 당첨금 액수를 포함하고 있다. 따라서 당첨된 복권 번호의 인덱스를 안다면, 당첨금이 얼마인지는 이 인덱스를 이용하여 두 번째 배열에서 찾을 수 있다.

7장의 '배열 탐색' 절에서 모든 배열 위치를 검사하는 단순한 배열 탐색 방법을 설명했다. 이 사례 연구에서 고안하는 방법은 이런 단순한 순차적인 탐색보다 더 빠르지만, 대신 배열이 정렬되어 있어야 한다. 여기서는 배열이 이미 오름차순으로 정렬되어 있고 빈자리 없이 채워져 있다고 가정할 것이다. 즉, 배열 이름이 a라면 다음과 같은 관계가 성립한다.

```
a[0] ≤ a[1] ≤ a[2] ≤...≤ a[a.length-1]
```

순차 탐색은 이러한 조건을 필요로 하지 않는다.

우리가 설계할 메소드는 찾으려는 숫자의 인덱스에 해당하는 정수를 반환해야 한다. 배열에 찾으려는 숫자가 없으면 −1을 반환한다. 클래스와 메소드의 설정이나 메소드와 배열의 연결 등을 걱정하기 전에, 탐색 문제를 해결하기 위한 의사코드를 먼저 설계해 보자.

배열이 정렬되어 있으므로 찾고자 하는 숫자를 포함할 가능성이 없는 부분을 배제할 수 있다. 예를 들어 우리가 찾는 숫자가 7이고 a[5]에 9가 저장되어 있다고 하면, 7이 a[5]와 같지 않다는 명백한 사실 외에도 더 많은 내용을 알 수 있다. 배열이 정렬되어 있으므로 다음이 성립된다.

```
7 < a[5] ≤ a[i], for i ≥ 5
```

즉, 5보다 크거나 같은 모든 i에 대해 a[i]에 7이 있을 수 없다는 사실을 알 수 있다. 따라서 i ≥ 5인 모든 a[i]는 탐색할 필요가 없다. 확인하지 않아도 그 요소들 가운데는 7이 없다는 사실을 아는 것이다. 반대의 경우도 마찬가지로, 예를 들어 a[5]가 9가 아니라 3이어서 찾고자 하는 숫자인 7이 a[5]보다 크다면 i ≤ 5인 모든 a[i]는 배제할 수 있다.

지금까지 설명한 바를 알고리즘 초안으로 나타내 보자. 예로 사용했던 인덱스 5는 m으로 대체한다.

정렬된 배열에서 target 요소를 탐색하는 알고리즘 (제1안)

```
1. m = an index between 0 and (a.length − 1)
2. if (target == a[m])
3.     return m;
4. else if (target < a[m])
5.     return the result of searching a[0] through a[m − 1]
6. else if (target > a[m])
7.     return the result of searching a[m + 1] through a[a.length − 1]
```

a[m]이 찾는 요소가 아니라면 m을 경계로 배열의 한쪽 부분은 배제하고 다른 쪽만 탐색하면 된다. m을 어떤 값으로 선택하느냐에 따라 두 부분의 크기가 달라진다. 두 부분 가운데 어느 쪽에 target이 포함되어 있을지 알지 못하므로 두 부분의 크기를 가능한 한 동일하게 하는 것이 좋다. 이를 위해서는 a[m]이 배열의 중간이거나 중간에 가깝도록 m을 선택한다. 따라서 위의 의사코드에서 단계 1을 다음으로 대체한다.

```
1. m = approximate midpoint between 0 and (a.length – 1)
```

알고리즘을 명확히 하기 위해 인덱스 이름을 m에서 mid로 바꿀 수 있다.

두 개의 else-if 분기는 각각 배열의 한쪽 부분을 탐색한다. 이 탐색은 바로 원래 하려던 작업의 더 작은 버전이다. 이런 점을 고려하면 재귀의 사용이 적절해 보인다. 즉, 배열의 각 부분은 알고리즘 자체를 재귀 호출하여 탐색할 수 있다. 알고리즘에는 두 개의 재귀 호출을 작성하지만 실제의 탐색에서는 배열의 한쪽 부분만 탐색하므로 두 재귀 호출 가운데 하나만 실행된다. 그러므로 a[mid]가 우리가 찾는 요소가 아니라면 아래의 (1)을 탐색하거나 혹은 (2)를 탐색할 것이다.

(1) a[0]에서 a[mid – 1]
(2) a[mid + 1]에서 a[a.length – 1]

아직 한 가지 남은 세부 사항이 있는데, 이 재귀 호출을 구현하려면 추가적인 매개변수가 필요하다. 재귀 호출은 배열의 하위 범위가 탐색되어야 한다고 지정한다. 첫 번째 경우에는 인덱스 0에서부터 mid – 1까지의 요소이고, 두 번째 경우에는 인덱스 mid + 1에서 a.length – 1까지의 요소이다. 따라서 탐색할 하위 범위의 첫 번째와 마지막 인덱스를 지정하는 두 개의 추가적인 매개변수가 필요하다. 두 매개변수를 각각 first와 last라고 부르면 좀 더 정확한 의사코드를 다음과 같이 나타낼 수 있다.

정렬된 배열의 a[first]부터 a[last]까지에서 target 요소를 탐색하는 알고리즘 (제2안)

```
1. mid = approximate midpoint between first and last
2. if (target == a[mid])
3.        return mid
4. else if (target < a[mid])
5.        return the result of searching a[first] through a[mid – 1]
6. else if (target > a[mid])
7.        return the result of searching a[mid + 1] through a[last]
```

전체 배열을 탐색하고자 하면 처음에 first를 0으로, last를 a.length – 1로 지정하면 된다. 그러나 뒤이어 이루어지는 재귀 호출은 first와 last에 다른 값을 사용할 것이다. 예를 들어 첫 번째 재귀 호출이 단계 5에서 이루어진다면 first는 0으로 last는 mid – 1로 지정한다.

재귀 알고리즘을 작성할 때는 알고리즘이 무한 재귀에 빠지지 않는지 항상 확인해야 한다. 이를 위해서는 알고리즘 호출의 모든 가능한 경우가 베이스 케이스에 도달하는지 검사하면 된다. 알고리즘에 포함된 if-else 문의 세 가지 분기를 살펴보자. 첫 번째 경우에서는 찾는 숫자가 a[mid]에서 발견되므로 재귀 호출이 발생하지 않고 알고리즘이 종료된다. 베이스 케이스에 도달한 것이다. 나머지 두 분기에서는 재귀 호출에 의해 더 작은 하위 범위가 탐색된다. 찾고자 하는 숫자가 배열에 들어 있다면 알고리즘은 범위를 점점 좁혀 가서 결국 그 숫자를 찾게 될 것이다. 그러나 만일 찾으려는 숫자가 배열에 들어 있지 않다면 어떻게 될까? 그럴 때에도 일련의 재귀 호출들이 결국 베이스 케이스에 도달하게 될까? 불행하게도 그렇지 않다.

하지만 이 문제는 어렵지 않게 해결할 수 있다. 매번 재귀 호출이 일어날 때마다 first의 값이 증가되거나 last의 값이 감소된다는 점을 생각해 보라. 만약 두 인덱스의 값이 서로 교차되어 first가 실제로 last보다 커지면 더 이상 검사할 인덱스가 없으며 따라서 찾으려는 숫자 target이 배열에 들어 있지 않다는 것을 알 수 있다. 이 검사를 의사코드에 추가하면 보다 완전한 다음 알고리즘을 얻는다.

정렬된 배열의 a[first]부터 a[last]까지에서 target 요소를 탐색하는 알고리즘(최종안)

```
mid = approximate midpoint between first and last
if (first > last)
    return -1
else if (target == a[mid])
    return mid
else if (target < a[mid])
    return the result of searching a[first] through a[mid - 1]
else if (target > a[mid])
    return the result of searching a[mid + 1] through a[last]
```

배열을 탐색하는 이런 방법을 **이진 탐색**(binary search)이라고 부른다. 탐색이 이루어지는 동안 알고리즘은 배열의 반을 제거하고, 그러고 나서 다시 남은 부분의 반을 제거하는 식으로 진행한다. 그림 11.3에 알고리즘의 동작을 나타내는 예를 보였다.

이제 의사코드 알고리즘을 자바 코드로 변환해 보자. 메소드 이름을 binarySearch라고 하고 ArraySearcher라는 클래스에 포함시키도록 하자. 이 클래스는 배열을 나타내는 인스턴스 변수를 가질 것이고, 탐색할 배열은 생성자에 의해 주어진다. 메소드 binarySearch는 추가적인 매개변수를 가지므로 전체 배열을 탐색하도록 지정하기 위해서는 사용자가 항상 0과 a.length – 1로 지정해 줘야 한다. 이런 세부 사항을 사용자가 고려해야 하는 것을 피하기 위해 binarySearch를 호출하는 메소드 find를 추가하였다. 이렇게 하면 사용자는 단순히 target 값만 지정하면 되고 인덱스에 대해서는 신경 쓸 필요가 없다. binarySearch 메소드는 이제 보조 메소드가 되기 때문에 전

target은 33

배열 요소의 반을 제거

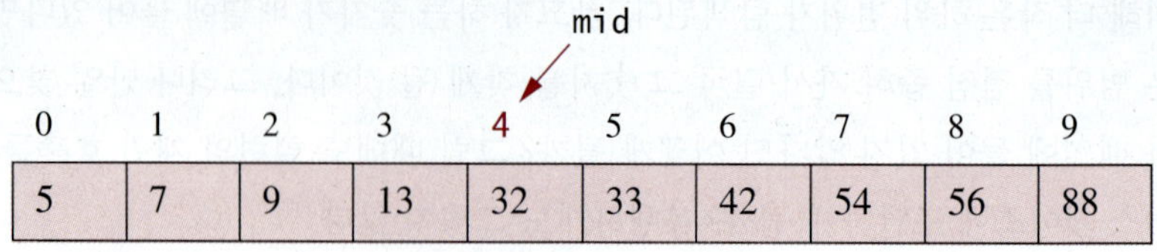

1. mid = (0 + 9)/2 (mid는 4).
2. 33 > a[mid] (즉, 33 > a[4]).
3. 따라서 33이 배열에 있다면, 33은 a[5],a[6],a[7],a[8],a[9] 중에 있음.

남은 배열 요소의 반을 제거

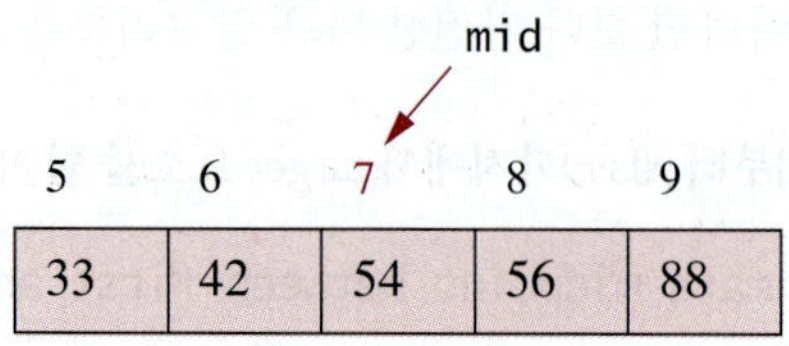

1. mid = (5 + 9)/2 (mid는 7).
2. 33 < a[mid] (즉, 33 < a[7]).
3. 따라서 33이 배열에 있다면, 33은 a[5], a[6] 중에 있음.

남은 배열 요소의 반을 제거

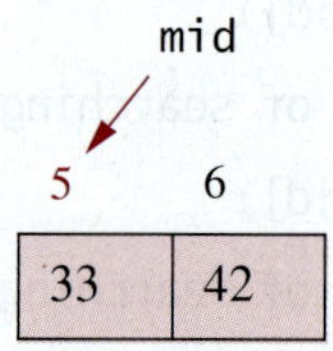

1. mid = (5 + 6)/2 (mid는 5).
2. 33이 a[mid]와 같으므로 인덱스 5에서 33을 발견.

a[5]에서 33이 발견됨.

그림 11.3 이진 탐색 예제

용 메소드로 지정했다.

ArraySearcher 클래스의 완성된 코드는 Listing 11.6에 보였고, Listing 11.7은 이 클래스가 어떻게 동작하는지 보여 주는 간단한 프로그램이다.

Listing 11.6 이진 탐색 클래스

```
/**
Class for searching an already sorted array of integers.
*/
public class ArraySearcher
{
    private int[] a;

    /**
     Precondition: theArray is full and is sorted
     from lowest to highest.
    */
    public ArraySearcher(int[] theArray)
    {
        a = theArray;  //a is now another name for theArray.
    }

    /**
     If target is in the array, returns the index of an occurrence
     of target. Returns -1 if target is not in the array.
    */
    public int find(int target)
    {
        return binarySearch(target, 0, a.length - 1);
    }
    //Uses binary search to search for target in a[first] through
    //a[last] inclusive. Returns the index of target if target
    //is found. Returns -1 if target is not found.
    private int binarySearch(int target, int first, int last)
    {
        int result:
        if (first > last)
            result = -1;
        else
        {
            int mid = (first + last)/2;
            if (target == a[mid])
                result = mid;
            else if (target < a[mid])
                result = binarySearch(target, first, mid - 1);
            else  //(target > a[mid])
                result = binarySearch(target, mid + 1, last);
        }
        return result;
    }
}
```

Listing 11.7 이진 탐색 데모 프로그램

```
import java.util.Scanner;
public class ArraySearcherDemo
{
    public static void main(String[] args)
    {
        int[] anArray = new int[10];
        Scanner keyboard = new Scanner(System.in);
        System.out.println("Enter 10 integers in increasing " + "order,");
        System.out.println("one per line.");
        for (int i = 0; i < 10; i++)
             anArray[i] = keyboard.nextInt();
        System.out.println();

        for (int i = 0; i < 10; i++)
            System.out.print("a[" + i + "]=" + anArray[i] + " ");
        System.out.println();
        System.out.println();

        ArraySearcher finder = new ArraySearcher(anArray);
        String ans;
        do
        {
            System.out.println("Enter a value to search for:");
            int target = keyboard.nextInt();
            int result = finder.find(target);

            if (result < 0)
                System.out.println(target + "is not in the array.");
            else
                System.out.println(target + "is at index" + result);
            System.out.println("Again?");
            ans = keyboard.next();
        } while (ans.equalsIgnoreCase("yes"));

        System.out.println(
                   "May you find what you're searching for.");
    }
}
```

실행 결과 출력

```
Enter 10 integers in increasing order,
one per line.
0
2
4
6
8
```

(계속됨)

Listing 11.7 이진 탐색 데모 프로그램

```
10
12
14
16
18
a[0]=0
a[1]=2 a[2]=4 a[3]=6 a[4]=8 a[5]=10 a[6]=12 a[7]=14
a[8]=16 a[9]=18

Enter a value to search for:
14
14 is at index 7
Again?
yes
Enter a value to search for:
0
0 is at index 0
Again?
yes
Enter a value to search for:
2
2 is at index 1
Again?
yes
Enter a value to search for:
13
13 is not in the arrray.
Again?
no
May you find what you're searching for.
```

이진 탐색 알고리즘은 매우 빠르다. 이 알고리즘은 첫 단계에서 배열의 반을 배제시키고, 다음에는 나머지의 반인 1/4, 그다음에는 다시 나머지의 반인 1/8, 이런 식으로 배제시켜 나간다. 이런 과정이 의미하는 것은 배열의 대부분은 탐색되지 않으며 따라서 많은 시간이 절약된다는 것이다. 예를 들어 1,000개의 요소를 가진 배열이라면 이진 탐색은 단지 10개 정도의 배열 요소만을 목푯값과 비교하면 된다. 이와 비교하여 단순한 순차 탐색은 1,000개의 모든 배열 요소를 목푯값과 비교해야 할 수도 있고, 평균적으로는 약 500번의 비교를 하게 될 것이다. 배열이 100만 개의 항목을 가진다면 더욱 현저한 차이를 드러낸다. 100만 개의 항목을 이진 탐색하기 위해서는 최대 20번의 비교가 필요하지만, 순차 탐색이라면 평균 50만 번, 최악의 경우에는 100만 번을 비교해야 할 수도 있다.

프로그래밍 팁_문제를 일반화하기

재귀 알고리즘을 설계할 때는 당장 당면한 문제보다 더 일반적인 문제를 풀어야 할 때가 많다. 예를 들어 앞의 사례 연구에서 binarySearch 메소드를 생각해 보자. 우리는 이 메소드가 전체 배열뿐만 아니라 배열의 어떤 하위 범위라도 탐색할 수 있도록 설계하였다. 이러한 설계는 배열의 일부를 대상으로 재귀 호출을 하기 위해서 필수적이다. 재귀 알고리즘을 설계할 때는 이와 같이 문제를 약간 더 일반적으로 만들어야 하는 경우가 많이 있다. ■

자습문제 SELF-TEST QUESTIONS

8 배열이 정렬되어 있지 않아도 이진 탐색 알고리즘이 동작하겠는가?

9 같은 값이 포함된 배열에 대해서 이진 탐색 알고리즘이 동작하겠는가? 아니면 배열의 모든 값이 서로 달라야 하는가?

10 클래스 ArraySearcher가 오름차순으로 정렬된 배열이 아니라 내림차순으로 정렬된 배열에 대해서 동작하도록 하고 싶다고 하자. ArraySearcher의 정의를 어떻게 수정해야 하는가?

프로그래밍 예제 병합 정렬—재귀적 정렬 방법

가장 효율적인 몇몇 정렬 알고리즘은 재귀 알고리즘으로 가장 쉽게 서술할 수 있다. 배열을 정렬하는 **병합 정렬**(merge sort) 알고리즘이 그러한 예의 하나이다. 이 예제에서 소개할 메소드는 int값 배열을 오름차순으로 정렬하는 병합 정렬 알고리즘을 구현한다. 다른 형의 배열을 정렬하는 메소드가 필요하다면, 여기서 소개하는 내용을 약간 변경하여 얻을 수 있다. 어떤 변경이 필요한지에 대해서는 자습문제에서 일부 다루게 된다.

병합 정렬은 분할 정복(divide-and-conquer) 알고리즘의 한 예이다. 정렬할 배열을 반으로 나누고, 나누어진 두 부분을 각각 재귀 호출에 의해 정렬한다. 이 과정은 작은 두 개의 정렬된 배열을 생성한다. 이 두 개의 정렬된 배열을 병합하여 두 배열에 속한 모든 요소를 포함하는 하나의 정렬된 배열로 구성한다. 알고리즘의 개요는 다음과 같다.

배열 a를 정렬하는 병합 정렬 알고리즘

1. 배열 a가 단 하나의 요소만 가지면 아무런 작업도 하지 않는다(베이스 케이스). 그

렇지 않다면 다음 작업을 한다(재귀 케이스).

2. 앞쪽 반에 해당하는 요소들을 firstHalf라는 이름의 작은 배열로 복사한다.
3. 나머지 요소들을 lastHalf라는 이름의 또 다른 작은 배열로 복사한다.
4. 재귀 호출을 사용하여 firstHalf를 정렬한다.
5. 재귀 호출을 사용하여 lastHalf를 정렬한다.
6. 배열 firstHalf와 lastHalf의 요소들을 배열 a로 병합한다.

이 알고리즘의 대부분의 세부 사항은 간단히 자바 코드로 구현할 수 있지만, 두 배열 firstHalf와 lastHalf를 정렬된 하나의 배열 a로 병합하는 것은 좀 설명할 필요가 있다.

병합 알고리즘의 기본 개념은 다음과 같다. 두 배열 firstHalf와 lastHalf는 모두 오름차순으로 정렬되어 있다. 따라서 firstHalf에서 가장 작은 요소는 firstHalf[0]이고 lastHalf에서 가장 작은 요소는 lastHalf[0]이다. 따라서 두 배열의 모든 요소 중에서 가장 작은 요소는 firstHalf[0]과 lastHalf[0] 중에서 더 작은 것이다. 그 가장 작은 요소를 a[0]으로 옮겨라.

예를 들어 더 작은 요소가 lastHalf[0]이어서 이 요소가 a[0]로 들어갔다고 하자. 그러면 남아 있는 요소들 중에서 가장 작은 것은 firstHalf[0]과 lastHalf[1] 중에서 더 작은 것이다. 그 요소를 a[1]으로 옮기고, 이 과정을 계속하라.

병합 과정에 대한 자바 코드는 다음과 같다.

```
int firstHalfIndex = 0, lastHalfIndex = 0, aIndex = 0;
while (Some_Condition)
{
    if (firstHalf[firstHalfIndex] < lastHalf[lastHalfIndex])
    {
        a[aIndex] = firstHalf[firstHalfIndex];
        aIndex++;
        firstHalfIndex++;
    }
    else
    {
        a[aIndex] = lastHalf[lastHalfIndex];
        aIndex++;
        lastHalfIndex++;
    }
}
```

while 루프의 조건은 무엇이 되어야 할까? 두 배열 firstHalf와 lastHalf가 모두 남은 요소가 있어야만 루프가 올바르게 동작할 수 있다. 따라서 배열 a가 가득 찰 때까지 반복하는 것이 아니라 배열 firstHalf나 lastHalf 중의 하나의 모든 요소가 a로 이동될 때까지 반복해야 한다. 즉, while 루프의 조건은 다음과 같다.

```
while ((firstHalfIndex < firstHalf.length) &&
    (lastHalfIndex < lastHalf.length))
```

이 while 루프가 종료되면 두 배열 firstHalf와 lastHalf 중의 하나는 모든 요소가 배열 a로 이동되었을 것이고, 다른 하나는 a로 옮길 요소가 남아 있을 것이다. 이 요소들은 정렬이 되어 있고 이미 a로 이동한 요소들보다 모두 값이 크다. 그러므로 firsthalf나 lastHalf에 남아 있는 요소들을 a로 옮기기만 하면 된다.

Listing 11.8은 메소드 merge를 포함하여 병합 정렬 알고리즘 전체를 자바로 구현한 것이다. Listing 11.9는 Listing 11.8의 MergeSort 클래스를 사용하는 예제 프로그램이다.

Listing 11.8 MergeSort 클래스

```
/**
Class for sorting an array of integers from smallest to largest
using the merge sort algorithm.
*/
public class MergeSort
{
    /**
    Precondition: Every indexed variable of the array a has a value.
    Postcondition: a[0] <= a[1] <= . . . <= a[a. length - 1].
    */
    public static void sort(int[] a)
    {
        if (a.length >= 2)
        {
                int halfLength = a.length / 2;
                int[] firstHalf = new int[halfLength];
                int[] lastHalf = new int[a.length - halfLength];

                divide(a, firstHalf, lastHalf);
                sort(firstHalf);
                sort(lastHalf);
                merge(a, firstHalf, lastHalf);
        }
        //else do nothing. a.length == 1, so a is sorted.
    }
    //Precondition: a.length = firstHalf.length + lastHalf.length.
    //Postcondition: All the elements of a are divided
    //between the arrays firstHalf and lastHalf.
    private static void divide(int[] a, int[] firstHalf,
                                        int[] lastHalf)

    {
        for (int i = 0); i < firstHalf.length; i++)
            firstHalf[i] = a[i];
```

(계속됨)

Listing 11.8 MergeSort 클래스

```
        for (int i = 0; i < lastHalf.length; i++)
            lastHalf[i] = a[firstHalf.length + i];
    }
    //Precondition: Arrays firstHalf and lastHalf are sorted from
    //smallest to largest; a. length = firstHalf.length +
    //lastHalf.length.
    //Postcondition: Array a contains all the values from firstHalf
    //and lastHalf and is sorted from smallest to largest.
    private static void merge(int[] a, int[] firstHalf,
                                        int[] lastHalf)
    {
        int firstHalfIndex = 0, lastHalfIndex = 0, aIndex = 0;
        while ((firstHalfIndex < firstHalf.length) &&
               (lastHalfIndex < lastHalf.length))
        {
            if (firstHalf[firstHalfIndex] < lastHalf[lastHalfIndex])
            {
                a[aIndex] = firstHalf[firstHalfIndex];
                firstHalfIndex++;
            }
            else
            {
              a[aIndex] = lastHalf[firstHalfIndex];
              lastHalfIndex++;
            }
            aIndex++;
    }
    //At least one of firstHalf and lastHalf has been
    //completely copied to a.

    //Copy rest of firstHalf, if any.
    while (firstHalfIndex < firstHalf.length)
    {
        a[aIndex] = firstHalf[firstHalfIndex];
        aIndex++;
        firstHalfIndex++;
    }
    //Copy rest of lastHalf, if any.
    while (lastHalfIndex < lastHalf.length)
    {
        a[aIndex] = lastHalf[lastHalfIndex];
        aIndex++;
        lastHalfIndex++;
    }
  }
}
```

Listing 11.9 MergeSort 클래스를 사용하는 예제

```
public class MergeSortDemo
{
    public static void main(String[] args)
    {
        int[] anArray = {7, 5, 11, 2, 16, 4, 18, 14, 12, 30};
        System.out.println("Array values before sorting:");
        for (int i = 0; i < anArray.length; i++)
            System.out.print(anArray[i] + " ");
        System.out.println();

        MergeSort.sort(anArray);

        System.out.println("Array values after sorting:");
        for (int i = 0; i < anArray.length; i++)
            System.out.print(anArray[i] + " ");
        System.out.println();
    }
}
```

실행 결과 출력

```
Array values before sorting:
7 5 11 2 1 4 18 14 12 30
Array values after sorting:
2 4 5 7 11 12 14 16 18 30
```

병합 정렬 알고리즘은 7장에서 소개한 선택 정렬(selection sort) 알고리즘보다 훨씬 효율적이다. 사실 '계산 차수(order of magnitude)'에 있어서 병합 정렬 알고리즘보다 더 효율적인 정렬 알고리즘은 존재하지 않는다. '계산 차수'의 의미에 대한 자세한 사항은 이 책의 범위를 넘어서지만 다음과 같은 간단한 설명은 가능하다.

병합 정렬 알고리즘보다 실제로 더 효율적인 알고리즘이 존재한다. 그러나 아주 큰 배열에 대해 적용한다면, 병합 정렬 알고리즘이나 실제로 그보다 더 효율적인 다른 알고리즘 모두 선택 정렬 알고리즘보다는 압도적으로 빠른 반면에, 이들 여러 효율적인 알고리즘들 간의 차이는 그리 크지 않다.

자습문제 SELF-TEST QUESTIONS

11 MergeSort 클래스를 사용하여 다음 배열을 정렬하는 자바 문장을 써라.

```
int[] myArray = {9, 22, 3, 2, 87, -17, 12, 14, 33, -2};
```

12 MergeSort 클래스로 int형 대신 double형의 배열을 정렬하도록 하려면 어떻게

수정해야 하는가?

13 MergeSort 클래스로 int형 배열을 정렬하되 오름차순이 아니라 내림차순으로 정렬하도록 하려면 어떻게 수정해야 하는가?

14 MergeSort.sort 메소드를 사용하여 int형의 배열을 정렬할 때 배열에서 같은 값이 두 번 나왔다면(예를 들어 b[0]과 b[5]가 둘 다 7이면), 정렬된 후의 배열에는 그 값이 한 번 나오겠는가 아니면 두 번 나오겠는가?

요약 SUMMARY

- 메소드 정의에 메소드 자신에 대한 호출이 포함되어 있으면 그 호출을 재귀 호출이라고 한다. 자바에서 재귀 호출은 적법하며 메소드 정의를 더 명확하게 만들기도 한다.
- 알고리즘의 하위 작업이 알고리즘 전체 작업의 더 작은 버전이라면, 이 알고리즘은 자바의 재귀 메소드로 구현할 수 있다.
- 무한 재귀를 피하려면 재귀 메소드 정의는 두 종류의 케이스를 포함해야 한다. 재귀 호출을 포함하는 하나 이상의 케이스와, 재귀 호출을 포함하지 않는 하나 이상의 베이스 (혹은 stopping) 케이스가 그것이다.
- 재귀 알고리즘의 적당한 예로 이진 탐색 알고리즘과 병합 정렬 알고리즘이 있다.

연습문제 EXERCISES

1 다음 코드의 출력은?

```
public class Demo
{
    public static void main(String[] args)
    {
        int number = 0;
        show(number);
    }
    public static void show(int arg)
    {
        if (arg < 5)
           show(arg + 1);
        else
           System.out.print(arg);
    }
}
```

2 다음 코드의 출력은?

```
public class Demo
{
    public static void main(String[] args)
    {
        System.out.println("The output is:");
        bar(11156);
        System.out.println();
    }
    public static void bar(int number)
    {
        if (number > 0)
        {
           int d = number % 10;
           boolean odd = (number / 10) % 2 == 1;
           bar(number / 10);
           if (odd)
             System.out.print(d / 2 + 5);
           else
             System.out.print(d / 2);
        }
    }
}
```

3 스트링을 인자로 받아서 재귀를 이용하여 스트링의 각 문자를 출력하는 메소드를 작성하라.

4 앞 문제에서 작성한 메소드를 스트링을 거꾸로 출력하도록 수정하라.

5 다음 메소드의 재귀적 정의를 완성하라.

```
/**
Precondition: n >= 0.
Returns 10 to the power n.
*/
public static int computeTenToThe(int n)
```

x^n에 대한 다음의 사실을 이용하라.

n이 양의 짝수일 때는 $x^n = (x^{n/2})^2$

n이 양의 홀수일 때는 $x^n = x(x^{(n-1)/2})^2$

$x^0 = 1$

6 베이스 케이스란 무엇인가? 스택 오버플로란 무엇인가? 재귀 함수와 중복의 차이는 무엇인가?

7 정수의 배열에서 최댓값을 찾아 반환하는 재귀 메소드를 작성하라. (힌트 : 배열을

반으로 나누고 각 부분에서 재귀적으로 최댓값을 찾는다. 얻어진 두 값 중에서 큰 값을 반환한다.)

8 재귀 알고리즘은 반복 알고리즘보다 계산 부담(overhead)이 크다고 하는데, 무슨 의미인지 설명하라.

9 배열의 누적 합계를 계산하는 재귀 메소드를 작성하라. 누적 합계를 계산하려면 배열의 각 값에 처음부터 그 값 전까지의 모든 값을 합산하면 된다. 예를 들어 배열이 [2, 3, 1, 5, 6, 2, 7]이면 결과는 [2, (2)+3, (2+3)+1, (2+3+1)+5, (2+3+1+5)+6, (2+3+1+5+6)+2, (2+3+1+5+6+2)+7]이고 계산하면 [2, 5, 6, 11, 17, 19, 26]이 된다. (힌트 : 결과 예에서 괄호로 표시한 합계가 재귀 호출의 결과이다.)

10 다음 반복 메소드를 재귀를 이용하도록 수정하라.

```
public static void demo(int n)
{
    while (n > 0)
    (
        System.out.println("Hellow World");
        n--;
    }
}
```

11 하노이의 탑(Towers of Hanoi)은 재귀의 강력함을 보여 주기 위해 컴퓨터 과학 교재에서 자주 사용되는 수학적 게임이다. 게임에는 세 개의 말뚝과 가운데 구멍이 있는 여러 개의 원반이 사용된다. 원반은 모두 한쪽 말뚝에 쌓여 있는데, 가장 큰 원반이 아래 쪽에 오도록 크기에 따라 쌓여 있다. 해야 할 작업은 원반을 첫 번째 말뚝으로부터 세 번째 말뚝으로 옮기는 것이다. 두 번째 말뚝은 임시 저장소로 사용된다. 원반을 옮길 때는 다음의 규칙을 지켜야 한다.

a. 원반은 한 번에 하나씩만 옮길 수 있다.
b. 작은 원반 위에 큰 원반을 올려놓을 수 없다.
c. 옮기는 원반을 제외한 모든 원반은 말뚝에 놓여 있어야 한다.

위의 게임을 해결하는 재귀 메소드를 작성하라. 메소드의 매개변수는 원반의 개수(**num**), 처음에 원반이 놓인 말뚝(**Peg1**), 원반을 옮길 말뚝(**Peg3**), 그리고 임시로 사용할 말뚝(**Peg2**) 등이다.

12 정수의 배열을 받아서 지정된 범위에 포함된 숫자들의 합계를 구하는 정적 재귀 메소드를 작성하라. 범위의 하한(lower bound)과 상한(upper bound)은 재귀 메소

드의 매개변수로 넘겨지며, 상한과 하한의 숫자도 합계에 포함되어야 한다.

13 영문 스트링을 받아서 모음 문자를 모두 제거하고 남은 문자로 이루어진 스트링을 반환하는 재귀 메소드를 작성하라. (힌트 : 반환되는 스트링을 구성할 때 + 연산자를 이용해 스트링을 결합할 수 있다.)

14 인자로 받은 스트링의 각 문자를 중복시켜 얻어지는 새로운 스트링을 반환하는 재귀 메소드를 작성하라. 예를 들어 인자로 "book"을 받으면 결과는 "bbooookk"이 된다.

15 두 수를 받아서 최대공약수(GCD)를 계산하는 정적 재귀 메소드를 작성하라. 두 개의 양수 x, y의 최대공약수는 다음과 같이 구할 수 있다. 즉, y가 x로 나누어 떨어지면 gcd(x, y) = y이고 그렇지 않으면 gcd(x, y) = gcd(y, x/y의 나머지)이다.

프로그래밍 과제 PROGRAMMING PROJECTS

1 `int`형의 인자를 받아서 그 정수가 몇 자리의 수인지 반환하는 정적 재귀 메소드를 작성하라. 양수와 음수를 받을 수 있도록 하라. 예를 들어 −120은 세 자리이다. 숫자의 앞에 나오는 0은 자릿수에 포함하지 않는다. 작성한 메소드를 프로그램에 포함시켜 테스트하라.

2 `int`값의 배열을 인자로 받아서 그 배열에 포함된 숫자의 합계를 반환하는 정적 재귀 메소드를 작성하라. 배열은 빈 곳 없이 가득 차 있다고 가정하라. 작성한 메소드를 프로그램에 포함시켜 테스트하라.

3 재귀의 대표적인 예로서 정수의 **팩토리얼**(factorial) 계산 알고리즘이 있다. 정수 n의 팩토리얼은 $n!$이라고 표기하고 다음과 같이 정의된다.

$0! = 1$

$1! = 1$

$2! = 2 \times 1 = 2$

$3! = 3 \times 2 \times 1 = 6$

$4! = 4 \times 3 \times 2 \times 1 = 24$

…

$n! = n \times (n-1) \times (n-2) \times \cdots \times 3 \times 2 \times 1$

팩토리얼을 다른 방식으로 기술하면, 재귀 공식 $n! = n \times (n-1)!$과 베이스 케이스 0! = 1로 나타낼 수 있다. 이 재귀 공식을 구현하는 정적 메소드를 작성하라. 작성한 메소드를 테스트 프로그램에 포함시켜라. 테스트 프로그램은 사용자가 실행 종료를 지시할 때까지 *n*값을 입력받도록 하라.

4 재귀 공식의 예로 1에서 *n*까지의 합계를 계산하는 공식이 있는데, 다음과 같이 나타낼 수 있다.

$1 + 2 + 3 + \cdots + n = n + (1 + 2 + 3 + \cdots + (n-1))$

이 재귀 공식을 구현하는 정적 메소드를 작성하라. 작성한 메소드를 테스트 프로그램에 포함시켜라. 테스트 프로그램은 사용자가 실행 종료를 지시할 때까지 *n* 값을 입력받도록 하라. 단, 루프를 사용하여 *n*개의 정수를 더하는 방식으로 메소드 정의를 작성해서는 안 된다.

5 **회문**(palindrome)은 `"radar"`와 같이 앞에서부터 읽으나 뒤에서부터 읽으나 동일한 스트링을 말한다. `String`형의 인자 하나를 받아서 인자가 회문이면 참, 아니면 거짓을 반환하는 정적 재귀 메소드를 작성하라. 스트링에 포함된 공백과 구두점은 무시하라. 대소문자를 구분하지 말고 동일한 것으로 취급하라. 예를 들어 여러분이 작성할 메소드는 다음 스트링을 회문으로 간주해야 한다.

```
"Straw? No, too stupid a fad, I put soot on warts."
"xyzcZYx?"
```

스트링이 올바른 영어 단어나 구절인지 확인할 필요는 없다. 작성한 메소드를 프로그램에 포함시켜 테스트하라. 추가 과제 : 작성한 회문 검사 메소드를 10장 프로그래밍 과제 11번에서 설명한 영어 단어 파일에 적용하여 가장 긴 회문을 찾아라.

6 **등비수열**(geometric progression)은 1에서 *n*까지 정수의 곱으로 정의되며 다음과 같이 나타낸다.

$$\texttt{geometric}(n) = \prod_{i=1}^{n} i$$

조화수열(harmonic progression)은 1에서 *n*까지 정수의 역수(inverse)의 곱으로 정의되며 다음과 같이 나타낸다.

$$\texttt{harmonic}(n) = \prod_{i=1}^{n} \frac{1}{i}$$

두 가지 수열은 각각 다음과 같은 재귀 정의를 가진다.

$$\text{geometric}(n) = n \times \prod_{i=1}^{n-1} i$$

$$\text{harmonic}(n) = \frac{1}{n} \times \prod_{i=1}^{n-1} \frac{1}{i}$$

geometric(n)과 **harmonic(n)**의 재귀 공식을 구현하는 정적 메소드를 각각 작성하라. 이 공식에는 주어지지 않았지만 베이스 케이스를 포함해야 함을 잊지 말아야 한다. 작성한 메소드를 테스트 프로그램에 포함시켜 사용자가 입력한 정수 *n*에 대해 **geometric(n)**과 **harmonic(n)**을 계산하도록 하라. 프로그램은 사용자가 종료를 지시할 때까지 새로운 *n*값을 넣어 계산을 반복할 수 있도록 하라. 루프를 이용하여 *n*개의 숫자를 곱하는 방식으로 구현해서는 안 된다.

7 **피보나치 수열**(Fibonacci sequence)은 자연에서 흔히 나타나는데, 특정 동물 개체군의 성장률이 그 예이다. 수열은 0과 1에서 시작하고, 그다음의 각 피보나치 수는 두 개의 직전 피보나치 수의 합이다. 따라서 첫 10개의 피보나치 수는 0, 1, 1, 2, 3, 5, 8, 13, 21, 34이다. 수열의 세 번째 숫자는 0 + 1 = 1, 네 번째 숫자는 1 + 1 = 2, 다섯 번째 숫자는 1 + 2 = 3 등과 같이 계속된다.

개체군의 크기 증가 외에도 이 수열은 나선 형태를 정의하는 데 사용된다. 또한 수열에 속한 각 수와 다음 수의 비율은 상수에 근접하는데, 이 상수의 근삿값이 1.618이고 흔히 황금비율(golden mean)이라고 부른다. 이 비율은 인간에게 미적으로 가장 만족스러운 비율이라고 알려져 있어서 방이나 엽서의 가로와 세로 비율로 사용되기도 한다.

인자로 *n*이 주어졌을 때 *n* 번째 피보나치 수를 계산하는 정적 메소드를 재귀 공식을 사용하여 정의하라. 루프를 사용하여 *n*까지의 피보나치 수를 계산하는 방식으로 작성하면 안 되고, 단순한 재귀 메소드로 작성해야 한다. 작성한 메소드를 프로그램에 포함시켜 피보나치 수의 비율이 어떻게 수렴하는지 보여 주도록 하라. 몇 개의 피보나치 수를 계산할 것인지는 사용자가 지정하도록 하라. 프로그램은 피보나치 수를 한 줄에 하나씩 출력하는데, 세 번째 줄부터는 현재의 피보나치 수와 직전 피보나치 수의 비율도 함께 출력해야 한다. (첫 번째 비율은 합당하지 않으므로 생략한다.) 사용자가 5를 입력했을 때의 출력은 대략 다음과 같이 되어야 한다.

```
Fibonacci #1 = 0
Fibonacci #2 = 1
Fibonacci #3 = 1; 1/1 = 1
Fibonacci #4 = 2; 2/1 = 2
Fibonacci #5 = 3; 3/2 = 1.5
```

8 캔디 바에 자를 수 있는 위치가 k개 있다고 하자. 캔디 바를 조각으로 분할하기 위해 자르는 순서가 몇 가지인지 알려고 한다. 예를 들어 k가 3이면 위치 1, 2, 3을 차례로 자를 수 있을 텐데, 이 순서를 123이라고 하자. k가 3이므로 자르는 순서는 123, 132, 213, 231, 312, 321 등의 여섯 가지가 있다. 처음 자를 때는 가능한 선택이 k개가 있다. 일단 첫 번째로 자르고 나면 그다음에는 자를 위치가 $k-1$ 자리가 남아 있다. 이것을 재귀적으로 표현하면 다음과 같다.

$$C(k) = kC(k-1)$$

조금 더 흥미롭게 만들기 위해 제약 조건을 가해 보자. 자를 수 있는 조각 중 가장 왼쪽 조각부터 잘라야 한다고 하자. 이제 k가 3이면 가능한 순서는 123, 132, 213, 312, 321이 된다. 2번 위치를 자르고 나면 가장 왼쪽 조각인 1번 위치를 잘라야 하므로 231의 순서는 허용되지 않는다. 처음 자를 때는 여전히 세 개의 가능성이 있지만 이제는 두 개로 나누어진 조각을 자르는 순서가 각각 몇 개인지 구하고 이들을 곱해야 한다. 이를 재귀적으로 표현하면 다음과 같다.

$$D(k) = \sum_{i=1}^{k} D(i - 1)D(k - i)$$

k가 3이라면 다음을 계산하게 된다.

$$D(3) = \sum_{i=1}^{k} D(i - 1)D(3 - i) = D(0)D(2) + D(1)D(1) + D(2)D(0)$$

$$D(2) = \sum_{i=1}^{k} D(i - 1)D(2 - i) = D(0)D(1) + D(1)D(0)$$

$$D(1) = \sum_{i=1}^{k} D(i - 1)D(1 - i) = D(0)D(0)$$

두 가지 재귀 공식에서 $k = 0$이면 캔디 바를 자르는 방법은 정확히 한 가지이다.

k의 값을 키보드로 읽어 들여서 $C(k)$와 $D(k)$를 출력하는 프로그램을 작성하라. ($D(k)$는 흥미롭게도 k개의 이진 연산자를 포함하는 산술식에서 괄호를 넣는 방법의 가짓수에 해당한다.)

9 옛날 옛적 어느 왕국에서 왕은 식량을 쌓아 두었는데 백성들은 굶주렸다고 한다. 대신은 식량 창고를 열어 백성을 도우라고 권했지만 왕이 거절하였다. 어느 날 소수의 반역자들이 왕을 살해하려고 했지만 대신이 이를 막을 수 있었다. 이에 대한 보상으로 대신은 왕에게 상을 받기로 했다. 이에 대신은 왕의 창고로부터 몇 개의 밀알을 꺼내어 백성들에게 나눠 주자고 간청했다. 나눠 줄 밀알의 개수는 체스판에 밀알을 놓아서 계산하기로 했다. 체스판의 첫 번째 칸에는 밀알 한 개를 놓았다. 두 번째 칸에는 두 개, 세 번째 칸에는 네 개, 네 번째 칸에는 여덟 개, 이런 식

으로 계속 놓았다.

재귀 메소드 getTotalGrains(k, grains)를 작성하여, 칸이 k개일 때 놓인 밀알의 총개수를 계산하라. getTotalGrains가 호출될 때마다 밀알들을 하나의 칸에 놓게 되는데, grains는 그 칸에 놓을 밀알의 개수이다. k가 1이면 grains를 반환한다. k가 1보다 크면 k는 1 감소시키고 grains는 두 배 증가시켜 재귀 호출을 한다. 이 재귀 호출은 나머지 $k - 1$ 칸에 놓을 밀알의 총개수를 계산한다. k개의 칸 전체에 대한 밀알의 총개수를 얻기 위해서 재귀 호출의 결과에 grains를 더해서 반환한다.

10 방 안에 사람이 n 명 있다. 여기서 n은 2보다 크거나 같다. 각 사람이 모든 다른 사람과 악수를 한 번씩 한다면 방에서 악수는 총 몇 번 이루어지는가? 이 문제를 해결하는 재귀 메소드를 작성하라. 메소드 헤더는 다음과 같다.

```
public static int handshake(int n)
```

handshake(n)은 방에 n 명이 있을 때의 악수의 총횟수를 반환한다. 방 안에 한 명이나 두 명이 있을 때는 다음과 같다.

```
handshake(1) = 0
handshake(2) = 1
```

11 다음과 같은 2차원 배열의 정의가 있을 때

```
String[][] data = {
        {"A","B"},
        {"1","2"},
        {"XX","YY","ZZ"}
    };
```

각 하위 배열 요소들의 모든 조합을 순서에 따라 출력하는 재귀 프로그램을 작성하라. 위의 예에서 원하는 출력은 다음과 같다. (물론 순서는 반드시 이와 같지 않아도 된다.)

```
A 1 XX
A 1 YY
A 1 ZZ
A 2 XX
A 2 YY
A 2 ZZ
B 1 XX
B 1 YY
B 1 ZZ
B 2 XX
B 2 YY
B 2 ZZ
```

여러분이 작성할 프로그램은 두 차원 모두 임의의 크기의 배열에 대해 동작할 수 있어야 한다. 예를 들어 다음의 데이터라면

```
String[][] data = {
                  {"A"},
                  {"1"},
                  {"2"},
                  {"XX","YY"}
            };
```

다음과 같은 출력이 나와야 한다.

```
A 1 2 XX
A 1 2 YY
```

12 선분을 이용하여 프랙털(fractal) 곡선을 그리는 `JFrame` GUI 애플리케이션을 작성하라. 프랙털은 재귀적으로 정의된 곡선이다. 그리게 될 곡선은 두 점 p_1과 p_2 사이의 선분에 기반을 두고 있다.

p_1에서 p_2로 곡선을 그리기 위해서는 먼저 선분을 3등분하고 두 개의 선분을 추가한 다음 가운데 선분을 옮겨서 아래 그림에 보인 것같이 정사각형의 일부를 구성한다.

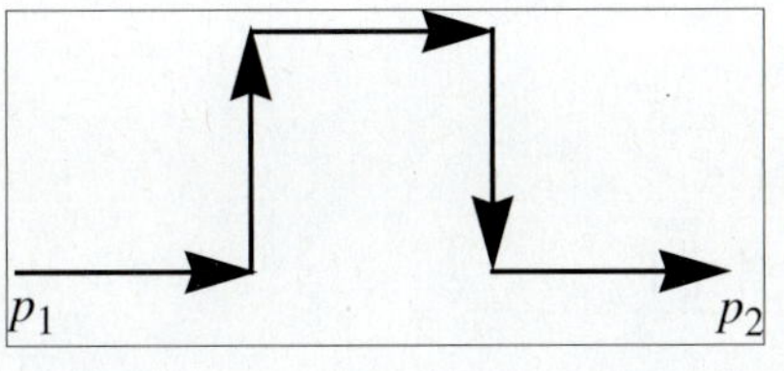

선분의 화살표는 그리는 순서를 나타내기 위해 표시한 것이고, 실제로 그리지는 않는다는 점에 주의하라. 만일 p_1과 p_2의 순서가 바뀌면 정사각형이 원래 선분의 아래쪽으로 오게 된다.

이러한 과정은 재귀적으로 다섯 개의 새로운 선분에 각각 적용되는데, 그 결과 다음과 같은 곡선을 얻는다.

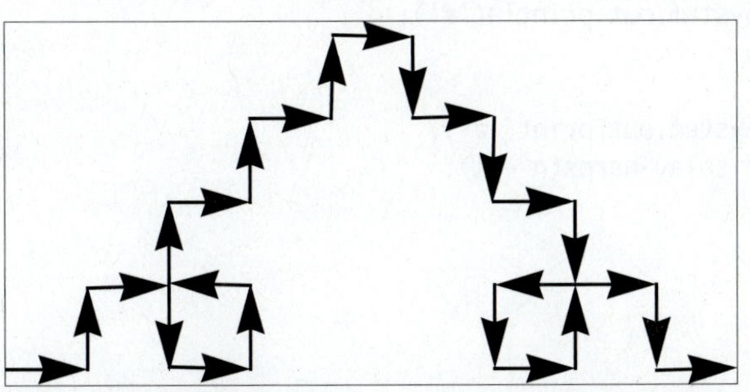

프랙털은 이 재귀적인 과정을 무한히 반복함으로써 얻어진다. 물론 우리는 무한히 반복하지는 않고 정해진 횟수 후에 멈출 것이다.

이 곡선을 그리는 재귀 메소드 drawFractal(*p*1*x*, *p*1*y*, *p*2*x*, *p*2*y*, *k*)를 작성하라. *k*가 0이면 그냥 p_1에서 p_2까지 선을 그린다. 그렇지 않으면 앞에서 설명한 것처럼 선분을 다섯 개로 분할하고, 분할된 다섯 개의 선분에 각각 재귀적으로 drawFractal을 호출한다. 재귀 호출의 마지막 인자는 $k - 1$을 사용하라. 편의상 선분은 수직선 혹은 수평선으로 가정해도 좋다.

초기 호출은 drawFractal(50, 800, 779, 800, 5)로 하라. 윈도우 크기는 1,000 × 1,000으로 설정하라.

자습문제 해답 ANSWERS to SELF-TEST QUESTIONS

1
```
B
R
R
R
```

'B'가 마지막 출력이 아니라 첫 번째 출력이다.

2
```
R
R
R
B
```

'B'가 마지막 출력이다.

3
```
/**
Precondition: n >= 1.
Displays the symbol '#' n times on one line
and then advances to the next line.
*/
public static void displaySharps(int n)
{
    if (n <= 1)
       System.out.println('#');
    else
    {
       System.out.print('#');
       displaySharps(n - 1);
    }
}
```

4 6

5
```
/**
Precondition: n >= 0
Returns 10 to the power n.
*/
public static int computeTenToThe(int n)
{
    if (n <= 0)
      return 1;
    else
      return computeTenToThe(n - 1) * 10;
}
```

6
```
/**
Precondition: n can be any int.
Returns 10 to the power n.
*/
public static int computeTenToThe(int n)
{
    if (n == 0)
      return 1;
    else if (n > 0)
      return computeTenToThe(n - 1) * 10;
    else  //n < 0
      return 1 / computeTenToThe(-n);
}
```

7
```
public void getCount()
{
    System.out.println("Enter a positive integer:");
    Scanner keyboard = new Scanner(System.in);
    int count = keyboard.nextInt();
    while (count <= 0)
    {
       System.out.println("Input must be positive.");
       System.out.println("Try again.");
       count = keyboard.nextInt();
    }
}
```

8 동작하지 않는다.

9 배열은 같은 값을 포함해도 된다. 배열이 정렬되어 있기만 하면 된다.

10 binarySearch 메소드 내의 다중 if-else 문에 포함된 비교 연산자 두 개를 다음과 같이 수정해야 한다.

```
if (target == a[mid])
    result = mid;
else if (target > a[mid])  //Changed from < to >
    result = search(target, first, mid - 1);
```

```
else if (target < a[mid])  //Changed from > to <
    result = search(target, mid + 1, last);
```

다른 변경은 필요하지 않지만 배열이 내림차순으로 정렬되어 있다는 사실을 반영하도록 주석문의 내용을 고쳐야 한다.

11 `MergeSort.sort(myArray);`

12 배열 요소의 형을 `double`로 변경한다. 예를 들어 다음 줄을

```
private static void divide(int[] a, int[] firstHalf, int[] lastHalf)
```

다음과 같이 변경한다.

```
private static void divide(double[] a,
                           double[] firstHalf, double[] lastHalf)
```

13 `merge`의 정의에 포함된 다음 줄에서 <를 >로 변경한다.

```
if (firstHalf[firstHalfIndex] < lastHalf[lastHalfIndex])
```

14 `int`형의 배열에서 같은 값이 두 번 나왔고 이 배열을 `MergeSort.sort` 메소드를 사용하여 정렬했다면 그 값은 정렬된 배열에서도 두 번 나올 것이다.

12 동적 데이터 구조와 저네릭

5장에서 한 번 소개한 대로 추상 데이터형, 또는 ADT는 어떤 데이터 집합과 그 데이터에 대한 동작을 명시한 것이다. ADT는 어떤 동작을 하는가는 명시하지만, 그 동작을 어떻게 구현하는지 또는 데이터를 어떻게 저장하는지에 대해서는 특정하지 않는다. 기본적으로 하나의 ADT는 하나의 특정한 데이터 구성을 명시한다. 8장에서 설명한 것과 같이 하나의 ADT 명세를 자바 인터페이스로 표현할 수도 있다. 클래스가 인터페이스를 구현하는 방법에는 여러 가지가 있다는 것을 여러분은 이미 알고 있다. 따라서 자바 클래스를 정의함으로써 ADT를 구현하게 되는 것이다. 이런 방법으로 여러분은 다양한 종류의 데이터 구조를 사용한다. **데이터 구조**(data structure)란 클래스나 배열과 같이 프로그래밍 언어로 표현되는 하나의 구조물이다.

이 장에서는 데이터 구조에 초점을 맞춰 설명한다. 특히 프로그램이 실행되는 도중에 크기가 늘어나거나 줄어들 수 있는 데이터 구조 두 종류를 살펴볼 것이다. 그러한 구조를 **동적**(dynamic)이라고 한다. 동적 데이터 구조의 한 종류는 배열에 기반을 두고 있는데, 여기서는 한 예로서 자바 클래스 라이브러리에 있는 `ArrayList` 클래스를 소개한다. 다른 한 종류는 데이터 항목들을 하나씩 연결하는 구조로, 각 항목은 자기 다음의 항목이 어디 있는지 알고 있어야 한다. 연결형 데이터 구조에는 많은 다양한 종류가 존재하지만, 여기서는 단순하면서도 유용한 연결형 구조인 연결 리스트(linked list)에 집중할 것이다. 또한 연결 리스트를 설명하는 과정에서 클래스 정의 안에 새로운 클래스를 정의하는 내부 클래스(inner class)도 소개할 것이다.

자바 버전 5.0부터 클래스를 정의할 때, 그 클래스가 사용할 데이터의 형을 매개변수 형태로 지정할 수 있게 되었다. 이런 매개변수를 **저네릭 자료형**(generic type)이라 한다. 12.1절에서는 자바 클래스 라이브러리에 있는 `ArrayList` 클래스를 통해 이런 방식으로 정의된 클래스를 어떻게 사용하는지 설명하고, 12.4절에서는 저네릭 자료형을 가지는 클래스를 작성하는 방법을 소개한다.

■ 학습목표

- `ArrayList`의 인스턴스를 정의하고 사용하는 방법을 배운다.
- 연결형 데이터 구조의 일반적인 형태를 이해하고 자바로 구현하는 법을 익힌다.
- 연결 리스트를 조작하는 방법을 배운다.
- 연결형 데이터 구조를 정의할 때 내부 클래스를 사용하는 법을 배운다.
- 반복자를 이해하고, 그것을 생성하여 사용하는 법을 배운다.
- 저네릭 자료형을 가지는 클래스를 정의하고 사용하는 법을 배운다.

■ 전제조건

12.2절을 공부하기 전에 12.1절을 반드시 읽어야 한다. 12.3절은 독립적이지만 12.4절

을 공부하려면 12.1절에서 12.3절까지 모두 이해하고 있어야 한다. 그리고 이 장을 완전히 이해하기 위해서는 1장에서 7장까지의 내용에 대한 이해가 필요하다. 상속과 예외 처리의 개념을 알고 있으면 더 도움이 된다.

다음 표에 부분별 상세한 전제 조건이 나타나 있다.

절	전제 조건
12.1 배열 기반의 데이터 구조	1장에서 7장까지 및 9.1절
12.2 자바 컬렉션 프레임워크	12.1절
12.3 연결형 데이터 구조	1장에서 7장까지
12.3절 내 '연결 리스트에 관련된 예외 처리'	1장에서 7장까지 및 9장
12.4 저네릭	12.1절에서 12.3절까지. 단 '연결 리스트에 관련된 예외 처리' 제외

12.1 배열 기반의 데이터 구조

자바에서는 프로그램이 실행되는 도중 배열의 길이가 얼마인지 데이터로 알아볼 수 있다. 그러나 일단 프로그램에서 배열을 생성하고 나면 배열의 길이를 변경할 수 없다. 예를 들어, 통신 판매를 할 때 고객의 주문 상황을 기록하는 프로그램을 작성한다고 할 때, 한 고객이 주문한 모든 상품을 OrderItem이라는 클래스의 객체 내에 있는 order 배열에 저장한다고 하자. 프로그램은 사용자가 하나의 주문에 포함되는 상품의 개수를 입력하도록 하고 그 수를 numberOfItems 변수에 저장한 후, 다음 문장을 사용해 배열 order를 생성한다.

```
OrderItem[] order = new OrderItem[numberOfItems];
```

그런데 고객이 numberOfItems를 입력한 후 하나의 상품을 추가로 더 주문하려는 상황을 생각해 보자. 이미 만들어진 order 배열의 크기를 증가시킬 수 있는 방법은 없다. 그러나 배열 크기를 직접 증가시키는 것과 유사한 해결책은 있다. 크기가 더 큰 새 배열을 만들고, 기존 배열의 요소를 새 배열에 모두 복사한 후 새 배열의 이름을 order로 만든다. 다음의 코드는 배열의 크기를 실질적으로 두 배로 키우는 효과를 나타내는 것이다.

```
OrderItem[] largerArray = new OrderItem[2 * numberOfItems];
for (int index = 0; index < numberOfItems; index++)
    largerArray[index] = order[index];
```

```
order = largerArray;
```

ArrayList 클래스

배열 order의 크기를 변경하는 방법을 고민하는 대신 ArrayList 클래스의 인스턴스를 사용하는 방법이 있다. 이 클래스는 자바 클래스 라이브러리의 java.util 패키지에 포함되어 있다. 이 클래스의 인스턴스는 배열과 같은 목적으로 사용될 수 있는데, 다만 프로그램이 실행되는 도중 그 크기를 변경할 수 있다는 점이 배열과 다르다. ArrayList 객체를 사용하면 고객의 추가 주문을 문제 없이 처리할 수 있다.

배열의 주된 단점을 보완하기 위해 ArrayList를 사용할 수 있다면, 왜 배열이 필요한 것일까? 그냥 ArrayList만 사용하면 안 될까? 세상에 완벽한 것은 없는 법이어서 ArrayList에는 다음과 같은 두 가지 큰 결점이 있다.

- ArrayList의 인스턴스를 사용하는 것은 배열을 사용하는 것보다 비효율적이다.
- ArrayList의 인스턴스는 객체만 저장할 수 있다. 즉, int, double, char와 같은 기본 자료형의 값을 저장할 수 없다.

ArrayList의 실제 구현은 배열로 되어 있다. ArrayList를 구성하는 배열의 용량을 늘릴 때 사용하는 기법은, 알고 보면 앞에서 order 배열의 크기를 두 배로 할 때 사용했던 것과 같다. 프로그램에서 배열 대신 ArrayList를 사용하면 더 많은 실행 시간이 걸린다. 다만 그 추가 시간이 크게 심각하지는 않을 수 있으므로 어떤 것을 선택할 것인지 결정하기 전에 상황을 잘 분석할 필요가 있다. 두 번째 결점은 해결할 방법이 있다. 예를 들어 int값을 저장하는 대신 int값을 객체로 만드는 포장 클래스 Integer를 사용해 Integer값을 저장하면 된다. 6장에서 설명한 자동 박싱과 언박싱을 사용하면 포장 클래스 활용을 편리하게 할 수 있다. 그러나 이 역시 실행 시간이 걸리는 것이어서 프로그램에 부담이 될 수 있다.

ArrayList는 **리스트**(list)라는 ADT의 한 구현 방법임을 알아두자. 리스트 ADT는 우리가 일상생활에서 사용하는 목록을 작성할 때 하는 것과 같은 방식으로 데이터를 조직한다. 작업 목록, 주소록, 선물 목록, 장보기 목록 등 늘 사용하는 예를 생각해 보자. 목록의 맨 앞이나 맨 뒤, 또는 중간에 새 항목을 추가하고, 항목을 삭제하고, 항목을 뒤져 보고, 때로는 항목이 모두 몇 개인지 세기도 한다. ArrayList의 객체가 수행할 수 있는 동작도 바로 이런 것들이다.

ArrayList의 인스턴스 생성하기

ArrayList의 인스턴스를 사용하는 방법은 배열을 사용하는 것과 비슷하지만 중요한 차이점이 몇 가지 있다. 첫째, ArrayList 클래스 정의가 자동으로 제공되지 않는다. 이 클래스 정의는 java.util 패키지에 포함되어 있기 때문에 ArrayList를 사용하려면 파일 시작 부분에 다음 코드를 적어 주어야 한다.

```
import java.util.ArrayList;
```

ArrayList 인스턴스의 이름은 다른 클래스의 객체를 생성할 때 하는 것과 같은 방식으로 할 수 있지만, 다음과 같이 특별한 표기법을 써서 요소형(base type)을 명시해야 한다.

```
ArrayList<String>list = new ArrayList<String>(20);
```

이 문장은 list라는 이름으로 String 클래스의 인스턴스를 저장할 수 있는 ArrayList 객체를 생성한다는 의미이다. 여기서 String이 요소형이 된다. ArrayList 클래스의 객체는 배열이 요소형 데이터를 저장하는 것과 마찬가지로 지정된 요소형의 객체를 저장한다. 여기서 차이점은 ArrayList의 요소형은 반드시 클래스형이어야 하고, int나 double과 같은 기본형을 요소형으로 사용할 수 없다는 것이다.

객체 list의 **초기 용량**(initial capacity)은 20이다. ArrayList 객체의 초기 용량이라는 것은 최초에 그 개수만큼의 항목을 저장할 수 있도록 메모리가 할당된다는 것을 의미한다. 그러나 나중에 더 많은 항목을 저장할 필요가 생기면 시스템이 자동으로 메모리를 더 할당해 준다. 이 초기 용량을 신중하게 설정하면 좀 더 효율적인 코드를 작성할 수 있다. 초기 용량이 충분히 크면 시스템이 메모리를 추가 할당할 필요가 적어지기 때문에 실행 시간이 짧아질 수 있다. 반면, 초기 용량이 지나치게 큰 경우에는 기억 공간을 낭비하는 일이 된다. 어떤 값을 초기 용량으로 설정하든, ArrayList 객체가 얼마나 많은 항목을 저장할 수 있는가 하는 것에는 상관이 없다. 프로그래머가 초기 용량을 지정하지 않으면 ArrayList의 기본 생성자가 호출되어 초기 용량이 10으로 설정된다.

요점 정리 ArrayList의 인스턴스 생성과 이름 설정

ArrayList 클래스의 객체는 다른 클래스의 객체와 동일한 방법으로 생성되고 이름이 설정된다. 단, 요소형을 명시해야 한다.

문법

```
ArrayList<Base_Type> Variable = new ArrayList<Base_Type>();
ArrayList<Base_Type> Variable = new ArrayList<Base_Type>(Capacity);
```

*Base_Type*은 반드시 클래스형이어야 하고, int나 double과 같은 기본형은 안 된다.

(계속됨)

생성자의 인자로 *Capacity*값이 주어지면, 리스트의 초기 용량이 그 값으로 설정된다. 인자가 없으면 초기 용량이 10으로 설정된다.

예제

```
ArrayList<String> aList = new ArrayList<String>();
ArrayList<Double> bList = new ArrayList<Double>(30);
```

프로그래밍 팁_자바의 신버전에서는 요소형을 한 번만 명시한다

JDK 7.0 이전 버전에서는 ArrayList 클래스의 객체를 생성하기 위해 변수 선언과 생성자 호출 시 모두 요소형을 명시하도록 문법이 규정되어 있었다.

```
ArrayList<Base_Type> Variable = new ArrayList<Base_Type>();
```

예를 들어 다음과 같이 사용한다.

```
ArrayList<String> aList = new ArrayList<String>();
```

JDK 버전 7부터는 생성자 호출에서 요소형을 명시하는 부분이 생략되었다. 문법은 다음과 같다.

```
ArrayList<Base_Type> Variable = new ArrayList<>();
```

사용 예는 다음과 같다.

```
ArrayList<String> aList = new ArrayList<>();
```

이렇게 하면 구버전에 비해 타이핑하는 노력을 약간 줄일 수 있고, 특히 복잡한 요소형일수록 코드를 읽고 이해하기가 더 쉬워진다. 생성자에 요소형을 명시하지 않아도 되는 것은 **형 추론**(type inference)이라는 기능 덕분이다. 컴파일러가 변수 선언으로부터 요소형을 추론할 수 있는 것이다. 이전 방식이 오랫동안 사용되었기 때문에, 기존 코드에서는 옛날 양식을 자주 보게 될 것이다. 이 책의 예제에서는 호환성을 위해 JDK 7에서 지원하는 새 문법을 사용하지 않는다. ■

ArrayList의 메소드 사용하기

ArrayList의 객체는 배열처럼 사용될 수 있지만, 배열에서 대괄호 [] 표기법을 사용하는 것과 달리 메소드를 사용해야 한다. 배열과 ArralyList 객체를 같은 용량으로 하나씩 정의해 사용 예를 보자.

```
String[] anArray = new String[20];
ArrayList<String> aList = new ArrayList<String>(20);
```

ArrayList 객체의 인덱스는 배열과 같이 0부터 시작한다고 보면 된다. 그래서 배열 anArray에 대해 다음과 같이 사용할 때,

```
anArray[index] = "Hi Mom!";
```

객체 aList에 대해 유사한 표현은 다음과 같다.

```
aList.set(index, "Hi Mom!");
```

배열 anArray에서 하나의 요소를 참조하기 위해 다음과 같이 사용할 때,

```
String temp = anArray[index];
```

객체 aList에 대한 유사한 표현은 다음과 같다.

```
String temp = aList.get(index);
```

ArrayList 객체에 두 메소드 set과 get을 사용하면, 배열에서 대괄호를 사용해 배열 요소를 다루는 것과 유사한 기능을 제공할 수 있다. 그러나 이 메소드를 사용할 때 주의해야 할 중요한 사항이 있다.

```
aList.set(index, "Hi Mom!");
```

위의 메소드 호출이 늘 다음의 배열 대입문과 동일한 것은 아니다.

```
anArray[index] = "Hi Mom!";
```

set 메소드는 이미 존재하는 요소를 대체할 수 있지만, 배열에서 하는 것처럼 아무 위치에나 요소의 값을 대입하는 목적으로 set를 사용할 수 없다. 즉, set 메소드는 기존의 값을 바꾸는 역할을 하며 초깃값을 설정하는 것이 아니다.

초깃값을 설정하는 메소드는 add이다. 이 메소드는 0의 위치부터 시작해 1, 2, 3 위치 순서대로 새로운 요소를 추가한다. ArrayList 객체는 항상 이 순서로 채워져야 한다. add 메소드는 중복 정의된 두 가지 형태가 있다. 인자가 하나인 경우 add 메소드는 가장 마지막에 채워진 자리 바로 다음에 새로운 요소를 추가한다. 두 개의 인자가 주어지는 경우에는 지정된 위치에 요소를 추가하는데, 이 지정 위치는 현재 비어 있는 첫 번째 위치 이후가 아니어야 한다. 예를 들어 aList가 현재 다섯 개의 요소를 가지고 있다고 하자. 다음 두 개의 문장,

```
aList.add("Caboose");
```

또는

```
aList.add(5, "Caboose");
```

는 여섯 번째 위치, 즉 마지막에 "Caboose"를 추가한다. 그러나 다섯 개의 요소를 가진 리스트에 다음과 같은 문장을 사용하면,

```
aList.add(6, "Caboose");
```

IndexOutOfBoundsException 예외가 발생하게 된다. 리스트가 현재 다섯 개의 요소를 가지고 있기 때문에 마지막 요소의 인덱스는 4이다. 인덱스 5를 채우지 않고 인덱스 6의 위치에 요소를 추가하는 것은 허용되지 않는다.

aList에 요소들을 추가한 후, 기존 요소들의 앞이나 사이에 새로운 요소를 삽입할 때도 add 메소드를 사용할 수 있다. 다음 문장은

```
aList.add(0, "Engine");
```

aList의 모든 기존 요소 앞에 하나의 문자열을 추가(삽입)한다. 새로운 요소를 삽입할 자리를 마련하기 위해 기존 요소들은 하나씩 뒤로 옮겨진다. 그래서 인덱스 0에 있던 기존 문자열이 새 문자열로 대체되는 것이 아니라 인덱스 1로 이동하는 것이다. 마찬가지로,

```
aList.add(4, "BoxCar");
```

위 문장은 인덱스 4의 위치에 "BoxCar" 문자열을 삽입하며, 4의 위치 앞에 있는 요소들은 변경이 없고 4부터 시작해 뒤에 있는 요소들은 하나씩 뒤로 자리를 옮긴다. add 메소드를 사용해 새로운 요소를 어떤 인덱스 위치에 삽입할 때, 그 인덱스 및 그 이후의 위치에 있던 요소들은 삭제되거나 대체되는 것이 아니라 하나씩 자리를 뒤로 옮겨 인덱스가 1씩 증가하고, 새로운 요소를 삽입할 자리를 만들게 된다. 배열에서와는 달리, 이 과정은 자바가 자동으로 수행하기 때문에 요소를 이동시키기 위한 코드를 프로그래머가 작성할 필요는 없다. ArrayList가 배열보다 사용하기 훨씬 편리하다는 점은 확실하다.

지금까지 몇 개의 요소가 aList에 추가되었는지 알고 싶을 때는 size 메소드를 사용한다. 메소드 호출문 aList.size()는 aList에 저장되어 있는 요소의 수를 반환한다. 이때 요소들의 인덱스는 0에서 시작해 aList.size() – 1까지이다.

그림 12.1에 ArrayList 클래스의 주요 메소드가 정리되어 있다.

`public ArrayList<Base_Type>(int initialCapacity)` *Base_Type*의 요소를 저장할 수 있고 초기 용량이 `initialCapacity`인 빈 리스트를 생성한다. *Base_Type*은 반드시 클래스형이어야 하며, `int`나 `double`과 같은 기본형이 될 수 없다. 리스트의 용량을 증가시켜야 할 상황이 되면, 용량은 두 배씩 증가한다.
`public ArrayList<Base_Type>()` 앞의 생성자와 동일하게 동작하나, 초기 용량은 10으로 설정된다.
`public boolean add (Base_Type newElement)` 리스트의 끝에 지정한 요소를 추가하고 크기(size)를 하나 증가시킨다. 필요하다면 리스트의 용량도 증가된다. 요소의 추가가 성공적으로 이루어지면 true를 반환한다.
`public void add(int index, Base_Type newElement)` 리스트의 지정된 위치에 지정한 요소를 삽입한다. 지정 위치 및 그 이후의 요소들은 새 요소를 위한 공간을 만들기 위해 하나씩 뒤로 위치를 이동하여 자신의 인덱스가 하나씩 증가한다. 리스트의 크기가 1 증가하고, 필요하다면 리스트의 용량도 증가한다. `index < 0` 또는 `index > size()`인 경우 `IndexOutOfBoundsException`이 발생한다.
`public Base_Type get(int index)` `index`로 지정된 위치에 있는 요소를 반환한다. `index < 0` 또는 `index ≥ size()`인 경우 `IndexOutOfBoundsException`이 발생한다.
`public Base_Type set(int index, Base_Type Element)` `index`로 지정된 위치에 있는 요소를 주어진 `Element`로 대체한다. 반환값은 대체된 이전 요소다. `index < 0` 또는 `index ≥ size()`인 경우 `IndexOutOfBoundsException`이 발생한다.
`public Base_Type remove(int index)` `index`로 지정된 위치에 있는 요소를 삭제하고 반환한다. `index` 위치 이후에 있는 요소들의 위치가 하나씩 앞으로 이동하고 인덱스가 1씩 감소한다. 리스트의 크기가 1 감소한다. `index < 0` 또는 `index ≥ size()`인 경우 `IndexOutOfBoundsException`이 발생한다.
`public boolean remove(Object element)` 리스트에서 처음 나타나는 `element`를 삭제한다. 삭제된 요소 이후에 있는 요소들의 위치가 하나씩 앞으로 이동하고 인덱스가 1씩 감소한다. 리스트의 크기가 1 감소한다. `element`가 성공적으로 삭제되면 true를 반환하고, 그렇지 않은 경우는 false를 반환하며 리스트에 아무 변화가 없다.
`public void clear()` 리스트의 모든 요소를 삭제한다.
`public int size()` 리스트에 있는 요소의 수를 반환한다.
`public boolean contains(Object element)` 리스트 내에 `element`가 존재하면 true를, 그렇지 않으면 false를 반환한다.
`public int indexOf(Object element)` 리스트에서 `element`가 처음 나타나는 위치의 인덱스를 반환한다. `element`가 리스트에 존재하지 않으면 -1을 반환한다.
`public boolean isEmpty()` 리스트가 비어 있으면 true를, 그렇지 않으면 false를 반환한다.

그림 12.1 ArrayList 클래스의 메소드

FAQ 왜 매개변수의 형이 어떤 것은 *Base_Type*형이고, 어떤 것은 Object형인가?

그림 12.1의 표에 나와 있는 메소드 목록을 보자. 어떤 경우, 즉 매개변수가 요소형의 객체인 것이 당연한 경우에는 매개변수의 형이 *Base_Type*이고, 그렇지 않은 경우는 Object형이다. 예를 들어 add 메소드의 매개변수는 *Base_Type*형이고, contains 메소드의 매개변수는 Object형이다. 매개변수의 형에 왜 이런 차이가 있는 것일까? ArrayList에 정해진 요소형의 요소만 추가하는 것이 정상적이기 때문에 add 메소드의 매개변수는 다른 형의 객체가 될 수 없다. 그러나 contains 메소드는 좀 더 일반적이다. 매개변수가 Object형이기 때문에 어떤 형의 객체든지 리스트에 있는가 테스트할 수 있다. 테스트하는 객체가 요소형이 아닌 경우 리스트에 존재할 수 없기 때문에 그런 객체가 contains의 매개변수로 주어지면 false가 반환될 것이다.

요점 정리 배열 대 ArrayList 클래스의 객체

배열을 사용하는 프로그래머에게 자동으로 제공되는 도구는 대괄호와 인스턴스 변수인 length뿐이다. 그 외의 다른 작업을 하고 싶으면 직접 배열을 조작하는 코드를 작성해야 한다. 반면, ArrayList 클래스에는 훌륭한 기능의 메소드가 많이 갖추어져 있어 배열로 하려면 직접 작성해야 하는 많은 작업이 자동으로 제공된다. 예를 들어 ArrayList 클래스의 add 메소드는 존재하는 두 개의 요소 사이에 새 요소를 삽입할 수 있다.

자습문제 SELF-TEST QUESTIONS

1 aList가 ArrayList<String> 클래스의 객체라 하자. aList의 마지막에 "Hello" 문자열을 추가하려면 어떻게 해야 하는가?

2 instruction이 ArrayList<String> 클래스의 객체이고, 인덱스 5의 위치에 "Stop"이란 문자열이 저장되어 있다고 하자. 인덱스 5에 있는 문자열을 "Go"로 변경하려면 어떻게 해야 하는가?

3 set 메소드를 사용해서 리스트의 아무 위치에나 원하는 대로 요소를 저장할 수 있는가?

4 add 메소드를 사용해서 리스트의 아무 위치에나 원하는 대로 요소를 저장할 수 있는가?

5 set 메소드를 사용할 수 없는 위치에 요소를 삽입하기 위해 add 메소드를 사용할

수 있는가?

6 aList가 ArrayList<String> 클래스의 객체이고 일곱 개의 요소를 저장하고 있다고 할 때, aList.add(7, "Red truck") 호출문은 aList의 8번째 위치에 새 문자열을 저장하는가?

7 aList가 ArrayList<String> 클래스의 객체이고, 네 개의 문자열, "red", "blue", "green", "yellow"을 차례대로 저장하고 있다고 하자. aList.add(2, "orange") 호출문이 실행된 후에 리스트에는 어떤 문자열이 존재하게 되는가?

8 다음 문장을 사용해 리스트를 생성했다고 하자.

```
ArrayList<Double> aList = new ArrayList<Double>(20);
```

이 리스트는 20개보다 많은 수의 요소를 저장할 수 있는가?

9 aList가 ArrayList<String> 클래스의 객체라 하자. aList에 있는 모든 요소를 화면에 출력하는 자바 코드를 작성하라.

프로그래밍 예제 할 일 목록

Listing 12.1의 프로그램은 ArrayList를 사용해 매일 해야 할 일의 목록을 관리하는 예제다. 사용자는 원하는 만큼의 작업을 입력할 수 있고, 프로그램은 그 목록을 출력한다.

Listing 12.1 ArrayList를 활용해 리스트 관리하기

```
import java.util.ArrayList;
import java.util.Scanner;

public class ArrayListDemo
{
    public static void main(String[] args)
    {
        ArrayList<String> toDoList = new ArrayList<String>();
        System.out.println("Enter items for the list, when prompted.");
        boolean done = false;
        Scanner keyboard = new Scanner(System.in);
        while (!done)
        {
            System.out.println("Type an entry:");
            String entry = keyboard.nextLine();
            toDoList.add(entry);
```

(계속됨)

Listing 12.1 ArrayList를 활용해 리스트 관리하기

```
                System.out.print("More items for the list? ");
                String ans = keyboard.nextLine();
                if (!ans.equalsIgnoreCase("yes"))
                    done = true;
            }
            System.out.println("The list contains:");
            int listSize = toDoList.size();
            for (int position = 0; position < listSize; position++)
                    System.out.println(toDoList.get(position));
        }
}
```

실행 결과 출력

```
Enter items for the list, when prompted.
Type an entry:
Buy milk
More items for the list? yes
Type an entry:
Wash car
More items for the list? yes
Type an entry:
Do assignment
More items for the list? no
The list contains:
Buy milk
Wash car
Do assignment
```

프로그래밍 팁_ArrayList의 인스턴스에 있는 모든 요소를 접근하려면 for-each 루프를 사용하라

Listing 12.1의 마지막 루프는 ArrayList의 인스턴스에 저장된 모든 요소를 출력한다. 이 루프는 다음과 같이 for-each 루프로도 구현할 수 있다.

```
for (String element : toDoList)
    System.out.println(element);
```

ArrayList 객체와 같은 모둠 객체에 있는 모든 요소를 접근할 필요가 있을 때는 이 루프로 작성하는 것이 처음의 루프보다 훨씬 간단하다. ■

프로그래밍 팁_메모리를 절약하기 위해 trimToSize를 사용하라

ArrayList 객체는 추가 용량이 필요할 때 자동으로 용량이 두 배 증가된다. 그러나 새로 추가된 용량이 프로그램에서 필요한 것보다 너무 많을 수 있다. 그런 경우에도 용량이 자동으로 줄어들지는 않는다. 확장된 리스트의 용량이 필요한 것보다 훨씬 큰 경우에는 trimToSize 메소드를 사용해 메모리를 절약할 수 있다. 예를 들어 aList가 ArrayList의 인스턴스일 때, aList.trimToSize()를 호출하면 aList의 용량이 실제 요소가 저장된 크기만큼으로 줄어들고, 사용되지 않는 공간이 남지 않는다. 일반적으로 단기간 내에 추가 용량이 필요하지 않다는 것이 확실할 때만 trimToSize를 사용해야 한다. ■

보충 ArrayList의 초기 버전

자바 버전 5.0 이전에도 ArrayList라는 이름의 클래스가 있었으나 매개변수를 사용하지 않는 보통의 다른 클래스와 같은 모양이었다. 예를 들면 다음과 같다.

```
ArrayList aList = new ArrayList(10);
```

이 구버전은 최근의 자바 버전에서도 ArrayList<Object>라는 모양으로 비슷하게 여전히 사용 가능하다. 따라서 위의 문장은 다음 문장과 거의 동일하다.

```
ArrayList<Object> aList = new
ArrayList<Object>(10);
```

ArrayList<Object> 클래스와 구형 ArrayList 클래스가 완전히 같지는 않으나, 단순한 응용에서는 같은 것으로 취급해도 된다. 이들 간의 차이점은 형 변환이나 subtyping에 관련된 부분에서만 문제가 된다. 이 구형 클래스는 매개변수를 사용하는 ArrayList와 마찬가지로 java.util 패키지에 있다. 자바의 이전 버전으로 작성된 프로그램을 참고해야 할 경우에는 구형 클래스에 대한 지식이 필요하다.

GOTCHA 대입문을 사용해 리스트 복사하기

다른 클래스의 객체나 배열에서와 마찬가지로 ArrayList의 인스턴스를 복사하기 위해 대입 연산자를 사용할 수는 없다. 예를 들어 다음 코드를 보자.

```
ArrayList<String> aList = new ArrayList<String>();
〈aList를 채우기 위한 코드〉
ArrayList<String> anotherName = aList;
// 별칭을 정의한다
```

이 코드는 단순히 aList에 또 다른 이름 anotherName을 지정해 주는 것뿐이다. 즉, 하나의 리스트가 두 개의 이름을 갖는 것이다. aList와는 별도로 동일한 내용을 가진 리스트가 존재하도록 복사를 하고 싶다면, clone 메소드를 사용해야 한다. 따라서 앞의 코드 대신 다음 코드를 사용해야 한다.

```
ArrayList<String> duplicateList = (ArrayList<String>)aList.clone();
```

문자열이 아닌 다른 객체의 리스트에 대해 clone 메소드를 사용하는 것은 다소 복잡해서 생각지 못한 문제를 몇 가지 만날 수 있다. ■

매개변수가 붙은 클래스와 저네릭 자료형

ArrayList 클래스는 **매개변수가 붙은 클래스**(parameterized class)다. 즉, 클래스가 매개변수를 가지고 있는데, 이 경우는 *Base_Type*이라는 매개변수로 표시하였다. 이 매개변수는 다른 어떤 클래스형으로나 지정할 수 있으며, 그러면 ArrayList 클래스가 지정한 요소형의 객체를 저장하도록 명시하는 것이 된다. *Base_Type*과 같은 것을 **저네릭 자료형**(generic data type)이라 한다.

매개변수가 붙은 클래스를 사용하는 방법은 ArrayList 사용법을 공부하면서 이미 익혔다. 12.3절에서 매개변수가 붙은 클래스를 자신이 직접 정의하는 방법을 설명할 것이다.

자습문제 SELF-TEST QUESTIONS

10 int형 값의 리스트를 만들 수 있는가?

11 list가 ArrayList의 인스턴스라 하자. list의 용량과 list.size()의 값에는 어떤 차이점이 있는가?

12 list가 ArrayList의 인스턴스이고 초기 용량이 20으로 설정되었다고 하자. list에 10개의 요소를 추가한 후, 인덱스 10에서 19까지의 요소의 값은 무엇인가? 쓰레기값인가? 무엇인가 기본값인가 혹은 다른 것인가?

12.2 자바 컬렉션 프레임워크

자바 컬렉션 프레임워크(Java Collections Framework)는 객체들의 모둠(collection)을 다루는 데 사용되는 클래스와 인터페이스를 모아 놓은 것이다. 자바 컬렉션 프레임워크에 구현되어 있는 클래스들은 재사용 가능한 자료 구조를 제공하고 정렬이나 탐색과 같은 자주 사용되는 작업의 알고리즘을 지원한다. 프레임워크 내의 클래스는 매개변수가 붙어 있어 프로그래머가 원하는 클래스를 선택하여 사용할 수 있다. 이 프레임워크를 잘 활용하면 프로그램의 핵심 사항이 아닌 세부 구현 기법에 얽매이지 않고 자신의 프로그램을 작성할 수 있다. 이 절에서는 자바 컬렉션 프레임워크에서 자주 활용되는 몇 가지 요소를 소개한다.

public boolean add(*Base_Type* newElement)
인자로 주어진 요소를 모둠에 추가한다. 호출의 결과로 모둠이 변경되면 true를 반환한다.

public void clear()
모둠의 모든 요소를 삭제한다.

public boolean remove(Object o)
인자로 주어진 요소가 모둠 내에 존재한다면 그 요소를 하나 삭제한다. 호출의 결과로 집합이 변경되면 true를 반환한다.

public boolean contains(Object o)
집합 내에 인자로 주어진 요소가 존재하면 true를 반환한다.

public boolean isEmpty()
모둠이 비어 있으면 true를 반환한다.

public int size ()
모둠에 있는 요소의 수를 반환한다.

public Object[] toArray()
모둠의 모든 요소를 배열로 만들어 반환한다. 이 배열은 Object형의 배열이기 때문에 원래 지정한 요소형으로 각 요소를 다루기 위해서는 형 변환을 해야 한다.

그림 12.2 Collection **인터페이스의 메소드**

Collection 인터페이스

Collection **인터페이스**는 객체 모둠을 다루는 클래스를 위한 자바 프레임워크의 최상위 수준에 있어 모든 모둠 클래스가 구현해야 하는 기본 동작을 규정한다. 그림 12.2에 Collection 인터페이스가 규정하는 기본 메소드 몇 가지, 즉 객체의 추가, 삭제, 존재 여부의 검사 등과 같은 메소드를 소개하였다. Collection 인터페이스는 프로그래머가 선택하는 객체의 모둠을 생성할 수 있도록 요소형을 지정할 수 있도록 한다. 다만 toArray 메소드는 Object형의 배열을 반환하는 것에 주의하라. 이 배열을 사용하려면 적절한 클래스 또는 추상 자료형으로 배열의 요소를 형 변환해야 한다.

그림 12.2의 메소드를 잘 보면 그림 12.1에서 소개한 ArrayList 클래스의 메소드 목록과 거의 같음을 알 수 있다. 이는 우연이 아니다. ArrayList 클래스는 Collection 인터페이스를 구현하는 것이기 때문에 반드시 같은 메소드가 있어야 한다. Collection 인터페이스를 구현하는 다른 클래스에도 역시 같은 메소드가 있어야 하는데, 물론 그 세부 구현 방법은 클래스마다 달라질 수 있다. 추가로 각 클래스는 인터페이스에 명시되어 있지 않은 자신만의 메소드를 추가할 수도 있다. 예를 들어 ArrayList 클래스의 get과 set 메소드는 Collection 인터페이스에 명시되어 있지 않으나, Collection의 하위 인터페이스인 List에서 정의하고 있으며 ArrayList는 List 인터페이스를 구현한다. 이들 메소드는 다소 특별한 기능을 제공하는 것이긴 하

지만, 일단 Collection 인터페이스를 잘 이해하면 그를 구현하는 클래스를 사용하는 방법에 대해서도 잘 이해하게 될 것이다.

HashSet 클래스

HashSet 클래스는 객체의 집합(set)을 저장하는 데 사용된다. ArrayList와 마찬가지로 HashSet 클래스도 Collection 인터페이스를 구현한다. 그러나 HashSet은 항목들을 리스트 형태가 아니라 집합 형식으로 저장한다. 수학적 의미로서의 집합은 그 안에 중복되는 요소가 하나도 없는 것을 의미하고, 이는 같은 값의 요소가 얼마든지 있어도 상관 없는 ArrayList와 다른 점이다. 클래스의 이름인 HashSet은 이 집합을 구현하는 데 사용된 알고리즘이 해시 테이블(hash table) 방식이기 때문이다. 해시 테이블 알고리즘이 어떻게 동작하는지는 이 교재의 범위를 벗어나는 주제이나, 간단하게 말하면 빠르고 효율적으로 여러 항목을 탐색하는 방식이다. Listing 12.2의 예제는 정수의 집합을 저장하고 조작하기 위해 HashSet 클래스를 사용하는 방법을 보여 준다. 클래스의

Listing 12.2 HashSet 예제

```
import java.util.HashSet;
public class HashSetDemo
{
    public static void main(String[] args)
    {
        HashSet<Integer> intSet = new HashSet<Integer>();
        intSet.add(2);
        intSet.add(7);
        intSet.add(7);  ← 7은 이미 집합에 존재하기 때문에 무시된다.
        intSet.add(3);
        printSet(intSet);
        intSet.remove(3);
        printSet(intSet);
        System.out.println("Set contains 2: " + intSet.contains(2));
        System.out.println("Set contains 3: " + intSet.contains(3));
    }
    public static void printSet(HashSet<Integer> intSet)
    {
        System.out.println("The set contains:");
        for (Object obj : intSet.toArray())
        {
            Integer num = (Integer) obj;
            System.out.println(num.intValue());
        }
    }
}
```

(계속됨)

Listing 12.2 HashSet 예제

실행 결과 출력

```
Sample Screen Output
The set contains:
2
3
7
The set contains:
2
7
Set contains 2: true
Set contains 3: false
```

기본형은 int형이 아니라 포장 클래스인 Integer형으로 설정되어 있는데, 모둠 클래스에는 기본형을 사용할 수 없고 객체만 요소형으로 지정해 저장할 수 있기 때문이다. 이 예제는 Collection 인터페이스에 명시된 메소드만 사용하고 있다.

Map 인터페이스

Map 인터페이스 역시 자바 컬렉션 프레임워크의 최상위 수준 인터페이스이다. Map 인터페이스의 성격은 Collection 인터페이스와 유사하지만, 여기서는 하나의 항목이 아니라 순서쌍(ordered pair)으로 된 항목의 모둠을 다루고 있다. 검색에 사용될 열쇳값(key) K 및 그에 연관된 값(value) V로 구성된 쌍을 생각해 보라. 예를 들어 열쇳값은 학생의 학번이고, 연관값은 그 학번을 가진 학생에 대한 정보, 즉 이름, 전공, 주소, 전화 번호 등으로 구성된 객체가 될 수 있다. 그림 12.3에 Map 인터페이스의 주요 메소드를 나열하였다. Map 인터페이스는 열쇳값에 대한 요소형과 연관값에 대한 요소형을 따로 설정한다. 객체 모둠에 열쇳값/연관값의 쌍을 추가하기 위해서는 put 메소드, 주어진 열쇳값으로 연관값을 검색하기 위해서는 get 메소드를 사용한다. Collection 인터페이스와 마찬가지로 요소형은 반드시 객체여야 하며 기본형을 요소형으로 설정할 수 없다.

HashMap 클래스

HashMap 클래스는 Map 인터페이스를 구현하여 열쇳값 객체와 연관값 객체를 연관시키는 맵(map)을 저장하는 데 사용된다. HashSet과 마찬가지로 해시 테이블 알고리즘을 사용하기 때문에 HashMap이란 이름이 붙었다. 주어진 열쇳값 객체를 이용해 연관값 객체를 빠른 속도로 검색할 수 있기 때문에 일종의 작은 데이터베이스처럼 활용될 수 있다. Listing 12.3은 HashMap의 예제로, 산봉우리 이름과 해발 고도를 연관지어 사

public *Base_Type_Value* put(*Base_Type_Key* k, *Base_Type_Value* v)
열쇳값 k와 값 v를 연관시킨다. 반환값은 k에 대한 이전 연관값 또는 이전 연관값이 없을 경우 null이 된다.

public *Base_Type_Value* get(Object k)
열쇳값 k에 연관된 값을 반환한다. 연관된 값이 없으면 null을 반환한다.

public void clear()
맵에서 모든 순서쌍을 삭제한다.

public *Base_Type_Value* remove(Object k)
맵에서 열쇳값 k와 관련된 순서쌍을 삭제한다. 반환값은 k에 대한 이전 연관값 또는 이전 연관값이 없을 경우 null이 된다.

public boolean containsKey(Object k)
맵에 열쇳값 k가 존재하면 true를 반환한다.

public boolean containsValue(Object v)
맵에 연관값 v가 존재하면 true를 반환한다.

public boolean isEmpty()
맵에 저장된 순서쌍이 없으면 true를 반환한다.

public int size()
맵에 저장된 순서쌍의 수를 반환한다.

public Set<*Base_Type_Key*> keySet()
맵에 존재하는 모든 열쇳값을 집합으로 만들어 반환한다.

public Collection<*Base_Type_Key*> values()
맵에 존재하는 모든 연관값을 모둠으로 만들어 반환한다.

그림 12.3 Map 인터페이스의 메소드

Listing 12.3 HashMap 예제

```
import java.util.HashMap;
public class HashMapDemo
{
    public static void main(String[] args)
    {
        HashMap<String, Integer> mountains =
            new HashMap<String, Integer>();
        mountains.put("Everest", 29029);
        mountains.put("K2", 28251);
        mountains.put("Kangchenjunga", 28169);
        mountains.put("Denali", 20335);
        printMap(mountains);
        System.out.println("Denali in the map: " +
            mountains.containsKey("Denali"));
        System.out.println();
```

(계속됨)

Listing 12.3 HashMap 예제

```
        System.out.println("Changing height of Denali.");
        mountains.put("Denali", 20320);        // Denali에 연관된 이전 값을 덮어 쓴다.
        printMap(mountains);

        System.out.println("Removing Kangchenjunga.");
        mountains.remove("Kangchenjunga");
        printMap(mountains);
    }

    public static void printMap(HashMap<String, Integer> map)
    {
        System.out.println("Map contains:");
        for (String keyMountainName : map.keySet())
        {
            Integer height = map.get(keyMountainName);
            System.out.println(keyMountainName + " --> " +
                height.intValue() + " feet.");
        }
        System.out.println();
    }
}
```

실행 결과 출력

```
Map contains:
K2 --> 28251 feet.
Denali --> 20355 feet.
Kangchenjunga --> 28169 feet.
Everest --> 29029 feet.
Denali in the map: true
Changing height of Denali.
Map contains:
K2 --> 28251 feet.
Denali --> 20320 feet.
Kangchenjunga --> 28169 feet.
Everest --> 29029 feet.
Removing Kangchenjunga.
Map contains:
K2 --> 28251 feet.
Denali --> 20320 feet.
Everest --> 29029 feet.
```

용하는 방법을 보여 준다. 산의 이름이 열쇳값이 되고 높이가 연관값이다. 열쇳값의 요소형은 String이고 연관값의 요소형은 Integer다. int와 같은 기본형은 사용할 수 없기 때문에 포장 클래스인 Integer를 사용해야 한다. 이 예제는 Map 인터페이스에 명시된 메소드만 사용했는데, 여러 개의 순서쌍을 추가하고, 연관값을 검색하고, 연관관계(mapping)를 수정하고 삭제하는 작업 등이 수행되었다.

프로그래밍 팁_자바 컬렉션 프레임워크의 다른 클래스

자바 컬렉션 프레임워크에는 여기서 소개한 것 외에도 많은 메소드와 클래스와 인터페이스가 있다. 다행스럽게도 `Collection`이나 `Map` 인터페이스에 정의된 메소드들은 프레임워크 내의 모든 클래스에 대해 일관된 인터페이스를 제공한다. 예를 들어, `HashSet` 클래스가 사용하는 해시 테이블 방식이 아닌 트리 방식으로 데이터를 저장하는 `TreeSet` 클래스가 있다. Listing 12.2의 프로그램에서 자료형을 `TreeSet`으로 변경하더라도 동일한 결과가 출력된다. 그러나 많은 클래스가 자신의 자료 구조나 구현된 알고리즘에 적합한 추가 메소드를 가지고 있기도 하다. ■

자습문제 SELF-TEST QUESTIONS

13 문자열을 저장할 수 있는 `colors`라는 이름의 `HashSet` 변수를 정의하고 생성자를 호출하라.

14 13번 문제에서 정의된 변수 `colors`가 있다고 할 때, `"red"`와 `"blue"`를 집합에 추가하는 코드를 작성하라. 또한 집합이 `"blue"`를 포함하고 있는지 검사해서 결과를 출력하고, 집합에서 `"blue"`를 삭제하는 코드를 작성하라.

15 정수를 문자열과 연관 짓는 `studentIDs`라는 이름의 `HashMap` 변수를 정의하고 생성자를 호출하라.

16 15번 문제에서 정의된 변수 `studentIDs`가 있다고 할 때, 5531과 `"George"`, 9102와 `"John"`의 연관관계를 각각 맵에 추가하고, ID 9102에 연관된 이름을 출력하는 코드를 작성하라.

12.3 연결형 데이터 구조

연결형 데이터 구조(linked data structure)는 각 객체가 다른 객체에 대한 참조를 포함하고 있는 방식으로 구성된 모둠이다. 여기서는 연결형 데이터 구조 중에 단순하지만 매우 광범위하게 사용되고 있는 연결 리스트(linked list)에 한정해서 설명할 것이다.

LinkedList 클래스

`ArrayList` 클래스가 메모리를 너무 많이 할당해서 사용하는 것에 불만이 있다면

대신 LinkedList 클래스의 인스턴스를 사용할 수 있다. LinkedList 클래스도 역시 자바 클래스 라이브러리의 java.util 패키지에 있다. ArrayList와 마찬가지로 LinkedList도 추상 자료형인 리스트를 구현한 것이다. 두 클래스가 완전히 동일한 메소드들을 가지고 있지는 않지만 그림 12.1에 소개한 대부분의 기본 리스트 동작을 지원한다. 다만, 생성자가 다르고 그림 12.1의 마지막 메소드인 trimToSize는 LinkedList에 없다. 연결형 데이터 구조인 LinkedList는 새 항목을 저장할 공간만큼만 메모리를 할당받고, 항목이 삭제되면 메모리를 반환한다.

java.util 패키지에서 LinkedList를 가져온 다음, 기본 생성자를 호출해 LinkedList의 새 인스턴스를 생성할 수 있다. 예를 들어 다음 문장은 문자열의 리스트로 myList를 생성한다.

```
LinkedList<String> myList = new LinkedList<String>();
```

그다음은 ArrayList 클래스에서와 마찬가지로 add, set, get, remove, size 등의 LinkedList 메소드를 사용해 작업을 계속할 수 있다.

LinkedList나 ArrayList와 같이 미리 만들어져 있는 클래스는 전문가에 의해 작성되고 충분히 테스트되었기 때문에, 여러분과 같은 일반 프로그래머의 작업을 매우 편하게 해 주는 좋은 도구이므로 적극 사용하는 것이 합리적이다. 그러나 LinkedList 클래스를 사용한다고 해서 연결형 데이터 구조를 자바로 어떻게 구현하는지 알 수는 없다. 그 방법을 알려면 적어도 하나의 연결형 데이터 구조를 직접 구축해 볼 필요가 있다. 연결 리스트는 간단하면서도 전형적인 연결형 데이터 구조의 예이다. 연결형 데이터 구조를 어떻게 만들고 작업하는지 학습할 수 있도록 연결 리스트의 간단한 예를 만들어 보자.

프로그래밍 팁_List 인터페이스

자바 컬렉션 프레임워크에는 List 인터페이스가 포함되어 있는데, 이는 추상 자료형인 리스트의 동작을 명시하고 있다. 그림 12.1에 나열된 메소드는 이 인터페이스의 일부이다. ArrayList와 LinkedList 모두 List 인터페이스를 구현한다. ■

자습문제 SELF-TEST QUESTIONS

17 ArrayList 대신 LinkedList를 사용하기 위해 Listing 12.1의 프로그램을 어떻게 수정해야 하는가?

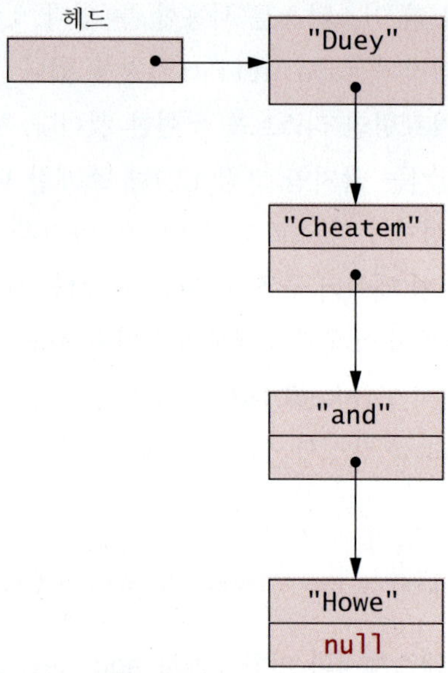

그림 12.4 연결 리스트 구조

연결 리스트

연결 리스트(linked list)는 리스트 내의 각 항목이 하나씩 연결된 형태인 동적 데이터 구조이다. 그림 12.4는 도식화된 형태로 연결 리스트를 나타낸 것이다. 다른 모든 연결형 데이터 구조와 마찬가지로 연결 리스트는 **노드**(node)라 불리는 객체로 구성된다. 그림에서 노드는 사각형으로 표현되어 있고 가운데가 선으로 나누어져 있다. 각 노드에는 데이터를 저장하는 공간과 다른 노드에 대한 **링크**(link)를 저장하는 공간이 있다. 링크는 화살표로 그려져 있는데, 화살표의 끝은 자신이 '연결하는' 노드를 향하고 있다. 자바에서 링크는 노드에 대한 참조로 구현되는데, 실제로는 노드형의 인스턴스 변수의 형태다. 그러나 연결 리스트를 처음 접하는 여러분은 링크를 그냥 화살표로 생각해도 된다. 연결 리스트에서 각 노드는 단 하나의 링크만 가지게 되며, 노드들은 그림 12.4에서 보는 바와 같이 하나씩 순서대로 한 줄의 리스트를 구성하도록 연결된다. 직관적으로 생각해 보면, 여러분 또는 여러분이 작성하는 코드는 이 링크를 따라 한 노드씩 이동하며 작업을 수행해야 할 것이다.

헤드(head)라고 표시된 링크는 리스트에 포함되지 않으며, 사실 노드도 아니다. 이는 단지 리스트의 첫 번째 노드를 가리키기 위한 링크다. 구현 시에 이 헤드는 노드에 대한 참조를 저장해야 하기 때문에 노드형의 변수로 선언되어야 한다. 프로그램에서는 이 헤드, 즉 첫 번째 노드부터 시작해 '화살표'를 따라 마지막 노드까지 순서대로 전체 리스트를 순회할 수 있다.

요점 정리 연결 리스트

연결 리스트는 노드라고 하는 객체로 구성되는 데이터 구조다. 각 노드는 데이터와 함께 다른 하나의 노드에 대한 참조를 저장하고 있어, 그림 12.4에 보는 바와 같이 각 노드가 연결된 하나의 리스트를 구성하게 된다.

이제 자바로 어떻게 연결 리스트를 구현할 수 있는지 정확한 내용을 보자. 각 노드는 어떤 클래스의 객체로서 두 개의 인스턴스 변수를 가진다. 하나는 데이터를 저장하고 다른 하나는 링크를 저장한다. Listing 12.4의 클래스 정의는 그림 12.4에 있는 연결 리

Listing 12.4 노드 클래스

```
public class ListNode
{
    private String data;
    private ListNode link;
    public ListNode()
    {
        link = null;
        data = null;
    }
    public ListNode(String newData, ListNode linkValue)
    {
        data = newData;
        link = linkValue;
    }
    public void setData(String newData)
    {
        data = newData;
    }
    public String getData()
    {
        return data;
    }
    public void setLink(ListNode newLink)
    {
        link = newLink;
    }
    public ListNode getLink()
    {
        return link;
    }
}
```

이 장의 후반부에서는 이 클래스를 private로 선언하여 클래스를 공개하지 않을 것이다.

스트를 구현하는 데 필요한 노드의 클래스로 사용될 수 있다. 이 경우 각 노드의 데이터는 하나의 String값으로 구성된다.[1] Listing 12.4에 표기한 바와 같이 이 노드 클래스는 후에 전용으로 선언할 것이다.

Listing 12.4에서 클래스 ListNode의 인스턴스 변수 link의 형이 ListNode임을 주목하라. 이 관계는 뭔가 순환되어 물고 물리는 것 같은데, 어떤 의미에서는 맞는 말이다. 그러나 이런 방식으로 클래스를 정의하는 것도 자바에서는 문제가 없다. 클래스형의 변수는 그 클래스의 한 객체에 대한 참조를 저장한다는 것을 기억해 보라. 그래서 ListNode 클래스의 한 객체의 인스턴스 변수 link는 같은 ListNode 클래스의 다른 객체에 대한 참조를 저장하게 된다. 따라서 그림 12.4에서 화살표가 나타내는 것과 같이 연결 리스트의 각 노드 객체는 link 인스턴스 변수를 가지고, 그 변수는 ListNode 클래스의 다른 객체에 대한 참조를 저장하며, 이 다른 객체 또한 ListNode 클래스의 또 다른 객체를 참조하는 방식으로 리스트의 마지막까지 서로 연결되는 구조가 되는 것이다.

연결 리스트로 뭔가 작업을 하려면, 맨 먼저 첫 번째 노드에 '접근할' 방법이 있어야 하고 마지막 노드에 이르렀을 때 그를 감지할 방법이 있어야 한다. 첫 번째 노드에 접근하기 위해 첫 번째 노드에 대한 참조를 저장하는 ListNode형의 변수가 하나 필요하다. 앞에서 언급한 바와 같이 이 변수는 리스트에 속하는 노드가 아니다. 첫 번째 노드에 대한 참조를 저장하는 변수는 그림 12.4에서 헤드로 표시한 사각형이다. 연결 리스트에서 첫 번째 노드는 **헤드 노드**(head node)라 하기 때문에 이 노드에 대한 참조 변수에 head라는 이름을 보통 사용하는 것이다. 실제로 헤드는 **헤드 참조**(head reference)라 한다.

자바에서 연결 리스트의 끝을 표시하는 것은 그림 12.4에 있는 것처럼 마지막 노드 객체의 인스턴스 변수 link의 값을 null로 설정하는 것이다. 이렇게 하면 어떤 노드의 link 변수의 값이 null인지 검사함으로써 연결 리스트의 마지막 노드인지 아닌지 판별하는 코드를 쉽게 작성할 수 있다. 어떤 변수가 null값인지 아닌지 검사할 때는 == 연산자를 사용해야 함을 잊지 않도록 하자. 반면 Listing 12.4의 data 인스턴스 변수는 String형이기 때문에, 두 개의 String 변수가 동일한 값인가 비교하기 위해서는 equals 메소드를 사용해야 한다.

연결 리스트는 대개 빈 상태로 시작한다. 변수 head는 연결 리스트의 첫 번째 노드에 대한 참조를 저장하기로 되어 있는데, 노드가 하나도 없을 때 head에는 어떤 값이 있어야 할까? 리스트가 비어 있음을 표시하기 위해서는 head에 null값을 주면 된다. 이 기법은 오랫동안 사용되어 연결 리스트를 다루는 많은 알고리즘에 대해 제대로 동작해 온 것이다.

---

1 기술적인 측면에서는 다른 모든 String형의 변수와 마찬가지로 노드가 문자열을 저장하는 것이 아니라 단지 문자열에 대한 참조를 저장할 뿐이다. 그러나 연결 리스트 설명에서 문자열에 대한 참조를 '화살표'로 지칭하는 것이 아니므로 그냥 노드가 문자열을 저장하는 것으로 생각하기로 하자.

> **기억하세요! 빈 리스트와 리스트의 끝을 표시하기 위해 null을 사용하라**
>
> 빈 연결 리스트의 헤드 참조는 null로 설정되고, 마찬가지로 비어 있지 않은 연결 리스트의 마지막 노드의 링크도 null값을 가진다.

연결 리스트의 동작 구현

Listing 12.5의 코드는 Listing 12.4에서 정의한 노드 클래스를 사용하여 연결 리스트 클래스를 정의하고 있다. 이 새 클래스에는 인스턴스 변수가 head라는 이름의 변수 하나

Listing 12.5 연결 리스트 클래스

```
public class StringLinkedList
{
    private ListNode head;
    public StringLinkedList()
    {
        head = null;
    }
    /**
    리스트에 있는 데이터를 출력한다.
    */
    public void showList()
    {
        ListNode position = head;
        while (position != null)
        {
            System.out.println(position.getData());
            position = position.getLink();
        }
    }
    /**
    리스트에 있는 노드의 수를 반환한다.
    */
    public int length()
    {
        int count = 0.
        ListNode position = head;
        while (position != null)
        {
            count++;
            position = position.getLink();
        }
        return count;
    }
```

이 장의 뒷부분에서 이 클래스를 다시 다르게 정의할 것이다.

(계속됨)

Listing 12.5 연결 리스트 클래스

```
    /**
    리스트의 시작 부분에 addData 데이터를 포함하는 노드를 추가한다.
    */
    public void addANodeToStart(String addData)
    {
        head = new ListNode(addData, head);
    }
    /**
    리스트의 첫 번째 노드를 삭제한다.
    */
    public void deleteHeadNode()
    {
        if (head != null)
            head = head.getLink();
        else
        {
            System.out.println("Deleting from an empty list.");
            System.exit(0);
        }
    }
    /**
    목표물(target)이 리스트에 있는지 검색한다.
    */
    public boolean onList(String target)
    {
        return find(target) != null;
    }
    // 목표 데이터를 포함하는 첫 번째 노드에 대한 참조를 반환한다.
    // 목표물이 리스트에 없으면 null을 반환한다.
    private ListNode find(String target)
    {
        boolean found = false;
        ListNode position = head;
        while ((position != null) && !found)
        {
            String dataAtPosition = position.getData();
            if (dataAtPosition.equals(target))
                found = true;
            else
                position = position.getLink();
        }
        return position;
    }
}
```

만 있는 것에 주목하라. 인스턴스 변수 head는 연결 리스트의 첫 번째 노드에 대한 참조를 저장하고 있거나, 연결 리스트가 비어 있는 경우, 즉 연결 리스트에 노드가 하나도 없는 경우 null값을 저장한다. 클래스에는 생성자가 하나 있어 이 head 인스턴스 변수의 값을 null로 설정하여 리스트가 비어 있음을 나타낸다.

연결 리스트에 어떻게 노드를 추가하거나 삭제하는지 알아보기 전에, 이미 몇 개의 노드로 구성된 연결 리스트가 있다고 가정하고 모든 노드의 내용을 화면에 출력하는 방법을 생각해 보자. 다음과 같은 코드를 작성하면 이 작업을 할 수 있을 것이다.

```
ListNode position = head;
while (position != null)
{
    System.out.println(position.getData());
    position = position.getLink();
}
```

position이란 변수는 한 노드에 대한 참조를 저장한다. 처음에 이 position은 head 인스턴스 변수가 가진 참조값과 동일한 참조를 가지게 된다. 즉, 리스트의 첫 번째 노드를 가리키며 시작하는 것이다. 현재 가리키고 있는 노드의 데이터를 출력한 후에 position의 참조는 다음 대입문을 이용해 다음 노드로 이동하게 된다.

```
position = position.getLink();
```

이 과정이 그림 12.5에 나와 있다.

이 대입문이 position 변수를 다음 노드로 '이동'시키는지 알아보기 위해 그림 12.5에서 position이란 이름의 사각형이 참조하는 것은 position 화살표가 가리키는 노드임을 주목해 보라. position은 그 노드의 이름 역할을 하게 되고, position.link

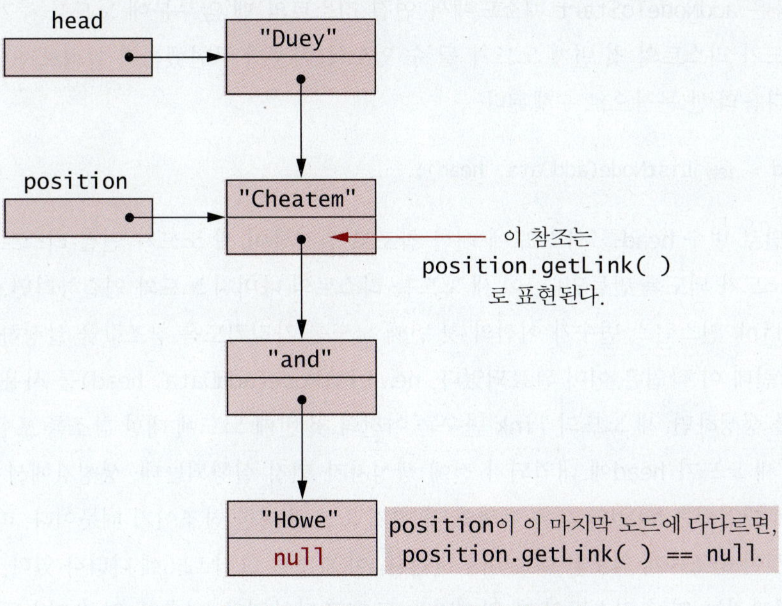

그림 12.5 연결 리스트를 따라 접근하기

는 그 노드의 링크 부분에 대한 이름이 된다. 그리고 position.link는 다음 노드에 대한 참조를 포함하고 있으며, link의 값은 접근자 메소드인 getLink를 호출해 알아낼 수 있다. 그러므로 연결 리스트에서 다음 노드에 대한 참조는 position.getLink()가 된다. position 변수에 position.getLink()의 값을 대입하면 실제로 다음 노드로 '이동'하는 효과가 발생하는 것이다.

앞의 예제 코드에 있는 루프는 position 변수의 값을 계속해서 변경하는 방식으로 연결 리스트의 링크를 따라 다음 노드로 이동하며 각 노드의 데이터를 출력한다. position이 마지막 노드에 다다르면, 그 노드의 데이터를 출력한 후 다음 코드를 다시 실행하게 된다.

```
position = position.getLink();
```

그림 12.5를 보면 이 지점에서 position의 값이 null이 되리라는 것을 알 수 있다. 이 상황이 되었을 때 루프를 중단하면 되므로 position이 null이 아닌 동안 루프를 수행하도록 코딩한다.

showList 메소드에 지금까지 설명한 루프가 포함되어 있다. length 메소드는 비슷한 루프를 사용하는데, 각 노드의 데이터를 출력하는 것이 아니라 루프 안에서 한 노드씩 이동하면서 노드의 수를 세는 작업을 한다. 루프가 종료되면 length 메소드는 리스트에 있는 항목의 수를 반환한다. 이렇게 연결 리스트 내에서 한 노드씩 차례로 이동하는 과정을 리스트 **순회**(traverse)라 한다. showList와 length 메소드는 둘 다 리스트를 순회한다.

다음은 addNodeToStart 메소드에서 연결 리스트의 맨 앞부분에 노드를 추가하여 새 노드가 리스트의 첫 번째 노드가 될 수 있도록 어떻게 구현했는지 살펴보자. 이 작업은 다음의 한 문장으로 수행된다.

```
head = new ListNode(addData, head);
```

다른 말로 변수 head를 새 노드에 대한 참조로 설정하여 새 노드가 연결 리스트의 첫 번째 노드가 되도록 만들었다. 이 새 노드를 리스트의 나머지 노드와 연결하려면, 새 노드의 link 인스턴스 변수가 이전의 첫 번째 노드를 가리키도록 참조값을 설정하면 된다. 그런데 이 작업은 이미 완료되었다. new ListNode(addData, head)를 사용해 새 노드를 생성하면, 새 노드의 link 변수는 이전의 첫 번째 노드에 대한 참조를 포함하게 된다. 새 노드가 head에 대입되기 전에 생성자가 먼저 실행되는데, 생성자에서 link 변수에 대입되는 head의 값은 이전의 첫 번째 노드에 대한 참조이기 때문이다. 따라서 모든 것이 순조롭게 의도한 대로 이루어진다. 이 과정은 그림 12.6에 나타나 있다.

지금까지는 연결 리스트의 맨 앞에만 노드를 추가하였다. 나중에 연결 리스트 내의

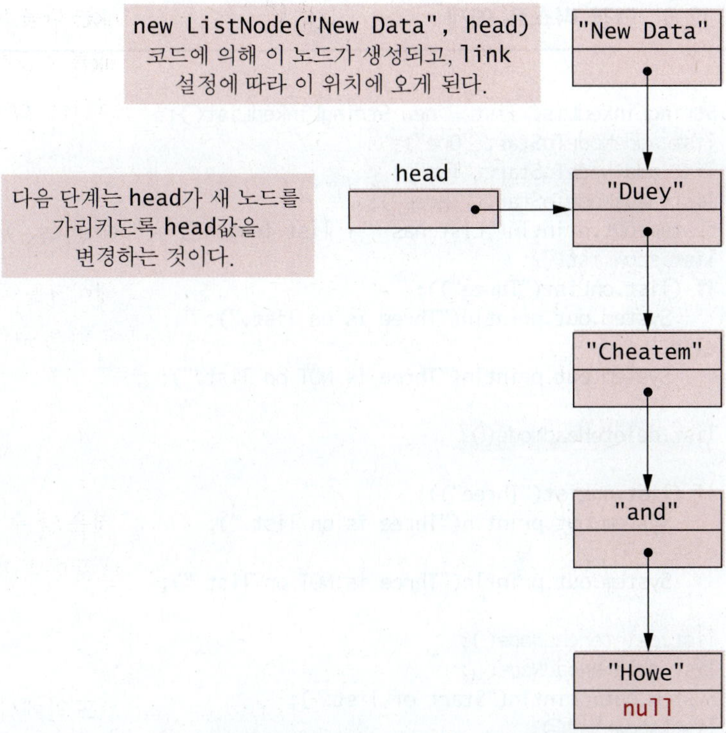

그림 12.6 연결 리스트 시작 지점에 새 노드 추가

다른 지점에 노드를 추가하는 것에 대해서도 다룰 것이나, 리스트의 맨 앞에 노드를 추가하는 것이 가장 쉬운 방법이다. 이는 노드를 삭제할 때도 가장 쉬운 방법이 된다.

deleteHeadNode 메소드는 연결 리스트의 첫 번째 노드를 삭제하고, head 변수가 이전의 두 번째 노드를 가리켜 연결 리스트의 새로운 첫 번째 노드가 되도록 한다. 다음 대입문이 이 삭제 과정을 올바르게 수행하는지 이해하는 것은 여러분의 몫으로 남겨 놓도록 하겠다.

```
head = head.getLink();
```

Listing 12.6은 지금까지 설명한 메소드들이 어떻게 동작하는지 보여 주는 간단한 예제 프로그램이다.

Listing 12.6 연결 리스트 예제

```
public class StringLinkedListDemo
{
    public static void main(String[] args)
```

(계속됨)

Listing 12.6 연결 리스트 예제

```
    {
        StringLinkedList list = new StringLinkedList();
        list.addANodeToStart("One");
        list.addANodeToStart("Two");
        list.addANodeToStart("Three");
        System.out.println("List has " + list.length() + " entries.");
        list.showList();
        if (list.onList("Three"));
            System.out.println("Three is on list.");
        else
            System.out.println("Three is NOT on list.");

        list.deleteHeadNode();

        if (list.onList("Three"));
            System.out.println("Three is on list.");
        else
            System.out.println("Three is NOT on list.");

        list.deleteHeadNode();
        list.deleteHeadNode();
        System.out.println("Start of list:");
        list.showList();
        System.out.println("End of list");
    }
}
```

실행 결과 출력

```
List has 3 entries.
Three
Two
One
Three is on list.
Three is NOT on list.
Start of list:
End of list.
```

FAQ 삭제된 노드는 어떻게 될까?

연결 리스트에서 하나의 노드를 삭제하면 그 노드에 대한 연결 리스트의 참조가 삭제되는 것이다. 그래서 연결 리스트의 입장에서는 그 노드가 더 이상 존재하지 않는 것이 된다. 그러나 노드 자체를 소멸시키라는 어떤 명령도 하지 않았기 때문에 그 노드는 컴퓨터의 메모리 속 어딘가에 존재하고 있다. 삭제된 노드를 다른 어느 곳에서도 참조하지 않는다면, 그 노드가 차지하고 있는 기억 공간은 다른 용도로 사용될 수 있도록 해제되어야 한다. 많은 프로그래밍 언어에서 프로그래머가 직접 삭제된 노드를 관리하고 메모리 재사용을 위해 할당받은 공간을 반환하도록 하고 있다. 이 과정을 **쓰레기 수집**(garbage collection)이라 한다. 자바에서는 이 작업이 자동으로 이루어지기 때문에 보통 자바는 **자동 쓰레기 수집**(automatic garbage collection) 기능을 가지고 있다고 한다.

GOTCHA NullPointerException

프로그램을 실행하면서 NullPointerException이란 오류 메시지를 종종 받아 보았을 것이다. (지금껏 한 번도 받지 않았다면, 축하합니다! 당신은 대단히 꼼꼼한 프로그래머군요.) 코드에서 어떤 객체를 참조하기 위해 클래스형의 변수를 사용하려고 할 때, 그 변수가 null값을 가지고 있는 경우 NullPointerException이란 메시지가 나타난다. 즉, 변수가 아무 객체에 대한 참조도 가지고 있지 않은 것이다. 이제 이 메시지가 무엇을 의미하는지 좀 더 분명해 보일 것이다. 연결 리스트의 노드에서 link 인스턴스 변수가 아무런 참조를 포함하고 있지 않음을 나타내기 위해 null 값을 사용했다. 따라서 null이란 값은 객체 참조가 없다는 것이고, 이 예외에 NullPointerException이란 이름이 붙은 이유가 된다.

NullPointerException은 catch 블록에서 잡아 처리하거나 throws 절에 명시하지 않아도 되는 종류의 예외다. 다만, 이를 발생시킨 코드는 수정해야 한다. ■

기억하세요! 대부분의 노드에는 이름이 없다

head 변수는 연결 리스트의 첫 번째 노드에 대한 참조를 가진다. 그래서 head는 첫 번째 노드의 이름으로 사용될 수 있다. 그러나 연결 리스트의 나머지 노드들은 그들을 참조하는 별도의 변수가 없기 때문에 무명 상태에 있게 된다. 이들에 이름을 붙이는 유일한 방법은 head.getLink() 등과 같이 간접적인 참조를 통하는 것이다. 또는 Listing 12.5의 showList 메소드에 있는 지역 변수 position과 같이 ListNode 형의 다른 변수를 사용하는 방법이 있다.

자습문제 SELF-TEST QUESTIONS

18 연결 리스트의 마지막은 어떻게 표시하는가?

19 head 변수가 연결 리스트의 첫 번째 노드에 대한 참조를 가지는 것으로 가정하고, 연결 리스트는 비어 있다고 하자. head의 값은 무엇이어야 하는가?

20 StringLinkedList 클래스의 isEmpty 메소드를 작성하라. 이 메소드는 리스트가 비어 있을 때, 즉 노드가 하나도 없을 때 true를 반환한다.

21 다음 코드를 실행하면 어떤 출력이 나타나는가?

```
StringLinkedList list = new StringLinkedList();
list.addANodeToStart("A");
list.addANodeToStart("B");
list.addANodeToStart("C");
list.showList();
```

프라이버시 누설

이 절에서 다룰 내용은 매우 중요하지만 약간 난해하다. 6장의 6.5절을 다시 읽어 보면 이 절을 이해하기가 좀 더 쉬울 것이다. 6장에 나온 프라이버시 문제는 메소드가 클래스형의 전용 인스턴스 변수에 대한 참조를 반환하는 상황에서 발생할 수 있다는 것이었다. 인스턴스 변수에 굳이 private으로 제한을 걸었음에도 불구하고 설정 메소드가 있는 객체를 참조할 수 있다면 그 제한이 쉽게 무력화되는 것이다. 그런 객체에 대한 참조에 접근할 수 있도록 하면 객체의 전용 인스턴스 변수를 변경할 수 있는 권한을 프로그래머에게 허용하는 꼴이 된다.

Listing 12.4의 클래스 ListNode에 있는 메소드 getLink를 살펴보라. 이 메소드는 ListNode형의 값을 반환한다. 즉, ListNode 객체인 노드에 대한 참조를 반환하는 것이다. 게다가 이 ListNode에는 노드의 내용을 변경할 수 있는 공용 설정 메소드가 있다. 따라서 getLink 메소드는 프라이버시 누설의 위험을 초래할 수 있다.

한편, ListNode의 getData 메소드는 프라이버시 누설의 원인이 되지 않는데, 이는 String 클래스에 설정 메소드가 없기 때문이다. String 클래스는 특별한 경우일 뿐이고, 만약 노드에 저장되는 데이터가 다른 클래스형이라면 getData 메소드 역시 프라이버시 누설의 위험성이 있다.

ListNode 클래스가 StringLinkedList 클래스 또는 그와 같은 종류의 클래스 내에서만 사용된다면 프라이버시 누설 문제는 없다. StringLinkedList 클래스에는 노드에 대한 참조를 반환하는 공용 메소드가 없기 때문이다. find 메소드의 반환형이 ListNode이긴 하지만 전용 메소드이다. 만약 find가 공용 메소드였다면 프라이버시 누설 문제가 생길 수 있다. 그러므로 find를 전용으로 선언한 것은 단순히 하찮은 스타일의 문제가 아닌 것이다.

ListNode 클래스가 StringLinkedList와 같은 클래스 내부에서만 사용될 때는 문제가 없지만, 이런 방식으로만 ListNode 클래스를 사용하도록 강제하거나 보장할 방법이 없다. 이 프라이버시 누설 문제를 해결할 방법은 여러 가지가 있는데, 가장 간단하게는 ListNode 클래스를 StringLinkedList 클래스의 전용 내부 클래스로 정의하는 것이다. 이 방법은 다음 두 개의 절 '내부 클래스'와 '노드 내부 클래스'에서 설명할 것이다. 또 다른 유사한 해결책은 ListNode 클래스와 StringLinkedList 클래스를 하나의 패키지로 묶는 것이다. 그리고 부록 3에서 소개하는 바와 같이 인스턴스 변수의 변경자를 private에서 패키지로 수정하고 접근자인 getLink 메소드를 제외하면 된다.

내부 클래스

내부 클래스(inner class)는 다른 클래스의 내부에 정의되는 클래스다. 내부 클래스의 모든 내용을 설명하는 것은 이 책의 범위를 넘어가므로 생략하겠지만, 간단한 내부 클래스 사용은 이해하기도 쉽고 유용하기도 하다. 이 절에서는 기본적인 내부 클래스와 그 사용 방법을 설명하고, 다음 절에서는 연결 리스트 클래스 내부에 정의되는 내부 클래스의 예를 살펴볼 것이다. 노드를 내부 클래스로 정의하게 되면 앞 절에서 설명한 프라이버시 누설 문제의 해결책이 된다.

내부 클래스를 정의하는 것은 간단하다. 단지 다른 클래스—**외부 클래스**(outer class)라 한다—의 내부에 클래스를 정의하면 된다. 다음 문법을 따른다.

```
public class OuterClass
{
    외부_클래스_인스턴스_변수_선언
    외부_클래스_메소드_정의
    private class InnerClass
    {
        내부_클래스_인스턴스_변수_선언
        내부_클래스_메소드_정의
    }
}
```

내부 클래스 정의가 외부 클래스 내에서 마지막에 올 필요는 없지만 대개 찾기 쉽도록 맨 앞이나 맨 뒤에 둔다. 내부 클래스가 꼭 전용일 필요도 없지만 이 책에서는 이 경우만 고려할 것이다.

내부 클래스 정의는 외부 클래스 정의에 지역적(local)이다. 즉, 외부 클래스 내에서가 아니라면 같은 이름을 다른 용도로 또 사용해도 괜찮다는 의미이다. 이 책의 예에서처럼 내부 클래스가 전용으로 정의되면 외부 클래스 정의 바깥에서는 내부 클래스를 사용할 수 없다.

내부 클래스 정의는 외부 클래스 정의 내에서라면 어디서든 사용될 수 있으며, 다음과 같은 특성이 있다. 내부 클래스와 외부 클래스의 각 메소드는 서로의 메소드와 인스턴스 변수를 모두 사용할 수 있으며, 심지어 전용 메소드와 변수도 제한 없이 사용 가능하다. 내부나 외부 클래스의 정의 내에서는 public이나 private이 동일하게 인식된다. 내부 클래스의 사용에는 좀 더 미묘한 세부 사항들이 존재하지만, 여기서는 다음 절에 소개되는 것과 같은 단순한 경우만 고려하도록 한다.

노드 내부 클래스

StringLinkedList와 같은 클래스에 ListNode 클래스를 내부 클래스로 정의하여 자급자족형 클래스로 만들 수 있다.

```
public class StringLinkedList
{
    private ListNode head;
    <Listing 12.5의 메소드 정의가 이 부분에 온다.>
    private class ListNode
    {
        <Listing 12.4에 있는 ListNode의 정의 나머지 부분이 온다.>
    }
}
```

내부 클래스인 ListNode를 전용으로 선언했음에 주목하라. 내부 클래스가 다른 클래스에서 사용되기를 원하지 않는다면 전용으로 선언해야 한다. ListNode를 전용으로 선언하는 것은 보안을 위한 것이기도 한데, StringLinkedList 클래스의 외부에서는 접근자인 getLink 메소드를 사용할 수 없게 되기 때문이다. 앞서 '프라이버시 누설' 부분에서 언급한 바와 같이 클래스형의 인스턴스 변수에 대한 참조를 반환하는 메소드를 공용으로 두는 것은 위험성이 있다.

ListNode 클래스를 StringLinkedList의 전용 내부 클래스로 정의하려고 한다면, ListNode 클래스 정의에서 접근자와 설정자 메소드(set과 get 메소드)를 모두 삭제하고 인스턴스 변수 data와 link를 직접 사용하도록 하는 편이 더 간단하다. Listing 12.7에 이 방식으로 다시 작성한 StringLinkedList 클래스를 나타내었다. 이렇게 작성된 StringLinkedListSelfContained라는 이름의 새 클래스는 Listing 12.5의 StringLinkedList 클래스와 동일하며, 두 클래스의 메소드는 동일한 작업을 수행한다. 실제로 Listing 12.6의 StringLinkedListDemo 프로그램에서 StringLinkedList 클래스를 StringLinkedListSelfContained로 변경해서 실행하면 동일한 출력이 생성된다. (프로그램 StringLinkedListSelfContainedDemo는 원서와 연계된 웹사이트의 소스 코드에 포함되어 있으며 결과는 같다.)

Listing 12.7 내부 클래스로 된 노드 클래스가 있는 연결 리스트

```
public class StringLinkedListSelfContained
{
    private ListNode head;
    public StringLinkedListSelfContained()
    {
        head = null;
    }
    /**
    리스트에 있는 데이터를 출력한다.
    */
    public void showList()
    {
        ListNode position = head;
        while (position != null)
        {
            System.out.println(position.data);
            position = position.link;
        }
    }
    /**
    리스트에 있는 노드의 수를 반환한다.
    */
    public int length()
    {
        int count = 0;
        ListNode position = head;
        while (position != null)
        {
            count++;
            position = position.link;
        }
        return count;
    }
    /**
    리스트의 맨 앞에 addData 데이터를 포함하는 노드를 추가한다.
    */
    public void addANodeToStart(String addData)
    {
        head = new ListNode(addData, head);
    }
    /**
    리스트에서 첫 번째 노드를 삭제한다.
    */
    public void deleteHeadNode()
    {
        if (head != null)
            head = head.link;
        else
```

외부 클래스에서 내부 클래스의 인스턴스 변수인 data와 link를 직접 사용할 수 있다.

(계속됨)

Listing 12.7 내부 클래스로 된 노드 클래스가 있는 연결 리스트

```
        {
            System.out.println("Deleting from an empty list.");
            System.exit(0);
        }
    }
    /**
    목표물이 리스트에 있는지 검색한다.
    */
    public boolean onList(String target)
    {
        return (find(target) != null);
    }
    // 목표 데이터를 포함하는 첫 번째 노드에 대한 참조를 반환한다.
    // 목표물이 리스트에 없으면 null을 반환한다.
    private ListNode find(String target)
    {
        boolean found = false;
        ListNode position = head;
        while ((position != null) && !found)
        {
            String dataAtPosition = position.data;
            if (dataAtPosition.equals(target))
                found = true;
            else
                position = position.link;
        }
        return position;                          내부 클래스
    }
    private class ListNode
    {
        private String data;
        private ListNode link;

        public ListNode()
        {
            link = null;
            data = null;
        }
        public ListNode(String newData, ListNode linkValue)
        {
            data = newData;
            link = linkValue;
        }
    }
}  <-- 외부 클래스 정의의 끝
```

기억하세요! 노드 내부 클래스

연결 리스트와 같은 연결형 데이터 구조를 만들 때, 노드 클래스를 연결 리스트 클래스의 내부 클래스로 두면 자급자족형의 클래스를 정의할 수 있다.

반복자

연결 리스트의 노드와 같은 객체들의 모둠이 있을 때 종종 그 모둠 내의 모든 객체를 하나씩 차례대로 처리해야 할 일이 있다. 화면에 데이터를 하나씩 출력하거나 모든 데이터를 같은 방식으로 변경하는 등의 작업이 그런 예이다. **반복자**(iterator)는 이렇게 리스트의 노드를 하나씩 처리할 수 있게 해 주는 어떤 변수를 말한다.

연결 리스트보다는 배열이 더 프로그램하기 쉬우므로 배열에 대한 반복자를 먼저 살펴보도록 하자. 배열은 동일한 자료형으로 된 요소들의 집합이다. 배열에 대한 반복자는 int형 변수가 된다. anArray라는 이름의 배열과 index라는 int형 변수가 있다고 할 때, 다음 문장을 사용해 배열에 있는 모든 요소를 하나씩 처리할 수 있다.

```
for (index = 0; index < anArray.length; index++)
    Process anArray[index]
```

이때 int형 변수 index가 바로 반복자다. 같은 작업을 반복하는, 즉 한 요소에서 다른 요소로 옮겨 가며 작업하는 것을 index++라는 문장으로 해결할 수 있다.

연결 리스트에 있는 모든 데이터 객체를 배열로 만든다면 그 배열을 통해 반복 작업을 수행할 수 있다. 연결 리스트 내의 데이터에 변경을 가하지 않고 데이터를 참조하기만 하는 것이라면 이는 연결 리스트를 통해 반복하는 것과 동일한 과정이다. 이 때문에 리스트형의 클래스에는 보통 연결 리스트의 모든 데이터를 하나의 배열로 구성하는 메소드가 있다. Listing 12.8에 그런 메소드가 나와 있다. toArray라고 하는 이 메소드는 Listing 12.7의 연결 리스트에 추가될 수 있다. (원서와 연계된 웹사이트의 소스 코드에 있는 StringLinkedListSelfContained 클래스에는 이 메소드가 포함되어 있다.)

요점 정리 반복자

배열이나 연결 리스트와 같은 여러 데이터 항목들의 모둠에서 각 항목을 하나씩 타당한(reasonable) 방법으로 처리하기 위해 사용하는 변수를 반복자라 한다. 여기서 '타당한' 방법이라 함은 전체 모둠을 한 바퀴 순회할 동안 각 항목을 정확히 한 번씩만 방문하여 각 항목에 저장된 데이터를 읽을 수 있고, 또한 허용된다면 데이터를 변경할 수 있다는 것을 의미한다.

Listing 12.8 연결 리스트의 데이터를 배열에 저장하기

이 메소드는 Listing 12.7의 연결 리스트 클래스에 추가될 수 있다.

```
/**
리스트에 있는 요소들의 배열을 반환한다.
*/
public String[] toArray()
{
    String[] anArray = new String[length()];
    ListNode position = head;
    int i = 0;
    while (position != null)
    {
        anArray[i] = position.data;
        i++;
        position = position.link;
    }
    return anArray;
}
```

연결 리스트를 순회하면서 노드의 데이터를 변경하거나 노드를 삽입 또는 삭제하는 등의 동작을 수행하기 위한 반복자가 필요하다면 연결 리스트의 데이터를 배열로 구성하는 것만으로는 충분하지 않다. 그러나 배열에 대한 반복자로부터 어떻게 해야 하는지 힌트를 얻을 수는 있다. 인덱스가 특정 배열 요소를 지정하는 것처럼 노드에 대한 참조가 한 노드를 지정한다. 즉, 어떤 인스턴스 변수, 예를 들어 이름이 `current`인 변수를 Listing 12.7에 있는 `StringLinkedListSelfContained`와 같은 연결 리스트 클래스에 추가하고 그 인스턴스 변수를 반복자로 활용할 수 있다. Listing 12.9의 프로그램에서 이러한 작업을 수행하였으며, 클래스 이름은 `StringLinkedListWithIterator`로 변경되었다. 여러분이 보다시피 `current` 인스턴스 변수를 조작하기 위한 여러 개의 메소드도 추가되었다. 이 인스턴스 변수가 반복자이며, `private`로 선언되었기 때문에 조작을 위한 메소드가 추가로 필요한 것이다. 또한 연결 리스트의 아무 위치에서나 노드를 추가하고 삭제할 수 있는 메소드도 추가되었다. 반복자를 사용하면 임의의 노드에 이름을 붙이기가 쉬워지기 때문에 노드를 추가하거나 삭제하는 작업이 보다 용이해진다. 상세 내용을 들여다보자.

Listing 12.9 반복자를 가진 연결 리스트

```
/**
반복자를 가진 연결 리스트를 구현한다. 하나의 노드가 '현재(current) 노드'가 된다.
초기 상태에서 현재 노드는 첫 번째 노드이다. 이 노드는 리스트의 끝에 도달할 때까지
```

(계속됨)

Listing 12.9 반복자를 가진 연결 리스트

```
'다음(next) 노드'로 변경될 수 있다.
*/
public class StringLinkedListWithIterator
{
    private ListNode head;
    private ListNode current;
    private ListNode previous;
                        current가 이전의 시작 노드인 경우
    public StringLinkedListWithIterator()
    {
        head = null;
        current = null;
        previous = null;
    }
    public void addANodeToStart(String addData)
    {
        head = new ListNode(addData, head);
        if ((current == head.link) && (current != null))
            //
            previous = head;
    }
    /**
    반복자를 리스트의 시작 부분으로 설정한다.
    */
    public void resetIteration()
    {
        current = head;
        previous = null;
    }
    /**
    순회가 완료되지 않은 경우 true를 반환한다.
    */
    public boolean moreToIterate()
    {
        return current != null;
    }
    /**
    반복자를 다음 노드로 이동시킨다.
    */
    public void goToNext()
    {
        if (current != null)
        {
            previous = current;
            current = current.link;
        }
        else if (head != null)
        {
            System.out.println(
                "Iterated too many times or uninitialized iteration.");
```

(계속됨)

Listing 12.9 반복자를 가진 연결 리스트

```
                System.exit(0);
            }
            else
            {
                System.out.println("Iterating with an empty list.");
                System.exit(0);
            }
        }
        /**
        현재 노드에 있는 데이터를 반환한다.
        */
        public String getDataAtCurrent()
        {
            String result = null;
            if (current != null)
                result = current.data;
            else
            {
                System.out.println(
                          "Getting data when current is not at any node.");
                System.exit(0);
            }
            return result;
        }
        /**
        현재 노드에 있는 데이터를 다른 것으로 대체한다.
        */
        public void setDataAtCurrent(String newData)
        {
            if (current != null)
            {
                current.data = newData;
            }
            else
            {
                System.out.println(
                          "Setting data when current is not at any node.");
                System.exit(0);
            }
        }
        /**
        현재 노드의 다음 위치에 newData를 저장한 새 노드를 삽입한다.
        호출이 종료된 후에도 현재 노드는 변경되지 않는다.
        선행 조건 : 리스트가 비어 있지 않다. 또한 현재 노드는 전체 리스트의 범위 내에 있다.
        */
        public void insertNodeAfterCurrent(String newData)
        {
            ListNode newNode = new ListNode();
            newNode.data = newData;
            if (current != null)
```

(계속됨)

Listing 12.9 반복자를 가진 연결 리스트

```
        {
            newNode.link = current.link;
            current.link = newNode;
        }
        else if (head != null)
        {
            System.out.println(
                    "Inserting when iterator is past all " +
                    "nodes or is not initialized.");
            System.exit(0);
        }
        else
        {
            System.out.println(
                    "Using insertNodeAfterCurrent with empty list.";
            System.exit(0);
        }
    }
    /**
    현재 노드를 삭제한다. 호출이 종료된 후, 현재 노드는 삭제된 노드의 다음 노드로 설정되거나
    다음 노드가 없을 경우 null로 설정된다.
    */
    public void deleteCurrentNode()
    {
        if ((current != null) && (previous != null))
        {
           previous.link = current.link;
           current = current.link;
        }
        else if ((current != null) && (previous == null))
        {// 헤드 노드에서
           head = current.link;
           current = head;
        }
        else  //current == null
        {
            System.out.println(
                 "Deleting with uninitialized current or an empty list.");
            System.exit(0);
        }
    }
    <length, onList, find, showList 메소드 및 전용 내부 클래스인 ListNode는
    Listing 12.7에서와 같다.>
    <toArray 메소드는 Listing 12.8에서와 같다.>
}
```

deleteHeadNode 메소드는 deleteCurrentNode로 대체할 수 있으므로 더 이상 필요하지 않다. 그러나 deleteHeadNode를 그대로 두고 싶다면, current와 previous를 제대로 설정하도록 재정의해야 한다.

인스턴스 변수 head와 current에 더하여 previous라는 인스턴스 변수가 추가되었다. current 변수가 연결 리스트의 노드를 하나씩 따라갈 때, previous 변수는 current를 하나 뒤에서 따라가도록 하자는 것이 아이디어이다. 이렇게 설정하면 current가 가리키는 노드의 바로 앞 노드를 참조할 수 있게 된다. 연결 리스트의 모든 링크는 하나의 방향으로 연결되어 있기 때문에 다음으로 진행하는 것은 쉽지만, 앞으로 다시 한 노드 되돌아가기 위해서는 previous 노드를 설정하는 것이 필요하다.

resetIteration 메소드는 current 변수가 첫 번째(head) 노드를 참조하도록 설정하여 연결 리스트의 맨 앞부분에서 작업을 시작하도록 한다. 다음 대입문을 사용한다.

```
current = head;
```

이때 head 앞에는 노드가 없으므로 인스턴스 변수 previous는 참조할 것이 없어 null값을 설정한다.

goToNext 메소드는 다음 코드를 이용해 반복자를 다음 노드로 이동시킨다.

```
previous = current;
current = current.link;
```

이 과정은 그림 12.7에 나타나 있다. goToNext 메소드에서 다중 if-else 문의 마지막 두 블록은 단순히 오류 메시지를 출력하는 것으로, 의미 없는 상황에서 goToNext가 사용될 경우를 대비한 것이다.

moreToIterate 메소드는 current가 null이 아니면 true를 반환한다. 즉, current가 실재하는 노드에 대한 참조를 가지고 있는 경우다. 대부분의 경우 이렇게 하는 것이 합리적이지만, 왜 마지막 노드를 참조하고 있을 때도 true를 반환하는 것일까? current가 마지막 노드를 참조하고 있을 때는 그것이 마지막 노드인지 실제로 알 수가 없다. goToNext를 한 번 더 호출하여 결과로 current가 null값으로 설정되는 경우가 되어야 판별이 가능한 것이다.

보충 내부 반복자와 외부 반복자

Listing 12.9의 StringLinkedListWithIterator 클래스에서는 연결 리스트의 노드를 하나씩 순회하기 위해 ListNode형의 인스턴스 변수 current를 사용한다. 이런 식으로 연결 리스트 클래스 내부에서 정의되는 반복자를 **내부 반복자**(internal iterator)라 한다.

toArray 메소드를 사용해 연결 리스트의 데이터를 복사해 하나의 배열을 만들면, 배열에 대한 반복자로 int형 변수를 사용할 수 있다. 이 int형 변수는 배열의 인덱스값을 저장하고, 그 값이 지정하는 배열의 요소, 즉 연결 리스트의 한 데이터를 참조할 수 있게 된다. a라는 배열에 position이라는 반복자가 있다고 할 때, 반복자 position으로 하나의 요소를 명시하기 위해 a[position]과 같이 사용한다. 다음 항목으로 이동하는 것은 position의 값을 단순히 1 증가시키면 된다. int형 변수 position과 같이 연결 리스트의 외부에서 정의되는 반복자를 **외부 반복자**(external iterator)라 한다. 중요한 것은 배열이 연결 리스트의 외부에 있다는 것이 아니라, 반복자 position이 연결 리스트의 외부에 있다는 점이다. 이를 좀 더 잘 이해하기 위해 int형 변수 position은 배열에 대해서도 역시 외부 반복자라는 점을 인식하기 바란다.

동시에 여러 개의 외부 반복자가 동일한 리스트에서 서로 다른 위치를 참조하는 목적으로 사용될 수 있다. 내부 반복자로 이렇게 하는 것은 가능하지 않으며, 이는 명백한 단점이다.

연결 리스트 데이터로 만든 배열이 아니라 연결 리스트 자체를 직접 참조하는 외부 반복자도 정의할 수 있다. 그러나 이 기법은 다소 복잡하기 때문에 여기서는 다루지 않는다.

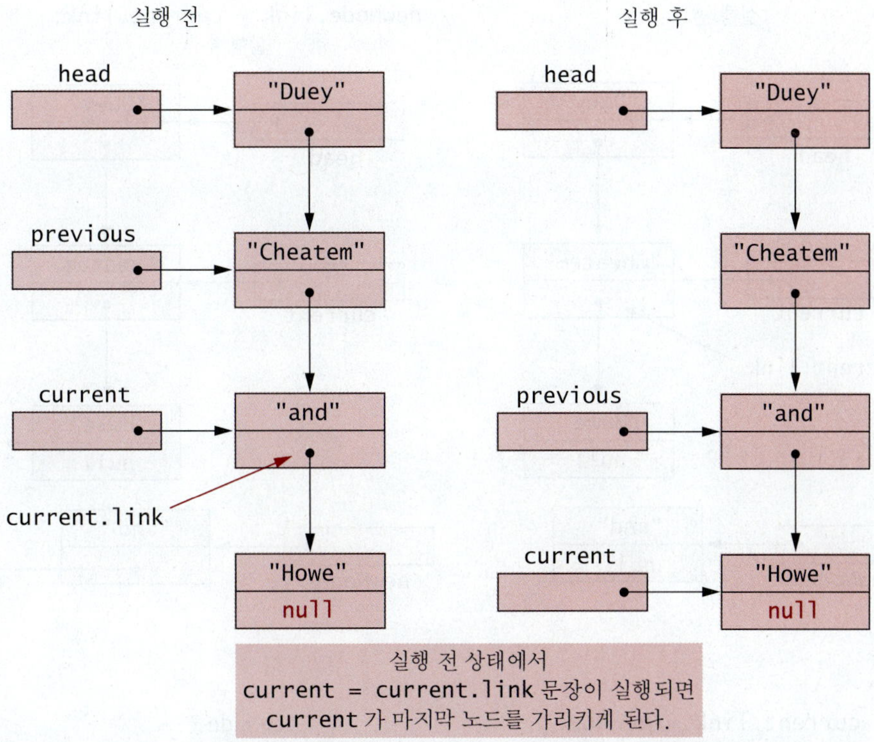

그림 12.7 연결 리스트에 goToNext를 적용한 효과

이 과정이 어떻게 이루어지는지 이해하려면 그림 12.7 또는 goToNext의 정의를 면밀히 검토해 보기 바란다. current가 null이면 전체 리스트를 다 순회하였다는 표시로 moreToIterate가 false를 반환한다.

이제 반복자를 가지는 연결 리스트를 정의하였고, 연결 리스트의 어떤 노드라도 참조할 수 있도록 코드를 작성할 수 있게 되었다. current 인스턴스 변수는 리스트 상의 임의의 한 노드를 가리킬 수 있는데, 이 노드를 **방문 중인 노드**(node at the iterator)라 한다. insertAfterIterator 메소드는 방문 중인 노드, 즉 current가 가리키는 노드 바로 다음에 새 노드를 하나 삽입한다. 이 과정은 그림 12.8에 나타나 있다. deleteCurrentNode 메소드는 방문 중인 노드를 삭제하는 것이며, 그 과정은 그림 12.9에 나타나 있다.

클래스 StringLinkedListWithIterator(Listing 12.9)의 다른 메소드는 대부분 직관적이므로 그 정의를 보고 어떻게 동작하는지 이해하는 것은 여러분의 몫으로 남겨두도록 하겠다.

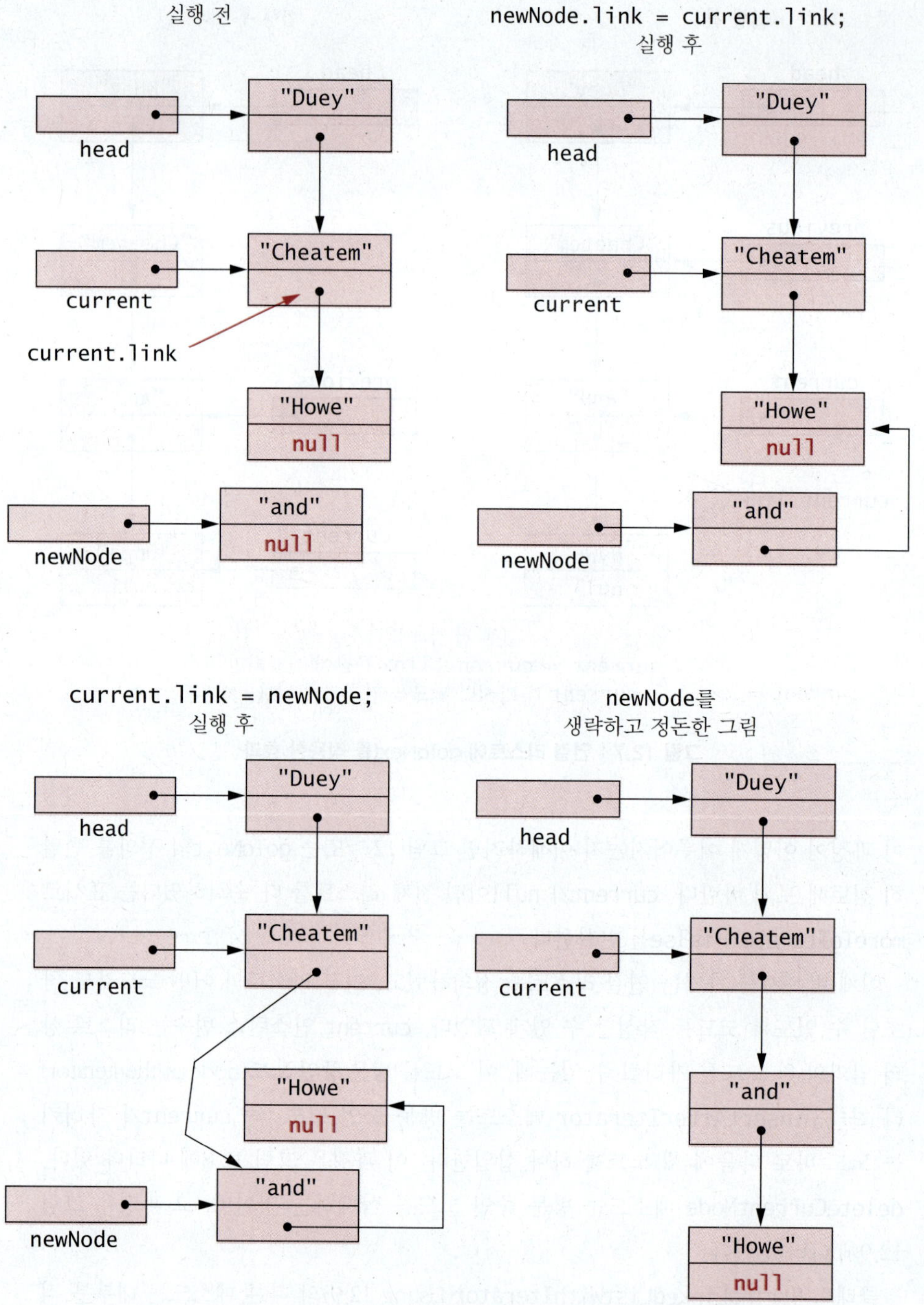

그림 12.8 insertAfterIterator를 사용해 연결 리스트에 노드 추가하기

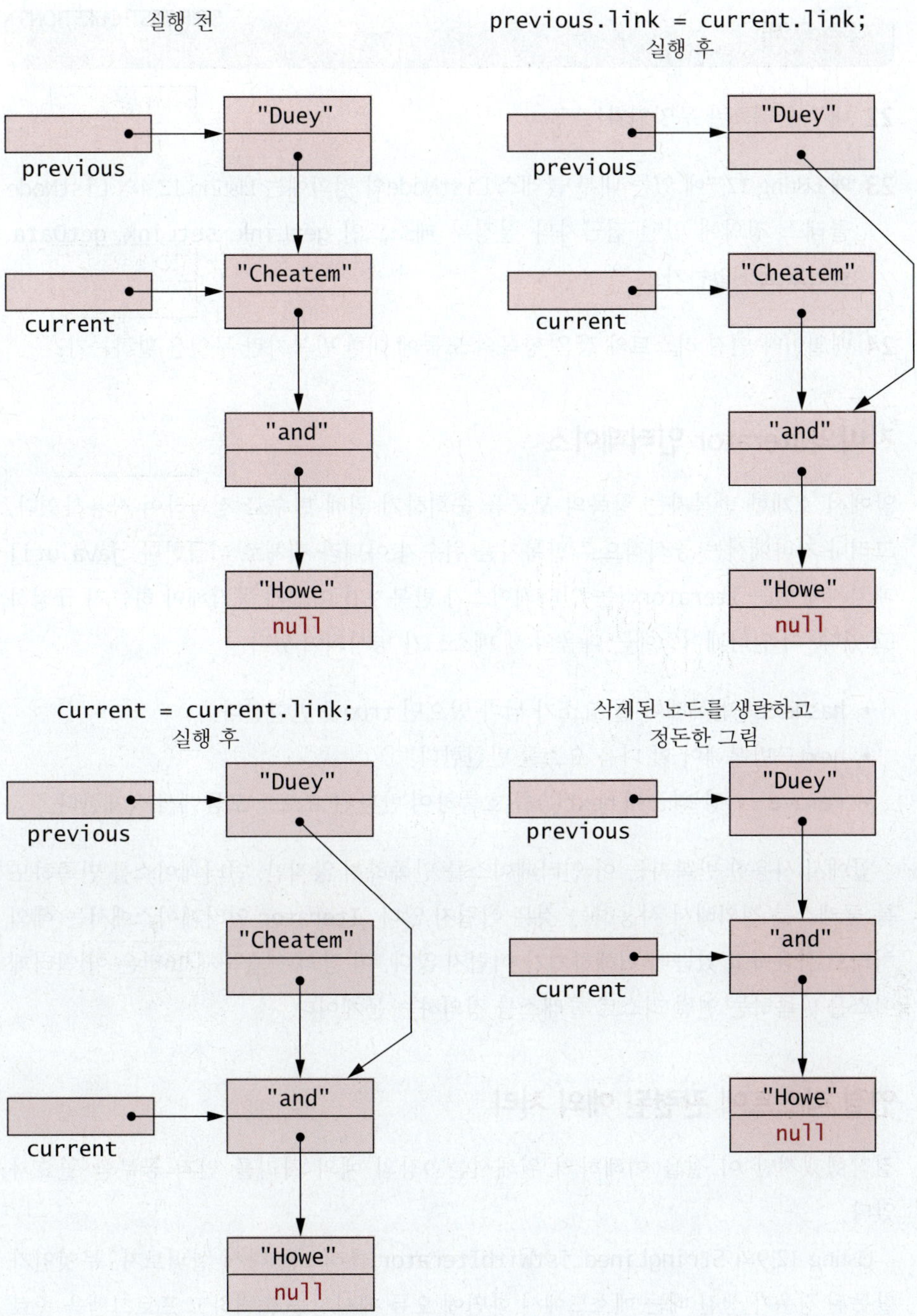
실행 전
previous.link = current.link;
실행 후
current = current.link;
실행 후
삭제된 노드를 생략하고
정돈한 그림
previous
current
"Duey"
"Cheatem"
"and"
"Howe"
null

그림 12.8 노드 삭제

자습문제 SELF-TEST QUESTIONS

22 내부 클래스란 무엇인가?

23 왜 Listing 12.7에 있는 내부 클래스 `ListNode`의 정의에는 Listing 12.4의 `ListNode` 클래스 정의에 있던 접근자와 설정자 메소드인 `getLink`, `setLink`, `getData`, `setData`가 없는가?

24 배열이나 연결 리스트와 같은 항목의 모둠에 대한 반복자란 무엇을 말하는가?

자바의 Iterator 인터페이스

앞에서 소개한 반복자는 항목의 모둠을 순회하기 위해 변수로 정의하여 사용하였다. 그러나 자바에서는 공식적으로 반복자를 변수가 아니라 객체로 취급한다. `java.util` 패키지에 있는 `Iterator`라는 인터페이스가 반복자가 어떻게 동작해야 하는지 규정하고 있다. 이 인터페이스에는 다음의 세 메소드가 명시되어 있다.

- `hasNext`—반복해야 할 요소가 남아 있으면 `true`를 반환한다.
- `next`—반복해야 할 다음 요소를 반환한다.
- `remove`—가장 최근에 `next()`를 호출하여 반환된 요소를 모둠에서 삭제한다.

앞에서 사용한 반복자는 이 인터페이스를 만족하지 않지만, 인터페이스를 만족하도록 클래스를 정의해서 사용하는 것은 어렵지 않다. `Iterator` 인터페이스에서는 예외 처리도 사용하고 있는데 이해하기가 어렵지 않다. 이 장의 연습문제 16번은 이 인터페이스를 만족하는 연결 리스트 클래스를 정의하는 문제이다.

연결 리스트에 관련된 예외 처리

짐작했겠지만 이 절을 이해하기 위해서는 9장의 예외 처리를 먼저 공부할 필요가 있다.

Listing 12.9의 `StringLinedListWithIterator` 클래스를 다시 살펴보자. 무엇인가 잘못된 경우가 생길 때는 메소드에서 화면에 오류 메시지를 출력하고 프로그램을 종료하도록 되어 있다. 그러나 뭔가 잘못되었다고 해서 항상 프로그램을 종료해 버릴 필요는 없다. 그런 비정상적인 상황에서 프로그래머가 조치를 취할 수 있도록, 예외를 발생시켜 프로그래머에게 그 상황을 어떻게 처리할지 결정할 수 있도록 하는 편이 좀 더 합리적인 방식이다.

Listing 12.10 LinkedListException 클래스

```
public class LinkedListException extends Exception
{
    public LinkedListException()
    {
        super("Linked List Exception");
    }
    public LinkedListException(String message)
    {
        super(message);
    }
}
```

프로그래머는 여전히 프로그램을 종료시키는 쪽을 선택할 수도 있고, 대신 뭔가 다른 작업을 하도록 선택할 수도 있다. 예를 들어 goToNext 메소드를 다음과 같이 다시 작성해 보자.

```
public void goToNext() throws LinkedListException
{
    if (current != null)
    {
        previous = current;
        current = current.link;
    }
    else if (head != null)
        throw new LinkedListException("Iterated too many times"
                                    + " or uninitialized iteration.");
    else
        throw new LinkedListException("Iterating an empty list.");
}
```

이 버전에서는 분기의 각 블록에서 예외를 발생시키는 것으로 프로그램을 변경하였다. 예외 클래스인 LinkedListException은 Listing 12.10에 있는 것과 같은 평범한 예외 클래스일 수 있다.

반복을 실행하는 동안 발생하는 예외는 여러 가지의 서로 다른 목적에 따라 사용할 수 있다. 연결 리스트의 끝을 검사하는 것도 한 가지 가능한 목적이다. 예를 들어 StringLinkedListWithIterator를 약간 변경해 예외를 발생시키는 StringLinkedListWithIterator2 클래스를 정의했다고 하자. 다음 코드는 연결 리스트에서 주어진 문자열(badString)을 포함하는 노드를 모두 삭제하는 것인데, 리스트의 끝을 넘어서 읽으려는 시도가 있을 때 예외를 발생시킨다.

```
StringLinkedListWithIterator2 list = new StringLinkedListWithIterator2();
String badString;
```

```
〈연결 리스트에 데이터를 저장하고 변수 badString을 설정하는 코드가 여기 온다.〉
list.resetIteration();
try
{
    while (list.length() >= 0)
    {
        if (badString.equals(list.getDataAtCurrent()))
            list.deleteCurrentNode();
        else
            list.goToNext();
    }
}
catch(LinkedListException e)
{
    if (e.getMessage().equals("Iterating an empty list."))
    {// 이 상황은 발생해서는 안 된다.
     // 그러나 catch 블록은 반드시 작성해야 한다.
        System.out.println("Fatal Error.");
        System.exit(0);
    }
}
System.out.println("List cleaned of bad strings.");
```

리스트의 끝을 검사하기 위해 이런 방식으로 예외를 사용하는 것은 언뜻 보기에 약간 이상해 보이지만, 비슷한 사례가 자바 프로그래밍에서는 종종 목격된다. 예를 들어 이진 파일의 끝을 검사할 때 이와 유사한 무엇인가가 요구된다. 물론 LinedListException 클래스를 사용하는 방법은 이 외에도 많다.

다음은 비정상적이거나 오류 상황에서 예외를 발생시키도록 StringLinkedListWithIterator 클래스의 메소드를 다시 작성하도록 요구하는 문제들이다.

자습문제 SELF-TEST QUESTIONS

25 Listing 12.9의 StringLinkedListWithIterator 클래스에 있는 메소드 getDataAtCurrent를 다시 작성하여 의외의 일이 발생했을 때 프로그램을 종료하지 않고 예외를 발생시키도록 하라.

26 setDataAtCurrent 메소드에 대해 25번과 동일한 작업을 수행하라.

27 insertNodeAfterCurrent 메소드에 대해 25번과 동일한 작업을 수행하라.

28 deleteCurrentNode 메소드에 대해 25번과 동일한 작업을 수행하라.

연결 리스트 변형

데이터 구조는 매우 광범위한 주제로서 그것만 다루는 좋은 교재들이 매우 많이 있다. 이 책에서는 프로그래밍 측면에서 필요한 사항만 소개할 뿐, 연결형 데이터 구조에 대한 세세한 부분까지 철저하게 다룰 수는 없다. 대신 기본 연결 리스트와는 다른 방식으로 노드를 서로 연결하는 종류의 연결 리스트부터 시작해 몇 가지 중요한 연결형 데이터 구조를 간략하게 소개하겠다.

연결 리스트에 저장되는 데이터는 아무 형이나 될 수 있다. 노드 클래스(및 관련된 부분)의 정의에서 String형을 원하는 다른 형으로 대체하면 된다. String형을 대체하는 것으로 심지어 Object형을 사용하여 서로 다른 종류의 객체로 연결 리스트를 구성할 수도 있다. 다음 코드를 보자.

```
private class ListNode
{
    private Object data;
    private ListNode link;
    public ListNode()
    {
        link = null;
        data = null;
    }
    public ListNode(Object newData, ListNode linkValue)
    {
        data = newData;
        link = linkValue;
    }
}
```

어떤 클래스형의 객체든지 Object형의 객체가 될 수 있으므로, 노드를 이렇게 정의하면 연결 리스트에 어떤 종류의 객체라도 저장할 수 있다.

리스트 항목의 자료형으로 Object를 사용하는 대신 저네릭 자료형을 사용할 수도 있다. 이 장의 12.4절에서 이 방식을 소개할 것이다. 저네릭 자료형을 사용하면 연결 리스트에 저장되는 객체들이 서로 동일한 자료형이 되도록 제한할 수 있다.

때로는 연결 리스트의 마지막 노드에 대한 참조가 별도로 있는 것이 편리할 때가 있다. 이 마지막 노드는 보통 리스트의 **꼬리 노드**(tail node)라 부르는데, 이 경우 연결 리스트의 정의는 다음과 같이 시작하게 된다.

```
public class StringLinkedListWithTail
{
    private ListNode head;
    private ListNode tail;
    . . .
```

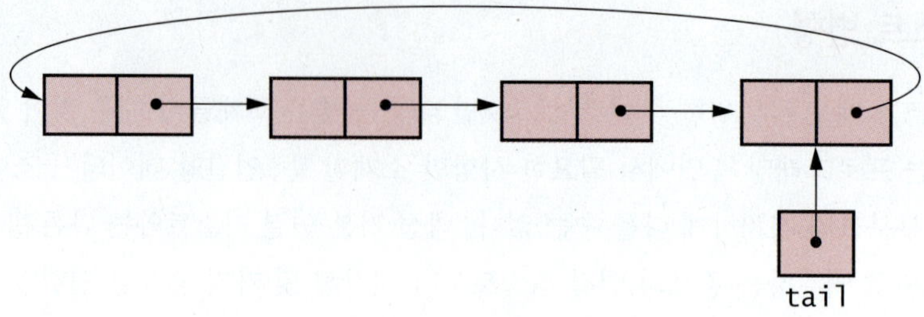

그림 12.10 원형 연결 리스트

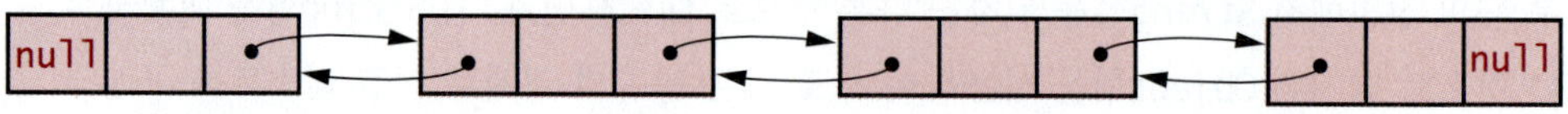

그림 12.11 이중 연결 리스트

생성자와 메소드도 새로운 참조 변수인 `tail`을 사용하도록 변경해야 할 것이나, 실제 세부 사항은 그다지 특별한 것이 없다.

연결 리스트의 마지막 노드의 링크 부분에는 `null`값이 저장됨을 알고 있을 것이다. **원형 연결 리스트**(circular linked list)에서는 이 부분에 `null` 대신 첫 번째 노드에 대한 참조를 저장한다. 따라서 원형 연결 리스트에는 링크의 값이 `null`인 노드가 없다. 그렇지만 여전히 시작과 끝은 있으며, 외부 참조 시에도 첫 번째 노드와 마지막 노드로 명시된다. 그림 12.10은 외부 참조인 `tail`이 마지막 노드에 설정되어 있는 원형 연결 리스트를 보여 준다. `tail.link`는 리스트의 첫 번째 노드에 대한 참조가 된다는 것을 주목하기 바란다.

보통의 연결 리스트에서는 한 방향으로만 링크를 따라갈 수 있다. **이중 연결 리스트**(doubly linked list)의 각 노드는 두 개의 링크를 가지고 있어, 한 링크는 다음 노드를, 다른 링크는 이전 노드를 가리킨다. 그림 12.11에 이중 연결 리스트가 나타나 있다.

이중 연결 리스트의 노드 클래스 정의는 다음과 같이 시작할 수 있다.

```
private class ListNode
{
    private Object data;
    private ListNode next;
    private ListNode previous;
    . . .
```

이중 연결 리스트 클래스의 생성자 및 일부 메소드는 추가된 링크를 적절히 처리하기 위해 단일 연결 리스트와는 다르게 정의되어야 한다.

원형 이중 연결 리스트(circular doubly linked list) 역시 가능하다. 이 구조에서 첫 번째 노드의 `previous` 링크는 마지막 노드를 가리키고, 마지막 노드의 `next` 링크는 첫 번째 노드를 가리키게 된다.

기타 연결형 데이터 구조

지금까지 연결형 데이터 구조 중 몇 가지 연결 리스트 종류를 살펴보았다. 앞으로 공부하다 보면 반드시 마주치게 될 연결형 데이터 구조 몇 가지를 더 소개한다.

스택(stack) ADT는 반드시 연결형 데이터 구조로 구현해야 할 필요는 없지만 종종 연결형으로 구현된다. 스택은 데이터 항목이 삽입된 순서의 역순으로 삭제되는 형태로 만들어지는 구조다. 만약 "one", "two", "three"의 순서로 스택에 삽입했다면, 삭제될 때는 "three", "two", "one"의 순서로 삭제된다. Listing 12.5에 있는 것과 같이 리스트의 맨 앞에서만 항목이 삽입되고 삭제되는 형태의 연결 리스트가 바로 스택처럼 동작하는 것이며, 그 코드가 일종의 스택 구현이라고 볼 수 있다.

흔히 사용되는 또 다른 강력한 데이터 구조로 **트리**(tree)가 있다. 트리의 각 노드는 다른 여러 노드를 연결한다. 트리 중 가장 자주 사용되는 것은 각 노드가 최대 두 개의 다른 노드를 연결하는 형태인 **이진 트리**(binary tree)다. 이 트리의 노드는 이중 연결 리스트와 마찬가지로 두 개의 링크를 가지지만 사용법은 매우 다르다. 이진 트리의 모양은 그림 12.12와 같이 표현될 수 있다.

이 이진 트리 그림에서 트리의 맨 위로 되돌아가는 링크가 없는 것은 우연이 아니다. 트리의 노드들은 서로 루프를 구성하지 않는 것이 법칙이다.

이진 트리의 맨 꼭대기 노드를 **루트 노드**(root node)라 하며, 연결 리스트의 첫 번째 노드에 대한 참조로 헤드 노드가 있는 것처럼 트리에 대해서는 루트 노드에 대한 참조 변수가 사용된다. 트리의 모든 노드는 루트 노드에서 시작해 링크를 따라 접근할 수 있다.

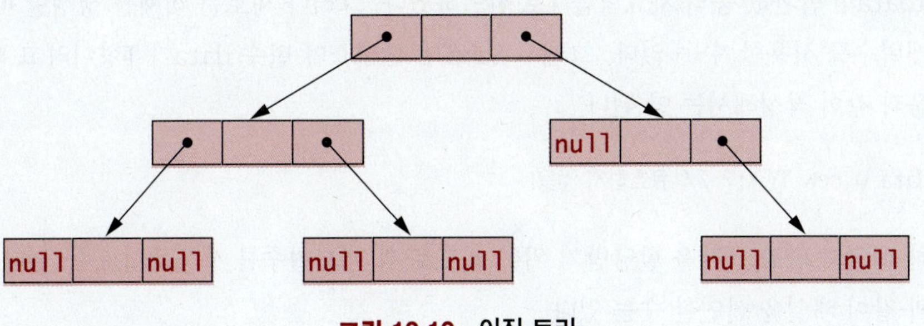

그림 12.12 이진 트리

12.4 저네릭

앞서 언급한 바와 같이 자바 버전 5.0부터 시작해 자료형에 대한 매개변수를 포함하여 클래스를 정의할 수 있게 되었다. 이런 매개변수를 **저네릭**(generics)이라 한다. 이 절에서는 저네릭을 간략하게 소개한다. 저네릭으로 프로그래밍하는 것은 난해할 수도 있고 주의가 필요한 일이다. 본격적으로 저네릭 프로그래밍을 하려면 좀 더 수준 높은 교재를 참고하기 바란다.

저네릭 기초

클래스와 메소드를 정의할 때 특정 자료형을 지정하는 대신 **형 매개변수**(type parameter)를 사용할 수 있다. 저네릭을 활용하면 그런 클래스나 메소드를 사용해서 자료형을 매개변수로 만들 수 있어, 특정 인스턴스를 생성할 때 클래스형이나 메소드의 형 매개변수에 아무 클래스나 대입해서 사용할 수 있다. 예를 들어 Listing 12.11의 프로그램은 형 매개변수 T를 사용하는 간단한 클래스 정의를 보여 준다. 클래스 정의 앞머리에 나오는 T가 각괄호 〈〉로 둘러싸여 있음에 주목하라. 형 매개변수의 이름을 반드시 T라고 해야 할 필요는 없으며, 키워드가 아닌 어떤 식별자라도 사용할 수 있다. 그러나 형 매개변수는 보통 대문자로 시작하며, 의미를 나타내는 하나의 글자만 사용하는 것이 일반적인 관습이다. 형 매개변수에는 클래스형만 대입할 수 있기 때문에 대문자로 시작하는 것이 타당하고 합리적이다. 한 글자만 사용하는 관습은 그렇게 의미가 깊은 것은 아니다.

형 매개변수를 사용하는 클래스나 메소드를 작성할 때, 클래스형이 사용될 수 있는 거의 모든 곳에 매개변수를 사용할 수 있다. 예를 들어 Listing 12.11의 `Sample` 클래스에서는 인스턴스 변수 `data`, 메소드 `setData`의 매개변수인 `newValue`, 메소드 `getData`의 반환값 등의 자료형을 T로 선언하였다. 그러나 새로운 객체를 생성할 때 형 매개변수를 사용할 수는 없다. 그래서 `Sample` 클래스의 변수 `data`가 T형이라고 해도 다음과 같이 작성해서는 안 된다.

```
data = new T();  // 유효하지 않음!
```

또한 배열의 저장 공간을 할당받기 위한 용도로 형 매개변수를 사용해서도 안 된다. 다음과 같이 배열을 선언할 수는 있다.

```
T[] = anArray;  // 유효한 배열 선언
```

그러나 다음과 같이 사용해서는 안 된다.

Listing 12.11 형 매개변수를 사용하는 클래스 정의

```
public class Sample<T>
{
    private T data;

    public void setData(T newValue)
    {
        data = newValue;
    }

    public T getData()
    {
        return data;
    }
}
```

```
anArray = new T[20];  // 유효하지 않음!
```

GOTCHA 자료형의 이름을 사용하는 모든 곳에서 형 매개변수를 사용할 수는 없다

매개변수가 붙은 클래스 정의 내부에서 형 이름이 있어야 할 곳에 형 매개변수가 허용되지 않는 곳이 있다. new 연산자를 사용해 새로운 객체를 생성하거나 배열에 대한 저장 공간을 할당하는 간단한 문장에서는 형 매개변수를 사용할 수 없다. 예를 들어 다음 문장은 형 매개변수 T를 가지는 클래스 정의 내부에서 허용되지 않는 표현이다.

```
new T();     // 유효하지 않음!
new T[20];   // 유효하지 않음!
```

■

형 매개변수를 사용하는 클래스 정의는 다른 보통 클래스와 마찬가지로 파일에 저장되고 컴파일된다. 예를 들어 Listing 12.11의 매개변수가 붙은 클래스는 Sample.java란 파일에 저장된다.

매개변수가 붙은 클래스가 일단 컴파일되고 나면, 다른 보통 클래스나 마찬가지로 사용될 수 있다. 다만 코드에서 그 클래스를 사용할 때는 형 매개변수 자리에 특정 클래스 형을 명시해야 한다. 예를 들어 Listing 12.11의 Sample 클래스는 다음과 같이 사용될 수 있다.

```
Sample<String> sample1 = new Sample<String>();
sample1.setData("Hello");
Sample<Species> sample2 = new Sample<Species>();
Species creature = new Species();
… 〈creature 객체를 위한 데이터를 설정하는 코드〉
sample1.setData(creature);
```

클래스 정의에서 각괄호로 표현한 형 매개변수를 대체하기 위해 실제 클래스형의 이름을 각괄호로 싸서 표현하고 있음을 주목하라. Species 클래스는 5장에서 정의한 그대로일 수 있으나 세부 사항은 여기서 중요하지 않다. 다만 자신이 정의한 아무 클래스라도 사용할 수 있음을 보여 준다.

이제 이 장의 시작 부분에서 설명했던 ArrayList 클래스가 매개변수가 붙은 클래스라는 것을 이해했을 것이다. ArrayList의 객체를 생성하기 위해서는 다음 예와 같이 작성했던 것을 기억해 보라.

```
ArrayList<String> list = new ArrayList<String>(20);
```

여기서 String은 클래스 정의에 있었던 형 매개변수를 대체하는 것이다.

요점 정리 형 매개변수가 있는 클래스 정의

실제 클래스 이름 대신 매개변수를 사용해 클래스를 정의할 수 있다. 클래스를 정의할 때 앞머리 부분에 나타나는 클래스 이름 다음에 각괄호로 싼 형 매개변수를 적어 준다. 형 매개변수의 이름은 키워드가 아닌 어떤 식별자라도 사용 가능하나, 대문자로 시작하는 것이 일반적인 관습이다.

형 매개변수는 클래스 정의 내에서 다른 일반 클래스형을 사용하는 것과 동일한 방식으로 사용할 수 있으나, new 연산자에는 사용할 수 없다.

예제

Listing 12.11을 참조하라.

요점 정리 형 매개변수를 가지는 클래스 사용하기

매개변수화된 클래스의 객체를 생성하는 것은 다른 일반 클래스의 객체를 생성하는 것과 같은 방식으로 이루어지나, 클래스 이름 옆에 각괄호로 싸서 표기되는 형 매개변수의 자리에 실제 클래스 이름을 명시해야 한다.

예제

```
Sample<String anObject = new Sample<String>();
anObject.setData("Hello");
```

GOTCHA 매개변수에 기본형을 사용할 수 없다

형 매개변수를 가지는 클래스의 객체를 생성할 때 int, double, char와 같은 기본형을 명시할 수 없다. 예를 들어, 다음 문장은 문법 오류에 해당한다.

```
ArrayList<int> aList = new ArrayList<int>(20); //허용되지 않음!
```

형 매개변수에 대입되는 자료형은 반드시 클래스형이어야 한다. ▣

프로그래밍 팁_-Xlint 옵션으로 컴파일하기

형 매개변수를 사용하다 보면 생각지 못한 문제를 많이 만나게 된다. 컴파일 시에 -Xlint 옵션을 사용하면 코드에 내재되어 있는 잠재적인 문제에 대해 좀 더 상세한 진단을 받을 수 있다. 예를 들어 Listing 12.11의 Sample 클래스를 다음과 같이 컴파일한다.

```
javac -Xlint Sample.java
```

통합 개발 환경, 즉 IDE를 사용한다면 컴파일러의 옵션을 어떻게 설정해야 하는지 매뉴얼 문서를 참조하기 바란다.

-Xlint 옵션을 써서 컴파일할 때는 그렇지 않을 때보다 더 많은 경고 메시지가 나타난다. 경고는 오류가 아니므로 컴파일 결과 경고 메시지만 있고 오류 메시지가 하나도 없을 경우에는 클래스가 제대로 컴파일되어 사용될 수 있는 상황이 된다. 그러나 대부분의 경고가 실행 시 문제 발생을 예고하는 경우가 많으므로, 경고를 잘 이해해서 그것이 어떤 문제를 지적하는 것이 아니라는 확신이 설 때만 사용하든가 또는 코드를 다시 들여다보고 경고 메시지가 나타나지 않을 때까지 수정하는 것이 좋다. ▣

프로그래밍 예제 저네릭 연결 리스트

Listing 12.7의 연결 리스트 클래스 정의를 개선해서, 리스트에 저장되는 데이터의 형이 String이 아니라 아무 클래스형이나 될 수 있도록 형 매개변수 E를 활용해 보자. Listing 12.12에 그 결과가 나타나 있다.

생성자의 헤딩은 매개변수가 없는 클래스의 경우와 별반 다를 것이 없다. 여기에는 각괄호로 둘러싼 형 매개변수인 <E>가 생성자 이름 다음에 나오지 않는다. 이는 직관적으로 생각해 좀 맞지 않아 보인다. 생성자는 클래스의 다른 모든 메소드와 마찬가지로 몸체의 문장에서 형 매개변수를 사용할 수 있지만 헤딩에는 형 매개변수를 포함하지 않는다.

마찬가지로 내부 클래스인 ListNode의 헤딩에도 이름 뒤에 <E>가 나타나지 않는다. 그러나 정의 내에서는 형 매개변수 E를 사용하고 있다. 이는 틀린 것이 아니며, ListNode는 내부 클래스로서 외부 클래스의 형 매개변수를 직접 사용하는 것이기 때

Listing 12.12 저네릭 연결 리스트 클래스

```
import java.util.ArrayList;
public class LinkedList2<E>
{
    private ListNode head;
    public LinkedList2()          ← 생성자 헤딩에는 형 매개변수가 없다.
    {
        head = null;
    }
    public void showList()
    {
        ListNode position = head;
        while (position != null)
        {
            System.out.println(position.getData());
            position = position.getLink();
        }
    }
    public int length()
    {
        int count = 0;
        ListNode position = head;
        while (position != null)
        {
            count++;
            position = position.getLink();
        }
        return count;
    }
    public void addANodeToStart(E addData)
    {
        head = new ListNode(addData, head);
    }
    public void deleteHeadNode()
    {
        if (head != null)
        {
            head = head.getLink();
        }
        else
        {
            System.out.println("Deleting from an empty list.");
            System.exit(0);
        }
    }
    public boolean onList(E target)
    {
        return find(target) != null;
    }
```

(계속됨)

Listing 12.12 저네릭 연결 리스트 클래스

```
    private ListNode find(E target)
    {
        boolean found = false;
        ListNode position = head;
        while (position != null)
        {
            E dataAtPosition = position.getData();
            if (dataAtPosition.equals(target))
                found = true;
            else
                position = position.getLink();
        }
        return position;
    }
    private ArrayList<E> toArrayList()
    {
        ArrayList<E> list = new ArrayList<E>(length());
        ListNode position = head;
        while (position != null)
        {
            list.add(position.data);
            position = position.link;
        }
        return list;
    }
    private class ListNode
    {
        private E data;
        private ListNode link;
        public ListNode()
        {
            link = null;
            data = null;
        }
        public ListNode(E newData, ListNode linkValue)
        {
            data = newData;
            link = linkValue;
        }
        public E getData()
        {
            return data;
        }
        public ListNode getLink()
        {
            return link;
        }
    }
}
```

내부 클래스 헤딩에는 형 매개변수가 없다.

그러나 내부 클래스 정의 내에서 형 매개변수가 사용될 수 있다.

문이다.

Listing 12.7의 연결 리스트 클래스에는 Listing 12.8에 제시된 것과 같은 toArray 메소드가 있는데, 이는 연결 리스트에 저장된 데이터를 모두 포함하는 배열을 만들어 반환하는 것이다. 그러나 저네릭으로 구현한 연결 리스트에서는 동일한 메소드를 구현할 수 없다. Listing 12.8의 toArray 메소드가 Listing 12.12의 저네릭 연결 리스트에 포함되도록 하려면 다음과 같이 시작해야 할 것이다.

```
public E[] toArray()
{
     E[] anArray = new E[length()];  // 유효하지 않다.
...
```

주석문에 적혀 있는 바와 같이 new E[length()]와 같은 문장은 허용되지 않는다. 어떤 상황에서는 형 매개변수를 사용할 수 없는데 불행하게도 이것이 바로 그런 경우다. 따라서 저네릭 연결 리스트에서는 toArray 메소드를 정의할 수 없다. 대신 Listing 12.12를 보면 toArrayList라는 메소드가 정의되어 있는데, 이는 ArrayList 클래스의 인스턴스를 반환하는 메소드다. 메소드 내부 코드를 보면 toArray 메소드에 있던 것과 유사한 루프가 있음을 알 수 있을 것이다.

Listing 12.13은 매개변수를 사용한 연결 리스트 클래스의 간단한 사용 예를 보여준다.

Listing 12.13 저네릭 연결 리스트 사용 예제

```
public class LinkedList2Demo
{
    public static void main(String[] args)
    {
        LinkedList2<String> stringList = new LinkedList2<String>();
        stringList.addANodeToStart("Hello");
        stringList.addANodeToStart("Good-bye");
        stringList.showList();
        LinkedList2<Integer> numberList = new LinkedList2<Integer>();
        for (int i = 0; i < 5; i++)
            numberList.addANodeToStart(i);
        numberList.deleteHeadNode();
        numberList.showList();
    }
}
```

(계속됨)

Listing 12.13 저네릭 연결 리스트 사용 예제

실행 결과 출력

```
Good-bye
Hello
3
2
1
0
```

GOTCHA 저네릭 클래스의 생성자 이름에는 형 매개변수가 없다

매개변수가 붙은 클래스의 정의에서 클래스 이름 옆에는 형 매개변수가 첨부되어 있다. 예를 들어 Listing 12.12에 있는 것과 같이 LinkedList<E>와 같이 쓴다. 일반적으로 생성자의 이름은 클래스의 이름과 동일하기 때문에 생성자 헤딩에 형 매개변수를 사용해야 할 것으로 잘못 생각하기 쉽다. 그러나 그래서는 안 된다. 예를 들어 다음이 옳은 사용법이다.

```
public LinkedList()
```

다음과 같이 사용하면 안 된다.

```
public LinkedList<E>()  // 유효하지 않다.
```

그러나 생성자 정의의 몸체 내에서는 E와 같은 형 매개변수를 사용할 수 있다. ■

FAQ 클래스를 정의할 때 둘 이상의 형 매개변수를 사용할 수 있나요?

할 수 있다. 하나 이상의 형 매개변수를 써서 클래스를 정의할 수 있다. 그렇게 하려면 각괄호 안에 각 매개변수를 콤마로 분리해서 차례로 적어 주어야 한다. 예를 들어 Pair라는 클래스 정의를 다음과 같이 시작할 수 있다.

```
public class Pair<S, T>
```

그다음 Pair 클래스의 내부에서 S와 T가 실제 자료형인 것처럼 사용하면 된다. 이렇게 하면 서로 다른 자료형의 객체를 쌍으로 생성할 수 있다.

기억하세요! 내부 클래스는 외부 클래스의 형 매개변수를 직접 사용할 수 있다.

내부 클래스는 외부 클래스의 형 매개변수에 접근할 수 있다. 예를 들어 Listing 12.12의 내부 클래스 ListNode는 외부 클래스인 LinkedList의 형 매개변수 E를 사용한다. 그러나 ListNode의 헤딩에 〈E〉가 포함되지는 않는다.

프로그래밍 팁_내부 클래스에 형 매개변수 정의하기

내부 클래스도 자신의 형 매개변수를 정의할 수 있다. 그러나 이는 외부 클래스에서 정의된 것과 별개이다. 예를 들어 Listing 12.12의 외부 클래스와 내부 클래스를 다음과 같이 정의할 수 있다.

```
public class LinkedList<E>
{
    private ListNode<E> head;
    ...
    private class ListNode<T>
    {
        private T data;
        private ListNode<T> link;
        ...
        public ListNode (T newData, ListNode<T> linkValue)
        {...
        }
    }
}
```

내부 클래스 ListNode가 일관되게 자신의 형 매개변수인 T를 사용하고 있다는 점과 외부 클래스 LinkedList가 형 매개변수 E를 정의하고 있음을 주의해서 보라. 외부 클래스에서 하나의 자료형으로 ListNode를 사용할 때는 ListNode<T>가 아니라 ListNode<E>로 표기한다. 이 예에서 ListNode가 자신의 형 매개변수를 사용할 특별한 이유는 없지만, 이런 방식으로 사용하고자 할 때 어떻게 해야 하는지 문법을 보여주는 것이 목적이다. ■

자습문제 SELF-TEST QUESTIONS

29 Listing 12.4의 ListNode 클래스 정의를 수정하여 String 대신 형 매개변수를 사용하도록 하라. 클래스는 공용인 채로 있어야 함에 주의하라. 클래스의 이름은 ListNode2로 한다.

30 앞 문제의 ListNode2 클래스 정의를 사용해 Integer형의 값을 저장하는 node라는 이름의 ListNode2 객체를 생성하려면 어떻게 해야 하는가?

요약

SUMMARY

- ArrayList는 자바 클래스 라이브러리에서 제공되는 클래스다. ArrayList의 인스턴스는 길이가 늘어날 수 있는 배열이라고 생각할 수 있다. 다른 클래스의 객체를 생성하는 것과 마찬가지 방법으로 인스턴스를 생성할 수 있는데, 다만 요소형(base type)을 명시해야 한다.
- ArrayList에는 배열을 사용할 때 직접 코딩해야 했던 많은 작업들이 메소드로 만들어져 있다.
- 자바 컬렉션 프레임워크는 객체의 모둠을 일관된 방식으로 조작할 수 있도록 정의한 인터페이스와 클래스의 집합이다.
- HashSet 클래스는 자바 컬렉션 프레임워크에 포함되어 있으며, 집합을 효율적으로 구현하는 데 사용될 수 있다.
- HashMap 클래스는 자바 컬렉션 프레임워크에 포함되어 있으며, 하나의 값과 다른 값을 서로 연관시키는 데 사용된다.
- 연결 리스트는 노드라는 객체들로 구성된 데이터 구조인데, 각 노드는 데이터와 다른 노드에 대한 참조를 포함한다. 이런 방식으로 노드들이 서로 연결되어 리스트를 형성한다.
- 연결 리스트 클래스의 내부 클래스로 노드 클래스를 정의하여 자급자족형(self-contained) 연결형 데이터 구조를 만들 수 있다.
- 배열이나 연결 리스트와 같은 데이터 항목의 모둠을 순회하며 한 번에 한 항목씩 접근할 수 있도록 해 주는 변수 또는 객체를 반복자라 한다.
- 클래스를 정의할 때 실제 클래스형 대신 매개변수를 사용할 수 있다. 클래스 정의의 헤딩 부분에 나타나는 클래스 이름 옆에 각괄호로 싸서 형 매개변수의 이름을 적어 준다.
- 매개변수가 붙은 클래스의 객체를 생성하는 코드를 작성할 때는 각괄호 안의 매개변수를 실제 클래스형의 이름으로 바꾸어야 한다.
- 표준 클래스 ArrayList와 LinkedList는 매개변수가 붙은 클래스이다.

연습문제 EXERCISES

1 ArrayList 클래스를 사용하기 위해 코드에 어떤 import 문을 추가해야 하는가? String 클래스의 인스턴스를 저장할 수 있는 ArrayList 객체를 하나 생성하고 list라는 이름의 변수에 생성한 객체의 참조를 저장하는 문장을 작성하라.

2 ArrayList를 사용할 때의 장단점을 두 가지씩 설명하라. ArrayList 객체의 크기와 용량의 차이점은 무엇인가? ArrayList 객체의 크기를 알아보려면 무슨 메소드를 사용해야 하는가?

3 aList라는 이름의 ArrayList 객체의 네 번째 위치에 Train이라는 이름의 항목을 삽입하는 문장을 작성하라.

4 aList가 ArrayList<String> 클래스의 한 객체이고 10개의 요소를 저장하고 있다고 할 때, aList.add(15, "Aero Plane")과 aList.add(4, "Train")이라는 문장이 실행되면 무슨 일이 발생하는가?

5 정적 메소드 countAndDisplayDuplicates(ArrayList<Character> data)를 작성하라. 이 메소드는 객체 data에서 중복되는 문자의 수를 세고, 어느 위치에서 중복되었는지 출력하는 작업을 한다.

6 HashSet 클래스와 ArrayList 클래스의 차이점은 무엇인가? HashSet이라는 이름의 의미는 무엇인가? HashMap 클래스가 구현하는 인터페이스는 무엇인가? HashSet 클래스와 HashMap 클래스의 유사점을 설명하라.

7 텍스트 파일에서 문장을 읽어 각 문장을 ArrayList의 인스턴스에 저장하는 프로그램을 작성하라. (문장을 읽을 때 문장 객체를 생성하여 한 번에 한 단어씩 객체에 추가하면 된다.) 한 문장이 모두 입력되면 그 문장을 다른 ArrayList의 인스턴스에 저장한다. 파일을 모두 입력하고 나면 각 문장을 저장하는 여러 개의 ArrayList 인스턴스로 구성된 하나의 ArrayList가 생성된다. 다음은 사용자에게 문장 번호와 단어 번호를 입력하도록 하고, 해당 위치에 나타나는 단어를 화면에 출력한다. 문장 번호나 단어 번호가 유효하지 않으면 적절한 오류 메시지를 출력한다.

8 배열 대신 ArrayList의 인스턴스를 사용해 7장의 연습문제 12번을 다시 수행하라. ArrayList 객체는 실행 중 크기가 증가할 수 있으므로 이 성질을 활용하기 위해 메소드에 다음과 같이 약간의 수정을 가하도록 한다.

- 생성자의 매개변수를 최대 차수에서 원하는(desired) 차수로 한다.
- `setConstant` 메소드에서 a_i 앞에 값이 0인 계수를 추가할 필요가 있을 수 있다. 예를 들어, $a_0 = 3, a_1 = 5, a_2 = 0, a_3 = 2, a_4 = 0, a_5 = 0$이면 0이 아닌 마지막 상수는 a_3이므로 다항식의 차수는 3이다. `setConstant(8, 15)`를 호출하면 a_6와 a_7의 값을 0으로 설정하고 a_8을 15로 설정해야 한다.

9 연결 리스트를 하나 정의하라. 빈 연결 리스트의 헤드 참조는 무엇을 저장하는가? 비어 있지 않은 연결 리스트의 마지막 노드의 링크 부분은 무엇을 저장하는가? 연결 리스트에서 삭제된 노드는 어떻게 되는가?

10 자바의 `Iterator` 인터페이스에는 어떤 메소드들이 규정되어 있는가? 연결 리스트에서 내부 반복자와 외부 반복자의 차이점은 무엇인가?

11 숫자들이 추가된 순서 또는 정렬된 순서, 두 가지 방식으로 모두 접근 가능하도록 하는 데이터 구조를 작성하려고 한다. 이를 위해서는 각 노드가 두 개씩의 참조를 저장해야 한다. 한쪽 참조를 따라가면 추가된 순서로 항목을 접근할 수 있고, 다른 참조를 따라가면 정렬된 순서로 항목을 접근하게 된다. 이런 데이터 구조를 지원할 수 있는 `DualNode` 클래스를 작성하라. 데이터 구조 자체는 작성할 필요가 없다.

12 원형 연결 리스트와 이중 연결 리스트는 단일 연결 리스트와 어떤 점에서 다른가? 꼬리 노드란 무엇인가?

13 반복자를 사용해 Listing 12.9의 `StringLinkedListWithIterator` 클래스의 인스턴스에 저장된 모든 항목을 복사하는 코드를 작성하라. 예를 들어, 리스트에 "a", "b", "c"가 저장되어 있는 경우, 코드를 실행하고 나면 "a", "a", "b", "b", "c", "c"가 리스트에 저장되어야 한다.

14 반복자를 사용해 Listing 12.9의 `StringLinkedListWithIterator` 클래스의 인스턴스에서 첫 번째 항목을 리스트의 끝에서 두 번째 위치로 이동시키는 코드를 작성하라. 예를 들어, 리스트에 "aa", "bb", "cc", "dd"가 저장되어 있는 경우, 코드를 실행하고 나면 "bb", "cc", "aa", "dd"의 순서로 저장되어야 한다.

15 반복자를 사용해 Listing 12.9의 `StringLinkedListWithIterator` 클래스의 인스턴스에서 각 항목을 둘씩 짝지어 서로 위치를 교환하는 코드를 작성하라. 예를 들어, 리스트에 "a", "b", "c", "d", "e", "f"가 저장되어 있는 경우, 코드를 실행하고 나면 "b", "a", "d", "c", "f", "e"의 순서로 저장되어야 한다. 리스트에 저장된

문자열의 수는 짝수라고 가정해도 된다.

16 Listing 12.9의 StringLinkedListWithIterator 클래스에는 자신의 반복자가 포함되어 있지만, 자바의 Iterator 인터페이스를 구현하는 것은 아니다. Iterator 인터페이스를 구현하도록 StringLinkedListWithIterator 클래스를 다시 작성하라. 이 인터페이스에는 next, remove, hasNext 메소드가 다음과 같이 선언되어 있다.

```
/**
리스트의 다음 항목을 반환한다. 반환할 다음 항목이 없는 경우
NoSuchElementException을 발생시킨다
*/
public E next() throws NoSuchElementException
/**
가장 최근에 next()를 호출하여 반환된 마지막 요소를 삭제한다.
next 메소드가 호출되지 않았거나 next 호출 후
이미 remove 메소드가 호출된 경우 IllegalStateException 예외가 발생된다.
*/
public void remove() throws IllegalStateException
/**
next를 호출했을 때 반환할 요소가 하나 이상 남아 있을 경우 true를,
그렇지 않으면 false를 반환한다.
*/
public boolean hasNext()
```

next 메소드 명세에서 저네릭 자료형 E가 사용되었음을 주의하라.

이 문제의 지시 사항을 주의 깊게 따른다면 인터페이스가 무엇인지 알지 못해도 할 수 있다. 물론 인터페이스를 이해하고 있다면 훨씬 편하게 작업할 수 있을 것이다. 인터페이스는 8장에서 다루고 있다.

클래스 정의를 다음과 같이 시작하라.

```
import java.util.Iterator;
public class StringLinkedListWithIterator2 implements Iterator<String>
{
    private ListNode head;
    private ListNode current;
    private ListNode previous;        // current를 뒤따라간다.
    private ListNode twoBack;         // previous를 뒤따라간다.
    private boolean removeSinceNext;  // next 메소드의 마지막 호출 이후
    // remove 메소드가 호출된 경우 true로 설정된다.
    // next가 전혀 호출되지 않은 경우도 true로 설정된다.
    public StringLinkedListWithIterator2()
    {
        head = null;
        current = null;
        previous = null;
        twoBack = null;
```

```
        removeSinceNext = true;
    }
```

정의의 나머지 부분은 Listing 12.9에 있는 것과 거의 같다. 다만 Iterator에 명시된 메소드 정의를 추가하고, resetIteration 메소드에서 인스턴스 변수 twoBack의 값을 설정하고, deleteCurrentNode, goToNext, moreToIterate 메소드는 Iterator 메소드와 중복되므로 삭제하도록 수정하면 된다.

(힌트 :

- 뭔가 심오해 보이긴 하지만 실제로 이 연습문제는 상당히 쉬운 문제다. 새로 추가해야 할 세 개의 메소드 정의는 이미 구현한 메소드의 기법을 활용하면 쉽게 구현할 수 있다.
- 새 메소드 hasNext와 Listing 12.9의 moreToIterate 메소드가 정확히 동일한 것은 아님을 주의하라.
- 여기서 언급된 예외 클래스는 모두 미리 정의되어 있는 것이므로 여러분이 직접 정의할 필요가 없다. 이 예외를 잡아서 처리하거나 throws 절에 선언할 필요도 없다. Iterator 인터페이스 명세를 보면 remove 메소드가 지원되지 않는 경우 remove 메소드가 UnsupportedOperationException 예외를 발생시킨다고 되어 있다. 그러나 여러분이 구현하는 remove 메소드에서 이 예외를 발생시킬 필요는 없다.)

17 다음 작업을 수행하는 프로그램을 작성하라. 먼저 Listing 12.12에 정의된 제네릭 클래스 LinkedList의 인스턴스를 두 개 생성한다. 첫 번째 인스턴스는 stadiumNames로서 String형의 데이터를 저장하고, 두 번째 인스턴스는 gameRevenue로서 Double형의 데이터를 저장한다. 루프를 만들어 한 시즌 동안 실시된 경기의 데이터를 읽어 들인다. 한 경기의 데이터는 경기장(stadium) 이름과 그 경기로 벌어들인 수익금(revenue)으로 구성된다. 경기 데이터를 stadiumNames와 gameRevenue에 각각 추가하라. 한 경기장에서 2회 이상의 경기가 실시될 수 있기 때문에 stadiumNames에는 중복된 이름이 저장될 수 있다. 경기에 대한 데이터 입력을 모두 마친 후에, 경기장 이름을 하나씩 읽어 각 경기장에서 이루어진 모든 경기가 벌어들인 수익금 총액을 계산해서 출력하라.

프로그래밍 과제 PROGRAMMING PROJECTS

1 7장의 Listing 7.10에 있는 클래스 ArraySorter의 selectionSort 메소드를 수정하라. 수정된 메소드는 배열에 저장된 정수를 오름차순으로 정렬하는 대신,

ArrayList<String> 클래스의 인스턴스에 저장된 문자열을 사전식 순서로 정렬해야 한다. 문자열의 모든 글자가 대문자이거나 모든 글자가 소문자인 경우, 사전식 순서는 알파벳 순서와 동일한 용어가 된다. 문자열을 비교하여 어느 문자열이 사전식 순서로 앞에 오는가 판별하기 위해서는 2장의 그림 2.5에서 설명한 String 클래스의 메소드 compareTo를 활용할 수 있다.

2 정렬 메소드를 bubbleSort로 변경하여 앞의 프로그래밍 과제를 다시 수행하라. 버블 정렬은 7장의 프로그래밍 과제 4번에 설명되어 있다.

3 정렬 메소드를 insertionSort로 변경하여 앞의 프로그래밍 과제를 다시 수행하라. 삽입 정렬은 7장의 프로그래밍 과제 5번에 설명되어 있다.

4 키보드에서 데이터를 입력받아 Pet 객체를 생성하는 프로그램을 작성하라. 생성된 객체는 ArrayList의 인스턴스에 저장하라. 그다음 이름의 알파벳 순서에 따라 Pet 객체를 정렬하고, 정렬된 순서대로 Pet 객체의 데이터를 화면에 출력하라. Pet 클래스 정의는 6장의 Listing 6.1을 따른다.

5 애완 동물의 이름이 아니라 몸무게에 따라 정렬하도록 수정하여 앞의 프로그래밍 과제를 다시 수행하라. 정렬된 데이터를 화면에 출력한 후에, 무게가 5파운드 이하인 동물의 수와 백분율, 무게가 5에서 10파운드 사이인 동물의 수와 백분율, 무게가 10파운드가 넘는 동물의 수와 백분율을 각각 출력하라.

6 파일에서 데이터를 입력받아 다른 파일로 출력하는 방식으로 수정하여 앞의 프로그래밍 과제를 다시 수행하라. 이진 파일을 공부했다면 이진 파일을 사용하고, 그렇지 않은 경우 텍스트 파일을 사용하라. 파일의 이름은 사용자로부터 입력받는다.

7 10장의 Listing 10.10에 있는 ClassObjectIODemo 클래스를 사용해 Species 객체의 파일을 생성하라. Species 클래스는 10장의 Listing 10.9에 정의되어 있다. 그다음 생성한 파일로부터 Species 객체의 데이터를 읽어 ArrayList의 인스턴스에 저장하고, 이 인스턴스를 Species 이름의 알파벳 순서에 따라 정렬하여 정렬된 데이터를 화면과 파일에 모두 출력하는 프로그램을 작성하라. 파일의 이름은 사용자로부터 입력받는다.

8 Listing 12.7의 StringLinkedListSelfContained 클래스를 수정하여 String형의 데이터가 아니라 Species형의 객체를 저장하도록 정의하라. 그리고 연결 리스트 클래스를 사용해 Species 객체를 저장하는 연결 리스트를 생성하는 프로그램을 작성하라. 그다음 사용자에게 Species의 이름을 입력하도록 하고, 연결 리스트

를 검색하여 이름이 리스트에 있는지 없는지에 따라 다음의 메시지를 출력하도록 한다.

Species_Name 종은 현재 리스트의 *Number_Of_Species_Names_On_List* 번째 항목으로 수록되어 있다.
Specis_Name 종에 대한 데이터는 다음과 같다.
Data_For_Specis_Name

또는

Species_Name 종은 현재 리스트에 수록되어 있지 않다.

사용자는 반복해서 Species의 이름을 입력할 수 있고, 프로그램을 종료하기 위한 선택을 할 수 있다. Species 클래스는 5장의 Listing 5.19에 정의되어 있다. (원한다면 10장의 Listing 10.9에 있는 직렬화 버전을 사용해도 좋다.)

9 입력을 파일에서 받아 다른 파일로 출력하도록 수정하여 앞의 프로그래밍 과제를 다시 수행하라. 이진 파일을 공부했다면 이진 파일을 사용하고, 그렇지 않은 경우 텍스트 파일을 사용하라. 파일의 이름은 사용자로부터 입력받는다.

10 Listing 12.7의 StringLinkedListSelfContained 클래스를 수정하여 String형의 데이터가 아니라 Employee형의 객체를 저장하도록 정의하라. 그리고 연결 리스트 클래스를 사용해 Employee 객체를 저장하는 연결 리스트를 생성하는 프로그램을 작성하라. 그 다음 사용자에게 Employee의 사회보장번호를 입력하도록 하고, 연결 리스트에서 해당 사원의 데이터를 찾아 출력한다. 해당 사원이 존재하지 않으면 적절한 오류 메시지를 출력한다. 사용자는 반복해서 사회보장번호를 입력해 검색을 계속할 수 있고, 프로그램을 종료하기 위한 선택을 할 수 있다. Employee 클래스는 9장의 프로그래밍 과제 7번에 설명되어 있다. 그 과제를 아직 수행하지 않았다면 과제 설명을 따라 Employee 클래스를 정의하는 것부터 수행하라.

11 입력을 파일에서 받아 다른 파일로 출력하도록 수정하여 앞의 프로그래밍 과제를 다시 수행하라. 이진 파일을 공부했다면 이진 파일을 사용하고, 그렇지 않은 경우 텍스트 파일을 사용하라. 파일의 이름은 사용자로부터 입력받는다.

12 한 노드에 저장되는 데이터의 형을 매개변수로 지정하여 매개변수가 붙은 이중 연결 리스트 클래스를 정의하라. 노드 클래스는 내부 클래스로 정의한다. 어떤 메소드를 클래스 내에 정의할지 선택하는 것도 과제의 일부이다. 또한 자신이 정의한 클래스를 완전히 테스트할 수 있는 프로그램도 작성하라.

13 여러 그룹의 문자열을 관리할 수 있는 응용 프로그램을 작성하라. 각 문자열은 정

확히 한 그룹에만 소속된다. 두 개의 문자열이 같은 그룹에 속하는지 판별하거나 두 그룹의 합집합을 생성할 수 있어야 한다.

여러 문자열을 한 그룹으로 표현하기 위해 연결형 데이터 구조를 사용하라. 그 구조의 각 노드는 데이터로 문자열을, 그리고 그룹 내 다른 문자열에 대한 참조를 저장한다. 예를 들어 그룹 {"a", "b", "d", "e"}는 다음과 같은 구조로 표현될 수 있다.

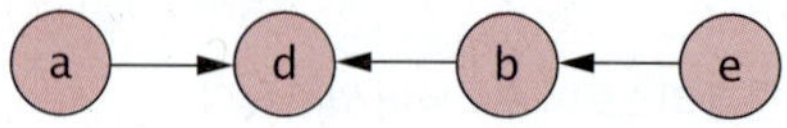

각 그룹의 한 노드(이 예에서는 "d")의 참조값은 `null`이다. 즉, 그 노드는 구조 내의 다른 노드를 아무것도 연결하지 않는다. 이런 문자열을 그 그룹의 **대표 문자열**(representative string)이라 한다.

모든 그룹을 표현하고 그에 대한 동작을 수행할 수 있는 클래스 `GroupHolder`를 작성하라. 이 클래스에는 전용 인스턴스 변수 `items`가 있어 그룹에 속한 각 노드를 저장한다. 각 그룹 내의 노드는 앞에서 설명한 방식대로 서로 연결되어 있다. `items`는 `ArrayList`의 인스턴스이며 요소형은 `GroupNode`로 설정되는데, `GroupNode`는 `GroupHolder` 클래스 내의 전용 내부 클래스로 정의된다. `GroupNode`에는 다음과 같은 전용 인스턴스 변수가 있다.

- `data`—문자열
- `link`—그룹 내 다른 노드에 대한 참조값 또는 `null`

클래스 `GroupHolder` 내에는 다음 메소드를 정의하라.

- `addItem(s)`—문자열 `s`를 빈 그룹에 추가한다. 먼저 `items`를 검색하여 `s`가 있는가 찾는다. `s`가 있으면 아무것도 하지 않고, `s`가 없으면 새로운 `GroupNode` 객체를 하나 생성하여 노드의 데이터로 `s`를 설정하고 링크를 `null`값으로 설정하여 `items`에 추가한다. 새 그룹에는 `s` 항목만 있는 상태가 된다.
- `getRepresentative(s)`—`s`를 포함하는 그룹의 대표 문자열을 반환한다. 대표 문자열을 찾기 위해 먼저 `items`에서 `s`를 검색한다. `s`를 찾지 못하면 `null`을 반환하고, `s`를 찾으면 링크값이 `null`인 노드가 나올 때까지 링크를 따라간다. 그 노드에 저장된 문자열이 바로 그 그룹의 대표 문자열이다.
- `getAllRepresentatives`—`GroupHolder`의 인스턴스에 저장된 모든 그룹의 대표 문자열을 찾아 `ArrayList` 인스턴스에 저장해 반환한다. (각 대표 문자열은 `GroupNode`의 인스턴스에서 `null` 참조값을 가지는 노드의 문자열이다.)
- `inSameGroup(s1, s2)`—`s1`의 대표 문자열과 `s2`의 대표 문자열을 찾아서 두 개가 `null`이 아닌 동일한 문자열이면 `true`를 반환한다. 이는 `s1`과 `s2`가 같은 그

룹에 속해 있다는 의미이다.

- union(s1, s2)—s1과 s2가 속한 그룹의 합집합을 생성한다. (힌트 : s1과 s2의 대표 문자열을 찾는다. 두 개가 서로 다르고 null이 아니면 s1의 대표 문자열을 포함하는 노드와 s2의 대표 문자열을 포함하는 노드를 연결한다.)

예를 들어, 다음과 같은 문자열을 인자로 하여 addItem을 호출했다고 하자. "a", "b", "c", "d", "e", "f", "g", "h". 그다음 합집합 연산을 수행하여 그룹을 만든다.

```
union("a", "d"), union("b", "d"), union("e", "b"), union("h", "f")
```

위의 호출이 끝나면 다음 그림과 같은 구조로 이루어진 네 개의 그룹이 생길 것이다.

```
{"a", "b", "d", "e"}, {"c"}, {"f", "h"}, {"g"}
```

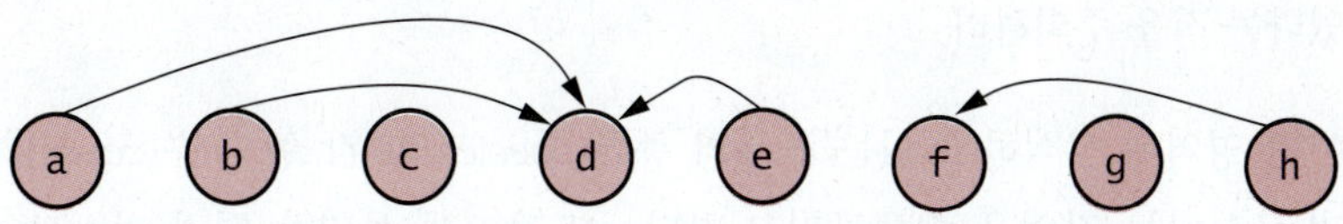

이 네 그룹의 대표 문자열은 각각 "d", "c", "f", "g"이다. 이 상태에서 inSameSet("a", "e")를 실행하면 getRepresentative("a")와 getRepresentative("e")의 반환값이 모두 "d"이기 때문에 결과는 true가 된다. 또한 inSameSet("a", "f")의 실행 결과는 getRepresentative("a")가 "d"를 반환하고, getRepresentative("f")가 "f"를 반환하기 때문에 false가 된다. union("a", "f")를 실행하면 "a"가 속한 그룹의 대표 문자열, 즉 "d"를 포함하는 노드의 링크가 "f"가 속한 그룹의 대표 문자열 노드를 참조하도록 설정된다. 앞의 그림에 표현하자면 "d"에서 "f"로 향하는 화살표가 추가된다.

여러분이 작성할 응용 프로그램은 GroupHolder의 인스턴스를 하나 생성하고 사용자로부터 임의의 수의 문자열을 입력받는다. 초기에 각 문자열은 각자 자신만의 그룹에 소속된다. 그다음 임의의 수의 union 연산을 실행하여 여러 개의 그룹을 형성한다. 마지막으로 다른 동작을 실행하는 예를 보이도록 한다.

14 이 과제에서는 **큐**(queue)라고 하는 데이터 구조를 생성할 것이다. 큐는 줄을 선 것이라고 생각할 수 있다. 각 항목의 추가는 줄의 마지막에서, 삭제는 줄의 맨 앞에서 이루어진다. 이 장에서 소개한 연결 리스트 구조에 기반한 LinkedQueue 클래스를 작성하라. 이 클래스에는 다음과 같은 전용 속성이 있다.

- front—큐에 있는 항목의 연결 리스트에서 첫 번째 노드를 가리키는 참조 변수
- count—큐에 저장된 항목의 수

그리고 다음 동작을 할 수 있다.

- addToQueue(item)—item을 큐의 맨 마지막에 추가한다. (연결 리스트의 마지막에 추가한다.)
- removeFromQueue()—큐에서 맨 첫 번째 항목을 삭제하고 그 객체를 반환한다. 큐가 비어 있으면 null을 반환한다.
- isEmpty—큐에 저장된 항목이 하나도 없으면 true를, 그렇지 않으면 false를 반환한다.

LinkedQueue 클래스의 메소드를 점검해 볼 수 있는 프로그램도 작성하라.

15 큐를 원형 연결 리스트로 구현하여 앞의 프로그래밍 과제를 다시 수행하라. 그림 12.10에서 보다시피 원형 연결 리스트에는 맨 마지막 노드에 추가되는 참조값이 있다는 점을 주의하라.

16 어떤 영역에 서식하고 있는 조류의 종류(species)와 각 종의 수(count)가 얼마인지 조사하는 작업을 수행하려고 한다. 이 장에서 설명한 연결 리스트와 유사한 BirdSurvey 클래스를 생성하라. (자신이 생성하는 클래스가 어떤 작업을 할지에 따라 어떤 연결 리스트를 사용할지 결정할 수 있다. 무슨 구조를 사용할지 잘 생각해 보라.) 새의 종류 및 수를 저장할 수 있도록 내부 노드 클래스를 수정하라.

BirdSurvey 클래스는 다음과 같은 작업을 할 수 있다.

- add(bird)—bird 종의 새가 리스트에 없는 경우 bird를 리스트의 마지막에 추가하고 수를 1로 설정한다. 이미 리스트에 있는 종일 경우 bird 종의 수를 하나 증가한다.
- getCount(bird)—bird 종의 수를 반환한다. bird가 리스트에 존재하지 않으면 0을 반환한다.
- getReport—리스트에 있는 각 조류의 이름과 수를 출력한다.

최근의 조류 조사 데이터를 기록하기 위해 BirdSurvey 클래스를 사용하는 프로그램을 작성하라. 문자열 done이 입력될 때까지 새의 이름을 읽어 들이는 루프를 사용하라. 입력이 종료되면 보고서를 출력하라.

17 한 줄에 하나씩의 이름이 기록된 텍스트 파일을 생각해 보자. 이 텍스트 파일은 여러 가지 소스로부터 이름만 추출하여 만들어지며, 그 예는 다음과 같다.

```
Brooke Trout
Dinah Soars
Jed Dye
Brooke Trout
```

```
Jed Dye
Paige Turner
```

보다시피 중복된 이름이 있다. 이 이름들을 이용해 초청장을 발송하고 싶은데, 같은 사람에게 초청장이 중복 발송되면 안 된다. 이를 위해 HashSet 클래스를 사용해 중복된 이름을 제거하는 프로그램을 작성하라. 각 이름을 파일에서 읽어 들여 그를 HashSet에 추가한 다음, HashSet에 저장된 모든 이름을 출력하면 중복 없는 초청 리스트를 만들 수 있다.

18 사용자로부터 양수를 입력받아 분포도를 계산하는 프로그램을 HashMap 클래스를 사용해 작성하라. HashMap의 열쇳값은 입력된 수이고, 연관값은 그 수가 몇 번 입력되었나 하는 빈도수가 된다. 입력 종료를 나타내기 위해 표시값으로 −1을 사용한다. 예를 들어 사용자 입력이 다음과 같다고 하자.

```
5
12
3
5
5
3
21
-1
```

프로그램의 출력은 다음과 같다. (반드시 이 순서대로 출력할 필요는 없다.)

```
숫자 3은(는) 2번 나타남
숫자 5은(는) 3번 나타남
숫자 12은(는) 1번 나타남
숫자 21은(는) 1번 나타남
```

자습문제 해답
ANSWERS to SELF-TEST QUESTIONS

1 `aList.add("Hello");`

2 `aList.set(5, "Go");`

3 할 수 없다. set에 사용되는 인덱스는 0보다 크거나 같고, 리스트의 크기(size)보다 작아야 한다. 따라서 이미 존재하는 요소를 대체할 수는 있지만, 더 이후의 위치에 새로운 요소를 저장할 수는 없다. 즉, 마지막으로 사용된 인덱스를 넘어서 요소를 추가할 수 없다. 이 상황은 배열과는 다르다. 배열이 부분적으로 채워져 인덱스 10까지만 요소가 저장되어 있는 경우에도 배열의 크기가 허용한다면 인덱스 20의 위치에 요소를 추가할 수 있다.

4 할 수 없다. add에 사용되는 인덱스는 0보다 크거나 같고, 리스트의 크기보다 작거나 같아야 한다. 따라서 현재 존재하는 요소들 사이의 아무 위치에나 새 요소를 삽입하거나, 마지막 요소 바로 다음에 새 요소를 추가할 수 있지만 그보다 더 뒤의 위치에 새 요소를 삽입할 수는 없다.

5 할 수 있다. add 메소드는 인덱스가 size()인 위치, 즉 리스트의 마지막 요소 다음에 요소를 추가할 수 있지만, set 메소드의 인덱스는 size()보다 작아야 한다.

6 aList의 일곱 요소는 인덱스 0부터 6까지를 사용한다. 새 요소는 인덱스 7에 추가되는 8번째 요소가 되며 리스트의 맨 마지막에 위치한다.

7 "red", "blue", "orange", "green", "yellow"

8 그렇다. 리스트에 20개보다 많은 요소를 저장할 수 있다. 생성자에 전달되는 인자는 단지 리스트의 초기 메모리 할당을 위한 값이다. 필요한 경우 자동으로 더 많은 메모리가 할당된다.

9
```
for (int index = 0; index < aList.size(); index++)
    System.out.println(aList.get(index));
```

10 아니다. ArrayList의 인스턴스는 요소형이 int인 요소를 저장할 수 없다. 그러나 요소형을 Integer로 설정하면 자동 박싱과 언박싱 덕분에 int형 값의 리스트인 것처럼 사용할 수 있다.

11 list.size() 메소드 호출은 현재 list에 저장된 요소의 수를 반환한다. 그러나 list의 용량은 얼마나 많은 요소를 저장할 수 있도록 메모리가 할당되었는가를 나타낸다.

12 인덱스 10부터 19까지의 요소들은 null값을 가진다.

13
```
HashSet<String> colors = new HashSet<String>();
```

14
```
colors.add("red");
colors.add("blue");
System.out.println(colors.contains("blue"));
colors.remove("blue");
```

15
```
HashMap<Integer, String> studentIDs = new HashMap<Integer, String>();
```

16
```
studentIDs.put(5531, "George");
studentIDs.put(9102, "John");
System.out.println(studentIDs.get(9102));
```

17 import 문에서 ArrayList 대신 LinkedList를 사용한다. 또한 생성자 호출문에 두 번 나타나는 ArrayList를 모두 LinkedList로 바꾼다.

18 마지막 노드의 link 인스턴스 변수의 값을 null로 설정하면 연결 리스트의 끝 표시가 된다.

19 head의 값은 null이어야 한다.

20
```
public boolean isEmpty()
{
    return length() == 0;
}
```

또는

```
public boolean isEmpty()
{
    return head == null;
}
```

첫 번째 구현은 다른 메소드를 호출하고 두 번째는 그렇지 않다. 따라서 두 번째 메소드가 더 빨리 실행된다.

21
```
C
B
A
```

22 내부 클래스는 다른 클래스의 정의 내부에서 정의되는 클래스다.

23 연결 리스트 클래스 내의 메소드에서 data나 link와 같은 노드 클래스의 인스턴스 변수를 직접 사용할 수 있기 때문에 필요하지 않다.

24 반복자란 전체 모둠을 한 바퀴 순회할 동안 각 항목을 정확히 한 번씩만 방문할 수 있도록 한 번에 하나씩의 항목을 접근하는 데 사용되는 어떤 변수를 말한다. 반복자를 이용해 각 항목에 저장된 데이터를 읽을 수 있고, 또한 허용된다면 데이터를 변경할 수 있다. 예를 들어 배열에 대한 반복자로서 인덱스값을 저장하는 int형 변수를 사용할 수 있다. 배열에서 다음 항목으로 진행하기 위해서는 int형 변수의 값을 하나 증가시키면 된다.

25
```
public String getDataAtCurrent() throws LinkedListException
{
    if (current != null)
        return current.data;
    else
        throw new LinkedListException("Attempted data " +
```

```
            "access when current is not at any node.");
    }
```

26
```
public void setDataAtCurrent(String newData)
        throws LinkedListException
    {
        if (current != null)
            current.data = newData;
        else
            throw new LinkedListException("Attempted data " +
                "change when current is not at any node.");
    }
```

27
```
public void insertNodeAfterCurrent(String newData)
        throws LinkedListException
    {
        ListNode newNode = new ListNode();
        newNode.data = newData;
        if (current != null)
        {
            newNode.link = current.link;
            current.link = newNode;
        }
        else if (head != null)
        {
            throw new LinkedListException("Inserting when " +
                "iterator is past all nodes or " +
                "is not initialized.");
        }
        else
        {
            throw new LinkedListException("Attempted insertion " +
                                          "into an empty list.");
        }
    }
```

28
```
public void deleteCurrentNode()
            throws LinkedListException
    {
        if ((current != null) && (previous != null))
        {
            previous.link = current.link;
            current = current.link;
        }
        else if ((current != null) && (previous == null))
            {// 헤드 노드에서
            head = current.link;
            current = head;
        }
        else  //current == null
        {
            throw new LinkedListException("Attempted deletion " +
```

```
            "from an empty list, or current is not initialized.");
        }
    }
```

29 ListNode2 클래스의 완전한 정의는 원서와 연계된 웹사이트에서 제공되는 소스 코드에 수록되어 있다.

```
public class ListNode2<E>
{
    private E data;
    private ListNode2<E> link;
    public ListNode2()
    {
        link = null;
        data = null;
    }
    public ListNode2(E newData, ListNode2<E> linkValue)
    {
        data = newData;
        link = linkValue;
    }
    public void setData(E newData)
    {
        data = newData;
    }
    public E getData()
    {
        return data;
    }
    public void setLink(ListNode2<E> newLink)
    {
        link = newLink;
    }
    public ListNode2<E> getLink()
    {
        return link;
    }
}
```

30 `ListNode2<Integer> node = new ListNode2<Integer>();`

부록 1 자바 도구 구하기

다양한 운영체제에서 실행 가능하며 무료로 설치해 사용할 수 있는 자바 컴파일러와 통합 개발 환경(Integrated Development Environment, IDE)이 많이 있다. 다음 목록에서 대표적인 도구를 소개하고 각 도구를 구할 수 있는 웹사이트 주소를 나열하였다.

- **Java SE Development Kit (JDK)**

  오라클 사에서 제공하는 자바 개발 도구이다. Linux, Solaris, Windows 등의 운영체제에서 자바가 실행될 수 있는 환경인 Java Runtime Environment(JRE)와 함께 응용 프로그램과 애플릿 등을 작성하는 데 사용할 여러 명령행 도구가 포함되어 있다.

  `http://www.oracle.com/technetwork/java/index.html`

- **BlueJ**

  BlueJ는 자바를 처음 배우는 학생들을 위해 호주의 한 대학에서 개발한 IDE다. MacOS, Windows를 포함한 여러 운영체제에서 사용 가능하며 다음 사이트에서 받을 수 있다.

  `http://www.bluej.org/download/download.html`

  BlueJ를 사용하려면 자바의 기본 환경이 설치되어 있어야 한다. Windows를 사용하는 경우는 오라클 사에서 JDK를 다운로드해 설치해야 하며, MacOS에는 자바가 기본으로 설치되어 있어 그대로 사용할 수 있다.

- **Eclipse**

  Eclipse는 Linux, MacOS, Windows 등에서 사용 가능한 오픈 소스 IDE다. 다음 사이트에서 다운로드할 수 있다.

  `http://www.eclipse.org/downloads/`

  Eclipse를 사용하려면 자바의 기본 환경이 설치되어 있어야 한다. Linux와 Windows의 사용자는 오라클 사에서 JDK를 다운로드해 설치해야 하며, MacOS에는 자바가 기본으로 설치되어 있어 그대로 사용할 수 있다.

- **NetBeans**

  NetBeans는 Linux, MacOS, Solaris, Windows 등에서 사용 가능한 오픈 소스 IDE로 다음 사이트에서 다운로드할 수 있으며, JDK를 제공하는 오라클 사에서 지원하기 때문에 앞에 나온 JDK 사이트에서도 다운로드 링크를 제공한다.

  ```
  http://www.netbeans.org/downloads/index.html
  ```

  이미 자바 도구를 설치한 경우는 NetBeans만 선택하여 설치할 수 있고, 그렇지 않은 경우 NetBeans와 JDK 묶음을 선택하여 설치하면 된다.

각 도구의 설치 방법은 제시된 URL의 내용을 참고하기 바란다.

부록 2 애플릿 실행

애플릿은 웹페이지에서 실행할 수 있는 자바 프로그램이다. 웹페이지를 구성하는 문서는 웹 제작용으로 특별히 정의된 HTML이라는 언어로 작성되어야 한다. 애플릿을 실행시키기 위해 appletviewer라는 자바 도구를 사용할 수도 있다. 또한 자바 개발을 위해 IDE를 사용하는 경우라면 HTML 문서가 없이도 애플릿을 실행시킬 수 있다. 1장에서 언급한 바와 같이 대부분의 IDE는 '애플릿 실행' 또는 이와 비슷한 메뉴를 포함하고 있다.

애플릿을 작성하고 나면 일단 그것을 컴파일해야 한다. 예를 들어 1장에서 만든 것과 같이 `MyApplet.java`라는 파일에 코드가 기록되어 있고 이를 컴파일하면, 애플릿에 대한 바이트코드를 포함하는 `MyApplet.class`라는 파일이 생성된다.

다음은 appletviewer에서 애플릿을 실행하기 위해 HTML 문서를 하나 작성해야 한다. 이 HTML 문서에는 다음 형태의 내용이 포함되어야 한다.

```
<applet code = "Applet_Name.class"
width = Applet_Width height = Applet_Height>
</applet>
```

따라서 `MyApplet` 예제를 실행하기 위한 HTML 파일은 다음 내용을 포함해야 한다.

```
<applet code = "MyApplet.class" width = 400 height = 400>
</applet>
```

이 HTML 코드를 몇 줄로 작성하든 상관없으나 HTML 파일의 이름은 반드시 애플릿 이름과 같아야 한다. 즉, 이 예에서는 `MyApplet.html`이 되어야 한다.

여기까지 완료되었으면 명령행에서 다음 명령을 입력하여 애플릿을 실행할 수 있다.

```
appletviewer MyApplet.html
```

요점 정리 **appletviewer를 이용해 애플릿 실행하기**

Applet_Name.java 파일에 작성된 애플릿을 실행하기 위해서는 다음 절차대로 수행한다.

- 다음과 같은 코드를 포함하는 *Applet_Name*.html 파일을 작성한다.

```
<applet code = "Applet_Name.class"
width = Applet_Width height = Applet_Height>
</applet>
```

- 명령행에서 다음 명령을 실행한다.

```
javac Applet_Name.java
appletviewer Applet_Name.html
```

부록 3 Protected 변경자와 Package 변경자

이 책에서는 인스턴스 변수와 메소드 정의 앞에 항상 public과 private 변경자를 사용한다. 보통은 이 두 가지로 필요한 일을 모두 할 수 있지만, 공용과 전용의 양극단 사이에 위치하는 두 가지 등급의 변경자가 더 있다. 여기서는 보호(protected) 변경자의 제한 사항과 어떤 종류의 변경자도 지정하지 않을 때의 제한 사항에 대해 설명한다.

만약 메소드나 인스턴스 변수가 public이나 private이 아닌 protected로 지정된다면, 다음의 테두리 내에서 직접 접근이 가능하다.

- 자신의 클래스 정의
- 자신으로부터 파생된 자손 클래스
- 같은 패키지 내의 클래스에 존재하는 메소드 정의

이를 접근 범위(extent of the access)라 하는데, 즉 메소드나 인스턴스 변수를 protected로 설정하면 접근 범위 밖의 다른 클래스 내에서는 직접 그 이름을 사용할 수 없다. 만약 어떤 메소드가 클래스 A에서 protected로 지정되었고 클래스 B가 클래스 A로부터 파생되었다면, 클래스 B 내부의 어떠한 메소드 정의 안에서도 그 메소드를 사용할 수 있다. 그러나 클래스 A와 같은 패키지 안에 존재하지 않고 클래스 A로부터 파생되지도 않은 클래스에서는 protected 메소드가 private처럼 동작한다.

보호 변경자는 접근 범위를 특별히 제한하여, 귀찮더라도 적당한 파생 클래스를 정의해 사용하는 프로그래머에게만 직접적인 접근을 허용하도록 제어하는 역할을 한다. 이는 다음과 같이 말하는 것과 같다. "나는 당신이 이 아이템을 쉽게 사용하지 못하게 할 것이다. 그러나 그것의 사용을 완전히 금지하지는 않을 것이다." 실제로는 인스턴스 변수는 protected로 지정하면 안 되고 private이어야 한다. 그러나 전용 인스턴스 변수에 대한 접근자 또는 설정자 메소드는 protected로 지정해 정의할 수 있다.

공용처럼 공개적이지도 않고 전용만큼 매우 제한적이지 않은 중간적인 접근 수준을 원하는 경우에 가능한, 그리고 더 선호되는 대안이 있다. 깜박하고 인스턴스 변수나 메소드 정의 앞에 public이나 private 변경자 중 하나를 입력하는 것을 잊어버린 경우에도 그 클래스 정의는 잘 컴파일된다는 것을 알고 있는가? 이런 경우에는 같은 패키지 안의 어떤 클래스 정의에서도 인스턴스 변수나 메소드 이름을 직접 접근할 수 있고, 패키지 외부에서는 접근할 수 없는 범위로 설정된다. 이를 **패키지 접근**(package access) 또는 **기본 접근**(default access)이라 한다. 패키지 내의 클래스들이 서로 협력하여 하나의 캡슐화된 단위로 행동하는 경우에 패키지 접근을 사용한다. 패키지 접근은 protected보다 접근 범위가 더 제한되어 클래스를 정의하는 프로그래머를 더 많이 통제할 수 있다. 패키지 디렉터리를 통제하면 패키지 접근 권한을 누구에게 허용할 것인지 통제하게 된다.

부록 4 DecimalFormat 클래스

DecimalFormat 클래스는 자바 클래스 라이브러리에서 java.text 패키지에 존재한다. 따라서 프로그램 시작 부분에 다음과 같이 명시하면 이 클래스를 사용할 수 있다.

```
import java.text.DecimalFormat;
```

이 클래스를 사용하면 10진수를 여러 양식의 문자열로 변환하여 화면이나 파일에 출력할 수 있다. 많은 메소드가 정의되어 있지만 여기서는 format이라는 이름의 메소드 하나만 소개한다. 클래스 DecimalFormat에 대한 완전한 안내 문서는 오라클 사의 웹사이트에 수록되어 있다.

메소드 format을 사용하려면 먼저 십진 숫자에 대한 양식을 지정하는 String 패턴을 만드는 것으로 시작한다. 예를 들어 "00.000"이라는 패턴은 소수점 앞에 두 자리의 숫자와 소수점 뒤 세 자리 숫자를 의미한다. 주어진 값이 지정된 양식과 일치하지 않는 경우, 소수점 앞의 수는 양식을 무시한 채 그대로 두고 소수점 뒤는 양식에 맞추어 반올림한다. 예를 들어 "00.000" 패턴에서 소수점 앞에는 두 자리가 와야 하지만 123.456이라는 값은 그대로 123.456으로 설정되는 반면, 12.3456이라는 값에 대해서는 12.346이 된다.

양식 패턴을 구성한 후에는 다음 형태와 같은 문장을 작성하여 DecimalFormat 클래스의 객체를 생성한다.

문법

```
DecimalFormat Decimal_Format_Object_Name = DecimalFormat(Pattern);
```

예제

```
DecimalFormat formattingObject = new DecimalFormat("00.000");
```

그다음 double형의 값을 해당하는 문자열 형태로 바꾸기 위해 다음과 같이 format 메소드를 호출할 수 있다.

문법

```
Decimal_Format_Object_Name.format(Double_Expression)
```

이 메소드는 *Double_Expression* 값에 해당하는 문자열을 반환한다.

예제

```
System.out.println(formattingObject.format(12.3456));
```

객체 formattingObject가 앞의 예에서와 같이 "00.000" 패턴으로 생성되었다면 println 메소드 호출의 결과는 12.346이 된다.

format 메소드가 반환하는 문자열은 StringBuffer 클래스의 객체임을 명심하라. StringBuffer는 String 클래스와 유사하지만, String 객체는 한 번 생성되면 그 값이 절대 변경될 수 없는 반면 StringBuffer 인스턴스의 값은 클래스의 여러 메소드에 의해 변경될 수 있다.

패턴을 정의하는 기호

패턴을 정의할 때 "#0.##0"과 같은 형태를 사용할 수 있다. 여기서 '0'은 반드시 있어야 할 숫자의 위치를 의미하고, '#'은 선택 요소다. '#'의 위치에서 0으로 시작하거나 0으로 끝나게 되면 결과 문자열에서 그 0은 표시되지 않는다. 예를 들어 다음 문장을 보자.

```
DecimalFormat formattingObject = new DecimalFormat("#0.0#");
System.out.println(formattingObject.format(3.5));
```

이의 결과는 3.5가 된다. 반면,

```
DecimalFormat formattingObject = new DecimalFormat("00.00");
System.out.println(formattingObject.format(3.5));
```

위의 문장은 03.50을 출력한다.

패턴의 마지막에 '%'를 사용하면 값이 백분율로 표현된다는 것을 의미한다. 즉, 주어진 값에 100을 곱하고 퍼센트 표시(%)를 마지막에 덧붙인다. 예를 들어,

```
DecimalFormat formattingObject = new DecimalFormat("##0.0%");
System.out.println(formattingObject.format(0.1234));
```

위의 문장은 12.3%를 출력한다.

화폐 액수를 표현하기 위해 달러 표시나 콤마 등을 삽입할 수 있다. 이 기호들은 패

값	3.5	3.5	1234.5678	123.45	12345.670	12345.678
패턴	#0.0#	00.00	##.##	00000.000	###,###.###	$###,###.00
결과	3.5	03.50	1234.57	00123.450	12,345.67	$12,345.68

그림 A4.1 형식에 맞춘 10진수의 예

값	0.12345	12345	123456	1234.567
패턴	##0.##E0	##0.##E0	##0.##E0	##0.##E0
결과	123.45E-3	12.345E3	123.46E3	1.2346E3

그림 A4.2 E-표기법을 사용하여 형식에 맞춘 10진수의 예

턴에 지정된 위치에 그대로 출력된다. 그림 A4.1에 이러한 패턴의 예가 제시되어 있다.

패턴 문자열에 'E'를 넣어서 E-표기법으로 값을 출력할 수도 있다. 예를 들어 "00.###E0"이라는 패턴을 사용하면, 소수점 앞의 숫자를 두 개로 제한하고 소수점 뒤에 오는 수가 3개 이하가 되도록 맞춘 후, 맨 뒤에 E와 한 자리 이상으로 된 지수를 표시하게 된다. 즉, 12.346E1과 같은 결과가 출력된다. 어떤 문자열이 생성되는지 정확한 세부사항은 좀 더 복잡하다. 정수 부분의 최대 개수가 최소 개수보다 많을 경우에는 지수가 패턴에서 지정한 최대 개수의 배수가 되도록 맞추고, 소수점 앞에 최소한 한 개는 표시되도록 한다. 이 기법을 활용하는 대표적인 예가 그림 A4.2에 나와 있는 것과 같은 공학 표기법(engineering notation)으로 지수가 3의 배수가 되도록 소수점 앞에 최소 한 개, 최대 세 개의 숫자가 오는 패턴이 지정되어 있다. 유효 숫자의 개수는 정수 부분의 최대 개수 + 소수 부분의 최대 개수로 설정된다. 그래서 그림 A4.2의 패턴에서 유효 숫자는 정수 부분 세 개와 소수 부분 두 개를 더해 최대 다섯 개까지 출력되는 것이다. 예를 들어, 이 패턴으로 1234567을 출력하면 1.2346E6이 된다.

E-표기법의 패턴이 어떻게 동작하는지 제대로 알려면 몇 가지 예를 넣어서 시험해 보는 것이 좋다. 어떤 경우에도 중요한 유효 숫자의 개수를 너무 정확하게 지정하지 않도록 하라.

Listing A4.1은 양식 패턴의 사용과 그 효과를 보여 주는 예제 프로그램이다.

Listing A4.1 DecimalFormat 클래스 예제

```
import java.text.DecimalFormat;
public class DecimalFormatDemo
{
    public static void main(String[] args)
    {
        DecimalFormat twoDigitsPastPoint = new DecimalFormat("0.00");
        DecimalFormat threeDigitsPastPoint = new DecimalFormat("00.000");

        double d = 12.3456789;
        System.out.println(twoDigitsPastPoint.format(d));
        System.out.println(threeDigitsPastPoint.format(d));

        double money = 12.8;
        System.out.println("$" + twoDigitsPastPoint.format(money));
        String numberString = twoDigitsPastPoint.format(money);
        System.out.println(numberString);

        DecimalFormat percent = new DecimalFormat("0.00%");
        double fraction = 0.734;
        System.out.println(percent.format(fraction));
        // 소수점 앞에 하나 또는 두 개의 숫자
        DecimalFormat eNotation1 = new DecimalFormat("#0.###E0");
        // 소수점 앞에 두 개의 숫자
        DecimalFormat eNotation2 = new DecimalFormat("00.###E0");
        double number = 123.456;
        System.out.println(eNotation1.format(number));
        System.out.println(eNotation2.format(number));

        double small = 0.0000123456;
        System.out.println(eNotation1.format(small));
        System.out.println(eNotation2.format(small));
    }
}
```

실행 결과 출력

```
12.35
12.346
$12.80
12.80
73.40%
1.2346E2
12.346E1
12.346E-6
12.346E-6
```

부록 5 Javadoc

자바 언어의 기본 도구에는 javadoc이라는 프로그램이 있는데, 이는 클래스를 설명하는 HTML 문서를 자동으로 생성해 주는 프로그램이다. 이 문서는 어떤 프로그램이나 클래스를 사용하려는 사람에게 그것을 사용하기 위해서 알아야 할 것을 알려 준다. 다만 세부적인 구현 내용, 즉 메소드의 몸체(공용과 전용에 상관없이), 전용 메소드에 대한 모든 정보, 전용 인스턴스 변수에 대한 모든 정보 등은 포함되지 않는다.

Javadoc은 단일 클래스에 사용될 수도 있지만, 주로 패키지에 대해 작업할 때 사용한다. Javadoc으로 생성된 문서를 보려면 HTML 브라우저, 즉 웹 브라우저를 사용해야 하지만, javadoc을 사용하기 위해 HTML을 알아야 할 필요는 없다.

이 부록에서는 먼저 javadoc의 진가를 활용하기 위해 어떻게 클래스에 주석을 달아야 하는지 설명할 것이다. 그런 다음, javadoc 프로그램을 어떻게 실행하는지 자세히 설명한다.

javadoc 사용을 위해 클래스에 주석 달기

유용한 javadoc 문서를 얻기 위해서는 특별한 방법으로 주석을 작성해야 한다. javadoc은 소스에서 이 주석과 함께 클래스 정의의 첫 부분과 모든 공용 메소드의 헤딩, 모든 공용 인스턴스 변수 정의 등을 추출하여 문서를 구성한다. 메소드 몸체나 전용 항목은 절대 추출되지 않는다.

javadoc이 추출하는 주석은 다음 두 가지 조건을 모두 만족하는 것이다.

- 공용 클래스 정의, 공용 메소드 정의, 또는 다른 공용 항목 바로 앞에 있어야 한다.
- /**로 시작해서 */로 끝나야 한다.

이러한 주석을 javadoc **주석**이라 한다. //로 시작하는 주석과 전용 항목 앞의 주석은 추출되지 않는다는 것을 명심하기 바란다.

javadoc 주석에는 메소드의 매개변수나 반환값 등을 따로 명시하고 설명하기 위해 **태그**(tag)를 사용할 수 있다. 다음 코드는 일부 태그의 문법을 나타낸 것이다.

```
@param 매개변수_이름   매개변수_설명
@return 반환값_설명
@throws 예외_종류   설명
```

각 태그는 주석 내의 새 줄에서 @ 기호로 시작해야 한다. 앞에서 제시한 세 태그가 사용될 때는 바로 저 순서로 나타나야 한다. 관계 없는 태그는 생략할 수도 있으며, 하나의 태그를 한 번 이상 사용할 수도 있다.

예를 들어 메소드에 대한 다음 javadoc 주석은 유효한 것이다

```
/**
    여러 개의 동일한 품목에 대한 전체 가격을 계산한다.
    @param number 구매한 품목의 수
    @param price  한 품목의 가격
    @return 주어진 가격과 품목의 수로 계산한 전체 가격
*/
public static double computeCost(int number, double price)
{
    return number * price;
}
```

이 주석을 이용해 javadoc은 다음과 같이 출력되는 문서를 생성한다.

```
ComputeCost
public static double computeCost(int number, double price)
    Computes the total cost of multiple identical items.
    Parameters:
            number - 구매한 품목의 수
            price - 한 품목의 가격
    Returns:
            주어진 가격과 품목의 수로 계산한 전체 가격
```

javadoc을 좀 더 많이 활용하기 위해 주석 내에 HTML 명령어를 삽입할 수도 있다. 그러나 이는 그다지 필요하지 않을 뿐만 아니라 때로는 바람직하지 않을 때도 있다. HTML 명령어가 주석문을 혼란스럽게 만들고 소스 코드를 읽기 어렵게 할 수 있기 때문이다.

이 책의 소스에 포함된 javadoc 주석에는 공간을 절약하기 위해 태그나 HTML 명령어를 사용하지 않았다.

javadoc 실행하기

javadoc을 실행하면 전체 패키지에 대해 작업한다. 어떤 한 클래스에 대해 실행하고 싶을 때는 클래스 파일의 시작 부분에 다음 코드를 삽입하여 클래스를 패키지에 포함한다.

```
package Package_Name;
```

패키지 이름은 패키지에 속한 파일을 저장한 디렉터리나 폴더의 상대 경로 이름이어야 한다는 것을 기억하기 바란다.

javadoc의 실행은 패키지 폴더 자체가 아니라 그 패키지 폴더를 포함하는 폴더 또는 디렉터리에서 이루어져야 한다. 적절한 폴더로 이동한 후, 다음 명령을 입력해 javadoc을 실행한다.

```
javadoc -d Document_Folder Package_Name
```

*Document_Folder*는 javadoc이 생성하는 HTML 문서가 저장될 폴더의 이름이다.

예를 들어 javadocsample이란 패키지가 있을 때 여기 포함된 클래스들에 대한 설명 문서를 자동으로 생성하여 javadocsampledocs란 폴더에 저장할 때는 다음 명령을 실행한다.

```
javadoc -d javadocsampledocs javadocsample
```

자신의 클래스 문서 내에 표준 클래스와 메소드에 대한 링크가 포함되도록 javadoc 실행 시에 옵션을 설정할 수 있다. 방법은 다음과 같다.

```
javadoc -link Link_To -d Document_Directory Package_Name
```

*Link_To*는 자신의 컴퓨터 내에 저장해 둔 자바 문서에 대한 경로 또는 오라클 사의 웹사이트에 있는 표준 자바 문서의 URL이 될 수 있다.

부록 6 C++와 Java의 차이점

이 부록은 C나 C++ 프로그래밍에 상당히 많은 경험이 있는 독자를 위한 부분이다. 다른 독자는 무시해도 좋다.

자바와 C++는 매우 유사한 것처럼 보이지만 표면적으로 알 수 있는 것보다는 더 많은 차이점이 있다. 이 부록에서 모든 차이점에 대해 기술하지는 않을 것이나, C++(또는 C)에서 자바로 변환하는 데 알아 두면 도움이 될 몇 가지 유사점과 차이점을 설명할 것이다.

기본 자료형

자바의 기본 자료형은 대부분 C와 C++에 있는 것과 같다(int, short, long, float, double, char). 그러나 자바에는 추가로 byte와 boolean형이 있으며, 자바의 boolean형은 C++의 bool형에 해당한다. 자바에는 long double형이 없다. C나 C++와 달리 자바에서 어떤 특정 기본 자료형에 대한 값의 바이트 크기는 모두 정해져 있고, 하드웨어나 운영체제 또는 언어를 구현하는 컴파일러 등의 도구가 달라도 일정하다. 자세한 사항은 2장을 참조하라.

문자열

C나 C++와는 달리 자바에서 문자열은 특별한 종류의 문자 배열이 아니다. 자바에서는 미리 정의된 String 클래스가 있다. 자바의 String 클래스는 최근 C++ 버전에서의 string 클래스와 어느 정도 유사하다. 이 책에서 String 클래스에 대한 내용은 2장에서 시작한다.

제어의 흐름

자바에서의 제어 구조(if-else, switch, while, do-while, for)는 C나 C++와 같다. 그러나 자바에는 프로그래머가 제어 구조를 사용할 때 알아 두어야 할 약간의 차이점이 있다. 구체적으로 말하자면 자바에는 콤마 연산자가 없으며, 자바에서의 boolean형은 수를 나타내는 것이 아니고 그 값을 숫자로 형 변환할 수도 없다. 그리고 대입 연산자는 C와 C++에서보다 더 엄격하게 동작한다. 이들 각각에 대해 좀 더 설명해 보자.

자바에는 콤마 연산자가 없다. 그러나 자바의 for 문을 보면 다음과 같이 콤마를 사용할 수 있도록 정의되어 있다.

```
for (int n = 1, product = 1; n < = 10; n++)
    product = product * n;
```

이 '콤마 연산자'는 단지 for 문에서만 사용할 수 있다.

자바에서 boolean형은 참(true)이나 거짓(false)의 두 값만을 가지는데, 이들은 수치로 해석될 수 없으며 수치형으로 강제 형 변환을 하는 것도 불가능하다.

C나 C++에서의 고전적인 오류는 다음 코드처럼 == 대신에 = 연산자를 사용하는 것이다.

```
if (n = 42)
    ...
```

C나 C++에서 n = 42이라는 식은 42라는 값을 반환하는데, 이 값은 사용하고 있는 C와 C++가 어떤 버전인가에 따라 불값으로 그대로 인정되거나 불형으로 변환될 수 있다. 자바에서 n = 42 또한 42라는 값을 반환하지만 42는 boolean형이 아니며 boolean형으로 변환될 수도 없다. 따라서 자바에서 이런 실수를 하면 컴파일러가 오류 메시지를 출력한다.

동일성 검사

자바에서 클래스형의 객체가 동일한지 검사하는 것은 번거로운 일이 될 수 있다. 기본형의 값인 경우에는 == 연산자로 같은지를 검사한다. 그러나 == 연산자로 클래스형의 두 객체를 비교하면, 객체가 같은 데이터를 가지고 있는지가 아니라 같은 주소인지, 즉 같은 메모리 위치에 있는지를 검사하게 된다. 객체에 대해 일반적인 개념의 동일성 검사를 위해 자바 클래스에서는 대개 equals라는 메소드를 정의해서 사용한다. 자바에서는 == 연산자를 비롯한 어떠한 연산자도 중복 정의(overloading)할 수 없다.

main 메소드(함수)와 다른 메소드

함수는 자바에서 **메소드**라고 부른다. 자바에서의 main 메소드는 C나 C++에서의 main 함수와 같은 목적으로 사용된다. main 메소드의 헤딩은 항상 다음과 같다.

```
public static void main(String[] Parameter_Name)
```

자바에서는 모든 메소드를 포함해 어떤 종류의 코드든지 클래스의 내부에 정의된다.

파일과 파일 포함하기

자바에는 #include 지시자가 없다. 대신, 자바에는 import 문이 있어서 클래스에서 사용하기 위한 다른 클래스 또는 전체 패키지(라이브러리)를 가져오도록 할 수 있다.

자바 프로그램의 일반적 구성은 많은 클래스로 이루어져 있으며, 각 클래스는 보통 개별 파일에 따로 저장된다. 만약 모든 클래스가 같은 폴더(디렉터리)에 존재한다면, 자바는 어떤 클래스가 필요할 때 자동으로 그 클래스(파일)를 찾는다. import 문을 사용하면 다른 폴더에 존재하는 클래스(파일)를 결합해 사용하는 것이 가능하다. 자세한 내용은 6장의 6.7절을 참조하기 바란다.

자바에서 클래스는 클래스 이름과 동일한 이름을 가지고 확장자가 .java인 파일에 저장되어야 한다. 예를 들어 클래스 이름이 MyClass라면 이 클래스는 MyClass.java 파일에 저장되어야 한다. 클래스를 컴파일하면 그 결과는 자동으로 MyClass.class라는 이름의 파일로 생성된다.

클래스와 메소드(함수) 정의

자바에서 모든 메소드는 어떤 클래스 내부에 정의되어야 한다. 또한 클래스 정의는 하나의 파일에 온전하게 정의될 수 있어, C나 C++와 같이 .h로 끝나는 헤더 파일 등이 필요하지 않다. 특히 모든 메소드 정의는 자신의 클래스 정의 내에 전체 내용이 있어야 한다. 자세한 사항은 5장을 참조하라. 자바에 C와 C++의 헤더 파일에 있는 것과 비슷해 보이는 인터페이스가 있기는 하지만, 전혀 다른 목적으로 사용된다. 자바 인터페이스는 8장에 소개되어 있다.

자바에는 포인터형이 없다.

자바에는 포인터형이 없다. 자바도 알고 보면 포인터를 가지고 있어서, 모든 객체는 포인터를 이용해 이름을 붙여 사용할 수 있다. 그러나 자바에서의 포인터는 참조(reference)라 부르고 자동적으로 처리된다. 예를 들어 String형의 변수는 실제로 문자열에 대한 참조(포인터)를 저장하게 되지만, String에 대한 포인터형을 명시적으로 선언하지는 않는다. 자세한 사항은 5장의 5.3절을 참조하기 바란다.

메소드(함수) 매개변수

엄밀히 말하자면 자바에는 매개변수를 전달하기 위한 방식이 단 하나, 즉 값에 의한 호출(call-by-value) 방식만 있다고 할 수 있다. 그러나 실제로는 `int`, `double`, `char`와 같은 기본형에 대한 방식과 클래스형에 대한 방식, 두 가지가 있는 것처럼 동작한다.

기본형에 대한 매개변수 전달 방식은 C와 C++ 프로그래머가 이해하고 있는 값에 의한 호출 방식과 동일하게 동작한다. 즉, 매개변수는 그에 대응하는 인자의 값을 복사해서 저장한다. 그러나 자바에서 클래스형의 매개변수는 인자로부터 전달된 클래스 객체에 대한 참조를 저장한다. 그로 인해 메소드(함수) 내에서 객체 내의 데이터를 변경할 수 있어, 이를 **참조에 의한 호출**(call-by-reference) 방식이라고 간주하는 사람들도 있다. 이는 통상적으로 인정되는 참조에 의한 호출 방식의 정의를 만족하지는 않지만, 대부분의 단순한 경우에 참조에 의한 호출과 매우 유사하게 동작한다. 자세한 내용은 5장을 참조하라.

배열

자바 배열은 C나 C++의 배열과 매우 유사하지만 차이점도 좀 있다. 그리고 자바 배열이 더 엄격하게 동작한다. 자바에서 배열은 자신의 범위를 스스로 점검한다. `a`가 하나의 배열일 때, 인스턴스 변수 `a.length`는 배열이 저장할 수 있는 요소의 수와 같은 정숫값으로 설정된다. 자바는 사용된 배열 인덱스(첨자)가 유효한지 검사하고, 만약 코드가 범위를 벗어나는 배열 인덱스를 사용하려고 하면 예외 처리를 하게 된다. 자세한 사항은 7장을 참조하라.

쓰레기 수집

메모리 관리와 쓰레기 수집(garbage collection)은 자바에서 자동으로 이루어진다. 자바는 클래스형의 새로운 객체를 만들기 위해 `new` 연산자를 사용하는데, 이것이 명시적으로 메모리를 할당하는 유일한 방법이다. 또한 자바는 자동 쓰레기 수집 기능을 제공해 프로그래머가 직접 사용이 끝난 메모리의 해제를 하지 않아도 된다. 따라서 C와 C++에서 자주 문제가 되는 메모리 누수 현상은 자바에서 전혀 문제가 되지 않는다.

기타 비교 사항

- 자바와 C++에서의 주석문은 본질적으로 동일하다.
- 자바에서는 전역 변수(global variable)가 없다.
- 자바에는 `typedef`가 없다.

- 자바에는 구조체(structure)나 공용체(union)가 없다.
- 자바에서는 C++에서처럼 메소드(함수) 이름을 중복할 수 있다. 그러나 C++와 달리 자바에서는 연산자 중복을 할 수 없다.
- 자바에는 다중 상속이 없다. 그러나 인터페이스를 통해 다중 상속의 많은 기능을 제공해 주고 있다. 인터페이스에 대한 자세한 내용은 8장을 참조하라.
- 자바에는 템플릿(template)이 없는 대신 저네릭(generic)이 있다. 저네릭에 대한 소개는 12장을 참조하라.
- 자바의 클래스에는 자기 자신과 같은 형의 매개변수를 가진 생성자(constructor)가 있을 수 있다. 그러나 이 생성자는 C++의 복사 생성자와는 달리 특별한 상태를 가지지는 못한다.
- 자바에는 소멸자(destructor)가 없다.

부록 7 유니코드의 문자 코드

다음의 표는 인쇄가 가능한 문자들을 나타낸 것으로, 유니코드의 일부분을 구성하면서 ASCII 문자 집합이라고도 한다. 각 문자에 할당된 번호는 유니코드에서나 ASCII 코드에서나 동일하다. (문자번호 32는 공백 문자를 나타낸다.)

32		56	8	80	P	104	h
33	!	57	9	81	Q	105	i
34	"	58	:	82	R	106	j
35	#	59	;	83	S	107	k
36	$	60	<	84	T	108	l
37	%	61	=	85	U	109	m
38	&	62	>	86	V	110	n
39	'	63	?	87	W	111	o
40	(	64	@	88	X	112	p
41	)	65	A	89	Y	113	q
42	*	66	B	90	Z	114	r
43	+	67	C	91	[	115	s
44	,	68	D	92	\	116	t
45	-	69	E	93	]	117	u
46	.	70	F	94	^	118	v
47	/	71	G	95	_	119	w
48	0	72	H	96	'	120	x
49	1	73	I	97	a	121	y
50	2	74	J	98	b	122	z
51	3	75	K	99	c	123	{
52	4	76	L	100	d	124	|
53	5	77	M	101	e	125	}
54	6	78	N	102	f	126	~
55	7	79	O	103	g		

찾아보기

[ㄹ]

[ㅁ]

[ㅂ]

[ㅈ]

[ㅊ]

[ㅋ]